Kulturgeschichte

WILL UND ARIEL DURANT

# KULTURGESCHICHTE DER MENSCHHEIT

BAND 9

ULLSTEIN

WILL DURANT

# DAS ZEITALTER DER REFORMATION

ULLSTEIN

Kulturgeschichte
Ullstein Buch Nr. 36109
im Verlag Ullstein GmbH, Frankfurt/M – Berlin – Wien
Titel der amerikanischen Originalausgabe
»The Story of Civilization«
VI. The Reformation I–II (Kap. 1–28)
Simon and Schuster, New York
Übersetzt von Eduard Thorsch und Margrit Lang
(Kap. 1, 2–5; Kap. 5, 5; Kap. 14, 4 u. 5)
Redaktion: Hans Dollinger

Ungekürzte Ausgabe

Umschlagentwurf: Hansbernd Lindemann
Umschlagfoto: »Martin Luther«, Gemälde eines unbekannten Künstlers
(Berlin, Bildarchiv Preußischer Kulturbesitz)

ISBN 3 548 36109 9

Januar 1982

CIP-Kurztitelaufnahme der Deutschen Bibliothek

*Durant, Will:*
Kulturgeschichte der Menschheit / Will u. Ariel Durant. –
Ungekürzte Ausg. – Frankfurt/M; Berlin; Wien: Ullstein
(Ullstein-Buch; ...)
Einheitssacht.: The story of civilization ⟨dt.⟩

NE: Durant, Ariel:

Bd. 9. Das Zeitalter der Reformation / Will Durant.
[Übers. von Eduard Thorsch u. Margrit Lang]. – 1982.
(Ullstein-Buch; Nr. 36109: Kulturgeschichte)
ISBN 3-548-36109-9

NE: GT

# *Vorwort*

Die Reformation in Europa war die bedeutungsvollste Revolution in der Geschichte der Menschheit. Sie hat die politische Landschaft Europas weitaus stärker verändert als etwa die Französische Revolution, und sie hat das geistige Leben an der Schwelle zur Neuzeit nachhaltiger beeinflußt als Lenins Weltwende 1917. Der Grund hierfür ist der, daß die Motive zur Reformation nicht nur darin lagen, den überholten Status einer Kirche auf der Anklagebank zu verändern und der Religion einen neuen Inhalt zu geben, sondern fast entscheidender noch war die Tatsache, daß der Glaube nur noch ein Aushängeschild sozialer Unzufriedenheit war, daß schon seit dem 14. Jahrhundert die Mehrheit der Menschen unter der drückenden Last der Ungerechtigkeit stöhnte. Der übermächtige Wunsch nach Veränderung der Situation im sozialen Leben bereitete den Boden für die Reformation des Glaubens vor und gab letztlich sogar den entscheidenden Anstoß zu großen Umwälzungen, die den Anfang einer neuen Welt signalisierten.

Im Zentrum dieser Umwälzungen zwischen dem 14. und 16. Jahrhundert – und damit auch im Zentrum dieses Buches, das diese Zeitspanne umfaßt – steht die Figur Martin Luthers, eines Mannes, der selbst im Denken und Handeln eigentlich viel mehr dem Gestern, dem Mittelalter, angehörte, aber mit seinem mutigen Protest, seiner standhaften Haltung und seiner zupackenden und direkten Sprache eine längst überholte alte Ordnung umstieß. Seine «grobe Faust zertrümmerte die Schale der Autorität und das Gefäß des Herkommens», er verschaffte «dem bis dahin blockierten Fortschreiten des europäischen Geistes freie Bahn» (Durant). Der rebellische Bauernsohn einerseits und tiefgläubige Mönch andererseits, der zeit seines Lebens an die Existenz von Geistern, Hexen und Teufeln glaubte, trug die neue und alte Welt in sich, war der berufene Mittler an einer entscheidenden Zeitenwende. Ohne ihn sind der kategorische Imperativ Kants, der Nationalismus Fichtes, Schopenhauers Weltbild als Wille und Vorstellung und Hegels Unterordnung der Seele unter den Staat und dessen moderne Nachfahren nicht denkbar; er wirkte entscheidend auf die Entwicklung der deutschen Sprache und Literatur ein. Durant nennt ihn «die mächtigste Gestalt in der deutschen Geschichte» und stellt ihn in eine Reihe neben Kopernikus, Voltaire und Darwin.

Im ersten Teil dieses Bandes breitet Durant das ganze Panorama der europäischen Geschichte von Wiclif zu Luther, also von 1300 bis 1717, vor uns aus: Wir erfahren, daß nicht nur in England das geknechtete Volk damals mit John Ball spottete: «Als Adam grub und Eva spann, wer war da ein Edelmann?»; wir werden Zeuge, wie Frankreich und England hundert Jahre miteinander um die Herrschaft in Westeuropa kämpfen, bis die Umrisse des modernen Frankreich nach dem Opfer seiner heiligen Jungfrau und der Regierung des asketischen Ludwig XI. Gestalt annahm; wir erleben mit die Angst der Menschen vor der Knute der Herren, der Geißel der Pest und des Hungers, vor der türkischen Flut, vor Kriegsfolgen und der Inquisition. Gleichzeitig aber brechen einzelne auf zu neuen Ufern, setzen ihren Zeitgenossen Zeichen der Hoffnung mit dem Anwachsen der wissenschaftlichen Erkenntnisse und stecken neue geographische Grenzen ab mit der Eroberung des Meeres und der Entdeckung neuer Welten.

Dann, nach Jahrhunderten «der Lähmung und Unterdrückung», vereinigen sich zu einer Zeit, in der die einfachen Menschen vom Ende der Welt sprechen, Tausende von Kräften und Einflüssen kirchlicher, moralischer, geistiger, ökonomischer, politischer und nicht zuletzt auch gefühlsmäßiger Art zu einem einzigen reißenden Strom, der die bisherige Gesellschaftsstruktur zum Einsturz bringt und «Europa in Nationen und Sekten aufsplittern und die Pfeiler der alten Glaubensüberzeugungen und Heilshoffnungen einen nach dem anderen wegschwemmen sollte». Das Heilige Römische Reich starb somit nicht erst 1806, sondern bereits 1555 mit dem Triumph des Protestantismus im Streit der Bekenntnisse. Nur auf den ersten Blick scheint es so, als ob die Aufsplitterung Europas in katholisch, protestantisch, calvinistisch oder presbyterianisch gefärbte Staaten zu einem ungeordneten Nebeneinander geführt habe, denn diese Zersplitterung war die Voraussetzung für eine neue «subtile Einheit», deren Merkmal eine zunehmende Abhängigkeit der auf ihre «Unabhängigkeit» doch so stolzen neuen Staaten Europas voneinander ab dem 16. Jahrhundert war; sie verstrickten sich immer mehr in ein Netz wirtschaftlicher Beziehungen untereinander und fanden so zu einem künftig gemeinsamen Schauplatz wechselseitig bedingter Politik und Kultur zusammen.

*München, im Frühjahr 1978* *Hans Dollinger*

# *Inhaltsverzeichnis*

## ERSTES BUCH
## VON WICLIF ZU LUTHER
## [1300–1517]

# ZWEITES BUCH
# DIE RELIGIÖSE REVOLUTION
# [1517–1564]

---

## Anhang

*Erstes Buch*

# VON WICLIF ZU LUTHER

[1300–1517]

# ERSTES KAPITEL

# *Die römisch-katholische Kirche vor der Reformation*

[1300–1517]

## I. WAS EUROPA DEM CHRISTENTUM VERDANKT

VON allen menschlichen Lebensäußerungen ist die Religion die dem Logos am wenigsten zugängliche. In unseren jungen Jahren neigen wir leicht dazu, ihre dem menschlichen Herzen lieb gewordenen Vorstellungen mit stolzer Überheblichkeit als absurd zu verwerfen. In reiferem, nicht mehr so selbstsicherem Alter staunen wir, wie erfolgreich sie sich in unserem der Materie und der Naturwissenschaft verschriebenen Zeitalter behauptet und wie wenig ihr die scheinbar tödlichen Schläge eines Epikur, Lukrez und Lukian, eines Machiavelli, Hume und Voltaire anhaben konnten. Worin liegt das Geheimnis dieser zähen Widerstandskraft?

Der Weiseste aller Weisen würde zur Beantwortung dieser Frage die Rückschau auf hundert Leben benötigen. Vielleicht würde er mit der Erkenntnis beginnen, daß es auch auf dem Höhepunkt wissenschaftlicher Forschung und Erkenntnis zahllose Phänomene gibt, die sich offenbar weder durch Wiegen und Messen noch durch die Anwendung des Begriffs von Ursache und Wirkung erklären lassen. Die Geheimnisse der Menschenseele sind bis heute von keiner psychologischen Formel eingefangen worden, und die gleiche bewundernswürdige Ordnung der Natur, die wissenschaftliches Denken überhaupt erst ermöglicht, rechtfertigt sogar für den Physiker die Anbetung eines kosmischen Allgeistes. Unsere Erkenntnis ist nichts als eine immer weiter zurückweichende Luftspiegelung in einer immer endloseren Wüste des Nichtwissens. Doch verhält sich das Leben nur selten agnostisch; es sucht eine Erklärung für jedes Phänomen, und findet es keine natürliche, so nimmt es kurzerhand eine übernatürliche an. Nur eine kleine Minderheit von Geistern vermag sich angesichts eines widerspruchsvollen Beweismaterials längere Zeit des Urteils zu enthalten; die große Mehrheit der Menschen fühlt sich gedrängt, unerklärliche Tatsachen und Begebenheiten dem Wirken übernatürlicher Wesenheiten zuzuschreiben, die jenseits des «Naturgesetzes» stehen. Das Wesen aller Religion liegt in der Verehrung solcher Wesenheiten – in ihrer Anbetung, im Streben nach ihrem Beistand, im Versuch, sie versöhnlich zu stimmen. Wenn die natürlichen Kräfte ihre Hilfe versagen, hofft der vom Leben herumgestoßene Mensch auf einen übernatürlichen Schutz und ist für jedes Credo dankbar, das der Weltordnung und seiner Existenz Sinn und Würde verleiht. Er könnte sonst kaum mit solcher Ergebenheit die willkürlichen Schrecken der Natur, die blutigen Launen der Weltgeschichte, seine persönlichen Nöte und den Verlust seiner Nächsten hinnehmen, wenn er nicht darauf bauen würde, daß dies alles Bestandteil einer großen undurchschaubaren Planung ist. Ein Kosmos ohne eine bekannte Ursache und ein erkanntes Ziel wäre ein intellektuelles Gefängnis; wir *wollen* glauben, daß das große Drama von einem gerechten Urheber herrührt und einem herrlichen Ende zustrebt.

Darüber hinaus ersehnen wir ein Fortleben nach dem Tode und finden uns nicht damit ab, daß die Natur den Menschen, den menschlichen Geist und das menschliche Streben nur hervorbringt, um auf dem Höhepunkt der Reife alles auszulöschen. Die Wissenschaft verleiht dem Menschen eine stets wachsende Macht und schmälert gleichzeitig seine Bedeutung; sie verbessert seine Werkzeuge und vernachlässigt die Deutung seines Daseins; über die eigentlichen Werte, die erste Ursache und das letzte Ziel vermag sie nichts auszusagen; was sie dem Leben und der Geschichte an Sinn oder Wert unterlegt, wird vom Tod und der alles verschlingenden Zeit wieder getilgt. So zieht der Mensch der Unsicherheit des Wissens die Sicherheit des Glaubens vor. Müde vom ausweglosen Denken und schwankenden Urteilen, heißt er den Halt eines festgefügten Glaubensgebäudes, die Führung durch eine autoritäre Kirche, die Reinigung in der Beichte willkommen. Von seinen Mißerfolgen entmutigt, von Schuld befleckt, vom Tod um seine Nächsten und Liebsten gebracht und selbst den Tod fürchtend, fühlt er sich durch den göttlichen Beistand erhöht, von Schuld und Furcht befreit, mit Hoffnung und Zuversicht erfüllt und für ein gottähnliches, unsterbliches Geschick vorausbestimmt.

Der Glaube hat aber nicht nur für das Individuum Bedeutung; auch im Staat und in der Gesellschaft stellt er eine im stillen wirkende, aber alles durchdringende Macht dar. Ein traditionsgebundenes Ritual besänftigt die Geister und verknüpft die Generationen, macht die Pfarrkirche zum gemeinsamen Heim und schweißt die Individuen zusammen. Der über die Dächer ragende Dom steht da als das Produkt und der Stolz des Gemeinschaftsgeistes. Die der ewigen Gottheit geweihte Kunst verschönert das Dasein des Sterblichen; geistliche Musik glättet die Stürme der Seele und erfüllt die Herzen mit erhebenden Harmonien. Alles, was der Glaube an übernatürlichen Vorstellungen und Verheißungen in sich schließt: eine allwissende Gottheit, die Drohung ewiger Verdammnis, das Versprechen endloser Seligkeit, vor allem aber die Gebote, die nicht der unzuverlässigen Vernunft entspringen, sondern mit zwingender Gewalt vom Himmel selbst gegeben sind – sie helfen uns, einem Moralkodex nachzuleben, der, obschon er unserer Natur im Grunde unangemessen, doch für jede Kultur unentbehrlich ist. Unsere Instinkte haben sich in tausend Jahrhunderten eines unsicheren, auf die Jagd angewiesenen Daseins herausgebildet; sie machen uns weit mehr zu reißenden Jägern und wollüstigen Paschas als zu friedfertigen Bürgern. Was einmal Notwendigkeit war, würde unser heutiges soziales Gefüge bedrohen; wir müssen uns hundertmal am Tag bewußt oder unbewußt zur Ordnung rufen, um die Gebote der Zivilisation und Gesellschaft nicht zu verletzen. Schon in grauer Vorzeit, vor dem Beginn der Geschichte, haben sich Familie und Staat der Hilfe der Religion bedient, um die barbarischen Impulse des Menschen einzudämmen. Das von der Gottheit erlassene Gebot half Eltern, den Eigenwillen der Kinder zu brechen, sie zur Bescheidung und Selbstbeherrschung anzuhalten, und der heranwachsenden Jugend dienten religiöse Vorstellungen zur Entwicklung der Persönlichkeit und zur Ausformung des Gemeinsinns. Weltliche und geistliche Obrigkeit haben sich von jeher verbunden, um den angeborenen Anarchismus und die rücksichtslose Selbstsucht des Menschen in einer für alle verbindlichen sozialen Ordnung aufzufangen. Wäre das religiöse Gefühl nicht ein Urgefühl des Menschen, dann hätten die großen Gesetzgeber – Hammurabi, Moses, Lykurg, Numa, Pompilius – es wecken müssen.

Die Kirche Jesu hat ein Jahrtausend hindurch, von Konstantin bis Dante, dem religiösen Bedürfnis der Menschen und Staaten gedient. Sie erhob die Gestalt ihres Stifters zur göttlichen Verkörperung aller Tugenden, deren moralische Integrität selbst «Barbaren» zu bekehren vermochte; sie formulierte ein Credo, das jedes Menschenleben, selbst das bescheidenste, in ein unendliches überirdisches Geschehen einbezog. Sie stellte jeden einzelnen Menschen in eine direkte, ungeheuerliche Beziehung zu einem Gott, der ihn geschaffen, sich ihm in den heiligen Schriften geoffenbart und ihm ein Moralgesetz gegeben hatte; einem Gott, der vom Himmel herabgestiegen war, um zur Entsühnung der sündigen Menschheit Schmach und Tod zu erleiden und die Kirche als Hüterin seiner Lehre einzusetzen und als seine Stellvertreterin auf Erden zu bestellen. Jahr um Jahr gewann das großartige Schauspiel an zwingender Gewalt; Märtyrer und Heilige starben für ihren Glauben und halfen den Gläubigen durch ihr Vorbild und Verdienst. In hundert Formen und hunderttausend Werken machte der schaffende Kunstverstand das Geschehen auch dem Ungebildeten lebendig. Die jungfräuliche Mutter Maria wurde zur «reinsten Blüte aller Poesie», ihre Gestalt zum Inbegriff weiblicher Zärtlichkeit und mütterlicher Liebe; ihr widmete der Fromme seine Andacht, der Mönch seine schönsten Gesänge, sie inspirierte die Bildhauer, Maler, Dichter, die Erbauer der Dome und die Meister des Klanges und Gesanges. An zahllosen Altären vollzog sich täglich mit feierlichem Zeremoniell das Mysterium der Messe. Den reuigen Sünder erleichterten Beichte und Buße, das Gebet stärkte und tröstete ihn, im Abendmahl erlebte er die überwältigende Einheit mit seinem Erlöser, die Letzte Ölung öffnete ihm den Weg ins Paradies. Kaum je hat eine Religion eine ähnliche Vollkommenheit der Betreuung ihrer Gläubigen erreicht.

Als die Kirche an die Stelle des untergehenden Weströmischen Reiches trat und zur Ordnungs- und Friedensmacht der frühmittelalterlichen Welt wurde (524–1079), hat sie dank der Erbauung ihrer Lehre, der Anziehungskraft ihres Rituals, der höheren Sittlichkeit ihrer Gläubigen, dem Mut, dem Eifer und der Rechtschaffenheit ihrer Bischöfe und der überlegenen Rechtsprechung ihrer Gerichte der Welt ihr Bestes gegeben. Ihr, mehr als jeder anderen Institution, hat Europa das Aufblühen einer neuen Kultur nach den Einbrüchen der Barbaren in Gallien, England, Spanien und Italien zu danken. Mönche rodeten Wälder und trockneten Sümpfe, Klöster gaben den Armen Nahrung, den Reisenden Obdach, den Heranwachsenden Bildung. Die Nonnenklöster boten alleinstehenden Frauen ein Heim und den mütterlichen Instinkten Aufgaben der

Nächstenliebe; Jahrhunderte hindurch haben Klosterschwestern die weibliche Jugend erzogen und in ihren Spitälern und Asylen den Siechen und Elenden Zuflucht geboten. Daß der analphabetische Sturm die klassische Kultur nicht völlig verwehte, ist einzig das Verdienst der Mönche, die wohl manch wertvolles antikes Manuskript untergehen ließen oder gar vernichteten, aber auch Tausende aufbewahrten und kopierten, so daß die Humanisten der Renaissance in den klösterlichen Bibliotheken von St. Gallen, Fulda, Monte Cassino und anderswo kostbare Reste untergegangener Kulturen – die nie von Jesus Christus gehört hatten – auffinden konnten. Ein ganzes Jahrtausend lang, von Ambrosius bis Wolsey, hat die Kirche Europas Lehrer, Philosophen, Richter, Diplomaten und Staatsmänner erzogen; die ganze weltliche Obrigkeit ruhte in buchstäblichem Sinne auf dem soliden Fundament der Kirche. Als – etwa zur Zeit der Geburt Abälards – das Frühmittelalter zu Ende ging, da war es wieder die Kirche, die die gotischen Dome und die ersten Universitäten errichtete, um sowohl der Frömmigkeit als auch dem Intellekt Heimstätten zu bieten. Von ihr protegiert, erneuerten die Scholastiker den uralten Versuch, das Menschendasein und -schicksal auf logischem Weg zu interpretieren. Volle neun Jahrhunderte lebte die Kunst geistig aus der Inspiration des Glaubens und materiell durch die Gunst der Kirche; und als sich im Hochmittelalter die Künstler weltlichen Themen und Motiven zuzuwenden begannen, blieben kunstsinnige Päpste auch weiterhin ihre Mäzene. Aus der Entwicklungsgeschichte der Musik ist der kirchliche Beitrag ebensowenig wegzudenken.

Die größte Leistung der auf dem Zenit ihres Einflusses stehenden Kirche äußerte sich darin, daß sie dem brodelnden Hexenkessel Europa ein übernationales Moralgesetz und eine übernationale Obrigkeit gab. Das in allen kirchlichen Schulen gelehrte Latein diente den Denkern und schöpferischen Geistern der verschiedenen Nationen als Verständigungsmittel und einigendes Band; ein allen gemeinsames Credo und Ritual schweißte das vielsprachige Völkergemisch zu einer großen religiösen Einheit zusammen, so daß sich die Kirche unter Berufung auf ihre göttliche Einsetzung und göttliche Führung zum übernationalen Tribunal aufwerfen konnte, das irdische Streitigkeiten in letzter Instanz entschied. Papst Gregor VII. vollendete diesen Prozeß durch die Formulierung der Doktrin eines christlich-republikanischen Europas und zwang – nach einer Machtprobe zwischen Staat und Kirche – Kaiser Heinrich IV. zu dem berühmten Bittgang nach Canossa (1077). Nach langem Widerstand demütigte sich ein Jahrhundert später ein stärkerer Kaiser, Friedrich Barbarossa, in Venedig vor einem schwächeren Papst, Alexander III., und schließlich hob Innozenz III. das Ansehen und die Autorität des Papsttums zu solcher Höhe, daß eine Zeitlang Gregors Ideal eines ganz Europa moralisch bindenden Superstaates in greifbare Nähe gerückt schien.

Die Natur des Menschen machte den großen Traum zunichte. Die Verwalter der päpstlichen Gerichtsbarkeit erwiesen sich als allzu menschlich, als voreingenommen, käuflich, ja sogar erpresserisch, so daß sich die Völker und Könige, ebenso menschlich, gegen diese übernationale Autorität zu wehren begannen. Frankreich strebte, auf seinen wachsenden Reichtum gestützt, nach absoluter Souveränität; Philipp IV. bestritt in Fragen des Kirchenguts die Autorität Bonifaz' VIII., und die königlichen Emissäre wagten es sogar, den betagten Pontifex drei Tage in Anagni einzusperren (1303). Damit hatte die Reformation in einem ihrer wesentlichsten Aspekte – der Auflehnung der weltlichen Herrscher gegen die Oberherrschaft des Papsttums – begonnen.

## II. DIE KIRCHE AUF DEM TIEFSTEN PUNKT: 1307–1417

Im vierzehnten Jahrhundert verlor die Kirche vollends ihre überragende Stellung; von innerer Zersetzung angefressen, sah sie sich auch von außen her unerträglich gedemütigt. Aus dem Geiste der von lauterer Überzeugung und tiefer Hingebung erfüllten Apostelgestalten eines Petrus und Paulus geboren, war sie gewachsen und erstarkt und im Laufe der Jahrhunderte zu einer Ordnungsmacht von imponierender Kraft geworden, die durch ein ganzes System von sittlichen Normen das private und öffentliche Leben regelte, das soziale Gefüge aufrechterhielt, die zwischenstaatlichen Beziehungen überwachte und die intellektuellen Güter der Zeit verwaltete. Jetzt aber, am Ende des Hochmittelalters, war sie sich zum Selbstzweck geworden und hatte nur noch ihren Fortbestand und ihre eigenen materiellen Interessen im Auge. Philipp IV. von Frankreich setzte 1305 die Wahl eines Franzosen zum Oberhirten der Kirche durch und nötigte ihn, den Sitz des Papsttums nach Avignon an der Rhone zu verlegen. Volle achtundsechzig Jahre lang blieben die Päpste die Gefangenen und Helfershelfer der französischen Krone, und zwar so offensichtlich, daß ihr Ansehen bei den übrigen Nationen Europas proportional zum Rückgang ihrer Einkünfte aus diesen Ländern sank. In ihrer Geldnot besteuerten die hartbedrängten Statthalter Christi den Klerus, die Klöster und die Pfarrgemeinden immer schwerer. So mußte man als Entgelt für die Berufung zu einem geistlichen Amt als Antrittsgebühr die Hälfte des ersten Jahreseinkommens und dann alljährlich ein Zehntel desselben an die Kurie – den päpstlichen Verwaltungsapparat – entrichten. Das Pallium – das weißwollene Band, das als Zeichen der erzbischöflichen Würde über dem Meßgewand getragen wird – kostete einen neu ernannten Erzbischof eine hohe Gebühr. Starb ein Kardinal, Erzbischof, Bischof oder Abt, so fiel sein gesamter persönlicher Nachlaß an den päpstlichen Stuhl. Bis zum Amtsantritt des Nachfolgers bezog die Kurie die Nettoeinkünfte aus der verfallenen Pfründe, was sie dem häufig erhobenen Vorwurf aussetzte, sie ziehe das Interregnum geflissentlich in die Länge. Für jede Vergünstigung und jedes Urteil erwartete die Kurie eine Gegenleistung, und gerichtliche Entscheide hingen nicht selten von deren Höhe ab.

Der größte Teil der päpstlichen Einnahmen diente zur legitimen Finanzierung der Kirchenorganisation und ihrer Obliegenheiten als der – freilich ständig an Ansehen verlierenden – höchsten moralischen Instanz Europas. Daneben floß aber auch viel Geld in die Taschen der Prälaten, die sich nicht scheuten, es den zahlreichen Kurtisanen Avignons in den Schoß zu werfen. Guillaume Durand, Erzbischof von Mende, ließ sich in einer Eingabe an das Konzil von Vienne folgendermaßen vernehmen (1311):

«Kirche und Welt bedürfen der Reform, wenn es nicht heißen soll, der Glaube sei bei Prälaten und Geistlichen geschwunden ... Den Anfang muß man beim Haupte, bei der Kurie machen, denn sie ist in letzter Linie an allem schuld ... Wie groß an ihr die Habsucht sei, beweisen die Zahlungen und Geschenke, die dort für die Ämter der Kirche gegeben und genommen werden. In der ganzen Welt ist sie deswegen verrufen, und so weit einst die Predigten der Apostel gedrungen, so weit spricht jetzt das Volk davon, daß an der Kurie alle, vom Ersten bis zum Letzten, der Habsucht dienen.»[1]

«Wölfe haben die Kirche in ihrer Gewalt», klagte der spanische Prälat Alvaro Pelayo, «und laben sich am Blut der christlichen Herde». Eduard III. von England, selbst ein skrupelloser Steuereintreiber, ermahnte Clemens VI.: «Der Nachfolger der Apostel hat den Auftrag erhalten, die Schafe des Herrn zu weiden, nicht sie zu scheren.» In Deutschland wurden die päpstlichen Steuereinzieher verfolgt, ins Gefängnis geworfen, mißhandelt, sogar erdrosselt. Die Geistlichkeit von Köln, Bonn, Xanten und Mainz verschwor sich, den von Papst Gregor XI. geforderten Zehnten nicht zu leisten (1372).

Trotz all dieser Anklagen und Äußerungen des Unmuts pochten aber die Päpste weiterhin auf ihren absoluten Supremat über die weltlichen Fürsten. Um 1324 verfaßte Agostino Trionfi auf Veranlassung Papst Johannes' XXII. den Traktat *Summa de potestate ecclesiastica* als Antwort auf die von Wilhelm von Ockham und Marsilius von Padua gegen das Papsttum gerichteten Angriffe. Die Gewalt des Papstes – sagte Agostino – ist ihm von Gott verliehen worden, dessen Stellvertreter auf Erden er ist. Auch wenn er selbst ein großer Sünder ist, muß ihm gehorcht werden. Er kann durch ein allgemeines Kirchenkonzil abgesetzt werden, falls er sich offenkundig der Ketzerei schuldig macht. Davon abgesehen steht seine Autorität an zweiter Stelle nach der göttlichen und vor der weltlichen Macht. Er kann Könige und Kaiser nach seinem Gutdünken absetzen, auch gegen den Willen ihrer Völker oder, im Falle des deutschen Kaisers, gegen den Willen der Kurfürsten. Er kann die Dekrete weltlicher Monarchen für null und nichtig erklären und sich über die staatlichen Einrichtungen hinwegsetzen. Nichts, was ein Fürst dekretiert, ist rechtskräftig ohne die Zustimmung des Papstes. Der Papst steht höher als die Engel und ist der gleichen Verehrung wie die Jungfrau Maria und die Heiligen würdig. Papst Johannes sah in diesen Grundsätzen die logische Folgerung aus der – allgemein anerkannten – Tatsache der Einsetzung der Kirche durch Christus, den eingeborenen Sohn Gottes, und richtete sein Handeln mit unerbittlicher Konsequenz danach aus.

Nichtsdestoweniger fügte die Flucht der Päpste aus Rom und ihre Unterwürfigkeit gegen Frankreich ihrer Autorität schweren Schaden zu. Wie zur Bestätigung ihrer Abhängigkeit von den französischen Königen ernannten die Päpste von Avignon in dieser Zeit unter insgesamt 134 neuen Kardinälen 113 Franzosen. Die englischen Könige, über die Geldhilfe der Päpste an die französische Krone zur Finanzierung des Hundertjährigen Krieges erbost, duldeten stillschweigend Wiclifs Ausfälle gegen das Papsttum. Die deutschen Kurfürsten verbaten sich jede weitere Einmischung der Kurie in die Wahl der deutschen Könige und Kaiser. 1372 verkündeten die Äbte der Diözese Köln in aller Öffentlichkeit, der Apostolische Stuhl sei «in solche Verachtung gekommen, daß der katholische Glaube in diesen Gegenden vielfach gefährdet» erscheine. Der italienische Kirchenstaat, bestehend aus Latium, Umbrien, der Romagna und den Marken, war raubgierigen Condottieri in die Hände gefallen, die dem Papst formell Gehorsam schworen, aber die Einkünfte aus den kirchlichen Latifundien für sich behielten. Als zwei Legaten Urbans V. mit den Exkommunikationsbullen gegen die widerspenstigen Visconti in Mailand erschienen, zwang sie Bernabò Visconti, die Bullen samt Seidenkordel und Bleisiegel zu verschlingen (1362). Florenz, das mit Papst Gregor XI. im Streite lag, zog alle Kirchengüter in seinem Gebiete ein, hob die bischöflichen Gerichte auf, demolierte die Häuser der Inquisition, verhaftete alle widerspenstigen Priester, ja hängte sie sogar und richtete einen Appell an ganz Italien, die weltliche Macht der Kirche zu brechen. Es war augenscheinlich, daß die Päpste, wenn sie weiterhin die gehorsamen Diener Frankreichs blieben, ihren Halt über Europa vollends verlieren mußten. 1377 verlegte Gregor XI. den päpstlichen Stuhl wieder nach Rom.

Das Kardinalskollegium, das nach seinem Tode (1378) zum Konklave zusammentrat, bestand zwar zum überwiegenden Teil aus Franzosen, wählte aber, von den Drohungen des römischen Volkes eingeschüchtert, einen Italiener, der den Namen Urban VI. annahm. Urban war alles andere als urban; er ging mit solchem Ungestüm an die Arbeit und kündigte so einschneidende Reformen an, daß sich das Heilige Kollegium ein zweites Mal versammelte, die Wahl – als unter Zwang zustande gekommen – für ungültig erklärte und in der Person Roberts von Genf einen Gegenpapst aufstellte. Robert regierte als Clemens VII. in Avignon, während Urban weiterhin in Rom residierte. Das päpstliche Schisma, das damit seinen Anfang nahm und von 1378 bis 1417 dauerte, entsprang letzten Endes lediglich dem nationalen Notstand Frankreichs, das sich die moralische und finanzielle Unterstützung des Papsttums im Kampf gegen England erhalten wollte. Auf Clemens' Seite schlugen sich noch Neapel, Spanien und Schottland; England, Flandern, Deutschland, Polen, Böhmen, Ungarn, Italien und Portugal entschieden sich für Urban, und alle machten die Kirche zum Spielball der Parteien. Die beiden Hälften der christlichen Welt hielten einander wechselseitig für verketzert, abgefallen, exkommuniziert. Jede Partei behauptete, die von der Gegenseite ausgeteilten Sakramente seien wirkungslos; eine solchermaßen unwirksame Taufe, Absolution oder letzte Ölung hebe den Zustand der Todsünde nicht auf, und wer in diesem Zustand sterbe, verfalle der Hölle oder bestenfalls dem Limbus. Der expansionslüsterne Islam sah mit offenem Hohn auf diese Entzweiung im christlichen Lager.

Urbans Tod (1389) brachte keine Lösung. Die vierzehn Kardinäle wählten nacheinander Bonifaz IX., Innozenz VII. und Gregor XII. zu Päpsten, und der Riß, der durch die christliche Welt und Kirche ging, dauerte an. Als Clemens VII. starb (1394), erkoren die in Avignon residierenden Kardinäle einen spanischen Prälaten zu ihrem Papst, der den Namen Benedikt XIII. annahm, sich aber zum Rücktritt bereit erklärte, wenn Gregor XII. dem Beispiel folge; doch Gregors Verwandte, die bereits in ihren einträglichen Pfründen saßen, wollten nichts davon wissen. Daraufhin sagten sich mehrere Kardinäle von Gregor los und forderten die Einberufung eines Kirchenkonzils, während der französische König Benedikt den Rücktritt nahelegte. Als dieser sich weigerte, ließ Frankreich ihn fallen und erklärte sich für neutral. Benedikt flüchtete nach

Spanien, und seine Kardinäle beriefen gemeinsam mit den von Gregor abgefallenen das Konzil zu Pisa ein, das einen für alle Gläubigen annehmbaren Papst küren sollte.

Die theoretischen Grundlagen der Konziliarbewegung hatten aufsässige Philosophen schon vor fast hundert Jahren geschaffen. Wilhelm von Ockham hatte gegen die Gleichsetzung von Kirche und Klerus Einspruch erhoben. Die Kirche – hatte er gesagt – ist die Gesamtheit aller Gläubigen, und diese Gesamtheit besitzt eine höhere Autorität als irgendeiner ihrer Teile. Sie kann ihre Autorität auf ein allgemeines Konzil sämtlicher Bischöfe und Äbte übertragen, dem die Befugnis zustehen muß, den Papst nicht nur zu wählen, sondern auch zu rügen, zu maßregeln und sogar abzusetzen. Marsilius von Padua hatte die Meinung vertreten, ein allgemeines Konzil stelle die vereinigte Intelligenz der Christenheit dar, und kein einzelner Mensch dürfe es wagen, seine eigene Intelligenz höher anzuschlagen als die der Gesamtheit. Einem solchen Konzil müßten nicht nur Kleriker, sondern auch vom Kirchenvolk gewählte Laien angehören. 1381 wandte Heinrich von Langenstein, ein deutscher Theologe an der Pariser Universität, diese Ideen auf das päpstliche Schisma an. Mit welch zwingenden Gründen die Päpste ihren Supremat auch verteidigten, so sei dennoch eine Krise entstanden, aus der sich dem Verstand nur *ein* Ausweg biete, nämlich der Appell an eine außerhalb des Papsttums und über dem Heiligen Kollegium stehende Autorität, die imstande sei, die Kirche dem ihre Existenz bedrohenden Chaos zu entreißen; und eine solche Gewalt besitze nur ein allgemeines Konzil.

Das Konzil von Pisa trat am 25. März 1409 zusammen. Es forderte Benedikt und Gregor auf, vor der Versammlung zu erscheinen, und als sie der Aufforderung keine Folge leisteten, erklärte es beide für abgesetzt. An ihrer Stelle wählte es einen neuen Papst, Alexander V., mit der Weisung, vor dem Mai 1412 ein neues Konzil einzuberufen; dann löste es sich auf. Jetzt gab es nicht nur zwei, sondern drei Päpste. Alexanders Tod (1410) brachte keine Änderung, denn der Nachfolger, den ihm seine Kardinäle in der Person Johannes' XXIII. gaben, war der weitaus unlenksamste Pontifex seit der Regierung seines Vorgängers gleichen Namens, Johannes' XXII. Unter dem bürgerlichen Namen Baldassare Cossa hatte dieser Condottiere im Priestergewand als päpstlicher Vikar in Bologna mit unumschränkter Gewalt regiert, sich jeden Übergriff gestattet und das Letzte besteuert – darunter Prostitution, Wucher und Glücksspiel; nebenbei hatte er, wenn wir seinem Sekretär glauben wollen, zweihundert Frauen, Jungfrauen und Nonnen verführt. Aber er war begütert und verfügte über eine eigene Söldnertruppe. Ihm mochte es vielleicht gelingen, Gregor den Kirchenstaat zu entreißen und ihn damit zur Abdankung zu zwingen.

Johannes zögerte die vom Konzil von Pisa verlangte Einberufung eines neuen Konzils so lange wie möglich hinaus. Als er es in Konstanz am 5. November 1414 endlich zu eröffnen geruhte, war erst ein Bruchteil der 3 Patriarchen, 29 Kardinäle, 33 Erzbischöfe, 150 Bischöfe, 300 Doktoren der Theologie, 14 Deputierten der Universitäten, 26 Fürsten, 140 Edelleute und 4000 Priester, die an der Kirchenversammlung teilnehmen sollten, in Konstanz eingetroffen. Es war das größte Konzil in der Geschichte der Kirche und das wichtigste seit dem Konzil von Nikaia, von dem das christliche Glaubensbekenntnis formuliert worden war. Am 6. April 1415 veröffentlichte die Versammlung ein Dekret von wahrhaft revolutionärer Bedeutung, worin unter anderem zu lesen war:

«Dieses rechtmäßig im Namen des Heiligen Geistes versammelte Konzil von Konstanz bildet ein allgemeines, die streitende katholische Kirche darstellendes Konzil und hat unmittelbar von Jesus Christus seine Gewalt erhalten, welcher jede Person, welchen Stand und welche Würde sie auch habe, sei es auch die päpstliche, in allem, was den Glauben, die Austilgung der gegenwärtigen Spaltung und die allgemeine Reformation der Kirche Gottes in Haupt und Gliedern betrifft, zu gehorchen verpflichtet ist.»[2]

Das Konzil verlangte die Abdankung aller drei Päpste: Gregors XII., Benedikts XIII. und Johannes' XXIII. Als letzerer schwieg, nahm es eine gegen ihn gerichtete Beschwerdeschrift entgegen, die ihn in vierundfünfzig Klagepunkten des Heidentums, der Gewalttätigkeit, der Lüge, des Ämterschachers, des Verrats, der Unzucht und des Diebstahls bezichtigte; sechzehn weitere Anklagen wurden als allzu hart fallengelassen. Am 29. Mai 1415 sprach das Konzil die Absetzung aus. Gregor war der gewiegtere Diplomat; er erklärte sich mit der Amtsenthebung einverstanden, sofern ihm gestattet werde, kraft seines päpstlichen Supremats das Konzil formell aufs neue einzuberufen. Es wurde ihm zugebilligt, und am 4. Juli 1415 nahm das wieder zusammengetretene Konzil Gregors Verzicht entgegen. Um seine streng kirchliche Einstellung noch weiter zu dokumentieren, übergab es am 6. Juli den böhmischen Reformator Johannes Hus dem Scheiterhaufen. Am 26. Juli enthob es auch Benedikt XIII. seines Amtes; der Abgesetzte zog sich nach Spanien zurück, wo er, bis zu seinem Ende sich als Papst betrachtend, mit neunzig Jahren in der Nähe von Valencia starb. Am 17. November 1417 erkor ein Wahlausschuß Kardinal Oddone Colonna zum neuen Papst, der sein Pontifikat unter dem Namen Martin V. ausübte. Da alle Gläubigen ihn anerkannten, war die große Kirchenspaltung beendet.

Damit hatte das Konzil die erste Aufgabe bewältigt, verhinderte aber mit diesem Erfolg die Lösung der zweiten: die Reform der Kirche. Kaum trug Martin die Tiara, als er auch schon alle Vorrechte und Befugnisse des päpstlichen Stuhles beanspruchte und die im Konzil vertretenen Nationalitätengruppen so geschickt gegeneinander ausspielte, daß er sie dazu brachte, sich mit einem Minimum von harmlosen und nicht genau umschriebenen Reformen zu begnügen. Am 22. April 1418 löste sich das in seinem Eifer erlahmte Konzil auf.

## III. DER TRIUMPH DES PAPSTTUMS: 1417–1513

Martin setzte den Apparat der Kurie wieder in Gang, sah aber keinen anderen Weg der Geldbeschaffung als den herkömmlichen des Pfründen- und Ämterverkaufs. Da sich die Kirche über ein Jahrhundert ohne Reformen behauptet hatte, aber ohne Mittel kaum länger als eine Woche existieren konnte, hielt er Geld für nötiger als Reformen. 1430, ein Jahr vor Martins Ableben, erklang in dem Bericht eines deutschen Diplomaten in Rom an seinen Souverän beinahe schon die Sturmglocke der Reformation; es hieß darin unter anderem:

«Die Gierigkeit hat am Hofe zu Rom die Oberhand und weiß von Tag zu Tag mit neuen Listen und Finten das Geld aus Deutschland für die geistlichen Lehen auszupressen, daß groß Schreien und Klagen und Ärgernis ... darüber ist, so daß daraus wohl großer Zwist über die Papstschaft entstehen oder gar der Gehorsam endlich entzogen werden wird, damit man das Geld nicht also jämmerlich viel den Welschen zuschleppe, und das Letzte wäre wohl, wie ich vernehme, vielen Landen zu Sinne.»[3]

Martins Nachfolger trat sein Amt unter ungünstigen Voraussetzungen an. Als frommer Franziskanermönch taugte er schlecht zum Inhaber des Heiligen Stuhles, dem nicht nur religiöse, sondern ebensosehr politische Aufgaben oblagen. Der Papst hatte ein Staatsmann zu sein, der fest auf dem Boden der Wirklichkeit stand, und durfte es sich nur in seltenen Fällen erlauben, das Leben eines Heiligen zu führen. Eugen IV., der neugewählte Papst, hätte das Zeug zu einem Heiligen gehabt, aber die Kämpfe, die seiner warteten, ließen ihm nicht Zeit, ein solcher zu sein. Im ersten Jahre seines Pontifikates trat das Konzil von Basel zusammen und forderte erneut den Supremat der Konzile über den Papst. Der Reihe nach riß es alle päpstlichen Prärogative an sich: Es gewährte Ablässe und Dispense, verteilte Ämter und Pfründen und forderte die Auszahlung der Annaten an das Konzil, statt an die Kurie. Als Eugen seine Auflösung verfügte, setzte es ihn seinerseits ab und bestellte im Herzog von Savoyen, Amadeus VIII., einen Gegenpapst, der sich Felix V. nannte: Die Kirchenspaltung war erneuert (1439).

In Frankreich hatte die antipäpstliche Strömung schon im Jahr zuvor triumphiert: eine von Karl VII. einberufene Versammlung französischer Notabeln, Kirchenmänner und Rechtsgelehrter erließ (1438) die sogenannte Pragmatische Sanktion von Bourges, die folgende Bestimmungen aufstellte: Besetzung kirchlicher Ämter durch den ansässigen Klerus oder das Domkapitel, wobei dem König das Recht zur «Empfehlung» geeigneter Personen eingeräumt wird; Unzulässigkeit von Appellationen an die Kurie, solange nicht alle inländischen Rechtsmittel erschöpft sind; Einstellung der Überweisung der Annaten an den Papst. Diese Sanktion bedeutete praktisch die Bildung einer von Rom unabhängigen französischen Kirche mit dem König als Oberhaupt. Ein Reichstag zu Mainz faßte im Jahre darauf ähnliche Beschlüsse zur Schaffung einer unabhängigen Nationalkirche in Deutschland. Böhmen hatte sich schon früher vom Papst losgesagt. Das ganze Gebäude der römischen Kirche schien vor dem Zusammenbruch.

Eugens Rettung wurden die Türken. Als die Osmanenheere der Hauptstadt am Bosporus immer näher rückten, schien dem oströmischen Kaiser seine Stadt wohl eine römische Messe wert. Um die dringend benötigte finanzielle und militärische Hilfe des Westens zu erlangen, leitete er mit der Kurie Verhandlungen über die Vereinigung der griechischen mit der römischen Kirche ein, in deren Verlauf sich zahlreiche byzantinische Prälaten, Edelleute und Gelehrte in malerischen Gewändern nach Italien begaben, um mit den Spitzen der römischen Klerisei zu beraten (1438). Die Verhandlungen – zuerst in Ferrara, dann in Florenz – dauerten ein volles Jahr, bis endlich eine Einigung zustande kam, die den universellen Primat des Papstes über die ganze Christenheit festlegte. Am 6. Juli 1439 beugten sämtliche Teilnehmer der Kirchenversammlung, an ihrer Spitze der oströmische Kaiser, vor demselben Eugen, der eben noch der verachtetste und meistgehaßte aller Menschen gewesen war, die Knie. Die Einigung war zwar nur von kurzer Dauer, weil sie vom oströmischen Volk und Klerus abgelehnt wurde. Trotzdem gab sie dem Papsttum sein Ansehen zurück, entzog dem Konzil von Basel den Boden und bereitete dem zweiten Schisma ein Ende.

Eine Reihe von kraftvollen Päpsten, vom Geiste der neuen Zeit erfaßt und den Reichtum nutzend, der im Gefolge der Renaissance nach Rom strömte, führte jetzt das Papsttum zu einer solchen Höhe, wie es sie nicht einmal in den stolzen Tagen Innozenz' III. gekannt hatte. Nikolaus V. erntete für seine großzügige Förderung der Kunst und Gelehrsamkeit den Dank der Humanisten. Calixtus III. bereicherte den römischen Hof um die löbliche Sitte, Verwandten und Freunden Ämter und Würden zu verleihen, was sich zu einem der Krebsübel der Kirche auswuchs. Pius II., brillant als Schriftsteller, weniger brillant als Papst, gab sich große Mühe, Kurie und Klöster zu reformieren, und beauftragte einen Ausschuß von Prälaten, die für ihre Frömmigkeit und ihren untadeligen Lebenswandel bekannt waren, mit der Ausarbeitung von Vorschlägen für eine Kirchenreform, wobei er sein Anliegen freimütig umschrieb:

«Zwei Dinge liegen mir besonders am Herzen: der Krieg gegen die Türken und die Reform der Kurie, von welcher wie von einem Vorbilde die Verbesserung der kirchlichen Zustände abhängt, welche ins Werk zu setzen ich beschlossen habe; vor allem ist es meine Absicht, die Sitten der Geistlichen zu verbessern, alle Simonie und sonstigen Mißbräuche von der Kurie zu verbannen.»[4]

Die gutgemeinten Vorschläge des Ausschusses faßte Pius in einer päpstlichen Bulle zusammen, doch wollte kaum jemand in Rom von Reformen etwas hören; jeder zweite Prälat oder Offizial war Nutznießer irgendeiner mißbräuchlichen Einrichtung. Gleichgültigkeit und passiver Widerstand vereitelten alle Bemühungen, während der mißglückte Feldzug gegen die Türken die Kräfte und Finanzen des Papstes aufzehrten. Gegen Ende seines Pontifikates richtete er einen letzten Appell an seine Kardinäle:

«Wir leben in Freuden, sagen sie, sammeln Gelder, dienen der Hoffart, sitzen auf fetten Eseln und edlen Rossen, schleppen die Fransen der Mäntel nach uns, gehen mit vollen Backen unter dem roten Hute und der weiten Kapuze durch die Stadt, halten Hunde zur Jagd, schenken viel an Schauspieler und Schmarotzer, nichts aber zur Verteidigung des Glaubens. Und das ist nicht völlig erlogen: es sind mehrere unter den Kardinälen und den anderen Kurialen, die es so treiben. Wenn wir die Wahrheit eingestehen wollen, der Luxus und das Gepränge unserer Kurie sind zu groß. Darum sind wir dem Volke so verhaßt, daß man nicht auf uns hört, auch wenn wir aufrichtig sprechen. Wie meint ihr nun: was ist in solcher Schmach zu tun?... Wir müssen fragen, durch welche Mittel unsere Vorfahren uns diese weite Herrschaft der Kirche errungen haben; diese Mittel müssen auch wir anwenden ... Enthaltsamkeit, Keuschheit, Unschuld, Glaubenseifer, Glut der Religion, Verachtung des Todes, Sehnsucht nach dem Martyrtum haben die römische Kirche über den ganzen Erdkreis erhoben.»[5]

Trotz aller Anstrengungen der frommen Päpste Nikolaus V. und Pius II. und so vortrefflicher Prälaten wie der Kardinäle Giuliano Cesarini und Nikolaus von Cues nahm die innere Verderbtheit der Kirche im Laufe des fünfzehnten Jahrhunderts ständig zu. Die Tiara Pauls II. hatte mehr Geld gekostet als ein ganzer Palast. Sixtus IV. überschüttete seinen Neffen mit Reichtümern, beteiligte sich eifrig am Ränkespiel um die Macht, segnete die Geschütze, die seine Schlachten gewinnen sollten, und verkaufte, um seine Kriegskasse zu füllen, schamlos Kirchenämter an die Meistbietenden. Innozenz VIII. machte sogar den Vatikanspalast zum Schauplatz der Hochzeitsfeierlichkeiten seiner Kinder. Alexander VI. hielt, wie Luther und Calvin, nicht viel vom Priesterzölibat und zeugte fünf, wahrscheinlich sogar mehr Kinder, ehe er sich als Papst zu einem halbwegs enthaltsamen Lebenswandel bequemte. Seine Liebesaffären bildeten für die damalige Zeit ein weniger großes Ärgernis, als wir Heutigen vermuten. Die Mißachtung des Keuschheitsgelübdes war in klerikalen Kreisen gang und gäbe und wurde, sofern sie nicht allzu krasse Formen annahm, toleriert. Viel größeren Anstoß erregten Alexanders ränkevolle Diplomatie und die Ruchlosigkeiten seines Sohnes Cesare Borgia, der den Kirchenstaat für den Heiligen Stuhl zurückgewann und das Papsttum wieder stark und reich machte. In ihren diplomatischen und militärischen Feldzügen schreckten die Borgia vor keinen Ränken und Gewalttätigkeiten zurück, ganz im Sinne Machiavellis, der wenige Jahre später in seinem *Principe* (1513) diese Mittel als die einzig tauglichen zur Schaffung von kraftvollen Staaten und zur Einigung Italiens empfahl. Papst Julius II. übertrumpfte aber sogar die Borgia mit seinen Feldzügen gegen das räuberische Venedig und das eroberungslustige Frankreich. Wann immer er konnte, entzog er sich dem Gefängnis des Vatikans, führte seine Truppen persönlich und kannte keine größere Freude als das Leben im Felde. Europa war über den Anblick eines nicht nur säkularisierten, sondern sogar militarisierten Papsttums entsetzt, konnte aber diesem Papst, an dem ein Feldherr verlorengegangen war, die Bewunderung nicht versagen, und schon gar nicht, als man auch jenseits der Alpen von seinen Verdiensten um die Kunst und von der Förderung von Männern wie Raffael und Michelangelo erfuhr. Julius war es, der den Grundstein zum neuen Petersdom legte und den ersten Ablaß zur Geldbeschaffung für den Bau ausschrieb. In sein Pontifikat fiel auch Luthers Reise nach Rom, der bei dieser Gelegenheit mit eigenen Augen den «Sammelplatz aller Übel» – wie Lorenzo de' Medici die Hauptstadt der Christenheit genannt hatte – erblickte. In ganz Europa gab es keinen Fürsten mehr, der bereit gewesen wäre, das Papsttum als eine übernationale moralische Institution zu betrachten, die alle Nationen gleichsam zu einem christlichen Gemeinwesen zusammenschloß. Dazu verfolgte das verweltlichte Papsttum als individuelles Machtgebilde viel zu eigensüchtige Ziele. Mit dem Schwinden des allesverbindenden Glaubens brach Europa in einzelne nationalstaatliche Fragmente auseinander, die sich unter kein inter- oder übernationales moralisches Gesetz mehr beugten und einem Bruderkrieg entgegentrieben, der fünf und mehr Jahrhunderte dauern sollte.

Um den Renaissancepäpsten gerecht zu werden, müssen wir versuchen, sie vor dem Hintergrund ihrer Zeit zu sehen. Daß ihre Mißgriffe im nördlichen Europa besonderen Unwillen erregten, ist verständlich, denn es bezahlte sie. Man mußte das von Reichtum und Lebenslust überschäumende Italien in der Zeit zwischen den Pontifikaten Nikolaus' V. (1447–1455) und Leos X. (1513–1521) aus eigener Anschauung kennen, um ihre Haltung mit Nachsicht und Verständnis zu beurteilen. Wohl gab es auch fromme

Päpste, doch die meisten lebten, dem Zeitgeist huldigend, in der Überzeugung, daß die Welt – obschon für die große Mehrzahl ein Jammertal und voll von Fallstricken – gleichzeitig ein irdisches Paradies voll Schönheit, Überfluß und Daseinsfreude darstellt und es ihnen nicht verwehrt sein könne, ihr Leben zugleich mit den Vorrechten ihres Amtes zu genießen.

Ihre Verdienste sind unbestritten. Wieviel Mühe verwendeten sie nach der Rückverlegung der Kurie darauf, Rom der Verwahrlosung und dem Schmutz zu entreißen, in die es versunken war! Sie legten Sümpfe trocken (wenn auch nicht gerade mit eigener Hand), pflasterten Straßen und Gassen, setzten Wege und Brücken instand, verbesserten die Wasserversorgung, gründeten die Vatikanische Bibliothek und das Kapitolinische Museum, vergrößerten Spitäler, halfen den Bedürftigen, bauten und restaurierten Kirchen, schmückten die Stadt mit Palästen und Gärten, gaben der Universität neue Satzungen, unterstützten die Anstrengungen der Humanisten in ihrer Bemühung um die Wiedererweckung der klassischen Literatur, Philosophie und Kunst – und beschäftigten nicht zuletzt Maler, Bildhauer und Baumeister, deren Werke heute zu den herrlichsten Erbgütern der Menschheit gehören. Sie verschwendeten Millionen für Tand und Luxus – und Millionen für Werke von bleibendem Wert. Viel, allzu viel verschlang der Bau des neuen Petersdomes, aber verhältnismäßig nicht mehr als die Schloßbauten der französischen Könige an der Loire, in Versailles und Fontainebleau. Und möglicherweise entsprang die Konzeption des Petersdomes dem Gedanken, die zerstreuten und vergänglichen Reichtümer der Zeit in einem dauernden Wahrzeichen ewig junger Schönheit zu Ehren Gottes und der Menschen zu sammeln. Die meisten von diesen Päpsten lebten privat höchst bescheiden, einige, wie Alexander VI., sogar dürftig; Pomp und Luxus traten nur dort in Erscheinung, wo es das Ansehen der Kirche und die Schaulust der Gläubigen verlangte. Unter diesen Pontifikaten erhob das Papsttum, das eben noch so kraftlos und verachtet darniedergelegen hatte, sein Haupt in neuer Majestät.

## IV. DIE UMWELT ÄNDERT SICH

Aber während der Heilige Stuhl an Macht und Ansehen zuzunehmen schien, unterlag Europa politischen, wirtschaftlichen und geistigen Veränderungen, die den Bau der Kirche langsam, aber unaufhaltsam unterhöhlen mußten.

Den Nährboden der Religion bildet normalerweise die Agrarwirtschaft, während die industrialisierte Gesellschaft mehr zur Ratio neigt. Jede gute Ernte ist ein Geschenk des Himmels und ein Wunder der fruchtbaren Scholle. Der Landmann, der im Schweiße seines Angesichts sein Feld bestellt und von den Launen der Witterung abhängt, sieht rundherum übernatürliche Kräfte am Werk, die er durch Anbetung günstig zu stimmen sucht. Eine auf wechselseitigen Verpflichtungen aufgebaute feudal-religiöse Weltordnung, die vom Lehnsmann über den Lehnsherrn zum König und von diesem zu Gott führt, erscheint ihm als die natürliche Ordnung der Dinge. Der städtische Gewerbetreibende, der Kaufmann, der Fabrikant, der Finanzmann lebt in einer ganz anderen Welt – in der des Kalküls, der berechenbaren Größen, der materiellen Ursachen und voraussehbaren Wirkungen; Maschinen und Rechentabellen ermöglichen es ihm, immer weitere Wirkungsbereiche des «Naturgesetzes» zu erkennen. Die Entwicklung der Gütererzeugung, des Handels und des Geldwesens im fünfzehnten Jahrhundert, die Abwanderung der Arbeiter vom flachen Land in die Städte, der Aufstieg des handeltreibenden Bürgertums, das Übergreifen der Wirtschaft vom regionalen auf den nationalen und internationalen Raum – das alles mußte sich für einen Glauben verhängnisvoll erweisen, der in der Agrarwirtschaft des Feudalismus den Bedürfnissen von Menschen mit irrationalen Ängsten und Hoffnungen entsprochen hatte. Die Geschäftsleute der neuen Zeit duldeten die Einmischung der Kirche in ihre Angelegenheiten ebensowenig wie die Zollschranken der Feudalherren. Da die fortschreitende Kommerzialisierung und Industrialisierung die Darlehensaufnahme zu einer wirtschaftlichen Notwendigkeit machte, mußte die Kirche, ob sie wollte oder nicht, dem Darlehensgeber das Recht auf Zinsen zubilligen, obschon sie das Zinsgeschäft lange Zeit als wucherisch verboten hatte und jetzt ihren Rückzug mit gewundenen theologischen Erklärungen decken mußte. Um 1500 war das traditionelle Verbot praktisch wirkungslos geworden. In den staatlichen Verwaltungen traten je länger desto mehr Rechtsgelehrte und Angehörige des handeltreibenden Bürgerstandes an die Stelle der Kirchenmänner und Edelleute, und das triumphal aus der Vergangenheit auftauchende römische Recht wurde zum Schrittmacher der Säkularisation. Stück um Stück bemächtigte es sich der Gebiete, die bis dahin dem kanonischen Recht vorbehalten gewesen waren, und mit der Erweiterung der weltlichen Gerichtsbarkeit verloren die geistlichen Gerichte zusehends an Bedeutung.

Die jungen Nationalstaaten entzogen sich im Gefühl ihrer blühenden Wirtschaft und ihres Reichtums beinahe von Tag zu Tag der Bevormundung durch die Kirche. Die päpstlichen Legaten und Nuntien, die keine Autorität außer der päpstlichen anerkannten und die nationalen Kirchen zum Staat im Staate machten, wurden von den Monarchen nur noch widerwillig in ihren Herrschaftsbereichen geduldet. England beschränkte die wirtschaftliche und juristische Macht der Kirche durch zwei Parlamentsakte, das *Statute of Provisors* (1351) und das *Statute of Praemunire* (1353). Frankreich hob die Pragmatische Sanktion von Bourges zwar theoretisch auf (1516), doch ernannte der König weiterhin die Erzbischöfe, Bischöfe, Äbte und Priore. Auch der Senat von Venedig beharrte darauf, freigewordene geistliche Stellen nach eigenem Gutdünken zu besetzen. Ferdinand und Isabella von Spanien vergaben über den Kopf der Päpste hinweg kirchliche Ämter. Papst Sixtus IV. mußte den Kaisern des Heiligen Römischen Reiches – des Reiches, in dem Gregor VII. im Investiturstreit über Heinrich IV. triumphiert hatte – das Recht der Besetzung von sieben Bistümern und dreihundert Pfründen zugestehen. Freilich machten viele Souveräne von ihrem Recht einen schlechten Gebrauch, indem sie die Ämter mit Günstlingen besetzten, denen nur deren Einkünfte, nicht aber deren Pflichten am Herzen lagen. Mancher Mißbrauch, der der Kirche zur Last gelegt wurde, ist von solchen weltlichen Inhabern geistlicher Würden verschuldet worden.

Gleichzeitig ging auch in der geistigen Umwelt der Kirche eine Entwicklung zu ihren Ungunsten vor sich. Wohl brachten ihre Seminare noch fromme und eifrige Gottesgelehrte hervor, doch war in ihren eigenen Schulen und Universitäten eine Schar von gebildeten Laien herangewachsen, deren Gedankengänge ihrer geistigen Nährmutter nicht immer gefielen. Man höre, was um 1420 der heilige Bernhardin zu sagen hatte:

«Sehr viele Leute, wenn sie das verderbte Leben der Mönche und Brüder, der Nonnen und Weltgeistlichen betrachten, entsetzen sich darüber; ja öfters werden sie in ihrem Glauben irre und kennen nichts Höheres mehr als die Dächer ihrer Häuser. Die Dinge, die um unseres Glaubens willen sind geschrieben worden, halten sie nicht für wahr, sondern vermeinen, sie seien trügerische Erfindungen der Menschen und nicht durch göttliche Inspiration eingegeben ... Sie verachten die Sakramente und sagen, es gebe keine Seele; auch haben sie weder Furcht vor der Hölle noch Verlangen nach dem Himmel, sondern hängen ihr ganzes Herz an vergängliche Dinge und wollen haben, daß die Welt ihr Paradies sei.»[6]

Die geringste Frömmigkeit zeigten wohl die handeltreibenden Bürger; je größer der Reichtum, desto kleiner der Glaube. Nach John Gower (1325–1408) sollen sich die englischen Kaufleute keinen Pfifferling um das Leben nach dem Tode gekümmert und gesagt haben: «Wer die Süßigkeit dieses Lebens genießen kann und tut es nicht, ist ein Narr; denn niemand weiß, welchen Weg und wohin wir nach dem Tode gehen.» Das Scheitern der Kreuzzüge hatte schon früher zu der bangen Frage geführt, aus welchen unbegreiflichen Gründen die göttliche Vorsehung den Sieg des Islams zugelassen hatte, und als die Türken Konstantinopel eroberten, regten sich diese Zweifel aufs neue. Die Schriften, worin Nikolaus von Cues (1432) und Lorenzo Valla (1439) die Konstantinische Schenkung als Fälschung entlarvten, fügten dem Ansehen der Kirche großen Schaden zu und schwächten ihren Anspruch auf weltliche Macht. Die Wiederentdeckung der Antike und die Veröffentlichung ihrer Texte gaben der schon bestehenden Skepsis neue Nahrung, erschlossen sie doch eine hochentwickelte Literatur und Kunst aus einer Zeit lange vor der Geburt der christlichen Kirche – dieser Kirche, die soeben, im Fünften Laterankonzil (1512–1517), das Dogma *Nulla salus extra ecclesiam* – «Kein Heil ist außerhalb der Kirche» – aufgestellt hatte. Die Entdeckung Amerikas und die immer ausgedehnteren Forschungsreisen in den Orient brachten Kunde von zahllosen Völkern, die das Christentum verwarfen oder gar nicht kannten, ohne daß ihnen deshalb irgend etwas abging – ja die von ihrem eigenen, ganz anders gearteten Glauben ebenso fest überzeugt waren wie die Christen von dem ihren und an ihm einen ebenso starken Halt hatten. Reisende, die aus «heidnischen» Ländern zurückkehrten, wußten von den seltsamsten Bräuchen zu erzählen; man sprach darüber auf dem Markt und am Hafen, die fremden Kulte und das Christentum gerieten in Tuchfühlung, und die feindlichen Lehren nutzten sich wechselseitig ab.

Die Philosophie, die noch im dreizehnten Jahrhundert die Dienerin der Theologie gewesen war und ihre einzige Aufgabe darin gesehen hatte, rationale Begründungen für die kirchlichen Dogmen zu finden, streifte im vierzehnten Jahrhundert mit Wilhelm von Ockham und Marsilius von Padua diese Fessel ab, um im sechzehnten mit Pomponazzi, Machiavelli und Guicciardini eine herausfordernd weltliche, unverblümt skeptische Haltung einzunehmen. Etwa vier Jahre vor Luthers Thesenanschlag schrieb Machiavelli die prophetischen Worte:

«Wäre von den Häuptern der christlichen Republik unsere Religion erhalten worden, wie sie der Stifter gab, so würden die christlichen Staaten und Länder viel glücklicher sein als jetzt. Allein, wodurch ließe sich mit mehr Sicherheit auf ihr Sinken schließen, als wenn man sieht, daß die Völker, welche der römischen Kirche, dem Haupte unserer Religion, am nächsten sind, am wenigsten Religion haben? Wer daher ihre Fundamente in Betracht zieht und sieht, wie der jetzige Gebrauch davon abweicht, wird die Überzeugung fassen, daß ihr Untergang oder ein Strafgericht nahe sei.»[7]

## V. DIE KIRCHE AUF DER ANKLAGEBANK

Wiederholen wir an dieser Stelle kurz die Beschuldigungen, die kirchentreue Katholiken im vierzehnten und fünfzehnten Jahrhundert gegen die Kirche erhoben haben. Erstens und vor allem warf man ihr vor, am Golde zu hängen und viel mehr davon zu besitzen, als für sie gut sei*. In den «Gravamina [Beschwerden] der deutschen Nation», die der Reichstag zu Nürnberg 1524 gegen die Kirche erhob, wurde unter anderem behauptet, daß sich die Hälfte des gesamten Reichtums der deutschen Nation in kirchlichen Händen befinde. Ein katholischer Historiker berechnete den Anteil der Kirche am Nationalvermögen Deutschlands auf ein Drittel, an dem Frankreichs auf ein Fünftel; ein Generalprokurator am *Parlement* veranschlagte 1502 den kirchlichen Anteil am Gesamtvermögen Frankreichs sogar auf drei Viertel. Es existieren keine Statistiken, an Hand deren diese Angaben überprüft werden könnten. In Italien gehörte ein Drittel des Bodens ohnehin zum Kirchenstaat, und im Gebiet der übrigen Halbinsel besaß die Kirche weitere große Ländereien**.

Sechs verschiedene Ursachen wirkten beim Wachstum des kirchlichen Grundbesitzes zusammen: 1. Die meisten Personen, die Grund und Boden zu hinterlassen hatten, vermachten einen Teil der Kirche – gleichsam als Versicherung gegen das Fegefeuer –, und da die Mitwirkung kirchlicher Amtspersonen bei der Abfassung und Beglaubigung der Testamente unerläßlich war, fiel es diesen leicht, die Testatoren in dem gewünschten Sinn zu beeinflussen. 2. Da kirchlicher Grundbesitz vor räuberischen Überfällen durch Banditen, Soldaten und Steuereinzieher gesicherter erschien, gaben viele Leute ihren Besitz schon bei Lebzeiten der Kirche zu Lehen und nach ihrem Tode zu eigen. Andere verschrieben ihren Besitz ganz oder teilweise kirchlichen Institutionen, die sich

* «Eine Quelle des Verderbens für die deutsche Kirche war vor allem ihr übermäßiger Reichtum, der in seinem ungesunden Anwachsen einerseits den Neid und Haß der Laien erweckte, andererseits aber auch auf die Diener der Kirche höchst ungünstig zurückwirken mußte.» – Pastor, *Geschichte der Päpste*, Bd. IV, I. Kap., S. 200.

** In jeder wie immer gearteten Gesellschaft besitzt eine Minderheit von Personen ein Übergewicht an Fähigkeiten; deshalb wird über kurz oder lang eine Minderheit ein Übergewicht an Gütern, Machtmitteln und Vorrechten in ihrer Hand vereinigen. Die damalige Konzentration des Reichtums in kirchlichen Händen hatte ihren Grund darin, daß die Kirche lebenswichtige Aufgaben erfüllte und ihr gleichzeitig auch die fähigsten Männer dienten. Die Reformation vollzog, indem sie die Säkularisation des kirchlichen Besitzes und der kirchlichen Einkünfte vornahm, in gewissem Sinne eine Neuverteilung dieses auf ganz natürlichem Wege angewachsenen Reichtums.

dafür verpflichteten, bei Krankheit und im Alter für sie zu sorgen – eine Art von Invaliden- und Altersversicherung. 3. Manche Kreuzritter verkauften oder verpfändeten Grundbesitz an die Kirche, um Geld für ihr Abenteuer aufzubringen, und lösten ihn nicht mehr ein. 4. Die Kirche hatte durch ihre Mönchsorden der Wildnis viele Hunderttausende Hektar Ackerland abgewonnen. 5. Der von der Kirche erworbene Grund und Boden verblieb ein für allemal in ihrem Besitz. Eine Wiederveräußerung durch Verkauf oder Schenkung war ausgeschlossen – es sei denn in ganz besonderen Fällen und auch da nur nach Überwindung größter legaler Schwierigkeiten. 6. Kirchlicher Grundbesitz unterlag im allgemeinen keiner staatlichen Besteuerung, wenn auch weltliche Machthaber – der ihrer wartenden Höllenstrafe ungeachtet – gelegentlich den Klerus zur Entrichtung von Steuern zwangen oder durch Rechtsverdrehung die Hand auf kirchliches Vermögen legten. Die Monarchen jenseits der Alpen hätten übrigens der Kirche ihren Reichtum weniger verargt, wenn die kirchlichen Einkünfte und die Stiftungen der Gläubigen wenigstens innerhalb der Landesgrenzen verblieben wären; was sie erbitterte, war der Abfluß des Goldes nach Rom.

Die Kirche betrachtete sich hingegen immer noch als die höchste moralische Autorität Europas und als berufen, die Sittlichkeit und öffentliche Ordnung zu wahren, die junge Generation zu erziehen und Literatur, Kunst und Wissen zu fördern. Und in der Tat erwarteten die Staaten, daß sie diese Aufgaben erfülle. Dazu brauchte sie eine ausgedehnte und kostspielige Organisation, und um diese zu finanzieren, mußte sie Steuern und Abgaben erheben; denn auch eine Kirche lebt nicht vom Gebet allein. In zahlreichen Diözesen übten die Bischöfe die geistliche wie die weltliche Gewalt aus. In ihrer Mehrzahl von einem Monarchen auf Grund ihrer Zugehörigkeit zu einem großen Haus in ihr Amt eingesetzt, waren sie an Wohlleben und Luxus gewöhnt und standen an Geldgier und Verschwendungssucht den weltlichen Fürsten nicht nach. Zu ihren mancherlei Funktionen gehörte auch die Kriegführung, und oft genug erregten sie den Unwillen der Frommen, wenn sie in kriegerischer Rüstung ihren Truppen persönlich voranritten. Den Kardinalshut verdiente man sich selten durch Frömmigkeit; Vermögen, Verwaltungsgeschick und verwandtschaftliche Beziehungen zu den großen Geschlechtern waren weit wichtiger. Die Kardinäle betrachteten sich daher auch nicht als Priester, die geistlichen Gelübden nachzuleben hatten, sondern als Senatoren und Diplomaten eines reichen und mächtigen Staates. Vielfach waren sie nicht einmal Priester; in keinem Fall aber hinderte sie ihr roter Hut daran, das Leben zu genießen. Die Armut der Apostel war über den Geld- und Machtbedürfnissen der Kirche in Vergessenheit geraten.

Die damalige Mißwirtschaft entsprach ebensosehr dem Zeitgeist wie der menschlichen Schwäche. In den weltlichen Kanzleien war man nicht weniger bestechlich als in den kurialen; daß die weltlichen Gerichte einen mit Gold gefüllten Beutel als das beweiskräftigste Argument betrachteten, war notorisch, und bei keiner Papstwahl hatte Geld eine so große Rolle gespielt wie bei der Wahl Karls V. zum deutschen Kaiser. Von diesem Einzelfall abgesehen, wurden die höchsten Schmiergelder aber doch am römischen Hof bezahlt. Die von der Kurie festgesetzten Gebühren für kirchliche und weltliche Amtshandlungen wurden von der Geldgier der kirchlichen Offiziale auf das Zwanzigfache ihrer ursprünglichen Höhe emporgetrieben. Wenn man sie teuer genug bezahlte, gab es Dispense von beinahe jeder kanonischen Satzung und fast allen Sünden. Aeneas Silvius schrieb – bevor er Papst wurde –, in Rom sei für Geld alles, ohne Geld nichts zu haben. Eine Generation später nannte der florentinische Mönch Savonarola in zorniger Übertreibung die Kirche eine «schamlose Hure», der für Geld alles feil sei. Und noch ein Menschenalter später bemerkte Erasmus: «Die Schamlosigkeit der römischen Kurie hat ihren Gipfel erreicht.» Pastor schreibt:

«Eine tiefe Korruption hatte schon seit langem fast die gesamte Beamtenschaft ergriffen ... Die echt italienische Kunst der Verzögerung des Geschäftsganges, die unzähligen Trinkgelder und Einzeltaxen waren auf das äußerste ausgebildet worden. Daneben kamen nach wie vor direkt betrügerische Manipulationen, ja auch Fälschungen von Aktenstücken durch Beamte selbst vor. Kein Wunder, daß aus allen Teilen der Christenheit die lautesten Klagen ertönten über die Korruption und Geldschinderei der päpstlichen Beamten, daß man offen sagte, in Rom sei alles feil.»[8]

Die Stufenleiter der kirchlichen Hierarchie kraft eigener Leistung zu erklimmen, gehörte im fünfzehnten Jahrhundert zu den Ausnahmefällen. Jede Einsetzung in ein kirchliches Amt setzte stillschweigend eine Abfindung an die zuständigen Stellen voraus – angefangen mit der bescheidenen Gebühr zur Erlangung der Priesterweihe bis hinauf zu den Riesensummen, die für einen Kardinalshut zu bezahlen waren. Eine der beliebtesten Maßnahmen geldbedürftiger Päpste bildete der Verkauf von geistlichen Ämtern oder – wie die Päpste es sahen – die Verleihung von Pfründen und Ehrenstellen bis hinauf zum Kardinalat. Alexander VI. schuf achtzig neue Beamtenstellen und verkaufte sie für je 760 Dukaten. Julius II. rief ein Kollegium von 101 Sekretären ins Leben, die insgesamt 74000 Dukaten für ihre Bestallung bezahlten. Leo X. kassierte von 60 Titularkämmerern und 141 ebensolchen Kavalieren der päpstlichen Hofhaltung 202 000 Dukaten ein. Die Saläre, die diese Leute bezogen, wurden von Geber und Empfänger als eine Art von Prämie oder Zins für das eingezahlte Kapital betrachtet. In Luthers Augen dagegen war das gesamte Verfahren nichts anderes als krasse Simonie.

In Tausenden von Fällen lebte der Inhaber eines Amtes meilenweit von seinem Benefizium – Bistum, Kirchsprengel oder Abtei – entfernt und beschränkte sich auf den Bezug der Einkünfte. Es kam auch vor, daß mehrere Würden in einer Hand vereinigt waren. So bezog Kardinal Rodrigo Borgia, der spätere Alexander VI., aus einer ganzen Reihe von Pfründen ein Jahreseinkommen von insgesamt 70 000 Dukaten; und sein erbittertster Feind, der Kardinal della Rovere und spätere Julius II., war zu einem gewissen Zeitpunkt seiner Laufbahn zugleich Erzbischof von Avignon, Bischof von Bologna, Lausanne, Coutances, Viviers, Mende, Ostia und Velletri sowie Abt von Nonantola und Grottaferrata. Durch diesen «Pluralismus» verschaffte die Kirche ihren «Chefbeamten» und in vielen Fällen auch Gelehrten, Dichtern und Künstlern einen standesgemäßen Lebensunterhalt. So war Petrarca, der bekanntlich an den Päpsten in Avignon scharfe Kritik übte, Inhaber mehrerer Ämter, die ihm ebendiese Päpste verschafft hatten; Erasmus, der die Torheiten des Klerus Dutzende von Malen aufs

Korn nahm, bezog von der Kirche eine dauernde Pension, und Kopernikus, der der mittelalterlichen Gläubigkeit unermeßlichen Schaden zufügte, lebte jahrelang von einem kirchlichen Benefizium, das ihm erlaubte, sich bei einem Minimum von Pflichten fast völlig seinen gelehrten Studien zu widmen.

Noch schwerer als der Pluralismus wog in den Augen der Ankläger die lockere Lebensführung des Klerus. «Die Sitten des Klerus sind verdorben», klagte der Bischof von Torcello (1458); «sie sind für die Gläubigen zum Ärgernis geworden.» Bei den vier im Laufe des dreizehnten Jahrhunderts gegründeten Mönchsorden – den Franziskanern, Dominikanern, Karmelitern und Augustinern – zeigte sich, mit Ausnahme des letzten, ein bedenkliches Nachlassen der Frömmigkeit und Disziplin. Die im Überschwang des jungen Glaubenseifers aufgestellten Klosterregeln erwiesen sich als zu starr für die Menschen eines Zeitalters, das den Glauben an die Hölle und ihre Schrekken verloren hatte. Die Mönche, auch die der Bettelorden, die dank ihrem kollektiven Reichtum von der Notwendigkeit manueller Arbeit befreit waren, vernachlässigten zu Tausenden ihre religiösen Pflichten, schwänzten Messe und Beichte, trieben sich außerhalb der Klostermauern herum, besuchten Schenken und ergaben sich der Liederlichkeit. Der Dominikanermönch John Bromyard sagte im vierzehnten Jahrhundert über seine Mitbrüder aus:

«Die, welche die Versorger der Armen sein sollten, sind lüstern nach köstlicher Speise und schlafen in den Tag hinein ... Nur ganz wenige bequemen sich, der Matutin oder der Messe beizuwohnen ... Sie sind der Völlerei und Trunksucht ergeben ... wenn nicht sogar der Unzucht, so daß die Klöster heutzutage für Bordelle und Sammelplätze von liederlichem Volk und Gauklern gelten.»[9]

Erasmus erhob hundert Jahre später die gleiche Beschuldigung: «Viele Klöster von Männern und Frauen unterscheiden sich wenig von öffentlichen Freudenhäusern.» Von Petrarca besitzen wir einen lobenden Bericht über das Kartäuserkloster, dem sein Bruder angehörte, und auch in Holland und Westdeutschland erhielt sich in einigen Konventen der Geist der Frömmigkeit und Gottesgelehrtheit, der die Kongregation der Brüder vom Gemeinsamen Leben zu Deventer ins Dasein gerufen und die *Nachfolge Christi* hervorgebracht hatte. Nichtsdestoweniger rügte um 1490 der Abt von Sponheim, Johannes von Tritheim, die Mönche derselben Gegend mit scharfen Worten:

«Die drei Mönchsgelübde ... werden von diesen Männern so wenig eingehalten, als hätten sie sie nie abgelegt ... Den ganzen Tag verbringen sie mit unflätigen Reden; ihre ganze Zeit füllen sie mit Würfelspiel und Völlerei ... Jeder hat seine eigene private Wohnung und macht kein Hehl aus seinem persönlichen Besitz ... Weder fürchten sie Gott, noch lieben sie ihn; sie haben keinen Gedanken an das ewige Leben, sondern ziehen die Lust des Fleisches dem Heil ihrer Seele vor ... Sie verlachen das Gelübde der Armut, sie kennen nicht das Gelübde der Keuschheit, sie schmähen das Gelübde des Gehorsams ... Ihre Verderbtheit stinkt rund herum zum Himmel.»[10]

Guy Jouenneaux, der im Auftrag des Papstes die französischen Benediktinerklöster reformieren sollte, zeichnete ein düsteres Bild der dortigen Zustände (1503): Viele Mönche sind vom Spielteufel besessen, fluchen, besuchen Wirtshäuser, tragen Waffen, sammeln Schätze, huren, «führen ein bacchantisches Leben» und «sind weltlicher gesinnt als die Weltleute. Hätte ich im Sinn, alle Dinge zu erzählen, die mir vor Augen gekommen sind, dann würde mein Bericht gar zu lang.» Mit der zunehmenden Lokkerung der Klosterdisziplin setzte in vielen Klöstern eine Vernachlässigung jener wohltätigen Werke ein, die vom Laienstandpunkt aus auch jetzt noch mit zu ihren vornehmsten Aufgaben gehörten und ihnen das Vertrauen und die finanzielle Unterstützung der Öffentlichkeit eingetragen hatten: die Fürsorge für die Armen und Kranken, die Aufnahme von Reisenden, die Erziehung der Jugend. Papst Leo X. äußerte sich folgendermaßen (1516): «Das Fehlen jeglicher Regel in den meisten Klöstern Frankreichs und das unsittliche Treiben der Mönche haben ein solches Ausmaß erreicht, daß niemand mehr, weder Könige noch Fürsten noch Gläubige überhaupt, irgendwelchen Respekt für sie hat.» Ein katholischer Historiker unseres Jahrhunderts bewertet die Situation um 1490 mit möglicherweise übertriebener Strenge folgendermaßen:

«Man lese die zahllosen Zeugnisse jener Zeit: Anekdoten der Geschichtsschreiber, Verweise der Moralisten, Satiren der Humanisten und Dichter, Bullen ... Kapitel- und Synodalsatzungen ... Was sagen sie? Immer dieselben Tatsachen und dieselben Klagen: Die Untergrabung des klösterlichen Lebens, der Disziplin, der Sittlichkeit ... Ungeheuer ist die Zahl der Mönche, die dem Raub und der Ausschweifung ergeben sind. Man muß, um sich Rechenschaft über die herrschende Unordnung geben zu können, die in Gerichtsprotokollen niedergelegten Einzelheiten über die inneren Zustände in den meisten größeren Abteien lesen ... Unter den Kartäusern waren die Mißbräuche so groß, daß der Orden fast überall in schlechtem Rufe stand ... In den Frauenklöstern war das klösterliche Leben völlig abhanden gekommen ... Alles trug dazu bei, diese Asyle des Gebetes zu Sammelstätten der Ausschweifung und Liederlichkeit zu machen.» [11]

Die Weltgeistlichen boten, wenn man von ihren Konkubinaten absieht, ein erfreulicheres Bild als die Klosterbrüder. Das Hauptübel der einfachen Landpfarrer lag in ihrer geringen Bildung; sie waren aber zu schlecht besoldet und von ihren Aufgaben zu sehr in Anspruch genommen, als daß sie Zeit und Möglichkeit zur Weiterbildung gehabt hätten. Doch darf man aus der Frömmigkeit im Volke schließen, daß es diese schlichten Diener am Worte Gottes liebte und verehrte. Die Verletzungen des Keuschheitsgelübdes waren freilich häufig. In der englischen Grafschaft Norfolk befanden sich unter 73 Personen, die 1499 wegen Unkeuschheit vor Gericht erschienen, 15 Geistliche; in Ripon unter 126 Personen 24, in Lambeth unter 58 Personen 9. Mit anderen Worten: Der Anteil der geistlichen Sünder betrug etwa 23 Prozent aller Angeklagten, obgleich die Geistlichen nur etwa 2 Prozent der Gesamtbevölkerung ausmachten. Es gab Beichtväter, die an ihre weiblichen Beichtkinder unkeusche Zumutungen stellten. Die Zahl der Priester, die sich Konkubinen hielten, ging in die Tausende; in Deutschland hatte fast jeder Geistliche eine Beischläferin. In Rom betrachtete man es als selbstverständlich, daß die Priester mit Konkubinen zusammenlebten, und einem zeitgenössischen Bericht ist zu entnehmen, daß Rom bei einer Bevölkerung von damals knapp 100000 Seelen schätzungsweise 6000 Prostituierte zählte. Hören wir hierzu die Äußerung eines katholischen Historikers:

«Es kann nicht überraschen, daß bei solchen Zuständen im hohen und höchsten Klerus die kirchliche Zucht daniederlag und auch unter der Ordens- und Weltgeistlichkeit Unordnung und sittliche Ausschreitungen aller Art immer mehr um sich griffen. Das Salz der Erde war vielfach schal geworden ... Unwürdige Priester dieser Art waren es, welche Erasmus und Luther, die Rom zur Zeit Julius' II. besuchten, Anlaß zu ihren zum Teil ohne Zweifel übertriebenen Darstellungen gaben. Unrichtig ist es indessen, wenn man glaubt, daß die Verderbnis des Klerus gerade in Rom am größten gewesen sei; für fast alle Städte der italienischen Halbinsel liegen Zeugnisse über die Verderbtheit der Geistlichen vor ... Daß unter solchen Umständen an vielen Orten der Einfluß und die Achtung vor dem Priesterstande schwand, wie dies zahlreiche Zeitgenossen beklagen, erscheint natürlich. Die Sittenlosigkeit in weiten Kreisen des Klerus war so groß, daß sich Stimmen für die Priesterehe erhoben.»[12]

Um der Gerechtigkeit willen sollten wir freilich bedenken, daß das priesterliche Konkubinat nicht einfach einen Ausfluß menschlicher Verderbtheit darstellte, sondern eher einen überall laut werdenden Protest gegen das Gebot der Ehelosigkeit, das Papst Gregor VII. der Geistlichkeit gegen ihren Willen aufgezwungen hatte (1074). Der Klerus der römischen Kirche glaubte das gleiche Recht zu besitzen wie seine Amtsbrüder in der griechisch- und russisch-orthodoxen Kirche, denen der Ehestand erlaubt war; und da das kanonische Recht es ihm verweigerte, behalf er sich mit Konkubinen. Nach Bischof Hardouin von Angers betrachteten (1428) die Priester seiner Diözese das Konkubinat nicht als sündhaft und machten kein Hehl daraus, daß sie sich seiner bedienten. In Pommern hielt man um 1500 solche gesetzlosen Verbindungen sogar für einen vernünftigen Befehl und förderte sie; die Männer versprachen sich davon einen Schutz für ihre Weiber und Töchter; an der Kirchweih räumte man dem Priester und seiner Gefährtin üblicherweise den Ehrenplatz ein. In Schleswig verjagte man einen Bischof, der gegen diesen Brauch wetterte, aus seinem Amt (1499). Am Konzil zu Konstanz plädierte Kardinal Zabella für die Wiederzulassung der Priesterehe, weil sich das Priesterkonkubinat nicht unterdrücken lasse. Kaiser Sigismund sprach in einer Botschaft an das Konzil zu Basel (1431) seine Überzeugung aus, daß die Wiedereinführung der Priesterehe der öffentlichen Moral förderlich wäre. Der Historiker Platina, unter Pius II. Bibliothekar im Vatikan, hat Pius' Ausspruch kolportiert, es gebe gute Gründe für das Priesterzölibat und bessere Gründe dagegen. Das sittliche Verhalten der vorreformatorischen Geistlichkeit erscheint in einem besseren Licht, wenn man im Priesterkonkubinat eine begreifliche Revolte gegen eine allzu harte Satzung sieht, die nicht von den Aposteln herrührte und in den Ostkirchen unbekannt war.

Den letzten Anstoß zur Reformation bildete die mißbräuchliche Behandlung des Ablasses. Kraft der Gewalt, die laut dem Evangelium Matthäi (16. Kapitel, 19. Vers) von Christus offensichtlich auf Petrus übertragen worden ist und von Petrus über die Bischöfe auf die Priester übertragen wurde, besaßen diese die Vollmacht, zu lösen und zu binden, das heißt den beichtenden und bereuenden Sünder von Schuld und Höllenstrafe freizusprechen, nicht aber auch von der diesseitigen Sühne. Da indes keine noch so gründliche Beichte alle Sünden zu erfassen und deshalb kaum ein Mensch schon im Diesseits genügende Buße zu tun vermag, habe – so lehrte die Kirche – ein barmherziger Gott das Fegefeuer zur Verbüßung des Sündenrests als eine zeitweilige Hölle geschaffen. Andererseits habe Christus durch seinen Opfertod eine unerschöpfliche Fülle göttlicher Gnade erwirkt, und auch die Heiligen hätten durch ihr gottgefälliges Leben und ihren Märtyrertod Verdienste vor Gott erworben, die größer seien als die für ihre Sünden erforderliche Buße. Auf diesen Überschuß an Verdiensten könnten die Päpste wie auf eine Schatzkammer zurückgreifen, um dem absolvierten Sünder die auferlegte, aber noch nicht vollzogene zeitliche Buße ganz oder teilweise zu erlassen. Die Skala der Kirchenbußen war mannigfaltig: Aufsagen von soundso vielen Vaterunser und Ave-Maria, milde Gaben, Wallfahrten zum Grab eines Heiligen oder zu einer wunderwirkenden Reliquie, Teilnahme an einem Kreuzzug nach dem Heiligen Land oder gegen sonstige Ungläubige, Geldspenden oder Leistung von Frondienst zur Urbarmachung von Wäldern und Sümpfen oder zum Bau von Straßen, Brücken, Kirchen und Asylen. Die weltliche Gerichtsbarkeit hatte von jeher die Verbrechenssühnung durch ein Blut- oder Wergeld gekannt; daher erregte die Anwendung dieses Prinzips auf die Ausgabe von Ablässen anfänglich kein Befremden. Zweck der Ablässe war es ursprünglich, dem losgesprochenen Sünder – gegen Abgabe von Geld an das päpstliche Schatzamt zur Bestreitung der Kirchenausgaben – einen Tag, einen Monat, ein Jahr, ja sogar die Gesamtheit der im Fegefeuer zu leistenden (Rest-)Buße zu erlassen. Doch wurde die aus Versündigung herrührende Schuld durch einen Ablaß nicht aufgehoben; das geschah nur durch die priesterliche Absolution des reuigen Sünders im Beichtsakrament. Ein Ablaß bildete daher den Erlaß seitens der Kirche von zeitlichen (nicht ewigen) Strafen für die in der Beichte vergebenen Sünden.

Diese spitzfindige und komplizierte Theorie wurde teils durch die Einfalt der Menge, teils durch die Habgier der *quaestiarii*, der beauftragten oder angeblichen Ablaßkrämer, in kurzer Zeit korrumpiert. Da diese einen gewissen Prozentsatz der Einnahmen behalten durften, unterließen es manche von ihnen, mit der nötigen Schärfe auf die Voraussetzungen des Ablasses, nämlich Reue, Beichte und Buße, hinzuweisen, und weckten in vielen Erwerbern die irrtümliche Vorstellung, daß der gegen Geld erstandene Ablaß sie der Verpflichtung zu Reue, Beichte und Buße enthebe. Bereits um 1450 klagte der Kanzler der Universität Oxford, Thomas Gascoigne, darüber, daß die

«Sünder heutzutage sagen: ‚Mich kümmert nicht, wie viele Sünden ich vor Gott begehe, denn leicht kann ich den völligen Erlaß aller Schuld und Strafe erlangen durch eine Freisprechung und einen Ablaß, der mir vom Papst gewährt wird und dessen schriftliche Bestätigung ich für 4 oder 6 Pfennige gekauft oder als Einsatz bei einem Ballspiel (mit dem Ablaßkrämer) gewonnen habe.' Denn diese Ablaßkrämer durchziehen das ganze Land und verkaufen Ablaßbriefe manchmal für 2 Pfennige, manchmal für einen Krug Bier oder Wein ... und manchmal sogar für die Gefälligkeiten einer Dirne und ihre fleischliche Lust.»[13]

Die Päpste tadelten wiederholt diese irrige Auffassung des Ablasses und die damit getriebenen Mißbräuche – so unter anderen Bonifaz IX. im Jahr 1392, Martin V. 1420, Sixtus IV. 1478; aber der Geldbedarf der Kurie war so groß, daß kein ernstliches Verbot erfolgte. Die zahlreichen Bullen, die in dieser Sache erlassen wurden, enthielten so viele Widersprüche, daß die Gebildeten den Glauben an die Richtigkeit der Ablaßtheorie verloren und die Kirche beschuldigten, die Leichtgläubigkeit des Volkes und seine Hoffnung auf ein besseres Jenseits schamlos auszubeuten. Einige Male, wie bei den von Julius II. 1510 und Leo X. 1513 ausgeschriebenen Ablässen, ließ schon der Wortlaut der offiziellen Ankündigung auf kaum verhüllte Gewinnsucht schließen.

Im Jubeljahr 1450 wurden in allen Kirchen Deutschlands Opferstöcke aufgestellt, in die jeder, der zur Pilgerfahrt nach Rom nicht in der Lage war, sein Scherflein werfen und einen Ablaß von gleicher Wirksamkeit erwerben konnte. Ein hoher Franziskaner warnte – ein halbes Jahrhundert vor Luther – das Volk vor dem Ablaß und den sonstigen Praktiken, durch die Rom ihm seine Sparpfennige aus der Tasche locke. Sogar Kleriker klagten, welche Haufen Geldes der Ablaß in die päpstlichen Truhen ziehe, das der heimischen Kirche hätte zugute kommen können. Wieder faßt ein katholischer Gewährsmann die Situation mit entwaffnender Offenheit zusammen:

«Daneben fehlt es allerdings auch nicht an Klagen von unverdächtigen und glaubwürdigen Zeugen über die vielfachen Mißbräuche beim Ablaßwesen. Fast alle hängen damit zusammen, daß die Gläubigen nach Ablegung der Beichte als der selbstverständlichen Voraussetzung zur Gewinnung des Ablasses noch eine ihren Vermögensverhältnissen entsprechende Geldsumme in den Opferstock legen mußten. Diese Geldspende für gute Zwecke, die nur nebensächlich war, gestaltete sich oft zur Hauptsache ... Nicht mehr die Erlangung geistlicher Gnaden war jetzt der eigentliche Grund, weshalb Ablässe erbeten und verliehen wurden, sondern das Geldbedürfnis ... Wenn sie [die Päpste] hierbei auch in der Form ihrer Bullen niemals von der kirchlichen Lehre abwichen und stets reumütige Beichte und bestimmte kirchliche Leistungen zur Voraussetzung des Ablasses machten, so trat doch bei diesen Gnadenerweisungen die finanzielle Seite, die Notwendigkeit einer Geldspende, in ärgerniserregender Weise in den Vordergrund. Immer mehr nahm der Ablaß die Form eines Geldgeschäftes an, was dann zu zahlreichen Konflikten mit den weltlichen Mächten führte, die einen Anteil an den Erträgnissen forderten.»[14]

Einen kaum geringeren Mißbrauch als mit den Ablässen trieb man mit den Messen zugunsten der Seelen der Verstorbenen, die diesen nach der kirchlichen Lehre eine Verkürzung ihrer Leidenszeit im Fegefeuer eintrugen. Als Belohnung für das Lesen dieser Seelenmessen nahmen die Priester bereitwillig alle möglichen Geschenke, Hinterlassenschaften und Stiftungen entgegen, ja munterten zu solchen Spenden auf, und fromme Seelen gaben hohe Beträge, um entweder Verwandte oder Freunde aus dem Fegefeuer zu erlösen oder um ihre eigene Probezeit nach dem Tode abzukürzen oder gar aufzuheben. Die Armen klagten, daß infolge ihrer Zahlungsunfähigkeit nicht sie, sondern die Reichen, die für Ablässe und Seelenmessen Geld ausgeben könnten, das Himmelreich erben würden; Kolumbus pries einmal wider seinen Willen den Wert des Goldes mit den Worten: «Wer es besitzt, vermag sogar die Seelen ins Paradies zu führen.»

Zahlreiche andere Mißstände ließen die Empörung gegen die Kirche noch höhere Wellen schlagen. Daß Geistliche nicht vor weltliche Gerichte zitiert werden konnten und geistliche Gerichte klerikalen Missetätern eine unangebrachte Milde bezeigten, erregte den besondern Ärger der Laien. Der Nürnberger Reichstag vom Jahr 1522 stellte öffentlich fest, daß kein Laie vor einem geistlichen Gericht gegen einen Geistlichen zu seinem Recht komme, und warnte vor der Möglichkeit einer allgemeinen Revolte Deutschlands gegen die Kirche, wenn nicht dafür gesorgt werde, daß auch der Klerus der weltlichen Gerichtsbarkeit unterworfen werde; zu diesem Zeitpunkt war die Revolte freilich bereits im Gang. Weitere Beschwerden betrafen die Kluft zwischen Religion und Moral, die einseitige Betonung dogmatischer Lehrsätze auf Kosten sittlicher Verhaltensregeln (obgleich sich die Reformatoren in diesem Punkte als noch schlimmer erwiesen denn die von ihnen angeprangerte Kirche), das Überwuchern zeremonieller Äußerlichkeiten beim Gottesdienst, den Müßiggang und die – wenigstens in der Theorie bestehende – Kinderlosigkeit der Mönche, die Ausbeutung der Leichtgläubigkeit des Volkes durch die Anpreisung unechter Reliquien und imaginärer Wunder, den Mißbrauch von Exkommunikation und Interdikt, die Zensur der Druckerzeugnisse durch den Klerus, die Tätigkeit der Inquisition, die mißbräuchliche Verwendung der für den Türkenfeldzug gesammelten Gelder zu anderen Zwecken und schließlich die Anmaßung des Klerus, sich trotz seiner Verderbtheit für allein berechtigt zu halten, die Sakramente, mit Ausnahme der Taufe, zu verabreichen.

Alle die aufgezählten Tatbestände haben die antiklerikale Bewegung im römisch-katholischen Europa zu Beginn des sechzehnten Jahrhunderts genährt. Pastor sagt, die «in der Laienwelt weit verbreitete und zunehmende Abneigung gegen den entarteten Klerus aller Grade» habe «einen nicht zu unterschätzenden Faktor bei der großen Abfallsbewegung» dargestellt. Ein Londoner Bischof klagte 1515, die Leute nähmen mit solcher «Entschiedenheit und Bosheit für die Seite der Ketzer Partei, daß sie jeden Kleriker, und wäre er auch unschuldig wie Abel, verurteilen würden». Erasmus berichtet, daß die Laien den Ausdruck «Pfaff» als schweres Schimpfwort verwendeten. In Wien fehlte in den zwanzig Jahren, die der Reformation vorangingen, den Priesterseminarien der Nachwuchs; niemand wollte mehr die geistliche Laufbahn, die einst zu den begehrtesten gezählt hatte, einschlagen.

In der ganzen lateinischen Christenheit erscholl ein immer dringenderer Ruf nach einer Reform der Kirche «an Haupt und Gliedern». Bußprediger wie Arnold von Brescia, Joachim von Fiore, Savonarola in Florenz hatten die Verirrungen der Kirche mit großer Heftigkeit gegeißelt, ohne sich von ihrem katholischen Glauben loszusagen; trotzdem hatten zwei von ihnen auf dem Scheiterhaufen geendet. Dennoch gaben viele gläubige Christen die Hoffnung nicht auf, daß gesinnungstreuen Söhnen der Kirche doch noch deren Reform glücken könnte. Humanisten wie Erasmus, Colet, More und Budé warnten vor dem Chaos nach einem offenen Bruch. Daß sich die griechische Kirche mit hartnäckiger Entschlossenheit von der römischen fernhielt, war unheilvoll genug; jeder weitere Riß im «nahtlosen Gewand Christi» mußte den Fortbestand des Christentums selbst bedrohen. Die Kirche versuchte wiederholt und aufrichtig, ihre Hierarchie und ihre Institutionen zu bessern und in ihrem Finanzgebaren eine höhere Moral, als die zeitgenössische Laienwelt sie aufwies, durchzusetzen. Auch die Klöster versuchten immer wieder, zu ihren alten strengen Regeln zurückzufinden – umsonst: die menschliche Natur durchkreuzte alle diese Bemühungen. Die Päpste sabotierten die Reformpläne der Konzilien, die Kardinäle und die Starrheit der Kurialbürokratie sabotierten die der Päpste. Leo X. betrauerte 1516 die Vergeblichkeit aller Anstrengungen. Erleuchtete Kirchenmänner wie Nikolaus von Cues bewirkten wohl regionale Reformen, doch waren sie nirgends von Dauer. Der Streit der Meinungen, die Anklagen von Freund und Feind erhitzten Köpfe und Herzen, erregten die Öffentlichkeit, trugen Unruhe in die Universitäten, widerhallten von den Kanzeln, ergossen sich in die literarische Produktion. Mit jedem Tag, mit jedem Jahr stieg die Flutwelle höher, bis schließlich die Dämme der gläubigen Ehrfurcht und einer jahrhundertealten Tradition barsten und der Sturm einer religiösen Umwälzung über Europa hereinbrach, dessen Wirkungen weiter und tiefer reichten als diejenigen sämtlicher politischen Revolutionen der neueren Zeit.

ZWEITES KAPITEL

# England: Wiclif, Chaucer und der Bauernaufstand

[1308–1400]

## I. ANFÄNGE DES ENGLISCHEN PARLAMENTARISMUS

Am 25. Februar 1308 leistete Eduard II., der sechste König aus dem Hause Plantagenet, in der Westminsterabtei vor den Lords und Kirchenfürsten seines Landes den von allen englischen Monarchen geforderten Treueeid auf die Verfassung:

«*Erzbischof von Canterbury:* Sire, sind Sie bereit, mit Ihrem Eide zu geloben, daß Sie die Gesetze und Rechte gewähren und einhalten, die von den alten Königen Englands, Ihren gesetzesfürchtigen und seligen Vorgängern, dem englischen Volk gewährt worden sind, insbesondere die von Ihrem Vorgänger, dem glorreichen König St. Eduard dem Klerus und dem Volk gegebenen Gesetze, Rechte und Privelegien?

*König:* Ich gewähre und gelobe.

*Erzbischof:* Sire, werden Sie Gott und der Heiligen Kirche, dem Klerus und dem Volk nach der Maßgabe Ihrer Macht Gottes Frieden und Ordnung geben?

*König:* Ich werde es.

*Erzbischof:* Sire, werden Sie dafür sorgen, daß in allen Ihren Urteilen jedem gleiches und gerechtes Recht in Barmherzigkeit und Wahrheit gesprochen wird, nach der Maßgabe Ihrer Macht?

*König:* Ich werde es.

*Erzbischof:* Sire, genehmigen Sie die Gesetze und Rechte, die das Volk dieses Königreichs auch künftig festlegen wird, und werden Sie sie nach Maßgabe Ihrer Kraft zur Ehre Gottes beschützen und halten?

*König:* Ich gewähre und gelobe.»[1]

Nach solch feierlichem Schwur mit heiligen Ölen gesalbt und geweiht, überließ Eduard II. die Regierungsgeschäfte ebenso eigennützigen wie unfähigen Händen, um sich mit Pierre Gaveston, seinem Ganymed, einem ausschweifenden Leben zu ergeben. Die Barone rebellierten, fingen und enthaupteten Gaveston (1312) und zwangen König und Land eine Adelsherrschaft auf. Von den Schotten bei Bannockburn (1314) schmählich geschlagen, tröstete sich Eduard mit einem neuen Günstling, Hugh le Despenser III. Eine von seiner vernachlässigten Frau, Isabella von Frankreich, und ihrem *paramour* Roger de Mortimer inszenierte Verschwörung beraubte ihn des Thrones (1326), im folgenden Jahr wurde er im Auftrag Mortimers im Schloß Berkeley ermordet und sein fünfzehnjähriger Sohn als Eduard III. gekrönt.

Als bedeutendstes Ereignis jener Epoche ist jedoch ein Präzedenzfall (1322) anzusehen, der für alle Zukunft das königliche Privileg der Gesetzgebung einschränkte und für die königlichen Erlasse die Zustimmung eines von Lords und Gemeinen beschickten Parlaments erforderlich machte. In Notzeiten hatten die englischen Könige von jeher einen aus prominenten Adligen und Kirchenfürsten bestehenden Kronrat einberufen. Eduard I., der gleichzeitig mit Frankreich, Schottland und Wales im Kriege lag und dringend Geld und Truppen brauchte, forderte 1295 «jede City, Grafschaft und größere Stadt« auf, zwei *burgesse* (bevollmächtigte Bürger) und zwei Ritter (des Kleinadels) in eine Nationalversammlung zu entsenden und gemeinschaftlich mit dem Kronrat das erste englische Parlament zu bilden. Die Städte besaßen Geld, das ihre Vertreter in den Säckel des Königs leiten konnten, und die Grafschaften verfügten über Freisassen *(yeomen)*, die man als Armbruster und Hellebardiere verwenden konnte; es war an der Zeit, diese Hilfsquellen dem englischen Staat nutzbar zu machen. Von einer reinen Demokratie konnte freilich noch nicht die Rede sein. Die Städte hatten sich zwar bereits der Oberhoheit der Barone entzogen oder standen im Begriff, es zu tun, doch in den ländlichen Grafschaften besaß nur eine kleine Minderheit von edelbürtigen Grundbesitzern Wahl- und Stimmrecht. Adel und Geistlichkeit beherrschten also England weiterhin: ihnen blieb die große Mehrheit der Bevölkerung in Leibeigenschaft oder im Pachtverhältnis dienstbar; sie formierten und führten die bewaffnete Macht der Nation.

Das Parlament (wie man es unter Eduard III. zu nennen begann) tagte im königlichen Palast zu Westminster, gegenüber der berühmten Abtei. Zur Rechten des Königs saßen neben den Erzbischöfen von Canterbury und York achtzehn Bischöfe und prominente Äbte; zur Linken des Königs saß ein halbes Hundert Herzöge, Viscounts, Marquis, Grafen und Barone; der Prinz von Wales und die königlichen Räte umstanden den Thron; auf Wollsäcken saßen, um der Bedeutung des Wollhandels für England eingedenk zu bleiben, die Kronjuristen zur Belehrung in Rechtsfragen. Mit entblößten Häuptern standen unterhalb eines Geländers, das sie von den Lords und Kirchenfürsten trennte, die *burgesses* und Delegierten des Kleinadels – das spätere Haus der Gemeinen –, womit zum erstenmal (1295) die Teilung der Nationalversammlung in ein Ober- und ein Unterhaus vollzogen war. Den vereinigten Häusern trugen der König oder sein Kanzler eine *pronunciatio* (die spätere «Thronrede») vor, die den Untertanen die zu behandelnden Geschäfte und die von der Krone geforderten Summen erläuterte. Anschließend begaben sich die Gemeinen in einen eigenen Beratungssaal, meist in das Kapitelhaus der Westminsterabtei. Nach der Debatte über die königlichen Anträge delegierten sie einen «Sprecher», der dem Oberhaus das Resultat zu melden und dem König ihre Petitionen zu unterbreiten hatte. Die Tagungen schlossen mit einer gemeinsamen Sitzung beider Häuser, in der der König seine Antwort erteilte und die Tagung schloß. Einberufung und Auflösung des Parlaments blieb königliches Privileg.

Beide Häuser forderten – und besaßen auch meist – volle Debattierfreiheit. Oftmals gaben sie ihre Meinung dem Herrscher recht unverblümt bekannt; doch kam es auch mehrmals vor, daß sich ein zu kühner Kritiker eingekerkert sah. Theoretisch erstreckten sich die Vollmachten des Parlaments auch auf die Einbringung von Gesetzesvorlagen, in der Praxis stammten jedoch die meisten angenommenen Vorlagen von den königlichen Ministern; immerhin trugen die beiden Häuser häufig Beschwerden und Empfehlungen vor, und durch die Hinauszögerung der Bewilligung der verlangten Mittel verschafften sie ihren Wünschen Nachdruck. Die Gemeinen verfügten über kein Machtmittel als das des Säckels, dieses verstärkte sich aber proportional zum wachsenden Wohlstand der Städte und der Verteuerung der Staatsverwaltung. Der König vermochte weder offen noch versteckt ein vom Parlament angenommenes Gesetz zu ändern oder zu ersetzen; dennoch regierte er in den langen Parlamentspausen ohne die hemmenden Zügel der Volksvertretung und griff mit seinen Erlassen in jeden Sektor des öffentlichen Lebens ein. Der Thron war erblich, die Person des Königs geheiligt; Gehorsam und Treue wurde den Untertanen durch das religiöse Dogma, durch Gesetz, Erziehung, Sitte und feierliche Eidesleistung eingetrichtert. Und wenn das alles nicht ausreichte, dann bedrohte das Gesetz den Hochverräter mit dem Herausreißen der Eingeweide, deren Verbrennung vor seinen Augen und dem endgültigen Ende am Galgen.

Der achtzehnjährige Eduard III. trat 1330 eine der bewegtesten Regierungen in der Geschichte Englands an. Ein zeitgenössischer Chronist beschreibt ihn als stattlich und sein Gesicht als das eines Gottes; bis ihn seine Ausschweifungen schwächten, war er jeder Zoll ein König. Mehr Feldherr als Staatsmann, vernachlässigte er die innere Politik und ließ das Parlament schalten, sofern es nur seine Feldzüge und seinen Kampf um die französische Krone finanzierte. Seinem Wesen nach ritterlich und tapfer, behandelte er seinen königlichen Gefangenen Johann von Frankreich mit einem Edelmut, der König Arthur zur Ehre gereicht hätte. In dem von 722 Zwangsarbeitern erbauten runden Turm von Windsor erweckte er mit seinen Lieblingsrittern dessen sagenhafte Tafelrunde und frischfröhlichen Turniere zu neuem Leben. Froissart erzählt uns eine (nicht verbürgte) Geschichte von Eduards Bemühungen um die schöne Gräfin Salisbury; von ihr abgewiesen, veranstaltete er ein Turnier, einzig zu dem Zweck, sich wieder an ihrem Anblick zu laben. Nach einer entzückenden Legende verlor die Gräfin bei einem Hofball ein Strumpfband; der König hob es auf mit den Worten «*Honi soit qui mal y pense*» (Schmach dem, der Schlechtes denkt) – dem Motto des von ihm 1349 gestifteten Hosenbandordens.

Alice Perrers schenkte, zugänglicher als die Gräfin, dem lüsternen König Gehör und wurde dafür mit so großen Ländereien belohnt, daß das Parlament gegen ihren Einfluß auf den Monarchen protestierte. Königin Philippa (so sagt ihr geliebter Hofchronist Froissart) ertrug diese Untreue hingegen mit Geduld, verzieh ihm und bat ihn nur auf dem Sterbebett, ihre Wohltätigkeitsgelübde auch weiterhin getreulich zu erfüllen und «wenn es Gott gefällt, Euch abzuberufen, keine andere Gruft zu wählen und an meiner Seite zu liegen». Eduard gelobte es «mit Tränen in den Augen», ging zu seiner Alice zurück und schenkte ihr das Geschmeide der Verblichenen.

Er führte seine Kriege mit Tatkraft, Mut und Geschick. Krieg galt als das eigentliche, edelste Geschäft der Könige; kriegsuntüchtige Herrscher verachtete man, und deren drei verloren in Englands Geschichte den Thron. Wenn man ein so kühnes Wort wagen darf, dann galt der natürliche Tod als eine Schande, die keiner überlebte. Der ganze europäische Adel erzog seine Söhne zum Waffenhandwerk, konnte man doch Besitz und Macht nur durch die Kraft des Arms und Schwertes mehren. Bis zur Regierung Eduards III. hatten die Massen wohl unter den Kriegen gelitten, aber nur selten mitgefochten; die Jugend vergaß schnell etwaiges Ungemach, und es blieb die Mär von Ruhm und Glanz: Dem König, der am meisten fremdes Blut vergoß, gebührt der größte Lorbeerkranz.

Als Eduard auszog, Frankreichs Krone zu gewinnen, empfahlen ihm nur wenige seiner Ratgeber Mäßigung. Erst als sich der Krieg ein Menschenalter hingeschleppt hatte, seine Steuerlast auch die Reichen zu drücken begann, Eduards Siege sich in Mißerfolge verwandelten und die Wirtschaft des Landes sich aufzulösen drohte, zeigte sich die Friedenssehnsucht der Revolution. 1370 traf den König durch den Tod des klugen und treuen Sir John Chandos, seines guten Beraters im Krieg und in der Diplomatie, ein schwerer Schlag. An die Spitze des Kronrats trat Eduards Sohn John, Herzog von Lancaster, mit dem Zunamen of Gaunt nach der Stadt Gant oder Gent, wo er geboren war; doch da er die Zügel der Regierung allzu sorglos skrupellosen Freibeutern überließ, die nur ihre Börsen mästeten, verlangte das Parlament Reformen, und brave Männer beteten zu des Landes Heil um des Königs baldigen Tod. Eduards zweiter Sohn, der Schwarze Prinz, vermutlich so genannt nach der Farbe seiner Rüstung, hätte vielleicht die Regierungszügel straffer angezogen; aber 1376 verschied er, während der alte König weiter hinsiechte. Das «Gute Parlament» jenes Jahres erließ verschiedene Reformdekrete, kerkerte zwei Hauptübeltäter ein, verwies Alice Perrers vom Hof und befahl den Bischöfen, sie zu exkommunizieren, sollte sie sich nicht fügen. Nach der Auflösung des Parlaments kümmerte sich Eduard keinen Deut um das Dekret und ließ John of Gaunt neuerdings an die Macht und Alice ins königliche Bett. Endlich (1377) geruhte der hartnäckige Monarch zu sterben. Ein Sohn des Schwarzen Prinzen bestieg, elf Jahre alt, inmitten eines wirtschaftlichen und politischen Chaos und schwerer religiöser Unruhen als Richard II. den Thron.

## II. JOHN WICLIF: 1320–1384

Wie waren die Umstände beschaffen, die England im vierzehnten Jahrhundert dazu bewogen, ein Vorspiel zur Reformation über die geschichtliche Bühne gehen zu lassen?

Die Unsittlichkeit des Klerus dürfte nur eine nebensächliche Rolle gespielt haben. Die höhere Geistlichkeit hatte sich mit dem Zölibat abgefunden; es gab zwar einen Bischof Burnell mit fünf Söhnen, doch dürfte er eine Ausnahme gewesen sein. Wiclif, Langland, Gower und Chaucer berichten freilich übereinstimmend von der Vorliebe der Mönche jeder Spielart für gutes Essen und schlechte Frauen, doch hätten sich die guten Briten kaum in einem nationalen Furor gegen diese von der Zeit längst sanktionierten Verirrungen erhoben; und auch Nonnen, die mit Hunden oder Vögeln im Arm die Messe hörten und ihre Gebete verständnislos herunterhaspelten, werden sie kaum derart aufgeregt haben.

Was die Nervenstränge der Laienwelt und der Verwalter der Staatskasse am stärksten angriff, war der wachsende und ins Ausland abwandernde Wohlstand der Kirche, die wohl ein Zehntel ihres Einkommens an den Staat abführte, sich aber aufs entschiedenste gegen die Besteuerung ihrer Institutionen und des Klerus ohne Einwilligung der Kirchenversammlung wehrte. Diese unter dem Vorsitz der Erzbischöfe von Canterbury und York abgehaltenen Versammlungen regelten alle den Kult und die Geistlichkeit betreffenden Fragen ohne ein Einspruchsrecht des Staates, während der Klerus durch seine im Oberhaus sitzenden Bischöfe und Äbte großen Einfluß auf den Staat ausübte und die Könige aus seinen Reihen, den gebildetsten Englands, die höchsten Staatsdiener beriefen. Bei materiellen Streitigkeiten zwischen Laien und der Geistlichkeit waren zwar die königlichen Gerichte zuständig; von Geistlichen verübte Straftaten unterlagen jedoch ausschließlich der bischöflichen Gerichtsbarkeit, und sogar die Pächter von Kirchengütern urteilte diese in eigener Zuständigkeit ab. Das alles wirkte irritierend, am aufreizendsten aber wirkte der ständige Abfluß englischen Geldes an die Kurie – das heißt an die im vierzehnten Jahrhundert in Avignon residierenden Päpste; nach einer zeitgenössischen Schätzung soll der dorthin geflossene Betrag größer gewesen sein als der an König und Staat abgeführte.

Am Hof bildete sich eine antiklerikale Partei, die im Parlament die Erhöhung des Kirchenbeitrags an den Staat und seine regelmäßigere Entrichtung durchsetzte. 1333 kündigte Eduard III. den 1213 von König Johann der Kurie zugesagten Tribut auf. Das 1351 erlassene *Statute of Provisors* schaltete die Ernennung von Geistlichen und die Pfründenverleihung durch den Papst aus, und 1351 folgte im ersten *Statute of Praemunire* das Verbot der Appellation an «fremde» (lies päpstliche) Gerichte in Sachen, die nach der Auffassung des Königs der weltlichen Gerichtsbarkeit unterlagen. Das Unterhaus beschwerte sich offiziell über die großen, von päpstlichen Kollektoren an die Kurie abgeführten Summen und die reichen Diözesaneinkünfte landesabwesender französischer Kardinäle. Der Führer der antiklerikalen Partei war John of Gaunt, dessen Schutz es John Wiclif erlaubte, eines natürlichen Todes zu sterben.

Dieser erste der englischen Reformatoren wurde um 1320 in Hipswell beim Dorfe Wiclif in Nord-Yorkshire geboren. Nach Abschluß seiner Studien in Oxford lehrte er dort selbst Theologie; 1360 war er *Master* – Direktor – des Balliol College. Zum Priester geweiht, amtete er gleichzeitig als Sprengelpfarrer und Lehrer in Oxford. Seine wahrhaft beängstigende literarische Fruchtbarkeit umfaßte voluminöse scholastische Abhandlungen über Metaphysik, Theologie und Logik, zwei Bände Polemiken, vier Bände Predigten und eine Vielzahl von kurzen, aber wirksamen Traktaten, darunter der berühmte *Tractatus de civili dominio*. Das meiste davon bot er freilich in einem schwerfälligen, unverständlichen Latein, das höchstens bei Grammatikbeflissenen Schaden anrichten konnte. Dennoch geisterten in dieser Finsternis explosive Ideen, die England 155 Jahre vor Heinrich VIII. der römischen Kirche zu entfremden drohten, Böhmen in einen Bürgerkrieg stürzten und viele reformatorische Gedankengänge eines Johannes Hus und Martin Luther vorwegnahmen.

Den schlechten Einflüsterungen seiner Natur gehorchend und von der Logik und dem Feuer des heiligen Augustin überwältigt, gründete Wiclif sein Lehrgebäude auf das Grauen einflößende Dogma der Prädestination, das bis zum heutigen Tag Magnet und Münze der protestantischen Theologie geblieben ist. Gott, so schrieb er, schenke seine Gnade, wem er sie schenken wolle; eines jeden Menschen ewige Erlösung oder ewige Verdammnis sei schon eine Ewigkeit vor der Geburt von ihm vorausbestimmt. Die Erlösung sei nicht zu erkaufen, auch nicht mit guten Werken, doch zeigten sie an, daß man der göttlichen Gnade teilhaftig sei und zu den Auserwählten gehöre. Nach Wiclif beruht alles Handeln auf der uns von Gott gegebenen Disposition, oder – um Heraklit umzukehren: Unser Geschick ist unser Charakter. Einzig Adam und Eva hätten Willensfreiheit besessen und sie durch ihren Ungehorsam für sich und ihr ganzes Geschlecht verloren.

Gott ist unser aller oberster Herr. Wir schulden ihm direkte Gefolgschaft, wie jeder Engländer durch seinen Treueid dem König; nicht, wie im Feudalstaat Frankreich, indirekte Gefolgschaft über einen Vasallen. Daher steht jeder Mensch mit Gott in direkter Beziehung und benötigt keinen Mittler; der Anspruch von Kirche und Geistlichkeit, ein solcher Mittler zu sein, ist abwegig. In diesem Sinn ist jeder Christ ein Priester und braucht keine Weihe. Die Erde und alles, was auf ihr ist, gehört Gott; ein Mensch kann weltliches Gut nur in seiner Eigenschaft als gehorsamer Diener Gottes besitzen. Wer in Sünde lebt – also in Rebellion gegen den himmlischen Oberherrn –, verliert jedes Recht auf Besitz, weil rechtmäßiger Besitz («dominion») den Stand der Gnade voraussetzt. Aus der Heiligen Schrift ist klar ersichtlich, daß Christus weder seinen Aposteln noch ihren Nachfolgern und geweihten Stellvertretern weltliche Güter zugedacht hat. Kirche und Priester, die in Verletzung des göttlichen Gebots irdisches Gut ansammeln, leben in Sünde und können infolgedessen die Sakramente nicht wirksam erteilen. Als dringendste Reform müssen Kirche und Geistlichkeit den weltlichen Gütern entsagen.

Nicht zufrieden mit diesem Angriff auf die bestehende Ordnung, leitete Wiclif aus seinen theologischen Lehrsätzen eine Art von theoretischem Kommunismus und Anarchismus ab. Jeder Gerechte – so sagte er – teilt sich mit Gott in den Besitz aller Dinge; daher müssen die Gerechten alle Dinge gemeinsam besitzen. Persönliches Eigentum und jede Form der Obrigkeit sind (wie einige Scholastiker gelehrt hätten) nur Folgen der Versündigung Adams (das heißt der menschlichen Natur) und der dem Menschen eingeborenen Sündhaftigkeit; eine Ordnung der universellen Tugend kennt weder persönliches Eigentum noch von Menschen gemachte Gesetze. Um eine zu wörtliche Auslegung dieser Doktrin zu vermeiden – radikale Kreise brüteten zu jener Zeit über revolutionären Plänen –, schwächte er sie durch die Erklärung ab, daß er von einem theoretischen Idealzustand spreche; wie Paulus gelehrt habe, sei auch die Obrigkeit von Gott eingesetzt, und Gott müsse gehorcht werden. Dieses Spiel mit der Revolution sollte später Luther (1525) beinahe wortwörtlich wiederholen.

Die Antiklerikalen entdeckten, wenn auch nicht in Wiclifs Eigentumslehre, so doch in seiner Verurteilung des Kircheneigentums einige Vernunft. Als sich das Parlament neuerdings gegen die Entrichtung des Johannschen Tributs an die Kurie aussprach (1366), beauftragte die Krone den streitbaren Geist, als *peculiaris regis clericus* – Kleriker im Dienste des Königs – die Begründungsschrift für diesen Parlamentsbeschluß zu verfassen; die ihm 1374 von Eduard III. verliehene Pfarrei Lutterworth scheint eine Art von Anwaltshonorar dargestellt zu haben. In Brügge verhandelte er als Mitglied einer königlichen Delegation persönlich mit den Vertretern der Kurie über die Aufhebung des Tributs (Juli 1376), und im September erläuterte und begründete er im Auftrag Johanns von Gent dessen Absicht, einen Teil des Kircheneigentums zu säkularisieren. Von da an galt er der klerikalen Partei als ein Werkzeug Johanns, so daß der Bischof von London, Courtenay, glaubte, den Herzog durch Wiclif indirekt treffen zu können. Im Februar 1377 zitierte er ihn unter der Anklage der Häresie vor eine Kirchenversammlung in die St. Paulskirche – aber mit Wiclif erschien Johann von Gent, dessen bewaffnete Eskorte mit dem Publikum einen Streit vom Zaun brach, der rasch zur Schlägerei ausartete, weshalb der Bischof es für geraten hielt, die Sitzung aufzuheben; und Wiclif konnte unversehrt nach Oxford zurückkehren. Der Bischof, der seinen Plan durchkreuzt sah, rief nunmehr die Kurie zu Hilfe, der er neben einer ausführlichen Darstellung des Falls zweiundfünfzig ketzerische Stellen aus Wiclifs Schriften unterbreitete. Gregor XI. bestätigte den ketzerischen Charakter von achtzehn der inkriminierten Äußerungen (Mai 1377) – vorwiegend aus dem Traktat *On Civil Dominion* –, ordnete eine neue Untersuchung an und beauftragte seine Organe, Wiclif gegebenenfalls festzunehmen und bis zum Eintreffen neuer Instruktionen in Ketten zu legen.

Im Oktober trat ein neues Parlament zusammen, dessen antiklerikale Gesinnung die Sympathie widerspiegelte, die Wiclifs Gedankengänge nicht nur in den Hofkreisen um Johann von Gent, sondern auch bei den breiten Massen fanden. Viele Volksvertreter reizte die verlockende Spekulation auf eine Säkularisation des Kirchenguts, die nicht nur den Unterhalt von fünfzehn Grafen, fünfzehnhundert Rittern und sechstausendzweihundert Junkern gewährleisten, sondern auch noch 20000 Pfund jährlich für die Privatschatulle des Königs übriglassen würde. Englands Staatsschatz war so gut wie erschöpft, und von Frankreich her drohte eine Invasion – war es da nicht töricht, päpstliche Kollektoren in England Geld sammeln zu lassen, das ein französischer Papst und ein mehrheitlich französisches Kardinalskollegium erhielt? Die königlichen Berater beauftragten Wiclif, ein Gutachten über die Frage zu erstellen: «Ist das Königreich England angesichts der Notwendigkeit, eine Invasion abzuwehren, juristisch berechtigt, den Reichtum des Königreichs zurückzuhalten und ihn nicht ins Ausland zu schikken, auch wenn der Papst diese Verschickung auf Grund des ihm geschuldeten Gehorsams unter Strafandrohung fordert?» Wiclif antwortete mit einer Streitschrift, die auf eine Trennung der englischen Kirche vom Papsttum hinauslief. «Der Papst», hieß es darin, «kann diesen Reichtum nur in der Form eines Almosens fordern ... Da aber alle Wohltätigkeit zu Hause beginnt, wäre es kein Werk der Wohltätigkeit, sondern der Einfalt, die Almosen des Königreichs ins Ausland zu schicken, wenn das Königreich sie selbst braucht.» Dem Argument, daß die englische Kirche als ein Teil der Universal- oder katholischen Kirche dem Papst Gehorsam schulde, begegnete er mit der Empfehlung, eine unabhängige Staatskirche zu proklamieren. «Nach den Worten der Heiligen Schrift hat das Königreich England ein einziger Organismus zu sein, dessen Glieder die Geistlichkeit, die Lords und die Gemeinen bilden.» Diese Vorwegnahme der Ideen Heinrichs VIII. schien so kühn, daß sogar die Antiklerikalen Wiclif jede weitere Erwähnung des Themas verboten.

Am 18. Dezember veröffentlichten die Bischöfe die päpstlichen Verdammungsbullen und richteten gleichzeitig an den Kanzler der Oxforder Universität das Ersuchen, Wiclif auf Grund der päpstlichen Anordnung einzukerkern. Aber auch dieser Schlag ging daneben. Die Universität hatte sich schon 1322 das Recht herausgenommen, einen mißliebigen Kanzler abzusetzen, ohne den ihr übergeordneten Bischof von Lincoln zu befragen, und seit 1367 hatte sie sich der letzten bischöflichen Kontrolle entzogen. Der halbe Lehrkörper stellte sich hinter Wiclif oder doch hinter sein Recht, seine Meinung zu äußern. Der Kanzler lehnte das Ansinnen der Bischöfe ab, indem er ihnen ihre absolute Autorität in Glaubensfragen bestritt; andererseits riet er Wiclif, sich eine Weile bescheiden im Hintergrund zu halten. Aber ein Reformator, der schweigen kann, wäre ein seltsames Wesen, und als er im März von der Bischofssynode zur Rechtfertigung nach Lambeth zitiert wurde, leistete er dem Ruf Folge. Dennoch sahen sich Erzbischof Sudbury und Bischof Courtenay alsbald in die Defensive gedrängt: Schon vor dem Verhandlungsbeginn warnte sie ein Brief der Königin-Mutter vor der Verurteilung Wiclifs, und während der Verhandlung protestierte ein in den Sitzungssaal eingedrungener Mob gegen die Einführung inquisitorischer Methoden in England. Vor dem doppelten Druck des Königshauses und der Straße wichen die Bischöfe zurück und vertagten die Entscheidung; wieder kehrte Wiclif unversehrt, ja im Triumph nach Oxford zurück. Am 27. März starb Gregor XI., und einige Monate später begann mit dem großen Kirchenschisma die Schwächung der kirchlichen Autorität. Wiclif erneuerte den Angriff, veröffentlichte einen Traktat nach dem anderen, manche davon in englischer Sprache, und trieb Irrlehren und Revolte auf die Spitze.

Man schildert ihn in diesen Jahren als einen vom Kampf verhärteten und durch das Alter in seinen puritanischen Neigungen bestärkten Mann, dessen Logik vielleicht allzu unbarmherzig bis ins Extrem ging, während sich gleichzeitig seine Schmäh- und Zanksucht immer ungehemmter entfaltete. Die Bettelmönche klagte er an, individuelle Armut zu predigen und kollektiven Reichtum anzusammeln, einige Klöster nannte er «Diebeshöhlen, Schlangennester und Behausungen lebender Teufel». Er bestritt das Dogma, daß die Verdienste der Heiligen Seelen vor dem Fegefeuer bewahren, und wandte sich unter Berufung auf Christus und die Apostel gegen den Ablaßhandel. «Die Prälaten täuschen die Menschen mit ihren imaginären Ablässen und Fürbitten und rauben ihnen auf verruchte Weise ihr Geld ... Die Menschen sind sehr töricht, die diese Ablaßbriefe so teuer kaufen.» Wenn der Papst wirklich die Kraft besitzt, Seelen aus dem Fegefeuer zu retten, weshalb holt sie seine christliche Nächstenliebe nicht gleich ganz heraus? Immer schärfer wurden seine Anklagen gegen die Priester, «welche Ehefrauen, Jungfrauen, Witwen und Nonnen durch jede Form der Wollust entehren», bis sie in der Forderung gipfelten, daß die gemeinen Verbrechen der Geistlichkeit von der weltlichen Gewalt zu ahnden seien. Er geißelt die Pfarrer, die den Reichen schmeicheln und die Armen verachten, den Wohlhabenden ihre Sünden vergeben und die Bedürftigen wegen rückständiger Zehnten exkommunizieren, der Jagd und dem Glücksspiel frönen und imaginäre Wunder erzählen. Die englischen Prälaten, erklärt er, «nehmen den Armen den Lebensunterhalt, aber sie protestieren nicht gegen ihre Unterdrückung»; sie «schätzen den Wert eines verruchten Penny höher als Christi kostbares Blut»; sie predigen nur zum Schein und lassen sich für jede religiöse Handlung bezahlen; sie leben im Luxus, reiten auf fetten Pferden mit Zaumzeug aus Silber und Gold; «sie sind Räuber ... bösartige Füchse ... reißende Wölfe ... Lüstlinge ... Teufel ... Affen». Man glaubt Luther reden zu hören. «In allen Staaten der Kirche regiert der Pfründenschacher ... Der der Kurie richtet den größten Schaden an, denn er ist der häufigste und raubt unserem Land unter dem Mantel der Frömmigkeit Männer und Schätze.» Die skandalöse Rivalität der Päpste (des Schismas), ihre gegenseitige Exkommunikation, ihr schamloser Kampf um die Macht «sollte die Menschen veranlassen, den Päpsten nur so weit zu glauben, als sie Christus nachfolgen». Der Papst und der Priester «ist ein Herr, ja ein König» im geistlichen Bereich; wenn er aber irdisches Gut erwirbt oder weltliche Autorität ausübt, ist er seines Amtes nicht würdig. «Christus hatte nicht einmal einen Ort, wo er sein Haupt hinlegen konnte; doch diesem Papst gehört, wie man sagt, mehr als das halbe Imperium ... Christus war demütig ... der Papst sitzt auf einem Thron, und weltliche Herren müssen seine Füße küssen.» Man spürt eine versteckte Identifikation des Papstes mit dem Antichrist, von dem im ersten Kapitel der Offenbarung Johannes geweissagt ist, daß er als das Tier der Apokalypse der Wiederkehr Christi vorangeht.

Nach Wiclif lag die Lösung des Problems in der Abkehr der Kirche von Besitz und weltlicher Macht. Christus und die Apostel hatten in Armut gelebt, also sollten es auch die Priester. Ordensgeistliche und Bettelmönche müssen zur strengsten Beachtung ihrer Regeln zurückkehren, Besitz und Luxus scheuen, «Priester müssen freudig auf die zeitliche Herrschaft verzichten», sie sollen sich mit Kleidung und Essen und freiwillig gegebenen Almosen begnügen. Und falls sich die Geistlichkeit nicht in freiwilliger Rückkehr zu evangelischer Armut entschließt, dann muß eben der Staat einschreiten und ihren Besitz konfiszieren. «Sollen die Könige und großen Herren die Wege der Geistlichkeit ändern» und «sie zwingen, sich an die Armut zu halten, die Christus ihr vorgeschrieben hat.» Fürchte kein König, der also handelt, den päpstlichen Fluch, denn «eines Menschen Fluch hat Macht nur insofern, als Gott selbst verflucht». Könige sind nur Gott verantwortlich, von dem ihnen die Herrschaft übertragen ist. Die weltliche Obrigkeit ist in allen weltlichen Dingen souverän und nicht, wie Gregor VII. und Bonifaz VIII. verkündeten, der kirchlichen Autorität unterworfen. Sie besitzt das Recht, sowohl das Kirchenvermögen zu beaufsichtigen als auch die Priester einzusetzen.

Als echter Vorläufer Luthers und Calvins ging Wiclif aber auch dem eigentlichen Dogma der Kirche zu Leibe. Die Macht der Priester, sagte er, liegt in ihrem Privileg der sakramentalen Handlung, «die Ohrenbeichte ist nicht nötig; sie ist eine späte Erfindung des bösen Feindes; weder Christus noch seine Apostel haben sie geübt». Sie liefert dem Menschen nicht nur den Geistlichen aus; sie wird auch für materielle oder politische Zwecke mißbraucht, «auch können Mönche und Nonnen die Beichte unter vier Augen zur Sünde mißbrauchen». Der Sünder kann von einem gottesfürchtigen Laien wirksamer losgesprochen werden als von einem schlechten Priester, aber letzten Endes kann nur Gott dem Sünder vergeben; und ob ein von einem sündigen oder irrgläubigen Priester erteiltes Sakrament wirksam ist, bleibt überhaupt zu bezweifeln. Auch kann kein Priester, ob gut oder schlecht, Brot und Wein in Jesu Leib und Blut verwandeln. Schon der Gedanke, daß einige Wiclif persönlich bekannte Priester dieses gotterschaffende Wunder bewirken könnten, flößte ihm Entsetzen ein. Er bestritt (wie später Luther) die Möglichkeit der Transsubstantiation, erkannte aber die leibhaftige Gegenwart Jesu an: Durch ein Mysterium, an dem weder er noch Luther herumdeutelten, sei Christus «geistig, wahrhaft, wirklich und wirksam» gegenwärtig, jedoch neben dem Brot und Wein, die (im Gegensatz zum kirchlichen Dogma) unverändert weiterbeständen. Diese Theorie von der «Konsubstantialität» ging manchem Anhänger Wiclifs zu weit, so daß sich Johann von Gent persönlich nach Oxford begab, um ihm Zurückhaltung in dieser Sache zu empfehlen (1381). Dennoch hielt Wiclif in einer vom 10. Mai 1381 datierten *Confessio* an dieser Auslegung fest.

Der nächste Monat brachte einen Umschwung. Die aufflammende soziale Revolution trieb alle Besitzenden in eine unterschiedslose Ablehnung jeder den Eigentumsbegriff antastenden Doktrin hinein. Der Rebell gegen das Papsttum verlor einen großen Teil seiner einflußreichsten Anhänger, und die Ermordung des Erzbischofs Sudbury hatte den Aufstieg seines entschiedensten Feindes, des Bischofs Courtenay, zum Primas von England zur Folge. In klarer Erkenntnis der Gefahr, die Wiclifs Abendmahlslehre für das Prestige der Geistlichkeit und damit auch für die moralische Autorität der Kirche bedeutete, ließ der neue Primas von dem Landeskonzil im Blackfriars' Convent zu London (Mai 1382) vierundzwanzig Thesen Wiclifs verurteilen und erteilte anschließend dem Kanzler der Oxforder Universität den aufhebenden Befehl, den Autor an jeder weiteren Lehrtätigkeit und Predigt zu hindern. Da König Richard II., den die Rebellion beinahe den Thron gekostet hatte, gleichfalls die Ausstoßung Wiclifs und seiner Anhänger verlangte, zog sich dieser in seine Pfarrei Lutterworth zurück, wo er, von Johann von Gent offenbar immer noch geschützt, unbehelligt leben konnte.

Mittlerweile war ihm die offene Bewunderung eines der Rädelsführer der Revolte, des Priesters John Ball, unangenehm geworden, und er distanzierte sich in aller Form von den Rebellen, stritt in mehreren Traktaten alle gemeinwirtschaftlichen Gedankengänge ab und empfahl seinen Anhängern, sich in Erwartung eines besseren Jenseits geduldig ihren irdischen Herren zu unterwerfen. Gleichwohl verfaßte er weiterhin Flugblätter gegen die Kirche und rief, um seine Ideen im Volk zu verbreiten, eine Gruppe von «armen Priesterpredigern», die «Lollarden»*, ins Leben. Ihre Mitglieder – sowohl ehemalige Oxfordianer als auch fast Ungebildete – kleideten sich wie die ersten

* Wahrscheinlich aus dem Mittelniederländischen *Lollard*, von *lollen*, murmeln, abgeleitet; vgl. lallen.

Bettelmönche in schwarze Gewänder aus grober Wolle und gingen barfuß – offenbar wärmte sie die Glut der Nachfolge Christi. Die Hauptakzente legten sie auf die Unfehlbarkeit der Bibel im Gegensatz zu der Fehlbarkeit der kirchlichen Dogmen und auf einen allen Gläubigen verständlichen landessprachlichen Gottesdienst an Stelle des bisherigen mystischen Rituals in einer fremden Zunge. Sowohl für diese Laienpriester als auch für die des Lesens Kundigen verfaßte Wiclif rund dreihundert Predigten und religiöse Schriften in einem ungeschliffenen, aber kraftvollen Englisch; vor allem aber machte er sich daran, die Bibel als die einzige und unfehlbare Grundlage der Lehre Christi zu übersetzen, gab es (1381) doch nur kleine Auszüge in englischer Sprache. Den Gebildeten standen freilich eine französische Übersetzung und eine aus der Zeit König Alfreds stammende angelsächsische Version zur Verfügung, die aber den breiten Massen nicht mehr verständlich war. Angesichts des Umstands, daß sich Irrgläubige wie die Waldenser nur zu gern auf die Bibel beriefen, hatte die Kirche die Verbreitung nichtautorisierter Übersetzungen von jeher gehindert, fürchtete sie doch mit Recht das dogmatische Chaos, das entstehen mußte, wenn jedermann seine eigene Übersetzung herstellen, nach eigenem Geschmack färben und nach eigenem Gutdünken interpretieren würde. Wiclif vertrat jedoch (wie auch die späteren Reformatoren) die Ansicht, daß die Heilige Schrift jedermann zugänglich sein müsse. Doch hat er anscheinend nur das Neue Testament persönlich übersetzt und das Alte Testament seinen Mitarbeitern Nicholas Hereford und John Purvey überlassen, die die Arbeit erst zehn Jahre nach seinem Tod zu Ende führten. Als Grundlage dienten allerdings nicht die Urschriften, sondern die lateinische Fassung des Hieronymus, und auch das Englisch war nicht vorbildlich; dennoch bildete die Herausgabe ein wichtiges geschichtliches Ereignis.

1384 zitierte Papst Urban VI. Wiclif nach Rom, doch ein anderer Ruf erwies sich als stärker. Am 28. Dezember 1384 erlitt der kränkelnde Reformator während der Messe einen Schlaganfall, an dem er drei Tage später starb. Doch fand auch der tote Reformator keine Ruhe; auf Grund eines Beschlusses des Konzils von Konstanz (4. Mai 1415) entriß man seine Gebeine dem Friedhof zu Lutterworth und warf sie in den nahen Fluß. Seine Schriften wurden eingesammelt und so weit wie möglich vernichtet.

Wir finden schon in Wiclif alle wesentlichen Züge der späteren Reformatoren: die Rebellion gegen den irdischen Reichtum der Kirche und die Verweltlichung des Klerus, die Aufforderung zu einer moralischen Lebensführung, die Abwendung von der Kirche zur Schrift und von Thomas von Aquin zu Augustin, die Verwerfung der Dogmen von der Willensfreiheit und der Erlösung durch gute Werke, die Annahme der freien Gnadenwahl Gottes, die Ablehnung des Ablasses, der Ohrenbeichte, der Transsubstantiation und der priesterlichen Mittlerrolle zwischen Gott und Mensch, den Protest gegen den Abfluß nationalen Reichtums nach Rom, die Aufforderung an den Staat, sich die Kirche unterzuordnen. Ohne die große Revolution, die König und Staat veranlaßte, sich von Wiclif zu distanzieren, hätte sich in England die Reformation schon hundertdreißig Jahre vor Luther durchsetzen können.

## III. DER BAUERNAUFSTAND: 1381

Nach einer groben Schätzung zählten England und Wales im Jahre 1307 rund drei Millionen Einwohner – ein geringer Zuwachs seit 1066, wo man zweieinhalb Millionen Seelen annahm. Diese Zahlen lassen sowohl auf eine langsame Verbesserung der Bodenbestellung und der Handfertigkeit als auch auf eine wirksame Beschränkung der menschlichen Fortpflanzung durch Säuglingssterblichkeit, Krankheit, Hunger und Krieg schließen. Etwa zwei Drittel der Bevölkerung dieser fruchtbaren, aber kleinen Insel – deren Lebensmittelproduktion nie große Menschenmassen erhalten kann – dürften dem Bauernstand angehört haben, davon etwa die Hälfte im Status der Leibeigenschaft; in dieser Beziehung war Frankreich England um ein Jahrhundert voraus.

Die Standesunterschiede waren schärfer ausgeprägt als auf dem Kontinent. Das Leben scheint sich um zwei Pole gedreht zu haben; eine gnädige oder brutale Herrschaft auf dem einen und eine dankbare oder widerwillige Dienstbarkeit auf dem anderen. Abgesehen von ihren beschränkten Verpflichtungen gegen den König herrschten die großen Lords als unumschränkte Herren auf ihrem Besitz und weit darüber hinaus. Die Herzöge von Lancaster, Norfolk und Buckingham verfügten über fast ebenso große Ländereien wie die Krone, und die Nevilles und Percys besaßen kaum weniger. Ritter und Junker trugen als Dienstleute und Miliz ihrer Feudalherren deren *livrée**. Immerhin war der Aufstieg von einem Stand in den anderen möglich; die Tochter eines Handelsherrn konnte einen Edelmann von Rang einfangen; wäre er nochmals geboren worden, hätte es Chaucer nicht wenig erstaunt, seine Enkelin als Herzogin anzutreffen. Die Bürger ahmten, soweit es in ihren Kräften stand, den Adel nach; in England sprach man sich als *master*, in Frankreich als *mon seigneur* an, und es dauerte nicht lang, da war ein jeder ein *Mister* oder *Monsieur*, eine *Mistress* oder *Madame***.

Die industrielle Ausweitung eilte der Landwirtschaft voraus. Bereits um 1300 baute man beinahe alle englischen Kohlengruben ab und förderte Silber, Eisen, Blei und Zinn, so daß der Metallausfuhr ein hervorragender Platz im Außenhandel zukam. Der Ausspruch «Das Königreich ist unter der Oberfläche wertvoller als über ihr» wurde zum geflügelten Wort. Den größten Nutzen aber zog das Land aus der Schafzucht. Die Gutsbesitzer entfremdeten immer weitere Landstriche der bisherigen Bewirtschaftung durch Leibeigene und Pächter und verwandelten sie in Schafweiden; der Verkauf der Wolle brachte mehr Geld ein als der Ackerbau. Eine Zeitlang stellten die Wollhändler als die reichsten Kaufleute Englands Eduard III. teils durch Steuern, teils durch Darlehen große Summen zur Verfügung und wurden zum Dank dafür von ihm ruiniert. Verärgert, daß der kostbare Rohstoff außer Landes an die flandrischen Weber

* Im Anglonormannischen bedeutete *livrée* ursprünglich eine Leistung von Naturalien und Kleidungsstücken der Oberherren an ihre Vasallen. Mit der Zeit nahm die Kleidung den Charakter einer vom Gefolge großer Herren getragenen Uniform an. Der Brauch fand auch in den Gilden Eingang, die ihre Uniformen bei Zusammenkünften und öffentlichen Aufzügen voller Stolz zeigten. Es gehörte das zur Farbigkeit des «guten alten England».

** Die beiden letzten Anreden haben noch weitere Wandlungen durchgemacht.

ging, holte Eduard solche nach England (1331 f.) und baute mit ihrer Hilfe eine eigene Tuchfabrikation auf, die er durch ein Ausfuhrverbot für Rohwolle und ein Einfuhrverbot für die meisten Gewebe vor ausländischer Konkurrenz schützte. Ende des vierzehnten Jahrhunderts waren die Tuchfabrikanten an die Stelle der Wollhändler als wichtigste Träger des beweglichen nationalen Wohlstandes getreten.

Die neue, frühkapitalistische Formen entwickelnde Tuchindustrie bedurfte des engen Zusammenwirkens vieler Handwerker, der Wollkrempler, Weber, Tuchwalker, Färber, Appreteure und so weiter; die bestehenden Gilden vermochten die für eine rationelle Fabrikation erforderliche enge Kooperation nicht zu organisieren; unternehmende Meister – *entrepreneurs* – faßten deshalb sämtliche Fachspezialisten in Gruppen zusammen, die sie finanzierten und leiteten. Dennoch entwickelten sich keine fabrikähnlichen Betriebe wie in Flandern und Florenz; die Erzeugung lag nach wie vor in den Händen von Kleinhandwerkern, die mit Lehrlingen und Taglöhnern und auf dem Lande mit Wasserkraft arbeiteten; in den Bauernhöfen betätigten geduldige Finger das Webschiffchen, wenn die Haushaltspflichten Zeit dazu ließen. Die Gilden versuchten das neue System durch Streiks zu untergraben; seine ökonomische Überlegenheit brach jedoch jeden Widerstand, so daß sich der Handwerker, der seine Zeit und seine Geschicklichkeit verkaufte, mehr und mehr der Gnade der Geldgeber und Geschäftsleiter ausgeliefert sah. Das städtische Proletariat «lebte von der Hand in den Mund ... schäbig gekleidet und behaust, in guten Zeiten wohlgenährt, in schlechten Zeiten Hunger leidend». In den Städten bestand für Kommunalbauten die allgemeine Arbeitsdienstpflicht, doch konnte sie durch Geldleistung abgelöst werden. Die Armut war bitter, wenn auch vermutlich nicht ganz so extrem wie zu Beginn des neunzehnten Jahrhunderts; immerhin wimmelte es von Bettlern, die sich sogar zum Schutz und zur Ordnung ihres Gewerbes zusammenschlossen. Kirchen, Klöster und Gilden begnügten sich mit einer lauen Wohltätigkeit.

So sah die Gesellschaftsstruktur aus, als der Schwarze Tod nicht nur als eine Heimsuchung, sondern auch als der Motor einer sozialen Revolution in England einbrach. Das Landesklima war der Vegetation günstiger als der Gesundheit; die Felder waren grün, aber die Menschen litten an Gicht, Rheumatismus, Asthma, Ischias, Schwindsucht, Wassersucht, Augen- und Hautleiden. Man hielt sich mit alkoholischen Getränken warm, und alle Schichten nährten sich von schwerer Kost. Um 1340 sagte Richard Rolle: «Wenige werden heutzutage vierzig Jahre alt und noch weniger fünfzig.» Die sanitären Einrichtungen waren primitiv, die Luft von Gerbereien, Schweinemästereien und Latrinen verpestet; nur die Wohlhabenden vermochten fließendes Wasser in ihre Häuser zu pumpen; die breiten Massen schleppten es aus Bächen und Brunnen nach Hause und betrachteten es als zu kostbar, um es an ein Bad zu verschwenden, so daß die periodisch auftretenden Epidemien zahlreiche Opfer forderten. 1349 kam die Beulenpest aus der Normandie nach England und Wales, im nächsten Jahr erreichte sie Schottland und Irland; 1361, 1368, 1375, 1382, 1390, 1438 und 1464 flackerte sie erneut auf, raffte alles in allem jeden dritten Engländer dahin. Fast die Hälfte aller Priester starb; einige Mängel der englischen Kirche rührten vermutlich davon her, daß die Lücken allzu hastig mit charakterlich ungeeigneten und schlecht ausgebildeten Männern gefüllt werden mußten. Der Kirchenbau und mit ihm die Künste stagnierten während eines Menschenalters. Die Familienbande lockerten sich, die Moral stand nicht hoch im Kurs, der Geschlechtsverkehr durchbrach die vom Eherecht im Interesse der öffentlichen Ordnung gezogenen Schranken. Auch die übrigen Gesetze wurden mißachtet, weil es an Männern gebrach, ihre Einhaltung zu erzwingen.

Pest und Krieg trugen gemeinsam zum Niedergang der alten Feudalordnung bei. Viele Pächter zogen nach dem Verlust ihrer Kinder und Knechte in die Städte; die Grundbesitzer sahen sich gezwungen, «Freie» zum doppelten als dem bisherigen Lohn anzuwerben, neuen Pächtern günstigere Bedingungen zu gewähren und die Vasallenpflichten gegen ihre Lehnsherren durch Geld abzulösen. Und da sie gleichzeitig ihren eigenen Bedarf immer teurer bezahlen mußten, appellierten sie schließlich an die Krone, die mit einer Verordnung (18. Juni 1349) im wesentlichen wie folgt reagierte:

«Weil ein großer Teil des Volkes, und besonders Arbeiter und Gesinde, kürzlich an der Pest gestorben ist und viele ... nicht dienen wollen, wenn sie nicht übermäßig entlöhnt werden, und einige lieber in Müßigkeit um ihren Lebensunterhalt betteln als arbeiten, bestimmen Wir in Anbetracht des großen Übels, das durch das Fehlen von Pflügern und ähnlichen Arbeitern noch entstehen kann, nach Beratung und Behandlung mit unseren Prälaten, Edlen und gelehrten Männern und ihrem gemeinsamen Rat:

1. Jede Person, die körperlich fähig und noch nicht sechzig Jahre alt ist und keine Mittel zum Leben hat, ist auf Anforderung verpflichtet, jenem zu dienen, der sie anfordert, oder aber sie wird ins Gefängnis gesperrt, bis sie willens ist, zu dienen.

2. Wenn ein Arbeiter oder Dienstbote den Dienst vor der vereinbarten Zeit verläßt, wird er eingesperrt.

3. Dem Gesinde sollen die alten Löhne und nicht darüber gegeben werden ...

5. Wenn ein Handwerker oder Arbeiter höheren Lohn nimmt, als früher bezahlt wurde, kommt er ins Gefängnis ...

6. Lebensmittel müssen zu anständigen Preisen verkauft werden.

7. Niemand darf einem Bettler geben, der arbeitsfähig ist.»[2]

Arbeitgeber wie Arbeitnehmer mißachteten diesen Erlaß so sehr, daß das Parlament in einem Arbeiterstatut (9. Februar 1351) das Lohnniveau des Jahres 1346 gesetzlich verankerte, den Preis für zahlreiche Güter und Dienstleistungen festsetzte und eine Vollzugsbehörde schuf. Für Bauern, die vor Ablauf der vereinbarten Zeit ihre Pachtstellen verließen, sah ein weiteres, 1360 erlassenes Gesetz die zwangsweise Rückschaffung und – nach dem Ermessen des Friedensrichters – ein Brandmal auf der Stirne vor. Neue, immer härtere Verfügungen folgten in den Jahren 1377 bis 1381; trotzdem stiegen die Löhne weiter, während sich der Klassenkampf bis zur Explosion zuspitzte.

Für den Ausbruch der Revolte gab es ein Dutzend Ursachen. Die Leibeigenen strebten nach persönlicher Freiheit, die Freien verlangten die Beseitigung der Frondienste, die Pächter forderten die Herabsetzung der jährlichen Pacht auf vier Pence per *acre*. Die noch untertänigen Städte suchten sich ihren Feudalherren zu entziehen; in den Städten standen sich Handwerksmeister und Handelsherren gegenüber, und die Lohnempfänger revoltierten gegen beide. Und alle zusammen, die Sprengelpfarrer eingeschlossen, murrten über die politische und militärische Mißwirtschaft in den letzten Jahren Eduards III. und ersten Jahren Richards II.; niemand verstand, warum seit 1369 jede Schlacht verloren worden war und die hohen Steuern nichts als Niederlagen eingebracht hatten. Den führenden Ministern des jungen Königs, Erzbischof Sudbury und Robert Hales, sowie Johann von Gent als dem Aushängeschild und Protektor all der Mißwirtschaft galt der besondere Haß der Massen.

Wiclif und die Lollardenprediger standen zwar nicht in direkter Beziehung zur Aufstandsbewegung, hatten ihr jedoch zweifellos Vorschub geleistet. Wat Tyler machte Wiclifs theoretische Forderung, das Kirchengut zu säkularisieren, zum politischen Postulat, und John Ball, «der tolle Priester von Kent» (wie Froissart ihn nannte), verkündigte von der Kanzel egalitäre Ideen. Nach seiner Exkommunikation (1366) geißelte er als Wanderprediger den sündhaften Reichtum der Kirchenfürsten und großen Lords, forderte die Rückkehr des Klerus zu evangelischer Armut und verspottete die rivalisierenden, um Christi Gewand streitenden Päpste. Er gilt auch als der Verfasser des berühmten Spottverses:

Als Adam grub und Eva spann,
Wer war da ein Edelmann?

Mit anderen Worten: im Paradies gab es noch keine Standesunterschiede. Trotz seiner Voreingenommenheit für die englische Aristokratie gibt Froissart den Standpunkt Balls mit sympathisierender Ausführlichkeit wieder:

«Meine guten Freunde, die Dinge können in England nicht gut gehen, bevor nicht alles allen gehört, es weder Vasallen noch Magnaten gibt und die Lords keine größeren Herren sind als wir selber. Wie schlecht behandeln sie uns! Welchen Grund haben sie, uns in Knechtschaft zu halten? Stammen wir nicht alle von den gleichen Eltern ab, von Adam und Eva? Was haben sie anzuführen, das sie zu größeren Herren macht als uns? ... Man nennt uns Leibeigene, und wenn wir den verlangten Dienst nicht leisten, werden wir geschlagen ... Wir wollen zum König gehen und ihm das alles vorstellen; er ist jung, vielleicht erhalten wir von ihm eine günstige Antwort; wenn nicht, müssen wir uns selber um eine Besserung unserer Lage bemühen.»[3]

Ball wurde dreimal festgenommen und befand sich beim Ausbruch der Revolte im Gefängnis.

Die Kopfsteuer von 1380 brachte die Unzufriedenheit zur Siedehitze. Die Staatskasse war so gut wie leer, die auf den Kronschatz aufgenommenen Darlehen waren zur Rückzahlung fällig, für den Krieg in Frankreich wurden neue Mittel gebraucht, die mittels einer Sondersteuer von 100000 Pfund Sterling, der jeder Einwohner von über fünfzehn Jahren unterworfen war, aufgebracht werden sollten. Alle Quellen der Unzufriedenheit flossen bei dieser neuen Zumutung zu einem Strom zusammen. Tausenden gelang es, sich vor den Steuereinnehmern zu drücken, so daß der Ertrag weit hinter dem Voranschlag zurückblieb. Als die Regierung durch neue Steuereinnehmer die Säumigen zu fassen suchte, rotteten sich diese zusammen und komplimentierten – beispielsweise in Brentwood – die königlichen Funktionäre mit Steinwürfen aus der Stadt (1381); in Fobbin, Corringham und St. Albans trug sich Ähnliches zu. In London erklärten sich Massenversammlungen mit den ländlichen Rebellen solidarisch und forderten sie zu einem Marsch auf die Hauptstadt auf, um gemeinsam mit den Londonern «den König so unter Druck zu setzen, daß es in England keinen einzigen Leibeigenen mehr geben wird».

Kent bereitete den Steuereinnehmern eine besonders tumultuöse Abfuhr. In Rochester erbrach der Pöbel am 6. Juni 1381 das Gefängnis, holte die Gefangenen heraus, plünderte das Schloß und wählte am nächsten Tag einen gewissen Wat Tegheler, alias Tyler, zum Anführer. Seine Vorgeschichte ist unbekannt, vermutlich war er einmal Soldat, denn er verstand es, sich Gehorsam zu verschaffen und den wüsten Haufen zu disziplinieren. Am 8. Juni griff man, mit Bogen und Pfeilen, Knüppeln, Äxten und Schwertern bewaffnet und aus fast allen Dörfern Kents durch Zuzug verstärkt, die Häuser der Staatsbeamten, unbeliebten Grundbesitzer und Rechtsanwälte an. Am 10. Juni zog der Gewalthaufe unter dem Jubel der Bevölkerung in Canterbury ein, plünderte den Sitz des abwesenden Erzbischofs Sudbury, öffnete das Gefängnis und brandschatzte die Bürgerhäuser. Im ganzen östlichen Kent erhob sich jetzt Stadt um Stadt; die Beamten und Wohlhabenden flohen teils in andere Gegenden, teils versteckten sie sich an abgelegenen Orten, teils kauften sie sich durch Zuwendungen an die Rebellen von weiterer Belästigung los. Am 11. Juni marschierte die Rebellenarmee gen London und holte unterwegs John Ball aus dem Gefängnis heraus. Die große Stunde des «tollen Priesters von Kent» hatte geschlagen; in täglichen Predigten verkündete er jubelnd den Anbruch der christlichen Gleichheit; alle Standesunterschiede würden verschwinden, es werde weder Reiche noch Arme geben, weder Grundherren noch Leibeigene, und jeder werde ein König sein.

Mittlerweile hatte sich der Aufruhr auf Norfolk, Suffolk, Beverley, Bridgewater, Cambridge, Essex, Middlesex, Sussex, Hertford und Somerset ausgedehnt. In Bury St. Edmund verlor der Abt, der gar zu nachdrücklich auf den klösterlichen Rechten über die Stadt bestand, seinen Kopf. In Colchester mußten mehrere Florentiner Kaufleute – weil sie angeblich den englischen Handel schädigten – ihr Leben lassen. Wo immer möglich, vernichteten die Aufständischen die dokumentarischen Unterlagen über Besitzverhältnisse und Feudalrechte, in Cambridge verbrannte man das Universitätsarchiv, und zu Waltham wurde das Klosterarchiv ein Raub der Flammen.

Am 11. Juni näherten sich die von Essex und Hertford anmarschierenden Horden den nördlichen Vororten Londons, und am 12. schlugen die Kenter Insurgenten in Southwark, auf dem gegenüberliegenden Ufer der Themse, ihr Lager auf. Die Königspartei verlor den Kopf; Richard II., Sudbury und Hales versteckten sich im Tower, verweigerten aber Tyler die erbetene Unterredung mit dem König, und der Bürgermeister von London, William Walworth, schloß die Stadttore. Nachdem sie von städtischen Revolutionären von innen wieder geöffnet waren, zog der Kenter Haufe am 13. Juni, begeistert begrüßt, in die Hauptstadt ein und sah sich von Tausenden von Arbeitern verstärkt. Tyler, der seine Massen gut in der Hand hatte, gestattete ihnen zur Abreagierung ihrer Wut die Zerstörung des Palastes Johanns von Gent. Man schlug alles kurz und klein, die kostbaren Möbel wurden aus den Fenstern geworfen, die Gobelins in Fetzen gerissen, der Schmuck zertrampelt, aber gestohlen wurde nichts – ein Aufständischer, der sich einen Silberpokal aneignen wollte, büßte an Ort und Stelle mit seinem Leben. Schließlich brannte man das Gebäude bis auf den Grund nieder, wobei einige Rebellen, die es sich im Weinkeller zu wohl sein ließen, vergessen wurden und in den Flammen umkamen. Nächstes Ziel der Menge war der Temple, die Zitadelle der verhaßten Juristen, die die Leibeigenschaftsbriefe schrieben und die Steuern für die ländlichen Heimstätten veranlagten; jetzt gingen erst die Akten und dann die Baulichkeiten in einem lustigen Feuerwerk auf. Das Newgate- und das Fleetgefängnis wurden zerstört, die glücklichen Insassen verbrüdern sich mit ihren Befreiern. Von der Anstrengung ermüdet, dem in einem Jahrhundert aufgespeicherten Rachedurst an einem Tag Genüge zu tun, legten sich die Massen auf den Straßen und Plätzen zum Schlafen nieder.

Am Abend stieß der Kronrat seinen früheren Beschluß um und arrangierte eine Zusammenkunft des Königs und Tylers in der als Mile End bekannten nördlichen Vorstadt Londons. In der Morgenfrühe des 14. Juni ritt der sein Leben wagende vierzehnjährige König, von seinen Kronräten begleitet, aus dem Tower. Nur Sudbury und Hales blieben vorsichtigerweise zurück. Die kleine Kavalkade erreichte trotz der feindseligen Haltung der Menge glücklich den Treffpunkt, wo sich die Essexer Rebellen bereits eingefunden hatten und ein Teil der Kenter mit Tyler an der Spitze bald darauf eintraf. Zu dessen Überraschung gewährte der König bereitwillig fast alle Forderungen: Aufhebung der Leibeigenschaft in ganz England, Abschaffung aller Frondienste und Feudalabgaben, Herabsetzung der Pachtzinsen, Straffreiheit für alle Teilnehmer an der Revolte. Dreißig Kanzlisten wurden sofort mit der Abfassung der Freiheitsbriefe und Urkunden über die Straffreiheit aller Bezirke, die darum ersuchten, beauftragt. Nur in einem Punkt blieb Richard fest: die königlichen Minister und sonstigen «Verräter» seien nicht Hals über Kopf, sondern im ordentlichen Gerichtsverfahren abzuurteilen und im Falle eines Schuldspruchs nach Recht und Gesetz zu bestrafen.

Tyler, dem dieser Bescheid nicht genügte, brach mit einigen Getreuen sofort nach dem Tower auf. Sudbury, der gerade die Messe las, wurde vom Altar gerissen, in den Hof gezerrt und mit dem Hals auf einen Block geworfen. Der des Handwerks unkundige Scharfrichter mußte achtmal zuschlagen, bis es ihm gelang, den Kopf abzutrennen. Dann kamen Hales und zwei weitere Männer an die Reihe. Die abgeschlagenen Häupter – an Sudburys Kopf hatte man die Bischofsmitra genagelt – wurden auf Piken durch die Straßen getragen und über dem Tor der London Bridge angeschlagen. Damit war das Signal zu einer Blutorgie gegeben, die einigen Kaufleuten willkommene Gelegenheit bot, sich ihrer flämischen Konkurrenten zu entledigen. Das Verfahren war einfach: man zeigte einem Verdächtigen Brot und Käse und fragte, was das sei; antwortete er «Brot und Käse» oder sprach er mit flämischem Akzent, so war sein Leben verwirkt. Neben 150 Ausländern – Kaufleuten und Bankiers – verloren an jenem Junitag zahlreiche Anwälte, Steuereinnehmer und Parteigänger Johanns von Gent ihr Leben. Lehrlinge ermordeten ihre Meister, Schuldner ihre Gläubiger. Erst gegen Mitternacht legte sich dieser Blutrausch.

Als der König diese Ereignisse erfuhr, begab er sich nach London zurück, aber nicht in den Tower, sondern in die bei der St. Paulskirche gelegene Residenz seiner Mutter.

Mittlerweile aber hatte das Gros der Essexer und Hertforder Rebellen, von den erhaltenen Freiheitsbriefen beglückt, den Heimmarsch angetreten. Am 15. Juni forderte Richard in einer zurückhaltend formulierten Botschaft Tyler zu einem neuen Zusammentreffen im Smithfield vor dem Aldersgate auf. Da er mit dem Schlimmsten rechnete, beichtete und kommunizierte er, bevor er sich mit einem Gefolge von zweihundert Mann – das unter der friedlichen Gewandung Schwerter verbarg – vor die Stadt begab. Tyler, nur von einem einzigen Leibwächter begleitet, stellte neue Forderungen, die nicht genau überliefert sind; doch nimmt man an, daß er unter anderem die Konfiskation des Kirchenguts und die Verteilung des Erlöses unter das Volk verlangte. Ein Wortwechsel entstand, ein Begleiter des Königs nannte Tyler einen Dieb, der befahl seinem Gefährten, den Beleidiger niederzuschlagen; Bürgermeister Walworth stellte sich in den Weg. Tyler holte gegen Walworth aus, der dank seinem Kettenhemd unverletzt blieb und seinerseits Tyler mit einem Hirschfänger verwundete. Schließlich durchbohrte ein Junker Tyler zweimal mit dem Schwert; der Verwundete ritt zu seinem Gewalthaufen zurück, schrie «Verrat!» und brach tot zusammen. Schon griffen die Rebellen, die nach Froissarts Schätzung immer noch 20000 Köpfe zählten und den kleinen königlichen Trupp wohl leicht hätten überwältigen können, nach ihren Pfeilen, als Richard auf sie zuritt und ausrief: «Sirs, wollt ihr wirklich auf euren König zielen? Ich will euer Anführer und Hauptmann sein, ihr sollt von mir bekommen, was ihr wollt. Aber folgt mir hinaus aufs Feld.» Er ritt langsam voran, ohne zu wissen, ob man ihm folgen oder schießen würde. Die Rebellen zögerten, dann folgten sie ihm, während sich seine Begleiter unauffällig unter sie mischten.

Nur Walworth machte kehrt und galoppierte in die Stadt zurück, wo er die Räte *(aldermen)* aller vierundzwanzig Stadtbezirke anwies, mit so vielen Bewaffneten wie möglich zu ihm zu stoßen. Unter der Bürgerschaft, die anfänglich mit den Rebellen sympathisierte, hatte die Stimmung inzwischen umgeschlagen; die Morde und Plünderungen ließen einen jeden um Eigentum und Leben zittern, so daß sich Walworth in kürzester Frist an der Spitze einer wie aus der Erde gestampften Streitmacht von 7000 Mann sah. Er führte sie nach dem Smithfield, wo er den Monarchen mit einer Leibwache umgab und sich anerbot, die Aufständischen niederzumachen. Richard lehnte jedoch ab; sie hätten ihn, als er sich in ihrer Gewalt befand, geschont, er wolle nicht weniger großmütig sein und ihnen freien Abzug gewähren. Die Reste der Essexer und Hertforder Insurgenten schmolzen wie Schnee in der Sonne weg, die Aufständischen aus London verkrümelten sich; nur die Kenter hielten aus, weil Walworths improvisiertes Heer ihren Rückmarsch durch London blockierte. Richard gab Befehl, sie ungehindert ziehen zu lassen; sie machten sich, ohne belästigt zu werden, auf den Weg und trotteten auf der alten Kenter Landstraße heimwärts.

Die Königin-Mutter empfing ihren Sohn mit Tränen in den Augen. «Mein lieber Junge, welche Ängste habe ich heute um dich ausgestanden!» – «Certes, Madam», antwortete der Knabe, «ich kann mir's denken. Doch jetzt freut Euch und lobt Gott, denn heute habe ich mein verlorenes Erbe wiedergewonnen und mein englisches Königreich dazu.»

Noch am gleichen Tag, am 15. Juni, wies Richard – vermutlich auf Anraten seines Retters Walworth – unter Androhung der Todesstrafe alle im letzten Jahr in London zugezogenen Personen aus. Walworths Leute durchkämmten systematisch Straßen und Miethäuser, fingen viele, brachten etliche um und erlangten – wahrscheinlich mit Hilfe der Folter – von einem gewissen Jack Straw das Geständnis, daß die Kenter Rebellen beabsichtigt hätten, Wat Tyler zum König auszurufen. Einer Deputation der Essexer Insurgenten, die eine urkundliche Bestätigung der am 14. Juni vom König gemachten Zugeständnisse verlangte, antwortete Richard, daß sie ihm abgepreßt worden seien; er beabsichtige nicht, sie zu halten – «Ihr seid und bleibt Missetäter» –, und wer weiter im bewaffneten Aufruhr verharre, habe schwerste Strafe zu gewärtigen. Die erzürnten Delegierten riefen zu neuen Gewaltakten auf; unter denen, die dem Appell Folge leisteten, richtete Walworth am 28. Juni ein großes Blutbad an.

Am 2. Juli widerrief der erbitterte König Zugeständnisse und Straffreiheit und ordnete eine gerichtliche Untersuchung über die Identität und die Aktionen der Rädelsführer an. Hunderten wurde der Prozeß gemacht; hundertzehn, vielleicht mehr, endeten am Galgen. John Ball fiel in Coventry in die Hände der Häscher, stand furchtlos zu seinem Tun und weigerte sich, an des Königs Gnade zu appellieren. Er wurde gerädert, gehenkt und gevierteilt; und statt der Köpfe Sudburys und Hales' zierten die Köpfe Balls, Tylers und Straws eine Zeitlang die Londoner Brücke. Am 13. November erstattete Richard dem Parlament Rechenschaft und überließ es den versammelten Prälaten, Lords und Gemeinen, über die Aufhebung der Leibeigenschaft zu entscheiden. Diese – beinahe alle Grundbesitzer – sprachen ihm das Recht ab, über ihr Eigentum zu verfügen; ihr Verdikt lautete auf Beibehaltung des bestehenden Feudalrechts. Die besiegten Bauern kehrten zu den Pflügen, die murrenden Arbeiter zu den Webstühlen zurück.

## IV. DIE ENGLISCHE LITERATUR IM WERDEN

Schritt um Schritt entwickelte sich die englische Sprache zu einem brauchbaren Werkzeug literarischen Schaffens. Die Eroberung des Inselreichs durch die Normannen hatte den Umwandlungsprozeß des Angelsächsischen geraume Zeit unterbrochen, weil Französisch vorerst die offizielle Sprache der neuen Herrenschicht blieb; aber allmählich bildete sich doch ein neuer, im wesentlichen germanischer Wortschatz heraus, der allerdings zahlreiche romanische Elemente assimilierte. Später mag der lange Krieg mit Frankreich dazu beigetragen haben, daß man die Vorherrschaft eines fremden Idioms abschüttelte. 1362 wurde Englisch zur Rechts- und Gerichtssprache proklamiert; 1363 eröffnete der Kanzler das Parlament zum erstenmal in englischer Sprache. Gelehrte, Philosophen und Chronisten bedienten sich (bis zu Francis Bacon) des Lateinischen, um ein internationales Publikum zu erreichen, aber Poeten und Dramatiker begannen so zu schreiben, wie ihnen der Schnabel gewachsen war.

Das älteste auf uns gekommene englische Schauspiel, ein vor dem Höllentor zwischen dem Heiland und dem Widersacher ausgefochtenes Rededuell, gehört zur Gattung der Mysterienspiele und wurde unter dem Titel *Die Qualen der Hölle* etwa um 1350 in den Midlands aufgeführt. Im vierzehnten Jahrhundert präsentierten die städtischen Gilden ganze Zyklen von solchen Darstellungen: Eine Gilde schuf das Bühnenbild, beförderte es auf Flößen zu der auf einem großen

Platz vorbereiteten Bühne und führte die ersten Szenen des gewöhnlich der Bibel entnommenen Stoffes auf; andere Gilden führten das Spiel an den folgenden Tagen weiter. Die Chester-Mysterien von 1328 sind der älteste bekannte Zyklus dieser Art; um 1400 finden wir Nachweise für York, Beverley, Cambridge, Coventry, Wakefield, Towneley und London. Vom lateinischen Mysterienspiel leitete sich die Untergruppe des Mirakelspiels ab (1182), eine Verherrlichung der Wunder und Leiden der Heiligen. Um 1378 traten die «Moralitäten» auf, Spiele, deren Handlungsablauf eine Moral entwickelte; *Everyman – Jedermann* – bildete 1480 den Höhepunkt dieser Gattung. Zu Beginn des fünfzehnten Jahrhunderts finden wir eine weitere, aber zweifellos schon alte dramatische Form, *the interlude* oder der *ludus*, eine von zwei oder mehreren Darstellern gespielte Szene, die sich nicht auf ein religiöses Thema oder eine Moral beschränkte, sondern auch weltlichen, humorvollen, profanen, ja sogar obszönen Charakter haben konnte. Sie wurden von fahrenden Spielleuten in den Bankettballen der Burgen und Rathäuser, in den Hinterhöfen der Herbergen, auf den öffentlichen Plätzen der Städte und Dörfer dargeboten. Essex konnte sich – soweit uns bekannt ist – des ersten Bauwerks der nachrömischen Zeit rühmen, das der regelmäßigen Produktion dramatischer Darstellungen diente. Aus den *interludes* entwickelten sich die Komödien, aus den Mysterien- und Moralspielen die Tragödien des Elisabethanischen Zeitalters.

Das erste umfangreichere Gedicht oder Epos in englischer Sprache, *Wilhelms Vision von Peter dem Pflüger*, ist eines der seltsamsten und zugleich stärksten. Den Verfasser kennen wir nur durch sein Werk; unter der Voraussetzung, daß es autobiographischen Charakter besitzt, hieß er William Langland und wurde etwa 1332 geboren. Er empfing die niederen Weihen, amtierte jedoch nie als Priester; in London, wohin er sich wandte, fristete er als Psalmensänger bei Trauergottesdiensten ein kümmerliches Dasein. Er führte ein liederliches Leben, «sündigte durch Begehrlichkeit des Auges und Wollust des Fleisches», zeugte eine Tochter, ehelichte möglicherweise die Mutter und hauste mit beiden in einer Hütte. Nach seiner Selbstbeschreibung zu schließen war er groß und hager; in seiner Kleidung bevorzugte er die düsteren Farben enttäuschter Hoffnungen. Sein Epos gefiel ihm jedoch, denn er gab es dreimal und jedesmal erweitert heraus (1362, 1377 und 1394). Wie die frühen angelsächsischen Barden bediente er sich des Stabreims und eines unregelmäßigen Versmaßes.

Er beginnt mit der Schilderung, wie er auf einem Hügel einschläft und im Traum «ein Feld voller Menschen sieht»: Reiche, Arme, Gute, Schlechte, Junge, Alte und mitten unter ihnen eine schöne, edle Dame, die er mit der «heiligen Kirche» identifiziert. Vor ihr niederkniend, bittet er sie «nicht um Reichtümer, sondern um Rat, wie ich meine Seele retten kann». Sie antwortet:

> When all treasures are tried, Truth is best ...
> Whoso is true of his tongue, and telleth naught but that,
> And does the works therewith, and willeth no man ill,
> He is a god by the gospel ... and like to Our Lord.*

In einem zweiten Traum erscheinen ihm die sieben Todsünden, die ihm der Reihe nach Gelegenheit geben, die Schlechtigkeit des Menschen in kraftvollen Satiren zu geißeln. Dann überläßt er sich eine Weile einem wehmütigen Weltschmerz und erwartet den baldigen Weltuntergang. Schließlich tritt Piers (Peter) der Pflüger auf. Er ist das Muster eines ehrlichen, gutmütigen, fleißigen, mildtätigen Bauern, dem jedermann traut, ein braver Vater und Ehemann und rechtgläubiger Sohn der Kirche. In weiteren Visionen erblickt der Autor den gleichen Peter als den Menschensohn, als Petrus den Apostel und als Papst, bis er im päpstlichen Schisma und am Vorabend des Antichrist entschwindet. Die Diener der Kirche, meint unser Autor, haben auf-

---

* Wenn alle Werte sind gewogen, schwingt Wahrheit obenauf,
Und wessen Zunge Wahrheit zeugt und niemals andres sagt,
Wer danach seine Werke tut und niemand Übles wünscht,
Ist nach der Schrift ein Gott ... und gleichet Unserm Herrn.

gehört, der rettende Rest* zu sein; die meisten sind verderbt und täuschen den gemeinen Mann, während sie die Reichen für Geld absolvieren, mit heiligen Dingen Handel treiben und den Himmel für eine Münze verschachern. Was vermag der Christ in diesem allgemeinen Sündenpfuhl zu tun? Er muß sich aufmachen und ungeachtet der bestehenden Institutionen und der allgemeinen Verderbtheit den lebendigen Christus suchen.

*Peter der Pflüger* enthält ein gut Teil Unsinn und langweilt mit seinen dunklen Allegorien den Leser, der Klarheit für eine moralische Pflicht des Schriftstellers hält. Trotzdem handelt es sich um ein tief empfundenes Werk, das unparteiisch seine Hiebe austeilt, das Menschlich-Allzumenschliche in lebhaften Farben schildert und sich stellenweise zu einer Schönheit erhebt, die im vierzehnten Jahrhundert nur hinter den *Canterbury Tales* zurückbleibt. Die Wirkung war beachtlich; die rebellierenden Bauern erhoben den braven, furchtlosen Piers zu ihrem Idol; John Ball stellte ihn ihnen 1381 als Vorbild hin, und noch in der Reformationszeit beschwor man seinen Namen herauf. Des Dichters Vision endete mit der Rückverwandlung des Papstes Peter in Peter den Pflüger, und die Moral von der Geschichte war die, daß wir nur wie Peter schlichte, tätige Christen zu sein brauchen, um eine so große Revolution zu bewirken, daß keine andere nötig sei.

John Gower, ein reicher Gutsbesitzer in Kent, war als Mensch wie als Dichter lange nicht so romantisch wie der geheimnisvolle Langland. Seine mit scholastischem Ballast befrachteten Werke erzeugten, obgleich in drei Sprachen geschrieben, nur Langeweile. Die Schwächen des Klerus mißfielen ihm gleichfalls, doch lange nicht so wie die Ketzereien der Lollarden, und vollends unbegreiflich war ihm die Unverschämtheit der Bauern, die zum Bier und Brot auch noch Fleisch, Milch und Käse verlangten. Feuer, Wasser und Volksmassen, diese drei Gewalten hielt er, sollten sie aus der Hand geraten, für erbarmungslos. Von der Welt angeekelt und um sein Seelenheil besorgt, verbrachte er sein Alter betend und blind in einem Kloster. Seine Zeitgenossen bewunderten seine Rechtschaffenheit, beklagten sein Temperament und seinen Stil und wandten sich erleichtert Chaucer zu.

## V. GEOFFREY CHAUCER: 1340–1400

Er war ein echter Sohn des «guten alten England», voll von dessen Blut und Bier, ein Mann, der es verstand, die natürlichen Bürden des Daseins gleichmütig zu ertragen, seine Nadelstiche verzeihend zu belächeln und alle Aspekte des englischen Lebens mit der Breite eines Homer und der Lebendigkeit eines Rabelais zu schildern.

Sein Name stammt wie ein großer Teil seiner Sprache aus dem Französischen; eigentlich bedeutete er Schuhmacher, und wie er ihn aussprach, ist zweifelhaft; die Nachwelt erlaubt sich sogar mit unseren Namen Unfug und erinnert sich unserer nur, um uns nach ihrem Gusto umzuformen. Sein Vater John Chaucer, ein Londoner Weinhändler, ließ ihm eine gute Erziehung angedeihen; seine Dichtung wimmelt von Gestalten aus Geschichte und Sage. 1357 finden wir einen «Geoffret Chaucer» in der Haushaltliste des späteren Herzogs von Clarence. Zwei Jahre später kämpfte er in

* Die Dichtung fußt auf dem eschatologischen Gedankengut der Zeit, das in ganz Nordeuropa allgemein verbreitet war und sich seinerseits auf die biblischen und sibyllinischen Weissagungen stützte, wonach vor dem Weltuntergang erst einmal der Antichrist aufstehen, ein schreckliches Regiment auf Erden errichten, dann aber von einem rettenden Rest von Heiligen unter einem letzten Kaiser überwältigt werden würde. In diesem letzten tausendjährigen Reich vor dem Weltuntergang würde es weder Sünde, Gesetze noch Unterschiede des Stands und Wohlstands geben, und alle Menschen würden Brüder und Schwestern sein. (Anm. des Übers.)

Frankreich, geriet in Gefangenschaft und erkaufte mit einem Lösegeld, zu dem auch Eduard III. beisteuerte, die Freiheit; 1367 figuriert er als «yeoman of the King's Chamber» – Freisasse in des Königs Diensten – mit einer lebenslänglichen Jahrespension von zwanzig *marks* in einer königlichen Haushaltliste. Eduard, der auf seinen zahlreichen Reisen seinen Haushalt mitzuschleppen pflegte, hat sich vermutlich auch von Chaucer begleiten lassen, der dabei England kennenlernte und genoß. 1366 heiratete er Philippa, eine Dame im Dienst der Königin, und lebte mit ihr in lässiger Zwietracht, bis sie starb. Richard II. bezahlte die Pension weiter, und Johann von Gent fügte noch zehn Pfund jährlich hinzu. Es gab noch andere Einkünfte von aristokratischer Seite, was erklären mag, warum der so lebenskundige Chaucer die große Revolution so wenig beachtete.

Es war ein erfreulicher Brauch jener Tage, Männer der Feder mit diplomatischen Missionen zu betrauen und damit die Wertschätzung der Poesie und Beredsamkeit praktisch zu bekunden. So reiste auch Chaucer mit zwei anderen zusammen zum Abschluß eines Handelsabkommens nach Genua (1372); später begleitete er Sir Edward Berkeley nach Mailand (1378). Weiß man, ob er dort nicht den kränkelnden Boccaccio, den alternden Petrarca getroffen hat? Auf alle Fälle entdeckte er eine Kultur von weit höherem Schliff, größerer Belesenheit und subtilerer Empfindung als die altenglische, so daß er mit einem neuen Verständnis für die Klassiker, zumindest die lateinischen, nach Hause zurückkehrte. Der in seinen frühen Schöpfungen spürbare französische Einfluß trat vor der italienischen Gedankenwelt, ihren Motiven und Versformen in den Hintergrund, und als er sich schließlich an die Schilderung der eigenen Heimat und ihrer Menschen machte, tat er es als reifer Geist und vollendeter Künstler.

Im damaligen England konnte niemand von der Poesie leben. Nun sollte man freilich denken, daß seine Einkünfte ausreichten, um ihn zu ernähren und zu kleiden; nach 1378 beliefen Sie sich etwa auf das heutige Gehalt eines mittleren Beamten, und zudem bezog seine Frau vom König wie von Johann von Gent Pensionen. Trotzdem fühlte er sich bemüßigt, sein Einkommen im königlichen Dienst als «Kontrolleur der Zölle und Subsidien» zu verbessern (1374–1386), in welcher Zeit er im Turm des Aldgate wohnte. 1380 bezahlte er eine nicht genannte Summe an eine gewisse Cecilia Champaigne, um sie zur Zurückziehung ihrer Klage wegen Vergewaltigung zu veranlassen. Fünf Jahre später wurde er Friedensrichter in Kent, 1386 ließ er sich ins Parlament wählen. Seine Dichtungen schrieb er in der freien Zeit, die ihm all diese Betätigungen ließen.

Im *Haus des Ruhms* beschreibt er sich selbst, wie er, wenn er «seine Abrechnung gemacht hatte», nach Hause hastete, «stumm wie ein Stein» über seinen Büchern brütete und einem Einsiedler gleich in Armut, Enthaltsamkeit und Gehorsam lebte, nur darauf bedacht, «Lieder und Bücher in Reime zu fassen». Wie er uns erzählt, hat er in seiner Jugend «gar manches Gedicht und anstößige Spiel» verfaßt. Boethius' *De consolatione philosophiae* (Trost der Philosophie) übersetzte er in gute Prosa und einen Teil von Guillaume de Lorris' *Romaunt de la rose* in ausgezeichnete Verse. Er begann eine Anzahl von nicht allzu umfangreichen Dichtungen: *Das Haus des Ruhms*, *Das Buch von der Herzogin*, *Die Versammlung der Vögel*, *Die Legende von den guten Frauen*, die aber nie fertig wurden. In der Unfähigkeit, eine angefangene Arbeit zu vollenden, war er ein Vorgänger von uns Heutigen. Diese ehrgeizigen und dennoch tastenden Versuche stützten sich dem Stoff wie der Form nach offen auf kontinentale Vorbilder.

In seiner besten Einzeldichtung, *Troilus and Criseyde*, ahmte er teils nach, teils übersetzte er; insgesamt fügte er den 2730 Zeilen aus Boccaccios *Filostrato* 5696 Zeilen anderer Herkunft und eigener Provenienz hinzu. Es ging ihm keineswegs darum, zu täuschen; wiederholt nennt er seine Quellen und entschuldigt sich, weil er nicht alles übersetzte. Diese Übertragungen von einem Schrifttum ins andere empfand man damals als legitim und nützlich, weil sogar viele Hochgestellte nur ihre eigene Sprache verstanden. Wie die griechischen betrachteten auch die elisabethanischen Dramatiker den Stoff als Allgemeingut – die Kunst lag in der Form.

Bei allen Einschränkungen bleibt Chaucers *Troilus* das erste große erzählende Gedicht in englischer Sprache. Scott hat es als «lang und ziemlich langweilig» bezeichnet, und das ist es auch; Rossetti nannte es «das vielleicht schönste erzählende Gedicht von größerer Länge in englischer Sprache», und auch das ist zutreffend. Alle langen Epen, mögen sie noch so schön sein, werden langweilig; der Lebensnerv der Poesie ist die Leidenschaft, und eine Leidenschaft, die sich über 8386 Zeilen erstreckt, wird so schnell zur Prosa wie im Leben die befriedigte Leidenschaft. Noch nie hatte man so viele Zeilen benötigt, um eine Dame ins Bett zu bekommen, und selten hat Liebe so lange gezögert, meditiert, sich gequält, um schließlich doch zu kapitulieren – und das alles mit einem ungeheuren Aufwand an großartiger und nicht zur Sache gehöriger Rhetorik, endlosem melodiösem Versgeklingel und gefälliger Leichtigkeit des Reims; aber selbst der endlose Wortschwall vermag dieses Epos nicht zu zerstören. Im Grunde ist es philosophischer Art: Das Weib ist zur Liebe geboren, und bleibt ihm A. zu lange fern, wird es eben B. lieben. *Eine* Gestalt besitzt echtes Leben: Pandaros, in der *Ilias* der Führer der Lykier vor Troia, wird bei Chaucer zu einem lebenslustigen, erfindungsreichen und nie zu entmutigenden Mittler, der den Liebenden den Weg zur Sünde ebnet. Troilos, kriegerisch darauf bedacht, die Griechen zurückzuschlagen, verachtet jeden Mann, der sich an weichen Brüsten in Sinnlichkeit verliert. Dieser gleiche Troilos verliebt sich auf den ersten Blick in Chryseis und hat hinfort einzig ihre Schönheit, Keuschheit, Sanftmut und Grazie im Sinn. Chryseis wiederum wartet volle sechstausend Verse auf das Liebesgeständnis des schüchternen Kriegers, bis sie erleichtert in seine Arme fallen darf, während er gleich zwei Welten auf einmal vergißt:

All ander Sehnen war aus ihm vertrieben,
Der Kampf vergessen und sein Seelenheil.

Von dem Höhepunkt solcher Ekstase erschöpft, eilt Chaucer über das Glück der Liebenden hinweg in die Tragödie, die das Epos vor der Langeweile bewahrt. Chryseis' Vater ist zu den Griechen übergelaufen, und die erzürnten Troer schicken sie im Austausch gegen den in Gefangenschaft geratenen Antenor ins griechische Lager. Das schmerzzerrissene Paar trennt sich mit Schwüren ewiger Liebe. Die Griechen sprechen Chryseis dem Diomedes zu, dessen Liebenswürdigkeit und Tatkraft seine Gefangene so gefangennehmen, daß sie sich – *qual plum' in vento* – nunmehr auf einer Seite zu ebendem bereit findet, wozu sie vorher ein Buch benötigt hat. Woraufhin Troilos, der sich ins Schlachtgetümmel wirft, um Diomedes zu stellen, unter dem Speer des Achilleus fällt. Chaucer beschloß sein langes Liebesepos mit einem frommen Gebet an die Dreieinigkeit und sandte es dem «moralischen Gower», dessen Güte sich dazu äußern möge.

Die *Canterbury Tales* begann er vermutlich 1387. Der Entwurf war genial: Chaucer läßt eine aus allen möglichen Charakteren zusammengesetzte Reisegesellschaft von der Tabard Inn in Southwark (wo Chaucer selbst so manchen Bierkrug leerte) einen gemächlichen Pilgerritt nach Canterbury zu Beckets Heiligtum unternehmen und unterwegs Geschichten und Gedanken zum besten geben, die sich im weitgereisten Kopf des Dichters in einem halben Jahrhundert angesammelt hatten. Eine solche Rahmenerzählung zur Zusammenfügung einzelner Geschichten war nichts Neues, noch nie aber war sie so gut gelungen. Boccaccio hatte im *Decamerone* nur Vertreter einer bestimmten Gesellschaftsschicht zu Wort kommen lassen, ohne sie als Individualitäten zu zeichnen; Chaucer dagegen hat eine Schankstube mit Gestalten bevölkert, die in ihrer vielfältigen Eigenart das englische Leben echter nachzeichnen als die aufgeputzten Chroniken über geschichtliche Persönlichkeiten. Seine Figuren leben und bewegen sich buchstäblich, sie lieben und hassen, sie lachen und weinen; und wir hören nicht nur, was sie während ihres gemächlichen Ritts erzählen, wir erfahren auch ihre Nöte, Zwiste und Lebensphilosophien.

Hören wir doch noch einmal die frühlingsfrischen Einleitungsverse:

> Wenn vom Aprillenregen mild durchdrungen
> Der Staub des März recht gründlich ist bezwungen
> Und so von Säften jede Ader schwillt,
> Daß aus dem Boden Blum' an Blume quillt,
> Wenn Zephyr dann mit seinem süßen Hauch
> In Wald und Heide jeden zarten Strauch
> Durchwehet; wenn der Strahl der jungen Sonnen
> Zur Hälfte schon dem Widder ist entronnen,
> Wenn lust'ge Melodie das Vöglein macht,
> Das offnen Auges schläft die ganze Nacht ...
> Dann treibt die Menschen auch die Wanderlust;
> Wallfahrer ziehen hin zu fernem Strande
> Zu Heiligen, berühmt in manchem Lande ...
> Da traf sich's um die Zeit an einem Tag,
> Als ich im «Heroldsrock» zu Southwark lag,
> Mit frohem Mut und Gottergebenheit
> Nach Canterbury hinzuziehn bereit,
> Daß abends in dasselbe Nachtquartier
> Verschiedne Leute – neunundzwanzig schier –
> Einkehrten; Zufall hatte sie gesellt;
> Auf Pilgerfahrt war Aller Sinn gestellt.
> Zu ziehn gen Canterbury war ihr Wille.[4]

Und nun stellt Chaucer sie uns der Reihe nach in den pittoresken Skizzen seines unvergleichlichen Prologes vor:

Mit einem Ritter fang' ich billig an.
Der Ritter war ein Mann, gar hochgeehrt,
Der seit der Zeit, da er zuerst das Schwert
Im Kampf zog, stets geglüht für Rittertum,
Freiheit und Wahrheit, Höflichkeit und Ruhm ...
In blut'gen Schlachten, funfzehn an der Zahl,
Zu Tramissene im Turnier dreimal
Stritt er fürs Christentum und schlug den Feind ...
Trotz solchen Ruhms war er von weisem Sinn;
Wie eine Jungfrau sanft war er von Sitten,
Und nie war ihm ein plumpes Wort entglitten,
Im Leben nicht; grob ließ er niemand an:
Ein ganz vollendet edler Rittersmann.[5]

Des Ritters Sohn: ... ein Junker gut,
Das war ein muntres und verliebtes Blut ...
So heiß war seine Liebe, daß die Nacht
Er trotz den Nachtigallen stets durchwacht.[6]

Es folgt ein Yeoman, dem Ritter und Junker zu dienen, hierauf eine anmutige Priorin:

Auch eine Priorin fand sich hier ein,
Die war von einfach keuscher Freundlichkeit.
«Beim heil'gen Ludwig!» war ihr größter Eid.
Frau Eglantine wurde sie genannt;
Die wohl sich auf den Messedienst verstand
Und stets höchst lieblich durch die Nase sang ...
Mitleidig war sie, mild und sanft durchaus.
Sie konnte weinen, wenn sie eine Maus
Wund in der Falle oder tot gefunden.
Man sah sie oft, wie ihren kleinen Hunden
Sie Braten gab und Milch und Krümchen Brot;
Und bitter weinte sie, war einer tot ...
Ihr Mantel war höchst säuberlich fürwahr
Und von Korallen trug am Arm ein Paar
Betschnüre sie, mit munterm Grün garniert,
Und blank mit einem goldnen Schloß geziert,
Drauf stand zuoberst ein gekröntes A
Und drunter: *Amor vincit omnia*.[7]

Man denke sich noch eine Nonne, drei Priester, einen lustigen, der Jagd ergebenen Mönch und einen Bettelmönch, der sich wie kein zweiter darauf versteht, Almosen aus frommen Börsen zu locken:

Hatt' eine Witwe keinen Schuh auch mehr,
Sagt' er so süß sein: *In principio* her,
Daß sie ihm noch den letzten Dreier gab.[8]

Dem jungen Scholaren ist Chaucer gewogen:

Dann ferner kam von Oxford ein Scholar,
Der Logik schon studiert manch liebes Jahr;
Sein Klepper war so dürr wie eine Leiter,
Und traun, es war auch nicht sehr fett der Reiter;
Hohläugig kam er mir und nüchtern vor,
Und fadenscheinig war sein Rockelor.

Noch ward ihm keine Pfründe zum Gewinn,
Und für ein weltlich Amt fehlt' ihm der Sinn.
Denn lieber sah er, wenn am Bett ihm stand
Ein Bücherhauf' in rot' und schwarzem Band
Von Aristoteles' Metaphysik
Als reiche Kleider, Kurzweil und Musik ...
Mit Sorg' und Eifer lernt' er fort und fort;
Er sprach niemals ein überflüssig Wort ...
Er ließ sich stets in Sittensprüchen hören,
Er lernte gern, doch mocht' er gern auch lehren.[9]

Und weiter das «Weib von Bath», von dem wir noch hören werden, ein armer Pfarrer «reich an Werken und Gedanken», ein Pflüger und ein Müller, dem «recht auf seiner Nasenspitze Mitten / stand eine Warze, Haare drauf, genau / wie Borsten an den Ohren einer Sau», ein «Stiftsschaffner», ein «Verwalter» und ein «Büttel»:

Er war ein höflich, freundlich Stück Gesinde,
Ich zweifle, daß man einen bessern finde.
Er ließ auch gerne für ein Fläschchen Wein
Bei lust'gen Burschen fünfe grade sein,
Hielt einer auch ein Jahr bei sich 'nen Schatz.[10]

Mit ihm ... kam auch ein Ablaßkrämer an ...
Sein Mantelsack lag vor ihm ausgestreckt
Randvoll vom röm'schen Ablaß, frisch und heiß.[11]

Ferner haben sich ein Kaufherr, ein Justitiarius, ein Gutsherr, ein Zimmermann, ein Krämer, ein Weber, ein Färber, ein Tapezierer, ein Koch und ein Seemann eingefunden. Natürlich auch Geoffrey Chaucer selbst, schüchtern beiseite stehend, dick und deshalb schwer zu umarmen und «immerfort zu Boden blickend, als wolle er einen Hasen finden». Und nicht zuletzt der Schankwirt, der schwört, noch nie eine so lustige Gesellschaft beherbergt zu haben. Er bietet sich an, als Führer mitzugehen, und schlägt zur Verkürzung der Langeweile des Sechsundfünfzig-Meilen-Ritts vor, daß jeder auf dem Hin- und Rückweg eine Geschichte erzähle; wer die beste erzählt, soll bei der Heimkehr auf allgemeine Kosten freigehalten werden. Das wird abgemacht, und damit ist die Bühne für diese *comédie humaine* aufgebaut; man macht sich auf den Weg, und der Ritter berichtet als der erste Erzähler von zwei guten Freunden, Palamon und Arcite, die in einem Garten ein Blumen pflückendes Mädchen erblicken, sich beide in sie verlieben und um den begehrten Preis bis zum tödlichen Ende kämpfen.

Wer aber hätte erwartet, diese romantische Feder nach solch bombastischem Schwulst der beißenden Unflätigkeit des Müllers fähig zu sehen? Dieser hat Bier im Leib und weiß schon vorher, daß ihm Geist und Zunge durchgehen werden. Chaucer entschuldigt ihn und sich – er muß «ohn' alle Fälschung» sagen, «wie es sich verhält ... und jeder mag ... sich eine andre Geschichte wählen ..., darin von Höflichkeit gehandelt wird, Moral und Heiligkeit». Die Geschichte der Priorin beginnt mit sanfter Religiosität, um in die Schauermär von dem von Juden getöteten Christenjungen einzumünden und mit der Festnahme der Juden durch den Sheriff und ihrem Foltertod zu enden. Nach solcher Frömmigkeit bringt Chaucer im Prolog zur Geschichte des Ablaßkrämers eine saftige Satire auf das Geschäft des Ablaßhandels an; das Thema war also etliche Jahrhunderte alt, als Luther es in die Welt posaunte. Im Prolog zur Geschichte des Weibes von Bath sinkt unser Poet auf den Tiefpunkt seiner Ethik und entfaltet gleichzeitig seine größte dichterische Kraft. Es ist ein aufwühlender Protest gegen Jungfräulichkeit und Zölibat aus dem zotigen Mund einer in Ehedingen Wohlerfahrenen, hatte sie doch seit ihrem zwölften Lebensjahr fünf Ehemänner, von denen sie vier begrub, während sie jetzt dem sechsten Bewahrer ihrer Jugend entgegensieht:

Doch weiß ich dies: Gott tät' expreß uns lehren,
Wir sollten fruchtbar sein und uns vermehren ...
Von einer *Zahl* hört' ich ihn nichts verlangen,
Sei's Bigamie oder Oktogamie.
Mit welchem Recht daher beschimpft man sie?
Auf Salomon, den weisen König, schaut:
Mit mehr als einer Frau war der getraut
(Ich dankte Gott, wenn das Gesetz mir gönnte,
Daß ich mich halb so oft erfrischen könnte) ...
Weh, wehe! daß man Lieben Sünde nennt! [12]

Wir wollen hier auf ihre fleischlichen Lüste nicht weiter eingehen und uns auch nicht mit den Geständnissen des Büttels befassen, denn hier verläßt der Dichter den Parnaß und steigt in die Niederungen anatomischer Bereiche. Dann ist die Luft für die Fabel von der stets gehorsamen Griselda gereinigt; weder Boccaccio noch Petrarca haben diese von einem gequälten Mann erträumte Legende so meisterhaft erzählt wie der Oxforder Kleriker Chaucers.

Von den im Prolog versprochenen achtundfünfzig Geschichten setzt uns Chaucer nur dreiundzwanzig vor; vielleicht, weil er – wie der Leser – fünfhundert Seiten als ausreichend empfand oder weil sich seine Phantasie erschöpft hatte. Sogar jetzt finden sich in diesem munteren Fluß trübe Stellen, die ein kritisches Auge überspringen wird; doch im ganzen trägt uns die langsame, tiefe Strömung fröhlich mit und läßt uns eine so frische Luft atmen, als hätte der Dichter an grünen Flußufern und nicht über einem Londoner Stadttor gehaust – obschon es auch von dort nicht weit zur Themse war. Einige Dithyramben über die Schönheit der Natur sind stereotype literarische Exkurse; dennoch ersteht die durchwanderte Landschaft mit einer Unmittelbarkeit des Empfindens und der Sprache, wie man sie nur selten zwischen den Deckeln *eines* Buches findet; erst bei Shakespeare kehrt ein solches Füllhorn von Bildern, Gleichnissen und Vergleichen wieder. (Hören wir als Beispiel den Ablaßkrämer: «Ich steh' auf meiner Kanzel ... / dann streck' ich meinen Hals aus dem Genicke / Indem nach Ost und West zum Volk ich nicke / Wie eine Taube auf dem Scheunendach ...») Chaucer schrieb in der Mundart der östlichen Midlands und machte sie dadurch zur englischen Schriftsprache; der Wortschatz war bereits reich genug, um feine Gedankenschattierungen zu erlauben. Durch ihn erhielten die Engländer zum erstenmal eine Sprache, die zum Träger einer großen literarischen Tradition werden konnte.

Die Stoffe hat er wie Shakespeare größtenteils dort genommen, wo er sie fand: die Erzählung des Ritters aus Boccaccios *Teseide*, *Griselda* aus dem *Decamerone*, ein ganzes

Dutzend aus den französischen *fabliaux*. Aus dieser letzten Quelle ist möglicherweise seine Obszönität zu erklären, obschon für die gepfeffertsten Geschichten keine Quelle außer ihm selbst bekannt ist. Zweifellos huldigte er, wie später die elisabethanischen Dramatiker auch, der Auffassung, das Parterre ab und zu durch eine zotige Aufpulverung wachrütteln zu müssen; seine Männer und Frauen sprachen, wie es ihr Rang und ihre Lebenshaltung erheischen; und immer wieder betont er, wieviel billiges Bier sie getrunken hatten. Sein Humor ist im allgemeinen gesund – der herzhafte, derbe Humor des wohlgenährten Engländers vor der puritanischen Trockenlegung, nebst einem Schuß des hintergründigen Witzes, den noch die heutigen englischen Zeitgenossen pflegen.

Chaucer kannte die Schwächen, Sünden, Verbrechen, Dummheiten und Eitelkeiten der Menschen; er liebte das Leben trotzdem und vertrug sich mit jedem, der nicht gar zu aufgeblasen war. Er klagt selten an, er schildert. In dem Weib von Bath ironisiert er zwar die Kleinbürgerin, labt sich aber zugleich an ihrer biologischen Vitalität. Doch hat er für die Weiblichkeit nicht allzu viel übrig; seine ätzenden Ausfälle verraten einen in seinem Stolz getroffenen Ehemann, dessen Feder die nachts erlittenen Niederlagen der Zunge rächt. Von der Liebe spricht er hingegen mit Zartheit, hält sie für den schönsten Segen des Himmels und füllt eine ganze Galerie mit den Bildern guter Frauen. Der Geburtsadel gilt ihm wenig; adlig ist nur, wer edel handelt. Gleichzeitig mißtraut er der Launenhaftigkeit der Massen; ein Tor ist, wer sich auf Volkstümlichkeit verläßt und mit dem Pöbel geht.

Vom Aberglauben seiner Zeit war er zum größten Teil frei, und die Alchimisten kamen bei ihm nicht gerade gut weg. Auch von Astrologie hielt er nichts, wenn sich auch einige seiner Geschichtenerzähler auf sie berufen. In einem für seinen Sohn verfaßten Traktat über den Quadranten verrät er eine gute Kenntnis der astronomischen Überlieferung. Wahrhaft gebildet war er freilich nicht, denn er liebte es, sein Wissen auszukramen; er blähte seine Seiten mit langen Passagen von Boethius auf, und sogar dem Weib von Bath legte er Seneca-Zitate in den Mund. Kam er auf Probleme der Theologie und Philosophie zu sprechen, ließ er es mit einem hilflosen Achselzucken bewenden; vielleicht hielt er wie jeder Mann von Welt darauf, als kluger Philosoph kein metaphysisches Abzeichen an den Ärmel zu heften.

War er ein gläubiger Christ? Die Satire über die Bettelmönche im Prolog und in der Geschichte des Ablaßkrämers kann an unbarmherziger Grobheit nicht übertroffen werden; aber solche Ausfälle haben damals auch nachgewiesenermaßen gute Christen gegen die frommen Brüder gerichtet. Da und dort äußert er Zweifel an einem Glaubensgrundsatz; aber auch ein Luther vermochte die göttliche Vorausbestimmung nicht mit der menschlichen Willensfreiheit in Harmonie zu bringen. Chaucer legt seinem Troilus deterministische Auffassungen in den Mund, rückt aber im Epilog wieder davon ab. Er erklärt, an Himmel und Hölle zu glauben, betont aber mit ziemlicher Ausführlichkeit, daß noch kein Reisender aus jenen Gefilden zurückgekehrt sei. Die mit einer allmächtigen Güte anscheinend unvereinbaren Übel beunruhigen ihn, und sein Arcite bezweifelt die Gerechtigkeit der Götter mit der Kühnheit Omar Chayyams:

O Götter, die ihr diese Welt verwaltet
Und sie mit ew'gem Wort in Banden haltet,
Grausame, die auf Tafeln ihr von Stahl
Euern Beschluß schreibt ein für allemal,
Was ist der Mensch, wenn man ihn eurer Würde
Vergleicht, mehr als ein Schaf in seiner Hürde?
Gleich andern Tieren läßt der Mensch sich schlachten,
Wird eingesperrt, muß im Gefängnis schmachten,
Muß Widerwärtigkeit und Siechtum dulden
Und wahrlich oftmals ohne sein Verschulden.
Was für Vernunft ist in dem Regiment,
Das Folterqual der Unschuld zuerkennt? ...
Das Tier mag alle sein' Gelüst' erfüllen,
Und ist es tot, so enden seine Plagen.
Der Mensch muß *dann* auch weinen noch und klagen ...
Doch diese Frage mögen Priester lösen.[13]

In späteren Tagen bemühte er sich, seine Jugendfrömmigkeit von neuem einzufangen; dem Torso seiner Canterbury-Geschichten hängt er das «Gebet Chaucers» an, worin er Gott und Menschen für seine irdische Eitelkeit und Possenreißerei um Verzeihung bittet und gelobt, «bis zum Ende meines Lebens ... meine Schuld zu bereuen und meinem Seelenheil nachzusinnen».

Die späteren Jahre Chaucers sind von der Schwermut eines Mannes gezeichnet, der in nachlassender Gesundheit und Sinnenfreude einer unbekümmerten Jugend nachtrauert. 1381 ernannte ihn Richard II. zum Aufseher der königlichen Bauten in Westminster und anderswo. Nach zehn Jahren scheint er gesundheitlich, obschon er erst fünfzig war, am Ende zu sein; die Aufgabe überstieg seine Kräfte, und er wurde seines Amtes enthoben. Ein späterer Dienst ist nicht belegt. In finanzieller Bedrängnis erbat er einmal vom König sechs Schillinge und acht Pence. Von 1394 an gewährte ihm Richard eine Jahrespension von zwanzig Pfund, die aber nicht ausreichte, so daß ihm der König auf seine Bitte hin ab 1398 auch noch ein *hogshead* (ein Zweihundertvierzig-Liter-Faß) Wein zukommen ließ. Im gleichen Jahr wurde er wegen einer Schuld von vierzehn Pfund eingeklagt, konnte sie aber nicht begleichen. Er starb am 25. Oktober 1400 und wurde als der erste und größte von vielen Dichtern in der Westminsterabtei begraben*.

## VI. RICHARD II.

«Um Himmels willen, laßt uns niedersitzen
zu Trauermären von der Kön'ge Tod.»[14]

«Richard II.», erzählt Holinshed, «war wohlgestaltet und sah einnehmend aus; er wäre von guter Wesensart gewesen, hätte er sich nicht von der Verdorbenheit und dem unanständigen Verhalten seiner Umgebung anstecken lassen ... Er war verschwen-

* Die Grabstätte verdankte er wahrscheinlich weniger seiner Poesie als wirtschaftlichen Beziehungen mit der Abtei.

derisch, ehrgeizig und liebte die Freuden des Fleisches.» Darüber hinaus liebte Richard die Bücher und begönnerte Chaucer und Froissart. Anläßlich der großen Revolte bewies er Mut, Geistesgegenwart und kluge Einsicht in die Situation; doch nach dieser nervenzermürbenden Krise überließ er sich selbst einem nervenzerrüttenden Luxus und den Staat unfähigen Ministern. Eine mächtige Opposition, mit dem Herzog Thomas von Gloucester, dem Grafen Richard von Arundel und dem Enkel Eduards III., Henry Bolingbroke, an der Spitze, dominierte das «Unbarmherzige Parlament» von 1388, versetzte zehn königliche Berater in Anklagezustand und verurteilte sie zum Galgen. 1390 übernahm der jetzt dreiundzwanzigjährige Monarch persönlich die Staatsgewalt und regierte im Einklang mit den Gesetzen, der Tradition und den gewählten Vertretern der Nation.

Der Tod seiner Gemahlin Anna von Böhmen (1394) beraubte ihn eines mäßigenden Einflusses. 1396 heiratete er zur Gewährleistung des Friedens mit Frankreich die Tochter Karls VI., Isabella; da sie aber erst sieben Jahre alt war, verbrauchte er seine Kraft mit Günstlingen beiderlei Geschlechts. Mit der jungen Königin traf ein französisches Gefolge in London ein, das französische Etikette und vielleicht auch absolutistische Gedankengänge mitbrachte. Als sich das Parlament von 1397 über die Extravaganz des Hofes beschwerte, erklärte Richard hochmütig, solche Dinge lägen außerhalb der parlamentarischen Zuständigkeit, und verlangte die Preisgabe des Beschwerdeführers. Das verängstigte Parlament verurteilte diesen zum Tod; doch Richard begnadigte ihn.

Bald darauf verließen Gloucester und Arundel plötzlich London. Der König argwöhnte eine Verschwörung und ließ sie festnehmen; Arundel verlor den Kopf, Gloucester wurde durch Rauch erstickt (1397). 1399 starb Johann von Gent unter Hinterlassung eines gewaltigen Vermögens, das Richard zur Beschaffung von Mitteln für einen Feldzug in Irland zum Entsetzen des Adels prompt konfiszierte. Während seiner Abwesenheit in Irland landete Henry Bolingbroke, der verbannte Sohn und enterbte Erbe Johanns von Gent, mit einer kleinen Streitmacht in York. Mächtige Mitglieder des Hochadels schlossen sich ihm an, und seine Schlagkraft wuchs so schnell, daß Richard ihm bald nach seiner Rückkehr aus Irland im Gefühl seiner Unterlegenheit Krone und Person auslieferte. Damit endete 1399 die Dynastie Plantagenet, die mit Heinrich II. 1154 begonnen hatte, und Bolingbroke eröffnete als Heinrich IV. die Dynastie Lancaster, die Heinrich VI. 1461 beschließen sollte. Richard II. starb im Gefängnis Pontefract (1400) im Alter von dreiunddreißig Jahren; man weiß nicht, ob an der Härte seiner Haft oder, wie Holinshed und Shakespeare vermutet haben, von Kreaturen des neuen Königs ermordet.

# DRITTES KAPITEL

# *Kampf um Frankreichs Thron und Frankreichs Aufstieg*

[1300–1515]

## I. DER SCHAUPLATZ

Das Frankreich von 1300 war noch keineswegs der mächtige Staat vom Ärmelkanal bis zum Mittelmeer und vom Atlantik bis zu Vogesen und Alpen, den die heutigen Landkarten zeigen. Den östlichen Grenzfluß bildete die Rhône; im Südwesten gehörte ein großer Raum – die Gascogne und Guyenne – infolge der Heirat Heinrichs II. und Eleonores von Aquitanien (1152) der englischen Krone; und auch die Grafschaft Ponthieu mit Abbeville im Norden wurde, obwohl formell ein französisches Lehen, de facto von England verwaltet. Die Provence, das Dauphiné und die Franche-Comté oder Freigrafschaft gehörten zum Heiligen Römischen Reich mit seinen meist deutschblütigen Königen. Valois, Anjou, Bourbon und Angoulême bildeten königliche Apanagen, das heißt von Mitgliedern des Königshauses verwaltete Gebiete. Nur die königlichen Domänen Normandie, Picardie, Champagne, Poitou, Auvergne, der größte Teil der Languedoc und die Ile-de-France – das nördliche Znetralfrankreich mit Paris als Mittelpunkt – regierten die Könige direkt. Im Artois und Valentinois, in Blois, Nevers, Limoges, Armagnac saßen Feudalherren, die die Oberhoheit der Krone bald mit den Lippen anerkannten, bald sie bekämpften. Die Bretagne, Burgund und Flandern – von Shakespeare als «beinah königliche Herzogtümer» bezeichnet – waren französische Lehen, verhielten sich aber wie unabhängige Staaten. Frankreich war erst im Werden.

Das bedeutendste, aber auch labilste französische Lehen zu Beginn des vierzehnten Jahrhunderts war die Grafschaft Flandern, deren Wirtschaft als einzige nördlich der Alpen mit der italienischen rivalisierte. Ihre Grenzen unterlagen verwirrenden Schwankungen; wir wollen sie hier als den Brügge, Gent, Ypern und Courtrai umfassenden Raum definieren. Östlich der Schelde schloß sich das Herzogtum Brabant mit Antwerpen, Mecheln, Brüssel, Tournai und Löwen an, im Süden lagen die Fürstbistümer Lüttich und Cambrai und rund um Valenciennes die Grafschaft Hainaut (Hennegau). In einem erweiterten Sinn kann man Brabant, Lüttich, Cambrai und den Hennegau als zu Flandern gehörig betrachten. Nördlich schlossen sich sieben kleine Herrschaften an, die ungefähr dem heutigen Holland entsprechen, ein Gebiet, das erst im siebzehnten Jahrhundert zur Blüte gelangte, als sich sein Herrschaftsbereich von Rembrandt bis Batavia erstreckte. Flandern und Brabant hingegen widerhallten schon um 1300 von

Gewerbefleiß und Klassenkampf. Den zwölf Meilen langen Kanal zwischen Brügge und der Nordsee passierten täglich hundert Schiffe mit Gütern aus drei Kontinenten und hundert Häfen. Aeneas Silvius rechnete die Stadt zu den drei schönsten der Welt. Ihre Goldschmiede allein stellten eine ganze Division der städtischen Miliz und die Weber Gents siebenundzwanzig Regimenter eines insgesamt 189000 Mann zählenden Heerbanns.

Das hochmittelalterliche Zunftwesen, das dem Handwerker zur persönlichen Freiheit verholfen und ihn mit Stolz auf sein Können und seine Leistungen erfüllt hatte, mußte in Flandern und Brabant, vor allem in der Textil- und Metallindustrie, mehr und mehr einem frühkapitalistischen System* weichen. Der Unternehmer stellte die Rohstoffe und Werkzeuge für eine im Stücklohn bezahlte Arbeiterschaft zur Verfügung, die nicht mehr den Schutz der Zünfte genoß, weil die immer kostspieliger werdende Mitgliedschaft für die meisten unerschwinglich war. Tausende von Handwerkern sanken auf den Status von Taglöhnern ab, die, von Unternehmen zu Unternehmen und von Stadt zu Stadt ziehend, immer nur zeitweilig beschäftigt und so niedrig entlohnt wurden, daß sie in den elendesten Löchern hausen mußten und kaum mehr besaßen als die Kleider am Leib. Unter diesen *prolétaires* wie auch in der Bauernschaft entwickelten sich egalitäre Gedankengänge; man fragte, warum man hungern solle, wenn doch die Scheunen der Barone und Bischöfe zum Bersten gefüllt seien, und verschrie alle, die nicht mit ihren Händen arbeiteten, als Parasiten. Die Fabrikanten wiederum beklagten sich über die Größe des Risikos, die Unregelmäßigkeit und Unzuverlässigkeit des Eintreffens der Rohstoffe, den Verlust ihrer Frachten, die Schwankungen des Marktes, den unredlichen Wettbewerb und die ständigen Arbeitsunruhen, die Löhne und Preise in die Höhe trieben, die Kaufkraft des Geldes erschütterten und manchen Unternehmer an den Rand des Bankrottes brächten. Der Graf von Flandern, Louis de Nevers, stellte sich zu einseitig auf die Seite der Arbeitgeber, so daß sich das Proletariat von Brügge und Ypern im Verein mit der Bauernschaft der Umgebung erhob, ihn verjagte, die Klöster plünderte und die schlimmsten Ausbeuter erschlug. Die Kirchenbehörden belegten die revoltierenden Distrikte mit dem Interdikt; aber die Rebellen zwangen die Priester, trotzdem die Messe zu lesen, während – vierhundertfünfzig Jahre vor Diderot – einer der Führer schwor, nicht eher zu ruhen, als bis der letzte Priester aufgeknüpft sei. Louis rief seinen Lehnsherrn, den König von Frankreich, zu Hilfe; Philipp VI. kam und schlug 1328 die Aufständischen bei Cassel, hängte den Bürgermeister von Brügge, setzte den Grafen wieder ein und festigte Frankreichs Halt über Flandern.

Das eigentliche Frankreich war weniger industrialisiert; der Fabrikationsprozeß ruhte immer noch in den Händen kleiner Handwerksmeister, und nur in Lille, Douai, Cambrai und Amiens zeigte sich ein schwaches Echo der Geschäftigkeit im benachbarten Flandern. Der Binnenhandel profitierte zwar von Frankreichs natürlichem Ver-

* Wir definieren hier Kapital als das zur Herstellung von Konsumgütern und Fabrikationsmaterial dienende Geld, als Kapitalisten einen Mann, der das Geld investiert und Fabrikationseinrichtungen zur Verfügung stellt, den Kapitalismus als ein vorwiegend von solchen Kapitalisten beherrschtes Wirtschaftssystem.

kehrsnetz, den Flüssen und Kanälen; andererseits behinderten ihn die miserablen Straßen und die vom Feudaladel erhobenen Einfuhr- und Transitzölle, weshalb sich die aufstrebenden Fabrikanten und Handelsherren stets auf die Seite der Könige schlugen. Um das Jahr 1300 besaß die Bourgeoisie beträchtlichen Einfluß auf den Staat und einen Reichtum, der den landreichen, aber geldarmen Hochadel mit Neid erfüllte. Reiche, eifersüchtig über ihre Erzeugungs- und Handelsmonopole wachende Kaufherrenoligarchien kontrollierten Stadtverwaltungen und Zünfte. Und wie in Flandern lauerte auch in den französischen Städten das Proletariat auf das Zeichen zum Aufruhr.

Im dreizehnten Jahrhundert rotteten sich landlose Bauern – als *Pastoureaux* (Hirten) in die Geschichtsschreibung eingegangen – zusammen, warfen sich wie 1251 in die Städte und verbrüderten sich mit den unzufriedenen *prolétaires*. Unter der Führung eines fanatischen Priesters zogen sie, Jerusalem als ihr Ziel proklamierend, unbewaffnet und bloßfüßig nach Süden. In ihrem Hunger plünderten sie Felder und Läden; als sie auf Widerstand stießen, trieben sie Waffen auf und verwandelten sich in einen Gewalthaufen von beachtlicher Stärke. In Paris stürmten sie die Gefängnisse; des Königs Söldner waren machtlos. Philipp IV. verkroch sich im Louvre, der Adel flüchtete auf seine Burgen, die Kaufleute zitterten in ihren Häusern. Vom Auswurf der Hauptstadt verstärkt, zog die Horde weiter, 400000 Personen beiderlei Geschlechts, religiöse Eiferer und verrohtes Gesindel. In Verdun, Auch und Toulouse massakrierten sie alle Juden, deren sie habhaft wurden. In Aiguesmortes am Mittelmeer, wo sie sich zur Einschiffung sammelten, wurden sie von den Streitkräften des Seneschalls von Carcassonne umzingelt und von allen Zufuhren abgeschnitten, so daß sie teils am Hunger, teils an Seuchen zugrunde gingen; die wenigen Überlebenden endeten am Galgen.

Was aber war das für eine Staatskunst, die Frankreich zur Hälfte der Habgier des Reichtums und zur Hälfte randalierender Armut auslieferte? In mancher Hinsicht war sie die beste Europas. Die kraftvollen Könige des dreizehnten Jahrhunderts hatten viele Vorrechte des Feudaladels gebrochen, eine zentralisierte Verwaltung mit einer gut geschulten Beamtenschaft eingerichtet und eine landweite Gerichtsbarkeit geschaffen. Die Generalstände, ursprünglich die Versammlung des Feudaladels, später zur beratenden Versammlung der Vertreter aller drei Stände – Adel, Geistlichkeit und Bürger – erweitert, waren nur ab und zu einberufen worden. Ganz Europa bewunderte den französischen Hof, wo sich mächtige Herzöge, Grafen und Barone mit seidenrauschenden Damen beim frivol-festlichen Stelldichein trafen und sich ritterliche Bravour in stahlschimmernden Turnieren im Hieb und Stich der Schwerter und Lanzen austobte. König Johann von Böhmen nannte Paris «die ritterlichste Hauptstadt der Welt» und versicherte, nur dort leben zu können. Weniger romantisch lautete die Schilderung Petrarcas, der sich 1331 dort aufhielt:

> «Obwohl Paris hinter seinem Ruhm zurückbleibt und viel den Lügen seiner Bevölkerung schuldet, ist es ohne Zweifel eine großartige Stadt. Wahrhaftig, ich habe außer Avignon nie einen schmutzigeren Ort gesehen. Gleichzeitig besitzt es die meisten gelehrten Männer und gleicht einem großen Korb, darin die rarsten Früchte aller Länder gesammelt sind. Es hat eine Zeit gegeben, da man die Franzosen wegen ihrer ungebändigten Manieren für Barbaren hielt. Jetzt liegt

der Fall ganz anders. Heiteres Temperament, Liebe der Geselligkeit, Leichtigkeit und verspielte Konversation charakterisieren sie heute. Sie bedienen sich jeder Gelegenheit, um sich auszuzeichnen, und führen mit Scherzen, Lachen, Singen, Essen und Trinken gegen alle Sorgen Krieg.»

Trotz seiner piratenhaften Eingriffe in die Vermögen der Ritterorden und der Juden hinterließ Philipp IV. eine fast leere Staatskasse (1314). Ludwig X. regierte nur kurz (bis 1316) und starb ohne Erben, doch war seine Frau guter Hoffnung. Nach einiger Zeit wurde sein Bruder als Philipp V. zum König ausgerufen; die Parteigänger der jetzt vierjährigen Tochter des Verstorbenen, Jeanne, unterlagen in einer Versammlung des Adels und der Geistlichkeit, die (1316) den berühmten Entscheid fällte, daß «das von den Franken strikt eingehaltene Gesetz und Gewohnheitsrecht Töchter von der Krone ausschloß». Als Philipp seinerseits ohne männlichen Nachkommen starb (1322), wurde der Entscheid wiederholt, um auch seiner Tochter den Weg zur Herrschaft zu verlegen, und sein Bruder bestieg als Karl IV. den Thron*. Mit den beiden Entscheidungen wollte man vermutlich auch die Schwester Philipps IV., Isabella, von der Nachfolge ausschließen, war sie doch mit Eduard II. von England verheiratet und Mutter eines Sohnes (geboren 1312), den man keinesfalls zum König haben wollte.

Da auch Karl IV. ohne einen männlichen Nachkommen starb, erlosch mit ihm die direkte Linie der Kapetinger. Eduard III., im Jahr zuvor König von England geworden, machte vor dem versammelten französischen Adel als Enkel Philipps IV. und nächster lebender Nachkomme Hugo Capets seine Ansprüche auf Frankreichs Thron geltend, drang aber nicht durch, weil er eine Krone, von der seine Mutter 1316 und 1322 ausgeschlossen worden war, nicht erben könne. Die Wahl der Barone fiel auf einen Neffen Philipps IV., einen Grafen von Valois; und so wurde Philipp VI. der erste König aus diesem Hause, das Frankreich bis zur Thronbesteigung des Bourbonen Heinrich IV. regierte (1589). Trotz anfänglichen Protestes erkannte Eduard 1329 in Amiens Philipp VI. als Lehnsherrn für die Gascogne, Guyenne und Ponthieu an. Als mit den Jahren Eduards Ehrgeiz wuchs, bereute er die Huldigung und träumte neuerdings von beiden Thronen. Seine Berater schilderten ihm den neuen Philipp als einen Schwächling, der nur an einen Kreuzzug nach dem Heiligen Lande dachte. Es schien ein günstiger Augenblick zum Beginn eines Krieges, der hundert Jahre dauern sollte.

## II. DER WEG NACH CRÉCY: 1337–1347

1337 erneuerte Eduard seinen Anspruch auf Frankreichs Thron. Die Abfuhr, die er sich holte, bildete aber nur den Kriegsvorwand. Nach der Eroberung Englands durch die Normannen hatte die Normandie noch 138 Jahre zum englischen Königreich ge-

---

* Die Annahme, daß die beiden Entscheidungen auf ein Gesetz der fränkischen Salier zurückgehen, das die weibliche Erbfolge für Grundbesitz verbot, wird jetzt allgemein abgelehnt; die weibliche Erbfolge hatte sich bereits seit langem durchgesetzt.

hört; erst Philipp II. hatte sie für Frankreich zurückgewonnen (1204). Viele englische Edelleute normannischen Geblüts sahen den neuen Krieg im Licht der Rückeroberung ihrer ursprünglichen Heimat. Auch hatten Philipp IV. und Karl IV. Teile der englischen Guyenne an sich gerissen, dieser Guyenne, die viel zu köstliche Reben trug und deren Weinexport über Bordeaux viel zuviel einbrachte, als daß man sich schwächlich damit hätte abfinden sollen, nur um den Tod von einigen 10000 Engländern um ein paar Jahre hinauszuschieben. Und wie oft hatten sich die französischen Könige mit Schottland, diesem Dorn in Englands Fleisch, verbündet! Die Nordsee wimmelt von Fischen, aber Englands Herrschaftsanspruch erstreckte sich weit über sie und den Ärmelkanal hinaus bis in die Bucht von Biscaya, und gekaperte französische Schiffe bildeten die ersten Opfer der neu proklamierten Souveränität Englands über die Wellen. Den bedeutendsten Markt für englische Wolle bildete Flandern; und die englischen Edelleute, von deren Schafen diese Wolle stammte, wie auch die englischen Kaufleute, die sie verschifften, sahen den wichtigen flandrischen Markt nur ungern von der Gnade französischer Könige abhängig.

1336 hatte der Graf von Flandern alle Engländer in seinem Herrschaftsbereich festnehmen lassen, eine Maßnahme, die ihm offenbar von Philipp VI. als Abwehr gegen englische Umtriebe nahegelegt worden war. Eduard III. antwortete mit der Einkerkerung der in England lebenden Flamen und dem Verbot der Wollausfuhr. Schon nach einer Woche standen die flandrischen Webstühle still, und aufgebrachte Massen zogen, Beschäftigung fordernd, durch die Straßen. Die Fabrikanten und Handwerker Gents sagten dem Grafen die Gefolgschaft auf und setzten einen angeblichen Bierbrauer, Jakob van Artevelde, als Gouverneur ein. Der Graf floh nach Paris, ganz Flandern fügte sich dem neuen Diktator, der sofort Englands Freundschaft und Wolle suchte und England gegen Frankreich beizustehen versprach. Eduard hob das Ausfuhrverbot auf und schickte am 1. November 1337 Philipp VI. nach altem ritterlichem Brauch den Fehdebrief.

Der erste größere Zusammenstoß ereignete sich zur See. In der Nähe von Sluis an der flandrischen Küste versenkte ein englisches Geschwader 142 aus einer 172 Einheiten zählenden französischen Flotte (1340). Später im Jahr begab sich Johanna von Valois, die Schwester Philipps IV. und Schwiegermutter Eduards III., aus ihrem Konvent in Fontenelle zu Philipp VI. und bewog ihn, sie mit einer Friedensmission zu betrauen. Sie erreichte, vielen Gefahren trotzend, das englische Lager, überredete die dortigen Führer zu einer Aussprache mit den Franzosen und brachte durch ihre unentwegte Vermittlung einen Waffenstillstand von neun Monaten zustande, der dank den Bemühungen Papst Clemens' VI. bis 1346 dauerte.

An die Stelle des Fürstenkrieges trat der Klassenkampf. Die gut organisierten Weber Gents, die Aristokraten der flandrischen Arbeiterschaft, waren mit Artevelde unzufrieden und beschuldigten ihn der Gewaltherrschaft, der Unterschlagung öffentlicher Gelder und einer sklavischen Unterwürfigkeit gegen England und die *bourgeoisie*. Als er aus Sluis zurückkehrte, wo er mit Eduard III. die Ernennung des Prinzen von Wales zum Statthalter Gents vereinbart hatte, umstellte eine wütende Menge sein

Haus, zerrte ihn trotz seiner Beteuerungen, ein guter Patriot zu sein, auf die Straße und hackte ihn in Stücke (1345). Die Genter Weber errichteten eine, wie man heute sagen würde, proletarische Diktatur, entzweiten sich aber mit den Tuchwalkern und verloren die Macht. Viele wurden erschlagen, und die der Experimente müde Bevölkerung unterwarf sich Louis de Male, dem neuen Grafen von Flandern, der bald das ganze Gebiet beherrschte.

Nach Ablauf des Waffenstillstands fiel König Eduard in die Normandie ein und verwüstete sie, bis sich am 26. August 1346 die beiden Heere bei Crécy zur Entscheidungsschlacht trafen. Auf beiden Seiten wurde die Messe gelesen und Jesu Leib und Blut verabreicht; so hoffte man mit seiner Hilfe möglichst viele Feinde ins bessere Jenseits zu befördern. Man kämpfte ebenso mutig wie erbittert; Pardon wurde nicht gegeben. Philipp VI. behauptete sich, bis nur noch sechs der Seinen auf dem Schlachtfelde standen; Eduard, der Schwarze Prinz, verdiente sich in diesem Treffen die Sporen. Nach Froissarts oberflächlicher Schätzung ließen dreißigtausend Streiter ihr Leben, und mit ihnen sank beinahe auch der Feudalismus ins Grab: Die französische Ritterschaft, mit eingelegter kurzer Lanze auf die englische Linie losstürmend, kam vor den langen, ihren Rossen entgegenstarrenden Piken hilflos zum Stehen, indes von den Flügeln her ein tödlicher Pfeilhagel englischer Bogenschützen auf sie niederprasselte. Die Reiterei, die seit Adrianopel 968 Jahre lang auf dem Schlachtfeld dominiert hatte, trat erstmals vor dem Fußvolk in den Hintergrund; und mit der Reiterei büßte der Adel seine militärische Überlegenheit ein. Geschütze wurden bei Crécy kaum verwendet; die Schwierigkeit, sie in Stellung zu bringen und zu laden, war größer als ihr Nutzen, so daß, laut Villani, ihr Getöse die stärkste Wirkung darstellte*.

Sodann belagerte Eduard III. Calais, dessen Mauern er mit Geschützen beschoß (1347). Die Stadt hielt ein volles Jahr stand; dann zwang sie der Hunger zur Kapitulation. Eduard gewährte den Überlebenden freien Abzug, lediglich sechs prominente Bürger hatten sich, mit den Torschlüsseln in den Händen und Stricken um den Hals, in seinem Lager einzufinden. Als er ihre Enthauptung befahl, bat ihn die Königin kniend um ihr Leben; er ließ sich erweichen und sandte sie unter Bewachung in die Stadt zurück. Das Ereignis beweist, daß die Frauen ehrenvoller vor der Geschichte bestehen als die Männer.

Calais blieb bis 1558 das strategische Einfallstor der englischen Truppen und Güter auf dem Kontinent. Anläßlich des Aufstandes von 1348 belagerte Eduard die Stadt neuerdings und nahm inkognito am endgültigen Sturmangriff teil. Ein französischer Ritter, Eustace de Ribeaumont, schlug ihn zweimal nieder, wurde aber schließlich überwältigt und mußte sich ergeben. Nach der Einnahme der Stadt gab der Sieger zu Ehren der edelblütigen Gefangenen ein Gelage, bei dem der Prinz von Wales und die englischen Lords die Besiegten eigenhändig bedienten. Plötzlich wandte sich der König an Ribeaumont:

* Übrigens war die Waffe keineswegs neu, sie war von den Berbern schon 1147 bei Sidgilmessa eingesetzt worden.

«Herr Eustace, einen so wackeren Ritter wie Euch habe ich in der ganzen Christenheit noch auf keinen Feind einschlagen sehen ... So spreche ich Euch vor allen Rittern meines Gefolges den Preis der Tapferkeit zu.»

Der König nahm sein kostbares Barett vom Haupt und drückte es dem französischen Chevalier auf den Kopf.

«Herr Eustace, ich schenke Euch dieses Barett ... und bitte Euch, es aus Liebe zu mir zu tragen. Ich weiß, Ihr seid ein lebhafter, der Liebe geneigter Mann und liebt die Gesellschaft der Damen und *demoiselles*. Sagt also, wohin Ihr kommt, ich hätte es Euch gegeben. Ich schenke Euch auch die Freiheit ohne alles Lösegeld, und Ihr mögt gehen, wohin Ihr wollt.»[1]

So siegte für einmal Ritterlichkeit über Mordlust und Habgier, und Froissarts Mär von König Arthur wurde beinahe gelebte Wirklichkeit.

## III. SCHWARZER UND ANDERER TOD: 1348–1349

Der Schwarze Tod hielt unparteiisch Einzug in das sich an französischer Beute mästende England und das trostlos darniederliegende Frankreich. Seuchen bildeten damals eine regelmäßig wiederkehrende Plage; sie quälten Europa in zweiunddreißig Jahren des vierzehnten, einundvierzig Jahren des fünfzehnten und dreißig Jahren des sechzehnten Jahrhunderts. So vereinigten sich in diesen drei Jahrhunderten Natur und Unwissenheit mit Krieg und Hungersnot, um der menschlichen Zeugungslust ein Paroli zu bieten. Der Schwarze Tod, die schlimmste dieser Heimsuchungen, war zugleich die größte Naturkatastrophe in geschichtlicher Zeit. Er kam aus Italien über die Provence nach Frankreich, kann aber auch durch infizierte Ratten über Marseille aus dem Nahen Orient eingeschleppt worden sein. Nach unzuverlässigen Schätzungen hat er in Narbonne 30000 Menschen, in Paris 50000, in Europa 25 Millionen, alles in allem vielleicht «ein Viertel der Bevölkerung der zivilisierten Welt» hinweggerafft. Die damaligen Ärzte waren hilflos (Kitazato und Yersin entdeckten den Erreger der Beulenpest erst 1894) und wußten lediglich Aderlaß, Abführmittel, Elixiere, Sauberkeit der Person und der Wohnung, Ausräucherungen mit Essig und Essenzen zu empfehlen. Einige wenige Ärzte und Priester weigerten sich aus Furcht vor Ansteckung, die Kranken zu behandeln, die große Mehrheit unterzog sich aber tapfer ihrer Pflicht, und Tausende von Ärzten und Priestern gaben ihr Leben. Von den 1348 lebenden 28 Kardinälen waren ein Jahr später 9 gestorben, von den 64 Erzbischöfen 25, von den 375 Bischöfen 207.

Die Seuche beeinflußte alle Sphären des Lebens. Da verhältnismäßig mehr Arme starben als Reiche, mangelte es an Arbeitskräften; weite Landstriche blieben unbestellt, Millionen von Heringen starben eines natürlichen Todes. Die Handarbeiter vermochten sich zeitweilig besser durchzusetzen, erkämpften höhere Löhne und warfen manche noch vorhandene Verpflichtung gegen den Adel ab, der sich ein halbes Jahrhundert hindurch in argen Schwierigkeiten sah; sogar die Priester traten in den Ausstand, um höhere Bezahlung zu erzwingen. Die Leibeigenen wanderten in die Städte ab, die Gütererzeugung weitete sich aus, und Fabrikanten und Handelsherren erzielten auf Kosten des begüterten Adels neue Gewinne; die öffentliche Gesundheitspflege begann sich, wenn auch bescheiden, zu bessern. Unter der Ungeheuerlichkeit des allgemeinen Leids versagte vielen der Verstand, und ansteckende Neurosen grassierten: Wie im dreizehnten Jahrhundert durchzogen halbnackte Flagellanten die Straßen, geißelten sich selber und predigten das Jüngste Gericht, Utopien und Pogrome. Mit größerer als der üblichen Neugier hörte man Gedankenlesern, Traumdeutern, Zauberern, Wunderheilern und anderen Scharlatanen zu. Die kirchliche Lehre verlor ihren Halt über die Gemüter, der Aberglauben blühte. Die seltsamsten Deutungen des Unheils waren im Umlauf, wie etwa die unglückliche Konjunktion von Saturn, Jupiter und Mars oder die Vergiftung der Brunnen durch Aussätzige und Juden. In fünfzig Städten zwischen Brüssel und Breslau brachen Judenverfolgungen aus (1348–1349). Die Lücken, die der Tod in die Reihen der Bischöfe, Pfarrer, Richter, städtischen und fürstlichen Kanzlisten und Knechte riß, gefährdeten die öffentliche Ordnung. Sogar das Kriegsgeschäft mußte sich einen vorübergehenden Stillstand gefallen lassen; von der Belagerung Calais' bis zur Schlacht bei Poitiers (1356) verharrte der Hundertjährige Krieg im Schlendrian eines unwillkommenen Waffenstillstands, der höchstens zur Auffüllung des dezimierten Fußvolks mit armen Teufeln – denen ein paar Sous mehr galten als das Leben – taugte.

Philipp VI. tröstete sich über Niederlage und Pest, indem er, fünfundsechzigjährig, die ursprünglich seinem Sohn zugedachte, achtzehn Jahre alte Blanche von Navarra heimführte. Sieben Monate später starb er. Der Sohn, Johann II., «der Gute» (1350 bis 1364), zeichnete sich gegen seinen Adel in der Tat durch Güte aus; er entband ihn nicht nur von Steuern, sondern entschädigte ihn sogar für die Verteidigung des eigenen Besitzes gegen den englischen Angriff; dafür verschlechterte er, ein altes Rezept zur Bezahlung von Kriegsschulden anwendend, das Geld und bürdete den unteren Ständen Steuer um Steuer auf. Seine Hofhaltung war glänzend; doch dann ließ sich seine ganze ritterliche Pracht von 15000 Kavalieren, Schotten und Söldnern bei Poitiers von 7000 Mann des Schwarzen Prinzen schlagen und erschlagen. Johann, der persönlich so gut focht, wie er schlecht führte, sein Sohn Philipp, siebzehn Grafen, zahllose Barone und Ritter gerieten in Gefangenschaft. Die meisten kauften sich an Ort und Stelle los, viele erlangten gegen die Zusicherung, das Lösegeld bis Weihnachten in Bordeaux zu hinterlegen, die Freiheit. Der Prinz behandelte seinen hohen Gefangenen mit den ihm zukommenden Ehren und brachte ihn nach England.

## IV. REVOLUTION UND ERNEUERUNG: 1357–1380

Nach der Katastrophe von Poitiers herrschte in Frankreich ein Chaos. Die Unehrlichkeit und Unfähigkeit der Staatsverwaltung, die Entwertung des Geldes, die hohen Lösegelder für den König und seine Ritter, die Verheerungen durch Krieg und Pest und schließlich die drückende Besteuerung der Landwirtschaft, der Gütererzeugung und des Handels brachten die Nation zur Revolte. Eine von dem neunzehnjährigen Dauphin*, Charles von Valois, nach Paris einberufene Versammlung der Generalstände Nordfrankreichs maßte sich, statt einfach die Steuern zu bewilligen, mit einemmal parlamentarische Funktionen an. Freilich hatte es in Paris und anderen Städten schon seit langem *parlements* gegeben, kleine, meist aus Juristen bestehende Gremien, deren Mitglieder vom König ernannt wurden; normalerweise hatten sie ihn oder die örtlichen Inhaber der Staatsgewalt juristisch zu beraten und die königlichen Erlasse zu kodifizieren. Doch diese neuen, von einer vorübergehenden Koalition von Geistlichen und Bürgern beherrschten Generalstände verlangten vom Königlichen Staatsrat Auskunft, wieso die für den Krieg aufgebrachten großen Summen nur disziplinlose Truppen und schmähliche Niederlagen gezeitigt hätten; sie ordneten die Festnahme von zweiundzwanzig königlichen Beamten an, beschuldigten die königlichen Schatzmeister der Unterschlagung von Geldern und forderten deren Rückerstattung; sie verfügten Beschränkungen der königlichen Vorrechte und erwogen sogar die Thronentsetzung Johanns des Guten nebst dem Ausschluß seiner Söhne von der Thronfolge und die Ausrufung König Karls des Bösen von Navarra als eines direkten Nachkommen Hugo Capets zum König von Frankreich. Es gelang aber dem sich klug zurückhaltenden Dauphin, den Elan der Versammlung abzubremsen und sie zur Anerkennung seiner Regentschaft und zur Bewilligung eines Heeres von dreißigtausend Mann zu bewegen; dafür mußte er eine Anzahl bestechliche oder unfähige Beamte entlassen, gutes Geld versprechen und sich in die Überwachung der Regierungsausgaben durch einen aus sechsunddreißig Mitgliedern bestehenden Ausschuß fügen. Übel erging es den Richtern; man tadelte sie wegen ihrer extravaganten Lebenshaltung und der schleppenden Behandlung der Geschäfte und befahl ihnen, die Sitzungen bei Sonnenaufgang zu eröffnen, wie es auch andere, ehrliche Leute in Stadt und Land mit ihren Geschäften hielten. Dem Adel untersagte die *Grande Ordinance* von 1357 private Fehden und das Verlassen des Landes; die Ortsbehörden wies sie an, die dem Dekret Zuwiderhandelnden festzunehmen. Damit waren der Wirkung nach die Aristokratie den Kommunen, der Adel der Kaufmannschaft und König, Prinzen und Barone den gewählten Vertretern des Volkes unterstellt. Es war – vierhundert Jahre vor der Großen Revolution – der erste Entwurf für eine konstitutionelle Verfassung.

Der Dauphin unterzeichnete die Ordonnanz im März, im April begann er sie zu umgehen. Die Engländer, die für die Freilassung seines Vaters ein ruinöses Lösegeld verlangten, drohten mit dem Vormarsch auf Paris. Mit der neuartigen Begründung, daß nur die Generalstände Steuern ausschreiben könnten, gingen diese viel zu langsam ein; und Karl sah sich infolge seines dringenden Geldbedarfs zur nochmaligen Einberufung

* Anscheinend ist Dauphin ursprünglich ein Familiennamen, Delphinus (Dolphin), gewesen, der in den herrschenden Familien von Vienne und der Auvergne häufig auftrat und (um 1250) zu einem Adelsprädikat wurde. 1285 wurde er dem ältesten Sohn des Grafen von Vienne in aller Form verliehen, und von da an hat man die Grafschaft, deren bedeutendste Stadt heute Grenoble ist, Delphinatus oder Dauphiné genannt. 1349 verkaufte der Graf von Vienne, Humboldt II., das Dauphiné mitsamt dem Titel Dauphin an Karl von Valois, den Sohn König Johanns II. Nach seiner Thronbesteigung 1364 übertrug Karl den Titel auf seinen ältesten Sohn; seither führten die französischen Kronprinzen den Titel Dauphin des Viennois.

der Generalstände gezwungen (1. Februar 1358). In der Zwischenzeit hatte er, um sich Mittel zu beschaffen, neuerdings schlechtes Geld ausgegeben. Ein reicher Handelsherr, Etienne Marcel, der als Meister der Kaufleutezunft eine führende Rolle bei der Formulierung der *Grande Ordinance* gespielt und Paris ein Jahr beherrscht hatte, brach am 2. Februar mit einem Trupp bewaffneter Bürger in den königlichen Palast ein, stellte den Dauphin wegen seiner Unbotmäßigkeit gegen die Generalstände zur Rede und ließ, als Karl auf dem eigenen Standpunkt beharrte, zwei von dessen Kammerherren niedermachen, so daß das Blut das königliche Gewand bespritzte.

So entsetzt die Generalstände über diese kühne Gewalttat waren, hielten sie doch an ihrem revolutionären Kurs fest und beschlossen, sich nicht nur das Gesetzgebungsrecht vorzubehalten, sondern auch den König zu verpflichten, sich in allen wichtigen Angelegenheiten dem Willen der Versammlung zu fügen. Zahlreiche Adlige und Geistliche verließen fluchtartig Paris und viele königliche Beamte aus Angst um ihr Leben ihre Posten. Marcel ersetzte sie durch Bürger, und eine Weile schien es, als regiere die Pariser Kaufmannschaft Frankreich. Der Dauphin zog sich auf die Burgen der Picardie zurück, sammelte ein Heer und verlangte die Auslieferung der Rädelsführer. Marcel versetzte Paris in Verteidigungszustand, umgab es mit einer neuen Mauer und verlegte seinen Sitz in den Louvre, das Symbol der königlichen Souveränität.

Die Unruhe sprang von der Stadt aufs Land über. Die in der Mehrzahl leibeigenen Bauern wurden von ihren Herren – bald um sich auszurüsten, bald um sich freizukaufen – ausgepreßt. Zwischenhinein plünderten Soldatenhorden und Räuberbanden die Höfe und mißhandelten die Bauern, bis diese das Versteck ihrer mühsam gesammelten Ersparnisse preisgaben; und zu allem Überfluß herrschten Hunger und Pest. Am Ende ihrer Geduld, erhoben sie sich schließlich in sinnloser Wut, stürmten Schlösser und Burgen, schnitten den Bewohnern die Kehlen durch und stillten ihren Hunger und Durst in den herrschaftlichen Vorratskammern und Kellern. Von der Gutmütigkeit, der sie ihren Spitznamen Jacques Bonhomme – Jakob Gutmann – verdankten, war nichts übriggeblieben; Tausende dieser entfesselten Jacques rotteten sich in den berüchtigten *jacqueries* zusammen, ermordeten die Herren und Junker, vergewaltigten die Edelfrauen und putzten ihre eigenen Weiber mit dem Staat der Erschlagenen heraus.

In der Hoffnung, die Bauernerhebung werde den Dauphin von einem Marsch auf Paris abhalten, schickte Marcel den Aufständischen ein Hilfskontingent von achthundert Mann. Der so verstärkte Haufen wandte sich nach Meaux, wo die Herzoginnen von Orléans und der Normandie und viele andere hochadlige Damen Zuflucht gesucht hatten; als die Horde der Hörigen und Pächter ins Städtchen eindrang, gaben sie Leben und Tugend verloren. Da rettete sie ein an die Mären von König Arthur und seiner Tafelrunde gemahnendes Wunder: von einem Kreuzzug heimkehrend, galoppierte eine ritterliche Kavalkade in die Stadt, fiel über die Bauern her, erschlug sie zu Tausenden und warf sie haufenweise in die nahen Flüsse. Der Adel kam aus seinen Verstecken hervor, belegte die Dörfer mit hohen Geldstrafen und rächte sich, ohne nach Schuld zu fragen, mit der Niedermetzelung von 20000 Landleuten (Juni 1358).

Die Streitkräfte des Dauphin marschierten auf Paris, dessen Lebensmittelzufuhr sie unterbrachen. In seiner Not bot Marcel Karl dem Bösen die Krone an und traf Anstalt, ihm die Stadt zu öffnen. Das aber betrachtete Marcels Freund und Adjutant Jean Maillart als Hochverrat; er traf ein geheimes Übereinkommen mit dem Dauphin und erschlug (31. Juli) Marcel mit einer Axt. Der Dauphin rückte an der Spitze eines waffenstarrenden Adelskontingents in die Stadt ein, verhielt sich jedoch maßvoll und konzentrierte seine Anstrengungen darauf, das Lösegeld für seinen Vater aufzubringen, die Ordnung wiederherzustellen und Frankreichs Wirtschaftskraft zu festigen. Während die Männer, die den Versuch gemacht hatten, ein souveränes Parlament zu schaffen, ins Dunkel zurücktraten, scharte sich der dankbare Adel um den Thron, und die Generalstände entwickelten sich zu einem zuverlässigen Werkzeug der gestärkten Monarchie.

Im November 1359 landete Eduard III. mit einem neuen Heer in Calais. Paris vermied er aus Respekt vor Marcels neuer Mauer, die Gegend von Reims bis Chartres verwüstete er jedoch so gründlich, daß Paris von neuem hungerte. Karl bat um Frieden. Er war bereit, auf Frankreichs Souveränität über die Gascogne und Guyenne zu verzichten, Poitou, Périgord, Quercy, Saintonge, Rouergue, Calais, Ponthieu, Aunis, Angoumois, Agenois, Limousin und Bigorre abzutreten und ein Lösegeld von drei Millionen Dukaten für den Vater zu zahlen. Eduard entsagte seinerseits für sich und seine Nachkommen allen Ansprüchen auf Frankreichs Thron. Der am 8. Mai 1360 unterzeichnete Frieden von Brétigny lieferte ein volles Drittel Frankreichs der englischen Herrschaft aus. Zwei Söhne des Königs, die Herzöge von Anjou und Berry, gingen als Geiseln für Frankreichs Vertragstreue an den englischen Hof; Johann kehrte unter Glockengeläute und dem Jubel von hoch und niedrig in seine Hauptstadt zurück. Als der Herzog von Anjou sein Ehrenwort brach und aus England floh, um zu seiner Frau zurückzukehren, begab sich König Johann persönlich nach London, teils um ihn zu ersetzen, teils in der Hoffnung, günstigere Bedingungen einzuhandeln. Eduard empfing ihn als Gast und feierte ihn als eine Zier der Christenheit durch glänzende Feste. Als Johann 1364 verschied, wurde er, im Tod wie im Leben ein Gefangener, in der St. Paulskathedrale begraben. Sein Sohn bestieg im Alter von sechsundzwanzig Jahren als Karl V. den Thron.

Er verdiente den Beinamen «der Weise», den sein dankbares Volk ihm gab, und sei es auch nur, weil er, ohne eine Hand zu rühren, Schlachten zu gewinnen verstand. Sein rechter Arm war kraftlos und die Hand ständig geschwollen, so daß er keine Lanze zu heben vermochte; es wurde gemunkelt, er verdanke dieses Siechtum einem Gift Karls des Bösen. Zu einer sitzenden Lebensweise beinahe gezwungen, umgab er sich mit guten Beratern und modelte sämtliche Zweige der Verwaltung um. Das Gerichtswesen wurde reformiert, das Heer erneuert, die Gütererzeugung gefördert, der Geldwert stabilisiert. Literatur und Kunst fanden in ihm einen Gönner; eine Sammlung von klassischen Texten und französischen Übersetzungen entstand als Grundlage für die französische Renaissance; im Louvre bildete sich der Kern der späteren Nationalbibliothek. Den Adel pazifizierte er, indem er ihm die Wiedereinführung der Binnenzölle gestattete; aber bei der Ernennung des dunkelhäutigen, plattnasigen, stiernackigen Bretonen Bertrand du Guesclin zum Konnetabel von Frankreich setzte sich Karl über seine Wünsche hinweg. Sein Vertrauen in die Überlegenheit des «bretonischen Adlers» über alle englischen Heerführer war mitbestimmend für seinen Entschluß, Frankreich von der englischen Herrschaft zu befreien. 1369 erklärte er Eduard III. den Krieg.

Der Schwarze Prinz parierte mit der Einnahme von Limoges und der Abschlachtung von dreitausend Einwohnern jeglichen Geschlechts und Alters, was ihm offenbar als politische Erziehung erschien. Sie erwies sich aber als falsch, denn jede Stadt an seinem Weg rüstete sich zur Verteidigung, warb Söldner an und verproviantierte sich, so daß er sich auf die Vernichtung der Ernte und die Zerstörung menschenleerer Dörfer beschränken mußte. Du Guesclin wich einer offenen Schlacht aus und beschränkte sich auf Streifzüge in den Rücken der prinzlichen Heere, deren Proviant er abfing, und wartete auf den Hunger. Der ließ nicht lange auf sich warten, die Engländer zogen sich zurück, Du Guesclin rückte nach und nach in die abgetretenen Provinzen ein, bis nach zwei Jahren einer seltenen Feldherrnkunst und gegenseitigen Treue von König und Oberbefehlshaber ganz Frankreich mit Ausnahme der Städte Bordeaux, Brest, Cherbourg und Calais in französischen Händen war und königliche Truppen zum erstenmal die Pyrenäen erreichten. Karl V. und sein großer Konnetabel schlossen mit Ruhm bedeckt und auf der Höhe des Sieges im gleichen Jahr für immer die Augen (1380).

## V. DER GEISTESKRANKE KÖNIG: 1380–1422

Das Glücksspiel der erblichen Monarchie bescherte Frankreich nach einem fähigen Monarchen einen liebenswerten Idioten. Beim Tode seines Vaters war Karl VI. zwölf Jahre alt; seine Onkel führten für ihn, bis er zwanzig war, die Regentschaft und erlaubten ihm, in unverantwortlicher Ausschweifung aufzuwachsen, während halb Europa revolutionären Erschütterungen entgegenging. Rote Kopfbedeckungen tragend, erstürmten 1359 die Arbeiter Brügges das historische *Hôtel de ville* in einer bald niedergeschlagenen Revolte. 1366 erhoben sich die niederen Stände Yperns zu einem «heiligen Krieg» gegen die Reichen. In Florenz proklamierten 1378 die Ciompi die Herrschaft der Schaffenden. 1379 begann in der Languedoc, dem südlichen Zentralfrankreich, ein sechsjähriger Guerillakrieg der hungernden Bauern gegen Adel und Geistlichkeit, den einer der Rebellenhäuptlinge unter dem Motto führte: «Wer weiche Hände hat, wird aufgeknüpft.» In Straßburg revoltierten die Arbeiter 1380, in London 1381, in Köln 1396. In Gent bestand von 1379 bis 1382 ein revolutionäres Regime. In Rouen krönten aufständische Arbeiter einen muskelstarken Tapezierer zum König; in Paris erschlug man mit Bleischlegeln die königlichen Steuereinnehmer (1382).

Karl VI. trat 1388 die Regierung an und erwarb sich in vier Jahren den Beinamen *Bien-Aimé*, der Vielgeliebte. Doch 1391 verlor er plötzlich den Verstand, erkannte seine eigene Frau nicht mehr und bat die vermeintliche Fremde, von ihren Zärtlichkeiten abzulassen. Nur die niederste Dienerschaft hielt bei ihm aus. Fünf Monate blieb er in den gleichen Kleidern, und als man ihn schließlich baden wollte, mußten zwölf Mann seinen Widerstand brechen. Dreißig Jahre trug ein bemitleidenswerter Irrer die französische Krone, indes sich ein tatkräftiger junger König anschickte, Englands Anspruch auf Frankreichs Thron zu erneuern.

Am 11. August 1415 stach Heinrich V. mit 11 000 Mann auf 1300 Schiffen in See und landete am 14. bei Harfleur an der Seinemündung. Die Stadt wehrte sich tapfer, aber umsonst. Siegesbewußt und von der Ruhr zur Eile getrieben, marschierten die Engländer nach Calais. Bei Azincourt, unweit von Crécy, trat ihnen die französische Ritterschaft entgegen (25. Oktober). Weder von Crécy noch von Poitiers belehrt, verließ sie sich immer noch auf ihre Rosse. Viele blieben bereits vor dem Zusammenprall im Schlamm stecken; wer die Anlaufstrecke überwand, sah sich vor der Linie der englischen Armbrustschützen von spitzen, schräg in die Erde gerammten Pfählen aufgehalten. Die verwirrten Gäule machten kehrt und zersprengten das eigene Fußvolk; die Engländer fielen mit Schwertern und Äxten über die aufgelösten Glieder her. Ihr Sieg war überwältigend; nach französischen Geschichtsschreibern verloren die Franzosen 10 000, die Engländer 1600 Mann.

1417 fiel Heinrich neuerdings in Frankreich ein und belagerte Rouen, wo man nach Erschöpfung der Lebensmittelvorräte Pferde, Hunde und Katzen verzehrte. Um das wenige zu strecken, setzten die Belagerten Greise, Frauen und Kinder vor den Stadttoren aus; die Engländer verwehrten ihnen die Passage durch ihre Linien, und so lagen die Unglücklichen ohne Obdach und Nahrung zwischen Freund und Feind; rund 50 000 Menschen verhungerten bei dieser gnadenlosen Belagerung. Nach der Kapitulation schonte Heinrich die Überlebenden, hielt sie aber bis zur vollständigen Bezahlung des Lösegeldes von 30 000 Dukaten im Kerker. 1419 marschierte er gegen ein Paris, das nur noch Elend, Gewalttat, Korruption und Klassenkampf kannte. Der Vertrag von Troyes (1420) fiel noch schimpflicher aus als der von 1360, und Frankreich verlor alles, einschließlich der Ehre. Karl VI. gab Heinrich V. seine Tochter Catherine zur Frau, versprach ihm, ihn zum Erben der Krone Frankreichs zu bestimmen, lieferte ihm die Regierungsgewalt aus und erklärte, um jede Zweideutigkeit zu beseitigen, seinen Sohn, den Dauphin, zum Bastard. Gegen eine Jahrespension von 24 000 Francs schwieg Königin Isabella zur Beschuldigung, Ehebruch begangen zu haben; es war ja in jenem Zeitalter für eine Dame nicht leicht, zu wissen, wer der Vater ihrer Kinder war. Der Dauphin, der sich im Süden des Landes immer noch hielt, erklärte den Vertrag von Troyes für ungültig und führte mit Gascognern und Armagnaken den Krieg weiter. Im Louvre saß allerdings Englands König.

Zwei Jahre später erlag Heinrich V. der Ruhr; den Bakterien schien wenig an Vertragstreue zu liegen. Als ihm Karl VI. im gleichen Jahr (1422) nachfolgte, krönten die Engländer Heinrich VI. zum König von Frankreich; für den noch nicht Einjährigen führte der Herzog von Bedford die Regentschaft. Er war ein gestrenger Herr, aber immerhin so gerecht, als es ein Engländer in Frankreich sein konnte. Dem Bandenunwesen ging er zu Leibe, indem er in einem Jahr 10 000 Banditen baumeln ließ: Das läßt einige Rückschlüsse auf den Zustand des Landes zu. Die entlassenen Söldner – *écor-*

*cheurs* (Schinder) und *coquillards* – machten die Landstraßen unsicher und terrorisierten sogar Städte wie Paris und Dijon. Am schlechtesten daran war die Normandie; die Schrecken des Krieges waren in immer neuen verheerenden Fluten über sie hinweggebraust, und sogar die glücklichere Languedoc hatte ein Drittel der Bevölkerung eingebüßt. Die Bauern flohen in die Städte oder versteckten sich in Höhlen; manchmal verbarrikadierten sie sich vor Heerhaufen und Räuberbanden in den Kirchen. Viele kehrten nie in ihre gefährdeten Höfe zurück, sondern versuchten, sich teils bettelnd, teils stehlend durchzuschlagen, oder starben an Hunger und Pest. Kirchen, Bauernhöfe, ja ganze Städte verödeten. Paris zählte 1411 24000 leere Häuser und 80000 Bettler. Rund 300000 Menschen nährten sich von Hunden. Das Gejammer hungernder Kinder hallte durch die Straßen.

## VI. LEBEN IN RUINEN

Die Sitten reflektierten die tragische Zerrüttung des Staates und der Wirtschaft. Geoffrey de la Tour-Landry verfaßte um 1372 für seine Kinder zwei Bücher als Wegweiser durch das Chaos, von denen nur das für seine Töchter erhalten geblieben ist. Neben Zärtlichkeit und väterlicher Wärme enthüllt es vor allem Besorgnis um eine Jungfräulichkeit, die ihm in einer Epoche der durch generöse Sünden hervorgerufenen ungenerösen Umstände besonders gefährdet erschien. Als besten Schutz gegen derartige Versuchungen empfahl der brave Chevalier das Gebet. Die edleren Gefühle und das sittliche Empfinden waren also noch nicht ganz abgestorben. Siebzig Jahre später stoßen wir auf die grausige Gestalt des reichen bretonischen Barons Maréchal de Rais oder Retz, der unter dem Vorwand, sie für den Kirchenchor ausbilden zu wollen, Kinder in seine Burg lockte, um sie zur Erlangung magischer Kräfte den Dämonen zu opfern. Manchmal wollte er sich, wie uns gesagt wird, auch nur an den Schmerzensschreien seiner sterbenden Sänger weiden. Volle vierzehn Jahre trieb er sein Unwesen, bis ein unglücklicher Vater seine Verbrechen aufzudecken wagte. Geständig, wurde er gehenkt (1440), aber nur, weil er seinen Herzog herausgefordert hatte; Männer seines Standes erreichte der Arm der Gerechtigkeit damals nur selten. Merkwürdigerweise brachte der gleiche Hochadel Heldengestalten wie den König Johann von Böhmen oder den von Froissart so geschätzten und bewunderten Gaston Phoebus de Foix hervor. Die letzten Blüten des Rittertums blühten im Sumpf.

Mit der Moral der breiten Massen war es nicht besser bestellt. Der Gemeindeschreiber war nicht weniger bestechlich als der Provinzgouverneur. Aus der bewegenden Klage des Staatskanzlers Gerson zu schließen, wurden auch die höchsten Feiertage mit Kartenspiel*, Würfeln und Fluchen verbracht. Falschspieler, Wechselbetrüger, Diebe,

* Das Kartenspiel scheint sich im vierzehnten Jahrhundert in Europa verbreitet zu haben, die erste verbürgte Erwähnung finden wir 1379. Wahrscheinlich ist es über die Muselmanen Afrikas und Spaniens und von den Kreuzfahrern eingeführt worden. Die Chinesen behaupten, schon 1120 v. Chr. Spielkarten gekannt zu haben.

Vagabunden und Bettler trieben sich tagsüber in den Straßen umher, um abends gemeinsam ihre Beute zu verprassen; ihr Pariser Treffpunkt war die Cour des Miracles, so genannt, weil sich hier die bedauernswerten Invaliden wunderbarerweise mit heilen Gliedern einfanden.

Die Prostitution war allgemein, Ehebruch beinahe so und Sodomie häufig. Eine als «Adamiten» bekannte Sekte trat nach heutigem Sprachgebrauch für Nacktkultur ein und produzierte sich öffentlich, bis die Inquisition einschritt. Obszöne Bilder fanden den gleichen guten Markt wie heutzutage; nach Gerson bot man sie an hohen Feiertagen sogar in Kirchen feil. Dichter wie Deschamps verfaßten für die Edeldamen pornographische Balladen. Der Erzdiakon von Bayeux, Nicolas de Clémanges, nannte die Frauenklöster seines Bezirks «dem Venuskult gewidmete Tempel». Daß sich Monarchen und Prinzen Mätressen hielten, galt als selbstverständlich, weil fürstliche und adlige Ehen, als bloße Züge im Spiel um die Macht, die Liebe nicht zu ihrem Recht kommen ließen. Hochgeborene Damen unterhielten sich ohne jede Scham über die mancherlei Spielarten des Geschlechtsverkehrs. Philipp der Kühne von Burgund richtete 1401 in Paris eine *cour d'amour* ein. Trotzdem scheint es inmitten all dieser Ausschweifung auch tugendhafte Männer und Frauen gegeben zu haben, wie aus einem eigenartigen, um 1393 erschienenen Buch hervorgeht, das von einem anonymen, unter dem Namen *Le Ménagier* – der Hausherr – bekannten Sechziger verfaßt worden ist:

«Je croy que quant deux bonnes preudes gens sont mariés, toutes autres amours sont reculées ... fors d'eulx deux, et me semble que quant ils sont présent et l'un devant l'autre, ils s'entreregardent plus que autres, ils s'entre-pincent, ils s'entre-hurtent, et ne font signe ne ne parlent voulentiers, fors l'un à l'autre ... Et tous leurs plaisirs espéciaulx, leurs principaulx désirs et leurs parfaictes joies sont de faire les plaisirs et obéissances l'un de l'autre.»*

Das Bild der Epoche vervollständigten Judenverfolgungen (1306, 1384, 1396), die Jagd nach Aussätzigen (1321), die Aburteilung und Hinrichtung von Tieren, die einen Menschen getötet hatten oder des Geschlechtsverkehrs mit Menschen überführt waren, und nicht zuletzt die öffentliche Aufknüpfung von Delinquenten, die große Zuschauermengen anzog, deren Gruselbedürfnis sie stillte. Da sich der Friedhof der Eglise des Innocents in Paris als zu klein erwies, um die große Zahl von Verstorbenen aufzunehmen, grub man die Skelette aus, kaum daß das Fleisch verwest war, und warf sie kunterbunt ins Beinhaus neben dem Kreuzgang. Dieser blieb trotzdem ein beliebter Treffpunkt der Liebespaare, ein Jagdrevier käuflicher Liebe und geschätzter Standort der Händler. 1424 schmückte ein Maler in monatelanger Mühe die Friedhofsmauer mit einem sogenannten «Totentanz»: Ausgeburten der Hölle führten alt und jung Schritt um Schritt tanzend in den Orkus. Das Motiv ist geradezu zum Symbol eines verzweifelten Zeitalters geworden; Brügge führte 1449 einen solchen Totentanz als Schauspiel

* «Ich glaube, wenn zwei gute und ehrenwerte Leute miteinander verheiratet sind, dann weisen sie jede andere Liebe zurück ... außer der Liebe des einen für den anderen. Und mir deucht, wenn sie eines in des anderen Gegenwart sind, dann haben sie fast nur Augen für sich, nicht für andere; sie umfangen sich und halten sich dicht beieinander und mögen mit niemandem sprechen, außer miteinander, und niemandem ein Zeichen geben, außer einander ... Und ihr besonderes Vergnügen, ihr hauptsächlichster Wunsch und ihre höchste Lust ist es, sich einander gefällig und gehorsam zu erzeigen.»

auf; noch viel später diente er Dürer, Holbein und Bosch als Motiv. Die halbe Dichtkunst jener Zeit spiegelte eine ähnlich pessimistische Weltschau. Deschamps schmähte fast jede Äußerung des Lebens; ihm erschien die Welt als ein schwacher, zittriger und geiziger Greis, zerrüttet an Körper und Geist, und jammernd klagte er: «Alles geht schief.» Gerson, derselben Meinung, schrieb: «Wir leben im Greisenalter der Welt» und kündete das Nahen des Jüngsten Gerichts. Ein altes Weib behauptete, jedes Reißen in ihren gichtigen Zehen zeige an, daß wieder eine Seele in die Hölle fahre. Ihre Schätzung blieb hinter anderen zurück, glaubte doch niemand, daß in den letzten dreißig Jahren auch nur eine Seele ins Paradies gekommen sei.

Wie verhielt sich die Kirche angesichts dieses Zusammenbruchs einer bedrängten Nation? In den ersten vier Jahrzehnten des Hundertjährigen Krieges standen die in Avignon residierenden Päpste sowohl unter dem Schutz als auch unter dem Befehl der französischen Krone. Ein großer Teil der ihnen aus ganz Europa zufließenden Einkünfte floß an die französischen Könige weiter; und in elf Jahren, von 1345 bis 1355, beliefen sich die Vorschüsse der Kurie ans französische Schatzamt auf 3 392 000 Gulden, das damit den Krieg gegen England finanzierte, während sich die Päpste gleichzeitig vergeblich bemühten, zwischen den Parteien zu vermitteln. Der Kirche erwuchs während des langen Ringens ein unermeßlicher Schaden; Hunderte von Kirchen und Klöstern wurden zerstört und mußten geräumt werden; der niedere Klerus teilte das allgemeine Schicksal des Sittenzerfalls. Herr wie Knecht dachten erst in der Stunde der Schlacht und des Todes an ihren Gott, und die Indifferenz des Himmels dürfte ihnen manche Gewissensqual bereitet haben. Die breiten Massen brachen alle Gebote und klammerten sich dennoch an Glauben und Kirche; zusammen mit ihren Scherflein legten sie ihre Sorgen der Madonna zu Füßen, und die aufwühlenden Predigten des Bettelmönches Richard und des heiligen Vincent Ferrer riefen religiöse Massenekstasen hervor. In manchen Bürgerhäusern gab es Marienstatuen, die sich durch einen Druck auf einen Knopf öffneten und eine Darstellung der Dreieinigkeit enthüllten.

Die intellektuelle Führung der Kirche stellten fast ausschließlich Franzosen. Pierre d'Ailly, einer der schöpferischsten Gelehrten der Epoche, war zugleich einer der fähigsten und unbestechlichsten kirchlichen Würdenträger und gehörte zu denen, die sich auf dem Konzil zu Konstanz um die Beendigung des Kirchenschismas bemühten. Als Direktor des Collège de Navarre in Paris erzog er unter anderen Jean de Gerson, den größten Theologen der nächsten Generation, der anläßlich eines Aufenthalts in Holland den Mystizismus Ruysbroeks und die *moderna devotio* der Bruderschaft vom Gemeinsamen Leben zu Deventer kennenlernte. Zum Kanzler der Pariser Universität ernannt (1305), suchte er dieser Form der Frömmigkeit Eingang in Frankreich zu verschaffen, obschon er sowohl dem Egoismus als auch dem Pantheismus dieser mystischen Schule mit Reserve gegenüberstand. Seine sechs Schwestern blieben, von seinem Beispiel und seinen Argumenten überzeugt, bis an ihr Lebensende jungfräulich. Gerson verurteilte Aberglauben in jeder Form, Quacksalberei, Astrologie und jede Art der Magie, aber Amuletten gestand er – als die Einbildungskraft anregend – eine gewisse Wirksamkeit zu. Die Sternkunde als Weissagungsmittel schien ihm zu unvollkommen entwickelt; man verstehe nicht einmal das Sonnenjahr genau zu berechnen, und die genaue Position der Gestirne sei infolge der Lichtbrechung durch die verschiedenen Durchgangsmedien nicht festzustellen. In der Kirche trat Gerson für das Konzil als höchste Instanz ein, für Frankreich befürwortete er eine starke Monarchie; der Widerspruch läßt sich vielleicht aus dem Zustand des Landes erklären, das Ordnung dringender benötigte als Freiheit. Er war in seiner Art und für seine Zeit ein großer Mann; seine Tugenden waren, wie Goethe gesagt hätte, sein eigenes Verdienst, seine Irrtümer hingegen die seiner Zeit. Er stand an der Spitze der Bewegung zur Wiederherstellung eines einheitlichen Papsttums und der Kirchenreform; er wirkte aber auch an Johannes Hus' und Hieronymus' von Prag Verbrennung auf dem Scheiterhaufen mit.

Das Elend in den breiten Massen hinderte aber die oberen Stände nicht, ihre Personen und ihre Häuser zu schmücken. Den schlichten Blusen, Wämsen, kurzen Hosen *(culottes)* und hohen Stiefeln der arbeitenden Klassen stellte der gehobene Bürgerstand, den Hof trotz der entgegenstehenden Verbote nachahmend, lange, womöglich scharlachrote oder pelzverbrämte Mäntel gegenüber; die Kavaliere trugen kostbare Wämse zu langen Beinlingen und reich garnierte Barette oder Federhüte, mit denen sie bei der höfischen Verbeugung den Boden fegten. Die hohen Kopfbedeckungen der hochgeborenen Damen liefen so spitz wie Kirchtürme aus, sie selber zwängten sich in enge Korsette und farbenfrohes Schuhwerk, stolzierten majestätisch mit pelzverbrämten Schleppen einher, enthüllten freigebig ihren Busen, während sie den Reiz ihrer Gesichter hinter Schleiern verbragen. Knöpfe, bis dahin lediglich ein Zierat, kamen als Verschlußmittel in Mode; heute ist's wieder umgekehrt. Unter dem Funkeln, Schimmern und Blitzen von Seide, Goldstoff, Brokat, Spitzen und Juwelen im Haar, am Hals, an den Händen, auf Kleidern und Schuhen entwickelte die Mehrzahl dieser Damen Formen von rubensscher Rundung.

Die einzige Verbesserung an den düsteren Wohnstätten der unteren Stände bildete die Einführung des Fensterglases. Die Häuser *(hôtels)* und Landvillen der Reichen hingegen wurden immer geräumiger, heller und luxuriöser; sie besaßen Höfe mit Springbrunnen, breitgeschwungene Treppen, überhängende Balkone, steile, in den Himmel schneidende und den Schnee abwerfende Dächer, Dienstbotenzimmer, Vorratskammern, Räume für den Türsteher und die Wache, Wäschekammer, Waschküche, Weinkeller und Backraum nebst einem großen Saal und den Wohn- und Schlafräumen für die Herrschaft. Einige dieser Burgschlösser, wie die von Pierrefonds (1390) und Châteaudun (1450), wirken wie ein Auftakt zu den späteren Schlössern an der Loire. Von allen Palästen jener Zeit ist der des großen Finanzmannes Jacques Cœur in Bourges am besten erhalten; er nimmt einen ganzen Straßenblock ein und hat mit seinem gotischen Turm, dem ornamentierten Fries und der reichen Steinmetzarbeit an der Fassade rund acht Millionen Dollar nach heutigem Geld gekostet. Die Inneneinrichtung dieser Häuser gestaltete man nicht weniger üppig; die prachtvollen Kamine wärmten wenigstens die eine Hälfte des Raums und eine Seite seiner Bewohner; man liebte schwere, reich geschnitzte Tische und Stühle, gepolsterte Bänke längs der tapezierten Wände, riesige Buffets und Kommoden mit Gold- und Silbergeschirr und noch schönerem

Glas, dicke Teppiche, Fußböden aus polierter Eiche oder glasierten Kacheln und hohe, mächtige Betten von einem Umfang, daß der Herr des Hauses, seine Frau und ein oder zwei Kinder darin Platz fanden. Sonderbarerweise schlief man in diesen thronartigen Betten nackt, denn die Menschen des vierzehnten und fünfzehnten Jahrhunderts empfanden Nachthemden noch nicht als unerläßliches Bedürfnis.

## VII. DIE LITERATUR

Auch in Trümmern blüht das Leben, zumal das des Geistes. Nikolaus von Lyra förderte mit seinen *Postillae perpetuae* das Verständnis des Bibeltextes und bereitete dem Neuen Testament des Erasmus und der Bibelübersetzung Luthers den Weg. Die erzählende Literatur des Zeitalters bevorzugte erotische Themen, so etwa in den *Cent nouvelles nouvelles* – Hundert neue Novellen – von Antoine de la Sale, oder ritterliche Epen wie *Flore et Blanchefleur*. Fast ganz auf Erfindung beruhte das Buch eines Lütticher Arztes, Jehan à la Barbe, der unter dem Pseudonym Sir John Mandeville Reiseberichte aus drei Erdteilen verfaßte und vorgab, Örtlichkeiten besucht zu haben wie «das Haus, wo die Muttergottes zur Schule ging», «die Kirche, darin sie Milch aus ihren Brüsten sog; in dieser Kirche befindet sich eine Marmorsäule, daran sie gelehnt hat und die heute noch feucht von dieser Milch ist, und überall, wo die heilige Milch hintropfte, ist die Erde immer noch weich und weiß»; sogar die Stelle, «wo man das Wasser wärmte, womit unser Herr die Füße der Apostel wusch», hat unser Reiseschriftsteller gesehen. Am besten gelingt ihm jedoch, weil keine Belesenheit seine Phantasie zügelt, die Beschreibung Chinas. Manchmal blitzt etwas wie ein naturwissenschaftliches Ahnungsvermögen auf, wenn er zum Beispiel einen Mann schildert, der, wie Jules Vernes Passepartout, «immer gen Osten wanderte, bis er wieder nach Hause kam». Trotz zweimaligem Verweilen am Quell der ewigen Jugend kehrte unser Autor am Ende mit einem argen Reißen in allen Gliedern heim; vielleicht zog er es sich zu, ohne je einen Fuß in die Fremde gesetzt zu haben. Diese in alle Sprachen übersetzten *Reisen* gehörten zu den belletristischen Sensationen des Hochmittelalters.

Die *Chroniques de France*, *d'Angleterre*, *d'Ecosse*, *d'Espagne*, *de Bretagne*, die glänzendste Leistung der französischen Literatur im vierzehnten Jahrhundert, verdanken wir dem 1338 in Valenciennes geborenen Jean Froissart. Schon frühzeitig versuchte er sich in der Dichtkunst, vierundzwanzigjährig ging er nach London, um seine Poesie der Gemahlin Eduards III. – Philippa von Hennegau – zu Füßen zu legen. Sie machte ihn zu ihrem Sekretär, was ihn mit den englischen Peers in Berührung brachte und der Unparteilichkeit seiner Geschichtsschreibung schadete, weil er sie allzu offen bewunderte. Zu reiselustig, um es an einem Ort lange aushalten zu können, kehrte er über Schottland, Bordeaux, Savoyen und Italien in den heimischen Hennegau zurück, wo er sich zum Priester weihen ließ und in Chimay als Kanoniker amtete. Nach einer Weile entschloß er sich, seine Chronik an beiden Enden zu erweitern und ganz neu in Prosa zu fassen. Er sammelte in England und Frankreich persönlich neues Material und widmete sich, wieder daheim, «dieser hochherzigen und angenehmen Geschichte ... nach der, wenn ich nicht mehr sein werde, große Nachfrage herrschen wird ... zum Ansporn für alle mutigen Herzen und um ihnen ehrenhafte Vorbilder zu zeigen». Kein Roman könnte aufregender sein; wer sich mit der Absicht an die 1200 dicht gefüllten Seiten macht, von Höhepunkt zu Höhepunkt zu springen, wird auch die Täler verlokkend finden und mit Vergnügen vom Anfang bis zum Ende lesen. Wie Julius II. liebte auch dieser Priester nichts so sehr wie den Krieg. Abenteuer, edle Taten und ritterliche Tugend faszinierten ihn über alle Maßen; gewöhnliche Sterbliche treten lediglich als die Opfer des Machtkampfes der Großen in Erscheinung. Motive interessierten ihn nicht, und er verließ sich zu vertrauensvoll auf voreingenommene und ausgeschmückte Berichte; er unterließ jeden Versuch der philosophischen Wertung – er war nichts als ein Chronist, aber von allen Chronisten der beste.

Das dramatische Schaffen hielt sich in ausgefahrenen Geleisen. Mysterien- und Mirakelspiele, Moralitäten, Dialoge und Schwänke rollten auf den in den Städten aufgeschlagenen Wanderbühnen ab. Weltliche Themen waren in Zunahme begriffen, und der in ihnen herrschende Witz war mehr als derb; dennoch dominierten religiöse Motive auch weiterhin; der die Leidensgeschichte Jesu wiedergebenden Stücke wurde das Volk nie überdrüssig. Die berühmteste Darstellergruppe der Zeit, die Pariser *Confrairie de la Passion de Nôtre Seigneur*, spezialisierte sich auf die Darstellung des kurzen Aufenthaltes Jesu in Jerusalem. Das Passionsspiel von Arnoul Greban begnügte sich nicht mit weniger als 35000 Versen.

Die Poeten schlossen sich in besonderen Vereinigungen zusammen. In Toulouse bildete sich 1323 ein *Consistori de la gaya sciensa* – Akademie der fröhlichen Wissenschaft –, unter dessen Patronat man in Dichterwettstreiten den Geist und die Kunst der Troubadours neu zu beleben hoffte. Ähnliche Vereinigungen bildeten sich in Amiens, Douai und Valenciennes; sie alle waren Wegbereiter für die Französische Akademie Richelieus. Zum Gefolge der Könige und Barone gehörten neben den Zwergen und Narren auch Poeten. Der Herzog von Anjou und Lothringen und Titularkönig von Neapel, der «gute René», umgab sich in seinen Sitzen Nancy, Tarascon und Aix-en-Provence mit einem ganzen Kranz von Dichtern und bildenden Künstlern; seine eigenen Reime hielten den Vergleich mit den besten seiner Versedrechsler so gut aus, daß ihm der Ehrenname «der letzte Troubadour» beigelegt wurde. Der Schützling Karls V., Eustache Deschamps, sang ein Loblied auf die Frauen, heiratete, beklagte in *Le Miroir de mariage* in 12000 Zeilen das Elend des Ehestands und fand für die Ungunst seiner Zeit bewegende Worte:

Age de plomb, temps pervers, ciel d'airain,
Terre sans fruit, et stérile et prehaigne,
Peuple maudit, de toute douleur plein,
Il est bien droit que de vous tous me plaigne;
Car je ne vois rien au monde qui vienne
Fors tristement et à confusion,
Et qui tout maux en ses faits ne comprenne,
Hui est le temps de tribulation.*

Christine de Pisan, die in Paris aufgewachsene Tochter des italienischen Leibarztes Karls V., sah sich nach dem Tod ihres Mannes vor der Aufgabe, für drei unmündige Kinder und drei weitere Angehörige sorgen zu müssen; sie tat es in mirakulöser Weise, indem sie exquisite Verse

* Von Blei die Zeit, verderbt, aus Erz der Himmel,
Die dürre Erde sonder Frucht und Ernte,
Verflucht das Volk und voll von allen Schmerzen,
Es ist wohl recht, daß über euch ich klage;
Ich sehe nichts auf diese Erde kommen,
Es sei zur Trauer denn und zur Verwirrung,
In seinem Tun erfüllt von allen Übeln;
Heut ist die Zeit der Widerwärtigkeit.[2]

und patriotische Geschichten verfaßte; als erste Westeuropäerin, die von ihrer Feder lebte, verdient sie einen flüchtigen Tribut. Vom Glück noch begünstigter war Alain Chartier, dessen Liebesgesänge – wie *La belle Dame sans merci*, darin er den Damen das geizige Verbergen ihrer Reize in melodiösen Versen vorhielt – die adlige Welt so begeisterten, daß Margarete von Schottland, Frankreichs künftige Königin, den Mund des auf einer Bank eingeschlafenen Dichters geküßt haben soll. Ein Jahrhundert später hat Etienne Pasquier die Legende entzückend geschildert:

«Als manche sich darüber verwunderten – weil nämlich die Natur hier einen schönen Geist in einen unansehnlichen Körper eingeschlossen hatte –, da sagte ihnen die Dame, sie brauchten über dies Wunder nicht erstaunt zu sein, denn sie habe nicht sowohl den Mann küssen wollen als die Lippen, denen solch goldene Worte entströmt waren.»[3]

Der beste der damaligen französischen Poeten, Karl, Herzog von Orléans, Neffe König Karls VI. und Vater Ludwigs XII., verfaßte seine Verse während einer fünfundzwanzigjährigen ritterlichen Haft in England, wohin er nach der Schlacht von Azincourt als Gefangener gekommen war. Mit Liedern über Frankreichs Unglück und die Schönheit der Frauen machte er seinem schweren Herzen Luft, und eine Weile stimmte ganz Frankreich sein Frühlingslied an:

Le temps a laissié son manteau,
De vent, de froidure, et de pluye,
Et s'est vêtu de brouderie
Du soleil luyant, cler et beau.
Il n'y a beste, ne oyseau
Qu'en son jargon ne chante ou crie:
Le temps a laissié son manteau.*

Holde Weiblichkeit gab es jedoch sogar in England, und Karl vergaß, ihr huldigend, seinen Kummer:

Dieu! qui'il fait bon la regarder,
La gracieuse, bonne et belle!
Pour les grands biens qui sont en elle
Chacun est près de la louer.

Qui se pourrait d'elle lasser?
Tout jour sa beauté renouvelle.
Dieu! qu'il fait bon la regarder,
La gracieuse, bonne, et belle!**

Als endlich die Stunde der Heimkehr schlug, machte er seine Hofhaltung im Schlosse zu Blois zu einem heiteren Mittelpunkt dichterischen und künstlerischen Schaffens, woselbst auch Villon trotz Armut und Verbrechen vorübergehend Aufnahme fand. In

* Das Wetter ließ den Mantel sein
Aus Regen, Wind und Winterszeit,
Und macht das schöne Kleid bereit,
Bestickt mit klarem Sonnenschein.
Da gibt's kein Tier noch Vögelein,
Das nicht in seiner Sprache schreit:
Das Wetter ließ den Mantel sein.[4]

** Gott! tut es gut, sie anzuschaun,
Der Guten, Schönen Lieblichkeit!
Ein jeder ist zum Lob bereit,
Weil sie so reich an Schätzen, traun.
Wer würde müde solcher Fraun,
Die schöner wird zu jeder Zeit?
Gott! tut es gut, sie anzuschaun,
Der Guten, Schönen Lieblichkeit.[5]

vorgerückten Jahren und von der Teilnahme an fröhlichen Gelagen ausgeschlossen, entschuldigte er sich bei den Freunden mit Versen, die als seine Grabschrift dienen könnten:

Saluez moi toute la compaignie
Ou a present estes a chière lye,
Et leurs dites que voulentiers seroye
Avecques eulx, mais estre n'y pourroye,
Pour Viellesse qui m'a eu sa baillie.
Au temps passé Jennesse sy jolie
Me gouvernoit; las! or ny suy ge mye.
Amoureus fus, or ne le suy ge mye,
Et en Paris menoye bonne vie.
Adieu, bon temps, ravoir ne vous saroye! ...
Saluez moi toute la compaignie.*

## VIII. DIE KUNST

Bedeutender als die Dichtkunst war in jener Epoche die bildende Kunst Frankreichs, obschon auch sie unter der Ungunst der Zeit litt. Die großen Gönner und Auftraggeber – König, Klerus und Städte – fehlten. Wo sich vormals der Stolz der Zünfte und die Unantastbarkeit der religiösen Überzeugung in mächtigen Gotteshäusern ausgedrückt hatte, war durch die Festigung der königlichen Macht und die Ausweitung des lokalen Marktes zu einer nationalen Wirtschaft die Finanzkraft geschwächt oder ganz ruiniert worden. Der Kirche selbst fehlten sowohl die materiellen Mittel als auch die geistige Kraft zur Erstellung von Kathedralen und Kirchen, wie sie im zwölften und dreizehnten Jahrhundert allenthalben der französischen Erde entsprossen waren. Der Glauben wie der Wohlstand hatten gelitten; die Hoffnung, die damals die Kreuzzüge und die Kathedralen – den Tatendrang und das Gebet – inspirierte, hatte ihren schöpferischen Schwung verloren. Das vierzehnte Jahrhundert vermochte, was ein zukunftsfroheres Zeitalter begonnen hatte, kaum mehr zu Ende zu führen. Jean Ravi vollendete nichtsdestoweniger Notre-Dame zu Paris (1351), Rouen fügte seiner Marienkathedrale noch eine Marienkapelle hinzu (1302), und Poitiers gab seiner Kathedrale eine stolze Westfassade (1379).

Die Hochgotik, der *style rayonnant*, räumte (ab 1275) einem geometrischen Stil das Feld, der statt des Strahlenmaßwerks euklidische Formen bevorzugte. Die Kathedrale

* So grüßet mir die ganze Kumpanei,
Wo ihr nun alle tafelt froh und frei,
Und saget ihnen, daß ich gar zu gern
Mit ihnen wär', tät' solches nicht verwehr'n
Das Alter, dem ich unterworfen sei.
Mit meiner hübschen Jugend war dabei
Ich einst. O weh, nun ist das ganz vorbei.
Ich war verliebt, nun ist das ganz entzwei,
Und in Paris, da hielt ich manchen frei.
Ade, du schöne Zeit, auf immer fern!
So grüßet mir die ganze Kumpanei.[6]

von Bordeaux (1320–25) zeigt diesen Stil, Caen versah seine Peterskirche mit einem stattlichen, vom Zweiten Weltkrieg zerstörten Turm (1308), Auxerre baute das Langhaus seiner Kathedrale um (1335), Coutances (1371–1386) und Amiens (1375) erweiterten ihre geschichtlichen Gotteshäuser durch neue Seitenkapellen, und Rouen vermehrte seine architektonische Pracht um die edle Kirche St-Ouen (1318–1545).

Als sich Frankreich im letzten Viertel des vierzehnten Jahrhunderts siegreich wähnte, erdachten seine Baumeister einen neuen gotischen Stil, frohlockend in der Stimmung, verwirrend kompliziert in der Linienführung des Maßwerks, überladen mit Ornamenten und Gitterungen. Der Spitzbogen nahm eine S-förmige Krümmung an, ähnlich der züngelnden Bewegung einer Flamme, wovon die Benennung dieses Spätstils als Flammengotik, *style flamboyant*, abgeleitet ist. Kapitelle wurden ungebräuchlich, die Pfeiler waren gekehlt oder spiralförmig gewunden, die Chorgestühle wiesen überreiches Schnitzwerk auf und waren durch kunstvolle Eisengeländer vom Kirchenschiff getrennt; die Pendentife wurden zu Stalaktiten, die Deckengewölbe bildeten eine wahre Wildnis von sich verschlingenden, verschwindenden und wieder heraustretenden Rippen; das Fenstermaßwerk verlor die alte, starr geometrische Linienführung und gefiel sich in Formen von unberechenbarer Willkür und entzückender Schwerelosigkeit; die Türme schienen aus lauter Zierat zu bestehen, die Konstruktion verschwand hinter dem Ornament. Die Johanneskapelle in der Kathedrale von Amiens (1375) stand am Beginn dieses neuen Stils; bis um 1425 hatte er Frankreich erobert, in das Jahr 1436 fiel der Baubeginn eines seiner zartesten Wunderwerke, der Kirche des heiligen Maclou zu Rouen. Der neu erwachte Kampfesmut und die Wiederherstellung der französischen Waffenehre durch die Jungfrau von Orléans und Karl VII., die Entstehung bürgerlichen Reichtums, wie er sich in der Person Jacques Cœurs personifizierte, und die Freude des aufstrebenden Bürgertums an schmückender Ornamentik – das alles zusammen dürfte den triumphalen Durchbruch der Flammengotik in der ersten Hälfte des fünfzehnten Jahrhunderts bewirkt haben. Dieser «aufgeweichte» gotische Stil blieb bestehen, bis Frankreichs Könige und Barone von den italienischen Feldzügen das Renaissance-Ideal klassischer Linienführung mitbrachten.

Die wachsende Zahl der Profanbauten kennzeichnete den Vormarsch der Verweltlichung. Königen und Herzögen schien es nun genug Kirchen zu geben; sie widmeten sich lieber dem Bau von Schlössern, die das Volk beeindrucken und ihre Mätressen behausen konnten, während die Städte ihren Reichtum mit prunkvollen Rathäusern verkündeten und die reichen Bürger Vermögen für ihre Häuser aufwandten. Einzelne Spitäler wie das zu Beaune stattete man mit einer luftigen Schönheit aus, die die Kranken zur Gesundung verlockt haben muß. Um die Päpste und Kardinäle zu Avignon sammelte sich gleichfalls eine Galerie von Künstlern jeder Art; die besten französischen Baumeister, Maler und Steinmetze waren jedoch an den Höfen der Könige und Herzöge zu finden. Das Schloß von Vincennes (1364–1373) und die Bastille (1369) erstanden unter Karl V.; für ihn meißelte der vielseitige André Beauneveû Standbilder Philipps VI., Johanns II. und Karls V. selbst, die in der imponierenden Reihe königlicher Grabmäler in den Wandelgängen und der Krypta von St-Denis Aufstellung fanden (1364). Ludwig von Orléans errichtete das Schloß Pierrefonds; und Herzog Johann von Berry reihte sich, obschon er seinen Bauern ein harter Herr war, unter die großen Kunstmäzene der Geschichte ein.

In seinem Auftrag illuminierte Beauneveû 1402 einen Psalter. Dieser bildete nur eine aus einer Reihe von illuminierten Handschriften, die wohl zu den schönsten Werken eines Kunstzweiges gehören, den man als die Kammermusik des graphischen Schaffens ansprechen kann. Für den gleichen wählerischen Auftraggeber schuf Jacquemart de Hesdin *Les petites heures*, *Les belles heures* und *Les grandes heures*, alles illuminierte Stundenbücher zur kanonisch vorgeschriebenen Andacht. *Les très riches heures* (1416) wurden, ebenfalls für diesen Herzog, durch die Brüder Pol, Jehannequin und Herman Malouel von Limburg geschaffen. Es sind fünfundsechzig wunderschöne Miniaturen aus Frankreichs Landschaft und Leben: Jagd- und Bauernszenen, eine in der Reinheit des Schnees erstrahlende Landschaft. Sie befinden sich heute, vor neugierigen Touristenaugen sorgsam behütet, im Museum Condé in Chantilly und bilden zusammen mit den für den *bon roi*, René von Anjou, geschaffenen Miniaturen beinahe die letzten Höhepunkte dieser «Kammerkunst», die im fünfzehnten Jahrhundert dem Ansturm sowohl des Holzschnitts als auch der Fresken- und Staffeleimalerei weichen mußte. Die neuen Kunstformen entwickelten sich in Fontainebleau, Amiens, Bourges, Tours, Moulins, Avignon und Dijon – von den für die Burgunder Herzöge schaffenden Meistern ganz abgesehen – zu blühenden Schulen. Von Flandern her wirkten Beauneveû und die Brüder Van Eyck auf die französische Malerei ein, während die in Avignon domizilierten Italiener, Simone Martini und andere, und die in Neapel regierende angiovinische Dynastie (1268–1435) schon lange vor dem Einfall der französischen Truppen in Italien italienische Kunsteinflüsse in Frankreich zur Geltung brachten. Um 1450 hatte die französische Malerei ihre Unabhängigkeit gewonnen und verkündete ihre Mündigkeit mit der anonymen *Pietà* von Villeneuve, die sich heute im Louvre befindet.

Der erste hervorragende Meister französischer Malerei war der 1416 in Tours geborene Jean Fouquet. Nach sieben Lehrjahren in Italien (1440–1447) kehrte er mit jener Vorliebe für klassische architektonische Hintergründe nach Frankreich zurück, die im siebzehnten Jahrhundert bei Nicolas Poussin und Claude Lorrain zur Manie werden sollte. Unter seinen Porträts gibt es einige hervorragende Charakterstudien: den Erzbischof Juvénal des Ursins, Kanzler von Frankreich, untersetzt, streng, willensstark und weltlich genug, um ein Staatsmann zu sein; den Schatzkanzler Etienne Chevalier, melancholisch und von der Sorge zermürbt, das Geld so schnell hereinzubringen, wie der Staat es auszugeben vermochte; König Karl VII., nachdem Agnes Sorel ihn zum Mann gemacht hatte, und schließlich Agnes selbst, von Fouquet in eine kalte, hoheitsvolle Madonna mit niedergeschlagenen Augen und emporgerichteten Brüsten verwandelt. Für Chevalier illuminierte Fouquet ein Stundenbuch, dessen duftige Darstellungen des Loiretals Abwechslung in die Langeweile der vorgeschriebenen Gebetstunden brachten. Im Louvre befindet sich eine Emailminiatur mit einer Selbstdarstellung Fouquets: kein Raffael mit fürstlichen Allüren, sondern ein schlichter Handwerksmeister in Arbeitskleidung, schüchtern und eifrig, kummervoll und energisch, mit den

Sorgenfalten eines Jahrhunderts der Armut auf der Stirn. Den Wechsel der Regierungen überstand er trotzdem ohne Mißgeschick, um zuletzt Hofmaler des unberechenbaren Ludwig XI. zu werden. Nach langen Jahren mühseligen Strebens kommt der Erfolg und bald nachher der Tod.

## IX. DIE JUNGFRAU VON ORLÉANS: 1412–1431

1422 proklamierte sich Karls VI. verleugneter Sohn als Karl VII. zum König von Frankreich, und ein zerrüttetes Land schöpfte neue Hoffnung – nur um in noch tiefere Verzweiflung zurückzusinken. Der schüchterne, energielose, gleichgültige Zwanzigjährige machte der beanspruchten Würde wenig Ehre und dürfte den allgemeinen Zweifel an der Legitimität seiner Geburt geteilt haben. Das von Fouquet gemalte Porträt zeigt ein abstoßendes, melancholisches Antlitz mit einer langen gebogenen Nase und Ringen unter den Augen. In seiner überängstlichen Frömmigkeit hörte er dreimal täglich die Messe und hielt jede liturgisch vorgeschriebene Andacht peinlich genau ein. In der Zwischenzeit beschäftigte er sich freilich mit einer langen Prozession von Mätressen und verhalf seiner tugendhaften Gemahlin zwölfmal ins Kindbett. Zur Finanzierung des Krieges gegen England verpfändete er seine Juwelen und beinahe die Kleider am Leib; aber er fand keinen Gefallen am Krieg und überließ ihn Ministern und Feldherren, deren Begeisterung und Fähigkeiten im Widerspruch zu ihren Eifersüchteleien standen – nur der getreue Jean Dunois, ein natürlicher Sohn des Herzogs Louis von Orléans, machte eine Ausnahme. Diese am Loireknie gelegene Stadt nahm eine Schlüsselstellung ein; wenn sie fiel, mußte auch der dem König nur halbwegs ergebene Süden unter englische Herrschaft geraten. 1428 rückten die Engländer gegen die Stadt vor, doch unterblieb jeder Versuch zu einem organisierten Widerstand, und Unordnung bildete die Ordnung des Tages. Dennoch blickte ganz Frankreich mit angehaltenem Atem auf die belagerte Stadt und betete um ein Wunder.

Das tat man auch in dem fernen Domrémy, einem verschlafenen Dorf an der Maas an Frankreichs Ostgrenze. Die Bauern, Kinder ihrer Zeit, lebten in der Natur und im Übernatürlichen zugleich; ihre Einbildungskraft bevölkerte die Luft mit Geistern, und viele Frauen schworen, sie gesehen und gesprochen zu haben; die Engländer andererseits hielten sie für Teufel, die ihre Schwänze unter den Rockschößen versteckten. Aber, so besagte eine im Dorf fest geglaubte Weissagung, eines Tages werde Gott eine *pucelle*, eine Jungfrau, schicken, die Frankreich von diesen Teufeln befreien und den langen satanischen Krieg beenden werde; und eines Tages vernahm auch die kleine Jeanne d'Arc von ihrer Patin, der Bürgermeistersfrau, diese Mär. Johannas Vater, Jacques, ein wohlhabender Bauer, hielt aber vermutlich nicht viel von diesem Gerede.

Johannas Frömmigkeit fiel sogar unter diesem frommen Völkchen auf; sie ging gern in die Kirche, beichtete regelmäßig und mit Inbrunst und tat Armen und Kranken viel Gutes. In ihrem kleinen Garten pickten die Vögel aus ihrer Hand, und einmal, als sie gerade fastete, glaubte sie über ihrem Kopf ein seltsames Licht wahrzunehmen, und eine Stimme sagte: *Je viens de Dieu pour t'aider à te bien conduire. Jeannette, sois bonne et Dieu t'aidera* – «Ich komme von Gott, um dir zu helfen, daß du dich gut beträgst. Jeannette, sei gut, und Gott wird dir helfen.» Damals (1424) stand sie im dreizehnten Lebensjahr und ließ sich von da an fünf Jahre lang von ihren «Stimmen», wie sie diese Erscheinungen nannte, leiten, bis ihr schließlich der Erzengel Michael persönlich erschien und befahl: *Fille de Dieu, tu iras vers le capitaine Robert de Baudricourt, en la ville de Vaucouleurs, afin qu'il te donne des gens pour te conduire auprès du gentil dauphin* – «Kind Gottes, du wirst zum Hauptmann Robert de Baudricourt in der Stadt Vaucouleurs gehen, damit er dir Leute gebe, die dich zum edlen Dauphin führen». Ein andermal sagte die Stimme: *Fille de Dieu, tu conduiras le dauphin de Reims, afin qu'il reçoive son digne sacre* – «Kind Gottes, du wirst den Dauphin nach Reims führen, damit er dort würdig geweiht werde». Denn ehe Karl nicht durch die Kirche zum König gesalbt war, mußte Frankreich sein göttliches Recht an der Krone bezweifeln; sobald aber das geweihte Öl seinen Scheitel berührt hatte, würde Frankreich sich um ihn scharen und damit sich selbst retten.

Nach einer langen Zeit qualvollen Zögerns vertraute Johanna ihren Eltern das Geheimnis ihrer Visionen an. Der Vater, außer sich, daß ein unschuldiges Mädchen ein so phantastisches Abenteuer wagen wollte, erklärte, er wolle sie lieber mit seinen eigenen Händen ins Wasser werfen, und bewog einen jungen Bauern zur Behauptung, Johanna habe ihm die Ehe versprochen. Sie stellte das entschieden in Abrede; um ihre Jungfräulichkeit zu bewahren, die sie ihrem Schutzengel gelobt hatte, wie auch aus Gehorsam gegen den himmlischen Befehl, flüchtete sie zu einem Onkel und beredete ihn, sie nach Vaucouleurs zu Hauptmann Baudricourt zu begleiten (1429). Der aber riet dem Onkel, dem siebzehnjährigen Mädchen eine tüchtige Tracht Prügel zu verabreichen und es den Eltern zurückzubringen. Doch als Johanna persönlich zu ihm vordrang und fest dabei blieb, von Gott ausersehen zu sein, Orléans für König Karl zu retten, ließ er sich erweichen und erstattete dem König Meldung – obschon er das Mädchen von Teufeln besessen glaubte. Der König befahl Johanna nach Chinon, wo er residierte; Baudricourt versah sie mit einem Schwert, die Bevölkerung schenkte ihr ein Pferd, und sechs Söldner fanden sich bereit, mit ihr den weiten, gefährlichen Weg quer durch Frankreich zu wagen. Sie schnitt sich das Haar ab und zog wie ein Jüngling militärische Gewandung an: Wams, Umhang, Beinlinge, Gamaschen, Sporen – sei es, um männliche Zudringlichkeiten abzuwehren, sei es, um bequemer reiten zu können, sei es, um sich bei Offizieren und Mannschaften Respekt zu verschaffen. So passierte sie mutig Dörfer und Städte, die sie bald als Hexe beschimpften, bald als Heilige anbeteten.

In Chinon wurde sie nach einem Ritt von elf Tagen und 700 Kilometern vor Karl und den Kronrat gebracht. Obschon seine ärmliche Kleidung nichts Königliches an sich hatte, ging sie (so wird erzählt – denn wie könnte die Legende die Hände von der Geschichte lassen?) auf ihn zu und begrüßte ihn mit den ehrerbietigen Worten: *Dieu vous donne bonne vie, gentil dauphin ... Gentil Dauphin, j'ai nom Jeanne la Pucelle et vous mande le Roi des cieux par moi que vous serez sacré et couronné à Reims et serez le lieutenant du Roi des cieux, qui est le Roi de France* – «Gott gebe Euch langes Leben, edler Dauphin ... Edler Dauphin, ich heiße Jeanne la Pucelle, und durch mich läßt der himmlische König Euch sagen, daß Ihr zu Reims werdet gesalbt und gekrönt werden, und werdet der Statthalter des himmlischen Königs sein, als welcher ist der König von Frankreich.» Der Priester, der nunmehr der Jungfrau zugeteilt wurde, hat später erzählt, sie habe Karl unter vier Augen die Zweifel an der Legitimität seiner Geburt ausgeredet; einige Historiker vermuten jedoch, daß sich Johanna nach ihrer ersten Unterredung mit dem Dauphin in die Interpretation ihrer Visionen durch die Geistlichkeit gefügt und ihn nach deren Ratschlägen beraten habe; sie schien den Bischöfen ein geeignetes Instrument zur Zurückdrängung des militärischen und zur Hebung des eigenen Einflusses auf die königliche Politik. Immer noch zweifelnd, sandte Karl sie nach Poitiers, um sie von den dortigen Gelehrten verhören zu lassen. Diese fanden kein Arg an ihr, ließen jedoch der Vorsicht halber von Frauen ihre Jungfräulichkeit nachprüfen. Aber auch dieser heikle Punkt fand eine befriedigende Beantwortung – schien ihnen doch, wie der Jungfrau selbst, Jungfräulichkeit ein Werkzeug und Gefäß des göttlichen Willens zu sein.

Mittlerweile hatte Dunois den Mut der Besatzung von Orléans durch das Versprechen baldiger göttlicher Hilfe aufrechterhalten, und als die Kunde von Johannas Erscheinen zu ihm drang, beschwor er, den eigenen Worten Glauben schenkend, den Hof, sie ihm zuzusenden. Karl willigte ein, man steckte sie in eine weiße Rüstung, setzte sie auf einen Rappen, gab ihr ein weißes Banner mit den eingestickten Lilien von Frankreich und schickte sie unter starker Bedeckung und mit Proviant zu Dunois. Sie gelangte ohne große Mühe in die Stadt (29. April 1429), weil die Engländer Orléans nicht völlig umzingelt, sondern ihre zwei- bis dreitausend Mann (weniger als die Besatzung) auf verschiedene starke Punkte in der Umgebung verteilt hatten. Die Bevölkerung jubelte Johanna als der wiedererstandenen Heiligen Jungfrau zu, folgte ihr voller Vertrauen selbst an gefährdete Punkte, ging in die Kirche, wenn sie ging, betete, wenn sie betete, weinte, wenn sie weinte. Auf ihren Befehl entsagten die Söldner ihren Liebchen und mühten sich, ohne Gefluche auszukommen; La Hire, ein Unterführer, der solches unmöglich fand, erhielt die Erlaubnis, bei seinem *bâton* zu fluchen. Von diesem Condottiere aus der Gascogne stammt das berühmte Gebet: «Herr, mein Gott, ich bitte dich, tue für La Hire, was er für dich tun würde, wärest du Hauptmann und La Hire Gott.»

In einem Brief an den englischen Befehlshaber Talbot schlug Johanna vor, beide Heere sollten sich brüderlich vereinigen, gemeinsam nach Palästina ziehen und das Heilige Land von den Türken befreien; aber Talbot hielt sich zur Annahme dieses Vorschlags nicht für befugt. Einige Tage später unternahm ein französischer Trupp, ohne Dunois oder die Jungfrau zu verständigen, einen Angriff auf eine englische Stellung, mußte sich aber vor den wacker fechtenden Engländern zurückziehen. Vom Gefechtslärm angezogen, ritten Dunois und Johanna heran und befahlen einen neuen Sturm; diesmal räumten die Engländer die Stellung. Am nächsten Tag griffen die Franzosen zwei weitere befestigte Punkte an; die Jungfrau kämpfte im dichtesten Getümmel mit. Beim zweiten Angriff traf ein Pfeil sie in die Schulter; kaum war die Wunde verbunden, warf sich Johanna wieder in den Kampf, und beide Stellungen fielen. Unterdes hatte

Guillaume Duisy das englische Fort Les Tourelles mit Hundertzwanzigpfündern beschossen; die Niedermetzelung der 500 Mann starken Besatzung durch die Sieger mußte die Jungfrau glücklicherweise nicht mitansehen. Talbot hingegen sah ein, daß seine Kräfte nicht ausreichten, und zog nach Norden ab (8. Mai). Frankreich jubelte; es erkannte in der «Jungfrau von Orléans» die Hand Gottes, während die Engländer sie als Hexe verfluchten und schworen, sie lebendig oder tot zu fangen.

Am Tage nach diesem Triumph ritt sie dem von Chinon kommenden König entgegen, der sie mit einem Kuß empfing und ihrem Vorschlag, sich quer durch Frankreich nach Reims zu begeben, willig Gehör schenkte. Da die Route durch feindliches Gebiet führte, kam es bei Meung, Beaugency und Patay zu Zusammenstößen, und jedesmal siegten die Franzosen entscheidend. Die von der Rache inspirierten Blutbäder unter den Besiegten entsetzten freilich die Jungfrau, und als einmal ein wehrloser Gefangener vor ihren Augen niedergemacht wurde, saß sie ab, hielt den Kopf des Sterbenden, sprach ihm Trost zu und schickte um einen Priester. Am 15. Juli zog Karl in Reims ein und empfing am 17. in der mächtigen Kathedrale unter großem Gepränge Salbung und Krone. Der aus Domrémy herbeigeeilte Jacques d'Arc sah seine Tochter in glanzvoller Ritterrüstung durch die Krönungsstadt der französischen Könige reiten und ließ sich die Gelegenheit nicht entgehen, durch die Tochter für sein Dorf einen Steuernachlaß zu erlangen. Sie selbst hielt ihre Mission für abgeschlossen und hegte den Wunsch, daß es Gott gefallen möge, sie heimziehen und mit ihren Geschwistern wieder die Schafe hüten zu lassen.

Aber es blieb beim Wunsch, denn vom Schlachtenfieber gepackt und von halb Frankreich als begnadet und heilig gepriesen, vergaß sie beinahe ihre Heiligkeit und wurde zum Krieger. Bei ihren Söldnern sah sie freilich auf Manneszucht, ermahnte sie liebreich und entzog ihnen die Vergnügungen, auf die alle Soldaten ein Recht zu haben glauben. Als sie einmal im Troß auf zwei Dirnen stieß, zog sie das Schwert und schlug so kräftig auf die beiden ein, daß die Klinge zersprang und eine von ihnen starb. Bei einem Angriff des königlichen Heers auf das immer noch von den Engländern gehaltene Paris erstürmte sie mit der Vorhut den vordersten Graben; bei der Annäherung an den zweiten traf sie ein Pfeil in den Schenkel, doch blieb sie bei ihrem Trupp und feuerte ihn weiter an. Der Angriff mißlang trotzdem; fünfzehnhundert Tote blieben auf dem Feld, und man verwünschte ihre Strategie, Kanonen durch Gebete zu überwinden – die soldatische Erfahrung wußte es besser. Einige Hofdamen, die schon lange auf sie eifersüchtig waren und nur auf ihren ersten Rückschlag gewartet hatten, tadelten sie, weil sie den Angriff am Tag von Mariä Geburt unternommen hatte (8. September). Sie begab sich mit ihrer Schar nach Compiègne, wo sie alsbald von den mit den Engländern verbündeten Burgundern belagert wurde. Bei einem mutigen, aber vergeblichen Ausfall verließ sie als Letzte den Kampfplatz, fand die Stadttore geschlossen, wurde vom Pferd gezerrt und gefangen zu Johann von Luxemburg gebracht (24. Mai 1430), der sie in seinen Schlössern Beaulieu und Beaurevoir ehrenvoll internierte.

Der Fang erwies sich jedoch als nicht ganz so glücklich, wie er anfänglich geschienen hatte, denn er brachte Johann in eine arge Zwickmühle. Sowohl sein Lehnsherr, Philipp der Gute von Burgund, als auch die Engländer verlangten die Auslieferung des kostbaren Pfandes, dies vor allem in der Hoffnung, die Franzosen durch eine schimpfliche Verurteilung der Jungfrau entzaubern und ihren neu erwachten Kampfesmut brechen zu können. Sie sandten den wegen seiner englandfreundlichen Haltung aus seiner Diözese vertriebenen Bischof von Beauvais, Pierre Cauchon, mit Vollmacht und Geld zum Herzog, um die Auslieferung zu bewirken, und versprachen ihm für den erfolgreichen Abschluß dieser Mission das Erzbistum Rouen. Cauchon erschien ihnen für diesen Zweck besonders geeignet, weil die Jungfrau in seinem Bistum gefangengenommen worden war; ein Gutachten, das der Herzog von Bedford von den Gelehrten der von ihm kontrollierten Pariser Universität hatte ausarbeiten lassen und das Johannas Auslieferung an den Bischof zur Aburteilung als einer vermutlichen Hexe und Ketzerin empfahl, sollte seine Bemühungen unterstützen. Als diese Argumente nicht verfingen, bot Cauchon zehntausend Golddukaten für ihre Auslieferung; aber auch dieses Angebot wurde abgelehnt. Daraufhin verbot England den Wollexport nach Philipps niederländischen Provinzen, so daß Flandern, seiner größten Steuerquelle, der Bankrott drohte. Schließlich akzeptierten Johann von Luxemburg und Philipp der Gute die gebotene Kaufsumme – jener trotz den Bitten seiner Frau, dieser trotz seinem Beinamen – und übergaben Cauchon die Jungfrau. In Rouen, wohin er sie brachte, sperrte man sie – obschon offiziell eine Gefangene der Inquisition – in den Turm der Burg, darin der Graf von Warwick als englischer Statthalter residierte, legte ihr Fußschellen an und kettete sie an einen Balken.

Ihr Prozeß dauerte vom 21. Februar bis zum 30. Mai 1431. Den Vorsitz führte Cauchon, einer seiner Kanoniker vertrat die Anklage, ein Dominikaner die Inquisition, vierzig Theologen und Rechtsgelehrte bildeten das Tribunal. Die Anklage stützte sich auf das von der Kirche zur Bekämpfung des Prophetenunwesens erlassene Verbot, sich übernatürlicher, von Gott inspirierter Kräfte zu rühmen, weil diese – davon waren Kirchenmänner wie Laien gleicherweise überzeugt – ebensogut vom Teufel herrühren konnten. Schon vor Johanna hatten viele Personen beiderlei Geschlechts, die gegen dieses Verbot verstießen, ihr Leben auf dem Scheiterhaufen gelassen. Auch von Johannas Richtern ließen sich offenbar einige von der Überzeugung leiten, das Mädchen stehe mit dem Teufel im Bunde, so daß sie ihre Auflehnung gegen das Verdikt der Kirche, das ihre «Stimmen» – in Stellvertretung Christi – für Teufelswerk erklärte, als Beweis ihrer Schuld werten mußten. Diese Auffassung, der sich die Mehrheit des Gerichts anschloß, führte am Ende zu ihrer Verurteilung als Hexe. Dennoch fühlten sich die Richter oftmals von der Schlichtheit ihrer Antworten, ihrer offensichtlichen Frömmigkeit und Keuschheit bewegt; als Männer empfanden sie Erbarmen mit diesem neunzehnjährigen Mädchen, das so augenscheinlich der Angst der Engländer zum Opfer fiel, hatte doch Warwick mit soldatischer Offenheit erklärt: «Der König hat sie teuer bezahlt; er will sie keinesfalls eines natürlichen Todes sterben lassen.» Einige Beisitzer regten an, den Prozeß vor den Papst zu bringen, um sowohl die Angeschuldigte als auch das Gericht der englischen Gewalt zu entziehen. Befragt, zeigte sich Johanna bereit, sich dem päpstlichen Richterspruch zu unterwerfen; aber eine Einschränkung wurde ihr zum Verhängnis: in allen Fragen des Glaubens werde sie bereitwillig die Autorität des Papstes anerkennen, aber für das, was sie aus Gehorsam gegen ihre «Stimmen» getan habe, erkenne sie keinen anderen Richter an als Gott. Damit hatte sie sich vor ihren irdischen Richtern selbst als Ketzerin verurteilt. Schließlich ließ sie sich, durch monatelange Verhöre zermürbt, zur Unterzeichnung eines Widerrufs bewegen; als man ihr aber mitteilte, daß sie trotzdem zeitlebens in englischer Gefangenschaft bleiben werde, widerrief sie den Widerruf. Englische Soldateska umstellte das Gerichtsgebäude und forderte unter Drohrufen gegen die Richter für die Jungfrau den Scheiterhaufen. Am 31. Mai fügte sich eine Minderheit der Richter dem Druck und fällte das Todesurteil.

Noch am gleichen Vormittag erstanden auf dem Marktplatz zu Rouen ein mächtiger Holzstoß und zwei Tribünen für Bischof Cauchon nebst seinen Richtern und den englischen Kardinal Winchester nebst seinen Prälaten. Von einem Augustinermönch namens Isambart begleitet, der ihr unter eigener Lebensgefahr bis zuletzt beistand, wurde die Jungfrau auf einem Karren auf den Platz gefahren. Sie bat um ein Kruzifix, ein englischer Soldat reichte ihr eines, das er aus zwei Hölzern selbst gebastelt hatte; sie nahm es an, bat aber um ein kirchlich geweihtes, worauf Isambart die englischen Schergen ersuchte, ein solches aus der nahen Kirche Saint-Sauveur zu holen. Die Söldner begannen über die Verzögerung zu murren, und ihr Hauptmann schalt: «Sollen wir vielleicht hier zu Mittag essen?» Man entriß sie den Priestern und stieß sie zum Holzstoß; Isambart ging mit hoch erhobenem Kruzifix vor ihr her. Ein Dominikaner bestieg mit ihr den Scheiterhaufen; die Flammen züngelten auf und beleckten ihre Füße. Als der Dominikaner immer noch neben ihr aushielt, ermahnte sie ihn, sich in Sicherheit zu bringen; dann starb sie – ihre «Stimmen», ihre Schutzheiligen, Sankt Michael und Christus anrufend – eines qualvollen Todes. Ein Schreiber der königlich englischen Kanzlei sah das Urteil der Geschichte voraus, als er ausrief: «Wir sind verloren! Wir haben eine Heilige verbrannt!»

Auf Verlangen Karls VII. ordnete 1455 Papst Calixtus III. eine Überprüfung des Verfahrens gegen die Jungfrau an, und 1456 (Frankreich hatte inzwischen gesiegt) erklärte das geistliche Berufungsgericht das Urteil von 1431 für ungerecht und nichtig. 1920 sprach Papst Benedikt XV. die Jungfrau von Orléans heilig.

## X. FRANKREICH BLEIBT AM LEBEN: 1431–1453

Die militärische Bedeutung Jeanne d'Arcs darf nicht überschätzt werden. Wahrscheinlich hätten Dunois und La Hire Orléans auch ohne sie gerettet: Mit ihrer Taktik des verwegenen Sturmangriffs gewann und verlor sie Schlachten. Zudem begann England die Belastung eines hundertjährigen Krieges zu spüren, und 1435 schloß Herzog Philipp, des langen Ringens müde, einen Separatfrieden mit Frankreich. Die Engländer verloren durch seinen Abfall den Halt über die im Süden gelegenen Städte; eine nach der anderen schüttelte die feindliche Besatzung ab. 1436 vertrieb auch Paris nach siebzehnjähriger Fremdherrschaft die Engländer, und König Karl VII. schlug endlich seine Residenz in der angestammten Hauptstadt auf.

Er hatte eine seltsame Wandlung durchgemacht: er, der so lange nur der Schatten eines Königs gewesen war, hatte mittlerweile zu regieren gelernt, umgab sich mit fähigen Ministern, reorganisierte das Heer, wies aufsässige Barone in die Schranken und tat alles, was zur Befreiung des Landes getan werden konnte. Was hatte diese Wandlung bewirkt? Mit Johanna hatte sie begonnen; wie schwach war er aber noch, als er zu ihrer Rettung keinen Finger hob! Den klugen Rat seiner Schwiegermutter – Jolanda von Anjou – beherzigend, hatte er der Jungfrau Gehör geschenkt und sich von ihr helfen lassen. Jetzt erhielt er – sofern wir der Fama trauen können – aus der Hand seiner Schwiegermutter die Frau, die zehn Jahre lang sein Herz beherrschte.

Agnes Sorel war die Tochter eines Landedelmanns in der Touraine. Als frühe Waise von der Herzogin Isabella von Lothringen erzogen, nahm diese sie in dem auf den Tod Johannas folgenden Jahr (1432) nach Chinon mit, wo Karl VII. residierte. Von ihrem Lachen und ihrem kastanienbraunen Haar bezaubert, beschlagnahmte er sie für sich, und da Jolanda sie lenkbar fand und durch sie den König zu beeinflussen hoffte, beredete sie ihre Tochter Marie, dieser letzten Eroberung ihres Gatten freundlich zu begegnen. Agnes wahrte dieser Untreue die Treue bis zum Tod, so daß der spätere König Franz I., der in diesen Dingen große Erfahrung besaß, von Madame la Beauté sagen konnte, sie habe Frankreich besser als jede Klosterschwester gedient. Karl, der «die Weisheit von solchen Lippen genoß», vertauschte unter ihrem Ansporn Feigheit und Indolenz mit Entschluß- und Tatkraft, machte einen Mann wie Richemont zum Konnetabel von Frankreich, Jacques Cœur zum Schatzkanzler und Jean Bureau zum Meister seiner Artillerie; der eine brachte seine Finanzen in Ordnung, der andere trieb mit seinen Kanonen die Engländer zu Paaren und lehrte den widerspenstigen Adel Ergebenheit.

Ohne Stammbaum und mit geringer Bildung hatte sich Jacques Cœur zu einem Condottiere des Handels aufgeschwungen, der den Venezianern, Genuesen und Katalanen einen Teil des Handels mit dem Orient wegzuschnappen verstand. Er nannte sieben Handelsschiffe sein eigen, bemannte sie mit Sträflingen und auf der Landstraße aufgegriffenen Vagabunden, ließ sie unter der Flagge der Muttergottes segeln und häufte das größte Vermögen im damaligen Frankreich an. 1436 überließ ihm Karl die königliche Münze und bald darauf die Leitung der gesamten Staatsfinanzen. Die Generalstände von 1439 begrüßten begeistert Karls Entschluß, die Engländer völlig aus Frankreich zu vertreiben, und übertrugen mit den berühmten *ordonnances* (1443–1447) die bis dahin von den Bauern an die Grundherren entrichteten Steuern – die sogenannte *taille* – auf die Krone, deren Einnahmen sich nunmehr auf 1 800 000 Golddukaten pro Jahr steigerten. Von da an sah sich die französische Monarchie im Gegensatz zur englischen vom Steuerbewilligungsrecht der Generalstände unabhängig und konnte infolgedessen die Entwicklung eines demokratischen Mittelstandes unterbinden. Aus diesem landweiten Steuersystem flossen die Mittel für den Sieg über England; andererseits erwuchs aus der willkürlichen Steuerfestsetzung seitens der Regierung eine der Ursachen der Großen Revolution. Jacques Cœur spielte bei diesen Maßnahmen eine bedeutende, von vielen bewunderte Rolle, zog sich aber auch den Haß einiger Mächtiger zu und wurde 1451 unter der nie bewiesenen Beschuldigung verhaftet, Giftmörder für Agnes Sorel angeworben zu haben. Er wurde verurteilt und verbannt, sein Vermögen zugunsten des Staates eingezogen. Er wandte sich nach Rom, wo ihm der Papst den Befehl über ein Geschwader zum Entsatz der Insel Rhodos anvertraute. Auf Chios erkrankte er und starb 1456 im Alter von einundsechzig Jahren.

Inzwischen hatte Karl VII. nach Cœurs Rat gutes Geld eingeführt, zerstörte Dörfer aufgebaut, Gewerbe und Handel in Gang gebracht, Frankreichs Wirtschaftskraft erneuert, die privaten Söldnerkompanien aufgelöst, die Leute in eigene Dienste genommen und das erste stehende Heer Europas gegründet (1439). Ein königlicher Erlaß befreite in jedem Kirchsprengel einen von der Dorfgemeinschaft zu wählenden Untertanen von jeder Besteuerung, der sich dafür auf eigene Kosten zu bewaffnen und im Gebrauch der Waffen zu üben hatte, um jeden Moment des Rufes des Königs gewärtig zu sein. Diese *francs-tireurs* – freie Armbrustschützen – waren es, die die Engländer aus Frankreich vertrieben.

1449 war Karl so weit, den 1444 geschlossenen Waffenstillstand zu kündigen. Der unerwartete Schritt traf die Engländer hart. Von inneren Streitigkeiten geschwächt, mußten sie, wie ihre Nachfahren im zwanzigsten Jahrhundert in Indien, die Erfahrung machen, daß ihr zerbröckelndes Reich auf französischer Erde einen kostspieligen Besitz bildete, der im Jahre 1427 bei einem Aufwand von 68000 Pfund Sterling nur 57000 Pfund einbrachte. Sie kämpften tapfer, aber unklug, denn sie verließen sich wieder auf Bogenschützen und Pfahlverhaue; aber die Taktik, die die französische Reiterei bei Crécy und Poitiers überwältigt hatte, erwies sich bei Formigny (1450) gegen Bureaus Kanonen als machtlos. 1449 räumten sie den größten Teil der Normandie und 1451 auch deren Hauptort Rouen. Der große Talbot verlor bei Castillon (1453) Schlacht und Leben, Bordeaux kapitulierte, die Guyenne kam wieder zu Frankreich, die Engländer hielten nur noch Calais. Am 19. Oktober 1453 beendete ein Friedensvertrag den Hundertjährigen Krieg.

## XI. LUDWIG XI.: 1461–1483

Der Erbe Karls VII., Ludwig, erwies sich als ein besonders schwieriger Dauphin. Gegen seinen Willen mit Margarete von Schottland verheiratet (1436), zog der Dreizehnjährige Freundinnen und Mätressen seiner elfjährigen Frau vor. Diese, eine poetisch veranlagte Natur, zog ihrerseits den Frieden des Todes den Härten des Lebens vor, als sie doch auf ihrem frühen Sterbebett sprach (1444): «Verwünschtes Leben! Redet mir nicht mehr davon!» Zweimal rebellierte Ludwig gegen den Vater, nach dem zweiten Versuch floh er zum Grafen von Charolais, dem späteren Herzog Karl dem Kühnen von Burgund, nach Flandern und wartete ungeduldig auf die Macht. Karl kam ihm entgegen, indem er sich zu Tod hungerte (1461), womit die zweiundzwanzigjährige Herrschaft eines ebenso sonderbaren wie großen Königs begann.

Er war jetzt achtunddreißig, mager und abstoßend, ein Melancholiker mit einem mißtrauischen Blick und einer mächtig ausladenden Nase. Mehr einem Bauern als einem König gleichend, trug er ein pilgerähnliches, grobes Gewand und einen schäbigen Filzhut, betete wie ein Heiliger und regierte, als hätte er schon vor Machiavellis Geburt dessen *Principe* gelesen. Die Legitimität seiner Geburt anzweifelnd, verachtete er feudalen Pomp, Zeremoniell und Tradition und stieß mit seiner schlichten Hofhaltung alle zeitgenössischen Fürsten vor den Kopf. Seine Pariser Residenz, Les Tournelles, war so düster wie nur möglich; aber auch auf seinem Landsitz, Plessis-les-Tours bei Tours, führte er, obschon wieder verheiratet, den Haushalt eines Junggesellen – einen armseligen Haushalt für einen König von Frankreich, denn seine Dienerschaft blieb die gleiche wie im Exil, und sein Tisch war nicht besser als der eines Bauern. Nichts an ihm war königlich, und doch war er jeder Zoll ein König.

Alle Kräfte seines Wesens dienten einem einzigen Ziel, nämlich der feudalen Zerrissenheit Frankreichs ein Ende zu bereiten und dem Land mittels einer straffen Zentralregierung neues Leben und neue Kraft einzuhauchen. Mit seinem scharfen, einfallsreichen, listigen und ruhelosen Verstand Tag und Nacht diesem Ziel nachsinnend, schien ihm – wie einst Caesar – nichts getan, solange noch etwas zu tun blieb, so daß er, wie Commynes sagte, den Gedanken an Frieden kaum ertragen konnte. Im Felde hatte er jedoch kein Glück, weshalb er sich lieber auf Diplomatie, Kundschafter und Gold verließ, im In- und Ausland zahlreiche Spione besoldete und sich sogar die Minister Eduards IV. von England mit geheimen Jahrespensionen gefügig machte. Als Realpolitiker konnte er geschmeidig nachgeben, Beleidigungen einstecken, sich nach außen demütigen und innerlich auf die Chance zu Sieg und Revanche warten. Wenn er, was trotzdem mehrmals geschah, daneben griff, glich er den Fehler durch Skrupellosigkeit und verwirrende Finten wieder aus. Die Regierungsgeschäfte kannte er bis in die letzte Einzelheit, ohne je etwas zu vergessen. Bei all dem blieb ihm Zeit für Literatur und Kunst; er war ein eifriger Leser, sammelte Manuskripte, erkannte früh die revolutionären Folgen des Buchdrucks und unterhielt sich sehr gern mit gelehrten Männern – vielleicht als Fortsetzung der Sitzungen der von ihm und dem Grafen von Charolais in Flandern gegründeten Akademie, die pedantische Gelehrsamkeit mit Geschichten à la Boccaccio würzte; eine Anzahl dieser Geschichten hat Antoine de la Sale in seinen *Cent nouvelles nouvelles* gesammelt. Die Reichen behandelte er hart, die Armen gleichgültig, die Zünfte feindselig, die mittleren Stände als seine stärkste Stütze freundlich und alle, die sich gegen ihn stellten, unbarmherzig. Nach einem Aufstand in Perpignan verbannte er zahlreiche Einwohner und bedrohte die ohne Erlaubnis Zurückkehrenden mit der Abschneidung des Geschlechtsteils. Einige seiner adeligen Feinde sperrte er jahrelang in Eisenkäfige von etwa zwei Meter Länge, Breite und Höhe; ihr Erfinder, der Bischof von Verdun, durfte seine Erfindung volle vierzehn Jahre selbst genießen. Solche politischen Zwischenfälle hinderten Ludwig jedoch nicht, ein treuer Sohn der Kirche zu bleiben, brauchte er doch ihren Beistand sowohl gegen den Adel als auch die äußeren Feinde. Der Rosenkranz war ihm ein unentbehrliches Requisit, das Vaterunser und Ave Maria betete er mit dem Eifer einer ihrem Ende entgegensehenden Nonne.

Das Angelus – ein als Friedensbitte gedachtes, nachmittägliches Ave Maria – ist von ihm eingeführt worden (1472). Ein nie ermüdender Wallfahrer, kaufte er sowohl Reliquien als auch die Fürbitte und Dienste der Heiligen; und Kriege führte er im Namen der Jungfrau Maria. Im Klosterportal von Tours lebt er in Stein gemeißelt mit einem Heiligenschein ums Haupt weiter.

Mit der Hilfe seiner Fehler schuf Ludwig das moderne Frankreich. Bei seinem Regierungsantritt ein staatsrechtlich loses Gebilde aus weltlichen und geistlichen Herrschaften vorfindend, hinterließ er eine festgefügte Nation, die mächtigste im romanischen Europa. In klarer Erkenntnis der Bedeutung der Wirtschaft besorgte er sich aus Italien Seidenweber und aus Deutschland Bergleute; Straßen und Häfen wurden ausgebaut, die Handelsschiffahrt gefördert, den französischen Waren neue Märkte eröffnet und die Regierung mehr und mehr mit dem aufstrebenden Bürgertum liiert, was Ludwig um so leichter fiel, als sich die Bauern gleichzeitig von der lähmenden Leibeigenschaft befreiten und der Feudaladel an Bedeutung verlor. Die Zeit war vorbei, da jeder Baron seine eigenen Münzen schlagen und sich auf seinen Domänen als unabhängiger Herr gebärden durfte; nach dem Grundsatz, daß der Zweck die Mittel heiligt, brachte Ludwig einen nach dem anderen zur Botmäßigkeit. Der von ihm eingerichteten staatlichen Post verschaffte er das Recht, unbehindert die fürstlichen Besitzungen zu passieren (1464), aber dem Adel verbot er, bäuerliches Besitztum durch das frischfröhliche Waidwerk zu schädigen und private Fehden kriegerisch auszutragen; zudem forderte er von ihm alle der Krone vorenthaltenen Abgaben ein.

Die Barone mochten ihn natürlich nicht, und in Paris schlossen sich fünfhundert adelige Geschlechter zur *Ligue du bien public* zusammen, um – im geheiligten Namen des öffentlichen Wohls – ihre Privilegien zu verteidigen (1464). Ludwigs ehemaliger Freund, der Graf von Charolais, schloß sich ihnen in der Hoffnung an, Nordostfrankreich für sein künftiges Herzogtum zu gewinnen, und des Königs eigener Bruder, der Herzog Karl von Berry, trat an die Spitze der Revolte. Von allen Seiten von Feinden und feindlichen Haufen umgeben, war Ludwig verloren, wenn sie Zeit fanden, sich zu vereinigen; seine einzige Hoffnung war, sie einzeln zu schlagen. In einem Gewaltmarsch überschritt er im Süden den Allier, zwang dort einen Haufen zur Kapitulation und hastete gerade noch rechtzeitig nach Norden zurück, um einer burgundischen Streitmacht den Einmarsch in seine Hauptstadt zu verwehren. Bei Monthléry kam es zur Schlacht, beide Parteien behaupteten, gesiegt zu haben, doch räumten die Burgunder das Feld, um erst nach der Heranziehung von Verstärkungen Ludwig in Paris zu belagern, wo die Pariser, zu intelligent, sich aushungern zu lassen, mit einem Aufstand drohten. Nicht willens, sich einer solchen Gefahr auszusetzen, bewilligte Ludwig im Vertrag von Conflans (1464) fast alle Forderungen der Gegner und zedierte Land, Geld und Staatsämter; Bruder Karl erhielt die Normandie. Über das Wohl der Allgemeinheit verlor man kein Wort, erhöhte vielmehr ohne viel Aufhebens die Steuern und ließ jene die Zeche bezahlen. Ludwig aber wartete auf den richtigen Moment.

Es dauerte auch nicht lange, bis sich Bruder Karl und der Herzog Franz von der Bretagne entzweiten; Karl geriet in Gefangenschaft, Ludwig rückte in die Normandie ein und gewann sie ohne Blutvergießen zurück, woraufhin sich Herzog Franz im berechtigten Argwohn, Ludwigs Begehrlichkeit könnte sich auch auf die Bretagne erstrecken, mit dem ehemaligen Grafen von Charolais – nunmehr Herzog Karl von Burgund mit dem Beinamen der Kühne – gegen den nicht zu unterdrückenden König verbündete. Aber Ludwig gewann unter Einsatz seiner ganzen diplomatischen Künste Franz für einen Separatfrieden und vereinbarte mit Karl eine Zusammenkunft in Péronne. Dort setzte ihn der Burgunder hinterhältigerweise praktisch gefangen und zwang ihn zur Abtretung der Picardie und zur Beteiligung an der Brandschatzung Lüttichs, so daß Ludwig bei seiner Rückkehr nach Paris sogar den Hohn und Spott seiner Hofnarren einstecken mußte (1468). Zwei Jahre später rächte er sich für den an ihm begangenen Verrat und marschierte, während Karls Aufmerksamkeit in der Provinz Geldern gefesselt war, in Saint-Quentin, Amiens und Beauvais ein. Karl suchte bei Eduard IV. Rückendeckung; aber Ludwig, der des Engländers Schwäche für die Damenwelt kannte, lud diesen ein, sich mit den Damen seiner Hauptstadt zu vergnügen, und versprach ihm sogar einen Beichtvater königlichen Geblüts, den Kardinal Bourbon, «der ihn sehr gern von gewissen Sünden lösen würde, falls er sie begangen habe». Karl den Kühnen aber manövrierte er in einen Krieg mit der Schweizerischen Eidgenossenschaft, und als Karl dabei fiel, nahm er nicht nur die Picardie zurück, sondern gleich ganz Burgund (1477), dessen Adel er mit Gold gefügig machte, während er dem Volk schmeichelte, indem er eine Burgunderin zur Mätresse erhob.

Jetzt endlich fühlte er sich stark genug, um sich gegen die einheimischen Barone zu wenden, die weit öfter gegen ihn als gegen den äußeren Feind zu den Waffen gegriffen hatten. Er hatte ein verhältnismäßig leichtes Spiel, denn von den edlen Herren, die 1465 gegen ihn konspiriert hatten, waren inzwischen manche gestorben oder von Altersschwäche betroffen, und ihre Söhne hatten einen König fürchten gelernt, der sich nicht scheute, hochgeborenen Hochverrätern die Köpfe abzuschlagen und ihre Besitzungen einzuziehen, der über ein starkes Söldnerheer verfügte und jederzeit imstande schien, enorme Kaufsummen und Bestechungsgelder aufzubringen. So erwarb Ludwig, der lieber das Geld als das Leben seiner Untertanen ausgab, von Spanien Cerdagne und das Roussillon. Durch den Tod seines Bruders gelangte er in den Besitz von La Rochelle; Alençon und Blois nahm er mit Gewalt, den Herzog René II. von Lothringen bewog er, die Provence testamentarisch der französischen Krone zu vermachen (1481), im nächsten Jahr fielen Maine und Anjou an die Monarchie zurück, und 1483 trat Flandern als Gegenleistung für Ludwigs Hilfe gegen das Heilige Römische Reich die Grafschaft Artois mit den blühenden Städten Arras und Douai an ihn ab. Mit dieser Unterwerfung der Barone ging eine immer straffere Kontrolle der *parlements* der Städte und Provinzen Hand in Hand, bis sich ein einheitliches, zentral regiertes Staatswesen herausgeschält hatte, wie es sich ein Jahrzehnt später auch im England Heinrichs VII., im Spanien Ferdinands und Isabellas und im Kirchenstaat Alexanders VI. präsentieren sollte. Diese Entwicklung ersetzte zwar nur viele Tyrannen durch einen einzigen; dennoch bedeutete sie einen Fortschritt, weil sie die innere Ordnung stärkte, größeren Schutz nach außen gewährte, Währung und Maße vereinheitlichte, die Mundarten zu einer Hochsprache modelte und damit die Voraussetzung zu landessprachlichen Literaturen schuf. Noch war die französische Monarchie keine absolute, der Adel behielt bedeutende Vorrechte, neue Steuern bedurften immer noch der Billigung der Generalstände, und die königlichen Erlasse erlangten erst Gesetzeskraft, nachdem die Provinz*parlements* sie gutgeheißen und registriert hatten. Auch blieben Adel, Geistlichkeit und Staatsbeamte von Steuern befreit, der Adel mit der Begründung, daß er das Land nach außen verteidige, die Beamten, weil sie schlecht bezahlt seien, und die Geistlichen, weil sie für König und Vaterland um den Schutz des Himmels beteten. Nichtsdestoweniger zeichnete sich der Weg ab zu Ludwigs XIV. Grundsatz *L'Etat c'est moi.*

Mit dem König hingegen ging es körperlich und geistig bergab. Voller Argwohn und ständig auf der Hut vor Meuchelmördern, schloß er sich in Plessis-les-Tours ein, empfing kaum noch jemanden und bestrafte Fehler und Pflichtvergessenheit mit grausamer Härte; dann und wann einmal hüllte er sich in einen Prunk, der in merkwürdigem Gegensatz zu seinem ärmlichen Auftreten in den ersten Regierungsjahren stand. Er wurde so hager und wächsern, daß man einen Totenkopf zu sehen glaubte, litt an Hämorrhoiden und hatte mehrere Schlaganfälle, den letzten am 25. August 1483, der ihm das Sprechvermögen raubte; fünf Tage später verschied er.

Seine Untertanen waren glücklich, denn sie hatten die Kosten für seine Siege und Niederlagen bezahlen müssen; je größer Frankreich unter seiner unbarmherzigen Staatskunst wurde, desto ärmer wurden sie. Trotzdem sollten spätere Generationen den Gewinn aus der Unterwerfung der Barone unter die Krone, aus der Neuordnung der Staatsfinanzen und des Heeres, aus der Förderung des Buchdrucks, des Gewerbes und Handels und der Schaffung einer straffen Staatsverwaltung ziehen. «Ich bin sicher», schrieb Commynes über den König, «wollte man alle guten Tage in seinem Leben zählen, in denen er mehr Freude und Vergnügen gehabt hat als Verdruß und Mühsal, man würde nur sehr wenige finden; mir scheint, auf zwanzig Tage voll Mühe und Arbeit kommt einer des Vergnügens und der Lust.»[7] Er und seine Generation haben für Frankreichs spätere Wohlfahrt und *gloire* bezahlt.

## XII. ABENTEUER IN ITALIEN

Für den erst dreizehnjährigen Karl VIII. führte seine nur um zehn Jahre ältere Schwester Anne de Beaujeu die Regentschaft, eine kluge Frau, die die Staatsausgaben beschnitt, die Steuern um ein Viertel ermäßigte, die Verbannten zurückrief, politische Gefangene in Freiheit setzte und einen Versuch der Barone unterband, in der sogenannten *Guerre Folle* ihre von Ludwig XI. beschnittene Halbsouveränität zurückzugewinnen, indem sie die von der Bretagne, Orléans, Lothringen, Angoulême, Oranien und Navarra inszenierte Revolte teils durch Diplomatie, teils durch die Feldherrnkunst Louis de la Trémouilles brach (1485). Den Schlußakt ihrer Regentschaft bildete die Vermählung ihres königlichen Bruders mit Anna, Herzogin der Bretagne, die ihr großes Erbe der Krone

Frankreichs als Mitgift brachte (1491); den weitaus längeren Schlußakt ihres Lebens bildeten einunddreißig Jahre friedliche Vergessenheit.

Die neue Königin, die ebenfalls Anna hieß, war von ganz anderer Art. Klein, mager, flachbusig, hinkend und mit einer Knollennase und einem allzu großen Mund in dem gotisch ovalen Gesicht, war sie so willensstark, listig und geizig, wie es eine Bretonin nur sein kann. Bei Staatsakten prunkte sie mit Goldbrokat und Juwelen; sonst bevorzugte sie schlichtes Schwarz, liebte aber die Dichtung und die Künste; Jean Bourdichons Hauptwerk *Les heures d'Anne de Bretagne* entstand in ihrem Auftrag. Ohne je ihr geliebtes Stammland zu vergessen, verbarg sie ihren Stolz hinter bescheidener Zurückhaltung, nähte eifrig und bemühte sich, ihrem Gemahl und seinem Hof bessere Sitten beizubringen.

Was diesen anbelangt, hatte er kaum Anlaß, sich über die Erscheinung seiner Königin zu beklagen; er selbst war bucklig und häßlich: große, farblose, kurzsichtige Augen, eine wulstige, hängende Unterlippe, zuckende Hände, die Sprechweise zögernd. Trotzdem liebte er nach dem geschwätzigen Brantôme die Frauen mehr, als seiner zarten Konstitution zuträglich war; andererseits scheint er sich nach der Hochzeit mit einer einzigen Mätresse begnügt zu haben. Im übrigen wird er als gutmütig und gelegentlich idealistisch geschildert. Es bleibe dahingestellt, ob es seiner Vorliebe für Heldenepen zuzuschreiben war, daß er sich in den Kopf setzte, für die Christenheit Jerusalem und für Frankreich Neapel zu erobern, von dessen Thron Alfons von Aragon das französische Haus Anjou 1435 nach hundertfünfzigjähriger Herrschaft vertrieben hatte. Karls Kronrat hielt ihn zwar für kaum geeignet, einen größeren Feldzug zu führen; man glaubte jedoch, ihm mit diplomatischen Mitteln den Weg ebnen zu können, um dann von einem französischen Neapel aus den Mittelmeerhandel zu dominieren. Zur Abschirmung der Flanken wurden das Artois und die Franche-Comté an Maximilian von Habsburg, Cerdagne und das Roussillon an Ferdinand von Kastilien abgetreten, alles in der Hoffnung, sich in Unteritalien schadlos zu halten. Durch hohe Steuern, verpfändete Juwelen und Anleihen bei genuesischen Bankiers und bei Lodovico von Mailand brachte man die Mittel für ein Heer von 40000 Mann, hundert Belagerungsgeschütze und achtundsechzig Kriegsschiffe zusammen.

Vergnügt und möglicherweise über die Zurücklassung zweier Annas erfreut, brach Karl auf und wurde von Mailand (das mit Neapel ein Hühnchen zu rupfen hatte) gut aufgenommen. Die Italienerinnen fand er so unwiderstehlich, daß eine Schar von Bastarden seinen Weg kennzeichnete; als ihm aber einmal sein Kammerdiener eine Maid zuführte, die sich seinen Wünschen wenig geneigt zeigte, ließ er ihren Anbeter kommen, feierte mit den beiden Verlobung und händigte ihnen 500 Dukaten aus. In Neapel, das seiner Streitmacht nichts Gleichwertiges entgegenzusetzen hatte, zog er im Triumph ein (1495) und freute sich so an der Landschaft, an der Küche und an der gefälligen Damenwelt, daß er Jerusalem vergaß. Eine «heilige Allianz» zwischen Alexander VI., Venedig und dem anderen Sinnes gewordenen Lodovico zwang ihn jedoch zur Räumung Neapels und zum Rückmarsch durch ein feindliches Italien, wobei es zu dem unentschiedenen Treffen bei Fornovo kam, bei dem sich Pierre Terrail,

Seigneur de Bayard, erstmals den Ehrennamen des «Ritters ohne Furcht und Tadel» verdiente. Als Sproß eines im Dauphiné beheimateten Geschlechts, dessen jeweiliges Haupt seit zweihundert Jahren auf dem Schlachtfeld geblieben war, schien Pierre schon in seinem ersten Gefecht diese Tradition fortsetzen zu wollen, denn zwei Pferde wurden unter ihm getötet; trotzdem eroberte er eine feindliche Standarte und wurde dafür von seinem dankbaren König zum Ritter geschlagen. In einer derben, sitten- und treulosen Zeit war er der Prototyp ritterlicher Tugend: hochherzig ohne zu prahlen, treu ohne zu kriechen, ehrenhaft ohne kränkenden Stolz. Wir werden ihm wieder begegnen.

Karls geschwächtes Heer kehrte eilends nach Frankreich zurück, nicht nur von der Renaissance, sondern auch von einem Bazillus angesteckt, der später *morbus gallicus* getauft wurde, weil er ganz Frankreich erfaßte. Sein Führer überlebte das Abenteuer nur um drei Jahre; er starb in Amboise, wo er auf dem Weg zu einem Ballspiel an eine lose Tür prallte, im Alter von achtundzwanzig Jahren an einer Gehirnblutung. Da er keine lebenden Söhne hinterließ, fiel der Thron an den Sohn jenes Herzogs von Orléans, der in seinen jungen Jahren in englischer Gefangenschaft Englands Mädchen besungen hatte. Der neue König, Ludwig XII., war bei seiner Thronbesteigung sechsunddreißig Jahre alt; sein schlechter Gesundheitszustand mag dazu beigetragen haben, daß er für seine Zeit merkwürdig sittenrein lebte, doch trat er auch sonst so freimütig und liebenswürdig auf, daß er sich trotz seiner mißglückten Feldzüge allgemeiner Beliebtheit erfreute. Daß er sich alsbald nach der Thronbesteigung von Johanna von Frankreich, der Tochter Ludwigs XI., scheiden ließ, scheint mit dieser Charakteristik nicht ohne weiteres vereinbar; aber er war erst elf Jahre alt, als ihn deren unbarmherziger Vater zur Eheschließung mit dem wenig anziehenden Mädchen zwang, dem er nie seine Neigung schenken konnte. Glücklicherweise zeigte sich Alexander VI. – als Gegenleistung für eine französische Braut, eine Grafschaft und eine jährliche Pension an seinen Sohn Cesare Borgia – bereit, die Ehe wegen Blutsverwandtschaft zu annullieren und Ludwigs Neuvermählung mit der verwitweten Anna, Herzogin der Bretagne, zu sanktionieren. In Blois, wo die beiden Hof hielten, lieferten sie der Welt ein Musterbeispiel der Liebe und Treue zwischen Königen.

Ludwig XII. bildet den Beweis dafür, daß der Charakter wichtiger ist als der Verstand. Bei weitem nicht so scharfsinnig wie Ludwig XI., besaß er um so mehr guten Willen und genug Klugheit, um gut gewählte Ratgeber mit großen Vollmachten auszustatten und die Verwaltung wie auch einen großen Teil der Diplomatie seinem lebenslangen Freunde, dem Kardinal Georges d'Amboise, zu überlassen. Dieser ebenso weise wie gütige Mann leitete die Staatsgeschäfte so vorzüglich, daß man, wenn es ein neues Problem zu lösen galt, nur sagte: «Georges soll es tun.» Voller Überraschung erlebte man eine Steuersenkung erst von einem Zehntel und später von einem Drittel, denn der in Reichtum aufgewachsene König gab für seine Person und Hofhaltung sowenig wie möglich aus und mästete auch keine Günstlinge. Besondere Erwähnung verdient, daß er den Ämterkauf abschaffte, Magistratspersonen die Annahme von Geschenken verbot und die staatliche Post den Untertanen zur Verfügung stellte. Die Staatsdiener schützte er vor Willkür, indem er deren Entlassung von dem Nachweis der Unehrlichkeit oder Unfähigkeit in einem ordentlichen Gerichtsverfahren abhängig machte; die Neuanstellung erfolgte aus drei jeweils von den Justizbehörden vorgeschlagenen Bewerbern. Die Verspottung seiner Sparsamkeit nahm er niemals übel, und einmal äußerte er sogar: «Hinter ihren Sticheleien steckt manchmal eine für uns nützliche Wahrheit; sie sollen sich nur amüsieren, solange sie die Ehre der Damen respektieren ... Mir ist es lieber, die Höflinge über meinen Geiz lachen als mein Volk über meine Verschwendung weinen zu sehen.» Es gab keinen besseren Weg, ihm zu gefallen, als ihm einen guten Vorschlag für das allgemeine Wohl zu unterbreiten. Seit Menschengedenken hatte Frankreich keinen solchen Wohlstand erlebt wie unter diesem *Père du Peuple* – so lautete der Beiname, den ein dankbares Volk ihm gab.

Es ist ein Jammer, daß man in den Ruhmesblättern dieser glücklichen Regierung den jahrelangen Einfall in Italien verzeichnet findet. Vielleicht griffen Ludwig und andere französische Könige zu diesen Abenteuern, um ihren kriegerischen Adel sowohl zu beschäftigen als auch zu dezimieren und so die latente Bedrohung der immer noch ungefestigten Monarchie zu bannen. Was Ludwig anbelangt, so schlugen sich seine Truppen zwölf Jahre recht wacker; dann mußte er sie aus der Halbinsel zurückziehen, und schließlich errangen die Engländer bei Guinegate einen überwältigenden Sieg; das Treffen heißt heute noch die «Sporenschlacht», weil die französische Reiterei mit recht unziemlicher Eile das Weite suchte. Von da an beschränkte sich Ludwig darauf, über Frankreich zu herrschen.

Der Tod seiner Frau (1514) brachte seine Leiden auf den Höhepunkt. Da sie ihm keinen Erben geschenkt hatte, war Graf Franz von Angoulême – dem er, wenn auch mit geringer Freude, seine Tochter Claude zur Frau gegeben hatte – der nächste Thronanwärter. Ludwigs Umgebung drängte ihn, im Alter von zweiundfünfzig Jahren die dritte Frau zu nehmen, einen Sohn zu zeugen und den thronbegierigen Grafen um den Preis zu bringen. Er wählte Maria Tudor, die sechzehnjährige Schwester Heinrichs VIII., die – auf alle Rechte der Jugend und Schönheit pochend – den kränkelnden König zu einem lustigen, aber seine Kräfte übersteigenden Leben mitriß. Im dritten Monat der Ehe starb er (1515) und hinterließ seinem Schwiegersohn ein besiegtes, aber prosperierendes Frankreich.

## XIII. DIE GEBURT DES «CHÂTEAU»

Der italienische Einfluß machte sich auf allen Gebieten des französischen Kunstschaffens immer stärker bemerkbar, nur der Kirchenbau blieb in den ausgefahrenen Bahnen des *style flamboyant* stecken und verriet durch überladenes Beiwerk – wie eine mit dem vollen Aufgebot ihres ganzen weiblichen Charmes alternde Operndiva – seine Dekadenz. Glanzvolle Zeugen dieser Epoche bilden St-Wulfram in Abbeville, St-Etienne du Mont in Paris und die in Brou von Margarete von Österreich für ihren Gatten Philibert II. von Savoyen errichtete herrliche Gedächtniskapelle. Auch alte Bauten wurden im bestehenden Stil erweitert. Das neue Nordportal der Kathedrale von Rouen nannte man wegen der davor aufgestellten Bücherbuden *Portail des Libraires;* den hübschen Südturm erbaute man mit Bußegeldern für den Genuß von Butter während des Fastens und taufte ihn mit echt französischem Humor *Tour de Beurre;* Kardinal d'Amboise brachte die Mittel für die gleichfalls spätgotische Westfassade auf. Beauvais fügte seiner unvollendeten Kathedrale ein südliches Querschiff mit einem prächtigen Portal und Rosettenfenster an. Senlis, Tours und Troyes modernisierten ihre Gotteshäuser, in Chartres baute Jean le Texier einen prächtigen Nordwestturm und einen Chor, in dessen Gotik sich Renaissance-Einflüsse geltend machen. Die entzückende Tour St-Jacques in Paris ist das renovierte Überbleibsel einer um jene Zeit für den heiligen Jakobus errichteten Kirche. Den Schwanengesang der gotischen Bildhauerkunst bildete die steingemeißelte Anmut des Altaraufsatzes und des Grabmals in der oben erwähnten Kapelle von Brou; die Gestalt der Sibylle Agrippa kann sich mit den besten Skulpturen der Kathedralen von Chartres und Reims vergleichen.

Auch der profanen Baukunst vermochten die Wirren der Zeit nicht allzuviel anzuhaben. In Arras, Douai, Saint-Omer, Noyon, Saint-Quentin, Compiègne, Dreux, Evreux, Orléans und Saumur entstanden schmucke Rathäuser; Rouen baute 1493 einen pompösen Justizpalast, Grenoble folgte 1505; den von Rouen entwarfen Robert Ango und Rolland Leroux in spätgotischem Stil, im neunzehnten Jahrhundert wurde er renoviert und im Zweiten Weltkrieg zerstört.

Das wichtigste architektonische Ereignis aber war die Geburt des *château*. Mit dem Triumph des Staates über die Kirche trat auch die Beschäftigung mit dem Jenseits vor den Freuden dieser Welt in den Hintergrund – die Könige strebten mehr und mehr danach, in eigener Person Götter zu sein und an den lieblichen Ufern der Loire wie in einem muselmanischen Paradies zu leben; damit begann auch (1490–1530) die Umgestaltung des *château fort* zum *château de plaisance*, das heißt der Ritterburg zum Schloß. Karl VIII., der zwar nicht die Königskrone von Neapel, dafür aber den Baumeister Fra Giovanni Giocondo, den Bildhauer und Maler Guido Mazzoni, den Holzschnitzer Domenico Bernabei «Boccador», den Gartenspezialisten Domenico Pacello und neunzehn andere Künstler aus Italien mitgebracht hatte, beauftragte sie, die schon einmal von ihm renovierte alte Königsburg von Amboise zu einem *logis du roi* «nach italienischem Stil» umzubauen. Aus dem Zusammenwirken dieser Italiener mit den einheimischen Kräften erwuchs ein alle Erwartungen übertreffender Wunderbau: Eine Vielheit von Türmen, Zinnen, Friesen, Erkern, Giebeln und Balkonen krönte in majestätischer Eintracht das hohe Ufer über dem still fließenden Fluß. Ein neuer Baustil war geboren.

Patrioten wie Stilkenner stießen sich freilich an dem Durcheinander; sie tadelten die Verbindung von gotischen Türmen mit den glatten Linien der Renaissance und die Ersetzung des gotischen Steinfiligrans durch klassische Ornamente. Die dicken Mauern und Rundtürme, die hohen, steilen Dächer, die Brustwehren und Gräben erinnerten immer noch an die Zeit, da eines Mannes Haus auch seine Burg zu sein hatte; dennoch lockerte der neue Geist die massive kriegerische Hülle auf, erweiterte die Fenster zu lichteinlassenden Rechtecken, fügte sie in steinerne Rahmen, schmückte die Innenräume mit Wandpfeilern, Deckenfriesen, Arabesken, Reliefs und Statuen, umzog das Ganze mit Gärten, Blumen und Springbrunnen, mit Jagdrevieren und heiteren Wiesengeländen. In diesen revolutionären Wohnstätten des Luxus unterlag das Dunkel dem Licht, das mittelalterliche Angstgefühl dem erwachenden Geist – Lebenslust wurde zum Baustil.

Damit soll nicht gesagt sein, daß nicht schon früher Ansätze in der Richtung des *château* vorhanden gewesen wären und daß es jetzt schon zu seiner höchsten Vollendung gelangte, denn viele dieser Schlösser resultierten aus dem Umbau alter Burgen und waren an den alten Grundriß gebunden. Erst das sechzehnte und siebzehnte Jahrhundert brachten das absolutistische Machtgefühl voll zum Ausdruck, und als sich im achtzehnten Jahrhundert das Lebensgefühl neuerdings änderte, räumte die lyrische Heiterkeit des *château* der epischen *grandeur* von Versailles das Feld. Um einige von den alten Burgen zu nennen: Karl VII. empfing die Jungfrau in der Burg Chinon (1429); Ludwig XII. hielt nach der zweiten Einnahme Mailands Lodovico il Moro in der alten Residenzburg Loches gefangen (1504). Um 1460 renovierte Ludwigs XI. Staatskanzler Jean Bourré die aus dem dreizehnten Jahrhundert stammende Burg Langeais, die heute zu den am besten erhaltenen *châteaux forts* gehört. Karl von Amboise baute noch um 1473 in Chaumont eine Burg im altfränkischen Stil, und sein Bruder, Kardinal Georges d'Amboise, errichtete in Gaillon eine mächtige Burg (1497–1510), die der rachsüchtigen Revolution zum Opfer fiel. Dunois, der edle «Bastard von Orléans», stellte die Burg Châteaudun wieder her, und der Kardinal von Orléans-Longueville fügte einen Flügel in renaissance-gotischem Mischstil an. Das Schloß von Blois bewahrt heute noch Elemente aus dem dreizehnten Jahrhundert; Ludwig XII. gab ihm einen Ostflügel, in dem sich Ziegel und Stein, ein gotisches Portal und Renaissancefenster glücklich verbinden; seine herrlichsten Partien sollte es freilich erst Franz I. verdanken.

Immer unaufhaltsamer drängte das Lebensgefühl der Renaissance, die Symmetrie und Grazie ihrer Linien einer typisch französischen Ausformung entgegen. Durch den wachsenden Verkehr von Land zu Land kamen zahlreiche Objekte der italienischen Kleinkunst, vor allem Bronzen, nach Frankreich, und jedes wirkte als der Künder eines neuen Stils, bis zur Zeit Karls VIII. und der Brüder Georges und Charles d'Amboise das Bächlein zum reißenden Strom anschwoll und in dem alten Landsitz der französischen Könige die von Italienern gegründete «Ecole d'Amboise» entstand. Die königlichen Grabmäler in St-Denis bilden ein eindrucksvolles Zeugnis für die Verwandlung des gotischen Weltschmerzes in die harmonische Linienführung der Renaissance und ihren Triumph der Freude und Schönheit selbst über den Tod.

Ein Schrittmacher dieser Verwandlung war Michel Colombe. Etwa um 1431 geboren, wird er bereits 1467 als «der beste Bildhauer in französischen Landen» geschildert, lange vor dem Einfall französischer Heere in Italien. Als erster ließ er Marmor aus Genua kommen – bis dahin hatte man in Frankreich fast nur Granit bearbeitet –, aus dem er Gestalten von gotisch herber Frömmigkeit in einem klassischen Rahmen schuf. Das große Relief *Der heilige Georg im Kampf mit dem Drachen* in der Schloßkapelle in Gaillon, ein temperamentloser Ritter auf einem temperamentvollen Pferd in einem aus Renaissancesäulen und -leisten bestehenden Rahmen, stammt aus seiner Werkstatt, und die aus Granit gehauene Muttergottes mit dem glatt fallenden Haar in der Kirche St-Galmier strahlt eine geradezu meisterhaft italienische Zärtlichkeit und Keuschheit aus. Auch die *Grablegung Christi* in der Abteikirche von Solesmes (1496) könnte ein Spätwerk des Meisters sein.

In der Malerei machten sich teils niederländische, teils italienische Einflüsse geltend. Nicolas Froment, der mit einer fast niederländisch realistischen *Auferweckung des Lazarus* begann, ging nach seiner Übersiedlung von Avignon nach Aix-en-Provence (1476) im Triptychon *Der flammende Dornbusch* für René von Anjou mit einer thronenden Maria als Mittelbild mit fliegenden Fahnen zu den Italienern über, wofür die brünette Madonna, der majestätische Moses, der entzückende Engel, der witternde Jagdhund und die friedlichen Schafe ebenso wie der Hintergrund Zeugnis ablegen. Eine ähnliche Entwicklung zeigt sich auch im Schaffen des vermutlich mit Jean Perréal identischen «Meisters von Moulins», der mit Karl VIII. und Ludwig XII. zweimal nach Italien ging und mit dessen halber Kunst in seinem Reisegepäck zurückkehrte: als Fresken- und Miniaturenmaler, als Porträtist, Bildhauer und Baumeister. Der Entwurf für das von Colombe gemeißelte große Grabmal des Herzogs Franz II. der Bretagne in Nantes und die heute im Louvre hängenden schönen Porträts seiner hohen Gönner, Anne und Pierre de Beaujeu, stammen von seiner Hand.

Demgegenüber verkümmerte die Kleinkunst. Während die flämischen Buchmaler sich längst weltlichen Motiven zugewandt hatten, spricht aus Jean Bourdichons Miniaturen in *Les heures d'Anne de Bretagne* noch einmal (1508) die alte, schlichte Frömmigkeit früherer Jahrhunderte. Seinen innig empfundenen Legenden von der Mutter und dem Kind, der Tragik von Golgatha, dem Triumph der Auferstehung, der Lebensgeschichte der Heiligen fehlt die feste Zeichnung, und die Hintergründe sind konventionell, aber die Farbgebung ist rein und leuchtend und das Ganze in eine beruhigende Atmosphäre weiblicher Zartheit und Verfeinerung getaucht. Im Gegensatz dazu neigten die Glasmaler zu einem niederländischen Naturalismus, der auf den ersten Blick wenig geeignet erscheint, farbig gebrochenes Licht in Kirchenschiffe einzulassen; trotzdem zeigen die in dieser Zeit für Auch, Rouen und Beauvais gemalten Fenster beinahe dieselbe Leuchtkraft wie die Fenster aus dem dreizehnten Jahrhundert. Limoges setzte die hundert Jahre kalt gebliebenen Brennöfen wieder in Betrieb und machte Italienern und Muselmanen mit seiner bunten, durchsichtigen Emailmalerei Konkurrenz. Auch die Holzschnitzer jener Zeit brachten Wertvolles hervor; das Chorgestühl der Kathedrale von Amiens hat Ruskin als das schönste von ganz Frankreich bezeichnet. Die farbenfreudigen Gobelins im *château* Brissac, die Ende des fünfzehnten Jahrhunderts entstanden sind, zogen die Aufmerksamkeit George Sands auf sich (1847) und gehören heute zu den Schätzen des Pariser Museums Cluny; ein weiterer schöner Gobelin aus der gleichen Zeit (etwa 1500) – in einem Liliengarten musizierende Engel – hängt im Gobelinmuseum.

Wenn man von den *châteaux* absieht, hat das fünfzehnte Jahrhundert nur dürftige kulturelle Erfolge gezeitigt. Zu lange pflügten Söldnerstiefel die Erde und düngten sie mit Blut; erst gegen Ende des Jahrhunderts besaßen die Menschen wieder Muße und Mittel, um die Samen auszusäen, deren Ernte Franz I. einheimsen sollte. In Fouquets Selbstporträt enthüllt sich ein Zeitalter der Not und Demütigung; in den Miniaturen seines Schülers Bourdichon spiegeln sich die traute Behaglichkeit der zweiten Ehe Ludwigs XII. und der lächelnde Frieden des sich erholenden Landes. Das Schlimmste war für Frankreich vorüber; das Beste stand nahe bevor.

## XIV. FRANÇOIS VILLON: 1431–1480

Für die französische Literatur war das kampferfüllte fünfzehnte Jahrhundert gleichfalls wenig ergiebig; immerhin brachte es einen bedeutenden Chronisten und einen noch bedeutenderen Dichter hervor. Beide schrieben in der Pariser Mundart, die sich als ein Nebenresultat der Zentralisation der Verwaltung und Wirtschaft zur französischen Hochsprache entwickelte. Philippe de Commynes stammte aus dem gleichnamigen Ort in Flandern; er muß von guter Herkunft gewesen sein, denn Herzog Philipp V., an dessen Hof er erzogen wurde, war sein Pate, und später finden wir den Siebzehnjährigen im Gefolge des Grafen von Charolais (1464). Als dieser, Herzog geworden, Ludwig XI. in Péronne so hinterhältig gefangennahm, sagte ihm Commynes – vielleicht in der Voraussicht seines Sturzes – den Dienst auf und trat in den des Königs. Ludwig ernannte ihn zum Kammerherrn und belohnte ihn mit großen Gütern; Karl VIII. betraute ihn mit wichtigen diplomatischen Missionen.

In dem außergewöhnlichen Reichtum der französischen Memoirenliteratur gebührt Commynes' Hauptwerken, *Mémoires, cronique, et hystoire du roy Louis onziesme* und *Cronique du roi Charles huytiesme*, eine Sonderstellung; sie sind in einem klaren, verständlichen Französisch geschrieben und von einem Mann verfaßt, der die Welt und die geschilderten Ereignisse aus persönlicher Mitwirkung kannte. Natürlich haben sie ihre Schwächen: sie befassen sich zu viel mit dem Krieg und weisen weder die Frische noch die Lebendigkeit der Memoiren Froissarts oder Villehardouins oder Joinvilles auf, sie verbeugen sich zu oft vor Gott, während sie gleichzeitig die skrupellose Staatskunst Ludwigs XI. rühmen, und die theoretischen Abschweifungen sind meistens banal. Trotzdem ist Commynes der erste philosophierende Historiker der neueren Zeit, der nach Ursache und Wirkung forscht, Charaktere analysiert, Handlungen, Motive und Vorwände objektiv beurteilt und aus den Ereignissen und Originaldokumenten das Wesen des Menschen und des Staates zu ergründen sucht. Wie später Machiavelli und Guicciardini kommt er zu einer pessimistischen Einschätzung des Menschen:

«Man muß also feststellen, daß weder die natürliche Vernunft noch unser Verstand, noch die Gottesfurcht, noch die Nächstenliebe uns davor bewahrt, gegeneinander heftig zu sein, dem anderen etwas vorzuenthalten oder ihm auf jede mögliche Weise etwas wegzunehmen ... Durch vieles Wissen werden nämlich die Schlechten schlechter und die Guten besser.»[8]

Wie Machiavelli hofft er, daß sein Bericht von Fürsten gelesen werden wird:

«Auch rechne ich nicht damit, daß Dummköpfe und einfältige Leute sich damit unterhalten, daß sie diese Memoiren lesen, sondern damit Fürsten oder Leute am Hofe ... darin gute Ratschläge erhalten ... Denn wenn auch weder die Feinde noch die Fürsten immer die gleichen sind, selbst wenn die Probleme es wären, so ist es doch gut, über die vergangenen Dinge unterrichtet zu sein ... Nach allem, was ich durch Erfahrung in dieser Welt gesehen habe, ... scheint mir das Lesen der alten Geschichten eines der besten Mittel zu sein, einen Menschen weise zu machen; durch diese Geschichten und Beispiele unserer Vorgänger lernt er, wie er sich verhalten und hüten muß. Denn unser Leben ist so kurz, daß es nicht dazu ausreicht, über so viele Dinge eigene Erfahrungen zu haben.»[9]

Kaiser Karl V., der klügste christliche Herrscher seiner Zeit, teilte diese Auffassung des Autors und bezeichnete dessen Memoiren als sein Brevier.

Die breiten Schichten zogen jedoch Romane, Farcen und Satiren vor. 1508 erschien *Amadis de Gaula* in französischer Übersetzung. Fahrende Spielleute führten nach wie vor Mysterienspiele, Moralitäten, Farcen und *soties* auf, Possen, die alles karikierten, einschließlich der Könige und Priester. Der Meister dieser Form war Pierre Gringore, der ein Menschenalter lang solche *soties* verfaßte und mit Erfolg spielte. Das längste Leben in dieser Gattung weist die Posse eines unbekannten Verfassers auf, die erstmals um 1464 auftauchte und noch bis 1872 aufgeführt wurde. Titelheld ist *Maistre Pierre Pathelin*, ein armer Anwalt, der verzweifelt Klienten sucht und einen Tuchhändler überredet, ihm sechs Ellen Tuch zu überlassen. Bezahlen wird er ihn bei einem Mittagessen, zu dem er den Händler einlädt. Als dieser kommt, liegt er mit gespieltem Fieber im Bett und gibt vor, weder etwas von dem Tuch noch von der Einladung zu wissen. Auf dem Heimweg begegnet der verärgerte Tuchhändler seinem Schäfer, beschuldigt ihn, hinter seinem Rücken Schafe verkauft zu haben, und zitiert ihn vor den Richter. Auf der Suche nach einem billigen Anwalt stößt der Schäfer auf Pathelin, der ihm rät, vor Gericht einen Idioten zu spielen und auf alle Fragen wie ein Schaf «Bäh» zu antworten. Der Richter, sowohl von den «Bähs» als auch von der doppelten Klage des Tuchhändlers gegen den Schäfer und den Anwalt verwirrt, spricht das in Frankreich geflügelt gewordene Wort *Revenons à ces moutons* – «Kommen wir auf die Schafe zurück», bis er schließlich, unfähig, der Sache auf den Grund zu kommen, die Klage abweist. Triumphierend verlangt Pathelin sein Honorar, worauf der Schäfer ihm mit einem «Bäh» den Rücken kehrt. Es ist eine mit gallischem Witz und gallischer Zanksucht geladene Geschichte. Vielleicht hat Rabelais an sie gedacht, als er den Panurge erfand; und Molière hat sowohl Gringore als auch den unbekannten Verfasser zu neuem Leben erweckt.

Eine wahrhaft unvergeßliche Dichtergestalt brachte das Jahrhundert jedoch nur in François Villon hervor, einem Lügner, Dieb, Kuppler, Betrüger, Einbrecher und Totschläger, dessen Untaten denen keines Fürsten nachstanden, nur daß er mehr Grund und Ursache für sie hatte. 1431 in Armut und vermutlich illegitim geboren, scheint schon sein erster Namen Montcorbier – «Rabenberg», das heißt Galgenberg – erborgt; später nahm er den Namen seines Zieh- oder Adoptivvaters Guillaume de Villon an, den er sowohl entehrte als auch unsterblich machte. Guillaume, ein gütiger Priester, ließ den Jungen studieren und zeigte sich nicht wenig stolz, als dieser den Titel eines Magisters erwarb (1452).

Weniger Freude dürfte es ihm und François' Mutter bereitet haben, den jungen Mann in schlechte Gesellschaft geraten zu sehen. Das war freilich zu einer Zeit, da ganz Paris von Müßiggängern, Bettlern und großen und kleinen Verbrechern wimmelte, nicht schwer; und offenbar besaß Villon in allen Spielarten dieser Zünfte Freunde – eine Zeitlang betätigte er sich selbst als Kuppler. Vielleicht war er mit zuviel Religion aufgewachsen; Pfarrerskinder neigen oft zu einer besonderen Abneigung gegen die Zehn Gebote. Am 5. Juni 1455 verwickelte ihn – so erzählt er selbst – ein Priester in eine Messerstecherei und verletzte ihn an der Lippe, was mit einem so kräftigen Stich in den Unterleib geahndet wurde, daß der Getroffene ein paar Tage später verschied. Da die Bewunderung der Unterwelt keinen ausreichenden Schutz vor polizeilicher Fahndung darstellte, floh der Messerheld aufs Land, hielt sich fast ein Jahr verborgen und kehrte «blaß und ausgedörrt» nach Paris zurück, wo er – vorsichtig nach den Gendarmen schielend – bald eine Tasche erleichterte, bald ein Schloß aufbrach und im übrigen nach Essen und Liebe hungerte.

Ein Bürgermädchen scheint seine Zuneigung eine Weile erwidert zu haben, ließ ihn aber dann von einem glücklicheren Nebenbuhler verdreschen; seine Glut wuchs darum aber nur noch mehr, obschon er ihr später als *ma damoyselle au nez tortu* – «mein Fräulein mit der krummen Nase» – kein allzu schmeichelhaftes literarisches Denkmal setzte. Um die gleiche Zeit entstand *Le petit testament* (1456), die kürzere seiner letztwilligen Verfügungen – denn angesichts seiner zahlreichen Schulden und Missetaten mußte er tagtäglich damit rechnen, sein Leben in einer Schlinge zu beenden. Darin tadelt er seinen Schatz wegen ihrer Sprödigkeit, vermacht seine Hose Robert Valée, «daß er als Haube sie verehrt / Dem Liebchen Hanne de Millières». Dem Perrenet Marchant «will ich drei Bündel Heu verheißen, / Die mag er auf die Erde breiten / Zu ausgedehntem Liebeswerk». Villon vergißt keinen, mit dem er je in Berührung kam: «Item, erhält mein Leibbarbier / Ganz einfach, denn das steht ihm zu, / Was er vom Haar geschnitten mir.» Und die Frau, «die mich so hart von dannen trieb ... Sie kriegt mein Herz schön eingerahmt, / So bleich, so kläglich, tot und kalt»[10].

Diese poetischen Vermächtnisse füllten mehrere Pergamentblätter, nicht aber Villons leeren Magen, so daß er am Weihnachtsabend des gleichen Jahres mit drei Kumpanen ins Collège de Navarre einbrach, wo ihnen fünfhundert Goldkronen in die Hände fielen. Seinen Beuteanteil im Säckel, entzieht er sich durch Flucht auf das Land neuerdings sowohl der Justiz als auch dem Blick des Geschichtsschreibers, bis man ihn im nächsten Winter in Blois wiederfindet, wo er sich unter der Ägide des Herzogs Karl von Orléans an einem Dichterwettstreit beteiligt, der ihm einige klingende Münzen einbringt. Doch hat er sich die Gunst des Herzogs offenbar rasch verscherzt, denn er wanderte bald darauf weiter nach Bourges, tauschte dort mit dem Herzog Johann II. von Bourbon ein Gedicht gegen ein Geschenk und walzte weiter bis ins Roussillon, ein Fechtbruder, der – wie man seiner Poesie entnehmen kann – von milden Gaben und Darlehen, Früchten, Nüssen und im Vorbeigehen mitgenommenen Hühnern lebte, mit Bauerndirnen und Herbergshuren scherzte, auf der Landstraße vor sich hinpfiff oder sang und in den Städten um die Gendarmen einen Bogen machte. Dann verliert sich seine Spur abermals und kann erst 1460 wieder aufgenommen werden – in einem Gefängnis von Orléans, wo er seine Hinrichtung erwartet.

Wir wissen nicht, was ihn in diese mißliche Lage gebracht hat, aus der ihn im Juli eine allgemeine Amnestie befreite, die der Herzog anläßlich des feierlichen Einzuges Marias von Orléans, der Tochter des Dichterherzogs, erließ. Überglücklich kehrte Villon ins Leben zurück, doch alsbald meldete sich der Hunger wieder – er stahl, wurde erwischt und als hartgesottener Missetäter im Dorf Meung-sur-Loire unweit von Orléans in ein finsteres und triefendfeuchtes Verlies gesperrt. Vier Monate lebte er dort mit Ratten und Kröten, zerbiß seine vernarbte Lippe und schwor einer Welt Rache, die Diebe mit dem Galgen und Poeten mit dem Hungertod belohnt. Doch abermals hatte er Glück. Ludwig XI. erließ anläßlich eines Besuches der Stadt Orléans eine neue Amnestie, und Villon tanzte, als er die gute Nachricht erhielt, vor Freude auf dem nassen Stroh. In oder bei Paris verfaßte er – trotz seiner erst dreißig Jahre, kahlköpfig und arm – sein größtes Werk, das er schlicht *Les Lais* – Balladen – nannte; die Nachwelt hat es wegen der vielen ironischen Vermächtnisse in *Le grand testament* – in Das große Testament – umgetauft (1461/62).

Dem Blindenspital vermachte er:

Hier, ohne Hülle, meine Brille,
Auf daß sie besser sondern möchten
Da draußen in des Friedhofs Stille
Geehrte Leute von den schlechten.

Und fährt dann fort:

Seh' ich im Beinhaus mir daneben
Die Schädel an, die aufgereihten –
Juristen waren das im Leben,
Am Rechnungshof vielleicht vor Zeiten,
Vielleicht Lastträger oder Jäger,

Belanglos ist hier alles Raten;
Ob Bischof, ob Laternenträger,
Wer weiß noch, was sie damals taten?[11]

Den berühmten Frauen von einst widmet der vom Grauen der Vergänglichkeit Besessene eine eigene Ballade:

Dictes moy où, n'en quel pays,
Est Flora, la belle Rommaine;
Archipiada, ne Thaïs,
Qui fut sa cousine germaine;
Echo, parlant quant bruyt on maine
Dessus rivière ou sus estan,
Qui beaulté ot trop plus qu'humaine?
Mais où sont les neiges d'antan!*

Die Klage der schönen Héaulmière ist wohl das bitterste Einzelgedicht des ganzen Buches:

Was ward aus meiner Stirn, so glatt und fein,
Dem Blondhaar, den gewölbten Brauen – was?
Dem Blick, der die Vernunft zum Rasen brachte,
Der graden Nase, weder groß noch klein,
Dem winzigen Ohr – den Zügen klar wie Glas,
Dem roten Lippenpaar, mit dem ich lachte?
...
Die Brüste, ach, ganz eingefallen,
So auch die Tittchen und die Lenden.
...
Die dünnen Beinchen aller Enden
Sind wie die Würste braun gescheckt.[12]

Und weiter singt der des Lebens überdrüssige Dichter:

... mein Leib sei überlassen
Der großen Erde wert;
Im Fett die Würmer wohl nicht prassen,
Zu sehr hat Hunger ihn verzehrt.

Für seine alte Mutter verfaßte er als Abschiedsgeschenk eine demütige Ballade an die Jungfrau Maria, seinem Adoptivvater hinterläßt er seine Manuskripte, und schließlich bittet er alle Welt um Verzeihung: die Mönche mit dem dicken Bauch, die Bettler und frommen Frauen, die Pedanten, Pflastertreter, Lakaien und die

... Dirnchen mit der offnen Brust,
Mit der ihr Männer wollt verführen,
Spitzbuben, Schreier voller Lust,
Ihr Jahrmarktsvolk mit Murmeltieren,
Ihr Narren, Weibsvolk vor den Türen,
Die pfeifend gehn zu drein und vier,
Mit Bursch und Mädel zu poussieren,
Ach, so verzeiht denn alle mir![13]

---

* In welchem Lande, sagt mir, wo
Ist Flora, die ganz Rom einst kannte?
Wo Archipiada ebenso
Und Thaïs, ihre Anverwandte?
Wo Echo, die den Lauscher bannte,
Rief er vom Ufer zu ihr hoch,
Die übermenschlich schön man nannte?
Wo ist der Schnee vom Vorjahr doch?[5]

Und schließlich:

Hier endlich schließt das Testament,
Wie's François Villon sich ersann.
Kommt zum Begräbnis, wenn ihr könnt,
Ihr hört das Sterbeglöckchen dann –
...
Mein Fürst, der wie ein Falke schlank,
Dir sei die letzte Tat erzählt,
Daß nämlich er erst Rotwein trank,
Als er verschied von dieser Welt.[14]

Doch trotz allen Abschiednehmens und aller letzwilligen Verfügungen hatte er des Lebens bitteren Kelch noch nicht geleert. Sein gütiger Adoptivvater gewährte ihm wohl wieder Zuflucht im Kloster, aber die Justiz hatte ihn nicht vergessen. Auf Betreiben des Collège de Navarre wurde er neuerdings eingekerkert und nur gegen das Versprechen freigelassen, die vor sechs Jahren gemachte Beute in drei Jahresraten von je vierzig Goldstücken zurückzuerstatten. Schon am ersten Abend der wiedererlangten Freiheit, den er in Gesellschaft zweier seiner früheren Spießgesellen verbrachte, entstand eine trunkene Rauferei, bei der ein Priester erstochen wurde. Villon, der offenbar nichts damit zu tun hatte, suchte seine Kammer auf und betete um Frieden. Trotzdem wurde er abermals festgenommen und gefoltert, indem man ihm bis zum Platzen Wasser durch die Gurgel laufen ließ, und schließlich verurteilte man ihn zu seiner Überraschung zum Galgen. Mehrere Wochen lag er zwischen Furcht und Hoffnung in der Armensünderzelle, und hier schrieb er für sich und seine Schicksalsgefährten die große Abschiedsballade:

Ihr Menschenbrüder, die ihr nach uns lebt,
Verhärtet eure Herzen nicht zu Stein;
Wenn ihr uns Armen euer Mitleid gebt,
Wird Gott dereinst auch euch die Schuld verzeihn.
Fünf, sechs, so hängen wir hier Bein an Bein.
Das Fleisch, das wir gar sehr uns angegessen,
Ist lange schon verfault und abgefressen,
Zu Asch' und Staub wird das Gebein zerfallen.
Mit Ernst wollt unser großes Leid ermessen;
So betet: Gott verzeih' uns Sündern allen!
...
Bald trieft ein Regenguß an uns herab,
Bald schwärzt die Sonne uns und dörrt uns hart;
Die Augen höhlten Elster uns und Rab'
Und zausten Augenbrauen uns und Bart.
Und nimmer, nimmer uns die Ruhe ward.
Im Reigen schwenken wir uns hin und wider,
Zerlöchert wie ein Fingerhut die Glieder,
So treibt der Wind sein Spiel ganz nach Gefallen.
In unsrer Bruderschaft laßt euch nicht nieder.
So betet: Gott verzeih' uns Sündern allen![15]

Im Gefühl seiner Unschuld beredete Villon den Kerkermeister, seinem Adoptivvater eine Botschaft zu überbringen, worin er diesen bat, an den Gerichtshof des *Parlement* von Paris zu appellieren; und Guillaume de Villon, der ewig Gütige, intervenierte noch einmal für den Dichter, der doch wohl etwas in sich gehabt haben muß, was diese unermüdliche Liebe rechtfertigte. Im Gerichtsprotokoll vom 3. Januar 1463 steht die Annullierung des Urteils verzeichnet mit dem Zusatz: «In Anbetracht der schlechten Lebensführung des besagten Villon» wird er «für die Dauer von zehn Jahren aus der Stadt, Umgebung und Grafschaft Paris» verbannt. Der Begnadigte bedankte sich beim Gericht mit einer schwungvollen Ballade und bat um drei Tage Frist, um seine «Reise vorzubereiten und seinen Angehörigen Lebewohl zu sagen». Sie wurde ihm gewährt, und vermutlich hat er damals seinen Adoptivvater und seine Mutter zum letztenmal gesehen. Er packte sein Bündel, nahm die Flasche Wein und die Börse, die der gute Guillaume in seine Hand drückte, ließ sich von ihm segnen und verschwand aus Paris und der Geschichte.

Er war ein Dieb, aber ein Dieb mit Musik im Leibe, und die Welt bedarf der Musik. Er war so derb, wie es der Volksmund eben ist, und nannte die Dinge beim richtigen Namen, wie es der Volksmund zu tun pflegt; Frauen, die seinen Wünschen nicht entgegenkamen, konnte er unflätig beschimpfen. Doch können wir ihm seine Sünden vergeben, denn auch an ihm ist viel gesündigt worden, und über all den Schmutz und Unrat siegen am Ende die immer wieder vernehmlich werdenden Herzenstöne und die sehnsüchtige Melodie seiner Verse. Er büßte für das, was er war, und hinterließ uns sein Werk.

# VIERTES KAPITEL

# *England im fünfzehnten Jahrhundert*

[1399–1509]

## I. DIE KÖNIGE

HEINRICH IV. wurde seines Thrones nicht froh. In Wales erhob sich Owain Glyn Dwr gegen die englische Vorherrschaft (1401–1408), bis er vom Prinzen von Wales, dem späteren Heinrich V., ausmanövriert wurde und nach acht Jahren eines gehetzten Lebens in den Waliser Wäldern wenige Stunden nach dem Eintreffen der Begnadigung starb. Gleichzeitig mit Glendower rebellierte auch der nordenglische Adel unter der Führung des Grafen von Northumberland, weil sich der König außerstande zeigte, die vor der Thronbesteigung gegebenen Versprechungen einzulösen. Die Entscheidung fiel bei Shrewsbury (1403), wo des Grafen tollkühner Sohn, Harry «Hotspur» (von Shakespeare liebenswerter dargestellt, als er es verdient), dem König mit einer nur kleinen und nicht sehr kampflustigen Streitmacht entgegentrat. Der Jüngling starb eines tapferen, aber törichten Todes, Heinrich IV. schlug sich mannhaft in der vordersten Linie, und sein nichtsnutziger, fröhlicher Sohn, «Prinz Hal», bewies den Mut, der Azincourt und Frankreich gewinnen sollte. Diese Feldzüge und andere Sorgen ließen Heinrich IV. weder Lust noch Muße zur Staatskunst; und da seine Einkünfte immer den Ausgaben nachhinkten, balgte er sich unvernünftigerweise auch noch mit dem Parlament herum. Er starb, von Aussatz, einem heraustretenden Darm und einem Geschlechtsleiden geplagt, und hinterließ ein finanzielles Chaos. «Er ging», erzählt uns Holinshed, «zu Gott ein im Alter von sechsundvierzig Jahren ... in großer Ratlosigkeit und wenig Freude.»

Nach der von Shakespeare übernommenen mündlichen Überlieferung soll Heinrich V. ein lebenslustiger Jüngling gewesen sein, der den von Krankheit behinderten Vater sogar vom Thron stoßen wollte. Die zeitgenössischen Chronisten äußern sich jedoch zurückhaltender und deuten lediglich an, daß er nach der Thronbesteigung «in einen anderen Mann verwandelt war, der nach Ehrenhaftigkeit, Ernst und Sittenreinheit strebte». Auf alle Fälle weihte sich der in der Gesellschaft von Säufern und Dirnen Aufgewachsene der Aufgabe, eine geeinte Christenheit gegen die vordringenden Türken zu führen – freilich erst nach der Eroberung Frankreichs, welches Nahziel er mit verblüffender Schnelligkeit erreichte, und eine prekäre Spanne lang saß ein englischer König auf Frankreichs Thron. Deutsche Fürsten huldigten ihm als dem Herrscher über beide Reiche und spielten mit dem Gedanken, ihm die Kaiserkrone anzubieten. Seine Beliebtheit bei den Soldaten, seine Unempfindlichkeit gegen Strapazen und Witterungsunbilden, die Planung seiner Feldzüge und die Verproviantierung des Heeres lassen ihn als einen Nachfahren Caesars erscheinen. Er starb plötzlich, erst fünfunddreißig Jahre alt, in Bois-de-Vincennes an einer Erkältung (1422).

Frankreich war gerettet, England beinahe ruiniert. Die Beliebtheit des toten Königs hätte die Steuerzahler möglicherweise veranlaßt, den Staatsschatz vor dem Bankrott zu bewahren, so aber zerrütteten die für seinen erst neun Monate alten Sohn, Heinrich VI., die Regentschaft führenden Minister und Generäle die Staatskasse vollends. Später stellte sich heraus, daß dem neuen Monarchen das königliche Format fehlte; er war ein zarter und wissensdurstiger Neurastheniker, den Büchern und religiösen Dingen zugetan und von einer krankhaften Abneigung gegen den Krieg erfüllt, so daß die Engländer melancholisch klagten, sie hätten einen König gegen einen Heiligen eingetauscht. 1452 verlor Heinrich VI., wie vor ihm Karl VI. von Frankreich, den Verstand, und der vom Reichsprotektor, dem Herzog Richard von York, unterzeichnete Frieden besiegelte Englands Niederlage im Hundertjährigen Krieg (1453).

Im nächsten Jahr entließ der König in einer Periode umwölkter Geistesklarheit den Herzog (1454), woraufhin sich dieser als direkter Nachkomme Eduards III. zum Thronprätendenten aufwarf und sich mit Salisbury, Warwick und anderen Großen gegen Heinrich verband. Damit begann der Rosenkrieg – so genannt, weil die Parteigänger des Hauses Lancaster eine rote und die des Hauses York eine weiße Rose als Abzeichen führten. In dem bis 1485, also einunddreißig Jahre lang, tobenden Kampf aller gegen alle zerfleischte sich der angelsächsisch-normannische Adel in selbstmörderischer Wut und hinterließ ein verwüstetes und armes Land. Die aus Frankreich zurückgekehrten Söldner schlossen sich, wie es gerade kam, der einen oder anderen Partei an, plünderten Städte und Dörfer und brachten jeden um, der sie an diesem Geschäft zu hindern suchte. Herzog Richard von York fiel in der Schlacht bei Goldsmiths Wakefield (1460); sein Sohn, Graf Eduard von March, führte den Krieg erbarmungslos weiter und ließ alle Gefangenen, mit und ohne Stammbaum, niedermachen, während Margarete von Anjou, des sanften Heinrich tatkräftige Gemahlin und Führerin der Gegenpartei, mit nicht geringerer Grausamkeit vorging. Bei Towton (1461) bereitete der Sieg Marchs dem Hause Lancaster ein Ende, und der Sieger bestieg als erster König aus dem Hause York den Thron.

Englands wahrer Regent in den nächsten sechs Jahren war jedoch nicht Eduard IV., sondern Richard Neville, Graf von Warwick, das Haupt einer ebenso zahlreichen wie reichen Sippe und ein glänzender Diplomat und hervorragender Feldherr, der als «Warwick der Königsmacher» in der Geschichte fortlebt. Während sich der neue König in der milderen Gesellschaft der Damen von den Mühsalen des Kampfes erholte, regierte der ebenso willensstarke wie liebenswürdige Warwick mit solchem Geschick, daß ihn ganz England südlich des Tyne und östlich des Severn – denn Margarete gab sich noch nicht geschlagen – als den eigentlichen König betrachtete, bis ihm Eduard, dieses Zustandes überdrüssig, seine Gunst entzog. Der Graf vereinigte sich prompt mit Margarete, jagte den undankbaren König aus dem Land, setzte den abgesetzten Heinrich wieder auf den Thron (1470) und regierte neuerdings. Aber Eduard brachte mit der Hilfe Burgunds ein neues Heer auf die Beine, landete in Hull, besiegte und erschlug Warwick bei Barnet, um nach einem weiteren Sieg über Margarete bei Tewkesbury (1471) Heinrich VI. im Tower zu ermorden und bis ans Ende seiner Tage in Freuden zu leben.

Vorläufig war er aber kaum einunddreißig, ein Mann, von dem gesagt wurde, er sei «so schön wie kein Mann, der in seiner Zeit gelebt hat. Nichts anderes hatte er im Sinn ... als Damen, und zwar mehr als vernünftig, als Jagden und als die Pflege seiner Person.»[1] Seine Kasse füllte er teils durch die Konfiskation der Nevilleschen Güter, teils mit Hilfe Ludwigs XI., der sich den Frieden eine Kriegsentschädigung von 125000 Dukaten und eine jährliche Pension von weiteren 50000 Dukaten kosten ließ; so gestärkt, konnte Eduard auf das Mitspracherecht eines Parlaments verzichten, das ihm nichts als Ungelegenheiten bereitet hätte. Im Bewußtsein seiner Unabhängigkeit ergab er sich wiederum einem vergnüglichen Luxus, verbrauchte seine Kraft in der Liebe, wurde jovial und fett und starb mit einundvierzig Jahren im Vollbesitz seines Leibesumfanges und seiner Macht (1483).

Er hinterließ zwei Söhne, den neunjährigen Herzog Richard von York und den zwölfjährigen Thronerben Eduard V., für den sich sein Onkel Richard von Gloucester unter allgemeiner Zustimmung zum Regenten proklamierte, hatte er sich doch als des Verstorbenen erster Minister trotz «seiner mißgestalteten Glieder, eines Buckels, schiefer Schultern und überscharfer Gesichtszüge» durch Fleiß, Frömmigkeit und Umsicht große Verdienste erworben. Aber sei es, daß ihm die Macht zu Kopf stieg, sei es, daß er berechtigterweise eine Verschwörung argwöhnte: auf jeden Fall ließ er einige prominente Edelleute festnehmen, einen davon hinrichten und sich selbst am 6. Juli 1483 als Richard III. zum König krönen. Wenige Tage später, am 15. Juli, wurden die beiden jugendlichen Prinzen im Tower ermordet; es ist unbekannt, von wem. Wieder einmal erhoben sich die Großen des Reiches, diesmal unter der Führung Heinrich Tudors, Grafen von Richmond. Ihre bescheidenen Streitkräfte stießen zu Bosworth Field auf ein zahlenmäßig überlegenes königliches Heer, doch weigerte sich der größte Teil der königlichen Söldner, den Kampf aufzunehmen, und Richard, der vergeblich ein Königreich für ein Pferd bot, ließ sich zu einem Verzweiflungsangriff hinreißen und kam um. Damit bestieg Heinrich VII. als erster König aus dem Hause Tudor den Thron.

Unter dem Druck der Notwendigkeit entwickelte dieser Monarch sämtliche Tugenden und Laster, die Zeit wie Stellung von ihm forderten. Ein von Holbein stammendes Fresko in Whitehall zeigt einen großen, schlanken, bartlosen Mann mit angenehmen Zügen und nachdenklichem Ausdruck, der kaum den kalten Ehrgeiz und zähen und doch so geschmeidigen Willen ahnen läßt, mit dem er nach der Lotterwirtschaft Heinrichs VI. die Grundlage für das prosperierende England Heinrichs VIII. schuf. Nach Bacon schätzte der siebente Heinrich «gefüllte Truhen als Glücksbringer», weshalb er neue Methoden zu deren Füllung erfand. Die Reichen schröpfte er durch erzwungene Geschenke oder «Benevolenzen»; die hohen Geldstrafen für Vergehen jeder Art dienten nicht nur der Gerechtigkeit, sondern auch der Speisung des Staatsschatzes; Richter, die

die Höhe der Bußen nicht nach der Schwere des Vergehens, sondern nach der Börse des Missetäters festsetzten, ernteten besonderes Lob. Seit 1216 der erste englische König, der seine Ausgaben im Rahmen seiner Einnahmen hielt, knauserte er mehr an seiner Hofhaltung als an den Armen, gegen die er sogar großherzig sein konnte. Stets schätzte er die Pflicht höher als das Vergnügen, dennoch verdunkelte ein beständiges und nicht unberechtigtes Mißtrauen seine Tage; so behielt er seine Pläne für sich, schenkte keinem sein Vertrauen und erreichte, ganz auf sich gestellt, mit geraden und ungeraden Mitteln seine Ziele. Zur Zähmung des widerspenstigen Adels errichtete er ein Hofgericht, die sogenannte Sternkammer, die im Geheimverfahren aburteilte und große Herren, die für Lokalgerichte zu mächtig waren, dem Willen der Krone unterwarf. Die Lords beklagten natürlich die Beschneidung ihrer Freiheiten und die Machtlosigkeit des Parlaments, aber die Bauern standen zu einem König, der der Willkür ihrer Herren einen Riegel vorschob, und Fabrikanten und Kaufleute dankten ihm für verständnisvolle Förderung ihrer Interessen. So stellte er die bei seinem Regierungsantritt durch feudale Machtkämpfe geschwächte, verarmte und in Mißkredit geratene Königsgewalt wieder her und hinterließ seinem Nachfolger Heinrich VIII. einen befriedeten, solventen, hochangesehenen Staat.

## II. ENGLANDS REICHTUM WÄCHST

Die große Revolte von 1381 hatte den niederen Ständen keine Verbesserung ihres Loses gebracht. Die herrschenden Stände pochten weiterhin auf ihre Rechte, und noch 1537 lehnte das Haus der Lords die endgültige Aufhebung der Leibeigenschaft ab. Die Einfriedung der Allmenden* setzte sich beschleunigt fort, Tausende von entwurzelten Leibeigenen strömten arm wie Kirchenmäuse in die Städte; die Schafe fraßen die Bauernschaft, wie Thomas More es ausdrückte, auf. Diese Entwicklung hatte aber auch ihr Gutes: Der der Erschöpfung nahe Boden regenerierte sich dank der weidenden Schafe, und die Zahl der Leibeigenen sank trotz aller Gesetze, so daß um 1500 nur noch ein Prozent der Gesamtbevölkerung leibeigen war. An ihre Stelle traten Freisassen *(yeomen)* – freie Eigentümer des von ihnen bewirtschafteten Bodens –, die sich nach und nach zu den selbstbewußten und unabhängigen Männern entwickelten, die erst Englands Kolonialreich und dann das Commonwealth schmieden und unter einer ungeschriebenen Verfassung von beispiellos freiheitlichem Geist leben sollten.

Die Ausweitung der Gütererzeugung, des Warenaustausches und des Geldwesens vom lokalen zum nationalen und internationalen Markt machte die bisherige Feudalwirtschaft immer unrentabler. Der nur für seinen Herrn produzierende Leibeigene hatte kaum einen Anreiz zu besonderer Anstrengung empfunden; die Gewinne, die jetzt dem freien Bauern, Fabrikanten und Kaufmann winkten, bildeten hingegen einen ständigen Anreiz zur Beschleunigung des ökonomischen Pulsschlags der Nation. Die

* Allmenden waren Teil der Gemeindeflur, die Gemeineigentum der Dorfbewohner war und gewöhnlich aus Weide, Wald oder Ödland bestand.

Dörfer lieferten immer größere Lebensmittelmengen in die Städte, die Städte produzierten im Austausch immer mehr Güter, die der Landmann benötigte, und so begannen die Überschüsse die alten räumlichen Grenzen und die von einem engherzigen Zunftwesen beschränkten Märkte zu überfluten und sich über das ganze Land und weit über das Meer zu ergießen.

Einige Gilden verwandelten sich in «Handelsgesellschaften», die, mit königlichen Privilegien ausgestattet, englische Erzeugnisse im Ausland vertrieben. Noch im vierzehnten Jahrhundert hatten ausschließlich italienische Schiffe den Warentransport nach und von den englischen Inseln besorgt; jetzt bauten die Engländer ihre eigenen Schiffe und befuhren die Nordsee und die Atlantikküste bis ins östliche Mittelmeer. Die Neulinge erregten das Mißfallen der Hansa wie der Genuesen; man versuchte, sie zu boykottieren und – als das nicht half – zu kapern; aber der weitsichtige Heinrich VII. gewährte seinen jungen Schiffen staatlichen Schutz, schuf durch internationale Handelsverträge Ordnung und Frieden auf den Meeren, und um 1500 beherrschten die wagemutigen Kaufleute Englands den Nordseehandel. Die Möglichkeit des Handels mit China und Japan ins Auge fassend, beauftragte Heinrich den italienischen Seefahrer Giovanni Capoto – der unter dem Namen John Cabot in Bristol lebte –, eine nördliche Atlantikroute nach Ostasien zu suchen (1497). Cabot mußte sich jedoch mit der Auffindung Neufundlands zufriedengeben; während einer zweiten Forschungsreise längs der Küste, zwischen Labrador und dem Delaware, starb er (1498); sein Sohn Sebastian trat in spanische Dienste über. Weder der Seefahrer noch sein König dürften sich bewußt gewesen sein, daß diese Expeditionen den Auftakt zum englischen Imperialismus bildeten und der englischen Kolonisation eine Weltgegend erschlossen, die sich Jahrhunderte später als Englands Stärke und Rettung erweisen sollte.

Mittlerweile förderten Schutzzölle die einheimische Gütererzeugung und die Kraft der Wirtschaft derart, daß der Zinssatz für Leihgeld auf fünf Prozent fiel. Löhne und Arbeitsbedingungen unterlagen einer strikten Regelung durch die Obrigkeit, wie aus dem nachstehenden Erlaß Heinrichs VII. hervorgeht (1495):

> «Jeder Handwerker und Arbeiter muß von Mitte März bis Mitte September vor fünf Uhr früh an der Arbeit sein, er darf nicht mehr als eine halbe Stunde für sein Frühstück und anderthalb Stunden für sein Mittagessen in Anspruch nehmen, in welcher Zeit er Gelegenheit zum Schlafen hat ... und er darf die Arbeit nicht verlassen ... vor sieben bis acht Uhr abends ... Von Mitte September bis Mitte März muß jeder Handwerker und Arbeiter an der Arbeit sein, wenn es hell wird, und nicht aufhören, bevor es dunkel wird ... und unter Tags darf er nicht schlafen.»[2]

Das klingt hart; doch gab es außer den Sonntagen noch vierundzwanzig weitere Feiertage pro Jahr, die Zeit zu Trunk und Schlaf ließen. Für viele Güter waren «angemessene Preise» festgesetzt; wir hören von Verhaftungen wegen Preisüberschreitungen. Der Kaufkraft nach scheint die Entlöhnung Ende des fünfzehnten Jahrhunderts höher gewesen zu sein als anfangs des neunzehnten.

Gleichwohl forderten die Arbeitermassen materielle und soziale Besserstellung. Beinahe alljährlich erschienen egalitäre Schriften, in denen es beispielsweise hieß: «Ihr seid aus dem gleichen Stoff und in der gleichen Form geschaffen wie die oberen Stände; warum sollen sie ihr Vergnügen und ihre Freude haben, wenn ihr arbeiten und schuften müßt?

Warum sollen sie in Saus und Braus leben und so viele Güter dieser Welt besitzen und ihr so wenig?» Die Umwandlung der Allmenden zu Schafweiden rief zahlreiche Zusammenstöße hervor, auch zwischen Handwerkern und Kaufleuten entstanden periodisch Konflikte; weitere Bestrebungen galten der Stärkung der kommunalen Selbstverwaltung, der Vertretung der Arbeiterschaft im Parlament und der Senkung der Steuern.

Im Juni 1450 marschierten zahlreiche Bauern und städtische Arbeiter in guter Ordnung nach London und lagerten bei Blackheath. Ihr Führer, Jack Cade, überreichte eine säuberlich abgefaßte Beschwerdeschrift, in der es unter anderem hieß: «Alle gemeinen Leute können bei den Steuern und Abgaben und anderen Lasten nicht von ihrer Hände Arbeit und Landwirtschaft leben.» Die Eingabe gipfelte in der Forderung, das Arbeiterstatut aufzuheben und ein neues Ministerium einzusetzen. Der Kronrat verwarf die Petition und warf Cade egalitärer Bestrebungen vor*. Bei Sevenoaks stießen königliche Truppen, von den Gefolgsleuten einiger Lords verstärkt, mit den Rebellen zusammen und wurden von ihnen zur allgemeinen Überraschung geschlagen (18. Juni). Die Aufständischen strömten nach London, wo der Kronrat zu ihrer Beschwichtigung die Festnahme Lord Sayes und William Cromers verfügte, zweier als besondere Tyrannen verhaßter Männer. Am 4. Juli wurden sie dem den Tower belagernden Volk ausgeliefert; von den Rebellen zur Rechenschaft gezogen, weigerten sie sich, ein Wort zu ihrer Verteidigung zu sagen, und verloren die Köpfe, die man – nach Holinshed – aufpflanzte und jubelnd durch die Londoner Straßen trug; ab und zu schlug man die abgeschlagenen Häupter wie zum Bruderkuß gegeneinander. Schließlich gelang es dem Erzbischof von Canterbury und dem Bischof von Winchester, durch Konzessionen und das Versprechen der Straffreiheit die Rebellen zum Abzug zu bewegen. Als Jack Cade das Abkommen durch einen Überfall auf die Burg Queensborough in Sheppey brach, tat ihn der Kronrat in Acht und Bann; am 12. Juli von Häschern gestellt, wehrte er sich gegen die Festnahme und wurde tödlich verwundet. Acht Mittäter verfielen dem Galgen, den Rest begnadigte der König «zur großen Freude all seiner Untertanen».

## III. BRAUCHTUM UND SITTEN

Um 1500 berichtete der venezianische Gesandte seiner Signoria:

> «Die Engländer – Männer und Frauen jeden Alters – sind zumeist gut gewachsen und schön ... Sie sind große Bewunderer der eigenen Person und lieben alles, was ihnen gehört; sie halten sich für die einzigen Menschen und England für die einzige Welt; wenn sie einen gut aussehenden Ausländer sehen, sagen sie: ‚Er sieht wie ein Engländer aus' und finden es einen Jammer, daß er keiner ist.»[3]

Die Engländer hätten damit parieren können, daß diese Charakterisierung, *mutatis mutandis*, auf alle Völker zutrifft; doch waren sie nach Körperbau, Charakter und Spra-

* Vgl. Shakespeares Karikatur von Jack Cade: «Sieben Sechserbrote sollen künftig in England für einen Groschen verkauft werden ... Ich will es für ein Hauptverbrechen erklären, Dünnbier zu trinken. Das ganze Reich sollen alle insgemein haben ... Und hier ... verordne ich und befehle, daß ... auf Stadtunkosten durch die Seigerinne nichts als roter Wein laufen soll ... Und hinfüro soll alles in Gemeinschaft sein.» – *König Heinrich der Sechste*, Zweiter Teil, vierter Aufzug, zweite und sechste Szene.

che zweifellos ein besonders kräftiger Schlag. Sie fluchten so herzhaft, daß Jeanne d'Arc sie nur die «Goddams» nannte. Auch die Damen taten sich keinen Zwang an und erörterten Fragen der Erotik mit einer Offenheit, die selbst in unserer Zeit anstößig wäre. Immerhin brachten es die kriegerischen Expeditionen auf dem Festland mit sich, daß man sich seiner ungeschliffenen Manieren zu schämen begann und sie mittels strenger Etikettevorschriften zu zähmen suchte – keine Kleinigkeit in einem Land, wo jeder sein Leben verteidigen mußte, so gut er konnte, jederzeit bereit, Schlag mit Schlag zu parieren und im Notfall kaltblütig zu töten. Hand in Hand damit gingen Ritterlichkeit, Großmut und manchmal sogar Zärtlichkeit. Kriegserprobte Männer vergossen Tränen, als Sir John Chandos, der «vollkommene Ritter», starb, und aus dem Brief Margaret Pastons an ihren kranken Gatten (1443) geht hervor, wie wenig die Liebe an Zeit, Ort und Volk gebunden ist. Doch sollten wir hinzufügen, daß die gleiche Dame ihrer Tochter beinahe den Schädel einschlug, weil diese sich weigerte, den ihr von den Eltern zugedachten Mann zu heiraten.

Die Mädchen wuchsen in keuscher Abgeschlossenheit auf, denn Jungfräulichkeit galt auf dem Heiratsmarkt als geschätzte Ware, die vor der Bestie Mann geschützt werden mußte. Die Eheschließung selbst erfolgte mehr oder weniger als Nebenleistung bei einer Eigentumsübertragung. Nach dem Gesetz durften Mädchen mit zwölf, Knaben mit vierzehn Jahren – sogar ohne Einwilligung der Eltern – heiraten; die oberen Stände arrangierten aber zur Beschleunigung der Dinge Verlobungen von eben erst Siebenjährigen. Liebesheiraten bildeten die Ausnahme, und da es keine Scheidung gab, hielt man sich, insbesondere in der Aristokratie, an den Ehebruch. Nach Holinshed «herrschte allenthalben die häßliche Sünde der Wollust und Unzucht, begleitet von verabscheuungswürdigen Ehebrüchen, besonders beim König». Nach reichlichen Kostproben erhob Eduard IV. Jane Shore zur bevorzugten Bettgenossin, die ihm mit sinnlicher Treue dankte und vielen Bittstellern eine gütige Fürsprecherin wurde. Nach seinem Ableben mußte sie auf Befehl Richards III., der mit der Anprangerung der Sünden seines Bruders möglicherweise die eigenen bemänteln wollte, im weißen Büßerhemd durch Londons Straßen paradieren. Von allen verleugnet, denen sie in ihrer guten Zeit Gutes getan hatte, verlebte sie ein trostloses Alter.

Von der Gesetzlosigkeit der heute so gesetzesfürchtigen Engländer kann man sich schwer eine Vorstellung machen. Durch hundert Jahre Krieg verroht und nur zum Waffenhandwerk erzogen, tobte sich der aus Frankreich heimkehrende Adel in privaten Fehden weiter aus, und um die in Frankreich überflüssig gewordenen Söldner in seine Dienste nehmen zu können, gierte er rücksichtslos nach Geld. Die niederen Schichten waren nicht besser; ganz unten stahl man, was zu stehlen war, etwas höher bot man minderwertige Waren feil und benutzte falsche Gewichte, so daß der Kontinent englische Waren zurückzuweisen begann; manche widmeten sich der Seeräuberei. Bestechung war gang und gäbe: Richter vermochten nur mit Hilfe von «Geschenken» Recht zu sprechen; Geschworene ließen sich ihre Gunst vom Kläger oder Beklagten oder auch von beiden abkaufen, Steuereinnehmer drückten beide Augen zu, wenn man sie gehörig schmierte; Rekrutierungsoffiziere – wie Shakespeares Falstaff – konnten bewogen werden, einen Ort zu übersehen; ein auf den Kontinent entsandtes Kontingent ließ sich durch französisches Gold zur Untätigkeit veranlassen. Die Jagd nach Geld ging mit der gleichen Besessenheit vor sich wie heute; und Männer wie Chaucer prangerten sie in ihren Versen nur an, um sie in der Praxis zu üben. Der moralische Zusammenbruch der Gesellschaft wäre unvermeidlich gewesen, wenn die große Masse der schlichten Landbevölkerung nicht trotz aller Fährnisse Heimat und Volk vor dem Untergang bewahrt hätte.

Von Kaufleuten und städtischen *prolétaires* abgesehen bevorzugten alle Stände, soweit sie nur konnten, das Leben auf dem Lande, wo die gegen die modernen Geschütze nicht mehr zu verteidigenden Burgen eine allmähliche Umgestaltung zum ländlichen Herrenhaus erfuhren. An die Stelle des Natursteins traten Ziegel; einfache Häuser freilich wurden nach wie vor aus Holz und Lehm gebaut. Die frühere, allen Zwecken dienende große Halle schrumpfte immer mehr ein, bis sie schließlich nur noch den Vorraum zum großen Wohnzimmer, einigen kleineren Räumen und zum *drawing room* (von *to withdraw* – sich zurückziehen – abgeleitet) für die intime Unterhaltung im kleinen Kreis darstellte. Durch die vergrößerten, manchmal bunten Fenster fiel Licht ins vorher dunkle Innere. Den Rauch der Herdstelle, der bisher durch Fenster, Tür und Dach abgezogen war, leitete man durch einen Kamin ins Freie; die immer prächtiger werdenden Feuerstellen betrachtete man als eine würdige Dekoration des Wohnzimmers mit seinem – freilich nicht immer – getäfelten *plafond* und dem gekachelten Fußboden. Wenn wir dem mehr literarisch als sachlich zuverlässigen Erasmus trauen dürfen,

> «sind fast alle Böden aus Binsen und Lehm aus dem Marschland. Sie werden so unsorgfältig erneuert, daß das Fundament oft zwanzig Jahre unverändert bleibt und sich da unten Spucke, Gebrochenes und Gepisse von Menschen und Hunden, Bier ... Fischreste und anderer unbeschreiblicher Unrat ansammelt. Ändert sich das Wetter, steigt ein Dunst auf, der nach meinem Dafürhalten alles andere als gesund ist.»[4]

In reichen Häusern gab es kostbare Gobelins, mächtige, reich geschnitzte Himmelbetten, geblümte Bettdecken, einen Eßtisch aus Nußbaum oder Eiche – oft ein Meisterwerk der Schnitzkunst – und offene Gestelle für das Tafelgeschirr. Die Mahlzeiten nahm man jedoch meist im *parler*, einem dem Gespräch dienenden Raum, ein.

Um Öl zu sparen, speiste man in den Tagesstunden: Um zehn Uhr vormittags nahm man das *dinner*, um fünf Uhr nachmittags das *supper* ein. Zur Vermeidung von *rencontres* zwischen ihren langen Locken und der Suppe trugen die Männer auch bei Tisch Kopfbedeckungen. Bis 1463, als man sich den heutigen Tischmanieren zu nähern begann, benutzte man Gabeln nur zum Servieren des Salats und zum Rösten von Käse, sonst aß man mit den Fingern. Sein Messer brachte der Gast selbst mit, der es in einer kurzen Scheide am Gürtel trug. In Ermangelung von Taschentüchern, die erst Mitte des sechzehnten Jahrhunderts in Gebrauch kamen, schneuzte man sich mit den Fingern; immerhin schrieb der Anstand vor, es mit der Hand zu tun, die das Messer hielt, und nicht mit der, die die Speisen zum Munde führte. Servietten kannte man nicht, aber das Abwischen des Mundes am Tischtuch war untersagt. Bei den sehr reichlichen Mahlzeiten verspeiste ein Mann von Rang fünfzehn bis zwanzig Gerichte. Die großen Herren führten einen entsprechend großen Tisch und fütterten an die hundert Gefolgsleute, Besucher und Diener; der Königsmacher Warwick speiste manchmal fünfhundert Gäste auf einmal und schlachtete täglich sechs Ochsen. Das Hauptnahrungsmittel bildete Fleisch; Gemüse war knapp und wenig geschätzt. An Bier, dem wichtigsten Getränk, konsumierte man pro Person und Tag durchschnittlich viereinhalb Liter, die Klosterfrauen mit eingeschlossen. Nach Sir John Fortescue (um 1470) «trinkt ein Engländer kein Wasser, außer aus religiösen Gründen oder um Buße zu tun».

Der einfache Mann trug einen schlichten, für die Arbeit geeigneten Kittel; der Begüterte liebte pelz- oder federnbesetzte Hüte, einen farbigen Umhang, Wämser mit Puffärmeln und lange, knapp anliegende Beinlinge; Chaucer, der seinen Pfarrer ein bitteres Klagelied über dieses Kostüm anstimmen läßt, trug, als er selbst Page war, ein farbenprächtiges Kostüm mit einem roten und einem schwarzen Hosenbein. Die langen, spitzen Schnabelschuhe des vierzehnten Jahrhunderts machten im fünfzehnten einem Schuh mit breiter Kappe Platz. Was «die schamlose Aufmachung der Frauen anbelangt», sagt Chaucer, «zeigen sie, weiß Gott, trotz der scheinbaren Tugend mancher Gesichter» durch «ihre schändliche, liederliche Blöße ihre ganze Lüsternheit und Eitelkeit». Dem scheinen die auf uns gekommenen Bilder zu widersprechen, zeigen sie uns doch das zarte Geschlecht von Kopf bis Fuß in eine Überfülle von Kleidungsstücken eingehüllt.

Die Zeit vertrieb man sich mit Brettspielen, wie Dame und Schach, mit Würfeln, Fischen und Jagen, Bogenschießen und Turnieren. Das Kartenspiel fand Ende des fünfzehnten Jahrhunderts Eingang, und kurioserweise haben die Spielkarten alle Launen der Mode überdauert und zeigen noch heute die Kostüme jener Zeit. Man tanzte und musizierte mit großer Freude; der Gesang fand so allgemeine Pflege, daß englische Sänger sogar auf dem Kontinent gefielen. Heinrich V. war neben John Dunstable einer der besten Komponisten des Tages. Man kannte bereits Vorläufer des heutigen Tennis, Fuß- und Handball, liebte Scheibenschießen und Kegeln, boxte und maß sich im Ringkampf, hetzte Hähne aufeinander, reizte Stiere und Bären; Akrobaten und Seiltänzer zogen immer ein großes Publikum an. Die Könige und großen Lords hielten sich Jongleure, Hofnarren und Spaßmacher; zur Weihnachtszeit ernannte der König oder die Königin einen *Lord of Misrule* – eine Art von Prinz Karneval – zur Organisation der Festlichkeiten und Spiele. Die Damen mischten sich frei unter die Männer, tranken mit ihnen in den Tavernen, jagten mit Hunden und Falken und lenkten bei den Turnieren die Aufmerksamkeit der Zuschauer von den kämpfenden Rittern ab; sie waren es, die mit der Königin an der Spitze die goldene Siegeskrone verliehen.

Reisen war mühsam, dennoch blieb niemand zu Hause – kein gutes Zeichen für die eheliche Treue. Die Straßen waren je nach Jahreszeit morastig oder staubig, die Herbergen zwar malerisch, aber schmutzig und von Wanzen, Ratten und Flöhen verseucht. Der Arme wanderte zu Fuß, die Reichen ritten in bewaffneten Kavalkaden, denn die Straßenräuber schonten weder Stand noch Alter und Geschlecht. Die ganz Reichen reisten in der neumodischen, von Pferden gezogenen Kutsche – angeblich die Erfindung eines Ungarn. Die Karossen des Adels zeigten allerhand Schnitzwerk, waren bemalt und vergoldet, gepolstert und mit Vorhängen versehen; trotzdem waren sie unbequemer als ein Kamel und unhandlich wie ein Fischerboot. Die Schiffe waren eher schlechter als im Altertum; König Johanns Überfahrt von Bordeaux nach London dauerte (1357) zwölf Tage.

Ein Goldenes Zeitalter erlebten die Verbrecher, obschon man für Mord, Hochverrat, Raub, Brandstiftung, Diebstahl und Kirchenschändung am nächstbesten Ast sein Leben aushauchte und der Leichnam zur Abschreckung und als Festmahl für die Krähen hängen blieb. Da die Städte zu arm waren, um Gendarmen zu besolden, mußten sich alle Männer beim Ruf «Haltet den Dieb!» an der Verfolgung eines Fliehenden beteiligen; doch fing man nur wenige. Die Folter – von Eduard IV. eingeführt – sollte sowohl aus dem Beschuldigten als auch aus den Zeugen die Wahrheit herausbringen; an diesem sonderbaren Verfahren hielt man zweihundert Jahre fest. Die Juristen vervielfachten sich.

Vielleicht beurteilen wir jene Epoche zu streng und vergessen die Brutalität unseres eigenen erleuchteten Jahrhunderts. Sir John Fortescue, Lord-Oberrichter unter Heinrich VI., schätzte seine Zeit jedenfalls höher ein und lobte sie in zwei damals weit verbreiteten Büchern. Der Dialog *De laudibus legum Angliae* ist ein Preislied auf das englische Recht und Schwurgericht, obschon er die Verwendung der Folter beklagte; den Fürsten hingegen gab er – an das Vorbild von tausend Philosophen anknüpfend – den guten Rat, sich nicht zu gesetzestreuen Dienern ihrer Völker zu erniedrigen. In *Monarchia, or Governance of England* behielt bei einem Vergleich Frankreichs und Englands der Patriot die Oberhand: In Frankreich werde man ohne öffentliche Gerichtsverfahren verurteilt und die Ständevertretung nur selten einberufen; Lebensnotwendigkeiten wie Salz und Wein würden besteuert. Trotz solchen Lobes auf sein Vaterland endet Sir John mit der Proklamation der Souveränität des Stuhles Petri über die weltliche Gewalt *usque ad pedum oscula* – bis zum Kuß auf des Papstes Fuß.

## IV. DIE LOLLARDEN

Die englische Kirche hatte die ihr von Wiclif versetzten Stöße glücklich überlebt und verlorenes Terrain zurückgewonnen. Ihre Schatzkammern füllten sich zusehends, und die immer mehr in Brauch kommenden Seelenmessen, *chantries*, brachten ihr zusätzliche große Einnahmen. So durfte es sich Erzbischof Arundel erlauben, 1407 erneut die Suprematie des kanonischen Rechts über die weltliche Gesetzgebung zu proklamieren und die Mißachtung der päpstlichen Bullen als schwere Ketzerei zu verdammen.

Im Oberhaus dominierte immer noch der Klerus, der mit mehr als zwanzig Bischöfen und sechsundzwanzig Äbten die siebenundvierzig Laien leicht überstimmte. Zur Brechung dieser Abhängigkeit von Rom erzwangen sich die englischen Könige nach und nach das Recht, die Bischöfe und Äbte selbst zu ernennen; diese neue Abhängigkeit der Hierarchie vom Staat erleichterte es Heinrich VIII., die völlige Unterordnung der englischen Kirche unter die königliche Gewalt zu erreichen.

Unterdessen setzten die «Armen Prediger» Wiclifs ihre antiklerikale Agitation fort. Im Bericht eines klösterlichen Chronisten aus dem Jahre 1382 heißt es, offenbar von der Angst eingegeben: «Sie vermehrten sich überreichlich wie knospende Pflanzen und füllten das ganze Königreich ... Man kann auf der Straße kaum je zwei Menschen begegnen, ohne daß nicht einer ein Anhänger Wiclifs ist.» Das bereitwilligste Gehör fanden die Lollarden bei den Arbeitern, insbesondere den Webern Norfolks, und 1395 fühlten sie sich stark genug, um dem Parlament eine kühne Darstellung ihrer Grundsätze zukommen zu lassen: Aufhebung des Priesterzölibats, Abschaffung der Heiligen- und Bilderverehrung, der Wallfahrten und Seelenmessen, das Verbot von Stiftungen an die Kirche und der Verquickung von geistlichen Ämtern mit dem Staatsdienst, die Einstellung von Ohrenbeichte und Teufelsaustreibungen und die Verwerfung des Dogmas von der Transsubstantiation. In weiteren Veröffentlichungen empfahlen sie die regelmäßige Lektüre der Heiligen Schrift und die Befolgung ihrer Lehren; den Krieg verurteilten sie als unchristlich und Luxus als amoralisch; sie verlangten Gesetze zur Erzwingung einfacherer Kleidung und Ernährung und forderten die Ersetzung der Eidesformel durch Wendungen wie «Ich bin überzeugt» oder «Es ist wahr», womit in England puritanisches Denken und Empfinden erstmals Wurzeln zu schlagen begann. Einige Prediger verschmolzen ihre religiösen Grundsätze mit egalitären Forderungen; die Mehrheit suchte aber nicht nur unter den Proletariern und Bauern, sondern auch bei den Grundbesitzern und dem Adel Anhang zu gewinnen und unterließ Angriffe auf das Privateigentum.

Den oberen Ständen saß die Furcht vor der Revolution, der sie 1381 mit so knapper Not entronnen waren, trotzdem in den Knochen, so daß die Kirche sie in neuer Bereitschaft fand, ihr als einem stabilisierenden Element Schutz zu gewähren. Richard II. bedrohte ins Parlament gewählte Lollarden mit der Festnahme und brachte sie so zum Schweigen. In einer an den König gerichteten Petition verlangten die englischen Bischöfe die Hinrichtung hartnäckiger Ketzer «wie in anderen Reichen christlicher Konfession» (1397); doch so weit wollte Richard nicht gehen. Aber schon 1401 erließen Heinrich IV. und sein Parlament das berüchtigte Statut *De haeretico comburendo*, das für alle von einem geistlichen Gericht als hartnäckige Ketzer verurteilten Personen den Scheiterhaufen und für ketzerische Schriften die Vernichtung vorsah – und noch im gleichen Jahr endete der Lollardenprediger William Sawtrey in den Flammen. Andere Lollardenprediger widerriefen und fanden Nachsicht. 1406 behauptete der Prinz von Wales in einer neuen Petition, die Angriffe der Lollarden auf das Eigentum der Klöster seien geeignet, die bestehende Ordnung zu gefährden. Heinrich IV. befahl die energischere Verfolgung der Ketzer, doch waren die Bischöfe viel zu sehr durch die Probleme des päpstlichen Schismas absorbiert, als daß sie sich dieser Jagd hätten widmen können. 1410 erklärte ein geistliches Gericht den Schneider und Lollarden John Badby zum Ketzer; unmittelbar vor der Exekution beschwor «Prinz Hal» den Verurteilten persönlich, zu widerrufen, und bot ihm Leben und Geld, doch Badby zog den Flammentod vor.

Der Prinz, der 1413 als Heinrich V. zur Regierung gelangte, setzte sich nach der Thronbesteigung mit aller Kraft für die Unterdrückung der Irrlehren ein. Dabei machten die Eiferer nicht einmal vor Sir John Oldcastle, Lord Cobham, halt, einem um die Nation verdienten Kriegsmann und persönlichen Freund des Königs – den ein Teil des Shakespeare-Publikums später mit Falstaff identifizierte. Dreimal von den Bischöfen vorgeladen, weil er auf seinen Besitzungen in Herefordshire und Kent Lollardenprediger aufnahm, weigerte er sich dreimal, den Vorladungen Folge zu leisten, bis er schließlich auf schriftlichen Befehl des Königs (1413) im gleichen Kapitelhaus der Paulskirche erscheinen mußte, wo Wiclif sechsunddreißig Jahre früher vor den damaligen Bischöfen gestanden hatte. Da er sich hartnäckig zur lollardischen Auffassung der Beichte und des Abendmahls bekannte, wurde er der Ketzerei schuldig befunden und in den Tower geworfen. In der Hoffnung, daß er doch noch widerrufen werde, gewährte man ihm eine Galgenfrist von vierzig Tagen. Statt dessen entfloh er. Als sich die Nachricht verbreitete, rebellierten die Lollarden der Londoner Gegend und suchten sich sogar der Person des Königs zu bemächtigen (1414). Der Versuch schlug fehl; die Führer, die man fing, endeten am Galgen. Oldcastle verbarg sich drei Jahre in den Bergen von Herefordshire und Wales, schließlich erwischten ihn die Häscher doch; der Lebendige wurde als Verräter gehenkt, der Tote als Ketzer verbrannt (1417) – so erhielten beide, Kirche und Staat, ihr Recht.

Im Vergleich mit anderen Verfolgungen kamen die Lollarden noch glimpflich davon, fanden doch zwischen 1400 und 1485 nur elf Hinrichtungen statt. 1518 endete Thomas Man, der siebenhundert Personen zum Lollardentum bekehrt zu haben behauptete, auf dem Scheiterhaufen, und 1521 teilten sechs Personen sein Schicksal. Als Heinrich VIII. den Trennungsstrich zwischen England und der römischen Kirche zog und sich die Nation widerstandslos darein fügte, hätten die Lollarden mit Recht behaupten können, ihm den Weg geebnet zu haben.

1450 veröffentlichte Reginald Pecock, Bischof von Chichester, ein Buch unter dem zeitgenössischen Titel *Abwehr der allzu reichlichen Kritik am Klerus*. Diese Schrift war insofern eigenartig, als der Verfasser dem Lollardentum nicht mit Kerker und Scheiterhaufen, sondern mit einem Appell an die Vernunft beizukommen suchte, wobei der von seinem Thema fortgerissene Bischof so viele Vernunftgründe vorbrachte, daß er sich am Ende in die Vernunft verliebte und selbst der Ketzerei gefährlich nahekam. In einem *Traktat über den Glauben* bekannte er sich eindeutig zur Vernunft; sie sei ein zuverlässigeres Wahrheitskriterium als die Heilige Schrift, eine Auffassung, zu der sich Europa erst zweihundert Jahre später von neuem bekennen sollte. Zu allem Überfluß hielt der streitbare Lollardengegner die Kirchenväter nicht in allen Punkten für vertrauenswürdig, Aristoteles für keine unanfechtbare Autorität, die Konstantinische Schenkung für eine Fälschung und die Apostel nicht für die Urheber der apostolischen Glaubenssätze. Der stolze Pecock* sah sich von seinen bischöflichen Kollegen zur Rechenschaft gezogen und vor die Wahl zwischen Widerruf und Scheiterhaufen gestellt (1457). Da es ihn nach so übermäßiger Wärme nicht gelüstete, verlas er einen Widerruf und verbrachte, seines Amtes enthoben, den Rest seiner Tage in der Abgeschlossenheit der Abtei Thorney (1460).

* *Pecock* bedeutete im mittelalterlichen Englisch *Pfau* (Anm. d. Übers.).

## V. DIE ENGLISCHE KUNST: 1300–1509

Trotz aller antiklerikalen Tendenzen erwies sich das religiöse Gefühl immer noch als stark genug, um dem englischen Kirchenbau zu einem bescheidenen Höhepunkt zu verhelfen, während die profane Baukunst dank der Kriegsbeute und dem steigenden Wohlstand ansehnliche Burgen und Paläste hervorbrachte und Oxford und Cambridge mit den pompösesten Wohnstätten versah, die der Wissenschaft je errichtet worden sind. Marmor aus Purbeck, Alabaster aus Nottingham, Holz aus dem Wald von Sherwood und die in allen Grafschaften gebrannten Lehmziegel verwandelten sich in feste Rundtürme und himmelragende Kirchen. Neben die gotischen Deckengewölbe aus Stein traten Holzdecken, die den gemauerten an Schönheit und Solidität kaum etwas nachgaben. Die häßlichen, in aufdringlicher Weise von Mauer zu Mauer gespannten Schwibbogen wurden durch vorspringende Stichbalken ersetzt, die mit massiven Verstrebungen aus Eichenholz das hochragende Gewölbe trugen; die Schiffe einiger der schönsten englischen Kirchen sind auf diese Weise überdacht. So erhielt die Kathedrale von Selby ein ornamentiertes Rippengewölbe aus Eichenholz, das an Schönheit mit den aus Stein gemeißelten Fächergewölben der Abteikirche von Bath, des Chors der Kathedrale von Ely und des südlichen Querschiffs der Kathedrale von Gloucester wetteiferte.

Von der Gestaltung des Fenstermaßwerks, der Wandgliederung und des Lettners leiten sich die Namen der verschiedenen, aufeinander folgenden gotischen Stilepochen ab, die sich freilich häufig überschneiden und oft im selben Bauwerk nebeneinander zu finden sind. Die geometrische Hochgotik (*Geometrical Decorated Gothic*, etwa 1250 bis etwa 1315) verwendete, beispielsweise in der Kathedrale von Exeter, euklidische Figuren. Die geschweifte Hochgotik (*Curvilinear Decorated Gothic*, etwa 1315 bis etwa 1380) gab die festen geometrischen Formen zugunsten frei schwingender, den französischen *style flamboyant* andeutungsweise vorwegnehmender Linien auf. Ein Musterbeispiel dieses Stils bildet die südliche Fensterrose der Kathedrale von Lincoln. Die Spätgotik, der Perpendikularstil (*Perpendicular Gothic*, etwa 1330 bis etwa 1530), betonte innerhalb des herkömmlichen gotischen Spitzbogens neben den Vertikalen auch die Horizontallinien, so etwa in der Heinrichskapelle der Westminsterabtei. Die intensiven Farben der Glasfenster des dreizehnten Jahrhunderts wichen lichteren, oft durch Grisaille und Silber aufgehellten Tönen; das sterbende Rittertum und die Legenden der christlichen Kirche bildeten die Gegenstände dieser Glasmalereien, die einen letzten Aufschwung des gotischen Kunstgefühls und seine beginnende Entartung verrieten.

Nur selten in seiner Geschichte hat England eine solche Ekstase des Bauens erlebt. Am heutigen Kirchenschiff der Westminsterabtei haben sich drei Jahrhunderte abgemüht (Bauzeit 1376 bis 1517). Wir vermögen wohl nur zu ahnen, was alles in dieser langen Zeitspanne an geistiger und handwerklicher Arbeit geleistet worden ist, um dem Genius eines Landes dieses einmalige Mausoleum zu errichten. Die Erneuerung des Schlosses Windsor war kaum weniger eindrucksvoll: Eduard III. führte den großen

Rundturm in erweitertem Umfang von neuem auf (1344), Eduard IV. nahm die St. Georgskapelle mit ihrem schönen Chorgestühl, ihrem Fächergewölbe und den Glasmalereien in Angriff (1473). Alan de Walsingham entwarf für Ely die im *decorated style* gehaltene wunderschöne Marienkapelle und das «Octagon» mit Kuppelaufsatz. Die Kathedrale von Gloucester erhielt einen Mittelturm, ein Chorgewölbe, ein prachtvolles Ostfenster und geräumige Kreuzgänge, deren Fächergewölbe zu den Wundern Englands gehören. Winchester erweiterte sein riesiges Kirchenschiff und erneuerte seine Fassade im Perpendikularstil. Von dem im gleichen Stil erbauten Dom zu Coventry hat nur der stattliche Turm den Zweiten Weltkrieg überlebt. Peterborough gab seiner Kathedrale ein Fächergewölbe, das sich zu schwindelnder Höhe emporschwang, York vollendete Langhaus, Westtürme und Chorschranken seines Münsters. Türme, glanzvolle Krönung dieses Baustils, zierten Merton und Magdalen College in Oxford, die Abteien von Fountains, Canterbury, Glastonbury, Derby, Taunton und hundert andere Kirchen. Das New College in Oxford baute William of Wykeham im Perpendikularstil, und William of Waynflete, ein anderer Neunzigjähriger, eiferte mit dem großen Innenhof von Eton seinem Beispiel nach; das King's College in Cambridge übertraf die ganze Epoche mit einer Kirche, deren Gewölbe, Chorgestühl und Fenster Caliban mit der Wissenschaft und Timon von Athen mit dem Gebet versöhnen könnten.

Wir finden den für repräsentative Profanbauten so geeigneten, weltlich-sachlichen Geist des Perpendikularstils auch im berühmten Schloß der Grafen von Warwick bei Leamington, das im vierzehnten und fünfzehnten Jahrhundert entstand, und bei der zwischen 1411 und 1435 erbauten Londoner Guildhall – dem Tempel der Londoner Kaufmannschaft –, die 1666 abbrannte. Von Christopher Wren wieder aufgebaut, wurde sie 1866 mit einer neuen Innenausstattung versehen, die unter den Bomben des Zweiten Weltkrieges zugrunde ging. Sogar die städtischen Läden zeigten in ihren von Stäben unterteilten Fenstern spätgotische Formen, die in Verbindung mit geschnitzten Fensterstürzen und Gesimsen und heraustretenden Balkonen noch heute den Zauber eines schwindenden Glanzes heraufbeschwören.

Um die Bildhauerkunst war es schlechter bestellt. Was wir an den Kirchenfassaden, beispielsweise in Exeter und Lincoln, sehen, ist recht mittelmäßig. Die großen Altarschreine der Abteien Westminster und St. Albans bilden zwar schöne Sockel, aber was darauf steht, lohnt nicht der Beschreibung. Etwas besser waren die Grabmäler; so gibt es gute Plastiken, zumeist in Alabaster, von Eduard II. in der Kathedrale von Gloucester, von Lady Eleanor Percy im Münster zu Beverley, von Heinrich IV. und Königin Johanna in Canterbury, von Richard Beauchamp in Warwick. Auffällig gut gelang die Darstellung der Pflanzenwelt der grünen Insel, ihrer Blumen und Bäume. Auf beachtlicher Höhe stand die Holzschnitzerei: Die Chorgestühle von Winchester, Ely, Gloucester, Lincoln, Norwich raubten dem Betrachter mit ihrer mühselig erarbeiteten Schönheit den Atem.

In der Malerei hat das England jener Zeit gleichfalls nichts von Bedeutung aufzuweisen; hingegen blieb die Buchillumination eine beliebte Beschäftigung und ein geschätztes Sammelobjekt; Eduard III. bezahlte für einen illuminierten Band Romanzen 66 Pfund Sterling, und Robert of Ormsby schenkte dem Norwicher Dom einen illuminierten Psalter, den die Bodleiana in Oxford heute als «ihre schönste englische Handschrift» wertet. Nach 1450 verlor die Miniaturenmalerei neben dem Fresko und dem Tafelbild an Bedeutung, und im sechzehnten Jahrhundert verschwand sie vor dem neuen Wunder des Buchdrucks vollends.

## VI. CAXTON UND MALORY

Die berühmteste von allen englischen Moralitäten tauchte zu einem heute nicht mehr feststellbaren Zeitpunkt des fünfzehnten Jahrhunderts auf, und auch der Name des Autors ist vergessen. *Jedermann* ist eine Allegorie, deren Handlungsträger mehr oder weniger ansprechende personifizierte Begriffe sind: Wissen, Schönheit, die Fünf Sinne, Klugheit, Kraft, Habe, Gute Werke, Kameradschaft, Verwandtschaft, Beichte, Tod, Jedermann und Gott. Im Prolog schickt Gott, nachdem er die Mißachtung seiner Zehn Gebote durch neun Menschen von zehn an sechs Tagen von sieben beklagt hat, den Tod zu den Sterblichen, um sie daran zu erinnern, daß er sie für ihre Taten bald zur Rechenschaft ziehen wird. Der Tod benötigt nur eine Zeile, um vom Himmel zur Erde herunterzusteigen, und trifft Jedermann an, wie er dem Gold und den irdischen Lüsten nachsinnt. Der Tod fordert ihn auf, ihm in die Ewigkeit zu folgen, aber Jedermann verweist auf seine mangelnde Vorbereitung und bietet eine große Abfindungssumme; doch der Tod läßt sich nur insoweit erweichen, als er Jedermann erlaubt, sich von einem Freund in die Ewigkeit begleiten zu lassen. Jedermann appelliert an Kameradschaft, mit ihm das große Abenteuer zu teilen, doch Kameradschaft hat Besseres zu tun:

Wenn du essen und trinken und lustig sein willst
Oder der Maiden und Weiber gute Gesellschaft suchst,
Ginge ich gern mit dir ...
*Jedermann:* Leist mir Gesellschaft bei meiner weiten Reise.
*Kameradschaft:* Nein, meiner Treu. Das ist nicht mein Weg.
Wenn du morden willst oder sonst einen umbringen,
Dann bin ich freundwillig dabei.

Jedermann wendet sich an Verwandtschaft, aber sein Vetter will von der Einladung nichts wissen: «Ich hab' einen Krampf in der Zehe.» Jedermann bittet Habe um ihre Begleitung, aber Habe befindet sich schon so lange unter festem Verschluß, daß sie keine Reise unternehmen kann. Schließlich kommt Jedermann zu den Guten Werken; erfreut, daß er sie nicht vergessen hat, bringen sie ihn zum Wissen, und Wissen bringt ihn zur Beichte, und Beichte reinigt ihn von Sünde. Dann begleiten die Guten Werke Jedermann ins Grab, und ein Engelschor heißt den gereinigten Sünder im Paradies willkommen.

Der Verfasser hat beinahe, wenn auch nicht ganz, über eine spröde dramatische Form triumphiert. Eine personifizierte Eigenschaft kann nie an die Stelle eines lebendigen Menschen treten, weil jeder Mensch als ein Wesen voller unlösbarer Widersprüche einmalig ist; Sache der großen Kunst ist es, das Allgemeine im Besonderen darzustellen, wie in Hamlet, Don Quixote, Ödipus und Panurge. Es bedurfte noch eines Jahrhunderts der Experimente und des schöpferischen Gestaltens, um die langweiligen Moralitäten zum lebendigen Drama der Elisabethanischen Epoche mit seinem Kaleidoskop individueller Charaktere zu entwickeln.

Der größte Beitrag zum literarischen Leben des Jahrhunderts stammte im doppelten Sinn von William Caxton, nämlich als Übersetzer fremden Geistesgutes ins Englische und als Begründer des englischen Buchdrucks. In Kent geboren, kam er als Kaufmann nach Brügge, wo er zum Zeitvertreib französische Romane übersetzte. Bald setzte eine rege Nachfrage nach Abschriften ein, die Caxton selbst anfertigte; aber – so sagt er uns – «meine Hand ermüdete und wurde durch soviel Schreiben unsicher ... und meine Augen schwammen durch soviel Schauen auf weißes Papier». Wir wissen nicht, wo Caxton erstmals eine Buchdruckerpresse sah; vielleicht in Köln, wo Ulrich Zell – ein früherer Mainzer Gehilfe Gutenbergs – seit 1466 eine solche betrieb. Als Colard Mansion 1471 in Brügge eine Buchdruckerwerkstatt einrichtete, löste Caxton jedenfalls sein Problem, indem er dem Genannten die Manuskripte seiner Übersetzungen zur Vervielfältigung gab. Als Fünfundfünfzigjähriger nach England zurückgekehrt, installierte er eine aus Brügge mitgebrachte Druckerpresse in Westminster und druckte in seinen restlichen fünfzehn Jahren nicht weniger als achtundneunzig Bücher, darunter mehrere eigene Übersetzungen aus dem Lateinischen und Französischen; nach seinem Ableben (1491) führte sein aus dem Elsaß stammender Gehilfe Wynkyn de Worde das revolutionäre Werk weiter.

Caxton hat sowohl durch die Auswahl der Titel als auch durch selbst verfaßte geistreiche Vorworte die englische Literatur nachhaltig beeinflußt. 1485 gab er eines der liebenswertesten Meisterwerke der englischen Prosa heraus: *Die herrlichen Abenteuer König Arthurs und gewisser seiner Ritter*. Dessen Verfasser, Sir Thomas Malory, der in seinem Privatleben an Villon erinnert, war ungefähr fünfzehn Jahre früher, vermutlich im Gefängnis, gestorben. Ursprünglich ein Gefolgsmann der Grafen von Warwick, hatte er in Frankreich gedient und 1445 Warwick im Parlament vertreten. Er war wie alle Welt vom Krieg verroht, drang ins Haus eines gewissen Hugh Smyth ein, vergewaltigte dessen Frau, erpreßte hundert Schillinge von William Hales und Margaret Kyng, vergewaltigte neuerdings Smyths Eheweib und stahl daneben zwei Kälber, sieben Kühe und 335 Schafe, von zwei Einbruchdiebstählen im Zisterzienserkloster Coombe ganz abgesehen. Diese Missetaten brachten ihn zweimal ins Gefängnis, und wenn es auch unwahrscheinlich klingt, daß ein solcher Mensch dem untergehenden englischen Rittertum dieses hochgemute Denkmal setzen konnte, so ist man sich nach einer hundertjährigen Kontroverse jetzt doch allgemein einig, daß *Le Morte d'Arthur* – wie man den kraftvollen Ritterroman heute nennt – von diesem so wenig mustergültigen Sir Thomas Malory im Gefängnis verfaßt worden ist.

Für den größeren Teil der Geschichten entlehnte er französische Versionen der Arthur-Legende und erzählte sie in einigermaßen vernünftiger Reihenfolge mit Wärme, ja mit Innigkeit. Sich selbst und seinen Zeitgenossen einen Spiegel ritterlicher Tugend vorhaltend, läßt er König Arthur der Hurerei und Blutschande entsagen, mit seiner hübschen, wenn auch abenteuernden Genoveva von seiner Hauptstadt Camelot (Winchester) aus England, ja sogar die Welt regieren und die hundertfünfzig Ritter seiner Tafelrunde den feierlichen Schwur leisten, «nie Gewalttat zu üben und zu morden ... niemals grausam zu sein, Gnade zu geben dem, der Gnade erbittet ... und Edelfrauen jederzeit beizustehen bei meinem Leben».

Es ist ein Buch voll Kampf und Liebe, ein Buch voll untadeliger Ritter und ebenso untadeliger Edeldamen. Zwar setzten Tristram und Lancelot ihren Königen Hörner auf;

trotzdem bleiben sie Inkarnationen der Ehre und Tapferkeit. Sie begegnen einander gepanzert und geschient mit geschlossenem Visier; so erkennen sie einander nicht und stehen sich volle vier Stunden im Zweikampf gegenüber, bis ihre Schwerter schartig und unbrauchbar geworden sind.

«Da endlich sprach Herr Lancelot und sagte: Ritter, du fichtst wundervoll, wie ich noch keinen Ritter fechten sah, deshalb, wenn es dir genehm ist, sag mir deinen Namen. Sir, sagte Herr Tristram, das ist mir nicht genehm, meinen Namen zu sagen, wem es auch sei. Meiner Treu, sagte Herr Lancelot, wenn man mich bittet, ist es mir immer genehm, meinen Namen zu sagen. Das ist gut gesprochen, sagte Herr Tristram; deshalb bitte ich dich, mir deinen Namen zu sagen. Edler Ritter, sagte er, mein Name ist Herr Lancelot du Lake. O weh, sagte Herr Tristram, was habe ich getan? Du bist ja der Mann, den ich auf der ganzen Welt am liebsten habe! Edler Ritter, sagte Herr Lancelot, sag mir deinen Namen. Meiner Treu, sagte er, mein Name ist Herr Tristram de Liones. O Jesus, sagte Herr Lancelot, in welches Abenteuer bin ich geraten! Und damit kniete Herr Lancelot nieder und gab ihm sein Schwert. Und damit kniete Herr Tristram nieder und gab ihm sein Schwert ... Und so gingen sie beide zu dem Stein, setzten sich darauf und nahmen die Helme ab ... und küßten sich an die hundert Mal.»

Aus einer Welt, in der kein Mann die Sorge um des Leibes Notdurft kennt und alle Frauen «Edelfrauen» sind, ist es ein großer Sprung in die nüchterne Tatsachenwelt der *Paston-Briefe*, diese lebendig gebliebenen Sendboten, die den Familiensinn und den Familienbesitz einer weit zerstreuten englischen Familie des fünfzehnten Jahrhunderts zusammengehalten haben. John Paston ist ein Jurist, der teils in London, teils auf der Reise seine Profession ausübt, während Margaret Paston ihrer beider Gut in Norwich bewirtschaftet und die Kinder erzieht; er ist nur Beruf, hart, berechnend, tüchtig; sie ist die Demut in Person, eine aufopfernde Ehefrau, die beim Gedanken zittert, ihn gekränkt zu haben; so sahen die Genovevas der Wirklichkeit aus. Dennoch gibt es auch in dieser Welt gegenseitige Besorgnis, zarte Gefühle, ja Romantik. Nachdem Margery Brews dem Erben des Paston-Vermögens, Sir John Paston II., ihre Liebe gestanden und ihre kleine, seinem Stand nicht angemessene Mitgift beklagt hat, fährt sie fort: «Aber wenn Ihr mich liebt, worauf ich fest vertraue, werdet Ihr mich deshalb nicht verlassen.» Paston heiratete sie trotz ihrer kleinen Mitgift und dem Einspruch seiner Verwandtschaft und starb keine zwei Jahre später. Man sieht, auch in einem so harten Jahrhundert schlugen warme Herzen.

## VII. DIE ENGLISCHEN HUMANISTEN

Es braucht uns nicht allzusehr zu wundern, daß Italiens überschwengliche Begeisterung für die Antike nur schwache Wellen in England schlug, da sich dessen Kaufleute weit mehr für Profite als für Gelehrsamkeit interessierten und der Adel sich seines analphabetischen Banausentums ebensowenig schämte. Nach einer Schätzung Sir Thomas Mores konnten zu Beginn des sechzehnten Jahrhunderts zwar volle vierzig Prozent der Bevölkerung lesen, aber die Kirche und die von ihr abhängigen Universitäten bildeten immer noch den einzigen Hort der Gelehrsamkeit. Daß es solchen Vorbedingungen und allen Kriegen und inneren Wirren zum Trotz Männer gab, die sich vom italienischen Feuer anstecken ließen, gereicht ihnen und ihrer Nation zur Ehre. Grocyn, Linacre, Latimer, Colet und andere verbreiteten immerhin so viel von dem neuen Licht, daß sich Erasmus, Europas *arbiter litterarum*, in England wohl fühlen konnte (1499). Eingefleischte «Troianer» argwöhnten zwar in diesen via Italien eingeführten «griechischen Gaben» troianische Pferde, aber mächtige Kirchenmänner wie die Bischöfe von Winchester und Rochester, William of Waynflete und John Fisher, der Erzbischof von Canterbury William Warham und der englische Kardinalkanzler Thomas Wolsey nahmen die Humanisten unter ihre schützenden Fittiche.

Seit sich Manuel Chrysoloras in England aufgehalten hatte (1408), fühlten sich manche jugendlichen Gelehrten von einem fiebererregenden Bazillus befallen, von dem sie ihrer Meinung nach nur ein Aufenthalt in dem ebenso gelehrten wie sittenlosen Italien kurieren konnte. Der Herzog Humphrey von Gloucester brachte freilich nur eine neue Besessenheit von dort mit, nämlich eine Sammelleidenschaft für Handschriften, der die Bodleiana in Oxford einen Teil ihrer wertvollsten Schätze verdankt.

John Tiptoft, Graf von Worcester, kehrte aus Ferrara und Florenz, wo er bei Guarino da Verona und Johannes Argyropulos studiert hatte, gleichfalls mit mehr Büchern als guten Sitten in die Heimat zurück. William Tilley, ein Ordensgeistlicher aus Selling, verwertete seine aus Padua, Florenz und Rom mitgebrachten Kenntnisse und klassischen Handschriften als Dozent für griechische Sprache in Canterbury.

Als er sich (1487) neuerdings nach Italien begab, begleitete ihn einer seiner eifrigsten Schüler, Thomas Linacre. Dieser blieb volle zwölf Jahre dort, studierte in Florenz bei Polizian und Chalkondyles, gab für Aldus Manutius in Venedig griechische Texte heraus und zeigte sich nach seiner Rückkehr in die Heimat auf so vielen Gebieten beschlagen, daß ihm Heinrich VII. die Erziehung des Thronfolgers Arthur übertrug. Die von ihm, Grocyn und Latimer gegründete Oxforder Bewegung für alte Sprachen und klassische Literatur inspirierte John Colet und Thomas More und gewann sogar die Anerkennung des großen Erasmus. Linacre, der universellste dieser Geister, beherrschte Latein und Griechisch, übersetzte Galen, förderte die medizinische Forschung, hinterließ sein Vermögen den medizinischen Lehrstühlen in Oxford und Cambridge und verankerte – wie Erasmus sagte – die neue Gelehrsamkeit so fest, daß ein Engländer nicht mehr nach Italien zu gehen brauchte, um zu studieren.

William Grocyn, der sich als bereits Vierzigjähriger Linacre in Florenz angeschlossen hatte, mietete sich nach seiner Rückkehr (1492) im Exeter College in Oxford ein, um dort täglich griechische Vorlesungen zu halten, obschon konservative Geister aus der Befürchtung heraus protestierten, daß die Originaltexte des Neuen Testaments die tausendjährige Gültigkeit der Vulgata des Hieronymus über den Haufen werfen könnten. Glücklicherweise erwies sich Grocyn aber nicht nur als ein treuer Sohn der Kirche und ihrer Doktrinen, sondern auch als ein in seinem Privatleben untadeliger Mann. Die englischen Humanisten entwickelten im Gegensatz zu vielen ihrer italienischen Gesinnungsgenossen keinerlei Feindseligkeit gegen die christliche Überlieferung; sie schätzten sie im Gegenteil höher als jeden intellektuellen Fortschritt, so daß sich ihr prominentester Vertreter ohne Verlegenheit in das Amt eines Dekans an der Paulskirche zu schicken verstand.

John Colet, ältester Sohn und Erbe eines mit zweiundzwanzig Kindern gesegneten Großkaufmanns und zweimaligen Bürgermeisters von London, hätte es zu einer prominenten Stellung im Staat oder in der Geschäftswelt bringen können, zog aber ein Leben der Gelehrsamkeit in Oxford vor, wo er, als Jüngling von Grocyn und Linacre von dem humanistischen Fieber angesteckt, Platon, Plotin und Cicero verschlang. 1493 bereiste er Frankreich und Italien, begegnete in Paris Erasmus und Budé, fühlte sich in Florenz von Savonarolas Predigten aufgewühlt und in Rom vom sündhaften Treiben Alexanders VI. und seiner Kardinäle abgestoßen. Nach seiner Rückkehr las er unter Mißachtung der Tradition, die theologische Vorlesungen den Priestern vorbehielt, über den Römerbrief des Apostels Paulus, wobei er die scholastische Dialektik durch die kritische Erläuterung der Vulgata ersetzte; die Neuheit seiner Methode und sein nachdrückliches Eintreten für ein gottesfürchtiges Leben als der besten Theologie begeisterten ein großes Auditorium. Erasmus hat ihn als einen Heiligen geschildert, der, obwohl ständig unter den Anfechtungen der Sinnenlust und eines Hanges zum Wohlleben leidend, «die Blüte seiner Keuschheit bis zum Tode bewahrte», die Verderbtheit der Mönche geißelte und sein Vermögen für Wohltätigkeit und fromme Zwecke hingab. Trotz all seiner Kritik liebte Colet die Kirche; er wirkte weit mehr im Sinne eines Reformers als in dem eines Reformators, obschon er diesen den Weg bereitete, indem er die Bibel als direkte Offenbarung des Heiligen Geistes höher schätzte als die Dogmen, die Scholastik als eine Verwässerung der schlichten biblischen Wahrheit verurteilte, die körperliche Gegenwart Christi in der Abendmahlshostie und die priesterliche Vollmacht zur Sündenvergebung bestritt und die buchstäbliche Wahrheit der Schöpfungsgeschichte anzweifelte. Die Weltlichkeit des Klerus fand in ihm einen streitbaren Gegner:

> «Wenn der höchste Bischof, den wir Papst nennen, ... ein legitimer Bischof ist, wirkt er nicht aus sich selbst, sondern Gott durch ihn. Sowie er selbst etwas tun will, wird er zu einem Brunnen des Gifts ... Das ist jetzt in der Tat viele Jahre so gemacht worden, und ist heutzutage so angewachsen, daß es über alle Glieder der Kirche Macht gewonnen hat, und wenn nicht ... Jesus mit der größten Schnelligkeit seine Hand ausstreckt, kann unsere aus den Fugen geratene Kirche dem Tod nicht fern sein ... O die verabscheuenswürdige Sündhaftigkeit dieser elenden Priester, deren dieses Zeitalter so viele enthält, die sich nicht scheuen, vom Busen eines schlechten Weibsstücks in das Heiligtum der Kirche, an die Altäre Christi, zu den göttlichen Mysterien zu eilen! Eines Tages wird Gottes Zorn sie fällen!»[5]

1504 zum Dekan der Paulskirche ernannt, wandte sich Colet von dieser einflußreichen Kanzel aus gegen den Pfründenschacher und die Vereinigung mehrerer geistlicher Ämter in einer Hand. Er begegnete heftigem Widerspruch; aber Erzbischof Warhams große Autorität deckte ihn. Mittlerweile hatten sich auch Linacre, Grocyn und More endgültig von der Enge und scholastischen Erstarrung Oxfords befreit und sich in London etabliert; die Besuche des Erasmus feuerten sie an, und bald sollten sie sich der Gunst des jungen Königs Heinrich VIII. erfreuen. So schien England sowohl seiner Renaissance als auch einer unblutigen Reformation entgegenzugehen.

# FÜNFTES KAPITEL

# *Burgunds Glück und Ende*

[1363–1515]

## I. HERZÖGE KÖNIGLICHEN GEBLÜTS

DANK seiner geographischen Lage an der Ostgrenze Frankreichs wie auch der raffinierten Staatskunst seiner Herzöge ging Burgund nicht nur verhältnismäßig ungeschoren aus dem Hundertjährigen Krieg hervor, sondern bildete sogar ein halbes Jahrhundert hindurch den glanzvollsten Punkt im Europa diesseits der Alpen. Der erste dieser Herzöge war der vierte Sohn König Johanns II. von Frankreich, der nach dem Aussterben der burgundischen Linie der Kapetinger von seinem Vater zur Belohnung für seine bei Poitiers gezeigte Tapferkeit Burgund als Erblehen erhielt. In seiner einundvierzigjährigen Regierung bewährte sich Philippe le Hardi – Philipp der Kühne – als ein so weiser Herrscher und ehenschließender Diplomat, daß er Hennegau, Flandern, das Artois und die Franche-Comté anzugliedern vermochte und, wenn auch formell ein Vasall der französischen Krone, *de facto* wie ein souveräner Fürst regierte. Den wirtschaftlichen Rückhalt seiner Länder bildeten Flanderns Gewerbe und Handel, ihre Zier die Förderung der Künste.

Sein Sohn, Herzog Johann ohne Furcht, dehnte jedoch seine Macht mittels feingewobener Intrigen und Allianzen über den kritischen Punkt hinaus aus, so daß sich Frankreich gefährdet fühlte und der für seinen geisteskranken Bruder die Regentschaft führende Herzog Ludwig von Orléans sich mit dem Heiligen Römischen Reich verband, um dem so unklug furchtlosen Herzog einen Riegel vorzuschieben. Dieser, immer noch nicht klüger, ließ Ludwig von seinen Kreaturen ermorden; zwischen dessen Parteigängern unter der Führung des Grafen von Armagnac, des Schwiegervaters des Ermordeten, und Johann entbrannte ein blutiger Bürgerkrieg um die Vorherrschaft in Frankreich, bis Johann seinerseits unter dem Dolchstoß eines Mörders fiel (1419). Der neue Herzog, Philipp der Gute, sagte Frankreich die Gefolgschaft vollends auf, liierte sich mit England, annektierte Tournai, Namur, Brabant, Oranien, Seeland, Limburg und Löwen und erzwang beim Friedensschluß (1435) die Anerkennung der *de-facto*-Souveränität seines Herzogtums nebst dessen weiterer Gebietsvergrößerung durch Luxemburg, Lüttich, Cambrai und Utrecht. Burgund, auf dem Höhepunkt seiner Macht stehend, war den stärksten abendländischen Staaten ebenbürtig geworden.

Zartbesaitete Gemüter werden Philipp den Beinamen «der Gute» vielleicht nicht gern zugestehen, denn er konnte ebenso schikanös wie grausam und maßlos zornig sein; andererseits hat er sich als ein braver Sohn und guter Landesvater erwiesen. Wahrhaft königlich war er in seiner Gunstverschwendung an die Damen; im Lauf der Zeit verbrauchte er vierundzwanzig Mätressen, für deren sechzehn Nachkommen er liebevoll sorgte; nebenbei betete und fastete er nach Vorschrift. Seine Hauptstädte – Dijon, Brügge und Gent – bildeten die Kulturzentren Nordeuropas, und was seine Untertanen anbelangt, so absolvierten sie ihn gerne von seinen Sünden, herrschte doch unter seiner langen Regierung in allen seinen Landen Überfluß. Nur die flämischen Städte betrauerten den Niedergang der Zünfte und die Beschränkung ihrer bürgerlichen Freiheiten durch das autokratische Regiment einer zentral geleiteten Volkswirtschaft und rebellierten; von Philipp und seinem Sohne Karl auf die Knie gezwungen, kamen sie aber billig davon, weil die Sieger den ihnen aus dem Gewerbefleiß und Handel der Unterlegenen zufließenden Steuersegen zu schätzen wußten. Bis Philipp die Regionen des Niederrheins in seiner Hand vereinigte, waren sie in ebenso viele Herrschaften wie Regierungsformen, Nationalitäten und Sprachen aufgesplittert; erst er schweißte dieses Konglomerat zu einem Staat zusammen und sorgte für Ordnung und allgemeine Wohlfahrt.

Dennoch lag die größte Leistung jener Burgunder Herzöge auf kulturellem Gebiet. Nirgends in Europa, nicht einmal im zeitgenössischen Florenz des Cosimo de' Medici, lebten der Hof und die begüterten Stände in so kultivierten und amourösen Formen wie in Brügge, Gent, Löwen, Brüssel und Dijon. Die Herzöge hielten streng an den Überlieferungen des ritterlichen Brauchtums fest, und Philipp der Gute hat nicht von ungefähr den Orden vom Goldenen Vlies gestiftet (1429). Die rauhen englischen Manieren haben sich – wie Froissart und Malory freudig vermelden – nicht zuletzt unter dem Einfluß ihrer burgundischen Bundesgenossen geglättet und eine Verfeinerung erfahren, die die Feldzüge Heinrichs V. noch nachträglich adelt. Die ihrer Selbständigkeit beraubten Magnaten trösteten sich mit dem glanzvollen Leben bei Hof und entwickelten in Kleidung und Sitten den ganzen Charme ihres parasitären und ehebrecherischen Daseins – wäre doch eheliche Treue unter einem so liebestollen Herzog beinahe *lèse-majesté* gewesen. So sorgte der Bischof von Lüttich, Johann von Heinsberg, ein fröhlicher Geselle, für zwölf Bastarde; den Bischof von Cambrai, Johann von Burgund, betrauerten sechsunddreißig nicht im Ehebett gezeugte Kinder und Kindeskinder, so daß ein großer Teil der gesellschaftlichen Elite jener Zeit einer wahrhaft natürlichen Auslese sein Dasein verdankte. In den öffentlichen Badeanstalten fand sich zu beinahe jeder Stunde und zu jedem Preis käufliche Weiblichkeit, während sie sich in Löwen als Logisgeberinnen für Studenten tarnte. Die Fabrikanten und Kaufherren wetteiferten an Prunk mit dem Hof und kleideten und fütterten ihre Frauen, als gelte es, Modelle für die rubenssche Üppigkeit zu züchten. Für die zahlreichen und kostspieligen Lustbarkeiten schmückten berühmte Meister Boote und Flöße, und die besten Autoren verfaßten die Szenarios, so daß sich die Menschen von weit her über Land und Meer bemühten, um holde Frauen in der Rolle antiker Göttinnen und Nymphen im Naturzustand zu bewundern.

## II. DAS RELIGIÖSE LEBEN

In einem merkwürdigen Gegensatz zu dieser überschäumenden Lebensfreude standen die Mystiker, die dem religiösen Holland jener Zeit Gepräge und Stempel aufdrückten. So zog sich Jan van Ruysbroeck, ein Weltgeistlicher in Brüssel, als Fünfzigjähriger in das Augustinerkloster Groenendael unweit von Waterloo zurück, um sich mystischen Betrachtungen zu widmen. In seinen Schriften vertrat er trotz seiner Behauptung, vom Heiligen Geist inspiriert zu sein, einen die Unsterblichkeit der Seele leugnenden Pantheismus:

«Das Genießen der Seligkeit ist so groß, daß Gott und alle Heiligen und diese hohen Menschen [die sie erleben] hierin verschlungen sind zur Wesenlosigkeit, das ist ein Nicht-Wissen und eine ewige Verlorenheit ... Hierauf folgt die siebente Treppe [der Minne] ... Das ist, wenn wir, über alles Bekennen und Wissen, in uns ein grundloses Nichtwissen befinden, wenn wir über alle Namen, die wir Gott geben oder den Kreaturen, sterben und verscheiden in eine ewige Namenlosigkeit, darin wir uns verlieren ... und wenn wir ansehen alle seligen Geister, wesentlich entsunken, entflossen und verloren in ihr Überdasein, in eine unbekannte Dunkelheit ohne Weise.»[1]

Charakteristisch für das damalige Holland* und das benachbarte deutsche Rheinland waren jedoch die zahlreichen religiösen Laiengemeinschaften, wie die Begarden, Beginen, Brüder des Freien Geistes und so weiter, deren mystische Ekstasen teils zu Frömmigkeit und teils zur Frömmelei, zu Krankenpflege und Armenfürsorge, zu Kriegsdienstverweigerung, zur Ablehnung der Sakramente und gelegentlich auch zu einer freudigen Ergebung in die Sünde als einer mystischen Vereinigung mit der Gottheit führte. Nachdem Gerrit (auch Geert oder Gerard) Groote aus Deventer nach ausgiebigen Studien in Köln, Paris und Prag einige Zeit bei Ruysbroeck in Groenendael verbracht hatte, fühlte er sich vom Geist bewegt, sich völlig in Gottes Dienst zu stellen, ließ sich zum Priester weihen (1379) und predigte als Dekan in vielen holländischen Städten. Seine in der Mundart gehaltenen Predigten waren so populär, daß man von Arbeit und Mahlzeit weglief, um ihn zu hören, und die Kirchen die Zahl der Gläubigen nicht zu fassen vermochten. Dogmentreu und selbst ein «Ketzerhammer», rechnete er scharf mit der Sittenlosigkeit des Klerus wie der Laienwelt ab und forderte eine auf Christi Lehren fußende Lebensführung. Seine Feinde brachten ihn in den Ruf der Ketzerei, und der Bischof von Utrecht erließ ein Predigtverbot für alle Dekane. In Deventer gründete er eine Laiengemeinde, die sich «Brüder vom Gemeinsamen Leben» nannte und unter seiner Leitung in einem *Fraterhuis* lebte; einer der Brüder, Floris Radewijnzoon, entwarf halb mönchische, halb egalitäre Statuten, die, ohne ein Gelübde vorzuschreiben, die Mitglieder zu einem nützlichen Leben der Arbeit, der Kopierung von Manuskripten, Unterrichtserteilung und religiösen Andacht verpflichteten. Groote starb schon mit vierundvierzig Jahren an einer ansteckenden Krankheit, die er sich bei der Pflege eines Freundes zugezogen hatte (1384); aber sein Beispiel

* Durant verwendet die Worte «Holland» und «Niederlande» in ihrem früheren Sinn, also dem heutigen Holland und Belgien entsprechend.

wirkte ansteckend, denn schon nach kurzer Zeit gab es in Holland und Westdeutschland zweihundert *Fraterhuizen*. In ihren Schulen pflegten die Brüder vor allem die Klassiker, und die Jesuiten setzten später diese Tradition fort, als sie diese Schulen im Zuge der Gegenreformation übernahmen. Der Buchdruck, von den Brüdern schon frühzeitig willkommen geheißen, diente ihnen zur Verbreitung ihrer *moderna devotio*. Als einer der hervorragendsten Lehrer Deventers lebt Alexander Hegius (1475–1498) in der Geschichte fort – ein sehr frommer Mann, der ganz in seiner Aufgabe aufging, seinen Schülern Wissen beizubringen und ihnen ein moralischer Führer zu sein. Bei seinem Tod hinterließ er nichts als seine Kleider und Bücher; was er sonst noch besessen hatte, hatte er in aller Stille den Armen gegeben. Zu den berühmten Schülern Deventers zählen Nikolaus von Cues, Erasmus, Rudolf Agricola, Jean de Gerson und der Verfasser der *Nachfolge Christi*.

Über die Person dieses Verfassers bestehen zwar einige Zweifel; man nimmt jedoch an, daß dieser einzigartige Führer zur christlichen Demut von dem im preußischen Kempen geborenen Thomas Hammerstein – lateinisch Thomas a Kempis – in der Stille des Augustinerklosters zu Agnetenberg bei Zwolle verfaßt worden ist. Das in einem melodischen Latein geschriebene Buch fußt auf der Bibel, den Kirchenvätern und dem heiligen Bernhard; in seiner geistigen Haltung spiegelt es die unweltliche Frömmigkeit Ruysbroecks und Grootes wider.

«Was hilft es dir, über die Dreifaltigkeit zu disputieren, wenn du nicht demütig bist und so Gott mißfällst? Wahrlich, hohe Worte machen einen weder heilig noch gerecht, sondern tugendhaftes Leben macht den Menschen Gott angenehm. Ich will Reue fühlen als nur auslegen können, was Reue ist. Könntest du die ganze Bibel und alle Sprüche der Weltweisen auswendig, was nützte es dich ohne die Liebe und Gnade Gottes? O Eitelkeit der Eitelkeiten, alles ist Eitelkeit, außer Gott lieben und ihm allein dienen. Das ist die höchste Weisheit, durch Verschmähung der Welt nach dem Reiche Gottes zu trachten ... Obwohl die Wissenschaft oder jede Erkenntnis einer Sache an sich gut und von Gott geordnet nicht zu tadeln ist oder zu strafen, aber éin gutes Gewissen und tugendsames Leben geht über die Wissenschaft.

Vor Getümmel und Geschrei der Menschen hüte dich, als viel du kannst. Denn weltliche Sachen und Geschäfte mit Worten und Werken handeln hindert sehr im Guten ... Es ist ein wahres Elend, auf Erden zu leben ... Unter dem Gehorsam zu stehen, unter einem Oberen zu leben und seiner selbst nicht gewaltig sein, das ist gar ein großes Gut; viel sicherer ist es, zu stehen in Untertänigkeit denn in Ämtern und Obrigkeiten ... In deiner Kammer wirst du finden, was du außerhalb zu oft verlieren wirst. Je mehr einer dies Kämmerlein bewohnt, desto süßer wird es.»[2]

Die sanfte Beredsamkeit der *Nachfolge Christi* ist ein Gegenstück zu den schlichten Predigten und Gleichnissen Jesu. Sie bildet ein jederzeit nötiges Gegengewicht gegen den intellektuellen Stolz des bloßen Verstandes und hohler Sophistik. Wenn wir, von der Verantwortung unseres Lebens ermüdet, eine Zuflucht suchen, gibt es keine bessere als Thomas von Kempens fünftes Evangelium. Wer aber lehrt uns, im Sturm und Drang des Lebens wirklich ein Christ zu sein?

## III. GLANZVOLLES BURGUND: 1363–1465

Trotz dieser am Wert des Intellekts zweifelnden Thomasse blühte in den burgundischen Landen ein der Welt zugekehrtes geistiges Leben. Die Herzöge, allen voran Philipp der Gute, legten Bibliotheken an und förderten Kunst und Literatur. Neue Schulen wurden gegründet; die 1426 ins Leben gerufene Universität von Löwen galt schon nach kurzer Zeit als eine führende Bildungsstätte Europas. Georges Castellain zeichnete in seiner *Chronique des ducs de Bourgogne* die Geschichte des Herzogtums mit viel Rhetorik und einem Minimum an Philosophie nach; doch hat sein gepflegtes Französisch neben dem Froissarts und Commynes' viel zur Formung dieses Mediums einer eleganten und klaren Prosa beigetragen. Sogar die bürgerlichen Schichten schlossen sich in Debattierklubs (*Rederijkers*) zusammen, trugen rhetorische und dichterische Wettbewerbe aus und betätigten sich als Laiendarsteller. Die beiden Sprachgruppen – die romanische der Wallonen im Süden und die germanische der Flamen und Niederländer im Norden – wetteiferten in der Hervorbringung von Poeten, die im Frieden der Vergessenheit ruhen.

Ihren höchsten Ausdruck fand die burgundische Hochblüte jedoch in den bildenden Künsten. Antwerpen begann 1352 mit dem Bau seines mächtigen, vielschiffigen Doms und vollendete ihn 1518, in Löwen entstand die herrlich proportionierte Peterskirche, leider auch ein Opfer des Zweiten Weltkriegs. Die weltliche Gesinnung drückte sich in Profanbauten von einer nie gesehenen Pracht aus; so führten die Lütticher Bischöfe für sich und ihre Kanzlei das größte und schönste Palais in den Niederlanden auf. Gent nahm sein Rathaus 1325 in Angriff, Brüssel baute seines zwischen 1410 und 1455, Löwen zwischen 1448 und 1463, und Brügge krönte seinen Rathausbau (1377–1421) mit einem weltberühmten Glockenturm (1393–1396), ein den Schiffern bis weit hinaus auf See zur Orientierung dienendes Wahrzeichen. Bildeten diese wundervollen gotischen Bauwerke den Stolz des städtischen Bürgertums, so entfalteten die Herzöge und Barone in ihren Schlössern und Grabdenkmälern keinen geringeren Aufwand. Ein großer Teil der vor den kriegerischen Wirren aus Frankreich geflohenen flämischen Künstler sammelte sich um Philipp den Guten als ein Kreis von genialen Männern und schuf für die Sommerresidenz des Herzogs im Kartäuserkloster von Champmol unweit von Dijon Meisterwerke der Bildhauerkunst.

1386 begann Philippe Jean de Marville im Auftrag Philipps dessen großartiges Mausoleum; nach seinem Tod (1389) setzte Claus Sluter von Holland und nach ihm (1406) dessen Schüler Claus de Werve die Arbeit fort, bis das Werk so weit vollendet war, die Gebeine des bereits sieben Jahre toten Auftraggebers aufzunehmen (1411). Fast vierhundert Jahre später verfügte der revolutionäre Wohlfahrtsausschuß Dijons die Abtragung des wundervollen Grabmals (1793). Die Einzelstatuen gingen dabei zum Teil zugrunde, bis ein knappes Menschenalter später ein neuer Zeitgeist die Stadtväter zur Einsammlung der noch auffindbaren Stücke bewog. Heute beweinen im Stadtmuseum von Dijon vierzig Figuren – der Rest von ursprünglich neunzig – still und anmutig das auf einem massiven Marmorsockel in einem Alabastersarg ruhende herzogliche Paar Philipp von Burgund und Margarete von Flandern. Im Portal der Klosterkirche finden wir fünf großartige Gestalten aus Sluters Werkstatt: Von Johannes dem Täufer und der heiligen Katharina von Alexandrien geführt, huldigen Philipp und Margarete der Himmelskönigin. Sluters Meisterwerk aber steht im Klosterhof: der *Puits de Moïse*, Mosesbrunnen, mit den Gestalten von Moses, David, Jeremia, Sacharia, Jesaja und Daniel. Von dem zugehörigen Kalvarienberg ist nichts erhalten geblieben als ein mit Dornen gekröntes, herbes Christushaupt. Nie mehr seit der Glanzzeit des alten Rom hatte Europa eine so männlich-kühne Bildhauerkunst gesehen.

Nicht weniger eindrucksvoll waren die Leistungen der Malergilde. Für die Buchmacher gab es nach wie vor Arbeit: Graf Wilhelm von Hennegau zahlte eine respektable Summe für die um 1414 von einem anonymen Künstler (möglicherweise Hubert van Eyck) geschaffenen Illuminationen von *Les très belles heures de Nôtre Dame**, darunter eine Miniatur, mit der das unbekannte Genie Hunderten von späteren niederländischen Landschaftsmalern die Richtung wies: Auf einer Fläche von nicht mehr als Postkartengröße ist in mikroskopisch feiner Zeichnung ein Hafen mit Schiffen zu sehen, die teils auf den Strand gezogen sind, teils unter vollen Segeln liegen, Passagiere steigen ein und aus, Seeleute und Hafenarbeiter gehen ihrer Arbeit nach, die Wellen brechen sich an der halbmondförmigen Küste, weiße Wolken ziehen über den Himmel. Die Kartause von Champmol erhielt 1392 von der Hand Melchior Broederlams aus Ypern das älteste bedeutende Tafelbild, das sich außerhalb Italiens erhalten hat. Broederlam und seine Berufsgenossen verwendeten bei der Ausmalung der Klosterräumlichkeiten freilich die herkömmlichen Temperafarben – Farben, die mit einem gelatineartigen Mittel angerührt wurden; diese gestatteten keine weichen Übergänge und Schattierungen und keine durchsichtigen Farbtöne, auch waren sie gegen Feuchtigkeit empfindlich. Deshalb hatte Jacques Compère aus Gent schon um 1329 Experimente mit ölhaltigen Bindemitteln angestellt, und ein Jahrhundert lang versuchten sich die flämischen Maler in dieser neuen Technik, bis sie sie so weit vervollkommnet hatten, daß im ersten Viertel des fünfzehnten Jahrhunderts eine wahre Revolution der Malkunst einsetzte. Als Hubert van Eyck und sein jüngerer Bruder Jan für den Hauptaltar der Kirche St. Bavo zu Gent die *Anbetung des Lammes* malten, lieferten sie freilich nicht nur den Nachweis von der Überlegenheit ölhaltiger Bindemittel für die Leuchtkraft und Haltbarkeit der Farben; sie schufen zugleich eines der erhabensten Meisterwerke in der Geschichte der Malerei, um dessentwillen St. Bavo seit jener Zeit und bis auf unsere Tage das Wallfahrtsziel unzähliger Menschen gewesen ist.

Der Form nach ist dieses großartigste Erzeugnis der Malerei des fünfzehnten Jahrhunderts – Goethe nannte es die Achse, worauf sich die ältere niederländische Kunst in die neue dreht – ein auf Holz gemaltes Polyptychon, dessen sechs Flügel beidseitig je zwölf Bilder aufweisen; geöffnet ist es etwa dreieinhalb Meter hoch und viereinhalb Meter breit. Das Mittelstück der unteren Region bildet eine märchenhafte Landschaft, in deren Hintergrund das Himmlische Jerusa-

* Auch bekannt unter dem Namen *Les heures de Turin*. Ein Teil der Miniaturen wurde 1904 beim Brand der Biblioteca Nazionale von Turin zerstört; es existieren aber photographische Reproduktionen davon.

lem als eine von ragenden Türmen gekrönte Stadt – es sind wohl die Türme von Gent – sichtbar wird; im Vordergrund steht der mystische Lebensbrunnen, in der Mitte ein Altar, auf dem das Lamm Christi sein heiliges Blut vergießt; Scharen von Patriarchen, Propheten, Aposteln, Märtyrern, Engeln und Heiligen umdrängen es in verzückter Anbetung. In der oberen Mitte des Altarbildes thront Gott-Vater in der Gestalt eines gütig blickenden jüdischen Carolus Magnus, der bei aller Unzulänglichkeit, die einer solchen Darstellung notwendigerweise anhaftet, doch als das edel aufgefaßte Bild eines weisen Herrschers und gerechten Richters erscheint. Noch ergreifender wirkt die Gestalt der Jungfrau, eine Verkörperung des blondhaarigen niederdeutschen Typus, deren holdes Antlitz nicht so sehr Schönheit als Reinheit und Demut ausdrückt; Raffaels *Sixtinische Madonna* bleibt an Adel der Erscheinung hinter ihr zurück. Zur Linken der Madonna folgen musizierende Engel, und ganz links außen steht die nackte Gestalt Adams, schmal und mit kummervollem Ausdruck, «im Elend beßrer Tage eingedenk». Rechts von Gott-Vater sitzt Johannes der Täufer, fast zu prunkvoll gewandet für einen Hirten, der in der Wüste predigt, während ganz außen rechts eine nackte Eva steht, schwermutvoll und wenig lieblich, dem verlorenen Paradies nachtrauernd. Ihre und Adams Blöße erregten zuerst Anstoß in der frostigen Atmosphäre Flanderns, das des Nackten im Leben und in der Kunst ungewohnt war. In einem Bogenfeld zu ihren Häupten erschlägt Kain seinen Bruder Abel, eine symbolische Vorwegnahme der Geschichte der Menschheit.

Die Darstellungen auf der Außenseite bei geschlossenen Flügeln erreichen nicht die exaltierte Höhe der inneren Felder. Die Mitte nimmt eine Verkündigung in einem Innenraume ein, links der Engel, rechts, durch die Breite des ganzen Raumes von ihm getrennt, Maria; während die Gesichter eher konventionell geraten sind, zeigen die Hände eine bemerkenswerte Feinheit, und der Faltenwurf der Gewänder ist ein Musterbeispiel seiner Art in der flämischen Malerei. Im unteren Teil ist ein lateinischer Vierzeiler sichtbar, den die Zeit teilweise ausgelöscht hat; der Rest besagt: «Hubertus van Eyck, größer und trefflicher als jeder andere, begann das schwere Werk, und Johannes, an zweiter Stelle in der Kunst ... gefördert durch den Auftrag des Jodocus Vydt. Dieser Vers vom sechsten Mai heißt euch das vollendete Werk betrachten»; eine Reihe von Buchstaben in der letzten Zeile ergeben durch Addition ihres numerischen Wertes die Jahreszahl 1432, das Jahr der Fertigstellung. Jodocus Vydt und seine Gattin waren die Stifter des Altars. Welchen Anteil an dem Werke Hubert, welchen Jan hatte, läßt sich glücklicherweise heute nicht mehr entscheiden, und so mögen denn weiterhin gelehrte Abhandlungen über dieses unlösbare Thema erscheinen, bis die Zeit auch die letzte Spur der Malerei getilgt hat*.

Mag sein, daß diese wahrhaft epochale Malerei ein Übermaß an Menschen und Einzelheiten aufweist – wobei aber jede Figur, jeder Gegenstand: Mann, Frau, Engel, Blume, Zweig, Blüte, Tier, Stein, Perle mit heroisch anmutender Geduld und höchster Naturtreue gemalt ist. Michelangelo lächelte darüber, weil er in diesem flämischen Realismus eine Aufopferung der zentralen Idee zugunsten unbedeutender und zufälliger Einzelheiten sah. Dabei hatte die gesamte italienische Malerei jener Zeit nichts aufzuweisen, was sich an Ideengehalt, Adel der Auffassung und künstlerischer Wirkung dem van Eyckschen Werk an die Seite stellen ließ. Von späteren Kunstwerken übertreffen es nur Michelangelos Deckenmalereien in der Sixtinischen Kapelle und Raffaels Fresken im Vatikan, vielleicht noch Leonardos *Abendmahl* vor seinem Verfall. Schon zur Zeit seines Entstehens sprach ganz Europa vom Genter Altar. König Alfons der Weise lud Jan van

* Die *Anbetung des Lammes* hat zahlreiche Wechselfälle des Schicksals überdauert. Das Bild wurde mehrfach restauriert, so 1550, 1663, 1825, 1829, 1859, 1936, zuletzt 1951. Die Hauptteile wurden durch die französische Revolutionsarmee 1794 nach Paris verbracht und 1816 wieder zurückerstattet. Im gleichen Jahr wurden die Flügel (ohne Adam und Eva) an einen Kunsthändler verkauft, 1821 gingen sie in den Besitz des Berliner Museums über, auf Grund des Versailler Vertrages (1919) erhielt Gent sie wieder zurück. Während des Zweiten Weltkrieges wurde der ganze Altar nach Frankreich in Sicherheit gebracht; dort fiel er 1942 den Deutschen in die Hände, 1944 wurde er in einem österreichischen Salzbergwerk eingelagert; die Armee der Vereinigten Staaten brachte ihn 1946 nach Gent zurück, wo er wieder in seiner angestammten Kapelle in der Kirche St. Bavo aufgestellt wurde.

Eyck ein, als Hofmaler nach Neapel zu kommen, da Jans goldhaarige Menschen, die im südlichen Italien so rar waren, es ihm angetan hatten.

Über Huberts Schicksal nach dem Jahr 1432 ist nichts bekannt*, dagegen können wir Jan auf den verschiedenen Stationen seiner erfolgreichen Laufbahn ziemlich genau verfolgen. Philipp der Gute machte ihn zum *varlet de chambre* – in jenen Zeiten eine hoch angesehene und einträgliche Stellung – und verwendete ihn als Aushängeschild burgundischen Ruhmes zu diplomatischen Missionen im Ausland. Etwa 24 ihm zugeschriebene Bilder sind erhalten, jedes mehr oder weniger ein Meisterwerk. Dresden besitzt eine *Madonna mit dem Jesuskind*, die im ganzen van Eyckschen Werk nur von der Madonna in der *Anbetung des Lammes* übertroffen wird; Berlin darf sich rühmen, das Bildnis des *Mannes mit den Nelken* zu besitzen, dessen ernstes Gesicht in einem so sonderbaren Gegensatz zu den zierlich getragenen Blumen steht; in Melbourne befindet sich die glanzvoll kolorierte *Ince-Hall-Madonna*, deren Wert trotz ihres kleinen Formates von etwa 15 cm zu 23 cm kaum zu schätzen ist; Brügge hegt die *Madonna des Kanonikus van der Paele* – die Jungfrau voller Lieblichkeit vom Scheitel ihres gelockten Haares bis zum Saum ihres von einem phantastischen Faltenwurf belebten Gewandes, der Kanonikus beleibt, kahlköpfig, mit gutmütigem Ausdruck, eine große Leistung der Porträtkunst des Jahrhunderts; London zeigt das neuvermählte *Ehepaar Arnolfini* in einem durch Lichtreflexe auf Leuchter und Spiegel belebten Innenraum; die Frick Collection in New York hat neuerdings zu einem nicht genannten, aber enorm hohen Preis eine reich kolorierte *Ince-Hall-Madonna*, deren Wert trotz ihres kleines Formates (etwa 15 cm zu 23 cm) kaum zu schätzen ist; Brügge hegt die *Madonna des Kanonikus van der* sion der räumlichen Tiefe sowie die prunkvolle Gewandung des Engels Gabriel auffallen, die das Interesse des Beschauers von Maria weg und auf den Engel zieht; im Louvre schließlich hängt die *Madonna des Kanzlers Rolin*, deren Hintergrund den Blick auf einen blühenden Garten und eine weite Flußlandschaft mit hügeligen Ufern, einer von Menschen wimmelnden Brücke und einer türmereichen Stadt freigibt. Alle diese Bilder sind nicht nur durch ihre Farbenpracht bewunderungswürdig, man spürt in ihnen auch deutlich das Bestreben des Malers, ein getreues Abbild der Stifter zu geben, den Spuren nachzugehen, die das Leben in ihre Gesichter grub, die Gedanken und Gefühle aufzuspüren, die ihren Charakter und damit ihre Züge formten. In solchen Bildnissen ist nichts mehr vom mittelalterlichen Hang zum Idealisieren spürbar, der Naturalismus des neuen Stils, wohl ein Abbild der immer stärkeren Verweltlichung des Bürgertums, feiert hier sichtbare Triumphe.

Zahlreiche weitere Künstler kamen in dieser fruchtbaren Zeit und Umwelt zu Ruhm und Ansehen: Petrus Christus, Jacques Daret, Robert Campin (der «Meister von Flémalle»). Wir neigen uns vor ihrer Kunst und wenden uns Campins Schüler Roger de la Pasture zu. Mit siebenundzwanzig Jahren hatte Roger sich in seiner Heimatstadt Tournai bereits ein solches Ansehen erworben, daß sie ihm das doppelte Quantum dessen,

* Ob die fünf Werke, die ihm außer der *Anbetung des Lammes* noch zugeschrieben werden – eine *Verkündigung* in New York; *Die drei Marien am Grabe* (Sammlung van Beuningen, Vierhouten); eine kleine *Madonna* in Frankfurt; und zwei Altarflügel in New York, eine *Kreuzigung* und ein *Jüngstes Gericht*, die durch einen Zug ins Dämonische an Hieronymus Bosch gemahnen – wirklich von ihm stammen, ist ungewiß.

was Jan van Eyck an Wein bezogen hatte, nämlich sechs Tonnen, bewilligte. Trotzdem nahm er einen Ruf als Stadtmaler nach Brüssel an und nannte sich von nun an auf flämisch Rogier van der Weyden. Im Jubeljahr 1450 ging Rogier, einundfünfzig Jahre alt, als Pilger nach Rom, kam mit der italienischen Künstlerwelt in Berührung und wurde als Berühmtheit gefeiert. Der Gedanke liegt nahe, daß er bei dieser Gelegenheit zur Verbreitung der Ölmalerei in Italien beigetragen hat. Als er 1464 in Brüssel starb, war sein Name als Künstler der am weitesten verbreitete in ganz Europa.

Von ihm sind zahlreiche Werke erhalten, darunter die Bildnisse Herzog Philipps des Guten, des Kanzlers Rolin – der vierzig Jahre in des Herzogs Diensten stand –, Karls des Kühnen und zahlreicher anderer Berühmtheiten. Mit Worten nicht zu beschreiben ist die Schönheit seines *Bildnisses einer Dame* in der Washington National Gallery – Demut und Stolz, Auflehnung und Frömmigkeit in einem. Trotzdem reichte Rogier, der eine viel romantischere Natur war als Jan van Eyck, in der Porträtmalerei nicht an dessen scharfe Charakterisierungskunst heran. In seinen religiösen Bildern spürt man hingegen eine Zartheit der Empfindung und eine Innigkeit des Gefühls, die man in Jans männlich-nüchternem Werk vergeblich sucht; hier sprach sich offenbar französischer oder italienischer Geist durch die flämischen Formen hindurch aus und wurden wieder mittelalterliche Töne angeschlagen.

Wie die zeitgenössischen Italiener, so stellte auch Rogier die wichtigsten Episoden in der Geschichte Mariens und ihres Sohnes dar: den Engel Gabriel, wie er der erschreckten Jungfrau verkündigt, daß sie die Mutter Gottes sein werde; das Kind in der Krippe; die Anbetung der Heiligen Drei Könige; den heiligen Lukas, wie er die Madonna malt, die ihrem Kinde die Brust reicht; die Begegnung zwischen Maria und Elisabeth; die Mutter in die Betrachtung ihres Kindes versunken; die Darstellung im Tempel; die Kreuzigung; die Kreuzabnahme; die Auferstehung; das Jüngste Gericht. In diesem letzten Werk gab er sein Bestes, und zwar in einem für den Kanzler Rolin gemalten Flügelaltar, der offenbar als ein Gegenstück zur *Anbetung des Lammes* gedacht war, ohne sie aber zu erreichen, und der sich heute in dem von Rolin gegründeten Hospital zu Beaune bei Dijon befindet. Das mittlere Feld nimmt der zu Gericht sitzende Christus ein, der bei Rogier milder blickt als bei Michelangelo; zu beiden Seiten tragen Engel in schimmerndem Weiß die Werkzeuge seiner Marter und seines Todes; im unteren Teile scheidet der Erzengel Michael mit einer Seelwaage die Guten von den Bösen; links ist Maria anbetend und flehend in die Knie gesunken; auf den äußeren Feldern beugen auf der einen Seite die Geretteten in Dankbarkeit ihre Knie, auf der anderen Seite stürzen die Verdammten in den Schlund der Hölle. Nicht weniger berühmt ist ein Dreiflügelaltar in Antwerpen, der die Sieben Sakramente durch biblische Szenen veranschaulicht. Und damit wir nicht meinen, er habe sich ganz ans Religiöse verloren, hat Rogier auch eine badende Schöne gemalt, die von zwei jungen Leuten durch eine Ritze in der Wand mit jener unersättlichen Neugier belauscht wird, die auch durch ihre Befriedigung nicht zu befriedigen ist.

## IV. KARL DER KÜHNE: 1465–1477

Glanz und Prosperität Burgunds verpufften unter dem hitzigen Temperament des neuen Herzogs, Charles le Téméraire, Karls des Draufgängers, den man fälschlicherweise «den Kühnen» nennt. Ein von Rogier van der Weyden stammendes Porträt zeigt ihn in jugendlichen Jahren als den hübschen, ernsten, schwarzhaarigen Grafen von Charolais, der seines Vaters Streitkräfte zu blutigen Siegen führt und zähneknirschend auf dessen Tod wartet. Philipp der Gute übergab ihm, diese Ungeduld spürend, 1465 die Zügel und freute sich an des Jünglings Ehrgeiz und Tatkraft.

Die räumliche und sprachliche Zweiteilung seines Herzogtums in nördliche und südliche Provinzen verstimmte Karl; noch weit ungehaltener war er aber über das Lehnsverhältnis, das seine Souveränität teils zugunsten der französischen Krone, teils zugunsten der deutschen Könige beschränkte. Seinem Ehrgeiz schwebte ein Großburgund vor, ein wie das Lotharingia des neunten Jahrhunderts zwischen Deutschland und Frankreich gelegener souveräner und zusammenhängender Staat. In seinen Wunschträumen ging er noch weiter: Falls einige hinderliche Erben vorzeitig in die Ewigkeit eingingen, winkten ihm die Kronen Frankreichs und Englands, ja sogar die Kaiserkrone des Heiligen Römischen Reichs. Zur Verwirklichung solcher Träume schuf er das beste stehende Heer Europas, zu welchem Zweck er die Steuern rigoros erhöhte; sich selbst stählte er zur Ertragung der größten Strapazen und gönnte weder seinem Körper und Geist noch seinen Freunden und Feinden eine Atempause und Frieden.

Ludwig XI. von Frankreich betrachtete jedoch Burgund immer noch als Apanage seiner Krone und überspielte Karl, als sich dieser mit dem französischen Hochadel gegen ihn verband, mit überlegener Hinterlist und Strategie. Anfänglich riß Karl zwar ein paar Städte an sich, doch waren sie, wie sich herausstellen sollte, mit der Todfeindschaft eines nicht zu entmutigenden Königs zu teuer erkauft. Im Verlauf der wechselvollen Kämpfe nahmen Dinant und Lüttich gegen ihn und für Frankreich Partei; in Dinant zierten einige Hitzköpfe einen Galgen mit einer Strohpuppe und bezeichneten sie auf einem Plakat als den Bastard eines Priesters, genannt Karl von Burgund. Karl zerschoß die Mauer, überließ die Stadt seinen Landsknechten zur dreitägigen Plünderung, verkaufte die männliche Bevölkerung in Leibeigenschaft, trieb Weiber und Kinder aus, brannte die Häuser bis auf den Grund nieder und ließ achthundert Einwohner an Händen und Füßen gefesselt in die Maas werfen (1466). Als im nächsten Juni Herzog Philipp starb und der Graf von Charolais zum Herzog avancierte, entbrannte der Krieg von neuem; bei einer Zusammenkunft in Péronne bemächtigte sich Karl in hinterhältiger Weise der Person Ludwigs und zwang ihn, sich an der Belagerung des abermals rebellierenden Lüttich zu beteiligen. Die verhungernde Bürgerschaft bot ihr gesamtes Hab und Gut für ihr Leben, doch Karl zog es vor, die Stadt bis zum letzten Haus und zur letzten Kapelle plündern zu lassen; die Landsknechte rissen sogar den die Messe zelebrierenden Priestern die Kelche aus den Händen, und nur wer ein hohes Lösegeld zu bieten vermochte, entging dem Tod im Wasser (1468).

So abgebrüht die Welt gegen Gewalttaten ist, verzieh sie Karl weder die hinterlistige Gefangennahme und Demütigung seines Königs noch seine unmenschliche Rachsucht. Als er Geldern erobert und das Elsaß seinen Ländern eingefügt hatte, sich in die Angelegenheiten des Erzbistums Köln einmischte und Neuß belagerte, war die kaiserliche Geduld erschöpft. Zu allem Überfluß rief sein Statthalter im Elsaß, Peter von Hagenbach, durch Hochmut, Habgier und Grausamkeit einen Aufstand der Bürgerschaft hervor, die ihn kurzerhand aufknüpfte. Da sich unter Hagenbachs Opfern auch Kaufleute aus der Schweizerischen Eidgenossenschaft befunden hatten und sich diese von Karls wachsender Macht bedroht und von weise verteiltem französischem Gold angespornt fühlte, erklärte sie ihm 1474 den Krieg bis zum Tod. Karl ließ von

Neuß ab, wandte sich nach Süden, besetzte Lothringen – damit zum erstenmal alle Teile seines Herzogtums geographisch verbindend – und führte sein Heer über den Jura in die Waadt. Die Schweizer, zu jener Zeit das kriegstüchtigste Volk Europas, besiegten ihn erst bei Grandson und dann bei Murten (1476). Während sich Karl über diese Niederlage bis an den Rand des Wahnsinns kränkte, benutzte Lothringen die günstige Gelegenheit zu einem Aufstand, den die Eidgenossenschaft mit Manneskraft und Frankreich mit Geld unterstützten. Karl stellte ein neues Heer auf die Beine, traf bei Nancy auf die Streitmacht der Verbündeten und verlor, vierundvierzigjährig, Schlacht und Leben (1477). Am nächsten Morgen fand man seinen von Leichenfledderern ausgeraubten Leichnam halb untergetaucht und mit am Eis festgefrorenem Gesicht in einem Teich. Burgund fiel an Frankreich.

## V. DIE NIEDERLÄNDISCHE KUNST: 1465–1515

Für Südflandern brach nach dem Tod Philipps des Guten eine böse Zeit an. Die politischen Wirren trieben viele Weber nach England; die wachsende britische Textilindustrie entzog den flämischen Städten Rohstoffe und Absatzmärkte; um 1520 konkurrierte das englische Tuch sogar in Flandern selbst. Brüssel, Mecheln, Valenciennes und Namur überstanden dank ihren Spitzen, Teppichen, Gobelins, Lederwaren und Goldschmiedearbeiten den Wettbewerb ziemlich heil; Löwen lebte durch seine Universität und sein Bier weiter. Schwer getroffen war Brügge; der die Stadt mit dem Meer verbindende Kanal verschlammte trotz der größten Anstrengungen, ihn schiffbar zu halten. Wind und Sand siegten, ab 1494 blieb die Stadt von der Hochseeschiffahrt abgeschnitten, so daß ihre Kaufleute und Handwerker nach Antwerpen abwanderten, das durch Verträge mit der Londoner City gemeinsam mit Calais den britischen Kontinentalhandel beherrschte.

Holland (im engeren geschichtlichen Sinn) existierte nur dank seinen Deichen, die ständig repariert werden mußten und oftmals weggespült wurden. Im Jahre 1470 verloren bei Dammbrüchen rund 20000 Menschen das Leben. Den einzigen im großen betriebenen Erwerbszweig bildeten der Fang und das Räuchern von Heringen. Dennoch stammten viele große Maler der Epoche aus jener Gegend, obwohl diese zu arm war, sie zu halten, so daß alle außer Geertgen tot Sint Jans nach Flandern auswanderten.

Die wohlhabenden *burgher* der im Niedergang befindlichen Städte saßen freilich nach wie vor prunkvoll angetan in behaglichen, mit Wandteppichen aus Arras und Brüssel und blanken Zinngefäßen aus Dinant ausgestatteten Ziegelhäusern. Man baute Kirchen wie Notre-Dame du Sablon in Brüssel oder St. Jakob in Antwerpen, fügte geduldig Stein auf Stein für die imponierende Fassade des Antwerpener Doms und bestach immer noch den Himmel mit kirchlich-frommer Kunst. Aber man begann auch das stolze Genter Rathaus, saß den Malern zu kostspieligen Porträts und gestattete seinen Frauen die Lektüre weltlicher Bücher. Es mag diese Hinwendung zum Irdischen gewesen sein, die der flämischen Malerei ihre zweite Blütezeit bescherte und sie in Landschaft und

Heim neue Motive finden, ja sogar in religiösen Kompositionen wirklichkeitsnahes Empfinden verraten ließ.

Der Realismus begann mit Dirk Bouts und seinem allen Neuerern eigentümlichen Überschwang. Aus Haarlem gebürtig, lernte er bei Rogier van der Weyden in Brüssel, schlug dann in Löwen sein Heim auf und schuf für die dortige Peterskirche ein *Abendmahl*, ein Polyptychon, dessen einer sehr interessanter Flügel, eine jüdische Familie beim Passahmahl darstellend, aus dem Gedanken entsprungen scheint, daß dieser alte jüdische Ritus im christlichen Abendmahl fortlebt. Für die gleiche Kirche schuf er ein stark naturalistisches *Martyrium des heiligen Erasmus*, dem zwei Henkersknechte mit einer Winde die Eingeweide aus dem nackten Körper ziehen, während im *Martyrium des heiligen Hippolyt* vier Gäule dem Unglücklichen die Glieder in allen vier Richtungen vom Leib reißen. Die Fabel des Kavaliers, der enthauptet wird, weil er die liebevolle Annäherung einer Kaiserin unerwidert ließ, bildet das Motiv der *Enthauptung des unschuldigen Ritters*: Im Vordergrund liegt der kopflose, blutende Leichnam, der abgetrennte Kopf liegt ruhevoll im Schoß der Witwe. Versöhnend wirkt in all diesen Greueln der ruhige Ausdruck, den die Sterbenden und Toten tragen. Bouts' Gemälde weisen lebhafte Farben und da oder dort eine gute Landschaft oder Perspektive auf; doch die unsicher gezeichneten, steifen Gestalten und leblosen Gesichter legen den Gedanken nahe, daß die Zeit nicht immer weise zu sieben versteht.

Hugo van der Goes' Zunamen dürfte von dem gleichnamigen Ort in Seeland herrühren. Als ein weiteres Beispiel für die in Holland geborenen und von dort abgewanderten Genies ließ er sich 1467 in die Genter Malerzunft aufnehmen und schuf im Auftrag eines italienischen Kaufmanns ein Triptychon für das Spital Santa Maria Nuova in Florenz, zu einer Zeit, da diese Stadt von Malern wimmelte; man ersieht daraus, welchen europäischen Ruhm die flämischen Meister besaßen. Van der Goes wählte als Motiv die Wendung *Quem genuit adoravit* – «Den sie geboren, betete sie an». Die lebensgroße, in Anbetung versunkene Madonna ist meisterhaft; der Hirte links strahlt bereits den Zauber eines Raffael und Tizian aus; die feinnervige Naturschilderung der winterlichen Landschaft bedeutet einen neuen Höhepunkt naturalistischer Darstellung. So nahm der Künstler dank seinem kraftvollen Naturalismus, seiner einfallsreichen Komposition, akkuraten Zeichnung und ausdrucksvollen Charakterdarstellung im letzten Viertel des fünfzehnten Jahrhunderts den ersten Platz unter den flämischen Meistern ein. Es ist unbekannt, ob er größere Ruhe zur Arbeit suchte oder die ihn plagenden religiösen Ängste beschwichtigen wollte, auf alle Fälle trat er (um 1475) in ein Kloster unweit von Brüssel ein, wo er – wie wir von einem seiner Mitbrüder wissen – sowohl malte als auch übermäßig trank. Die Einbildung, zur ewigen Verdammnis verurteilt zu sein, verdüsterte sein Leben und trieb ihn in den Wahnsinn.

«Auch von Malerei verstand er viel, und da er nicht Maler nach seinem Geschmack in Italien fand, die Holz mit Öl zu bemalen wußten, so sandte er bis nach Flandern, um einen großen Meister zu finden»[3], so schrieb Vespasiano da Bisticci über den Herzog Federigo von Urbino. Joost van Wassenhoeve folgte diesem Ruf (1468) und schmückte unter dem Namen Justus van Ghent das Arbeitszimmer des gelehrten Herzogs mit achtundzwanzig Philosophenporträts und eine Urbiner Klosterkirche mit einem Altarbild, *Die Einsetzung des Abendmahls*. So sehr diese Arbeiten die flämische Schule verraten, bilden sie doch ein Beispiel für die wachsende gegenseitige Beeinflussung; man spürt die Veredelung des niederländischen Realismus durch den Idealismus und die Technik Italiens und bei den italienischen Meistern eine Neigung zu realistischerer Gestaltung und die zunehmende Verwendung von Ölfarben.

Obschon wir keinen Hinweis auf eine Italienreise Hans Memlings besitzen, strahlt dieser Meister eine Innigkeit und Leichtigkeit der Linienführung aus, die zwar sowohl von der Kölner Malschule als auch von Rogier van der Weyden herstammen könnten, vermutlich aber von Venedig her über das Meer und rheinaufwärts nach Mainz gedrungen sind, in dessen Nähe er geboren wurde, nämlich in Mömlingen, das ihm den

Namen gab. In Brügge, wohin er um etwa 1465 auswanderte, beauftragte ihn drei Jahre später ein durchreisender Engländer, Sir John Donne, eine *Thronende Madonna* zu malen, die in Auffassung und Komposition zwar konventionell ausfiel, aber doch schon Memlings technisches Können, Frömmigkeit und tiefes Empfinden verrät. Dem mit echt flämischem Naturalismus dargestellten Johannes dem Täufer steht ein mit dem Idealismus eines Fra Angelico empfundener Evangelist Johannes gegenüber; ein hinter einer Säule hervorlugendes Selbstporträt zollt dem erwachenden Individualismus seinen Tribut.

Wie eine Generation später Perugino, schuf Memling an die hundert Madonnen, aus denen dem Beschauer mütterliche Zärtlichkeit und himmlische Ruhe entgegenstrahlt. Sie hängen an den Museumswänden der ganzen Welt: in Berlin, München, Wien, Florenz, Lissabon, Madrid, Paris, London, New York, Washington, Cleveland, Chicago. Zwei seiner besten Arbeiten befinden sich im Johannesspital in Brügge; in der *Mystischen Vermählung der heiligen Katharina von Alexandrien* dominiert Maria, obgleich beinahe alle Gestalten dieses Bildes vollkommen sind; in der *Anbetung des Kindes* beherrschen dagegen die Könige aus dem Morgenlande – einer davon ein veritabler Geheimer Rat Goethe – die Szene. Ein in München hängendes Panorama zeigt alle wichtigen Episoden aus dem Leben Jesu und ein anderes in Turin befindliches seine Passion; die Zahl der darauf abgebildeten Figuren hat sogar ein Brueghel kaum übertroffen. Das für den Orgelprospekt einer Klosterkirche im spanischen Najera geschaffene Triptychon *Jesus von Engeln umgeben* rivalisiert mit den ein paar Jahre vorher entstandenen *Musizierenden Engeln* Melozzos da Forlì. Das Antwerpener Museum kaufte das Werk 1896 für 240000 Goldfrancs an und hielt sich nicht für übervorteilt. Für den Brügger Bevollmächtigten Lorenzos de' Medici, Iacopo Tani, malte er als Triptychon ein *Jüngstes Gericht;* das Schiff, das das Gemälde nach Italien bringen sollte, wurde von einer hanseatischen Fregatte aufgebracht – das an Bord befindliche Geld behielten die Piraten, das Bild schenkten sie der Danziger Marienkirche.

In diesen großen Gemälden wie auch in Einzelbildnissen gelangen Memling einige bewunderungswürdige Porträts; sie verraten großes handwerkliches Geschick, obschon sie freilich hinter der genialen Seelenschilderung eines Holbein, Raffael und Tizian zurückbleiben. Besonders erwähnenswert sind die Bildnisse *Martin van Nieuwenhoeve* und *Eine Dame*, eine stattliche Frau mit vielen Ringen und hohem Hut – beide im Brügger Johannesspital, *Ein junger Mann* in London, *Ein alter Mann* in New York, *Der Mann mit dem Pfeil* in Washington. Den gelegentlichen Nacktbildern – *Adam und Eva* oder *Bathseba im Bade* – mangelt es hingegen an Charme.

Ein Spätwerk Memlings, der Schrein der heiligen Ursula zur Aufnahme der Gebeine der Heiligen, befindet sich ebenfalls im Brügger Johannesspital. Ihre Legende ist auf acht Feldern dargestellt: wie sie die Hochzeit mit Prinz Conon verschiebt, um nach Rom zu pilgern, wie sie mit elftausend Jungfrauen rheinaufwärts nach Basel fährt, die Alpen übersteigt, vom Papst gesegnet wird und wie die elftausendundein Jungfrauen nach ihrer Heimkehr in Köln von den heidnischen Hunnen zu Tode gemartert werden. Neun Jahre später (1488) ist die gleiche hübsche Geschichte mit besserer Strichführung und differenzierterer Farbgebung von Carpaccio für die St. Ursulaschule in Venedig geschildert worden.

Man tut Memling und übrigens jedem Maler unrecht, wenn man sein Werk als ein Ganzes überblickt; denn jedes Stück war für einen anderen Zweck und einen anderen Ort bestimmt und sollte dort eine bestimmte Wirkung ausüben. Besieht man Memlings Bilder dennoch grosso modo, so entdeckt man sofort seine Begrenzung: seine Motivarmut, die Eintönigkeit seiner Porträts und sogar der keuschen Madonnen mit dem fließenden Goldhaar. Die äußere Form ist mit glatten, leuchtenden Tönen wirklichkeitsnah eingefangen, aber nur selten dringt der Pinsel bis in die Tiefe der Seele vor, zum Schmerz und zum Ehrgeiz, zur verborgenen Einsamkeit und zu den Anfechtungen. Memlings Frauengestalten sind ohne Leben, und wenn er sie entkleidet, finden wir zu unserem Bedauern einen mächtig gewölbten Leib bei winzigen Brüsten. Möglicherweise entsprach er damit dem damaligen Schönheitsideal – auch die Lüste sind ja an ihre Zeit gebunden. Trotzdem muß festgehalten werden, daß Memling nach dem übereinstimmenden Urteil seiner Auftraggeber und Kollegen bei seinem Tode (1495) der geschätzteste Meister nördlich der Alpen war, dessen Stil die flämische Malerei eine Generation hindurch geprägt hat.

Gerard David, um 1483 von Holland nach Brügge gekommen, verfiel dem Zauber der *aria dolce* des älteren Memling, und ihre Madonnen gleichen einander so sehr, daß man auf das gleiche Modell schließen kann. Manchmal, wie in der *Rast auf der Flucht nach Ägypten* (Washington), erreicht er mit der zaghaften Schönheit seiner Maria das Vorbild und übertrifft es in der Gestaltung des Kindes. Als er, den Handelsherren nachfolgend, später nach Antwerpen übersiedelte, endete die Brügger Schule, während die Antwerpener mit Quentin Massys begann.

Dieser aus Löwen stammende Sohn eines Schlossermeisters wurde als Fünfundzwanzigjähriger von der Antwerpener Malergilde St. Lukas aufgenommen, doch wäre der Evangelist kaum damit einverstanden gewesen, wie Herodias im *Gastmahl des Herodes* den abgeschlagenen Kopf des Johannes mit einem Tranchiermesser zerteilt, und wohl auch nicht mit dem Joseph von Arimathia, der in der *Grablegung Christi* verkrustetes Blut aus dem Haar des blutlosen Leichnams entfernt. Massys, der sieben Kinder begraben mußte und zwei Frauen hatte, kannte das Leben von einer so düsteren Seite, daß seine Palette mehr als einmal Gift und Galle verspritzte. So porträtierte er eine galante Dame, die einem alten Geldverleiher sein Gold abschmeichelt; in etwas besserer Laune malte er eine brave Ehefrau, die teils mit Bewunderung, teils mit Neid zusieht, wie ihr Ehemann, ein Geldwechsler, seine Schätze zählt. Dennoch wirken die Madonnen Massys' menschlicher als die Memlings; die in Berlin herzt und küßt ihr Kind wie jede natürlich empfindende Mutter, gleichzeitig hebt das leuchtende Blau, Purpur und Rot der Gewandung ihre Schönheit. Auch als Porträtist drang Massys tiefer unter die Oberfläche als Memling, wie zum Beispiel in der beachtlichen *Studie zu einem Porträt* im Jacquemart-André-Museum in Paris. Die Bildnisse des Erasmus und Peter Gillis', die dieser 1517 für den englischen Humanisten Thomas More in Auftrag gab, stammen von seiner Hand. Gillis' Porträt erscheint uns ausgezeichnet, aber dem Erasmus-Bildnis widerfuhr das Pech, von der Nachwelt mit Holbeins Erasmus-Porträt konfrontiert zu werden. Als Dürer (1520) und Holbein (1526) nach Antwerpen kamen, sprachen beide bei Massys als dem Altmeister der flämischen Schule vor.

Doch mittlerweile war in Brabant der originellste und verrückteste Meister in Flanderns Kunstgeschichte erstanden. Schon bei Massys finden sich gelegentlich häßliche Fratzen, so etwa in einer *Anbetung der Heiligen Drei Könige* (New York) und in dem lüstern grinsenden Pöbel eines Passionsbildes in Madrid, expressive, derbe und brutale Gesichter, wie sie Leonardo da Vinci gelegentlich aus einer satirischen Laune heraus skizzierte. Hieronymus van Aeken aber hat die Darstellung solcher Grotesken zu seiner Lebensaufgabe gemacht. Nach seinem Geburtsort 's Hertogenbosch, wo er den größten Teil seines Lebens verbrachte, Bosch benannt, malte er anfänglich noch einigermaßen normale religiöse Motive wie die *Anbetung der Heiligen Drei Könige* in Madrid. Allmählich aber durchdrangen absurd-phantastische Vorstellungen seine Einbildungskraft und Kunst immer stärker. Vielleicht war er in der Kindheit mit Ausgeburten der Hölle und Geschichten von Geistern und Kobolden geschreckt worden – auf alle Fälle schien er sich vorgenommen zu haben, all diesem Aberglauben mit heilsamem Spott zu Leib zu gehen und ihn einfach wegzulachen. Sein sensitives Künstlergemüt litt unter den Unzulänglichkeiten der Menschheit, ihrer Häßlichkeit und ihren Mißbildungen, und offenbar reagierte er seine Empfindungen ab, indem er in makabrem Zorn und düsterer Wollust darüber herfiel. Sogar in idyllischen Kompositionen wie der *Geburt Christi* (Köln) wird der Vordergrund vom Maul einer Kuh beherrscht; in der *Anbetung der Heiligen Drei Könige* (New York) schielen die Hirten durch Kreuzgänge und Fenster nach Mutter und Kind. Das gleiche Bild enthält aber auch einen majestätischen Joseph und einen mit seiner Stattlichkeit alle anderen Figuren in den Schatten stellenden Mohrenkönig. Alle übrigen Schilderungen aus der Lebensgeschichte Jesu werden jedoch mehr und mehr von bestialischen Gesichtern, rollenden Augen, unförmigen Nasen, sinnlich-wulstigen Lippen verunziert. Unter den Heiligendarstellungen findet man einen überraschend zarten Evangelisten Johannes, doch wäre das Bild kein Bosch, wenn sich nicht in einer Ecke der unorthodoxen Insellandschaft ein auf seine Stunde wartender Teufel mit Mönchskapuze, Rattenschwanz und Reptilienbeinen befände. Die *Versuchung des heiligen Antonius* zeigt den verzweifelten Einsiedler inmitten von verführerischen Kurtisanen und der grausen Phantasiegestalten eines Zwerges, dem die Beine aus den Schultern wachsen, eines Vogels mit Ziegenhufen, einer Nachtigall mit Kuhbeinen, einer Hexe, die auf einer Ratte reitet, eines Spielmanns, dem ein Pferdeschädel auf den Kopf gestülpt ist. Wohl hatte die gotisch-kirchliche Kunst auch schon früher solche phantastische Mißgestalten hervorgebracht, aber es blieb Bosch vorbehalten, sie zu einer Welt zu gestalten.

Das war eine visionäre, weltferne Kunst. Selbst wenn sich Bosch gelegentlich an die Wirklichkeit hielt wie im *Verlorenen Sohn*, übertrieb er Häßlichkeit, Armut und Furcht. Sein *Heuwagen* ist keine sommerliche Lustbarkeit, sondern eine bittere Illustration des Bibelworts «Alles Fleisch ist Gras». Oben auf der Fuhre herrscht eitel Fröhlichkeit: Ein junges Mädchen singt, von einem Jüngling begleitet, ein Liebespaar küßt sich, ein Engel kniet, und in den Wolken schwebt der Erlöser; aber unten redet eine Kupplerin auf ein Mädchen ein, preist ein Scharlatan seine Mittelchen an, geben Nonnen einem dicken Priester Geschenke, sticht einer einen anderen nieder, geraten ein paar unvorsichtig Feiernde unter die Wagenräder, und rechts im Bild zerren Teufel und Affen die Verdammten zur Hölle. Ein Pendant dazu bilden *Die Freuden dieser Welt:* ein Teich mit Badenden, um den sich auf teils lebensnahen, teils phantasieentsprungenen Reittieren eine Prozession weiterer nackter Gestalten bewegt; aus allen Richtungen ragen Dornen und spitze Pfähle ins Bild, im Vordergrund grinst ein mächtiger Vogel auf ein im Tanz verschlungenes nacktes Paar; ein Flügel schildert die Erschaffung Evas als die Quelle aller Übel, ein weiterer die Qualen der Verdammten; das Ganze ist ein Meisterwerk an Komposition, sicherer Zeichnung und kranker Phantasie. Philipp II., König von Spanien und der Finsternis, erwarb beide Stücke für den Escorial.

Haben wirklich Millionen von schlichten, kritiklosen Christen bis in die Morgendämmerung der Neuzeit an solchen Alpträumen gelitten? Gehörte Bosch zu dieser Kategorie? Kaum, denn sein in der Bibliothek von Arras hängendes Porträt zeigt einen alten Mann von klarem Verstand, scharfem Blick und großer Erfahrung, einen Mann, der alle satirische Raserei hinter sich gelassen hat und im beruhigenden Bewußtsein lebt, den Unbilden des Lebens demnächst zu entrinnen. Wäre er von dieser Phantasiewelt wirklich besessen gewesen, hätte er den grausigen Spuk nicht so meisterhaft karikieren können. Er stand über ihm, wenn auch zutiefst empört, daß sich die Menschheit mit solchen Phantasien quäle. Die weite Verbreitung der nach seinen Kompositionen angefertigten Kupferstiche läßt darauf schließen, daß seine Arbeiten eher als amüsante Kuriositäten denn als teuflische Schreckbilder empfunden wurden. Eine Generation später nahm Pieter Brueghel diesen Teufeln den Stachel und wandelte das ganze koboldische Treiben in gesunde und heitere Volksszenen um, bis weitere vierhundert Jahre später neurotische Künstler die Neurose ihrer Zeit in sarkastischen Phantasien, nicht unähnlich denen eines Hieronymus Bosch, austobten.

Ein konventionellerer Meister beschließt dieses Kapitel der flämischen Malerei. Jan Gossaert aus Maubeuge – deshalb auch Mabuse genannt – kam, wahrscheinlich nach einer Lehrzeit bei David in Brügge, 1503 nach Antwerpen und wurde 1507 an den Hof Philipps von Burgund berufen. Auf einer von dessen Auslandsreisen begleitete er den Herzog nach Italien und brachte neben einigen technischen Finessen eine Freude an antiken Sagen und an der Schönheit des menschlichen Körpers nach Hause, so daß sein Aktbild *Adam und Eva* das erste erfreuliche Produkt der flämischen Nacktmalerei bildet. Rundliche Cherubime und der architektonische Rahmen seiner *Maria mit Kind und Engeln* und des *Heiligen Lukas die Madonna malend* spiegeln die italienische Renaissance wider, der er auch die brillante Farbwahl für die Mondlichtstimmung in *Christus im Garten Gethsemane* zu danken hat. Seine größte Stärke aber war das Porträt. Sein *Jan Carondelet* im Louvre ist die durchdringendste Charakterstudie seit Jan van Eyck; der Künstler, der sich auf das Gesicht und die Hände konzentrierte, hätte die begüterte Herkunft und den Ernst des Verwaltungsmannes mit all seinem Verantwortungsbewußtsein und seiner Gemessenheit nicht besser herausholen können. Die erste Periode der flämischen Malkunst, die in den van Eycks ihren edelsten Ausdruck gefunden hat, war von Massys beschlossen worden; jetzt übernahm Gossaert von Italien die Neuerungen des gefälligeren Ornaments, der graziöseren Linie und der Finessen des *chiaroscuro* und der *portraiture*, die im sechzehnten Jahrhundert (Brueghel ausgenommen) die flämische Malerei aus ihrer Eigenständigkeit reißen und sie bis zu ihren Gipfelpunkten Rubens und van Dyck auf einer erwartungsvollen Höhe halten sollten.

Karl der Kühne hinterließ keinen Sohn; seine Tochter Maria verlobte er in der Hoffnung, durch dieses mächtige Haus sein Burgund vor dem Rückfall an Frankreich zu bewahren, mit dem Habsburger Maximilian. Als Ludwig XI. trotzdem in Burgund einmarschierte, floh Maria nach Gent, wo sie sich – um von den Provinzen Flandern, Brabant, Hennegau und Holland als rechtmäßige Herrscherin anerkannt zu werden – in dem *Groote Privilegie* genannten Vertrag verpflichtete (Februar 1477), nur mit der Zustimmung der «Generalstaaten» dieser Provinzen zu heiraten, Steuern zu erheben und Krieg zu führen. Auf Grund dieses und späterer Abkommen, darunter *La Joyeuse Entrée*, wie Brabant seine besonderen Freiheitsrechte nannte, entbrannte das jahrhundertelange Ringen der Niederlande um ihre Unabhängigkeit. Vorläufig brachte jedoch Marias Eheschließung mit Maximilian (August 1477) die großen Habsburger ins Land. Nach Marias Tod (1482) führte zunächst Maximilian die Regentschaft, übergab sie, als er zum deutschen Kaiser gewählt wurde, seinem Sohne Philipp (1494), und als auch dieser starb, residierte Margarete von Österreich als Statthalterin in den Niederlanden, bis diese 1515 durch die Mündigerklärung des fünfzehnjährigen Sohnes Philipps, des späteren Kaisers Karl V., zur bloßen Provinz eines ungeheuren Reichs unter der Regierung eines der ehrgeizigsten und verschlagensten Herrscher der Weltgeschichte wurden. Doch das ist eine Geschichte für sich.

## SECHSTES KAPITEL

# *Mitteleuropa*

[1300–1460]

### I. LAND UND LEUTE

UNSER Dasein ist eng an geographische Gegebenheiten gebunden, und so ist es unser Schicksal, von Meeren, Gebirgen und Flüssen in einzelne Gruppen aufgesplittert zu werden, die – mehr oder weniger voneinander isoliert – unterschiedliche Sprachen, Glaubensinhalte und vom Klima bedingte Lebensweisen und Kleidungen entwickeln. In Unsicherheit lebend, scheut der Mensch alles Fremde und lehnt ein Aussehen und Auftreten, das nicht dem der eigenen Gruppe entspricht, mißbilligend ab. Nun hat die faszinierende Vielfalt seiner Landschaft – Berge und Täler, Meerengen und Fjorde, Buchten und Ströme, die die europäische Landschaft so reizvoll machen – die Bevölkerung dieses Kontinents in eine Anzahl von Völkern unterteilt, die ihre Verschiedenheit hätscheln und zu Gefangenen eines überlieferten Hasses geworden sind. Dieses Völkermosaik besitzt aber auch seinen Reiz; die Herrschaft eines einzigen Mythos oder einer einzigen Beinkleidung würde man lange nicht so schätzen. Dennoch erzwingen die Natur und die menschlichen Bedürfnisse über dieses Kaleidoskop von Sprachen, Glaubensbekenntnissen, Gewohnheiten und Kleidungen hinweg eine Uniformität der Wirtschaft und der gegenseitigen Abhängigkeit, die desto deutlicher in Erscheinung tritt, je mehr Erfindungsgreist und Wissen die trennenden Barrieren überwinden. Von Norwegen bis Sizilien, von Rußland bis Spanien hört und sieht der unvoreingenommene Beobachter nicht so sehr die Verschiedenheit der Laute oder Kleidungsstücke als die Wesensverwandtschaft von Menschen, die ähnlichen Beschäftigungen nachgehen und ähnliche Charakterzüge entwickeln: Überall pflügt man die Erde und gräbt nach Bodenschätzen, man spinnt und webt, baut Heime, Altäre und Schulen, tauscht Überschüsse aus und schmiedet – als das stärkste Werkzeug des Menschen, sich zu behaupten und zu überleben – eine soziale Ordnung. Für einen Augenblick wollen wir Mitteleuropa im Sinne einer solchen Einheit betrachten.

In Skandinavien mußten die Menschen als vordringlichste Aufgabe die Kälte, in Holland die See, in Deutschland die Wälder, in Österreich die Berge überwinden – die Landwirtschaft, die Grundlage des Lebens, hing von diesen Siegen ab. Um 1300 hatte sich die Fruchtwechselwirtschaft allgemein durchgesetzt und den Bodenertrag vervielfacht. Dann aber, zwischen 1347 und 1381, kam der Schwarze Tod; Mitteleuropa büßte seine halbe Bevölkerung ein, und unter dem Wegsterben der Menschen litt die Fruchtbarkeit der Erde. In einem Jahr verlor Straßburg 14000, Krakau 20000, Breslau

30000 Seelen. Die Bergwerke im Harz lagen hundert Jahre still. Doch kaum war die Heimsuchung vorüber, da begann der Mensch mit seinem kreatürlichen Selbstbehauptungswillen von neuem die Erde zu bestellen und ihre Schätze zu heben. Schweden und Deutschland erhöhten ihre Eisen- und Kupferförderung, Kohle wurde bei Aachen und Dortmund gebrochen; Zinn förderte man in Sachsen, Blei im Harz, Silber in Schweden und Tirol, Gold in Kärnten und Siebenbürgen.

Dieser Metallstrom speiste eine wachsende Veredelungsindustrie, die ihrerseits eine Ausweitung des Handels bedingte. Als führendes Land im Bergbau stand Deutschland auch in der Metallbearbeitung obenan. Der Hochofen trat erstmals im vierzehnten Jahrhundert in Erscheinung und revolutionierte im Verein mit dem hydraulischen Hammer und dem Walzverfahren die Metallbearbeitung. Nürnberg entwickelte sich mit seinen weltberühmten Glocken und Kanonen zum Vorort der Eisengießerei. Aber auch Augsburg, Mainz, Speyer, Köln und andere Städte errangen sich durch ihren Gewerbefleiß und Handel eine beinahe uneingeschränkte Souveränität. In den an den großen Handelsrouten gelegenen Städten am Rhein, Main, Lech und an der Donau blühten weltumspannende Bank- und Handelshäuser mit zahlreichen Niederlassungen auf, deren Reichweite und Macht im fünfzehnten Jahrhundert sogar die Hanse übertraf. Noch im vierzehnten Jahrhundert beherrschte diese die Nord- und Ostsee; doch 1397 schlossen sich die skandinavischen Staaten zur Brechung ihres Handelsmonopols zusammen, und kurz nachher begannen auch England und Holland ihren Seehandel auf eigene Rechnung zu betreiben. Sogar der Hering konspirierte gegen die Hanse und beschloß um 1417, statt in der Ostsee in der Nordsee zu laichen, so daß Lübeck, ein Hauptpfeiler des Bundes, mit dem Heringshandel seine Bedeutung verlor; Antwerpen, der glückliche Gewinner, blühte auf.

Hinter den Kulissen dieser Prosperität wuchsen jedoch die Spannungen zwischen Stadt und Land, zwischen Herrschaft und Leibeigenen, zwischen Adel und Bürgertum, zwischen den städtischen Zünften der Handwerker und der Kaufmannschaft, zwischen Kirche und Staat. In Schweden, Norwegen und in der Schweiz hatte sich die Leibeigenschaft so gut wie überlebt, in anderen Teilen Mitteleuropas verstärkten die Herren ihren Druck. In Dänemark, Preußen, Schlesien, Pommern und Brandenburg, wo sich die leibeigene Bauernschaft vor Jahrhunderten durch die Urbarmachung des Bodens den Status von Freisassen verdient hatte, zwang sie der streitbare Adel in neue Leibeigenschaft; die Brutalität der Junker des fünfzehnten Jahrhunderts läßt sich aus einer Redewendung der brandenburgischen Bauern ermessen: «Der Herr schenke ihren Gäulen [der Herren] ein langes Leben, sonst reiten sie noch auf uns.» Die baltischen Barone und Rittergutsbesitzer, die sich anfänglich mit der Versklavung der eingesessenen Slawen begnügt hatten, gingen angesichts des Wütens des Schwarzen Todes und des Krieges mit Polen (1409) dazu über, alle «Vagabunden zu Stadt und Land» aufzugreifen, zu Leibeigenen zu erklären und durch Auslieferungsverträge mit den benachbarten Obrigkeiten Fluchtversuchen einen Riegel vorzuschieben.

In den Städten regierte die handeltreibende Bürgerschaft – von den deutschen Königen als erwünschtes Gegengewicht gegen den Adel begünstigt – so unumschränkt, daß oftmals Rathaus und Handelskammer zusammenfielen. Die Handwerkszünfte sahen sich immer mehr in eine untergeordnete Rolle gedrängt; der städtische Magistrat dekretierte die Höhe der Löhne und verbot ihnen die gemeinsame Vertretung ihrer Interessen, so daß der Handwerker, wie in England und Frankreich auch, auf den Status eines Proletariers sank. Wohl rebellierte er da und dort; so bemächtigte sich in Nürnberg die Arbeiterschaft 1348 des Rathauses und beherrschte ein ganzes Jahr die Stadt, bis ein kaiserliches Detachement für die Wiederherstellung der patrizischen Ordnung sorgte. In Preußen wurde 1358 ein Dekret erlassen, das Arbeitsniederlegung mit dem Abhauen eines Ohres bedrohte. Zu Bauernerhebungen kam es in Dänemark (1340, 1441), in Sachsen, Schlesien, Brandenburg und im Rheinland (1432), in Norwegen und Schweden (1434); da ihnen aber eine straffe Führung mangelte, waren sie kaum mehr als symptomatische Gewitter. Die revolutionären Ideen schwelten in Stadt und Land weiter. 1438 erschien unter dem imaginären Titel «Reform Kaiser Sigmunds» ein anonymes radikales Pamphlet voll egalitärer Ideen. So trieb die Entwicklung langsam, aber sicher dem großen Bauernkrieg des Jahres 1525 entgegen.

## II. SKANDINAVIEN UND DIE EIDGENOSSENSCHAFT

Dem vom Glück begünstigten Skandinavien erstanden im vierzehnten Jahrhundert mehrere hervorragende Herrscher. Magnus II. von Schweden faßte die widerspruchsvollen Gesetze der einzelnen Landesteile in einem einheitlichen Gesetzbuch zusammen (1347). Erich IV. von Dänemark stärkte unter Zurückdrängung der Barone die königliche Zentralgewalt; der unter Christoph II. einsetzenden rückläufigen Bewegung machte Waldemar IV. ein Ende, unter dessen Herrschaft Dänemark eine größere Rolle in der europäischen Politik zu spielen begann. Die überragendste dieser Herrschergestalten war jedoch Waldemars Tochter Margarete, die, im Alter von zehn Jahren mit König Haakon VI. von Norwegen, dem Sohn Magnus' II. von Schweden, verheiratet (1363), dazu bestimmt schien, kraft eigenen Erbrechts und ehelicher Ansprüche die verwandtschaftlich verbundenen Throne zu vereinigen. Nach Waldemars Tod (1375) begab sie sich mit ihrem fünfjährigen Sohn Olaf nach Kopenhagen, stellte ihn dem aus Vertretern des Adels und der Geistlichkeit bestehenden Wahlkollegium vor und überredete es, den jugendlichen Prinzen als König und sie selbst als Regentin Dänemarks anzuerkennen. Als 1380 der zehnjährige Olaf durch das Ableben seines Vaters, Haakons VI., die norwegische Krone erbte, übernahm die jetzt siebenundzwanzigjährige Margarete die Regentschaft auch in Norwegen und erweckte mit ihrem Mut und ihrer taktvollen Klugheit das Erstaunen ihrer an männliche Unfähigkeit und Brutalität gewöhnten Zeitgenossen, so daß die dänischen und norwegischen Barone, die mit ihren Königen oftmals so wenig Federlesens gemacht hatten, der weisen und um das Landeswohl besorgten Fürstin ehrerbietige Gefolgschaft leisteten. Schließlich sicherte ihr diplomatisches Geschick Olaf auch noch die schwedische Thronfolge (1385). Als aber der erst Siebzehnjährige zwei Jahre später starb, schienen ihre weitsichtigen Pläne zur Zusammenfassung ganz Skandinaviens unter einer Krone gescheitert. Doch sogar diesen Rückschlag verstand sie zu überwinden. Die dänischen Wahlmänner setzten sich in Ermangelung eines männlichen Thronkandidaten, der «Margrete» vergleichbar gewesen wäre, über den verfassungsmäßigen Ausschluß der weiblichen Thronfolge hinweg und wählten sie zur Regentin Dänemarks (1387), welchem Beispiel Norwegen 1388 folgte, und ein Jahr später rief sie der schwedische Adel, der sich eben eines Königs entledigt hatte, zur Königin aus. 1397 sah sie ihre Bemühungen mit dem größten ihrer diplomatischen Erfolge belohnt: Ein gemeinsamer Reichstag der Wahlkollegien aller drei Länder zu Kalmar in Schweden krönte ihren Großneffen Erich zum gemeinsamen König und proklamierte die ewige Vereinigung der drei Länder, freilich unter Wahrung der Autonomie, Gesellschaftsstruktur und Gesetzgebung der Einzelstaaten. Für den erst fünfzehnjährigen Erich übernahm Margarete wiederum die Regentschaft und führte sie bis zu ihrem Tode (1412). Kein zweiter europäischer Monarch jener Zeit hat ein so ausgedehntes Reich regiert und keiner mit solchem Erfolg.

Erich verfügte nicht über ihre Klugheit und ließ den Staatenbund in ein großdänisches, vom Kopenhagener Kronrat beherrschtes Reich degenerieren. Norwegen, das am stärksten unter dieser Entwicklung litt, verlor seine dreihundertjährige Vormachtstellung auf dem Gebiet der Literatur. Schweden erhob sich unter der Führung Engelbrecht Engelbrekssons; die von ihm nach Arbago einberufenen Vertreter des Adels, des Klerus, der Bürger und Freien – eine wahrhaft repräsentative Versammlung, die sich in ungebrochener Kontinuität zum Schwedischen Reichstag von heute umgestaltet hat – wählten ihn und Kark Knutsen zu Regenten des Reichs. Da der Held der Revolution schon im nächsten Jahr durch Mörderhand starb, wurde Knutsen Alleinregent und blieb es, zeitweise als König, bis zu seinem Tod (1470).

In Dänemark und Norwegen war mittlerweile mit Christian I. (1448–1481) die Dynastie Oldenburg auf den Thron gekommen und herrschte über Norwegen bis 1814 und über Dänemark bis 1863. Island, das unter Margarete Dänemark angegliedert worden war (1381), konnte mit seiner kraftvollen, für Ordnung sorgenden Regierung dem chaotischen Europa immer noch als Vorbild dienen, aber seine führende Rolle in der Geschichte und Literatur war vorüber.

Ordnung ist die Mutter der Freiheit und der Kultur, Chaos ist der Nährboden der Diktatur; daher kommt es, daß die Geschichte ab und zu auch für das Königtum ein gutes Wort einlegt. Im Mittelalter bestand dessen Funktion darin, den Untertan allmählich aus der Gewalt der örtlichen Machthaber zu befreien und Gesetzgebung, Justiz, Strafvollzug, Münzprägung und Kriegführung in der Hand einer übergeordneten Instanz zu vereinen. Die Feudalherren stemmten sich zwar mit aller Kraft gegen diesen Prozeß, aber die breiten Massen zogen einen einzigen Herrn, eine einheitliche Währung und eine landweite Gesetzgebung vor. Auf eine Ablösung der königlichen Gewalt durch Herrschaft und Recht «von Volkes Gnaden» wagte man in einer Zeit vorwiegenden Analphabetentums freilich nicht zu hoffen.

Europa kannte damals nur eine wirkliche Demokratie, und die war unbezwinglich. Den ersten Kern der Schweizerischen Eidgenossenschaft – wie sie sich seit 1352 nennt – bildeten die drei Waldstätte Uri, Schwyz und Unterwalden, die sich 1291 zu einem

Schutz- und Trutzbündnis gegen das Haus Habsburg zusammenschlossen, das dort alte, verbriefte Rechte besaß. Der Bund erweiterte sich schnell, Luzern trat 1332, Zürich 1351, Glarus und Zug 1352, Bern 1353 bei. 1315 errangen die im ursprünglichen Bund vereinigten Bauern den geschichtlich bedeutsamen Sieg bei Morgarten über ein habsburgisches Ritterheer; von da an verwalteten sich die «Orte» (später Kantone genannt) der Eidgenossenschaft – die eigentlichen Helden in deren Geschichte – trotz ihrer formellen Zugehörigkeit zum Heiligen Römischen Reich praktisch selbst. Gegen Ausgang des Jahrhunderts versuchten die österreichischen Herzöge noch einmal, ihre Rechte geltend zu machen, wurden aber bei Sempach (1386) und bei Näfels (1388) in Schlachten geschlagen, die in der Geschichte der Demokratie fortzuleben verdienen. Im Vertrag von Konstanz (1446) verzichtete das Haus Habsburg auf seine Rechte, während die Eidgenossenschaft die juristische Oberhoheit der Reichsgewalt unter praktischer Wahrung ihrer Freiheit anerkannte. Zu dieser politischen Autonomie gesellte sich nach dem Anschluß französischsprachiger Gebiete auch noch die sprachliche; beide fanden in den Gebirgswällen, Seen und Flüssen einen starken Rückhalt, so daß die bürgerlichen Rechte von Kanton zu Kanton und von Epoche zu Epoche variierten. Als alle umfassendes Band bestand die Verpflichtung zur Schlichtung von Streitigkeiten durch die von allen Orten beschickten Tagsatzungen und die Gemeinsamkeit der Außenpolitik.

In der Frühgeschichte des Bundes bestand für alle Männer zwischen zehn und sechzig Jahren die allgemeine Wehrpflicht. Nach seinen großen Siegen galt das mit Hellebarden ausgerüstete, gut disziplinierte schweizerische Fußvolk als das beste und gefürchtetste von ganz Europa, so daß fremde Mächte ganze Regimenter von den Orten mieteten, die zur Füllung ihrer Staatskasse eine Zeitlang «schweizerische Kriegstüchtigkeit zu einem Handelsartikel» machten.

Von einigen kriegerischen Auseinandersetzungen zwischen den Kantonen abgesehen, hat sich die Eidgenossenschaft als das leuchtende Vorbild eines föderalistischen Zusammenschlusses bewährt – als ein Bund autonomer Länder, die ihre gemeinsamen Behörden in voller Freiheit bestellen und unter einem einheitlichen, vom Volkswillen getragenen Recht leben.

## III. KONFLIKT ZWISCHEN REICH UND KIRCHE

Auch Deutschlands staatspolitische Struktur war grundsätzlich föderalistisch, doch wahrten seine teils weltlich, teils geistlich regierten Glieder dem Oberhaupt des Heiligen Römischen Reichs nur eine beschränkte Treue. Herzöge, Markgrafen, Grafen und sonstige weltliche Herren herrschten in Bayern, Thüringen, Württemberg, Hessen, Nassau, Meißen, Sachsen, Brandenburg, Kärnten, Österreich und in der Pfalz; in Magdeburg, Mainz, Halle, Bamberg, Köln, Bremen, Straßburg, Salzburg, Trier, Basel, Hildesheim führten Bischöfe oder Erzbischöfe nicht nur das geistliche, sondern auch das weltliche Regiment; daneben hatten sich bis zum Jahre 1460 nahezu hundert

Städte den Status der Reichsunmittelbarkeit gesichert und erkannten nur die Souveränität des Kaisers an. Die Volksrechte blieben im allgemeinen auf die Gutheißung von Steuern beschränkt, zu welchem Zweck gelegentlich die Vertreter der drei Stände – Adel, Geistlichkeit und Bürger – zu Tagungen zusammentraten und durch die Macht des Geldbeutels die Machtgelüste der Fürsten eindämmten. Die großen Reichsversammlungen oder Reichstage wurden von allen souveränen Fürsten und reichsunmittelbaren Städten beschickt. Die Wahl des Kaisers war den sieben Kurfürsten vorbehalten, nämlich dem König von Böhmen, dem Herzog von Sachsen, dem Markgrafen von Brandenburg, dem Pfalzgrafen bei Rhein und den Erzbischöfen von Mainz, Trier und Köln, die im Kurfürstentag den deutschen König erkoren, der, um das Oberhaupt des Heiligen Römischen Reichs zu werden, vom Papst Salbung und Reichskrone empfangen mußte; vor dieser Krönung lautete sein Titel «König der Römer». Meist residierten die Kaiser in Nürnberg, oft aber auch anderswo, so etwa auch in Prag.

Ihre Autorität entsprang mehr der Überlieferung und dem Prestige ihres Amtes als ihrer bewaffneten Macht, für die sie sich zumeist nur auf ihre Hausmacht stützen konnten; sogar für die Finanzierung ihrer Verwaltung und die Kriegführung waren sie von den Reichs- oder Kurfürstentagen abhängig, worunter fähige Männer wie Karl IV. und Sigismund bis zum demütigenden Fehlschlag ihrer außenpolitischen Konzeptionen litten. Schon der Machtkampf zwischen den Hohenstaufen und den kraftvollen Päpsten des dreizehnten Jahrhunderts, der mit dem Untergang dieses Hauses endete, hatte das von Papst Leo III. und Karl dem Großen (800) gegründete Heilige Römische Reich entscheidend geschwächt. Um 1400 präsentierte es sich nur noch als ein loses Länderkonglomerat, das sich von der Ost- und Nordsee bis Holland und Lothringen, Österreich und bis zur Schweiz erstreckte.

Der Konflikt zwischen Reich und Papsttum lebte von neuem auf, als sich 1314 die Kurfürsten nicht zu einigen vermochten und eine Gruppe Ludwig von Bayern und die andere Friedrich von Österreich zum König wählte. Der in Avignon residierende Johann XXII. erklärte, da nur der Papst den deutschen König zum Kaiser krönen könne, liege die Entscheidung über die Gültigkeit der Wahl bei ihm, und mittlerweile, das heißt während der Vakanz, amtiere er als Reichsvikar. Ludwig und Friedrich zogen einen kriegerischen Schlichtungsspruch vor. Bei Mühldorf (1322) nahm Ludwig Friedrich gefangen und beanspruchte die volle kaiserliche Gewalt. Der Papst erkannte jedoch das Urteil der Waffen nicht an, forderte Ludwig auf, Würde und Vollmachten niederzulegen und sich vor ihm als Rebell gegen die Kirche zu verantworten. Als sich Ludwig weigerte, sprach er den Kirchenbann über ihn aus, entband die deutschen Fürsten vom Treueeid und bedrohte Ludwigs Anhänger mit dem Interdikt. Die große Mehrheit der deutschen Fürsten und Städte hielt jedoch Ludwig die Treue, betrachteten sie doch, ähnlich wie die Engländer, die Päpste in Avignon als Verbündete und Werkzeuge Frankreichs. Mit dem fortschreitenden Zerfall des Papsttums und des Glaubens ging eine gleichzeitige Stärkung des Nationalgefühls Hand in Hand; man dachte in erster Linie als Patriot und erst in zweiter als Christ. Der übernationale Katholizismus räumte langsam dem national betonten Protestantismus den Platz.

In diesem Augenblick erwuchs Ludwig ein denkbar unerwarteter Bundesgenosse. Johann XXII. hatte in der Bulle *Cum inter nonnulla* (1323) die Auffassung, Jesus und die Apostel seien eigentumsfeindlich gewesen, zur Häresie erklärt und die Inquisition angewiesen, den dieser Irrlehre huldigenden Minoriten den Prozeß zu machen. Die Betroffenen vergalten Gleiches mit Gleichem, identifizierten den betagten Pontifex mit dem in der Offenbarung geweissagten Antichrist, und ihr Ordensgeneral Michael Cesena manövrierte einen beträchtlichen Teil seiner Schafe in ein offenes Bündnis mit dem im Kirchenbann stehenden Ludwig (1324). Der von diesem Zuzug ermutigte König bezeichnete in einer zu Sachsenhausen erlassenen Appellation «den Priester Jakob von Cahors, der sich Papst Johann XXII. nennen läßt», als Mann des Blutvergießens, Freund der Ungerechtigkeit und Zerstörer des Reichs und forderte die Einberufung eines Kirchenkonzils zur Aburteilung Johanns als eines Ketzers.

Weiteren Zuzug erhielt der in Nürnberg residierende König durch die Professoren der Pariser Universität Marsilius von Padua und Johann von Jandun. In einem Buch, *Defensor pacis*, hatten sie das Papsttum von Avignon mit Worten angegriffen, die den königlichen Ohren recht angenehm geklungen haben müssen: «Was begibt sich dort anderes als das Zusammenströmen der Simonisten aus aller Welt? Was anderes als der Lärm der Sachwalter ... und die Mißhandlung der Gerechten? Dort ist die Gerechtigkeit für den Unschuldigen in Gefahr.» Ähnlich wie die Albigenser und Waldenser des dreizehnten Jahrhunderts predigten die Verfasser die Rückkehr zur Heiligen Schrift und verlangten die Einberufung eines allgemeinen Kirchenkonzils durch den Kaiser. Geradezu revolutionär war die Forderung nach der Umkehr der Machtverhältnisse: nicht der Papst habe die Kaiserwahl, sondern der Kaiser die Papstwahl zu bestätigen, nicht der Kaiser habe dem Papst, sondern dieser dem Kaiser untertan zu sein.

Das war Muisk in des Königs Ohren. Anfang 1327 machte er sich mit einer kleinen militärischen Bedeckung, einigen Minoriten und den beiden Philosophen, die er seine Manifeste abfassen ließ, auf den Weg nach Rom, um sich dort zum Kaiser krönen zu lassen. Im April exkommunizierte Johann XXII. in neuen Bullen Marsilius von Padua und Johann von Jandun und befahl dem König, Italien zu verlassen. Trotzdem öffneten ihm die in Mailand regierenden Visconti die Tore und krönten ihn mit der eisernen Krone der Lombardenkönige, dem Symbol der Souveränität über die Lombardei. Am 7. Januar 1328 zog Ludwig in Rom ein, von der wegen der Abwesenheit der Päpste erbosten Bevölkerung umjubelt, bezog Quartier im Vatikanspalast, berief eine Volksversammlung aufs Kapitol, zeigte sich der Menge und forderte die Kaiserkrone. Man jubelte wiederum Beifall, und am 17. Januar setzte ihm der alte Stadtsyndikus Sciarra Colonna das begehrte Diadem aufs Haupt, der gleiche unbeugsame Feind des Papsttums, der beinahe fünfundzwanzig Jahre früher Bonifaz VIII. um ein Haar erschlagen hätte und jetzt für einen Augenblick die Herausforderung der geschwächten Kirche durch den erstarkenden Staat neuerdings symbolisierte.

Trotz seiner achtundsiebzig Jahre dachte Johann XXII. nicht an Nachgiebigkeit. Er proklamierte gegen Ludwig den heiligen Krieg und forderte die Römer unter Androhung des Interdikts zur Vertreibung des Kaisers und zur Rückkehr unter die päpstliche

Autorität auf. Ludwig antwortete mit Wendungen, die an die seines exkommunizierten Vorgängers Heinrich IV. erinnerten, berief eine neue Massenversammlung ein und bezichtigte in einem vor allem Volk verlesenen kaiserlichen Edikt den Papst des Irrglaubens und der Tyrannei, erklärte ihn aller Würden enthoben und verlangte seine Aburteilung durch die weltliche Gewalt. Ein von ihm eingesetzter, aus Laien und Geistlichen bestehender Ausschuß rief auf sein Betreiben den Minoriten Peter von Corvara zum Gegenpapst aus, und in Umkehrung der Rollen Leos III. und Karls des Großen krönte Ludwig den Mann seiner Wahl als Nikolaus V. mit der päpstlichen Tiara (12. Mai 1328). Die erstaunte Christenheit spaltete sich in zwei Lager, nahezu nach denselben geographischen Grenzen, die das spätere nachreformatorische Europa aufwies.

Ein paar banale Zwischenfälle führten zu einer dramatischen Wendung. Marsilius von Padua, von Ludwig mit der geistlichen Verwaltung der Hauptstadt betraut, hatte den wenigen in Rom verbliebenen Priestern befohlen, die Messe ungeachtet des Kirchenbanns zu lesen. Als er einige, die sich weigerten, foltern und einen Augustiner in einem Löwenkäfig auf dem Kapitol zur Schau stellen ließ, erschien zahlreichen Römern die Philosophie zu weit getrieben. Dann verursachten etliche von Ludwigs Landsknechten, die sich auf dem Markt Lebensmittel aneigneten, ohne sie zu bezahlen, einen Volksauflauf – die Italiener waren den Deutschen ohnehin nicht besonders grün. Als Ludwig zur Bestreitung seiner Hofhaltung und für den Unterhalt seiner Truppen die römischen Laien, Geistlichen und Juden mit einem Tribut von je 10000 Dukaten belegte, stieg das Mißvergnügen auf den Höhepunkt. Jetzt schien Ludwig der Zeitpunkt für seine Heimkehr gekommen, und am 4. August trat er den Rückmarsch nach Deutschland an. Schon tags darauf rückte ein päpstliches Kontingent in Rom ein und verwüstete die Paläste von Ludwigs Parteigängern, während deren sonstiges Eigentum konfisziert wurde. Das Volk ließ es geschehen und wendete sich wieder seinen eigenen frommen und weniger frommen Beschäftigungen zu.

In Pisa erstand dem Kaiser in der Person des berühmtesten Philosophen seines Jahrhunderts ein neuer, höchst willkommener Bundesgenosse. Der aus einem päpstlichen Gefängnis in Avignon geflohene Wilhelm von Ockham bot ihm seine Dienste mit den (nicht authentisch belegten) Worten an: *Tu me defendas gladio, ego te defendam calamo* – «Verteidigst du mich mit dem Schwert, verteidige ich dich mit der Feder». Aber auch die energischste Federführung vermochte die Situation nicht mehr zu retten, weil Ludwig die herrschenden Kreise Italiens allzusehr vor den Kopf gestoßen hatte. Die enttäuschten Ghibellinen, die geglaubt hatten, in seinem Namen ein Regiment zu ihrem persönlichen Wohl führen zu können, aber zu ihrer Betrübnis erfahren mußten, daß er die Zügel höchst persönlich in die Hand nahm und sie zur Erhebung unpopulärer Steuern zur Speisung seines Staatsschatzes zwang, desertierten in Massen, sogar die Visconti, und schlossen, da seine bewaffnete Macht nicht ausreichte, sie bei der Stange zu halten, den bestmöglichen Frieden mit Avignon. Der sich selbst überlassene Gegenpapst fiel in die Hände päpstlicher Offiziere, wurde nach Avignon gebracht und mit einem Strick um den Hals Johann XXII. vorgeführt, den er kniefällig um Verzeihung bat (1328). Der Papst hob ihn auf, verzieh ihm als dem heimgekehrten verlorenen Sohn und kerkerte ihn lebenslänglich ein.

Da die phantastischen Ideen von Weltkaisertum und Staatskirche in Deutschland keinen Anklang fanden, versuchte Ludwig durch wiederholte Gesandtschaften und Reuebekenntnisse Johanns Gunst zu erlangen, doch blieb dieser bis zu seinem Tode unerbittlich (1334). Der Beginn des Hundertjährigen Krieges festigte die Stellung des Kaisers; Eduard III. von England schloß mit ihm ein Bündnis, und sie erkannten einander als Kaiser beziehungsweise als König von Frankreich an. Der deutsche Kurverein zu Rense (16. Juli 1338) nutzte das Bündnis der beiden Großmächte gegen Frankreich und das Papsttum zur Proklamation aus, daß ein von den deutschen Kurfürsten gewählter König nicht der päpstlichen Bestätigung bedürfe, und am 3. August 1338 proklamierte der zu Frankfurt am Main tagende Reichstag darüber hinaus als Reichsrecht, daß sich Würde und Gewalt des Kaisers einzig aus der Königswahl der Kurfürsten ableite und von der kirchlichen Bestätigung unabhängig sei. Das über Ludwig verhängte päpstliche Interdikt erklärte der Reichstag für null und nichtig. Damit hatten Deutschland und England über die Proteste Papst Benedikts XII. hinweg den ersten Schritt zur Reformation getan.

Von diesen Erfolgen berauscht, ging Ludwig daran, die Theorien des Marsilius in allen Punkten in die Tat umzusetzen und in Ausübung der geistlichen Oberherrschaft die vom Heiligen Stuhl ernannten Kirchenfürsten ihrer Ämter zu entkleiden und durch Männer seiner Wahl zu ersetzen, die Gelder, die die Kurie durch Ablaßkrämer für einen neuen Kreuzzug sammelte, zu beschlagnahmen sowie die Ehe Margaretes von Kärnten-Tirol – der Herzogin Maultasch – mit Johann Heinrich von Böhmen aufzulösen und sie mit seinem Sohn zu verheiraten, obschon das kanonische Recht diese Ehe wegen zu naher Blutsverwandtschaft ausschloß. Johann Heinrich, sein Bruder Karl und beider Vater, König Johann von Böhmen, schworen Rache, und so sah der 1342 zum Papst gewählte Clemens VI. endlich die Chance gekommen, den alternden Feind des Papsttums aus dem Sattel zu heben. Seine geschickte Diplomatie flößte einem Kurfürsten nach dem anderen das Gefühl ein, daß nur durch die Absetzung Ludwigs und die Wahl Karls von Böhmen zum Kaiser Ordnung und Frieden im Reich herzustellen sei, und im Juli 1346 sprachen die Kurfürsten zu Rense Ludwigs Absetzung aus und wählten Karl von Böhmen zum König. Ludwig bereitete sich zum Kampf um den Thron vor, als er auf der Bärenjagd vom Pferd fiel und im Alter von sechzig Jahren starb (1347).

Karl IV., der sich dem Heiligen Stuhl für die ihm gewährte Unterstützung zeitlebens verpflichtet fühlte, führte als König wie als Kaiser ein gutes Regiment. In Deutschland verargte man es ihm zwar, daß er Prag zu seiner Residenz machte; dennoch hat er sowohl im Reich wie in seinem angestammten Böhmen die Verwaltung verbessert, Handel und Verkehr gefördert, wertbeständiges Geld ausgegeben, die Zölle gesenkt und ein Menschenalter hindurch im Reich relativ friedliche Zustände aufrechterhalten.

1356 erwarb er sich mit dem Erlaß der Goldenen Bulle – so genannt, obschon sie nur eines der vielen Dokumente mit dem goldenen kaiserlichen Siegel darstellt – vor der Geschichte einen zweifelhaften Ruhm, übertrug sie doch auf die sieben Kurfürsten – vielleicht, weil er sich in Prag zu sehr an der Peripherie des Reiches fühlte – so große Vollmachten, daß die kaiserliche Autorität so gut wie aufgehoben wurde. Die Hauptbestimmung schuf einen jährlich abzuhaltenden Kurfürstentag unter dem Vorsitz des Königs oder Kaisers zur Regelung aller Reichsangelegenheiten; damit begab sich Karl IV. seiner gesetzgeberischen Rechte und erniedrigte sich zum Vollzugsorgan. In ihren eigenen Hoheitsgebieten erhielten die Kurfürsten beinahe unumschränkte Rechte: volle Gerichtsbarkeit, Burg-, Münz-, Zoll-, Berg-, Salz- und Judenregal. Im Grunde genommen legalisierte die Bulle zwar nur den bereits bestehenden Zustand; aber möglicherweise erließ sie der Kaiser im Bestreben, die Kurfürsten zu gemeinsamem Handeln zu veranlassen. Doch die von ihren eigenen Angelegenheiten in Anspruch genommenen Fürsten vernachlässigten ihre Reichspflichten so, daß das Reich bald nur noch dem Namen nach bestand. Später ermöglichte es die den Kurfürsten gewährte Souveränität dem Kurfürsten von Sachsen, Luther unter seine Fittiche zu nehmen und die Reformation durchzuführen.

Der gealterte Karl kaufte seinem Sohn für schweres Geld die Nachfolge (1378); leider liebte Wenzeslaus IV. Böhmen und Wein so sehr, daß die indignierten Kurfürsten ihn absetzten und den Pfalzgrafen bei Rhein, Ruprecht III., zum König wählten (1400), der keinerlei Spuren in der Geschichte zurückgelassen hat. Sigismund, Markgraf von Brandenburg, im Alter von neunzehn Jahren König von Ungarn (1387), wurde zum neuen König der Römer gewählt und legte 1410 den kaiserlichen Purpur an. Ein Mann von vielerlei Gaben und großem persönlichen Charme, hübsch, eitel, liebenswürdig, freigebig und gelegentlich grausam, liebte er die Macht, die Frauen und die Literatur. Seine guten Absichten hätten eine kleine Hölle befrieden können, aber in Krisen gebrach es ihm an Kraft. Er mühte sich redlich, die Schwächen der Reichsverwaltung auszumerzen, erließ einige ausgezeichnete Gesetze und verschaffte einigen sogar Nachwirkung; doch scheiterte er schließlich an der Selbständigkeit und Gleichgültigkeit der Kurfürsten und ihrer Weigerung, zum Krieg gegen die nahenden Türken beizusteuern. In seinen späteren Jahren verbrauchte er seine Energie und seine Mittel im Kampf gegen die Hussiten. Als er starb (1437), trauerte Europa um einen Mann, der eine Weile als Sprachrohr des Fortschritts viel versprochen, aber nichts gehalten hatte außer seiner Ritterehre.

Auf den Rat des Verstorbenen wählten die Kurfürsten und die Wahlkollegien von Böhmen und Ungarn seinen Schwiegersohn, Albrecht von Habsburg, zum König ihrer Länder und zum deutschen König. Albrecht II. gereichte allen drei Kronen zur Ehre, starb aber bei einem Feldzug gegen die Türken an der Ruhr, bevor sich seine Fähigkeiten hatten auswirken können (1440). Er hinterließ keine männlichen Erben; man erkor jedoch neuerdings einen Habsburger, Friedrich von Steiermark, zum König und Kaiser; von da an fiel die Kaiserwahl ständig auf einen Habsburger, bis die kaiserliche Gewalt nahezu im Erbrecht auf dieses fähige und ehrgeizige Haus übergegangen war. Friedrich III., der Österreich zum Erzherzogtum erhob, residierte in Wien, das unter den Habsburgern zur deutschen Kaiserstadt wurde, während der Erzherzog-Thronfolger regelmäßig auch als Anwärter auf die Krone des Reiches galt. Die heitere Lebensart Wiens und Österreichs übte hinfort eine Art von femininem, besänftigendem Einfluß auf die harte Männlichkeit des deutschen Nordens aus.

## IV. DIE MYSTIKER

Im vierzehnten und fünfzehnten Jahrhundert wuchs der Widerstand gegen das Papsttum und die Entartung der Kirche: Ludwig der Bayer, Wiclif und Hus sprachen den Prolog zu dem weltgeschichtlichen Auftreten Luthers, Calvins und Heinrichs VIII. Auch in Skandinavien stießen sich Staat wie Volk an dem rasch steigenden Reichtum der steuerfreien Geistlichkeit; die Unzufriedenen behaupteten, die Kirche besitze halb Dänemark und Kopenhagen als Lehen. Der Adel blickte mit unverhohlenem Neid auf diesen nur von einer Doktrin geschützten Besitz, und sogar Rechtgläubige gebärdeten sich antiklerikal. In der Schweiz bildete die stolze Unabhängigkeit der Kantone das Vorspiel zu Zwingli und Calvin. 1433 vertrieb Magdeburg den Erzbischof mitsamt seinem Stab, Bamberg revoltierte gegen das bischöfliche Regiment, die Passauer belagerten den Bischof in seiner Residenz. Ein Professor der Erfurter Universität (an der später Luther studierte) verfocht in einer an Papst Nikolaus V. gerichteten Schrift die Autorität der Kirchenkonzile über die Päpste. Durch Deutschland rollte ein dumpfes Echo des Hussitenaufstands im benachbarten Böhmen; da und dort huldigten geheime Waldensergemeinden alten Irrlehren und egalitären Ideen. Die orthodoxe Frömmigkeit selbst tendierte zu einem Mystizismus, der an Irrglauben grenzte.

In Johannes Eckhart – einem Dominikaner von so großer Gelehrsamkeit, daß er mit dem Titel «Meister» als Meister Eckhart (oder Eckehart) in die Geschichte eingegangen ist – steigerte sich der Mystizismus zu einem mit der Kirche und ihren Lehrsätzen kaum mehr zu vereinbarenden Pantheismus. Das scholastische Latein seiner philosophischen Schriften hätte ihm freilich weder Ruhm noch Leid verschafft, aber seine deutschen Predigten und Traktate zogen mit ihrem kühnen Pantheismus die Aufmerksamkeit der Inquisitoren auf sich. Wie Dionysios Areopagites und Johannes Scotus Erigena bemühte er sich, dem Gefühl einer allgegenwärtigen Gottheit Ausdruck zu geben. Diese «bodenlose See der Gottheit» faßte er nicht als eine Person oder einen Geist auf, sondern als eine allumfassende Einheit, einen «Abgrund» ohne Form und Gestalt. Nach seiner Auffassung existierte im wesentlichen nur diese formlose Gottheit.

> «Alle Dinge sind in Gott und sind Gott selber; Gott ist alle Dinge. Der Vater mag sich nicht verstehen ohne mich. Ehe die Kreaturen da waren, da war Gott nicht Gott ... Das Auge, dainne ich Gott sehe, das ist dasselbe Auge, dainne mich Gott siehet. Mein Auge und Gottes Auge, das ist *ein* Auge und *ein* Gesicht und *ein* Erkennen und *ein* Minnen.» [1]

In jedem einzelnen ist ein Teil von Gott; dadurch können wir unmittelbar mit ihm in Verbindung treten und uns selbst mit ihm identifizieren. Nicht durch das kirchliche Ritual, nicht einmal durch die Bibel, sondern einzig durch dieses kosmische Bewußtsein kann die Seele sich Gott nähern und ihn sehen. Je mehr «du ausgehst aus allen

Dingen, so weit, nicht weniger und nicht mehr, geht Gott ein mit all dem Seinen», bis schließlich Gott und die Seele eins sind. «Der Mensch, der sich so gänzlich mit allem dem Seinen aufgegeben hätte, wahrlich, der wäre so völlig in Gott versetzt, daß, wo man den Menschen (auch) anrühren sollte, man zuerst Gott anrühren müßte; denn er ist rundum in Gott, und Gott ist um ihn herum, wie meine Kappe mein Haupt umschließt, und wer mich anfassen wollte, der müßte zuerst mein Kleid anrühren.»[2] Himmel, Fegefeuer und Hölle sind kein Ort, sondern Zustände der Seele: Trennung von Gott ist Hölle, Vereinigung mit ihm ist das Paradies. Der Erzbischof von Köln erblickte in einer Reihe dieser Auslassungen Irrlehren, zog Eckhart zur Verantwortung (1326) und verurteilte ihn, obschon sich der Meister zur Kirche bekannte und seine Äußerungen als literarische Hyperbeln verstanden haben wollte. Seine Berufung an den Heiligen Stuhl blieb in der Schwebe, weil ihn ein natürlicher Tod rechtzeitig dem Scheiterhaufen entzog (1327).

Zwei Schüler – Dominikaner wie er – bewahrten sein Vermächtnis, wenn sie auch seinen Pantheismus in ungefährlichen Formen zu halten verstanden. Heinrich Seuse, lateinisch Suso, marterte sich sechzehn Jahre lang mit asketischen Übungen, ritzte sich über dem Herzen das Wort «Jesus» ins Fleisch, behauptete, daß Blut aus Jesu Wunden in seinen Mund geträufelt sei, und schrieb sein *Büchlein der ewigen Weisheit* in deutscher Sprache, weil es ihm, wie er sagte, in seiner Muttersprache geoffenbart worden sei. Johannes Tauler, der Eckhart als seinen «hochheiligen Meister» pries, predigte in Straßburg die mystische Vereinigung mit Gott. Luther hat ihm das Buch *Deutsche Theologie* zugeschrieben, dessen schlichter Glaubensgrundsatz «Gott, Christus und Unsterblichkeit» ihn tief bewegte.

Die Kirche blickte mit tiefer Besorgnis auf diese Mystiker, die den größten Teil der kirchlichen Lehrsätze verwarfen, das kirchliche Ritual vernachlässigten und die Vereinigung mit Gott ohne Sakramente und priesterliche Vermittlung erstrebten. Hier lag der Keim zum späteren Durchbruch des Dogmas der Gewissensfreiheit, das jedermann zum Priester macht und die Rechtfertigung nicht in guten Werken sucht, sondern aus dem Glauben ableitet. Die Kirche nahm demgegenüber den Standpunkt ein, daß übernatürliche Offenbarung ebensogut von Teufeln und Dämonen wie von Gott und den Heiligen herrühren könne und deshalb eine oberhirtliche Führung vonnöten sei, um den Glauben vor einem Chaos von individuellen Visionen und Auslegungen zu bewahren. Es ist das eine Divergenz der Auffassung, die heute noch ehrliche Menschen zu trennen vermag.

## V. DIE KUNST

In Deutschland hielt sich das gotische Stil- und Kunstgefühl geraume Zeit länger als in Italien und in Frankreich, wo schon längst klassische Vorbilder herrschten. Immer noch zierten die prosperierenden Bürger und Fürsten Mitteleuropas ihre Städte mit Kirchen, die zwar die Größe der französischen Kathedralen nicht erreichten, aber mit ihrer stillen Schönheit und schlichten Würde der Seele Halt und Heimat boten. Große Dome und Münster wurden in Angriff genommen: der Dom in Uppsala 1287, der Dom im sächsischen Freiberg 1283, das Ulmer Münster – das den höchsten gotischen Turm der Welt besitzt – 1377, der Stefansdom in Wien 1304, die Marienkirche in Stralsund 1382, die Danziger Marienkirche 1425. Aachen und Köln erweiterten Münster und Dom mit Chören, Straßburg setzte 1439 den Schlußstein zu der «steinernen Musik» seines Münsters, Xanten errichtete die harmonische Stiftskirche St. Viktor, die der Zweite Weltkrieg zerstört hat. Nürnberg glänzte als kaiserliche Residenz gleich mit vier berühmten Kirchen, die Gläubigkeit mit Kunst und Stilgefühl verbinden. Zwei Jahrhunderte, das vierzehnte und fünfzehnte, schufen das herrliche Portal und wundervolle Rosettenfenster der Lorenzkirche (1278–1477). St. Stefan (1304–1476) mit seinem das Haupt- und die Seitenschiffe in einer einzigen Wölbung überspannenden Steildach bildete ein bekanntes Wahrzeichen der Stadt, bis Mars es im März 1945 zum Einsturz brachte. Die Seitenschiffe der Sebalduskirche wurden um 1309 erneuert, 1361 der neue Chor gebaut, die Westtürme um 1498 vollendet und zwischen 1360 und 1510 die berühmten Fenster eingesetzt. Die Frauenkirche (1355–1361) mit ihrem figurenreichen Portal hat im Zweiten Weltkrieg sehr gelitten; doch hat man sie bereits wieder instand gestellt, und die vier Kurfürsten des Glockenspiels danken Kaiser Karl IV. weiterhin mit unermüdlichen Verbeugungen für seine berühmte Bulle. Die Bildhauerkunst blieb nach wie vor steif, immerhin gab es in den Kirchen von Breslau und Hallgarten und in der Nürnberger Sebalduskirche Madonnen von einem gewissen Adel der Linie.

Neben den Kirchen und sonstigen öffentlichen Bauten entstanden jene Bürgerhäuser, deren Fachwerk und Steilgiebel den idealisierenden Augen von heute so traut und romantisch erscheinen. Die Rathäuser bildeten den Mittelpunkt des kommunalen Lebens und manchmal auch den Sitz der großen Zünfte; die Wände waren häufig mit Fresken geschmückt, und Täfelung, Stütz- und Deckenbalken verrieten teutonische Fülle und Kraft. In Bremen trugen geschnitzte Balken die Decke des großen Rathaussaals (1410–1450), zu dem man über eine Wendeltreppe mit geschnitztem Holzgeländer gelangte; als Beleuchtungskörper dienten handgeschnitzte Schiffsmodelle. Das Kölner Rathaus (1360–1571), das die erste Vollversammlung der Hanse erlebte, das Rathaus von Münster (1355), wo der Westfälische Frieden unterzeichnet wurde, das Rathaus Braunschweig, ein gotisches Juwel aus dem vierzehnten Jahrhundert, der Römer zu Frankfurt am Main (1405), wo nach der Kaiserwahl das Festmahl abgehalten wurde – das alles ging im Zweiten Weltkrieg zugrunde. In Marienburg entstand das großmächtige Ordensschloß der Deutschritter (1309–1380). Das der Sebalduskirche gegenüber liegende Nürnberger Rathaus (1340) war groß genug, um die Vollversammlung des Reichstags aufzunehmen, doch ist nach einem halben Dutzend Restaurationen nicht viel von seiner ursprünglichen Gestalt übriggeblieben. Auf dem Marktplatz vor der Frauenkirche errichtete der Prager Bildhauer Heinrich Parler den Schönen Brunnen (1361 f.) mit Heldengestalten aus der heidnischen, jüdischen und christlichen Geschichte. In den dreihundert Jahren zwischen 1250 und 1550 stellte Nürnberg mit seinen Kirchen, Profanbauten und Bildwerken den deutschen Geist in seiner höchsten und schönsten Ausformung dar. Wohl waren die krummen Straßen zumeist eng und ungepflastert; dennoch beschrieb der spätere Papst Pius II. Nürnberg wie folgt:

«Wenn der Reisende, von Unterfranken kommend, zuerst diese glorreiche Stadt aus der Ferne erblickt, so türmt sie sich in wahrhaft majestätischer Größe vor ihm auf; und dieser Eindruck wird bekräftigt, wenn man innerhalb der Tore ist und durch die herrlichen Straßen schreitet. Die Kirchen von St. Sebald und St. Lorenz sind ehrwürdig und imposant; die kaiserliche Burg schaut stolz und trotzig von ihrem Felsen herab, und die Bürgerhäuser scheinen wie für Fürsten gebaut. Wahrlich, die Könige von Schottland würden froh sein, wenn sie so gut behaust wären wie mäßig wohlhabende Bürger von Nürnberg.»[3]

In vollem Aufschwung befanden sich die angewandten Künste. Im Zusammenwirken von Malern und Knüpfern entstanden großartige Wandteppiche, die Holzschnitzer bereiteten Holbein und Dürer den Weg, die Miniaturenmaler illuminierten am Vorabend des Buchdrucks kostbare Manuskripte, die Tischler verfertigten pompöse Möbel, und die Metallgießer gossen Glocken von unübertroffener Klangfülle. Musik und Gesang nahmen die halbe freie Zeit des Bürgertums in Anspruch. In zahlreichen Städten veranstaltete man Sängerwettbewerbe und führte Volksstücke auf. Frömmigkeit und Liebe ergossen sich ins Volkslied, während sich die begüterten Stände mit Problemen der Polyphonie beschäftigten; alle Zünfte pflegten den Chorgesang, und Metzger, Gerber, Glockengießer rangen in edlem Sängerwettstreit um den Meistersingerpreis. Der frühesten Meisterschule rühmt sich Mainz (Gründungsjahr 1311); Straßburg, Frankfurt am Main, Würzburg, Zürich, Augsburg, Nürnberg und Prag folgten. Wer alle vier Grade des Schülers, Schulfreunds, Dichters und Sängers durchlaufen hatte, durfte sich Meister nennen. Der romantisch-idealisierende Minnesänger wich dem biederen Realismus des sich auf Flügeln des Gesanges erhebenden deutschen Bürgers.

In den von geschäftigen Patriziern beherrschten Städten dominierte in den Künsten – mit Ausnahme der kirchlichen – eine gewisse Nüchternheit. Das kalte und vielfach feuchte Klima stand einer Nachahmung der klassischen Körperkultur, wie sie sich südlich der Alpen entfaltete, entgegen. So hüllte der in Konstanz geborene Konrad Witz *Salomon und die Königin von Saba* in Kleider, die für einen Bergwinter gepaßt hätten. Gemalt wurde trotzdem, es gab Malschulen in einem Dutzend von Städten: Ulm, Salzburg, Würzburg, Hamburg, Colmar, Köln, Frankfurt, Augsburg, München, Darmstadt, Basel, Aachen, Nürnberg, und von allen sind uns Proben erhalten. In einer Chronik aus dem Jahre 1380 heißt es: «Um diese Zeit gab es in Köln einen berühmten Meister, desgleichen im Lande kein anderer gefunden wird. Er malt die Menschen so geschickt, daß man sie für lebend halten kann.» Meister Wilhelm gehörte wie Meister Bertram, Meister Franke, der Meister der heiligen Veronika und der Meister des Heisterbacher Altars zu den Primitiven, die hauptsächlich von Flandern her beeinflußte Fresken schufen und die traditionellen biblischen Motive mit einer – vielleicht von Eckhart und anderen deutschen Mystikern gespeisten – gemütsbetonten Gläubigkeit darstellten.

Mit dem 1451 in Köln gestorbenen Stefan Lochner erreichte diese frühe Schule ihren Abschluß und Höhepunkt. Seine *Anbetung der Heiligen Drei Könige* – heute ein kostbarer Schatz des Kölner Doms – wird kaum von anderen vor der Mitte des fünfzehnten Jahrhunderts entstandenen Werken erreicht: eine entzückende Maria, stolz und keusch zugleich, ein reizendes Kind, die Weisen aus dem Morgenlande sehr deutsch, aber glaubhaft weise, die Komposition akademisch, die Farbgebung kräftig in Blau, Grün und Gold. Die *Madonna im Rosenhag* und die *Madonna mit dem Veilchen* sind idealisierte junge deutsche Mütter von einer sanften, besinnlichen Schönheit; die Darstellung bedient sich aller Hilfsmittel eines spätmittelalterlichen Kunstschaffens, das sichtlich der Neuzeit entgegenstrebt. Deutschland stand an der Schwelle seiner größten Zeit.

## VI. GUTENBERG

Woran starb die mittelalterliche Kultur? An mancherlei Ursachen, die teilweise Jahrhunderte zurückzuverfolgen sind: am Mißerfolg der Kreuzzüge, an der wachsenden Berührung zwischen dem erwachenden Europa und dem Islam, am Fall Konstantinopels, an der Wiederbelebung der klassisch-heidnischen Kultur, der Ausweitung des Handels durch Heinrich den Seefahrer, Kolumbus und Vasco da Gama, am Aufstieg des Bürgertums, das die Zusammenfassung der absoluten Staatsmacht finanzierte, am Erstarken der Nationalstaaten und am Zusammenbruch der übernationalen Autorität des Papsttums, an der erfolgreichen Rebellion Luthers gegen Rom, am Buchdruck.

Seit dem Untergang des Römischen Imperiums bis zu Gutenberg hatte die Kirche fast ausschließlich den Hort der Bildung dargestellt. Das handschriftliche Kopieren von Büchern war mühselig und erfolgte nicht immer sorgfältig, und auf alle Fälle war das

Ergebnis teuer. Nur wenige Autoren vermochten schon zu Lebzeiten einen größeren Leserkreis zu erreichen; um leben zu können, mußten sie entweder unterrichten oder einem Orden beitreten, sofern sie nicht das Glück hatten, einen Mäzen zu finden oder eine einträgliche Pfründe zu erhalten. Die Vervielfältigung ihrer Bücher brachte ihnen nur eine kleine oder gar keine Entschädigung ein, und selbst wenn eine solche gelegentlich erfolgte, gab es Dritten gegenüber kein Autorenschutzrecht; nur in Ausnahmefällen wurde es von der Kurie gewährt. Wohl gab es viele Bibliotheken, aber sie waren klein; die Klöster, Domkapitel, Stifte und Stadtverwaltungen besaßen selten mehr als dreihundert Bände, die sie kaum je ausliehen; die kostbarsten kettete man sogar an die Schreibpulte an. Die Büchersammlung Karls V. von Frankreich war mit 910 Bänden weltberühmt, der Herzog Humphrey von Gloucester besaß 600, die Klosterbücherei von Canterbury dürfte mit ihren 2000 Bänden die größte Bibliothek der nichtislamischen Welt gewesen sein (1300). Die bekannteste englische Bibliothek besaß Richard de Bury St. Edmunds, der sie in seinem *Philobiblon* (1345) liebevoll beschrieb und seine Bücher bewegte Klage über ihre Mißhandlung durch «das zweibeinige Biest, genannt Weib» führen ließ, weil genanntes Biest stets danach trachte, sie gegen feine Seide oder schönes Leinen zu vertauschen.

Mit der wachsenden Zahl der Schulen und Lesekundigen steigerte sich die Nachfrage nach Büchern. Handel und Gewerbe fanden die Beherrschung des Schreibens und Lesens für die Geschäftsführung nützlich, und die Frauen der gehobenen und mittleren Stände suchten in der Lektüre einen Ersatz für die im Leben so sparsame Romantik; um 1300 waren die Zeiten, da nur Kleriker zu lesen verstanden, endgültig vorbei. Dieser steigende Bedarf trug mehr noch als die Erfindung der Tusche und das vergrößerte Papierangebot zum Erfolg Gutenbergs bei. Die erste europäische Papiermühle ist im zehnten Jahrhundert von spanischen Mauren errichtet worden; im zwölften Jahrhundert finden wir die Papierfabrikation auf Sizilien; im dreizehnten sprang sie nach Italien, im vierzehnten Jahrhundert nach Frankreich über; die europäische Papierherstellung blickte zur Zeit Gutenbergs auf eine hundertjährige Geschichte zurück. Im vierzehnten Jahrhundert verbilligte sie sich wesentlich, weil die aus der immer volkstümlicher werdenden Leinenkleidung anfallenden Lumpen einen wohlfeilen Rohstoff bildeten – ein weiterer Motor für den Aufschwung des gedruckten Buches.

Das Drucken als solches hat eine uralte Geschichte. Schon die Babylonier benutzten Stempel, mit denen sie Buchstaben oder Symbole auf Ziegel aufdrückten, die Römer und andere Völker benutzten Prägestempel für ihre Münzen; die Töpfer drückten einen Stempel in ihre Tonwaren, die Weber auf Stoffe, die Buchbinder auf Buchdeckel; im Grunde hat sich seit undenklichen Zeiten jede Amtsperson, die ein Dokument siegelte, des Druckens bedient. Auch Spiel- und Landkarten wurden auf ähnliche Weise hergestellt. In China und Japan hat man Holz- oder Metalltafeln schon Jahrhunderte vor Christus zum Abdruck von Wörtern, Symbolen oder Bildnissen verwendet; spätestens im zehnten Jahrhundert haben die Chinesen auf diese Weise Papiergeld hergestellt. In Täbris ist der Tafeldruck erstmals 1294 nachgewiesen, in Ägypten nur wenig später; doch da die Muselmanen die handschriftliche Vervielfältigung vorzogen, haben sie in diesem Punkt als Kulturvermittler zwischen Ost und West versagt.

Die Typographie – das heißt das Drucken mittels auswechsel- und nach Belieben neu zusammensetzbarer Lettern für jeden Buchstaben oder jedes Schriftzeichen – ist in China schon 1041 bekannt gewesen. Wang Cheng hat 1314 für den Druck eines Buches über Bodenkultur nahezu 60000 auswechselbare Holzelemente verwandt; ein früherer Versuch mit Metalltypen hatte ergeben, daß sie die Druckfarbe nicht so gut ansaugten wie Holz. Doch boten auswechselbare Typen für eine Schrift ohne Alphabet und mit 40000 Bildzeichen keinen großen Vorteil, weshalb der Holztafeldruck bis ins neunzehnte Jahrhundert hinein das in China gebräuchlichste Vervielfältigungsverfahren blieb. 1403 ließ ein Kaiser von Korea eine große Zahl Bände unter Verwendung auswechselbarer Metalltypen drucken; die Schriftzeichen wurden zuerst in Hartholz eingeritzt, nach diesen Vertiefungen Porzellanformen hergestellt und schließlich in diesen Formen die Metalltypen gegossen.

In Europa dürften die ersten beweglichen Lettern in Holland verwendet worden sein. 1430 soll Laurens Coster von Haarlem ein religiöses Handbuch mit solchen Lettern aus Metall gedruckt haben; Nachweise dafür gibt es aber erst aus dem Jahre 1569, und diese sind nicht schlüssig. Zuverlässige Hinweise auf den Gebrauch von beweglichen Lettern besitzen wir erst aus dem Jahr 1473, als zugewanderte Kölner in Utrecht eine Druckerpresse eröffneten. Diese brachten jedoch ihre Wissenschaft aus Mainz mit, wo Johannes Gutenberg um 1400 als Sohn wohlhabender Bürgersleute geboren worden war.

Ursprünglich Gensfleisch heißend, zog er den Beinamen seines Vaters – Friele (Friedrich) Gensfleisch zur Laden, nach seinem Hause «zum Gutenberg» genannt – vor, verbrachte die ersten vierzig Jahre seines Lebens zumeist in Straßburg und experimentierte dort anscheinend mit dem Schneiden und Gießen von Metallettern. Das Mainzer Bürgerrecht erwarb er erst um 1448. Am 22. August 1450 verpfändete er dem reichen Goldschmied Johann Fust seine Druckpresse gegen ein Darlehen von 800 holländischen Gulden, das später auf 1600 Gulden erhöht wurde. Der 1451 von Nikolaus V. ausgeschriebene Ablaß ist vermutlich von Gutenberg gedruckt worden; es existieren mehrere Exemplare mit dem ältesten bekannten Druckdatum: 1454. Als Fust 1455 auf Rückzahlung des Darlehens klagte, lieferte ihm Gutenberg seine Presse aus, die Fust gemeinsam mit Peter Schöffer, einem Druckergesellen Gutenbergs, weiterbetrieb. Manche Forscher vermuten, es sei Schöffer gewesen, der zu jenem Zeitpunkt die für das Drucken nötigen Werkzeuge und seine Technik entwickelt habe: Stempel aus Messing – die sogenannten Patrizen – mit spiegelverkehrtem Schriftbilde für die einzelnen Buchstaben, Zahlen und Satzzeichen, ferner Matrizen, die durch Einschlagen der Patrizen in Metallflächen aus Blei entstanden und die Hohlformen für den Guß der Lettern ergaben, sowie Metallrahmen, die den Satz der Lettern zusammenhielten.

1456 stellte Gutenberg mit Hilfe eines Geldgebers eine neue Presse auf. Aus ihr ging im gleichen oder nächsten Jahr sein, wie man allgemein annimmt, erstes Buch hervor, die ebenso schöne wie berühmte Gutenbergbibel*, ein mächtiger Großfolioband mit 1282 zweispaltigen Seiten zu 42 Zeilen. Als die Landsknechte Adolf von Nassaus Mainz 1462 plünderten, flohen die Buchdrucker in alle Richtungen und führten, wo sie sich niederließen, die neue Kunst ein. 1463 gab es in Straßburg, Köln, Basel, Augsburg, Nürnberg und Ulm Buchdrucker. Gutenberg selbst zog vorübergehend nach Straßburg, ist aber seit 1448 wieder in Mainz nachweisbar. Er geriet wiederholt in schwere Krisen, bis ihn Adolf von Nassau durch Verleihung einer Pfründe der Sorgen enthob (1465). Etwa drei Jahre später starb er.

Auch wenn Gutenberg nie gelebt hätte, wären die beweglichen Lettern zweifellos erfunden worden, entsprachen sie doch – wie die meisten Erfindungen – einem dringenden Erfordernis der Zeit. Aus einem 1470 von Guillaume Fichet in Paris geschriebenen Brief ersehen wir die Begeisterung, die die Erfindung dort weckte: «Man hat in Deutschland einen wundervollen neuen Weg zur Herstellung von Büchern erfunden, und die, die diese Kunst beherrschen, tragen sie von Mainz in alle Welt ... Das Licht dieser Erfindung wird sich von Deutschland über die ganze Erde ergießen.» Natürlich gab es auch Gegner des Buchdrucks. Die Kopisten bangten um ihren Lebensunterhalt, den adligen Büchersammlern war er als mechanische Verflachung zuwider, und gleichzeitig befürchteten sie eine Wertverminderung ihrer handgeschriebenen Manuskripte, Staatsmänner und Klerus mißtrauten dem gedruckten Buch als einem Medium zur Verbreitung umstürzlerischer Ideen. Die Druckerpresse triumphierte trotzdem. 1464 erschienen zwei deutsche Buchdrucker in Rom, zwei andere gründeten spätestens 1469 eine Druckerei in Venedig, drei weitere kamen 1470 nach Paris; 1471 erreichte die neue Kunst Holland, 1472 die Eidgenossenschaft, 1473 Ungarn, 1474 Spanien, 1476 England, 1482 Dänemark, 1483 Schweden und 1490 Konstantinopel. Die Familien Koberger in Nürnberg und Etienne in Paris, Etienne Dolet in Lyon, Aldus Manutius in Venedig, Amerbach und Froben in Basel, Froschauer in Zürich, die Elzevir in Leiden wurden die geschäftigen Mittelpunkte des Buchdrucks und Verlagswesens. Schon nach kurzer Zeit las man in Europa so eifrig wie nie zuvor, die Bücherleidenschaft wurde ein Wesenszug des Reformationszeitalters. Ein Basler Gelehrter schrieb seinem Freund: «Gerade zu dieser Stunde läßt Wolfgang Lachner, der Schwiegervater unseres Froben, einen ganzen Leiterwagen voll Klassiker von den besten Aldiner Ausgaben kommen. Willst du etwas davon haben, so sage es mir geschwind, und schicke mir bar Geld. Denn kaum langt eine solche Gallione an, so stehen immer dreißig für einen da, fragen nur, was kostet's und katzbalgen sich noch darum.» Die typographische Revolution hatte begonnen.

Wollte man ihre Wirkungen beschreiben, so ergäbe sich eine Chronik der halben Geistesgeschichte der neueren Zeit. In seinem Jubel über seine hohen Auflagen bezeichnete Erasmus den Buchdruck als die größte von allen Erfindungen, dürfte damit

* Das erste Exemplar wurde um 1760 in der nachgelassenen Bibliothek von Kardinal Mazarin entdeckt. Heute sind 46 erhaltene Exemplare bekannt. Die Morgan Library in New York erwarb 1953 von einem schweizerischen Kloster ein «Konstanzer Missale» zum Preis von 75 000 Dollar, von dem angenommen wird, es sei von Gutenberg noch vor der Bibel gedruckt worden, wahrscheinlich 1452.

aber Errungenschaften wie die Sprache, das Feuer, das Rad, den Ackerbau, die Schrift, das Recht und das so gewöhnliche Substantiv oder Hauptwort etwas unterschätzt haben. Der Buchdruck ersetzte die kostspieligen Handschriften durch schnell vervielfältigte wohlfeile Texte, die jene an Genauigkeit und Lesbarkeit übertrafen und es den Gelehrten aller Länder ermöglichten, sich durch Bezugnahme auf Ausgabe und Seitenzahl unschwer zu verständigen. Natürlich wurde die Qualität oftmals der Quantität geopfert, aber gerade die frühesten Bücher sind in Typographie und Einband häufig mustergültig ausgefallen. Zum erstenmal standen der großen Öffentlichkeit Handbücher über Religion, Literatur, Geschichte und Wissenschaft billig zur Verfügung; damit sind Buchdruck und Buchverlage zur größten, erschwinglichsten und für jedermann zugänglichen Universität geworden. Die Renaissance steht zwar noch nicht unter seinem Zeichen, aber dem Zeitalter der Aufklärung, der Französischen und Amerikanischen Revolution und den modernen Demokratien hat er den Weg gebahnt. Er legte die Bibel in jedermanns Hände und ermöglichte erst Luthers Appell, die Heilige Schrift zu lesen, statt auf die Päpste zu hören – und einige Menschenalter später den Appell der Aufklärung, sich auf die Vernunft, statt auf die Bibel zu stützen. Der Buchdruck brach das Bildungsmonopol der Kirche und die geistliche Kontrolle des Erziehungswesens. Das nationalsprachliche Schrifttum blühte auf, während gleichzeitig der internationale Gedankenaustausch und die Zusammenarbeit der Wissenschaftler in aller Welt erleichtert wurde. Ja, sogar der Charakter des literarischen Schaffens änderte sich, weil sich die Autoren dem Geschmack und dem Geldbeutel des Bürgertums anpassen mußten und nicht mehr ausschließlich für den Adel und die Geistlichkeit schrieben. Schließlich bildet der Buchdruck nach der Sprache auch das beste Instrument zur Verbreitung von Unsinn, das die Welt bis heute kennt.

## SIEBENTES KAPITEL

# *Böhmen und Polen*

[1300–1517]

### I. BÖHMEN

Die slawischen Völker hatten vor 1300 keine größere Rolle in der Geschichte gespielt und waren eher wie menschlicher Treibsand bald westwärts an die Ufer der Elbe, bald nach Süden ans Mittelmeer, bald nach Osten an den Ural und nordwärts bis zum Eismeer gespült worden. Im dreizehnten Jahrhundert wurden sie im Westen vom Deutschritterorden und von den livländischen Baronen aufgehalten, während die Stämme weiter östlich unter die Oberhoheit der Mongolen und Tataren gerieten. Das vierzehnte Jahrhundert sah im slawisch besiedelten Böhmen die erste große vorreformatorische Bewegung im Heiligen Römischen Reich, und Polen stieg, durch Personalunion mit dem weiträumigen Litauen verbunden, zur Großmacht mit einer hochkultivierten Oberschicht auf. Im fünfzehnten Jahrhundert warfen die slawischen Großrussen die tatarische Herrschaft ab, und kraftvolle Fürsten schmiedeten ihre weiten Siedlungs- und diversen Hoheitsgebiete zu einem festgefügten Staat zusammen. Damit brachen die Slawen wie eine Flutwelle in die Geschichte ein.

Mit Wenzeslaus III. erlosch 1306 die alte Dynastie der Premysliden, und 1310 riefen die böhmischen Barone und Kirchenfürsten Johann von Luxemburg als ihren König und Ahnherrn einer neuen Dynastie ins Land. Seine ritterlichen Extravaganzen machten Böhmen ein Menschenalter lang zum widerwilligen Mittelpunkt einer ritterlichen Hofhaltung westlichen Stils. Die Abhaltung von Turnieren war ihm Lebensbedürfnis, und wenn sich diese als zu langweilig erwiesen, fand sich immer ein Kriegsschauplatz zur Erprobung der Kraft seines Arms. Der Ausspruch «Nichts kann ohne die Hilfe Gottes und des Königs von Böhmen getan werden» wurde zum geflügelten Wort. Als er der von den Veronesen belagerten Stadt Brescia zu Hilfe zu kommen versprach, hob Verona die Belagerung sofort auf. Brescia, Bergamo, Cremona, Parma, Modena, sogar Mailand erkannten ihn freiwillig als ihren Schutz- und Lehnsherrn an; was dem rotbärtigen Friedrich I. und dem Weltwunder Friedrich II. mit Waffengewalt mißlungen war, erreichte dieser König durch den magischen Klang seines Namens. Seine kühnen Feldzüge erweiterten Böhmens Grenzen, kosteten ihn aber die Zuneigung seiner Untertanen, die ihm weder seine langen Landesabwesenheiten noch die Vernachlässigung der Verwaltungsgeschäfte verziehen und es ihm verübelten, daß er auf die Erlernung der Landessprache keinen Wert legte. 1336 erblindete er während eines Feldzugs in Litauen. Das hinderte ihn aber nicht, mit seinem Sohne Karl und fünfhundert böhmischen Rittern quer durch Europa zu eilen, um dem französischen König gegen den Paris bedrohenden Eduard III. von England beizustehen (1346). Bei Crécy fochten Vater und Sohn in der Vorhut mit. Als sich die Franzosen zurückzogen, bat der blinde Streiter zwei Ritter, seinen Gaul in ihre Mitte zu nehmen und gegen die Engländer zu führen: «Es ist Gottes Wille; man soll nicht sagen, daß ein König von Böhmen vom Schlachtfeld flieht.» Fünfzig seiner Ritter fielen; er selbst wurde sterbend zu Eduard gebracht, der König Karl den Leichnam mit den chevaleresken Worten sandte: «Am heutigen Tage ist die Krone des Rittertums gefallen.»

Karl IV., weniger kriegerisch, dafür um so klüger, zog die Diplomatie dem Kriege vor, besaß den Mut zum Kompromiß und dehnte trotzdem seinen Herrschaftsbereich aus. Er reorganisierte die Verwaltung, gestaltete das Gerichtswesen um und machte Prag zu einer der schönsten Städte Europas. Eine neue Residenz im Stil des Louvre und die berühmte Burg Karlstein zur Aufbewahrung des Kronschatzes und Staatsarchivs sind unter seiner Regierung entstanden.

Aus Avignon brachte Karl Meister Mathias von Arras zur Erbauung des Veitsdoms mit; den Italiener Tommaso da Modena verschrieb er sich zur Ausmalung der Kirchen und Paläste. In Prag errichtete er die erste deutsche Universität (1347) und vermittelte seinen Landsleuten das Kulturgefühl, das Frankreich und Italien in ihm geweckt hatten; gleichzeitig führte er aber auch ein intellektuelles Virus ein, das im Hussitenaufstand zum Ausbruch kommen sollte. Unter der Führung des Bischofs Johann von Stresa, des Freundes Petrarcas, wurde sein Hof zum Mittelpunkt der böhmischen Humanisten. Petrarca selbst bewunderte Karl als den größten Herrscher seiner Zeit, besuchte ihn in Prag und bat ihn, sich zum Herrn Italiens zu machen; Karl erwies sich freilich als klüger. In seiner zweiunddreißigjährigen Regierung vermochte er zwischen Slawen und Deutschen einen raren Frieden zu halten, die Bauern vor Unterdrückung zu schützen, Industrie und Handel zu fördern. Böhmen hat unter ihm sein Goldenes Zeitalter erlebt. Seine Büste, prächtig aus Kalkstein gehauen, steht heute noch lächelnd im Prager Dom.

Wenzeslaus IV. bestieg als achtzehnjähriger Jüngling den Thron (1378). Er war gutmütig, ein geschickter Verwaltungsmann, dem Volke zugetan, das er mäßig besteuerte, und allgemein beliebt, außer beim Adel, der für seine Vorrechte fürchtete. Sein aufbrausendes Temperament und seine Neigung zum Trunk leisteten einer Adelsrevolte Vorschub. Man überfiel ihn in seinem Landsitz, sperrte ihn ein (1394) und preßte ihm das Zugeständnis ab, künftig im Einvernehmen mit dem Adel und der hohen Geistlichkeit zu regieren. Als neue Zwistigkeiten entstanden, rief man Sigismund von Ungarn ins Land, der Wenzeslaus als Gefangenen nach Wien schaffte (1402). Einige Jahre später vermochte Wenzel zu fliehen und sich nach Böhmen durchzuschlagen, wo er vom Volk mit Jubel empfangen und erneut zum König ausgerufen wurde. Der Rest seiner Geschichte fällt mit der Tragödie des Johannes Hus zusammen.

## II. JOHANNES HUS: 1369–1415

Zwei Strömungen, beide vom Ausland nach Böhmen getragen, beherrschten um die Wende des fünfzehnten Jahrhunderts das Königreich. Der schnelle Zustrom von deutschen Bergleuten, Handwerkern, Kaufleuten und Studenten hatte zwischen ihnen und den einheimischen Tschechen zu starken Reibungen geführt, bei denen Wenzeslaus zumeist gegen die Deutschen Partei ergriff, weil er es den deutschen Erzbischöfen lebenslänglich verargte, daß sie die Bewegung, die ihn zum Verzicht auf die Kaiserkrone zwang, angeführt hatten. Der zweite Einfluß kam aus dem fernen Britannien. Wenzeslaus' Schwester Anna hatte 1382 Richard II. von England geheiratet und scheint von dem streitbaren Oxforder Wiclif tief beeindruckt gewesen zu sein. Auf Grund eines Stipendiums, das böhmischen Studenten den Aufenthalt in Paris und Oxford ermöglichte, gingen in der Folge eine Anzahl junger Böhmen nach England und brachten die Ideen und Werke Wiclifs in die Heimat mit. Konrad Waldhauser und Johann Milíč entflammten Prag mit ihren leidenschaftlichen Predigten gegen die Verderbtheit des Klerus wie der Laien; Thomas Stitny, der tschechisch predigte, fügte noch ein nationales Element hinzu. Der Kaiser und Erzbischof Ernst förderten die Bewegung und stellten den Reformern 1391 sogar ein eigenes Gotteshaus, die Bethlehemkapelle, zur Verfügung, an die Johannes Husinetz – nach seinem gleichnamigen Geburtsort und später abgekürzt Hus genannt – 1402 berufen wurde.

Als armer Theologiestudent schlug sich der junge Mann in Prag als Kirchendiener durch (1390), genoß aber trotzdem nach Studentenart das Leben. 1396 zum Magister promoviert, begann er selbst Vorlesungen zu halten, und 1401 wählte ihn die humanistische Fakultät zum Dekan. Nachdem er im gleichen Jahr zum Priester geweiht worden war, befleißigte er sich einer beinahe mönchischen Askese, predigte in tschechischer Sprache und fand mit seiner Neuerung, den Gottesdienst durch gemeinsames Absingen von Hymnen zu beleben, großen Beifall, so daß höchste Kreise seine Kirche bevorzugten und Königin Sophie ihn zu ihrem Seelsorger ernannte.

Seine Ankläger behaupteten später, er hätte schon im ersten Jahr seines Priesteramtes die Wiclifschen Zweifel an der sakramentalen Verwandlung des Brotes und Weins in Christi Fleisch und Blut zum Ausdruck gebracht. Auf alle Fälle gibt es heute noch einige von Hus angefertigte Abschriften von Wiclifs Werken mit Anmerkungen von seiner Hand; auch bekannte er sich anläßlich seines Prozesses freimütig zu der Äußerung: «Ich hoffe, man wird Wiclif nicht verurteilen; wenn ich aber denken müßte, daß es doch geschieht, dann wünsche ich meine Seele neben die seine.» 1403 befragte das Domkapitel als administrative Instanz der Universität sämtliche Professoren über die Rechtgläubigkeit von fünfundvierzig Thesen Wiclifs. Eine Minderheit, darunter Hus, bejahte sie; die Mehrzahl verneinte, woraufhin den Angehörigen des Lehrkörpers die öffentliche und private Zitierung oder Verteidigung dieser Thesen verboten wurde.

Hus hat sich offenbar nicht daran gehalten, denn sonst hätte der Prager Klerus den Erzbischof Zbynek nicht in einer Bittschrift um seine Maßregelung gebeten (1408).

Anfänglich manövrierte der Erzbischof, der gerade in einem Konflikt mit dem König stand, eher vorsichtig; und erst als Hus alle Ermahnungen in den Wind schlug, exkommunizierte er ihn mit mehreren Gesinnungsgenossen (1409). Da die Gemaßregelten ihre kirchlichen Funktionen trotzdem weiterhin ausübten, belegte der Erzbischof die ganze Stadt mit dem Kirchenbann, ordnete die Einsammlung aller Werke Wiclifs in ganz Böhmen an und ließ zweihundert Exemplare im Hof seiner Residenz verbrennen. Hus appellierte an den neu gewählten Papst Johann XXIII., der ihn zur Rechtfertigung vor sein Gericht zitierte; aber Hus weigerte sich, zu gehen.

1411 verkündete der Papst zur Beschaffung von Mitteln für einen Kreuzzug gegen den König von Neapel, Ladislaus, einen neuen Ablaß. Die Prager Reformer betrachteten diese Maßnahme als einen Verkauf der Sündenvergebung gegen bare Münze; Hus und sein vehementester Anhänger, Hieronymus von Prag, nahmen öffentlich gegen den Ablaß Stellung, bezweifelten das Dogma vom Fegefeuer, protestierten gegen die Geldsammlungen der Kirche zur Vergießung christlichen Blutes und beschimpften den Papst als Geldraffer und Antichrist. Ein großer Teil der Öffentlichkeit schloß sich den Eiferern an und verspottete und schmähte die päpstlichen Sendboten derart, daß der König jede weitere Kritik am Ablaß verbot. Drei Jünglinge, die sich über das Verbot hinwegsetzten, wurden vor den Magistrat geladen, und obschon Hus für sie eintrat und erklärte, sie seien von seinen Predigten aufgewiegelt worden, wurden sie enthauptet. Johann XXIII. schleuderte den päpstlichen Bannstrahl gegen Hus und drohte jeder Stadt, die ihn aufnehmen würde, mit dem Interdikt (1411). Auf den Rat des Königs zog sich Hus zwei Jahre aufs Land zurück und schrieb seine Hauptwerke, teils in Latein, teils in tschechischer Sprache.

Man spürt in ihnen den Geist Wiclifs und möglicherweise auch den Nachhall des im zwölften und dreizehnten Jahrhunderts nach Böhmen gelangten Waldensertums; sie haben aber durch die Verquickung religiöser Forderungen mit dem zwischen Deutschen und Tschechen herrschenden Nationalitätenstreit ihre eigene volkstümliche Note. Im Traktat *Schacher mit heiligen Dingen* verurteilt Hus die Pfründenwirtschaft, in *De sex erroribus* die von den Priestern für sakramentale und kirchliche Handlungen erhobenen Gebühren und den von einigen Prager Geistlichen praktizierten Verkauf von geweihtem Wasser; die Sakramentserteilung der durch Simonie zu ihrem Amt gelangten Priester erklärt er für wertlos. Die Streitschrift *De ecclesia* ist zugleich seine Apologie und sein Untergang geworden; ihr wurden die Irrlehren entnommen, für die er verbrannt wurde. Auf Wiclif fußend, verficht er in ihr die freie Gnadenwahl Gottes und wie dieser, Marsilius und Ockham die Armut der Kirche. Diese selbst definierte er lange vor Calvin weder als ein hierarchisch-klerikales Gebäude noch als die Gesamtheit der Gläubigen, sondern als die Summe aller Erlösten im Himmel und auf Erden. Das Haupt dieser Kirche ist Christus und nicht der Papst, des Christen Wegweiser ist die Schrift und nicht der Papst, der weder in Dingen des Glaubens noch der Moral unfehlbar ist; ein Papst kann durchaus ein hartgesottener Irrlehrer und Sünder sein wie (nach einer damals weitverbreiteten Legende, die unter anderen auch von Gerson geglaubt wurde) der sagenhafte Papst Johann VIII., der sein wahres Geschlecht durch die vorzeitige

Geburt eines Kindes auf offener Straße enthüllte. Der Papst, schließt Hus, habe nur Anspruch auf Gehorsam, insoweit seine Gebote in Übereinstimmung mit Jesu Lehre bleiben. «Sich gegen einen irrenden Papst aufzulehnen heiße Christus gehorchen.» 1414 schien anläßlich des großen Kirchenkonzils zu Konstanz, das zur Beendigung des päpstlichen Schismas und zur Durchführung einer Kirchenreform einberufen worden war, die Möglichkeit der Versöhnung der Hussiten mit der Kirche gegeben. Kaiser Sigismund, dem als dem voraussichtlichen Erben des kinderlosen Wenzel viel daran lag, sein Erbland Böhmen religiös zu befrieden, sicherte Hus freies Geleit nach Konstanz, öffentliche Darlegung seines Standpunkts vor dem Konzil und – wie auch das Urteil ausfalle – unbehelligte Rückkehr nach Böhmen zu. Trotz der besorgten Warnungen seiner Freunde machte sich Hus im Oktober 1414, von drei tschechischen Edelleuten und sonstigen Anhängern begleitet, auf den Weg.

Anfänglich nahm man Hus in Konstanz freundlich auf; als das Konzil aus einer Zusammenstellung seiner Irrlehren und persönlichen Befragung ersah, daß es sich um schwere Ketzereien handelte, warf man ihn in den Kerker. Sigismund führte beim Konzil Beschwerde, es habe das von ihm zugesicherte freie Geleit verletzt, erhielt jedoch die Antwort, das Konzil fühle sich nicht gebunden, weil sich die kaiserliche Autorität nicht auf geistliche Dinge erstrecke; die Kirche habe das Recht, einen Kirchenfeind über die weltliche Gewalt hinweg abzuurteilen. Im Gefängnis erkrankte Hus lebensgefährlich; Johann XXIII. ließ ihn von seinen eigenen Ärzten behandeln, bis er im April auf die Burg Gottlieben am Rhein übergeführt wurde, wo man ihm Fuß- und Handschellen anlegte und ihn so schlecht ernährte, daß er neuerdings erkrankte. Mittlerweile hatte sich Hus' Gesinnungsfreund, Hieronymus von Prag, tollkühn nach Konstanz begeben und das Konzil durch Anschläge an den Stadt- und Kirchentoren und den Quartieren der Kardinäle aufgefordert, ihm freies Geleit und Gelegenheit zu einem öffentlichen Disput zu gewähren. Auf das dringende Anraten der Freunde beschloß er, nach Böhmen zurückzukehren, predigte jedoch unterwegs gegen die Behandlung, die das Konzil Hus angedeihen lasse, wurde festgenommen, nach Konstanz zurückgebracht und eingekerkert.

Nach siebenmonatiger Haft wurde Hus am 5., 7. und 8. Juni dem Konzil in Ketten vorgeführt. Über die fünfundvierzig bereits verurteilten Artikel aus Wiclifs Werken befragt, verwarf er die meisten, bekannte sich aber zu einigen. Hinsichtlich der inkriminierenden Stellen in seiner eigenen Schrift *De ecclesia* erklärte er sich zum Widerruf bereit, sofern ihm an Hand der Schrift ein Irrtum nachgewiesen würde (der gleiche Standpunkt, auf den sich auch Luther in Worms stellen sollte). Das Konzil entgegnete, die Interpretation der Schrift könne nicht dem Urteil des Einzelnen überlassen werden, sondern sei Sache der Häupter der Kirche, und forderte einen bedingungslosen Widerruf. Ankläger und Freunde beschworen Hus, sich zu fügen. Er blieb aber nicht nur fest, sondern forderte auch noch den Kaiser durch die Bemerkung heraus, daß die geistliche wie die weltliche Gewalt die göttliche Legitimität verlören, wenn ihre Träger in Todsünde lebten. Sigismund erklärte Hus verärgert, falls das Konzil zu seiner Verurteilung käme, werde das freie Geleit automatisch erlöschen.

Nach dreitägiger Befragung und vergeblichen Versuchen des Kaisers und der Kardinäle, ihn zum Widerruf zu bewegen, brachte man Hus ins Gefängnis zurück und gewährte ihm und sich selbst vier Wochen Bedenkzeit. Für das Konzil lag der Fall ja noch viel komplizierter als für Hus. Konnte es ihn denn schonen, ohne alle früheren Hinrichtungen überführter Ketzer als unmenschlich anzuprangern? Konnte es vor einem simplen böhmischen Priester zurückweichen, nachdem es drei Päpste abgesetzt hatte? War nicht die Kirche das geistliche, wie die Obrigkeit das weltliche Haupt der Gesellschaft, und bedurfte sie nicht, um die sittliche Ordnung zu wahren, einer unbestrittenen Autorität? Für das Konzil bedeutete jede Rebellion gegen diese Autorität einen ebensolchen Hochverrat wie die Auflehnung gegen die legitime Gewalt eines weltlichen Fürsten. Eine hundertjährige Entwicklung war nötig, bis sich Luther eine ähnliche Herausforderung ungestraft erlauben durfte.

Immer wieder bemühte man sich, Hus wenigstens zum Anschein eines Widerrufs zu bewegen; Kaiser Sigismund bat ihn durch eigene Sendboten um Nachgiebigkeit. Die Antwort blieb unweigerlich die gleiche: er sei bereit, jeden an Hand der Schrift nachgewiesenen Irrtum zu widerrufen. Am 6. Juli 1415 verurteilte im Konstanzer Münster das Konzil beide, Wiclif und Hus, ordnete die Verbrennung seiner Schriften an und übergab ihn der weltlichen Gewalt, die ihn seines Priesterhabits entkleidete und zu dem vor der Stadt vorbereiteten Scheiterhaufen führte. Nach einem letzten Versuch der Kardinäle, ihn zu einem Einlenken zu bewegen, starb er, Hymnen singend, in den Flammen.

Am 10. September distanzierte sich Hieronymus in einem Moment entschuldbarer Schwäche von Hus, ermannte sich aber, ins Gefängnis zurückgeschickt, bald wieder und verlangte vom Konzil neuerdings Gehör. Nach langer Verzögerung ließ man ihn vor die Versammlung (23. Mai 1416), wo er eine so leidenschaftliche Beredsamkeit entwickelte, daß sich sogar der skeptische italienische Humanist Poggio Bracciolini, der als Sekretär Johanns XXIII. in Konstanz weilte, betroffen fühlte.

«Welch eine Ungerechtigkeit ist es, daß ihr mich nicht eine Stunde lang anhören möget, da ihr doch meinen Widersachern und Verleumdern stets euer Ohr geliehen habet! Aus dem Grunde eben, weil ihr anderen so lange schon zugehört, haben euch diese eingeredet, daß ich ein Ketzer, ein Feind des Glaubens und ein Verfolger der Geistlichkeit sei ... Allein, ihr seid Menschen und keine Götter; nicht von ewiger Dauer, sondern sterblich; ihr könnet fallen, irren, betrogen, überlistet, verführt werden. Man hält euch für Leuchten der Welt und für die Weisesten des Erdenrunds, weshalb ihr besonders dahin trachten müsset, daß ihr nichts leichtsinnig, unbesonnen oder wider die Gerechtigkeit vornehmet.»[1]

Nachdem Hieronymus die ihm zur Last gelegten Vergehen vorgelesen worden waren und er sich zu einem nach dem anderen bekannt hatte, rechtfertigte er sie und sich in freier Rede mit solcher Überzeugungskraft, daß er das Konzil beinahe gewann. Er verwies auf frühere Glaubensmärtyrer, auf das von Priestern über den Apostel Stephan verhängte Todesurteil, und erklärte die fahrlässige Tötung eines Priesters durch Priester für eine kaum überbietbare Sünde. Den Widerruf der Wiclifschen und Husschen Lehre widerrufend, bezeichnete er Hus' Verbrennung als ein Verbrechen, das Gott bestrafen werde. Das Konzil setzte ihm eine letzte viertägige Frist und verurteilte ihn, als er standhaft blieb, am 30. Mai zum Scheiterhaufen. An denselben Ort gebracht, wo Hus gestorben war, sagte er zum Scharfrichter, der das Reisig hinter seinem Rücken in Brand stecken wollte: «Zünde ruhig vor meinen Augen an! Denn wenn ich das Feuer, dem ich hätte entgehen können, gefürchtet hätte, wäre ich niemals an diesen Richtplatz gekommen!» Auch er sang Hymnen, bis der Rauch seine Stimme erstickte.

## III. DIE HUSSITENKRIEGE: 1415–1436

Als Kuriere die Nachricht von Hus' Flammentod nach Böhmen brachten, stand das Land in spontaner Revolte auf. Fünfhundert böhmische und mährische Edelleute tschechischer Nationalität unterzeichneten einen an das Konzil zu Konstanz gerichteten Protest (2. September 1415), der Hus als einen guten und getreuen Sohn der Kirche bezeichnete, seine Hinrichtung eine Beleidigung seiner Nation nannte und die Verteidigung der Lehre Christi gegenüber allen Menschengesetzen bis zum letzten Blutstropfen ankündigte. In einer weiteren Erklärung verpflichteten sich die Unterzeichner, nur noch solchen päpstlichen Vorschriften gehorchen zu wollen, die im Einklang mit der Schrift stünden, worüber die theologische Fakultät der Prager Universität befinden solle. Die Universität ihrerseits pries Hus als Märtyrer und rühmte den gefangenen Hieronymus. Das Konzil zitierte die rebellierenden Edelleute nach Konstanz, aber nicht einer ging. Es verfügte die Schließung der Universität, aber die Mehrheit der Professoren und Studierenden setzte den Lehrbetrieb fort.

Einen der Hauptstreitpunkte bildete die Verabreichung des Abendmahls in beiderlei Gestalt, die 1412 von Jakoubek Strzibo gefordert und, als der Gedanke in der Masse der Gläubigen Anklang fand, von Hus gebilligt worden war. Das Konzil verbot die Wiederaufnahme dieses frühchristlichen Ritus mit der Begründung, man laufe dabei Gefahr, Jesu Blut zu vergießen. Die Prager Universität und die von Königin Sophie geführten Edelleute erklärten jedoch das Abendmahl in beiderlei Gestalt – *sub utraque specie* – als von Jesus eingesetzt und erhoben den Abendmahlskelch zu ihrem Symbol, weshalb sie «Utraquisten» genannt wurden. 1420 formulierten die Hussiten in den «Vier Prager Artikeln» ihre Hauptforderungen: Verabreichung des Abendmahls in beiderlei Gestalt, Verbot des Pfründenschachers, freie Verkündigung des Wortes Gottes als des einzigen Kriteriums der religiösen Wahrheit und Praxis, Einziehung des übermäßigen Reichtums der Priester und Mönche. Eine radikale Minderheit der Rebellen sprach sich gegen die Fegefeuerdoktrin, das Lesen von Totenmessen, die Reliquienverehrung und die Todesstrafe aus. Man sieht bereits alle wesentlichen Elemente der späteren lutherischen Reformation vorgezeichnet.

König Wenzel, der ursprünglich mit der Bewegung sympathisiert hatte – möglicherweise, weil er die Überführung des Kirchenguts in Staatseigentum erhoffte –, wurde jedoch ängstlich, als sich neben der Bedrohung der geistlichen auch die der weltlichen Autorität abzuzeichnen begann. In den Magistrat der von ihm erbauten Prager Neustadt berief er ausschließlich Hussitengegner, die der Ketzerei durch Strafandrohung entgegenzuwirken suchten. Aber am 30. Juli 1419 veranstalteten die Hussiten einen Protestzug, erzwangen den Weg in den Ratssaal, warfen die Stadtväter durch die Fenster auf die Straße, wo sie endgültig umgebracht wurden, und eine Volksversammlung wählte einen aus Hussiten zusammengesetzten Magistrat. König Wenzel erklärte die Wahl für gültig und starb an einem Herzkrampf (1419).

Der böhmische Adel bot Sigismund die Krone unter der Bedingung an, daß er die Prager Artikel anerkenne, doch Sigismund bestand auf der Unterwerfung der Nation unter die Autorität der Kirche und ließ einen für den «Laienkelch» eintretenden Böhmen verbrennen. Martin V., der neue Papst, rief zu einem Kreuzzug gegen die böhmischen Ketzer auf, und Sigismund marschierte mit einem starken Reichsheer gegen Prag (1420). Sozusagen über Nacht stampften die Hussiten ein Heer aus dem Boden; aus allen böhmischen und mährischen Städten strömten ihm begeisterte Rekruten zu; der sechzigjährige einäugige Ritter Jan Ziska unterrichtete sie im Gebrauch der Waffen und führte sie zu unglaublich anmutenden Siegen. Nach zwei Niederlagen ging Sigismund mit frischen Kräften erneut gegen sie vor; aber bei einem falschen Alarm über das Nahen des böhmischen Volksheers ergriffen die Kaiserlichen die Flucht, ohne den Gegner auch nur gesehen zu haben. Von ihrem Erfolg berauscht, verfielen die hussitischen Puritaner in den gleichen Fehler wie ihre Gegner, religiöse Meinungsverschiedenheiten durch Gewalt entscheiden zu wollen, und zogen wie ein vernichtender Sturm kreuz und quer durch Böhmen, Mähren und Schlesien, plünderten die Klöster, massakrierten die Mönche, zwangen der Bevölkerung die Prager Artikel auf und gingen mit den in Böhmen lebenden kirchentreuen Deutschen besonders unbarmherzig um. In all diesen Jahren (1419–1436) ruhte die königliche Gewalt.

Daß die böhmische Revolte solchen Umfang annehmen konnte, hatte verschiedene reichlich widerspruchsvolle Gründe. Die eingeborenen Tschechen wehrten sich gegen den Wohlstand und Hochmut der zugewanderten Deutschen und wollten sie aus dem Lande treiben. Dem Adel schien die Bekömmlichkeit des Kirchenguts größer als die Unbekömmlichkeit des Kirchenbanns. Die proletarischen Arbeiter hofften, ihr Los auf Kosten ihrer Meister verbessern zu können. Der Bürgerstand erstrebte über den Landtag, der an Stelle des Königs in Prag und ganz Böhmen obrigkeitliche Funktionen ausübte, eine Erweiterung seiner bescheidenen Macht. Die Hörigen, insbesondere die der Kirchendomänen, träumten von der Verteilung der frommen Äcker oder doch zumindest von der Erlangung der persönlichen Freiheit. Ein Teil der von der Hierarchie ausgebeuteten niederen Geistlichkeit lieh den Aufrührern stillschweigende Unterstützung und erfüllte seine seelsorgerischen Pflichten trotz des Kirchenbanns.

Als sie ganz Böhmen in ihre Gewalt gebracht hatte, führten die inneren Widersprüche der Bewegung zur unvermeidlichen Spaltung. Dem Adel, der sich den größten Teil des orthodoxen Kirchengutes angeeignet hatte, schien es angebracht, es der Zeit zu überlassen, der neuen Ordnung ihre Weihe zu geben. Die Leibeigenen, an deren Freilassung er nicht dachte, verlangten immer stürmischer ihre Freiheit und die Aufteilung des Kirchenguts. Ziska nahm für die Bauern Partei, belagerte die jetzt konservativ gewordenen Kalixtiner, wie man die Utraquisten auch nannte, in Prag, zog sich aber nach Ostböhmen zurück und gründete dort die Bruderschaft Horeb, die außer den «Vier Prager Artikeln» die Ausrottung der in Böhmen lebenden Deutschen auf ihr Panier schrieb. Vor seinem Tod (1424) vermachte er seiner Gefolgschaft seine Haut zur Herstellung einer Kriegstrommel.

Ein anderer Trupp etablierte sich in der Stadt Tabor. Ihren Hauptglaubensartikel bildete das gemeinschaftliche Eigentum an allen Gütern, womit sie sich auf das in Böhmen latent immer lebendig gebliebenen Gedankengut der Waldenser, Begarden und anderer unausrottbarer ketzerischer Sekten stützten, die Bibelauslegung und egalitäre Ideen verquickten. Nachdem sich diese Gruppe lange Zeit in einem für sie heilsamen Hintergrund gehalten hatte, drängte sie nach Ziskas Siegen an die Macht und bemächtigte sich in Tabor der religiösen Führung. Viele unter ihnen bestritten die leibhaftige Gegenwart Gottes im Abendmahl, das Fegefeuer, die Wirksamkeit der Seelenmessen und der Sakramente außer der Taufe und dem Abendmahl; sie wandten sich gegen die Heiligen-, Reliquien- und Bilderverehrung und forderten die Wiedereinführung des einfachen Rituals der frühchristlichen Gemeinden ohne die priesterlichen Gewänder und Zeremonien, die später hinzugefügt worden waren. Altäre, Orgeln und der ganze künstlerische Schmuck der Kirchen erregten ihren Widerwillen, und wo sie konnten, demolierten sie ihn. Den Gottesdienst beschränkten sie auf Bibellesen, Predigt, Gebet, gemeinschaftliches Absingen von Hymnen und die Kommunion. Die Mehrzahl der Taboriten leitete ihre Eigentumsideen aus der Verheißung des Milleniums oder Tausendjährigen Reiches ab: der baldigen Wiederkehr Christi, der kommen werde, um sein Königreich auf Erden aufzurichten, darin es weder Staat noch Kirche geben werde, keine menschlichen Satzungen, keine Steuern, keine Standesunterschiede, kein persönliches Eigentum und keinen Ehestand; mußte Christus bei seiner Wiederkehr nicht sein Gefallen daran finden, daß seine Anhänger dieses himmlische Utopia bereits verwirklicht hatten? In Tabor und ein paar anderen Orten wurden diese Grundsätze praktisch gelebt, worüber uns ein Prager Professor vermeldet: «Wie in der Stadt Tabor kein Mein und Dein, sondern alles gemeinschaftlich ist, so soll immer alles allen gemeinschaftlich sein und keiner ein Sondereigentum haben, und wer ein solches hat, begeht eine Todsünde ... Alle werden gleiche Brüder und Schwestern sein.»

Zu den radikalsten Geistern gehörte Peter Chelčický, seiner Herkunft nach ein Bauer, der sich zum Philosophen gemausert hatte und in seinen in einem derben Tschechisch geschriebenen Schriften gegen Macht und Reichtum zu Felde zog, Krieg und Todesstrafe als Mord brandmarkte und eine Gesellschaftsstruktur ohne Standesunterschiede und ohne Gesetze verlangte. In buchstabengetreuer Auslegung der Schrift forderte er die Erwachsenentaufe, die Verachtung der Welt und ihrer Wege, eine simple bäuerliche Lebensführung und freiwillige Armut. Standesunterschiede, Gelehrsamkeit, Eidesleistung, Stadtleben und Handel lehnte er – Staat und Kultur ignorierend – entschieden ab. Solche Friedensliebe fanden die Taboriten mit ihrem Temperament freilich unvereinbar, so daß sie sich in Gemäßigte und Ultraradikale spalteten, die, wie man heute sagen würde, für freie Liebe und Nacktkultur eintraten. Der geistige

Streit führte bald zu Blutvergießen und die Ungleichheit der Befähigung nach ein paar Jahren zur Ungleichheit der Stellung, des Einflusses und schließlich des Besitzes, bis die Friedens- und Gleichheitsapostel von hartherzigen, mit brutaler Gewalt regierenden Gesetzgebern abgelöst wurden.

Die Christenheit nahm die Mär von diesem angeblichen Christentum mit Entsetzen auf, während die höheren und mittleren Stände Böhmens die römische Kirche als das einzige Bollwerk gegen den drohenden Zerfall der Ordnung zurückersehnten und einen Versuch des Basler Konzils, eine Aussöhnung zustande zu bringen, freudig willkommen hießen. Mit den von einer – ohne päpstliche Sanktion nach Böhmen gekommenen – Delegation des Konzils und den gemäßigten Utraquisten unterzeichneten «Prager Kompaktaten», die so formuliert waren, daß man bei gutem Willen sowohl die Annahme als auch die Verwerfung der «Vier Prager Artikel» herauslesen konnte, wurde der Frieden besiegelt (1433). Da die Taboriten die Anerkennung der Kompaktate verweigerten, kam es zu einem Bündnis der konservativen Hussiten mit den orthodoxen Resten Böhmens; die Taboriten unterlagen und mit ihnen ihr egalitäres Experiment (1434). Der böhmische Landtag und Sigismund schlossen Frieden. Nach zwanzig Jahren bestieg er endlich Böhmens Thron (1436), aber gewohnt, seine Siege fruchtlos verpuffen zu lassen, starb er schon im nächsten Jahr.

Erneut fiel Böhmen in Chaos zurück. In Prag rissen orthodox-kirchliche Kreise die Macht an sich, bis Georg Podiebrad, der starke Mann aus der Provinz, mit einer hussitischen Streitmacht die Stadt besetzte, den vertriebenen Utraquisten Jan Rokycana wieder zum Erzbischof und sich selbst zum Landesverweser machte (1451). Da Nikolaus V. Rokycana nicht anerkannte, liebäugelten die Utraquisten mit dem Anschluß an die griechisch-orthodoxe Kirche; doch da fiel Konstantinopel, und der Flirt mit dem Osten war zu Ende. Nach dem Ableben des legitimen Throninhabers erhob der dankbare böhmische Landtag Podiebrad zum König des befriedeten Landes (1458).

Zur Beilegung des immer noch schwelenden Zwistes mit Rom schickte er mit Zustimmung des Landtages eine Gesandtschaft an die Kurie, um sie zur Ratifikation der Prager Kompaktate zu bewegen (1462). Pius II. lehnte aber nicht nur ab, sondern wiederholte ausdrücklich das Verbot, Laien das Abendmahl in beiden Formen zu verabreichen. Derart zurückgewiesen, regte Podiebrad, von dem deutschen Juristen Gregor Heimburg beraten, die Gründung einer Föderation aller europäischen Staaten mit eigener Gesetzgebung, Vollzugsgewalt und Streitmacht an, die über alle schwebenden und künftigen internationalen Streitigkeiten in höchster Instanz entscheiden solle (1464). Die Fürsten gingen aber über seine Anregung hinweg, da sie das wieder erstarkte Papsttum nicht herauszufordern wagten.

Papst Paul II. erklärte Podiebrad zum Ketzer, entband seine Untertanen vom Treueeid und rief die Christenheit zu seiner Beseitigung auf. Matthias Corvinus von Ungarn folgte dem Ruf, marschierte in Böhmen ein und wurde von einer Gruppe romtreuer Adeliger zum König gekrönt (1469). Verzweifelt bot Podiebrad dem Sohne König Kasimirs IV. von Polen, Ladislaus, den Thron an und starb, von Krieg und Wassersucht geschwächt, im Alter von einundfünfzig Jahren (1471). Die heutige Tschechoslowakei verehrte ihn nach Karl IV. als Böhmens größten König.

Aus der nachfolgenden Königswahl ging Ladislaus – tschechisch Wladyslaw – als König hervor, und Matthias kehrte nach Ungarn zurück. Der Adel benutzte die jugendliche Schwäche des neuen Königs zur Stärkung seiner materiellen und politischen Macht, unterwarf die Bauern einer härteren Leibeigenschaft als zuvor und reduzierte die Vertretung der Städte und Bürger im Landtag. Mittlerweile waren jedoch Tausende von Böhmen, der ewigen Revolutionen und Gegenrevolutionen überdrüssig, ins Ausland abgewandert*. 1485 schlossen Katholiken und Utraquisten den Vertrag von Kutna Hora, der sie zu einem dreißigjährigen Frieden verpflichtete.

In Ostböhmen und Mähren schlossen sich die Anhänger Chelčickýs zu einer neuen Sekte, der Brüderunität, zusammen (1457), die in schlichten bäuerlichen Formen nach den Grundsätzen des Neuen Testaments lebte. 1467 trennten sie sich endgültig von der Kirche, weihten ihre Priester selber, verwarfen die Fegefeuervorstellung und Heiligenverehrung und bildeten, Luthers Rechtfertigung aus dem Glauben vorwegnehmend, die erste modernes Christentum praktizierende Kirche. 1500 zählte die Brüderunität 100000 Mitglieder. Im Dreißigjährigen Krieg wurden die «Mährischen Brüder» beinahe ausgerottet, überlebten aber dank dem Führertum von Johann Comenius. Zerstreute Gemeinden existieren heute noch in Europa, Afrika und Amerika und erstaunen eine ebenso turbulente wie skeptische Welt mit ihrer religiösen Toleranz, anspruchslosen Gläubigkeit und friedfertigen Treue gegen die proklamierten Grundsätze.

## IV. POLEN: 1300–1505

Nicht einmal geographisch abgeschlossene Länder vermögen es, mit ihren Nachbarn in Frieden zu leben; für Länder mit offenen Grenzen und habgierigen, oftmals mächtigen Rivalen um Land und Macht ist es unmöglich. Das Polen des vierzehnten Jahrhunderts erstickte beinahe unter dem Druck des Deutschen Ordens, der Litauer, Ungarn, Böhmen, Mähren und Deutschen; Wladyslaw Lokietek, seit 1306 Großfürst von Klein- oder Südpolen, sah sich von Feinden umringt. Die deutschen Provinzen in Groß- oder Westpolen weigerten sich, seine Oberhoheit anzuerkennen; die Deutschritter bemächtigten sich Pommerns mit Danzig, der Markgraf von Brandenburg trug sich mit Plänen zur Verdrängung Wladyslaws, und auch Wenzeslaus III. von Böhmen erhob Anspruch auf die polnische Krone. Aber Wladyslaw meisterte alle Schwierigkeiten, teils mit Diplomatie, teils mit Waffengewalt und teils durch eine kluge Heiratspolitik, vereinigte schließlich beide Polen und wurde in seiner neuen Hauptstadt Krakau zum König von ganz Polen gekrönt (1320). Als er dreiundsiebzig Jahre alt starb (1333), hinterließ er den wackligen Thron seinem einzigen Sohn, Kasimir dem Großen.

Gewisse Leute wollten Kasimir III. diesen Ehrentitel nicht recht gönnen, weil er lieber verhandelte und Kompromisse schloß als Krieg führte. So trat er Schlesien an Böhmen und Pommern an den Ritterorden ab, erwarb aber dafür Galizien mit Lemberg und Masowien mit Warschau. Seine siebenunddreißigjährige Regierung widmete er der Verwaltung seines Reiches, vor allem der Vereinheitlichung und Kodifikation des Rechts seiner vielgestaltigen Länder, «damit der Staat nicht einem vielköpfigen Ungeheuer gleiche». Diese «Statuten Kasimirs» verdienen nicht nur als erstes einheitliches polnisches Gesetzbuch, sondern auch, verglichen mit dem zeitgenössischen Recht anderer Staaten, als ein Wunder an Humanität der Vergessenheit entrissen zu wer-

* Die Franzosen, die die böhmischen Auswanderer mit den Zigeunern verwechselten, die im fünfzehnten Jahrhundert angeblich aus Böhmen nach Westeuropa kamen, nannten die Zigeuner Bohèmes. Die englische Bezeichnung *Gypsy* ist eine verderbte Form des Wortes *Egyptian* – Ägypter; sie geht auf die Behauptung der Zigeuner zurück, daß sie aus «Kleinägypten» stammen; nach Burton ist ihr Ursprungsland aber Indien. In den byzantinischen Ländern nannte man sie *Rom*, das heißt (Ost-)Römer; auf dem Balkan und in Mitteleuropa haben sich verschiedene Varianten von *Atzigan (Cigány, Zigeuner, Zingari)* eingebürgert; die Herkunft des Wortes ist unbestimmt. In europäischen Chroniken werden sie erstmals im frühen vierzehnten Jahrhundert als wandernde Handwerkertrupps erwähnt. 1414 tauchten sie in Deutschland, in Italien 1422, in Frankreich 1427, in England 1500 auf. Meist ließen sie sich taufen, doch nahmen sie weder die Gebote noch den kirchlichen Ritus ernst, so daß sie in die Fänge der Inquisition gerieten. Spanien vertrieb sie 1499, das Heilige Römische Reich 1500 und 1548, Frankreich 1561. Neben der Farbenfreudigkeit der Tracht und ihrem glitzernden Schmuck haben sie die Kultur vor allem durch Tanz und Musik bereichert, die mit ihrem jähen Wechsel von Schwermut und Jubel namhafte Komponisten angeregt hat.

den. Alle Minderheiten, völkische und religiöse, genossen seinen Schutz, Bildung und Künste fanden in ihm einen Gönner – so gründete er die Akademie Krakau (1364), die 1400 zur Universität erweitert wurde; vor allem aber war er ein großzügiger Bauherr, der, wie man sagte, ein Polen aus Holz vorfand und eines aus Stein hinterließ. Der Wirtschaft seines Landes war er ein weiser Führer; die Landbevölkerung pries ihn als «Bauernkönig», die Städter gingen in Frieden ihren Geschäften nach, und alle Stände nannten ihn den «Großen».

In Ermangelung eines männlichen Erben vermachte er die Krone seinem Neffen, Ludwig dem Großen von Ungarn (1370), in der Hoffnung, seinem Volk sowohl den Schutz eines mächtigen Monarchen als auch den kulturellen Stimulus zu verschaffen, der mit der Dynastie Anjou aus Italien und Frankreich nach Ungarn gekommen war. Doch war Ludwig so sehr von Ungarn in Anspruch genommen, daß er Polen vernachlässigen mußte und den dortigen Magnaten im «Privileg von Kassa» (1374) weitgehende Steuerbefreiung und das Vorrecht auf die hohen Staatsämter gewährte. Nach seinem Tod (1382) brachen Erbstreitigkeiten aus; der Seym, das polnische Parlament, krönte Ludwigs elfjährige Tochter Jadwiga zur «Königin» (1384), doch endeten die Wirren erst, als Großfürst Jagiello von Litauen Jadwiga 1386 heiratete und Polen mit Großlitauen verband.

Litauens Wachstum gehört zu den bedeutendsten geschichtlichen Ereignissen des vierzehnten Jahrhunderts. Der heidnische Großfürst Gedymin und dessen Nachfolger Olgierd eroberten fast das ganze heutige Westrußland: Polozk, Pinsk, Smolensk, Tschernigow, Wolhynien, Kiew, Podolien und die Ukraine, deren Bevölkerung sich nicht ungern diesen großen Fürsten unterstellte, die sie vor der die weiter östlich gelegenen Gebiete bedrückenden tatarischen Goldenen Horde zu schützen vermochten. So erstreckte sich das von Wilna aus regierte litauische Reich bei der Thronbesteigung Jagiellos (1377) von der Ostsee bis zum Schwarzen Meer und beinahe bis Moskau. Mit dieser Morgengabe des Bräutigams wurde nun Polen als Mitgift Jadwigas vereinigt. In mehr als einer Hinsicht war diese Ehe eine Mesalliance: Jadwiga war sechzehn Jahre alt, Katholikin und in den besten humanistischen Traditionen erzogen; Jagiello war sechsunddreißig, Heide und Analphabet. Ihr zuliebe ließ er sich taufen, verpflichtete sich, in Litauen das Christentum einzuführen und legte sich den Namen Wladyslaw II. zu.

Es war eine im rechten Moment zustande gekommene Verbindung, streckte doch der Deutschritterorden seine begehrlichen Hände nach Gebieten beider Staaten aus. Der sich ursprünglich der Verbreitung des Evangeliums unter den Slawen widmende Orden hatte sich mehr und mehr in eine Vereinigung kriegerischer Eroberer verwandelt, die mit Waffengewalt alles an sich rissen, was sie christlichen und heidnischen Herren wegzunehmen vermochten und, wo sie hinkamen, freie Bauern in Leibeigenschaft zwangen. Von ihrem Sitz Marienburg aus herrschten die Hochmeister über die Randgebiete der Ostsee, Estland, Livland, Kurland, Preußen und Ostpommern, und verwehrten Polen den Zugang zur See. Bei Tannenberg trafen die Heere der Ordensritter und Jagiellos – beide angeblich 100000 Mann stark – aufeinander; das Ordensheer unterlag mit 18000 Toten, darunter der Hochmeister, und 14000 Gefangenen (1410). Der Orden vermochte sich von diesem Schlag nicht zu erholen und trat im Frieden von Thorn Pommern und Westpreußen an Polen ab, das im Freihafen Danzig endlich ein Tor zu den Weltmeeren erhielt (1466).

Unter der Regierung Kasimirs IV. (1447–1492) erreichte Polen den Kulminationspunkt seiner Ausdehnung, Macht und Kultur. Der selbst noch ungebildete König sorgte für eine gründliche Bildung seiner Söhne, und Königin Jadwiga vermachte noch auf dem Sterbebett ihre Juwelen der Krakauer Universität, an der übrigens im nächsten Jahrhundert Kopernikus studierte. Die Sprache der Wissenschaftler und Philosophen blieb das Latein; Johann Dlugosz' klassisch gewordene Geschichte Polens ist noch in dieser Sprache verfaßt (1478). Der Nürnberger Veit Stoß, 1477 nach Krakau berufen, machte die Stadt siebzehn Jahre lang zu einem Mittelpunkt der europäischen Kunst. Das Chorgestühl und der mächtige Marienaltar in der Frauenkirche mit Mariä Himmelfahrt als Mittelstück, ebenso eindrucksvoll wie das thematische Gegenstück Tizians, stammen aus seiner Werkstatt, und achtzehn Darstellungen aus Marias und Jesu Leben halten, obwohl aus Holz, den Vergleich mit den Bronzetüren aus, die Ghiberti ein Menschenalter früher für das Florentiner Baptisterium geschaffen hatte. Im Krakauer Dom befindet sich das gleichfalls von Veit Stoß aus rotgeädertem Marmor gestaltete pompöse Grabmahl für Kasimir IV. Diese Werke bilden zugleich den Höhepunkt und das Ende der polnischen Gotik. Unter Sigismund I. (1506–1548) fanden sowohl die italienische Renaissance als auch das Luthertum in Polen Eingang, und damit brach eine neue Epoche an.

# ACHTES KAPITEL

# *Die türkische Flut*

[1300–1516]

## I. DIE ZWEITE BLÜTE VON BYZANZ: 1261–1373

DAS 1261 von der Palaiologendynastie ohne Blutvergießen neu konsolidierte Byzantinische Reich überdauerte – sich selbst zum Trotz – beinahe zwei Jahrhunderte. Die vordringenden Osmanen knabberten freilich sowohl in Asien als auch in Europa Stück um Stück davon weg; in seinem Rücken dehnten sich die Slawen auf seine Kosten aus, und zerstreute Fragmente des ehemaligen Gebietes blieben im Besitz der christlichen Feinde, das heißt der Normannen, Venezianer und Genuesen, die 1204 Konstantinopel geplündert hatten. Das Gewerbe fristete in den Städten ein bescheidenes Dasein; aber die Verschiffung der Exportgüter erfolgte auf italienischen Schiffen, die dem Staatsschatz keine Einnahmen brachten. Die einstmals so vielköpfige Mittelschicht schmolz auf einen kleinen Rest zusammen. Darüber bewegten sich in kostspielig herrlichen Gewändern luxushörige Adelige und Prälaten, die nichts von der Geschichte gelernt und alles außer ihren Privilegien vergessen hatten. Darunter brodelte es von Mönchen, die ihre Frömmigkeit mit politischen Aspirationen würzten, von selbständigen Bauern, die auf den Status von Pächtern reduziert wurden, von Pächtern, die allmählich zu Leibeigenen wurden, von *prolétaires*, die von einem Utopia ohne Besitz- und Standesunterschiede träumten. In Saloniki vertrieb 1341 eine Erhebung den Adel, plünderte die Paläste und richtete ein halbegalitäres Regime ein, das sich acht Jahre hielt, bis es von einem Truppenkontingent aus der Hauptstadt beseitigt wurde. Byzanz selbst blieb freilich ein geschäftiger Warenumschlagsplatz; dennoch erwähnt ein muselmanischer Besucher 1330 die «vielen zerstörten Häuser und angebauten Felder innerhalb der Stadtmauern», und der spanische Diplomat Ruy González de Clavijo schrieb um 1409: «Überall in der Hauptstadt gibt es große Paläste, Kirchen und Klöster, aber die meisten sind zerfallen.» Die Königin am Bosporus war ihres Glanzes entkleidet.

Inmitten dieses politischen Niedergangs entstand aus der Verbindung des lebendigen Erbes der alten griechischen Literatur und Philosophie mit der byzantinisch-orientalischen Baukunst und Malerei die kulturelle Hochblüte des oströmischen Reiches. In den Schulen predigte man immer noch Platon, Aristoteles und den Stoiker Zenon, unterschlug aber Epikur als einen Atheisten; Gelehrte revidierten und kommentierten die alten Texte. Der byzantinische Gesandte in Venedig, Maximus Planudes, veröffentlichte eine *Griechische Anthologie*, übersetzte lateinische Klassiker ins

Griechische und schlug damit eine Brücke zwischen Italien und Byzanz. Die Laufbahn des Theodoros Metochites ist typisch für diese Wiedergeburt unter dem Zepter der Palaiologen. Als erster Minister des Kaisers Andronikos II. war er zugleich einer der gelehrtesten und fruchtbarsten Männer seiner Zeit, so daß der Geschichtsschreiber Nikephorus Gregorus über ihn schreiben konnte: «Vom Morgen bis zum Abend widmete er sich voll und eifrig den öffentlichen Geschäften, als existiere die Gelehrsamkeit für ihn nicht; doch spät abends, nachdem er den Palast verlassen, vertiefte er sich so sehr in seine Studien, als sei er ein Gelehrter ohne andere Interessen.» Diese Interessen erstreckten sich auf Geschichte, Astronomie, Philosophie und Dichtung; den Stil seiner Arbeiten hat kein zweiter Grieche des vierzehnten Jahrhunderts erreicht. Mit der Entthronung seines Herrn verlor auch er Stellung, Vermögen und Heim und beendete – nachdem er krankheitshalber aus dem Gefängnis entlassen worden war – seine Tage im Kloster zum Erlöser «in Chora» (das heißt «auf dem Felde»), dessen Wände er in seinen guten Tagen mit Mosaiken hatte schmücken lassen, die zu den schönsten der byzantinischen Kunst gehören.

In der Philosophie lebte der alte Streit zwischen Platonikern und Aristotelikern erneut auf. Zu diesen zählte Kaiser Johannes VI. Kantakuzenos; hingegen blieb Platon der Gott von Gemistos Plethon. In Brussa (Kleinasien), wo dieser berühmteste der neueren griechischen Sophisten studierte, als die Stadt bereits zur Kapitale der vordringenden Osmanen geworden war, geriet er durch einen jüdischen Dozenten unter den Einfluß der Lehre Zarathustras, so daß er bei der Heimkehr in den heimatlichen Peloponnes – zu jener Zeit Morea genannt – vermutlich von Christus abgefallen war. In Mistra, wo er als Richter und Professor wirkte, verfaßte er 1400 eine Abhandlung unter dem von Platon entliehenen Titel *Die Gesetze*, worin er für die Verwerfung sowohl der Lehre Christi als auch der Lehre Mohammeds und die Wiedereinführung des alten griechischen Göttersystems plädierte, freilich mit der Modifikation, daß alle Olympier außer Zeus als symbolische Personifikationen schöpferischer Prozesse und Ideen anzusehen seien; Plethon wußte offenbar nicht, daß Religionen geboren und nicht gemacht werden. Trotzdem sammelte er einen Kreis eifriger Jünger um sich, von denen einer, Johannes Bessarion, humanistischer Kardinal in Italien geworden ist. Beide, Gemistos und Bessarion, beteiligten sich im Gefolge Kaiser Johannes' VIII. am Kirchenkonzil zu Ferrara und Florenz, das für einen kurzen Moment das Dogma und die Politik der griechischen und römischen Kirche in Übereinstimmung brachte (1438). In Florenz dozierte Gemistos trefflicher als jeder einheimische Gelehrte vor einer erlesenen Hörerschaft über die Platonische Philosophie. Nach Mistra zurückgekehrt, zog er als Theologe seine Segel ein, wurde zum Erzbischof ernannt und starb fünfundneunzigjährig (1450).

Die Kunst hielt mit der Wiederbelebung der Literatur Schritt. Die religiösen Inhalte und Gestalten blieben zwar die alten, doch hier und da erscheint in den Mosaiken dieser Epoche die Andeutung einer Landschaft, ein naturalistischer Hauch, eine neue Wärme in Linie und Farbe. Die kürzlich im Kloster Chora (der Moschee Kahriye-Jami) entdeckten zeigen eine solche Lebendigkeit, daß westliche Historiker in ihnen italienische Einflüsse zu finden glauben. Nicht mehr ganz so ausgeprägt war die kirchliche Thematik in der Freskenmalerei, die mehr und mehr das kostspielige Mosaik in den Kirchen und Palästen ersetzte: Neben den Heiligengeschichten traten jetzt auch weltliche Sujets oder gar Phantasiegebilde auf. Nur die Ikonenmaler hielten konservativ am hieratischen Stil fest: überschlanke Gestalten und Gesichter von einer puritanischen Frömmigkeit, die in krassem Widerspruch zu den Zeitsitten stand. Die Kunst der Miniaturenmalerei sank rapid; doch die Bildweberei in Seide schuf nach wie vor in der westlichen Welt unerreichte Meisterwerke. Die sogenannte Dalmatika Karls des Großen stammt aus dem vierzehnten oder fünfzehnten Jahrhundert: Auf blauem Seidengrund entwarf ein Maler und webte ein Meister seines Fachs mit goldenen und silbernen Seidenfäden Szenen aus dem Leben Jesu, Mariä und diverser Heiliger. Ähnlich herrliche Stoffwebereien entstanden in Saloniki, in Serbien, im Gebiet der Moldau und in Rußland.

Wieder einmal sah sich Griechenland als ein Schauplatz hoher künstlerischer Blüte, nachdem die Franken, die die klassischen Stätten mit ihren romantischen Burgen versehen hatten, Ende des dreizehnten Jahrhunderts der neubelebten Macht Byzantiums gewichen waren. 1348 sandte Kaiser Johannes VI. seinen Sohn Manuel als *despotes* in die Morea. Mit ihm hielten Edelleute, Mönche, Künstler, Gelehrte, Philosophen, Handwerker und Kaufleute Einzug in die neue, auf einem Hügel oberhalb Spartas gelegene Provinzhauptstadt. In drei Kirchen der damals erbauten prächtigen Klöster sind Mauerfresken erhalten geblieben: aus dem vierzehnten Jahrhundert in den Abteien Metropolis und Peribleptos, aus dem frühen fünfzehnten im Kloster Pantanassa. Als die schönsten Wandmalereien in der langen Geschichte der byzantinischen Kunst können sie sich in ihrer präzisen Linienführung, der fließenden Geschmeidigkeit ihrer Gestalten und der Leuchtkraft ihrer Farben mit den besten zeitgenössischen Werken Italiens vergleichen, ja sie schuldeten vermutlich ihre neue Grazie einem Cimabue, Giotto oder Duccio – die ihrerseits so vieles Byzanz verdankten.

Schon im zehnten Jahrhundert und in fast allen Jahrhunderten seither waren an der Ostküste Griechenlands, auf dem ins Meer vorspringenden Berg Athos, Klöster errichtet worden: Im vierzehnten das majestätische Pantokrator-Kloster, im fünfzehnten das St. Paulskloster. In einem griechischen Handbuch der Malerei aus dem achtzehnten Jahrhundert werden die besten Fresken in diesen Klöstern Manuel Panselinos von Saloniki zugeschrieben, der «über ein so glänzendes Können in seiner Kunst verfügte, daß man ihn mehr als alle Maler in alter und neuer Zeit schätzte». Dennoch wissen wir weder von seinem Leben noch seinem Schaffen Genaues; er kann im elften oder sechzehnten Jahrhundert gelebt haben, und niemand kann sagen, welche der Fresken auf dem Berge Athos von seiner Hand stammen.

Mit diesem letzten Aufschwung der byzantinischen Kunst ging der Zerfall der byzantinischen Macht Hand in Hand. Dem Heer mangelte es an Disziplin, die Flotte war ohne Schlagkraft; die Schiffe Genuas und Venedigs beherrschten das Schwarze Meer, und Piraten beunruhigten die griechische Inselwelt. Die «Katalanische Söldnerkompanie» eroberte Gallipoli (1306), bereicherte sich an der Schiffahrt durch die Dardanellen und errichtete in Athen eine Räuberrepublik (1310), die von keiner Regierung unterdrückt werden konnte, bis sie an ihrer eigenen Gewalttätigkeit zugrunde ging. 1307 schlossen Papst Clemens V., Frankreich, Neapel und Venedig ein Bündnis zur Wiedereroberung Konstantinopels. Der Plan kam nicht zur Ausführung, versetzte jedoch Jahre hindurch die byzantinischen Kaiser in eine solche Furcht vor dem Westen, daß sie nichts zur Abwehr des muselmanischen Vormarschs unternahmen. Als sich diese Angst legte, standen die Osmanen vor der Tür.

Einige Kaiser kauften sogar ihren Untergang selbst. 1342 wandte sich Johannes VI. Kantakuzenos um Hilfe an den Osmanensultan Urchan, mit dessen Schiffen er das aufrührerische Saloniki unterwarf. Als er später seine Tochter Theodora dem Sultan als Extrafrau überließ, stellte dieser ihm noch sechstausend Mann zur Verfügung. Um Johannes Palaiologos, der ihn zu entthronen drohte, abzuwehren, raubte er die Schätze der Konstantinopeler Kirchen und mietete damit von Urchan weitere zwanzigtausend Türken; außerdem trat er dem Sultan eine Festung in Thrakien ab. Schon glaubte er den Sieg in der Hand zu halten, als ihn die Bevölkerung Konstantinopels des Verrats zieh und eine Revolution über Nacht aus einem Kaiser einen Historiker machte (1355), der im Frieden eines Klosters seine Memoiren schrieb.

Johannes V. Palaiologos setzte sich jedoch auf einen schwankenden Thron. 1369 erschien er als Bittsteller in Rom: als Gegenleistung für die päpstliche Hilfe gegen die Türken sei er bereit, in seinen Landen die Suprematie des Papsttums anzuerkennen. Urban V. versprach seinen Beistand; vor dem Hochaltar St. Peters schwor Johannes der griechisch-orthodoxen Kirche ab und wandte sich dann, gestützt auf päpstliche Briefe, um Beistand an Europas christliche Fürsten – die aber waren mit eigenen Sorgen beschäftigt. Venedig benützte die günstige Gelegenheit, seine Guthaben einzutreiben, indem es dem Kaiser die Ausreise verwehrte, und erst als dessen Sohn Manuel die Schuldsumme hinterlegt hatte, konnte Johannes – ärmer als zuvor – nach Konstantinopel zurückkehren, wo man ihn murrend als einen Abtrünnigen empfing. Nach einem zweiten vergeblichen Versuch, den Beistand Westeuropas zu erlangen, erkannte Johannes den Sultan Murad I. als seinen Oberherrn an, verpflichtete sich zur Heeresfolge und lieferte ihm den geliebten Sohn Manuel als Unterpfand seiner Vertragstreue aus. Für den Augenblick zufriedengestellt, schonte Murad Byzanz und wandte sich der Eroberung des Balkans zu.

## II. DIE TÜRKEN SETZEN SICH AUF DEM BALKAN FEST: 1300–1396

Das vierzehnte Jahrhundert ließ sich als ein Höhepunkt in der Geschichte des Balkans an. In Serbien, Bosnien, Albanien, Bulgarien und der Walachei rodeten kräftige Slawen die Wälder, um Ackerland und Weidegründe für ihr Vieh zu gewinnen, bauten die Bodenschätze ab und sorgten eifrig für Nachkommenschaft. Gleichzeitig blühten die Städte an den Handelsstraßen vom Adriatischen zum Schwarzen Meer und vom Schwarzen Meer zur Ostsee.

Der große Serbe jenes Jahrhunderts war Stephan Dušan. Von seinem Vater, Uros III., in kurzer außerehelicher Verirrung gezeugt, liebevoll Duš – Seele – genannt und als präsumtiver Thronerbe gekrönt, erhob er sich, als ein legitimer Thronerbe erschien und gleichfalls liebevolle Kosenamen erhielt, gegen den Vater, stieß ihn vom Thron, ließ ihn erwürgen und regierte ein Menschenalter lang mit fester Hand. Nach einem Zeitgenossen «der größte und am schrecklichsten anzusehende Mann unserer Zeit», schuf er ein schlagkräftiges Heer und eroberte mit großer Feldherrenkunst Bosnien, Albanien, Epeiros, Arkadien, Ätolien, Makedonien und Thessalien. Seine Hauptstadt von Belgrad nach Skopje verlegend, ließ er dort eine Adelsversammlung ein einheitliches Gesetzbuch für alle seine Länder ausarbeiten; das daraus resultierende *Zabonik Tsara Dušana* oder *Gesetzbuch des Zaren Dušan* (1349) zeigte ein so hohes juristisches Niveau und eine so humane Rechtsauffassung, daß es kaum hinter der westeuropäischen zurückblieb. Von dem politischen Aufschwung beflügelt und wohl auch finanziert, rivalisierte das serbische Kunstschaffen dieser Zeit mit demjenigen Konstantinopels und der Morea; man baute großartige Kirchen und schmückte sie mit freier empfundenen, lebendigeren Mosaiken als in der kirchlich konservativeren griechischen Hauptstadt. 1355 berief Dušan seinen Heerbann zum letztenmal ein; auf die Frage, ob sie lieber gegen Byzanz oder gegen Ungarn marschieren wollten, erklärten die Unterführer, ihm zu folgen, wohin er wolle. Dušan entschied sich für Konstantinopel, erkrankte auf dem Marsch und starb.

Nur ein Mann von ebenso rascher Intelligenz und gesammelter Energie hätte das heterogene Reich zusammenhalten können. Bosnien löste sich los und erreichte für einen stolzen Augenblick unter Stephan Trtko die Hegemonie über den Balkan. Bulgarien erlebte unter Johannes Alexander seine letzte große Zeit. Die Walachei, einstmals eine byzantinische Provinz, bildete sich im weiten Donaudelta zu einem selbständigen Staat aus (1290); die Moldau löste sich von Ungarn (1349).

Freilich hatte es nicht erst der Unterwerfung Kaiser Johannes' V. Palaiologos unter die Oberherrschaft des Sultans Murad I. bedurft, um das begehrliche Auge der Osmanen auf diesen brodelnden Hexenkessel zu lenken. Der draufgängerische Sohn Sultan Urchans, Suleiman, der das osmanische Hilfskontingent für Johannes V. Palaiologos geführt hatte, erhielt oder nahm als Gegenleistung die Festung Tzympe am europäischen Ufer der Dardanellen (1353), und als ein Erdbeben die Mauern des nahen Gallipoli niederlegte, bemächtigte er sich der wehrlosen Stadt und besiedelte die Nordküste des Marmarameeres bis hart an die Tore Konstantinopels mit aus Kleinasien nachgezogenen Türken. 1361 fiel Suleiman mit starken Kräften in Thrakien ein und eroberte Adrianopel, das Murad fünf Jahre später zu seiner europäischen Hauptstadt erhob. Von hier aus hämmerten die Osmanen ein Jahrhundert lang auf den zerrissenen Balkan ein.

In der Erkenntnis der von den Türken ausgehenden Gefahr rief Papst Urban V. die Christenheit zu einem neuen Kreuzzug auf. Ein aus Ungarn, Serben und Walachen zusammengesetztes Heer setzte sich gegen Adrianopel in Marsch, gelangte unangefochten bis zur Maritza und wurde während eines nächtlichen Freudengelages von einer verhältnismäßig kleinen türkischen Streitmacht überrascht. Viele wurden erschlagen, bevor sie sich bewaffnen konnten, viele ertranken beim Rückzug über den Fluß; der Rest floh (1371). Die Kapitulation Sofias (1385) brachte halb Bulgarien in türkische Gewalt; 1386 fiel Nisch, 1387 Saloniki – ganz Griechenland lag den Osmanen offen.

Das kleine Bosnien stoppte ein heroisches Jahr lang die Flut. Stephan Trtko verbündete sich mit Lazar I. von Serbien und siegte 1389 bei Plochnik über die Türken. Im nächsten Jahr führte Murad das von christlichen Kontingenten verstärkte osmanische Heer persönlich in einem neuen Vormarsch; auf dem Amselfeld traten ihm die vereinigten südslawischen Völker verstärkt durch Ungarn und Polen entgegen. Der serbische Ritter Milos Kobilich gelangte unter der Vorspiegelung, Informationen geben zu wollen, ins Zelt des Sultans, machte ihn nieder und wurde selbst in Stücke gehauen. Murads Sohn und Erbe, Bajesid I., fachte das Türkenheer zu zorniger Rache an, führte es zum Sieg und ließ den gefangengenommenen Serbenkönig Lazar enthaupten. Dessen Nachfolger, Stephan Lazarewitsch, sieht sich zu einem zu Heerfolge und Tributleistung verpflichteten Vasallen erniedrigt. Die Walachei gerät 1392 unter Mircea dem Alten in türkische Abhängigkeit. Nur Bulgarien und Byzanz leisten noch Widerstand.

1393 erfolgte Bajesids Angriff auf Bulgarien. Nach dreimonatiger Belagerung fiel die Hauptstadt Trnovo; die Sieger schändeten die Kirchen, steckten die Paläste in Brand und brachten die prominenten Vertreter der Besiegten heimtückisch im Verhandlungssaal um. Abermals appellierte der Papst an die Christenheit, und König Sigismund von Ungarn rief Europa zu den Waffen. Frankreich entsandte trotz seiner Verstrickung in den Hundertjährigen Krieg ein vom Grafen von Nevers geführtes Ritterkontingent, der Graf von Hohenzollern und der Hochmeister des Johanniterordens eilten mit ihren Mannen herbei, der Kurfürst von der Pfalz brachte eine Schwadron bayrische Reiterei, und Mircea der Alte kündigte dem Sultan die Gefolgschaft.

Das große, sechzigtausend Mann starke Heer marschierte durch Serbien und belagerte die türkische Garnison in Nikopolis. Bajesid brachte aus Asien ein neues Heer zum Entsatz der Stadt. Als sich die Nachricht im Kreuzheer verbreitete, schwuren die von Wein und Frauen trunkenen französischen Ritter, ihn zu vernichten und den Himmel, falls er einstürzen sollte, mit den Spitzen ihrer Lanzen zu halten. Bajesid wiederum verschwor sich mit heiligen Eiden, sein Pferd erst vor dem Hochaltar St. Peters zügeln zu wollen. Mit leicht durchschaubarer Taktik stellte er seine schwächsten Truppen in die vorderste Linie; die französischen Ritter durchbrachen sie unter Triumphgeschrei, durchstießen zehntausend Janitscharen und fünftausend Mann osmanische Reiterei und stürmten tollkühn einen Hügel empor, wo sie auf die türkische Hauptmacht, vierzigtausend Lanzenreiter, trafen. Sie fochten wacker, fielen, wurden gefangen oder flohen und brachten mit ihrer Flucht das eigene Fußvolk in Unordnung. Ungarn und Deutsche hatten inzwischen die Türken an ihren Abschnitten zurückgedrängt, und noch hing alles in der Schwebe, als der Serbe Stephan Lazarewitsch fünftausend Christen gegen das Kreuzheer führte und die entscheidende Schlacht von Nikopolis für den Sultan gewann (1396).

Bajesid, verärgert über den so teuer erkauften Sieg und darüber empört, daß – wie man ihm sagte – die Christen die während der Belagerung von Nikopolis gefangenen Türken umgebracht hatten, befahl die Tötung der zehntausend Gefangenen; nur vierundzwanzig Edelleuten, deren Auswahl dem Grafen von Nevers überlassen blieb, erlaubte er, sich loszukaufen. In einem vom Morgen bis Sonnenuntergang dauernden Blutfest wurden Tausende von Gefangenen abgeschlachtet, bis des Sultans eigene Offiziere für die Überlebenden Gnade erbaten. Bulgarien wurde dem Osmanischen Reich einverleibt und blieb fünfhundert Jahre, bis 1878, eine türkische Provinz. Bajesid besetzte erst einmal fast ganz Griechenland; dann wandte er sich gegen Konstantinopel.

## III. KONSTANTINOPELS LETZTE JAHRE: 1373–1453

Kein zweites Reich dürfte seinen Untergang so verdient haben wie das Byzantinische. Seine Herrscher, ohne jeden Willen zum Widerstand und unfähig, ihre überkultivierten Griechen zur Verteidigung des Vaterlandes zu bewegen, unterließen es nicht nur, die christlichen Heere an der Maritza, auf dem Amselfeld und bei Nikopolis durch Hilfstruppen zu unterstützen, sondern leisteten sogar dem Osmanensultan mit zwölftausend Mann Heeresfolge (1379), und byzantinische Truppen lieferten auf Befehl des Kaisers Johannes VII. Palaiologos Philadelphia in Kleinasien an die Türken aus (1390).

Als Bajesid 1402 zur neuerlichen Belagerung Konstantinopels schritt, war vom Byzantinischen Reich nichts als die Hauptstadt übriggeblieben; beide Küsten des Marmarameers und der Dardanellen, Kleinasien und der Balkan standen so gut wie ganz unter türkischer Herrschaft, und ohne jede Behinderung pendelte der Sultan zwischen seiner asiatischen und seiner europäischen Hauptstadt hin und her. Für die unglückliche Stadt schien die letzte Stunde gekommen; schon ließen sich die verhungernden Einwohner über die Wälle hinab, um sich im türkischen Lager wieder einmal satt zu essen. Da erstand dem bedrängten Vorposten der Christenheit im mohammedanischen Osten ganz unerwartet ein «ungläubiger» Retter. Timur Lenk der Lahme – auch Tamerlan der Große genannt – hatte sich entschlossen, dem Ausdehnungsdrang und Hochmut der Osmanen einen Riegel vorzuschieben. Bajesid hob die Belagerung Konstantinopels auf, um Timurs westwärts drängenden Mongolen entgegenzutreten, sammelte seine Kräfte in Anatolien, und bei Ankara kam es zwischen Türken und Mongolen zur Schlacht. Bajesid unterlag und geriet in Gefangenschaft. Der osmanische Druck ließ für ein Menschenalter nach; endlich schien Gott den Christen zu lächeln (1402).

Byzanz hatte das Glück, in Manuel II. Palaiologos einen klugen Herrscher zu erhalten, der Griechenland und einen Teil Thrakiens zurückgewann. Aber auch Mehmed I. reorganisierte sein Heer, und nach einem ersten Rückschlag führte Murad II. die Türken zu bedeutenden Siegen. Die Aussicht, durch den Opfertod für den Propheten das Paradies zu erwerben, feuerte sie immer noch an; und falls man unglücklicherweise am Leben blieb, winkten doch schöne Griechinnen als irdische Belohnung. Die Christen waren nicht so kosmopolitisch, haßten sich doch die Katholiken griechischen und römischen Bekenntnisses bis auf den Tod. Als venezianische Söldner die orthodoxe Bevölkerung Kretas ihres Glaubens halber massakrierten, lobten Urban V. und Petrarca den Dogen für seinen Eifer im Dienst des rechten Glaubens (um 1350). In Byzanz wiederum wehrte sich sowohl die Bevölkerung als auch der niedere Klerus gegen alle Versuche, beide christliche Bekenntnisse unter einen Hut zu bringen; ein Magnat verstieg sich sogar zu dem Ausspruch, lieber einen türkischen Turban als den roten Hut eines römischen Kardinals in Konstantinopel zu sehen. Die Balkanvölker dachten nicht anders; die Muselmanen schienen ihnen weit weniger schrecklich als ihre rassenverwandten Nachbarn; im Gegenteil, sie boten sogar Vorteile, da sie Ketzerei weniger oder gar nicht verfolgten, vier Frauen gestatteten und keine höheren Steuern erhoben als christliche Potentaten.

1422 erneuerte Murad II. den Angriff auf Konstantinopel; diesmal zwang ihn ein Aufstand auf dem Balkan zur Aufhebung der Belagerung, wonach Johannes VIII. Palaiologos, wenn auch unter Entrichtung eines jährlichen Tributs, verhältnismäßig ungestört blieb. Murad stellte seine Oberhoheit über Griechenland und den größeren Teil Albaniens wieder her, wurde aber von einem von Johann Hunyadi geführten serbisch-ungarischen Heer bei Kunovitza (1444) geschlagen, so daß der Serbenkönig Georg Brankowitsch im Alter von neunzig Jahren als unabhängiger Fürst sterben durfte (1456). Murad, der inzwischen bei Varna und in der zweiten Schlacht bei Kosovo (1448) seinerseits gesiegt hatte, schloß mit Konstantin XI. Palaiologos Frieden und starb in Adrianopel (1451).

Auf ihn folgte, einundzwanzigjährig, Mehmed II., «der Eroberer». Den mit Konstantin geschlossenen Vertrag bestätigend, gab er seinen Neffen Urchan zur Erziehung – und möglicherweise als Spion – an den byzantinischen Hof. Streitigkeiten mit anderen islamischen Mächten zwangen ihn, sein Heer aus Europa abzuziehen und die Statthalterschaft über den europäischen Reichsteil dem Byzanz wohlgesinnten Wesir Khalil Pascha zu übertragen. Aber Konstantin verlangte mit mehr Mut als Verstand von Khalil Pascha die Verdoppelung der für Urchans Unterhalt bezahlten Pension, andernfalls er diesen zum Thronprätendenten ausrufen würde. Offenbar schien ihm der Zeitpunkt zur Schwächung der türkischen Macht in Europa günstig, doch unklugerweise unterließ er es, sich durch Bündnisse im Westen und Süden zu sichern. Mehmed schloß mit seinen muselmanischen Gegnern sowie mit Venedig, Bosnien, Ungarn und der Walachei Frieden und errichtete, seine ganze Macht am Bosporus konzentrierend, oberhalb von Konstantinopel eine gewaltige Festung, die nicht nur den Handel mit dem Schwarzen Meer beherrschte, sondern auch eine ungestörte Truppenverschiebung zwischen Europa und Asien gewährleistete. Acht volle Monate sammelte er Material und Mannschaften und bestellte bei christlichen Kanonengießern die größten bis dahin gegossenen Geschütze, die sechshundertpfündige Steingeschosse zu schleudern vermochten. Im Juni 1452 erfolgte die Kriegserklärung, und Konstantinopels letzte Belagerung durch ein 140000 Mann starkes Heer begann.

Konstantin, der die Verteidigung mit verzweifeltem Mut leitete, stattete seine 7000 Söldner mit kleinen Geschützen, Lanzen, Armbrüsten, brennenden Fackeln und primitiven Feuerwaffen aus, die walnußgroße Bleikugeln verschossen. Sich kaum Schlaf gönnend, überwachte er nachts die Ausbesserung der tagsüber beschädigten Mauern. Dennoch hielten die uralten Befestigungen den überlegenen Geschützen und Mauerbrechern der Türken nicht stand; die kriegsgeschichtliche Rolle mittelalterlicher Stadtmauern war ausgespielt. Am 29. Mai 1453 erstiegen die Türken über einen von ihren eigenen Toten gefüllten Graben die Mauer und drangen in die schreckgelähmte Stadt ein; Siegesfanfaren und Trommelwirbel übertönten die Wehklagen der Sterbenden. Der griechische Adel raffte sich zu einem Verzweiflungskampf auf, scharte sich um den jungen Kaiser und wurde Mann für Mann überwältigt, bis sich Konstantin nur noch von Türken umgeben sah und verzweifelt aufschrie: «Gibt es denn keinen Christen, der mir den Kopf abschlägt?» Sein kaiserliches Gewand abwerfend, verwandelte er sich in einen gewöhnlichen Soldaten, und nie wieder hat man von ihm gehört.

Das Morden dauerte an, bis der letzte Widerstand erstarb. Dann überließen sich die Sieger jener schrankenlosen Plünderung, die das Ziel ihres Hoffens gewesen war. Jedweder Erwachsene war eine willkommene Beute; Klosterfrauen vergewaltigte man in der unparteiischen Orgie der Wollust wie jedes andere weibliche Wesen; Herr und Diener fanden sich, jedes Zeichens ihres Standes entkleidet, gleicherweise den Türken versklavt. Die öffentlichen Bauten behielt sich der Sultan als seine persönliche Beute vor; auf einen Mann, der im Übereifer den Marmorboden der Hagia Sophia aufriß, schlug er mit dem Zepter ein. Noch am gleichen Tag oder doch spätestens am folgenden Freitag rief ein Muezzin von ihrem höchsten Turm die Muselmanen zum Dankgebet an Allah, den Sieger, und das mohammedanische Ritual hielt seinen Einzug in der berühmtesten Kirche der Christenheit. Die wundervollen Mosaiken wurden übertüncht und alle christlichen Symbole entfernt.

Konstantinopels Fall erschütterte alle Throne Europas. Das Bollwerk, das sie über tausend Jahre vor asiatischen Eroberern geschützt hatte, befand sich in Feindeshand, und der Islam, den die Kreuzfahrer so lange nach Innerasien zurückzutreiben versuchten, stand tief in Europa. Das Papsttum mußte jede Hoffnung auf die Wiedervereinigung der beiden großen christlichen Bekenntnisse begraben und sogar schaudernd erleben, daß die Südosteuropäer zu Millionen zum Islam übertraten. Die seit einem Jahrtausend von der christlichen Schiffahrt beherrschten Handelsrouten waren der Gnade der Ungläubigen ausgeliefert, im Frieden ihren Zöllen, im Krieg ihren Kanonen. Die byzantinische Kunst fand wohl ein neues Heim in Rußland; im Westen aber starb ihr Einfluß zugleich mit dem christlichen Byzanz. Andererseits freuten sich Italien und Frankreich über die beschleunigte Zuwanderung griechischer Gelehrter, die ohnehin schon über fünfzig Jahre im Gang gewesen war und wenigstens die griechische Klassik aus dem Zusammenbruch rettete. In einem gewissen Sinn war nichts verloren und nur bereits Totes endgültig begraben. Byzanz hatte seine Rolle ausgespielt und trat seinen Platz in der heroischen und tatendurstigen, hochgemuten und schmählichen Geschichte der Menschheit an neue Kräfte ab.

## IV. JOHANNES HUNYADI: 1387–1456

Das Ungarn des vierzehnten Jahrhunderts zählte ungefähr 700 000 Einwohner, die aus einer fluktuierenden Mischung von Magyaren, Pannoniern, Slowaken, Bulgaren, Kumanen, Slawoniern, Kroaten, Russen, Armeniern, Walachen, Bosniaken, Serben und Rumänen bestand, kurz, aus einer verhältnismäßig kleinen magyarischen Oberschicht und einer Mehrheit von beherrschten Slawen. Zur Vervollständigung dieses ethnischen Wirrwarrs zogen die noch im Gründungsstadium befindlichen Städte mit ihrem gewerbetreibenden Mittelstand und dem sich bildenden Proletariat italienische, deutsche und flandrische Zuwanderer an.

Mit Andreas III. erlosch die Dynastie Arpad (907–1301); um die Nachfolge entbrannte ein Bürgerkrieg, und erst als sich die Magnaten auf ein Wahlkönigtum einigten und Karl Robert von Anjou zum Träger der Stephanskrone erkoren, kehrte Frieden im Lande ein (1308). Der junge König, teils in französisch ritterlichen Vorstellungen, teils im italienischen Handelsgeist erzogen, förderte die gewerbliche Unternehmungslust, beutete die Goldvorkommen aus, schuf gutes Geld, reorganisierte die Rechtsprechung und baute eine leistungsfähige Staatsverwaltung auf. Unter Karl und seinem Sohn Ludwig wurde Ungarn zu einem Staat nach europäischem Begriffe, der gegen den andrängenden Osten Anlehnung im Westen suchte.

Ludwig I. regierte nach Voltaire «vierzig glückliche Jahre in Ungarn» (1342–1382) und – weniger glückliche – «zwölf Jahre in Polen. Seine Völker gaben ihm den Namen ‚der Große', und er war seiner würdig. Dennoch ist er in (West-)Europa beinahe unbekannt; denn er regierte nicht über Menschen, die es verstanden, seinen Ruhm anderen Nationen zu übermitteln. Wer weiß denn überhaupt, daß es im vierzehnten Jahrhundert in der Gegend des Karpathengebirges einen Ludwig den Großen gab?» Im Wesen des so Gepriesenen verbanden sich städtische Kultur mit ritterlicher Daseinsfreude und militärischem Geschick, obschon er Kriege nur in einem höheren staatspolitischen Interesse führte, wie den in Neapel ermordeten Bruder zu rächen, die Grenzen gegen die andrängenden Serben und Türken abzuschirmen, zu welchem Zweck er Kroatien, Bosnien und das nördliche Bulgarien seiner Oberherrschaft unterwarf, und schließlich die von Venedig beherrschten dalmatinischen Häfen als Ungarns natürlichen Zugang zur See zu erobern. Sein Vorbild hob Moral und Sitten, und sein ritterliches Wesen spornte den Adel zur Nacheiferung an. Das gotische Kunstschaffen Ungarns kam unter seinem Vater und ihm zu seiner schönsten Blüte, wovon der von Nikolaus Kolozsvari und seinen Söhnen geschaffene, jetzt in Prag befindliche *Sankt Georg* Zeugnis ablegt. 1367 gründete er die Universität Pécs (Fünfkirchen), die aber mit manchem anderen mittelalterlichen Glanz dem das Land ausblutenden Kampf gegen die Türken zum Opfer fiel.

Die Regierungszeit seines Schwiegersohns Sigismund I. (1387–1437) wäre an sich ausgedehnt genug gewesen, um eine Politik auf lange Sicht zu erlauben, aber seine Aufgaben erwiesen sich als größer denn seine Macht. Das von ihm geführte, gewaltige

Kreuzheer wurde von Bajesid bei Nikopolis vernichtend geschlagen; er selbst rettete nur mit knapper Not das Leben. In der Einsicht, daß der osmanische Druck zu Europas brennendstem Problem geworden war, verstärkte er die Befestigung der Südgrenze und baute am Zusammenfluß von Donau und Save die starke Festung Belgrad. Die böhmische Königs- und die deutsche Kaiserkrone belasteten ihn nur mit neuen Pflichten und zwangen ihm lange Abwesenheiten auf, ohne zur Stärkung seiner Macht beizutragen.

Zwei Jahre nach seinem Tod fielen die Türken erstmals in Ungarn ein, und damit betrat Ungarns größter Nationalheld die weltgeschichtliche Bühne. János (Johannes) Hunyadi trug seinen Namen nach der seinem Vater als Anerkennung für tüchtigen Kriegsdienst von König Sigismund in Siebenbürgen verliehenen Burg, und der neue König, Ladislaus V., vertraute jetzt dem Sohn, der sich in der siegreichen Türkenschlacht bei Semendria ausgezeichnet hatte, den Oberbefehl an. Als die Türken 1442 erneut in Siebenbürgen einbrachen, trat er ihnen mit einem gut ausgebildeten, von seiner Begeisterung und seiner Feldherrnkunst mitgerissenen Heer entgegen. Bei dieser Gelegenheit gab der in der ungarischen Dichtung vielgepriesene Simon Kemény für den bewunderten Führer sein Leben; er wechselte – da bekannt geworden war, daß die Türken Hunyadi zu stellen und zu erschlagen beabsichtigten – mit diesem die Rüstung und fiel unter den Streichen der ihn von allen Seiten bedrängenden Feinde, indes Hunyadi das Heer zum Siege führte. Murad II. bot ein neues, 80 000 Mann starkes Heer gegen die Ungarn auf; durch einen Scheinrückzug lockte Hunyadi es in eine enge Schlucht, worin es seine Übermacht nicht zu entfalten vermochte, und triumphierte neuerdings. Murad, von Aufständen in Asien in Atem gehalten, bat um Frieden und bewilligte eine beträchtliche Kriegsentschädigung. In Szegedin unterzeichneten König Ladislaus und seine Verbündeten mit den Vertretern des Sultans einen Waffenstillstand, wobei Ladislaus auf die Bibel schwor und die türkischen Abgesandten auf den Koran (1442).

Dem päpstlichen Legaten in Buda, dem wegen seiner Rechtschaffenheit rühmlich bekannten Kardinal Giuliano Cesarini, behagte jedoch dieser Ausgang nicht. Ihm schien die Zeit für eine Offensive gegen die Türken reif, da Murad sein Heer nach Asien verlegt hatte und eine in den Dardanellen kreuzende italienische Flotte die Rückverlegung verhindern zu können schien. So lag der päpstliche Diplomat dem König mit dem Argument in den Ohren, daß ein den Ungläubigen geleisteter Schwur nicht gehalten zu werden brauche. Hunyadi riet zum Frieden, und das serbische Kontingent weigerte sich rundweg, den Waffenstillstand zu brechen. Aber die Gesandten der westlichen Potentaten schlossen sich Cesarinis Standpunkt an und versprachen Geld und Truppen für einen Kreuzzug. Ladislaus gab nach und führte sein Heer persönlich nach Südosten. Es blieb aber nicht nur der Zuzug aus dem Westen aus; die italienische Flotte vermochte auch die Rückführung des 60 000 Mann starken türkischen Heeres nach Europa nicht zu verhindern. Unweit vom Schwarzen Meer, bei Varna, schlug Murad, dessen Standartenträger den gebrochenen Vertrag hoch auf einer Lanzenspitze dem ganzen Heere zeigte, Ladislaus' 20 000 Mann vernichtend (1444). Hunyadi empfahl den Abbruch der Schlacht, der König befahl einen neuen Angriff; Hunyadi bat ihn, sich hinten zu halten, Ladislaus warf sich ins dichteste Getümmel und fiel. Daß auch Cesarini sein Leben verlor, wusch seine Ehre nicht völlig rein.

Vier Jahre später versuchte Hunyadi die Katastrophe wettzumachen. Durch ein feindlich gesinntes Serbien vordringend, traf er bei Kosovo auf die Türken. Die Schlacht wütete drei Tage; die Ungarn unterlagen; Hunyadi verbarg sich tagelang im Sumpf. Als ihn der Hunger heraustrieb, erkannten ihn die Serben und lieferten ihn den Türken aus. Gegen das Versprechen, nie wieder ein Heer durch Serbien zu führen, gewann er seine Freiheit.

1456 belagerten die Türken Belgrad. Mehmed II. setzte die gleiche schwere Artillerie, die die Mauern Konstantinopels bezwungen hatte, mit einer Heftigkeit ein, wie sie Europa noch nie gesehen hatte. Hunyadi verteidigte die Festung mit einem in der ungarischen Dichtung bis heute fortlebenden Mut und Geschick. Schließlich, den schnellen Tod in einer Entscheidungsschlacht den Qualen des Verhungerns vorziehend, unternahm er einen Ausfall, kämpfte sich zu den feindlichen Kanonen durch und siegte so überlegen, daß Ungarn volle sechzig Jahre von weiteren muselmanischen Angriffen verschont blieb. Wenige Tage nach dem großen Sieg starb er an einer fiebrigen Erkältung. Ungarn feiert ihn als seinen größten Sohn.

## V. DIE FLUT AUF DEM HÖHEPUNKT: 1453–1483

Ungeachtet dieser Niederlage setzten die Türken die Eroberung des Balkans fort. Serbien wurde 1459 endgültig überrannt und blieb bis 1804 eine türkische Provinz. Korinth fiel nach einer Belagerung, Athen ohne Schwertstreich (1458). Mehmed II. zeigte für die klassischen Stätten ein kultiviertes Verständnis und stellte – wie früher Caesar – den Athenern aus Respekt für ihre Vorfahren leichte Bedingungen. Dieser Großmut dürfte ihm nicht schwergefallen sein; er hatte Europa nicht nur die Kreuzzüge, sondern sogar Marathon heimgezahlt. Ragusa, dank seiner kulturellen Politur «das südslawische Athen» genannt, unterwarf sich 1463 der türkischen Hegemonie und entsetzte den Westen durch die Leichtfertigkeit, mit der es sich zum Glauben des Propheten bekehrte.

Der tapferste Widersacher erwuchs den Türken in der zweiten Hälfte des fünfzehnten Jahrhunderts in dem Albaner Skanderbeg. In Wirklichkeit hieß er Georg Kastriotis und dürfte von bescheidener slawischer Herkunft gewesen sein; nach der Legende war er aus königlichem Haus und wurde als Geisel am kaiserlich-osmanischen Hof in Adrianopel erzogen, wo Murad II. solches Gefallen an ihm fand, daß er ihn wie einen Sohn behandelte und ihm, als er zum Islam übertrat, den prächtigen Beinamen Iskender Bey – Prinz Alexander – verlieh, den die hastige Zeit zu Skanderbeg verstümmelt hat. Später, nach manch siegreichem Gefecht mit den Christen, besann er sich auf sein christliches Herkommen, schwor dem Islam ab, entriß dem türkischen Wesir Kruja, die Hauptstadt Albaniens, und proklamierte dessen Unabhängigkeit (1442). Mehmed II.

sandte ein Heer nach dem anderen, den Rebellen niederzuzwingen; doch Skanderbegs geniale Ausweichstrategie und blitzschnelles Manövrieren schlug alle, bis ihm der von größeren Kriegen in Anspruch genommene Sultan einen zehnjährigen Waffenstillstand bewilligte (1461). Wie König Ladislaus von Ungarn zwanzig Jahre früher, erlag auch Skanderbeg auswärtigen Einflüssen – diesmal von seiten Papst Pius' II. und der Signoria von Venedig – und brach den Waffenstillstand (1463). Mehmed, die Christen als buchstäblich unglaubwürdige Ungläubige verfluchend, schritt neuerdings zur Belagerung Krujas, mußte sie aber angesichts der genialen Abwehr Skanderbegs abbrechen – da starb dieser auf der Höhe seines Siegs und Ruhms (1468). Zehn Jahre später kapitulierte die Stadt, und Albanien wurde türkische Provinz (1479).

Unterdes hatte der unersättliche Mehmed die Morea, Lesbos, Argos, Negroponte (das alte Euboia) und die Krim unter seine Herrschaft gebracht. 1477 überschritt einer seiner Heerhaufen den Isonzo, plünderte Nordostitalien bis zweiundzwanzig Meilen vor Venedig und kehrte beutebeladen nach Serbien zurück. Das von Entsetzen erfüllte Venedig, das so lange und so hartnäckig um seine Besitzungen am Ostufer der Adria und in der Ägäis gekämpft hatte, entsagte allen Ansprüchen auf Kruja und Skutari und bezahlte zudem eine Kriegsentschädigung von zehntausend Dukaten. Westeuropa, das die stolze Republik ohne Beistand gelassen hatte, zeigte sich freilich über den Friedensschluß mit den Ungläubigen empört. Die Türken standen jetzt an der Adria, und zwischen ihnen und Italien, Rom und dem Vatikan befanden sich nur noch die Wasser, die Caesar einstmals in einem Ruderboot überquert hatte. 1480 griffen sie über diese Wasser hinweg nach dem Königreich Neapel, nahmen ohne große Mühe Otranto, schlachteten die Hälfte der zweiundzwanzigtausend Einwohner ab, versklavten den Rest und hieben einen Erzbischof in zwei Teile. Jetzt lag das Schicksal der Christenheit und der Monogamie buchstäblich auf des Messers Schneide. Ferdinand von Neapel schloß schleunigst Frieden mit Florenz und entsandte seine besten Truppen zur Rückeroberung Otrantos. Mit der gleichzeitigen Belagerung der Insel Rhodos hatte sich Mehmed jedoch zuviel zugemutet, und er starb während des Feldzuges. Die Insel blieb bis zur Zeit Suleimans in christlichen Händen, während sich die in Otranto befindliche türkische Streitmacht nach Albanien zurückzog (1481). Die osmanische Flut ebbte für eine Weile ab.

## VI. DIE UNGARISCHE RENAISSANCE: 1456–1490

In der von Hunyadi für Ungarn gewonnenen Atempause von fünfzig Jahren erreichte das Land unter dessen Sohn Matthias I. Corvinus seinen geschichtlichen Höhepunkt. Die Erscheinung des bei der Thronbesteigung erst Sechzehnjährigen war nicht gerade königlich; er hatte zu kurze Beine und sah nur im Sattel normal gewachsen aus; Brustkorb, Arme, Kraft und Mut glichen jedoch denen eines Gladiators. Bald nach seiner Krönung forderte er einen deutschen Adligen, der im ritterlichen Wettstreit sämtliche Gegner geworfen hatte, zum Zweikampf und drohte, ihm den Kopf abzuschlagen, wenn er nicht mit seiner ganzen Kraft und Geschicklichkeit kämpfe. Wie die ungarischen Chronisten versichern, verfehlte der junge König nicht, den Riesen zu fällen. Matthias, der mit der Zeit zu einem gewaltigen Feldherrn heranreifte, besiegte die Türken, wo er sie traf, annektierte Mähren und Schlesien – nur die Eroberung Böhmens mißlang ihm –, schlug sich in vier Kriegen mit Kaiser Friedrich III. herum, besetzte Wien und annektierte Österreich (1485); das erste österreichisch-ungarische Reich stand unter ungarischer Führung.

Eine so starke Persönlichkeit mußte natürlich die Macht der Krone gegen den Feudaladel durchsetzen; wie in Westeuropa bildete auch in Ungarn eine starke Zentralregierung die Losung des Tages. Die königlichen Paläste in Buda und Visegrad standen an Prachtentfaltung hinter keinen der Zeit zurück, große Magnaten bekleideten Hofchargen, und Matthias' Gesandte genossen dank ihrem Aufwand, ihren Equipagen und ihrem Gefolge hohes Ansehen. Ein geschickter und skrupelloser Diplomat, kaufte er mit Gold, was mit Waffengewalt zu erwerben doppelt soviel gekostet hätte; ein glänzender Regent und unparteiischer Richter, scheute er keine Mühe, um überall persönlich nach dem Rechten zu sehen. Er mischte sich inkognito unter das Volk und die Soldaten, inspizierte unerkannt die Gerichte und die Tätigkeit seiner Beamten und merzte unbarmherzig Unfähigkeit, Ungerechtigkeit und Günstlingswirtschaft aus. Die Schwachen schützte er vor den Mächtigen, die Bauern vor der Habgier der Grundherren. Der Form nach war Ungarn zwar immer noch päpstliches Dominium; Matthias machte sich jedoch ein Vergnügen daraus, die kirchlichen Würdenträger selbst zu ernennen und zu überwachen, und genoß den Aufruhr, der entstand, als er einen siebzehnjährigen Italiener zum Primas von Ungarn machte, den – nicht weniger humorvoll – die Kaufmannschaft Ferraras mit einer Auswahl von Spielsachen bedachte.

Der von den Anjou-Königen gepflegte rege Verkehr zwischen Neapel und Buda erfuhr eine Neubelebung, als Matthias Beatrice von Aragon, eine Enkelin Alfons' des Weisen, heiratete, die neue kulturelle Einflüsse mitbrachte (1476). Er selbst glich einem italienischen Renaissance-Despoten sowohl in der Vielseitigkeit seiner Interessen als auch in machiavellischer Staatskunst, und die italienischen Potentaten erkannten ihn auch als ihresgleichen an. Lorenzo de' Medici sandte ihm zwei Bronzereliefs von Verrocchio, und als Lodovico il Moro Leonardo da Vinci beauftragte, eine Madonna für den König von Ungarn zu malen, versicherte er dem Meister, daß Matthias «ein gutes Bild zu würdigen versteht wie wenige Männer». Auch Filippino Lippi malte eine Madonna für Corvinus, und seine Schüler schmückten den königlichen Palast zu Esztergom mit Fresken. Der meisterhafte *Kalvarienberg* in der gleichen Stadt dürfte von dem berühmten Mailänder Goldschmied Caradosso entworfen sein, eine hübsche Büste Beatricens stammt ebenfalls von einem italienischen Bildhauer, den Palast von Buda schmückte Benedetto da Maiano aus, und an der Herstellung des im Renaissancestil gehaltenen Tabernakels der dortigen Stadtkirche wirkten verschiedene Italiener mit.

Adel und Kirchenfürsten wetteiferten mit dem Kunstsinn des Königs, und sogar in der Provinz verwandelte sich der Reichtum der Reichen in Kunst. In Visegrad, Tata, Esztergom, Nagyvárad und Vác entstanden geistliche wie weltliche Bauten, für deren Ausschmückung Hunderte von Malern und Bildhauern zugezogen wurden. Giovanni

Dalmata schuf vorzügliche Büsten János Hunyadis und anderer Nationalhelden. In Kassa, wo sich ein eigener Kunststil entwickelte, ging aus der Werkstatt «Meister Stephans» ein mächtiges Retabel für den Hochaltar der Elisabethenkirche (1474–1477) hervor, dessen graziös verfeinerte Mittelfiguren italienisches Empfinden verraten. Aus einer anderen Schule stammt ein großes Steinrelief *Christus auf dem Ölberg* von erstaunlich dramatischer Wirkung und ungewöhnlicher Ausarbeitung des Details in der Stadtkirche Beszterczebánya. Ebenso lebendig und ausdrucksvoll war die Malerei, wie das jetzt in Budapest hängende, mit «Meister M. S.» signierte Gemälde *Maria besucht Elisabeth* beweist. Leider ist der größte Teil der Kunstschätze jener Zeit in den nachfolgenden Türkenkriegen zugrunde gegangen; einige verschleppte Skulpturen befinden sich heute in Istanbul.

Das stärkste Interesse Matthias Corvinus' galt jedoch der Literatur, so daß sein Hof zu einem Mittelpunkt in- und ausländischer Humanisten wurde, die er durch einträgliche Pfründe förderte. Die Chronik seiner Regierung verfaßte Antonio Bonfini in einem an Livius geschulten Latein. Der Graner Erzbischof Johannes Vitez zeichnete sich als Sammler alter Texte aus und ließ auf seine Kosten junge Ungarn in Italien klassische Sprachen und Literatur studieren. Einer von ihnen, Johannes Pannonius, verbrachte sieben Jahre in Ferrara, verkehrte in Florenz mit dem Kreis um Lorenzo und versetzte nach seiner Rückkehr den Hof mit lateinischen Versen und griechischen Diskursen in Erstaunen. «Wenn Pannonius griechisch spricht, glaubt man, er sei in Athen geboren», schrieb Bonfini. Es dürfte kaum übertrieben sein, wenn man sagt, daß im ausgehenden fünfzehnten Jahrhundert außerhalb Italiens nur noch Buda so vielen Leuchten der Kunst und Wissenschaft Wirkungsmöglichkeit bot. Die dort 1497 gegründete *Sodalitas Litteraria Danubia* gehört zu den ältesten literarischen Vereinigungen der Welt.

Wie die Medici sammelte Corvinus mit solchem Eifer, daß sein Palast einem Kunstmuseum glich. Nach der Überlieferung soll er jährlich 30000 Gulden allein für Bücher und schön illuminierte Handschriften ausgegeben haben. Doch teilte er Federigo da Montefeltros Abneigung gegen den Buchdruck nicht; ganz im Gegenteil wurde die erste Druckerpresse schon 1473, drei Jahre vor dem Beginn des englischen Buchdrucks, in Buda installiert. Bei Matthias' Tod umfaßte die Bibliotheca Corvina 10000 Bände, die größte europäische Bibliothek außerhalb Italiens. Untergebracht war sie in zwei geräumigen Sälen des Budaer Palasts, deren bunte Fenster auf die Donau blickten; die Bücherregale wiesen reiches Schnitzwerk auf, und Samtvorhänge schützten die zumeist in Pergament gebundenen Bände. Der König scheint einige dieser Bücher sogar gelesen zu haben, zumindest Livius als Schlafmittel, und einmal schrieb er einem Humanisten: «O, ihr Gelehrten, wie glücklich seid ihr doch! Ihr jagt nicht blutigem Ruhm und Herrscherkronen nach, sondern dem Lorbeer der Poesie und Tugend. Ihr habt sogar die Kraft, uns zu zwingen, den Tumult des Krieges zu vergessen.»

Die von Matthias erreichte Zusammenfassung der Staatsmacht vermochte seinen Tod (1490) nicht lange zu überleben. Die wieder erstarkenden Magnaten beherrschten Ladislaus II. und unterschlugen den Sold für das Heer, so daß die Söldner meuterten oder desertierten. Obschon der Islam drohend vor den Toren stand, lebte der jetzt steuerfreie Adel in Saus und Braus und achtete nicht auf die rebellische Stimmung der rücksichtslos ausgebeuteten Bauern, die nur auf ihre Chance warteten. Sie kam, als der ungarische Reichstag 1514 zum Kreuzzug gegen die Türken aufrief und sie in großer Zahl zum Kreuz strömten – schien ihnen doch der Unterschied zwischen Tod und Leben gering –; aber kaum bewaffnet, ließen sie sich von einem Glücksritter namens György Dósza zu einer wilden Jagd aufstacheln, überschwemmten ganz Ungarn, brannten die Burgen nieder und ermordeten ihre Bewohner einschließlich der Frauen und Kinder. Die Magnaten appellierten ans Ausland um Beistand, warben Söldner an und überwanden die zuchtlosen Bauern. Mit einer Grausamkeit ohnegleichen ließen sie Dózsa und seine engsten Spießgesellen zwei Wochen ohne Nahrung, banden ihn dann auf einem rotglühenden eisernen Thron fest, setzten ihm eine rotglühende Krone auf, zwangen ihm ein rotglühendes Zepter in die Hand und ließen seine vom Hunger gepeinigten Kumpane das gare Fleisch aus seinem Leibe reißen, während er noch bei Bewußtsein war. Von der Barbarei zur Zivilisation bedarf es eines Jahrhunderts, von der Zivilisation zur Barbarei genügt ein Tag.

Die übrigen Bauern kamen, weil unentbehrlich, mit dem Leben davon; doch das *Tripartitum*, die Kodifikation des ungarischen Gewohnheitsrechtes (1514), verordnete: «Die kürzliche Rebellion ... hat für alle künftigen Zeiten die Bauern mit dem Makel der Treulosigkeit gekennzeichnet, deshalb haben sie ihre Freiheit verwirkt und sind ihren Herren bedingungslos und dauernd dienstbar geworden ... Jede Art von Eigentum gehört den Herren, und kein Bauer hat das Recht, Gesetz und Gericht gegen einen Edelmann anzurufen.»

Zwölf Jahre später befand sich Ungarn in türkischer Hand.

NEUNTES KAPITEL

# *Portugal, Schrittmacher des Überseehandels*

[1300–1517]

Ohne anderen natürlichen Reichtum als seine Meeresküste stieg das kleine Portugal durch reinen Wagemut und Unternehmungsgeist zu einer der stärksten und reichsten Mächte jener Zeit auf. Im Jahre 1139 als Königreich konstituiert, konsolidierten sich unter Dionysius dem Ackerbauer, dem meistgeliebten Herrscher Portugals, Regierungsform, Sprache und Kultur. Auf diesen hervorragenden Staatslenker, Reformer, Bauherrn, Erzieher, Kunstmäzen und vielfach erfahrenen Freund der Literatur und Liebe folgte sein Sohn, der als Alfons IX. nach einem Präludium geschickter Morde gleichfalls ein gutes Regiment führte und neben einem wachsenden Handelsverkehr auch das politische Einvernehmen mit England herstellte, das diese Länder noch heute verbindet. Seinen Sohn und Thronfolger Pedro zwang er zur Untermauerung eines Bündnisses mit dem aufstrebenden Kastilien zur Ehe mit Doña Costanza Manuel, doch gehörte Pedros Liebe nach wie vor der entzückenden Iñez de Castro, die selbst königlicher Abkunft war. Nach Costanzas Tod erwies sich die schöne Iñez als ein zu großes Hindernis für eine zweite diplomatische Eheschließung, weshalb Alfons sie nach Überwindung etlicher Skrupel beseitigen ließ (1355). Camões hat diese berühmte Liebe in seinem Epos *Die Lusiaden* verewigt:

So wider Iñez hier die Mörderhorde:
Im Marmorhalse ...
Versenken sie den Stahl; in grausem Morde
Fällt, durch der Frevler grimme Wut entseelt
Die weiße Blüte ...
Sie denken nicht an Strafen ew'ger Dauer.[1]

Zwei Jahre später, als Pedro den Thron bestieg, schlug die Stunde dieser Rache: er mordete die Mörder, grub den Leichnam der Geliebten aus, krönte ihn mit den königlichen Insignien und geleitete ihn mit königlichem Prunk ins Grab zurück. Die Strenge, mit der er regierte, erscheint wie ein Echo dieser Tragödie.

Glücklicher in seiner Liebe war sein Nachfolger Ferdinand I., der das Verlöbnis mit einer kastilischen Prinzessin rückgängig machte, um seiner Leonora trotz ihres Gatten und der kirchlichen Proteste Herz, Hand und Thron zu schenken. Nach seinem Tod (1383) riß sie die Regentschaft an sich, krönte ihre Tochter Beatriz zur Königin und verlobte sie mit Johann I. von Kastilien. Den Portugiesen war aber der Gedanke, zur Apanage Kastiliens zu werden, unsympathisch; eine Ständeversammlung zu Coimbra erklärte Portugal zum Wahlkönigtum und proklamierte Don João, einen Sproß des königlichen Liebespaares Pedro und Iñez, zum König. Kastilien versuchte, Beatriz mit Waffengewalt zum väterlichen Thron zu verhelfen, aber Johann entlieh von England fünfhundert Bogenschützen und schlug mit einem improvisierten Heer die Kastilier bei Aljubarrota (14. August 1385) ein Sieg, durch den die Selbständigkeit Portugals erhalten blieb.

Die achtundvierzigjährige Regierung «Johanns des Großen» leitete die zweihundertjährige Dynastie des Hauses Aviz ein. Johann verbesserte die Verwaltung, das Recht und die Rechtsprechung und machte Portugiesisch zur offiziellen Landessprache. Vasco da Lobeira verfaßte – obschon die Sprache der Gelehrten wie im benachbarten Spanien bis ins achtzehnte Jahrhundert Lateinisch blieb – sein Epos *Amadís da Gaula* (ca. 1400) in der Landessprache; vielfach übersetzt, ist es zum verbreitetsten weltlichen Buch der Zeit geworden. In der Dominikanerkirche Santa Maria da Victoria, die von Johann zur Erinnerung an den Sieg bei Aljubarrota in Batalha erbaut wurde, dokumentiert sich die portugiesische Gotik mit Strebepfeilern und Türmen nach der Art von Notre-Dame de Paris. 1436 wurde dem mit dem Mailänder Dom an Größe wetteifernden Bau eine anmutige Kapelle zur Aufnahme der irdischen Hülle des Bastardkönigs angebaut.

Johanns Söhne gereichten ihm zur Ehre. Sein Nachfolger Duarte – Eduard – war ein ebenso guter Regent, und sein zweiter Sohn, Heinrich der Seefahrer, gab den Anstoß zu einer Revolution des Welthandels, die die Erdkarte umgestalten sollte. In jungen Jahren zum Statthalter in der von seinem Vater eroberten Festung Zeuta an der strategisch wichtigen Straße von Gibraltar ernannt, hörte er von den Mauren phantastische Berichte über das tropische Afrika, Berichte von Sklaven, Elfenbein und Gold, die ihn so erregten, daß er jene Gegenden zu erforschen und wenn möglich für Portugal zu erobern beschloß. Vielleicht reichte der von seinen Gewährsleuten so gepriesene Senegal im Osten bis zu den Quellwassern des Nils im christlichen Abessinien, vielleicht ließ sich durch die Eröffnung eines Wasserweges vom Atlantik quer durch Afrika zum Roten Meer das italienische Handelsmonopol mit dem Osten brechen und aus Portugal eine Großmacht machen. Und wenn man die eroberten Gebiete für das Christentum gewann und die Mohammedaner Nordafrikas im Norden und Süden mit christlichen Staaten umfaßte, mußte sich dann das Mittelmeer nicht gefahrloser von Christen befahren lassen als bisher? An eine Route rund um Afrika scheint Heinrich vorerst nicht gedacht zu haben, dennoch bildet ihre Entdeckung das geschichtliche Resultat seines Strebens.

Etwa um 1420 richtete er auf Kap Vicente an der Südwestspitze Portugals eine Art von Informationsbüro ein, wo er vierzig Jahre lang mit einem ganzen Stab von Mitarbeitern, darunter jüdischen und muselmanischen Astronomen und Kartenzeichnern, die Berichte von Seefahrern und Forschungsreisenden sichtete und auswertete. Er sandte auch selbst kleine Segelschiffe mit dreißig bis sechzig Mann Besatzung auf Entdeckungsreisen aus; einer seiner Kapitäne hatte schon 1418 die Insel Madeira wiedergefunden, die siebzig Jahre zuvor von Genuesen gesichtet und dann wieder vergessen worden war. Die Regierung schickte Kolonisten hinüber, und ihre Produkte, vor allem Zucker, lohnten die Aufwendungen so reichlich, daß das Schatzamt die für die weitere Forschung benötigten Summen zur Verfügung stellte. Als Heinrich auf einer 1351 datierten italienischen Seekarte die Azoren vermerkt fand, ließ er sie von Gonzalo Cabral aufsuchen und verleibte diese Juwelen des Ozeans zwischen 1432 und 1444 dem portugiesischen Reich ein.

Doch mehr noch hatte es Afrika dem Prinzen angetan. Katalanen wie Portugiesen waren bereits 1341 bis 1346 längs der afrikanischen Westküste neunhundert Meilen bis zum Kap Bojador nach Süden gesegelt, hatten aber angesichts des sich immer weiter nach Westen ausbuchtenden Kontinents die Suche nach der Südspitze entmutigt aufgegeben. Zu ihrer Entschuldigung erzählten sie wahre Schauergeschichten von gräßlichen Eingeborenen, einer von Salz so gesättigten See, daß kein Schiffsbug sie schneiden könne, und einer Sonne, die jeden Christenmenschen zum Neger brenne. Auch der von Heinrich ausgeschickte Kapitän Gilianes kehrte 1433 mit ähnlichen Ausflüchten zurück; aber Heinrich schickte ihn mit dem strikten Befehl, einen zuverlässigen Bericht über Land und See südlich des dräuenden Kaps zu erstatten, neuerdings auf die Reise. Diesmal segelte Gilianes in der Tat hundertfünfzig Meilen über Kap Bojador hinaus (1435) und fand zu seinem Erstaunen in dem subtropischen Klima, wo er nach Aristoteles und Ptolemaios nur sonnenausgedörrte Wüste zu finden erwartete, eine üppige Vegetation. Sechs Jahre später erreichte Nuno Tristão den Cabo Blanco und brachte von dort ein paar kräftige Neger mit, die sogleich getauft und auf den Besitzungen portugiesischer Granden eingesetzt wurden; damit hatte als erstes größeres Resultat der Bemühungen Heinrichs die Jagd nach Negersklaven begonnen. Neue Geldmittel wurden zu seiner Verfügung gestellt, und seine – angeblich zu Missions- und Entdeckungszwecken ausgesandten – Schiffe kehrten mit Gold, Elfenbein und Sklaven beladen nach Hause zurück. 1444 lieferte Kapitän Lanzarote gleich 165 «Mohren» auf einmal ab, eine willkommene Fracht für den Ritterorden Jesus Christus, dessen Felder sie fortan bestellen mußten. Wir besitzen einen zeitgenössischen Bericht über diese Mohrenjagd:

> «Mit dem Ruf ‚Sant' Iago! San Jorge! Portugal!' fielen unsere Leute über sie her und töteten und fingen so viele, als sie erwischten. Man konnte Mütter sehen, die ihre Kinder fortrissen, Männer, die ihre Frauen fortschleppten, und jeder versteckte sich, so gut es ihm möglich war. Einige sprangen ins Meer, andere versuchten sich in den Winkeln ihrer Hütten zu verbergen, noch andere versteckten die Kinder im Gebüsch ... wo unsere Leute sie fanden. Und schließlich schenkte der Herr unser Gott, der einen jeden nach Verdienst belohnt, unseren Männern an jenem Tag den Sieg über ihre Feinde, und als Entschädigung für all ihre Mühe in Seinem Dienst nahmen sie 165 Männer, Frauen und Kinder, die Erschlagenen nicht mitgezählt.»

Bis 1448 hatte man über neunhundert Schwarze als Sklaven nach Portugal verschleppt, doch sollte in diesem Zusammenhang erwähnt werden, daß die Muselmanen Nordafrikas schon seit langem einen schwungvollen Handel mit Negersklaven betrieben und Negerhäuptlinge wiederum von den Portugiesen Sklaven gegen Elfenbein und Gold eintauschten. Der Mensch war auf Jahrhunderte hinaus zum Handelsartikel geworden.

1445 gelangte Diniz Diaz zum fruchtbaren Vorgebirge des Cabo Verde, 1446 erforschte Lanzarote die Senegalmündung, 1456 fand Ca Da Mosto die Kapverdischen Inseln. Im gleichen Jahr starb Prinz Heinrich; die portugiesische Hochseeschiffahrt verlor jedoch nicht den ihr von ihm eingeimpften Elan und finanzierte sich jetzt aus ihren

Gewinnen selbst. João de Santarem überquerte 1471 den Äquator, Diogo Cão kam 1484 bis zum Kongo, und endlich – ein halbes Jahrhundert nach der ersten von Heinrich ausgesandten Expedition – kämpfte sich Bartholomeu Diaz trotz Stürme und Schiffbruchs bis zur Südspitze Afrikas durch (1486). Seine Freude war unbeschreiblich, als er den Bug seines Schiffes ostwärts richten konnte, Indien schien in unmittelbarer Reichweite vor ihm zu liegen – da zwang ihn die übermüdete Besatzung zur Umkehr. Betrübt taufte er die heißersehnte Spitze Cabo Tormentoso, aber König Johann II. nannte sie aus Freude über den endlich gefundenen Seeweg nach Indien das Kap der Guten Hoffnung.

Ganz Portugal fieberte bei diesem Gedanken, aber weder der König noch Diaz erlebten die Verwirklichung des Traums. 1497 beauftragte König Manuel – neidisch auf die Ehren und die Schätze, die Kolumbus nach Spanien brachte – Vasco da Gama, um die Südspitze Afrikas nach Indien zu segeln. Stürme zwangen den achtundzwanzigjährigen Kapitän zu einem weiten Umweg von rund 5000 Seemeilen, so daß er 137 Tage bis zum Kap der Guten Hoffnung benötigte; in weiteren 178 Tagen legte er unter unendlichen Gefahren und Mühsalen neuerdings 4500 Seemeilen nach Calicut im südlichen Indien zurück, einem Hauptumschlagplatz des Ost–West- und Nord–Süd-Handels Asiens. Am 20. Mai 1498, zehn Monate und zwölf Tage nach seiner Abfahrt aus Lissabon, warf er dort Anker. Kaum an Land, sah er sich unter dem Verdacht der Piraterie festgenommen und entging nur mit knapper Not der Hinrichtung. Ebenso mutig wie geschickt, zerstreute er den Argwohn der Inder und die Eifersucht der Muselmanen, erwirkte eine Handelserlaubnis für sein Land und stach mit einer reichen Ladung von Pfeffer, Ingwer, Zimt, Gewürznelken, Muskatnüssen und Juwelen am 29. August wieder in See, um die einjährige Heimreise anzutreten. Damit hatten die Portugiesen eine Route nach Indien gefunden, die den bisherigen See- und Landweg durch das Mittelmeer über Ägypten, Arabien und Persien ersetzte und kostspielige Umladungen und Transitgebühren ersparte. Ein ganzes Jahrhundert hindurch sollte Europa einen viel größeren wirtschaftlichen Nutzen aus ihr ziehen als aus der Entdeckung Amerikas.

Von ihren Anstrengungen, den östlichen Seeweg nach Indien zu finden, absorbiert, hatten sich die Portugiesen im Gegensatz zu den Spaniern nicht um die Auffindung einer Westroute bemüht. Da entdeckte Pedro Capral, durch Stürme von der Indienroute abgetrieben, zufälligerweise das brasilianische Festland, und im gleichen Jahre 1500 gelang Gaspar Corte-Real die Wiederauffindung Labradors. Mit der portugiesischen Flagge am Mast erforschte Amerigo Vespucci 1503 den Rio de la Plata und das heutige Paraguay, 1506 landete Tristão da Cunha auf den südatlantischen Inseln, die seinen Namen tragen. Dennoch zeigten sich die portugiesischen Staatsmänner am südamerikanischen Festland wenig interessiert; es war nicht viel von dort zu holen, während jede Schiffsladung aus Indien Seefahrer, Kaufleute und Staatsschatz bereicherte.

Da die neue Handelsroute ständig militärischen Schutz beanspruchte, wurde sie fast von selbst zu einem Monopol des Staates, weil nur er den sporadischen Widerstand muselmanischer Kaufleute und indischer Potentaten gegen den portugiesischen Handel zu brechen vermochte; so entwickelte sich die merkantile Revolution zu einem Mosaik aus Warenaustausch und Blut. Zum ersten Gouverneur Portugiesisch-Indiens ernannte die Krone Alfons von Albuquerque, der in zahllosen Feldzügen gegen Moslems und Hindus die Hafenplätze Aden und Hormus auf der Arabischen Halbinsel, Goa in Indien, Malakka auf der Malaiischen Halbinsel eroberte und befestigte; aus Malakka sandte er eine auf eine Million Dukaten bewertete Beute nach Hause. Mit Hilfe solcher Stützpunkte beherrschte Portugal hundertfünfzig Jahre lang den Handel mit Vorder- und Hinterindien. Portugiesische Händler, die sich auf den Molukken niederließen, fanden auf diesen «Gewürzinseln» zu ihrer Freude Nelken und Muskatnüsse, die noch intensiver schmeckten und billiger zu erhalten waren als in Indien. Immer noch tatendurstig, führte Albuquerque ein zwanzig Schiffe starkes Geschwader ins Rote Meer und bestürmte den christlichen Negus von Abessinien, den Oberlauf des Nils durch einen Kanal mit dem Roten Meer zu verbinden und so das muselmanische Ägypten seines Wassers zu berauben. Unruhen riefen den Portugiesen nach Goa zurück, wo er 1515 starb. Im nächsten Jahr erschloß Duarte Coelho Siam und Indochina dem portugiesischen Handel; 1517 bahnte Fernão Perez de Andrade Handelsbeziehungen mit Kanton und Peking an.

Portugal und Spanien, deren Kolonialreiche an Ausdehnung wetteiferten, sind die ersten imperialistischen Mächte der Neuzeit geworden. Im Lissaboner Hafen ankerten Schiffe mit Ladungen aus sagenhaften fernen Ländern, die Stadt selbst entwickelte sich zur Handelsmetropole Europas. Dort, nicht mehr in Venedig und Genua, fanden die Kaufleute aus dem europäischen Norden die Schätze Asiens zum niedrigsten Preis. Italiens Handelsmonopol mit dem Osten war gebrochen, und die italienische Renaissance, in einem Menschenalter von Kolumbus, Vasco da Gama und Luther tödlich getroffen, welkte dahin. Spanien und Portugal, die Herren der Weltmeere, leiteten die Blütezeit der atlantischen Staaten ein.

Auch Literatur und Kunst sonnten sich in dem neuen Ruhm. Fernão Lopez verfaßte in zwanzig Jahren seine umfangreichen *Cronacas* über die Geschichte Portugals, deren lebendige Darstellung und Charakterisierungskunst an Froissart erinnert. Dem portugiesischen Schauspiel erstand in Gil Vicente ein erster Autor, der kleine Stücke für den Hof und *autos* – Szenen – für öffentliche Lustbarkeiten schrieb (um 1500). In der Malerei entwickelte sich eine besondere portugiesische Schule, die ursprünglich von Flandern her beeinflußt war, sich aber allmählich zu eigenen charakteristischen Merkmalen durchrang. Nuno Gonçalves (wirkte etwa von 1450 bis 1472) schuf für das Kloster St. Vinzenz ein düsteres Polyptychon, das sich mit Mantegna und beinahe mit den beiden van Eyck messen kann: Zeichnung und Perspektive der sechs Tafeln sind zwar primitiv, aber die fünfundfünfzig Porträts wirklichkeitsnah und individuell; das beste ist dasjenige Heinrichs des Seefahrers. Zur Erinnerung an die erfolgreiche Reise Vasco da Gamas ließ König Manuel «der Glückliche» von dem Baumeister João de Castilho in der Nähe von Lissabon das wundervolle Kloster Belem in spätgotischem Stil erbauen (um 1500). Portugal war in sein Goldenes Zeitalter eingetreten.

# ZEHNTES KAPITEL

# *Spanien*

[1300–1517]

## I. SPANISCHES PANORAMA: 1300–1469

Aus ihrer gebirgigen Landschaft erwuchs der Pyrenäenhalbinsel zugleich ihr Schutz und ihre Tragik: Sie bildete einen verhältnismäßig starken Wall gegen den äußeren Feind, verzögerte aber auch die staatliche Vereinheitlichung, behinderte Gewerbefleiß und Handel und schloß ihre Bewohner vom zeitgenössischen Geistesleben aus. In der Nordwestecke führten halbnomadische Basken ihre Schafe im Kreislauf der Jahreszeiten aus der Ebene in die Berge und aus den Bergen in die Ebene zurück. Viele von ihnen befanden sich zwar im Zustand der Leibeigenschaft, fühlten sich aber trotzdem von edler Geburt und verwalteten unter einer lockeren, teils kastilischen, teils navarresischen Oberhoheit ihre drei Provinzen selber.

Navarra erhielt sich als selbständiges Königreich, bis Ferdinand 1515 den südlich der Pyrenäen gelegenen Teil mit Kastilien vereinigte, während der nördliche Teil als Kronapanage an Frankreich fiel. Aragón gewann der Reihe nach Sardinien (1326), die Balearen (1354), Sizilien (1409). Seinen Wohlstand verdankte es dem Gewerbefleiß und Handel der Städte Valencia, Tarragona, Saragossa und Barcelona, dieses die Hauptstadt der Provinz Katalonien. Zu Kastilien, der räumlich größten und zugleich machtvollsten der spanischen Monarchien, gehörten außer der Hauptstadt Toledo die volkreichen Städte Oviedo, Burgos, León, Valladolid, Salamanca, Cordoba und Sevilla; seine Könige geboten über die größte Zahl von Untertanen und spielten um den höchsten Einsatz.

Alfons XI. von Kastilien (König von 1312 bis 1350) verbesserte das Gerichtswesen und die Gesetzgebung, richtete die Kampfeslust seines Adels südwärts gegen die Mauren, patronisierte Dichtung und bildende Künste und belohnte sich selbst mit einer fruchtbaren Mätresse. Sein einziger legitimer Sohn, Peter der Grausame, wuchs, zur Seite geschoben, vernachlässigt und verbittert auf; seine Thronbesteigung als Fünfzehnjähriger (1350) enttäuschte seine neun Halbbrüder so offensichtlich, daß er sie verbannte, während er ihre Mutter Leonora de Guzman hinrichten ließ. Er heiratete Blanche von Bourbon, eine unerwünschte Braut königlichen Geblüts, verbrachte zwei Nächte mit ihr, bezichtigte sie hierauf der Teilnahme an einer Verschwörung und ließ sie vergiften (1361); dann ehelichte er seine Geliebte Maria de Padilla, deren Schönheit – wie die Legende versichert – so groß gewesen sein soll, daß die Kavaliere des Hofes ihr Badewasser voller Hochgenuß tranken. In den niederen Ständen war Pedro beliebt, und sie nahmen bis zum bitteren Ende seine Partei; dennoch gestaltete sich seine Lebensgeschichte infolge der wiederholten Versuche seiner Halbbrüder, ihn zu entthronen, zu einer blutigen Folge von Verrat, Kirchenschändung und Mord. Schließlich gelang einem der Söhne Leonoras, Heinrich von Trastamara, ein Aufstand; er erschlug seinen Halbbruder Peter mit eigener Hand und bestieg als Heinrich II. den kastilischen Thron (1369).

Nun täte man freilich den Völkern unrecht, würde man sie nur nach Herrschern beurteilen, die – in Übereinstimmung mit den Prinzipien Machiavellis – für ihre Personen kein Moralgesetz kannten. Während die Monarchen teils aus Leidenschaft, teils aus dynastisch-staatlichen Gründen mordeten, schufen die Völker der Pyrenäenhalbinsel – 1450 rund zehn Millionen Seelen – die Kultur Spaniens. Trotz ihres Stolzes auf ihre Reinblütigkeit setzten sie sich in Wahrheit aus einem unruhigen Gemisch von Kelten, Phoinikern, Karthagern, Römern, Westgoten, Wandalen, Arabern, Berbern und Juden zusammen. Den untersten Stand bildete neben einer Anzahl Sklaven die bis 1471 leibeigene Bauernschaft; darüber standen die Handwerker und städtischen Kaufleute, darüber, auf verschiedenen Sprossen der hierarchischen Leiter, die Ritter *(caballeros)*, die vom König abhängigen Barone *(hidalgos)*, und ganz oben der unabhängige Hochadel *(proceres)*. Neben dieser Laienwelt gab es die verschiedenen Rangstufen der Geistlichkeit von den Betreuern eines Kirchsprengels über Äbte, Bischöfe, Erzbischöfe bis zu den Kardinälen. Jedes städtische Gemeinwesen besaß seinen eigenen Rat *(consejo)*, dessen Delegierte mit den Vertretern der Kirche und des Adels in den Provinz- und Reichscortes gemeinsam berieten; theoretisch bedurften die königlichen Erlasse, um Gesetzeskraft zu erlangen, der Zustimmung der Cortes, während die städtischen Räte und Zünfte Preise, Zinssätze, Löhne und Arbeitsbedingungen in eigener Kompetenz festsetzten. Dennoch litten Handel und Wandel unter königlichen Monopolen, staatlichen und örtlichen Transitgebühren für Güter, differierenden Gewichten und Maßen, schlechtem Geld, Straßenräubern, Hochseepiraten, dem kirchlichen Verbot, Geld gegen Zins auszuleihen, und nicht zuletzt unter der Verfolgung der Mohammedaner und Juden, von denen die einen die eigentlichen Handarbeiter in Gewerbe und Verkehr und die anderen die Männer der Finanz darstellten. Auf die Errichtung einer Staatsbank in Barcelona (1401), für deren Einlagen der Staat garantierte, folgte die Zulassung von Wechseln, und 1435 wurde eine Versicherung für die Hochseeschiffahrt geschaffen.

Da sich in der Bevölkerung semitisches mit nichtsemitischem Blut verband, behielt sie afrikanische Hitzigkeit, und wie die Berber neigte man in Sprache und Tun zu Roheit und Gewalttat. Aufgeschlossen und wissensdurstig, war man zugleich merkwürdig leichtgläubig und entsetzlich abergläubisch, wahrte aber im Unglück wie in der Armut Stolz und Würde. Die von den Verhältnissen erzwungene Habgier führte weder zur Verachtung der Armut noch zur Liebedienerei gegen die Reichen. Manuelle Arbeit war verhaßt und wurde hinausgeschoben, dennoch fand man sich stoisch mit Mühsalen ab; man war träge und eroberte trotzdem die Hälfte der neuentdeckten Welt. Man dürstete nach Liebe, Abenteuer und Ruhm und genoß die Gefahren des Stierkampfes, der, von Kreta und Rom herstammend, zur größten Volksbelustigung geworden war – ein an strenge Regeln gebundenes, farbenfroh prunkvolles Schauspiel, das zu Mut, Behendigkeit und rascher Geistesreaktion erzog. Wie die modernen (nicht die elisabethanischen) Engländer zogen die Spanier aus ihren Festlichkeiten aber eine mehr melancholische Belustigung; die Reizlosigkeit ihrer Erde und die Schatten ihrer Gebirgshänge spiegelten sich in der trockenen Schwermut ihres Wesens wider. Ihre gemessenen, höfischen Formen übertrafen ihre Körperpflege; jeder Spanier war ein Grandseigneur, aber nur wenige waren Ritter des Bades. Die glanzvollen Turniere und Feste wickelten sich vor dem Hintergrund des unsäglichen Schmutzes der breiten Massen ab; die «Ehre» wurde zum Glaubensgrundsatz, und die Frauen waren Göttinnen und Gefangene zugleich. Die an Wochentagen nüchterne Kleidung überschlug sich an Sonn- und Feiertagen mit prunkvollen Rüschen und Krausen, mit Seide, Spitzen und Gold. Parfümiert und auf hohen Absätzen stolzierten die Männer, und die Damen – nicht zufrieden mit den naturgegebenen Reizen – bezauberten sie mit Farben, Spitzen und rätselbergenden Schleiern. In tausend Formen und Verkleidungen lebte man den Geschlechtstrieb aus, und trotz strenger Kirchenstrafen, toddrohender Gesetze und des *punto de onor*, womit man dem wilden Treiben Einhalt zu bieten suchte, blieb Venus siegreich, so daß die Frauen die Erde an Fruchtbarkeit übertrafen.

Kirche und Staat waren untrennbar miteinander verbündet. Der spanische Klerus kümmerte sich zwar kaum um den Heiligen Stuhl und verlangte immer wieder die Reform des Papsttums, obschon er dem Rom des unreformierbaren Alexander VI. Steuern entrichtete; und 1513 verhinderte Kardinal Ximenes sogar die Verkündigung des von Julius II. für den Neubau Sankt Peters ausgeschriebenen Ablasses. *De facto* war der König das anerkannte Haupt der spanischen Kirche, so daß Ferdinand nicht erst auf das Vorbild Heinrichs VIII. zu warten brauchte; in Spanien verschmolzen ohne Reformation Staat und Kirche, Nationalgefühl und Religion. Als Teil des ungeschriebenen Paktes genoß die Kirche erhebliche Privilegien seitens eines Königtums, das ihr seinerseits die Aufgabe zuschob, für die Aufrechterhaltung der Gesellschaftsstruktur, der Sitten und des Gehorsams der breiten Massen zu sorgen. Alle Angehörigen des Klerus, auch die der niederen Orden, unterlagen ausschließlich der bischöflichen Gerichtsbarkeit. Die kirchlichen Institutionen besaßen einen immensen Landbesitz, den sie von Pächtern bestellen ließen; vom übrigen Grundbesitz bezogen sie den Zehnten, von dem ein Drittel in die Staatskasse floß; ihre sonstigen Einkünfte waren steuerfrei. Verglichen mit dem Staat, war die spanische Kirche reicher als in allen anderen Ländern, mit Ausnahme Italiens. Um die mönchische Disziplin und die Sitten der Weltgeistlichen war es wohl besser bestellt als im übrigen mittelalterlichen Europa trotzdem war die wilde Ehe unter stillschweigender Duldung weit verbreitet. Im Gegensatz zum Norden, wo das Asketentum an Intensität verlor, lebte es in Spanien fort; Liebhaber geißelten sich selber, um den Widerstand einer zarten, schüchternen *señorita* zu brechen oder sich in eine masochistische Ekstase hineinzusteigern.

Die breiten Massen hingen in unwandelbarer Ergebenheit an König und Kirche; sie mußten es, wollten sie dem ewigen Erbfeind, den Mauren, mit Mut und Erfolg entgegentreten, und auch das Ringen um Granada wurde als Krieg für den heiligen Glauben – *Santa Fé* – ausgegeben. An Kirchenfeiertagen schritten hoch und niedrig, alt und jung, Männer und Frauen in feierlicher Prozession, andächtig schweigend oder psalmodierend hinter großen Bildern *(pasos)* der Muttergottes und der Heiligen durch die Straßen. Das Jenseits galt als die wahre Welt und ewige Heimat, das irdische Leben als ein böser, flüchtiger Traum. Ketzer haßte man als Volksverräter; sie auf dem Scheiterhaufen brennen zu sehen, flößte keinen Abscheu ein; es war das wenigste, was man der beleidigten Gottheit als Sühne zu bieten vermochte. Die niederen Stände besaßen so gut wie keine Bildung, die geringe, die sie hatten, war fast nur religiöser Natur. Als Cortez bei den heidnischen Azteken ein dem christlichen Abendmahl ähnliches Ritual entdeckte, klagte er, der Satan habe es sie gelehrt, um die Eroberer zu verwirren.

Die Wirtschaftsrivalität mit den Moslems und den Juden, die zusammen beinahe ein Zehntel der Gesamtbevölkerung der christlichen Staaten Spaniens ausmachten, steigerte noch diese religiöse Inbrunst. Es war schlimm genug, das fruchtbare Granada in maurischen Händen zu sehen, noch viel irritierender waren aber die Mudejares – die ungetauften Mauren –, deren Geschäftssinn, handwerkliches Können und geschickte Bodenbestellung den Neid eines Volkes erregten, das selbst mit den primitivsten und mühseligsten Methoden wirtschaftete. Die Juden konnte man noch weniger leiden und bedrückte sie seit jeher mit willkürlichen Steuern, Zwangsanleihen und Konfiskationen; man zwang sie, unter Umständen sogar in der eigenen Synagoge, christliche Predigten anzuhören, die sie bekehren sollten, und taufte sie oft gewaltsam – während der Übertritt vom christlichen zum jüdischen Glauben zum Scheiterhaufen führte. Man lud oder zwang sie zu Disputationen mit christlichen Theologen, wobei sie sich zwischen einer beschämenden Niederlage und einem gefährlichen Sieg zu entscheiden hatten, und zeitweise mußten sie, wie die Mudejares auch, ein Abzeichen tragen, meist einen roten Kreis auf der Schulter. Christliche Diener zu halten war ihnen untersagt und ebenso die Behandlung von Christen durch jüdische Ärzte; der Geschlechtsverkehr mit Christinnen wurde mit dem Tod geahndet.

1328 reizte ein Franziskanermönch mit seinen Haßpredigten die christliche Bevölkerung des navarresischen Estella zum Massaker von fünftausend Juden und zur Niederbrennung ihrer Häuser auf, und 1391 führten die Predigten des Fernán Martínez in allen größeren Städten zur Tötung sämtlicher die Taufe ablehnender Juden. Unter dem Einfluß der Beredsamkeit des heilig-fanatischen Vicente Ferrer ordneten erst Valladolid (1410) und später andere Städte die Unterbringung der Juden und Mauren in eigenen Quartieren – *juderia* oder *alhama* – an, deren Tore von Sonnenuntergang bis Sonnenaufgang geschlossen bleiben mußten; doch dürfte mit dieser Absonderung eher ihr Schutz beabsichtigt gewesen sein.

Dank ihrer Geduld, ihrem Fleiß, ihrer Schlauheit und der geschickten Ausnützung jeglicher Chance gediehen und vermehrten sich die Juden trotz aller Feindseligkeit. Einige kastilische Könige, wie Alfons XI. und Peter der Grausame, begünstigten sie sogar und betrauten ihre brillantesten Vertreter mit hohen Posten. Alfons ernannte

Don Joseph von Écija zu seinem Schatzmeister und Samuel ibn-Wakar zu seinem Leibarzt; beide mißbrauchten ihre Stellung und starben, der Intrige überführt, im Kerker. Samuel Abulafia lebte ihrem Vorbild nach, häufte als Schatzkanzler Pedros ein großes Vermögen an und wurde hingerichtet. Nur drei Jahre vor diesem Ende hatte er in Toledo jene klassisch-edle Synagoge gebaut, die, unter Ferdinand in die christliche Kirche El Transito verwandelt, heute als ein Denkmal der hebräisch-maurischen Kunst unter Regierungsschutz steht. Anläßlich der Entthronung Pedros durch Heinrich von Trastamara erwies sich die königliche Gunst als der Juden Unglück, schlachteten doch die siegreichen Söldner allein in Toledo zwölfhundert Juden ab (1355); und schlimmere Massaker folgten, als Heinrich die unter dem Auswurf Frankreichs rekrutierten Söldnerkompanien Du Guesclins nach Spanien berief.

Man kann verstehen, daß im Lauf der Zeit Tausende von Juden die Taufe den ewigen Schrecken der Mißhandlung und Pogrome vorzogen. Als legitimierte Christen kletterten diese *conversos* sowohl im bürgerlichen Leben als auch in der Kirche und im Staatsdienst von Stufe zu Stufe; einige bekleideten hohe Kirchenämter, andere fungierten als Ratgeber der Könige. Ihre Geschicklichkeit in Finanzfragen verhalf ihnen im Steuerwesen und bei der Verwaltung der Staatskasse zu einer verhaßten Prominenz. Etliche huldigten aristokratischen Lebensformen, und andere trugen ihren Wohlstand so herausfordernd zur Schau, daß die verärgerten Christen für die *conversos* die brutale Bezeichnung *marranos* – Schweine – erfanden. Nichtsdestoweniger kam es zu Mischehen mit christlichen Familien, die entweder so arm waren wie ihr Stammbaum alt oder Tüchtigkeit zu schätzen wußten. Auf diese Weise erhielten die Spanier und insbesondere die oberen Stände eine tüchtige Injektion jüdischen Blutes. Ferdinand der Katholische und der Inquisitor Torquemada zählten unter ihren Vorfahren Juden. Papst Paul IV., im Krieg mit Philipp II., beschimpfte ihn und seine Spanier als den «verdorbenen Samen von Juden und Mauren».

## II. GRANADA: 1300–1492

In Ibn-Batutas Schilderung der Stadt Granada heißt es: «Keine andere Stadt kann sich mit ihr vergleichen ... Rund herum befinden sich Gärten und Obstgärten, blühende Wiesen, Rebberge» und in ihr «prunkvolle Gebäude». Auf arabisch hieß die Stadt *Karnattah* – ein Wort von ungewisser Bedeutung; die spanischen Eroberer tauften sie *Granada* – «samenreich» – vermutlich wegen der zahllosen Granatäpfelbäume in ihrer Umgebung, bezog sich doch der Name nicht nur auf die Stadt, sondern die ganze Provinz mit einer Gesamtbevölkerung von rund vier Millionen Köpfen und Städten wie Xeres, Jaén, Almeria und Malaga. Granada selbst, mit einem Zehntel dieser Gesamtzahl, überschaute, an einem Berg emporkletternd, «wie ein Wachtturm» ein herrliches Tal, das dank sorgfältiger Bewässerung und rationeller Bodenbestellung zwei Ernten erlaubte. Eine mit tausend Türmen bewehrte Mauer bot vor etwaigen Feinden Schutz. Der Hochadel wohnte in reich geschmückten, weiträumigen Bauten, auf den öffentlichen Plätzen kühlten Springbrunnen die Sonnenglut, und in den prunkvollen Sälen der Alhambra hielten Emire, Sultane oder Kalifen Hof.

Ein Siebtel des Bodenertrags ging an den Staat und vielleicht ebensoviel an die herrschenden Stände, in deren Händen die Leitung der Wirtschaft und die militärische Führung lag. Mit einem Teil dieser Einkünfte förderten Regenten und Adel die Künstler, Dichter, Gelehrten, Geschichtsschreiber und Philosophen; an die von ihnen unterhaltene Universität wurden auch Christen und Juden als Lehrer berufen und ihnen gelegentlich sogar das Rektorat anvertraut. Das in fünf Zeilen über dem Portal eingemeißelte Universitätsmotto lautete: «Die Welt wird von vier Dingen erhalten: dem Wissen der Weisen, der Gerechtigkeit der Großen, den Gebeten der Guten und der Tapferkeit der Mutigen.» Den Frauen stand die Teilnahme am kulturellen Leben offen, und die Namen einiger weiblicher Gelehrter des maurischen Granada sind uns heute noch bekannt. Doch hinderte solche Bildung die Damenwelt nicht, die Männer zu Leidenschaft, ritterlicher Hingabe und kühnen Taten aufzureizen. Einem Charmeur jener Zeit verdanken wir folgende Charakterisierung: «Die Damen zeichnen sich durch das Ebenmaß ihrer Gestalten, die Geschmeidigkeit ihrer Körper, die Länge und Locken ihres Haares, die Weiße ihrer Zähne, die Anmut ihrer Bewegungen ... den Zauber ihrer Unterhaltung und den Duft ihres Atems aus.» An persönlicher Reinlichkeit und öffentlicher Hygiene übertrafen die Mauren die zeitgenössische Christenheit. Die Kleidung und das Auftreten waren glanzvoll, Turniere und Spiele belebten die Festtage. Die Moral war leicht geschürzt, Gewalttat nicht selten, doch gewannen maurische Freigebigkeit und maurisches Ehrgefühl sogar christliches Lob. «Die Zuverlässigkeit der Bürger Granadas», schrieb ein spanischer Historiker, «war so groß, daß auf ihr bloßes Wort größerer Verlaß war als auf einen geschriebenen Vertrag bei uns.» Der aus solchem Nährboden erwachsende Luxus zehrte aber auch an der Kraft der Nation, und interne Zwietracht reizte die Angriffslust des äußeren Feindes.

Das christliche Spanien, dessen Monarchien sich langsam konsolidierten, blickte mit neidischer Begehrlichkeit auf diesen blühenden Fremdkörper, dessen religiöse Andersartigkeit an sich schon eine Herausforderung darstellte, während seine Häfen für eine ungläubige Macht gefährliche Einfallstore waren; zudem mochten Andalusiens fruchtbare Gefilde manchen steinigen Fleck im Norden der Halbinsel aufwiegen. Dennoch bewahrte die staatliche Zersplitterung des katholischen Spaniens Granada einstweilen vor dem Verlust seiner Unabhängigkeit. Erst 1457, als die nördlichen Königreiche allmählich erstarkt waren, fand sich der stolze Staat im Süden zur Entrichtung eines jährlichen Tributs an Kastilien bereit. Doch schon 1466 weigerte sich der tollkühne Emir Ali abu-al-Hasan, diesen Friedenspreis weiterhin zu entrichten, vorerst sogar mit Erfolg, weil Heinrich IV., seinen Ausschweifungen hingegeben, darauf verzichtete, ihn einzutreiben. Erst Ferdinand und Isabella forderten die Wiederaufnahme der Tributzahlung, doch antwortete Ali ihren Gesandten mit gefährlicher Kühnheit: «Sagt euren Souveränen, daß jene Könige Granadas, die Tribut entrichtet haben, tot sind. Unsere Münze schlägt nur noch Schwerter!» Nicht ahnend, daß Ferdinand mehr Eisen in den Knochen hatte als er in seiner Münze, bemächtigte er sich unter dem Vorwand, durch Grenzverletzungen provoziert worden zu sein, der kastilischen Grenzstadt Zahara und verschleppte die Einwohner nach Granada, wo er sie als Sklaven verkaufte (1481). Der Marquis von Cadiz vergalt die freche Tat mit der Plünderung der maurischen Feste Alama (1482). Der Kampf um Granada hatte begonnen.

Auf maurischer Seite komplizierte Liebe den Krieg. Ayescha, die Gattin Abu-al-Hasans, hetzte, über ihres Mannes Verliebtheit in eine Sklavin erbost, die Bevölkerung auf, ihn zu entthronen und ihren Sohn Abu-'Abdallāh – im Westen unter dem Namen Boabdil bekannt – an seine Stelle zu setzen (1482). Abu-al-Hasan floh nach Malaga. Ihm treu gebliebene Truppen rieben in den Pässen der Ayarquiaberge eine gegen ihn marschierende kastilische Streitmacht beinahe auf. Daraufhin griff Boabdil, der es dem Vater an kriegerischen Ehren gleichtun wollte, bei Lucena eine christliche Streitmacht an, wurde aber trotz seiner Tapferkeit besiegt und gefangengenommen. Er erkaufte seine Freiheit durch die Verpflichtung, die Christen gegen den Vater zu unterstützen und Kastilien einen jährlichen Tribut von zwölftausend Dukaten zu entrichten. Mittlerweile hatte sich aber sein Onkel Abu-Abd-Allahi, bekannt als Az-Zaghral – der Tapfere – zum Emir von Granada aufgeworfen, so daß ein dreiseitiger Krieg zwischen Sohn, Vater und Onkel entbrannte. Der Vater starb, der Sohn brachte die Alhambra in seinen Besitz, und der Onkel zog sich nach Guadix zurück, von wo er wiederholte Ausfälle gegen die Spanier unternahm. Von seinem Beispiel angespornt, widerrief Boabdil die gegen Kastilien eingegangenen Verpflichtungen und bereitete Granada zur Verteidigung vor.

Ferdinand und Isabella boten 30000 Mann zur Verwüstung des fruchtbaren Hinterlandes der Hauptstadt auf. Mühlen, Kornspeicher, Bauernhöfe, Obstgärten, Rebberge, Oliven- und Orangenhaine – alles wurde zerstört. Ein weiteres Heer belagerte Malaga, um die Ausladung und Zufuhr von Lebensmitteln nach Granada zu unterbinden; die Stadt hielt aus, bis die letzten Pferde, Hunde und Katzen verzehrt waren und Hunderte vor Hunger und Krankheit umkamen. Nach der bedingungslosen Übergabe verkaufte Ferdinand 12000 Überlebende als Sklaven; die Reichen konnten sich freilich durch Auslieferung ihres Besitzes freikaufen. Az-Zaghral unterwarf sich, und damit befand sich die ganze Provinz mit Ausnahme der Hauptstadt in christlicher Hand.

Kastiliens katholisches Herrscherpaar ließ rund um die belagerte Festung eine richtiggehende Stadt für das Heer errichten, nannte sie Santa Fé und wartete auf den Hunger, der den «Stolz Andalusiens» seiner Gnade ausliefern mußte. Da aber ritten die maurischen Edelleute aus den Toren und forderten die spanischen Ritter zum tapfer angenommenen Zweikampf, bis Ferdinand, der bei diesem ritterlichen Spiele nacheinander seine besten Streiter verlor, Einhalt gebot. Ein hoffnungsloser Ausfall Boabdils mißlang, und seine Hilferufe an die Türkei und Ägypten verhallten ungehört – Islam und Christenheit waren gleicherweise zerrissen.

Am 25. November 1491 nahm Boabdil die den Siegern zu seltener Ehre gereichenden Kapitulationsbedingungen an. Die Einwohner Granadas durften Eigentum, Sprache, Kleidung, Religion und Ritual beibehalten; Gesetzgebung und Gerichtsbarkeit blieben ihnen überlassen, die Steuern wurden für drei Jahre suspendiert und ihre Höhe auf die

Vorkriegssätze begrenzt; wer die Stadt verlassen wollte, sollte frei sein, es zu tun, und Überfahrt nach Afrika erhalten. Das einzige, was die Sieger beanspruchten, war die militärische Besetzung der Stadt.

Trotz dieser milden Bedingungen setzte sich die Bevölkerung gegen die Kapitulation zur Wehr und bedrohte Boabdil so sehr, daß er Ferdinand die Torschlüssel aushändigte und mit seiner Familie und fünfzig Kavalieren durch die christlichen Linien ritt, um sich in das kleine Bergfürstentum zu begeben, das ihm als ein Lehen Kastiliens verblieben war (2. Januar 1492). Von einem Berggrat warf er einen letzten Blick auf die ihm verlorengegangene Stadt, aber nur, um von seiner Mutter gerügt zu werden: «Das ist alles, was du kannst, wie ein Weib um das zu flennen, was du als Mann nicht hast behaupten können.» Der Grat heißt heute noch El Ultimo Sospiro del Moro – der letzte Seufzer des Mauren.

Unterdes zogen die Kastilier in Granada ein. Kardinal Mendoza ließ auf der Alhambra ein großes silbernes Kreuz aufstellen, und auf dem Hauptplatz dankte das christliche Königspaar kniend seinem Gott, der nach 781 Jahren die Macht des Islam auf spanischer Erde gebrochen hatte.

## III. FERDINAND UND ISABELLA

Die auf den Tod Heinrichs von Trastamara (1379) folgenden hundert Jahre gestalteten sich zu einer für Spanien wenig fruchtbaren Epoche. Eine Reihe von schwachen Herrschern ließ den Fehden des Adels freien Lauf, die Blutrache blühte, die Verwaltung war lässig und bestechlich, die Straßen boten keine Sicherheit, und die Äcker wurden so oft von durchziehenden Heerhaufen verwüstet, daß die Bauern sie nicht mehr bestellten. Auf die lange Regierung Johanns II. von Kastilien (1406–1454), der Musik und Poesie den Staatsgeschäften vorzog, folgte die katastrophale Herrschaft Heinrichs IV., dem schlechte Verwaltung, Entwertung des Geldes und Günstlingswirtschaft den Beinamen Enrique el Impotente eingebracht haben. Seine Absicht, die von ihm als Tochter betrachtete Juana zur Thronerbin einzusetzen, rief die Granden auf den Plan; sie bestritten seine Zeugungsfähigkeit und Vaterschaft und zwangen ihn, seine Schwester Isabella zur Nachfolgerin zu bestimmen. Vor seinem Tod (1474) bekräftigte er jedoch von neuem Juanas Legitimität und Thronrechte. Aus solch lähmenden Vorbedingungen heraus haben Ferdinand und Isabella einen Staat geschaffen, der die Vormacht in Europa werden sollte.

Weitblickende Diplomaten bereiteten den Weg, indem sie die achtzehnjährige Isabella zur Ehe mit ihrem siebzehnjährigen Vetter Ferdinand beredeten, in dessen Adern wie in den ihren das Blut Heinrichs von Trastamara floß (1469). Da Ferdinand, damals schon König von Sizilien, auch Thronerbe Aragóns war, verschmolz diese Eheschließung die drei Länder zu einem mächtigen Reich. Als Paul II. zögerte, den zur ehelichen Verbindung so naher Verwandter erforderlichen Dispens auszustellen, fälschten Ferdinand, dessen Vater und der Erzbischof von Barcelona die erforderlichen Dokumente;

später, nach dem *fait accompli*, ließ sich Papst Sixtus VI. doch noch zum Erlaß einer authentischen Bulle bewegen. Eine gewichtigere Schwierigkeit bereitete die Armut von Braut und Bräutigam; Isabellas Bruder weigerte sich, seine Einwilligung zu der Heirat zu geben, und Ferdinands Vater verfügte, in einen Krieg verwickelt, nicht über die Mittel zur Ausrichtung einer standesgemäßen Hochzeit. Ein jüdischer Advokat half der Politik mit einem Darlehen von 20000 *sueldos* aus; es wurde von Isabella nach ihrer Thronbesteigung zurückbezahlt (1474)*.

Alfons V. von Portugal, der Juana geheiratet hatte, machte zwar Isabella den Thron streitig, verlor aber den Disput bei Toro, wo Ferdinand die Kastilier zum Sieg führte (1476). Drei Jahre später erbte Ferdinand Aragon und vereinigte damit die ganze Pyrenäenhalbinsel mit Ausnahme Portugals, Granadas und Navarras unter seinem Zepter. Über Aragon, Sardinien und Sizilien herrschte er allein; in Kastilien, dessen Krone Isabella aus eigenem Rechte trug, regierten sie gemeinsam. Im allgemeinen besorgte Isabella die innere Verwaltung selbständig; dennoch bedurften ihre Erlasse der Unterschrift beider, und auch die neuen Münzen zeigten die Köpfe beider Souveräne. Dank ihren sich ergänzenden Eigenschaften hat sich kein zweites königliches Paar mit einer so großen Leistung in die Annalen der Geschichte eingeschrieben.

Nach Aussage der zeitgenössischen Höflinge war Isabella unvergleichlich schön, was sagen will, einigermaßen hübsch: mittelgroß, blauäugig, mit kastanienbraunem, ins Rötliche gehendem Haar. Sie war gebildeter als Ferdinand, dafür hatte er den schärferen Verstand. Sie patronisierte die Dichter und disputierte mit vorsichtig zurückhaltenden Philosophen; doch zog sie geistliche Gesellschaft jeder anderen vor und wählte die strengsten Moralisten zu Beichtvätern und Beratern. Mit einem flatterhaften Mann vermählt, scheint sie ihm ihr Leben lang die Treue gehalten zu haben; für eine Epoche lockerer Sexualmoral ähnlich der heutigen war ihr Eheleben vorbildlich. Inmitten korrupter Hofbeamter und doppelzüngiger Diplomaten blieb sie freimütig, gerade, unbestechlich. Von der Mutter in orthodoxer Frömmigkeit erzogen, entwickelte sie sich später zur Beinahe-Asketin, die sich in der Unterdrückung von Ketzerei und Irrlehren ebenso hart und grausam wie in allem anderen mild und gütig zeigte. Ihren Kindern war sie eine Quelle der Zärtlichkeit und ihren Freunden ein Fels der Treue; für Kirchen, Klöster und Spitäler hatte sie eine stets offene Hand, was sie nicht hinderte, den amoralischen Lebenswandel der zeitgenössischen Päpste zu verurteilen. Sie besaß überdurchschnittlichen körperlichen und moralischen Mut, bändigte den aufsässigen Hochadel, trug still ergeben die schwersten Schicksalsschläge und unterzog sich den Gefahren und Mühsalen des Krieges mit ansteckender Tapferkeit. In der Öffentlichkeit mit königlicher Pracht aufzutreten hielt sie für gut, im Privatleben aß und lebte sie bescheiden; ihre Mußestunden füllte sie mit feinen Stickereien für ihre Lieblingskirchen aus. Ihren Aufgaben als Regentin kam sie gewissenhaft nach, und manche Reform entsprang ihrer Initiative; in ihrem Bestreben, der Gesetzlosigkeit ein Ende zu machen und ein fried-

* Das kleinste damalige kastilische Geldstück war der Kupfer*maravedi*. 18,7 *maravedi* entsprachen einem aragonischen *sueldo*, 34 einem Silber*real*, 374 einem Gold*escudo* oder Dukaten.

liebendes Zeitalter heraufzuführen, ging sie vielleicht allzu hart vor. Ausländer wie Paolo Giovio, Guicciardini und der Chevalier Bayard rühmten sie als einen der fähigsten zeitgenössischen Monarchen und verglichen sie mit den großen Heroinen der Vorzeit. Ihre Untertanen vergötterten sie, während sie den König weniger schätzten.

Vor allem konnten es ihm die Kastilier nicht verzeihen, daß er ein Aragonese und nicht ihr angestammter König war; und obschon sie seine Erfolge als Staatsmann, Diplomat und Feldherr bewunderten, warfen sie ihm allerlei Fehler vor. Sie verglichen seine kühle Reserviertheit mit Isabellas gütiger Wärme, seine berechnete Zurückhaltung mit ihrem offenen Freimut, seine Knausrigkeit mit ihrer Freigebigkeit, seine Engherzigkeit mit ihren großmütigen Belohnungen für geleistete Dienste, seine außerehelichen Abenteuer mit ihrer ehelichen Treue. Was sie ihm vermutlich weniger ankreideten, war die Einführung der Inquisition und die Ausnutzung religiöser Gefühle als Kriegsmittel; sie lobten vielmehr die Unterdrückung der Ketzerei, die Eroberung Granadas und die Austreibung der ungetauften Juden und Mauren – sie liebten an ihm am meisten, was die Nachwelt am wenigsten bewundert. Wir finden keinen Protest gegen überstrenge Gesetze wie Ausreißen der Zunge für Gotteslästerung und Scheiterhaufen für Sodomie. Man wußte, daß er gerecht, ja nachsichtig sein konnte, wenn weder persönlicher Vorteil noch staatliches Interesse auf dem Spiele standen; man rühmte seine unerschrockene und geschickte Heerführung, obschon er lieber in Verhandlungen Scharfsinn gegen Scharfsinn als in der Schlacht Mann gegen Mann aufbot; man stellte fest, daß seine Knausrigkeit nicht dem persönlichen Luxus, sondern der Finanzierung kostspieliger Unternehmungen für Kastiliens Größe diente. Seine persönliche Anspruchslosigkeit, seine Beharrlichkeit unter widrigen Umständen, seine Mäßigung im Erfolg, die geschickte Auswahl der Hof- und Staatsbeamten, die unerschütterliche Hingabe an die Regierungsgeschäfte, die geschmeidig-hartnäckige Verfolgung ferner Ziele – das alles muß ihnen gefallen haben. Seine diplomatische Doppelzüngigkeit, seine oftmaligen Wortbrüche verzieh man – versuchten denn die fremden Herrscher nicht auch, ihn und Spanien durch ähnliche Methoden zu übervorteilen? «Der König von Frankreich», rief Ferdinand einmal grimmig aus, «beschwert sich, weil ich ihn zweimal getäuscht hätte. Der Dummkopf lügt, ich habe ihn zehnmal und öfter getäuscht.» Machiavelli pries seine Verschlagenheit und «seine Taten ... alle groß und einige außergewöhnlich» und bezeichnete ihn als «einen der ersten Fürsten der Christenheit». Giucciardini schrieb: «Welche Kluft zwischen den Worten und Handlungen dieses Fürsten, wie heimlich und tief legte er seine Netze aus!» Der oder jener meinte, Ferdinand habe Glück gehabt, aber in Wahrheit verdankte er dieses Glück der sorgfältigen Vorbereitung auf alle Eventualitäten und dem raschen Zugriff, wenn sich eine Möglichkeit bot. Zog man die Bilanz zwischen seinen Tugenden und Verbrechen, dann ergab sich, daß er mit erlaubten und unerlaubten Mitteln aus den ohnmächtigen Fragmenten Spaniens eine in sich geschlossene Macht geschmiedet hatte, die in der nächsten Generation zur Vormacht Europas aufsteigen konnte.

Ferdinand und Isabella stellten die Sicherheit des Lebens und Eigentums her, indem sie die *Santa Hermandad* – Heilige Bruderschaft –, eine örtliche Miliz zur Wahrung der öffentlichen Ordnung, von neuem belebten, den Straßenraub und die höfischen Liebesintrigen unterbanden, die Gesetze kodifizierten und das Gerichtswesen reorganisierten. Sie zogen die Staatsländereien ein, die ihre Vorgänger bedenkenlos an Günstlinge verschenkt hatten, und zwangen den Hochadel zur Anerkennung der unumschränkten Gewalt der Krone; wie in Frankreich und England mußten Unabhängigkeit und Fehden des Feudaladels der zentralisierten Verwaltung des absoluten Königtums weichen. Die Städte mußten gleicherweise auf ihre Privilegien verzichten, die Provinzialcortes traten selten zusammen, und dann meist nur, um Gelder für den Staat zu bewilligen; die schwächlichen Institutionen der Selbstverwaltung gaben unter einem stahlharten König den Geist auf. Sogar die spanische Kirche, die den *reyes católicos** so viel galt, mußte auf einen Teil ihres Reichtums und die zivile Gerichtshoheit verzichten, während sich der Klerus unter dem Druck Isabellas in eine rigorose Reform seines Lebenswandels fügte. Papst Sixtus VI. sah sich gezwungen, der spanischen Krone das Recht zur Ernennung der höheren kirchlichen Würdenträger zuzugestehen, so daß fähige Kleriker wie Pedro Gonzáles de Mendoza und Ximenes de Cisneros gleichzeitig als Erzbischöfe von Toledo und erste Minister des Königs amtierten.

Kardinal Ximenes, eine ebenso starke Persönlichkeit wie Ferdinand, entstammte einer edlen, aber armen Familie, wurde schon als Kind für die kirchliche Laufbahn bestimmt, promovierte zwanzigjährig an der Universität Salamanca zum Doktor des zivilen und des kanonischen Rechts und war einige Jahre als Vikar und Rechnungsführer Mendozas in der Diözese Sigüenza tätig. Trotz seines schnellen Aufstiegs unglücklich, trat er, der sich aus Besitz und Ehren wenig machte, den observanten Franziskanern bei, dem strengsten aller spanischen Orden. Die Askese bildete seine Freude: Er schlief auf der Erde oder dem nackten Boden, fastete häufig, übte Selbstgeißelung, trug ein härenes Hemd und führte, zum Haupt der Ordensprovinz ernannt, harte Reformen ein. Die ihm von Isabella angebotene Ernennung zum Erzbischof von Toledo wies er anfänglich zurück, fügte sich aber nach sechs Monaten dem päpstlichen Befehl, sie anzunehmen (1495). Beinahe ein Sechziger, hätte er offenbar lieber als Mönch gelebt, denn er behielt seine asketische Lebensweise auch als Primas von Spanien und Vorsitzender des Staatsrats bei und trug unter dem erzbischöflichen Ornat nach wie vor die grobe Franziskanerkutte und darunter das härene Hemd. Gegen den Widerstand hoher Kleriker, aber mit der Unterstützung der Königin, zwang er alle Orden zu den gleichen Reformen, die er in seinem eigenen durchgeführt hatte. Es war, als wären dem seiner Demut entkleideten Franz von Assisi plötzlich die Willensstärke eines heiligen Dominik und die Macht eines heiligen Bernhard zugewachsen.

Einem so düsteren Heiligen konnte es kaum gefallen, zwei ungetaufte Juden in hoher Gunst bei Hof zu finden. Zu den Beratern, denen Isabella ihr größtes Vertrauen schenkte, gehörte Abraham Senior, der gemeinsam mit Isaac Abrabanal Ferdinands Steuereinzieher und finanzieller Rückhalt für den Krieg mit Granada war. Dennoch bereiteten gerade zu dieser Zeit die *Conversos* dem Königspaar weit größere Sorgen. Es hatte ge-

* Dieser Titel wurde Ferdinand und Isabella von Papst Alexander VI. verliehen (1494).

hofft, daß sie sich mit der Zeit als echte Christen erweisen würden, und Isabella hatte sogar einen speziellen Katechismus zu ihrer Belehrung verfassen lassen; trotzdem hielten viele insgeheim an ihrem alten Glauben fest und gaben ihn an ihre Kinder weiter. Während die allgemeine Abneigung gegen die ungetauften Juden eine Zeitlang zurückging, wuchs der Widerwille gegen die «neuen» Christen. Unruhen brachen aus: in Toledo 1467, Valladolid 1470, Cordoba 1472 und Segovia 1474. So war das religiöse Problem auch zum Nationalitätenproblem geworden, und das junge Königspaar suchte nach Mitteln, um die Konflikte zwischen seinen Völkern mit ihren verschiedenen Sprachen und Glaubensbekenntnissen zu entwirren und eine homogene, friedliche Ordnung herbeizuführen. Die Wiederaufnahme der Inquisition schien ihm das beste Mittel zur Erreichung dieses Ziels.

## IV. DIE METHODEN DER INQUISITION

Wir leben heute in einer so großen und allgemeinen Unsicherheit im Hinblick auf den Ursprung und die Bestimmung von Welt und Mensch, daß die Mehrzahl der Staaten davon absieht, abweichende religiöse Überzeugungen zu bestrafen. Unsere Intoleranz gilt vielmehr jenen, die unsere politischen und ökonomischen Grundsätze anzweifeln, und diesen ängstlichen Dogmatismus begründen wir mit der Behauptung, daß jeder Zweifel an unseren Überzeugungen die Einigkeit und Existenz der Nation gefährde. Bis zur Mitte des siebzehnten Jahrhunderts spielte die Religion eine viel wichtigere Rolle im Völkerleben als heute: Christen, Juden und Mohammedanern galt ihr Glaubensbekenntnis als ihr sicherster und wertvollster Besitz, so daß sie jeden, der es nicht teilte, als einen Zerstörer der bestehenden Ordnung, ja des eigentlichen Lebensinhalts betrachteten. Aus dieser absoluten inneren Gewißheit erwuchs eine Intoleranz, die jede andere Religionsgemeinschaft als gottlos brandmarkte.

Die Inquisition fand den besten Nährboden in jenen Schichten, die ohne jede Bildung und Welterfahrung einem aus Einbildungskraft und Gewohnheit genährten primitiven Glauben huldigten, wurden doch die allermeisten mittelalterlichen Christen von Kindheit auf in der Vorstellung erzogen, daß Gott die Bibel Wort für Wort diktiert und der Gottessohn in eigener Person die Kirche gegründet habe. Aus solchen Voraussetzungen mußte notwendigerweise die Überzeugung erwachsen, daß sich nach Gottes Willen alle Völker zu Christus bekehren müßten und daß die Einhaltung nichtchristlicher und insbesondere antichristlicher Rituale eine krasse Verhöhnung der Gottheit bilde. Auch konnten, da jede arge Irrlehre an sich schon ewige Verdammung nach sich zog, deren Unterdrücker glauben, daß die Beseitigung eines Häretikers seine potentiellen Anhänger, ja vielleicht ihn selbst vor dem ewigen Feuer bewahre.

Isabella, die durch und durch religiös war, teilte wohl diese Ansichten; Ferdinand mag als erfahrener Weltmann einige Zweifel gehegt haben; doch war er offenbar davon überzeugt, daß ein einheitliches Glaubensbekenntnis die Regierungsgeschäfte erleichtern und Spanien nach außen schlagkräftiger machen würde. Auf beider Wunsch hin erließ Papst Sixtus IV. eine Bulle (1. November 1478), die ihnen gestattete, sechs Priester – Doktoren der Theologie und des kanonischen Rechts – für ein Inquisitionstribunal zur Aufdeckung und Bestrafung von Ketzereien und Irrlehren zu ernennen. Was diese Bulle so bemerkenswert machte, war die dem spanischen Königspaar eingeräumte Vollmacht, die Inquisitoren selbst zu ernennen, eine Befugnis, die in früherer Zeit den Provinzialen der Dominikaner oder Franziskaner zugestanden hatte. Damit wurde – wie es im nächsten Jahrhundert im protestantischen Deutschland und England gleichfalls geschehen sollte – die Kirche für drei Generationen dem Staat unterstellt. Formell stand dem Herrscherpaar freilich nur das Vorschlagsrecht zu; die definitive Ernennung vollzog der Papst, so daß sich die Autorität der Inquisitoren von der des Heiligen Stuhls ableitete; die Institution blieb geistlich, ein Organ der Kirche, die wiederum ein Arm des Staates war. Dem Staat oblag es, die Kosten aufzubringen; dafür zog er auch die Reineinkünfte des Inquisitionstribunals ein. Die inquisitoriale Tätigkeit wurde von den Souveränen streng überwacht, und den Verurteilten stand sogar ein Berufungsrecht an sie zu. Im Lauf der Zeit entwickelte sich die Inquisition zu Ferdinands bevorzugtem Regierungsbehelf, denn ohne primär von finanziellen Motiven geleitet zu sein, zog er doch Nutzen aus dem beschlagnahmten Eigentum der Überführten; andererseits ließ er sich auch durch die verlockendsten Angebote reicher Opfer nicht dazu bewegen, Urteile des Tribunals umzustoßen. Sein Ziel blieb die Vereinheitlichung Spaniens.

Den Inquisitoren stand die Befugnis zu, geistliche wie weltliche Instanzen als Untersuchungs- und Exekutivorgane einzusetzen. Ab 1483 übte eine staatliche Behörde, der Consejo de la Suprema y General Inquisición, gemeinhin als Suprema bezeichnet, die Oberaufsicht über die Inquisition aus. Die Kompetenz des Tribunals erstreckte sich nicht auf ungetaufte Juden und Mauren; ihre Schrecken richteten sich vielmehr gegen Bekehrte, die im Verdacht standen, insgeheim an ihrer alten Religion zu hängen, und gegen die einer Irrlehre verfallenen Alt-Christen. Priester und Ordensangehörige wehrten sich gegen die Zuständigkeit der Inquisition, drangen aber nicht durch; die Jesuiten leisteten sogar ein volles halbes Jahrhundert Widerstand und mußten sich schließlich doch unterwerfen. Nur vor der Macht der Krone machte die Suprema halt; in späteren Jahrhunderten setzte sie sich aber sogar über den Souverän hinweg, so daß ihr auf Verlangen die Mitwirkung der staatlichen Organe so gut wie immer zur Verfügung stand.

Die Inquisition arbeitete nach ihren eigenen Gesetzen und Verfahrensregeln. Der Errichtung ihres Tribunals in einer Stadt ging die Verlesung eines «Glaubensedikts» von den Kanzeln voran, das der Bevölkerung befahl, die ihr bekannten Ketzereien dem Tribunal zu enthüllen: eine Aufforderung an alle, Nachbarn, Freunde und selbst Angehörige anzuzeigen. (Im sechzehnten Jahrhundert wurden Denunziationen gegen nahe Verwandte freilich nicht mehr zugelassen.) Den Informanten wurden Verschwiegenheit und Schutz zugesichert; wer Irrgläubige kannte und sie nicht meldete oder gar versteckte, wurde mit einem feierlichen Anathema, das heißt mit Verfluchung und Exkommunikation, bedroht. Wer unter den getauften Juden immer noch auf den künftigen Messias wartete, den Sabbat hielt oder auch nur die Wäsche an diesem Tag wechselte, irgendwelche jüdischen Feiertage beging, seine Kinder beschneiden ließ oder ihnen einen hebräischen Namen gab, sie segnete, ohne das Kreuz zu schlagen, beim Gebet den Kopf bewegte, einen biblischen Psalm ohne nachfolgendes Gloria rezitierte und schließlich auf dem Sterbebett den Kopf zur Wand drehte, der galt den Inquisitoren als des geheimen Irrglaubens verdächtig und war dem Tribunal zu melden. Wer sich selbst der Ketzerei schuldig fühlte, hatte sie innerhalb einer bestimmten «Gnadenfrist» zu beichten; es würde ihm eine Buße und eine Geldstrafe auferlegt, im übrigen aber vergeben werden, vorausgesetzt daß er die ihm bekannten Irrgläubigen nenne.

Die Inquisitoren scheinen das ihnen zugetragene Material und die Nachforschungen ihrer Hilfskräfte sorgfältig geprüft zu haben und erließen einen Haftbefehl nur, wenn sie einstimmig von einem Verschulden überzeugt waren. Der Beschuldigte wurde *incomunicado* gehalten; außer den Organen der Inquisition durfte er mit niemandem reden, seine Verwandten durften ihn nicht besuchen, und meist wurde er in Ketten gelegt. Bett und Kleidung hatte der Häftling selbst zu stellen und auch für alle Kosten der Haft und Verpflegung aufzukommen. Wenn er nicht über genügend Barmittel verfügte, wurde seine Habe ganz oder teilweise versteigert und sein übriger Besitz beschlagnahmt, damit nichts beiseite geschafft werden konnte. Gegebenenfalls wurde so viel davon verkauft, als nötig war, um erwerbsunfähige Familienglieder zu erhalten.

Dem Tribunal – das ihn schon im voraus schuldig befunden hatte – vorgeführt, mußte nun der Häftling seine Unschuld beweisen. Vor der Verhandlung, die unter Ausschluß der Öffentlichkeit stattfand, hatte der Angeschuldigte feierlich zu geloben, im Falle seiner Freilassung über alle Vorgänge strengstes Stillschweigen zu bewahren. Zeugen wurden nicht zugezogen, ja nicht einmal ihre Namen genannt, was die Inquisition als eine unerläßliche Maßnahme zum Schutz der Denunzianten betrachtete. Man sagte dem Beschuldigten nicht einmal, wessen er angeklagt war; er wurde lediglich aufgefordert, seine Abweichungen vom rechten Glauben zu gestehen und die Namen der Personen, die er der Ketzerei verdächtige, zu nennen. Fiel das Geständnis befriedigend aus, so lag die Bestrafung im Ermessen des Tribunals; auf alle Fälle rettete der Schuldige sein Leben. Wer nicht gestehen wollte, durfte einen Advokaten zuziehen und blieb bis zur neuerlichen Verhandlung in Einzelhaft. Oftmals bediente man sich der Folter zur Erpressung eines Geständnisses; doch genügte – da sich das Verfahren meist monatelang hinzog – die in Ketten verbrachte Einzelhaft häufig genug zur Erlangung jeder gewünschten Aussage.

Zur Folterung war ein Mehrheitsbeschluß des Gerichts erforderlich; sie wurde angewandt, wenn dringende Verdachtsgründe für ein Verschulden vorlagen, aber keine absolute Gewißheit bestand. Doch schob man die Ausführung des Beschlusses in der Hoffnung auf ein aus der Angst geborenes Geständnis vielfach hinaus. Offenbar ist die Folter als eine Gunst betrachtet worden; ein Geständnis konnte ja nicht nur strafmildernd wirken, sondern öffnete, selbst wenn ein Todesurteil unvermeidlich blieb, den

Weg zur priesterlichen Absolution und bewahrte den Delinquenten vor der Hölle. Das Geständnis allein schützte freilich nicht immer vor der Folter; man wandte sie auch zur Erpressung der Namen von Mitschuldigen an, und wenn sich die Aussagen der Zeugen widersprachen, glaubte man, mit Hilfe der Tortur die Wahrheit feststellen zu können. Sogar Sklaven wurden ihr unterworfen, wenn gegen ihre Herren Beweismaterial gebraucht wurde. Altersgrenzen gab es keine; dreizehnjährige Mädchen waren vor ihr sowenig sicher wie achtzigjährige Greisinnen; immerhin verboten die Regeln der spanischen Inquisition die Folterung von stillenden Frauen, Herzleidenden und solchen Personen, die nur leichter Vergehen beschuldigt waren wie beispielsweise des Glaubens, daß Unzucht eine läßliche Sünde sei. Eine dauernde Verstümmelung des Opfers war verboten, weshalb die Prozedur auf Anordnung des beiwohnenden Arztes unterbrochen werden mußte; diese selbst ging in Anwesenheit der den Fall behandelnden Inquisitoren, eines Notars, eines Schreibers und eines Vertreters des zuständigen Bischofs vor sich. Die Methoden wechselten nach Ort und Zeit; manchmal band man dem Opfer die Hände auf den Rücken und hängte es daran auf; oder man fesselte es, damit es sich nicht mehr bewegen konnte, und ließ ihm Wasser in denMund tropfen, bis es beinahe erstickte; oder man band Arme und Beine mit Stricken und zog sie immer fester an, bis sie durch das Fleisch auf die Knochen schnitten. Dabei hieß es, daß die von der spanischen Inquisition angewandten Methoden milder seien als die der früheren päpstlichen Inquisition oder der weltlichen Gerichte moderner Diktaturen. Das wichtigste Instrument zur Erlangung von Geständnissen bildete jedoch die Dauerhaft.

Die Tätigkeit des Inquisitionstribunals beschränkte sich aber nicht nur darauf, Ankläger, Richter und Schwurgericht in einem Gremium zu sein, es dekretierte auch die Glaubensregeln und das sittliche Verhalten und setzte das Strafmaß für die einzelnen Verstöße fest. In vielen Fällen war es nachsichtig und erließ einen Teil der Strafe, weil der Sünder alt, unwissend oder arm war, weil er berauscht gewesen war oder weil er sonst einen guten Ruf besaß. Die mildeste Strafe bildete der Verweis. Schlimmer war es, wenn jemand seinem Irrglauben öffentlich abschwören mußte; das brandmarkte ihn – ob schuldig oder nicht – bis zum Ende seiner Tage. Meist wurde der reuige Sünder dazu verurteilt, die Messe regelmäßig zu besuchen und dabei das *sanbenito* – ein Büßerhemd mit einem flammenden Kreuz – zu tragen. Andere führte man, nackt bis zum Gürtel und mit einem ihren Verstoß symbolisierenden Abzeichen, durch die Straßen. Dem Sünder und seinen Nachkommen konnte die Befugnis zur Bekleidung öffentlicher Ämter für alle Zeiten abgesprochen werden. Verbannung aus der Stadt, seltener aus Spanien, wurde verhängt. Die Auspeitschung, hundert bis zweihundert Hiebe – mehr wären lebensgefährlich gewesen –, bildete eine weitere Strafe und traf beide Geschlechter. Die Verurteilung zur Galeere empfahl Ferdinand als für den Staat nützlicher denn bloße Kerkerhaft. Die hohen Geldstrafen gingen manchmal bis zur Konfiskation des gesamten Vermögens. Es kam vor, daß ein Verstorbener des Irrglaubens beschuldigt und *post mortem* abgeurteilt wurde. Lautete das Verdikt auf Vermögenskonfiskation, mußten die Erben den Nachlaß herausgeben, während dem oder den Denunzianten zwischen dreißig und fünfzig Prozent als Belohnung zufielen.

Erben, die ein rückwirkendes Urteil befürchteten, bezahlten im voraus «Abfindungsgelder» als eine Art von Versicherung gegen spätere Vermögenskonfiskation. Reichtum wurde zur Gefahr für den Besitzer, zur Versuchung für den Denunzianten, die Inquisitoren und den Staat. Je stärker der Geldstrom anschwoll, desto mehr schwand das Interesse der Inquisitoren und ihrer Helfer an der Verteidigung des rechten Glaubens; man gierte offen nach Gold, und die fromme Korruption blühte.

Die schwerste Sühne bildete der Scheiterhaufen. Sie traf nur Personen, die sich, einer schweren Ketzerei für schuldig befunden, vor dem Urteilsspruch zu keinem Geständnis bequemten, und solche, die zwar rechtzeitig gestanden, aber nach der Sündenvergebung neuerdings in Ketzerei verfielen. Die Inquisition gab freilich vor, nie selbst zu exekutieren, sondern die schuldig Befundenen lediglich der weltlichen Gewalt zu übergeben; sie wußte aber nur zu gut, daß arge Ketzer und nicht geständige Sünder nach weltlichem Gesetz dem Scheiterhaufen anheimfielen. Daß die Kirche zu jedem Autodafé Geistliche entsandte, spricht deutlich genug für ihre Verantwortung. Die «Glaubenshandlung» bestand ja nicht nur in dem Flammentod, sondern in dem ganzen schrecklichen Zeremoniell der Urteilsverkündung und Hinrichtung, das sowohl potentielle Sünder abschrecken als auch die Gläubigen mit einem Vorgeschmack des Jüngsten Gerichts erbauen sollte.

Anfänglich ging die Prozedur in einfacher Form vor sich; die Todeskandidaten wurden zum Hauptplatz geführt und reihenweise auf dem Scheiterhaufen festgebunden; ihnen gegenüber auf einer Tribüne saßen die Inquisitoren im großen Ornat. Noch einmal wurde den Unglücklichen Gelegenheit zu einem Geständnis gegeben, dann folgte die Verlesung des Urteils, das Feuer wurde angefacht, und die Marter nahm ihren Lauf. Als mit zunehmender Häufigkeit das Schauspiel an abschreckender Wirkung verlor, gestaltete man es pompöser und scheute für diesen Zweck weder Mühe noch Kosten. Meist verband man es mit den Feierlichkeiten anläßlich einer Thronbesteigung, einer Königs- oder Prinzenhochzeit oder dem Besuch eines Mitglieds des königlichen Hauses. Eine nicht ablehnbare Einladung erging an die städtischen und staatlichen Beamten, an die lokale Geistlichkeit und die Orden, und am Vorabend des großen Tages schritten all diese Würdenträger in düsterer Prozession durch die Straßen, um das grüne Kreuz der Inquisition vor dem Hauptaltar der Kathedrale oder größten Kirche aufzustellen. Noch einmal versuchte man, die Verurteilten zu einem Geständnis zu bewegen; viele beugten sich jetzt und verdienten sich die Begnadigung zu mehr oder weniger befristeter, schlimmstenfalls lebenslänglicher Haft. Am nächsten Vormittag brachte man die Delinquenten durch dicht gedrängte Zuschauermassen zum Hauptplatz der Stadt: Betrüger, Gotteslästerer, Bigamisten, Ketzer, abtrünnige Bekehrte und in späterer Zeit Protestanten; manchmal führte man die Nachbildungen der in Abwesenheit Verurteilten und die Gebeine der nach dem Tod schuldig Befundenen mit. Die Inquisitoren und ihre Helfer, die Welt- und Ordensgeistlichkeit, die städtischen und königlichen Beamten und Würdenträger, ab und zu der König selbst, wohnten auf einer oder mehreren Tribünen dem feierlichen Akte bei. Nach vorhergegangener Predigt hatten alle Anwesenden dem «Heiligen Offizium der Inquisition» Gehorsam sowie die Enthüllung und

Bekämpfung der Ketzerei in jeder Form und an allen Orten zu geloben. Dann führte man die Verurteilten einzeln vor und verlas das Urteil. Trotziger Bekennermut trat freilich selten zutage; in diesem Stadium waren die meisten seelisch und körperlich viel zu erschöpft. Ein Geständnis vermochte auch jetzt noch das Leben zu retten; das Tribunal begnügte sich in diesem Fall mit Auspeitschung, Vermögenskonfiskation und lebenslänglichem Kerker. Wer erst am Schluß der Urteilsverkündung gestand, verdiente sich immerhin noch die Milderung, vor der Verbrennung stranguliert zu werden; und da Geständnisse in diesem letzten Moment häufig erfolgten, kamen Verbrennungen bei lebendigem Leibe nur selten vor. Argen Ketzern, die bis zuletzt nicht bereuten, wurden (bis 1715) die letzten Sakramente vorenthalten, was sie – nach dem Willen der Inquisitoren – dem ewigen Feuer auslieferte. Die «Bußfertigen» wurden in den Kerker zurückgebracht, die «Verstockten» übergab man der weltlichen Gerechtigkeit mit der frommen Ermahnung, kein Blut zu vergießen. Durch dichte, von weither zu dem festlichen Schauspiel herbeigeströmte Zuschauermassen begab sich nunmehr der traurige Zug zu der vor der Stadt gelegenen Richtstätte, wo die Geständigen zuerst stranguliert, die übrigen lebendig verbrannt wurden. Das Feuer unterhielt man so lange, bis nichts als Asche vorhanden war, die man zum Schluß über Felder und Flüsse ausstreute. Die Geistlichen kehrten zu ihren Altären, die Laien in ihre Heime zurück, alle miteinander fest überzeugt, ein der beleidigten Gottheit wohlgefälliges Werk verrichtet zu haben. Das heidnische Menschenopfer war in neuer Form wiedererstanden.

## V. DIE AUSBREITUNG DER INQUISITION: 1480–1516

Im September 1480 setzten Ferdinand und Isabella die ersten Inquisitoren für den Bezirk Sevilla ein. Viele der dortigen *conversos* flohen, Schutz suchend, auf die Schlösser und Burgen der Granden, die, anfänglich gar nicht abgeneigt, ihn zu gewähren, die Flüchtigen auslieferten, als das Gericht mit Exkommunikation und Vermögenskonfiskation drohte. In der Stadt selbst schloß sich eine Anzahl *conversos* zu bewaffnetem Widerstand zusammen; der Plan wurde jedoch verraten, und die Beteiligten überfüllten binnen kurzer Zeit die Kerker. Die Prozesse gingen mit so unheiliger Hast vonstatten, daß das erste feierliche Autodafé, dem sechs Personen beiderlei Geschlechts zum Opfer fielen, schon am 6. Februar 1481 abgehalten werden konnte. Bis zum 4. November des gleichen Jahres sahen sich 298 Personen den Flammen überantwortet und weitere 79 zu lebenslänglichem Kerker verurteilt.

Auf Ersuchen der spanischen Majestäten bestellte (1483) Papst Sixtus IV. den Dominikaner Tomas de Torquemada zum Generalinquisitor für ganz Spanien, einen unermüdlichen, jedem Luxus abholden Fanatiker, der es als seine Lebensaufgabe betrachtete, Christus durch die unbarmherzige Unterdrückung jeder Ketzerei zu dienen. Seinen Untergebenen warf er zu große Nachsicht vor und stieß persönlich viele Freisprüche um; die Toledaner Rabbis zwang er unter Androhung der Hinrichtung zur Nennung der ihren alten Glauben praktizierenden *conversos*. Papst Alexander VI., der anfänglich Torquemadas Eifer gelobt hatte, stellte ihm, von seiner übergroßen Strenge alarmiert, 1494 zwei weitere Generalinquisitoren zur Seite. Torquemada setzte sich über sie hinweg, behielt die alleinige Führung und machte aus der Inquisition ein *imperium in imperio*, dessen Macht mit der der Majestäten rivalisierte. Auf sein Betreiben verbrannte man in Ciudad Real in den Jahren 1483/84 54 Personen, konfiszierte das Eigentum von 220 Geflohenen und bestrafte 183 Reumütige. In Toledo nahm das Tribunal innerhalb eines Jahres 750 getaufte Juden fest, konfiszierte ein Fünftel ihres Eigentums und erlegte ihnen die Buße auf, sich an sechs Freitagen in Bußprozessionen mit Hanfseilen öffentlich zu geißeln. Bei zwei weiteren Autodafés im gleichen Jahr (1486) urteilte es 1650 reuige Toledaner ab. Ähnliche Anstrengungen machte es in Valladolid, Guadalupe und anderen kastilischen Städten.

Aragón wehrte sich mutig, aber vergebens gegen die Inquisition. Teruel verschloß den Inquisitoren die Tore, woraufhin sie die Stadt mit dem Interdikt belegten. Ferdinand stellte die Zahlung der Beamtengehälter ein und bot Truppen auf, um den Gehorsam zu erzwingen; und als das Tribunal den den Städtern ohnehin feindlich gesinnten Bauern der Umgebung versprach, ihnen die Schulden und Pachtzinse an verurteilte Ketzer zu erlassen, wandten auch sie sich gegen die Stadt. Teruel ergab sich, und Ferdinand ermächtigte die Inquisitoren, alle des Widerstands Verdächtigen zu verbannen. In Saragossa protestierten nicht nur die «Neu»-, sondern auch die «Alt»-Christen gegen die Errichtung des Tribunals. Als es sich dennoch etablierte, ermordeten einige *conversos* einen der Inquisitoren (1486). Das war ein psychologischer Mißgriff; die aufgeschreckte Bevölkerung durchzog mit dem Ruf «Verbrennt die *conversos!*» die Straßen, bis der Erzbischof die Menge mit dem Versprechen rascher Aburteilung beruhigte. Fast alle Verschworenen wurden festgenommen und hingerichtet; einer stürzte sich aus seinem Turmgefängnis in den Tod; ein anderer zerbrach eine Laterne, verschluckte die Splitter und wurde tot im Verlies gefunden. Auch die Cortes von Valencia verwehrten dem Tribunal die Arbeit; Ferdinand ließ die Rädelsführer festnehmen, woraufhin die Stadt kapitulierte. So verletzte Ferdinand nach und nach alle alten Freiheitsprivilegien Aragóns; das Bündnis von Kirche und Krone, von Exkommunikation und bewaffneter Macht war zu stark, als daß eine einzelne Stadt oder Provinz dauernden Widerstand hätte leisten können. 1488 wurden allein in Valencia 983 Personen wegen Ketzerei verurteilt und 100 verbrannt.

Wie stellten sich die Päpste zu diesem Mißbrauch der Inquisition als Machtmittel des Staates? Die weltliche Oberaufsicht mißfiel ihnen zweifellos, und mehrere Päpste versuchten vermutlich ebensosehr aus Gründen der Menschlichkeit wie in Anbetracht der großen Summen, die die Appelle um Aufhebung der Inquisitionsurteile begleiteten, deren Härte zu mildern und einzelnen Opfern Schutz zu gewähren. 1482 erließ Sixtus IV. eine Bulle, die, wäre sie beachtet worden, Aragón von Ferdinands Inquisition befreit hätte. Die Bulle warf den Inquisitoren vor, mehr Goldgier als Glaubenseifer zu entwickeln und fromme Christen auf Grund der unzuverlässigen Aussagen ihrer Feinde und Sklaven eingekerkert, gefoltert und verbrannt zu haben. Sie befahl den Inquisitoren, weitere Maßnahmen nur in Anwesenheit und mit Zustimmung eines Vertreters des zuständigen Bischofs zu treffen, den Angeschuldigten die Namen der Angeber zu nennen, die Häftlinge nur in bischöflichen Gefängnissen zu verwahren, denen, die sich für unschuldig verurteilt hielten, den Appell an den Heiligen Stuhl zu gestatten, das Verfahren zu suspendieren, bis dieser sein Urteil gefällt habe, und den geständigen und reuigen Ketzern Absolution zu gewähren und sie nicht weiter zu verfolgen. Alle früheren gegen diese Regeln verstoßenden Verfahren erklärte die Bulle für null und nichtig, während sie für künftige Verstöße die Exkommunikation androhte. Es war ein erleuchteter Erlaß, dessen Ausführlichkeit für seine Aufrichtigkeit spricht. Immerhin bezog er sich nur auf Aragón, dessen *conversos* freigebig bezahlt hatten. Als sich Ferdinand über die Bulle hinwegsetzte, den Mittelsmann, der sie beschafft hatte, festnehmen ließ und dem Tribunal befahl, weiterzumachen wie bisher, unternahm Sixtus nichts, als sie fünf Monate später außer Kraft zu setzen.

Die verzweifelten *conversos* lenkten einen Goldstrom nach Rom und baten um Dispens von den Urteilen und Vorladungen des Tribunals. Das Geld wurde akzeptiert, der Dispens ausgestellt; aber die auf Ferdinands Schutz und Macht bauenden Inquisitoren ignorierten ihn; und die Päpste, die die Freundschaft des Königs ebensosehr wie die Abgaben aus Spanien benötigten, verhielten sich still. Ab und zu machten sie freilich ihre Autorität geltend, zitierten Inquisitoren nach Rom und zogen sie für ihre Übergriffe zur Verantwortung. Alexander VI. versuchte ihre Strenge zu mildern; Julius II. ordnete ein Verfahren gegen den Inquisitor Lucero wegen Amtsmißbrauchs an und exkommunizierte die Inquisitoren von Toledo. Dem sanften, gelehrten Leo X. schien es hingegen eine schändliche Ketzerei, die Verbrennung von Ketzern verwerflich zu finden.

Und wie verhielten sich die damaligen Spanier zur Inquisition? Die oberen Stände und wenigen Gebildeten lehnten sie ab, ohne sie zu bekämpfen. Die breiten Massen der Alt-Christen begrüßten sie. Die den Autodafés beiwohnenden Menschenmengen zeigten nur geringes Mitgefühl für die Opfer, oft sogar Haß; manchmal versuchte man, sie zu lynchen, um ein Geständnis mit nachfolgender Begnadigung zu verhindern. Zu den Versteigerungen der konfiszierten Habe fand man sich scharenweise ein.

Wie groß war die Zahl der Opfer? Llorente* hat geschätzt, daß zwischen 1480 und 1488 8800 Menschen verbrannt und 96494 sonstwie schwer bestraft wurden, zwischen 1480 und 1808 insgesamt 31912 beziehungsweise 291450. Diese Zahlen stellen jedoch zum größten Teil Mutmaßungen dar und werden sogar von modernen protestantischen Geschichtsschreibern als übertrieben allgemein abgelehnt. Andere Historiker, wie etwa H. Ch. Lea oder Henry Kamen, nennen noch größere Opferziffern. Hernando de Pulgar, Isabellas Sekretär, nennt die Zahl von 2000 bis zum Jahre 1490; Zurita, ein Sekretär des Tribunals, sprach von 4000 Verbrennungen in Sevilla allein. Natürlich gab es auch in den spanischen Besitzungen außerhalb des Mutterlandes Opfer: auf den Balearen, auf Sardinien und Sizilien, in den Niederlanden und in

---

* Juan Antonio Llorente, ein spanischer Priester, amtete von 1789 bis 1801 als Generalsekretär der Inquisition. Joseph Bonaparte beauftragte ihn 1809, ihre Archive zu durchforschen und ihre Geschichte zu schreiben. Er verließ Spanien mit den abziehenden Franzosen und veröffentlichte seine Geschichte der Inquisition 1817 in Paris.

Amerika. Ab 1500 ging die Zahl der Todesurteile zurück. Keine Statistik vermag es jedoch, eine Vorstellung des Schreckens zu vermitteln, der in jenen Tagen und Nächten auf den Gemütern lastete. Sogar im engsten Familienkreis mußte man sorgfältig auf jedes Wort achten, um nicht durch eine unbedachte Äußerung in einem Inquisitionskerker zu landen. Einen solchen geistigen Terror hatte die Geschichte noch nie gekannt.

War die Inquisition erfolgreich? Ja, insofern als sie ihr Ziel erreichte, den in Bildung begriffenen Nationalstaat von Ketzerei und offenem Irrglauben zu säubern. Die Annahme, daß die gewaltsame Unterdrückung von Ideen und Glaubensbekenntnissen immer wirkungslos sei, ist eine Täuschung; in Frankreich erlagen ihr die Albigenser und Hugenotten, im Elisabethanischen England die Katholiken, in Japan die Christen. Im Spanien des sechzehnten Jahrhunderts merzte sie die kleinen zum Protestantismus neigenden Gruppen aus. Umgekehrt hat die Inquisition in Deutschland, England und Skandinavien den Protestantismus vermutlich gestärkt, weil die dortigen Völker vor den mit einer katholischen Restauration verbundenen Schrecken zitterten.

Inwieweit der Niedergang Spaniens der Inquisition zur Last zu legen ist, läßt sich schwer beurteilen. Seine Glanzzeit begann 1491 mit Kolumbus und endete 1660 mit Velásquez; sie erreichte, als die Inquisition bereits ein Jahrhundert bestand, mit Cervantes (1547–1616) und Lope de Vega (1562–1635) ihren Höhepunkt. Die jedes normale Maß übersteigende religiöse Inbrunst der christlichen Völker Spaniens war eine natürliche Folge des jahrhundertelangen Ringens mit den «ungläubigen» Mauren; sie hat die Inquisition hervorgerufen, wie diese wiederum den ausschließlichen, fanatischen Katholizismus des späteren Spanien bewirkt hat. Die Schwächung des Landes durch die Kriege Karls V. und Philipps II., die wirtschaftlichen Rückschläge infolge der von der Regierung eingeschlagenen Handelspolitik und der englischen Seesiege dürften mehr zum Niedergang beigetragen haben als die Schrecken der Inquisition. Die Hexenprozesse der protestantischen Völker in Nordeuropa und Neuengland haben einen der spanischen Inquisition verwandten Geist bewiesen, während diese – merkwürdig genug – Hexenkünste vernünftigerweise als eine Selbsttäuschung betrachtete, die eher zu bemitleiden und zu heilen als zu bestrafen sei. In beidem, in der Inquisition und in den Hexenprozessen, drückte sich eine Epoche menschenmordender Glaubensgewißheit aus, so wie die Blutbäder unserer Zeit zumindest teilweise auf menschenmordendes Rassenbewußtsein und menschenmordende ideologische Gewißheiten zurückzuführen sind. Wir müssen diese Erscheinungen aus dem Zeitgeist zu verstehen suchen, selbst wenn wir darin unverzeihliche Verbrechen der Menschheitsgeschichte sehen. Ein alles verzehrender, durch nichts zu erschütternder Glaube ist und bleibt ein Todfeind des Denkens.

## VI. IN EXITU ISRAEL

Aufgabe und Ziel der Inquisition war, alle Christen, alte wie neue, durch ein Schrekkensregiment wenigstens äußerlich beim rechten Glauben zu halten, Ketzerei und Irrlehren schon im Keim zu ersticken und dafür zu sorgen, daß die zweite oder dritte Generation der Bekehrten den Glauben ihrer Väter endgültig vergaß. Hingegen bestand keine Absicht, die getauften Juden aus Spanien zu vertreiben; Ferdinand und die Inquisition verboten ihnen sogar die Abwanderung. Wie aber stand es um die ungetauften Juden? Es gab deren immer noch 235000. Wie konnte die religiöse Vereinheitlichung der Nation bewirkt werden, wenn ihnen die unbehinderte Glaubensausübung gestattet blieb? Torquemada hielt es für unmöglich und empfahl Zwangstaufe oder Verbannung.

Ferdinand zögerte. Er schätzte die materiellen Vorteile, die ihm aus der kommerziellen Begabung und Finanzkunst der Juden erwuchsen. Man flüsterte ihm deshalb ein, daß die unbekehrten Juden die *conversos* mit Spott und Hohn überschütteten und versuchten, sie zumindest heimlich dem alten Glauben zurückzugewinnen. Seinen Leibarzt, den getauften Juden Ribas Altas, beschuldigte man, sein eigenes Abbild, das ihn bei der Schändung eines Kruzifixes zeige, in einer goldenen Kapsel auf der Brust zu tragen. So unglaubwürdig die Beschuldigung auch erscheint, endete er doch auf dem Scheiterhaufen (1488). Man fälschte Briefe eines bekannten Konstantinopler Juden und unterschob ihm die Aufforderung an seine spanischen Glaubensgenossen, so viele Christen wie möglich zu berauben und zu vergiften. Einen *converso* verhaftete man unter der Beschuldigung, in seiner Satteltasche eine geweihte Hostie mitgeführt zu haben, und folterte ihn so lange, bis er ein Protokoll unterschrieb, wonach je sechs getaufte und ungetaufte Juden ein Christenkind ermordet und sein Herz benutzt hätten, um mit Hilfe der schwarzen Magie allen Christen den Tod und der Christenheit den Untergang zu bringen. Obwohl sich die Geständnisse des Gefolterten widersprachen und auch kein Kind vermißt wurde, endeten doch vier Juden in den Flammen, zweien riß man zuvor mit glühenden Zangen das Fleisch aus dem Leibe. Ferdinand mag von diesen und ähnlichen Anschuldigungen beeinflußt gewesen sein; die Öffentlichkeit bereiteten sie auf alle Fälle auf die Austreibung der ungetauften Juden vor. Als nach der Kapitulation Granadas (5. November 1491) dem christlichen Spanien der Gewerbefleiß und Handel der Mauren zugute kamen, verlor die wirtschaftliche Tätigkeit der ungetauften Juden an Bedeutung. Gleichzeitig störten die von den Predigten der Bettelmönche und den Autodafés fanatisierten Massen wiederholt die öffentliche Ordnung, so daß sich die Krone entweder zum Schutz oder zur Austreibung der Juden gezwungen sah.

Am 30. März 1491 – welch ereignisreiches Jahr für Spanien! – unterzeichneten Ferdinand und Isabella das Ausweisungsedikt, das allen ungetauften Juden, gleich welchen Alters und Gesundheitszustandes, bei Todesstrafe befahl, Spanien vor dem 31. Juli zu verlassen und nie wieder zurückzukehren. Ihren Besitz hatten sie vorher zu verkaufen, nur die Mitnahme von beweglicher Habe und von Wechseln auf ausländische Plätze war erlaubt, die von Gold, Silber und Münzen hingegen verboten. Abraham Senior und Isaac Abrabanel boten den Majestäten eine große Summe für die Zurückziehung des Erlasses, aber Ferdinand und Isabella blieben fest. Als einzige Begründung für die Ausweisung nannte das Edikt den Versuch der Juden, die *conversos* dem alten Glauben zurückzugewinnen. Ein zusätzlicher Erlaß schrieb den Ausgewiesenen die Bezahlung der

Steuern für das ganze Jahr und für alle Erlöse aus ihrem Besitz vor und verbot den Einzug von Guthaben bei Christen und Mauren vor dem Fälligkeitstermin; es blieb den Gläubigern überlassen, sie bei Fälligkeit durch Dritte einzukassieren oder sie mit einem Diskont an Christen zu verkaufen. Angesichts dieser erzwungenen Hast ging das jüdische Eigentum zu einem Bruchteil seines Wertes in christliche Hände über; ein Haus konnte für einen Esel, ein Rebberg für ein Stück Tuch erworben werden. Manche Juden brannten in Verzweiflung ihre Häuser nieder; andere schenkten sie der Stadt. Die Synagogen wurden in Kirchen verwandelt, die jüdischen Friedhöfe in Weiden. In wenigen Monaten schmolz der größte Teil eines in Jahrhunderten angesammelten Reichtums dahin. Schätzungsweise 50000 Juden ließen sich taufen und durften bleiben; über 100000 wanderten in einem trübseligen Exodus aus ihrem Geburtsland aus.

Vor dem Aufbruch wurden alle über zwölf Jahre alten Kinder verheiratet. Die Jungen halfen den Alten, die Reichen den Armen. Man wanderte zu Pferd, per Esel, in Karren und zu Fuß. Überall beschworen brave Christen – Geistliche wie Laien – die Auswanderer, sich taufen zu lassen. Die Rabbis aber hielten ihre Herde durch die Versicherung zusammen, Gott werde ihnen eine Furt durch das Meer öffnen und sie ins verheißene Land führen, wie es den Vorvätern geschehen war. Die in Cadiz versammelten Auswanderer warteten hoffnungsvoll auf die Teilung der Wasser, damit sie trockenen Fußes nach Afrika gelangen könnten. Schließlich mieteten sie bitter enttäuscht fünfundzwanzig Schiffe; aber ein Sturm zerstreute die Flotte und trieb sechzehn Schiffe nach Spanien zurück, woraufhin sich viele, hoffnungslos geworden, taufen ließen. Fünfzig Juden, die bei Sevilla Schiffbruch erlitten, kerkerte man zwei Jahre ein und verkaufte sie am Ende als Sklaven. Die Tausende, die von Gibraltar, Malaga, Valencia oder Barcelona in See gingen, entdeckten, daß von allen christlichen Ländern einzig Italien bereit war, sie aus Erbarmen aufzunehmen.

Das bequemste Ziel schien Portugal mit seiner großen jüdischen Gemeinde, die unter wohlwollenden Königen in Wohlstand und Ansehen lebte. Doch jetzt erschrak Johann II. vor der großen Zahl – vielleicht 80000 – der in sein Land drängenden Einwanderer und setzte ihnen eine Frist von acht Monaten zur Weiterwanderung. Da brach eine Seuche unter ihnen aus und sprang auf die Einheimischen über, die die sofortige Ausweisung verlangten. Der König suchte die Abreise zu erleichtern, indem er zu niedrigem Preis Schiffe stellte; aber die, die sich ihnen anvertrauten, sahen sich beraubt und vergewaltigt; viele wurden an öden Küsten ausgesetzt und entweder dem Hungertod oder der Gefangennahme und Versklavung durch die Mauren preisgegeben. Ein Schiff mit 250 Personen durfte wegen der an Bord wütenden Seuche nirgends landen, so daß es vier Monate auf See blieb. Ein Schiff wurde von Piraten aus der Biscaya aufgebracht, die Flüchtlinge wurden ausgeplündert und das Schiff nach Malaga gesteuert, wo Rat und Geistlichkeit die Juden vor die Wahl zwischen Taufe und Hungertod stellten. Nachdem fünfzig gestorben waren, verteilte der Magistrat Brot und Wasser an die Überlebenden und befahl ihnen, nach Afrika überzusetzen.

Nach Ablauf der achtmonatigen Gnadenfrist verkaufte Johann II. alle noch in Portugal verbliebenen spanischen Einwanderer als Sklaven. Kinder unter fünfzehn Jahren wurden den Eltern weggenommen und nach den Sankt-Thomas-Inseln verschickt, wo sie als Christen erzogen werden sollten. Keine Bitten und Beschwörungen fruchteten, so daß manche Mütter sich und ihre Kinder ertränkten. Der Nachfolger Johanns, Manuel, gewährte ihnen jedoch einen neuen Aufschub, setzte die von seinem Vorgänger als Sklaven Verkauften in Freiheit, verbot der Geistlichkeit, die Bevölkerung gegen sie aufzuhetzen, und wies seine Gerichte an, die Verfahren gegen die der Tötung von Christenkindern beschuldigten Juden niederzuschlagen. Unglücklicherweise bewarb sich Manuel gleichzeitig um die Hand Isabellas, der Tochter des spanischen Königspaares und Erbin seiner Kronen, und träumte von der Vereinigung aller iberischen Lande. Unter der Bedingung, daß Manuel alle ungetauften Juden, eingewanderte wie einheimische, ausweise, nahmen die katholischen Majestäten die Bewerbung günstig auf. Manuel, Ehren höher schätzend als die Ehre, ging darauf ein und stellte auch die alteingesessenen Juden und Mauren vor die Wahl zwischen Taufe und Verbannung (1496). Da nur wenige die Taufe vorzogen und er kaum geneigt war, auf das handwerkliche Können und die Handelsbeziehungen seiner Juden zu verzichten, befahl er, die jüdischen Kinder unter fünfzehn Jahren ihren Eltern wegzunehmen und sie im christlichen Glauben zu erziehen. Obschon die Geistlichkeit Einspruch gegen diese Maßnahme erhob, wurde sie durchgeführt. «Ich habe», schrieb ein Bischof, «viele Kinder gesehen, die man an ihrem Haar zum Taufbecken zerrte.» Wieder ging eine Anzahl Juden mit ihren Kindern in den Tod. Manuel wurde wütend, verhinderte erst die Abreise der Juden und ordnete dann die Zwangstaufe an. Die Männer wurden an den Bärten, die Frauen an den Haaren in die Kirchen gezerrt, und viele nahmen sich unterwegs das Leben. Die portugiesischen *conversos* baten Papst Alexander VI. um Intervention; seine Antwort ist unbekannt, doch lautete sie vermutlich günstig, denn plötzlich (Mai 1497) sicherte Manuel allen zwangsgetauften Juden zu, daß sie in den nächsten zwanzig Jahren keine Verfolgung wegen Rückfalls in ihren alten Glauben zu gewärtigen hätten. Da aber den portugiesischen Christen die Konkurrenz der Juden, ob getauft oder nicht, wenig willkommen war, begannen sie zu hetzen, und als ein Jude ein Wunder anzweifelte, das sich in einer Kirche Lissabons begeben haben sollte, zerriß man ihn in Stücke (1506); es folgte ein drei Tage dauerndes Blutbad, 200 Juden wurden erschlagen, Hunderte lebendig begraben. Die kirchlichen Würdenträger verurteilten die Ausschreitungen und ließen zwei Dominikaner, die dazu aufgehetzt hatten, hinrichten. Ansonsten herrschte eine Generation lang beinahe Frieden.

Aus Kastilien und Aragón waren alle Juden vertrieben. Doch immer noch gab es in dem werdenden Nationalstaat zwei Glaubensbekenntnisse. Den mohammedanischen Mauren war bei der Einnahme Granadas Glaubensfreiheit versprochen worden, und der königliche Statthalter, Erzbischof Hernando de Talavera, der die Muselmanen durch Güte und Gerechtigkeit zu Christus zu bekehren hoffte, hielt sich mit buchstäblicher Treue an den Vertrag. Doch solches Christentum billigte Ximenes nicht. Es gelang ihm, die Königin zu überzeugen, daß ein den Ungläubigen gegebenes Wort nicht gehalten zu werden brauche, und er beredete sie zu einem Erlaß, der die Mauren vor die Wahl zwischen Taufe und Auswanderung stellte (1499). Dann begab er sich persönlich nach Granada, schob den Erzbischof beiseite, schloß die Moscheen, veranstaltete mit allen arabischen Büchern und Manuskripten, deren er habhaft werden konnte, ein lustiges Feuerwerk und überwachte persönlich die massenhaften Zwangstaufen; doch kaum waren die Mauren den Priestern aus den Augen, als sie das geweihte Wasser von ihren Kindern abwuschen. In Stadt und Provinz kam es zu erfolglosen Revolten. Ein königliches Edikt vom 12. Februar 1502 bereitete den Muselmanen Kastiliens und Leóns das gleiche Schicksal. Umsonst machten diese geltend, daß ihre Vorväter, als sie über den größten Teil der Halbinsel herrschten, von wenigen Ausnahmen abgesehen, den Christen freie Religionsausübung gestattet hätten; die Monarchen verharrten bei ihrem Beschluß. Die auswandernden Familien mußten die Söhne unter vierzehn und die Töchter unter zwölf Jahren zurücklassen, und dem Adel wurde befohlen, seinen muselmanischen Sklaven Handschellen anzulegen. Tausende wanderten aus; der Rest unterwarf sich stoischer als die Juden der Taufe, um – unter der Bezeichnung *moriscos* – an deren Stelle die inquisitoriale Verfolgung für Rückfälle in den alten Glauben zu erleiden. Im sechzehnten Jahrhundert verließen 3 Millionen nur äußerlich bekehrte Muselmanen Spanien. Kardinal Richelieu bezeichnete das Edikt von 1502 als «das barbarischste der Weltgeschichte»; der Bettelmönch Bleda hingegen hielt es für «das glorreichste Ereignis in Spanien seit den Tagen der Apostel. Die Einheitlichkeit der Religion ist jetzt gesichert, und eine Epoche des Wohlstands steht bevor.»

Mit dem Exodus der jüdischen und mohammedanischen Kaufleute, Handwerker, Gelehrten und Ärzte verlor Spanien unschätzbare Werte, während die sie aufnehmenden Länder geistig und wirtschaftlich profitierten. Das spanische Volk, das von da an nur eine Religion kannte, begab sich damit des Rechts, außerhalb der Bahnen des überlieferten Glaubens zu denken. Auf Gedeih oder Verderb entschied sich Spanien, mittelalterlich zu bleiben, während das übrige Europa dank der Reformation, der Buchdruckerkunst und der geistigen und wirtschaftlichen Revolution einem neuen Zeitalter entgegenstrebte.

## VII. DIE SPANISCHE KUNST

In gotischen Formen verharrend, fand die unveränderte Geisteshaltung in der Baukunst überzeugenden Ausdruck. Die breiten Massen sparten nicht an *maravedis*, um sich am Bau mächtiger Dome zu beteiligen und sie mit ehrfurchteinflößenden, in leuchtenden Farben bemalten Bildwerken der inbrünstig verehrten Muttergottes und der Lieblingsheiligen verschwenderisch auszuschmücken. Barcelonas Kathedrale entstand zwischen 1298 und 1484: Ihre turmhohen Säulen ragen hoch über das Gewirr der engen Straßen und Gassen, das Portal ist wenig bemerkenswert, desto mächtiger das Langhaus; die brunnenreichen Kreuzgänge bieten heute noch Zuflucht vor dem Streit und Lärm des Tages. Valencia, Toledo, Burgos, Lerida, Tarragona, Saragossa, León erweiterten und verschönerten ihre schon bestehenden Gotteshäuser, und neue erhoben sich in Huesca und Pamplona, deren Kreuzgänge aus feingliedrig gemeißeltem weißen Marmor mit den Patios der Alhambra an Schönheit wetteiferten. 1401 beschloß das Domkapitel von

Sevilla einen Kirchenbau «so groß und schön, daß die Menschen künftiger Zeiten uns für Irre halten werden, weil wir so etwas unternahmen». Die Baumeister errichteten den Bau auf dem Fundament und nach dem Grundriß der alten Moschee, die abgerissen wurde; nur das edle Giraldaminarett ließen sie stehen. Während des ganzen fünfzehnten Jahrhunderts setzte man Stein auf Stein, bis sich Sevilla des größten gotischen Bauwerks der Welt* zu rühmen vermochte und Théophile Gautier von ihr sagen konnte: «Notre-Dame de Paris könnte aufrecht durchs Kirchenschiff gehen.» Aber Notre-Dame ist vollkommen, Sevillas Kathedrale nur maßlos. Von Murillo bis Goya haben sich siebenundsechzig Bildhauer und achtunddreißig Maler mit der Ausschmückung dieser den Göttern geweihten Mammuthöhle abgemüht.

Um 1410 schlug Guillermo Boffi dem Geroneser Kathedralkapitel vor, das Langhaus der Kathedrale durch Entfernung der die Schiffe trennenden Pfeiler und Bögen zu einem einzigen Raum zu vereinigen, und seither besitzt Gerona das weiteste gotische Deckengewölbe der Christenheit – ein Triumph der Technik und eine Niederlage der Kunst. Weniger großartige Gotteshäuser entstanden im gleichen Jahrhundert zu Perpignan, Manresa, Astorga und Valladolid. Segovia krönte sich 1473 mit einer festungsähnlichen Kathedrale; Siguënza vollendete den Bau seiner berühmten Kreuzgänge 1507; Salamanca begann 1513 mit einem Kirchenneubau. Fast in jeder größeren Stadt außer Madrid strebt eine Kathedrale von überwältigend majestätischer Massigkeit in die Höhe und füllt mit ihrem düster gebrochenen Licht, ihren Juwelen, ihrem Silber und Gold und den leuchtenden Farben ihrer Gemälde und Statuen die Seele mit andächtigem Schauder. Zitternd vor Demut und grenzenlos stolz fand und findet hier der Spanier seine geistige Heimat.

Daneben brachten Könige, Adel und Städte auch die Mittel für großartige Profanbauten auf. Peter der Grausame, Ferdinand und Isabella, Karl V. bauten den (1181) ursprünglich von einem Mauren entworfenen Alcazar von Sevilla um, und da der größte Teil dieser Arbeiten von südspanischen Mauren besorgt wurde, erweist sich heute der Bau als ein schwächerer Abklatsch der Alhambra. Ebenfalls in Sevilla entstand, von Don Pedro Enriquez im gleichen maurischen Stil gehalten, ein fürstlicher Palast, die *Casa de Pilatos*, für die Herzöge von Alcalá (1500f.) eine angebliche Nachbildung des Hauses, von deren Portikus aus Pilatus den Erlöser dem Kreuzestod ausgeliefert haben soll. Valencias Audiencia, der große Rathaussaal (1500), diente den lokalen Cortes als ein Salon Dorado, der mit der Sala del Maggior Consiglio im Dogenpalast zu Venedig an Pracht rivalisierte.

Die Bildhauerei füllte, nach wie vor die treue Dienerin der Baukunst, die Kirchen mit Marienstatuen aus vielerlei Material: Marmor, Granit, Sandstein, Metall und Holz; in ihnen lebte sich die Frömmigkeit in Formen höchster religiöser Inbrunst und asketischer Strenge aus, und im Düster der Kirchenschiffe wirkten sie, durch Farben gehoben, tief auf die Gemüter ein. Retabel – gemalte, geschnitzte, gemeißelte Altaraufsätze – bildeten den besonderen Stolz der spanischen Kunsthandwerker; große, meist in der Todesangst vermachte Legate ermöglichten die Beschäftigung der geschicktesten Vertreter ihres Faches: der Zeichner, Schnitzer, Vergolder *(doradores)*, *estofadores*, die die Kleider und Ornamente malten, *encarnadores*, die auf die Fleischpartien spezialisiert waren; und sie alle arbeiteten gemeinsam oder in Schichten an dem gottgeweihten Heiligtum. Hinter dem Hauptaltar der Kathedrale Sevillas erhebt sich ein spätgotisches

---

* Die Kathedrale bedeckt etwa 38000 Quadratmeter, Sankt Peter etwa 70000, die Moschee von Cordoba etwa 49000.

Retabel, dessen fünfundvierzig Felder in teils bemaltem, teils vergoldetem Schnitzwerk Szenen aus beliebten Legenden zeigen (1483–1519). Ein anderes Retabel aus vergoldetem Lärchenholz in der Kapelle des heiligen Jakobus in der Kathedrale zu Toledo bildet mit herbem Realismus die Lebensgeschichte dieses verehrtesten aller Heiligen und Schutzpatrone ab.

Figürliche Darstellungen der Fürsten und kirchlichen Würdenträger blieben auf ihre Grabmäler in Kirchen und Klöstern, diesen (wie man glaubte) Vorhallen des Paradieses, beschränkt. So wurde Doña Mencia Enriquez, Herzogin von Albuquerque, in einem kunstvollen Sarkophag begraben, der sich jetzt im Museum der Spanischen Gesellschaft in New York befindet. Pablo Ortiz meißelte für den Dom in Toledo die pompösen Grabmäler Don Alvaro de Lunas und seiner Gattin. Für die Eltern und Brüder Isabellas entwarf Gil de Siloé ein prunkvolles Mausoleum in italienischem Stil, das im Kartäuserkloster von Miraflores bei Burgos seinen Platz fand. Der Königin gefielen diese berühmten Sepulcros de los Reyes so gut, daß sie, als ihr Lieblingspage bei der Belagerung Granadas durch einen Kopfschuß fiel (er war so tollkühn, daß sie ihn *mi loco*, «mein Närrchen», nannte), den gleichen Künstler beauftragte, ein Grabmal von königlichem Prunk zur Aufnahme seiner irdischen Hülle zu meißeln; und wieder erwies sich der Meister seinen besten italienischen Zeitgenossen ebenbürtig.

Keine Kunst ist so charakteristisch wie die spanische, und doch hat sich keine fremden Einflüssen sklavischer gefügt. Am Anfang steht natürlich die Beeinflussung durch die so lange auf der Halbinsel ansässigen Mauren, deren Kultur wiederum im fernen Mesopotamien und Persien wurzelte; sie hatten ihr handwerkliches Können und eine leidenschaftliche Vorliebe für eine Ornamentik mitgebracht, wie man sie in keinem zweiten christlichen Land in solcher Vollendung findet. Im Kunsthandwerk, dem eigentlichen Tummelplatz des dekorativen Elements, ahmten die Spanier eifrig das sarazenische Vorbild nach, ohne es zu übertreffen. Die Töpferei blieb fast ganz den Mudejares überlassen; ihre Produkte besaßen eine Brillanz der Farbe, die nur von chinesischen Erzeugnissen erreicht wurde, und ihre farbigen Kacheln – insbesondere die blauen *azulejos* – zierten die Altäre, Brunnen, Mauern, Böden und Dächer der spanischen Christenheit. Die gleiche maurische Kunstfertigkeit machte die spanischen Stoffe – Samt, Seide und Spitzen – zu den exquisitesten des christlichen Abendlands. Man findet sie wieder in der Bearbeitung des Leders, der Ziselierung der Metallwaren, dem Schnitzwerk der Retabel, Chöre und Deckengewölbe und im Filigran der Monstranzen. In späterer Zeit übten sowohl Byzanz als auch Frankreich, Burgund, Holland und Deutschland einen starken Einfluß aus. Von den Holländern und Deutschen übernahm man den unerhörten Realismus, wie er etwa in verhärmten Mariengestalten zutage tritt, die buchstäblich alt genug wären, um die Mutter des Erlösers zu sein – trotz Michelangelos Diktum, daß Jungfräulichkeit ewige Jugend verleiht. Im sechzehnten Jahrhundert trat dann auch in Spanien die ganz Europa in ihren Bann schlagende italienische Kunst ihren Siegeslauf an.

Die Entwicklung der spanischen Malerei ging langsamer, wenn auch ähnlich vor sich, langsamer, weil die Mauren in diesem Bereich weder führten noch halfen. Die katalanischen Fresken des zwölften und dreizehnten Jahrhunderts stehen an zeichnerischem Können den prähistorischen Darstellungen in den Höhlen von Altamira nach. Dabei hatte sich um 1300 die Malerei als große Mode durchgesetzt; tausend Meister schufen riesige Wandgemälde und Altarbilder, von denen manche, bis zum Jahr 1345 zurück, viel länger überlebt haben, als sie es verdienten. Jan van Eyck, der sich 1428 in Spanien aufhielt, lenkte die Aufmerksamkeit auf den flämischen Malstil. Drei Jahre später schickte der König von Aragón Luis Dalmau zum Studium nach Brügge, und nach seiner Rückkehr malte dieser eine stark flämisch inspirierte *Madonna mit den Räten*. Von da an verwandten die spanischen Maler, wenn auch immer noch Tempera bevorzugend, mehr und mehr Öl zur Mischung ihrer Farben. Die Epoche der Primitiven erreichte ihren Höhepunkt in Bartolomé Bermejo († 1498), der sich schon 1447 mit dem *Heiligen Dominikus*, heute im Prado, einen Namen gemacht hatte. Die vom Gardner-Museum in Boston angekaufte *Santa Engracia* und der leuchtende *Heilige Michael* in Lady Ludlows Sammlung könnten beinahe von Raffael sein, der eine Generation später lebte. Das Meisterwerk Bermejos ist jedoch die *Pietà* (1490) in der Kathedrale von Barcelona: ein glatzköpfiger, bebrillter Hieronymus, eine sehr spanische, dunkelhaarige Maria, die einen hageren, leblosen Sohn im Schoße hält, im Hintergrund unter einem niedrigen Himmel die Türme Jerusalems und rechts das unbarmherzige Porträt des Stifters, des Kanonikers Despla, ungekämmt und unrasiert und mit der Miene eines verurteilten, reumütigen Schächers, der Bermejos ganze «herbe» Menschenverachtung zum Ausdruck bringt. Hier hat sich italienische Anmut in spanische Kraft verwandelt, hier feiert der spanische Kunstrealismus seinen höchsten Triumph.

Dem im Dienste Isabellas stehenden Flamen Miguel Sithium verdankte Spanien ein überragendes Meisterwerk niederländischer Schule, den *Ritter vom Calatrava-Orden*, der heute zu den besten Porträts der Nationalgalerie in Washington gehört. Die Rückkehr Pedro Berruguetes nach einem langen Aufenthalt in Italien rückte wieder die dortige Schule in den Vordergrund. Pietro Spagnuolo, wie man ihn in Italien nannte, hatte bei Piero della Francesca und bei Melozzo da Forlì gelernt und ihren ruhigen umbrischen Stil in sich aufgenommen; später war er vom Herzog Federigo von Urbino zusammen mit Justus von Gent mit der Ausmalung seines Palastes beauftragt worden. Nach dem Ableben Federigos (1582) brachte er die umbrische Schule nach Spanien und malte berühmt gewordene Altarbilder für Toledo und Avila. Die im Louvre, in der Brera, im Prado und im Cleveland-Museum hängenden, ihm zugeschriebenen Bilder rechtfertigen zwar kaum den ihm heute verliehenen Titel eines Velásquez der katholischen Majestäten, dennoch übertreffen sie in Komposition und Zeichnung alles vor ihm in Spanien Hervorgebrachte.

Allmählich verschmolzen die Stimuli von außen mit dem eigenständigen Geist der Nation zu den reiferen Schöpfungen eines Alonso Coello und El Greco unter Philipp II. und den Triumphen der Velásquez, Zurbaran und Murillo in Spaniens Goldenem siebzehnten Jahrhundert. Genie ist nicht nur persönliche Begabung, vereint mit Willen und Kraft, es ist gleichzeitig das gemeinsame Erbe an Kenntnissen und Erkenntnissen, das viele Generationen entwickelt und weitergegeben haben. Genie ist angeboren *und* geformt.

## VIII. DIE WELTLICHE UND GEISTLICHE LITERATUR: 1388–1522

Italiens Suprematie in der Dichtung hatte vorläufig hinter dem wechselseitigen Kulturaustausch zwischen Spanien und Frankreich zurückzustehen, ersuchte doch – obschon die provenzalischen Troubadours ihre poetischen Motive und Formen ursprünglich von den Muselmanen und Christen Spaniens entlehnt hatten – Johann I. von Aragón Karl VI. von Frankreich um Überlassung einiger Toulouser Troubadours zwecks Gründung eines Zweiges ihrer Bruderschaft, *Gay Saber* oder Fröhliche Wissenschaft, in Barcelona (1388). Der König willfahrte; als Ergebnis führte man in Barcelona und Tortosa Dichterwettstreite nach provenzalischem Vorbild durch, und eine literarische Minderheit verfaßte und rezitierte sowohl in Aragón als auch in Kastilien mit wahrer Leidenschaft Verse. Wandernde *juglares* sangen zur unkomplizierten Begleitung eines Saiteninstruments Liebes-, Glaubens- und Heldenlieder.

In der nächsten Generation wandte sich Johann II. von Kastilien italienischen Vorbildern zu, die aus dem aragonesischen Sizilien und Neapel wie auch aus Bologna, an dessen Universität junge Spanier, unter anderen die Borgias, studierten, auf die Halbinsel kamen, so daß Dante und Petrarca eifrige Nachdichter in kastilischer Mundart fanden. Von Zeit zu Zeit wurden die Lieder dieser spanischen Poeten – dem Geiste nach Ritterballaden, formal Petrarca nachgebildet – in *cancioneros* gesammelt. Der Marqués de Santillana – Staatsmann, Gelehrter, Poet und Mäzen – übernahm die Form des italienischen Sonetts und befaßte sich schon zu diesem frühen Zeitpunkt mit einer Chronik der spanischen Literatur. Juan de Mena ahmte Dante ganz offen mit einer epischen Dichtung – *Das Labyrinth* – nach, die fast soviel beitrug, die Mundart Kastiliens zur

Hochsprache zu machen, wie es die *Göttliche Komödie* für die Mundart der Toscana getan hatte. Don Juan Manuel kam Boccaccio durch die Abfassung dramatisierter Geschichten sogar zuvor; in einer von ihnen fand Shakespeare den unglaubhaften Stoff zu *Der Widerspenstigen Zähmung*.

Liebesromantik hielt weiterhin die Herzen der Leser gefangen. Garcia Ordoñez übersetzte *Amadís da Gaula* ins Spanische (um 1500) und versicherte seinen Lesern, das portugiesische Original beträchtlich verbessert zu haben; da dieses verlorengegangen ist, können wir ihm nicht widersprechen. Amadís, der illegitime Sohn einer imaginären englischen Prinzessin, wird von seiner Mutter auf dem Meere ausgesetzt, von einem schottischen Ritter gerettet und als Page an den Hof der Königin von Schottland gebracht, der der englische König Lisuarte während des Kampfes mit einem Usurpator seine zehnjährige Tochter Oriana anvertraut. Die Königin gibt ihr den zwölfjährigen Amadís zum Pagen mit den Worten:

> «‚Ich geb' Euch den Junker vom Meere; ich will, daß er Euch so lange aufwarte, bis er verdient, Euer Ritter zu sein.' Oriane errötete, und ihre schüchterne Verlegenheit war die erste Huldigung, die sie, ohn' es zu wissen, der Liebe leistete ... Das, was die Königin von Schottland nur für einen Scherz angesehen, ward völliger Ernst, entschied auf immer für das ganze Leben dieser beiden liebenswürdigen Kinder.»

Man erfährt mit Genugtuung, daß diese Liebe am Ende doch noch die Siegespalme davonträgt, freilich erst nach Überwindung von zahlreichen romanhaften Nöten, wie sie das wirkliche Leben erst nach der Hochzeit kennt. Es gibt in dieser langen Geschichte viele zarte und einige hochherzige Momente, so daß sie sogar vor Cervantes, der aller Liebesromantik den Tod geschworen hatte, Gnade fand.

Liebesromantik bildete auch eines der Motive für die dramatischen Versuche, die aus dem Mysterien- und höfischen Maskenspiel, aus dem Sittenstück und der Posse erwuchsen. Als Geburtsjahr des spanischen Dramas gilt das Jahr 1492, das die erste szenische Wiedergabe der dramatischen Dialoge Juan del Encinas erlebte. Der *converso* Fernando de Rojas tat (1499) einen weiteren Schritt in dieser Richtung; seine *Celestina*, in zweiundzwanzig durchweg dialogisierte Szenen aufgeteilt, war aber zur Aufführung zu umfangreich. Dennoch öffnete sie mit ihrer lebendigen Charakterisierung und ihrem spritzigen Dialog den Weg zur klassischen spanischen Komödie.

Das gelehrte Schrifttum erfuhr seitens der Kirche sowohl Behinderung als Auftrieb, standen doch der geistigen Zwangsjacke der Inquisition die Wissensfreude und der Bildungshunger hoher Kirchenfürsten gegenüber. Italiener wie der 1487 in Spanien eingetroffene Pietro Martire d'Anghiera – Peter Martyr – brachten Kunde vom humanistischen Aufbruch, und in Italien erzogene Spanier kehrten, vom Humanismus infiziert, in die Heimat zurück. Auf Ersuchen der Königin eröffnete Peter Martyr an ihrem Hof eine Schule für alte Sprachen und Literatur, wie sieben Jahrhunderte vor ihm Alkuin am Hof Karls des Großen. So lernte die Prinzessin Juana auf ihrem Weg zur Geisteskrankheit pflichtschuldigst Latein. Die erste Chronik über die Entdeckung Amerikas unter dem Titel *De rebus oceanis et novo orbe* verfaßte Martyr sogar persönlich (1504f.); er beschließt ihn mit der von Vespucci schon (1502?) gebrauchten Wendung «die Neue Welt».

Kardinal Ximenes, dieser ebenso glaubensstarke wie stahlharte Mann, fühlte sich gleichfalls zur Antike hingezogen und gründete 1499 das Kollegium San Ildefonso und 1508 die Universität Alcalá. Aber schon seit 1502 arbeiten dort neun Sprachenkundige unter seiner Leitung an einem der größten literarischen Werke der Renaissance: der *Biblia Polyglotta Compluti**, der Complutensischen Polyglottenbibel, der ersten vollständigen Ausgabe der Heiligen Schrift in den Originaltexten nebst den wichtigsten Übersetzungen. Die Bearbeiter ordneten Originaltexte und Übertragungen neben- oder untereinander an: zum masoretischen hebräischen Text des Alten und dem grie-

* Alcalá trug im Lateinischen den Namen Complutum – fruchttragend.

chischen des Neuen Testaments kamen die alexandrinische Übersetzung des Alten Testaments ins Griechische – die Septuaginta –, ferner die lateinische Bibelübertragung durch Hieronymus – die Vulgata – und endlich die umschreibende Übersetzung des Pentateuchs ins Aramäische. Leo X. stellte den spanischen Gelehrten die Manuskripte der Vatikanischen Bibliothek zur Verfügung, und drei getaufte Juden steuerten ihre Kenntnis des Hebräischen bei. 1517 war das Manuskript fertig, aber erst 1522 wurden die sechs Bände gedruckt. Ximenes trieb in der Vorahnung seines Todes die Gelehrten zur Eile an: «Verliert keine Zeit, Freunde, bei der Fortsetzung unseres glorreichen Werkes, damit Ihr, bei den Zufälligkeiten des Lebens, nicht Euren Beschützer verliert, oder ich den Verlust derjenigen zu beklagen habe, deren Dienste in meinen Augen mehr Wert haben als Reichtum und weltliche Würden.» Als ihm ein paar Monate vor seinem Ableben seine gelehrten Freunde den letzten Teil des Manuskripts mit ihren Komplimenten übergaben, antwortete er, keine seiner Taten als des Königs Erster Minister verdiene wie diese ihren Glückwunsch.

Unermüdlich in seinem Planen, wollte er auch noch die Werke des Aristoteles, ebenso gründlich bearbeitet und neu ins Lateinische übertragen, herausgeben, doch scheiterte dieses Vorhaben an der Kürze seines langen Lebens.

## IX. SCHNITTER TOD

Isabella hatte das Zeitliche schon vor Ximenes gesegnet. Trotz ihrer Strenge verschied mit ihr eine warm empfindende Frau, der persönliche Verluste größeres Leid zugefügt hatten als alle Kriege. 1496 begrub sie ihre Mutter. Fünf von ihren zehn Kindern kamen tot zur Welt oder starben in frühester Kindheit, zwei weitere wenig älter. 1497 verlor sie den einzigen Sohn, ihre ganze Hoffnung für eine glatte Thronfolge, und 1498 starb ihre Lieblingstochter, die Königin von Portugal, in deren Hand die ganze Halbinsel hätte vereinigt werden können. Zu all diesen Schicksalsschlägen trat der tägliche Kummer, ihre Tochter und Thronerbin Juana in geistige Umnachtung versinken zu sehen.

Juana, die (1496) Philipp den Schönen, den Herzog von Burgund und Sohn Kaiser Maximilians I., geheiratet hatte, ist durch ihn die Mutter zweier Kaiser, Karls V. und Ferdinands I., geworden. Philipp vernachlässigte sie – vielleicht aus Unbeständigkeit, vielleicht weil sich ihr Geist zu umnachten begann – und unterhielt in Brüssel, wo er residierte, mit einer ihrer Hofdamen eine Liaison. Als Juana der Circe das Haar abschneiden ließ, schwor Philipp, seine Frau nie wieder zu berühren. Isabellas Gesundheit war solchen Hiobsbotschaften nicht mehr gewachsen. Am 12. Oktober 1504 traf sie ihre letzten Verfügungen und bestimmte, daß sie so schlicht wie möglich im Franziskanerkloster der Alhambra zu begraben und das ersparte Geld an die Armen zu verteilen sei; «sollte jedoch der König, mein Herr, es vorziehen, daß mein Grabmal auf einem anderen Platze stehe, dann will ich, daß mein Leichnam dorthin gebracht und an seine Seite gelegt werde, damit die Einigkeit, deren wir in dieser Welt genossen und die wir mit der Gnade Gottes auch für unsere Seelen im Himmel wieder hoffen dürfen, durch unsere Körper auf Erden vorgestellt werde». Isabella starb am 24. November 1504 und wurde ihrem letzten Willen gemäß beerdigt; nach Ferdinands Ableben bettete man ihre sterbliche Hülle neben die seine in den Dom von Granada. «Die Welt», schrieb Peter Martyr, «hat ihre schönste Zierde verloren ... Ich kenne niemand ihres Geschlechts, sowohl in alten als in neuen Zeiten, die, meinem Urteil nach, wert ist, mit dieser unvergleichlichen Frau zusammen genannt zu werden.» (Margarete von Schweden war seinem Blickfeld zu weit entrückt und Elisabeth von England noch nicht geboren.)

Für den in den Niederlanden festgehaltenen Philipp und seine immer tiefer in Umnachtung versinkende Gattin hatte Isabella ihren Gatten Ferdinand zum Regenten von Kastilien eingesetzt, der in der Hoffnung, dem Sohne Philipps, Karl von Habsburg, die spanischen Kronen vorenthalten zu können, dreiundfünfzigjährig, in aller Eile die siebzehnjährige Nichte Ludwigs XII., Germaine de Foix, heiratete. Dieser Ehe entsproß ein einziges Kind, das aber schon als Säugling starb; im übrigen nährte sie nur die Abneigung der kastilischen Granden gegen den Aragonesen. Als Philipp in Kastilien erschien und die Krönung forderte, huldigten sie ihm willig (1506), während sich Ferdinand auf den angestammten aragonesischen Thron beschränkte. Schon drei Monate danach segnete auch Philipp das Zeitliche, so daß Ferdinand im Namen seiner geisteskranken Tochter Juana zum zweitenmal die Regentschaft über Kastilien antrat. Formell blieb Juana la Loca bis zu ihrem Tod im Besitz der Krone (1555), doch verließ sie nach 1507 ihren Palast in Tordesillas nicht mehr und ließ sich weder waschen noch ankleiden. Tagaus, tagein starrte sie aus einem Fenster auf die Grabstätte des treulosen Gatten, dem ihre Liebe bis zu ihrem Ende gehörte.

Als Regent herrschte Ferdinand unumschränkter denn je zuvor als König. Jetzt, da Isabellas mildernder Einfluß fehlte, gewannen die harten, bösartigen Seiten seines Wesens die Oberhand. Roussillon und Cerdagne hatte er schon 1493 zurückgewonnen; 1503 eroberte ihm Gonzalo de Cordoba Neapel. Da er damit einen von Philipp und Ludwig XII. in Lyon unterzeichneten Vertrag über die Teilung des Königreichs Neapel zwischen Frankreich und den spanischen Kronen verletzte, rechtfertigte er sich vor der Welt mit der Behauptung, Philipp habe seine Vollmachten überschritten, setzte nach Neapel über und nahm den Thron persönlich in Besitz (1506). Gonzalo, den er verdächtigte, nach der Königswürde zu streben, mußte ihn nach Spanien zurückbegleiten, wo er dem *Gran Capitan* einen Zwangsaufenthalt zuwies, den die Mehrheit der Granden als unverdiente Schmach empfand.

Alles hatte Ferdinand sich unterworfen, nur nicht die Zeit. Allmählich ließen seine Spannkraft und Willensstärke nach. Er ermüdete rascher, brauchte mehr Schlaf, vernachlässigte die Regierungsgeschäfte, wurde ruhelos und ungeduldig und beargwöhnte sogar die getreuesten Diener. Von Wassersucht und Asthma geplagt, vermochte er in Städten kaum zu atmen und wollte deshalb im Januar 1516 ins südliche Andalusien entfliehen, um dort den Winter in frischer Luft zu verbringen. Unterwegs erkrankte er und ließ sich endlich zur Vorbereitung auf den Tod bewegen. Zum Regenten von Kastilien bestimmte er Kardinal Ximenes, zum Regenten Aragóns seinen illegitimen

Sohn, den Erzbischof von Saragossa. Er starb am 23. Januar 1516, im vierundsechzigsten Jahr seines Lebens und im zweiundvierzigsten seiner Regierung.

Kein Wunder, daß Machiavelli ihn bewunderte: Hier war ein Fürst, der als *Principe* gehandelt hatte, ehe sein Verfasser daran dachte, ihn zu schreiben. Nie war dieser König davor zurückgeschreckt, sich der Religion als eines politischen und militärischen Werkzeuges zu bedienen und seine Dokumente mit frömmlerischen Phrasen anzufüllen, und nie wäre es ihm eingefallen, moralische Rücksichten über Zweckmäßigkeit und Gewinn obsiegen zu lassen. Seine Fähigkeiten waren unbestritten: die sachkundige Überwachung der Regierungsgeschäfte, die geschickte Wahl der Minister und Generäle, seine unwandelbaren Erfolge in der Diplomatie, im Krieg und bei der Unterdrükkung mißliebiger Bestrebungen. Persönlich leiteten ihn weder Habgier noch extravagante Neigungen; Macht bedeutete ihm mehr als Wohlleben, seine Raffgier galt seinen Ländern, die er einig und stark machen wollte. Demokratische Einrichtungen schätzte er nicht; lokale Selbstverwaltungsrechte siechten unter ihm dahin und erloschen; er ließ sich leicht davon überzeugen, daß ein aus so vielen Staaten, Glaubensbekenntnissen und Sprachgruppen zusammengesetztes Reich unter den alten kommunalen Institutionen oder gar ihrer Erweiterung nicht kraftvoll zu regieren war. Seine und Isabellas geschichtliche Leistung bestand in der Ersetzung einer chaotischen Anarchie durch eine zentralisierte Monarchie, der Schwäche durch Stärke. Sie bereitete für Karl V. den Weg, die königliche Gewalt trotz langer Abwesenheiten aufrechtzuerhalten, und für Philipp II., sie in einer einzigen, freilich unfähigen Hand zu sammeln. Um das zu erreichen, machte sich Ferdinand, wie es uns Heutigen erscheint, barbarischer Intoleranz und unmenschlicher Grausamkeit schuldig, während er in den Augen seiner Zeit einen glorreichen Sieg für die Sache Christi errang.

Ximenes trat als Regent mit hingebungsvollem Eifer für die absolute Macht der Krone ein, vielleicht um einem Rückfall in die feudale Zersplitterung vorzubeugen. Trotz seiner achtzig Jahre regierte er Kastilien mit unbeugsamer Willensstärke und zerschlug jeden Versuch der Granden, Provinzen und Städte, ihre früheren Rechte zurückzugewinnen. Von einigen großen Herren befragt, mit welchem Recht er ihre Rechte kürze, deutete er nicht auf die Abzeichen seines Ranges, sondern auf die im Palasthof stehenden Kanonen. Dennoch ließ er seinen Machthunger nie über sein Pflichtgefühl siegen; immer wieder drängte er den jugendlichen König Karl, Flandern zu verlassen und in Spanien sein königliches Amt zu übernehmen. Als Karl endlich eintraf (17. September 1517), eilte Ximenes ihm entgegen. Zu dessen Unglück hatten aber die flandrischen Berater des Königs die ungünstigen Berichte der kastilischen Granden über seine Verwaltung und seinen Charakter bestätigt; so dankte der siebzehnjährige, noch unreife Jüngling dem Kardinalregenten bloß brieflich für die geleisteten Dienste, verschob jedoch eine Unterredung auf später und ersuchte ihn, sich zur wohlverdienten Erholung in sein Erzbistum Toledo zu begeben. Ein weiterer Brief, der den alten Zeloten von allen staatlichen Ämtern entband, traf zu spät ein, um seine Demütigung zu vollenden. Am 8. November 1517 war er einundachtzigjährig gestorben, nicht ohne die postume Neugier zu wecken, wie ein anscheinend so Unbestechlicher zu dem großen persönlichen Vermögen gekommen war, das er testamentarisch der Universität Alcalá hinterließ.

Mit ihm endete eine für Spanien an Ehren, Schrecken und kraftvollen Männern reiche Epoche. Aus dem, was folgte, muß man fast schließen, daß die spanische Krone ihren Sieg über Cortes und Kommunen mit der Beseitigung jenes Systems bezahlte, das es dem spanischen Volkscharakter ermöglicht hätte, sich auszudrücken und seine Unabhängigkeit und Vielseitigkeit zu bewahren; daß die Vereinheitlichung des Glaubensbekenntnisses um den Preis eines tyrannischen Gewissenszwangs erfolgte, der jedes selbständige Denken über die ersten und letzten Dinge ausschloß; daß die Austreibung der ungetauften Juden und Mauren just in dem Moment einen Mangel an Arbeitskräften in Handel und Gewerbe hervorrief, da die Entdeckung der Neuen Welt dringend nach einer Modernisierung und Ausweitung der Wirtschaft verlangte; daß die progressive Einmischung Spaniens in die Politik und die Kriege Frankreichs und Italiens, später auch Flanderns, Deutschlands und Englands, statt des Einsatzes aller Kräfte für die Entwicklung der überseeischen Besitzungen der Nation Opfer an Gut und Blut auferlegte, die über ihr physisches Vermögen hinausgingen. Doch ist dies eine Beurteilung von unserem heutigen Standpunkt aus, die kein Europäer jener Zeit verstanden hätte. Alle Religionsgemeinschaften außer den Wiedertäufern und einigen mohammedanischen Sekten verfolgten Andersgläubige; alle staatlichen Obrigkeiten – im katholischen Frankreich und Italien, im protestantischen Deutschland und England – griffen zur Gewalt als einem Mittel zur Herstellung der Glaubenseinheit; alle Länder hungerten nach dem Golde «Westindiens». In der ganzen Welt, in Ost und West, bediente sich jeder Staat des diplomatischen Ränkespiels und des Krieges, sowohl um sich zu behaupten als auch um sich auszudehnen und seinen Reichtum zu mehren. Allen christlichen Staatsmännern galt die Lehre Christi nicht als Maßstab für die Mittel, sondern als Mittel zum Zweck. Christus war gut für das Volk, die Könige bevorzugten Machiavelli. Der Staat hatte bis zu einem gewissen Grad den Menschen gebändigt, doch wer bändigte nun den Staat?

ELFTES KAPITEL

# *Das Wachstum des Wissens*

[1300–1517]

## I. DIE MAGIER

Die in den bisherigen Kapiteln so flüchtig skizzierten zwei Jahrhunderte der europäischen Geschichte stehen am Ausgang der traditionell als Mittelalter bezeichneten Epoche, die wir summarisch als die Zeit zwischen Konstantin dem Großen und Kolumbus, also zwischen 325 und 1492 n. Chr., definieren können.

Wenn wir uns jetzt kurz mit der westeuropäischen Wissenschaft, Philosophie und Bildung im vierzehnten und fünfzehnten Jahrhundert befassen, müssen wir vorausschicken, daß sich die rationale Erkenntnis immer noch einem Sumpf des Aberglaubens, der Intoleranz und der Furcht gegenübersah, in dem sie nur mühsam Boden zum Wurzelschlagen und Luft zum Atmen fand. Von Hungersnöten, Epidemien und Kriegen gepeinigt, von romfernen und sich gegenseitig verfluchenden Päpsten in das Chaos gestürzt, forschten die Menschen nach okkulten Kräften, aus denen das unerklärliche Elend der Menschheit zu erklären sei; es mußte, wie sie allenthalben glaubten, magische Kräfte geben, mit deren Hilfe das Geschehen zu beherrschen und irgendein mystischer Ausweg aus der Welt der harten Tatsachen zu finden sei. So führte die Vernunft ein höchst prekäres Dasein in einer Umwelt, worin die Unvernunft herrschte, wo Zauber- und Hexenkünste, Geisterbeschwörungen und schwarze Magie, Handlesen, Zahlenmystik, Weissagung, Omen, Traumdeutung, Astrologie, Wunderheilungen, göttliche und teuflische Eingebung, Alchimie und die okkulten Kräfte der Tier-, Pflanzen- und Mineralwelt Gefühl und Denken regierten. Alle diese Vorstellungen leben ja auch heute noch fröhlich weiter, und beinahe jeder von uns ist mehr oder minder, offen oder geheim, einer von ihnen verfallen – aber den Lauf der Geschichte bestimmen andere Kräfte.

Man beobachtete die Sterne nicht nur als Wegweiser zu einem Ziel, nicht nur zur Bestimmung des Kirchenjahrs, sondern auch als Künder künftigen irdischen Geschehens und individuellen Geschicks. Der beherrschende Einfluß von Wetter und Jahreszeiten, die Abhängigkeit der Feldbestellung von den Launen des Himmels, die Übereinstimmung des Mondwechsels mit der weiblichen Periode, die Beziehung zwischen Gezeiten und Mondbahn: all das schien die Behauptung der Sterndeuter zu unterstützen, daß auch zwischen der Gestirnkonstellation von heute und dem Geschehen von morgen ein Zusammenhang bestehe. So fanden ihre Voraussagen nicht anders als heute weite Verbreitung und wurden begierig aufgenommen. Fürsten schreckten vor einer

Reise, einem Feldzug, einer Schlacht, ja sogar vor einem Baubeginn zurück, wenn ihnen ihr Hofastrolog nicht Gewißheit über die Gunst der Stunde gab. Heinrich V. von England bestimmte mit seinem eigenen Astrolabium die jeweilige Konstellation, und als seine Frau niederkam, berechnete er persönlich das Horoskop des Kindes. Matthias Corvinus hieß an seinem aufgeklärten Hof Astrologen nicht weniger warm willkommen als Humanisten.

Die Sterne glaubte man von Engeln in ihrer Bahn gehalten, die Luft mit unsichtbaren Geistern, teils himmlischer, teils satanischer Herkunft, erfüllt. Auf Schritt und Tritt lauerten Dämonen, insbesondere im eigenen Bett; ihnen schrieb man nächtliche Samenergüsse und manchmal auch eine ungelegene Schwangerschaft zu; sogar die Theologen fanden sich mit der Existenz solcher teuflischer Konkubinen als mit einer Tatsache ab. An jedem Ort und zu jeder Zeit konnte der arglose Mensch aus der Welt der Sinne in den Bereich magischer Wesen und Kräfte treten, und jedes natürliche Objekt hielt man für mit übernatürlichen Eigenschaften begabt. Bücher über Magie bildeten die Bestseller der Epoche. Der Bischof von Cahors verbrannte ein Wachsbild Papst Johannes' XXII. in der Erwartung, das Urbild werde – wie die schwarze Magie lehrte – das gleiche Schicksal erleiden; er gestand unter der Folter und starb nach vorangegangener Auspeitschung auf dem Scheiterhaufen (1317). Daß aus einer vom Priester geweihten Hostie bei einer Beschädigung Christi Blut austrete, stand außerhalb jeden Zweifels.

Die Alchimisten fanden freilich nicht mehr unbedingten Glauben, setzten aber ihre Experimente teils gutgläubig, teils mit bombastischen Täuschungsmanövern fort. Trotz aller Verbote durch päpstliche und weltliche Mandate vermochten sie goldgierigen Fürsten immer noch einzureden, daß sie ihre Schatullen auffüllen könnten, während der schlichte Mann «aufgelöstes Gold» für ein Mittel gegen jede Krankheit außer der Leichtgläubigkeit hielt.

Heilkunde, Astrologie, Theologie und Wunderglauben bildeten ein untrennbares Gemisch. Die Diagnose fast aller Ärzte stützte sich auf die Gestirnkonstellation, unter der der Kranke geboren oder erkrankt war; und der große Chirurg Guy de Chauliac schrieb (1363): «Wird jemand am Hals verwundet, wenn der Mond im Taurus steht, ist die Verletzung gefährlich.» Zu den ersten Druckerzeugnissen gehört ein Kalender aus dem Jahre 1462, der die besten Tage für einen Aderlaß nennt; auch Seuchen schrieb man weithin einer fatalen Gestirnkonstellation zu. Angesichts dieser Hilflosigkeit der professionellen Heilkunde erhofften Millionen von Menschen Heilung durch den Glauben. Skrofulöse pilgerten zu Tausenden zu den Königen von Frankreich und England, um durch das Auflegen der königlichen Hand geheilt zu werden, eine Sitte, die sich unter Ludwig IX. eingebürgert zu haben scheint, dessen frommer Lebenswandel den Wunderglauben weckte. Später übertrug man den Glauben an seine Kraft auf seine Nachfolger und – durch Isabella von Valois – auf Eduard III. von England und dessen Nachkommen. Weitere Tausende pilgerten zu wunderwirkenden Reliquien und machten sie zu Heilern bestimmter Krankheiten, wie etwa St. Veit zum Heiler des Veitstanzes. Das Grab des schon mit achtzehn Jahren an seiner strengen Askese gestorbenen

Kardinals Peter von Luxemburg soll binnen fünfzehn Monaten nach seinem Tode durch die göttliche Kraft seiner Gebeine 1964 Heilungen bewirkt haben. Andererseits suchte man die blühende Quacksalberei durch strenge obrigkeitliche Vorschriften zu unterdrücken. Ein gewisser Roger Clerk, der vorgab, Krankheiten durch Amulette zu heilen, wurde 1382 verurteilt, mit vom Hals hängenden Urinflaschen durch London zu reiten.

Die Möglichkeit, böse Geister zu beschwören und ihren Beistand zu erzwingen, galt so gut wie allgemein für erwiesen. Dieser Kult der Zauberei bedeutete einen Rückschritt, denn im Frühmittelalter hatten Heilige wie Bonifazius und Dagobert den Zauberwahn als lächerlich und sündig bezeichnet; Karl der Große hatte nicht den Zauberern, sondern ihren Verfolgern die Todesstrafe angedroht, und Papst Gregor VII. (Hildebrand) hatte den Inquisitoren ausdrücklich verboten, Zauberkünste für Stürme und Seuchen verantwortlich zu machen. Später verstärkte der Nachdruck, mit dem die Priester auf die Realität der Hölle und die Ränke des Teufels hinwiesen, den Glauben an seine und seiner Kreaturen unrechtmäßige Allgegenwart, so daß für Kranke oder verzweifelte Gehirne der Gedanke nahelag, sich des Beistandes höllischer Wesenheiten zu bedienen. Ebenso folgerichtig war es, daß Angehörige aller Stände und Professionen in den Verdacht der Zauberei gerieten; wie Bonifaz VIII. erfahren mußte, war nicht einmal ein Papst davor gefeit. Johann XXII. ließ 1317 eine Anzahl Dunkelmänner hinrichten, weil sie ihn mit Hilfe von Dämonen umzubringen versuchten. Sein wiederholtes Verbot, Dämonen anzurufen, und die damit verbundenen Strafandrohungen schienen jedoch nur die Existenz und Dienstbarkeit dämonischer Kräfte zu bestätigen. In Frankreich wurde 1315 Enguerrand de Marigny wegen Zauberei gehenkt; später schrieb man die Geisteskrankheit Karls VI. magischen Kräften zu und enthauptete zwei Praktikanten der schwarzen Magie, die ihr Versprechen, ihn zu heilen, nicht einzulösen vermochten (1397). Die theologische Fakultät der Pariser Universität verurteilte 1398 in achtundzwanzig Artikeln das Zauberunwesen, dessen Wirksamkeit in gewissen Fällen sie aber nicht bestritt; ihr Kanzler Gerson bezeichnete es als eine Ketzerei, die Existenz und das Treiben der Dämonen zu leugnen.

Die im Bund mit dem Teufel ausgeübte Zauberkunst bezeichnete man als Hexerei und ihre Adepten als Hexen, die sich in nächtlichen Gelagen, sogenannten «Hexensabbaten», zusammenfanden und durch die dabei erworbenen übernatürlichen Kräfte nach Belieben Tod und Unglück bringen konnten. Nicht einmal Männer wie Erasmus und Thomas More zweifelten an der Realität der Hexenkünste; und ein paar Kölner Priester, die es zu tun wagten, wurden von der dortigen Universität dafür gerügt. Die meisten Kleriker – und, wenn auch zurückhaltender, manche Laienchronisten – hielten diese Geheimversammlungen für einen Vorwand zu sexuellen Ausschweifungen und zur Einführung junger Menschen ins Laster. Ob die vielen Geständnisse sogenannter Hexen auf Grund krankhafter Halluzinationen oder unter dem Druck der Folter zustande kamen, kann heute nicht mehr festgestellt werden. Es ist möglich, daß diesem ganzen Hexenspuk die psychologische Funktion zukam, in teils verspielter, teils rebellischer Teufelsanbetung einem Gott zu entrinnen, der so viele Freuden für sündig erklärte und so viele Seelen auf ewig verdammte; andererseits kann in diesen verstohlenen Riten die heidnische Verehrung von Fluß- und Waldgeistern, von Göttern der Fruchtbarkeit und Zeugungskraft weitergelebt haben.

Die geistliche und die weltliche Obrigkeit verfolgten diese, wie es ihnen schien, ärgste Form der Gotteslästerung mit äußerster Strenge. Mehrere Päpste (1374, 1409, 1437, 1451), vor allem Innozenz VIII. 1484, beauftragten die Organe der Inquisition, Hexen, die mit ihren Sünden und ihrem Unwesen die Frucht des Leibes und der Felder verwünschten und ganze Gemeinden dem Dämonenkult zuführten, als ewig verlorene Seelen zu behandeln. Offenbar haben diese Päpste das biblische Wort «Die Zauberinnen sollst du nicht leben lassen» (2. Buch Mose, 22, 17) sehr wörtlich genommen. Trotzdem sprachen die geistlichen Gerichte bis 1446 relativ milde Strafen aus, sofern es sich nicht um rückfällige Sünder handelte. Erst im genannten Jahre wurden in Heidelberg mehrere Personen gleichzeitig verbrannt, und in Arras traf zwölf Personen beiderlei Geschlechts 1460 das gleiche Los. 1487 veröffentlichte der Dominikanerpater und Inquisitor Sprenger in offensichtlichem Entsetzen über die zunehmende Ausbreitung der Hexerei im *Malleus maleficarum* (Hexenkammer) eine offizielle Anleitung zur Entlarvung der Hexen, und Kaiser Maximilian I. versah dieses «scheußlichste Monument des Aberglaubens, das die Welt hervorgebracht hat», mit einem warmen Geleitbrief. Nach Sprengers Diagnose vermochten diese verworfenen Weiber durch zahlreiche Mittel, wie das Anrühren eines Teufelsbreis, aber auch schon mit ihrem bösen Blick, Ameisen und Heuschreckenschwärme zur Vernichtung einer Ernte herbeizubeschwören, Frauen unfruchtbar zu machen, einem Mann die Zeugungskraft zu nehmen, Liebe oder Haß, Krankheit und Tod hervorzurufen. Sie vermochten ferne Dinge wahrzunehmen, das Wetter vorauszusehen und sich und andere in Tiere zu verwandeln. Daß es mehr Hexen weiblichen als männlichen Geschlechts gebe, erkläre sich daraus, daß die Weiber oberflächlicher und sinnlicher seien als Männer und dem Teufel von jeher als bevorzugtes Instrument gedient hätten. Sprenger selbst verbrannte in fünf Jahren achtundvierzig dieser Geschöpfe, und von da an steigerte sich die kirchliche Hexenverfolgung immer mehr, bis sie im sechzehnten Jahrhundert in katholischen wie protestantischen Landen gleicherweise zur vollen Entfaltung kam. 1554 behauptete ein ruhmgieriger Inquisitor, das Heilige Offizium habe in den vorangegangenen hundertfünfzig Jahren mindestens 30000 Hexen verbrannt, die, hätte man sie nicht ihrer Bestrafung zugeführt, die ganze Welt in den Untergang gestürzt hätten. Trotzdem hat es unsere Zeit fertiggebracht, das ausgehende Mittelalter an blindwütendem Wahn zu übertreffen.

Von den zahlreichen in dieser Epoche gegen den Aberglauben veröffentlichten Büchern war keines von Aberglauben frei. Agostino Trionfo empfahl Papst Clemens V. in einem Traktat das Verbot okkulter Praktiken, erklärte jedoch die Vornahme eines Aderlasses in bestimmten Mondphasen als unvereinbar mit der ärztlichen Wissenschaft. Johann XXII. sprach sich 1317 mit starken Worten gegen die Alchimisten und 1327 gegen Magier und Zauberer aus, beklagte die wachsende Zahl der den Dämonen dargebrachten Opfer, die zahlreichen Teufelspakte, die Herstellung von Bildern, Ringen und Amuletten für magische Zwecke, erklärte alle Praktikanten solcher Künste für *ipso facto* exkommuniziert, bestritt jedoch nicht ihre Wirksamkeit.

Den Astrologen erstand in Nicole Oresme, der 1382 als Bischof von Lisieux starb, ihr bedeutendster Gegner. Höhnisch hielt er ihnen vor, daß sie zwar nicht in der Lage seien, das Geschlecht eines Kindes vor der Geburt vorauszusagen, nachher aber sein irdisches Geschick kennen wollten; ihre Horoskope seien nichts als Altweibergeschwätz. Von Cicero einen vierzehnhundert Jahre alten Titel entlehnend, zog er in *De divinatione* gegen Propheten, Traumdeuter und andere ihres Schlages zu Felde, hielt aber trotz aller Skepsis bestimmte Ereignisse für das Werk von Engeln oder Dämonen, glaubte an den «bösen Blick», an die Verdunkelung eines Spiegels, wenn ein Verbrecher hineinsehe, an das eine Wand durchdringende Auge des Luchses und selbstverständlich an die biblischen Wunder. Andererseits wandte er sich gegen die Annahme übernatürlicher Kräfte, sofern natürliche Kräfte ein Geschehen erklären könnten, und führte viele magische Vorstellungen auf die aus der Unkenntnis herrührende Leichtgläubigkeit zurück, die Dinge glaube, die sie nicht gesehen habe; deshalb würden Märchen – wie das von dem Zauberer, der ein in die Luft geworfenes Seil erklettert – so allgemein für Wahrheit gehalten. (Es ist das der älteste uns bekannte Beleg für den Seiltrick.) Die weite Verbreitung eines Glaubens sei kein Beweis für seine Wahrheit, und sogar wenn es viele Zeugen gebe, sollten wir uns hüten, an ein gegen die normale Sinneswahrnehmung verstoßendes Geschehen zu glauben. Unsere Sinne könnten sich nur zu leicht täuschen! Farbe, Form und Klang variierten mit der Entfernung, dem Licht und dem Zustand des Sinnesorgans; ein unbewegter Gegenstand könne in Bewegung erscheinen und ein in Bewegung befindlicher als ruhend; eine Münze in einem mit Wasser gefüllten Gefäß erscheine weiter entfernt als in einem gleichen Gefäß ohne Wasser. Wir müßten Wahrnehmungen mit unserem Verstand beurteilen, und auch er könne sich irren. Die Täuschung der Sinne wie des Urteils erkläre viele erstaunliche, dem Wunder oder der Magie zugeschriebene Dinge.

Trotz solch wackerer Vorstöße des wissenschaftlichen Denkens lebte der alte Aberglauben weiter, wenn auch manchmal in veränderter Form. Eduard III. von England bezahlte eine große Summe für eine angeblich aus dem Besitz des Apostels Petrus stammende Phiole. Als Karl V. von Frankreich die Echtheit einer ihm in der Sainte-Chapelle gezeigten Phiole mit Christi Blut anzweifelte, gaben seine Gelehrten und Theologen die Möglichkeit ihrer Echtheit zu. Das also war die Atmosphäre, in der sich Wissenschaft, Medizin, Philosophie und Bildung aus den Kinderschuhen herausarbeiten mußten.

## II. DIE LEHRER

Mit dem Aufschwung von Gewerbe und Handel stieg der Wert der Bildung. Für eine Agrarwirtschaft bedeutet die Kunst des Lesens und Schreibens einen kostspieligen Luxus, für eine verstädterte, merkantile Wirtschaft bedeutet sie eine Notwendigkeit. Als

Richard II. von England eine Petition des Feudaladels, das alte Verbot des Schulbesuchs durch die Kinder von Leibeigenen zu erneuern, abschlägig beschied, trug er den veränderten Verhältnissen Rechnung, und sein Nachfolger gewährte in einem Statut allen Eltern das ausdrückliche Recht, ihre Kinder eine Schule besuchen zu lassen.

Mit dieser Emanzipation der Bildung ging eine Vermehrung der Volksschulen Hand in Hand, auf dem Lande durch die Klöster, in den Städten durch Kirchgemeinden, Spitäler, Stiftungen und Zünfte. In England besuchten trotz der Freiwilligkeit nach und nach fast alle Kinder den Unterricht. Nachdem viele Jahrhunderte hindurch die Lehrtätigkeit fast ausschließlich in geistlichen Händen gelegen hatte, wuchs im vierzehnten Jahrhundert die Zahl der unterrichtenden Laien immer mehr an. Der Lehrplan umfaßte die wichtigsten Gebete, die Lehren des Katechismus, Lesen, Schreiben, Rechnen und Singen; die körperliche Züchtigung bildete auch in den Mittelschulen ein fundamentales Erziehungsmittel. Unter Zustimmung der Eltern erklärte ein priesterlicher Instruktor das einmal so: «Der Geist der Knaben muß gebrochen werden», und vielleicht hat er recht. Agnes Paston ersuchte den Lehrer ihres nicht sehr lernfreudigen Sohnes, ihn auszupeitschen, da es ihr lieber sei, ihn ehrlich beerdigt als unehrlich verloren zu sehen.

Die Mittelschulen fügten dem Religionsunterricht *grammatica* als neues Fach hinzu; darunter verstand man nicht nur Grammatik und Stillehre, sondern auch Latein, das die Schüler – zumeist solche aus dem Mittelstand –, wenn auch nicht mit großem Eifer, so doch als die Voraussetzung für eine kirchliche Laufbahn oder die Anstellung in einem Handelskontor erlernten. Die Niederlande und Deutschland verfügten dank den Brüdern vom Gemeinsamen Leben über die besten Mittelschulen der Zeit; die zu Deventer zog zweitausend Zöglinge an. Der ebenso reiche wie energische Bischof William of Wykeham errichtete in Winchester die erste der so berühmt gewordenen englischen *public schools*, eine aus privaten und öffentlichen Mitteln gespeiste Vorschule für die Universität, die nur eine beschränkte Anzahl von sorgfältig ausgewählten Zöglingen aufnahm. Heinrich V. folgte dem Beispiel mit der Gründung und reichlichen Dotierung von Eton als Vorbereitungsschule für das King's College in Cambridge.

Für Mädchen gab es, von einigen hochgeborenen Ausnahmen abgesehen, nach der Volksschule keine öffentliche Bildungsmöglichkeit. Der Mittelstand ließ sie deshalb zu Hause unterrichten, so daß viele, wie Margaret Paston, ziemlich anständig ihre Muttersprache zu schreiben vermochten; einige wenige erlangten eine oberflächliche Kenntnis der Literatur und Philosophie. Der Adel erzog die Söhne bis zum siebten Jahr im Hause, dann kamen sie als Pagen in den Haushalt von Verwandten oder Nachbarn, wo sie, vor Verzärtelung durch übergroße Liebe geschützt, vom Schloßkaplan im Lesen und Schreiben und den Grundelementen der Religion, von den Damen im Anstand unterrichtet wurden. Vierzehnjährig wurden sie als *squires* in das Gefolge ihrer Herren eingereiht und lernten reiten, schießen, jagen, ritterlichen Wettbewerb, vor allem aber das Kriegshandwerk. Buchweisheit überließen sie den sozial Tieferstehenden.

Die Universitäten entwickelten sich trotzdem mehr und mehr zu bleibenden Institutionen über das Mittelalter hinaus, stieg doch die Freude an der Errichtung neuer Colleges in dem gleichen Maße, in dem die Lust zum Kirchenbau schwand. In Oxford entstand eine ganze Reihe von neuen Häusern zur Unterbringung der Studenten, aus denen im Lauf der Zeit die uns heute bekannten Colleges – Exeter, Oriel, Queen's, New, Lincoln, All Souls, Magdalen, Brasenose und die Divinity School – hervorgingen; dennoch fand kaum ein Zehntel der Studierenden darin Unterkunft. Die Benediktiner, Franziskaner, Dominikaner unterhielten eigene Schulen, aus denen einige der glänzendsten Geister des vierzehnten Jahrhunderts hervorgingen, wie Duns Scotus und Wilhelm von Ockham, die beide der orthodoxen Theologie schwer zu schaffen gemacht haben. Die übrigen Lehrkräfte erteilten ihren Unterricht in Räumen, die über die ganze Stadt zerstreut waren. Für die Juristen bestand in London, in den Inns of Court, eine separate Ausbildungsstätte.

Zwischen der bürgerlichen und akademischen Einwohnerschaft Oxfords herrschte geringe Zuneigung. 1335 brach ein offener Krieg aus, bei dem so viele Helden auf dem Kampfplatz blieben, daß der Chronist von dem «Jahr des großen Gemetzels» schrieb. Nicht einmal die Einführung der Prügelstrafe (um 1350) vermochte das unruhige Völkchen zu zähmen. Turnen und Sport in der heutigen Form kannte man nicht, das einzige Ventil für überschüssige Energie boten Hurerei und Saufen, und die Tavernenwirte waren die Nutznießer. Während der Blütezeit im dreizehnten Jahrhundert erreichte die Zahl der Studiosi einen Höhepunkt, nachher fiel sie auf tausend zurück; auch geriet die akademische Lehrfreiheit nach Wiclifs Ausweisung unter strenge bischöfliche Kontrolle.

Der Krise Oxfords stand ein Aufschwung Cambridges gegenüber, das aus dem Konflikt um Wiclif und der Furcht vor den Lollarden Nutzen zog, weil vorsichtige Männer ihre Söhne lieber auf die jüngere, aber konservative Universität schickten. Auch hier entstanden neue, am Ufer des Cam gelegene Unterkunftshäuser – Michaelhouse, University oder Clare, Pembroke, Gonville und Cains, Trinity, Corpus Christi, King's, Queen's, St. Catherine's, Jesus', Christ's und John's College –, die im fünfzehnten Jahrhundert mehr und mehr dem eigentlichen Lehrbetrieb zu dienen begannen, da sie von den Dozenten des stärkeren Besuchs halber gern zu Vorlesungen benutzt wurden, die übrigens den ganzen Tag über von sechs Uhr früh bis fünf Uhr nachmittags andauerten.

Irland und Schottland gründeten trotz ihrer Armut in Dublin (Trinity College), Glasgow (St. Andrews) und Aberdeen eigene Universitäten, die das britische Geistesleben Generation um Generation mit genialen Köpfen bereichert haben.

Auch in Frankreich blühte aller Unbilden des Hundertjährigen Krieges ungeachtet das Universitätswesen auf. Der steigende Bedarf an Juristen und Ärzten führte im Verein mit der traditionellen Anziehungskraft der kirchlichen Laufbahn in einem Dutzend von Städten – Avignon, Orléans, Cahors, Grenoble, Orange, Aix-en-Provence, Poitiers, Caen, Bordeaux, Valence, Nantes und Bourges – zu Neugründungen. Die Pariser Universität übte – wahrscheinlich infolge des Darniederliegens der monarchischen Gewalt – sogar in der Politik einen dominierenden Einfluß aus; sie rivalisierte mit dem *Parlement*, beriet den König und fungierte als eine Art von Berufungsgericht in geistlichen Angelegenheiten, so daß sie von fast ganz Europa als die *universitas universitatum* anerkannt wurde. Die Zahl der eingeschriebenen Studierenden ging zwar durch die in- und ausländische Konkurrenz der neuen Hochschulen zurück; doch soll die Fakultät der Schönen Künste 1406 rund tausend Dozenten und zehntausend Hörer gezählt haben; 1490 waren insgesamt fast zwanzigtausend Studierende eingeschrieben. Für diese gab es ungefähr fünfzig eigene Heime, und da die Disziplin weniger streng war als in England, leisteten die Studiosi eher Beweise für ihre Manneskraft als für ihre Gottesfurcht. Neben zahlreichen anderen Disziplinen wurde Griechisch, Arabisch, Hebräisch und Chaldäisch gelehrt.

Spaniens führende Universitäten – Palencia, Salamanca, Lerida – waren schon im dreizehnten Jahrhundert gegründet worden; jetzt trat noch eine ganze Reihe neuer hinzu: Perpignan, Huesca, Valladolid, Barcelona, Saragossa, Palma, Siguënza, Valencia, Alcalá und Sevilla. Sie alle unterstanden einer strikten geistlichen Kontrolle, und Theologie bildete das Hauptfach; nur in Alcalá standen den zwölf Lehrstühlen für Theologie und Kirchenrecht vierzehn Lehrstühle für Sprachen, Literatur und Rhetorik gegenüber. Eine Zeitlang bildeten sie das Zentrum des spanischen Geisteslebens, und 1525 zählte Alcalá siebentausend eingeschriebene Hörer. Für bedürftige Studenten gab es Stipendien; die Einkünfte der Professoren – die sich alle vier Jahre einer Wiederwahl unterziehen mußten – hingen vom Besuch ihrer Vorlesungen ab. In Portugal hatte König Diniz 1300 die Lissaboner Universität gegründet, sie aber wegen ihrer aufrührerischen Hörer nach Coimbra verlegt, dessen Stolz sie heute noch ist.

Das lebendigste Geistesleben dieser Epoche hatte jedoch – Italien ausgenommen – Mitteleuropa aufzuweisen. Die von Karl IV. 1347 in Prag gegründete Universität entwickelte sich schnell zum geistigen und nationalen Sprachrohr der Tschechen. In rascher Folge entstanden die Universitäten Krakau, Wien, Pécs (Fünfkirchen), Genf, Erfurt, Heidelberg, Köln, Buda, Würzburg, Leipzig, Rostock, Löwen, Trier, Tübingen, Freiburg i. Br., Greifswald, Basel, Ingolstadt, Preßburg, Mainz, Kopenhagen, Uppsala, Frankfurt a. d. Oder, Wittenberg. Alle diese Institutionen widerhallten in der zweiten Hälfte des fünfzehnten Jahrhunderts von Leben und Debatten. Krakau allein zählte einmal 18338 immatrikulierte Studenten. Der größte Teil der Mittel stammte aus kirchlichen Quellen, und so bestimmte die Kirche natürlich die Geistesrichtung; aber auch Fürsten, Hochadel, Städte und Handelsherren steuerten große Dotationen und Stipendien bei. Der Kurfürst Friedrich von Sachsen verwendete päpstliche Ablaßgelder, deren Weiterleitung nach Rom er unterband, zur Finanzierung der Universität Wittenberg. Da die philosophischen Lehrstühle im allgemeinen von Exponenten der Scholastik eingenommen wurden – der Humanismus gedieh außerhalb des offiziellen Lehrbetriebs –, ergriffen im Reformationszeitalter alle deutschen Universitäten für das orthodoxe Papsttum Partei – mit zwei Ausnahmen: Erfurt, wo Luther studierte, und Wittenberg, wo er lehrte.

## III. DIE NATURWISSENSCHAFT

Dem naturwissenschaftlichen Denken standen die Akademiker im allgemeinen ebenso fremd gegenüber wie die breiten Massen. Ihre Neigung galt der Theologie und Philosophie; selbst die klassischen Philologen ignorierten die naturwissenschaftlichen Schriften der Griechen. Für die Mathematik erwiesen sich die römischen Ziffern als ein beträchtliches Hindernis; man hielt aber an ihnen als einem von der lateinischen Kultur nicht wegdenkbaren Bestandteil fest. Die hindu-arabischen Ziffern betrachtete man hingegen als religiös verdächtig, besonders nördlich der Alpen; der französische Rechnungshof – *Cour des Comptes* – bediente sich bis ins achtzehnte Jahrhundert der schwerfälligen römischen Ziffern. Natürlich gab es Ausnahmen: so führte Thomas Bradwardine – 1349 einen Monat nach seiner Weihe zum Erzbischof von Canterbury an der Pest gestorben – mehrere arabische trigonometrische Lehrsätze in England ein. Sein Schüler, der Abt Richard Wallingford von St. Albans, verfaßte als der führende Mathematiker des vierzehnten Jahrhunderts das erste bedeutende westeuropäische Werk über Trigonometrie, *Quadripartitum de sinibus demonstratis*. Er starb dreiundvierzig Jahre alt an der Wassersucht, die Zeit beweinend, die er der Theologie für sein wissenschaftliches Steckenpferd gestohlen hatte.

Der als Kirchenmann höchst aktive Bischof von Lisieux, Nicole Oresme, beschäftigte sich sogar mit einem Dutzend von Wissenschaften. Der analytischen Geometrie bahnte er den Weg durch die systematische Verwendung von Koordinaten und graphische Darstellung der wechselnden Größen einer Funktion. Eine Weile spielte er mit dem Gedanken an eine vierte Dimension, verwarf ihn dann wieder, ahnte aber – wie mehrere seiner Zeitgenossen – das später von Galilei formulierte Gesetz der zunehmenden Beschleunigung eines fallenden Körpers voraus. Im Kommentar zu Aristoteles' *De caelo et mundo* sagte er: «Es läßt sich nicht durch das Experiment beweisen, daß der Himmel eine tägliche Bewegung ausführt, während die Erde stillsteht»; es gibt «gute Gründe, anzunehmen, daß die Erde und nicht der Himmel einer täglichen Bewegung unterliegt». Obschon er sich schließlich mit dem Ptolemäischen System zufriedengab, hat er doch für Kopernikus vorgearbeitet.

Wenn man berücksichtigt, daß die mittelalterlichen Astronomen den Himmel ohne Teleskop und Photokamera beobachteten, zwingt uns ihre Leistung echtes Staunen ab. Jean de Liniers beschrieb nach jahrelanger Beobachtung die Position von achtundvierzig Sternen mit einer Genauigkeit, die nur noch von den Arabern erreicht wurde; seine Berechnung der Schiefe der Ekliptik weicht nur um sieben Sekunden von den heutigen Ergebnissen ab. Jean de Meurs und Firmin de Beauval schlugen (1344) die Reform des der Sonne vorausgeeilten Julianischen Kalenders durch die Auslassung der nächsten vierzig Schaltjahre vor (was zuviel gewesen wäre); die Reform mußte jedoch bis 1582 warten und wartet heute noch auf die Anerkennung seitens mehrerer Länder und Glaubensbekenntnisse. In Oxford riß William Merle die Meteorologie aus den Klauen der Astrologie, indem er das Wetter 2556 Tage hindurch aufzeichnete. Unbekannte Beobachter, möglicherweise Seefahrer, entdeckten im fünfzehnten Jahrhundert die Abweichung der Magnetnadel von der reinen Nordrichtung um einen kleinen, aber bedeutsamen Winkel in der Richtung des astronomischen Meridians; und von Kolumbus stammt die Feststellung, daß dieser Winkel von Ort zu Ort variiert.

Als der prominenteste Vertreter der Mathematik und Astronomie jener Epoche ist Johann Müller – nach seinem Geburtsort (1436) Königsberg in Unterfranken Regiomontanus genannt – in die Geschichte eingegangen. Schon mit vierzehn Jahren bezog er die Wiener Universität, wo Georg von Purbach im Geiste des Humanismus und der fortgeschrittenen mathematischen und astronomischen Erkenntnisse Italiens wirkte. Beide kamen frühzeitig zu voller Entfaltung, und beide starben jung: Purbach mit achtunddreißig, Müller mit vierzig Jahren. Um Ptolemaios' *Almagest* im Original lesen zu können, begab sich Müller nach Italien, lernte bei Guarino da Verona Griechisch und verschlang alle lateinischen und griechischen Texte über Astronomie und Mathematik, deren er habhaft werden konnte. Nach Wien zurückgekehrt, hielt er dort über diese Fächer Vorlesungen, bis ihn Matthias Corvinus nach Buda berief. Später ging er nach Nürnberg, wo ihm ein reicher Bürger die erste europäische Sternwarte einrichtete, die er mit selbstgebauten Instrumenten ausstattete. Aus einem 1464 an einen Mathematikerkollegen geschriebenen Brief schlägt uns der reine Atem der Wissenschaft entgegen: «Aber ich weiß nicht, wohin die Feder entweichen wird; sie wird das ganze Papier verbrauchen, wenn ich sie nicht zurückhalte. Eine Frage nach der anderen fällt mir ein, und so viele schöne Fragen kommen mir in den Sinn, daß ich ungewiß bin, welche ich vorbringen soll.» Sixtus IV. berief ihn zur Kalenderreform nach Rom, wo er im nächsten Jahre starb (1475).

Sein schöpferischer Geist sank allzu früh ins Grab; am bedauerlichsten ist es, daß sein Plan, die naturwissenschaftlichen Schriften der Antike neu herauszugeben, unausgeführt blieb; so hat nur weniges davon Form und bleibendes Leben gefunden. Hingegen konnte er Purbachs *Epitome* zum *Almagest* beenden und die erste ausschließlich der Trigonometrie gewidmete Schrift *De triangulis* verfassen. Anscheinend hat er die Zuhilfenahme von Tangenten bei astronomischen Berechnungen als erster vorgeschlagen; auf alle Fälle stützte sich Kopernikus auf seine Kurven- und Tangententafeln. Die von ihm angefertigten astronomischen Tabellen übertrafen alle früheren an Genauigkeit, und seine neue Methode zur Berechnung der Längen- und Breitengrade führte sich rasch in der Schiffahrt ein. In einem 1474 erschienenen Almanach, *Ephemerides*, führte er für zweiunddreißig Jahre die tägliche Planetenkonstellation auf; an Hand dieses Buches sagte später Kolumbus seiner hungernden Besatzung voraus, daß am 29. Februar (1504) eine Mondfinsternis ihre Mägen füllen werde. Auch die moderne Kometenkunde geht auf seine Beobachtung des Halleyschen Kometen zurück. Den größten Einfluß übte Regiomontanus aber nicht durch seine Bücher, sondern durch seine lebendige Persönlichkeit aus. So hielt er im Nürnberg des jungen Dürer populärwissenschaftliche Vorlesungen, die die ganze Stadt entflammten, und die nach seinen Angaben daselbst hergestellten nautischen Instrumente und Karten verschafften Nürnberg europäische Berühmtheit. Der von seinem Schüler Martin Behaim mit Farbe auf Pergament gezeichnete, älteste bekannte Globus – von ihm «Erdapfel» genannt – wird im Nürnberger Germanischen Museum aufbewahrt.

Die geographischen Kenntnisse der neueren Zeit rühren weniger von trockenen Wis senschaftlern als von Seefahrern, Kaufleuten, Missionaren, diplomatischen Emissären Militärpersonen und Wallfahrern her. Die katalanischen Kapitäne besaßen ausgezeich nete Karten; ihre *portolani* der Mittelmeerhäfen standen an Genauigkeit unseren modernen Seekarten kaum nach. Nachdem die alten Handelsrouten nach dem Osten in türkische Hände geraten waren, suchte der europäische Handel neue Überlandrouten durch mongolische Gebiete zu eröffnen. Der Franziskaner Oderic von Pordenone hat seine Reise nach China über Indien und Sumatra, seinen dreijährigen Aufenthalt in Peking und seine Rückkehr über Tibet und Persien sehr aufschlußreich beschrieben. Von Clavijo besitzen wir, wie wir noch hören werden, einen faszinierenden Bericht über seine Mission bei Timur. Der von den Türken bei Nikopolis (1396) gefangene Bayer Johann Schnittberger wanderte dreißig Jahre durch die Türkei, Armenien, Georgien, Rußland und Sibirien und hinterließ uns in einem Reisebuch die erste westeuropäische Beschreibung Sibiriens. Von Juan de la Cosa, der zwei Reisen des Kolumbus als Matrose mitmachte, stammt die erste umfassende Weltkarte, auf der die Entdekkungen der großen Seefahrer jener Zeit kartographisch dargestellt sind (1500).

Die geographische Abhandlung *Imago mundi* (1410) des Kardinals Pierre d'Ailly ist deshalb erwähnenswert, weil die Behauptung, daß die Überquerung des Atlantiks bei gutem Wind in wenigen Tagen möglich sei, Kolumbus zu seinem Wagnis ermutigt hat. Dem schriftstellernden Kardinal, der eine ganze Reihe von Schriften über Astronomie, Geographie, Meteorologie, Mathematik, Metaphysik, Logik, Kalender- und Kirchenreform verfaßte, wurde der Vorwurf gemacht, weltlichen Studien zuviel Zeit zu widmen, worauf er erwiderte, als Theologe müsse er mit der Wissenschaft Schritt halten. Sogar der Astrologie gewann er ernsthafte Seiten ab und sagte auf Grund astrologischer Berechnungen eine große Veränderung in der Christenheit innerhalb der nächsten hundert Jahre und welterschütternde Ereignisse im Jahre 1789 voraus.

Das vierzehnte Jahrhundert hatte seine stolzesten Leistungen auf dem Gebiet der Physik zu verzeichnen. Dietrich von Freiburg († 1311) erklärte den Regenbogen in einer im wesentlichen noch heute gültigen Definition als das Ergebnis einer zweimaligen Brechung und einer Rückstrahlung der Sonnenstrahlen in Wassertropfen. Vorzügliches hat Johannes Buridan in der theoretischen Physik geleistet; ein Jammer, daß er nur wegen seines Esels, der vielleicht nicht einmal seiner war, berühmt geworden ist*. Geboren vor 1300 bei Arras, studierte und lehrte er in Paris, wo er die Behauptung wagte, daß sich die Erde täglich um sich selbst drehe, und die Himmelskörper von den

* In seinen uns bekannten Werken ist die Geschichte von «Buridans Esel» nicht aufzufinden; sie hat jedoch ein ehrwürdiges Alter und stammt möglicherweise aus einer Vorlesung. Buridan hatte argumentiert, daß der Wille angesichts zweier Möglichkeiten gezwungen sei, die zu wählen, die ihm von der Vernunft als die vorteilhaftere angepriesen werde. Woraus ein Witzbold folgerte, daß ein hungriger Esel, von zwei gleichermaßen verlockenden Heubündeln gleich weit entfernt, keinen Grund sehe, eines von ihnen zu bevorzugern, so daß er in Ermangelung anderen Futters verhungern müsse.

Engelwesen befreite, die nach Aristoteles und Thomas von Aquin die Bewegung der Gestirne dirigieren, was er damit begründete, daß der erste von Gott gegebene Anstoß genügt habe, sie in Bewegung zu halten, weil ein in Bewegung befindlicher Körper die Bewegung so lange fortsetze, bis er auf ein Hindernis treffe. Die Bahn der Planeten und Sterne unterliege deshalb denselben Gesetzen, die auch die Erde beherrschen. Mit diesen heute so selbstverständlichen Wahrheiten versetzte Buridan dem mittelalterlichen Weltbild einen argen Stoß. Sie nahmen Galilei, Descartes und Newton vorweg und sind beinahe als der Anfang der physikalischen Astronomie zu werten.

Buridans Schüler trugen seine Ideen nach Deutschland und Italien, wo sie Kopernikus, Leonardo, Bruno und Galilei beeinflußten. Albert von Sachsen verkündete sie an der von ihm in Wien (1364), Marsilius von Inghen an der von ihm in Heidelberg (1386) gegründeten Universität. Albert von Sachsen hat auch als einer der ersten im Gegensatz zu Aristoteles die Möglichkeit eines Vakuums bejaht, jedem Körper ein Schwerkraftzentrum zugeschrieben, Galileis Prinzip des statischen Gleichgewichts und der gleichmäßigen Beschleunigung fallender Körper vorausgenommen; auf dem Gebiet der Geologie faszinierte er Leonardo mit der Idee, daß die Erosion der Gebirge und die Bildung neuen Landes durch Ablagerung oder vulkanische Eruption kompensierende Faktoren darstellen.

Die Mechanik erfuhr hingegen nur bescheidene Verbesserungen. Die zum Dreschen des Getreides, Drainieren des Bodens und zum Pumpen des Wassers verwendeten Windmühlen blieben kompliziert. Zum Sägen, zum Schmelzen des Erzes und zum Antrieb von Blasebälgen, Hammerwerken und mechanischen Spinnrädern benutzte man Wasserkraft; Kanonen wurden gegossen und dann ausgebohrt. In Norddeutschland baute man im vierzehnten Jahrhundert die ersten großen Hochöfen und fabrizierte Stahl in beachtlichen Mengen. Den ersten Beleg für eine Brunnenbohrung finden wir 1373; die Nürnberger Drahtzieher werden im fünfzehnten Jahrhundert erwähnt, in einem Manuskript aus dem Jahr 1438 befindet sich die Abbildung einer Pumpe, deren Eimer an einer endlosen Kette befestigt sind. In einer Zeichnung des Hussiten Konrad Keyser finden wir die früheste bekannte Darstellung der Verwandlung einer Hin-und-her-Bewegung in Drehung; zwei alternierende Arme bewirken die Drehung einer Kurbel nach dem gleichen Prinzip wie die Kolben eines modernen Autos.

Vor allem aber benötigte man bessere Instrumente zur Zeitmessung. Bis dahin hatten Bauern und Mönche das Tageslicht zwar stets in gleich viele, aber je nach Jahreszeit verschieden lange Abschnitte eingeteilt. Die Verstädterung forderte dringend ein einheitlicheres Meßsystem, ein Bedürfnis, das man im dreizehnten und vierzehnten Jahrhundert mit Uhren zu befriedigen suchte, die den Tag in vierundzwanzig Stunden von gleicher Dauer einteilten. An manchen Orten verwendete man Zifferblätter mit den Zahlen von I bis XXIV – eine Einteilung, auf die man heute wieder zurückgreift –, und noch 1370 schlug die Turmuhr von San Gottardo in Mailand jeweils die volle Stundenzahl. Da sich das mit der Zeit als eine überflüssige Klangverschwendung erwies, ging man dazu über, den Tag in zwei Hälften von je zwölf Stunden einzuteilen, eine Neuerung, die sich bis 1375 überall durchgesetzt hatte.

Wir besitzen eine um 1271 verfaßte Beschreibung der mechanischen Uhr; ihr Prinzip bestand in einem von einem Gewicht langsam gedrehten Rad, das sich, von einer Hemmung reguliert, in einer bestimmten Zeiteinheit um jeweils einen Zahn weiterbewegte. Die ersten Uhren brachte man so weithin sichtbar wie möglich an Kirchen und Rathäusern an. Eine der frühesten bekannten Uhren ist die von Richard Wallingford in die Abtei St. Albans eingebaute (1326–1335), die außer Stunde und Minute auch Ebbe und Flut und den Sonnen- und Mondstand anzeigte. Spätere Turmuhren stattete man mit allerlei Phantasiezubehör aus. So prunkte die Turmuhr des Straßburger Münsters mit einem krähenden Hahn, den drei Königen aus dem Morgenlande und einer menschlichen Figur, auf der für jeden Körperteil die beste Stunde für den Aderlaß angegeben war. Auf der Turmuhr von Wells zeigte eine kreisende Sonne die Stunde, ein sich in kleinerem Kreis drehender Stern die Minute und ein dritter Kreis das Datum an. Ein Kuriosum bildete die Turmuhr zu Jena: Hier öffnete ein Hanswurst seinen enormen Mund, um einen ihm von einem Pilger dargebotenen goldenen Apfel zu verschlingen; aber im selben Moment, wo er ihn packen wollte, wurde der Apfel zurückgezogen. Diese Komödie hat sich viele hundert Jahre lang tagtäglich vierundzwanzigmal abgespielt; das Uhrwerk existiert heute noch. Ein ähnliches, 1506 in Nürnberg installiertes Uhrwerk hat seine vom Zweiten Weltkrieg rüde unterbrochenen Vorstellungen 1953 wieder aufgenommen.

Durch die Verwendung von spiralförmigen Federn statt der Hängegewichte gelang die Konstruktion von kleineren Uhren; indem sich die Spiralfeder langsam entrollte, wirkte sie auf das gehemmte Rad genau so ein wie das Hängegewicht. Ende des fünfzehnten Jahrhunderts gab es bereits eine Vielzahl solcher Modelle von der Größe einer Hand bis zu der einer Mandel, darunter auch einige ovale wie die von Peter Henlein hergestellten «Nürnberger Eier» (1510). Das Prinzip «Gewicht, Rad und Hemmung» fand auch für andere Zwecke Anwendung, so daß die mechanische Uhr als Urahn zahlloser Mechanismen gilt.

Während die allmähliche Übertragung der physikalischen Kenntnisse auf die Technik die industrielle Revolution der Neuzeit anbahnte, näherte sich die Alchimie der modernen Chemie. Als die Epoche zu Ende ging, hatten die Goldsucher Zink, Wismut, Schwefelleber (Kaliumthiosulfat), gediegenes Antimon und zahlreiche andere Substanzen entdeckt und beschrieben. Sie hatten ferner gelernt, Alkohol zu destillieren, durch Sublimation Schwefel in Schwefelsäure zu verwandeln, Quecksilber zu verflüchtigen, Äther und *aqua regis* (Königswasser) herzustellen; ein von ihnen gefundener scharlachroter Farbstoff war unserem heutigen sogar überlegen. Die in dieser Zeit entwickelte experimentelle Methode kann als größtes Vermächtnis der mittelalterlichen Naturwissenschaft gelten.

Die Botanik beschränkte sich beinahe ausschließlich auf Handbücher für den Ackerbau und die Beschreibung von Arzneipflanzen. Heinrich von Hessen (1325–1397) hielt die natürliche Entwicklung neuer Arten, besonders der Pflanzenwelt, aus bereits bestehenden für möglich – und das fünfhundert Jahre vor Darwin. Das zoologische Wissen bereicherten ungewollt eine Reihe von Einrichtungen, Vergnügungen und Gewerben: die fürstlichen und päpstlichen Tiergärten, die Tierheilkunde, Jagd, Fischerei, Bienen- und Seidenraupenzucht; auf dem Gebiet der Literatur Tierfabeln zur Entwicklung irgendeiner Moral und Handbücher für Falkner wie *Le mirroir de Phœbus* von dem Grafen Gaston III. von Foix.

Anatomie und Physiologie mußten sich zum größten Teil mit der Sektion von Tieren, der Behandlung von Kriegswunden und gelegentlichen gesetzlich vorgeschriebenen *post-mortem*-Autopsien begnügen, weil die Zerteilung von Leichen, die sich ja am Tag des Jüngsten Gerichts aus ihren Gräbern erheben sollten, einer gläubigen Christenheit sündhaft erschien. Im ganzen vierzehnten Jahrhundert fiel es so schwer, Leichen für anatomische Studien zu beschaffen, daß nördlich der Alpen nur sehr wenige Ärzte einen sezierten Leichnam zu sehen bekamen. Nach langer Bemühung gelang es 1360 Guy de Chauliac, die päpstlichen Behörden in Avignon zu bewegen, den medizinischen Fakultäten die Sektion hingerichteter Verbrecher zu gestatten. In Venedig hat man erstmals 1368, in Montpellier 1377, in Florenz 1388, in Lerida 1391, in Wien 1404 Leichen vor Studierenden seziert; die Universität Padua richtete 1445 die erste uns bekannte Anatomie ein. Die Medizin hat unermeßlichen Gewinn daraus gezogen.

## IV. DIE HEILKUNDE

Das Italien von 1300 verstand von der Theorie und Praxis der Heilkunde immer noch nicht soviel wie Galen und Soranos tausend Jahre zuvor, und das Europa nördlich der Alpen hinkte noch ein gutes halbes Jahrhundert hintendrein. Jedoch machten die medizinischen Fakultäten Oxfords, Montpelliers und der Pariser Universität ständig Fortschritte, und Frankreich stellte die bedeutendsten Chirurgen der Epoche. Der ärztliche Berufsstand war nunmehr gut organisiert und verteidigte eifrig seine Vorrechte; da es aber zu allen Zeiten mehr Gesundheitsuchende gegeben hat als Gesundheitspender, erfreuten sich Apotheker, Hebammen, wandernde Schröpfer, Kräuterkundige und Bader, die reinen Quacksalber nicht zu erwähnen, ebenfalls eines guten Zuspruchs. Andererseits klagten die Leute wie überall über die geldgierigen und mordenden Ärzte; erst machten sie sich durch eine falsche Lebensweise krank, und nachher sollte sie der Arzt billig und über Nacht kurieren. Nach Froissart «ist es das Ziel aller Heilkundigen, große Einkünfte zu erzielen» – als ob das nicht in jeder Kultur die ansteckendste aller Krankheiten wäre.

Die interessantesten Persönlichkeiten waren damals die Chirurgen. Noch waren sie nicht so weit, um von den zünftigen Ärzten als ebenbürtig anerkannt zu werden, und die Pariser Universität verlangte von jedem Studenten sogar die eidliche Verpflichtung, niemals einen chirurgischen Eingriff vorzunehmen. Selbst der Aderlaß, das Allheilmittel der Zeit, mußte einem Gehilfen überlassen bleiben. Die Barbiere verbanden immer noch weitgehend die Kunst des Haarschneidens mit der der Gliederamputation, aber nach und nach verzichteten sie auf die erste, um sich auf die zweite zu spezialisieren; 1365 zählte man in Paris vierzig solcher Bader; in England starb die Profession erst um

1540 aus. Eine 1372 in Frankreich erlassene Ordonnanz beschränkte ihre Tätigkeit auf die Behandlung von Wunden, «die ihrer Natur nach nicht lebensgefährlich sind», so daß große Operationen legalerweise nur noch von «diplomierten Chirurgen» vorgenommen werden konnten. Schottland schuf 1505 an der Edinburger Universität eine Fakultät für Chirurgie.

In der ersten Hälfte des vierzehnten Jahrhunderts dürften Henri de Mondeville und Guy de Chauliac die prominentesten Chirurgen gewesen sein. Daß Mondeville trotz starker Inanspruchnahme seiner Dienste arm gestorben ist, hätte eigentlich Froissarts Aufmerksamkeit verdient. Er litt an Asthma und Schwindsucht, war aber dennoch unermüdlich tätig und hat uns mit seiner *Chirurgia* (1306–1320) die erste Behandlung dieses Themas seitens eines Franzosen hinterlassen, deren Gründlichkeit und Sachkenntnis das Ansehen der Chirurgie im ganzen Lande hob. Als Schüler Theoderich Borgognonis in Bologna führte er in Frankreich dessen Wundbehandlung ein, die in sorgfältiger Reinigung und einem luftabschließenden weingetränkten Verband bestand. Gleichzeitig mit dieser Neuerung warnte er vor der kritiklosen Imitation Galens und anderer antiker Autoritäten und schrieb, ein Lieblingsadjektiv des Mittelalters gebrauchend: «Moderne Autoren verhalten sich zu den alten wie ein Zwerg auf den Schultern eines Riesen; sie sehen alles, was der Riese sieht, und noch ein bißchen mehr.»

Ein Menschenalter später trat Guy de Chauliac in den Vordergrund, der – als Bauernsohn in dem gleichnamigen Dorf geboren – solchen Eindruck auf seinen Gutsherrn machte, daß er auf dessen Kosten in Toulouse, Montpellier, Bologna und Paris studieren durfte. 1342 als päpstlicher Leibarzt nach Avignon berufen, hatte er diese schwierige Position volle achtundzwanzig Jahre inne, hielt auch während der Pest tapfer aus und behandelte die Kranken, bis er selbst der Krankheit fast erlag. Von menschlichen Irrtümern war er natürlich nicht frei; so schrieb er die Pest bald einer unglückseligen Planetenkonstellation, bald den Juden als den Todfeinden des Christentums zu. In der Wundbehandlung lehnte er die einfachen Methoden Mondevilles ab und verzögerte mit der Rückkehr zu Pflastern und Salben den Fortschritt. Dennoch gehörte er zu den Zierden seines Berufs, stellt doch seine *Chirurgia magna* (1363) das gründlichste, systematischste und kenntnisreichste einschlägige Werk vor dem sechzehnten Jahrhundert dar.

Die Pflege der persönlichen und öffentlichen Hygiene hielt mit den ärztlichen Erkenntnissen nur mühselig Schritt. Reinlichkeit der Person stand nicht hoch im Kurs; der König von England badete einmal in der Woche, und auch das nicht immer. In Deutschland erfreuten sich öffentliche «Badestuben» großer Beliebtheit; man saß oder stand – manchmal ohne Trennung der Geschlechter – in großen Bottichen; Ulm zählte 1489 nicht weniger als 168 Badestuben. Auch machte sich niemand etwas daraus, das gleiche Kleidungsstück monate-, jahre-, ja generationenlang zu tragen. Viele Städte verfügten wohl über eine Wasserversorgung, doch reichte die Leitung nur selten in die Häuser; zumeist holte man sein Wasser vom nächsten Bach oder Brunnen. Die Luft Londons war vom Gestank des geschlachteten Viehs so verpestet, daß 1371 eine neue Schlachtordnung Abhilfe schaffen mußte, und das Idyll des Landlebens litt unter dem Gestank der Abtritte. In den Londoner Miethäusern gab es in der Regel einen einzigen

Gemeinschaftsabtritt, manchmal überhaupt keinen; dann goß man die Exkremente kurzerhand auf die Straße oder in den Hof. Tausende von kleinen Rinnsalen rannen in die Themse; ein 1357 vom Magistrat erlassenes Verbot blieb wirkungslos. Unter dem Druck der Beulenpest erließ das Parlament 1388 das erste landweite Gesundheitsgesetz:

«Denn da so viel Mist und Dreck von Abfall und Eingeweiden sowohl vom geschlachteten Vieh als andere Fäulnis in Gräben, Flüsse und sonstige Wasser geworfen wird ... so daß die Luft faulig und ansteckend wird, und viele Krankheiten und andere unerträgliche Leiden täglich vorkommen bei den Einwohnern ... wie bei anderen, die sich dorthin begeben ... wird beschlossen und gutgeheißen, die Proklamation zu erlassen ... daß im ganzen Königreich England ... alle, die solchen Unrat wegwerfen oder ablagern ... die vollständige Entfernung veranlassen.»[1]

In Frankreich wurden um die gleiche Zeit ähnliche Ordonnanzen erlassen. 1383 ordnete Marseille nach dem Beispiel Ragusas (1377) die Absonderung von pestkranken Personen für vierzig Tage an – unsere heutige Quarantäne. Es gab trotzdem Epidemien, den «Englischen Schweiß» in England (1486, 1508), Diphtherie und Pocken in Deutschland (1492), doch weniger heftig und mit wenigen Todesfällen. Im Vergleich zu den mangelhaften sanitären Vorkehrungen war die Zahl der Spitäler ziemlich groß; England zählte im Jahre 1500 insgesamt 460, in York allein gab es sechzehn.

Die Behandlung der Geisteskranken ging allmählich von abergläubischer Scheu oder barbarischer Grausamkeit zu halbwissenschaftlichen Methoden über. Noch 1300 wurde auf priesterliche Anweisung der Leichnam eines Mädchens, das in dem Wahn gelebt hatte, der Heilige Geist zu sein, ausgegraben und verbrannt; zwei Frauen, die ihm Glauben schenkten, endeten in den Flammen. Der Erzbischof von Toledo übergab 1359 einen Mann der weltlichen Justiz, der sich einbildete, der Bruder des Erzengels Michael zu sein und täglich in den Himmel und die Hölle zu fahren. Im fünfzehnten Jahrhundert verbesserte sich das Los der Irren. In Valladolid richtete der Mönch Jean Joffre, von Mitleid für durch die Straßen gehetzte Geisteskranke bewegt, 1409 ein Asyl für sie ein, ein Beispiel, das rasch Nachahmung fand. Das 1247 in London gegründete Spital St. Mary of Bethlehem wurde 1402 in ein Geisteskrankenasyl umgewandelt; das zu *Bedlam* verstümmelte Wort *Bethlehem* ist zum englischen Synonym für Irrenhaus geworden.

Der Aussatz verschwand im Lauf des fünfzehnten Jahrhunderts, aber nur um der nicht minder schrecklichen Syphilis das Regiment zu überlassen. Möglicherweise ein neues Stadium der in Frankreich schon früher bekannten *gros vérole*, möglicherweise aber auch ein Importprodukt aus Amerika*, ist sie in Spanien mit Bestimmtheit 1493 und in Italien 1495 nachweisbar; in Frankreich grassierte sie derart, daß man sie *morbus gallicus* nannte, und in manchen deutschen Städten richtete sie solche Verheerungen an, daß diese Steuerbefreiung erbaten. Quecksilber ist nachweislich schon Ende des fünfzehnten Jahrhunderts zu ihrer Behandlung verwendet worden – der medizinische Verstand des Menschen lieferte damals wie heute den sich ständig wandelnden Krankheitsformen einen tapferen Kampf.

* Siehe in Band 8 «Glanz und Zerfall der italienischen Renaissance».

## V. DIE PHILOSOPHIE

Das Zeitalter der Systembauer war zwar vorbei; dennoch blühte die Philosophie lustig weiter und erschütterte im vierzehnten Jahrhundert das gesamte Dogmengebäude der christlichen Welt, bereitete doch eine Akzentverlagerung der bisherigen Vorherrschaft der Theologen ein Ende. Die führenden Denker wandten ihr Interesse bis dahin vernachlässigten Gebieten zu: Buridan der Naturerkenntnis, Oresme der Wirtschaft, Nikolaus von Cues der Kirchenorganisation, Pierre Dubois und Marsilius von Padua der politischen Struktur des Abendlandes, und das mit einem intellektuellen Elan, der dem eines Albertus Magnus, Thomas von Aquin, Siger von Brabant, Bonaventura und Duns Scotus nicht nachstand.

Die Scholastik – formal eine Methode zur Problemstellung und Beweisführung, inhaltlich ein Versuch, Vernunft und Glauben in Übereinstimmung zu bringen – beherrschte zwar auch weiterhin die nördlichen Universitäten. Nach der 1323 erfolgten Heiligsprechung Thomas' von Aquin hielten es seine Ordensbrüder, insbesondere die Dominikaner Löwens und Kölns, für ihre Ehrenpflicht, seine Lehren zu verteidigen, während die Franziskaner in loyaler Opposition für Augustinus und Duns Scotus Partei ergriffen. Ein abtrünniger Dominikaner, Guillaume Durand von Saint-Pourçain, ging zum Entsetzen seiner Ordensbrüder zu den Scotisten über und begann um 1308, achtunddreißig Jahre alt, einen gewaltigen Kommentar, den er erst im hohen Alter beendigte. Je weiter er damit kam, um so mehr rückte er von Aristoteles und Thomas von Aquin ab und stellte die Vernunft über die Autorität «jedes Doktors, wie berühmt und ehrwürdig er auch sei» – ausnahmsweise ein Philosoph mit Sinn für Humor. Obschon er formal die von der Theologie gezogenen Grenzen nicht überschritt, bahnte die Wiederherstellung des Konzeptualismus Abälards – nur das Ding an sich existiert, alle Universalien oder Verallgemeinerungen sind nur nützliche Behelfe des Denkens – dem kompromißlosen Nominalismus Ockhams den Weg. Von den Freunden *Doctor Resolutissimus* genannt, trösteten sich die Gegner dieses *Durus Durandus* – Durand des Harten – mit der Hoffnung, daß ihn das höllische Feuer weicher stimmen würde.

Demgegenüber wartete der aus härterem Holz geschnitzte Wilhelm von Ockham nicht auf den Tod, um zu brennen, dämmte doch nur die vom Zeitgeist erzwungene scholastische Schwerfälligkeit im Verein mit sporadischen Einkerkerungen seine lebenslangen, hitzigen Kontroversen ein. Erfahrung und Vernunft als einzige philosophische Kriterien anerkennend und diese Auffassung mit wahrer Leidenschaft verfechtend, brachte er halb Europa zum Aufhorchen; und wenn man sein abenteuerliches Leben, sein Wollen und seine Wirkung betrachtet, erkennt man in ihm unschwer einen Vorläufer Voltaires.

Wann und wo er geboren ist, wissen wir nicht, vermutlich Ende des dreizehnten Jahrhunderts in Ockham in Surrey. In sehr jugendlichem Alter Franziskaner geworden, ging er mit etwa zwölf Jahren nach Oxford – ein aufgeweckter Junge, der eine Zierde der Kirche zu werden versprach. Dort, möglicherweise aber auch in Paris, geriet er unter den Einfluß eines anderen scharfsinnigen Franziskaners; und wenn er auch später gegen Duns Scotus' Realismus polemisierte, stieß seine rationale Kritik der Theologie und Philosophie dennoch weit über seinen Lehrmeister hinaus zu einem Skeptizismus vor, der sowohl das Dogma als auch die zeitgenössische Naturerkenntnis umstürzen sollte. Ob er außer einer sechsjährigen Lehrtätigkeit in Oxford auch in Paris als Lehrer gewirkt hat, ist zweifelhaft, doch scheint er schon vor 1324 als blutiger Anfänger seine Kommentare zu Aristoteles und Peter Lombard sowie sein einflußreichstes Buch *Summa totius logicae* – «Summe der ganzen Logik» – verfaßt zu haben.

Auf den ersten Blick glaubt man sich in eine trostlose Wüste von kasuistischer Logik und technischer Phraseologie versetzt, in ein Meer von Definitionen, Abteilungen, Unterabteilungen, Unterscheidungen, Klassifikationen und Spitzfindigkeiten. Doch dann stellt man fest, daß Ockham, von der fundamentalen Wichtigkeit klarer Begriffsdefinition durchdrungen, sein halbes Bemühen schärferen Präzisierungen widmet, womit er den ganzen vom gotischen Denken errichteten Turmbau von Abstraktionen – Stufe um Stufe aufeinandergestellte Spitzbogen – einreißt. In den auf uns gekommenen Werken können wir zwar nirgends die unter der Bezeichnung «Ockhams Rasiermesser» berühmt gewordene Formel finden: *entia non sunt multiplicanda praeter necessitatem* – «Wesenheiten sind nicht über die Notwendigkeit hinaus zu multiplizieren». In anderer Formulierung stoßen wir jedoch wiederholt auf dieses Prinzip: *pluralitas non est ponenda sine necessitate* – «Pluralisierungen (von Ursachen oder Wesenheiten) dürfen nicht ohne Notwendigkeit vorgenommen werden»; und *frustra fit per plura quod potest fieri per pauciora* – «es ist unfruchtbar, viele Gründe vorzubringen, wo weniger genügen». Der Grundsatz war nicht neu; man findet ihn bei Thomas von Aquin und bei Duns Scotus; doch in Ockhams Händen diente er zur unbarmherzigen Amputation von hundert okkulten Phantasien und grandiosen Abstraktionen.

Den Grundsatz auf das Gebiet der Erkenntnislehre übertragend, erklärte Ockham die Sinneswahrnehmung als Urheber und Quelle alles Wissens. Aus ihr erwächst das Gedächtnis (wiedererweckte Wahrnehmung), das Begreifen (vom Gedächtnis interpretierte Wahrnehmung), die Vorstellungskraft (kombinierte Wahrnehmungen), die Erwartung (in die Zukunft projizierte Wahrnehmung), das Denken (verglichene Wahrnehmungen), die Erfahrung (vom Denken interpretierte Wahrnehmungen). «Nichts kann zum Objekt der inneren Wahrnehmung» – des Denkens – «werden, ohne ein Objekt der äußeren (Sinnes-)Wahrnehmung gewesen zu sein» – Lockes Empirismus dreihundert Jahre vorweggenommen. Was immer außerhalb des eigenen Ichs wahrgenommen wird, sind individuelle Wesenheiten: Menschen, Orte, Dinge, Handlungen, Formen, Farben, Gerüche, Geschmacksempfindungen, Töne, Temperaturen, Druckempfindungen; und die Wörter, mit denen wir sie festhalten, sind Wörter des «ersten Eindrucks», die sich direkt auf die – als Realitäten der Außenwelt interpretierten – Wahrnehmungen beziehen. Durch die Beobachtung und Zusammenfassung der ähnlichen Eigenschaften solcher Wesenheiten vermögen wir zur Verallgemeinerung oder Abstraktion zu kommen – der Mensch, die Tugend, die Höhe oder Größe, die Süße, die Wärme, die Musik, die Beredsamkeit; die Wörter zur Bezeichnung dieser Abstraktionen sind Wörter des «zweiten Eindrucks» und immer auf die von der Sinneswahrnehmung abgeleiteten Vorstellungen bezogen. Diese «Universalien» werden nie als Sinneseindruck wahrgenommen; es sind *termini*, *signa*, *nomina* – Ausdrücke, Zeichen, Namen – für außerordentlich nützliche (und gefährliche) Verallgemeinerungen des verstandesmäßigen wissenschaftlichen, theologischen und philosophischen Denkens, haben aber außerhalb des Denkens keine Existenz. «Alles außerhalb des Denkens ist ein Singular, ist zahlenmäßig eins.» Der Verstand ist wohl etwas Herrliches, seine Schlußfolgerungen haben jedoch nur insoweit Gültigkeit, als sie sich auf Erfahrung beziehen, das heißt auf die Wahrnehmung individueller Wesenheiten und individueller Akte; anderenfalls werden sie zu fruchtlosen und vielleicht sogar irreführenden Abstraktionen. Aus der Verwechslung des Dinges mit der Idee erwächst eine Masse von gesprochenem und geschriebenem Unsinn – das abstrakte Denken erfüllt seinen Zweck nur, wenn es zur speziellen Aussage über spezielle Dinge führt.

Von solchem «Nominalismus» ausgehend, warf sich Ockham mit tollkühnem Furor auf jeden Sektor der Theologie und Philosophie, der Wissenschaft und Metaphysik. Da sich unsere Erfahrung einzig auf räumlich wie zeitlich begrenzte individuelle Wesenheiten bezieht, erklärt er jede Verallgemeinerung für gewagt und hält es für menschliche Anmaßung, aus einem so kleinen Ausschnitt der Realität universelle und ewig gültige «Naturgesetze» und Konzeptionen abzuleiten. Unser Wissen, von den Mitteln und Möglichkeiten unserer Wahrnehmung der Dinge geformt und begrenzt (das ist Kant vor Kant), ist an das Gefängnis unseres Geistes gebunden und darf sich in keiner Hinsicht als die objektive und endgültige Wahrheit aufspielen.

Die Seele ist gleichfalls eine Abstraktion. Sie tritt weder innerlich noch äußerlich als Sinneseindruck oder Wahrnehmung in Erscheinung; was man davon wahrnimmt, ist nichts anderes als der Wille, das sich in jedem Gedanken und in jeder Handlung manifestierende Ego. Auch die Vernunft und der ganze glorreiche Intellekt sind Werkzeuge des Willens; der denkende Wille benutzt den Intellekt, um seine Ziele mit Hilfe des Gedankens zu erreichen. (Hier haben wir Schopenhauer.)

Sogar Gott scheint unter dieser Rasiermesserphilosophie zu fallen. Ockham fand (wie Kant) die für die Existenz der Gottheit vorgebrachten Argumente nicht zwingend. Der Auffassung des Aristoteles, daß die Kette von Ursachen oder Bewegungen zur Annahme einer «Ersten Ursache» oder eines «Ersten Bewegers» zwinge, stellt er die These gegenüber, daß ein *regressus in infinitum*, ein Rückschreiten ins Unendliche, ebenso denkbar sei wie ein unbewegter Beweger oder eine ursachlose Ursache. Da außerhalb der unmittelbaren Wahrnehmung nichts gewußt werden kann, gibt es keine klare Erkenntnis der Existenz Gottes – *non potest sciri evidenter quod Deus est*. Daß Gott persönlich oder unendlich, allmächtig oder allwissend oder gütig ist, läßt sich nicht durch den Verstand beweisen; noch weniger vermag er zu beweisen, daß es drei Personen in einem Gott gibt oder daß Gott Mensch wurde, um für den Ungehorsam Adams und Evas zu sühnen, und daß Gottes Sohn in der geweihten Hostie leibhaftig zugegen ist. Zur Frage Monotheismus oder Polytheismus erklärt er, keine dieser Annahmen für rationaler zu halten als die andere; es kann mehr Welten geben als eine und mehr Götter, die sie regieren.

Was blieb da noch vom majestätischen Bau des christlichen Glaubens, von der Innigkeit seiner Mythen, seiner Lieder, seiner Kunst? Was von seiner von Gott geoffenbarten Moral, was von seiner tröstenden Zuversicht? Davor zurückschreckend, die Theologie durch die Vernunft zu zerstören, und im verzweifelten Versuch, eine soziale Ordnung zu retten, die aus dem Moralgesetz einer religiösen Überzeugung erwuchs, entschloß sich Ockham schließlich für die Aufopferung der Vernunft auf dem Altar des Glaubens. Obschon unbeweisbar, sei es doch wahrscheinlich, daß Gott existiert und jedem Menschen eine unsterbliche Seele eingehaucht hat. Es sei (was schon Averroes und Duns Scotus empfohlen hatten) zwischen der theologischen und der philosophischen Wahrheit zu unterscheiden und in Demut vom Glauben anzunehmen, was der stolze Verstand bezweifelt.

Daß die Kirche nach einer so beißenden Kritik der reinen Vernunft diese nachhinkende Rechtfertigung der «praktischen Vernunft» akzeptiere, wäre ein wenig viel erwartet gewesen. Papst Johann XXII. ordnete die geistliche Nachprüfung der «verwerflichen» Häresien des jungen Franziskaners an und zitierte ihn nach Avignon. Ockham leistete Folge, denn wir finden ihn zusammen mit zwei weitern Franziskanern in einem päpstlichen Gefängnis (1328). Alle drei entflohen nach Aiguesmortes, bestiegen ein kleines Boot, wurden von einem größeren aufgenommen und gelangten nach Pisa, wo sich Ludwig der Bayer aufhielt. Der Papst belegte sie mit dem Kirchenbann, doch der Kaiser nahm sie unter seinen Schutz. In München, wohin Ockham Ludwig begleitete, traf er Marsilius von Padua, lebte in einem antipäpstlichen Franziskanerkloster und schleuderte von dort aus eine Menge Streitschriften und Bücher gegen die Macht und die Irrtümer der Päpste im allgemeinen und Johanns XXII. im besondern.

Wie er in der Metaphysik Scotus an Pessimismus übertroffen hatte, so trieb er jetzt den Antiklerikalismus des Marsilius auf die Spitze. Sein «Rasiermesser» amputierte alle von der Kirche dem Frühchristentum hinzugefügten Dogmen und Riten; was übrigblieb, war die Forderung nach der Rückkehr zu schlichteren Formen des Glaubens und der Gottesverehrung. In dem kraftvollen *Centiloquium theologicum* ließ er hundert Kirchendogmen Revue passieren und zeigte ihre bei logischer Durchdenkung oftmals zutage tretende unerträgliche Absurdität auf. So wird Maria, wenn sie die Mutter Gottes ist und Gott unser aller Vater, zur Mutter des Vaters. Er bestritt die Legalität der apostolischen Nachfolge der Päpste und ihre Unfehlbarkeit; viele seien Irrlehrer und manche sogar Verbrecher gewesen. Für Ketzer verlangte er eine nachsichtigere Behandlung; die Meinungsäußerung habe außer bei bewußter Verbreitung von Unwahrheiten frei zu sein. Was die Christenheit am dringendsten benötige, das sei die Rückkehr der Kirche zu Jesu, ihre Abkehr von Reichtum und Macht, ein einfacheres Leben und eine strengere Regel. Unter der Kirche sei nicht nur die Geistlichkeit, sondern die Gesamtheit aller Christen zu begreifen. Die Gesamtheit der Gemeinde, die Frauen eingeschlossen, solle gewählte Vertreter beiderlei Geschlechts zu einem Kirchenkonzil entsenden, das den Papst zu wählen und zu überwachen habe. Kirche und Staat seien unter einem Oberhaupt zu vereinigen.

Der Staat wiederum habe sich dem Volkswillen unterzuordnen, denn beim Volk ruhe letztlich alle irdische Autorität. Es delegiert das Recht zur Gesetzgebung und zur Verwaltung an einen König oder Kaiser unter der Voraussetzung, daß dieser seine Gesetze zum Wohl aller erläßt. Falls das allgemeine Wohl es erfordere, könne das Privateigentum abgeschafft werden.

Vom späteren Schicksal Ockhams wissen wir wenig. Das Münchner Bier tröstete ihn jedenfalls nicht über den Verlust des Pariser Weins hinweg. Er hat sich mit dem Evangelisten Johannes auf Patmos verglichen, aber ohne sich aus dem Machtbereich des Kaisers zu wagen. Einem Franziskaner-Chronisten zufolge hat der Rebell in seinen letzten Jahren einen Widerruf seiner Ketzereien unterzeichnet. Vielleicht ließ ihm die Aussöhnung zwischen Ludwig dem Bayern und dem Papst diesen Schritt ratsam erscheinen, vielleicht hatte er aber eingesehen, daß die Anzweiflung der Wahrheit eines religiösen Lehrgebäudes zu nichts führt. 1349 oder 1350 starb er im besten Mannesalter an der Pest.

Von seinen Zeitgenossen schon lang vor seinem Tod als der durchdringendste Denker der Epoche anerkannt, disputierte man in allen Universitäten über seine Philosophie, und sogar viele Theologen akzeptierten den Grundsatz, daß die fundamentalen Glaubenssätze des Christentums verstandesmäßig nicht zu beweisen seien. Schließlich gelangte man in weiten Kreisen dahin, zwischen der philosophischen und der religiösen Wahrheit ebenso zu unterscheiden wie heutzutage in dem stillschweigenden Waffenstillstand zwischen der wissenschaftlichen Forschung und dem religiösen Bekenntnis. In Oxford bildete sich eine neue, in Ockhams Geist arbeitende Philosophenschule heraus, die ihr Gedankengut – wie dreihundert Jahre früher Abälard seinen Konzeptualismus – *via moderna* nannte und den metaphysischen Realismus der Thomas von Aquin und Scotus belächelte. Die größten Siege errangen die Modernisten aber in den mitteleuropäischen Universitäten; Hus ist in Prag und Luther in Erfurt im Zeichen des Nominalismus erzogen worden, und beide danken ihm vermutlich das Rüstzeug für ihre Rebellion. Die Aufsichtsbehörde der Pariser Universität verbot 1339/40 die Verbreitung der Theorien Ockhams; dennoch betrachteten ihn einige Professoren und viele Studenten als den Fackelträger der Denkfreiheit, und mehr als einmal wurden die erbosten Fraktionen – wie heute auch – auf der Straße und in den Cafés mit Degen und Fäusten handgemein. Daß Thomas von Kempen in seiner *Imitatio Christi* der Philosophie so scharf zu Leibe rückte, dürfte aus einer Opposition gegen die Ockhamisten erklärbar sein.

Ockham hat, wenn auch nur als Sprachrohr, im Kampf des Nationalstaates gegen den Universalitätsanspruch der Kirche eine bedeutende Rolle gespielt. Seine Doktrin der Kirchenarmut beeinflußte Wiclif; seine Appelle, sich von der Kirche ab- und der Schrift und dem Frühchristentum zuzuwenden, wie auch seine Angriffe auf das Papsttum bahnten den Weg für Luther, der ihn als den «gelehrtesten und wichtigsten der scholastischen Doktoren» bezeichnete. Sein Voluntarismus und Individualismus wirken wie ein erster Hauch des eigenwilligen Geistes der Renaissance. Sein Skeptizismus ist auf Ramus und Montaigne, vielleicht auch auf Erasmus, übergegangen; seine subjektivistischen Vorbehalte gegen rein intellektuelle Konzeptionen kündigen Berkeley an; sein Versuch, den Glauben mit Hilfe der «praktischen Vernunft» zu retten, nimmt Kant vorweg. Durch den Nachdruck, den er auf die Sinneswahrnehmung als einzige konkrete Quelle des Wissens legt, gehört er trotz seiner im wesentlichen idealistischen Haltung in die Reihe der empirischen Philosophen Englands von Roger und Francis Bacon über Hobbes, Locke, Hume, Mill und Spencer bis zu Bertrand Russell. Gelegentliche Ausflüge ins Gebiet der Naturwissenschaften, so seine Formulierung des Gesetzes der Trägheit und seine Hypothese über die Aktion aus der Entfernung, haben Denker von Johannes Buridan bis Isaak Newton angeregt. Vor allem aber hat er ebenso wie Scotus der Scholastik den Boden entzogen, nämlich der grundsätzlichen Annahme, das christliche Dogma sei durch die Vernunft beweisbar. Die Scholastik fristete noch bis ins siebzehnte Jahrhundert ein Schattendasein und hat sich von diesen Schlägen nie wieder erholt.

## VI. DIE REFORMER

Während in der islamischen Welt Ibn Chaldun die Soziologie begründete, beschäftigten sich, wenn auch nicht so systematisch, in der Christenheit Pierre Dubois, Nicole Oresme, Marsilius von Padua und Nikolaus von Cues mit ähnlichen Problemen. Dubois diente Philipp IV. von Frankreich in ähnlicher Weise wie Ockham und Marsilius Ludwig dem Bayern, indem er intellektuelle Breitseiten gegen das Papsttum abschoß und das Loblied des Staates sang. In einer *Supplication du peuple de France au roi contre le pape Boniface* (1308) und im Traktat *De recuperatione terrae sanctae* (Über die Wiedereroberung des Heiligen Landes, 1306) befürwortete er den Verzicht des Papsttums auf irdischen Besitz und zeitliche Macht; den Fürsten empfahl er die Aufhebung der päpstlichen Rechte in ihren Herrschaftsbereichen, und die französische Kirche forderte er auf, sich von Rom zu lösen und sich dem weltlichen Gesetz und Recht zu unterwerfen. Europa solle sich, erklärte er weiter, unter dem König von Frankreich als seinem Kaiser einigen und Konstantinopel zur Hauptstadt und Bastion gegen den Islam machen. Ein internationales Gericht sei für die Schlichtung nationaler Streitigkeiten ins Leben zu rufen und gegen ein christliches Land, das ein anderes mit Krieg überziehe, der Wirtschaftsboykott zu erklären. Den Frauen seien die gleichen politischen Rechte und die gleichen Bildungsmöglichkeiten einzuräumen wie den Männern.

Niemand schien diesen Vorschlägen große Beachtung zu schenken; dennoch sickerten sie in die geistigen Strömungen ein, die schließlich das Papsttum unterminierten. Zweihundert Jahre später handelte Heinrich VIII. – der vermutlich nie von Dubois gehört hat – auf religiösem Gebiet nach dessen und Wiclifs Programm; und zu Beginn des neunzehnten Jahrhunderts einigte Napoleon für einen kurzen Augenblick Europa unter französischer Führung und machte den Papst zum Gefangenen des Staats. Als Jurist gehörte Dubois jenem aufstrebenden Berufsstand an, der den Klerus aus der Staatsverwaltung zu verdrängen suchte. Er hat seinen Kampf gewonnen, und seine Nachfahren genießen die Früchte seines Siegs.

Oresme, der sich auf den verschiedensten Gebieten betätigte, verfaßte um 1355 einen der instruktivsten und ehrlichsten Essays der gesamten volkswirtschaftlichen Literatur – *Über den Ursprung, die Natur, die Gesetzmäßigkeit und die Veränderlichkeit des Geldes.* Nach seiner Argumentation gehört das Geld eines Landes seinen Bewohnern, nicht dem König; es dient einem sozialen Zweck und soll keine königliche Einnahmequelle sein. Wohl dürfen der Monarch und die Obrigkeit seine Ausgabe regulieren, nicht aber den Metallwert verschlechtern und Nutzen aus der Münzprägung schlagen. Ein König, der die Währung antastet, ist ein Dieb. Außerdem vertreibt das schlechte Geld das gute aus dem Umlauf (was zweihundert Jahre später «Greshams Gesetz» erneut feststellen sollte); die guten Münzen werden versteckt oder ins Ausland gebracht, und die unehrliche Regierung erhält als Steuer nur die entwerteten. Diese Gedanken Oresmes blieben nicht nur als ideale Forderungen auf dem Papier stehen; als Erzieher des Sohnes König Johanns II. pflanzte er sie seinem Zögling ein, der – in jungen Jahren König Karl V. geworden – nach einer aus Verzweiflung geborenen Münzverschlechterung die Währung des kriegsüberzogenen Frankreich auf einer soliden, ehrlichen Basis sanierte.

Marsilius von Padua, seinem Temperament nach sprunghafter als Oresme, blieb zeitlebens ein auf seinen Intellekt und Mut stolzer, kompromißloser Individualist, dessen hektisches Leben untrennbar mit seiner politischen Philosophie verschmolz. In Padua, wo er als Sohn eines Notars geboren wurde, studierte er Medizin; sein antiklerikaler Radikalismus dürfte sich in der Atmosphäre des averroistischen Skeptizismus herausgebildet haben, den Petrarca in derselben Generation dort vorfand und bekämpfte. In Paris, wohin er sich später begab, bekleidete er ein Jahr das hohe Amt des Rektors der Universität und verfaßte, von Jean de Jandun assistiert, 1324 die bedeutendste und einflußreichste politische Abhandlung des Mittelalters: *Defensor pacis* (Der Verteidiger des Friedens). Da sie die kirchliche Verurteilung des Buches voraussahen, flohen die Verfasser nach Nürnberg und begaben sich unter den Schutz des mit dem Papst in Fehde liegenden Kaisers Ludwig des Bayern.

Es versteht sich von selbst, daß der streitbare Johann XXII. den ihm mit dieser kriegerischen Verteidigung des Friedens hingeworfenen Fehdehandschuh aufnahm. Der Friede Europas – argumentierte nämlich das Buch – werde vom Machtkampf zwischen Staat und Kirche zerstört; das beste Mittel zu seiner Wiederherstellung und Erhaltung liege in der Unterwerfung der Kirche, ihres Besitzes und des Klerus unter dieselbe kaiserliche oder königliche Autorität, der alle Stände und Güter unterstehen. Der Erwerb irdischen Eigentums durch die Kirche sei ein Fehler gewesen, den nichts in der Schrift rechtfertige.

Unter der Kirche sei (was Ockham später übernahm) die Gesamtheit aller Christen zu verstehen. Wie im römischen Recht das römische Volk Inhaber der Souveränität gewesen sei und seine Befugnisse an die Konsuln, den Senat oder den Kaiser nur delegiert habe, so solle auch die Gemeinschaft der Gläubigen souverän sein und bestimmte Befugnisse an den Klerus nur delegieren, der ihr für seine Amtsführung verantwortlich bleibe. Die Ableitung des päpstlichen Supremats vom Apostel Petrus sei ein geschichtlicher Irrtum; Petrus habe keine größere Autorität besessen als die übrigen Apostel, und in den ersten drei nachchristlichen Jahrhunderten sei die Autorität der römischen Bischöfe nicht größer gewesen als die der Bischöfe anderer Hauptstädte. Bei den ersten Kirchenkonzilien hätten nicht die Päpste, sondern der Kaiser oder sein Stellvertreter den Vorsitz geführt. Zur Interpretation der Schrift und zur Definition des katholischen Glaubens seien einzig die vom Kirchenvolk frei gewählten Kirchenkonzile befugt; die Ernennung der Kardinäle – die wiederum den Papst zu wählen hätten – sei gleichfalls Sache der Konzile. In allen weltlichen Angelegenheiten hätten Klerus und Papst dem weltlichen Recht und der staatlichen Gerichtsbarkeit zu unterstehen. Der Staat habe die Priester zu ernennen und zu besolden, die Zahl der Kirchen und Geistlichen zu bestimmen, unwürdige Priester ihres Amtes zu entsetzen, das Vermögen, die Schulen und das Einkommen kirchlicher Institutionen zu überwachen und den Armen überflüssige Kirchenabgaben zu erlassen.

Man hört geradezu die ungeduldig drängende Stimme des in Bildung begriffenen Nationalstaats. Die Könige, die mit der Hilfe des erstarkenden Mittelstandes sowohl die Barone als auch die Städte gebändigt hatten, begannen sich stark genug zu fühlen, auch den Souveränitätsanspruch der Kirche in die Schranken zu fordern. Den Verfall ihrer geistigen und internationalen Autorität ausnutzend, träumten sie davon, alle Bereiche des Lebens einschließlich des religiösen unter ihr Zepter zu bringen. Das war die grundsätzliche Streitfrage, die in der Reformation endgültig zum Austrag kam; und der Triumph des Staates über die Kirche markiert unter anderem das Ende des Mittelalters. 1535 ließ Heinrich VIII. auf der Höhe seiner Rebellion gegen die Kirche den *Defensor pacis* auf Staatskosten übersetzen und verbreiten.

Freilich sah sich Marsilius – wie auch Ockham und viel später Luther – gezwungen, sowohl zur Aufrechterhaltung der sozialen Ordnung als auch zu seinem persönlichen Schutz an Stelle der verworfenen kirchlichen Autorität diejenige des Staates zu proklamieren. Trotzdem hütete er sich, den Fürsten gottähnliche Vollmachten zuzubilligen, und hatte offenbar eine Zeit im Sinn, da die Völker die ihnen theoretisch schon längst zuerkannte Souveränität auch *de facto* ausüben würden. Man findet einen bedeutungsvollen Unterschied zwischen seinen Vorschlägen für die Kirchenreform und denen für die Organisation des Staates; geht er im ersten Fall vom gesamten Kirchenvolk aus, so beschränkt er sich im zweiten auf eine Auslese stimmberechtigter Bürger. Im kirchlichen Bereich empfiehlt er die Anstellung und nötigenfalls die Amtsentsetzung der Priester und die Wahl der Delegierten zu den Kirchenkonzilen durch die Gesamtgemeinde, die auch über die Exkommunikation eines Gemeindegliedes zu befinden hat. Man vergleiche damit seine Vorschläge für die weltliche Gesetzgebung:

«Wir aber wollen sagen, wie es der Wahrheit und dem Rate des Aristoteles Pol. B. 3, Kap. 6 entspricht: Gesetzgeber oder erste und spezifische bewirkende Ursache des Gesetzes ist das Volk oder die Gesamtheit der Bürger oder deren Mehrheit durch ihre Abstimmung oder Willensäußerung, die in der Vollversammlung der Bürger in einer Debatte zum Ausdruck gekommen ist ... die Mehrheit, sage ich – unter Berücksichtigung der Zahl und Bedeutung der Person –, in jener Gemeinschaft, für die das Gesetz gegeben wird, mag die vorhin genannte Gesamtheit der Bürger oder deren Mehrheit das selbst unmittelbar erledigen, mag sie es einem oder einigen zur Erledigung überweisen, die an und für sich nicht Gesetzgeber sind und es nicht sein können, sondern nur zu einem bestimmten Zwecke und nur manchmal und nur kraft Ermächtigung durch den primären Gesetzgeber ... Bürger nenne ich nach Aristoteles Pol. B. 3. Kap. 1, 3 und 7, wer in der staatlichen Gemeinschaft an der regierenden, beratenden oder richterlichen Gewalt teilhat, je nach seinem sozialen Rang. Diese Beschreibung schließt von den Bürgern die Knaben, die Sklaven, die Fremden und die Frauen aus, wenn auch in verschiedenem Sinne ... Den Untersatz, daß nur, wenn das ganze Volk den Vorschlag gehört und gutgeheißen hat, ausschließlich das beste Gesetz gegeben werden kann, beweise ich ... Einen Mangel an der Gesetzesvorlage kann eine größere Zahl eher bemerken als ein Teil von ihr; denn jedes körperhafte Ganze wenigstens ist größer an Masse und Kraft als jeder Teil von ihm für sich.»[2]

Eine für das Jahr 1324 wahrhaft bemerkenswerte Aussage, deren Einschränkungen von den sozialen Gegebenheiten der Zeit diktiert sind. Im damaligen Europa mit seinen Verkehrsschwierigkeiten, seinem Analphabetentum (nur jeder zehnte konnte lesen!) und seinen von der Zeit geheiligten Standesunterschieden wäre das allgemeine Wahlrecht in der Tat unmöglich gewesen. Darum hat Marsilius auch die reine Demokratie abgelehnt und sich von einer Politik und Gesetzgebung auf Grund einer Zählung der Nasen (*egenorum multitudo* – «eine Masse von bedürftigen Menschen») distanziert. Er hoffte jedoch, diese «Korruption der Republik» auszugleichen, indem er jedem den seinem Wert für die Gemeinschaft entsprechenden Teil der politischen Macht zusprach – nur unterließ er es, zu sagen, wie und von wem diese Beurteilung vorzunehmen wäre. In bezug auf die Monarchie vertrat Marsilius die Ansicht, daß «die auf Wahl beruhende Staatsform besser ist als die nicht auf Wahl beruhende»[3]. Der König hat der Beauftragte und Diener der Öffentlichkeit zu sein, die ihn, wenn er sich schlecht benimmt, abberufen kann.

Diese Ideen gingen auf alte, ja klassische Vorbilder zurück: Die römischen Rechtsgelehrten hatten wie die scholastischen Philosophen dem Volk längst die theoretische Souveränität zugesprochen; genau genommen war auch das Papsttum ein Wahlkönigtum, wie schon der päpstliche Titel *servus servorum Dei* – «Diener der Diener Gottes» – bewies. Auch Thomas von Aquin und John von Salisbury waren für die Befugnis des Volkes eingetreten, einen gegen das Gesetz verstoßenden König abzusetzen. Dennoch hatten sich diese Gedankengänge in christlichen Landen nur selten zu einer so scharfen Formulierung der repräsentativen Regierungsform verdichtet. Bei diesem Mann des vierzehnten Jahrhunderts finden wir bereits das Ideengut nicht nur der Reformation, sondern sogar der Französischen Revolution.

Marsilius eilte seiner Zeit zu weit voraus, um geruhsam leben zu können. Sein rascher Aufstieg ging mit dem Ludwigs des Bayern Hand in Hand; sein Fall war ebenso rapid wie der seines Herrn. Um Frieden mit den Päpsten schließen zu können, mußte sich Ludwig von Marsilius trennen. Den Schlußakt kennen wir nicht. Anscheinend starb er 1343, von der Kirche, die er bekämpfte, verflucht und vom Staat, um dessen Stärkung er sich gemüht hatte, geächtet.

Marsilius' zeitweiliger Erfolg beruhte nicht zuletzt auf dem Ansehen, das der aufsteigende Stand der Rechtsgelehrten dem Staat zu verschaffen verstand. Auf den Ruinen des Gemeinen und des Feudalrechts, neben dem kanonischen Recht der Kirche und oft gegen es, schufen sie ein «positives Staatsrecht», das Jahr für Jahr immer weitere Sektoren des menschlichen Daseins erfaßte. Die juristischen Fakultäten in Montpellier, Orléans und Paris brachten ebenso scharfsinnige wie kühne Geister hervor, die – das römische Recht gegen die Ansprüche des Papsttums ausspielend – ihren königlichen Herren die Theorie des Gottesgnadentums und der absoluten Machtvollkommenheit zu Füßen legten. Am stärksten hat sie sich in Frankreich durchsetzen können, wo sie in Ludwig XIV. und seinem Ausspruch *L'Etat c'est moi* gipfelten. In Spanien bildete sie das Vorspiel zum Absolutismus Ferdinands, Karls V. und Philipps II., aber sogar im parlamentarischen England verkündete ein Wiclif die unbeschränkte Souveränität des gottberufenen Königs. Lords wie Gemeine wehrten sich natürlich gegen diese Staatsauffassung; Sir John Fortescue bekämpfte heftig die Ausschaltung des Parlaments aus der Gesetzgebung und erklärte, daß die Richter durch ihren Eid gebunden seien, nach Landesgesetz zu urteilen und nicht nach des Königs Wünschen. Nichtsdestoweniger kniete auch England unter Heinrich VII., Heinrich VIII. und Elisabeth zu Füßen eines absoluten Königtums. Zwischen dem rivalisierenden Absolutismus der Päpste und der Fürsten hielten einige idealistische Geister einem «Naturrecht» die Treue, das, über allen von Menschen dekretierten Gesetzen stehend und dem menschlichen Bewußtsein als göttliches Recht eingepflanzt, in den Evangelien seinen vollkommenen Ausdruck gefunden habe. Weder Staat noch Kirche zollten dieser Auffassung mehr als ein Lippenbekenntnis; sie blieb im Hintergrund, den meisten verborgen, von wenigen anerkannt, und lebte wie der Funke unter der Asche weiter. Im achtzehnten Jahrhundert loderte sie dann in der französischen Proklamation der Menschenrechte und der amerikanischen Unabhängigkeitserklärung kraftvoll auf und spielte in einer Revolution, die für eine Weile beide Absolutismen über den Haufen warf, eine zwar nicht ausschlaggebende, aber sehr beredte Rolle.

Nikolaus von Cues verwandelte sich aus einem Saulus in einen Paulus; nachdem er in jungen Jahren den Absolutismus des Papsttums bekämpft hatte, trat er später für ihn ein und demonstrierte in einer wechselvollen Laufbahn einem das Papsttum stets beargwöhnenden Deutschland die beste Seite des organisierten Christentums. Als Philosoph und Verwaltungsmann, als Theologe und Rechtsgelehrter, als Mystiker und Wissenschaftler verband er in einer einzigen machtvollen Persönlichkeit die schönsten Tendenzen eines Mittelalters, das mit ihm zu Grabe getragen wurde. 1401 in Cues bei Trier geboren, nahm er bei den Brüdern vom Gemeinsamen Leben in Deventer eine Mischung von Gelehrsamkeit und Gottesverehrung in sich auf, geriet während eines in Heidelberg verbrachten Jahres unter den Einfluß von Ockhams Nominalismus, fühlte sich in Padua eine Zeitlang von Averroes' Skeptizismus angeweht und versenkte sich in Köln in die Strenggläubigkeit des Thomas von Aquin und Albertus Magnus. Alle diese Elemente vermischten sich in ihm und machten ihn zum vollkommensten Exponenten des Christentums seiner Zeit.

Von der ihm von Meister Eckhart zugetragenen mystischen Ekstase hat er sich nie völlig gelöst; sein *De visione Dei* behandelt den Mystizismus in geradezu klassischer Weise, und in einer philosophischen Verteidigung mystischer Gesichte (*Apologia doctae ignorantiae*) prägte er die berühmte Wendung «gelehrte Unwissenheit». Für den Rationalismus der Scholastiker und ihren Versuch, Glaubenssätze mit der Vernunft zu beweisen, hatte er nichts übrig; ihm erschien alles menschliche Wissen ungewiß und relativ und die Wahrheit allein in Gott. Dem Zeitgeist entsprechend befaßte er sich trotz aller Skepsis mit Astrologie, ließ sich persönlich auf Berechnungen ein und sagte den Weltuntergang für das Jahr 1734 voraus. Im Bereich der exakten Wissenschaft lehnte er jede Spekulation ab und forderte praktische Experimente mit präzisen Messungen, beispielsweise der Fallgeschwindigkeit verschiedener Körper aus verschiedenen Höhen; die Erde, lehrte er, «kann nicht fixiert sein, sondern bewegt sich wie andere Gestirne»; jeder Stern bewegt sich, sosehr er auch zu ruhen scheint; kein Himmelskörper ist eine exakte Kugel; die Erde ist nicht der Mittelpunkt des Universums oder nur insoweit, als man jeden Punkt als das Zentrum eines unbegrenzten Universums annehmen kann. Das waren teils kluge Entlehnungen, teils brillante *aperçus*.

1433 vertrat Nikolaus vor dem Basler Kirchenkonzil den Anspruch eines Freundes auf das Erzbistum Köln. Seine Fürsprache war vergeblich, doch benutzte er die Gelegenheit, dem mit dem Papst entzweiten Konzil eine eigene Schrift vorzulegen, die in der Geschichte der Philosophie eine gewisse Bedeutung erlangt hat. Sie trug den Titel *De concordantia Catholica* und bildete einen Versuch, einen *modus vivendi* zwischen den Kirchenkonzilen und den Päpsten zu finden. In einem ausführlichen Vergleich mit einem lebendigen Organismus wird die Kirche als organische Einheit beschrieben, die nur bei harmonischem Zusammenwirken aller Teile richtig funktioniere, und es sei die Aufgabe des allgemeinen Kirchenkonzils (die Päpste hätten vermutlich gesagt: des Hauptes), die verschiedenen Elemente der Kirche zu repräsentieren, auszudrücken und zu unifizieren. Er zitierte Thomas von Aquin und Marsilius, und eine idealistische Passage klingt beinahe, als habe er Rousseau und Jefferson plagiiert:

> «Jedes Gesetz beruht auf dem Naturgesetz, und wenn es diesem widerspricht, kann es kein gültiges Recht sein ... Da alle Menschen von Natur aus frei sind, existiert jede Regierung ... einzig aus der Zustimmung und Billigung der Untertanen... Die bindende Kraft jedes Rechts liegt in dieser stillschweigenden oder ausdrücklichen Zustimmung und Billigung.»

Es ist das Volk, das die Ausübung der Souveränität an kleine Gruppen delegiert, die dank ihrer Bildung oder ihrer Erfahrung Gesetze machen und vollziehen können; doch leiten sich ihre Befugnisse aus der Zustimmung der Regierten ab. Delegiert das Kirchenvolk seine Rechte an ein allgemeines Kirchenkonzil, dann ruht die höchste kirchliche Autorität beim Konzil, nicht beim Papst, der das Recht zum legislativen Absolutismus auch nicht aus der angeblichen Konstantinischen Schenkung ableiten kann, weil diese eine Fälschung und ein Mythos ist. Der Papst besitzt das Recht zur Einberufung eines allgemeinen Konzils; doch kann es ihn, wenn es ihn für ungeeignet hält, rechtmäßig absetzen. Für weltliche Fürsten gilt das gleiche Prinzip. Das Wahlkönigtum ist angesichts der gegenwärtigen miserablen Zustände die beste der Menschheit zur Verfügung stehende Regierungsform; doch hat der weltliche Herrscher wie der Papst periodisch eine repräsentative Versammlung einzuberufen und sich an ihre Entscheidungen zu halten.

Nikolaus von Cues hat ein für einen Kirchenfürsten vorbildliches Leben geführt. 1448 zum Kardinal ernannt, wurde er die katholische Reformation in Person. Er unterzog sich einer anstrengenden Reise durch Holland und Deutschland, berief überall Provinzsynoden ein, hob die Kirchendisziplin, reformierte Männer- und Frauenklöster, wetterte gegen das Konkubinat der Priester und verbesserte wenigstens zeitweilig das moralische Niveau des Klerus wie der Laien. «Nikolaus von Cues», schrieb der gelehrte Abt Tritheim, «erschien in Deutschland wie ein Engel des Lichts und Friedens inmitten von Finsternis und Verwirrung. Er stellte die Einheit der Kirche wieder her, stärkte die Autorität ihres Oberhaupts und säte kostbares neues Leben.»[4]

Neben seinen anderen Vorzügen war der Cusaner auch noch Humanist. Den alten Klassikern zugetan, spornte er zu ihrem Studium an und plante, die von ihm aus Konstantinopel mitgebrachten griechischen Manuskripte zu weiter Verbreitung zu drucken. Im selben Jahr, in dem Konstantinopel fiel, plädierte er mit der Toleranz eines wahren Gelehrten in seinem *Dialog über den Frieden* für ein gegenseitiges Einvernehmen zwischen den Religionen als verschiedenen Strahlen derselben ewigen Wahrheit.

«Wissen und Denken, mit dem Auge des Geistes die Wahrheit sehen, macht immer Freude. Je älter der Mensch wird, desto größere Freude gewähren sie ihm ... Wie das Herz wahrhaft nur in der Liebe lebt, so der Geist in dem Ringen nach Erkenntnis und Wahrheit. Mitten in den Stürmen der Zeit, in den Arbeiten des Tages, in allen Bedrängnissen und Widerwärtigkeiten soll man seinen Blick frei und kühn in die lichten Räume des Himmels erheben und den Urquell alles Wahren und Schönen, und den eigenen Geist, und die Geistesfrüchte der Menschen aller Jahrhunderte, und die ganze uns umgebende Natur immer tiefer zu erfassen und zu ergründen suchen, dabei aber nie aus den Augen verlieren, daß nur die Demut groß macht und daß alles Wissen und Erkennen nur demjenigen Nutzen bringt, der danach lebt und handelt.»[5]

Hätte es mehr Männer seines Schlages gegeben, wäre vielleicht kein Luther erstanden.

# ZWÖLFTES KAPITEL

# *Die Eroberung des Meeres*

[1492–1517]

## 1. KOLUMBUS

DASS sich in dieser Epoche ein Mann finden mußte, der, allen Gefahren des Atlantik trotzend, westwärts steuern würde, um Indien oder «Kitai» – China – zu erreichen, das war wohl «schicksalsgewollte Vorherbestimmung». Seit gut zweitausend Jahren hatte die Legende ein jenseits des Meeres gelegenes Atlantis gepriesen, und spätere Mythen schmückten dieses sagenhafte Land zu einem ewigen Jungbrunnen aus. Der Mißerfolg der Kreuzzüge erzwang Amerikas Entdeckung; die das östliche Mittelmeer beherrschenden Türken und christenfeindliche Dynastien in Turkestan und Persien hatten die alten Handelswege mit Indien und dem noch ferneren Osten so gut wie gesperrt oder unerschwinglich verteuert. Italien und sogar Frankreich klammerten sich zwar trotz aller Fährnisse und Zölle an die Reste des einstmals so blühenden Geschäfts; Spanien und gar Portugal lagen jedoch räumlich zu fern, um noch auf ihre Rechnung zu kommen – ihr Problem bestand deshalb darin, neue Routen zu finden, und als Portugal den Seeweg um die Südspitze Afrikas erschloß, blieb Spanien nur noch der Weg nach Westen.

Über die Kugelgestalt der Erde waren sich die Gelehrten schon seit langer Zeit einig; durch ihre Irrtümer, vor allem durch die Unterschätzung der Entfernung zwischen Westeuropa und Ostasien, haben sie dem Wagemut weiteren Auftrieb gegeben. Skandinavische Wikinger hatten 996 und nochmals im Jahre 1000 Labrador erreicht und die Kunde von einem unübersehbaren Kontinent nach Europa gebracht. Kolumbus selbst war – wenn wir seinen eigenen Angaben trauen dürfen – 1477 in Island, wo er die stolze Überlieferung von Leif Erikssons Fahrt nach «Vinland» gehört haben dürfte. Was für das große Wagnis gebraucht wurde, war Geld; der Wagemut war vorhanden.

In seinem vor der dritten Amerikareise gemachten Testament – *mayorazzo* – hat Kolumbus Genua als seine Geburtsstadt bezeichnet. In den auf uns gekommenen Schriftstücken schreibt er sich zwar immer spanisch Cristobal Colón und nie italienisch Cristoforo Colombo, doch ist das nicht weiter verwunderlich, weil er für die spanischen Souveräne in spanischer Sprache berichtet hat. Doch ist es sehr gut möglich, daß er von getauften spanischen und nach Italien ausgewanderten Juden abstammte; der Nachweis für sein jüdisches Blut und Empfinden ist beinahe überzeugend. Ursprünglich scheint er wie sein Vater Weber gewesen zu sein und in Genua und Savona gelebt zu haben. Sein Sohn Ferdinand freilich schreibt ihm – in seiner Lebensbeschreibung des

Vaters – astronomische, geometrische und geographische Studien in Pavia zu; doch ist in den Immatrikulationslisten der Universität kein Colombo zu finden. Kolumbus selbst behauptet, mit vierzehn Jahren zur See gegangen zu sein – in Genua führen ja alle Straßen hinunter zum Meer.

1476 griffen Piraten sein Schiff unterwegs nach Lissabon an; es kenterte, und er will mit Hilfe von Schiffstrümmern ganze sechs Meilen bis zur Küste geschwommen sein; Vorbehalte scheinen angebracht, weil der Admiral über eine blühende Phantasie verfügte. Einige Monate danach folgte – nach seiner eigenen Darstellung – eine Reise über England nach Island und zurück nach Lissabon, wo er heiratete und sich als Seekartenzeichner häuslich niederließ. Sein Schwiegervater, der unter Heinrich dem Seefahrer als Seemann gedient hatte, dürfte ihn durch seine phantastischen Berichte über Zentralafrika veranlaßt haben, wahrscheinlich als Schiffsoffizier einer portugiesischen Expedition an Afrikas Westküste entlang nach Elmina in Guinea zu segeln (1482). Mit großem Interesse und vielen Anmerkungen las er die *Historia rerum gestarum* von Papst Pius II., worin die Möglichkeit einer Umschiffung Afrikas nachgewiesen war.

Doch mit der Zeit richtete sich seine Aufmerksamkeit mehr und mehr nach dem Westen. Er wußte, daß Strabon schon im ersten nachchristlichen Jahrhundert von dem Versuch einer Weltumseglung berichtet hatte, und er kannte auch die Stelle bei Seneca:

Zwar ist sie noch fern, doch einst kommt die Zeit,
Wo Oceanus wird entfesseln die Welt;
Erscheinen wird dann ein gewaltig Gebiet,
Neue Teile der Welt entsteigen der Flut,
Nicht Thule ist mehr alleräußerstes Land.[1]

Marco Polos glühende Schilderungen über den Reichtum Chinas und seine Angabe, daß Japan fünfzehnhundert Meilen östlich von China liege, hatte er selbst gelesen. Sein Exemplar der *Imago mundi* von Pierre d'Ailly versah er mit über tausend Anmerkungen. Unter Zugrundelegung der zeitgenössischen Schätzungen eines Erdumfangs von achtzehn- bis zwanzigtausend Meilen und der geographischen Schätzungen Marco Polos berechnete er die Entfernung der Westküste Europas zu den nächstgelegenen ostasiatischen Inseln auf rund fünftausend Seemeilen. Hierin bestärkte ihn der Florentiner Arzt Paolo Toscanelli, der Alfons V. von Portugal in einem Brief geraten hatte, seine Schiffe lieber fünftausend Meilen nach Westen segeln zu lassen, was eine kürzere Route nach Ostindien darstelle als die Umschiffung Afrikas (1474). Kolumbus schrieb an Toscanelli und erhielt eine anspornende Antwort. Tolle Pläne siedeten in seinem Kopf und verdichteten sich immer mehr.

Um 1484 unterbreitete er Johann II. von Portugal den Vorschlag, drei Schiffe für eine auf ein Jahr berechnete Forschungsreise über den Atlantik auszurüsten, ihn zum «Admiral des Weltmeeres» und lebenslänglichen Gouverneur über alle eventuell entdeckten Gebiete zu ernennen und ihm ein Zehntel aller von dort bezogenen Edelmetalle zuzusichern. (Die Frage der Bekehrung der dortigen Völker spielte offensichtlich nur eine untergeordnete Rolle.) Der König übergab das Exposé einem Gelehrtenausschuß zur Prüfung, der mit der Begründung, die angenommene Entfernung von 2400

Seemeilen sei viel zu klein, negativ reagierte. (Sie stimmt annähernd für die Entfernung zwischen den Kanarischen und Westindischen Inseln.) 1487 ließen sich mit der Zustimmung des Königs zwei portugiesische Seefahrer auf eigene Kosten auf das Wagnis ein, steuerten aber eine zu nördliche Route und sahen sich durch widrige westliche Winde zur Umkehr gezwungen. 1488 appellierte Kolumbus noch einmal an den König und wurde zu einer Audienz befohlen; er traf gerade rechtzeitig am Hofe ein, um den Triumph des von der Erstumschiffung der Südspitze Afrikas zurückkehrenden Bartholomeu Diaz mitzuerleben. Da jetzt der von der Südroute nach Indien faszinierte König alles Interesse an der Westroute verlor, wandte sich Kolumbus an Genua und Venedig, die sich jedoch, weil sie immer noch das Beste aus den alten Ostrouten herauszuschlagen suchten, ebenso gleichgültig verhielten. Besseren Erfolg hatte er bei Heinrich VII. von England, dem er sein Projekt durch seinen Bruder vortragen ließ. Doch als Heinrichs Einladung, zu einer Besprechung nach England zu reisen, eintraf, hatte er sich schon den katholischen Majestäten von Spanien verpflichtet.

Er war jetzt (1488) zweiundvierzig Jahre alt, ein großer, magerer Mann mit einem länglichen Gesicht und einer Adlernase, blauen Augen, hellrotem, schon ergrauendem und bald ganz weißem Haar und rosiger, sommersprossiger Haut. Sein Sohn und seine Freunde schildern ihn als bescheiden, umgänglich, ernst, verschwiegen, mäßig im Essen und Trinken und überaus fromm. Andere hielten ihn für eitel; er soll sich allzuviel auf seine Titel eingebildet und sie noch übertrieben, in seiner Phantasie und seinen schriftlichen Auslassungen seine Vorfahren über ihren Stand erhoben und habgierig um seinen Anteil am Gold der Neuen Welt gefeilscht haben; wie dem auch sei, er hat weniger verlangt, als er wert war. An die Zehn Gebote scheint er sich nicht immer gehalten zu haben, denn nach dem Tode seiner Frau gebar ihm Beatriz Enríquez in Cordoba einen Sohn (1488). Da aber in jener leichtlebigen Zeit solche Nebenprodukte zum Lebensstil der prominenten Welt gehörten, scheint niemand an dem Zwischenfall Anstoß genommen zu haben, und auf alle Fälle hat er, ohne sie zu heiraten, im Leben und im Tod gut für sie gesorgt.

Bereits vorher, am 1. Mai 1486, hatte er sein Exposé Isabella von Kastilien unterbreitet, doch lehnten es ihre Berater unter dem Vorsitz des ehrwürdigen Erzbischofs Talavera nach langem Zögern aus dem gleichen Grund wie Johanns portugiesische Experten als undurchführbar ab. Trotzdem warfen ihm Ferdinand und Isabella eine Jahrespension von 12000 Maravedis aus und wiesen 1489 in einer Kabinettsorder alle spanischen Städte an, ihm unentgeltlich Kost und Unterkunft zu gewähren. Vielleicht wollten sie sich auch nur eine Option auf ein Projekt sichern, das unter Umständen einem rivalisierenden Potentaten zu einem Kontinent verhelfen konnte. Nach abermaliger Prüfung und Zurückweisung des Exposés durch die Talavera-Gruppe entschloß sich Kolumbus, mit Karl VIII. von Frankreich in Verbindung zu treten; da vermittelte der Abt des Klosters La Rabida, Juan Peréz, eine neue Audienz bei Isabella. Sie ließ ihm für die Reise in die Belagerungsstadt Santa Fé 20000 Maravedis zukommen und empfing ihn sehr gnädig; doch sprachen sich ihre Ratgeber abermals gegen das Projekt aus, so daß Kolumbus neuerdings Vorbereitungen für eine Reise nach Frankreich traf (Januar 1492).

In diesem kritischen Augenblick versetzte ein getaufter Jude dem Rad der Weltgeschichte einen kräftigen Stoß. Ferdinands Schatzkanzler, Luis de Santander, hielt Isabella ihren Mangel an Phantasie und Unternehmungslust vor, lockte sie mit der Aussicht, Asien zum Christentum zu bekehren, und erklärte, persönlich die Mittel für die Expedition aufbringen zu wollen. Don Isaac Abrabanel, Juan Cabrero, Abraham Senior – lauter Juden – schlossen sich seiner Befürwortung an. Am Ende willigte die Königin ein und wollte sogar zur Beschaffung des nötigen Geldes ihre Juwelen verpfänden; aber Santander kam ohne das aus, indem er aus einem seiner Verwaltung anvertrauten Ordensvermögen 1400000 Maravedis entlieh und 350000 aus seiner eigenen Tasche hinzufügte, während sich Kolumbus weitere 250000 anderswo beschaffte*. Am 17. April 1492 drückte der König sein Siegel auf die nötigen Dokumente, und da Kolumbus nach China – nicht nach Indien – zu gelangen hoffte und auch lebenslang glaubte, dorthin gekommen zu sein, händigte ihm der König ein offizielles Schreiben an den Chan von China aus. Am 3. August stachen in Palos die *Santa María* als Admiralsschiff, die *Pinta* und die *Niña* mit achtundachtzig Mann Besatzung und Proviant für ein Jahr in See.

## II. AMERIKA

Sie nahmen Kurs auf die südlicher gelegenen Kanarischen Inseln, um von dort aus mit dem günstigen Ostpassat westwärts zu steuern. Erst nach einem langen Zwischenhalt wagten sie sich am 6. September längs des 28. Breitengrads wieder hinaus, nicht genug südlich, um den besten Wind zu erwischen; heute wissen wir, daß ein noch südlicher gelegener Ausgangspunkt Entfernung und Strapazen wesentlich abgekürzt hätte. Doch hatten sie freundliches Wetter, «wie April in Andalusien, man wünscht nur noch, die Nachtigallen zu hören», notierte Kolumbus im Bordbuch. So vergingen unter größter Spannung dreiunddreißig Tage. Kolumbus nannte seiner Mannschaft absichtlich eine kleinere als die nach seiner Berechnung zurückgelegte Distanz; da er seine Geschwindigkeit aber überschätzte, gab er sie unwissentlich richtig an. Er geriet in eine Flaute, wechselte den Kurs, woraufhin sich die Besatzung in den unabsehbaren Wassern noch verlorener vorkam als zuvor. Am 9. Oktober kamen die Kapitäne der *Pinta* und *Niña* an Bord des Flaggschiffes und baten, sofort umzukehren. Kolumbus versprach es, falls sie nicht binnen dreier Tage Land sichten würden. Am nächsten Tag meuterte seine eigene Besatzung, woraufhin er ihr die gleiche Zusicherung gab. Am 11. Oktober fischte man einen grünen Zweig mit blühenden Blumen aus dem Wasser, und das Vertrauen in den Admiral kehrte zurück. Dann, in der Morgenfrühe des 12. Oktober um 2 Uhr – es war beinahe Vollmond –, schrie der Ausguck der *Niña*, Rodrigo de Triana: *Tierra! tierra!*

* Diese privaten Beträge sind später vom Schatzamt voll zurückerstattet worden. Santander mußte am 17. Juli 1491 aus uns unbekannten Gründen vor dem Inquisitionstribunal erscheinen; er wurde absolviert, scheint aber rückfällig geworden zu sein, da sein Vermögen doch noch konfisziert wurde; Ferdinand gab es freilich seinen Kindern zurück.

In der Morgendämmerung erblickten sie nackte Eingeborene am Strand, «alle sehr gut gewachsen». Die drei Kapitäne ließen sich von Bewaffneten an Land rudern, knieten nieder, küßten die Erde und dankten Gott. Kolumbus taufte die Insel San Salvador – Erlöserinsel – und nahm sie im Namen Ferdinands, Isabellas und Christi in Besitz. Von den Wilden wurden ihre künftigen Unterdrücker freundlich aufgenommen, so daß der Admiral notierte:

«In der Erkenntnis, daß es sich um Leute handle, die man weit besser durch Liebe als mit dem Schwert retten und zu unserem heiligen Glauben bekehren könne, gedachte ich, sie mir zu Freunden zu machen und schenkte also einigen unter ihnen rote Kappen und Halsketten aus Glas und noch andere Kleinigkeiten von geringem Werte, worüber sie sich ungemein erfreut zeigten. Sie wurden so gute Freunde, daß es eine helle Freude war. Sie erreichten schwimmend unsere Schiffe und brachten uns Papageien, Knäuel von Baumwollfäden ... und viele andere Dinge noch, die sie mit dem eintauschten, was wir ihnen gaben, wie Glasperlen und Glöckchen. Sie gaben und nahmen alles von Herzen gern.»[2]

Das Märchen vom «edlen Wilden», in das sich Rousseau, Chateaubriand, Whitman und Seume so verlieben sollten, mag in jener Stunde geboren worden sein. Doch mit zu den ersten Dingen, die Kolumbus erfuhr, gehörte die Tatsache, daß die Eingeborenen der Sklaverei huldigten und die gegenwärtigen Bewohner der Insel oder ihre Vorfahren die früheren ausgerottet hatten. Schon zwei Tage nach der Landung steht im Bordbuch die ominöse Notiz, daß

«... die Bewohner keine besonderen Kenntnisse von Waffen besitzen ... Sollten Eure Hoheiten den Befehl erteilen, alle Inselbewohner nach Kastilien zu schaffen oder aber sie auf ihrer eigenen Insel als Sklaven zu halten, so wäre dieser Befehl leicht durchführbar, da man mit einigen fünfzig Mann alle anderen niederhalten und zu allem zwingen könnte.»[3]

Doch leider, Gold gab es auf San Salvador nicht. Am 14. Oktober segelte die Flottille neuerdings los, um «Cipango» – Japan – und Gold zu suchen. Am 28. Oktober ging man auf Kuba an Land. Auch dort zeigten sich die Eingeborenen gutartig; sie versuchten sogar, mit den Ankömmlingen das Ave-Maria zu singen, und mühten sich mit dem Kreuzzeichen ab. Als ihnen Kolumbus Gold zeigte, glaubte er sie dahin zu verstehen, daß es im Inneren solches gebe, an einem Ort, den sie als Cubanacam – Zentralkuba – bezeichneten. Er mißverstand das Wort für *El gran can* – der Große Chan – und sandte zwei mit diplomatischen Ausweisen versehene Leute nach dem unsichtbaren Potentaten aus. Sie kamen zurück, ohne ihn gefunden zu haben, waren aber von der ihnen allerorten bewiesenen Liebenswürdigkeit begeistert. Als die ersten Europäer wußten sie von einer seltsamen Sitte zu berichten: von gerollten Blättern der *tabaco*-Pflanze, die Männer wie Frauen in die Nase steckten und in Brand setzten, um den Rauch einzusaugen. Enttäuscht brach Kolumbus am 4. Dezember wiederum auf und nahm gewaltsam fünf junge Wilde als Dolmetscher nebst sieben Frauen zu ihrer Betreuung mit. Alle starben auf der Überfahrt nach Spanien.

Unterdes hatte sich Martín Alonso Pinzón, Kolumbus' Seniorkapitän, mit seinem Schiff davongemacht, um auf eigene Faust Gold zu suchen. Am 5. Dezember landete Kolumbus auf Haiti, blieb dort, von den Eingeborenen bestens bewirtet, vier Wochen, fand einiges Gold und fühlte sich dem Chan etwas näher. Da aber lief sein Schiff auf eine Klippe und barst im Wellengang an den Felsen – just am Weihnachtsabend, den er als den glücklichsten Tag seines Lebens hatte feiern wollen. Die *Niña* befand sich glücklicherweise nahe genug, um die Besatzung aufzunehmen, und die gutmütigen Eingeborenen retteten mit Kanus den größten Teil der Ladung. Der Häuptling tröstete Kolumbus mit Gastfreundschaft, Gold und der Versicherung, daß es im Lande große Mengen des mörderischen Metalls gebe. Der Admiral dankte Gott für das Gold, verzieh ihm den Schiffbruch, notierte in seinem Journal, daß den katholischen Majestäten jetzt reichliche Mittel zur Eroberung des Heiligen Landes zur Verfügung stünden, und ließ angesichts des guten Eindrucks, den die Eingeborenen auf ihn machten, ein paar Leute zur Erforschung der Insel zurück. Am 6. Januar 1493 stießen Pinzón und die *Pinta* wieder zu ihm, und weil er nicht nur mit einem Schiff heimsegeln wollte, nahm er die Entschuldigungen des Deserteurs an. Am 16. Januar stachen sie Richtung Spanien in See.

Es wurde eine lange, mühselige Überfahrt. Den ganzen Monat wehten widrige Winde; am 12. Februar umtobte ein heftiger Sturm die nur einige zwanzig Meter langen Schiffe. Bei den Azoren desertierte Pinzón neuerdings, um die große Nachricht als erster nach Spanien zu bringen. Die *Niña* aber warf vor Santa Maria auf den Azoren am 17. Februar Anker. Dann ging die halbe Besatzung an Land, um vor dem dortigen Marienaltar für die glückliche Heimkehr zu danken. Die Portugiesen nahmen die Spanier jedoch sogleich fest und warfen sie vier Tage ins Gefängnis, während sich der an Bord gebliebene Kolumbus vor Ungeduld fast verzehrte. Endlich bekam er sie frei, segelte weiter und wurde von einem neuen Sturm abgetrieben; die Segel zerrissen, und die um ihr Leben zitternde Besatzung gelobte mit heiligen Eiden, den ersten Tag an Land bei Brot und Wasser zu verbringen und die Zehn Gebote zu halten. Am 3. März sichteten sie Portugal, und Kolumbus entschloß sich – um die letzten 225 Meilen nach Palos nicht mit einem einzigen Segel zurücklegen zu müssen – trotz der Gefahr diplomatischer Verwicklungen, in Lissabon an Land zu gehen. Johann II. nahm ihn jedoch mit großer Hilfsbereitschaft auf, die *Niña* wurde instand gesetzt und traf am 15. März nach – wie Kolumbus sich ausgedrückt hat – «unendlichen Mühsalen und Schrecken» 193 Tage nach der Abreise wieder in Palos ein. Martin Pinzón, der schon einige Tage früher in Nordwestspanien gelandet war, hatte einen Boten an die Majestäten geschickt, den diese nicht einmal anhörten. Einen Tag nach der *Niña* lief die *Pinta* in Palos ein; in Ungnade gefallen und von Furcht erfüllt suchte Pinzón Zuflucht in seinem Heim, legte sich ins Bett und starb.

## III. DIE WASSER DER BITTERNIS

Die Majestäten empfingen Kolumbus in Barcelona, verliehen ihm den Titel *Almirante del Mar Oceano* – «Admiral des Weltmeeres» –, das heißt des Atlantik westlich der Azoren, und ernannten ihn zum Gouverneur der von ihm entdeckten Inseln oder, wie er sich selbst zu nennen beliebte, zum «Vizekönig und Gouverneur aller Inseln, die er in

Indien entdeckt hat». Als gerüchtweise verlautete, Johann II. von Portugal bereite eine Expedition über den Atlantik vor, ersuchte Ferdinand den Papst um die Festlegung der spanischen Rechte im «Weltmeer». Alexander VI. – ein Spanier – zog in einer Reihe von Bullen (1493) eine 270 Seemeilen westlich der Azoren und Kapverdischen Inseln verlaufende imaginäre Nord–Süd-Linie und sprach Spanien alle westlich und Portugal alle östlich gelegenen Territorien zu. Johann II. weigerte sich, diese Demarkationslinie anzuerkennen, und schon drohte ein Krieg, als sich die Herrscher im Vertrag von Tordesillas (7. Juni 1494) auf eine Linie einigten, die für Entdeckungen vor diesem Datum 250 Leguas westlich der Kapverdischen Inseln, für alle späteren Entdeckungen 370 Leguas westlich der Kapverdischen Inseln von Pol zu Pol verlief. (Brasiliens Ostspitze liegt östlich dieser zweiten Linie.) Die päpstlichen Bullen sprachen von den neuen Territorien als «Indien»; denn Kolumbus glaubte Asien erreicht zu haben, und sogar ein Gelehrter wie Peter Martyr teilte seine Meinung; erst Magelhães' Weltumseglung bereitete dieser Täuschung ein Ende.

In der Hoffnung auf Gold rüsteten die Majestäten eine neue, aus siebzehn Schiffen bestehende Flotte mit zwölfhundert Mann Besatzung und Haustieren zur Einführung der Viehzucht auf den indischen Inseln aus; fünf Priester reisten als Beichtväter für die Spanier und zur Missionsarbeit unter den Eingeborenen mit. Am 25. September 1493 lichteten die Schiffe in Sevilla die Anker, und am neununddreißigsten Tag (gegenüber siebzig bei der ersten Ozeanüberquerung) sichtete ein Ausguck Land. Weil es Sonntag war, taufte Kolumbus das Eiland Dominica; da er aber größeres Wild witterte, ging er nicht an Land, sondern passierte die westliche Gruppe der Kleinen Antillen, die er, von ihrer unübersehbaren Zahl beeindruckt, «Once Mil Virgenes» – Elftausend Jungfrauen – taufte, die heutigen Jungferninseln. Auf dem bald danach in Sicht gekommenen Puerto Rico verweilte er nur kurz, um möglichst schnell zu den vor zehn Monaten auf Haiti zurückgelassenen Spaniern zu gelangen. Kaum einer von ihnen hatte die Zeit überstanden. Die Europäer hatten sich, Gold und Frauen raubend, ein islamisches Paradies mit fünf Weibern pro Mann geschaffen; doch dann waren Streitigkeiten zwischen ihnen ausgebrochen, so daß sie sich gegenseitig erschlugen; den Rest hatten die empörten Eingeborenen erledigt.

Kolumbus segelte längs der Küste ostwärts und schiffte an einer ihm geeignet erscheinenden Stelle Leute und Material aus, überwachte den Bau der Unterkünfte für eine neue, «Isabella» getaufte Niederlassung, reparierte die Schiffe und nahm Kurs auf Kuba, um es genauer zu erforschen. Eine Umschiffung erwies sich jedoch als unmöglich, weshalb er vermutete, das asiatische Festland, vielleicht die Halbinsel Malakka, erreicht zu haben. Den Gedanken, sie zu passieren und die Welt zu umsegeln, mußte er wegen der ungenügenden Ausrüstung seiner Schiffe fallenlassen. Am 29. Oktober 1494 kehrte er nach Isabella auf Haiti zurück, voller Neugier, wie es den Zurückgelassenen ergangen sein mochte. Zu seinem Entsetzen hatten sie wie ihre Vorgänger die Eingeborenenfrauen vergewaltigt, Lebensmittel geraubt und Jugendliche versklavt, und die «Indios» hatten als Folge wieder viele Spanier erschlagen. Von den Missionaren, die sich kaum bemüht hatten, ihrer Missionspflicht obzuliegen, war ein Franziskanerpater mit einer Gruppe Mißvergnügter nach Spanien zurückgekehrt, wo er den Monarchen einen wenig erfreulichen Bericht über Haiti erstattete. Kolumbus, jetzt selbst zum Sklavenhandel greifend, ließ von seinen Leuten 1500 Eingeborene einfangen, von denen er 400 den Siedlern überließ und 500 nach Spanien schickte. 200 starben unterwegs, der Rest wurde in Sevilla verkauft, ging aber innerhalb weniger Jahre entweder am Klima oder an den barbarischen Sitten der Zivilisation zugrunde.

Seinen Bruder Bartolomé mit dem Auftrag zurücklassend, die Siedlung von Isabella an eine günstiger gelegene Stelle, Santo Domingo (heute Dominik. Republik), zu verlegen, setzte Kolumbus am 10. März 1496 Segel nach Spanien und lief nach einer schwierigen, dreiundneunzig Tage dauernden Reise in Cadiz ein. Es war nicht gerade viel, was er den Souveränen an Indios und Gold zu präsentieren hatte, genügte aber, um die Bedenken zu zerstreuen, die sich über die Zweckmäßigkeit weiterer Aufwendungen für den Atlantik erhoben hatten. Der Admiral, der sich an Land nicht wohl fühlte, weil sein Blut das Salz der Meeresluft brauchte, erbat und erhielt acht Schiffe für einen neuen Versuch und begab sich im Mai 1498 zum drittenmal auf die Reise.

Diesmal steuerte er bis zum zehnten Breitengrad nach Südwesten, um dann strikt nach Westen zu halten. Am 31. Juli 1496 kam eine große Insel in Sicht, die er gottesfürchtig Trinidad nannte, und am nächsten Tag warf er den ersten Blick auf das südamerikanische Festland, vielleicht ein Jahr vor, vielleicht ein Jahr nach Vespucci. Er kreuzte eine Weile im Golf von Paria, nahm dann Kurs nach Nordwesten und traf am 31. August in Santo Domingo ein. Dieser dritten, 1496 gegründeten Niederlassung war es besser ergangen, aber jeder vierte der fünfhundert Siedler litt an einer entsetzlichen Krankheit, und zudem hatten sich zwei Gruppen gebildet, die unmittelbar vor dem Ausbruch von Feindseligkeiten standen. Um Frieden zu schaffen, gestattete Kolumbus jedem der Leute, ein großes Stück Land in Besitz zu nehmen und die darauf wohnenden Eingeborenen zu versklaven; ein Verfahren, das von allen späteren spanischen Siedlern nachgeahmt wurde. Von Enttäuschungen, Entbehrungen, Gicht und einem Augenleiden zermürbt, vermochte Kolumbus die Vielzahl der Probleme kaum mehr zu meistern. Zeitweilig nicht ganz bei Verstand und immer gereizter, diktatorischer und habgieriger, verhängte er schwere Strafen – zumindest behaupteten es viele Spanier, denen das Regiment eines Italieners immer weniger behagte. In der Erkenntnis, weder nach Erfahrung noch nach Temperament dazu geeignet zu sein, eine Niederlassung zu leiten, gab er im Oktober 1499 zwei nach Spanien segelnden Schonern ein Ersuchen an die Majestäten mit, ihm einen königlichen Kommissar als Adjutanten beizugeben.

Die Souveräne gingen freilich über dieses Ansuchen hinaus, indem sie den Kommissar, Francisco de Bobadilla, mit absoluten Vollmachten, auch über Kolumbus selbst, ausstatteten. Dieser war gerade abwesend, als der Kommissar in Santo Domingo eintraf, und so beschwerte man sich ungehemmt über das von Kolumbus und seinen Brüdern Bartolomé und Diego geführte Regiment. Als Kolumbus zurückkehrte, ließ Bobadilla ihn an Händen und Füßen gefesselt ins Gefängnis werfen und sandte am 1. Oktober 1500 alle drei Brüder in Ketten nach Spanien. Von Cadiz aus richtete Kolumbus an einflußreiche Freunde bei Hof einen jämmerlichen Brief:

«Jetzt sind es siebzehn Jahre her, daß ich diesen Fürsten mit meiner Unternehmung nach Indien meine Dienste zu widmen begann: Acht Jahre davon, die in Besprechungen und Verhandlungen vergingen, mußte ich warten, und am Ende derselben wurde mein Plan als Narrheit zurückgewiesen. Trotzdem beharrte ich fest darauf ... Drüben errichtete ich ihre Herrschaft über ein großes Land, größer als Afrika und Europa, über mehr als siebzehnhundert Inseln ... In sieben Jahren führte ich mit göttlichem Willen diese Eroberung durch. Zu jener Zeit, wo ich berechtigt war, Belohnungen zu empfangen und Ruhe zu finden, wurde ich unbilligerweise verhaftet und in Ketten nach Hause geschickt, was mir große Unehre einbrachte und Ihren Hoheiten wenig dienlich ist. Die Anklage wurde aus Bosheit erhoben, sie stützte sich auf Aussagen von Personen, die sich aufgelehnt hatten und das Land in ihren Besitz zu bringen trachteten ...

Ich bitte Eure Gnaden, mit dem Eifer eines gläubigen Christenmenschen, in den Ihre Hoheiten Vertrauen haben, alle meine Papiere durchzulesen und wohl zu bedenken, daß ich, der ich von so weit herkam, um diesen Fürsten zu dienen ... nun am Ende meiner Tage meiner Ehre und meines Besitzes beraubt wurde, ohne alle Ursache, worin weder Gerechtigkeit noch Gnade ist.»[4]

Ferdinand, gerade damit beschäftigt, mit Ludwig XII. das Königreich Neapel zu teilen, konnte sich nicht gleichzeitig mit Kolumbus befassen, und so dauerte es sechs Wochen, bis er die Freilassung der Brüder verfügte und sie zu sich berief. Das Königspaar empfing sie in der Alhambra, zeigte sich außerordentlich gnädig, verhalf ihnen zu Wohlstand, nicht aber zu ihrer früheren Machtstellung in der Neuen Welt, obschon es auf Grund der 1492 abgeschlossenen Verträge oder Kapitulationen verpflichtet gewesen wäre, Kolumbus die uneingeschränkte Verwaltung der von ihm entdeckten Länder zu übertragen. Es hielt ihn jedoch für nicht mehr befähigt dazu und ernannte deshalb Don Nicolás de Ovando zum neuen Gouverneur, erlaubte aber Kolumbus, über sein persönliches Eigentum in Santo Domingo und seinen Anteil an dem importierten Gold und den Handelsgewinnen zu verfügen. Den Rest seiner Tage verlebte er als reicher Mann.

Doch damit war er nicht zufrieden. Er quälte die Majestäten um eine neue Flotte, und obschon diese immer noch nicht wußten, ob das Indienunternehmen gewinnbringend war, glaubten sie, ihm einen neuen Versuch zu schulden. Am 9. Mai 1502 stach er in Cadiz mit vier Schiffen und 140 Mann, darunter sein Bruder Bartolomé und sein Sohn Fernando, zum viertenmal nach Westen in See und sichtete am 15. Juni Martinique. Am 29. Juni ankerte er, in Luft und Gelenken einen nahenden Sturm spürend, an einem geschützten Punkt bei Santo Domingo, wo eine aus dreißig Einheiten bestehende Flotte im Begriffe stand, nach Spanien auszulaufen. Kolumbus sandte dem Gouverneur eine Warnung und riet ihm, die Schiffe zurückzuhalten, doch dieser ließ sie dessenungeachtet absegeln. Der Orkan kam; Kolumbus' Schiffe überstanden ihn mit geringen Schäden, die große Flotte erlitt bis auf ein Fahrzeug Schiffbruch; fünfhundert Mann, darunter Bobadilla, ertranken, und eine reiche Goldladung versank in der See.

Aber auch der ahnungslose Kolumbus ging den schrecklichsten und tragischsten Monaten seines unruhigen Lebens entgegen. Westwärts steuernd, gelangte er nach Honduras und erforschte die Küste längs des heutigen Nicaragua und Costa Rica, um eine Durchfahrt zu finden und die Welt zu umsegeln. Am 5. Dezember 1502 brach ein tagelanges Unwetter aus, das sein Bordbuch wie folgt beschreibt:

«Neun Tage lang hielt ich mich für verloren und hatte keine Hoffnung mehr, mit dem Leben davonzukommen. Nie zuvor sahen Menschenaugen ein so hochgehendes, schreckliches und schäumendes Meer. Der Wind ließ nicht zu, daß ich vorwärts fuhr, ich konnte aber auch in keiner anderen Richtung segeln, so hielt ich mich auf hoher See. Das Meer sah aus wie Blut und brodelte wie siedendes Wasser auf großem Feuer. Noch nie zuvor hatte ich einen so furchtbaren Himmel gesehen. Tag und Nacht glühte er wie ein Backofen und spie flammende Blitze aus, so daß ich immer wieder Nachschau hielt, ob mir meine Mastbäume und Segel nicht weggerissen worden seien. Mit solcher Wucht brachen die Blitze hernieder, daß alle befürchteten, sie würden die Schiffe verbrennen. Während dieser ganzen Zeit stürzte unaufhörlich Wasser vom Himmel; man konnte nicht sagen, daß es regnete, sondern es war eine neue Sintflut, die über uns hereinbrach. Die Leute waren so erschöpft, daß sie den Tod herbeiwünschten, um ein Ende ihrer Leiden zu finden.»[5]

Mit Sturm, Regengüssen, Blitz und Donner und den nahebei drohenden Klippen war es aber noch nicht getan: Plötzlich näherte sich eine Wasserhose, «bis hinauf zu den Wolken». Kolumbus griff nach seiner Bibel, las den Passus über die Bannung des Sturmes bei Kapernaum durch Jesus vor und zog mit dem Schwert ein Kreuzzeichen gegen den Himmel, worauf – wie uns gesagt wird – der Wasserturm zusammenbrach. Nach zwölf schrecklichen Tagen legte sich das Unwetter, so daß die kleine Flottille in einer Bucht – unweit des jetzigen Ostendes des Panamakanals – zur Ruhe kommen konnte. Kolumbus und die Seinen feierten traurige Weihnachten und ein trübsinniges Neujahr 1502, ohne zu ahnen, daß nur vierzig Meilen weiter westlich ein weiterer gewaltiger Ozean zu entdecken war.

Neues Unheil kam. In einer Flußmündung erschlugen die Indios zwölf von dreizehn Matrosen, die frisches Wasser suchten, und das Beiboot des Admiralschiffs ging verloren. Zwei Schiffe mußten wegen Wurmstichigkeit aufgegeben werden, und die beiden anderen leckten so sehr, daß Tag und Nacht Wasser geschöpft werden mußte. Am Ende besiegten die Würmer die Menschen vollends, so daß sich Kolumbus gezwungen sah, die übriggebliebenen Schiffe auf Jamaica an den Strand zu setzen (25. Juni 1503). Die unglückliche Besatzung blieb dort ein Jahr und fünf Tage gefangen, für ihre Ernährung von der prekären Freundschaft der Eingeborenen abhängig, die selbst nicht im Überfluß lebten. Einer von Kolumbus' Männern, Diego Mendez, dessen ruhige Zuverlässigkeit ihm unter den widrigsten Umständen eine starke Stütze war, erbot sich, in einem mit sechs Spaniern und zehn Indios bemannten Einbaum die 455 Meilen – davon achtzig außer Sichtweite des Landes – nach Santo Domingo zurückzulegen und Hilfe zu holen. Die abenteuerliche Fahrt gelang, obschon das Wasser unterwegs ausging und mehrere Indios starben. Doch wollte oder konnte Ovando kein Schiff vor Mai 1504 zur Verfügung stellen, so daß Kolumbus viele Monate auf Abholung warten mußte. Inzwischen reduzierten die Indios ihre Lebensmittelspenden immer mehr, und die Schiffbrüchigen litten Hunger. Schließlich griff Kolumbus zu einer List: Da die von ihm mitgeführten *Ephemerides* des Regiomontanus für den 29. Februar eine Mondfinsternis voraussagten, rief er die Eingeborenenhäuptlinge zusammen und erklärte ihnen, Gott sei sehr böse auf sie, weil sie ihn und seine Leute verhungern ließen, und werde zur Strafe den Mond auslöschen. Sie lachten ihn aus, da aber begann der Mond sich zu verfinstern, und jetzt schafften sie eiligst Lebensmittel auf die Schiffe. Kolumbus ließ sie versprechen, künftig genug Lebensmittel zu bringen, und erklärte, zu Gott beten zu wollen, ihnen den Mond zurückzugeben. Das Mondlicht kehrte zurück.

Erst vier Monate später kam Hilfe; aber auch dieses Schiff leckte so sehr, daß es nur mit knapper Not Santo Domingo erreichte. Auf einem seetüchtigeren Schiff segelte Kolumbus mit Bruder und Sohn nach Spanien zurück, wo sie nach einer langen, stürmischen Reise am 7. November eintrafen. Das Königspaar war so enttäuscht, daß sie weder Gold noch eine Durchfahrt zum Indischen Ozean gefunden hatten, daß sich weder Ferdinand noch die sterbende Isabella um den endlich heimgekehrten, weißhaarigen Seefahrer kümmerte. Da ihm seine «Zehnten» aus dem haitianischen Gold pünktlich entrichtet wurden, litt er nicht an Geldmangel, wohl aber an Gicht. Als ihn Ferdinand schließlich zu sich berief, vermochte er – weit älter als seine achtundfünfzig Jahre – kaum die Strapazen der Reise nach Segovia zu überstehen, wo er alle ihm verbrieften Würden, Rechte und Einkünfte forderte. Der König versuchte, ihn mit einer großen Domäne in Kastilien abzufinden; aber Kolumbus gab nicht nach. Er folgte dem Hof nach Salamanca und Valladolid, und hier starb er, an Leib und Seele gebrochen, am 20. Mai 1506. Kein einziger Mann vor und nach ihm hat die Weltkarte so verändert.

## IV. DIE NEUE PERSPEKTIVE

Nachdem der Weg einmal gewiesen war, stürzten sich hundert Seefahrer auf die «Neue Welt», eine Bezeichnung, die offenbar von einem florentinischen Kaufmann geprägt wurde, dessen eigener Vorname zum offiziellen Namen beider «Amerika» geworden ist. Amerigo Vespucci, der im Auftrag der Medici die Angelegenheiten eines florentinischen Bankiers in Spanien regeln sollte, wurde dort vom Entdeckungsfieber ergriffen und beredete Ferdinand, ihm die Ausrüstung von zwölf Schiffen anzuvertrauen (1495). In späteren Briefen (1503/04) an Florentiner Freunde behauptete er, vier Reisen zum *novo mondo* gemacht und am 16. Juni 1497 das südamerikanische Festland erreicht zu haben. Falls dieser Bericht zutrifft, hätte er als erster nach Leif Eriksson (um 1000) das Festland der westlichen Hemisphäre erreicht, denn John Cabot sichtete die Kap-Breton-Insel im St.-Lorenz-Golf acht Tage nachher, am 24. Juni 1497, während Kolumbus erst ein Jahr später auf das südamerikanische Festland stieß. Da sich in Vespuccis Berichten verschiedene Ungenauigkeiten und Irrtümer befinden, werden seine Behauptungen angezweifelt; immerhin sollte berücksichtigt werden, daß ihm Kolumbus im Jahr 1505 – also zu einer Zeit, da er Vespuccis Zuverlässigkeit wohl beurteilen konnte – einen Brief an seinen Sohn Diego anvertraute. 1508 erhielt Vespucci den Rang eines *piloto mayor* – Führer aller Piloten –, den er bis zu seinem Tod bekleidete.

Im April 1507 erschien eine lateinische Version eines seiner Briefe in der Universitätsstadt Saint-Dié (Lothringen) im Druck. Martin Waldseemüller, der dortige Professor für Kosmographie, zitierte ihn in seiner im gleichen Jahr veröffentlichten *Cosmographiae introductio* und schlug, von der Richtigkeit des Berichtes überzeugt, vor, das heutige Südamerika *Amerige* oder *America* zu nennen; später, 1538, bezeichnete Gerhardus Mercator auf einer seiner berühmten Karten die ganze westliche Hemisphäre als *America*. Daß sich Vespucci 1497 an einer Expedition Alonso de Ojedas beteiligte und die heutige venezolanische Küste erforschte, steht außer Zweifel. Bald nach Cabrals zufälliger Entdeckung Brasiliens erforschte Vincente Pinzón, einst Kapitän der *Niña* bei Kolumbus' erster Reise, die dortige Küstenlinie und entdeckte den Amazonas (1500). 1513 sichtete Vasco Nuñez de Balboa erstmals den Stillen Ozean, und Ponce de León entdeckte, von einem ewigen Jungbrunnen träumend, Florida.

Diese von Heinrich dem Seefahrer eingeleitete, von Vasco da Gama fortgesetzte und von Kolumbus und Magalhães zum Abschluß gebrachte Entdeckungsserie leiteten die größte Wirtschaftsrevolution der Geschichte vor der Erfindung des Flugzeugs ein. Mit der Eröffnung der Meere in Süd und West für Schiffahrt und Handel ging die Mittelmeerepoche zu Ende, und die Atlantikepoche begann. Je stärker der Goldstrom aus Amerika anschwoll, desto schärfer prägte sich der Niedergang der Mittelmeerländer aus, und sogar solche süddeutsche Städte, die wie Augsburg und Nürnberg mit Italien in besonders intensiven Wirtschaftsaustausch standen, begannen ihn zu spüren. Die Atlantiknationen fanden in der Neuen Welt ein Ventil für ihre brachliegenden Energien, ihre überschüssigen Menschen, ihre Verbrecher und nicht zuletzt einen unersättlichen Markt für ihre Fertigwaren. Das Gewerbe Westeuropas blühte auf und forderte geradezu die maschinellen Erfindungen und besseren Energiespender, aus denen schließlich die industrielle Revolution erwuchs. Die Landwirtschaft wurde nicht weniger bereichert, stammen doch die Kartoffel, die Tomate, die Artischocke, der Melonenkürbis und der Mais aus Amerika. Die reichliche Gold- und Silberversorgung erhöhte die Preise – ein Ansporn für die Fabrikanten, eine Schlechterstellung der Arbeiter, der Rentner und des grundbesitzenden Adels und der Anfang und das Ende des spanischen Traums der Weltbeherrschung.

Die moralischen und geistigen Auswirkungen erwiesen sich als nicht weniger einschneidend denn die politischen und ökonomischen. Ein gewaltiger Kontinent wurde für das Christentum gewonnen, so daß der römisch-katholischen Kirche mehr Anhänger zuwuchsen, als sie in der Alten Welt an Gläubigen verlor. In Südamerika, wo sich teils Spanisch, teils Portugiesisch zur Landessprache entwickelte, entstand eine eigenständige, lebendige Literatur. Den Sitten war durch die Entdeckungen freilich weniger gedient; das Faustrecht der europäischen Siedler wirkte auf die Mutterländer zurück, und Gewalttat und sexueller Libertinismus steigerten sich. Andererseits wirkte die Berührung mit so vielen Völkern, Lebensformen und Kulten nachhaltig auf das europäische Denken ein; die Dogmen der großen Bekenntnisse nutzten sich wechselseitig ab, und während sich Protestanten und Katholiken in ruinösen Kriegen für ihren Glauben zerfleischten, nagten Zweifel ihre Gewißheiten an und bereiteten die Toleranz der Aufklärung vor.

Vor allem aber erhob sich – im gleichen Moment, da Kopernikus im Begriffe stand, die kosmische Bedeutung der Erde und ihrer Bewohner auf bescheidenere Dimensionen zurückzuführen – der menschliche Geist im Hochgefühl vollbrachter Leistung und wiegte sich im Glauben, die Welt der Materie durch den Mut des Geistes besiegt zu haben. Das mittelalterliche Motto für Gibraltar – *ne plus ultra* – verkehrte sich durch Abkürzung ins Gegenteil und wurde zum *plus ultra* – «immer weiter hinaus». Alle Begrenzungen waren gefallen, die ganze Welt lag offen, alles schien möglich. In einem kühnen, hoffnungsvollen Aufschwung begann die Geschichte der neuen Zeit.

# DREIZEHNTES KAPITEL

# *Erasmus der Vorläufer*

[1469–1517]

## I. DER WERDEGANG EINES HUMANISTEN

Der größte aller Humanisten wurde 1466 oder 1469 in oder bei Rotterdam geboren und war der zweite Sohn eines Kanzlisten namens Gerard und einer verwitweten Arzttochter namens Margaretha. Anscheinend empfing der Vater bald nach diesem *contretemps* die Priesterweihe. Wie der Knabe zu den zärtlichen Namen Desiderius Erasmus – der erwünschte Liebling – kam, wissen wir nicht. Seine ersten Lehrer unterwiesen ihn im Holländischen; später in Deventer, in der Schule der Brüder vom Gemeinsamen Leben, wurde er wegen des Gebrauchs der Muttersprache bestraft; Latein stand dort im Mittelpunkt, und die Disziplin war nicht weniger rigoros als die Frömmigkeit. Gewisse heidnische Klassiker fanden bei den Brüdern dennoch Gnade, und so hat Deventer die Grundlage für seine erstaunliche Beherrschung der lateinischen Sprache und Literatur gelegt.

Erasmus' Eltern starben um 1484. Der Vater hinterließ seinen zwei Söhnen ein kleines Vermögen, das ihre Vormünder zum größten Teil für sich selber verwendeten; den Jünglingen legten sie den Eintritt ins Kloster nahe, weil eine Ordenslaufbahn keine eigenen Mittel erforderte. Diese weigerten sich, weil sie ein akademisches Studium vorzogen; schließlich überredete man sie doch – Erasmus, wie uns gesagt wird, durch die Zusicherung, daß er Zugang zu vielen Büchern haben werde. Der Ältere fügte sich in sein Schicksal und entwickelte sich zu einem (wie Erasmus berichtete) *strenuus compotor nec scortator ignavus* – einem «gewaltigen Zecher und beachtlichen Hurenbock». Erasmus selbst legte im Emmaus-Kloster zu Steyn als Augustinerkanoniker die Gelübde ab. Er mühte sich ernsthaft, dem mönchischen Leben gute Seiten abzugewinnen und schrieb sogar eine Abhandlung *De contemptu mundi*, wie um sich selbst zu überzeugen, daß ein Kloster der richtige Platz für einen Jüngling von lebhaftem Geist und empfindlichem Magen sei. Dieser rebellierte trotzdem gegen Fastenspeisen und revoltierte beim Geruch von Fischen; das Gehorsamsgelübde erwies sich als noch schwerer erträgbar denn das der Keuschheit, und vielleicht gab es in der Klosterbibliothek zu wenig Klassiker. Der wohlwollende Prior hatte Mitleid mit ihm und lieh ihn als Kanzlisten an den Bischof von Cambrai, Heinrich von Bergen, aus. Gleichzeitig empfing Erasmus die Priesterweihe (1492).

Doch wo immer er sich befand, hatte er einen Fuß woanders. Von Paris ging damals eine Aura der Gelehrsamkeit und fleischlichen Lust aus, die empfängliche Sinne auch über große Entfernung zu berauschen vermochte, und Erasmus beneidete alle jungen Leute, die an den Universitäten studieren durften. Nach ein paar Jahren guter Dienstleistung gelang es ihm, den Bischof zu bereden, ihn zum Studium nach Paris zu senden, wo ihm gerade genug Geld zur Verfügung stand, daß er nicht verhungern mußte. Mit Ungeduld wohnte er den Vorlesungen bei, verschlang aber die Bücher in den Bibliotheken. Er besuchte Schauspiele, nahm an Gesellschaften teil und erforschte gelegentlich die weiblichen Reize; in einer seiner *Colloquien* bemerkt er, der angenehmste Weg, Französisch zu lernen, gehe über die *filles de joie*. Seine größte Leidenschaft galt jedoch der Literatur, der melodiösen Magie des Worts, dieser Pforte zu einer Welt der Phantasie und des Entzückens. Griechisch lehrte er sich selbst; mit der Zeit fühlte er sich im Athen der Platon und Euripides, Zenon und Epikur ebenso zu Hause wie im Rom der Cicero, Horaz und Seneca; und beide Städte waren für ihn beinahe ebenso wirklich wie das linke Ufer der Seine. Seneca schien ihm ein nicht weniger guter Christ als Paulus und ein viel besserer Stilist (in diesem Punkt ist sein Geschmack vielleicht nicht ganz maßgeblich). Nach Belieben durch die Jahrhunderte streifend, entdeckte er Lorenzo Valla, den neapolitanischen Voltaire, und genoß nicht nur dessen elegantes Latein, sondern auch die Tollkühnheit, mit der die Fälschung der «Konstantinischen Schenkung» angeprangert, die schweren Irrtümer in der Vulgata aufgezeigt und die Frage zur Diskussion gestellt wurde, ob das Epikureertum nicht vielleicht den weisesten *modus vivendi* darstelle; später hat Erasmus mit seinem Versuch, Epikur und Christus miteinander zu verbinden, Theologen aufgeschreckt aber einige Kardinäle erfreut. Noch war in Paris das Echo von Duns Scotus' und Ockhams Stimmen zu vernehmen; der Nominalismus befand sich im Vormarsch und bedrohte so grundsätzliche Dogmen wie die Transsubstantiation und die Dreieinigkeit. Des jungen Priesters Rechtgläubigkeit wurde von diesen geistigen Extratouren so beeinflußt, daß nicht viel mehr davon übrigblieb als eine tief verwurzelte Bewunderung für die Morallehre Christi.

Seine Bücherbesessenheit war beinahe so kostspielig wie jedes andere Laster. Zur Aufbesserung seiner Börse gab er jüngeren Studenten Privatunterricht und teilte mit einem das Quartier. Doch das genügte immer noch nicht, und so belästigte er den Bischof von Cambrai: «Mich hat die Krankheit völlig ausgehöhlt, schlaff sind Haut und Börse; jene müßte mit Fleisch, diese mit Münzen wieder gestrafft werden. So tue du denn nach deiner Gewohnheit und lebe wohl!». Hierauf reagierte der Bischof mit seiner gewohnheitsmäßigen Knausrigkeit. Ein Schüler, Herr von Veere, lud ihn auf sein Schloß in Tournehem in Flandern ein; mit Vergnügen entdeckte Erasmus in dessen Mutter, Frau von Veere, eine Mäzenin für Genies; sie wiederum entdeckte das Genie in ihm und griff ihm mit einem bald verbrauchten Geldgeschenk unter die Arme. Ein anderer wohlhabender Schüler, Mountjoy, nahm ihn nach England mit (1499), wo der geldarme Scholar in den großen Landhäusern des Hochadels solche Annehmlichkeiten des Daseins kennenlernte, daß ihm die Erinnerung an seine klösterliche Vergangenheit Schauder über den Rücken jagte. An einen Pariser Freund schrieb er in einem seiner zahllosen, unnachahmlichen Briefe, die heute seine lebendigste Hinterlassenschaft bilden:

«Wenn Du genügend wüßtest, was England zu bieten hat, lieber Faustus, Du würdest beflügelten Fußes hierher eilen ... Denn um von vielem eins zu erwähnen: es gibt hier Nymphen mit göttlichem Antlitz, reizend, gefällig ... Zudem haben sie hier eine nicht genug zu preisende Sitte. Wohin Du kommst, jeder begrüßt Dich mit Kuß; wenn Du irgendwo weggehst, mit Abschiedskuß wirst Du entlassen. Kommst du wieder, tut man Dir Liebes, kommt zu Dir, gibt Dir Gutes zu trinken; verläßt man dich, werden Küsse ausgetauscht; trifft man sich irgendwo, gibt's Küsse mehr als genug; kurz, wohin Du Dich begibst, alles ist voll Annehmlichkeiten. Lieber Faustus, hättest Du einmal geschmeckt, wie mollig, wie duftig das ist, wahrhaftig, Du würdest nicht nur wie Solon zehn Jahre, sondern bis zum Tod in England bleiben wollen.»[1]

In Mountjoys Haus in Greenwich lernte Erasmus Thomas Morus kennen, der zwar erst zweiundzwanzig Jahre alt, aber doch schon prominent genug war, um den Holländer dem künftigen Heinrich VIII. vorzustellen. In Oxford entzückte Erasmus der kameradschaftliche Geist zwischen Studenten und Professoren beinahe ebensosehr, wie ihn die Umarmungen der Landhauselfen entzückt hatten. Dort begann auch die innige Freundschaft mit John Colet, diesem «Verfechter und Schutzherrn der alten Theologie», der seine Umwelt durch sein praktisches Christentum in Erstaunen setzte. Dem englischen Humanismus zollte Erasmus die größte Anerkennung:

«Wenn ich meinen Colet höre, glaube ich Platon selbst zu hören. Wer sollte in Grocin nicht den Universalisten bewundern? Gibt es etwas Schärferes, Tieferes, Witzigeres als die Urteilskraft Linacres? Was hat je die Natur Milderes, Lieblicheres oder Glücklicheres geformt als das Genie des Thomas Morus?»[2]

Der Einfluß dieser Männer auf Erasmus war tief. Der selbstgefällige und oberflächliche junge Mann, trunken vom Wein der Klassiker und der Ambrosia holder Weiblichkeit, verwandelte sich in einen ernsthaften, verantwortungsbewußten Gelehrten, der nicht nur nach bloßer Anerkennung und einer gefüllten Börse haschte, sondern eine unvergängliche, nützliche Leistung zu vollbringen gedachte. Als er im Januar 1500 England verließ, stand sein Entschluß fest, die griechischen Urtexte des Neuen Testaments zu studieren und im Druck herauszugeben; so hoffte er den wahren Kern des Christentums wieder aufzudecken, den – nach der Auffassung der Kirchenreformer wie der Humanisten – die Jahrhunderte mit Zusätzen und Dogmen zugedeckt und verborgen hatten.

In letzter Minute verdunkelte ein böser Schatten die Erinnerung an den ersten Besuch Englands. Als Erasmus in Dover die Zollkontrolle passierte, konfiszierten die Zöllner sein ganzes, ihm von englischen Freunden mitgegebenes Geld, ungefähr zwanzig Pfund Sterling. Die Ausfuhr von Gold und Silber war nämlich verboten; aber More, damals noch kein großer Jurist, hatte Erasmus irrtümlicherweise gesagt, daß sich das Verbot nur auf englische Münzen beziehe, weshalb dieser seine Barschaft in französisches Geld umgewechselt hatte. Weder sein gebrochenes Englisch noch sein elegantes Latein vermochten die in Dover praktizierte habgierige Orthodoxie des Gesetzes zu erweichen, so daß er sich beinahe mittellos nach Frankreich einschiffen mußte. «Ich erlitt Schiffbruch, noch bevor ich auf See war», klagte er.

## II. DER PERIPATETIKER

In Paris, wo Erasmus einige Monate Station machte, veröffentlichte er sein erstes bedeutendes Werk, *Collectanea adagiorum*, eine Sammlung von 818 Adagia oder sprichwörtlichen Wendungen vornehmlich antiker Autoren. Die Wiedererweckung der Antike hatte als eine Nebenerscheinung die Sucht zur Folge, die eigene Meinung durch einen Happen aus einem griechischen oder lateinischen Autor zu bekräftigen; in Montaignes *Essais* und in Burtons *Anatomie der Melancholie* finden wir diese Methode bis zum Exzeß gesteigert; in England gehörten klassische Zitate bis ins achtzehnte Jahrhundert zum festen Bestandteil der Rhetorik. Erasmus versah jedes Adagium mit einem kurzen Kommentar, zumeist auf zeitgenössische Zustände und Probleme gemünzt und mit Ironie gewürzt, so etwa, wenn er bemerkte: «Nach der Heiligen Schrift sollen die Priester die Sünden des Volkes verschlingen; sie finden sie aber so schwer zu verdauen, daß sie den besten Wein haben müssen, um sie hinunterzuspülen.» Das Buch, das sich für Schriftsteller und Redner als eine wahre Fundgrube erwies, verkaufte sich so gut, daß Erasmus ein volles Jahr ohne fremde Hilfe leben konnte. Erzbischof Warham, der es trotz aller Sticheleien gegen den Klerus genoß, ließ dem Autor ein Geldgeschenk zukommen und bot ihm eine englische Pfründe an; doch wollte Erasmus den Kontinent nicht mit einer Insel vertauschen. In den nächsten acht Jahren veröffentlichte er mehrere revidierte Ausgaben der *Adagia* und erweiterte sie allmählich auf 3260 Zitate. Zu seinen Lebzeiten erschienen sechzig Auflagen, darunter englische, französische, italienische, deutsche und holländische Ausgaben: alles in allem ein Bestseller jener Zeit.

Die Einkünfte und sein Tisch blieben trotzdem mager. In seiner Geldnot wandte er sich brieflich an seinen Freund Johann Batt, Hauslehrer bei Anna von Burgund (12. Dezember 1500):

«Du wirst zeigen, wie ich durch meine Wissenschaft der gnädigen Frau mehr Ehre machen werde als andere Theologen, die sie unterstützt. Denn die reden Alltägliches, ich schreibe Unvergängliches. Jene dummen Schwätzer hört man an der einen oder anderen Stätte; meine Bücher werden von Lateinern, Griechen, von allen Völkern auf der ganzen Erde gelesen werden. Von solchen dummen Theologen gibt es überall eine ganze Masse, einer meinesgleichen findet sich kaum seit vielen Jahrhunderten – so wirst Du sagen, falls Du nicht so abergläubisch bist, daß Du Dir ein Gewissen daraus machst, in Freundessachen ein bißchen mit kleinen Lügen Mißbrauch zu treiben.»[3]

Als dieser Versuch nicht verfing, mutete er im Januar Batt zu, der Dame zu sagen, er, Erasmus, verliere das Augenlicht, «und wenn ich bitten darf, sende mir vier oder fünf von deinen eigenen Goldstücken, damit ich nicht zu darben brauche. Du wirst sie aus den Mitteln der gnädigen Frau wieder zurückerhalten.» Batt ging jedoch nicht in die Falle, weshalb Erasmus schließlich direkt an die Dame schrieb, sie mit den größten Heroinen der Geschichte und den schönsten Konkubinen Salomos verglich und ihr ewigen Ruhm voraussagte. Dieser größten aller Schmeicheleien vermochte sie nicht zu widerstehen; sie sandte ein beträchtliches Geldgeschenk, und Erasmus konnte wieder sehen. Da das Verlagswesen jener Zeit noch nicht so fundiert war, daß Autoren –

und wenn sie noch so viel gelesen wurden – von ihren Bucheinkünften leben konnten, fand man nichts Anstößiges daran, wenn sich Schriftsteller auf Gönner verließen. Erasmus hätte Pfründen, Bistümer, ja in späteren Jahren sogar den Kardinalshut haben können; er nahm keines dieser Angebote an, weil er als «freier» Schriftsteller seine intellektuelle Unabhängigkeit wahren wollte. Er wollte lieber in Ungebundenheit betteln als in Ketten verdorren.

1502 übersiedelte er, vor der Pest fliehend, nach Löwen. Der Rektor der Universität, Adrian von Utrecht, bot ihm eine Professur an, Erasmus lehnte sie ab. Wieder nach Paris zurückkehrend, machte er sich daran, von seiner Feder zu leben – einer der ersten Versuche in neuerer Zeit, sich auf dieses tollkühne Wagnis einzulassen –, und übersetzte Ciceros *De officiis*, Euripides' *Hekuba* und Lukians *Dialoge*. Dieser heitere Skeptiker hat das Denken und den Stil des Erasmus zweifellos mitgeformt, denn 1504 schrieb er an seinen Freund:

«Unsterblicher Gott! Mit welcher Verschmitztheit, welchem Humor verspottet unser Lukian alles, wie hochnäsig begegnet er allem, wie würzt er alles mit wundersam beißendem Spott; nichts läßt er vorüberziehen, ohne es irgendwie zu treffen; besonders feindselig gesinnt ist er den Philosophen, unter diesen wiederum besonders den Pythagoreern und Platonikern wegen ihres Blendwerks, den Stoikern aber wegen ihrer unerträglichen Arroganz ... Mit gleicher Freiheit verspottet und verunglimpft er auch die Götter, was ihm den Beinamen des Gottlosen einbrachte, ein blendender Name fürwahr, da er ihm ja zugedacht ward von den wahren Gottlosen und Abergläubigen.»[4]

Als sich Erasmus zum zweitenmal in England aufhielt (1505/06), begleitete er Colet zum Schrein des heiligen Thomas Becket (1118–1170) in Canterbury, worüber er später in seinen *Colloquien* berichtete. Wir erfahren, wie «Gratian» (Colet) den sie führenden Mönch mit der Bemerkung kränkte, daß ein Teil des in der Kathedrale angehäuften Reichtums viel Armut in Canterbury zu mildern vermöchte, wie ihnen der Mönch Milch zeigte, die wirklich und wahrhaftig von Marias Brust herstamme, wie sie «einen erstaunlichen Haufen von Knochen» andächtig küssen mußten, wie Gratian davor zurückscheute, seine Lippen auf einen alten Schuh zu drücken, den Becket getragen haben sollte, und wie ihr Führer Gratian als krönende Gunst und heiliges Andenken ein Tuch anbot, womit der Heilige seine Stirn getrocknet und die Nase geschneuzt haben sollte, was man an dem Tuch noch habe sehen können, so daß Gratian eine Grimasse schnitt und rebellierte. Die Humanitas beklagend, kehrten die beiden Humanisten nach London zurück.

Dort lächelte jetzt Erasmus Fortuna. Der Leibarzt Heinrichs VII. stand im Begriff, seine zwei Söhne nach Italien zu schicken, und bat Erasmus, sie als Reiseleiter und Respektsperson zu begleiten. Dieser nahm an und blieb mit seinen Schutzbefohlenen ein volles Jahr in Bologna, wo er sich auf die Bücherschätze der Bibliotheken stürzte und seinen Ruf als Gelehrter, Lateiner und witziger Geist von Tag zu Tag verstärkte. In Bologna vertauschte er das Ordenskleid der Augustinerkanoniker – schwarzer Rock und Mantel, schwarzes Mönchskäppchen und weiße, meist über dem Arm getragene Kapuze – mit der weniger auffälligen Kleidung eines Weltgeistlichen (1506) und behauptete, Papst Julius II., der sich gerade als Eroberer in Bologna aufhielt, habe ihn dazu ermächtigt. Aus uns unbekannten Gründen ging er 1506 nach England zurück, wo er in Cambridge griechische Vorlesungen hielt. 1508 finden wir ihn wieder in Italien, mit der Vorbereitung einer erweiterten Ausgabe seiner *Adagia* für Aldus Manutius in Venedig beschäftigt. In Rom, wohin er sich 1509 begab, begeisterte ihn die leichte Lebensart, das elegante Auftreten und die kultivierte Geistigkeit der Kardinäle; die Einbrüche heidnischer Strömungen in die Kapitale der Christenheit schienen ihm ebenso amüsant, wie sie Luther, der im Jahr zuvor in Rom gewesen war, entsetzt hatten. Dagegen fühlte er sich von dem kriegerischen Geist, dem Fanatismus und dem politischen Ehrgeiz Julius' II. abgestoßen; in diesem Punkt stimmte er ganz mit Luther überein; aber auch mit den Kardinälen, denen die häufige Abwesenheit des energischen Pontifex sehr zusagte, befand er sich in Übereinstimmung. Sie wiederum nahmen ihn mit Wärme in ihrem Kreise auf und versprachen ihm eine einträgliche Pfründe, um ihn an Rom zu binden.

Schon stand er im Begriff, sich in die Ewige Stadt zu verlieben, als ihn Mountjoys Mitteilung erreichte, daß Heinrich VII. gestorben und der große Gönner der Humanisten als Heinrich VIII. König geworden sei. Falls Erasmus nach England zurückkehre, werde er alle Türen und Protektionen offen finden. Zu allem Überfluß traf ein höchstpersönlicher Brief Heinrichs VIII. ein:

«Unsere Bekanntschaft begann, als ich noch ein Knabe war. Die Hochachtung, die ich damals für Euch empfand, hat seither noch zugenommen, habt Ihr doch in Euren Schriften meine Person ehrenvoll erwähnt und mit Eueren Gaben die christliche Wahrheit gefördert. Bis jetzt habt Ihr Eure Sorgen allein getragen; gebt mir jetzt das Vergnügen, Euch beizustehen und Euch, soweit meine Macht reicht, unter meinen Schutz zu nehmen ... Euer Wohlergehen liegt uns allen am Herzen ... Gebt deshalb alle Gedanken auf, Euch anderswo niederzulassen. Kommt nach England und überzeugt Euch von unserem herzlichen Willkomm. Ihr sollt Eure Bedingungen selbst nennen; sie sollen so freigebig und ehrenvoll sein, wie es Euch beliebt. Wie ich mich erinnere, sagtet Ihr einmal, Ihr würdet, wenn Ihr des Wanderns müde sein werdet, unser Land zur Heimat Eures Alters machen. Ich beschwöre Euch, bei allem, was heilig und teuer ist, dieses Versprechen zu halten. Der Wert Eurer Kenntnisse und Eures Rats ist uns bekannt. Wir werden Eure Anwesenheit unter uns als das kostbarste Gut preisen, das wir haben ... Ihr werdet Eure Zeit für Euch selbst verwenden wollen; wir werden nichts von Euch verlangen, als daß Ihr unser Reich zu Eurem Heim macht ... Kommt deshalb zu mir, mein teurer Erasmus, und laßt Eure Anwesenheit die Antwort auf meine Einladung sein.»[5]

Wie hätte Erasmus eine so hochherzige und liebenswürdige Einladung ablehnen können? Selbst wenn Rom ihn zum Kardinal machte, würde seine Zunge gebunden sein; in England konnte er unter dem Schutz eines mächtigen Königs und von einflußreichen Freunden umgeben viel freier schreiben und sich trotzdem in Sicherheit fühlen. Schweren Herzens verabschiedete er sich von Roms Humanisten, von den großen Palästen und Bibliotheken und all den Kardinälen, deren Gunst er erfahren hatte. Abermals überstieg er die Alpen und reiste über Paris nach England.

## III. DER SATIRIKER

In den fünf Jahren, die Erasmus diesmal in England blieb, würdigte ihn Heinrich kaum mehr als eines flüchtigen Grußes. War der König zu sehr von seinen Händeln mit dem Ausland oder von häuslichen Angelegenheiten in Anspruch genommen? Erasmus wartete zähneknirschend. Mountjoy half mit einem Geschenk aus; Warham übertrug ihm die Einkünfte einer Pfarrei in Kent, und John Fisher, Bischof von Rochester und Kanzler der Universität Cambridge, übertrug ihm den mit einem Jahresgehalt von 13 Pfund dotierten Lehrstuhl für Griechisch. Um sich wenigstens einen Diener und ein Pferd leisten zu können, widmete Erasmus seine Publikationen den Freunden, die aber stets unzureichend reagierten.

Im ersten Jahr dieses dritten Englandaufenthalts entstand im Heim Thomas Mores in sieben Tagen Erasmus' berühmtestes Buch: *Das Lob der Torheit*. Der latinisierte griechische Titel *Encomium Moriae* spielte auf den Namen seines Gastgebers More an, bedeutet doch das griechische *moros* Tor und *moria* Torheit. Zwei Jahre später ließ Erasmus das Manuskript in Paris, wohin er zu diesem Zweck reiste, drucken (1511). *Das Lob der Torheit* erlebte noch zu des Verfassers Lebzeiten vierzig Auflagen; es gab ein Dutzend Übersetzungen; Rabelais verschlang es, und Milton fand es noch 1632 in Cambridge «in jedermanns Hand».

Unter *moria* verstand Erasmus nicht nur Torheit, Beschränktheit, Dummheit, Schwachsinn, sondern auch ungebrochene Lebensfreude, ungebremste Tatkraft und kindliche Harmlosigkeit, im Gegensatz zu Verstand, Scharfsinn und Klugheit. Die menschliche Rasse verdanke, so wird uns gesagt, ihr Dasein überhaupt nur der Torheit, denn was wäre so närrisch wie des Mannes wahllose Verfolgung des Weibes, seine fieberhafte Idealisierung ihres Fleisches, sein tierisches Verlangen nach Kopulation? Welcher Mann mit einem Lot Vernunft würde für dieses Vergnügen mit der lebenslangen Fessel der Monogamie, welche denkende Frau mit den Beschwerden und Schmerzen der Mutterschaft bezahlen? Ist es nicht absurd, daß die Menschheit das zufällige Nebenprodukt dieser gegenseitigen Anziehung sein soll? Wenn Männer und Frauen nur einmal nachdenken wollten, wäre alles verloren.

Hieraus ergibt sich die Notwendigkeit der Torheit und die Torheit der Weisheit. Gäbe es Tapferkeit, wenn die Vernunft herrschte? Gäbe es Glück – oder hat der Prediger Salomo recht, der sagt: «Wo viel Weisheit ist, da ist viel Grämens; und wer viel lernt, der muß viel leiden»? Wäre jemand glücklich, wenn er die Zukunft kennte? Glücklicherweise sind die Naturwissenschaften ebenso wie die Philosophie Versager; das Volk ignoriert sie, und so erwächst der lebenswichtigen Unwissenheit der Rasse kein Schaden. «Die Astronomen phantasieren ..., wenn sie ihre zahllosen Welten bauen, wenn sie Sonne, Mond und Sterne mitsamt den Sphären auf Daumenbreite oder Fadendicke ausmessen ..., und dabei macht sich die Natur über sie samt ihren Mutmaßungen von Herzen lustig.»[6] Die Philosophen treiben Konfusion mit dem Konfusen und verdunkeln das Obskure; sie verschwenden Zeit und Geist an logische und metaphysische Spitzfindigkeiten und erzielen nichts als Wind; es wäre vernünftiger, sie statt unserer Landsknechte gegen die Türken zu schicken, die sich vor solch schwülstigem Unsinn entsetzt zurückziehen würden. Die Ärzte sind nicht besser: «Die Heilkunst ist eben, zumal wie sie jetzt im Schwange, nichts als ein Scharwenzeln, genau so wie die Schönrednerei.» Von den Theologen heißt es:

«Die heiligen Geheimnisse erklären sie frei aus dem Kopfe: sie wissen genau, wie die Welt erschaffen und eingerichtet, durch welche Kanäle das Gift der Erbsünde in die Kinder Adams geflossen, wie, in welcher Größe und wie schnell Christus im Leibe der Jungfrau gereift ist und wie in der Hostie die Gestalten von Brot und Wein auch ohne Substanz leben ... über die Art, wie derselbe Leib verschiedenerorts zugleich sein kann, über den Unterschied in der Existenz des Leibes Christi im Himmel, am Kreuz und in der Hostie.»[7]

Nicht weniger absurd ist all der Mumpitz, der unter der Maske von Wundertaten herumgeboten wird: Visionen, Heilung bringende Heiligtümer, Teufelsbeschwörungen und «ähnlicher abergläubischer Klimbim»:

«Es wimmelt nämlich von Albernheiten dieser Art im Leben des Christenvolkes, und die Priester dulden sie ohne Bedenken und züchten sie, weil sie wohl wissen, welch hübsches Geschäftchen man damit macht ... Und andere erst! Die bauen auf vermeintlichen Ablaß ihrer Sünden und fühlen sich dabei schon im Himmel; die Dauer des Fegfeuers berechnen sie wie mit der Uhr auf Jahrzehnt, Jahr, Monat, Tag und Stunde genau, wie nach der Rechentabelle, fehlerlos. Andere zählen auf gewisse zauberkräftige Zeichen und Sprüchlein, die ein frommer Betrüger zu seiner Belustigung oder zum Erwerb ersonnen hat, und versprechen sich davon unendlichen Segen: Reichtum, Ehren, Freuden der Liebe und der Tafel, unverwüstliche Gesundheit, langes Leben, jugendfrisches Alter und am Ende im Himmel den nächsten Platz neben Christus.»[8]

Und weiter geht die Satire auf Kosten der Mönche, Inquisitoren, Kardinäle und Päpste. Die Mönche belästigen das Volk mit ihrer Bettelei und glauben, mit ihrem einschläfernden Psalmodieren den Himmel belagern und stürmen zu können. Die Weltgeistlichen hungern und dürsten nach Geld: «Hei, wie tapfer wehren sie sich für ihren Zehnten!» Alle Spielarten der Geistlichkeit und Stufen der Hierarchie loben die Verbrennung von Hexen und Zauberern. Die Päpste haben jede Ähnlichkeit mit den Aposteln verloren, trachten sie doch nach «Geld, Ehre, Macht und Herrlichkeit ... Interdiktionen, Suspensionen», letztwilligen Vermächtnissen, weltlicher Diplomatie und blutigem Krieg. Wie könnte eine solche Kirche existieren, wenn es die Torheit nicht gäbe und die Menschheit weniger simpel und leichtgläubig wäre?

Das *Lob der Torheit* brachte die Theologen in eine verständliche Wut. «Erstlich sollst du daher wissen», schrieb Martin Dropsius an Erasmus, «daß deine *Moria* einen wahren Aufruhr verursacht hat, selbst unter denen, die dir sonst sehr gewogen sind.» Dennoch war die Satire dieses heiteren Spiels noch mild, wenn wir sie mit dem Sarkasmus von Erasmus' nächstem Ausfall vergleichen. Im dritten und letzten Jahr seiner Cambridger Lehrtätigkeit starb Julius II. (1513). 1514 erschien in Paris ein Dialog unter dem Titel *Iulius exclusus*. Erasmus machte jeden Versuch, seine Urheberschaft zu verschleiern, wenn er sie auch nicht gerade ausdrücklich ableugnete; jedoch zirkulierte das Manuskript unter seinen Freunden, und Morus hat es unbedachterweise unter Erasmus' Schriften eingereiht. Es sei hier als ein extremes Beispiel der Erasmischen Satire wiedergegeben. Der streitbare Papst sieht sich nach seinem Tod an der Himmelspforte von einem verständnislosen Petrus aufgehalten:

«*Papst Julius II.* Ei zum Henker, was ist denn das? Ich kann ja die Tür nicht aufschließen. Was gilt's, man hat das Schloß verändert, oder gar verdorben! ... Die Galle verzehrt mich. Ich will pochen. Holla! Holla! Sogleich öffne jemand die Tür! – Was soll das bedeuten! Kömmt niemand? Was zaudert denn der Pförtner so lange? Ich glaube, er schnarcht, und hat sich weidlich vollgetrunken.

*Petrus.* Gut, daß wir eine diamantene Pforte haben! Sonst hätte der Lärmmacher draußen sie schon eingestoßen. Es muß irgendein Riese, oder ein stadt- und land-verwüstender Satrape sein. Doch Gott im Himmel, was rieche ich da für Unflat? Ich will die Tür nicht gleich öffnen, sondern hier durch das Gitterfenster sehen, was es für ein Untier ist. Wer bist du oder was willst du?

*Julius.* Öffne, so hurtig du kannst, die Tür! Hättest du deine Schuldigkeit tun wollen, so wärst du mir mit dem ganzen himmlischen Hofstaate entgegengekommen.

*P.* Ziemlich gebieterisch! Aber sage mir zuvor, wer du bist!

*J.* Als ob du es nicht selbst sähest!

*P.* Sähest? Ich sehe freilich eine neue, bisher noch nie gesehene Karikatur. Ein anderer würde sie einen Unhold nennen.

*J.* Du erkennest doch wohl, wenn du nicht ganz blind bist, diesen silbernen Schlüssel, wenn du auch nicht weißt, was du aus der goldenen Eiche [: im Familienwappen des Julius!] machen sollst, und siehst hoffentlich die dreifache Krone, und den Mantel, der um und um von Edelsteinen und Gold schimmert.

*P.* Den silbernen Schlüssel erkenne ich zwar so ziemlich, aber weiter auch nichts, und auch der gleicht denjenigen nicht sehr, die mir einst jener wahre Hirt der Kirche, Christus, gegeben hat. Wie, um aller Welt willen, sollte mir nun erst diese stolze Krone bekannt sein, dergleichen nicht einmal ein barbarischer König je zu tragen sich unterfing, vielweniger jemand, der hier hereingelassen werden will. Und was könnte vollends dieser Mantel auf mich für eine Wirkung machen, der ich Edelsteine und Gold wie verächtlichen Schutt mit Füßen getreten? Doch was sehe ich? Ich entdecke hin und wieder auf dem Schlüssel, auf der Krone und auf dem Mantel Kennzeichen des ruchlosesten Unterhändlers und Betrügers, der zwar meinen Vornamen führt, aber nicht von meinem Institute ist; Kennzeichen eines Simon, den ich vormals durch den Beistand Christi herabgestürzt habe.

*J.* Packe dich mit diesen Possen, wenn du klug bist; denn wisse, ich bin jener berühmte Julius aus Ligurien, und die zwei Buchstaben P.M. wirst du hoffentlich auch kennen, wenn du anders das Abc gelernt hast.

*P.* Sie bedeuten, glaube ich, Pestis Maxima ...

*J.* Pontifex Maximus bedeuten sie.

*P.* Sei meinetwegen dreimal groß, und größer als Mercurius Trismegistus! Hier wirst du nicht aufgenommen, wenn du nicht der beste bist; denn das heißt heilig.

*J.* O wenn es darauf ankömmt, heilig zu heißen, so bist du um so unverschämter, daß du zu zögerst, mir die Tür zu öffnen, da man dich durch so viele Jahrhunderte nur den Heiligen, mich aber nie anders, als den Heiligsten genannt hat. Zum Beweise sind sechstausend Bullen vorhanden ...

*P.* ... du glaubst, es sei Eines, heilig genannt werden oder es sein ... Die wahre Sprache eines Heiligen? Zwar wenn ich dich vom Fuße bis zum Kopfe betrachte, so entdecke ich an dir wohl Merkmale der Gottlosigkeit, nicht aber der Heiligkeit. ... Wie abenteuerlich ist es, daß du, der du äußerlich als Hoherpriester gekleidet bist, zugleich von innen von blutigen, Schauder erregenden Waffen strotzest! Überdies, welch ein trotziger Blick, welche verwegene Mine, welche drohende Stirne, welche emporstehenden und stolzen Augenbrauen! Es ist dein ganzer

Körper mit den Merkmalen der widernatürlichsten und abscheulichsten Laster befleckt; nicht zu gedenken, daß du noch ganz betrunken vor mir erscheinest ... durch Völlerei entkräftet ... Ich sehe zwar, daß du mir schon lange mit deinem Blicke drohest: doch das hindert mich nicht, dir zu sagen, was ich denke. Es deucht mich, daß jener ruchlose heidnische Julius verlarvt aus der Hölle zurückgekehrt sei, um meiner zu spotten: so sehr hast du alles mit ihm gemein ...

*J.* Ich bin der Worte satt. Gehorche unverzüglich, oder ich werde jenen Bannstrahl, womit ich einst Könige und Königreiche erschreckte, auch gegen dich schleudern! Du siehst, die Bulle dazu ist schon bereitet.

*P.* ... Du dräuest mir mit dem Donnerkeile der Exkommunikation? Sage mir doch, wenn ich bitten darf, mit welchem Rechte?

*J.* Mit allem möglichen, da du bloß vom Privatstande, und nicht mehr bist, als jeder gemeine Priester, ja nicht einmal soviel, da du nicht konsekrieren kannst. ... so mache einmal auf, sage ich.

*P.* Wenn du keine Verdienste anführen kannst, so richtest du, wie gesagt, nichts aus.

*J.* Was für Verdienste?

*P.* Du sollst es sogleich hören. Zeichnetest du dich vor anderen durch Kenntnisse in der Religionslehre aus?

*J.* Das nicht! Dazu hatte ich bei meinen vielen kriegerischen Beschäftigungen nicht Zeit. Es gibt ja Mönche genug, wenn hieran so viel gelegen ist.

*P.* So hast du vielleicht durch einen heiligen Lebenswandel Christo viele Seelen gewonnen? – Bist du durch Wunder berühmt gewesen?

*J.* Ammenmärchen, an die unsere Voreltern kaum mehr glaubten.

*P.* Hast du fleißig und mit reinem Herzen gebetet?

*J.* Wiewohl es Herabwürdigung ist, wenn jener einst unüberwindliche Julius jetzt einem Petrus nachgeben soll, einem Petrus, der, um nichts Härteres zu sagen, ein Fischer, beinahe ein Bettler ist, so will ich dir doch in kurzen Worten meine Geschichte erzählen, damit du siehest, was für einem großen Fürsten du verächtlich begegnest. Erstlich bin ich ein Ligurier, und kein Jude, wie du ... Ferner bin ich ein Neffe des Sixtus [: IV. !], der wirklich der größte unter den Päpsten war ... Durch seine vorzügliche Gunst und meine Geschicklichkeit bin ich anfangs zu geistlichen Pfründen, nachher stufenweise zum Gipfel der Kardinalswürde erhoben worden. Sodann ward ich durch verschiedene Stürme des Schicksals hin und her geworfen. Ich wurde ... am ganzen Körper mit der Lustseuche behaftet, wurde noch über alles dies des Landes verwiesen, von jedermann gehaßt, verworfen, verachtet ... Nur ich gab nie die Hoffnung zum Papsttum auf. ... Ich kam durch, ... teils mit Hülfe der Franzosen, die sich meiner annahmen, teils durch die ungeheueren Geldsummen, die ich mit zwar nicht ohne großen Wucher ... erworben hatte ... Ich verhieß geistliche Würden durch Verträge, und fand durch List Bürgen; Crassus selbst hätte so große Geldsummen nicht bar aufzählen können. Doch was erzähle ich dir fruchtlos von einer Sache, die nicht einmal alle Wechsler verstehen? Nun weißt du, wie ich zum Papsttume gelangt bin: jetzt höre auch mein Verhalten während desselben. Dieses war also bestellt, daß Christus und die Kirche keinem ... auch nicht einmal der neueren [Päpste] so viel zu verdanken hat, als mir.

*P.* Ich bin neugierig, wo du hinaus willst.

*J.* Ich habe nämlich durch Erfindung vieler neuer Sporteln, wie man es nennt, die Einkünfte der päpstlichen Kassa nicht wenig vermehrt und eine Art angegeben, wie man ohne Simonie Bistümer kaufen kann ... Sodann zog ich aus der neuen Münze, womit ich ganz Italien überschwemmte, einen nicht geringen Nutzen, und ließ nie ab, Geld zu sammeln, weil ich wußte, daß sich nichts ohne Geld, weder in geistlichen, noch in weltlichen Dingen, zustande bringen läßt. Um aber auf etwas Wichtigeres zu kommen: ich brachte Bononien an den Römischen Stuhl zurück, trieb die bisher unüberwindlichen Venezianer zu Paaren. Ich verjagte zuletzt die Franzosen, die dazumal der ganzen Welt fürchterlich waren, aus ganz Italien ... Über alles dieses hinterließ ich, obschon ich ein so großes Kriegsheer auf den Beinen hielt, so viele der herrlichsten Triumphe feierte, so viele Spiele gab, so viele Gebäude aufführte, dennoch bei meinem Tode fünfmal hunderttausend Dukaten ...

*P.* Aber sage mir, war Bononien vom Glauben abgefallen, daß es zum Römischen Stuhle mußte zurückgebracht werden?

*J.* Weil... von allem dem unzähligen Gelde... fast kaum einige Tausend an unseren Fiskus kamen...

*P.* Das ist freilich ein großer Verlust für einen Wucherer. Was tat dir denn der Herzog von Ferrara?

*J.* Dieser? Das war der undankbarste Mensch von der Welt; ... so vermessen, mir immer Simonie, Knabenliebe und Jähzorn vorzuwerfen. ... Folglich trachtete ich, ihn hinauszujagen, um nachher meinen Verwandten damit zu beschenken, der ein tapferer und für das Ansehen der Kirche alles unternehmender Mann war, wie er denn unlängst den Kardinal von Pavia mir zuliebe mit eigener Hand erstach; denn er für sich selbst ist als Gatte meiner Tochter mit seinem Schicksale zufrieden.

*P.* Was höre ich? Die Päpste haben also Weiber und Kinder?

*J.* Eigene Weiber haben sie zwar nicht; daß sie aber Kinder haben, was ist denn daran so wunderbar, da sie Männer und nicht Verschnittene sind? ...

*P.* Aber aus welcher Ursache entstand denn jene schismatische Kirchenversammlung? ... Warst du denn aber so beschaffen, wie sie vorgaben?

*J.* Was tut das zur Sache? ...

*P.* ... sage mir, kann denn ein lasterhafter, schandvoller Papst schlechterdings nicht abgesetzt werden?

*J.* Eine lächerliche Frage! Von wem soll denn der abgesetzt werden, der keinen über sich hat? ... Wenn doch ja der römische Papst zurechtgewiesen werden soll, so muß es durch eine Kirchenversammlung geschehen. Eine Kirchenversammlung kann aber ohne Einwilligung des Papstes nicht zusammenberufen werden. ... Auch kann er wegen keiner Art von Verbrechen des Priestertums beraubt werden.

*P.* Auch nicht wegen eines Totschlags?

*J.* Nicht einmal wegen eines Vatermordes.

*P.* Auch nicht wegen Unzucht?

*J.* Possen! Nicht einmal einer Blutschande wegen.

*P.* Nicht wegen des Lasters der Simonie?

*J.* Nein, und wenn er es auch sechshundertmal ausübte.

*P.* Nicht wegen Giftmischerei?

*J.* Nicht einmal wegen eines Kirchenraubs.

*P.* Auch wegen einer Gotteslästerung nicht?

*J.* Nein, sage ich.

*P.* Auch dann nicht, wenn alle diese Laster bei ihm gleichsam wie in einer Senkgrube voll Unflat zusammenfließen?

*J.* Nenne, wenn du willst, noch tausend Arten von Verbrechen, welche noch schändlicher als diese sind, so kann doch ein römischer Papst ihretwegen nicht abgesetzt werden.

*P.* Du entdeckest mir in der Tat einen ganz unerhörten Vorzug des römischen Papstes, wenn es ihm allein erlaubt ist, ungestraft der Lasterhafteste zu sein, und verkündigest mir ein noch unerhörtes Unglück der Kirche, wenn sie solch ein Ungeheuer auf keine Weise ausrotten kann, und gezwungen ist, jemanden als Papst zu verehren, den kein Mensch als Knecht dulden würde... Indessen sollte man einem solchen Papste ... nicht wohl eine allgemeine Kirchenversammlung auf den Hals wünschen, als vielmehr einen mit Steinen versehenen Pöbel, der dieser Pest der Stadt vor aller Augen ein Ende machte ... Wenn Satan, der Urheber aller Übel, einen Statthalter für sich bestellen wollte, wen könnte er mit mehr Recht wählen, als einen deinesgleichen? Sage mir nur, in welchem Stücke du als apostolischer Mann gehandelt hast!

*J.* Was ist apostolischer, als die Kirche Christi größer und ansehnlicher machen? ...

*P.* ... Aber wodurch hast du denn die Kirche vermehrt? ...

*J.* Königliche Paläste, prächtige Pferde und Maultiere, häufiges Gefolge, trefflich geübte Mannschaft, ausgesuchte Leibwache ...

*P.* Aber sage mir doch, wer hat zuerst mit diesen Zierden die Kirche, die nach Christi Willen so rein und unbebürdet sein sollte, verunreinigt und beschwert? ...

*J.* Du träumst vermutlich noch von jener alten Kirche, in welcher du mit etlichen hungrigen Bischöfen einen wahrhaft armseligen Papst spieltest, der Armut, Schweiß, Gefahren und tausend Ungemächlichkeiten erdulden mußte. Seit dieser Zeit ist alles besser geworden ... Wenn du jetzt so viele mit königlicher Pracht aufgeführte Kirchengebäude ..., so viele Bischöfe, die ... den mächtigsten Königen gleich sind, ... so viele in Purpur gekleidete Kardinäle mit Legionen von Bedienten zur Seite, ... so viele mit Purpur, Gold und Perlen geschmückte Maultiere sähest, deren einige sogar vergoldete und versilberte Hufe haben; wenn du sodann den Papst in einem erhabenen goldenen Sessel, von Soldaten auf den Schultern getragen, und das ganze Volk, wenn er die Hände bewegt, rings umher auf die Knie fallen sähest; wenn du den Donner der Kanonen, den Schall der Trompeten, den Klang der Waldhörner, ... das Klatschen und den Zuruf des Volkes hörtest; wenn du sähest, wie alles mit Fackeln beleuchtet ist, wie die höchsten Fürsten kaum zum Kusse der heiligsten Füße gelassen werden; ... wenn du, sage ich, dieses alles hörtest und sähest, was würdest du dann sagen? ...

*P.* ... Unverschämter! ... Dich machten Geld, Menschengunst und Betrug zum Papste ... Ich predigte Christentum zuerst dem ehemaligen heidnischen Rom, du zeichnest dich als Lehrer einer Art von christlichem Heidentum aus ... Mein vormaliger Amtsbruder Paulus [spricht], wenn er seine Taten rühmt, nicht von Städten, die er durch Waffen eroberte, nicht von Legionen, die durch sein Schwert fielen, ... sondern von Schiffbrüchen, Banden, Geißelstreichen, Gefahren und Fallstricken. Hierin besteht der echt apostolische Triumph: dies ist der Ruhm eines christlichen Oberhaupts. Er rühmt sich derjenigen, die er der Ruchlosigkeit entriß, nicht aber des zu Tausenden zusammengescharrten Geldes ...

*J.* Das ist in der Tat eine Neuigkeit für mich.

*P.* Ich will es glauben, denn wie hättest du Muße gehabt, das Evangelium durchzublättern, und des Paulus und meine Briefe zu lesen, da du mit so vielen Gesandtschaften, Bündnissen, Unterhandlungen, Kriegsheeren und Triumphen beschäftigt warest! ... Sage mir doch, ist zwischen dir und einem türkischen Heerführer ein anderer Unterschied, als daß du den Namen Christi zum Deckmantel nimmst? Deine Denkart ist gewiß nicht besser, und dein Lebenswandel nicht minder unflätig, ja du bist vielmehr für die Welt ein noch gemeinschädlicheres Übel ...

*J.* Kurz, willst du mir die Himmelspforte öffnen oder nicht?

*P.* Jedem eher als solch einem Scheusal ...

*J.* Schon gut! Ich werde tun, was meiner würdig ist. Ich warte noch einige Monate, und wenn ich meine Mannschaft vermehrt habe, jage ich euch mit Gewalt von hier hinab, falls ihr euch nicht ergebt. Denn ich zweifle nicht, daß in kurzem durch Kriegsniederlagen wenigstens sechzigtausend Mann hier ankommen werden.

*P.* Welch ein Ungeheuer, o bedauernswürdige Kirche! ... Jetzt wundere ich mich in der Tat nicht mehr, daß so wenige hieher kommen, da ein solches Ungeheuer an dem Steuerruder der Kirche sitzt; denn daß das Volk, wenn dies nicht der Fall wäre, leicht zu bessern sein würde, läßt sich schon daraus schließen, daß es bloß wegen des päpstlichen Titels ein so schändliches Untier in Ehren hält.»[9]

Das Ganze ist natürlich von krasser Einseitigkeit. Ein solch heilloser Schurke wie der hier geschilderte hätte Italien nie von der Fremdherrschaft befreien oder den alten St. Peter durch den neuen Dom ersetzen können; ihm wäre es nicht gegeben gewesen, Michelangelo und Raffael zu entdecken und anzuleiten, die christliche und die antike

Kultur in den Stanzen des Vatikans zu verschmelzen und Raffaels Meisterhand jenes gedankenträchtige und sorgenschwere Antlitz darzubieten, das heute als unvergleichliches Julius-Porträt in den Uffizien hängt. Wer war denn dieser Erasmus, dieser arme Teufel, der die Priester zu apostolischer Armut ermahnte und selbst seine Freunde um Geld anging? Daß ein Priester eine so schonungslose Anklage gegen einen Papst zu Papier bringen konnte, enthüllt so recht die rebellische Stimmung der Zeit. 1518 – im zweiten Jahre Luthers – schrieb Peter Gillis aus Antwerpen an Erasmus: «Der *Iulius exclusus* wird hier allenthalben verkauft. Keiner unterläßt es, ihn zu kaufen, jedermann führt ihn im Mund.» Kein Wunder, daß die Reformatoren Erasmus später vorwarfen, die Sturmglocke der Revolution angeschlagen zu haben und dann geflohen zu sein.

1514 schreckte ein weiteres Produkt aus Erasmus' Feder das geistige Westeuropa aus seiner Ruhe auf. Schon seit 1497 hatte er zwanglose Dialoge verfaßt, angeblich als lateinische Stil- und Redeübungen, ganz nebenbei aber auch als Diskussionsbeitrag zu zahlreichen aus dem Leben gegriffenen Themen, die Schüler unfehlbar aus ihrem täglichen Schlummer reißen mußten. Mit seiner Genehmigung veröffentlichte sein Freund Beatus Rhenanus eine Anzahl davon als «*Familiarium colloquiarum formulae – Vorbilder intimer Unterhaltungen* von Erasmus von Rotterdam, für Knaben nicht nur zur Glättung ihrer Rede, sondern auch zur Charakterbildung nützlich». Späteren Auflagen fügte er weitere Colloquien hinzu, so daß sein umfangreichstes Werk daraus wurde.

Es war eine eigenartige Mischung: ernsthafte Diskurse über das Eheleben und die Sitten, Ermahnungen zur Frömmigkeit, Darstellungen von Mängeln und Absurditäten des menschlichen Verhaltens und Glaubens, dazwischen ein Sprühregen gewagter Scherze – und das alles in einem leichten Konversationston, der schwieriger zu schreiben gewesen sein muß als der offizielle Jargon gelehrter Abhandlungen. Ein englischer Übersetzer äußerte 1724: «Es gibt kein empfehlenswerteres Buch als dieses, das auf so amüsante und lehrreiche Weise fast alle papistischen Lehren und Voreingenommenheiten über den Haufen wirft.» Das war gewiß eine Übertreibung, wenn sich auch keineswegs bestreiten läßt, daß Erasmus in seiner witzigen Art diese «Texte zur lateinischen Stillehre» gern zu einem neuen Angriff auf die Schwächen der Geistlichkeit benutzt hat. Alles mögliche nahm er aufs Korn: den Handel mit Reliquien, den Mißbrauch der Exkommunikation, die Habgier der Priester auf allen Stufen der Hierarchie, den aus Gewinnsucht betriebenen Heiligenkult, die an die Leichtgläubigkeit appellierenden angeblichen Wunder, die erschreckende Kluft zwischen dem Christentum der Kirche und dem Christentum Christi. Eine Hure ließ er die Mönche als ihre besten Kunden preisen. Ein junges Mädchen, das sich seine Jungfräulichkeit bewahren wollte, warnte er vor «den muskulösen, dickbäuchigen Mönchen ... Die Keuschheit ist im Kloster gefährdeter als außerhalb.» Er klagte über die allzu große Hochschätzung der Jungfernschaft und sang der ehelichen Liebe, die einem enthaltsamen Leben vorzuziehen sei, ein Loblied. Weiter hielt er sich darüber auf, daß die Menschen mit so großer Umsicht gute Pferde paaren, aber aus finanziellen Gründen gesunde Mädchen mit kränklichen Männern verheiraten, und schlug vor, syphilitischen oder sonstwie ernsthaft kranken oder behinderten Personen die Eheschließung zu untersagen. Auf ernste Reflexionen dieser Art folgt der Schalk. Den jugendlichen Lesern wird geraten, Gesundheit zu wünschen, wenn jemand niest, aber «beim Rülpsen und Furzen grüßen ist allzu große Höflichkeit eines Menschen», und einer schwangeren Frau wird der einzigartige Gruß entboten: «Die Götter geben, daß du deine Bürde mit gleicher Mühe abladest als du sie aufgeladen hast.» Beschneidung hält Erasmus für ratsam, «weil sie das Verlangen nach dem Koitus mildert». Ein langer Diskurs zwischen einem Jüngling und einer Dirne endet tröstlicherweise mit der Bekehrung der Dame.

Die Kritiker hielten diese Dialoge für eine recht gewagte Art der lateinischen Stillehre, und einer behauptete, daß sie die gesamte Jugend Freiburgs verdürben. Karl V. erklärte ihre Verwendung im Unterricht für ein todeswürdiges Verbrechen. Luther stimmte in diesem Punkt mit dem Kaiser überein: «Auf dem Totenbett werde ich meinen Söhnen verbieten, die *Colloquien* des Erasmus zu lesen.» Das Aufsehen, das es hervorgerufen hatte, sorgte für den Erfolg des Buches; bald nach dem Erscheinen waren 24000 Exemplare verkauft, und bis zum Jahre 1550 war es das meistgekaufte Buch nach der Bibel. Inzwischen hatte sich Erasmus die Bibel quasi zu eigen gemacht.

## IV. DER GELEHRTE

Im Juli 1514 verließ Erasmus England und fand durch Nebel und Zollformalitäten den Weg nach Calais. Dort erreichte ihn ein unangenehmes Schreiben: der Prior seines vergessenen Klosters in Steyn erinnerte ihn daran, daß sein Urlaub längst abgelaufen sei und er besser daran täte, seine verbleibenden Jahre in frommer Bußfertigkeit im Kloster zu verbringen. Erasmus war zutiefst beunruhigt: Der Abt konnte ihn nach kanonischem Recht jederzeit durch die weltliche Obrigkeit in seine Zelle zurückbefördern lassen. Der wandernde Schriftsteller ersuchte um Verlängerung des Urlaubs, und der Prior unternahm auch nichts weiter; da sich Erasmus aber nicht noch einmal einer solchen Verlegenheit aussetzen wollte, bat er seine einflußreichen englischen Freunde, ihm von Leo X. einen Dispens von seinen mönchischen Gelübden zu erwirken.

Ohne dessen Gewährung abzuwarten, reiste Erasmus nach Basel weiter, um dem dortigen Buchdrucker Froben das Manuskript seines wichtigsten Werkes anzubieten: eine kritische Durchsicht des griechischen Textes des Neuen Testaments mit einer neuen lateinischen Übertragung und einem Kommentar. Es handelte sich für den Autor wie für den Verleger um ein riskantes Unterfangen, das Selbstbewußtsein, Mut und Hingabe voraussetzte: hatte schon die Vorbereitung der Druckvorlage Jahre in Anspruch genommen, so mußten sich der Druck und die Herausgabe nicht minder mühselig und kostspielig gestalten; die Kirche konnte sich auf den Standpunkt stellen, daß an der von der Zeit geheiligten Vulgata des Hieronymus nicht gerüttelt werden dürfe, und der Verkauf würde voraussichtlich die Herstellungskosten nicht decken. Um wenigstens einen Teil des Risikos auszuschalten, widmete Erasmus das Werk Leo X.

Endlich, im Februar 1516, brachte Froben das *Novum Instrumentum omne, diligenter ab Erasmo Rot. recognitum et emendatum* heraus. Bei einer späteren Auflage (1518) wurde

*Instrumentum* in *Testamentum* abgeändert. Erasmus präsentierte den von ihm revidierten griechischen Text und seine neue lateinische Übertragung in parallelen Spalten. Da er freilich Griechisch nur unvollkommen beherrschte, unterliefen ihm und den Schriftsetzern viele Fehler; vom Standpunkt der Genauigkeit aus blieb sein Erstdruck des griechischen Urtextes des Neuen Testaments hinter dem zurück, den eine ganze Gelehrtenequipe für den spanischen Kardinal Ximenes 1517 fertigstellte und 1522 der Öffentlichkeit übergab. Beide Veröffentlichungen bezeichneten den Beginn der Anwendung humanistischer Gelehrsamkeit auf die frühchristliche Literatur und den Anfang jener kritischen Behandlung der Bibel, die die Heilige Schrift im neunzehnten Jahrhundert der menschlichen Urheberschaft und Fehlbarkeit zurückgab.

Die Annotationen oder Kommentare veröffentlichte Erasmus in einem getrennten Band. Sie waren in einem leichtverständlichen und flüssigen Latein geschrieben, das jeder Absolvent einer höheren Schule verstehen konnte, und so fanden sich viele Leser. Trotz seiner im allgemeinen orthodoxen Haltung nahm Erasmus in diesem Kommentar viele Schlußfolgerungen der späteren Bibelforschung voraus. In der ersten Auflage fehlte das berühmte Comma Johanneum (1. Joh. 5, 7), das die Dreieinigkeit bestätigt, aber als ein Zusatz des vierten Jahrhunderts auch in die heutige revidierte Standardausgabe nicht aufgenommen ist. Die Geschichte von der Ehebrecherin (Joh. 7, 53; 8, 11) nahm er wohl auf, bezeichnete sie aber als vermutlich gefälscht, ebenso die letzten zwölf Verse des Matthäusevangeliums. Die Diskrepanz zwischen dem ursprünglichen und dem zeitgenössischen Christentum wurde mehr als einmal besprochen, so im Kommentar zu Matth. 23, 27:

«Was würde wohl Hieronymus sagen, wenn er sehen könnte, wie hier überall die Milch der Gottesmutter zum Verkauf angeboten wird, welche dann verehrt wird als wie der konsekrierte Leib Christi selbst? Hier gibt es wundertätiges Öl, Partikel des Hl. Kreuzes (so viele, daß man ein ganzes Frachtschiff damit füllen könnte), die Kapuze des hl. Franz, dort der Jungfrau Maria Unterkleid, anderswo den Kamm der hl. Anna ... nicht dargeboten als Anstoß zur Besinnung und religiösem Eifer, wohl aber angepriesen als etwa Angelpunkt und Inhalt der Religion selbst, – wahrlich alles nur wegen der Habsucht der Priester und der Heuchelei einiger Mönche: diese aber leben von der Dummheit des Volkes.»

Nach der Bemerkung, daß Matth. 19, 12* als Empfehlung der mönchischen Keuschheit ausgelegt werde, sagt Erasmus:

«Zu dieser Klasse rechnen wir die Leute, die durch Betrug oder Einschüchterung zum Zölibat genötigt werden, wo Hurerei erlaubt, sich ein Eheweib zu nehmen aber verboten ist, dermaßen daß wenn sie sich eine Konkubine halten, sie dennoch katholische Priester sind, wenn sie sich aber ein Weib nehmen, verbrannt werden. Meiner Ansicht nach würden Eltern, die ihre Kinder zum Zölibat bestimmen, diesen besser tun, wenn sie die Knaben noch in ihrer Jugend entmannen ließen, statt sie dann wider Willen und unwissend in dieses Feuer der Begierde und Wollust zu stoßen.»[10]

* Der Lutherische Text dieses Verses lautet: «Denn es sind etliche verschnitten, die sind aus Mutterleibe also geboren; und sind etliche verschnitten, die von Menschen verschnitten sind; und sind etliche verschnitten, die sich selbst verschnitten haben um des Himmelreichs willen. Wer es fassen kann, der fasse es.» Die bischöflich autorisierte katholische Übersetzung des Salesianerpaters Johann Perk lautet: «Es gibt Ehelose, die vom Mutterschoße an so geboren sind, und es gibt Ehelose, die von Menschen dazu gemacht sind, und es gibt Ehelose, die um des Himmelreiches willen der Ehe entsagen. Wer es fassen kann, fasse es.»

Und zum ersten Timotheusbrief, 3, 2:

«Wenn man erwägt, welchen Teil der Menschheit heutzutage die Horden der Mönche ausmachen, einen wie großen die Kollegien der Priester und Kleriker: wenn man danach erwägt, wie wenige von all diesen ein enthaltsames Leben führen, ferner, zu welchen Arten der Wollust sich ungezählte hinwenden, mit wieviel Schändlichkeit sich viele öffentlich Inzest und Unzucht hingeben; so wird man zur Ansicht kommen, daß es notwendiger sei, für die, die sich gar nicht enthalten können, das Recht zur Ehe zu schaffen, damit sie diese fern aller üblen Nachrede, rein und heilig halten, als wenn sie unglücklich und in Schande der Unzucht frönen.»[11]

Im Kommentar zu Matth. 11, 30 schlug Erasmus schließlich den Grundakkord aller Reformatoren an, nämlich die Umkehr der Kirche zu Christus:

«Wahrlich leicht ist das Joch Christi und leicht seine Bürde, wenn außer dem, was jener uns auflädt, nichts dazugetan wird an menschlichen Gesetzlein. Außer der Liebe zum Nächsten macht uns jener keine Vorschrift: und nichts schmeckt so bitter, was Liebe nicht zu würzen und zu versüßen vermöchte. Leicht trägt sich, was der Natur gemäß ist. Nichts aber entspricht mehr der Natur des Menschen als die Philosophie Christi, welche beinahe nichts anderes will, als der gefallenen Natur ihre ursprüngliche Unschuld und Makellosigkeit wieder zu geben ... Dem fügt nun die Kirche vieles hinzu, das ohne jeden Schaden für den Glauben weggelassen werden kann ... Solche Dinge sind etwa das, was wir philosophieren über das Wesen der Gottheit und die Unterscheidung der Personen ... Was für eine Menge Vorschriften über den Kultus, wie viele für die Kleider haben wir? Welcher Aberglaube herrscht bei den Farben? ... Was soll ich sagen über die Fesseln der Gelübde ... über die unantastbare Autorität des Papstes ..., welche mißbraucht wird zu Absolutionen und Dispensationen? ... Möchten sie doch Christum herrschen lassen durch die Gesetze des Evangeliums, statt sich selbst durch menschliche Gesetze in erhabener Tyrannis festzuhalten!»[12]

Es dürften die Kommentare gewesen sein, die das Werk zu einem Erfolg führten, der beide, Autor und Verleger, überrascht haben muß. Nach drei Jahren war die erste Auflage verkauft; und zu Erasmus' Lebzeiten erschienen nicht weniger als neunundsechzig zum Teil revidierte Neudrucke. Die Kritik reagierte heftig; es wurden zahlreiche Irrtümer nachgewiesen, und der Ingolstädter Professor Dr. Johann Eck – Luthers Hauptgegner – bezeichnete es als einen Skandal, daß Erasmus das Griechische des Neuen Testaments dem Griechischen des Demosthenes unterlegen fand. Glücklicherweise gab Leo X. dem Werk seinen Segen, und Hadrian VI. ging sogar so weit, Erasmus um eine ähnliche Bearbeitung des Alten Testaments zu ersuchen; doch dann verwarf das Konzil von Trient die neue Übertragung und hielt an der Vulgata des Hieronymus als der einzig authentischen Version in lateinischer Sprache fest. Als wissenschaftliche Leistung wurde die Ausgabe des Erasmus rasch überholt; in der Geistesgeschichte behauptet sie als ein Ereignis von weittragender Bedeutung ihren Platz. Sie ermutigte und erleichterte die Übertragung in die Landessprachen, die bald darauf in rascher Folge erschienen. Wir entnehmen der Vorrede einen überschwenglichen Passus:

«Ich wünschte, daß alle Weiblein das Evangelium läsen, daß sie läsen die Paulinischen Briefe. Daß doch diese in alle und jegliche Sprachen übertragen würden, auf daß nicht nur Schotten und Iren, sondern auch Türken und Sarazenen sie lesen und kennenlernen könnten. ... Möchte hier der Bauer hinter dem Pflug etwas davon vor sich hinsingen, hier der Weber einiges summen zum Schwirren seines Schiffchens, der Reisende auf diese Weise durch die Geschichten die Beschwerlichkeit der Reise sich mildern! ... ... Andere Studien sind von der Art, daß nicht wenige von den Autoren, für welche sie ein Leben lang eintraten, im Tode selbst abfallen. Glücklich aber ist der, der in diese Worte vertieft vom Tod überrascht wird. Denn diese geben dir ein lebendiges Bild Jesu Christi, wie er spricht, heilt, stirbt, aufersteht; endlich machen sie ihn so gegenwärtig, daß du weniger von ihm sähest, stände er persönlich vor dir.»

In seiner Freude über die Leistungsfähigkeit Frobens und seiner Gesellen gab Erasmus im November 1516 eine kritische Ausgabe des Hieronymus heraus, auf die er ähnlich revidierte klassische und frühchristliche Texte folgen ließ; in seinem handgeschriebenen Seneca-Exemplar korrigierte er dabei viertausend Fehler; es waren das wesentliche Beiträge zum Geistesleben. Die Geschichte des Neuen Testaments erzählte er wieder in *Paraphrases* (1517). Diese Publikationen machten häufige Aufenthalte in Basel erforderlich, doch seinen ständigen Wohnsitz bestimmte eine Berufung an den königlichen Hof in Brüssel. Der damals fünfzehn Jahre alte Karl war freilich erst König von Kastilien und Statthalter in den Niederlanden, die Kaiserwürde erhielt er einige Jahre später. So jung er war, leuchtete es seinem scharfen, viele Interessen umfassenden Verstand unschwer ein, zu welchem Ruhm es ihm gereichen mußte, den größten Schriftsteller der Zeit zum Berater zu haben. Er verfügte die Ernennung Erasmus' zum Mitglied des Kronrats, und als dieser aus Basel zurückkehrte, nahm er den ehrenvollen Ruf an (1516); die Besoldung war freilich bescheiden. Hingegen lehnte er das Angebot eines Kanonikats in Courtrai mit der Aussicht auf ein Bistum ab, worüber er einem Freund schrieb: «Hier ist ein Traum, der dich amüsieren wird.» Auch Rufen der Universitäten Leipzig und Ingolstadt leistete er keine Folge. Franz I. versuchte, ihn mit den schmeichelhaftesten Angeboten an seinen Hof zu ziehen; Erasmus sagte mit höflichen Tiraden nein.

Unterdes hatte Leo X. den erbetenen Dispens nach London geleitet, und Erasmus begab sich im März 1517 dorthin, um die päpstlichen Dokumente persönlich in Empfang zu nehmen. Sie enthoben ihn der Verpflichtung, ein Ordenskleid zu tragen, und tilgten den Makel seiner unehelichen Geburt; ein persönliches Begleitschreiben Leos lautete:

«Geliebter Sohn, Gruß dir und apostolischer Segen. Die Ehrenhaftigkeit deines Lebens und deiner Sitten, deine vorzügliche Bildung, die außerordentlichen Verdienste deiner Tüchtigkeit, welche nicht nur bestens belegt sind durch die Denkmäler deiner Studien, welche allüberall gefeiert werden, sondern auch durch das Urteil der gelehrtesten Männer, ferner durch die an uns gesandten Briefe zweier sehr berühmter Fürsten, des Königs von England und des Katholischen Königs (von Frankreich), sind der Anlaß, daß wir dich mit einer außergewöhnlichen und einzigartigen Gunst bedenken. Darum auch willfahren wir gerne deiner Bitte, um in noch reicherem Maße unsere Zuneigung zu dir auszudrücken, sei es, du seiest selbst Herr deiner Umstände, sei es, der Zufall bestimme ihren Gang; so halten wir es für angemessen, deinen heiligen Eifer, zum Nutzen der Öffentlichkeit sich abmühend, durch angemessene Belohnung zu noch höheren Leistungen anzuspornen.»[13]

Es mag dahingestellt bleiben, ob Erasmus durch solches Lob an den Heiligen Stuhl gebunden werden sollte, oder ob es sich um eine spontane Geste der toleranten und humanistisch gebildeten Umgebung des Pontifex handelte; auf alle Fälle vergaß Erasmus diese päpstliche Anerkennung nie und scheute in aller Zukunft den Bruch mit einer Kirche, die sich seine scharfe Kritik so geduldig gefallen ließ.

## V. DER PHILOSOPH

In Brüssel mahnte ihn die zu freundliche Aufnahme bei Hof zu weiterer Vorsicht. Seine Pflichten als Mitglied des Kronrats nahm er überaus ernst, ohne daran zu denken, daß brillante Schriftsteller selten auch gute Staatsmänner sind. In aller Eile verfaßte er die Schrift *Institutio principis Christiani* (Unterweisung eines christlichen Herrschers), eine reichhaltige Sammlung von vor-machiavellistischen Platitüden über das richtige Verhalten der Herrscher (1516). In der Widmung an Karl schrieb er mit kühner Aufrichtigkeit: «Du schuldest es dem Himmel, daß dir das Reich unblutig und durch niemandes Missetat erkauft zufiel; an deiner weisen Führung wird es nun liegen, es unblutig und in Frieden zu erhalten.»

Wie die meisten Philosophen betrachtete Erasmus die Monarchie unter allen Regierungsformen als das geringste Übel; das Volk fürchtete er als ein «wetterwendisches, vielköpfiges Untier», von öffentlicher Beratung der Gesetze und politischer Angelegenheiten hielt er nicht viel, und das Chaos einer Revolution schien ihm schlimmer als die Tyrannei der Könige. Andererseits warnte er die christlichen Herrscher vor der Zusammenballung des Reichtums und riet ihnen, nur den Luxus zu besteuern, die Zahl der Klöster zu vermindern und die der Schulen zu erhöhen. Vor allem aber wetterte er gegen Kriege zwischen christlichen Staaten, ja sogar gegen die Türkenkriege. «Wir werden die Türken leichter durch eine gottesfürchtige Lebensführung als durch Waffen überwinden; damit verteidigen wir das Reich der Christenheit mit den gleichen Mitteln, mit denen es geschaffen wurde.» – «Was bringt der Krieg anderes hervor als wieder Krieg? Gemeinsinn aber ruft Gemeinsinn, Billigkeit ruft Billigkeit.»

Als Karl und Franz dem Krieg entgegentrieben, mahnte Erasmus ein ums andere Mal zum Frieden, und als sich Franz vorübergehend in versöhnlicherer Stimmung zeigte, beglückwünschte er ihn und fragte, wie man denn überhaupt Frankreich bewaffnet anfallen könne, das «wie eine unversehrte Blume mitten im Bereich der Christenheit» ist. Den Gipfel seiner leidenschaftlichen Beredsamkeit erreichte er in *Querela pacis* (Klage des Friedens, 1517):

«Ich will die Kriegstragödien der älteren Geschichte übergehen und nur auf die Ereignisse der letzten zehn Jahre zurückgreifen. Wo haben die Menschen nicht zu Wasser und Land aufs grausamste miteinander gekämpft? Was für ein Fluß oder Meer ist nicht mit Menschenblut gefärbt worden? ... mit Christenblut ...? O Schmach! Man kämpft erbitterter als Juden, Heiden und wilde Tiere ... Ein sachliches Erwägen der Kriegsursachen wird erweisen, daß alle Kriege zum Vorteil der Fürsten vom Zaun gebrochen und stets zum Nachteil des Volkes geführt wurden, da ja das Volk nicht im geringsten daran interessiert war ... Und endlich schämen sich Bischöfe, Kardinäle und Stellvertreter Christi nicht, durch ihre Anstiftung etwas ins Werk zu setzen, das Christus so sehr verabscheut hat. Was hat die Mitra mit dem Helm zu tun ...? Du maßest dir die Stellvertretung der Apostel an ... wie reimt es sich zusammen, daß man das Volk mit dem (apostolischen) Friedenswunsch begrüßt und zu gleicher Zeit den Erdkreis zu den wildesten Kämpfen aufhetzt ...? *Ein Friede ist kaum einmal so ungerecht, daß er nicht auch dem anscheinend gerechtesten Krieg vorzuziehen wäre.*»[14]

Fürsten und Feldherren mögen aus dem Krieg Nutzen ziehen, die große Masse hat jedoch die Kosten und das Unglück zu tragen. Manchmal läßt sich ein Krieg zur Selbstverteidigung nicht umgehen, aber auch in solchen Fällen mag es klüger sein, den Gegner durch Opfer zu besänftigen und keinen Krieg zu führen. Sollen doch die Könige ihre Streitigkeiten dem Papst unterbreiten! Unter Julius II., dieser kriegerischen Natur, wäre das kein geeigneter Weg gewesen; aber Leo X., «ein kenntnisreicher, ehrlicher und gottesfürchtiger Pontifex», könnte mit Gerechtigkeit schlichten und einem übernationalen Gerichtshof erfolgreich präsidieren. Den Nationalismus bezeichnete Erasmus als einen Fluch der Menschheit; Aufgabe der Staatsmänner wäre es, ein Universalreich zu schmieden. «Ich wünsche Weltbürger ... oder besser noch Nichtbürger bei allen zu sein.» Für Budés Liebe zu Frankreich zeigte er Verständnis, doch «ist es nach meiner Ansicht philosophischer, so von Menschen und Dingen zu reden, daß wir diese Welt als das allen gemeine Vaterland behandeln». Im wachsenden Nationalgefühl des Reformationszeitalters war er der am wenigsten nationalistisch gesinnte Geist. «Darin», schrieb er, «besteht der wahre Glanz der Königswürde, sich um der Menschheit Wohl verdient zu machen.»

Eine realistische Auffassung der menschlichen Natur, der Kriegsursachen oder des Verhaltens der Staaten dürfen wir freilich von Erasmus nicht erwarten. Er hat sich nie mit den Problemen befaßt, mit denen sich um die gleiche Zeit Machiavelli beschäftigte: ob nämlich ein Staat zu existieren vermag, der sich an die Moral hält, die er von seinen Untertanen verlangt. Erasmus' Wirken bestand im Wegschneiden verdorrter Äste vom Baum des Lebens und nicht in der Entwicklung eines dauerhaften philosophischen Systems. Er war sich nicht einmal darüber klar, ob er ein Christ war. So häufig er sich zur Lehre der Apostel bekannte, so muß er doch die Existenz der Hölle bezweifelt haben, weil er sonst kaum hätte schreiben können: «Die Leugner der Existenz Gottes sind nicht so unfromm wie die, die ihn als unerbittlich darstellen.» Das Alte Testament kann ihm kaum als göttliche Offenbarung erschienen sein, sonst hätte er nicht gesagt, er habe nichts dagegen, «das ganze Alte Testament würde zerstört», wenn damit das Geschrei über Reuchlin aus der Welt geschafft würde. Er belächelte die Überlieferung, wonach Minos und Numa ihre Völker zur Annahme unwillkommener Gesetze beredeten, indem sie sie als von den Göttern gegeben erklärten, und vermutlich hat er Moses ähnlicher staatsmännischer Kniffe verdächtigt. Auch drückte er seine Verwunderung aus, daß sich Morus mit den Argumenten für die persönliche Unsterblichkeit zufriedengab. Das Abendmahl betrachtete er mehr im Lichte eines Symbols als in dem eines Wunders. Auch hat er offenbar die Dreifaltigkeit, die Fleischwerdung Christi und die unbefleckte Empfängnis angezweifelt, und Morus mußte ihn einem Korrespondenten gegenüber verteidigen, der behauptete, Erasmus hätte privatim seinen Unglauben geäußert. Nacheinander nahm er an den christlichen Riten seiner Zeit Anstoß: Ablaß, Fasten, Wallfahrt, Ohrenbeichte, Mönchswesen, Priesterzölibat, Reliquienverehrung, Heiligenanrufung, Ketzerverbrennung. Zahlreiche Bibelstellen suchte er als Allegorien oder mit Vernunftgründen zu erklären; die Geschichte von Adam und Eva verglich er mit der Prometheussage, und ganz allgemein empfahl er eine «möglichst wenig wörtliche» Interpretation der Heiligen Schrift. Die Höllenqualen verwandelte er in die «stete Ängstlichkeit, von der die gewohnheitsmäßige Sünde begleitet ist». Doch behielt er diese Zweifel vor der Öffentlichkeit für sich, weil er dem alten Mythos keinen tröstlicheren entgegenstellen konnte. «Ich weiß, daß es zur Frömmigkeit gehört, die Wahrheit hin und wieder zu verhüllen und sie weder beliebig an jedem Ort, noch zu jeder Zeit, bei jedermann, noch auf jegliche Art und überall gänzlich offenbar zu machen ...; entsprechend dem Worte Platos, der jenen weisen Wächtern gestattete, das Volk zu seinem eigenen Nutzen durch Lügen zu täuschen.»

Trotz dieser starken Hinneigung zur Vernunft hielt Erasmus nach außen an der Orthodoxie fest. Die Liebe zu Christus, zu den Evangelien und zu den symbolischen Riten, deren sich die Kirche zur Förderung der Frömmigkeit bediente, hat er nie verloren. In einer der *Colloquien* läßt er einen Sprecher sagen: «Wenn etwas allgemeiner Brauch unter den Christen ist, das keinen argen Verstoß gegen die Heilige Schrift darstellt, halte ich mich daran, weil ich andere Menschen nicht kränken will.» Er träumte davon, die Theologie durch die «Philosophie Christi» zu ersetzen, und bemühte sich, sie mit dem Gedankengut großer Heiden in Übereinstimmung zu bringen. Von Platon, Cicero und Seneca meinte er, «ihr Herz habe ein guter Geist gerührt, als sie solche Dinge schrieben», und gab nicht zu, daß Männer wie sie vom ewigen Heil ausgeschlossen seien; er konnte sich «kaum enthalten», zum «hochheiligen Sokrates» zu beten. Der Kirche sagte er: «Das Beste an unserem Glauben ist der Friede und die Eintracht. Diese haben keinen Bestand, wenn wir nicht so weniges wie nur irgend möglich dogmatisieren, das übrige aber dem freien Urteil des einzelnen überlassen.» Absolute Toleranz befürwortete er zwar nicht (wer tut das schon?), empfahl aber dogmatischen Abweichungen gegenüber Nachsicht. Als religiöses Ideal schwebte ihm die Nachfolge Christi vor; doch müssen wir leider zugeben, daß er selbst alles andere als evangelisch lebte.

## VI. DER MENSCH

Wie lebte er denn? Um diese Zeit (1517) hielt er sich zumeist in Flandern auf, in Brüssel, Antwerpen und Löwen, wo er als einsamer Hagestolz mit einem Dienstboten hauste, wenn er nicht die Gastfreundschaft der Wohlhabenden annahm, die seine Gesellschaft als eine Auszeichnung und geistige Erholung suchten. Sein ästhetischer Geschmack und seine sensiblen Nerven und Empfindungen litten häufig unter den vulgären Aspekten des Lebens. Ein reichlicher Weintrinker, rühmte er sich seiner Fähigkeit, große Mengen schadlos vertragen zu können, doch mag der Wein seine Gicht und seine Gallensteine mitverschuldet haben; Aderlässe hielt er für schmerzlindernd. 1514, fünfundvierzig oder achtundvierzig Jahre alt, schrieb er an einen Freund: «Schon seit einigen Jahren bin ich steinleidend, eine böse und höchst gefährliche Krankheit. Schon seit einigen Jahren trinke ich nur Wein, nicht jeden beliebigen, die Krankheit zwingt mich dazu. Ich vertrage nicht alle Speisen, auch nicht jedes Klima. Denn die Krankheit wiederholt sich leicht und verlangt, daß ich sehr vorsichtig lebe.» Fasten bekam ihm nicht, Fisch verabscheute er; vielleicht hat seine Galle seine Theologie gefärbt. Wie die meisten Menschen, deren geschäftiges Gehirn rastlos tätig ist, schlief er schlecht. Freunde und Bücher bildeten seine Freude. «Ich scheine mir selbst weggenommen, wenn ich die Gewohnheiten meines Studiums unterbrechen muß ... Wo ich meine Bücher habe, bin ich zu Hause.»

Dem Geld jagte er mit der Beharrlichkeit eines Leutpriesters nach, und sei es auch nur, um Bücher zu kaufen. Von Mountjoy und Warham bezog er regelrechte Pensionen; außerdem erhielt er ansehnliche Geschenke wie die 300 Gulden von Jean le Sauvage, dem Kanzler von Burgund, und Honorare, wie sie kein zweiter Schriftsteller jener Zeit erreichte. Er bestritt, irgendwelchen Hang zum Geld zu besitzen, verlangte aber doch nach Besitz, weil er als ein Mann ohne Vermögen die Beschwerden eines einsamen Alters fürchtete. Gleichzeitig lehnte er gut dotierte Positionen ab, die sein Einkommen auf Kosten seiner Freiheit gesteigert hätten.

Seine Erscheinung wirkte auf den ersten Blick wenig imposant. Er war klein, mager, blaß; seine Stimme war so schwach wie seine Konstitution. Eindrucksvoll waren seine sensitiven Hände, seine lange, spitze Nase, die geistsprühenden blaugrauen Augen und seine Rede – die Sprache des reichsten und schnellsten Verstandes in einem an Geist gesegneten Zeitalter. Die größten Künstler nördlich der Alpen rissen sich darum, ihn zu porträtieren, und da solche Bilder sehr geschätzte Geschenke darstellten, ließ er sich dazu herbei, ihnen zu sitzen. Quentin Massys malte ihn 1517 für Morus; wir sehen ihn auf dem Bild in seine Schreiberei vertieft, einen dicken Mantel umgeschlagen, der zum Schutz gegen die in jenen Jahrhunderten in den Häusern herrschende Kälte diente. Dürer bildete ihn 1520 in Kohle und 1526 nochmals in einem bemerkenswerten Stiche ab, wobei der deutsche Stift den «guten Europäer» mit einer so typisch holländischen Physiognomie ausstattete, daß das Modell äußerte: «Wenn ich so aussehe, bin ich ein großer Spitzbube.» Holbeins zahlreiche Erasmus-Porträts übertreffen jedoch alle anderen Bemühungen. Eins befindet sich in Turin, eins in England, ein drittes in Basel, das beste von allen ist im Louvre; aber auch die anderen stellen Meisterwerke des größten Porträtisten Nordeuropas dar. Hier ist der Gelehrte zum Philosophen gewandelt: gesammelt, nachdenklich, von leichter Melancholie angehaucht, nur ungern in die Gleichgültigkeit der Natur und die Vergänglichkeit des Genies ergeben. «Was uns das Schicksal bringt, muß getragen werden», schrieb er 1517, «und ich bin auf jedes Ereignis gefaßt» – eine stoische Seelenruhe, die er in Wahrheit nie ganz erreichte. «Er sucht die Ehre», äußerte er über einen ehrgeizigen Jüngling, «ohne zu wissen, welche Last Ehre bedeutet»; dennoch mühte sich Erasmus, wie manche andere hochgemute Seele, Tag und Nacht um diese Bürde ab.

Seine Fehler sprangen in die Augen; seine Tugenden kannten nur die Freunde. Er konnte schamlos betteln, aber ebenso leicht geben, und mancher aufstrebende Geist wuchs unter der Wärme seines Lobs. Als Pfefferkorn über Reuchlin herfiel, schrieb Erasmus an die befreundeten Kardinäle in Rom, um dem bedrängten Hebraisten Schutz zu verschaffen. Bescheidenheit und Dankbarkeit gingen ihm ab, mußten aber auch einem von Päpsten und Königen Umworbenen schwerfallen. Er neigte zu Ungeduld und ärgerte sich so über Kritik, daß er bei ihrer Erwiderung zuzeiten in die beleidigenden Formen der damaligen Polemik verfiel. Wie die meisten Renaissancegelehrten war er antisemitisch. Seine Interessen waren ebenso begrenzt wie intensiv: Die Literatur liebte er, soweit sie der Philosophie als Gewandung diente, und die Philosophie, wenn sie im Leben anwendbare Logik enthielt; Naturwissenschaften, Drama, Musik und bildende Kunst ignorierte er fast ganz. Die üppig ins Kraut schießenden astronomischen Systeme belächelte er, und die Sterne lächelten mit ihm. In seiner ungeheuren Korrespondenz findet man nirgends eine Würdigung der Alpen, der Architektur Oxfords oder Cambridges, der Bilder Raffaels und der Figuren Michelangelos, die, als sich Erasmus in Rom aufhielt (1509), für Julius II. ihre Werke schufen; später beleidigten die reformierten Gemeinden mit ihrem rauhen Gesang seine empfindsamen Ohren. Sein Humor war meist sehr feiner Art, manchmal dagegen gröblich im Stil von Rabelais, oft sarkastisch und einmal sogar inhuman, als er anläßlich einer Ketzerverbrennung schrieb: «Ich würde sie weniger bemitleiden, wenn infolge ihres Todes das Holz teurer würde, jetzt, wo der Winter vor der Türe steht.» Über die natürliche Selbstsucht aller Menschen hinaus huldigte er jener geheimen Ichbezogenheit und dünkelhaften Selbstgefälligkeit, ohne die der Schriftsteller und Künstler vom unbarmherzigen Treiben einer gleichgültigen Welt zermalmt würde. Lobhudeleien war er zugänglich und hielt sie in seinem Fall für gerechtfertigt, obschon er das häufig bestritt. An einen Freund schrieb er: «Kompetente Beurteiler sagen, ich schriebe besser als jeder andere heute Lebende.»

Das traf zu, aber nur in bezug auf sein Latein. Französisch schrieb er schlecht, Englisch und Holländisch sprach er nur gebrochen, «Hebräisch kostete er nur mit der Zungenspitze»; auch Griechisch beherrschte er nur unvollkommen. Desto meisterhafter behandelte er das Latein, als wäre es eine lebende Sprache, und paßte es den unlateinischsten Banalitäten seiner Zeit an. Die neu in die Antike verliebte Epoche verzieh ihm die meisten seiner Fehler um der lebendigen Brillanz seines Stils, des neuartigen Reizes des *understatement* – der «Untertreibung» im Gegensatz zur Übertreibung – und des blanken Stahls seiner Ironie willen. Seine Briefe sind nicht weniger elegant und verbindlich als die Ciceros und dabei geistreicher und anschaulicher. Sein Latein war keine bloße Nachahmung des ciceronischen, kein Echo über fünfzehnhundert Jahre hinweg, sondern höchst persönlich, geschmeidig, zwingend und lebendig. Gelehrte und Fürsten rissen sich in Ermangelung seiner Gegenwart um seine Briefe, wie man sich um die Petrarcas gerissen hatte. Er selbst sagt, vielleicht mit einiger literarischer Freiheit, er habe täglich zwanzig Briefe erhalten und vierzig geschrieben. Mehrere Bände seines Briefwechsels erschienen noch zu seinen Lebzeiten und wurden von dem auf seinen Nachruhm so bedachten Verfasser mit aller Sorgfalt herausgegeben. Zu seinen Korrespondenten gehörten Leo X., Hadrian VI., Königin Margarete von Navarra, König Sigismund von Polen, Heinrich VIII., Morus, Colet und Pirckheimer. Morus, der Bescheidene, schrieb: «Ich kann micht eines eitlen Kitzels nicht erwehren ... wenn ich daran denke, daß mich die Freundschaft des Erasmus einer fernen Nachwelt empfehlen wird.»

Sofern wir Luther nicht unter die Schriftsteller einreihen, war kein zweiter zeitgenössischer Autor so berühmt wie er. Von einem Oxforder Buchhändler wissen wir, daß im Jahre 1520 Erasmus' Werke ein Drittel seines Umsatzes ausmachten. Seinen vielen Gegnern, besonders unter den Theologen Löwens, standen Freunde an einem Dutzend Universitäten gegenüber, und Europas Humanisten priesen ihn als ihr Vorbild und Haupt. In ihm haben die Renaissance und der Humanismus ihre höchste literarische Verkörperung gefunden: der Kult der Antike und eines gepflegten lateinischen Stils, das stillschweigende Übereinkommen, im Schoß der Kirche zu bleiben und dem unvermeidlichen Bedürfnis der Massen nach einem Mythos Rechnung zu tragen, sofern nur die Kirche ihrerseits die geistige Freiheit der Gebildeten duldete und eine geordnete Reform der kirchlichen Mißstände und Absurditäten in die Wege leitete. Wie alle Humanisten fühlte sich Erasmus durch die Erhebung Leos X. auf den päpstlichen Stuhl hoffnungsvoll gestimmt; ihr Traum hatte sich verwirklicht: Ein Humanist, ein Gelehrter und ein Edelmann – Renaissance und Christentum in einer Person – hatte den hehrsten aller Throne bestiegen. Jetzt durfte man auf ein friedliches Reinemachen in der Kirche und die Ausbreitung der Bildung hoffen – der Geist würde frei sein, aber das Volk sein erhebendes Ritual und seinen stärkenden Glauben behalten.

An dieser Hoffnung hielt Erasmus bis zum Vorabend von Luthers Auftreten fest. Ein am 9. September 1517 in Antwerpen an den Kardinal von York, Thomas, geschriebener Brief enthielt freilich eine unheilkündende Zeile: «Ich fürchte, in diesem Teil der Welt steht eine große Revolution bevor.» Keine zwei Monate später brach sie aus.

## VIERZEHNTES KAPITEL

# *Deutschland am Vorabend von Luthers Auftreten*

[1453–1517]

### I. DAS ZEITALTER DER FUGGER

In den letzten fünfzig Jahren vor der Reformation ging es fast allen deutschen Ständen gut. Lediglich im Verhältnis zwischen dem grundbesitzenden Adel und der von ihm abhängigen Bauernschaft gab es Schwierigkeiten. Neben einer verhältnismäßig kleinen Zahl von Leibeigenen und den eigenen Boden bewirtschaftenden Freisassen gab es die große Schicht der Pächter, die an die Grundherren Naturalien oder Geld abführen und ihnen Frondienste leisten mußte. Allein, das wachsende Selbstbewußtsein der Bauern lökte wider den Stachel dieser überlieferten Abhängigkeit. Man verlangte die Abschaffung des zwischen zwölf und sechzig Tagen im Jahr dauernden Frondienstes und forderte die Rückgabe der – von den Herrschaften den Bauern entzogenen – Gemeinschaftsweiden (Allmenden) und die Wiederherstellung des alten freien Fisch- und Holzschlagrechts; man beschwerte sich über die von herrschaftlichen Jagdknechten und Hunden angerichteten Ernteschäden, über die parteiische Rechtsprechung der von den Baronen abhängigen Gerichte und über die Abgaben, die die Hinterbliebenen eines Pächters zu entrichten hatten, wenn dessen Ableben die Bodenbestellung unterbrach. Die unabhängigen Hofbesitzer klagten über die Wucherzinsen für Darlehen, die sie zur Vermarktung ihrer Ernte aufnehmen mußten, und den raschen Zwangsverkauf ihrer Höfe durch gerissene Geldgeber, die Darlehen an Bauern gaben, die offensichtlich außerstande waren, sie zurückzuzahlen. Wenig beliebt bei der ganzen Bauernschaft war auch der von der Kirche auf Feldfrüchte und Jungtiere erhobene Zehnt.

Im fünfzehnten Jahrhundert steigerte sich die Unzufriedenheit bis zu sporadischen Revolten. 1431 erhoben sich – übrigens vergeblich – die Bauern der Wormser Gegend, die den bis zu den Knien reichenden Schnürschuh der Landleute zu ihrem Abzeichen machten, ihn auf ihren Knüppeln aufpflanzten und auf ihre Standarten malten; nach diesem Feldzeichen nannten sich von da an die aufrührerischen Bauernhaufen mit Vorliebe «Bundschuh». 1476 behauptete der Viehhirte Hans Böhm von Niklashausen, die Mutter Gottes habe ihm den baldigen Anbruch des Gottesreichs auf Erden offenbart. Darin werde es keine Kaiser, Päpste, Fürsten und Herren geben, alle Männer würden Brüder und alle Frauen Schwestern sein; Weiden und Felder, Flüsse und Wälder würden allen gemeinsam gehören und Jagd und Fischfang für alle frei sein. Zu Tausenden kamen die Bauern, um Böhms Tiraden zu lauschen, ein Priester schloß sich ihm an, und der

Bischof von Würzburg lächelte nachsichtig. Als aber Böhm die Menge aufforderte, sich zum nächsten Treffen mit allen erreichbaren Waffen einzufinden, ließ der Bischof ihn festnehmen. Die Bauern wollten ihn befreien, aber die bischöfliche Leibwache trieb sie auseinander, Hans Böhm starb auf dem Scheiterhaufen.

1491 erhoben sich die Leibeigenen der schwäbischen Abtei Kempten, weil sie glaubten, das Kloster halte sie auf Grund gefälschter Rechtsbriefe unter Leibeigenschaft; Kaiser Friedrich III. erreichte eine friedliche Regelung. Zwei Jahre später rotteten sich die Pächter im Gebiet des Bistums Straßburg in einem Bundschuh zusammen und forderten die Beseitigung der Feudalrechte, der kirchlichen Zehnten, die Annullierung ihrer Schulden und die Tötung der Juden. Von einem Anschlag auf Schlettstadt, von wo aus die Aufrührer das ganze Elsaß zu beherrschen hofften, bekamen die Behörden rechtzeitig Wind und ergriffen die Rädelsführer, die gefoltert und aufgeknüpft wurden, woraufhin sich die verängstigte Menge zeitweilig fügte. 1502 bildete sich im Bistum Speyer ein neuer Bundschuh von siebentausend Köpfen, der sich durch heilige Eide verschwor, alle Feudalrechte zu beseitigen, «die Pfaffen und Mönche aufzustöbern und totzuschlagen» und das Gemeinschaftseigentum, das ihre Vorfahren an Wald, Wiese und Feld angeblich besessen hatten, wiederherzustellen. Ein Bauer verriet das Komplott in der Beichte; Klerus und Adel trafen gemeinsame Abwehrmaßnahmen, und die Rädelsführer wurden gefoltert und gehenkt.

Im Freiburgischen rief ein gewisser Joß Fritz in aller Heimlichkeit eine ähnliche Bewegung ins Leben; diesmal sollten Gott, der Papst und der Kaiser geschont und nur die Leibeigenschaft und die Abgaben aufgehoben werden. Ein zum Beitritt gezwungener Bauer verriet den Bund seinem Beichtvater; die Obrigkeit ergriff und folterte die Führer, und die Aufständischen verloren den Mut; aber Fritz lebte lange genug, um sich am späteren Bauernkrieg (1525) zu beteiligen. 1517 verbanden sich 90000 Kräntner und Steiermärkler Bauern zur Beseitigung der Feudalrechte; ihre Haufen stürmten drei Monate lang die Burgen und erschlugen deren Bewohner, bis Kaiser Maximilian, der zwar mit ihrer Sache sympathisierte, aber die Gewaltmethoden mißbilligte, durch ein kleines militärisches Aufgebot einen trotzig ertragenen Frieden erzwang. Nicht lang danach hob sich der Vorhang über dem Bauernkrieg und den reformatorischen Experimenten der Wiedertäufer.

Gleichzeitig vollzog sich in Gewerbe und Handel eine weit sachlichere Revolution. Die Betriebe arbeiteten zwar immer noch ohne maschinelle Hilfsmittel, dennoch gerieten sie mehr und mehr in die Hand von Großunternehmern, die das Kapital und die Rohstoffe stellten und die Fertigprodukte auf- und weiterverkauften. Der Bergbau entwickelte sich mit großer Schnelligkeit; Silber, Kupfer und Gold brachten große Gewinne; Gold- und Silberbarren bildeten die beliebteste Form der Hortung von Reichtum. Die an die Fürsten für Schürfungsrechte entrichteten Abgaben ermöglichten es einigen Fürsten – insbesondere dem Schutzherrn Luthers, Kurfürst Friedrich von Sachsen –, Papst und Kaiser zu trotzen. Die Münzstätten prägten in so großen Mengen verläßliches Geld, daß sich eine immer reinere Geldwirtschaft herausbildete. Die oberen und mittleren Stände besaßen fast allgemein silbernes Tafelgeschirr, ja sogar Tische und

Stühle aus solidem Silber; in den Kirchen häuften sich silberne und goldene Monstranzen, Kelche, Reliquienschreine und Statuen, und mancher Fürst fühlte sich in der Hoffnung auf die Konfiskation dieser Schätze einer Kirchenreform geneigter. 1458 sah Aeneas Sylvius mit Staunen deutsche Gastwirte Wein und Bier in Silberpokalen auftischen und stellte die rhetorische Frage: «Wo gibt es bei euch ... eine Frau, ich will nicht sagen Edel-, sondern nur Bürgersfrau, die nicht von Golde strahlt? Was soll ich von den Halsketten der Ritter, den Gebissen ihrer Pferde sagen, die von reinstem Golde sind, oder von den vielen Sporen und Degenscheiden, die mit Edelsteinen besetzt sind, und von den Ringen, Gürteln, Harnischen und Helmen, die alle von Golde blitzen?»

An die Stelle der jüdischen Geldverleiher waren große christliche Familienunternehmen wie die Welser, Hochstetter und Fugger getreten, die, alle in Augsburg domiziliert, diese Stadt Ende des fünfzehnten Jahrhunderts zur Finanzkapitale der Christenheit machten. Der erste Fugger, ein Webersohn mit dem Vornamen Johannes, wandte sich dem Tuchhandel zu und hinterließ bei seinem Tod (1409) ein kleines Vermögen von rund 3000 Gulden. Sein Sohn Jakob erweiterte das Geschäft derart, daß er bei seinem Tod (1469) in der Steuerliste Augsburgs an siebenter Stelle figurierte. Unter seinen Söhnen Ulrich, Georg und Jakob II. erlangte das Haus Weltbedeutung, indem es deutschen Fürsten und vor allem den Erzherzögen von Österreich und den Königen von Ungarn große Summen vorschoß, für die ihm als Gegenleistung die Ausbeutung von Bergwerken und die Einkünfte ganzer Städte und Landstriche verschrieben wurden. Diese spekulativen Geschäfte brachten den Fuggern gewaltige Gewinne, so daß sie ums Jahr 1500 zur reichsten Familie Europas geworden waren.

Jakob II., das größte Genie der Familie, war ein wagemutiger, rastlos tätiger und skrupelloser Mann, der jede Einzelheit seiner Geschäfte kannte und sich alle Fortschritte der Fabrikationsmethoden, des Vertriebs, der Buchhaltung und Geldwirtschaft zunutze machte. Die Familienmitglieder zwang er im Interesse des Hauses zu jedem persönlichen Verzicht, andererseits machte er es sich zum Prinzip, keinem Außenseiter ein Mitspracherecht einzuräumen, wie ihn auch keine Freundschaft zu einem Darlehen veranlassen konnte, das nicht im Interesse des Hauses lag. Wiederholt schloß er sich mit anderen Häusern zur Beherrschung gewisser Märkte und zur Festsetzung der Preise zusammen; so kauften Augsburger Häuser 1498 gemeinsam das ganze Kupferangebot auf, um auf dem Kupfermarkt in Venedig den Preis diktieren zu können. 1492 verbanden sich die Fugger «zur Beförderung des Fuggerschen Handels» – wie die alte Familienchronik sagt – durch Heirat mit dem Krakauer Haus Thurzo, um mit ihm gemeinschaftlich die ungarischen Silber- und Kupferbergwerke auszubeuten und für diese Metalle den «höchstmöglichen Preis» zu erzielen. 1488 überließ ihnen Erzherzog Sigismund von Österreich gegen ein Darlehen von 150000 Gulden die gesamte Produktion der Schwazer Silberminen bis zu dessen Rückzahlung. Um 1501 erstreckten sich die Bergbauinteressen des Hauses über Deutschland, Österreich, Ungarn, Böhmen und Spanien. Daneben fabrizierten die Fugger Tuch und handelten mit Seide, Samt, Pelzen, Gewürzen, Zitrusfrüchten, Waffen, Schießpulver und Schmuck, wozu sie einen Schnelltransportdienst und eine private Post einrichteten. 1511, als Jakob II. alleiniges Haupt des Hauses wurde, belief sich sein Vermögen auf 196 791 Gulden; 1527 (zwei Jahre nach seinem Tod) schätzte man es auf 2 021 202 Gulden – was einem Vermögenszuwachs von jährlich fünfzig Prozent in sechzehn aufeinanderfolgenden Jahren entsprach.

Ein Teil dieser Gewinne resultierte aus der Freundschaft der Fugger mit Kaisern und Päpsten. Ulrich Fugger gewährte Friedrich III. Darlehen; Jakob II. war der Hauptbankier Maximilians I. und Karls V.; die ungeheure Ausweitung der habsburgischen Macht im sechzehnten Jahrhundert wurde von den Fuggern finanziert. Trotz mancher Differenzen mit der Kirche wegen der Limitierung des Zinsfußes und der Versuche von Kirchenmännern, einen «gerechten Preis» für Verbrauchsgüter festzusetzen, blieb Jakob ein guter Katholik, der jungen Geistlichen mit Darlehen die Promotion erleichterte und gemeinsam mit Ulrich die Leitung der päpstlichen Fiskalinteressen in Deutschland, Skandinavien, Böhmen und Ungarn innehatte.

In seinen letzten Jahren war Jakob Fugger ebenso hoch geschätzt wie unpopulär. Gute Katholiken nannten ihn einen Wucherer, Adelige waren ihm gram, weil er ihnen Ämter und Macht wegschnappte, Kaufleute neideten ihm seine Handelsmonopole, Protestanten warfen ihm vor, deutsches Geld an die Kurie zu leiten, und die Arbeiter haßten ihn wegen der Mißachtung alter Gebräuche und Rechte. Aber Kaiser und Könige, Prinzen und Kirchenfürsten beehrten ihn mit Gesandtschaften wie einen souveränen Herrscher, und Maximilian erhob ihn zum Reichsgrafen. Aus den Porträts von Dürer, Burgkmair und Holbein d. Ä. blickt er uns als ernster, nüchterner Mann entgegen. Jakob versuchte das Schicksal mit seinem Reichtum zu versöhnen, indem er in Augsburg die berühmte «Fuggerei» errichtete, 106 Häuser für arme katholische Familien*. Zur Aufnahme seiner Gebeine ließ er in der St. Annakirche eine hübsche Kapelle errichten. Er starb beinahe im Geruch der Heiligkeit und hinterließ Millionen von Gulden, aber keine Kinder; das höchste Gut war ihm versagt geblieben.

Jakob II. markiert den Beginn der kapitalistischen Ära Deutschlands. Von nun an beherrschten Privatmonopole den Markt und dominierten die Männer der Hochfinanz über den landbesitzenden Adel. Wie in Flandern und Italien schon ein Jahrhundert früher, war jetzt auch in Deutschland die Tuchindustrie kapitalistisch organisiert; das heißt, sie wurde – ebenso wie der Bergbau – von den Leuten dirigiert, die das Betriebskapital stellten. Im Hochmittelalter hatte Privatbesitz bis zu einem gewissen Grad als eine Verwaltung auf Treu und Glauben gegolten; die Bedürfnisse der Allgemeinheit, die dem Besitzenden Aufstiegsmöglichkeiten und Schutz gewährleistete, hatten dessen Verfügungsrecht wirksam beschränkt. Es mag an dem römischen Recht, das mehr und mehr das alte gemeine Recht verdrängte, gelegen haben, daß die Besitzenden ihren Besitz als absolut zu betrachten begannen und das Recht zu haben glaubten, mit ihm nach Belieben zu schalten. Den Fuggern, Hochstettern und sonstigen «königlichen Kaufleuten» erschien es nicht als Unrecht, alle verfügbaren Vorräte einer Ware aufzukaufen und ihren Preis in die Höhe zu schrauben oder gemeinsam mit anderen die Fabrikation einzuschränken und das Angebot zu verknappen oder auch die Geldeinlagen Dritter so zu

* Die Fuggerei besteht heute noch und berechnet einen Mietzins von 1 DM 72 Pf pro Jahr und Familie.

manipulieren, daß diese zu Schaden kamen. Oftmals ließ ein Kaufmann irgendeine Ware von seinen Leuten schon an den Stadttoren aufkaufen, um innerhalb der Stadt konkurrenzlos zu sein. Ambrosius Hochstetter monopolisierte beispielsweise Quecksilber und erhöhte den Preis um 75 Prozent. Eine deutsche Handelsgesellschaft erwarb vom König von Portugal für 600000 Gulden einen Posten Pfeffer zu einem höheren als dem normalen Preis unter der Bedingung, daß der König allen anderen deutschen Pfefferkäufern noch höhere Preise berechne. Teils durch solche Vereinbarungen und Monopole, teils durch den wachsenden Reichtum und die steigende Nachfrage nach Verbrauchsgütern, teils durch den reichlichen Zufluß von Edelmetallen aus Mitteleuropa und Amerika stiegen zwischen 1480 und 1520 die Preise mit einer Sprunghaftigkeit, wie sie erst wieder in unserem Jahrhundert in Erscheinung getreten ist. Durch Wucher und Habgier, klagte Luther, könne der, der früher von hundert Gulden leben konnte, es jetzt nicht mit zweihundert! Es ist eine schon oft erzählte Geschichte.

Das Mittelalter hatte gewaltige Unterschiede an politischer Macht gekannt; das Zeitalter der Fugger fügte wirtschaftliche Gegensätze hinzu, wie sie Europa seit den Multimillionären und den Sklaven der römischen Kaiserzeit nicht mehr erlebt hatte. In Augsburg und Nürnberg gab es Handelsherren mit ungeheuren Vermögen, von denen einige sich hochtrabende Adelstitel kauften, mit Wappen prunkten und die Verachtung des Uradels mit «herausforderndem Aufwand» heimzahlten. Joachim Hochstetter und Franz Baumgartner gaben für ein einziges Bankett fünftausend Gulden aus und setzten beim Würfeln gelegentlich bis zu zehntausend Gulden. Die verschwenderisch eingerichteten Häuser dieser Handelsherren erregten überall, beim Adel, bei Geistlichen und Arbeitern, Verärgerung. Prediger, Schriftsteller, Revolutionäre und Gesetzgeber wetterten gemeinsam gegen die wucherischen Handelspraktiken. Geiler von Kaisersberg verlangte, man solle sie wie Wölfe austreiben, da sie weder Gott noch Menschen fürchteten und Hunger, Durst und Armut brächten. Ulrich von Hutten unterschied vier Sorten von Räubern: die Kaufleute, die Rechtsgelehrten, die Priester und die Ritter; die Kaufleute seien aber die größten Räuber von allen. Der Reichstag zu Köln ermahnte 1512 die Obrigkeit, mit Eifer und Strenge gegen die wucherischen, Waren aufkaufenden, kapitalistischen Handelshäuser vorzugehen.

> «Vnd nach dem etwa große Gesellschafft in Kauffmanschafften bey kurtzen Jahren im Reich auffgestanden / auch etliche sondere Personen sind / die allerley Wahr vnnd Kauffmans Gůter / als Specerey / Ertz / Wǒllentuch / vnd dergleichen / in ihre Hånd vnd Gewalt allein zubringen vnderstehn / Fůrkauff damit zutreiben / setzen vnd machen ihnen zum Vortheil solcher Gůter den Wårth selbst / ihres Gefallens / fůgen damit dem heiligen Reich / vnnd allen Stånden desselbigen / mercklichen Schaden zu / wider gemein / beschriebene Kåyserliche Recht / vnd alle Ehrbarkeit: Haben wir zu fůrderung gemeines Nutz / vnd der Notturfft nach / geordnet vnd gesetzt / vnd thun das hiemit ernstlich / vnnd wǒllen / daß solche schådliche Handthierung hinfůro verbotten vnnd abseye / vnd sie niemandts treiben oder vben sol.»[1]

Ähnliche Dekrete wurden auch von späteren Reichstagen verabschiedet, blieben aber wirkungslos; manche Gesetzgeber waren selber an den großen Handelshäusern beteiligt, und auch die Organe der Justiz verstand man durch Beteiligungen zu besänftigen; viele Städte zogen zudem aus der Freizügigkeit des Handels großen Nutzen.

Straßburg, Colmar, Metz, Augsburg, Nürnberg, Ulm, Wien, Regensburg, Mainz, Speyer, Worms, Köln, Trier, Bremen, Dortmund, Hamburg, Magdeburg, Lübeck, Breslau waren Mittelpunkte des Gewerbefleißes, des Warenumschlags, des künstlerischen und literarischen Schaffens. Sie alle – und noch siebenundsiebzig weitere – besaßen den Status von freien Reichsstädten, die nur den Kaiser als Oberherrn anerkannten, sich meist durch Gewährung von Darlehen immer größere Freiheitsrechte sicherten und auf den Reichs- und Landtagen durch eigene Gesandtschaften vertreten waren. Nach unserer Terminologie waren sie nach den Prinzipien des heutigen «Wohlfahrtsstaates» organisiert, insofern als Rat und Magistrat die Preise und Löhne und die Erzeugung und den Verkauf von Verbrauchsgütern regelten und die Warenbeschaffenheit kontrollierten, um den wirtschaftlich Schwachen vor Ausbeutung zu schützen und einem jeden die Deckung der minimalen Lebensbedürfnisse zu sichern. Keine dieser Städte zählte über 52000 Einwohner – überschritten wurde diese Zahl erst Mitte des neunzehnten Jahrhunderts –, und zu keiner anderen Zeit vor Goethe war ihr Wohlstand größer. Aeneas Sylvius, dem Nationalstolz sicherlich nicht abgesprochen werden kann, hat sie 1458 mit begeisterten Worten geschildert:

«Wir sagen es frei heraus, Deutschland ist niemals reicher, niemals glänzender gewesen, als heut zu Tage .... Überall in Deutschland sehen wir angebaute Fluren, Getreidefelder, Weinberge, ländliche und vorstädtische Blumen und Obstgärten, überall schöne Gebäude, anmutige Landhäuser, Schlösser auf den Bergen, ummauerte Städte ... Wo gibt es in ganz Europa eine prachtvollere Stadt als Köln mit seinen herrlichen Kirchen, Rathäusern, Türmen und bleigedeckten Gebäuden, seinen reichen Einwohnern, seinem schönen Strom und seinen fruchtbaren Gefilden ringsum? ... Augsburg übertrifft an Reichtum alle Städte der Welt ... In Österreich ist Wien die vorzüglichste Stadt mit wahrhaft königlichen Palästen und Kirchen, die Italien bewundern könnte.»[2]

Augsburg war nicht nur das Finanzzentrum Deutschlands, es war auch der Hauptumschlagsplatz für den Handel mit dem prosperierenden Italien. An der Gründung und Leitung des Fondaco Tedesco zu Venedig, dessen Fresken von Giorgione und Tizian stammten, waren Augsburger Kaufleute maßgeblich beteiligt. Infolge dieser starken Bindung an den Süden fand die italienische Renaissance in Augsburg ein lebhaftes Echo; die königlichen Kaufleute förderten Künstler und Gelehrte, und manch ein Handelsherr zeichnete sich durch Kultur und Bildung, wenn auch nicht durch Sittenstrenge aus. Konrad Peutinger, im Jahre 1493 Stadtsyndikus, war Kaufmann, Diplomat, Gelehrter, Jurist, Latinist, Hellenist und Kunstsammler in einer Person.

In Nürnberg dominierten Kunst und Kunsthandwerk über Fabrikbetrieb und Finanzwesen. Hervortretende Obergeschosse und Erker beschatteten die immer noch mittelalterlich gewundenen Straßen; die Butzenfenster, steil aufragenden Giebel und roten Ziegeldächer bildeten einen malerischen Kontrast zu der von der Pegnitz durchflossenen ländlichen Umgebung. Die Bürgerschaft war zwar nicht so reich wie die von Augsburg, dafür war sie heiter und gemütlich und liebte ausgelassene Zerstreuungen, wie etwa das alljährliche Maskentreiben zur Fastnachtszeit. Die Meistersinger und Hans Sachs waren in Nürnberg zu Hause; hier führte Albrecht Dürer Deutschlands Malerei und Graphik zur höchsten Vollendung, hier schufen die besten Gold- und Silberschmiede nördlich der Alpen kostbare Kirchengefäße, Vasen und Statuetten, hier wurden von den Erzgießern Pflanzen, Tiere und Menschen in tausendfältigen Formen nachgebildet, hier entstanden prächtige geschmiedete Portale, Gitter und Geländer, und die Zahl der Holzschnitzer war so groß, daß man sich fragt, wie sie alle zu existieren vermochten. Die Kirchen wurden zu wahren Kunstmuseen, wetteiferten doch Zünfte, Korporationen und wohlhabende Familien, die Altäre ihrer Schutzpatrone auszuschmücken. Regiomontanus wählte «Nürnberg zum bleibenden Wohnort, ... weil ich dort die Instrumente, besonders die für die Sternkunde unentbehrlichen, bequem vorfinde, und weil ich mit Leichtigkeit Verbindungen nach allen Seiten mit den Gelehrten aller Länder anknüpfen kann; denn jene Stadt darf man wegen der Reisen der Kaufleute für den Mittelpunkt Europas ansehen». Es charakterisiert das damalige Nürnberg, daß Willibald Pirckheimer, sein berühmtester Handelsherr, gleichzeitig ein begeisterter Humanist, Gönner der Künste und treuer Freund Dürers gewesen ist. Erasmus nannte ihn Deutschlands schönste Glorie.

Dann aber brachten die Entdeckungen des Kolumbus und des Vasco da Gama die türkische Herrschaft über das Ägäische Meer und die Kriege Maximilians mit Venedig den Güteraustausch mit Italien aus dem Gleichgewicht, so daß sich die deutsche Ein- und Ausfuhr an die großen, in die Nord- und Ostsee mündenden Flüsse verlagerte, und gleichzeitig wanderten Macht und Reichtum von Augsburg und Nürnberg nach Köln, Hamburg, Bremen und vor allem Antwerpen ab. Als die Fugger und Welser ihre Hauptkontore nach Antwerpen verlegten, beschleunigten sie noch diese Entwicklung. Diese Nordwanderung des Geldes und Handels machte den deutschen Norden von Italien unabhängig und so stark, daß er Luther vor Kaiser und Papst Schutz gewähren konnte. Süddeutschland blieb, vielleicht aus entgegengesetzten Gründen, katholisch.

## II. DAS STAATLICHE GEFÜGE

Wie waren in diesem kritischen Pubertätsstadium Deutschlands die inneren Machtverhältnisse beschaffen?

Die Ritter, die in früheren Zeiten als Vasallen ihrer Landesherren im Bereich ihrer Burgrechte für Ruhe und Ordnung gesorgt hatten, verloren je länger desto mehr an militärischer, wirtschaftlicher und politischer Bedeutung. Die von den Fürsten und Städten besoldeten, mit Feuerwaffen und Geschützen ausgerüsteten Landsknechte mähten die Ritter und deren Knechte samt ihren veralteten Schwertern und Lanzen unbarmherzig nieder; und der kommerzielle Wohlstand trieb Preise und Kosten so in die Höhe, daß der Landbesitz als Machtquelle ins Hintertreffen geriet. Die Städte hingegen errangen den Status der Reichsunmittelbarkeit, und die Fürsten zentralisierten Staatsverwaltung und Justiz. Die Ritterschaft nahm mehrmals Rache, indem sie von ihren Burgen aus die reisenden Kaufleute überfiel und ausraubte, und wenn Kaufleute und Städte protestierten, pochte sie auf das althergebrachte Recht zur ritterlichen Fehde. Commynes beschrieb das Deutschland jener Epoche als von Burgen starrend, aus denen jeden Moment ein «Raubritter» mit seinen Knechten herausbrechen und Kaufleute, Reisende und Bauern ausplündern könne. Es gab sogar Raubritter, die den ausgeraubten Kaufleuten obendrein noch die rechte Hand abschlugen. Götz von Berlichingen, der im Kriegsdienst seines Fürsten selbst die rechte Hand verloren und durch eine eiserne ersetzt hatte, griff im Verein mit seinen ritterlichen Kumpanen sogar Städte wie Nürnberg, Darmstadt, Metz und Mainz an (1512). Einer seiner Freunde, Franz von Sickingen, der Ansprüche an die Stadt Worms zu haben glaubte, verheerte deren Umgebung, bemächtigte sich der Stadträte, folterte den Bürgermeister und entzog sich allen Versuchen kaiserlicher Kontingente, ihn zu fangen; erst als er in den Reichsdienst übernommen wurde, fügte er sich. Zweiundzwanzig süddeutsche Städte – vornehmlich Augsburg, Ulm, Freiburg und Konstanz – und etliche Grafen erneuerten den Schwäbischen Bund (1488); diese und ähnliche Selbsthilfemaßnahmen geboten den Raubrittern Einhalt, bis es schließlich gelang, Privatfehden für ungesetzlich zu erklären; dennoch blieb Deutschland ein Hort sozialer und politischer Unruhe, und am Vorabend Luthers herrschte überall die Gewalt.

Die weltlichen und geistlichen Fürsten verstärkten das Chaos durch ihre schrankenlose Begehrlichkeit, die Uneinheitlichkeit der Münzen und Zölle, die undurchsichtige Rivalität um Macht und Reichtum, den Mißbrauch des römischen Rechts, durch das sie sich auf Kosten der unteren Stände, des Kleinadels und des Kaisers zu unumschränkten Herrschern zu machen suchten. Die großen Geschlechter wie die Hohenzollern in Brandenburg, die Wettiner in Sachsen, die Wittelsbacher in der Pfalz, die Herzöge von Württemberg, von den österreichischen Habsburgern gar nicht zu reden, verhielten sich nicht wie Glieder des Reichs, sondern wie unabhängige Fürsten. Wäre die Autorität der katholischen Kaiser über die deutschen Fürsten größer gewesen, hätte die Reformation vielleicht niedergeschlagen oder doch verzögert werden können; so aber bildete die von vielen Fürsten vollzogene Loslösung von Rom einen weiteren Schritt in der Richtung zur politischen und ökonomischen Souveränität.

Die Schwäche der Reichsgewalt spiegelte sich sogar im Charakter der Kaiser. Friedrich III. (1440–1493) war ein Astrologe und Alchimist, der die Stille seiner Grazer Gärten und Laboratorien so liebte, daß sich unter seiner Regierung Schleswig-Holstein, Böhmen, Österreich und Ungarn vom Reiche lösten. Gegen Ende dieser langen Regierungszeit gelang ihm allerdings ein Meisterstück: Er verlobte seinen Sohn Maximilian mit Maria von Burgund, der Erbin Karls des Kühnen, und als sich dieser 1477 in sein eisiges Grab focht, erbten die Habsburger die Niederlande.

Maximilian I., 1493 zum Kaiser gewählt, aber nie gekrönt, trat die Regierung unter den günstigsten Voraussetzungen an. Das ganze Reich jubelte über seine stattliche Erscheinung und sein ritterlich vornehmes Wesen, seine stets gute Laune, seine Gewandtheit im Turnier und seinen Mut auf der Jagd; es war, als trage ein Italiener der Hochrenaissance Zepter und Krone des Reichs. Sogar Machiavelli findet überaus anerkennende Worte für ihn: «Der Kaiser ist ein vortrefflicher Feldherr, er erträgt jede Strapaze gleich dem Abgehärtetsten, in der Gefahr ist er mutvoll; er hält große Gerechtigkeit in seinem Lande aufrecht ... und besitzt viele andere Eigenschaften des besten Fürsten.» Doch «Max» war in Wahrheit kein großer Heerführer und besaß auch nicht jenen zynischen Intellekt, ohne den ein machiavellistischer Herrscher nicht auskommen kann. Er träumte von der Wiederherstellung der alten Größe des Heiligen Römischen Reichs und suchte ihm die abgefallenen italienischen Reichsteile zurückzugewinnen; er vergeudete seine Kraft mit vergeblichen Einfällen in die Halbinsel, indes sich der praktischer denkende Reichstag weigerte, die Mittel für diese Feldzüge zu genehmigen; er spielte sogar mit dem Gedanken, dem zähen Julius II. die Tiara zu entreißen und die geistliche und weltliche Autorität in seiner Person zu vereinigen; und wie sein Zeitgenosse Karl VIII. von Frankreich entschuldigte er seine territorialen Ambitionen als unerläßliche Vorbedingungen für einen machtvollen Angriff auf die Türken.

Aber sowohl die Reichsverfassung als auch seine eigenen Hilfsmittel verwehrten ihm durchschlagende Unternehmungen; er war außerstande, die Mittel für die erstrebten Endziele zu beschaffen, und zeitweise war er so arm, daß er nicht einmal seine Mahlzeiten zu bezahlen vermochte. Er mühte sich ab, die Leistungsfähigkeit der Reichsverwaltung zu heben, verstieß aber gegen seine eigenen Reformen, und sie starben mit ihm; vor allem aber dachte er viel zu sehr an die Macht des eigenen Hauses. Schließlich, nach zahlreichen kriegerischen Mißerfolgen, griff er des Vaters bewährte Methode auf, suchte sein Glück in diplomatischen Eheschließungen und akzeptierte den Antrag Ferdinands von Aragón-Kastilien, dessen Tochter Juana mit seinem Sohn Philipp zu verheiraten; sie galt zwar als geistesgestört, brachte aber Spanien als Mitgift. 1515 verlobte er seine beiden Enkel Maria und Ferdinand mit den Kindern des Königs Ladislaus von Böhmen und Ungarn, Ludwig und Anna. Ludwig fiel bei Mohács (1526), Ferdinand wurde König von Böhmen und (soweit es die Türken erlaubten) von Ungarn, womit die Macht der Habsburger ihren Kulminationspunkt erreichte.

Maximilian liebte die Musik und erwies sich als großzügiger Förderer der Dichtung, Kunst und Wissenschaft. Er befaßte sich persönlich mit Geschichte, Mathematik und Sprachen; wie uns gesagt wird, sprach er Deutsch, Lateinisch, Italienisch, Französisch, Spanisch, Flämisch, Wallonisch und Englisch und verständigte sich bei einem Feldzug mit sieben ausländischen Befehlshabern in deren Muttersprachen. Zum Teil danken es die Deutschen seinen Beispiel, daß aus den süd- und norddeutschen Dialekten eine gemeinsame Schriftsprache hervorging, die in der Sprache der Reichskanzlei, der Luther-Bibel und der deutschen Literatur ihren Niederschlag fand. In den Kriegspausen versuchte er sich sogar selbst als Schriftsteller und hinterließ neben Monographien über Heraldik, Schießwesen, Architektur und Jagd eine Selbstbiographie. Eines seiner Projekte galt einer repräsentativen Sammlung von *monumenta* – Inschriften und Erinnerungsstücken – aus der deutschen Vergangenheit; doch auch dazu fehlten die Mittel. Den Heiligen Stuhl drängte er zu einer Kalenderreform, die erst achtzig Jahre später Wirklichkeit wurde. Die Wiener Universität erweiterte er durch neue Lehrstühle für Mathematik, Jurisprudenz und Kunstwissenschaft, so daß sie für eine Weile zum Mittelpunkt der europäischen Forschung wurde. Unter den dort wirkenden Humanisten verdient Konrad Celtes besondere Hervorhebung; die mit Maximilians Genehmigung eröffnete Akademie für Dichtung und Mathematik war sein

Werk. Humanisten wie Peutinger und Pirckheimer standen hoch in kaiserlicher Gunst; der umstrittene Reuchlin wurde sogar zum Pfalzgrafen erhoben. Peter Vischer, Veit Stoß, Burgkmair, Dürer und viele andere arbeiteten für Maximilian, der Peter Vischer das große Grabmal in Innsbruck in Auftrag gab, für das dieser die schönen Bildnisse Theoderichs und Arthurs schuf; leider blieb das Werk nach des Kaisers Tod unvollendet. Wäre Maximilian so groß gewesen wie seine Pläne, so hätte er es einem Alexander und Karl dem Großen gleichgetan.

Aus seinem letzten Lebensjahr besitzen wir Dürers schonungsloses Porträt, das einen müden, enttäuschten, von der erbarmungslosen Zeit besiegten Mann zeigt. «Mir ist auf der Welt keine Freude mehr», jammerte dieses einst so heitere Gemüt, um mit der Klage zu enden: «Armes deutsches Land!» Sein Mißerfolg war gar nicht so groß, wie er glaubte. Deutschland und das Reich waren (und sei es auch nur durch den ökonomischen Fortschritt) unter seiner Regierung wesentlich erstarkt. Die Bevölkerung hatte zugenommen und die Bildung breitere Schichten erfaßt; Wien stand im Begriff, ein zweites Florenz zu werden; und sein Enkel, der halb Westeuropa erben sollte, wurde zum mächtigsten Herrscher des christlichen Abendlandes.

## III. DIE DEUTSCHEN: 1300–1517

Man geht wohl nicht fehl, wenn man die Deutschen als das gesündeste, vitalste und kraftstrotzendste Volk im damaligen Europa bezeichnet. Wolgemut und Dürer, Cranach und Holbein zeigen sie uns als muskelstarke, stiernackige Männer mit runden Schädeln, die, mit Löwenherzen ausgestattet, bereit scheinen, die Welt zu verschlingen und mit Bier hinunterzuspülen. Wie die schrecklichen Folterinstrumente aus jener Zeit beweisen, konnten sie grausam sein; sie waren aber auch gutmütig und großherzig und gaben ihrem religiösen Fanatismus nur selten blutigen Ausdruck; die Inquisition war verpönt und wurde im allgemeinen nicht geduldet. Ein derbes, aber fröhliches Volk, erlaubten sie es ihrer Sinnlichkeit, allzu herbe Formen der Frömmigkeit zu mildern; ihr eher robuster Geist neigte mehr zu handgreiflichem Schabernack als zu trokkenem Witz; er nahm der Logik den Stachel, der Schönheit den Schmelz und ließ weder das Raffinement der Franzosen noch die Eleganz der Italiener aufkommen. Ihre magere Renaissance blieb im Bibelstadium stecken; andererseits war ihr Denken von einer solchen Emsigkeit, gradlinigen Hartnäckigkeit und Robustheit, daß es sie in den Stand setzte, den Bruch mit Rom zu vollziehen und – später – die größten Wissenschaftler in der Geschichte hervorzubringen.

Im Vergleich zu anderen Völkern liebten sie Reinlichkeit und badeten geradezu mit Leidenschaft. Sogar auf dem Land besaß jedes bessere Haus eine Badestube. Die zahlreichen öffentlichen Badestuben dienten, wie im alten Rom, zu allen möglichen Zwekken; man konnte Haar und Bart pflegen lassen; es gab verschiedene Formen der Körpermassage; man trank und würfelte und fand Gelegenheit, die eheliche Monotonie zu unterbrechen. Meist badeten, wenn auch züchtig bekleidet, beide Geschlechter zusammen; da aber keine Vorschriften die Anknüpfung von Liebeständeleien verwehrten, berichtete ein italienischer Gelehrter 1417 über Baden-Baden: «In der ganzen Welt gibt es keine Bäder, die der Fruchtbarkeit der Frauenzimmer günstiger wären.»

Des Puritanismus kann man die damaligen Deutschen nicht beschuldigen. Unterhaltung, Korrespondenz, Literatur und Humor scheinen uns Heutigen vielleicht etwas derb, doch das gehörte zu ihrer körperlichen und seelischen Robustheit. Alle Jahrgänge tranken reichlich; der Jugend mangelte es keineswegs an erotischer Erfahrung; und Erfurt war nach des sittenstrengen Luther Auffassung «nichtes besser gewest dann ein hurhauß vnnd bierhauß» (1501). Die deutschen Fürsten, geistliche wie weltliche, hielten – wie die Kirchenväter Augustinus und Thomas von Aquin – die Prostitution für unerläßlich, wenn man nicht sämtliche Frauenzimmer der Verführung und Vergewaltigung aussetzen wollte. Die Frauenhäuser waren regelrecht konzessioniert und besteuert; zu den Leuten, die aus solchen Häusern Einkünfte bezogen, gehörten auch die Bischöfe von Straßburg und Mainz, und dem Grafen von Hennegau verlieh der Bischof von Würzburg das städtische Frauenhaus sogar als Pfründe. Einem vornehmen Gast die einschlägige städtische Institution zur Verfügung zu stellen, bildete einen obligatorischen Bestandteil der Gastfreundschaft, und König Sigismund sprach den Städten Bern (1414) und Ulm (1434) für die gute Erledigung dieser Gastgeberpflicht öffentlich seinen Dank aus. Ab und zu etablierten sich nicht bewilligte «Winkelhäuser»; so beschwerten sich 1492 die konzessionierten Nürnberger Dirnen beim Bürgermeister über die unlautere Konkurrenz; 1508 erhielten sie Erlaubnis, ein Winkelhaus zu stürmen. Der Moralkodex des spätmittelalterlichen Europa verzieh den Verkehr mit Dirnen als eine normale, läßliche Sünde. Das Wüten der Syphilis mag dazu beigetragen haben, eine Todsünde daraus zu machen.

Die Ehe diente wie überall der Vermögenskonsolidierung. Die Liebe betrachtete man als das natürliche Ergebnis der Ehe, nicht als vernünftigen Grund zur Heirat. Mit der Verlobung waren nicht weniger bindende rechtliche Folgen verknüpft als mit der Hochzeit. Diese wurde in allen Schichten feierlich und kostspielig begangen, die Festlichkeiten dauerten bis zu zwei Wochen, und die Beschaffung eines Gatten war ebenso teuer wie die Erhaltung einer Frau. Theoretisch galt der Mann als unumschränkter Herr des Hauses: Das galt jedoch mehr in bezug auf die Geschäfte als in bezug auf die Zunge; wir wissen, daß Frau Dürer ihrem Hausherrn allerlei zu sagen hatte. Die Nürnberger Frauen besaßen Unerschrockenheit genug, um Kaiser Maximilian halbnackt aus dem Bett zu ziehen, ihm einen Mantel überzuwerfen und ihn zum nächtlichen Tanz auf die Straße zu schleppen. Im vierzehnten Jahrhundert sollen – alten Überlieferungen zufolge – die Männer der oberen Stände vor längeren Abwesenheiten ihre Frauen in Keuschheitsgürtel geschlossen und den Schlüssel mitgenommen haben. Man findet Spuren dieser Sitte in Venedig und im sechzehnten Jahrhundert auch in Frankreich; doch die wenigen wirklich als authentisch erscheinenden Fälle dürften sich so abgespielt haben, daß die Frau oder Geliebte den Gürtel freiwillig anlegte und den Schlüssel dem Mann oder Geliebten als eine Art von Garantie der ehelichen oder Liebestreue mitgegeben hat.

Die Fruchtbarkeit der Ehen ließ nichts zu wünschen übrig. Nach einer Erfurter Chronik galten acht bis zehn Kinder als normal; und fünfzehn Kinder waren keine Seltenheit. Die meisten vorehelichen Kinder wurden nach der Eheschließung in den Haushalt des Vaters aufgenommen. Im fünfzehnten Jahrhundert begann man sich Familiennamen zuzulegen, die häufig vom Beruf der Vorfahren oder vom Ort der Herkunft abgeleitet, manchmal aber auch aus der Laune eines Augenblicks geboren wurden und dann für immer haftenblieben. Die häusliche Ordnung und die Schuldisziplin waren festgefügt und streng; selbst der spätere Kaiser Max mußte sich manche Tracht Prügel gefallen lassen; es scheint aber außer den Eltern und den Lehrern niemandem geschadet zu haben. Um 1500 besaßen die Deutschen die bequemsten Häuser Europas mit breiten Treppen, stabilen Geländern, bunten Glasfenstern, tapezierten Wänden, massiven Möbeln, Polstersitzen, geschnitzten Truhen und Schränken, Himmelbetten, Teppichen, mächtigen Kachelöfen und Borden voller Bücher, Musikinstrumente, Silbergeschirr und Blumen, während die Küchen mit blitzendem Gerät für festliche Gelegenheiten prunkten.

Da die meisten Häuser Holzfassaden aufwiesen, gab es viele Brände. Erker und mit Fenstern versehene Balkone beschatteten die Gassen. Eines Kopfpflasters rühmten sich nur die Hauptverkehrsstraßen der größeren Städte. Die Straßenbeleuchtung beschränkte man auf Festtage; für gewöhnlich war es unratsam, nachts im Freien zu lustwandeln. Kleine Diebe und ähnliche Missetäter rivalisierten an Zahl mit den die Straßen bevölkernden Schweinen und Kühen. Eine reguläre Polizei kannte man nicht; man verließ sich zur Abschreckung auf drakonische Strafen. Für Raub drohte der Galgen, ein gewöhnlicher Diebstahl kostete mindestens ein Ohr, Gotteslästerung die Zunge, heimlich nach Nürnberg zurückgekehrte Verbannte wurden mit glühenden Eisen geblendet und Gattenmörderinnen lebendig begraben, sofern sie nicht mit glühendroten Zangen gezwickt und aufgeknüpft wurden. Unter den in der Nürnberger Burg vormals zur Schau gestellten Folterinstrumenten befanden sich Truhen, mit scharfen Steinen gefüllt, die das Opfer zermalmten, ferner Folterbänke zur Streckung der Glieder, Kohlenbecken zur Röstung der Fußsohlen und Marterbetten, deren spitze Eisenstacheln dem Opfer jede Lust zum Sitzen, Liegen und Schlafen nahmen, schließlich die «verfluchte» oder «eiserne» Jungfrau, die den Unglücklichen mit stachelbewehrten Armen empfing, um ihn durchbohrt, blutig und zerschlagen in eine Grube fallen zu lassen, wo ihn rotierende Messer und scharfe Eisenspitzen endgültig zu Tode quälten.

Die Aufopferung der Moral auf dem Altar des Geldes blühte wie überall und zu jeder Zeit; der Mammon, nicht der Mensch, galt als Maßstab aller Dinge. So gut wie jedermann war käuflich, und am käuflichsten waren die an der Spitze. Vom weitverbreiteten Übel der Warenverfälschung schreckte nicht einmal das Schicksal zweier Nürnberger Weinpanscher ab, die 1456 lebendig begraben wurden. Dieselben geldgierigen Bürger gaben aber gleichzeitig große Summen für mildtätige Zwecke. Luther schrieb einmal, in päpstlichen Zeiten hätten die Menschen freudig, mit beiden Händen und aus vollem Herzen gespendet, es habe damals Almosen, Stiftungen und Vermächtnisse nur so geschneit und Fürsten und Könige, große Herren und gemeine Leute hätten reichlich, ja im Überfluß Kirchen, Pfarreien, Freiplätze und Spitäler bedacht. Daß viele wohltätige Legate nicht mehr kirchlichen Institutionen, sondern den Stadtmagistraten zur Verteilung an die Armen gegeben wurden, war ein Symptom für die fortschreitende Verweltlichung.

Der Übergang der wirtschaftlichen Vormachtstellung vom Geburtsadel auf den neuen Geldadel hatte in ganz Westeuropa eine Verrohung der Sitten im Gefolge. In Deutschland entwickelte sich die Trunksucht zu einem Nationallaster, das Luther wie Hutten bekämpften, obschon dieser «die betrügerischen Italiener, die diebischen Spanier und die hochmütigen Franzosen» noch schlimmer fand. Zum Teil mag diese Trinklust von den scharfgewürzten Speisen hergerührt haben. Tischmanieren gab es sozusagen keine; man aß immer noch mit den Fingern; noch im sechzehnten Jahrhundert prangerte ein Prediger die Verwendung der – schon seit dem vierzehnten Jahrhundert auch in Deutschland bekannten – Gabeln als Verstoß gegen den göttlichen Willen an, denn Gott «hätte uns keine Finger gegeben, wenn er gewollt hätte, daß wir Gabeln benutzen».

Die Kleidung variierte je nach Stand. Die Arbeiter begnügten sich mit Mütze oder Filzhut, kurzer Bluse und einer Hose, die über die kniehohen Stiefel fiel oder hineingestopft wurde. Die mittleren Stände fügten eine Weste und einen pelzverbrämten Umhang hinzu. An der Spitze lieferten sich Stammbaum und Dukaten einen erbitterten Kampf der Eitelkeit. Die Kopfbedeckungen der Männer, mächtige Aufbauten aus teuerstem Tuch, waren mit Federn, Bändern, Perlen und Gold garniert, und man trug seidene Hemden zu einer leuchtend bunten, mit Pelz gefütterten und manchmal silberdurchwirkten Oberkleidung. Die reichen Damen prunkten mit goldenen Kronen oder goldbestickten Hauben und Goldfäden im Haar; bescheidenere Frauen begnügten sich mit Musselintüchern, die sie unter dem Kinn zusammenbanden. Geiler von Kaisersberg behauptete, die Garderobe einer eleganten Dame koste bis zu 4000 Gulden. Die Männer rasierten das Kinn, hatten aber langes Haar; man beachte Dürers stolze Locken und Maximilians Phantasiefrisur. Ringe bewiesen oder beanspruchten wie heute Distinktion. Konrad Celtes erwähnte einmal, die Mode wechsle in Deutschland rascher als anderswo. Bei großen Festlichkeiten stellte die Pracht der Männer manchmal die der Frauen in den Schatten.

Anlässe, sich der Arbeit und den Zehn Geboten feiernd zu entziehen, gab es viele. Weihnachten wurde trotz seines heidnischen Ursprungs noch christlich begangen, denn der Christbaum kam erst im siebzehnten Jahrhundert auf. Das Namensfest des Schutzpatrons einer Stadt oder eines Dorfes beging man mit der «Kirmes» (vom holländischen *kerk*, Kirche, und *mis*, Messe, abgeleitet); man tanzte auf der Straße und gab sich einer so ausgelassenen Fröhlichkeit hin, daß kein Heiliger dem Treiben hätte Einhalt gebieten können. An einigen Orten wie Metz, Köln, Aachen (1374) und Straßburg (1412) steigerte sich das Tanzfieber bis zur Besessenheit. Am Veitstanz Leidende, die sich von Dämonen befallen glaubten, hofften offenbar, sie dadurch auszutreiben, daß sie bis zur Erschöpfung tanzten, was ja manche junge Wahnsinnige heute noch tun. Den Älteren boten die Jagd und die allmählich aussterbenden Turniere Ventile für ihre Energie. Beide Geschlechter liebten das Reisen, wozu ein entfernter Wallfahrtsort oftmals den Vorwand lieferte, und niemand ließ sich durch steinige Straßen, schmutzige Herbergen, stoßende Karossen, schaukelnde Sänften und unbequeme Sättel von seinem Vergnügen abhalten. Wer Vernunft hatte und es ermöglichen konnte, reiste lieber per Schiff auf Rhein, Elbe und Donau. Um 1500 verkehrte zwischen den größeren Städten eine öffentliche Post.

So sehen wir alles in allem ein Volk von einer Lebenskraft und einem Wohlstand, das die Sprengung der alten Feudalordnung und der römisch-kirchlichen Bevormundung geradezu gebieterisch verlangte. Trotz der Zersplitterung in zahlreiche Herrschaften gab es ein allen gemeinsames deutsches Nationalgefühl, das übernationalen Kaisern und Päpsten Trotz bot. Die Reformation hat beide, das Heilige Römische Reich und das Papsttum, überwunden; in dem fünfzehnhundertjährigen Ringen zwischen Germanen und Romanen neigte sich der Sieg wiederum, wie schon einmal im fünften Jahrhundert, dem Norden zu.

## IV. DAS REIFEN DER DEUTSCHEN KUNST

Daß die deutsche Nation mündig geworden war, offenbarte sich zuerst in der Kunst. So erstaunlich es klingt, so ist es doch eine Tatsache, daß im Zenit der italienischen Renaissance – in den Jahren zwischen der Geburt Leonardos (1452) und dem Tode Raffaels (1520) – deutsche Künstler um ihrer Vortrefflichkeit auf allen Gebieten künstlerischer Betätigung willen in ganz Europa gesucht waren – seien es Holzschnitzer, Gold- und Silberschmiede, Erzgießer, Stecher, Maler, Bildhauer, Baumeister. Gewiß spricht aus einer Briefstelle Felix Fabris vom Jahre 1484 der von Parteilichkeit nicht freie Patriot: «Wenn jemand ein vortreffliches Werk in Erz, Stein oder Holz geliefert haben will, so übergibt er es einem Deutschen. Ich habe deutsche Goldschmiede, Juweliere, Steinmetzen und Wagner unter den Sarazenen Wunderdinge machen sehen; sie übertrafen die Griechen und Italiener an Kunst.» Aber fünfzig Jahre später traf, nach einem Ausspruch des Italieners Paolo Giovio, diese Feststellung offenbar immer noch zu: «Die Deutschen bringen die höchsten Künste hervor, und wir schläfrige Italiener müssen um gute Werkmeister nach Deutschland schicken.» Wir finden deutsche Architekten in Florenz, Assisi, Orvieto, Siena, Barcelona sowie in Mailand, wo sie den Dombau vollendeten. Veit Stoß eroberte Krakau, Dürer wurde in Venedig mit fürstlichen Ehren empfangen, Holbein d. J. gewann England im Sturm. Die große Zeit der kirchlichen Baukunst, die im dreizehnten und vierzehnten Jahrhundert ihren Höhepunkt erreicht hatte, war freilich vorbei. Immerhin errichtete München jetzt, und zwar innerhalb einer einzigen Generation, seine spätgotische Frauenkirche (1468–1488) und das Alte Rathaus (1470–1488). Die zwei ersten Jahrzehnte des sechzehnten Jahrhunderts sahen die Einwölbung des Chors im Dom zu Freiberg in Sachsen, die Vollendung der Laurentiuskapelle des Straßburger Münsters, die Errichtung der Fuggerkapelle in St. Anna zu

Augsburg und den Bau des «Chörleins», des berühmten Erkers am Pfarrhof von St. Sebald in Nürnberg. Die bürgerliche Architektur brachte zur selben Zeit jenen im alpenländischen Teile Deutschlands heute noch gebräuchlichen Wohnhaustyp hervor, der mit seinem roten Ziegeldach, den holzgezimmerten oberen Stockwerken, den blumengeschmückten Balkonen und breit ausladenden Dächern nicht nur einen anmutigen Anblick, sondern auch Schutz gegen die Unbilden des rauhen Klimas bot.

Die Skulptur erlebte eine nie dagewesene Blüte. Deutschland brachte damals eine Reihe «kleinerer» Meister hervor, die heute zum Teil zu den Sternen erster Größe gezählt werden: Nicolaus Gerhaert, Hans Leinberger, Tilman Riemenschneider, Hans Bachoffen und manche andere. Nürnberg allein sah in einer Generation drei Meister, wie sie in so kurzer Zeitspanne kaum eine Stadt in Italien aufzuweisen hatte. Für die Laufbahn von Veit Stoß wurden zwei Städte bedeutungsvoll. In Nürnberg herangewachsen, wo er sich als Brückenbauer, Ingenieur, Baumeister, Kupferstecher, Bildner und Maler hervortat, wanderte er mit dreißig Jahren nach Krakau aus und schuf dort im holzgeschnitzten Hochaltar der Marienkirche sein Bestes in jenem leidenschaftlich bewegten spätgotischen Stil, der dem frommen und zugleich feurigen Empfinden der Polen so gut entsprach. Als vermögender Mann kehrte er (1496) nach Nürnberg zurück, wo er sich ein Haus baute und eine zweite Frau nahm, die ihm zu seinen acht Kindern aus einer ersten Ehe fünf weitere schenkte. Auf der Höhe seines Ruhms geriet er mit dem Gesetz in Konflikt, weil er, vielleicht unwissentlich, bei der Fälschung einer Urkunde mitgeholfen hatte. Der Rat ließ ihn an beiden Wangen brandmarken und verbot ihm, Nürnberg je wieder zu verlassen. Später erlangte er durch Kaiser Maximilian seine Rehabilitierung und die Wiedereinsetzung in seine bürgerlichen Rechte (1506), blieb aber bis zum Ende seines peinvoll langen Lebens ein Ausgestoßener. 1517 schnitzte er für die St. Lorenzkirche eine große, die Verkündigung darstellende Gruppe aus Lindenholz, den *Englischen Gruß*, der unter den Werken der Holzbildnerei mit zu denen gehört, die der Vollkommenheit am nächsten kommen. Er umgab die Gestalten Marias und des Engels mit einer Rosengirlande, fügte einen Rosenkranz darum, belebte das Oval mit sieben Medaillons, die sieben Freuden der Jungfrau darstellend, und krönte das Ganze mit einer schlichten Gottvatergestalt. Dieses zerbrechliche Kunstwerk wurde unter der Wölbung des Chorraums von St. Lorenz aufgehängt und schwebt heute noch dort als kostbares Vermächtnis aus Nürnbergs goldenen Tagen. Die St. Sebaldkirche erhielt von des Meisters Hand einen *Christus am Kreuz* (1520), der in der Geschichte der Holzskulptur unübertroffen geblieben ist. Im gleichen Jahr verschaffte ihm sein Sohn Andreas, Prior der Nürnberger Karmeliter, einen Auftrag zur Herstellung eines Altars für die Obere Pfarrkirche in Bamberg (jetzt im Dom daselbst). Während er noch mit dieser Arbeit beschäftigt war, trat Nürnberg zur Reformation über, Andreas wurde, weil er dem alten Glauben treu blieb, seiner Würde enthoben, und da Veit selbst weiterhin dem Glauben anhing, der seine Kunst bis dahin inspiriert hatte, stellten seine Auftraggeber ihre Zahlungen ein, und der *Bamberger Altar* blieb unvollendet. Stoß verbrachte seine letzten zehn Jahre in Blindheit und trostloser Vereinsamung; seine beiden Frauen waren ihm weggestorben, seine Kinder vernachlässigten ihn, und seine Zeitgenossen nahmen viel zu leidenschaftlich Anteil an den Auseinandersetzungen der streitenden Religionsparteien, als daß ihnen bei seinem Tode (1533) bewußt geworden wäre, daß sie den größten Holzbildner aller Zeiten verloren hatten.

In derselben Stadt und zu derselben Zeit wirkte der Erzgießer Peter Vischer d. Ä., der auf seinem Gebiet ebenso Vortreffliches leistete, dessen Leben aber viel ruhiger und harmonischer verlief. Er hat sich selbst in einer Nische des Sebaldusgrabes, seines Hauptwerkes, in der gleichnamigen Kirche als kleinen, beleibten, bärtigen Mann von ernstem, biederem Ausdruck, mit einem Schurzfell bekleidet, Hammer und Meißel in Händen, abgebildet. Er und seine fünf Söhne arbeiteten elf Jahre (1508–1519) an diesem Werk, einem Erzschrein, der zur Aufnahme des Sarkophages von Nürnbergs Lokalheiligem bestimmt war. Das Unternehmen verschlang viel Geld, und die Arbeit daran mußte sogar eine Zeitlang aus Mangel an Mitteln eingestellt werden, bis ein Aufruf Anton Tuchers die Bürgerschaft zur Hergabe der benötigten weiteren 800 Gulden bewegte. Dieses Meisterwerk hat auf den ersten Blick nichts Bestechendes; es scheint bei einem Vergleich etwa mit dem Tabernakel der Brüder Orcagna im Or San Michele in Florenz nicht besonders gut abzuschneiden; die Schnecken und Delphine, auf denen die Fußplatte des Gehäuses ruht, wirken als Träger einer solchen Riesenlast eher unwahrscheinlich. Aber bei näherem Hinsehen enthüllt sich eine erstaunliche Vollkommenheit der einzelnen Teile. Der im Schrein eingeschlossene Silbersarkophag ist auf den vier Seiten mit Reliefdarstellungen, Wundern des Heiligen, geschmückt. Rundherum steigen Bronzepfeiler, mit Renaissanceornamenten in feinster Arbeit besetzt, empor und vereinigen sich zu einem von zartestem Spitzengekräusel aus Metall überzogenen, in drei Kuppeln gewölbten gotischen Baldachin. Rund um die Fußplatte, an den Sockeln, den Pfeilern und in den Nischen hat der Meister mit seinen Gehilfen einen ganzen Kosmos von heidnischen, jüdischen und christlichen Figuren hingezaubert: Tritonen, Zentauren, Nereiden, Sirenen, Musen, Faune, Herkules, Theseus und Samson, die Propheten, Jesus, die Apostel sowie musizierende oder sich mit Löwen und Hunden balgende Putten. Während einige Figuren noch einen gewissen Schliff vermissen lassen, tritt in manch anderen eine Meisterschaft zutage, die sie den Werken Ghibertis und Donatellos an die Seite rückt, und das Ganze ist von bestrickender Lebendigkeit und Naturtreue. Die Gestalten der vier Apostel Petrus, Paulus, Matthäus und Johannes brauchen den Vergleich mit den gemalten Dürerschen Aposteltafeln, die etwa sieben Jahre später ebenfalls in Nürnberg entstanden, nicht zu scheuen.

Zeitgenössischen Berichten zufolge versäumte in jenen zwei ersten Dekaden des sechzehnten Jahrhunderts kein Fürst oder Potentat, wenn er nach Nürnberg kam, Peter Vischers Gießhütte einen Besuch abzustatten, und die Nachfrage nach den Erzeugnissen seiner Werkstatt war äußerst rege. Zahlreiche Kirchen rühmten sich des Besitzes von Werken seiner Hand, vom großen Messingkandelaber in St. Lorenz bis zum Grabmal Kaiser Maximilians in Innsbruck. Peters fünf Söhne, von denen ihm freilich zwei in den Tode vorangingen, führten die Werkstatt weiter; von Hermann Vischer d. J. stammt unter anderem das prachtvolle Bronzeepitaph für Kardinal Casimir im Dom zu Krakau.

Wie die Vischer als Erzgießer und Veit Stoß als Holzbildner, so brachte Adam Krafft es als Steinmetz unter den zeitgenössischen Künstlern zu hoher Meisterschaft. Die deutschen Chronisten der damaligen Zeit wissen von der Freundschaft zu berichten, die ihn, Peter Vischer d. Ä. und Sebastian Lindenast (der die Figuren der Kurfürsten an der Uhr der Münchner Frauenkirche entwarf) zusammenband: «Sie waren wie Brüder. Jeden Freitag bis in ihr hohes Alter kamen sie zusammen und beschäftigten sich gleich Lehrjungen mit praktischen Studien, wie die Zeichnungen verraten, die sie uns von ihren Zusammenkünften hinterlassen haben. Dann trennten sie sich, ohne an Essen oder Trinken gedacht zu haben.» Geboren wahrscheinlich im selben Jahr wie Peter Vischer (1460?), glich Adam Krafft diesem auch in seiner Einfachheit, Biederkeit, Frömmigkeit und seiner Vorliebe für das Selbstbildnis. 1492 fertigte er für die Sebalduskirche das Grabmal Sebastian Schreyers mit Darstellungen der Passionsgeschichte und der Auferstehung an, die so trefflich ausfielen, daß ein reicher Nürnberger Handelsherr, Hans Imhoff, ihn mit der Schaffung eines Ciboriums – eines Altarüberbaus zur Aufnahme des geweihten Brotes – für die St. Lorenzkirche betraute. So entstand als schlankes Tabernakel in spätgotischen Formen das vielbewunderte *Sakramentshäuschen*, ein wahres Märchengebilde aus zartestem Steinfiligran, das, nach oben sich verjüngend, in mehreren Stockwerken zu einer Höhe von rund zwanzig Metern aufsteigt und in einer anmutig geschweiften Spitze, ähnlich einem bischöflichen Krummstab, endet. Die Pfeiler sind von Heiligengestalten bevölkert, die Wandflächen mit Reliefdarstellungen des Christuslebens geschmückt, die Türen des Häuschens werden von Engeln bewacht, und vier kauernde Figuren tragen auf ihren Schultern das Wunderwerk – Abbilder Adam Kraffts und dreier Gesellen; das Selbstbildnis zeigt den Meister in ungeschmeichelter Naturtreue in abgetragenem zerrissenem Arbeitsgewand, mit verarbeiteten Händen, struppigem Bart, das breite Gesicht aufwärts gewendet, mit angespanntem Ausdruck auf sein Werk und dessen Ausführung bedacht. Nach Beendigung dieses exquisiten Meisterwerkes nahm Krafft sein Lieblingsthema, die Passion, noch einmal auf in den sieben in Sandstein gehauenen Reliefdarstellungen der *Kreuzwegstationen*, von denen sich heute sechs im Germanischen Nationalmuseum zu Nürnberg befinden; unter ihnen ist die *Grablegung* mit ihrer mutigen Hinwendung zum Realismus ein Beispiel jener für Deutschland ganz charakteristischen Kunstauffassung, die es auch ohne Idealisierung fertigbrachte, Frömmigkeit und Gottvertrauen auszudrücken.

An Stimmung und Themenkreis des Mittelalters wurden von den Kleinkünstlern vorläufig noch festgehalten. Die Buchmalerei war immer noch so begehrt, daß die Miniaturisten sich in blühenden Zünften zusammenschließen konnten. Überragende Künstlerpersönlichkeiten wie Dürer und Holbein schufen bereitwillig Entwürfe für farbige Glasfenster. Während die Glasmalerei in Frankreich und England im Niedergang begriffen war, erreichte sie jetzt in Deutschland ihren Höhepunkt. St. Lorenz zu Nürnberg, das Ulmer Münster und der Kölner Dom erhielten damals ihre weltberühmten Glasfenster, und nicht nur Kirchen, sondern auch Schlösser, Zunfthäuser, ja selbst gewöhnliche Bürgerhäuser wiesen oftmals solche auf. Städte wie Nürnberg, Augsburg, Köln, Mainz durften mit Stolz auf das rege künstlerische Leben in ihren Mauern hinweisen. Hier wirkten Erzgießer, aus deren Werkstätten die schönsten Kandelaber, Fackelhalter, Taufbecken, Kannen, Schüsseln, Schlösser, Grabplatten hervorgingen; Goldschmiede, deren Arbeiten, vom

Eßlöffel bis zum Altaraufsatz, in ganz Europa hoch geschätzt waren; Weber, unter deren geschickten Händen Teppiche, Wandbehänge, Kirchengewänder und die reichgewirkten Stoffe für die Kleidung der patrizischen Oberschicht entstanden; Stickerinnen, die sich Augen und Hände mit der Arbeit an seiden- und goldgestickten Meßgewändern und Altardecken verdarben. Nie hatte es bessere Bildschnitzer gegeben; Michael Wolgemut leistete nicht nur als Maler Hervorragendes, wie zwei Fenster in der St. Lorenzkirche beweisen, sondern schuf auch eine Reihe von meisterlichen holzgeschnitzten Altartafeln und unterrichtete daneben Albrecht Dürer, der weit über seinen Lehrer hinauswachsen sollte.

Die graphischen Verfahren, Holzschnitt und Kupferstich, reiften im Laufe des fünfzehnten Jahrhunderts zu vollwertigen künstlerischen Darstellungsmitteln heran, die neben der Malerei einen ebenbürtigen Platz behaupteten und von den bedeutendsten Meistern geübt wurden. Unter Martin Schongauer erreichte der Kupferstich eine neue Stufe der Vollendung; gewisse Blätter von ihm, wie die *Geißelung Christi*, die *Große Kreuztragung*, *Johannes auf Patmos*, die *Versuchung des heiligen Antonius*, gehören mit zum Größten, was auf diesem Gebiet je geschaffen worden ist. Holzschnitt und Kupferstich wurden bald als handliche Mittel zur Illustration von Büchern erkannt und verdrängten rasch die Illuminierung. Von allen berühmten Gemälden der zeitgenössischen Meister wurden in der einen oder anderen Technik Vervielfältigungen hergestellt, die zu Hunderten durch Buchkrämer, auf Messen und bei Festlichkeiten Absatz fanden. Als besonders fruchtbar auf diesem Gebiet erwies sich der Niederländer Lucas van Leyden, der mit vierzehn Jahren seinen ersten bedeutenden Stich, *Mohammed und der getötete Mönch*, mit sechzehn seinen großen *Ecce-homo*-Stich (1510) schuf und dem mit einem gestochenen Bildnis Kaiser Maximilians etwas nahezu Vollkommenes gelang. Eine Abart des Kupferstichs war die aus dem Ätzkunstverfahren hervorgegangene Radierung. Bei diesem ursprünglich zur Verzierung von Harnischen angewendeten Verfahren überzog man die Oberfläche des Metalls mit einer wachsartigen Masse, in die mit einer spitzen Stahlnadel die Linien der Zeichnung gegraben wurden; beim Übergießen mit einer Säure wurde an den durch die Radiernadel bloßgelegten Stellen die Zeichnung in das Metall eingeätzt. Nunmehr fand dieses Verfahren auch zur Wiedergabe bildlicher Darstellungen auf Metallplatten Anwendung, von denen Abzüge gedruckt wurden. Die erste nachweisbare Radierung (1504) stammt aus der Werkstatt des Waffenschmiedes Daniel Hopfer. Hans Burgkmair und Dürer machten sich die neue Technik zu eigen, ohne sie bereits völlig zu meistern, Lucas van Leyden übernahm sie wahrscheinlich von Dürer und überflügelte ihn bald einmal darin. Der anonyme «Meister des Hausbuchs» (um 1480) wandte bei seinen Stichen das Verfahren der sogenannten Kaltnadelradierung an, bei dem mit der Radiernadel auf die blanke Kupferplatte gezeichnet wird.

In der Malerei brach Deutschlands größte Zeit an. Die deutschen Maler lösten sich unter dem Einfluß der niederländischen und italienischen Schulen und ihres nach Flandern ausgewanderten Landsmannes Hans Memling von gotischem Gefühlsüberschwang und gotischer «Häßlichkeit», ihre Linien gewannen Anmut, ihre Figuren geschmeidige Lebendigkeit im Rahmen wirklichkeitsnaher Szenen, in denen sich die Welt des triumphierenden Bürgertums spiegelte. Obgleich der Themenkreis noch vorwiegend religiös blieb, machte sich doch der weltlich-bürgerliche Einschlag je länger, desto mehr bemerkbar. Aus den Altarbildern entwickelte sich die eigentliche Tafelmalerei, und reiche Mäzene, die sich nicht mehr damit begnügen wollten, als Stifterfigur bescheiden in der Ecke eines religiösen Gemäldes zu knien, verlangten nun bereits auch Porträtdarstellungen, deren ausschließlicher Gegenstand sie selber waren. Die Maler selbst, aus dem Zwielicht mittelalterlicher Namenlosigkeit hervortretend, begannen sich als individuelle künstlerische Persönlichkeiten abzuzeichnen, die durch Unterschrift und Signatur ihren Namen der Nachwelt zu überliefern trachteten. Einer der letzten Anonymen ist der «Meister des Marienlebens», um 1470 in Köln nachweisbar; die von seiner Hand stammende Darstellung der *Jungfrau mit dem heiligen Bernhard* zeigt eine Maria von echt deutschem Gepräge, Milch aus ihrer Brust pressend, in Gesellschaft eines demütigen Mönchs, hinter dem niemand den wütenden Glaubenseifer von Abälards Verfolger suchen würde. Dagegen ist Michael Pacher einer der ersten Meister, die mit ihrem Namen und Werk deutlich im Bewußtsein der Nachwelt haften. Die Pfarrkirche von St. Wolfgang im Salzkammergut enthält noch an seinem ursprünglichen Platz den mächtigen geschnitzten und bemalten Altaraufsatz, den Pacher in den Jahren 1479 bis 1481 in Arbeit hatte; die perspektivischen Neuerungen, die er auf den gemalten Flügeln einführte, verfehlten nicht ihre Wirkung auf die nächste Künstlergeneration. Martin Schongauer, ein um 1455 geborener Augsburger, vereinigte in seinem Werk die präzisen Linien eines hervorragenden Kupferstechers mit den zarten Empfindungen eines durch die Schule Rogier van der Weydens gegangenen Malers. Er ließ sich später in Colmar nieder, wo er eine Maler- und Kupferstecherwerkstatt gründete, die den Boden für die volle Entfaltung der Künste unter Dürer und Holbein vorbereitete.

Jahr für Jahr machte sich das künstlerische Übergewicht der blühenden süddeutschen Städte über Köln und den Norden stärker bemerkbar. In Augsburg, dem Zentrum des deutschen Handels mit Italien, finden wir zu dieser Zeit Hans Burgkmair (geboren 1473), der als einer der ersten Deutschen in seinen Bildern dem italienischen dekorativen Element Einlaß gewährte, und Hans Holbein d. Ä., der italienische Ornamentik mit dem hohen Ernst der Gotik vereinte. Seine Söhne Hans und Ambrosius, vom Vater auf mehreren Gemälden mit liebevollem Pinsel festgehalten, erbten sein Talent; während von Ambrosius' Wirken nur schwache Spuren zurückgeblieben sind, wurde Hans Holbein einer der größten Künstler seiner Zeit, der seinen Ruhm in Deutschland, der Schweiz und England begründete.

Der größte unter Dürers Vorläufern war Mathis Neithardt oder Nithart, der später seinen Familiennamen in Gothardt änderte und infolge eines Überlieferungsirrtums der Nachwelt als Mathias Grünewald bekannt wurde. Unter Schongauers Anleitung drang er, das künstlerische Erbe zahlloser Malergenerationen übernehmend, in die Geheimnisse von Form und Farbe ein, dann begab er sich, vom Ehrgeiz gepackt und um Vollendung ringend, nach Gent, Speyer und Frankfurt, worauf er sich in Straßburg niederließ (1497). Vermutlich entstand hier sein erstes bedeutendes Werk, ein Doppelbildnis Philipps II. von Hanau-Lichtenberg und seiner Gemahlin, das an scharfer Charakterisierung und malerischer Feinheit von keinem Dürerschen Bildnis übertroffen wird. Neuerdings auf Wanderschaft, arbeitete Grünewald eine Zeitlang mit Dürer zusammen in Basel, wo sein heute in NewYork befindliches *Bildnis eines Mannes* entstand, hierauf wiederum in Gesellschaft Dürers als Holzschneider in Nürnberg. 1503 finden wir ihn in Seligenstadt, und dort erreichte sein ganz persönlich gefärbter Stil die letzte Reife in Werken, die mit höchster Leidenschaft und tragischer Gewalt des Ausdrucks Szenen aus der biblischen Geschichte darstellten. Kardinal Albrecht von Brandenburg in Mainz machte ihn zum Maler des dortigen erzbischöflichen Hofes (1509), entließ ihn aber in späteren Jahren wieder (1526) wegen seiner Parteinahme für Luther. Grünewald war in seiner Ehe nicht glücklich, und die melancholische Vereinsamung, in der er lebte, dürfte für die dunklen Schatten in dem *chiaroscuro* seiner Bilder mitverantwortlich sein.

Sein Hauptwerk, ein mehrflügliger, ehemals für die Antoniterkirche in Isenheim geschaffener, jetzt im Museum zu Colmar befindlicher Altar (1515), ist vielleicht die Gipfelleistung der deutschen Malerei überhaupt. Auf dem Mittelbild bei geöffneten Flügeln ist Maria mit dem Kinde in einem an William Turner gemahnenden goldenen Farbnebel vor dem Hintergrund einer entfernten Meerlandschaft dargestellt. Das aufwühlendste Bild des Altars ist die in ihrer Grausigkeit unvergeßliche *Kreuzigung* auf der Außenseite; sie zeigt Christus im Todeskampf mit qualvoll verkrampften Gliedern, den Leib von Wunden und blutigem Schweiß bedeckt, die Gottesmutter ohnmächtig dem Johannes in die Arme sinkend, Maria Magdalena am Fuße des Kreuzes vor übermächtigem Schmerz fast hysterisch aufschreiend. Auch die übrigen Tafeln sind vollgültige Meisterleistungen: ein *Engelkonzert* unter einem gotischen Baldachin in glänzend roten und bräunlichen Tönen, ein makabrer *Heiliger Antonius*, ferner das *Zwiegespräch von Antonius und Paulus in der Thebais* inmitten einer Umgebung geisterhaft anmutender, zerfallender Bäume, schließlich der *Kampf des heiligen Antonius mit den Dämonen*, wo Spukgestalten im Stile von Hieronymus Bosch den Heiligen in seinen Fieberträumen bedrängen. In der Vorherrschaft von Farbe, Licht und Gefühlsbetontheit über Linie, Form und repräsentative Haltung ist Grünewalds Werk mit seinen fast theatralischen Ausbrüchen der gestalterischen Kraft die höchste Steigerung der deutschen gotischen Malerei am Vorabend des Triumphs von Linie und Logik im Werke Albrecht Dürers, der, im Mystizismus des mittelalterlichen Deutschland wurzelnd, sehnsüchtig die Hände nach den geistigen und künstlerischen Errungenschaften der italienischen Renaissance ausstreckte.

## V. ALBRECHT DÜRER: 1471–1528

Keine andere Nation hat mit solcher Einmütigkeit einen ihrer Söhne zu ihrem künstlerischen Repräsentanten erwählt wie die deutsche Albrecht Dürer – und zwar sowohl das protestantische wie das katholische Deutschland, der Norden wie der Süden. Als sich am 6. April 1928 die Wiederkehr von Dürers Todestag zum vierhundertsten Male jährte, ließen der Deutsche Reichstag und der Magistrat von Nürnberg dem vielgeliebten Meister zu Ehren alle politischen Geschäfte ruhen. Zur gleichen Zeit wurde das Millionenangebot eines Kenners für Dürers Gemälde *Das Rosenkranzfest* – das dem Künstler selber einst 110 Gulden eingetragen hatte – abschlägig beschieden.

Dürers Vater, aller Wahrscheinlichkeit nach ein deutscher Rückwanderer aus Ungarn, war Goldschmied in Nürnberg, Albrecht das dritte seiner achtzehn Kinder, von denen die meisten in jungen Jahren starben. In der väterlichen Werkstatt lernte der Knabe das Zeichnen mit Bleistift, Feder und Kohle und den Gebrauch des Grabstichels. Er erzog sich selbst zu mikroskopisch genauer Beobachtung von Menschen und Dingen und zur getreuen Wiedergabe selbst der kleinsten Einzelheit, so daß auf manchen von seinen Gemälden sozusagen jedes Haar seinen eigenen Pinselstrich erhielt. Der Vater hatte gehofft, aus seinem Sohn ebenfalls einen Goldschmied zu machen, willfahrte aber dem Drang des Jungen nach Erweiterung seiner Kenntnisse und gab ihn als Lehrling zu Michael Wolgemut (1486). Albrechts Künstlertum entwickelte sich nur langsam; sein Genie lag in seinem Streben nach Höherem, seiner unermüdlichen Ausdauer und Geduld. «In der zeit verlihe mir gott fleiß, da ich woll lernete», schreibt er in seiner Familienchronik; «aber ich viel von seinen knechten mich leiden muste.»[3] Da er wenig Gelegenheit zu Aktstudien hatte, besuchte er die öffentlichen Badestuben und zeichnete, was er dort an Apollos finden konnte. Er war in jenen Jahren selbst so etwas wie ein Apoll, was aus einer Beschreibung durch Freundeshand hervorgeht:

«Die Natur hatte ihm einen in Bau und Gliederung ansehnlichen Körper verliehen, und nicht unwert des edlen Geistes, den er barg ... Sein Kopf war ausdrucksvoll, seine Augen sprühend, seine Nase edel geformt ... Sein Hals war ziemlich lang, seine Brust breit, sein Körper nicht zu stark, seine Schenkel muskulös, seine Beine fest und stämmig. Aber seine Finger – Du würdest gestehen, niemals etwas feiner Geformtes gesehen zu haben ... Seine Unterhaltung war durch so viel Anmut und Witz gekennzeichnet, daß seinen Zuhörern nichts mehr als das Aufhören derselben mißfiel.»[4]

Von Schongauers Kupferstichen beeindruckt, machte er sich nach Colmar auf (1492) – nur um zu vernehmen, daß der Meister nicht mehr lebe. Er ließ sich in Schongauers Technik nach Möglichkeit durch dessen Brüder unterweisen und wanderte nach Basel weiter, wo er mit Grünewalds tief religiöser Kunst in Berührung kam. Schon jetzt war er ein gewiegter Zeichenkünstler, wie eine 1492 in Basel gedruckte Ausgabe der Briefe des heiligen Hieronymus bewies, die als Frontispiz ein von Dürer angefertigtes Bildnis des Heiligen zeigte; es fand so großes Gefallen, daß mehrere Drucker sich Dürers Dienste zu sichern versuchten. Jedoch der Vater drängte auf seine Heimkehr, da er ihn zu verheiraten wünschte und ihm in der Zwischenzeit bereits eine Frau ausgesucht hatte. So kehrte Dürer nach Nürnberg zurück und trat 1494 mit Agnes Frey in den Stand der Ehe.

Ein Jahr zuvor hatte er ein Selbstporträt gemalt, das ihn in fast weiblich anmutender Kleidung und Haartracht zeigte, halb stolz, halb schüchtern im Ausdruck, mit einer Mischung von Mißtrauen und Selbstbewußtsein in die Welt blickend. 1498 entstand ein neues Selbstbildnis, auf dem er sich, der auf sein Aussehen immer noch und neuerdings auf seinen Bartwuchs stolz war, in der gewählten Kleidung eines jungen Patriziers mit quastenbesetzter Mütze und langen braunen Locken darstellte; dieses Bild ist eine der großen Leistungen der Porträtkunst schlechthin. Auf einem dritten Selbstbildnis (um 1500) erscheint Dürer in schlichterem Gewand, mit länglichem Gesicht, zu dessen Seiten das Haar bis auf die Schultern niederwallt, und Augen von durchdringender Schärfe des Blicks und mystischer Tiefe des Ausdrucks. Er scheint diesem Bild absichtlich eine gewisse Ähnlichkeit mit einem Christuskopf verliehen zu haben, sicher nicht aus Vermessenheit, sondern eher aus seiner oft geäußerten Überzeugung heraus, daß ein großer Künstler ein Werkzeug Gottes sei. Sein Künstlertum war freilich nicht frei von Eitelkeit; er schuf nicht nur zahlreiche Selbstbildnisse, sondern suchte und fand auch auf anderen Bildern Gelegenheit, seine Person zu konterfeien. Gelegentlich überkam ihn Verzagtheit, und in Stunden der Anfechtung ward er sich der Schranken seiner Kunst bewußt. «So man vns glorificzirt», schrieb er an Pirckheimer, «so reck wir dy hels v̈bersich vnd glawbens. So stett ettwan ein poser lecker dorhinder, der spott vnser.»[5] Im übrigen war er eine hochgemute Natur, fromm, redlich, großzügig und so heiter, wie seine Lebensumstände es erlaubten.

Ob er sich in seiner Ehe glücklich fühlte, erscheint fraglich, denn kurz nach der Heirat begab er sich neuerdings auf die Wanderschaft, diesmal nach Italien, ohne seine Frau mitzunehmen. Er hatte von der, wie er es nannte, «Wiedererwachsung» der Künste im Süden nach einem Stillstand von fast tausend Jahren gehört, und wenn er sich auch an der Neubelebung der klassischen Literatur, Philosophie und Kunst im Gefolge der Renaissance nicht aus innerstem Herzen beteiligte, so verlangte ihn doch nach unmittelbarem Augenschein dessen, was den Vorrang des damaligen Italien in Malerei und Bildnerei, Prosa und Poesie ausmachte. In Venedig, wo er sich hauptsächlich aufhielt, war damals die Renaissance erst am Aufblühen, und doch legte dieser Aufenthalt den Funken in ihn, der nach seiner Rückkehr in den Norden (1495) die rasch aufeinander folgenden Werke seiner nächsten Jahre entfachte. 1507 unternahm er mit Hilfe eines von Willibald Pirckheimer geborgten Darlehens von 100 Gulden eine zweite Reise nach Italien, die ein und ein halbes Jahr dauerte. Er studierte diesmal die Werke von Mantegna und Squarcione in Padua, beschäftigte sich lernbegierig mit dem Kopieren von Zeichnungen und wurde bald von den Bellini und anderen venezianischen Künstlern als vortrefflicher Meister in seinem Fach erkannt. Das *Rosenkranzfest*, das er im Auftrag von deutschen Kaufleuten für den Altar der Kirche San Bartolommeo malte, trug ihm sogar hier, wo man die Deutschen noch immer für halbe Barbaren ansah, hohes Lob ein. Die Signoria bot ihm eine Lebensstellung an, aber seine Frau und die Freunde drängten ihn zur Heimkehr. Da ihm aufgefallen war, daß die Künstler in Italien eine viel geachtetere soziale Stellung einnahmen als im Norden, beschloß er, sobald er nach Hause zurückgekehrt wäre, ähnliche Bedingungen anzustreben. «Hÿ pin jch ein her», schrieb er, «doheim ein schmarotzer etc.»[6] – das heißt nicht mit der Erzeugung materieller Güter beschäftigt.

Das rege künstlerische Leben Italiens, der Wettstreit der Künstler und Kunstrichtungen, die Leidenschaft und Sachkenntnis, womit hier über Kunsttheorien diskutiert wurde, faszinierten ihn. Als Jacopo de' Barbari ihn mit den Prinzipien vertraut machte, die Piero della Francesca und andere Italiener über die mathematischen Größenverhältnisse eines idealen menschlichen Körpers aufgestellt hatten, meinte Dürer, diese Erklärungen zu hören bedeute ihm mehr, als ein Königreich zu erhalten. Hier gewöhnte er sich auch an das Nackte in der Kunst, und sei es auch nur durch die Beobachtung klassischer Statuen. Obgleich in seinem Werk durchaus der deutschen und christlichen Tradition treu bleibend, ließ er sich doch von der italienischen Bewunderung der klassisch-heidnischen Kunst anstecken und versuchte in einer ganzen Reihe von theoretischen Schriften, seine Landsleute in die Geheimnisse der italienischen Perspektive, Proportionierung und Farbgebung einzuweihen. Diese beiden Italienreisen Dürers bedeuteten das Ende des gotischen Stils in der deutschen Malerei, und die gleiche Generation, die auf religiösem Gebiet verwarf, was von Rom kam, nahm bereitwillig auf, was Italien in der Kunst an Vorbildern bot.

Dürer selbst verharrte in einer wohl schöpferischen, aber nie ganz zur Lösung gelangenden Spannung zwischen Gotik und Renaissance, zwischen deutschem Mystizismus und italienischer Sinnenhaftigkeit, und die Lebensfreude, die er in Italien kennengelernt hatte, vermochte aus seiner Seele das mittelalterliche Wissen um den Tod nie ganz zu verdrängen. Von seinen Bildnissen abgesehen, blieb seine Thematik fast durchweg religiös und vielfach mystisch. Und dennoch – seine eigentliche Religion war die Kunst. Die Vollkommenheit einer Linie bedeutete ihm mehr als die Nachfolge Christi, und selbst seine religiösen Werke bezeugen die niemals ruhende Aufmerksamkeit des Künstlers für alle Gegenstände auch der bescheidensten täglichen Erfahrung. Er glich in diesem Punkte Leonardo, indem er alles zeichnete, was er sah – Felsen, Wasser, Bäume, Pferde, Hunde, Schweine, «verruckte angesichter», menschliche Häßlichkeit und Phantasiegestalten von wunderlicher oder abstoßender Form. Er zeichnete sein linkes Bein aus unterschiedlichen Perspektiven oder zerknüllte ein Kissen zu sieben verschiedenen Formen, um sie dann mit seiner unermüdlichen Feder abzubilden. Sein Werk enthält eine wahre Menagerie von Tieren, und öfters baute er im Hintergrund seiner Bilder ganze Städte auf. Mit Humor und Gusto schilderte sein Zeichenstift das Leben und Treiben des Bauernvolkes, überhaupt bildete er mit Vorliebe seine Landsleute mit ihren dicken Köpfen und roten Backen ab und bevölkerte mit ihnen die unwahrscheinlichsten Schauplätze, indem er sie nicht nur, wie es prosperierenden Bürgern geziemte, in prächtige Gewänder steckte, sondern sie auch, selbst wenn die Szene Rom oder Palästina war, mit wärmenden Hüllen gegen die nordische Kälte versah. Seine Zeichnungen bilden eine wahre ethnographische Fundgrube des damaligen Nürnberg. Auftraggeber für seine Werke waren in erster Linie die großen Handelsherren, denen er mit ihren Bildnissen zur Unsterblichkeit verhalf, daneben auch gräfliche und kurfürstliche Herrschaften und schließlich Kaiser Maximilian selbst. So wie Tizian am liebsten Könige und Edelleute porträtierte, so fühlte Dürer sich am wohlsten unter den Angehörigen des Bürgerstandes, und sein Holzschnitt von Maximilian machte aus dem Kaiser genau das, als was er Ludwig XII. erschien: den «Bürgermeister von Augsburg». Wahre adlige Vornehmheit erreichte er dagegen einmal in dem Phantasiebild Kaiser Karls des Großen.

Seine sechsunddreißig Bildnisse erschließen sich unbefangenem Genießen am leichtesten, da sie einfach, sinnenhaft, irdisch, prall gefüllt mit Leben und Charakter sind. So etwa der Nürnberger Ratsherr Hieronymus Holzschuher: ein machtvolles Haupt mit gelichtetem Haar über einer breiten Stirn und einem makellos symmetrisch zurechtgestutzten Bart, der Ausdruck des Gesichtes ernst, fast grimmig, der Blick der Augen scharf, als ob sie den damaligen Politikern auf die Finger sehen müßten, und doch mit dem Anflug eines schalkhaften Blinzelns in den Winkeln – ein Mann mit Herz, Humor und Appetit. Oder Dürers bester Freund Willibald Pirckheimer: das Haupt eines Stiers, hinter dessen Stirn sich die Seele eines Gelehrten verbirgt, auf einem Körper, dessen Ausmaße die Bedürfnisse eines Gargantua verraten. Wer würde hinter dem breiten gefurchten Antlitz Kurfürst Friedrichs des Weisen von Sachsen den Mann suchen, der dem Papste Trotz bot und sich zum Schutzherrn Luthers aufwarf? Die Dürerschen Bildnisse haben fast ausnahmslos etwas Faszinierendes an sich: Oswolt Krell, dessen gesammelter Ernst sogar aus den Venensträngen seiner Hände ersichtlich ist, oder Bernhard von Resten mit dem zartblau getönten Wams, der majestätischen breitkrempigen Kopfbedeckung und den sinnenden Künstleraugen; oder wieder Jakob Muffel, Bürgermeister von Nürnberg, in dessen verkniffenem Ernst etwas vom Geist der mächtigen reichen Stadt sichtbar wird; dann die beiden Bildnisse von Dürers Vater, der auf dem Bild von 1490 bereits als ein von der Mühsal des Lebens Gezeichneter erscheint, während das Bild von 1497 ihn am Rande seiner Kräfte zeigt; oder der Unbekannte im Prado, ein Bild verkörperter Männlichkeit, jedoch durch Züge von Grausamkeit und Gier entstellt; oder das Bildnis Elsbeth Tuchers, mit emporgehaltenem Ehering und dem zagen Ausdruck der Neuvermählten; oder auch das Bildnis einer jungen Venezianerin – Dürer mußte nach Italien gehen, um Schönheit im Verein mit Kraft zu finden. Seine Männerbildnisse zeigen selten irgendwelche verfeinerten Züge, Eleganz sucht man in ihnen vergebens; was allein zählt, ist Charakterstärke. «Was nicht nützlich ist am Manne», sagte er, «ist nicht schön.» Die Wirklichkeit und ihre getreue Wiedergabe, das war es, was ihn anzog – sie bedeutete ihm mehr als eine schöne Oberfläche oder Form. Seiner Meinung nach konnte ein Künstler sogar von einem unschönen Gegenstand oder einem häßlichen Menschen ein «schönes» Bild malen oder zeichnen. Er war ganz deutsch in seinem Wesen, ganz Hingabe, Treue, strebendes Bemühen; Schönheit, Anmut überließ er den Weibern, für ihn stand männliche Kraft im Mittelpunkt.

Das Malen war nicht seine Stärke und entsprach auch nicht seinem Geschmack; hingegen hatten seine Reisen nach Italien ihn doch dazu angeregt, sich nicht nur in Linien, sondern auch in Farben auszudrücken. Das im Auftrag Kurfürst Friedrichs des Weisen für die Schloßkirche in Wittenberg gemalte, später als *Dresdener Altar* bekanntgewordene Triptychon ist hinsichtlich Perspektive und Proportionen ganz nach italienischer Manier gestaltet, während die Figuren unverkennbar deutsches Gepräge aufweisen: eine Maria von derber Weiblichkeit, ein deutscher Doktor als heiliger Antonius, eine deutsche Jünglingsgestalt als heiliger Sebastian; das Ergebnis vermag nicht ganz zu überzeugen. Höher zu bewerten ist der *Paumgärtner Altar* in München mit einer herrlichen Josephsgestalt und einer mädchenhaften Maria vor einem Hintergrund aus römischen Ruinen; die unverhältnismäßig kleinen Stifterfiguren des Vordergrundes nehmen sich freilich recht drollig aus. In der *Anbetung der Könige* in den Uffizien feiern die Farben im blauen Gewand der Jungfrau und in den prächtigen Kostümen der Weisen aus dem Morgenland einen wahren Triumph. Der *Zwölfjährige Jesus unter den Schriftgelehrten* erscheint als anmutiger Knabe mit mädchenhaften Locken, umgeben von bärtigen, runzligen Alten – einer davon ein wahres Monstrum, ganz Nase und Zähne. Das in Venedig entstandene *Rosenkranzfest* läßt sich, was Komposition, Schönheit der Gestalten von Gottesmutter und Jesuskind und Schmelz der Farben anbelangt, jedem zeitgenössischen italienischen Werk an die Seite stellen; es ist Dürers größte Leistung als Maler, nur freilich heute nicht ohne Schwierigkeiten zugänglich, da es in Prag aufbewahrt wird. Wien und Berlin besitzen reizvolle Dürersche Madonnen, und im Metropolitan Museum von New York hängt die schöne *Anna selbdritt* mit einer holdseligen deutschen Maria und einer dunkelhäutigen Anna von semitischem Typus. Von hervorragender Schönheit sind die beiden Tafeln mit *Adam und Eva* im Prado; hier ist für einmal einem deutschen Maler die Darstellung eines gesunden schönen weiblichen Körpers gelungen.

Entmutigt durch die im Vergleich zur aufgewendeten Mühe bescheidenen Einnahmen aus seiner Tätigkeit als Maler und vielleicht auch der ewigen Wiederholung religiöser Themen überdrüssig, wandte Dürer sich mehr und mehr dem Reißen von Holzschnitten und Kupferstichen zu, die interessanter und auch lohnender waren, da ein einziger Druckstock als Unterlage für die gleiche Illustration in tausend Exemplaren eines gedruckten Buches dienen konnte oder die Möglichkeit zur Herstellung zahlloser Abzüge bot, die als Kunstblätter in ganz Europa leichten Absatz fanden. Die Linie war Dürers Waffe, das Zeichnen sein Königreich, und in dieser Kunst tat es ihm keiner unter den lebenden Zeitgenossen gleich; selbst die stolzen Italiener staunten über seine unerreichte Bravour, und Erasmus verglich ihn als Zeichner mit einem Meister der Linie aus klassischer Zeit:

«Apelles arbeitete noch mit Farben ... Doch was vermag Dürer, der auch sonst so bewunderungswürdige, nicht in Monochromata, das ist in schwarzen Linien, auszudrücken? ... Genau beachtet er die Symmetrien und Harmonien. Also malt jener auch das, was gar nicht gemalt werden kann: Feuer, Strahlen, Donner, Wetterleuchten, Blitzschlag, ... die Sinne, alle Stimmungen, endlich die ganze im Gewande des menschlichen Körpers aufscheinende Seele; um Weniges, er malte selbst die Stimme. Auf solch glückliche Art bietet er es den Augen dar, in bloßen schwarzen Linien, daß es sein Werk schänden hieße, wollte man dieses kolorieren. Ist es denn nicht viel wunderbarer, ganz ohne das Reizmittel der Farben hervorzubringen, was Apelles nur mit Hilfe der Farben schuf?»[7]

Dürer erwiderte das Kompliment mit einem Kupferstich, den er von Erasmus – nicht nach dem lebenden Modell, sondern nach dem Bildnis von Massys – anfertigte (1526). Der Stich erreichte seine Vorlage nicht, ganz zu schweigen von Holbeins Porträt des Humanisten, aber auch so noch ist er ein zeichnerisches Meisterstück im Faltenwurf und der *chiaroscuro*-Modellierung des Mantels, den sprechenden Linien von Gesicht und Händen und den zerlesenen Seiten des im Vordergrund aufgeschlagen daliegenden Buches.

Dürer hat uns über tausend Handzeichnungen hinterlassen, die – seien sie nun von der realen Sinnenwelt, dem religiösen Erleben oder dem freien Spiel der Phantasie eingegeben – wahre Wunderwerke linearer Gestaltung darstellen. Manche Blätter zeigen deutlich karikaturistischen Einschlag. Eines, die *Apostelstudie zum Helleraltar*, ist eine buchstäblich haargenaue Darstellung von Alter und Weisheit. Verschiedene, so etwa die *Drahtziehmühle*, geben unbelebte Gegenstände wieder, andere wie *Das große Rasenstück* und *Das kleine Rasenstück* Ausschnitte aus der Natur oder Tierfiguren wie der *Kopf eines Walrosses*. Oft bilden Pflanzen und Tiere den in üppiger Fülle wuchernden Rahmen szenischer Darstellungen, wie in der aquarellierten Federzeichnung *Maria mit den vielen Tieren*. Die Zeichnungen religiösen Inhaltes überzeugen weniger, obgleich sich darunter die sehr bemerkenswerte Studie der *Hände eines Apostels* befindet. Schließlich gehören dazu die hervorragenden Zeichnungen zu Szenen aus der klassischen Mythologie, wie der *Orpheus von Bacchantinnen erschlagen* oder der *Apollo*.

Dürer fertigte von etwa 250 seiner Zeichnungen Holzschnitte und von etwa einem Hundert Kupferstiche an, und diese Arbeiten bilden den bedeutendsten und kennzeichnendsten Teil seiner künstlerischen Hinterlassenschaft. Bis zur Jahrhundertwende stellte er die Holzschnitte eigenhändig her, später übertrug er diese Arbeit den Gehilfen seiner Werkstatt; ohne diese Arbeitsteilung wäre ihm sein sich auf so manches Gebiet erstreckendes Wirken kaum möglich gewesen. Er begann mit Buchillustrationen zum *Ritter vom Turn* und zu Sebastian Brants *Narrenschiff*; zwanzig Jahre später entstanden die faszinierenden *Randzeichnungen zum Gebetbuch Kaiser Maximilians.* Weiter versuchte er sich in Aktstudien und brachte das trefflich gelungene *Männerbad* und das ästhetisch weniger befriedigende *Frauenbad* hervor; solche Blätter bewirkten eine Revolution des künstlerischen Lebens in Deutschland, das bisher den Akt als anstößig oder «desillusionierend» abgelehnt hatte. Weitberühmt wurden die Holzschnittfolgen des *Marienlebens* und der *Passionsgeschichte.* Fromme Weiblein konnten sich nun in ihren vier Wänden an Blättern wie *Die Vermählung der Jungfrau* erfreuen, und das häuslich gesinnte deutsche Volk fand auf dem Blatt *Die heilige Familie in Ägypten* zu seinem Ergötzen all die vertrauten Einzelheiten seines alltäglichen Lebens wieder: Maria mit dem Spinnrocken, Joseph an der Werkbank und Engelskinderchen, die unaufgefordert Brennholz herbeitragen. Mit den 37 kleinen Holzschnitten der *Kleinen Passion* und den elf größeren der *Großen Passion* gelangte die Geschichte vom Leiden und Sterben Christi in jedes Haus und bereitete den Boden für Luthers Übersetzung des Neuen Testamentes vor. Eine weitere Folge von Holzschnitten, *Die Apokalypse*, brachte Darstellungen zur Offenbarung Johannis, worunter Blätter wie *Die vier apokalyptischen Reiter* und *Der Kampf des heiligen Michael mit dem Drachen* eine so aufwühlende Wirkung hatten, daß das deutsche Gemüt noch Jahrhunderte später die Apokalypse in Dürerschen Bildern sah.

Neben dem Holzschneiden betrieb Dürer die mühsamere Arbeit des Kupferstechens. Gewöhnlich arbeitete er mit dem Grabstichel, manchmal auch mit der Radiernadel, wie die Kaltnadelradierung *Die heilige Familie mit dem heiligen Johannes, Magdalena und Nikodemus* beweist. *Adam und Eva*, eine förmliche Skulptur auf Kupfer, lassen sich im Adel ihrer Linien griechischen, in ihrer Symmetrie und der Schönheit der Proportionen italienischen Vorbildern würdig an die Seite stellen, dazu weisen sie den für Dürers staunenswerte Erfindungskraft so kennzeichnenden üppigen Reichtum an Geschöpfen aus der Tier- und Pflanzenwelt auf, von denen jedes einzelne einen der damaligen Zeit wohlbekannten Symbolgehalt besitzt. Frauenakte von einer in Deutschland bisher nie erzielten Schönheit ritzte er in die Kupferplatten für die Stiche *Das Meerwunder* und *Der große Herkules* im Wettstreit zwischen Tugend und Lust. Die sechzehn Blätter der *Kupferstich-Passion* sind weniger eindrucksvoll als die der *Holzschnitt-Passionen*, der *Heilige Eustachius* dagegen bringt wieder einen unendlichen Reichtum lebendig erfaßter Einzelheiten: fünf Hunde, ein Pferd, einen Wald, einen Schwarm von Vögeln, eine mächtige Burganlage auf einem Hügel, einen Hirsch mit dem Kreuzeszeichen zwischen den Ästen des Geweihs, der den stattlichen Jägersmann zu Buße und Umkehr zu bewegen versucht.

In den Jahren 1513 und 1514 erreichte Dürer den Gipfel seines graphischen Werkes in seinen drei Meisterstichen. *Ritter, Tod und Teufel* bringt eine neue machtvolle Version des dunklen mittelalterlichen Themas: Der Ritter auf einem an Verrocchios Reiterstandbild gemahnenden Pferd zieht mit grimmig-entschlossener Miene an den ihn bedrängenden häßlichen Gestalten von Tod und Teufel vorbei zum Kampf für das Gute und Rechte aus. Der Reichtum des Blattes und die Feinheit der Zeichnung, die mit zartesten Linien die kleinste Einzelheit aus der Platte heraushebt, scheinen fast unglaubwürdig. Der *Heilige Hieronymus im Gehäus* zeigt den Sieg des christlichen Gedankens in abgeklärterer Form: In seiner Zelle sitzt der alte kahlköpfige Heilige über ein Manuskript gebeugt, beim Lichte seines Heiligenscheines schreibend, Löwe und Hund friedlich schlafend zu seinen Füßen, auf der Fensterbank in schweigender Beredsamkeit ein Totenschädel, an der Wand etwas, das aussieht wie ein Frauenhut, der ganze Raum unter sorgfältigster Beachtung der perspektivischen Gesetze mit feinster Verteilung der Schatten und naturgetreuer Darstellung der einfallenden Sonnenstrahlen gezeichnet. Der dritte Stich schließlich, von Dürer *Melancholia I* genannt, stellt ein geflügeltes Frauenwesen dar, das zwischen den Mauern eines unvollendeten Bauwerks inmitten einer Vielfalt von Werkzeugen und wissenschaftlichen Gerätschaften sitzt; Schlüsselbund und Geldbeutel, die der Gestalt vom Gürtel niederhängen, symbolisieren Gewalt und Reichtum; gedankenvoll hält sie den Kopf auf die Hand gestützt und blickt halb staunend, halb schreckensvoll vor sich hin. Fragt sie sich: Wozu all der Aufwand, all das Bauen und Niederreißen und Wiederauftürmen, die Jagd nach Reichtum und Macht, die Verfolgung der Fata Morgana, Wahrheit genannt, die Verherrlichung der wissenschaftlichen Leistung, das Babel des Intellekts? – wo doch der Tod dem ganzen heißen Bemühen unerbittlich ein Ende setzt. Wäre es denkbar, daß Dürer, auf der Schwelle der Neuzeit, die Probleme der triumphierenden Wissenschaft unserer Tage vorausahnte, die die ständig sich verbessernden Mittel mißbräuchlich zur Erreichung des von ihr angestrebten einen Endziels nutzt?

So wuchs Dürer – Zeichnung um Zeichnung, Bild um Bild, die er sich in rastlosem Fleiße, geduldigem «Kläubeln», so ganz unähnlich Leonardos Lässigkeit, Raffaels Eleganz, abrang – in das Zeitalter Luthers hinein. Um 1508 erwarb er in Nürnberg das Haus, das die Stadt in der ganzen Welt berühmt gemacht hat; es bestand in den beiden unteren Stockwerken aus Stein, den beiden nächsten aus Holzfachwerk mit rötlichem Verputz und enthielt unter dem steilen, weitausladenden Giebeldach nochmals zwei Stockwerke; im Zweiten Weltkrieg wurde es zerstört, doch steht an seiner Stelle, dem Fremdenverkehr zuliebe, eine getreue Nachahmung des Originals. Dürer lebte in seinem Hause neunzehn Jahre lang in ziemlich beschränkten Verhältnissen mit seiner kinderlosen Gattin. Agnes war ein einfaches hausfrauliches Gemüt ohne viel Verständnis dafür, warum ihr Mann so viel Zeit mit wenig einträglicher Arbeit oder in Gesellschaft trinkfreudiger Freunde verbrachte. Er bewegte sich in Kreisen, die außerhalb ihres geistigen Bereiches lagen, vernachlässigte sie in Gesellschaft, unternahm öfters Reisen, ohne sich von ihr begleiten zu lassen, und als er sie dennoch auf seine Reise in «das Niederland» mitnahm, speiste er gewöhnlich mit seinem Wirt oder in Gesellschaft von Gönnern und Zelebritäten, während Agnes und die sie begleitende Magd «oben in der Küche» ihr Essen erhielten. 1504 zog seine verwitwete Mutter zu ihm ins Haus, wo sie noch zehn Jahre fortlebte; das Bild, das der Sohn von ihr gezeichnet hat, weckt unser Mitleid für seine Gattin – die ihrerseits auch nicht besonders anziehend war. Seine Freunde betrachteten Agnes als eine böse Sieben, unfähig, dem Hochflug von Dürers Gedanken zu folgen.

In seinen späteren Jahren genoß der Nürnberger Meister als Fürst der deutschen Künstler europäischen Ruhm. 1515 setzte der Kaiser ihm eine bescheidene jährliche Rente, ein «Leibgeding» von 100 Gulden aus, die aber unregelmäßig bezahlt wurden, weil Maxens Mittel immer hinter seinen Absichten zurückblieben. Als bei seinem Tod die Zahlungen ganz aufhörten, beschloß Dürer, den neuen Kaiser in den Niederlanden aufzusuchen und ihn um eine Erneuerung des Leibgedings zu bitten. Er nahm auf die Reise einen ganzen Posten Kunstblätter zum Verkauf oder Tausch mit sich und brachte es auf diese Weise fertig, fast die ganzen Reisekosten herauszuschlagen. Das Tagebuch dieser vom Juli 1520 bis zum Juli 1521 dauernden Reise ist uns erhalten und wirkt beinahe so intim wie das zweihundert Jahre später entstandene Boswellsche Tagebuch. Alle Reisespesen, Verkäufe, Einkäufe, Besuche und die empfangenen Ehrenbezeugungen sind darin verzeichnet, und aus den Eintragungen liest sich sowohl des Bürgers Genauigkeit in Geldsachen wie des Künstlers verzeihlicher Stolz auf die Anerkennung seines Genies heraus. Nachdem er von einer Stadt zur anderen hinter Karl V. hergereist war, erhielt er endlich die Erneuerung seines Jahresgehaltes und konnte den Rest seines Aufenthaltes der Besichtigung von Sehenswürdigkeiten und dem Besuch von Berühmtheiten widmen. Mit Staunen sah er den Reichtum und Glanz von Gent, Brüssel und Brügge, bewundernd stand er vor dem Altar der Brüder van Eyck zu St. Bavo, vor der Kathedrale von Antwerpen, vor dem Haus des Bürgermeisters, «dergleichen jch in allen teutschen landen nie gesehen hab»[8]. Er traf mit Erasmus, Lucas van Leyden, Bernaert van Orley und anderen Größen zusammen und ließ sich von den städtischen Malergilden feiern. In den insektenverseuchten Sumpfgebieten von Zeeland holte er sich die Malaria, die den gesundheitlichen Ruin seiner letzten Lebensjahre herbeiführte.

Eine Eintragung in seinem Tagebuch lautet: «Jch hab kaufft ein tractat Luthers umb 5 weißpfennig. Mehr ein weißpfennig für die Condemnation Lutheri, des frommen mans.»[9] In Antwerpen erreichte ihn (Mai 1521) das Gerücht, Luther sei auf der Rückkehr vom Wormser Reichstag «verräterisch gefangengenommen» worden. Da er nicht wissen konnte, daß diese Gefangennahme zum Schutze des Reformators bloß inszeniert worden war, vertraute er seinem Tagebuch einen leidenschaftlichen Erguß zur Verteidigung des Rebellen an, der mit einem Appel an Erasmus um Hilfeleistung endet:

«... So bald in der heroldt bracht beÿ Eÿßenach in ein unfreundlich orth ... waren 10 pferd do, die fürten verrätherlich den verkaufften frommen, mit dem heÿligen geist erleuchteten mahn hinweg, der do war ein nachfolger Christj vnd deß wahren christlichen glaubens. Und lebt er noch oder haben sie jn gemördert, das ich nicht weiß, so hat er das gelitten umb der christlichen wahrheit willen und umb das er gestrafft hat das unchristliche papsttumb, das do strebt wieder Christus frëy lassung mit seiner großen beschwerung der menschlichen gesecz, und auch darumb, das wir unsers bluth und schweiß also beraubt und außgezogen werden und daselb so schandlich von müßiggehendem volck lesterlich verzehret wird, und die durftigen krancken menschen darrumb hungers sterben müßen. ... O Gott, nun hastu mit menschen geseczen nie kein volck also größlich beschwehret als uns arme vnder den römischen stuhl ... Darumb sehe ein jeglicher, der do Doctor Martin Luthers bücher list, wie sein lehr so klar durchsichtig ist, so er das heilig evangelium furth. Darumb sind sie in grosen ehren zu halten und nit zuverbrennen; es wer dann, das man sein wiederpahrt, die alle zeit die wahrheit wieder fächten, ins feuer würff mit allen jhren opinionen, ... O ihr alle fromme christen menschen, helfft mir fleißig bewainen diesen gott geistigen menschen und ihn bitten, das er uns ein andern erleuchteten mann send. O Erasme Roteradame, wo wiltu bleiben? ... Hör, du ritter Christj, reith hervor neben den herrn Christum, beschücz die warheit, erlang der martärer cron! Du bist doch sonst ein altes meniken. ... laß dich hören, so werden der höllen porten, der römisch stuhl, wie Christus sagt, nit wieder dich mügen. Und ob du hie gleich förmig deinem maister Christo würdest und schand von den lügnern jn dieser zeit leidest und darumb ein klein zeit desto eher stürbest, so wirst du doch ehe aus dem todt ins leben kommen und durch Christum clarificirt.»[10]

Nach Nürnberg zurückgekehrt, wandte Dürer sich mit erneutem Eifer religiösen Themen, hauptsächlich aus den Evangelien, zu. 1526 wurde sein größtes Gruppenbild, die Doppeltafel der *Vier Apostel*, fertig, deren Bezeichnung insofern falsch ist, als der Evangelist Markus nicht zu den zwölf Aposteln gehört. Aber vielleicht sollte diese Bezeichnung ganz bewußt eine Hindeutung auf die Idee des Protestantismus sein, der von der Kirche weg- und zu den Evangelien hinführte. Die zwei Gemälde gehören mit zu den kostbarsten Schätzen der Alten Pinakothek in München und das sehr zum Neid der Dürerstadt Nürnberg. Die eine Tafel zeigt Johannes und Petrus, die andere Markus und Paulus, alle vier in prachtvoll kolorierten, für einfache Fischerleute denkbar unpassenden Gewändern; hier hat Dürer dem Hang der italienischen Malerei zur Idealisierung seinen Tribut gezollt, während die Apostelköpfe in ihrer Mächtigkeit und Massigkeit urdeutsch wirken. Vermutlich waren diese majestätischen Gestalten als Flügel eines für eine katholische Kirche bestimmten Altars gedacht. Als jedoch 1525 der Rat von Nürnberg den Übertritt der Stadt zur Reformation beschloß, bot Dürer, den Plan für ein ganzes Altarstück fallenlassend, die Tafeln der Stadt als Gabe an, indem er unter den Bildern Bibelstellen verzeichnete, die die Bedeutung des Evangeliums kraftvoll unterstrichen. Trotz des Schlüssels in Petrus' Hand, der für gewöhnlich als Symbol der göttlichen Institution der Kirche auf Erden und ihrer weltlichen Macht gilt, dürfen deshalb die Aposteltafeln im Sinne eines sich zum Protestantismus bekennenden Testamentes Dürers aufgefaßt werden.

Er hatte nur noch zwei Jahre zu leben, in denen er mehrfach von Malariaanfällen, die ihn körperlich und seelisch zermürbten, heimgesucht wurde. Schon 1522 hatte er sich in einem letzten Selbstbildnis als *Schmerzensmann* dargestellt, nackt, hager, struppig, von Krankheit und Leiden gezeichnet, in den Händen Rute und Peitsche, die Attribute der Geißelung Christi tragend. Als er starb (6. April 1528) – er war siebenundfünfzig Jahre alt geworden –, hinterließ er nebst 6000 Gulden in bar einen genügend großen Vorrat an Zeichnungen, Stichen und Holzschnitten, um seiner Witwe ein bescheidenes Auskommen für den Rest ihrer Tage zu sichern. Pirckheimer, der ihn als den «besten Freund, den ich im Leben gehabt» betrauerte, verfaßte die schlichte Inschrift für sein Grab:

QUICQUID ALBERTI DURERI MORTALE
FUIT SUB HOC CONDITUR TUMULO

– «Was sterblich war an Albrecht Dürer, liegt unter diesem Hügel.»

Ein Letztes, Allerhöchstes blieb er seinem Künstlertum schuldig, weil er die größte Aufgabe der Kunst zugunsten einer weniger großen vernachlässigte: Er war so fasziniert davon, die ewig wechselnden Gestalten der Menschen, Dinge und Örtlichkeiten unter seinen Händen dauerndes Leben gewinnen zu sehen, daß er sich völlig an die Darstellung der Wirklichkeit – schön oder häßlich, bedeutungsvoll oder bedeutungslos – verlor; nur gelegentlich schmolz er die Elemente der sinnlichen Wahrnehmung in der schöpferischen Tiefe des Gemütes zu etwas Neuem ein, um sie nach diesem Verwandlungsprozeß als Bilder idealer, richtungweisender Schönheit oder erhabene Visionen von Frieden und Menschlichkeit in Linien und Farben Gestalt werden zu lassen.

Aber er gab seiner Zeit, was sie von ihm verlangte. Seine Stiche und Schnitte kommen einer Biographie jener im Aufbruch begriffenen schöpferkräftigen Generation gleich, seine Feder und sein Stift, sein Pinsel und sein Stichel legten die verborgenen Regungen jener kraftstrotzenden Männer bloß, die damals auf der weltgeschichtlichen Bühne agierten. Über vier Jahrhunderte hinweg erweckt er für uns jene Zeit mit ihrer «Lust zu leben», ihrer Leidenschaft und Inbrunst, ihren Ängsten, ihrer Auflehnung, ihrem Sinnen und Träumen. Er war, wie er sich selbst in einer Inschrift auf dem Rosenkranzbild genannt hat, «Albertus Dürer Germanus» – er war Deutschland selbst.

## VI. DIE DEUTSCHEN HUMANISTEN

Wie das Leben und die Kunst stand auch die Literatur auf strammen Beinen. Die Bildung verbreiterte sich. Aus den Offizinen von sechzehn Druckerverlegern in Basel, zwanzig in Augsburg, einundzwanzig in Köln und vierundzwanzig in Nürnberg ergoß sich ein Strom von Büchern; der Nürnberger Anton Koberger hatte allein vierundzwanzig Pressen in Betrieb und hundert Gesellen. Auf den Messen zu Frankfurt, Salzburg, Nördlingen und Ulm bildeten Bücher einen wichtigen Handelsartikel. «Alles Volk will jetzt lesen und schreiben», überliefert uns ein Zeitgenosse, während ein anderer berichtet, es sei gar kein Ende mehr, «nüwe Bücher zu machen». In den Städten vervielfachten sich die Schulen; neun neue Universitäten entstanden in einem halben Jahrhundert, und in Wien, Heidelberg und Erfurt öffneten sie der neuen Gelehrsamkeit ihre Pforten. In Straßburg, Augsburg, Basel, Wien, Nürnberg und Mainz bildeten sich literarische Akademien. Für arme, aber talentierte Studenten gab es in allen Städten Stipendien. Reiche Handelsherren wie Peutinger und Pirckheimer, ja sogar Kaiser Maximilian stellten ihre Bibliotheken, Kunstsammlungen und Börsen begeisterten Scholaren zur Verfügung; aufgeklärte Kirchenmänner wie Johann von Dahlberg, Bischof von Worms, und Albrecht von Brandenburg, Erzbischof von Mainz, förderten Gelehrsamkeit, Dichtung und Kunst. Dem Beispiel der Päpste folgend, begrüßte die Kirche in Deutschland die Renaissance und begünstigte die sprachliche Erforschung biblischer und patristischer Texte. Zwischen 1453 und 1500 erschienen sechsundzwanzig Ausgaben der Vulgata und zwanzig deutsche Bibelübertragungen vor Luther. Die Volkstümlichkeit des Neuen Testaments bereitete die Deutschen auf Luthers herausfordernde Konfrontierung der Evangelien mit der Kirche vor, während die Lektüre des Alten Testaments zur protestantischen Rejudaisierung des Christentums beitrug.

Die humanistische Bewegung bewegte sich anfänglich – und nach ihrem Liebäugeln mit Luther neuerdings – in theologisch orthodoxeren Bahnen als in Italien. Deutschland verfügte über keine klassische Vergangenheit; es hatte nicht den Vorzug genossen, vom kaiserlichen Rom besiegt und zu einer verfeinerten Kultur erzogen worden zu sein; kein direktes Band verknüpfte es mit der vorchristlichen Antike. Deutschlands geschichtliche Erinnerung reichte kaum über seine christlichen Jahrhunderte hinaus; seine Gelehrten wagten sich in dieser Epoche selten weiter zurück als bis zu den Kirchenvätern; seine Renaissance galt eher der Wiedererweckung des Frühchristentums als dem Studium antiker Literatur und Philosophie. Die deutsche Renaissance ging in der Reformation unter.

Ihre Anregungen bezogen die deutschen Humanisten trotzdem aus Italien. Italiener wie Poggio Bracciolini und Aeneas Sylvius streuten bei ihren Deutschlandreisen den Samen aus; deutsche Studenten, Pilger, Kirchenmänner, Kaufleute und Diplomaten trugen, oft ohne es zu wissen, den Blütenstaub der Renaissance über die Alpen. Nach einer guten Vorbildung in Erfurt, Köln und Löwen ging Rodolphus Agricola, der Sohn eines holländischen Pfarrers, zum weiteren Studium der antiken Sprachen nach Italien, blieb sieben Jahre dort und wirkte nach seiner Heimkehr in Groningen, Heidelberg und Worms als Lehrer. Seine Zeit bestaunte seine unzeitgemäßen Tugenden: Bescheidenheit, Einfachheit, Ehrlichkeit, Frömmigkeit, Enthaltsamkeit. Sein Latein war beinahe so gut wie das Ciceros, und seine Begeisterung war so überschäumend, daß er äußerte: «So gelehrt und gebildet ist unser Deutschland, daß selbst Latium kaum lateinischer aussehen dürfte.» Und in der Tat hat das Holland des Agricola eine Generation später in Erasmus einen Lateiner hervorgebracht, der sich im Rom des Tacitus und Quintilian absolut heimisch gefühlt hätte. Auf einer Reise nach Rom zog sich Agricola ein Fieber zu, dem er im Alter von zweiundvierzig Jahren in Heidelberg erlag (1485).

Ebenso einflußreich, aber kaum so liebenswert war Jakob Wimpfeling – *Praeceptor Germaniae*, «Erzieher Deutschlands» genannt –, dessen Wesen ebenso rauh war wie sein Latein glatt. In seinem Bestreben, Deutschlands Bildung und Literatur auf die gleiche Höhe zu bringen wie die Italiens, arbeitete er einen Plan zur Vermehrung der Volksschulen aus und gründete gelehrte Gesellschaften, obschon er sich der Gefahr des geistigen Fortschritts ohne gleichzeitige Verbesserung der Moral durchaus bewußt war. «Was kann uns alle Gelehrsamkeit nützen», fragt er, «ohne die entsprechende edle Gesinnung, was all' unsere Beschäftigung, wenn sie nicht Frömmigkeit, das Wissen, wenn es nicht Nächstenliebe, die Einsicht, wenn sie nicht Demut, das Studium, wenn es nicht Urbanität erzeugt?»

Johannes Tritheim oder Trithemius, Abt von Sponheim, schrieb als letzter dieser orthodoxen Humanisten 1496: «Die Tage, wo man Klöster baute, sind vorüber; die Tage ihrer Zerstörung stehen bevor.» Celtes, ein weniger frommer Humanist, hat ihn uns wie folgt beschrieben: «Enthaltsam im Trinken, Fleischnahrung verweigernd, von

Gemüse, Eiern und Milch lebend, wie es unsere Vorfahren taten, als ... die Doktoren noch nicht begonnen hatten, ihre Gicht und Fieber brauenden Tinkturen zu brauen.»* In seinem kurzen Leben – er starb 1516, erst vierundfünfzig Jahre alt – erreichte er den Gipfel der Gelehrsamkeit; er beherrschte Latein, Griechisch, Hebräisch nebst den zugehörigen Literaturen und korrespondierte mit Erasmus, Maximilian, den Kurfürsten und sonstigen Berühmtheiten des Tages. Das Volk konnte sich seine Universalität nur erklären, indem es ihm geheime übernatürliche Kräfte unterschob.

Der zielstrebigste und erfolgreichste aller deutschen Humanisten war Konrad Celtes. Wie ein gehetzter Emissär der Literatur von Stadt zu Stadt eilend – als Student in Italien, Polen und Ungarn, als Lehrer in Köln, Heidelberg, Krakau, Prag, Mainz, Wien, Ingolstadt, Padua, Nürnberg –, förderte er kostbare, verschollene Manuskripte zutage wie die lateinischen Komödien der Klosterfrau Hrotsvitha von Gandersheim und antike Landkarten wie jene, die er Peutinger gab, dessen Namen sie heute noch trägt. Wohin er kam, sammelte er die Jugend um sich und flößte ihr seine Leidenschaft für Dichtung, Antike und die geschichtlichen Zeugnisse der deutschen Vergangenheit ein. Kaiser Friedrich III. krönte ihn 1487 in Nürnberg zum deutschen Dichterkönig. Die zu großem Einfluß gekommene Rheinische Literarische Gesellschaft mit Sitz in Mainz war eine seiner Gründungen (1491); zu ihren Mitgliedern zählten Naturwissenschaftler, Theologen, Philosophen, Ärzte, Historiker, Dichter, prominente Rechtsgelehrte wie Ulrich Zasius und Persönlichkeiten wie Pirckheimer, Trithemius, Reuchlin und Wimpfeling. In Wien rief Celtes mit der finanziellen Unterstützung Kaiser Maximilians eine Akademie der Dichtkunst ins Leben (1501), die sich mit der Zeit zu einem angesehenen Institut der Universität entwickelte, worin Lehrer und Studierende zusammen wohnten und arbeiteten. Seine Gelehrtenlaufbahn hat aber offenbar seine religiösen Gewißheiten erschüttert, warf er doch Fragen auf wie: «Lebt die Seele nach dem Tode weiter?» oder «Gibt es wirklich einen Gott?» Während seiner Reisen nahm er viele Kostproben der Weiblichkeit, führte aber keine Frau zum Altar; eine seiner leichtherzigen Lebensregeln lautete: «Es gibt keinen süßeren Sorgenvertreiber unter der Sonne als eine hübsche Maid im Arm eines Mannes.»

In den letzten Jahrzehnten vor Luther kam diese skeptische Amoral unter den deutschen Humanisten immer mehr in Mode. Eoban Hesse verfaßte *Heroides Christianae* (1514), sprachlich eine gute Nachahmung Ovids, inhaltlich noch skandalöser; es gibt darin Liebesbriefe Magdalenas an Jesus und der unbefleckten Maria an Gottvater. Wort und Tat in Übereinstimmung bringend, lebte Hesse so ausschweifend wie Cellini, trank alle Zechgenossen unter den Tisch und leerte einen Krug Bier in einem Zug.

In Conradus Mutianus Rufus schlossen Skeptik und Religion einen freundschaftlichen Waffenstillstand. Nach Abschluß seiner Studien in Deventer, Erfurt und Italien be-

---

* Unsere tierischen Urahnen scheinen Vegetarier gewesen zu sein, wenn sie keine Flöhe erwischen konnten; unsere menschlichen Vorfahren hingegen haben sich vor der Entdeckung der Landwirtschaft während 50 000 Jahren durch die Jagd, also mit Fleisch ernährt. Diätetische Argumente aus der Geschichte sind trügerisch.

gnügte er sich mit einem bescheidenen Kanonikat in Gotha, versah seine Tür mit dem Motto *Beata tranquillitas*, umgab sich mit bewundernden Schülern und schärfte ihnen ein, «die Satzungen der Philosophen höher als die der Priester zu schätzen»; ermahnte sie aber freilich, dem gemeinen Volk ihre Zweifel an der christlichen Dogmatik vorzuenthalten und als gut erzogene Leute die kirchlichen Zeremonien und Formen zu befolgen. «Mit Glauben», schrieb er, «meinen wir nicht die Beständigkeit dessen, was wir tun und lassen, sondern das, was wir halten von den göttlichen Dingen, eine Art gemeiner Leichtgläubigkeit und geschäftiger Überredung.» Seelenmessen hielt er für wertlos, die Fasten für unangenehm, die Ohrenbeichte für deprimierend. Die Bibel enthalte viele Fabeln wie die von Jonas und Hiob; Christus sei vermutlich gar nicht gekreuzigt worden; die anständigen Griechen und Römer seien Christen gewesen, ohne es zu wissen, und bestimmt ins Paradies gekommen. Bekenntnisse und Rituale seien nicht nach ihrem Wortlaut, sondern auf Grund ihrer moralischen Wirkungen zu beurteilen; wenn sie die öffentliche Ordnung und die Tugend des einzelnen förderten, sollten sie ohne öffentliche Diskussion hingenommen werden. Von seinen Schülern forderte er ein tugendhaftes Leben, um schließlich in späteren Jahren zu geloben: «Ich habe beschlossen, meine Studien, meinen Geist und meine Lehre ganz der Frömmigkeit zuzuwenden: nichts anderes mehr will ich finden bei Dichtern, Philosophen, Historikern und Rechtsgelehrten, als was dienlich ist zu einem christlichen Leben.» Nachdem er mit allen Hilfen der Philosophie gelebt hatte, starb er mit allen Tröstungen der Kirche (1526).

Der begreifliche Unmut der Orthodoxen über die Skepsis der späteren Humanisten entlud sich ausgerechnet über dem sanftesten und gütigsten Gelehrten seiner Zeit. Dank der Universalität des Lateins als Unterrichtssprache aller westeuropäischen Universitäten hatte auch Johannes Reuchlin seine Ausbildung in einem Dutzend von Städten genossen. Auf die Volksschule seiner Geburtsstadt Pforzheim folgten die Universitäten Freiburg, Paris, Basel, Orléans und Poitiers; in Linz, Mailand, Florenz und Rom widmete er sich mit fast fanatischem Eifer dem Studium der lateinischen, griechischen und hebräischen Sprache und der Rechtsgelehrtheit. Seinen ursprünglichen Namen Reuchlin, den er von «rauchen» ableitete, änderte er nach damaligem Gelehrtenbrauch in Kapnion um; *kapnos* ist das griechische Wort für Rauch. Zwanzigjährig schuf er ein lateinisches Wörterbuch, das mehrere Auflagen erlebte. Als ihm in Rom Johannes Argyropulos eine schwierige Stelle des Thukydides zu übersetzen gab, entledigte er sich der Aufgabe mit solchem Geschick, daß der alte Grieche den erstaunten Ausruf tat: «Hellas ist über die Alpen geflohen!» Der begierige Studiosus ließ keinen Rabbi vorbeigehen, ohne sein Hebräisch zu bereichern; Mutianus wollte vom Hörensagen wissen, daß Reuchlin einem Rabbi für die Erläuterung einer hebräischen Stelle zehn Goldstücke gegeben habe – doch scheint das eher ein Humanistentraum gewesen zu sein. Von Pico della Mirandola dazu beredet, befaßte sich Reuchlin mit den Weisheiten der Kabbala und stieß bei einem Vergleich des hebräischen Textes des Alten Testaments mit der Vulgata des Hieronymus auf viele Irrtümer in dieser von den Theologen herkömmlicherweise für fehlerlos gehaltenen Übertragung. Im Alter von achtunddreißig Jahren erhielt er die Professur für Hebräisch an der Heidelberger Universität (1491). Seine hebräische Grammatik und sein hebräisch-lateinisches Wörterbuch gaben der einschlägigen Forschung eine wissenschaftliche Grundlage und trugen zu dem starken Einfluß der hebräischen Bibeltexte auf das protestantische Denken bei. Allmählich verdrängte seine Vorliebe für Hebräisch sein Interesse an den klassischen Sprachen, und einmal schrieb er: «Das Hebräische ist unverfälscht und rein, kurz und bündig. Es ist die Sprache, in der Gott mit den Menschen, die Menschen mit den Engeln geredet von Angesicht zu Angesicht.» Bei all seinen Studien hielt er lebenslang an der Orthodoxie fest und unterbreitete alle seine Schriften und Lehren gehorsam der kirchlichen Begutachtung, obgleich ein Hang zur Mystik nicht zu übersehen ist.

Eine sonderbare Verkettung von Umständen machte ihn zum Helden der deutschen Renaissance. 1508 veröffentlichte Johannes Pfefferkorn, ein ehemaliger Rabbi, der katholischer Priester geworden war, den berühmten *Judenspiegel*, der einerseits die Juden von den ihnen gemeinhin unterschobenen Verbrechen reinwusch und gegen die Judenverfolgungen protestierte und andererseits die Juden aufforderte, sowohl den Geldverleih als auch den Talmud zu lassen und Christen zu werden. Dieser gleiche Pfefferkorn empfahl, mit den Dominikanern Kölns als Rückendeckung, dem Kaiser die Unterdrükkung aller hebräischen Schriften mit Ausnahme des Alten Testaments. Maximilian befahl die Auslieferung aller antichristlichen jüdischen Bücher an Pfefferkorn und deren Prüfung durch die Universitäten Köln, Erfurt, Mainz und Heidelberg, den Großinquisitor Jakob von Hoogstraeten in Köln und den als Hebraisten berühmten Reuchlin. Alle sprachen sich für den Einzug und die Verbrennung der Bücher aus, nur Reuchlin, dessen Minoritätsgutachten einen Meilenstein in der Geschichte der religiösen Toleranz darstellt, war dagegen. Er teilte die jüdische Literatur in sieben Kategorien ein: Für die eine, die das Christentum offen verhöhnte, empfahl er Verbrennung; alle übrigen, einschließlich des Talmuds, sollten erhalten bleiben, und sei es auch nur, weil sie für die christliche Forschung viel Wertvolles enthielten. Außerdem hätten die Juden, die dem Christentum nichts schuldeten, als kaiserliche Untertanen ein Recht auf Gewissensfreiheit. In Privatbriefen nannte Reuchlin Pfefferkorn einen «Esel» ohne wirkliches Verständnis für die Bücher, die er vernichten wolle.

Pfefferkorn reagierte auf diese Höflichkeiten in einem *Handspiegel* betitelten Traktat mit der Behauptung, Reuchlin sei ein gekauftes Werkzeug der Juden. Dessen nicht weniger gehässige Antwort im *Augenspiegel* entfesselte in den orthodoxen Kreisen einen Sturm. Die Kölner theologische Fakultät warf ihm vor, er mache die Juden zu übermütig, und legte ihm nahe, das Buch aus dem Verkauf zurückzuziehen. Maximilian erließ ein Verkaufsverbot. Reuchlin appellierte an Leo X., der mehrere Gutachten anforderte. Diese erklärten die Schrift für harmlos; Leo unternahm jedoch nichts und sicherte nur den Humanisten in seiner Umgebung zu, daß Reuchlin nichts Böses widerfahren werde. Inzwischen war von Pfefferkorn und den hinter ihm stehenden Dominikanern beim Kölner Ketzergericht ein Verfahren gegen Reuchlin als einen Ungläubigen und Verräter an der Christenheit angestrengt worden. Der Erzbischof intervenierte und überwies den Fall an die Kurie, die das bischöfliche Gericht zu Speyer mit der Beurteilung beauftragte. Es kam zu einem Freispruch, woraufhin die Dominikaner ihrerseits an Rom appellierten, während die Universitäten Köln, Erfurt, Mainz, Löwen und Paris die Reuchlinschen Schriften verbrannten.

Es ist bemerkenswert und für die kulturelle Vitalität des damaligen Deutschland aufschlußreich, wie viele Prominente sich nunmehr für Reuchlin einsetzten: Erasmus, Pirckheimer, Peutinger, Oekolampad, Ulrich von Hutten, Mutianus, Eoban Hesse, Luther, Melanchthon; sogar der englische Bischof Fisher von Rochester und einige deutsche Prälaten, die wie ihre italienischen Kollegen zum Humanismus neigten, schlossen sich an. Kurfürsten, andere Nobilitäten und dreiundfünfzig Städte erließen proreuchlinsche Erklärungen. Die Briefe seiner Verteidiger wurden gesammelt und unter dem Titel *Clarorum virorum epistolae ad Johannem Reuchlin* veröffentlicht (1514). 1515 übergaben die Humanisten ein noch sensationelleres Buch der Öffentlichkeit, *Epistolae obscurorum virorum ad venerabilem virum magistrum Ortuinum Gratium* (Briefe unberühmter Männer an den verehrungswürdigen Magister Ortuinus Gratius, Literaturprofessor in Köln). Das Werk – als *Dunkelmännerbriefe* in die Literaturgeschichte eingegangen und eine ihrer großen Satiren – hatte so großen Erfolg, daß 1516 eine erweiterte Auflage erschien und im Jahr darauf eine Fortsetzung. Die Verfasser gaben sich als orthodoxe Mönche, Bewunderer des Gratius und Feinde Reuchlins aus und versteckten sich hinter grotesken Pseudonymen: Nicolaus Caprimulgius (Ziegenmelker), Johannes Pellifex (Hautmacher), Simon Wurst, Conradus Unckebunck. In einem das Mönchslatein imitierenden, absichtlich schlechten Stil beschwerten sich die Verfasser, daß sie von den «Poeten» (wie man die deutschen Humanisten nannte) lächerlich gemacht würden; sie erkundigten sich eifrig über den Prozeß gegen Reuchlin und gaben gleichzeitig ihre absurde Unwissenheit, ihre Lasterhaftigkeit und Dummheit preis; sie debattierten über unsinnige Fragen mit geschraubter Scholastik, zitierten obszöne Stellen aus der Bibel und verspotteten wie unbewußt die Ohrenbeichte, die Reliquienverehrung, die Autorität des Papstes und den Ablaßhandel – alles Hauptthemen der Reformation. Das ganze literarische Deutschland rätselte an den Verfassern dieser Bände herum; erst später erfuhr man, daß der Erfurter Crotus Rubianus, ein Schüler des Mutianus, den größten Teil des ersten Bandes und Hutten den größten Teil des zweiten geschrieben hatte. Der jetzt verärgerte Leo X. verbot Besitz und Lektüre des Buches und verurteilte Reuchlin, die Kosten des Prozesses in Speyer zu tragen (1520). Reuchlin, fünfundsechzig Jahre alt und verbraucht, trat von der öffentlichen Bühne ab und verschwand im Feuerschein der Reformation.

Aber nicht nur er, die ganze humanistische Bewegung Deutschlands ging in dem Brand zugrunde. Auf der einen Seite feindeten die meisten Universitäten sie an, während die Reformatoren in ihrem Kampf ums Dasein ihre Sache durch eine fanatische Glaubenshaltung stärkten, die die Erlösung ins Jenseits verlegte und wenig Zeit zum Studium der antiken Kultur und zur Verbesserung des irdischen Daseins ließ. Die deutschen Humanisten trugen selber zu ihrer Niederlage bei, weil sie es versäumten, aus den Gefilden der griechischen Poesie bis in den Bereich der griechischen Philosophie vorzustoßen, und sich in groben Polemiken oder in einem Mystizismus verloren, der weit hinter dem Meister Eckharts zurückblieb. Sie hinterließen keine bedeutenden Werke; die Grammatiken und Wörterbücher, die Reuchlin für «Monumente von größerer Dauerhaftigkeit als Bronze» gehalten hatte, waren bald veraltet und vergessen. Wer aber weiß, ob Luther es gewagt hätte, seine Davidkiesel auf Tetzel und die Päpste zu schleudern, hätte der Humanismus den deutschen Geist nicht bis zu einem gewissen Grad vom ultramontanen Joch befreit. In Erfurt, wo Luther vier Jahre studierte, bildeten die Parteigänger Reuchlins und Mutianus' eine aufrührerische Minderheit. Und Deutschlands größter Dichter seiner Zeit, der humanistisch gebildete Hutten, wurde zum kühnen Herold der Reformation.

## VII. ULRICH VON HUTTEN

Es gibt in der deutschen Literatur des Luther-Zeitalters vor Luther selbst keine Giganten; doch was ihr an Größe fehlte, ersetzte sie durch eine erstaunliche Fruchtbarkeit. Ihren zur mündlichen Wiedergabe verfaßten Versen lauschte man in der Hütte wie im Palast. Mysterien- und Passionsspiele beherrschten die Bretter; hinter ihren dramatischen Akzenten trat die eher grobschlächtige Frömmigkeit häufig zurück. Um 1450 hatte sich das Volksstück großenteils verweltlicht; derbe, ja selbst skandalöse Schwänke machten sich manchmal sogar in religiösen Stücken breit. In der Prosa trieb der Humor wilde Blüten; Till Eulenspiegel, dieser wandernde Schalk, verulkte in ganz Deutschland mit seinen Possen Laien und Priester, und 1515 erschienen seine Abenteuer im Druck. Die Satire blühte in jeder literarischen Gattung, und wie die bildende Kunst zerrte auch das Wort Mönche und Priester in die Hölle.

*Das Narrenschiff* (1494) war die erfolgreichste Satire der Epoche, und doch hätte niemand von seinem Verfasser, Sebastian Brant, Professor der Jurisprudenz und klassischen Literatur in Basel, ein so geistreiches Produkt erwartet. Seine imaginäre Flotte (unterwegs vergaß er die Vielzahl und reduzierte sie auf ein Schiff) ist von lauter Toren bemannt, die auf der See des Lebens zu navigieren versuchen. Ein Narr nach dem anderen stolziert über die Szene, und einen Stand nach dem anderen nimmt der satirische Jurist mit seinen Versen aufs Korn: Der Bauer, der Handwerker, der Bettler, der Spieler, der Geizhals, der Wucherer, der Astrologe, der Advokat, der Pedant, der Geck, der Philosoph und der Priester ziehen vorüber; die Eitelkeit des Ehrgeizes, die Liederlichkeit der Studenten, die Unehrlichkeit der Geschäftsleute, die langen Finger der Taglöhner – das alles geißeln seine Hiebe; nur dem frommen, rechtgläubigen Katholiken, der sein Leben der Gewinnung des Paradieses widmet, bezeugt er Respekt. Herrlich gedruckt und mit Holzschnitten zur Illustration jedes Peitschenhiebs geschmückt, erlebte das Buch in ganz Westeuropa Triumphe und wurde, ein dutzendmal übersetzt, nach der Bibel zum meistgelesenen Buch der Zeit.

War bei Brant der Klerus noch verhältnismäßig gut weggekommen, so sah er sich von Thomas Murner, einem Franziskaner, um so schärfer und witziger angegriffen. Den Priester interessiere, meinte Murner, das Geld mehr als die Religion; er erleichtere seine Schäflein um jeden möglichen Pfennig und überlasse einen Teil seines Raubes dem Bischof für die Erlaubnis, eine Konkubine zu halten. Die Klosterfrauen hingegen liebten in Heimlichkeit, doch werde die mit den meisten Kindern zur Äbtissin gewählt. Trotzdem hielt Murner, wie Brant auch, der Kirche die Treue; Luther schalt er einen weiteren Narren, und in dem ergreifenden Gedicht *Vom Untergang des christlichen Glaubens* beklagt er dessen Schwächung und das immer größere Chaos auf religiösem Gebiet.

Wenn sich in der ungeheuren Volkstümlichkeit dieser Satiren die Verachtung enthüllte, die selbst gute Katholiken für ihre Priester empfanden, so sprach aus den noch leidenschaftlicheren Werken Ulrich von Huttens überhaupt keine Hoffnung auf eine Selbstreform der Kirche mehr, sondern nur noch die Stimme der Rebellion. Der einem alten fränkischen Rittergeschlecht entstammte Elfjährige kam als Novize in ein Kloster nach Fulda, entfloh nach sechs Jahren (1505) und führte von da an das Leben eines wandernden Scholaren, verseschmiedend, rezitierend, bettelnd, häufig ohne Obdach, doch immerhin mit genug Mitteln, um sich eine Geliebte zuzulegen, die ihre Spur in seinem Blut hinterließ. Sein schmächtiger Körper erlag beinahe der Krankheit, mit der sie ihn angesteckt hatte; sein linkes Bein versagte, von Geschwüren und Geschwülsten befallen, oftmals den Dienst; seine Stimmung war häufig gereizt wie die eines Invaliden, aber Eoban Hesse fand ihn «durchaus liebenswürdig». Ein gütiger Bischof nahm ihn nach Wien mit, dessen Humanisten ihn freundlich aufnahmen; doch bald zerstritt er sich mit ihnen und wanderte nach Italien weiter. Als Studiosus in Pavia und Bologna richtete er giftige Epigramme gegen Julius II., schloß sich, um etwas zu essen zu bekommen, den in Italien eingefallenen Söldnern Maximilians an und kehrte, immer unter Schmerzen, nach Deutschland zurück.

In Mainz – einer Hochburg der Humanisten, unter denen sich sogar Freidenker befanden – lächelte ihm Fortuna: Für eine Lobeshymne auf den jungen Erzbischof Albrecht zahlte ihm die fürstbischöfliche Kasse zweihundert Gulden aus. Hier nahm er seinen Beitrag zu den *Epistolae obscurorum virorum* in Angriff; hier traf er auch Erasmus und ließ sich von dem Wissen, dem Witz und der Umgänglichkeit des großen Gelehrten begeistern. Mit Albrechts Gulden und einem Zuschuß des verzeihenden Vaters suchte er abermals die Sonne Italiens auf und verfluchte bei jedem Halt das «heuchlerische verworfene Geschlecht der Theologen und Mönche». Aus der Kapitale der Päpste schrieb er warnend an Crotus Rubianus:

> Drum dem Verlangen entsage, mein Freund, nach der heiligen Roma:
> Römisches, welches du suchst, findest in Rom du nicht mehr...
> Auf, ihr Männer, wohlauf! legt Hand an, lebet vom Raube,
> Mordet, vom heiligen Gut stehlet, verletzet das Recht.
> Eure Rede sei Gräul und euer Handeln Verbrechen;
> Wälzt euch im Pfuhle der Lust, leugnet im Himmel den Gott...
> Bringet ihr Geld nach Rom, so seid ihr die rechtlichsten Leute:
> Tugend und Seligkeit kauft und verkauft man zu Rom.
> Ja auch künftig Verruchtes zu tun, erkauft man zu Rom sich:
> Drum, wenn ihr toll, so seid gut; wenn ihr verständig, seid schlecht![11]

Mit bissiger Ironie widmete er (1517) Leo X. eine Neuausgabe von Vallas Traktat über die angebliche Konstantinische Schenkung und versicherte in der Widmung, die meisten Inhaber des päpstlichen Stuhls seien Tyrannen, Räuber und Erpresser gewesen, die die Strafen des Jenseits zu Einkünften im Diesseits verwandelt hätten. Der Band kam Luther in die Hände und nährte dessen Groll gegen das Papsttum.

Trotz der maßlosen Gehässigkeit mancher Gedichte verschafften sie Hutten einen gewissen Ruhm. Als er im gleichen Jahr nach Deutschland zurückkehrte, wurde er von Konrad Peutinger empfangen und auf dessen Anregung hin von Maximilian zum deutschen Dichterkönig gekrönt. Der Mainzer Erzbischof Albrecht vertraute ihm Missionen bei fremden Höfen an, die ihn bis nach Paris führten. Bei seiner Heimkehr (1518) fand er ein Deutschland vor, das über Luthers Ablaßthesen in leidenschaftlichste Erregung geraten war; und vermutlich hat es ihm ein Lächeln entlockt, seinen eigenen gutmütigen Erzbischof in Mitleidenschaft gezogen zu sehen. Luther selbst war nach Augsburg zitiert, um sich vor Kardinal Cajetan wegen Ketzerei zu verantworten. Hutten schwankte; er war gefühlsmäßig und materiell an den Erzbischof gebunden, sein Blut aber antwortete auf den kriegerischen Ruf der Fanfaren. Er sattelte sein Pferd und ritt gen Augsburg.

## VIII. DIE KIRCHE IN DEUTSCHLAND

Wie war es in Luthers Jugend in Wahrheit um die Kirche in Deutschland bestellt? Einen Hinweis gewinnen wir aus der Bereitwilligkeit, mit der hohe Kirchenmänner die Kritik und die Kritiker der Kirche duldeten. Es gab vereinzelte Freidenker, deren Namen die Zensur der Zeit getilgt hat; Erasmus erwähnt «Männer unter uns, die wie Epikur glauben, daß die Seele mit dem Leib stirbt». Unter den Humanisten gab es Skeptiker. Ferner gab es Mystiker, die die Notwendigkeit einer Vermittlung zwischen Mensch und Gott durch Kirche und Priester bestritten und an die Stelle des Rituals und der Sakramente das innere religiöse Erlebnis setzten. Vereinzelte kleine Waldensergemeinden anerkannten keinen Unterschied zwischen Priestern und Laien, und im östlichen Deutschland betrachtete eine kleine Zahl von Hussiten den Papst als den Antichrist. In der Stadt Eger erklärten die aus Augsburg stammenden Brüder Johann und Lewin die Ablässe für einen Betrug (1466). Der Erfurter Professor Johann von Wesel verkündete die Prädestination und die freie Gnadenwahl Gottes, während er den Ablaß, die Sakramente und die Heiligenanrufung ablehnte und kurz und bündig erklärte: «Ich verachte den Papst, die Kirche und Concilia und lobe Christum.» Von einem Ketzergericht verurteilt, widerrief er und starb im Gefängnis (1481). Wessel Ganzfort, fälschlicherweise als Johann Wessel bekannt, äußerte Zweifel an der Beichte und Sündenvergebung, am Ablaß und Fegefeuer; die Heilige Schrift sei die einzige Richtschnur des Glaubens, der Glauben der einzige Weg zur Seligkeit – hier haben wir Luther in einem Satz. «Hätte ich seine Schriften früher gelesen», sagte Luther 1522, «hätten meine Gegner glauben können, daß Luther alles vom Wessel bezogen hat, so groß ist die Übereinstimmung unserer Geister.»

Doch alles in allem waren die Deutschen ein gläubiges Volk und – zwischen ihren Bierkrügen und Lastern – fromm. Die Familie bildete beinahe eine Kirche, darin die Mutter als Religionslehrerin und der Vater als Priester wirkte; man betete häufig, und jeder Haushalt besaß seine Andachtsbücher. Für die des Lesens Unkundigen standen Bilderbücher, *Biblia pauperum*, mit Darstellungen aus dem Leben Jesu, Marias und der Heiligen zur Verfügung. Die bildlichen Darstellungen Marias waren so zahlreich wie die Jesusbilder, den Rosenkranz betete man mit unermüdlichem Eifer; der Inquisitor Jakob Sprenger gründete eine Bruderschaft, die sich häufiges Beten zum Ziel setzte; eines der Gebete war an die Dreieinigkeit von Jungfrau, Vater und Sohn – die beim Volk einzig wahrhaft populäre Trinität – gerichtet.

Der Gläubigkeit der Massen entsprach die Gläubigkeit mancher Priester. Es muß ja – auch wenn der Lärm der Sittenverderbnis ihre Namen übertönt hat – gottesfürchtige Priester gegeben haben, sonst wäre eine so weit verbreitete Religiosität undenkbar gewesen. Viele Weltgeistliche lebten mit einer Konkubine oder mit einem ehelichen Weib, was den zeugungskräftigen Deutschen als Alternative zur Hurerei offenbar verzeihlich erschien; und hatten denn nicht sogar die Päpste dieser im Aufbruch begriffenen Zeit gegen das Zölibat rebelliert? Der «regulierte» Klerus, das heißt die einer *regula* oder Ordensregel unterworfenen Mönche, waren vielfach in ernster Selbstreform begriffen. Die Benediktiner verfolgten zwar einen halb klösterlichen, halb weltlichen Kurs, und die Deutschen Ordensritter huldigten nach wie vor ihren Eroberungs- und Fleischeslüsten; aber die Dominikaner, Franziskaner und Augustiner unterzogen sich einer strengeren Beachtung ihrer Regeln und vollbrachten viele Werke der Mildtätigkeit. Am eifrigsten zeigten sich die aus den früheren Eremiten- oder Einsiedlerbruderschaften hervorgegangenen Augustiner, die ihre Mönchsgelübde – Armut, Keuschheit und Gehorsam – mit offensichtlicher Treue hielten und dabei gelehrt genug waren, um viele Universitätslehrstühle besetzen zu können. Als sich Luther für die Klosterlaufbahn entschloß, trat er diesem Orden bei.

Der Antiklerikalismus richtete sich vor allem gegen den Reichtum und die Verweltlichung der oberen Ränge der Hierarchie. Manche Bischöfe und Äbte trugen die Verantwortung für die Wirtschaft und Verwaltung von großen, der Kirche im Laufe der Zeit zugefallenen Ländereien; sie fühlten sich trotz Mitra oder Tonsur wie weltliche Fürsten und waren nicht immer die gnädigsten. Auch ihr Auftreten war weit eher weltlich als kirchlich, und es ist behauptet worden, daß sich der eine oder andere von seiner Konkubine zu Stände- und Reichstagen begleiten ließ. Johannes Janssen, der kenntnisreiche katholische Prälat und Historiker, hat die Übel der deutschen Kirche am Vorabend der Reformation mit folgenden – vielleicht etwas harten – Worten zusammengefaßt:

«Aber die ‚gegensätz von williger liebe und hartem geiz, von absagung umb gottes willen und vollsucht' zeigten sich, wie in allen Ständen, so auch unter dem Welt- und Ordensklerus. Auch unter ihm traten neben den zahllosen Zeugnissen von opferfreudiger Hingabe an große Zwecke, von einer bis zur Begeisterung sich steigernden Gottes- und Menschenliebe die abschreckenden Erscheinungen ungebändigter Selbstsucht und Habgier häufig hervor. Der Geiz, der tiefste Grundfehler der Zeit, offenbarte sich innerhalb des Klerus aller Grade und Ordnungen in der Sucht, die kirchlichen Einkünfte, Taxen und Sporteln nach Möglichkeit zu erhöhen. Die deutsche Kirche war die reichste der Christenheit. Man berechnete, daß fast ein Drittel des gesamten Grundeigentums sich in den Händen der Kirche befand, und verurteilte deshalb mit vollstem Recht um so mehr das von geistlichen Vorstehern ausgehende Streben, diesen Besitz noch immer zu vergrößern. In manchen Städten besaßen die kirchlichen Stiftungen den größten Teil der Stadtflur. Innerhalb der Geistlichkeit selbst machten sich bezüglich der Einkünfte die schroffsten Gegensätze bemerkbar. Der niedere seelsorgerliche Klerus hatte außer den vielfach unsicheren Zehnten und Stolgebühren keine Gehälter und wendete sich aus Armut oder Habsucht nicht selten Erwerbsarten zu, die mit seinem Stande durchaus unverträglich waren und ihn der Mißachtung des Volkes aussetzen mußten. Die höhere Geistlichkeit dagegen hatte Reichtum und Überfluß und trug gar oft keine Scheu, denselben in einer die Besitzlosen des Volkes aufregenden, die Begehrlichkeit der höheren weltlichen Stände steigernden, alle ernsteren Gemüter verletzenden oder ärgerlichen Weise zu offenbaren ... An sehr vielen Orten wurden Klagen laut über gewinnsüchtigen Mißbrauch des Heiligen, über leichtfertige Verhängung kirchlicher Strafen, insbesondere des Interdiktes, über die häufigen und großen Geldsendungen nach Rom, über Annaten und Palliengelder.»[12]

Die Deutschen hätten ihren Bischöfen ihre Weltlichkeit vielleicht verziehen; was sie nicht verdauen konnten, waren die Rechtsansprüche und Auflagen der Päpste. Der erwachende nationale Geist wehrte sich dagegen, daß der Heilige Stuhl seine Anerkennung der deutschen Kaiser von der päpstlichen Krönung abhängig machte und sich das Recht anmaßte, Kaiser und Könige nach Belieben abzusetzen. Ständig schwelten Konflikte zwischen der weltlichen und geistlichen Obrigkeit über die Besetzung von Ämtern und Pfründen, ständig überschnitten sich weltliche und geistliche Gerichtsbarkeit, die den Klerus der staatlichen Jurisdiktion so gut wie entzog. Hoch- und Kleinadel blickten mit ungeduldiger Begehrlichkeit auf das gewaltige Vermögen der Kirche, während sich Fabrikanten und Handelsherren über die Wirtschaftstätigkeit der Klöster beklagten, die infolge der von ihnen beanspruchten Steuerfreiheit bevorzugt seien. Es waren also weit mehr materielle Interessen als theologische Differenzen, um die sich der Streit drehte. Hören wir einen anderen katholischen Geschichtsschreiber:

«Vielfach sagte man im fünfzehnten Jahrhundert geradezu, Deutschland werde durch die nach Rom fließenden Geldsummen völlig verarmen ... Immer und immer wieder klagte man, daß die Kanzleigebühren, Annaten, *medii fructus*, Konsekrationsgelder erhöht oder unerlaubt ausgedehnt, neue und endlose Indulgenzen ohne Zustimmung der Landesprälaten ausgeschrieben, Türkenzehnte auf Türkenzehnte erhoben und für andere Zwecke verwendet würden. Selbst der Kirche und dem Heiligen Stuhl ergebene Männer ... teilten diese Mißstimmung: Offen sprachen sie aus, die deutschen Beschwerden gegen Rom, namentlich in finanzieller Hinsicht, seien großenteils begründet.»[13]

1457 verfaßte Martin Mair, Kanzler des Erzbischofs Dietrich von Mainz, zuhanden des Kardinals Piccolomini eine erboste Darlegung des von der Kurie an Deutschland verübten Unrechts:

«Prälatenwahlen würden nicht selten ohne Grund zurückgewiesen, den Kardinälen und den päpstlichen Sekretären reserviere man Pfründen und Würden jeder Art. So habe Kardinal Piccolomini selbst eine allgemeine Reservation auf drei deutsche Provinzen erhalten, deren Form ganz ungewöhnlich und unerhört sei. Expektanzen* würden ohne Zahl erteilt, die Annaten und

* Wenn der Tod oder die Absetzung des Inhabers einer Pfründe in Aussicht stand, sicherte man sich durch eine Expektanz die Nachfolge in das Amt oder auf die Würde. Die Ernennung von Bischöfen und Äbten wurde häufig verschleppt, weil während der Vakanz die Einkünfte an die Kurie fielen.

ähnliche Abgaben streng und ohne Fristgewährung eingetrieben; auch sei bekannt, daß man noch über schuldige Summen hinaus erpresse. Die Bistümer erhalte nicht, wer sie am meisten verdiene, sondern wer am höchsten biete. Um Geld zusammenzuscharren, würden täglich neue Ablässe ausgeschrieben und Türkenzehnten erhoben, ohne die deutschen Prälaten darüber zu hören. Prozesse, die daheim verhandelt und entschieden werden sollten, würden ohne Unterschied vor die apostolischen Tribunale geschleppt. Man denke tausend Wege aus, wie der römische Stuhl von den Deutschen, als seien sie reiche und dumme Barbaren, in schlauer Manier Geld herausziehen könne. Infolgedessen sei diese Nation, die mit ihrem Mut und Blut das Römische Reich erworben, die einst die Herrin und Königin der Welt gewesen, nunmehr dürftig, zinspflichtig und eine Magd. Im Staube liegend, betraure sie schon viele Jahre hindurch ihre Armut, ihr Geschick. Jetzt aber seien ihre Edlen wie vom Schlafe erwacht, jetzt seien sie entschlossen, das Joch abzuschütteln und die alte Freiheit wiederzuerringen.»[14]

Nach seiner Wahl zum Papst (1458) vergaß Piccolomini, nunmehr Pius II., diese Warnung und forderte von Diether von Isenburg 20500 Gulden für die Bestätigung von dessen Anwartschaft auf das Erzbistum Mainz (1459). Als Diether mit der Begründung, der Betrag übersteige jedes Herkommen, die Bezahlung verweigerte, erließ Pius eine Bannbulle gegen ihn. Diether setzte sich über sie hinweg; mehrere deutsche Fürsten nahmen für ihn Partei, und er beauftragte den Nürnberger Rechtsgelehrten Gregor Heimburg, eine öffentliche Bewegung zugunsten der Souveränität der Kirchenkonzile über die Päpste ins Leben zu rufen. Heimburg ging nach Frankreich, um eine Koordinierung der romfeindlichen Strömungen in die Wege zu leiten, und eine Weile hatte es den Anschein, als stehe der Abfall der nördlichen Staaten von Rom unmittelbar bevor. Doch gelang es den Sendlingen der Kurie, einen nach dem anderen von Diethers Parteigängern umzustimmen, was es Pius ermöglichte, Adolf von Nassau zu dessen Nachfolger zu ernennen. Beide Erzbischöfe warben Söldner an; in der blutigen Fehde unterlag Diether. Sein an alle deutschen Fürsten gerichtetes Manifest, zusammenzustehen, weil sie sonst unterdrückt würden, war eines der ersten Erzeugnisse von Gutenbergs Presse.

Dieser Sieg der Kurie milderte die Unzufriedenheit in Deutschland keineswegs. Als im Jubeljahr 1500 eine große Menge deutschen Geldes nach Rom floß, verlangte der Augsburger Reichstag nachträglich die Rückgabe eines Teils davon. Maximilian erklärte grollend, die deutschen Einkünfte des Papstes überstiegen die seinen ums Hundertfache. Als er 1510 mit Julius II. im Kriege lag, beauftragte er den Humanisten Wimpfeling, eine Liste der deutschen Beschwerden gegen Rom zusammenzustellen, und spielte mit dem Gedanken der Loslösung der deutschen Kirche von Rom; Wimpfeling brachte ihn mit dem Argument davon ab, daß ein Teil der deutschen Stände die Gefolgschaft verweigern würde. Aber auch so trieb die ökonomische Situation dem Auftreten Luthers entgegen. Ein grundsätzlicher Konflikt der materiellen Interessen mußte die deutsche Reformation, der die Liquidierung des Goldstroms nach Italien am Herzen lag, mit einer Renaissance in Gegensatz bringen, die ihre Dichtung und ihre Kunst aus diesem transalpinen Gold bestritt.

In den breiten Massen hielten sich Gläubigkeit und Antiklerikalismus die Waage. «Die revolutionäre Stimmung», schrieb Pastor, «gegen die Kirche und gegen die vielfach tief gesunkene Geistlichkeit, die an verschiedenen Orten Deutschlands sich der Volksmassen bemächtigt hatte, ist noch viel zu wenig erforscht worden ... Eine Mainzer Chronik berichtete zum Jahre 1401, daß, was schon seit langem in aller Munde war, jetzt zur Losung des Tages wurde: ‚man soll die pfaffen slahen'.»[15] Angesichts dieser unverhohlenen Feindseligkeit wagte die Inquisition – im Gegensatz zu Spanien, wo sie verschärft wurde – kaum jemanden zu verurteilen. Die Streitschriften richteten ihre Giftpfeile weniger gegen die kirchlichen Institutionen in Deutschland als gegen den Heiligen Stuhl; aber einige Ordensgeistliche und Weltpriester, die in den Chor einfielen, hetzten auch gegen das Wohlleben und die Verschwendung der deutschen Prälaten. Die vom Jubeljahr aus Rom heimkehrenden Pilger wußten sicher oft übertriebene Schauergeschichten von der Sittenlosigkeit der Päpste, ihren angeblichen Giftmorden, dem herausfordernden Treiben der Kardinäle und der dortigen allgemeinen Käuflichkeit und heidnischen Verderbtheit zu berichten. Eingedenk ihrer germanischen Vorfahren, die Roms Macht schon einmal gebrochen hatten (476), verschworen sich manche Deutsche, früher oder später dieser Tyrannei zum zweitenmal ein Ende zu bereiten, während andere die Zeit für reif hielten, den von Papst Gregor VII. erzwungenen Bittgang Kaiser Heinrichs IV. nach Canossa zu rächen. Als 1521 der päpstliche Nuntius Aleander Leo X. vor dem bevorstehenden Aufstand gegen die römische Kirche warnte, stützte er sich auf eine schon fünf Jahre früher oft gehörte Äußerung, man warte nur auf «einen Narren», der den Mund gegen Rom aufmache.

Nach Jahrhunderten der Lähmung und Unterdrückung vereinigten sich tausend Kräfte und Einflüsse – kirchliche, moralische, geistige, ökonomische, politische und nicht zuletzt gefühlsmäßige – zu einem Wirbelsturm, dessen Wüten in Europa die größte Umwälzung seit der Eroberung Roms durch die Barbaren herbeigeführt hat. Die Schwächung des Papsttums durch das Exil in Avignon und das päpstliche Schisma, der Zusammenbruch der klösterlichen Disziplin und des Priesterzölibats, die verschwenderische Hofhaltung der Kirchenfürsten, die Bestechlichkeit der Kurie, die weltlichen Ziele der Päpste, die Sittenlosigkeit Alexanders VI., die Streitbarkeit Julius' II., die unbekümmerte Heiterkeit Leos X., der Reliquien- und Ablaßhandel, die muselmanischen Siege über die Kreuzfahrer und in den Türkenkriegen, die wachsende Bekanntschaft mit nichtchristlichen Glaubensformen, das Eindringen arabischer Wissenschaft und Philosophie, der durch Scotus' Irrationalismus und Ockhams Skeptizismus herbeigeführte Bankrott der Scholastik, das Scheitern der Kirchenreform durch die Konziliarbewegung, die Wiederentdeckung der Antike und die Entdeckung Amerikas, die Erfindung des Buchdrucks, der Rückgang des Analphabetentums und die Ausbreitung der Bildung, die Übersetzung der Bibel, der Kontrast zwischen der schlichten Armut der Apostel und dem schwelgerischen Zeremoniell der Kirche, der steigende Wohlstand und die wirtschaftliche Unabhängigkeit Deutschlands und Englands, das Erstarken des die kirchliche Bevormundung und Ausbeutung ablehnenden Mittelstandes, die Empörung über den Abfluß des Geldes nach Rom, die Säkularisation der Verwaltung und des Rechts, die Stärkung der Monarchien und des nationalen Empfindens und dessen weitere Förderung durch die Entwicklung der Schriftsprachen und eigenständigen Literaturen, die gärende Hinterlassenschaft der Waldenser, Wiclifs und Johannes Hus', das mystische Bedürfnis nach einer weniger formalistischen und dafür persönlicheren und innerlicheren Religionsausübung: all das vereinigte sich jetzt zu einem einzigen reißenden Strom, der die mittelalterliche Gesellschaftsstruktur einreißen, alle Bindungen und Maßstäbe zertrümmern, Europa in Nationen und Sekten aufsplittern und die Pfeiler der alten Glaubensüberzeugungen und Heilshoffnungen einen nach dem anderen wegschwemmen sollte – ja, der vielleicht das Ende der christlichen Epoche in der Geschichte des Abendlandes eingeleitet hat.

*Zweites Buch*

# DIE RELIGIÖSE REVOLUTION

[1517–1564]

## ERSTES KAPITEL

# *Luther: Die Reformation in Deutschland*

[1517–1524]

### I. TETZEL

Am 15. März 1517 schrieb Papst Leo X. den berühmtesten von allen Ablässen aus. Es ist zu bedauern und dennoch gerecht, daß die Reformation unter einem Pontifex zum Ausbruch kam, unter dem in Rom der Geist der Renaissance und so viele ihrer Früchte zur Vollendung reiften. Leo, der Sohn Lorenzos des Prächtigen und Oberhaupt des Hauses Medici, das die Florentiner Renaissance getragen hatte, war ein Dichter und hochgebildeter Aristokrat, ein Kenner der klassischen Literatur und Liebhaber von ästhetischen Kunstwerken, ein gütiger und freigebiger Mensch. Von ungetrübt heiterer Wesensart und großer Sittenreinheit in einem sittenlosen Milieu, lebte er einer Stadt, die hundert Jahre zuvor nur Unglück und Verzweiflung gekannt hatte, das Muster eines glücklichen Lebens vor. Von seiner Oberflächlichkeit abgesehen waren alle seine Fehler oberflächlicher Art. Er unterließ es, zwischen dem Wohl seiner Familie und dem der Kirche einen scharfen Trennungsstrich zu ziehen, und verschwendete die Gelder der Kurie an fragwürdige Kriege und dilettantische Dichter. Meist übte er Toleranz; die Ausfälle gegen die Kirchenmänner in Erasmus' *Lob der Torheit* bereiteten ihm sogar Vergnügen, und im allgemeinen hielt er den ungeschriebenen Pakt zwischen der Renaissancekirche einerseits und den Philosophen, Dichtern und Gelehrten andererseits, wonach sich diese in ihren meist lateinischen und für die Gebildeten bestimmten Schriften beträchtliche Freiheiten erlauben durften, solange sie die Gläubigkeit der Massen unangetastet ließen.

Als Sohn eines Bankiers war Leo gewohnt, Geld großzügig und nicht nur für sich selbst auszugeben. Julius II. hatte ihm eine gefüllte päpstliche Schatzkammer hinterlassen; noch ehe er starb, war sie leer. Der von Julius geplanten und in Angriff genommenen mächtigen Basilika mag er geringes Interesse entgegengebracht haben; aber die alte Peterskirche war nicht zu retten, und für die neue waren bereits so enorme Gelder aufgewendet worden, daß eine Aufgabe des gewaltigen Unternehmens Schmach und Schande über die Kirche gebracht hätte. Es ist durchaus möglich, daß er sich nur mit Widerstreben dazu entschloß, die Mittel für die Vollendung des majestätischen Gotteshauses durch einen Ablaß aufzubringen (1517). England, Frankreich, Spanien und die deutschen Fürsten protestierten heftig gegen die wiederholten Geldsammlungen Roms, die allen Reichtum aus dem Lande zögen und die ganze Wirtschaft schädigten. Gefestigten Monarchien gegenüber zeigte sich Leo entgegenkommend: Heinrich VIII. gestand er ein Viertel der in England zu sammelnden Summe zu, Karl I. (dem späteren Kaiser Karl V.) gewährte er ein Darlehen von 175000 Dukaten in Anrechnung auf die aus Spanien zu erwartenden Gelder, und auch Franz I. sollte seinen Anteil an den in Frankreich aufgebrachten Mitteln erhalten. Deutschland, das der Kurie keine solide Staatsstruktur entgegenzusetzen vermochte, kam ungünstiger weg; Kaiser Maximilian mußte sich mit armseligen 3000 Gulden begnügen, während sich die Fugger die Rückzahlung der 20000 Gulden ausbedangen, die sie Albrecht von Brandenburg für die kuriale Bestätigung seiner Ernennung zum Fürsterzbischof von Mainz vorgeschossen hatten. Mainz hatte nämlich das Pech gehabt, binnen zehn Jahren (1504–1514) drei Erzbischöfe zu verlieren, und nachdem die Mainzer zweimal die hohe Bestätigungsgebühr selber aufgebracht hatten, wandte sich Albrecht, um sie kein drittes Mal zu schröpfen, an die Fugger. Andererseits übertrug die Kurie dem jungen Kirchenfürsten den Vertrieb des Ablasses nicht nur in Mainz, sondern auch in Magdeburg und Halberstadt. Jeden Ablaßprediger Albrechts begleitete ein Vertrauensmann der Fugger, der die Ausgaben und Einnahmen kontrollierte und einen der Schlüssel zur Geldtruhe in Händen hielt.

Die Trumpfkarte Albrechts bildete Johann Tetzel, ein Dominikaner-Bettelmönch, der sich seit dem Jahr 1500 fast nur dem Ablaßhandel gewidmet und durch seine Geschicklichkeit, Geld einzuheimsen, einen gewissen Ruf erworben hatte. Meist lieh ihm der lokale Klerus seine Unterstützung: Priester und Amtspersonen, aber auch fromme Bürger hießen ihn mit Fahnen, Kerzen und Kirchenliedern am Stadttor willkommen und holten ihn unter Glockengeläut und Orgelspiel – die Ablaßbulle auf einem Samt- oder Goldkissen an der Spitze – in feierlicher Prozession ein. Solchermaßen gestärkt, versprach Tetzel in einer eindrucksvollen Rede jedem, der da beichte und bereue und im Rahmen seiner Mittel zum Bau des neuen Petersdomes beitrage, einen Plenarablaß:

> «Unser Herr Jesus Christus spreche dich los, und ich in der Vollmacht desselben, der seligen Apostel Petrus und Paulus und des heiligsten apostolischen Stuhls, zu diesem Teil dir zugestanden und mir anvertraut, spreche dich los von allen Fesseln der Exkommunikation, der Suspension und des Interdiktes, seien sie von einem Menschen oder allgemein durch das geltende Gesetz erfolgt, ebenso wie von allen deinen Verbrechen, Sünden und Ausschweifungen, auch in den Fällen, die dem apostolischen Stuhl eigens vorbehalten sind. Auch gewähre ich dir hiefür einen Plenarablaß und die Vergebung, und, so weit die Schlüssel der Kirche sich erstrecken, lasse ich dir nach die Strafen, die du dafür im Fegefeuer erleiden müßtest ... und gebe dir wieder zurück jene Unschuld und Reinheit, welche du in der Taufe empfangen hast, so daß, wenn du einmal hinscheidest aus dieser Welt, die Pforten der Strafe für dich geschlossen sind und weit geöffnet die Tore zu den Herrlichkeiten des Paradieses. Falls du zu dieser Zeit noch nicht sterben solltest, verbleibt dir dieser Gnadenerweis nichtsdestoweniger bis hin zu deiner Sterbestunde. Im Namen des Vaters, des Sohnes und des hl. Geistes. Amen.» [1]

Dieser für jeden Gläubigen glänzende Handel stand durchaus im Einklang mit der offiziellen Auffassung vom Ablaß für Lebende. Und wenn Tetzel von der Vorbedingung der Beichte für den Fall absah, daß es sich um einen Ablaß für eine im Fegefeuer schmachtende Seele handelte, hielt er sich gleichfalls an den Wortlaut der erzbischöflichen Weisung. Hören wir dazu einen katholischen Historiker:

«Tetzel hat ... in Übereinstimmung mit den für ihn maßgebenden Ablaßinstruktionen wirklich verkündet, es sei christliches Dogma, daß zur Gewinnung des Ablasses für die Verstorbenen nur die Geldspende erforderlich sei, keineswegs aber Reue und Beicht. Zugleich lehrte er, entsprechend der von den damaligen Theologen mehrfach vertretenen Ansicht, daß der Ablaß für die Verstorbenen einer bestimmten Seele unfehlbar zugewendet werde. Es kann keinem Zweifel unterliegen, daß er, von dieser Voraussetzung ausgehend, das drastische Sprüchlein: ‚Sobald das Geld im Kasten klingt, die Seele aus dem Feuer springt', wenigstens dem Inhalt nach gepredigt hat. Die päpstlichen Ablaßbullen gaben für diese Theorie keinen Anhaltspunkt. Es war eine unsichere Schulmeinung, nicht eine Lehre der Kirche.»[2]

Myconius, ein den Dominikanern vermutlich feindlich gesinnter Franziskaner, berichtete 1517 über das Auftreten Tetzels: «Unglaublich ist's was der unverschämte Mönch nun vorgeben, ausreden und predigen durft. Gab Brief und Siegel, daß auch die Sünd vergeben solten sein, die einer noch willens wäre zu tun. Der Papst hätte mehr Macht denn alle Apostel, alle Engel und Heiligen, auch Maria die Jungfrau selb. Denn diese wären alle noch unter Christo, aber der Papst wäre Christo gleich.» Diese Auslassung ist vermutlich übertrieben, daß aber ein Augenzeuge eine solche Schilderung hat geben können, läßt auf die Erbitterung schließen, die Tetzel hervorrief. Eine ähnliche Feindseligkeit spricht aus einem Gerücht, das Luther nur mit Skepsis erwähnt, wonach Tetzel in Halle gesagt haben soll, «wenn einer», *per impossibile*, «bei Christi lieber Mutter geschlafen hätte und legte nur Geld ins Papst Ablaßkasten», so könnte der Papst es doch vergeben. Tetzel ließ sich von den städtischen und geistlichen Behörden in Halle bestätigen, daß sie nie ein Wort davon gehört hätten. Er war ein eifriger Verkäufer, aber nicht ganz gewissenlos.

Er wäre der Geschichte entronnen, wenn er sich nicht zu nahe an das Gebiet Friedrichs des Weisen, des Kurfürsten von Sachsen*, herangewagt hätte. Friedrich, ein frommer und weitsichtiger Regent, war kein prinzipieller Ablaßgegner, hatte er doch in der Wittenberger Schloßkirche 19000 Heiligenreliquien zusammengetragen, deren Verehrung mit einem Ablaß verbunden war; auch hatte er sich zur Finanzierung eines Brückenbaus bei Torgau von der Kurie einen weiteren Ablaß bewilligen lassen, mit dessen Propagierung Tetzel beauftragt worden war. Die von Papst Alexander VI. im Kurfürstentum Sachsen gesammelten Ablaßgelder für einen Kreuzzug gegen die Türken hatte er freilich mit der Erklärung beschlagnahmt, sie nur auszahlen zu wollen, wenn der Kreuzzug tatsächlich unternommen werde (1501). Da es nie dazu kam, verwendete Friedrich das Geld zum Ausbau der Universität Wittenberg. Unwillig, sein sächsisches Geld auswandern zu sehen, und vielleicht auch von den Berichten Tetzels über Übertreibungen beunruhigt, verbot er die Predigt des St. Peterablasses in Kursachsen, woraufhin sich Tetzel so nahe der Landesgrenze etablierte, daß die Wittenberger dem Verbot zum Trotz unschwer zu ihm gelangen und den Ablaß erwerben konnten. Einige

---

* 1485 hatte eine Teilung der Hausmacht der Wettiner stattgefunden. Den kleineren, aber reicheren Teil mit Leipzig und Dresden erhielt der jüngere Sohn, Herzog Albrecht, der Begründer der herzoglichen oder Albertinischen Linie. Den größeren, aber weniger bevölkerten Teil mit Wittenberg und Weimar erhielt der ältere Bruder, Kurfürst Ernst, der Begründer der kurfürstlichen oder Ernestinischen Linie. Die Teilung hat in der Reformation einige Bedeutung erlangt.

Erwerber dieser «päpstlichen Briefe» zeigten sie dem Professor der Theologie an der Wittenberger Universität mit der Bitte, ihre Wirksamkeit zu bestätigen. Der Professor, Martin Luther, verweigerte die Bestätigung. Als Tetzel davon hörte, hielt er eine Brandrede gegen ihn – und wurde unsterblich.

Aber er hatte die kämpferischen Eigenschaften des Professors unterschätzt. Dieser verfaßte in aller Eile fünfundneunzig Thesen in lateinischer Sprache unter dem Titel *Disputatio pro declaratione virtutis indulgentiarum* (Abhandlung zur Klarstellung der Wirkung der Ablässe), ohne sich bewußt zu sein, daß sie häretische Gedanken enthielten; ja man kann seine Auffassung nicht einmal unbedingt als ketzerisch bezeichnen. Luther, ein durchaus guter Katholik, hatte ja nicht die geringste Absicht, die Kirche aus den Angeln zu heben; es ging ihm lediglich darum, übertriebene Behauptungen zugunsten der Ablässe zu widerlegen und einigen Mißbräuchen entgegenzutreten, die sich bei deren Vertrieb eingebürgert hatten. Seinem Empfinden nach schwächten die Häufigkeit der Ablässe und der Handel mit ihnen das Reuegefühl, das jede Sünde hervorrufen sollte, und machte diese zu einer trivialen Angelegenheit, die über dem Sammelkasten jedes Ablaßkrämers allzu leicht in Ordnung gebracht werden konnte. Er bestritt weder die päpstliche «Schlüsselgewalt» der Sündenvergebung noch die Vollmacht der Päpste, dem beichtenden und reuigen Sünder die irdischen Kirchenstrafen zu erlassen; die Befreiung büßender Seelen aus dem Fegefeuer oder eine Verkürzung der Bußezeit war jedoch nach Luthers Meinung in dieser Schlüsselgewalt – die jenseits des Grabes ende – nicht inbegriffen, sondern allein von der befürwortenden Wirkung päpstlicher Gebete abhängig, die erhört oder auch nicht erhört werden können (20. bis 22. These). Alle Christen, argumentierte er weiter, hätten ohne ihr Zutun Anteil an den Verdiensten Christi und der Heiligen und bedürften keiner ausdrücklichen Zusprechung durch einen päpstlichen Ablaßbrief. «Diese willkürliche Gnadenpredigt bewirkt, daß es auch gelehrten Männern nicht leicht fällt, die Ehrfurcht vor dem Papst ob den Verdrehungen und wahrlich spitzfindigen Fragen der Laien wiederherzustellen ... Freilich: Warum entleert der Papst nicht das Purgatorium auf Grund seiner allerheiligsten Liebe und der so großen Not der Seelen als gerechtestem aller Gründe, wenn er doch unzählige Seelen loskauft auf Grund des unseligsten Geldes zum Bau der Basilika als geringstem aller Gründe?» (81. und 82. These.)

Am 31. Oktober 1517 um die Mittagsstunde schlug Luther seine Thesen am Hauptportal der Wittenberger Schloßkirche an. Für den nächsten Tag, den 1. November – Allerheiligen –, erwartete man eine große Menschenmenge, weil der Kurfürst alljährlich am genannten Festtag seine Reliquiensammlung der öffentlichen Besichtigung freizugeben pflegte. Im übrigen stellte ein solcher Thesenanschlag nebst dem Angebot, sie gegen jeden Kritiker zu verteidigen, eine alte Praxis der mittelalterlichen Universitäten dar, und das von Luther dafür benützte Wittenberger Schloßkirchenportal hatte schon immer als akademisches Anschlagbrett gedient. Den Thesen ging eine verbindlich formulierte Herausforderung voran:

«Amore et studio elucidande veritatis hec subscripta disputabuntur Wittenberge, Presidente R. P. Martino Lutther, Artium et S. Theologiae Magistro eiusdemque ibidem lectore Ordinario.

Ausschnitt aus dem Wilton-Diptychon, das um 1395 in Frankreich für König Richard II. von England (kniend im Vordergrund) gemalt wurde (Tempera auf Holz; National Gallery, London).

Ebdo
mad
sexa
ginta
duas
prophe
ysayas

Azay-le-Rideau, eines der malerischen und bedeutenden Loire-Schlösser, die im 15./16. Jahrhundert im Stil der Renaissance entlang der Loire errichtet wurden.

Vorige Seite: Der «Mosesbrunnen» in Dijon, Sockel einer ehemals überlebensgroßen Kreuzigung, geschaffen von dem Niederländer Claus Sluter (gest. 1406 in Dijon), der die französische Bildhauerkunst im 15. Jahrhundert maßgeblich beeinflußte.

Altfranzösische Buchmalerei mit einer Szene aus einem Badehaus im Frankreich des 14. Jahrhunderts (Bibliothèque Nationale, Paris).

Von Rogier van der Weyden (um 1399–1464), dem berühmtesten Maler seiner Zeit in Europa, stammt dieser Ausschnitt aus dem Bladelin-Altar mit einer Ansicht von Middleburg, für dessen Kirche Peter Bladelin, der Schatzmeister Herzog Philipps des Guten von Burgund, diesen Altar gestiftet hat.

Nächste Seite: Dieses ebenso schöne wie genaue Bildnis der Jeanne d'Arc stammt aus einer Gedichtsammlung des Poeten Herzog Karl von Orléans (1391–1465), der nach seiner Gefangennahme in der Schlacht von Azincourt 25 Jahre ritterlicher Haft in England verbrachte.

Aufgang zur Burg Karlstein (28 km südwestlich von Prag), die Kaiser Karl IV. von 1348–1357 durch Matthias von Arras als seinen Sitz und als Verwahrungsort der Reichskleinodien erbauen ließ.

Darstellung eines Augsburger Geschlechtertanzes im Tanzhaus am Weinmarkt um 1500 (Ausschnitt), wie er bis in das späte 16. Jahrhundert hinein dort üblich war.

In den Jahren 1517/18 schuf Veit Stoß (um 1450–1533) seinen Hängeleuchter «Englischer Gruß», eine Verkündigungs-Darstellung; in den Kranzmedaillons sind die sieben Freuden Mariä zu sehen (St. Lorenz-Kirche, Nürnberg).

Büste von Jakob Fugger (1459–1525), dem berühmtesten aus der Kaufmanns-Dynastie, im Jahre 1518 von dem Augsburger Künstler Adolf Daucher für die Fugger-Kapelle in Augsburg geschaffen.

Das Gemälde «Inquisitionsgericht unter Vorsitz des Heiligen Dominikus», um 1500 von dem Spanier Pedro Berruguete (um 1450–1504) gemalt, zeigt eindringlich den damaligen fanatischen kirchlichen Eifer, die berechnete Wirkung eines Autodafés auf die Gläubigen und den entwürdigenden Jammer seiner Opfer.

Vorige Seite: Von Albrecht Dürer stammt diese Darstellung eines deutschen Fähnrichs zur Zeit der Bauernkriege. Sie waren damals in der Regel junge Edelleute, die nur mit einem Schwert bewaffnet waren.

Albrecht Altdorfer (um 1480–1538) aus Regensburg malte 1526 diese «Susanna im Bade» mit einem prächtigen Palastbau als Mittelpunkt, der an seine Tätigkeit als Stadtbaumeister erinnern sollte (Alte Pinakothek, München).

Mit dieser Pergament-Urkunde gewährte König Heinrich III. von England den Hamburger Kaufleuten im Jahre 1266 das Recht, eine eigene Hanse zu gründen, was für die spätere Hanse den entscheidenden handelspolitischen Durchbruch markierte (Staatsarchiv, Hamburg).

Nächste Seite: Ein englischer Kupferstich (19. Jh.) zeigt König Heinrich VIII. von England (1491–1547) und seine sechs Frauen: Anna von Cleve, Katharina Howard, Anna Boleyn, Katharina von Aragonien, Katharina Parr, Jane Seymour (v. o. im Uhrzeigersinn).

Der von 1497 bis 1514 in Freiburg/Br. nachweisbare Bildschnitzer Hans Weiditz (oder Wydyz) schuf dieses zarte Schnitzwerk «Adam und Eva» um 1518 (Buchsbaum; Historisches Museum, Basel).

Quare petit, ut qui non possunt verbis presentes nobiscum disceptare agant id in literis absentes. In nomine domini nostri Hiesu Christi. Amen.»*

Da Luther daran lag, daß die Thesen weitherum verstanden würden, ließ er eine deutsche Übersetzung ans Volk verteilen. Ein Exemplar sandte er mit charakteristischer Kühnheit an den Erzbischof Albrecht von Mainz. Fromm, verbindlich und ungewollt hatte die Reformation begonnen.

## II. LUTHERS WERDEGANG

Welche Ursachen und Bedingungen machten wohl einen unbekannten Mönch in einer Stadt von 3000 Seelen zum David der religiösen Umwälzung?

Der Vater, Hans Luther, war ein strenger, rauher Mann und wütender Pfaffenhasser, die Mutter ängstlich, bescheiden und dem Gebet zugetan; beide waren schlicht und arbeitsam. Hans Luther lebte anfänglich als Bauer in Möhra, später als Bergmann in Mansfeld, doch Martin Luther kam am 10. November 1483 in Eisleben zur Welt. Sechs Geschwister folgten. Die Eltern hielten die Weidenrute für ein magisches Mittel, den Jungen zur Rechtschaffenheit zu erziehen, und einmal wurde er so grausam geschlagen, daß – wie Luther selbst einmal sagte – er und der Vater lange Zeit offene Feinde blieben; ein andermal schlug ihn die Mutter wegen einer «gestohlenen» Nuß, bis Blut floß. Und später einmal bekannte er: «Ihr Ernst gestreng Leben, das sie mit mir führeten, das verursachte mich, daß ich darnach in ein Kloster lief und ein Mönch wurde.»[3] Das ihm von seinen Eltern vermittelte Bild der Gottheit spiegelte deren eigenen Charakter wider: ein harter Vater und strenger Richter, der eine freudlose Zucht und ständige Buße verlangte und am Ende fast alle Menschen zum ewigen Feuer verdammte. Beide Eltern glaubten an Hexen, Elfen, Engel und Dämonen von vielerlei Spielart, und ein großer Teil dieser phantastischen Vorstellungen haftete Martin Luther lebenslang an. Eine von Schreckbildern erfüllte Religion verbunden mit einer unnachsichtlich strengen Erziehung haben Luthers Kindheit und Glaubenshaltung geformt.

In der Schule zu Mansfeld gab es noch mehr Ruten und sehr viel Katechismus; wegen der falschen Beugung eines Hauptwortes bekam der Junge an einem einzigen Tag fünfzehnmal die Rute zu kosten. Im Alter von dreizehn Jahren wurde er nach Magdeburg in die Mittelschule einer Bruderschaft gegeben und ein Jahr später in die St. Georgsschule nach Eisenach geschickt; hier verlebte er im behaglichen Heim Frau Cottas drei verhältnismäßig glückliche Jahre. Deren Bemerkung, es gebe für einen Mann nichts Kost-

* In Liebe und Eifer um die Ergründung der Wahrheit soll über die hier aufgeschriebenen Fragen zu Wittenberg disputiert werden unter dem Vorsitze des Hochw. P. Martinus Luther, der Künste und der hl. Theologie Magister und ebenderselben ebenda Ordinarius.

Die Sache erfordert, daß die, die nicht selbst anwesend sein können, um mündlich mit uns zu verhandeln, dies in ihrer Abwesenheit schriftlich tun.

Im Namen unseres Herrn Jesu Christi. Amen.

bareres auf Erden als die Liebe eines braven Weibes, vergaß er nie wieder, brauchte aber zweiundvierzig Jahre, ehe er diese Kostbarkeit errang. In dieser heilsamen Atmosphäre blühte er auf und wurde zu einem gesunden, heiteren, geselligen und freimütigen Jungen, der hübsch zu singen und die Laute zu spielen verstand.

1501 sandte ihn sein Vater, der zu einigem Wohlstand gekommen war, auf die Universität nach Erfurt. Das Rückgrat des Lehrplans bildeten Theologie und Philosophie, die immer noch scholastisch betrieben wurden; immerhin hatte Ockhams Nominalismus auch Eingang gefunden, und dessen Lehre, daß Päpste und Konzile irren können, dürfte Luthers Aufmerksamkeit nicht entgangen sein. Scholastik in jeder Form schien ihm etwas so Widerwärtiges, daß er einen Freund beglückwünschte, der «keinen solchen Mist» zu lernen brauche, «der für Philosophie ausgegeben wird». Es gab in Erfurt zwar ein paar gemäßigte Humanisten; ihr Einfluß auf ihn blieb aber gering, und sie verloren alles Interesse an ihm, als sie darauf kamen, daß er sich ernsthafte Gedanken über das Jenseits machte. Er lernte ein bißchen Griechisch und noch weniger Hebräisch, las aber die wichtigsten lateinischen Autoren. 1505 promovierte er zum Magister und wandte sich dem Rechtsstudium zu. Der Vater, von Stolz und Freude erfüllt, sandte ihm als Anerkennung eine teure Ausgabe des *Corpus iuris*. Kaum waren aber zwei Monate vergangen, als sich der zweiundzwanzigjährige Student zum Unwillen seines Vaters plötzlich entschloß, Mönch zu werden.

Dieser Entschluß offenbarte die Zwiespältigkeit seines Charakters. Von triebhafter Sinnlichkeit und offenbar zum Ausleben der normalen Instinkte geschaffen, andererseits infolge seiner Erziehung und Schulung von der Vorstellung durchdrungen, daß der Mensch von Natur aus ein sündhaftes Geschöpf und seine Sünde in den Augen eines allmächtigen und strafenden Gottes ein Ärgernis sei, war es ihm nie gelungen, seine natürlichen Impulse und die anerzogenen Glaubensvorstellungen in seinem Denken und Verhalten zu versöhnen. Die üblichen erotischen Phantasien und Erfahrungen der Pubertät waren in seinen Augen nicht ein Entwicklungsstadium, sondern Machenschaften des Satans, die die Seele in ewige Verdammnis stürzen sollten. Seine Vorstellung von Gott enthielt kaum ein Element der Milde; Marias trostreiche Gestalt hatte in seiner Theologie der Furcht keinen Platz, und Jesus empfand er nicht als liebevollen Sohn, der seiner Mutter nichts abzuschlagen vermochte; er sah ihn nur als den Jesus des Jüngsten Gerichts, wie er so oft in den Kirchen dargestellt war, als den Christus, der dem Sünder endlose Höllenpein angedroht hatte. Der ständig wiederkehrende Gedanke an die Hölle verdüsterte ein Gemüt von der tiefen Religiosität des seinen, das auch im Strudel des täglichen Lebens kein Vergessen fand. Als er eines Tages von einem Besuch im Elternhaus nach Erfurt zurückkehrte, geriet er in ein schweres Gewitter (Juli 1505). Rundherum schlugen Blitze ein, und einer traf einen nahen Baum. Luther sah darin eine Warnung Gottes, um sein Seelenheil besorgt zu sein, damit ihn der Tod nicht in Sünde und Verdammnis überrasche. Wo ließ sich ein dem Seelenheil geweihtes Leben leben? Nur dort, wo vier Wände Welt, Fleisch und Teufel ausschlossen, wo ein asketischer Dienst alle Lust der Welt überwand: nur im Kloster. Er rief die heilige Anna an und gelobte, Mönch zu werden, wenn er das Unwetter überlebe.

Es gab zwanzig Klöster in Erfurt. Er wählte das wegen seiner strengen Befolgung der Regel bekannte Kloster der Augustinereremiten, rief seine Freunde zusammen, sang und zechte mit ihnen zum vermeintlich letztenmal und zog am folgenden Morgen als Novize in seine Klosterzelle ein. Seinen Pflichten, auch den niedrigsten, unterzog er sich mit stolzer Demut, betete mit fanatischem Eifer, fror in der ungeheizten Zelle, fastete und geißelte sich – alles in der Hoffnung, die Teufel aus seinem Leibe auszutreiben. «Ist je ein Mönch in Himmel gekommen durch Möncherei», sagte er später, «so sollte auch ich hineingekommen sein.» Als man ihn einmal mehrere Tage vermißte, verschafften sich einige seiner Freunde Zugang zu seiner Zelle und fanden ihn bewußtlos auf dem Boden. Einer begann die Laute zu spielen, die sie mitgebracht hatten; Luther kam zu sich und dankte ihnen. Im September 1506 legte er das unwiderrufliche Gelübde der Armut, der Keuschheit und des Gehorsams ab; im Mai 1507 empfing er die Priesterweihe

Es fehlte nicht an gutem Zureden der Mitbrüder. Einer versicherte ihm, Christi Opfertod habe die sündige Natur des Menschen entsühnt und den Entsühnten die Pforten des Paradieses geöffnet. Die Lektüre der deutschen Mystiker, besonders Taulers, erschien ihm als ein Lichtstrahl; hier öffnete sich ein Weg, um die ungeheure Kluft zwischen der von Natur aus sündigen Seele und einem gerechten, allmächtigen Gott zu überbrücken. Zu seinen Gewissensnöten traten doktrinäre Probleme; ein Traktat von Hus wirkte so auf sein Gemüt ein, «daß ich mich dafur entsatzte, warumb doch solcher Mann verbrannt wäre, der so christlich und gewaltig die Schrift fuhren kunnte ..., schlug ... das Buch zu und ging mit verwundtem Herzen davon»[4]. Der Vikar der Ordensprovinz, Johann von Staupitz, nahm sich väterlich des gequälten Mönches an und gebot ihm, die Askese durch sorgfältige Lektüre der Schrift und des heiligen Augustin zu ersetzen. Teilnahmsvoll schenkten ihm seine Mitbrüder eine lateinische Bibel – damals ein kostbarer Besitz.

Eines Tages im Jahre 1508 fiel ihm eine Stelle im Brief des Apostels Paulus an die Römer auf: «Der Gerechte wird seines Glaubens leben» (1, 17). Allmählich führten ihn diese Worte zu der Überzeugung, daß des Menschen «Rechtfertigung» – das heißt seine «Gerechtigkeit» vor Gott und damit seine Rettung vor ewiger Verdammnis – durch gute Werke nicht zu erzielen sei, da solche niemals ausreichen, die Versündigung gegen eine unendliche Gottheit gutzumachen, sondern einzig durch das Vertrauen auf Christus und seine heilbringende Tat für die Menschen. Bei Augustinus stieß er auf einen anderen Gedanken, der seine Ängste vermutlich erneuerte; nämlich daß Gott schon vor der Erschaffung der Welt bestimmte Seelen für das ewige Heil, die übrigen aber für die Hölle prädestiniert und nach seinem freien Ratschluß durch das göttliche Opfer Jesu das Heil der Auserwählten bewirkt habe. Vor dieser absurden Idee floh er zu der tröstlicheren Idee der Erlösung durch den Glauben zurück.

1508 versetzte man ihn auf Empfehlung Staupitz' ins Augustinerkloster zu Wittenberg und übertrug ihm an der dortigen Universität das Lektorat für Physik und Logik und später den Lehrstuhl für Theologie. Wittenberg, die nördliche Hauptstadt und, bei seltenen Gelegenheiten, die Residenz Friedrichs des Weisen, kennen wir durch einen Zeitgenossen als eine «arme, unbedeutende Stadt mit kleinen, alten, häßlichen Holzhäusern», ihre Einwohner durch Luther als «über alle Maßen roh, der Schwelgerei und Trunksucht ergeben»; sie galten in der Tat für die stärksten Trinker in Sachsen, das wiederum den Namen der trinkfestesten Gegend Deutschlands hatte. Eine Meile weiter östlich endete, nach einem Ausspruch Luthers, die Kultur und begann die Barbarei. In diesem Wittenberg verbrachte er den größten Teil seines weiteren Lebens.

Im Oktober 1510 schickte man ihn, der offenbar ein guter Mönch geworden war, mit einem Mitbruder zur Erledigung einer vertraulichen Ordensangelegenheit nach Rom. Beim Anblick der Ewigen Stadt warf er sich, von frommen Schauern überwältigt, auf die Knie, hob die Hände und rief: «Sei gegrüßt, heiliges Rom!» Er unterzog sich allen einem Pilger vorgeschriebenen Andachten, kniete vor den heiligen Reliquien, kroch auf den Knien die Scala Santa hinauf, besuchte so viele Kirchen und verdiente so viele Ablässe, daß er beinahe wünschte, die Eltern wären tot, damit er sie aus dem Fegefeuer retten könne. Auch das Forum besichtigte er, dagegen ließ ihn die Kunst eines Raffael, Michelangelo und hundert anderer, die mit der Ausschmückung Roms beschäftigt waren, offenbar kalt. Dennoch ist keine kritische Äußerung Luthers in den ersten Jahren nach seinem römischen Aufenthalt über die Weltlichkeit des dortigen Klerus und die Verderbtheit der heiligen Stadt auf uns gekommen. Erst zehn Jahre später und vor allem in den manchmal phantasievoll aufgeputzten Reminiszenzen seiner *Tischreden* erschien ihm das Rom von 1510 als ein «Greuel», wo zehn nackte Dirnen den Prälaten das Abendessen aufgetragen hätten und die Päpste schlimmer seien als die heidnischen Kaiser. Zu den oberen Rängen der Hierarchie dürfte er jedoch kaum Zutritt und daher auch keine unmittelbare Kenntnis ihrer zweifellos lockeren Sitten gehabt haben.

Nach seiner Rückkehr nach Wittenberg (Februar 1511) erklomm er in rascher Folge die höheren Sprossen der akademischen Stufenleiter und wurde zum Generalvikar der Ordensprovinz befördert. Daneben predigte er in der Pfarrkirche, legte die Bibel aus und erfüllte alle Amtspflichten mit Eifer und Hingabe. Ein hervorragender katholischer Historiker sagt:

> «Aus seinen dienstlichen Briefen atmet eine ernste Sorge um die Schwankenden, ein warmes Mitgefühl für die Gefallenen; man findet Passagen von profundem religiösem Gefühl und einem seltenen praktischen Verstand, allerdings mit Ratschlägen von unorthodoxer Tendenz gemischt. Als 1516 die Pest in Wittenberg wütete, blieb er mutig auf seinem Posten und wollte ihn trotz der Besorgnis seiner Freunde nicht verlassen.»[5]

In den folgenden Jahren (1512–1517) entfernte sich sein Geist mehr und mehr von der offiziellen Doktrin, so daß er zwischen «unserer Theologie» und der in Erfurt gelehrten einen Unterschied zu konstruieren begann. 1515 schrieb er die Verderbtheit der Welt dem Klerus zu, der dem Volk zu viele Maximen und Fabeln menschlicher Erfindung auftische, statt ihm die in der Heiligen Schrift niedergelegte Offenbarung nahezubringen. 1516 stieß er auf eine anonyme deutsche Handschrift, deren mystische Frömmigkeit seinem Gefühl, das Seelenheil beruhe ganz und gar auf der göttlichen Gnade, so sehr entsprach, daß er die Schrift unter dem Titel *Theologia Germanica*, Deutsche Theologie, veröffentlichte. Er warf den Ablaßkrämern vor, die Einfalt der Armen auszunutzen. In Briefen begann er den Papst mit dem Antichrist der Apokalypse zu identifizieren. Vom Herzog Georg ins Albertinische Sachsen eingeladen, predigte er im Juli 1517 zu Dresden. Das Argument, der bloße Glaube an die Verdienste des Heilands gewährleiste das Seelenheil der Gläubigen, mißfiel dem Herzog, der tadelnd erklärte, daß die Betonung des Glaubens statt der Tugend «das Volk noch rebellischer und anmaßender» mache. Drei Monate später forderte der tollkühne Mönch die Welt zur Disputation über die von ihm an der Schloßkirche zu Wittenberg angeschlagenen fünfundneunzig Thesen heraus.

## III. DIE REVOLUTION NIMMT FORM AN

Cranachs Holzschnitt aus dem Jahre 1520 vermag uns ein Bild des Luther von 1517 zu geben: ein tonsurierter Mönch von mittelgroßer, damals noch schlanker Statur, mit großen, grüblerisch blickenden Augen, einer noch größeren Nase und einem festen Kinn, das Gesicht eines mutigen und charaktervollen Mannes, nicht das eines Streithahns. Dennoch hatte ehrlicher Zorn und nicht jugendliche Voreiligkeit den Thesen Pate gestanden. Der zuständige Bischof sah kein Arg in ihnen und riet Luther nur, sich in dieser Sache eine Weile ruhig zu verhalten. Der Autor selbst war über das von ihnen hervorgerufene Aufsehen nicht wenig erstaunt. Noch im Mai 1518 erklärte er Staupitz, keinen anderen Ehrgeiz zu haben, als in stiller Zurückgezogenheit zu leben. Er täuschte sich selbst: Er war eine Kampfnatur.

Inzwischen waren die Thesen zum Tagesgespräch der literarischen Kreise geworden. Tausende hatten ja nur auf einen solchen Protest gewartet, und der in Generationen angestaute Antiklerikalismus begrüßte jubelnd in Luther seinen Wortführer. Der Absatz von Ablässen ging zurück. Andererseits meldeten sich zahlreiche Gegner. Von gelehrten Helfern unterstützt, antwortete Tetzel persönlich mit *Einhundertsechs Anti-Thesen* (Dezember 1517). Sie waren völlig einsichtslos und «billigten stellenweise in kompromißloser, ja dogmatischer Form bloße theologische Meinungsäußerungen, die mit exakter Gelehrsamkeit kaum etwas zu tun hatten». Als ein Buchführer das Machwerk in Wittenberg zum Verkauf anbot, wurde er von den Studenten verprügelt und sein Vorrat von 800 Exemplaren auf dem Marktplatz verbrannt, ein Verfahren, das Luther, heimlich erfreut, öffentlich mißbilligte. Seine Antwort an Tetzel trug den Titel *Eynn Sermon von Ablaß unnd gnade durch den wirdigenn doctornn Martinum Luther, Augustiner tzu Wittenbergk* und enthielt die folgende trotzige Äußerung: «Ab ettlich mich nu wol eynen ketzer scheltenn, den sulch warheyt seer schedlich ist ym Kasten. Szo acht ich doch sulch geplerre nit grosz, syntemal das nit thun, dann etlich finster gehyrne, die die Biblien nie gerochen.»[6] Der Kölner Inquisitor Jakob van Hoogstraeten überhäufte Luther mit Beschimpfungen und drohte mit dem Scheiterhaufen. Der Vizekanzler der Unversität Ingolstadt, Johannes Eck, beschuldigte Luther in der Streitschrift *Obelisci* (März 1518), «böhmisches Gift» (das heißt Hussische Lehren) auszusäen und die kirchliche Ordnung zu unterminieren. In Rom veröffentlichte Sylvester Prierias, der literarische Zensor der Kurie, einen Dialog, «der den absoluten Supremat des Papstes mit Wendungen verteidigte, die an Übertreibung grenzten, und insbesondere die Ablaßtheorie bis zu einem nicht mehr vertretbaren Punkt trieb».

Luther parierte mit dem lateinischen Traktat *Resolutiones* (April 1518), wovon er sowohl dem zuständigen Bischof als auch dem Papst mit der gleichzeitigen Versicherung seiner Rechtgläubigkeit und seines Gehorsams Exemplare sandte. Der Person Leos X. zollte er darin hohe Anerkennung:

«Wiewohl in der Kirche ebenso gelehrte wie heilige Männer sich finden, ist die Unglückseligkeit unseres Zeitalters doch derart, daß auch so viele der Kirche nicht zu helfen vermögen ... Endlich haben wir heute den ausgezeichneten Papst Leo X., dessen Integrität und Bildung allen gutgesinnten Ohren ein Genuß ist. Aber was vermag jener liebenswürdige Mann allein in einer solchen Verwirrung der Dinge, würdig fürwahr, daß er in besseren Zeiten regiert hätte. In dieser Zeit wären wir würdig höchstens eines Papstes von der Art eines Julius II. oder Alexander VI. Denn der Guten spottet heute sogar Rom selbst, Rom fürwahr am meisten von allen: in welchem Teil des christlichen Erdkreises treiben sie ungehinderter ihren Spott auch mit den obersten Bischöfen, wenn nicht in Rom, jenem wahren Babylon?»

Dann folgt ein Passus von einer bei Luther seltenen Demut:

«Seligster Vater, niedergeworfen zu den Füßen deiner Seligkeit, bringe ich mich dir dar mit allem, was ich bin und habe. Belebe, schlage nieder, rufe, widerrufe, billige, verwirf, wie es dir gefällt: Ich erkenne in deiner Stimme die Stimme des in dir gegenwärtigen und redenden Christus. Wenn ich den Tod verdient habe, werde ich mich auch nicht dagegen wenden, sterben zu müssen.»[7]

Leos Berater konnten jedoch nicht umhin, zu bemerken, daß die *Resolutiones* für den Supremat der ökumenischen Konzile über den Papst eintraten, Reliquien und Wallfahrtswesen abschätzig beurteilten, den Heiligen überirdische Kräfte absprachen und die in den letzten dreihundert Jahren entwickelte Theorie und Praxis des Ablasses verwarfen. Da aber der Ablaß die Haupteinnahme der Kurie darstellte und der von Sorgen geplagte Pontifex ohnehin nicht wußte, wo er das Geld für seine Wohltätigkeit, seine Vergnügungen, Kriege, Kirchenbauten und den ganzen Kirchenapparat hernehmen sollte, zitierte er, der die Sache ursprünglich nur als eine vorübergehende Fehde zwischen Mönchen beurteilt hatte, Luther nach Rom (7. Juli 1518). Dieser sah sich vor eine schwierige Entscheidung gestellt. Selbst wenn ihn der gutmütigste aller Päpste nachsichtig behandelte, konnte er in einem römischen Kloster begraben und so zum Schweigen gebracht werden, während ihn die, die ihm jetzt so lauten Beifall spendeten, schnell vergessen würden. In einem Brief an den Hofkaplan des Kurfürsten Friedrich, Georg Spalatin, legte er den deutschen Fürsten nahe, ihre Untertanen vor der zwangsweisen Auslieferung an Rom zu schützen. Der Kurfürst, der Luther als Paradestück seiner Universität sehr schätzte, erklärte sich dazu bereit; und auch Kaiser Max, der Luther als Trumpfkarte in seinem Ringen mit Rom betrachtete, riet dem Kurfürsten, «diesen Mönch gut zu behüten».

Zur gleichen Zeit beriet der vom Kaiser nach Augsburg einberufene Reichstag über ein päpstliches Ansinnen, in Deutschland neue Steuern für einen Kreuzzug gegen die

Türken auszuschreiben. Nach Leos Vorschlag sollten die Geistlichen ein Zehntel und die Laien ein Zwölftel ihres Einkommens geben und je fünfzig Haushalte einen Mann ausrüsten. Der Reichstag entschied nicht nur ablehnend, sondern formulierte erneut die Beschwerden, die den eigentlichen Nährboden für Luthers Erfolge bildeten, und erklärte dem päpstlichen Legaten, Deutschland habe wiederholt Steuern für Kreuzzüge auf sich genommen, aber immer wieder sei das Geld für andere Zwecke verbraucht worden. Das Volk wolle keinesfalls weiteres Geld nach Italien fließen sehen, da die Annaten, die Bestätigungen für Pfründenverleihungen und die Gebühren für die in Rom geführten Prozesse ohnehin eine übergroße Belastung darstellten; außerdem beschwerte sich der Reichstag über die Vergabe deutscher Kirchenämter an italienische Priester. Eine so kühne Zurückweisung päpstlicher Forderungen hatte es, wie ein Teilnehmer sagte, in Deutschlands Geschichte noch nicht gegeben. Angesichts dieses rebellischen Geistes der Fürsten empfahl Maximilian der Kurie, Luther vorsichtig zu behandeln, versprach ihr aber gleichzeitig die Hilfe der weltlichen Gewalt gegen die Ketzerei.

Leo zeigte sich freiwillig oder gezwungen milde, so daß der Sieg der Reformation von einem protestantischen Historiker geradezu dieser Mäßigung des Papstes zugeschrieben worden ist. Die Vorladung Luthers nach Rom wurde zurückgezogen und er statt dessen nach Augsburg zitiert, wo er sich vor Kardinal Cajetan wegen Ungehorsams und Ketzerei verantworten sollte. Den Kardinal wies Leo in einem vom 23. August datierten Schreiben an, Luther zum Widerruf zu veranlassen und widrigenfalls mit Hilfe des weltlichen Arms gefangenzusetzen und nach Rom auszuliefern. Gleichzeitig äußerte Leo die Absicht, dem frommen sächsischen Kurfürsten die schon lang ersehnte, höchste päpstliche Auszeichnung, die «Goldene Rose», zu verleihen, und möglicherweise versprach er ihm auch, ihn bei der nächsten Kaiserwahl zu unterstützen.

Vom freien Geleit des Kaisers gedeckt trat Luther in Augsburg vor Cajetan (12. bis 14. Oktober 1518), einen theologisch wohlbewanderten Mann und persönlich makellosen Kirchenfürsten, der jedoch seine Aufgabe mißverstand und sich nicht wie ein Diplomat, sondern wie ein Richter verhielt. Für ihn handelte es sich in erster Linie um eine Frage der Kirchendisziplin: Durfte man einen Mönch erlauben, seine Vorgesetzten – denen er Gehorsam gelobt hatte – öffentlich zu kritisieren und sich zu Auffassungen zu bekennen, die die Kirche verworfen hatte? Ohne auf eine materielle Diskussion der Thesen Luthers einzugehen, verlangte er einen Widerruf und Luthers Gelöbnis, künftig die kirchliche Ordnung unangetastet zu lassen. Beide verloren schließlich die Geduld, und während Cajetan Herzog Friedrich ersuchte, Luther nach Rom zu schikken, was Friedrich verweigerte, kehrte Luther halsstarrig nach Wittenberg zurück und verfaßt eine lebendige Schilderung seiner Auseinandersetzung mit Cajetan, die weite Verbreitung fand. Ein Exemplar schickte er seinem Freunde Wenzel Link mit den Worten: «Ich werde dir meine Kleinigkeit schicken, damit du sehen kannst, ob ich mit Recht vermute, daß der wahre Antichrist am römischen Hofe herrsche; daß dieser gegenwärtig noch schlimmer sei als der Türke, glaube ich beweisen zu können.»[8] In einem gemäßigteren Brief an Herzog Georg schrieb er, «eine allgemeine *Reformation* der geistlichen und weltlichen Gewalten sollte unternommen werden» – hier zum erstenmal gebrauchte Luther, soweit wir wissen, das Wort, das seiner Revolution den geschichtlichen Namen gab.

Leo zeigte sich immer noch versöhnlich. Seine Bulle vom 9. November 1518 schränkte die ärgsten Übertreibungen des Ablaßhandels ein; die Ablässe, sagte er, vergäben weder Sünden noch Schuld und erließen nur die irdischen Kirchenstrafen – nicht aber die weltlichen; für die Erlösung der Seelen aus dem Fegefeuer könne der Papst nicht mehr tun als beten und Gott bitten, einer Seele um der Verdienste Christi und der Heiligen willen zu vergeben. Am 28. November appellierte Luther öffentlich gegen das Augsburger Urteil an ein allgemeines Kirchenkonzil. Im gleichen Monat beauftragte Leo Karl von Miltitz, einen jungen sächsischen Adligen, der in Rom die niederen Weihen empfangen hatte, Kurfürst Friedrich die Goldene Rose zu überbringen und in aller Stille zu versuchen, Luther, dieses «Kind Satans», zum Gehorsam zurückzuführen.

Zu seinem Erstaunen fand Miltitz halb Deutschland in offenem Aufruhr gegen den Heiligen Stuhl. Unter seinen eigenen Freunden in Augsburg und Nürnberg nahmen drei von fünf für Luther Partei. In Sachsen war die antirömische Stimmung so stark, daß er sich nicht einmal als päpstlicher Sendbote zu erkennen gab. Bei einer Begegnung mit Luther in Altenburg (3. Januar 1519) fand er den Wittenberger Professor Argumenten zugänglicher als Drohungen. Luther scheint in diesem Stadium ernstlich bemüht gewesen zu sein, eine Spaltung des christlichen Abendlandes zu verhindern. Er erklärte sich zu wesentlichen Konzessionen bereit: zu schweigen, falls auch die Gegner schwiegen, eine Loyalitätserklärung an den Papst zu verfassen, öffentlich den Wert der Heiligenverehrung anzuerkennen, die Existenz des Fegefeuers zu bestätigen, die Nützlichkeit des Ablasses für den Erlaß von Kirchenstrafen darzutun und den gemeinen Mann zur Treue gegen die Kirche zu ermahnen; die Kontroverse selbst sei von einem beiden Parteien genehmen deutschen Bischof zu schlichten. Sehr befriedigt begab sich Miltitz nach Leipzig, wo er Tetzel wegen dessen Übertreibungen zur Rede stellte, ihn der Unterschlagung bezichtigte und als Ablaßkrämer entließ. Tetzel zog sich in sein Kloster zurück und starb bald danach (11. August 1519). Dem Sterbenden schrieb Luther tröstend, «er solle unbekümmert sein, denn die Sache sei von seinetwegen nicht angefangen, sondern das Kind habe einen viel anderen Vater»[9]. Am 3. März richtete Luther seine Ergebenheitsadresse an Leo, auf die dieser versöhnlichen Geistes Luther zur Beichte nach Rom einlud und ihm sogar das Reisegeld anbot (29. März). Aber mit folgerichtiger Unfolgerichtigkeit hatte Luther inzwischen am 13. März an Spalatin geschrieben: «Ich weiß nicht, ob der Papst der Antichrist sei oder nur sein Apostel.» Unter solchen Umständen zog er es vor, in Wittenberg zu bleiben.

Dort standen Fakultät, Studenten und Bürger überwiegend auf seiner Seite. Mit besonderer Freude erfüllte ihn die Unterstützung eines glänzenden Humanisten und Theologen, der, erst einundzwanzig Jahre alt, vom Kurfürsten mit der Professur für Griechisch betraut worden war (1518). Ursprünglich hieß er Schwarzert; den hellenisierten Namen Melanchthon hatte ihm sein Großonkel Reuchlin gegeben. Von kleiner

Statur, zart und häßlich, hatte er scheue Augen unter einer hohen Stirn und war so beliebt, daß fünf- bis sechshundert Studenten seine Vorlesungen hörten und Luther ihm persönlich zu Füßen saß. Erasmus charakterisierte den intellektuellen Führer der Reformation als einen sanftmütigen Menschen, «von dem sogar seine Feinde gut sprechen», und Luther schrieb ihm «beinahe jede menschliche Tugend» zu. So kämpferisch der eine war, so friedfertig und versöhnlich war der andere. Manchmal neckte Luther den Freund um seiner unmäßigen Mäßigkeit willen; dennoch zeigte er sich in seiner unverbrüchlichen Zuneigung für den ihm nach Temperament und Wollen so ungleichen Genossen von seiner besten Seite:

> «Ich bin dazu geboren, daß ich mit den Rotten und Teufeln muß kriegen und zu Felde liegen, darum meine Bücher viel stürmisch und kriegerisch sind. Ich muß die Klötze und Stämme ausreuten, Dornen und Hecken weghauen, die Pfützen ausfüllen, und bin der grobe Waldrichter, der Bahn brechen und zurichten muß. Aber Magister Philippus fähret säuberlich und stille daher, bauet und pflanzet, säet und begeußt mit Lust, nachdem Gott ihm hat gegeben, seine Gaben reichlich.» [10]

Ein anderer Wittenberger Professor strahlte ein stärkeres Licht aus als der sanfte Melanchthon. Andreas Bodenstein, nach seinem Geburtsort Karlstadt genannt, war mit vierundzwanzig Jahren in den Lehrkörper Wittenbergs berufen (1504) und mit dreißig Jahren mit dem Lehrstuhl für thomistische Philosophie und Theologie betraut worden. Am 13. April 1517 hatte er mit der Veröffentlichung von 152 Thesen gegen den Ablaß Luthers weltgeschichtlichen Protest vorausgenommen. Anfänglich opponierte er gegen den neuen Rebellen, wandelte sich aber bald zu einem treuen Anhänger mit der Begründung: «Sie waren in dieser Sache viel heftiger als ich.» Als Eck in seinen *Obelisci* Luthers Thesen angriff, verteidigte sie Karlstadt in 406 Lehrsätzen, von denen einer – zum erstenmal in der deutschen Reformation – die bündige Erklärung enthielt, daß die Autorität der Bibel über allen Geboten und Überlieferungen der Kirche stehe. Eck forderte Karlstadt zu einem öffentlichen Disput heraus; dieser ging bereitwillig darauf ein, Luther regelte die Einzelheiten, und Eck veröffentlichte als Einladung zu dieser Disputation 13 Thesen, die er zu beweisen gedenke. Eine davon lautete: «Wir behaupten, daß die römische Kirche bereits in der Zeit vor Silvester die erste unter allen Kirchen war; wir haben von jeher den Inhaber des Stuhles Petri als dessen Nachfolger und Stellvertreter Christi betrachtet.» Doch hatte nicht Karlstadt, sondern Luther in seinen *Resolutiones* die Behauptung aufgestellt, daß in den ersten christlichen Jahrhunderten die Autorität des Bischofs von Rom nicht größer gewesen sei als die mehrerer anderer Bischöfe. Luther, der sich persönlich herausgefordert fühlte, erklärte, Ecks These befreie ihn von seinem Schweigeversprechen, und entschloß sich, das theologische Turnier gemeinsam mit Karlstadt zu bestreiten.

Von Melanchthon und sechs weiteren Professoren begleitet und von zweihundert wie zur Schlacht gerüsteten Studenten auf Bauernwagen eskortiert, trafen die beiden Krieger in einem ihnen in der Tat feindlich gesinnten Leipzig ein. Unter dem Vorsitz des streng orthodoxen Herzogs Georg der Sächsisch-Albertinischen Linie und unter der Anteilnahme einer aufgeregten Zuhörerschaft eröffneten Eck und Karlstadt in dem mit

Gobelins geschmückten Saal des Schlosses Pleißenburg das Rededuell zwischen Alt und Neu (27. Juni) und ließen ganz Leipzig vergessen, daß am nächsten Tag zu Frankfurt am Main die Wahl eines neuen Kaisers stattfinden sollte (28. Juni). Nachdem sich Karlstadt in der Debatte tagelang der größeren Gewandtheit des Ingolstädters hatte beugen müssen, betrat Luther für Wittenberg die Arena – ein glänzender Disputator von zwingender Überzeugungskraft, aber waghalsiger Offenherzigkeit. Er bestritt den Primat der römischen Bischöfe in den ersten Zeiten der Christenheit und erinnerte sein überwiegend unfreundliches Publikum, daß die große griechisch-orthodoxe Kirche den Supremat Roms immer noch nicht anerkenne. Eck parierte mit der Behauptung, Luther nehme einen ähnlichen Standpunkt ein wie Hus, den das Konzil zu Konstanz verurteilt habe, worauf Luther antwortete, daß auch Konzile irren könnten und Hus viele gute Lehren aufgestellt habe. Als der Disput am 8. Juli zu Ende ging, hatte Eck seinen eigentlichen Zweck erreicht: Luther hatte sich eindeutig zu einer ketzerischen Überzeugung bekannt. Damit erweiterte sich ein unbedeutender Reformdisput über den Ablaß zur Kardinalfrage der päpstlichen Autorität über die Christenheit.

Eck begab sich nach Rom, übergab der Kurie einen Bericht über die Disputation und empfahl die Exkommunikation Luthers. Leo war weniger stürmisch; er hoffte immer noch auf eine friedliche Lösung und war auch Deutschland zu fern, um sich darüber Rechenschaft geben zu können, wie weit die Revolte bereits gediehen war. Prominente und hochgeachtete Persönlichkeiten wie Johann Holzschuher, Lazarus Spengler und Willibald Pirckheimer verwendeten sich für Luther, Dürer betete für ihn um gutes Gelingen, die Humanisten schmähten in einer Flut von Satiren das Papsttum in der für die Epoche charakteristischen wüsten Sprache. Nach seiner Ankunft in Augsburg (Oktober 1518) richtete Hutten seine gereimten Pfeile gegen Leos neue Kreuzzugsammlung und wünschte den Ablaßkrämern die Heimkehr mit leeren Beuteln nach Rom. Als er von der Leipziger Disputation erfuhr, pries er Luther als den Befreier Deutschlands, und von da an bildete seine Feder ein Schwert der Reformation. Er warb einige der nach Revolution dürstenden Ritter Franz von Sickingens an und brachte diesen selbst dazu, Luther den Schutz seiner ritterlichen Bande anzubieten. Luther dankte mit Wärme, wollte jedoch seine Person nicht mit Waffengewalt verteidigt wissen.

Im März 1520 gab Hutten eine alte deutsche Handschrift aus der Zeit Kaiser Heinrichs IV. (1056–1106) heraus, die für diesen gegen Gregor VII. Partei ergriff, und widmete sie dem jungen Kaiser Karl V., um ihm einen Wink zu geben, daß Deutschland von ihm Rache für Heinrichs Niederlage und Demütigung erwarte. Deutschland von Rom zu befreien sei dringlicher als die Türken zu schlagen, meinte Hutten und argumentierte, «daß, während unsere Vorfahren es für unwürdig hielten, den Römern, die damals das kriegsgewaltigste Volk waren und die Welt bezwungen hatten, zu gehorchen, wir nun diese Weichlinge, Sklaven der Wollust und Völlerei, ein faules, weibisches, mut- und markloses Gesindel nicht bloß dulden, sondern auch, um ihnen ihr Wohlleben möglich zu machen, selbst schmählich darben, ihnen, gleich als hätten sie uns im Krieg überwunden, Tribut bezahlen und unsere Erbgüter an sie verschwenden»[11]. Im April 1520 veröffentlichte er den ersten von zwei Bänden *Gespräche*, Dialoge in Versform, die nächst Luthers Werken dem deutschen Überdruß an Rom den stärksten und nachhaltigsten Ausdruck gaben. Er nannte darin die Römlinge «riesenhafte blutlechzende Würmer» und fuhr fort: «Der Papst ist ein Bandit, und die Rotte dieses Banditen heißt Kirche ... Rom ist der See aller Unreinigkeit, die Pfütze der Ruchlosigkeit, der unerschöpfliche Pfuhl des Bösen: und zu seiner Zerstörung sollte man nicht, wie um einem gemeinen Verderben zu wehren, von allen Seiten zusammenlaufen?»[12] Erasmus mahnte Hutten, seine Schreibweise zu zügeln, und machte ihn besorgt darauf aufmerksam, daß ihm Festnahme drohe. Hutten verbarg sich in Sickingens Burgen, ohne seine Schmähreden einzustellen. Dem Kurfürsten Friedrich empfahl er die Säkularisation des klösterlichen Besitzes und legte dar, welch guten Zwecken das alljährlich nach Rom gesandte Geld in Deutschland selbst dienen könnte.

Der Brennpunkt des Krieges blieb jedoch das kleine Wittenberg. Im Frühjahr 1520 veröffentlichte Luther eine Schrift mit Auszügen aus den jüngsten, nach wie vor kompromißlosen Schriften der orthodoxen Theologen über den Primat und die Machtvollkommenheit der Päpste. In zornmütigen Anmerkungen parierte Luther Extremes mit Extremem:

> «Mir aber scheint, daß, wenn die Raserei der Römlinge so weitergeht, kein anderes Mittel mehr verbleibt, um Remedur zu schaffen, als daß der Kaiser samt Königen und Fürsten mit Waffengewalt diese Geißeln der Menschheit angreifen und die Angelegenheit nicht erst mit Worten, sondern mit gezücktem Schwert zur Entscheidung bringen ... Wenn wir die Diebe mit dem Galgen, die Räuber mit Enthauptung, die Häretiker mit dem Feuertod bestrafen, was machen wir uns nicht mit allen Waffen auch an diese Lehrer des Verderbens, diese Kardinäle, diese Päpste und diese ganze Meute des römischen Sodom heran, welche die Kirche Gottes fortwährend untergraben, und waschen unsere Hände in ihrem Blut, solcherweise uns und die unsrigen von diesem gemeingefährlichen, alle bedrohenden Brand zu befreien?»[13]

Etwas später im Jahr gab Karlstadt ein kleines Buch, *De canonicis scripturis libellus*, heraus, das die Autorität der Bibel über alle Päpste, Konzile und Traditionen setzte und die Evangelien höher als die Apostelbriefe wertete; hätte sich Luther mehr an diese letzte Auffassung gehalten, wäre der Protestantismus vielleicht weniger paulinisch, augustinisch und prädestinatorisch geworden. Das Buch eilte seiner Zeit insofern voraus, als es die mosaische Urheberschaft des Pentateuch und die absolute Authentizität der Evangelien anzweifelte. Die Hauptbeweisführung war jedoch schwach: Es verließ sich hinsichtlich der Echtheit der biblischen Bücher auf die Überlieferung der frühchristlichen Jahrhunderte, um dann dieser Überlieferung zugunsten der auf solche Weise für echt befundenen Schriften die Gefolgschaft zu verweigern.

Vom Beifall Melanchthons und Karlstadts, Huttens und Sickingens ermutigt, schrieb Luther an Spalatin (11. Juni 1520):

> «Mir ist der Würfel gefallen, ich verachte die Wut der Römer wie ihre Gunst; ich will mich in Ewigkeit nicht mehr mit ihnen aussöhnen noch Gemeinschaft mit ihnen haben; mögen sie das Meinige verdammen und verbrennen. Zur Vergeltung will auch ich, ich müßte denn anders kein Feuer bekommen können, verdammen und öffentlich verbrennen das ganze päpstliche Recht, das heißt jene lernäische Hydra der Ketzerei ... Nun fürchte ich nichts mehr, sondern gebe schon ein Buch in deutscher Sprache gegen den Papst heraus von des christlichen Standes Besserung; ich greife darin den Papst auf das heftigste an, gleichsam als den Antichrist.»[14]

## IV. VERURTEILT UND VERDAMMT

Eine am 15. Juni 1520 von Leo X. erlassene Bulle, *Exsurge Domine*, verurteilte einundvierzig Sätze Luthers, ordnete die Verbrennung der Schriften an, worin sie abgedruckt waren, und ermahnte ihn, von seinen Irrtümern abzulassen und in den Pferch zurückzukehren. Wenn er sich nach sechzig Tagen immer noch weigere, nach Rom zu gehen und dort öffentlich abzuschwören, werde er exkommuniziert und aus der Christenheit ausgestoßen; alle Gläubigen hätten ihn als einen Ketzer zu meiden, und wo er sich aufhalte, hätten alle kirchlichen Handlungen zu unterbleiben, während die weltliche Obrigkeit ihn aus ihrem Gebiet zu weisen oder nach Rom auszuliefern hätte.

Luther beging das Ende dieser Gnadenfrist mit der Veröffentlichung der ersten von drei Schriften, die in ihrer Gesamtheit das Programm einer religiösen Umwälzung enthielten. Hatte er bisher für die Gebildeten lateinisch geschrieben, so schrieb er diesmal deutsch und als Deutscher: *An den christlichen Adel deutscher Nation von des christlichen Standes Besserung*. Die Einleitung wendet sich an Kaiser Karl V. persönlich: «Got hat uns ein jungs edlisz blut zum heubt geben, damit viel hertzen zu groser guter hoffnung erweckt.» Luther zog gegen die «drei Mauern der Romanisten» zu Felde, nämlich daß geistliche Macht über weltliche sei, daß es niemand gebühre, die Heilige Schrift auszulegen, denn dem Papst allein, und daß niemand ein Konzil berufen dürfe denn der Papst. Diese drei Mauern, hinter denen sich das Papsttum verteidige, müßten gebrochen werden.

Erstens, argumentierte Luther, gibt es keinen wirklichen Unterschied zwischen Klerus und Laienwelt; jeder Christ wird durch die Taufe ein Priester. «Drumb sol weltlich Christlich gewalt yhr ampt uben frey unvorhyndert, unangesehen obs Bapst, bischoff, priester sey den sie trifft was geistlich recht da widder gesagt hat, ist lauter ertichtet Romisch vormessenheit.»[15] Zweitens, da jeder Christ Priester ist, besitzt er das Recht, die Heilige Schrift nach seiner Erleuchtung auszulegen. Drittens hat die Schrift unsere höchste Autorität für Doktrin und Praxis zu sein, und nichts findet sich in der Schrift, wonach nur der Papst ein Konzil einberufen könne. Und wenn er durch Exkommunikation und Interdikt ein Konzil verhindern will, «szo sollen wir yhin und seine gewalt nicht ansehen, und wo er bannen und donnern wurd, solt man das furachten als eins tollen menschen fuͤrnehmen, und yhn, in gottis zuvorsicht, widderumb bannen und treyben, wie man mag»[16]. Luther fordert die baldige Einberufung eines Konzils, das die «greuliche» Anomalie untersuchen soll, daß das Haupt der Christenheit in größerer Pracht lebt als jeder König; es soll der Besetzung deutscher Pfründen mit italienischen Kirchenmännern ein Ende machen; es soll das «Gewürm», das in Rom kirchliche Pfründen innehat und vor allem vom deutschen Gelde lebt, auf ein Hundertstel reduzieren.

«Ja es meynen etlich, das jerlich mehr dan dreymal hundert tausend gulden ausz deutsch land gen Rom kommen . . Die weyl wir dan hie in das rechte spiel kummen ... Wie kummen wir Deutschen dartzu, das wir solch reuberey, schinderey unserer guͤter von dem bapst leyden mussen? ... henken wir mit rechte die diebe uund kopffen die reuber, warumb solten wir frey lassen den Romischen geytz, der der großist dieb und reuber ist, der auff erden kummen ist odder kummen mag, und das allis in Christus und sanct Peters heyligem namen? wer kansz doch zuletzt leyden odder schweygen?»[17]

Warum soll die deutsche Kirche einer fremden Macht einen solchen ständigen Tribut bezahlen? Der deutsche Klerus soll Rom die Untertänigkeit aufsagen und unter der Führung des Mainzer Erzbischofs eine deutsche Kirche aufrichten. Die Zahl der Bettelorden ist zu verringern, Priester sollen heiraten dürfen, bindende Mönchsgelübde soll man nicht vor dreißig Jahren ablegen, Interdikte, Pilgerfahrten, Seelenmessen und Feiertage sind (außer den Sonntagen) abzuschaffen. Die deutsche Kirche müsse sich mit den böhmischen Hussiten aussöhnen; Hus ist in flagranter Verletzung des freien Geleits des Kaisers verbrannt worden, und überhaupt «solt man die ketzer mit schrifften, nit mit fewr ubirwinden»[18]. Das kanonische Recht ist aufzuheben; es soll nur ein einziges, für Geistliche und Laien gleicherweise gültiges Recht geben.

«Zuvor solt man furjagen ausz deutschen landenn die bepstlichen botschafften mit yhren faculteten, die sie uns umb grosz gelt vorkauffen, das doch lautter buberey ist, alszo da seyn, das sie gelt nehmen und machen unrecht gut recht, loszenn auff die eyde, gelubd unnd bundt ..., sprechen, der bapst habs gewalt. ... Wen kein ander boszer tuck were, der do beweret, das der Bapst der recht Endchrist sey, szo weere eben diszes stuck gnugsam, das zu beweren. Horestu es, bapst, nit der allerheyligst, szondernn der aller sundigst, das got deynen stuel vom hymel auffs schirest zurstore und in abgrund der hell senck? ... Ach Christe, mein her, sich erhab, lasz her brechenn deinen jungsten tag, und zurstore des teuffels nehst zu Rom.»[19]

Dieser tollkühne Angriff auf eine ganz Westeuropa in Banden haltende Macht wirkte in Deutschland als Sensation. Die Vorsichtigen hielten ihn für maßlos und voreilig; aber viele betrachteten ihn als eine der tapfersten Taten der deutschen Geschichte. Die erste Auflage des Aufrufs war bald verkauft, und die Druckerpressen Wittenbergs hatten mit der Herstellung von Nachdrucken alle Hände voll zu tun. Wie die Engländer waren auch die Deutschen für den Appell an ihr Nationalbewußtsein reif, und wenn es auch noch kein Deutschland als staatliche Einheit gab, so gab es doch Deutsche, die sich ihres Volkstums bewußt geworden waren. Wie Hus den tschechischen Nationalismus betont hatte und Heinrich VIII. nicht die katholischen Glaubenssätze, sondern den päpstlichen Supremat über England anfechten sollte, so pflanzte Luther die Fahne seiner Revolution nicht in der Wüste der theologischen Spekulation, sondern ins fruchtbare Erdreich des nationalen Empfindens. Wo immer der Protestantismus siegte, trug der Nationalismus das Banner voran.

Im September 1520 machten Eck und Hieronymus Aleander die Exkommunikationsbulle in Deutschland publik. Luther schlug mit einem zweiten Manifest zurück: *De captivitate Babylonica ecclesiae praeludium, Von der Babylonischen Gefengknuß der Kirchen.* Da er sich diesmal an die Theologen und Gelehrten wandte, schrieb er lateinisch, doch wurde die Schrift schnell übersetzt und beeinflußte die christliche Doktrin beinahe ebenso entscheidend wie der Brief an den Adel die Welt- und Kirchengeschichte. Die von Christus eingesetzte und im Neuen Testament definierte Kirche hat – so sagte Luther – wie einstmals die Juden in Babylon in der über tausend Jahre langen Gefangenschaft des römischen Papsttums geschmachtet. In dieser Zeit ist der Geist, die Moral und das Ritual der Lehre Christi verdorben worden. Da Christus beim letzten Passahmahl den Aposteln sowohl den Wein als auch das Brot gereicht hat, sind die Hussiten im Recht: Das Abendmahl muß, wo immer die Leute es wünschen, in beiden Formen ausgeteilt werden. Doch verwandelt der Priester Brot und Wein nicht in Christi Leib und Blut, kein Priester besitzt eine solche mystische Kraft; Christus kommt aus seinem eigenen Willen und seiner eigenen Machtvollkommenheit zu dem wahrhaft gläubigen Christen und ist beim Abendmahl neben dem Brot und Wein geistig und substantiell durch Konsubstantiation, nicht durch Transsubstantiation gegenwärtig. Die Vorstellung, daß der Priester in der Messe den Sohn als Sühne für die Sündigkeit der Menschen dem Vater aufopfere, wies Luther mit Entrüstung von sich – obschon er nichts Schreckliches in der Vorstellung fand, daß Gott es den Menschen erlaubte, Gott zu kreuzigen und als Sühne für ihre Sündhaftigkeit Gott als Opfer darzubringen.

Zu den theologischen Spitzfindigkeiten traten noch etliche sittliche Postulate. Christus – erklärte Luther – hat der Institution der Ehe nie eine besondere göttliche Gnade verheißen; sie ist daher kein Sakrament. «Nicht weniger heilig waren die Ehen unserer Väter als die unseren, nicht weniger gültig auch sind [die Ehen] der Ungläubigen als die der Gläubigen.»[20] Das Eheverbot zwischen Christen und Nichtchristen ist unrechtmäßig. «Darumb wisse, das die ehe eyn eußerlich leiplich ding ist wie andere weltliche hanttierung. Wie ich nu mag mit eym heyden, Juden, Turcken, ketzer eßen, trincken, schlaffen, gehen, reytten, kauffen, reden und handeln, alsso mag ich auch mit yhm ehelich werden und bleyben, und kere dich an der narren gesetze, die solchs verpieten, nichts ... Eyn heyde ist eben sso wol eyn man und weyb von gott wol und gutt geschaffen als S. Peter und S. Paul und S. Lucia.»[21] Wenn eine Frau, die mit einem zeugungsunfähigen Mann verheiratet ist, ein Kind haben will, soll es ihr erlaubt sein, mit einem anderen Mann zu verkehren und das Kind als das ihres Mannes auszugeben. Falls der Mann ihr das verweigert, ist sie berechtigt, sich von ihm zu trennen. Aber jede Ehescheidung ist ein Unglück, dem vielleicht sogar eine Doppelehe vorzuziehen wäre. Seine Ketzereien beschloß Luther mit einem Kampfruf: «Denn ich höre von neuen Bullen und päpstlichen Schmähschriften wider mich, die mich zum Widerruf nötigen und als Ketzer kennzeichnen sollen. Wenn die Gerüchte wahr sind, soll dieses Büchlein ein Teil sein meines künftigen Widerrufs.»[22]

Dieser Hohn hätte Miltitz davor warnen sollen, immer noch von einer Versöhnung zu träumen. Statt dessen suchte er Luther neuerdings auf (11. Oktober 1520) und überredete ihn, nochmals an den Papst zu schreiben, seine Reformvorschläge in gemäßigter Form vorzubringen und ihm zu sagen, daß es ihm fern liege, ihn persönlich anzugreifen. Miltitz versprach dafür, sich für die Zurückziehung der Bulle zu verwenden. Der siebenunddreißigjährige «Bauer und Bauernsohn» – wie sich Luther selbst voller Stolz nannte – schrieb jedoch an den fünfundvierzigjährigen Inhaber des Stuhles Petri und das Familienoberhaupt der Medici nicht einen Entschuldigungsbrief, sondern erteilte ihm beinahe väterlich anmutende Ratschläge. Leo persönlich bezeugte er seinen Respekt, aber für die päpstliche Mißwirtschaft in Vergangenheit und Gegenwart kannte er keine Gnade:

«Es ist ja deyn gerucht und deyns guttis lebens namen yn aller welt beruffen ..., denn das es yemant mocht mit eyniger list antasten ... Das ist aber wahr, Ich hab frisch antastet den Romischen stuel, den man nennet Romischen hoff, wilchen auch du selbs noch niemant auf erden anders bekennen muß, den das er sey erger und schendlicher den yhe keyn Zodoma, Gomorr oder Babylonien gewesen ist, Und ßo viel ich merck, ßo ist seyner boßheyt hynfurt widder zu radten noch zu helffen. Es ist allis ubirauß vortzweiffelt und grundloß da worden ... sedem autem tuam ... sane detestatus sum indigneque tuli ... Willchs alls offentlich am tag ydermann bewußt ist, da durch die Romisch kirche, die vortzeytten die aller heyligist war, nu worden ist eyn mordgruben uber alle mordgruben, eyn buben hauß uber alle buben heußer, eyn heubt und reych aller sund des todts und vordampniß, das nit wol zudencken ist, Was mehr boßheyt hie müge tzu nehmen, wenn gleych der Endchrist selbs keme ...

Das ist die ursach, warumb es myr altzeyt is leyd geweßen, du frumer Leo, das du eynn Bapst worden bist ynn dißer tzeyt, der du wol wirdig werist zu bessernn tzeytten Bapst seyn ...

Darumb, meyn H.vatter, woltist yhe nit hören deyne ßussen oren singer, die do sagen, du seyest nit eyn lautter mensch, sondern gemischt mit gott, der alle ding gepieten und tzufoddern habe: Es wirt nit ßo geschehen, du wirsts auch nit auß furen. Du bist eyn knecht aller knecht gottis, und ynn eynem ferlichern, elendern stand, denn keyn mensch auff erden. Laß dich nit betriegen, die dyr liegen und heuchlen, du seyest eyn herr der welt, die niemant wollen lassen Christen seyn, er sey den dyr unterworffen, die do schwetzen, du habest gewalt ynn den hymel, yn die hel und ynß fegfewr ... Sie yrrenn alle, die da sagen, Du seyest ubir das Concilium und gemeyne Christenheyt. Sie yrren, die dyr alleyn gewalt geben, die schrifft außzulegen. Sie suchen allesampt nit mehr, denn wie sie unter deynem namen yhr unchristliche furnehmen ynn der Christenheyt stercken mügen, wie den der böße geyst, leyder, durch viele deyner vorfaren gethan hatt. Kurtzlich, glaub nur niemant, die dich erheben, sondernn alleyn denen, die dich demütigen ...»[23]

Den Brief begleitete Luther mit seinem dritten Manifest, *Von der Freiheit eines Christenmenschen*, das er selbst wie folgt charakterisierte: «Es ist eyn kleyn buchle, ßo papyr wirt angesehen, aber doch die gantz summa eyniß Christlichen leben drynnen begriffen, ßo der synn vorstandenn wirt.»[24] Mit einer ungewohnten Mäßigung entwickelte er den springenden Punkt seiner Lehre, daß nämlich nicht die guten Werke, sondern einzig und allein der Glaube den wahren Christen macht und seine Seele vor der Hölle rettet. Der Glaube an Christus ist es, der den Menschen gut macht; die guten Werke erwachsen aus dem Glauben. «Nu ists offenbar, das die frucht tragen nit den bawm, ßo wachsen auch die bawn nit auff den fruchten, sondern widerumb, die bawn tragen die frucht, und die frucht wachßen auff den bawmen.»[25] Ein Mensch, der fest an seinen Gott und sein Seelenheil durch den Opfertod Christi glaubt, besitzt nicht nur Freiheit des Willens, sondern die größte von allen Freiheiten: Freiheit von seiner eigenen fleischlichen Natur, von allen bösen Mächten, von Verdammnis und sogar vom Gesetz, denn wer aus seinem Glauben heraus mühelos tugendhaft lebt, der braucht keine Satzungen, um zu wissen, was recht ist. Dennoch muß ein freier Mann allen Menschen dienen, weil er nicht glücklich sein kann, wenn er nicht alles in seinen Kräften tut, um anderen so wohl zu tun wie sich selbst. Mit Gott ist er durch den Glauben, mit seinem Nächsten durch Liebe verbunden. Jeder gläubige Christ ist ein dienender Priester.

Während Luther diese Traktate verfaßte, erfuhren Eck und Aleander die ersten Auswirkungen der religiösen Revolution am eigenen Leib. In Meißen, Merseburg und Brandenburg konnten sie zwar die Exkommunikationsbulle ohne Widerstand publizieren; in Nürnberg ließen sich Pirckheimer und Spengler zu Abbitten herbei; in Mainz verbannte nach kurzem Liebäugeln mit dem Reformator Erzbischof Albrecht Hutten von seinem Hof und kerkerte die Drucker seiner Schriften ein; Ingolstadt beschlagnahmte alle Schriften Luthers, und in Mainz, Köln und Löwen wurden sie öffentlich verbrannt. Aber in Leipzig, Torgau und Döbeln wurde die angeschlagene Bulle beschmutzt und heruntergerissen, in Erfurt teilten viele Professoren und Geistliche die allgemeine Entrüstung über die Bulle, die Studenten warfen alle erreichbaren Exemplare in den Fluß, und schließlich mußte Eck den Schauplatz seines vorjährigen Triumphs fluchtartig verlassen.

Luther reagierte auf den Bannfluch mit einer Reihe von bitteren Flugschriften und erklärte sich in einer von ihnen mit den von Johannes Hus aufgestellten Lehrsätzen solidarisch. Ende August 1520 bat er Kaiser Karl V. um Schutz, «eine einzelne Fliege, die es wagt, sich an den König der Könige zu wenden», und am 17. November appellierte er formell und öffentlich gegen den päpstlichen Bannstrahl an ein freigewähltes Kirchenkonzil. Als er erfuhr, daß päpstliche Beauftragte seine Schriften verbrannten, entschloß er sich, in gleicher Form zu antworten, und lud die «frommen und lernbegierigen Studenten» ein, sich am 10. Dezember um neun Uhr bei der Heiligkreuzkapelle vor dem Elstertor von Wittenberg einzufinden. Dort warf Luther mit eigenen Händen die päpstliche Bulle sowie mehrere päpstliche Dekretale und scholastische Lehrbücher in die Flammen und symbolisierte mit dieser Geste seine Auflehnung gegen das kanonische Recht, die thomistische Philosophie und den von der Kirche ausgeübten Zwang. Die Studenten schleppten zahlreiche Bücher ähnlicher Art herbei und unterhielten bis zum Spätnachmittag ein fröhliches Feuer.

Am 11. Dezember proklamierte Luther den Satz, ohne die Verwerfung der päpstlichen Dogmen könne niemand selig werden. Der Mönch hatte den Papst exkommuniziert.

## V. DER REICHSTAG ZU WORMS: 1521

Jetzt aber betrat ein dritter Akteur die Bühne, um während voller dreißig Jahre eine Hauptrolle in den Konflikten der Bekenntnisse und Staaten zu spielen. In einigen anderen Kapiteln dieser Bücher werden wir ihm wiederbegegnen.

Der spätere Kaiser Karl V. war von königlicher, aber erblich belasteter Abkunft. Seine Großeltern väterlicherseits waren Kaiser Maximilian und Maria von Burgund, die Tochter Karls des Kühnen, die Großeltern mütterlicherseits das spanische Königspaar Ferdinand und Isabella; sein Vater war Philipp der Schöne, mit sechsundzwanzig Jahren König von Kastilien, mit achtundzwanzig Jahren im Grab, seine Mutter Juana la Loca, die, als er sechs Jahre alt war, der Umnachtung verfiel und bis zu seinem sechsundfünfzigsten Jahre lebte. Geboren wurde er in Gent (24. Februar 1500) und erzogen in Brüssel; daß er bis zu seiner Abdankung in Sprache und Charakter ein Flame blieb, konnten ihm weder Spanien noch Deutschland jemals verzeihen. Mit der Zeit erlernte er zwar Deutsch, Spanisch, Italienisch und Französisch; trotzdem verstand er, in fünf

Sprachen auch zu schweigen. Der Bischof Adrian von Utrecht, der ihn in Philosophie unterrichtete, verzeichnete nur geringen Erfolg, wogegen es ihm gelang, seinem Schüler eine desto stärkere Neigung zur orthodoxen Theologie einzupflanzen; dennoch dürfte Karl in späteren Jahren von seinen flämischen Beratern und Höflingen einen geheimen Skeptizismus übernommen haben, machte sich doch unter diesen eine lächelnde Indifferenz Erasmusscher Prägung gegen das kirchliche Dogma breit, und die Freiheit, mit der Karls Umgebung über religiöse Dinge sprach, ist mehrmals von Priestern gerügt worden. Auf Frömmigkeit legte Karl großen Wert, studierte aber ebenso eifrig die Kunst der Kriegführung. Beinahe noch ein Kind, las er Commynes und lernte das diplomatische Ränkespiel und den amoralischen Selbstbehauptungswillen der Staaten kennen. Beim Ableben seines Vaters erbte er neben Flandern, Holland und der Freigrafschaft einen Anspruch auf Burgund (1506). Da er die Herrschaft bereits im Alter von fünfzehn Jahren antrat, mußte er sich schon früh mit Regierungsgeschäften befassen. Mit sechzehn Jahren als Karl I. König von Spanien, Sizilien, Sardinien, Neapel und Spanisch-Amerika, bewarb er sich mit neunzehn um die Kaiserkrone. Franz I. lockte diese Ehre nicht minder; auch zeigten sich die Kurfürsten seinen *douceurs* nicht abgeneigt, aber Karl, der den Wettstreit mit 850000 Gulden bestritt, siegte (1519). Um ein so großes «Trinkgeld» zusammenzubringen, mußte er freilich vom Hause Fugger 543000 Gulden borgen; damit standen für alle Zukunft die Fugger auf seiten Karls und Karl auf seiten der Fugger. Doch hinderte das Jakob Fugger II. nicht, Karl, der sich bei der Rückzahlung säumig zeigte, eine scharfe Mahnung zuzustellen:

> «Allerdurchlauchtigster, Großmächtigster Römischer Kaiser, Allergnädigster Herr!
> ... Es ist auch wissentlich und liegt an dem Tag, daß Eure Majestät die römische Krone ohne mich nicht hätte erlangen mögen, wie ich dann solches mit aller Euer Kaiserlichen Majestät Kommissarien Handschriften anzeigen kann. So hab ich auch hierin meinen eigenen Nutzen nicht angesehen ... Dem allen nach, so ist an Eure Kaiserliche Majestät mein untertäniges Bitten, die wolle meine getreuen, untertänigen Dienste ... gnädiglich bedenken und verordnen, daß mir solch mein ausliegend Summa Geld samt dem Interesse ohne längeren Verzug entrichtet und bezahlt werde.»[26]

Karl glich einen Teil dieser Verpflichtungen aus, indem er dem Hause Fugger die Zolleinnahmen des Antwerpener Hafens verpfändete. Als der türkische Vormarsch in Ungarn die Fugger beinahe ruinierte, half ihnen Karl, indem er ihnen die Administration des spanischen Bergbaus übertrug. Ein großer Teil der Weltgeschichte sollte sich von da an unter dem Motto *Cherchez le banquier* abspielen.

Der neunzehnjährige Jüngling, der nominelle Herr über ganz Mittel- und Westeuropa mit Ausnahme Englands, Frankreichs, Portugals und des Kirchenstaats, litt aber schon jetzt unter einer schwachen Gesundheit als einer zusätzlichen Belastung in einem durch Prüfungen gekennzeichneten Leben. Der Erscheinung nach klein, blaß und häßlich, hatte er eine Adlernase und ein herausfordernd spitzes Kinn, eine schwache Stimme und ernst wirkende Gesichtszüge. Von Natur aus gutmütig und umgänglich veranlagt, mußte er schnell erfahren, daß ein Monarch Distanz und Haltung zu bewahren hat, daß Schweigen die halbe Diplomatie darstellt und offener Humor der Majestät Abbruch tut. 1520 berichtete Aleander an Leo X., dieser Herrscher scheine ihm viel

Klugheit über seine Jahre hinaus zu besitzen und anscheinend viel mehr in seinem Kopf zu haben, als er im Gesicht zeige. Karl war kein scharfer Denker, aber ein guter Beurteiler der Menschen – was schon den halben Erfolg ausmacht; die Krisen, in die er sich gestürzt sah, vermochte er nur knapp zu meistern; doch das war in der Tat viel. Mit seinem Körper und Verstand haushaltend, ließ er die Dinge an sich herankommen, bis ein Entschluß gefaßt werden mußte; dann aber entwickelte er eine plötzliche Energie und findige Hartnäckigkeit. Er war nicht von Natur aus, er wurde durch Prüfungen weise.

Nicht älter als das Jahrhundert, begab sich Karl V. am 23. Oktober 1520 nach Aachen, der Stadt Karls des Großen, zur Krönung. Kurfürst Friedrich mußte wegen seiner Gicht die Reise nach Aachen in Köln unterbrechen; Aleander benutzte die Gelegenheit, um ihn neuerdings um die Festnahme Luthers zu ersuchen; Friedrich berief Erasmus zu sich und fragte ihn um Rat. Erasmus äußerte sich zugunsten Luthers, zählte die schreienden Mißstände in der Kirche auf und meinte, daß die Anstrengungen für eine Kirchenreform nicht behindert werden sollten. Befragt, worin die Hauptirrtümer Luthers lägen, erwiderte er: «In zweien Stücken, nämlich, daß er dem Papste an die Krone und den Mönchen an die Bäuche gegriffen hat.» Er bezweifelte sogar die Echtheit der Bulle, weil sie mit der bekannten Gutmütigkeit Leos X. nicht in Übereinstimmung zu bringen sei. Kurfürst Friedrich antwortete dem päpstlichen Legaten, Luther habe gegen das päpstliche Urteil appelliert, und bis über die Appellation entschieden sei, solle er in Freiheit bleiben.

Dieselbe Antwort erhielt der Nuntius vom Kaiser, der – als eine Bedingung seiner Wahl – den Kurfürsten zugestanden hatte, daß Deutsche nur von ordentlichen deutschen Gerichten abgeurteilt werden dürften. Andererseits sah er sich von den Umständen zur Parteinahme für den Papst gezwungen. Seine Stellung als König von Spanien war wesentlich fester als die eines Kaisers von Deutschland, das keine starke Zentralgewalt wollte; umgekehrt hätte der spanische Klerus keinen Herrscher geduldet, der Ketzer nachsichtig behandelt hätte. Außerdem drohte um den Besitz Mailands ein Waffengang mit Frankreich, und in diesem Punkt wog die päpstliche Unterstützung so schwer wie ein Heer. Zwischen dem Heiligen Römischen Reich und der Kurie bestanden hundert Bindungen; der Sturz der einen dieser Mächte mußte auch die andere in arge Mitleidenschaft ziehen; und überhaupt, wie ließ sich dieses räumlich zerrissene und aus so vielen Elementen zusammengesetzte Reich ohne die Mitwirkung der Kirche in moralischer und politisch-administrativer Hinsicht regieren? Sogar jetzt waren Karls wichtigste persönliche Berater und Diener Männer der Kirche. Und wenn er Ungarn vor den Türken retten wollte, brauchte er unbedingt die materielle und moralische Hilfe Roms.

Es waren weit mehr diese Probleme als der Streit um einen halsstarrigen kleinen Mönch, die Karl zur Einberufung eines Reichstags nach Worms veranlaßten. Als sich aber die großen weltlichen Herren, Kirchenfürsten und Delegierten der reichsunmittelbaren Städte am 27. Januar 1521 dort versammelten, stellte sich heraus, daß dennoch Luther den Hauptgegenstand der Diskussion bildete. Die Kräfte, die seit Jahrhunderten auf eine Kirchenreform hingewirkt hatten, ballten sich jetzt in einem der dramatischsten Momente der europäischen Geschichte zusammen. Die große Mehrheit des Adels spendete Luther Beifall und unterstützte seine Bemühungen; und Aleander schrieb in einem Bericht:

«Ganz Deutschland ist aufgebracht gegen Rom, alle Welt ruft nach einem auf deutschem Boden abzuhaltenden Concil; die päpstliche Exkommunikation wird verlacht. Unzählige haben aufgehört, das Bußsakrament zu empfangen ... Martin wird abgebildet mit einem Heiligenschein und einer Taube über seinem Kopf. Das Volk küßt diese Bilder. Eine solche Menge wurde verkauft, daß ich nicht imstande war, eins zu erlangen ... Ich kann nicht auf die Straße gehen, ohne daß die Deutschen ihre Hand ans Schwert legen und die Zähne gegen mich knirschen. Ich hoffe, der Papst wird mir einen Plenarablaß geben und für meine Brüder und Schwestern sorgen, wenn mir etwas zustößt.»[27]

Ein Wirbelwind von antipäpstlichen Streitschriften erregte die Gemüter noch mehr, und Aleander klagte, daß ein ganzer Wagen die Flut der Traktate nicht aufzunehmen vermöchte. Von der unweit von Worms gelegenen Ebernburg Sickingens schleuderte Hutten den deutschen Pfaffen Anklagen von nicht mehr überbietbarer Leidenschaft ins Gesicht:

«Hebet euch weg von den reinen Quellen, ihr unreinen Schweine! Hinaus mit euch aus dem Heiligtum, ihr verruchten Krämer! Berühret nicht länger mit den oft entweihten Händen die Altäre ... Wie kommt ihr dazu, das zu frommen Zwecken Gespendete zu Völlerei, Unzucht, Pracht und Prunk zu mißbrauchen, während viele rechtschaffene und fromme Menschen Hunger leiden? Das Maß ist voll. Sehet ihr nicht, daß die Luft der Freiheit weht?»[28]

Angesichts einer so entschiedenen Parteinahme der Öffentlichkeit für Luther versuchte der Beichtvater des Kaisers, der Franziskaner Johann Glapion, Friedrichs Hofkaplan Spalatin für eine Aussöhnung zu gewinnen. Luthers erste Schriften, erklärte er, hätten ihm recht gut gefallen; die *Babylonische Gefengknuß* «flößt mir jedoch ein Gefühl ein, als sei ich von Kopf bis Fuß verbrüht und zertreten worden». Es gebe, sagte er weiter, kein unumstößliches religiöses System auf Grund der Heiligen Schrift, denn «die Bibel ist wie weiches Wachs, das ein jeder nach seinem Belieben kneten und strekken kann». Eine Kirchenreform sei natürlich dringend nötig; er selbst habe sein kaiserliches Beichtkind gewarnt, daß «Gott ihn und alle weltlichen Fürsten strafen wird, wenn sie die scheußlichen Mißstände in der Kirche nicht beseitigen», und er verspreche, daß Karl die wichtigsten Reformen in den nächsten fünf Jahren durchführen werde. Luther, so meinte er, müsse nur widerrufen, und der Kirchenfrieden könne trotz allem Vorangegangenen gewahrt bleiben. Das Gespräch wurde nach Wittenberg an Luther weitergeleitet, doch der blieb fest.

Am 3. März verlangte Aleander vom Reichstag die sofortige Verurteilung Luthers. Dieser beschloß jedoch, dem Mönch Gelegenheit zu geben, sich vor ihm zu verteidigen, und der Kaiser lud Luther zur Rechtfertigung seiner Lehren und Bücher nach Worms. Obschon es in der Zitation hieß: «Keinerlei Gewalt oder Unbill hast du zu fürchten, da unser frei Geleit dir sicher ist», wurde Luther von seinen Freunden beschworen, ihr keine Folge zu leisten; sie erinnerten ihn an Kaiser Sigismund, der das Hus zugesicherte freie Geleit gebrochen hatte. In der Tat drängte Adrian von Utrecht, jetzt Kardinal von Tortosa und bald darauf Papst, seinen ehemaligen Schüler, den Kaiser, zum Wortbruch; er solle den Ketzer festnehmen und nach Rom schicken. Am 2. April brach Luther aus Wittenberg auf. In Erfurt bewillkommnete ihn eine große Menschenmenge, darunter vierzig Professoren, wie einen Helden. Unweit von Worms erreichte ihn eine hastige Warnung Spalatins, die Stadt zu meiden und eilends nach Wittenberg zurückzukehren. Aber Luther war nicht abzuschrecken. «Ich will hinein ziehen, wenn gleich so viele Teufel darinnen wären als Ziegel auf den Dächern.»[29] Von einer ritterlichen Kavalkade eingeholt, traf er am 16. April in Worms ein. Die Menschen drängten sich auf den Straßen, um ihn zu sehen; zweitausend Personen, so berichtet Aleander, umringten seinen Wagen, und sogar Karl sah sich in den Schatten gestellt.

Am 17. April trat Luther, in seine schlichte Mönchskutte gekleidet, vor den Reichstag, der aus dem Kaiser, sechs Kurfürsten, zahllosen kleineren Herren, Edelleuten, Prälaten, Vertretern der Stände und nicht zuletzt Hieronymus Aleander, dem mit forensischer Beredsamkeit und offiziellen Dokumenten bewaffneten Träger der päpstlichen Autorität, bestand. Unweit von Luther befand sich ein Tisch mit seinen Schriften. Johann von der Ecken, ein kurtrierischer Beamter, fragte ihn, ob er diese Schriften verfaßt habe und bereit sei, die darin enthaltenen Irrlehren zu widerrufen. Einen Moment lang sank Luther vor der Herrlichkeit des Reichs und der Macht und Majestät der Kirche der Mut. Leise und zögernd erklärte er die Bücher als die seinen, zur zweiten Frage erbat er eine Bedenkzeit. Karl gewährte ihm eine Frist von vierundzwanzig Stunden. Nach seiner Rückkehr in die Herberge erreichte ihn eine Botschaft Huttens, der ihn beschwor, fest zu bleiben, auch suchten ihn etliche Reichstagsteilnehmer auf, um ihm Mut zuzusprechen. Es war fast so, als spüre man, daß seine endgültige Antwort einen Wendepunkt in der Geschichte bedeuten würde.

Als er am 18. April neuerdings vor dem Reichstag stand, war seine Zuversicht gestiegen. Der Saal war so überfüllt, daß die Kurfürsten nur mit Mühe an ihre Plätze gelangten; der größte Teil der Anwesenden stand. Abermals forderte von der Ecken Luther zum ganzen oder teilweisen Widerruf seiner Irrlehren auf, worauf dieser erwiderte, daß die Ausführungen über die kirchlichen Mißstände allgemein gebilligt würden. Der Kaiser fuhr mit einem scharfen «Nein!» dazwischen; aber Luther fuhr mit einer Spitze gegen die kaiserliche Majestät persönlich fort: «Sollte es von mir heißen, ich habe solcherlei Schriften widerrufen aus Autorität des Kaisers und des gesamten Römischen Reichs, so wäre ich ja ein Schanddeckel der Bosheit und Tyrannei!» Hinsichtlich der dogmatischen Stellen in seinen Schriften erklärte er seine Bereitwilligkeit, alles zu widerrufen, was ihm an Hand der Schrift als irrig nachgewiesen werde. Darauf antwortete von der Ecken mit einer in lateinischer Sprache gehaltenen Rede, die den Standpunkt der Kirche vorzüglich wiedergibt:

«Martin ... Dein Begehren, aus der Schrift gehört zu werden, ist das stets von den Häretikern geäußerte. Du tust nichts, als die Irrtümer von Wiclif und Hus zu erneuern. Wie werden die Juden wie die Türken frohlocken, wenn sie hören, daß die Christen diskutieren, ob sie all die Jahre her im Unrecht gewesen seien. Martin, wie kannst du annehmen, daß du der einzige bist, der die Schrift versteht? Willst du dein Urteil über das so vieler berühmter Männer stellen und behaupten, daß du mehr weißt als sie alle? Du hast kein Recht, den allerheiligsten orthodoxen Glauben in Frage zu ziehen, der von Christus, dem vollkommenen Gesetzgeber, eingesetzt ist, den die Apostel in der ganzen Welt verkündeten, den die Märtyrer mit rotem Blute besiegelten, die heiligen Konzile bestätigten und den die Kirche genau bestimmt hat; all unsere Väter glaubten an ihn bis zu ihrem Tod und gaben ihn uns als Erbschaft, uns aber ist durch Papst und Kaiser verboten, darüber zu diskutieren, da es sonst kein Ende des Streites gäbe. Ich frage dich – antworte einfach und ohne Hörner –, willst du deine Bücher und die Irrtümer, die sie enthalten, widerrufen oder nicht?»[30]

Luther erteilte seine weltgeschichtliche Antwort in deutscher Sprache:

«Weyl dann Eur kay. Mayt. vnd Gnaden ein schlechte antwort begern, so will ich eyn unstössige und unpeyssige antwort geben disser massen: Es sey dann, das ich durch getzeugnusz der Schrift uberwunden werd oder aber durch scheynlich vrsachen (dann ich glaub wider dem Bapst nach den Concilien allein, weil es am tag ist, das dieselben zu mermaln geirrt und wider sich selbs geredt habenn) uberwunden werd ... Ich bin uberwunden durch die Schriften, so von mir gefurt, und gefangen im gewissen an dem wort Gottes. Derhalben ich nichts mag noch will widerruffenn, Weil wider das gewissenn zu handeln beschwerlich, unheilsam und ferlich ist.»[31]*

Von der Ecken parierte mit der Behauptung, in den von den Konzilien festgelegten Doktrinen sei kein Irrtum nachzuweisen; darauf Luther: «Wohl haben sie geirrt, und in vielen Stücken, das liegt am Tag, und wills beweisen.» Doch der Kaiser fuhr jetzt kategorisch dazwischen: «Wir wollen nichts weiter hören, da es ja nun zu Tag liegt, daß er die Konzilien ablehnt.»[32] Luther kehrte in seine Herberge zurück, erschöpft, doch in dem stolzen Bewußtsein, sich, wie Carlyle später einmal sagen sollte, «im größten Augenblick der neueren Geschichte der Menschheit» gut gehalten zu haben.

Der Kaiser war nicht weniger erschüttert als der Mönch. Ihm, der für den Purpur geboren war und der trotz seiner Jugend schon wußte, was Regieren bedeutet, schien es offensichtlich, daß das Recht des einzelnen, die Schrift zu interpretieren und nach seinem persönlichen Gewissen und Verstand kirchliche und weltliche Satzungen zu befolgen oder nicht, die Grundlagen einer öffentlichen Ordnung unterwühlen müsse, die seiner Meinung nach auf einem Moralgesetz beruhte, das seinerseits seine Stärke aus der Sanktion einer übernatürlichen Offenbarung bezog. Am 19. April bat er die Kurfürsten in seine Privatgemächer und legte ihnen eine in französischer Sprache geschriebene und anscheinend von ihm selbst verfaßte Loyalitätskundgebung vor:

«Vous savez que je suis descendu des empereurs très crestiens de la noble nation Germanique, des roys catholiques d'Espaigne, des archeducz d'Austrie, des ducz de Bourgoingne, lesquelz tous ont estéz jusques à la mort filz fidèles de l'église Romaine, ayant tousiours esté deffenseurs de la foy catholique, des sacrées céremonies, décrets, ordonnances et sainctes costumes à l'honneur de dieu, augmentacion de la foy et salut des âmes, après le trespas desquelz par droit naturel et écritaige nous ont laysez lesdites sainctes observations catholiques, pour y vivre et mourir à leur exemple, èsquelles comme vray inmitateurs d'iceulx noz prédécesseurs et moy avons par la grace de dieu jusques à yey vescu. A ceste cause je suis délibéré d'entretenir tout ce que mesdits prédécesseurs et moy avons entretenu jusques au présent et par espécial ce que a esté ordonné par lesdits mes prédécesseurs, tant au consille de Constence que autres; car yl est certain que ung

* Wir dürfen den berühmten, in das mächtige Lutherdenkmal zu Worms eingemeißelten Ausspruch «Hier stehe ich, ich kann nicht anders» nicht als absolut authentisch betrachten. Im Reichstagsprotokoll findet er sich nämlich nicht; doch ist er bereits in den ersten Abdruck der Rede aufgenommen.

seul frère erre en son opinion, laquelle est contre tout la crestiennité, tant du temps passé mille ans et plus que du présent, selon laquelle oppinion toute ladite crestienité seroit et auroit tousiours esté en erreur; perquoy suis déterminé toutellement y employer mes royaulmes et segnouries, mes amis, mon corps, mon sang, ma vie et mon âme. ... Et ouyt la responce partinace que Luthere donna hier en la présence de nous tous, je vous déclaire que me repens d'avoir tant dylayé à procéder contre ledit Luthere et sa faulse doctrine, et ne suis délibéré de plus oultre l'oyr parler, mais je entens que incontinant selon la forme du mandat qu'il soit remené, en gardant la teneur de son saufconduyt, sans prescher ny admonester le peuple de sa mauvaise doctrine et sans procurer que aulcune esmotion se face. Et, comme cy-dessus ay dit, suis délibéré me conduyre et procéder à l'encontre de luy comme contre notoire érétique, vous requérant que vous voz déclairez en ceste afer comme bons Crestiens et estez tenuz le faire et le m'avez promis.»*

Vier Kurfürsten erklärten sich zur Unterschrift bereit; Friedrich von Sachsen und Ludwig von der Pfalz erhoben Einwände. In der gleichen Nacht – 19. April – brachten Unbekannte am Rathausportal und anderen Orten Anschläge mit dem Symbol des deutschen sozialen Aufruhrs, dem Bundschuh, an. Darob erschrockene Kirchenmänner drangen noch einmal ernstlich in Luther, seinen Frieden mit der Kirche zu machen; er hielt aber an dem vor dem Reichstag eingenommenen Standpunkt fest. Am 26. April trat er die Rückreise nach Wittenberg an, ungefährdet, weil Leo X. Weisung gegeben hatte, das freie Geleit zu respektieren. Doch Kurfürst Friedrich, der befürchtete, daß sich nach dem Ablauf des freien Geleits am 6. Mai kaiserliche Fahnder Luthers bemächtigen könnten, ließ ihn mit dessen widerwilligem Einverständnis auf dem Rückweg nach Wittenberg wie von Straßenräubern überfallen und ins sichere Versteck der Wartburg bringen.

Am 6. Mai legte der Kaiser dem Reichstag – der von vielen bereits verlassen worden war – den von Aleander verfaßten Entwurf des «Wormser Ediktes» vor, darin es hinsichtlich Luthers hieß, er habe

«die unzerstörlichen gesetz der heiligen ee in wunderbarlich weg schentlich beflecket; ... und verwickelt anfenklich die peicht, die den herzen, so mit sünden befleckt oder beladen sein, am allernutzparlichsten ist, dermaßen, das daraus kein fundament noch frucht mag genommen werden; ... Er bestetiget auch aus der heidenischen poeten gedicht, das kain freier will sei ... nit ein mensch, sonder als der böß veinde in gestalt eins menschen mit angenomer münchskutten, manicher ketzer aufs höchst verdampter ketzereien, die lange zeit verborgen beliben sein, in ein stinkende phützen zusamen versamelt und selbs etliche von neuem erdacht ... Er haltet auch nit

* Ich bin entsprossen einer langen Reihe von christlichen Kaisern dieser edlen deutschen Nation, von katholischen Königen von Spanien, den Erzherzögen von Österreich und den Herzögen von Burgund. Sie alle waren bis zum Tode der Kirche von Rom treu, und sie verteidigten den katholischen Glauben, die geheiligten Zeremonien, Dekrete, Ordnungen und heiligen Bräuche zur Ehre Gottes. Ich bin entschlossen, ihren Spuren zu folgen. Ein einzelner Klosterbruder, der gegen alle Christenheit in tausend Jahren angeht, muß unrecht haben. Daher bin ich entschlossen, meine Länder, meine Freunde, meinen Leib, mein Blut, mein Leben und meine Seele aufs Spiel zu setzen. Nicht ich allein, auch ihr von dieser edlen deutschen Nation würdet für immer Schande davontragen, wenn durch unsere Nachlässigkeit, ich sage nicht Häresie, sondern auch nur der Verdacht der Häresie sich an uns heftete. Nachdem ich gestern die hartnäckige Verteidigung Luthers gehört habe, bedaure ich, daß ich so lange gezögert habe, gegen ihn und seine falsche Lehre vorzugehen. Ich will nichts mehr mit ihm zu tun haben. Er mag unter sicherem Geleit zurückkehren, aber ohne zu predigen und Tumult zu erregen. Ich will gegen ihn als gegen einen notorischen Ketzer vorgehen und bitte, Euch zu erklären, wie Ihr mir verspracht.[33]

allein priesterlich ampt und orden auf das allergeringest, sonder understeet auch, die weltlichen laischen Personen zu bewegen, ir hende in der priester blut zu waschen; ... und schreibt beileuftig gar nichts anders, das nit zu aufrur, zertrennung, krieg, totsleg, rauberei und prand und zu ganzem abfall des christenlichen glaubens reich und diene. Dann wie er lernet ain frei, aigenwillig leben, das von allem gesetz ausgeschlossen und ganz vihisch, also ist er ein frei, aigenwilligk mensch, der alle gesetz verdambt und undertruckt, wie er dann die decreta und geistliche gesetz offenlich zu verprennen kain entsetzung oder scheuhe gehabt hat. Und wo er das weltlich swert nit mer dann des babst pann und peene geförcht, so het er dem weltlichen rechten vil bösers gethan ...

... er wolle aus seinen schriften nit die wenigst silben verwandeln, es sei dann, das er von einem gelerten mann uberwunden werde ... allein aus den worten der hailigen schrift, die er vermaint nach seinem sinn zu ersettigung seines zufelligen gemüts verstanden werden sollen; ... haben wir ine laut unsers glaits auf den fünfundzweinzigisten tag des monats aprilis negstverschienen, von stund von unserm angesicht hinweg ziehen lassen ..., das ir samentlich und sonderlich nach verscheinung der oberürten zwainzig tag ... den vorgemelten Martin Luther nit hauset, hoffet, etzt, drenket ... Aber gegen seinen gönnern und nachfolgern ... sollet ir in craft der hailigen constitution und unser und des reichs acht und aberacht dieser weise handeln: nemlich si niderwerfen und fahen und ire güeter zu eurn handen nemen, und ... sollen soliche schriften und bücher, in den so manig der seelen gift und verdambnus eingeführt sein, von uns allen nit allein vermitten, sonder auch die von aller menschen gedechtnus abgethan und verdilgt werden.»[34]

Zwei Tage nach der Vorlage dieses Edikts verlagerte Leo X. seine diplomatische Unterstützung von Franz I. auf Karl V. Die in Worms verbliebenen Herren und Stände verliehen dem Edikt Gesetzeskraft, und am 26. Mai ließ Karl es offiziell verlautbaren. Aleander lobte Gott und befahl, Luthers Bücher, wo man sie finde, zu verbrennen.

## VI. DIE RADIKALEN

Die Wartburg bildete an sich schon eine arge Strafe. Die uralte Burg, auf einem Hügel knapp zwei Kilometer von Eisenach entfernt gelegen, war vor Welt und Kaiser verborgen. Beinahe zehn Monate (vom 4. Mai 1521 bis zum 29. Februar 1522) hauste Luther in einem düsteren Raum, worin es nichts gab als ein Bett, einen Tisch, einen Ofen und einen Holzblock als Stuhl. Die Besatzung bestand aus ein paar Söldnern, einem Burgwart und zwei Buben zu Luthers Bedienung. Aus Bequemlichkeit, vielleicht aber auch um sich zu tarnen, legte dieser die Kutte ab und trug sich wie ein Junker; er ließ den Bart wachsen und sich «Junker Georg» anreden. Manchmal ging er jagen, doch fand er geringes Vergnügen daran, Hasen zu töten, wo doch so viele Christenfeinde leben blieben. Müßiggang und Schlaflosigkeit, zuviel Essen und Bier machten ihn dick und krank, so daß er wie jeder echte Junker schimpfte und fluchte und einmal schrieb: «Ich würde lieber auf glühenden Kohlen brennen als hier verfaulen ... Ich möchte, ich wäre in der Schlacht.»[35] Es nützte nichts, der kursächsische Minister riet ihm, ein Jahr in der Verborgenheit vorübergehen und den kaiserlichen Zorn erkalten zu lassen. Die Vorsicht war freilich überflüssig; Karl unterließ jeden Versuch, ihn zu finden und festzunehmen.

Die geistige Vereinsamung stürzte Luther in Zweifel und Halluzinationen. Ist es denn möglich, fragte er sich, daß ich recht habe und all die Schriftgelehrten unrecht? Ist es klug, an der Autorität des überkommenen Glaubens zu rütteln? Drohte der Grundsatz der persönlichen Meinungsbildung nicht zur Saat des Aufruhrs und zum Untergang aller Ordnung zu führen? Wenn wir seinen Erinnerungen, wie er sie später aufgezeichnet hat, Glauben schenken wollen, störten ihn des Nachts seltsame Geräusche, die er sich nur als Manifestationen von Teufeln erklären konnte; er habe, behauptete er, den leibhaftigen Satan mehrmals gesehen, und einmal sei er von ihm mit Nüssen beworfen worden. Es gibt eine berühmte Anekdote, wonach Luther ihm einmal das Tintenfaß nachwarf, ihn aber verfehlte. Er tröstete sich mit beredten Briefen an Freunde und Feinde, mit der Abfassung theologischer Schriften und der Übertragung des Neuen Testaments ins Deutsche. Einmal eilte er nach Wittenberg, um einen Aufruhr zu dämpfen.

Daß er die kühne Herausforderung des Wormser Reichstags unversehrt überlebt hatte, erfüllte seine Anhänger mit wagemutigem Hochgefühl. In Erfurt demolierten Studenten, Handwerker und Bauern vierzig Pfarrhäuser, vernichteten Büchereien und Zinslisten; ein Humanist verlor sogar das Leben (Juni 1521). Im Herbst dieses aufregenden Jahres machten die Erfurter Augustiner mit dem Klosterleben Schluß, predigten in der Linie Luthers und verschrien die Kirche als «die Mutter von Menschensatzungen, Hoffart, Geiz, Wollust, Treulosigkeit und Heuchlern». Und während in Wittenberg Melanchthon seine *Loci communes rerum theologicarum* als erste systematische Darstellung der protestantischen Theologie (1521) verfaßte, forderte sein Kollege Karlstadt, jetzt Erzdiakon an der Schloßkirche, daß die Messe, wenn man sie schon nicht abschaffe, in deutscher Sprache gelesen, das Abendmahl in beiderlei Form und ohne vorheriges Fasten und Beichten gereicht, die Bilder aus den Kirchen entfernt und Ordens- und Weltgeistlichen die Ehe erlaubt werden sollte. Mit gutem Beispiel vorangehend, heiratete er vierzigjährig ein fünfzehnjähriges Mädchen (19. Januar 1522).

Luther billigte diese Heirat mit einem Stoßseufzer: «Gott im Himmel, wollen unsere Wittenberger auch den Mönchen Frauen geben?» Der Gedanke scheint ihm nichtsdestoweniger zugesagt zu haben, verteidigte er doch die Lossagung von den Mönchsgelübden in einer *Über Mönchsgelübde* betitelten Schrift, die er Spalatin zur Veröffentlichung übermittelte (21. November 1521). Da sie diesem aber gar zu offenherzig erschien, zögerte er die Drucklegung hinaus. Die geschlechtlichen Instinkte, argumentierte Luther, seien natürlich und nicht unterdrückbar, die Mönchsgelübde seien Fallstricke des Satans und leisteten der Versündigung Vorschub. Luther selbst heiratete erst vier Jahre später; seine verspätete Würdigung des Weibes hat bei seinen ersten reformatorischen Schritten offenbar keine Rolle gespielt.

Die Revolution ging weiter. Am 22. September 1521 spendete Melanchthon das Abendmahl in beiderlei Form, womit die böhmischen Utraquisten einen späten Sieg errangen. Am 23. Oktober stellte Luthers Augustinerkloster das Lesen der Messe ein. Am 12. November zogen dreizehn Mönche aus dem Kloster hinaus und in die Ehe hinein; es sollte nicht mehr lange dauern, bis ein ähnlicher Exodus alle deutschen Klöster zur Hälfte leerte. Am 3. Dezember drangen mit Messern bewehrte Studenten und Bürger in die Wittenberger Pfarrkirche ein, vertrieben die Priester von den Altären und bewarfen die vor einer Marienstatue betenden Gläubigen mit Steinen. Am 4. Dezember zerstörten vierzig Studenten die Altäre des Franziskanerklosters. An eben diesem Tag kam Luther, als Junker gekleidet, heimlich in die Stadt, billigte die Eheschließungen der Mönche, mahnte aber Geistliche wie Laien, keinen Aufruhr hervorzurufen; nur «was durch ordentliche gewalt geschieht, ist nit fůr auffruhr tzu halten»[36]. Tags darauf kehrte er auf die Wartburg zurück.

Bald danach bat er Spalatin, eine neue Schrift, *Eyn trew vormanung Martini Luther tzu allen Christen, sich tzu verhuten fur auffruhr unnd emporung*, zu veröffentlichen. Ihm waren Befürchtungen aufgestiegen, daß eine zu rasche religiöse Umwälzung oder gar ihr Übergreifen auf weltliche Dinge ihr den Adel zu Feinden machen und sie sich dadurch selbst zerstören könnte. Dennoch hat man ihre ersten Seiten als Aufforderung zur Gewaltanwendung heftig kritisiert.

«Das es sich ansehen lest, es werde gelangen tzu auffruhr und Pfaffen, Munich, Bisschoff mit gantzem geystlichen standt erschlagenn und voriagt mochten werden, wu sie nit ein ernstliche merckliche besserung selbs fur wendenn, denn der gemeyne man, yn bewegung und vordriesz seyner beschedigung am gut, leyb und seel erlitten, tzu hoch versucht und ubir alle masz vonn yhn auffs aller untreulichst beschweret, hynfurt solchs nymmer leydenn muge noch wolle, und datzu redliche ursach habe mit pflegeln und kolben dreyn tzu schlagen, wie der Karst hans drawet.

Wie woll nu ich nit ungerne hore, das die geystlichen yn solcher furcht und sorge stehen, ob sie da durch wolten yn sich selb schlahen und yhr wutende tyranney senfften, und wolt got, solch schrecken und furcht were noch großer: ...

Und das ich mehr sage. Wen ich tzehen leybe hette unnd mocht bey got szo vill gnade erwerben, das er sie mit dyssem fuchs schwantz des leyplichen tods odder auffruhrisz casteyet, szo wolt ich sie doch alle ausz hertzen grund gerne dar strecken fur den elenden Haufen.»[37]

Trotzdem sei es, so fuhr er fort, für den gemeinen Mann nicht ratsam, zur Gewalt zu greifen, denn die Rache gehöre Gott.

«Denn auffruhr het keyn vornunfft und gehet gemeynicklich mehr ubir die unschuldigen denn ubir die schuldigen. Darumb ist auch keyn auffruhr recht, wie rechte sach er ymer haben mag. Und folget alletzeyt mehr schadens den besserung dar ausz ... Aber wenn Er omnes aufstehet, der vormag solch unterscheiden der boszen und frumen wydder treffen noch halten, schleget yn den hauffen, wie es trifft, und kann nit on grosz greulich unrecht tzu gehen ... Ich halt und wills alletzeyt halten mit dem teyl, das auffruhr leydet ...»[38]

Die Revolution ging mehr oder weniger friedlich weiter. Am Weihnachtstag 1521 las Karlstadt in bürgerlicher Kleidung und in deutscher Sprache die Messe und erlaubte den Kommunikanten, die Hostie in die Hand zu nehmen und aus dem Kelch zu trinken. Zur selben Zeit forderte ein führender Augustiner, Gabriel Zwilling, seine Gemeinde auf, Altäre und Kirchenbilder zu zerstören. Am 27. Dezember gossen neu eingetroffene «Propheten» Öl ins Feuer. Sie kamen aus Zwickau, einem Zentrum deutschen Gewerbefleißes unter einem aus Unternehmern zusammengesetzten Magistrat. Eine dunkle Erinnerung an den mißglückten Versuch der Taboriten, im nahen Böhmen eine Volksregierung aufzurichten, begünstigte eine ähnliche Bewegung unter den zahlreichen Zwickauer Webern, zu deren Sprachrohr der Pfarrer der St. Katharinenkirche, Thomas Müntzer, geworden war. Diesem Müntzer, der gleichzeitig ein begeisterter Parteigänger der Reformation war, wurde es freilich alsbald klar, daß Luthers Forderung, die Bibel zur einzigen Richtschnur des Glaubens zu machen, zugleich die Frage aufwarf, wer ihren Text interpretieren solle. Zusammen mit zwei weiteren Schwärmern, dem Weber Nikolaus Storch und dem Magister Markus Stübner, gab er bekannt, sie seien direkt vom Heiligen Geist inspiriert und deshalb zur Bibelauslegung in einmaliger Weise berufen. So habe der Heilige Geist ihnen befohlen, die Taufe erst am Erwachsenen zu vollziehen, weil ihre sakramentale Kraft vom Glauben abhängig sei, den ein Säugling ja nicht haben könne. Des weiteren kündigten sie den baldigen Weltuntergang an; alle Gottlosen und insbesondere die altgläubigen Priester würden umkommen, und danach werde das Königreich Gottes auf Erden ohne Unterschiede des Stands und Wohlstands anbrechen. Eine Revolte der Weber endete jedoch mit einem Mißerfolg, und die drei «Zwickauer Propheten» sahen sich aus der Stadt verbannt (1521). Müntzer wandte sich nach Prag, wurde auch dort ausgewiesen und landete als Pastor im sächsischen Allstedt. Storch und Stübner gingen nach Wittenberg, wo sie in Abwesenheit Luthers auf Melanchthon und Karlstadt einen guten Eindruck machten.

Am 6. Januar 1522 zogen die letzten Wittenberger Augustiner aus ihrem Kloster aus. Am 22. Januar verfügte Karlstadt bereits über einen so starken Anhang im Magistrat, daß er eine Verordnung zur Entfernung aller religiösen Symbole aus den Wittenberger Kirchen und über die Abhaltung des Gottesdienstes in vereinfachter Form durchsetzte. Mit den Kruzifixen verschwand auch die Musik, weil, wie er behauptete, «der sinnliche Orgelklang weltliche Gedanken weckt. Statt an die Leiden Christi zu denken, denken wir an Pyramus und Thisbe ... So wollen wir auch die Orgeln und Flöten ins Theater verweisen.»[39] Da ihm die städtischen Knechte die Bilder und Kruzifixe zu saumselig entfernten, nahm er mit einer Rotte von Anhängern die Sache selbst in die Hand, riß alles von den Wänden und bewarf protestierende Priester mit Steinen. Er, der doch selbst ein gebildeter Mann war, stellte sich unter dem Einfluß der Zwickauer Propheten auf den Standpunkt, daß sich Gott nicht nur in den heiligen Schriften geoffenbart habe, sondern auch direkt zu den Menschen spreche, wobei er die Einfältigen im Geiste den Belesenen und Sprachenkennern bevorzuge; Bildung mindere nur die Gottesfurcht. Deshalb sollten alle wahren Christen Bücher und Gelehrsamkeit meiden, auf Lesen und Schreiben verzichten und Bauern oder Handwerker werden. Ein Wittenberger Lehrer namens Georg Mohr schloß kurzerhand seine Schule und empfahl den Eltern seiner Schüler, ihre Kinder in der Unschuld der Unbelesenheit zu belassen. Etliche Studenten, die die Notwendigkeit weiteren Studiums nicht mehr einsahen, kehrten in ihre Dörfer zurück, um dort ein Handwerk zu erlernen.

Als Luther von all dem erfuhr, befürchtete er, daß seine Kritiker recht behalten und seine Auflehnung gegen die Autorität der Kirche auch die Bande der öffentlichen Ordnung zerreißen könnte. Der Reichsacht ungeachtet und unter Verzicht auf den Schutz des Kurfürsten griff er wieder zur Mönchskutte, schor sein Haupt und eilte nach Wittenberg zurück. In einer Serie von acht Predigten (ab 9. März 1522) mahnte er Universität, Kirchengemeinden und Bürger zur Ruhe und Ordnung und verurteilte voller Entschiedenheit jede Gewaltanwendung – hatte er denn nicht selbst Millionen von Menschen vom ultramontanen Druck befreit, ohne mehr zu tun als eine Feder zu heben?

«Darumb lieben freunde, folgt mir, ich hab es ja noch nie verderbet, ich bin ja der erste gewesen, den Gott auff diesen plan gesetzt hat ... Ich bin auch der gewest, dem es Gott zum ersten offenbaret hat, euch solch sein wort zu predigen und anzusagen ... Darumb habt jr unrecht getan, das jr ein solch Spiel on mein geheis un zuthun habt angefangen und mich nicht auch zuvor drumb gefragt ...[40] Laßt mir Zeit ... Es sind viel Leute, die die Sonne, den Mond und das Gestirn anbeten. Wollen wir darumb zu faren und die Sterne vom Himel werffen, die Sonne und den Monden herabe stůrtzen? Ja wir werdens wol lassen. Der Wein und die Weiber bringen manchen in jamer und hertzeleid, machen viel zu narren und wahnsinnige leite, wollen wir darumb den wein wegschůtten und die Weiber umbbringen? Nicht also.»[41]

Man solle denen, die gemalte und geschnitzte Bilder, Kruzifixe, Musik und die Messe haben wollten, diese lassen; er selbst habe heilige Symbole gern. Auf seine Veranlassung las man in einer Wittenberger Kirche die Messe wieder in der alten Form, in einer anderen verabreichte man vor dem Hochaltar das Abendmahl nach dem alten Ritual und vor einem Seitenaltar in beiderlei Form. Wie man es mache, sagte Luther, sei nicht so wichtig; der Geist, in dem man das Abendmahl empfange, sei ausschlaggebend.

In diesen acht Predigten in ebensoviel Tagen wuchs Luther zur größten Höhe seiner christlichen Gesinnung empor. Mit dem Versuch, Wittenberg zur Mäßigung zurückzuführen, riskierte er seinen ganzen Ruf; aber er siegte. Die Zwickauer Propheten, die alles aufboten, um ihn für ihren Standpunkt zu gewinnen, erboten sich, als Beweis für ihre göttliche Inspiration seine Gedanken zu lesen. Er ging darauf ein; sie erklärten, er fühle eine geheime Sympathie für ihre Ideen; Luther schrieb ihre Hellseherei dem Teufel zu und befahl ihnen, Wittenberg zu verlassen. Ein neu gebildeter Stadtmagistrat entband Karlstadt von seinen Ämtern; dieser wandte sich nach Orlamünde und beschimpfte von der Kanzel der dortigen Pfarrkirche Luther als «den neuen Wittenberger Papst ... und gefräßigen Ecclesiasten». Wie viel später die amerikanischen Quäker verzichtete er auf geistliche Gewandung, trug einen schlichten grauen Rock, legte alle Titel ab und ließ sich «Bruder Andreas» nennen. Für die Seelsorge nahm er keine Bezahlung und verdiente sein Brot als Bauernknecht; statt aller Tinkturen und Elixiere empfahl er das Gebet, Vielweiberei erklärte er für biblisch und das Abendmahl für eine rein symbolische Handlung. Auf Ersuchen des Kurfürsten begab sich Luther nach Orlamünde, um gegen Karlstadt zu predigen, wurde aber mit Steinwürfen aus der Stadt gejagt. Nach dem Zusammenbruch des Bauernaufstands befürchtete Karlstadt, als einer seiner Urheber zur Verantwortung gezogen zu werden, und suchte und fand Zuflucht bei Luther. Nach langen Irrfahrten kam der müde gewordene Extremist als Professor in Basel zur Ruhe und ging 1541 als friedlicher Gelehrter in die ewige Ruhe ein.

## VII. DIE GRUNDLAGEN DES GLAUBENS

Luther nahm sein zweigeteiltes Dasein als Pfarrgeistlicher und Universitätsprofessor wieder auf. Das ihm vom Kurfürsten ausgesetzte Gehalt belief sich auf zweihundert Gulden jährlich; dazu kam eine bescheidene Vorlesungsgebühr der Studenten. Sein Quartier schlug er gemeinsam mit einem Mitbruder im Augustinerkloster auf; ein Student spielte die Rolle des Dieners. «Mein Bett wurde ein ganzes Jahr nicht gemacht und wurde muffig vom Schweiß. Aber ich arbeitete so hart und war so müde, ich taumelte hinein, ohne es zu merken.»[42] Die strenge Arbeit erklärt auch seinen Appetit: «Ich fresse wie ein Böhme und saufe wie ein Deutscher; das sei Gott gedankt, Amen.»[43] Er predigte oft, aber mit verständiger Kürze und in einer einfachen, doch bildhaften Sprache, die seinen derben Zuhörern ins Gemüt ging. Schach und Flötenspiel bildeten seine einzige Zerstreuung; doch scheinen ihm die Stunden, die er mit der Verunglimpfung der «Papisten» verbrachte, noch mehr Vergnügen bereitet zu haben. Einen hemmungsloseren und wirkungsvolleren Polemiker hat die Weltgeschichte nie gekannt. Beinahe alles, was er schrieb, war kriegerisch, mit Humor gesalzen und mit Schmähreden gepfeffert. Seine Gegner mochten ruhig in einem gepflegten Latein für ein paar Hochgebildete schreiben; er selbst bediente sich dieser Sprache nur, wenn er sich an die gesamte Christenheit wandte, und auch dann erschien alsbald eine deutsche Übersetzung. Die meisten seiner Schmähschriften verfaßte er jedoch von vornherein deutsch, denn seine Revolution war deutsch bis ins Mark. Kein zweiter deutscher Autor hat jemals wieder die Klarheit und zwingende Kraft seines Stils, die Zielsicherheit und Gerafftheit seiner Sprache, die glücklichen – manchmal humorvollen – Wortbilder erreicht und so aus dem Wortschatz des Volkes heraus und für das Gemüt des Volkes verständlich gesprochen.

Der Buchdruck entsprach seinen Zwecken, als wäre er eine von der Vorsehung eigens für ihn gewollte Neuerung, und er bediente sich seiner mit souveräner Gewandtheit und machte ihn als erster zu einem Werkzeug der Propaganda und der Kriegführung. Zeitungen und Zeitschriften gab es damals ja noch nicht; Bücher, Traktate und persönliche, zur Veröffentlichung bestimmte Briefe bildeten das literarische Schlachtfeld. Luthers Revolte hat den Buchdruck ungeahnt stimuliert; die Zahl der in Deutschland veröffentlichten Bücher stieg von 150 im Jahre 1518 auf 990 im Jahre 1524. Vier Fünftel dieser Bücher nahmen für die Reformation Partei. Bücher zugunsten des alten Glaubens fanden nur schwer Absatz, während Luthers Schriften die meistgekauften des Tages waren. Den Vertrieb besorgten nicht nur eigentliche Buchhandlungen, sondern auch sogenannte Buchführer und wandernde Scholaren; auf einer einzigen Frankfurter Messe wurden 1400 Exemplare abgesetzt, ja sogar in Paris waren sie 1520 die begehrtesten von allen Büchern. Der Versand nach dem Ausland – Frankreich, Italien, Spanien, Holland und England – hatte bereits 1519 begonnen. «Überall findet man Luthers Bücher und in jeder Sprache», schrieb Erasmus 1521, «niemand würde glauben, wie weit sich sein Einfluß erstreckt.» Dank der literarischen Fruchtbarkeit der Reformatoren verlagerte sich das Schwergewicht der verlegerischen Tätigkeit von Süd- nach Nordeuropa, wo es seither unentwegt geblieben ist. Der Buchdruck war die Reformation; Gutenberg hat Luther möglich gemacht.

Luthers größte schriftstellerische Leistung bleibt jedoch die Übertragung der Bibel ins Deutsche. Es lagen zwar bereits achtzehn Übersetzungen vor; sie beruhten alle auf der Vulgata des Hieronymus, waren mit Irrtümern gespickt und sprachlich schwerfällig. Die Schwierigkeiten einer Übersetzung nach den Originaltexten waren enorm;

es gab damals noch keine hebräisch- und griechisch-deutschen Wörterbücher; jede Textseite rief hundert Interpretationsprobleme hervor, und die deutsche Sprache war noch roh und erst halb geformt. Für die Übersetzung des Neuen Testamentes bediente sich Luther der von Erasmus 1516 veröffentlichten Bibelausgabe, die den griechischen Urtext nebst einer von Erasmus angefertigten neuen lateinischen Übertragung enthielt. 1521 war dieser Teil der Aufgabe beendet; der Druck erfolgte 1522. Nach weiteren zwölf arbeitsreichen Jahren brachte Luther inmitten beständiger theologischer Fehden mit Hilfe Melanchthons und einiger gelehrter Juden eine deutsche Übertragung auch des Alten Testamentes heraus. Trotz Ermangelung gründlicher wissenschaftlicher Kenntnisse waren diese Übersetzungen epochale Ereignisse. Sie bildeten das Fundament der deutschen Literatur und prägten das Sächsische zur «neuhochdeutschen» Schriftsprache für ganz Deutschland. Bewußt literarische Vorbilder vermeidend und sich auf den Volksmund stützend, hat Luther seine Methode mit seiner gewohnten Anschaulichkeit selbst erklärt: «Man muß nicht die Buchstaben in der lateinischen Sprache fragen, wie man soll Teutsch reden, wie die Esel tun; sondern man muß die Mutter im Hause, die Kinder auf den Gassen, den gemeinen Mann auf dem Markte darum fragen und denselbigen auf das Maul sehen, wie sie reden, und darnach dollmetschen, so verstehen sie es dann und merken, daß man Teutsch zu ihnen redet.»[44] So gewann Luthers Bibelübertragung in Deutschland ein Prestige und eine Wirkung, wie sie ein Jahrhundert später der Bibelversion König Jakobs in England beschieden war; ihr Einfluß auf die Entwicklung der deutschen Sprache war ebenso endlos wie wohltätig, und sie ist bis heute das größte Prosawerk der deutschen Literatur geblieben. Noch zu Lebzeiten Luthers wurden in Wittenberg hunderttausend Exemplare seines Neuen Testamentes gedruckt; an anderen Orten erschien ein gutes Dutzend nicht autorisierter Ausgaben; und obwohl Brandenburg, Bayern und Österreich die Verbreitung obrigkeitlich verboten, wurde sie das meistgekaufte Buch Deutschlands und ist es geblieben. Die Bibelübertragungen förderten teils ursächlich, teils mitwirkend die Verdrängung des Lateins durch die Landessprachen und nationalen Literaturen, ein Prozeß, der mit der nationalen Bewegung Hand in Hand ging und räumlich mit der Niederlage der Universalkirche in allen Ländern korrespondierte, wo sich Latein nie eingebürgert und in ein selbständiges Idiom verwandelt hatte.

Angesichts seiner langen Arbeit an der Heiligen Schrift und seiner kritiklosen Übernahme der mittelalterlichen Überzeugung, daß es sich bei ihr um eine unmittelbare göttliche Offenbarung handle, machte er sie zur einzig rechtmäßigen Quelle und Norm seiner religiösen Überzeugung. Einen Teil des Rituals wie die Kindertaufe und den Sonntagssabbat übernahm er zwar, obwohl sich diese nicht auf biblische Überlieferungen gründeten, dagegen bestritt er der Kirche das Recht, dem christlichen Glauben Elemente hinzuzufügen, die sich nicht aus der Bibel, sondern aus ihrer eigenen Autorität und Satzung ableiteten, wie das Fegefeuer, den Ablaß, die Verehrung Marias und der Heiligen. Vallas Enthüllung der «Konstantinischen Schenkung» (des angeblichen Vermächtnisses des Abendlandes an die Päpste) als einer der größten Geschichtsfälschungen hatte das Vertrauen von Tausenden von Christen in die Zuverlässigkeit der kirchlichen Traditionen und die unbedingte Gültigkeit der kirchlichen Satzungen erschüttert; und 1537 übertrug Luther Vallas Traktat persönlich ins Deutsche. Die Tradition war etwas Menschliches und konnte irren, die Bibel hingegen galt beinahe allen Europäern als das unfehlbare Wort Gottes.

Auch die Vernunft erschien im Vergleich zum Glauben an die göttlichen Verheißungen als unzulängliches Hilfsmittel. «Und was ists doch, daß wir arme elende Menschen grůbeln, so wir noch nicht die Strahlen göttlicher Verheißungen mit dem Glauben fassen oder ein Fůnklin von Gottes Geboten und Werken begreifen konnen, welche beide er doch selbes mit Worten und Wunderwerken bestatiget hat? ... Wir ... sehen mit blinden Augen, wie ein Maulworf, an die Majestät des Lichts.»[45] Man könne nicht, meinte Luther, auf beides hören: das Wort Gottes und die Stimme der Vernunft, sondern müsse sich für das eine oder andere entscheiden. Alle Glaubenssätze, die Gott uns in seinem Wort enthüllt habe, seien im Angesicht der Vernunft reine Torheit. Was könnte unmöglicher sein, als daß Christus uns im Abendmahl seinen Leib und sein Blut zu essen gebe? oder daß die Toten am Jüngsten Tag auferständen? oder daß Christus, der Sohn Gottes, von der Jungfrau Maria empfangen, aus ihrem Schoß geboren, Mensch geworden und einen schimpflichen Kreuzestod gestorben sei? Die Vernunft sei der größte Feind des Glaubens. Sie sei des Teufels größte Hure, die man mit Füßen treten und mit all ihrer Weisheit zerstören müsse. Den Scholastikern warf Luther vor, der Vernunft zu viele Konzessionen zu machen; es gehe nicht an, die christlichen Glaubenssätze rational zu beweisen und die Bücher dieses «verdammten, hochmütigen, schalkhaftigen Heiden» Aristoteles als Lehrbücher für die christliche Jugend zu verwenden.

Nichtsdestoweniger kam Luther dem Verstand in zwei Punkten entgegen: Er erhob die Predigt an der Stelle des Zeremoniells zum wesentlichen Teil des Gottesdienstes und proklamierte anfänglich das Recht zur individuellen Bibelauslegung. Zur Beurteilung der Echtheit der biblischen Schriften schuf er sich sein eigenes Kriterium: Inwieweit, fragte er, stimmen sie mit der Lehre Christi überein? «Was Christus nicht lehrt, das ist noch nicht apostolisch, wenn's gleich St. Peter oder Paulus lehrete. Wiederumb, was Christum prediget, das wäre apostolisch, wenn's gleich Judas, Hannas, Pilatus und Herodes tät.»[46] Er lehnte den Jakobusbrief ab und nannte ihn «ein strohern Epistel», weil er ihn nicht mit der Paulinischen Doktrin von der Rechtfertigung aus dem Glauben in Übereinstimmung bringen konnte; er zweifelte den Hebräerbrief an, weil dieser die Reue nach der Taufe für wertlos auszugeben schien (womit er den Wiedertäufern recht gab); und die Offenbarung Johannis beurteilte er anfänglich als ein unverständliches Gemisch von Verheißungen und Drohungen, als «weder apostolisch noch prophetisch». «Das Dritte Buch Esra werfe ich in die Elbe.»[47] Obwohl auch sie auf sündiger Verstandestätigkeit beruhten, wurden die meisten seiner Urteile über die Echtheit der Schrift von späteren Bibelkritikern als intelligent und richtig übernommen. Von den Reden der Propheten sagte er, sie seien alle nicht unmittelbar schriftlich aufgenommen worden; Anhänger und Zuhörer hätten sie später gesammelt, und deshalb stammten die Sprüche Salomos nicht von Salomo. Demgegenüber behaupteten katholische Gegner, seine Kriterien für die Echtheit und göttliche Inspiration seien subjektiv und willkürlich; und sie sagten voraus, daß andere Kritiker, seinem Beispiel folgend, nach ihrem eigenen Empfinden und Ermessen andere Bücher der Heiligen Schrift verwerfen würden, bis die Bibel als religiöse Grundlage völlig ausgeschaltet wäre.

Abgesehen von den genannten Ausnahmen bekannte sich Luther zur Bibel als der absoluten und buchstäblichen Wahrheit. Er gab zu, daß er die Episode von Jonas und dem Wal als eine Fabel belachen würde, stünde sie nicht in der Heiligen Schrift; das gleiche gelte für den Garten Eden und die Schlange, für Josua und die Sonne; aber, so argumentierte er, wenn wir einmal die Bibel als göttliche Offenbarung angenommen haben, müssen wir diese Geschichten wie alles andere als ein in jedem Sinne tatsächliches Geschehen betrachten. Die Versuche des Erasmus und anderer, die Bibel und den Verstand mittels allegorischer Interpretationen zu harmonisieren, lehnte er als eine Form des Atheismus ab. Nachdem er seinen Seelenfrieden nicht auf dem Weg der Philosophie, sondern durch den Glauben an Christus, wie ihn die Evangelien enthalten, gefunden hatte, klammerte er sich an die Bibel als die letzte Zuflucht der Seele. Im Gegensatz zu den Humanisten und ihrem Kult der heidnischen Klassiker pries er die Bibel als eine Gabe und einen Trost des Himmels und nicht nur als ein bloßes Produkt des menschlichen Intellekts. Die Bibel «lehret vom Glauben, Hoffnung und Liebe viel anders, denn die Vernunft sehen, fuͤhlen, begreifen und erfahren kann, und wenns ubel gehet, so lehret sie, wie diese Tuͤgende herfuͤr leuchten sollen, und lehret, daß ein ander und ewiges Leben uber dies arme elende Leben sei»[48]. Darüber befragt, worin er denn den Beweis für die göttliche Inspiration der Bibel sehe, erwiderte er schlicht, in ihren eigenen Lehren: denn nur mit göttlicher Inspiration hätten jene Männer einen solch innigen und tröstlichen Glauben schaffen können.

## VIII. LUTHERS THEOLOGIE

Obschon Luther seine Theologie mit vertrauensvoller Buchstäblichkeit auf der Schrift aufbaute, beruhte seine Interpretation unbewußt auf spätmittelalterlichen Traditionen. Als Nationalist war er ein Mensch der Moderne, aber seine Theologie gehörte dem Zeitalter des Glaubens an. Seine Rebellion galt weit mehr den katholischen Einrichtungen und dem Ritual als den katholischen Lehrsätzen, an deren größtem Teil er bis zu seinem Ende festhielt, und bewegte sich weit mehr in den Bahnen Wiclifs und Hus' als nach einem eigenen Programm: Wie bei den Genannten galt seine Revolte der Verwerfung des Papsttums, der Hierarchie, der Konzile und aller sonstigen Glaubensautoritäten außerhalb der Bibel; wie Wiclif und Hus bezeichnete er den Papst als den Antichrist, und wie sie fand er Schutz bei der weltlichen Macht. Die Linie von Wiclif über Hus zu Luther bildet das Leitmotiv der religiösen Entwicklung zwischen dem vierzehnten und sechzehnten Jahrhundert. Theologisch fußte diese Entwicklung auf Augustins Prädestinations- und Gnadentheorie, die ihrerseits in den Episteln des Paulus wurzelte, der Christus nie gekannt hat. Mit der zunehmenden Ausformung des Protestantismus fielen beinahe alle heidnischen Elemente des Christentums weg; die jüdischen Beiträge triumphierten über die griechischen; die Propheten siegten gegen den Aristoteles der Scholastiker und den Platon der Humanisten; Paulus – weit mehr den Propheten zugehörig als den Aposteln – verwandelte Jesus in eine Sühne für Adam; das Alte Testament überschattete das Neue; Jahwe verdunkelte das Antlitz Christi.

Luthers Gottesbild war alttestamentlich. Er konnte zwar sehr beredt von des Herrn Barmherzigkeit und Gnade sprechen, aber tiefer gegründet lebte in ihm das alte Bild von Gott als dem Rächer und Christus als dem Herrn des Jüngsten Gerichts. Widerspruchslos – wenigstens soweit uns bekannt ist – glaubte er daran, daß Gott fast die gesamte Menschheit in der Sintflut ertränkt, Sodom durch einen feurigen Regen zerstört und ganze Länder, Völker und Reiche mit dem Atem seines Zorns und einer Bewegung seiner Hand vernichtet habe. Seiner Annahme nach würden «wenig selig und so unzählig viel verdammet» werden[49]. Der tröstende Mythos einer fürbittenden Maria wurde aus seiner Theologie verbannt, und übrig blieb nur das Jüngste Gericht mit allen seinen Schrecken für den von Natur sündhaften Menschen. Bis es so weit wäre, hatte Gott reißende Tiere, Schlangengezücht und schlechte Weibsbilder dazu bestimmt, die Menschen für ihre Sünden zu bestrafen. Gelegentlich erinnerte Luther sich zwar daran, daß sich unser Wissen von Gott auf die Erkenntnis beschränkt, daß eine kosmische Intelligenz existiert. Als ein neugieriger junger Theologe ihn einmal fragte, wo Gott vor der Erschaffung der Welt gewesen sei, antwortete er ihm mit seiner üblichen Grobheit: «Er hat den müßigen fürwitzigen Flattergeistern die Hölle gebauet.»[50]

Himmel und Hölle waren für ihn eine Tatsache, und er glaubte an ein baldiges Weltende. Den Himmel schilderte er als eine Stätte voller Freuden, wo es sogar Schoßhunde «mit goldenem Fell, leuchtend wie kostbare Edelsteine» gebe – eine liebenswürdige Konzession an seine Kinder, die die Verdammnis ihrer Spielgefährten aus dem Tierreich beklagten. Mit ebenso tiefer Überzeugung wie der heilige Thomas beschrieb er die Engel als körperlose, wohltätige Geister, und bei manchen Gelegenheiten stellte er den Menschen als Gegenstand endloser Streitigkeiten zwischen guten und bösen Engeln dar, aus deren verschiedenartiger Veranlagung und Einwirkung das menschliche Schicksal erwachse – ein Anklang an Zarathustras Lehre. Der mittelalterlichen Vorstellung, daß sich Teufel auf der Erde herumtreiben, den Menschen in Versuchung führen, ihn ins Unglück stürzen und ihm den Weg zur Hölle pflastern, schloß er sich bedenkenlos an. «Preußen hat viel böser Geister, deßgleichen sind in Pilappen [Lappland] viel Teufel und Zäuberer. In der Schweiz, nicht weit von Lucern, auf einem sehr hochen Berge ist ein See, der heißt Pilatus Teich, da hat der Teufel ein wüst und gräulich Wesen inne ... Es sind Wohnungen der Teufel, da sie gefangen liegen.»[51] Zum Teil mögen diese hilfreichen übernatürlichen Wesen rein pädagogische Erfindungen gewesen sein, andererseits beschrieb er seinen Umgang mit Teufeln mit solcher Bestimmtheit, daß er fest daran geglaubt haben muß. «Ich kenne den Satan sehr gut», sagte er und wiederholte ausführlich, was sie miteinander gesprochen hatten. Manchmal bannte er ihn, indem er ihm auf seiner Flöte etwas vorspielte, dann wieder verscheuchte er den armen Kerl mit unflätigen Beschimpfungen. Wenn in kalten

Nächten Möbel und Wände geheimnisvoll krachten und seinen Schlaf störten, schloß er ohne weiteres auf die Anwesenheit des Teufels und schlief getrost weiter. Hagel, Donner, Krieg, Seuchen und ähnliche Übel führte er allesamt auf das Wirken Satans zurück, so wie ihm alle wohltätigen Geschehnisse von der göttlichen Vorsehung herbeigeführt schienen. Von dem, was wir Naturgesetz nennen, besaß er kaum eine Vorstellung; die Existenz von Poltergeistern, die im Volksglauben eine Rolle spielten, hielt er für buchstäblich wahr, und Schlangen und Affen waren für ihn Lieblingsinkarnationen des Teufels. Daß Satan als dämonischer Beischläfer Frauen zu schwängern vermöge, erschien ihm so plausibel, daß er in einem solchen Fall einmal die Ertränkung des Kindes empfahl. Selbstverständlich betrachtete er auch Magie und Hexenkünste als Realitäten und die Verbrennung von Hexen auf dem Scheiterhaufen als klare Christenpflicht. Fast alle seine Zeitgenossen, Katholiken wie Protestanten, waren diesen Vorstellungen mehr oder weniger verfallen, hielt doch im sechzehnten Jahrhundert der Glaube an die Macht und Allgegenwart der Teufel die Gemüter stärker denn je in Bann und spielte ein teuflisches Spiel mit der protestantischen Theologie.

Die Überzeugung, daß der Mensch von Natur aus schlecht und anfällig für die Sünde sei*, wirkte als ein weiterer Faktor verdunkelnd auf Luthers Philosophie. Durch ihren Ungehorsam haben Adam und Eva Gottes Antlitz aus ihrem Herzen gerissen, und nur die natürlichen Instinkte sind übriggeblieben, oder, wie Luther sagt: «Nu aber keyn mensch von natur Christen odder frum ist, sondern allzumal sunder und boͤse sind ... Syntemal alle wellt boͤse und unter tausend kaum eyn recht Christ ist.»[52] Sogar gute Menschen werden öfter schlecht handeln als gut, weil niemand seiner Natur entkommen kann. Das Pauluswort «Es gibt keine Gerechten, nicht einen» wandelt sich bei Luther zum Ausspruch, daß wir «kinder des zorns seind und all unßer werck, synn und gedancken sonderlich nichts» ist[53]. Was unsere guten Werke anbelangt, verdienen wir alle die Verdammnis. Unter «guten Werken» verstand Luther insbesondere jene Formen der rituellen Frömmigkeit, die die Kirche empfahl: Fasten, Wallfahrten, Schenkungen an die Kirche; doch schloß er auch alle sonstigen Werke, welcher Art sie auch seien, ein. Er erhob keine Einwendung gegen Mildtätigkeit und die Notwendigkeit eines ordentlichen Lebens, aber die ewige Seligkeit war nach seinem Empfinden auch durch ein mit solchen Tugenden gesegnetes Leben nicht zu erwerben. «Evangelium ist eine gute Botschaft, die eitel gute neue Maͤhre bringet, daß Gottes Sohn sei Mensch worden und fuͤr uns gestorben und wieder auferstanden ist von den Todten ..., ist keine Predigt von unsern Werken**. Daruͤm wer da saget, daß das Evangelium Werk fordert zur Seligkeit noͤthig, der ist ein Luͤgener.»[54] Der beste Mensch begeht Sünden, von denen eine jede eine Beleidigung des allmächtigen Gottes darstellt und die kein Berg von guten Werken aufwiegen kann. Nur das Sühneopfer Christi – Passion und Tod des Gottessohnes – vermag die Sündigkeit des Menschen auszulöschen, und nur der Glaube an diese göttliche Vergebung vermag uns vor der Hölle zu retten.

* Wir würden heute sagen, der Mensch werde mit Instinkten geboren, die seinem vorgeschichtlichen Jägerdasein angemessen sind, aber in einem zivilisierten Dasein ständiger Zügelung bedürfen.

** Vgl. dazu die Seligpreisungen, Matthäus 3, 3–11.

Wie Paulus zu den Römern sagte: «Denn so du mit deinem Munde bekennest Jesum, daß er der Herr sei, und glaubest in deinem Herzen, daß ihn Gott von den Toten auferwecket hat, so wirst du selig.»[55] Es ist dieser Glaube, der den Menschen rechtfertigt, ihn trotz seiner Sünden gerecht macht und ihm das Heil erschließt. Jesus selbst sagte: «Wer das glaubet, und getauft wird, der wird selig werden; wer aber nicht glaubet, der wird verdammt werden.»[56] Daraus schloß Luther: «Drumb solt das billich aller Christen eynigs werck und ůbung seyn, das sie das wort und Christum wol ynn sich bildeten, solchen glauben stetig ubeten und sterckten. Denn keyn ander werck mag eynen Christen machen.»[57] Und ferner, wie er an anderer Stelle zum Kummer einiger Theologen und zum Trost für viele Sünder sagt:

> «Dies ist unser größter Trost, Christus all meine, deine und aller Welt Sünden anzuziehen und sie auf ihn zu wälzen und zu sehen wie er all unsere Sünden trägt ... Wenn du siehst, daß deine Sünden an ihm hängen, wirst du sicher sein vor Sünde, Tod und Hölle ... Der christliche Glaube ist nichts anderes als das stete sich Vergegenwärtigen, daß du ohne Sünde bist, wiewohl du gesündigt hast, sondern daß deine Sünden von Christus getragen werden ... Ist das nicht eine gute Botschaft, wenn einer voll Sünden und schwer damit beladen ist, und das Evangelium kommt und sagt: Traue nur und glaube, deine Sünden sind dir vergeben?»[58]

Vielleicht sollten damit überempfindliche Gemüter, die sich ihre Sünden allzusehr zu Herzen nahmen, getröstet und gestärkt werden; Luther erinnerte sich nur zu gut, wie sehr er selbst die Unverzeihlichkeit seiner Sünden übertrieben hatte. Freilich besaß diese Versicherung für manche den Beigeschmack von Tetzels angeblichem Ausspruch: «Sobald das Geld im Kasten klingt, die Seele aus dem Fegfeuer springt»; denn jetzt sollte der Glauben alle die Wunder wirken, die man zuvor von Beichte, Sündenvergebung, Geldspenden und Ablässen erwartet hatte. Noch größeres Aufsehen erregte ein Passus, worin der herzhafte Luther sogar für die Sünde ein gutes Wort einlegte. Wenn Satan uns beharrlich in Versuchung führe, sagte er, so dürfte es vielleicht sogar klug sein, ihm einige Zugeständnisse zu machen. Man solle ungescheut fröhliche Gesellschaft aufsuchen, trinken, spielen, lockere Reden führen und sich belustigen. Man müsse manchmal eine oder zwei Sünden begehen aus bloßer Verachtung des Teufels und um ihm die Möglichkeit zu nehmen, einen wegen bloßer Nichtigkeiten kopfscheu zu machen; wenn einer allzu große Angst vor dem Sündigen habe, sei er verloren.

Solche herzhaften Worte mußten Fehlinterpretationen herausfordern. Einige Anhänger Luthers glaubten daraus sogar Nachsicht für Unzucht, Ehebruch und Mord herauszulesen, und ein lutherischer Professor sah sich gezwungen, die lutherischen Prediger zu ermahnen, sowenig wie möglich über die Rechtfertigung aus dem Glauben allein zu sprechen. Luther verstand aber in Wirklichkeit den Glauben nicht nur als eine verstandesmäßige Bejahung Christi, sondern als lebendige und tätige Unterstellung unter sein Wort, wodurch, wie er glaubte, der Mensch dank der durch Christi Opfertod erwirkten göttlichen Gnade so wesenhaft gut werde, daß ihm eine gelegentliche Versündigung des Fleisches keinen dauernden Schaden zufügen könne; dank diesem Glauben werde der Sünder schnell auf den richtigen Weg zurückgeführt werden. Die guten Werke bejahte er unbedingt; was er bestritt, das war ihre seligmachende

Kraft. «Gutte frum werck machen nymmer mer ein guten frumen man, sondern eyn gutt frum man macht gutte frum werck.»[59] Was aber macht den Menschen gut? Der Glaube an Gott den Vater und Gott den Sohn.

Wie aber kommt der Mensch zu solch seligmachendem Glauben? Nicht durch Verdienst, sondern durch die göttliche Gnade, die Gott ohne Ansehen der Verdienste seinen zum Heil Erkorenen gewährt. Wie der Apostel Paulus in Erinnerung an das Schicksal des Pharao sagte: «So erbarmt er sich nun, welches er will, und verstockt, welchen er will.»[60] Die Auserwählten sind durch göttliche Prädestination zum ewigen Heil ausersehen, die übrigen sind ohne Gnade und zur ewigen Hölle verdammt.

«Dies ist die oberste Stufe des Glaubens, zu glauben, daß jener mildtätig sei, welcher so wenige zum Heil führt, so viele aber verdammt, zu glauben, daß jener gerecht sei, welcher aus eigenem Antrieb uns mit Notwendigkeit zu Verdammenswürdigen macht, wie es scheint, um sich zu ergötzen an der Qual der Elenden, des Hasses mächtiger als würdig der Liebe. Wenn ich daher irgendeinen vernünftigen Grund ersehen kann, wie dieser Gott barmherzig und gerecht sein kann, da er doch so großen Zorn und Ungerechtigkeit an den Tag legt, dürfte der Glaube jedenfalls nicht vonnöten sein.»[61]

So griff Luther in seiner mittelalterlichen Reaktion gegen eine heidnische Renaissancekirche nicht nur auf Augustin, sondern sogar auf Tertullian zurück: *Credo quia incredibile;* ihm schien es verdienstlich, an die Prädestination zu glauben, gerade weil sie für den Verstand unglaubhaft ist. Dennoch glaubte er sich von unerbittlicher Logik zu solcher Unglaubwürdigkeit getrieben. Der Theologe, der so beredt die «Freiheit eines Christenmenschen» verkündigt hatte (1525), argumentierte in dem späteren Traktat *De servo arbitrio*, daß Gott, falls er allmächtig ist, alles voraussieht und daß alles so geschehen muß, wie er es vorausgesehen hat; daß daher alles Geschehen von seinem Willen vorausbestimmt worden ist und sich schicksalsmäßig ereignen muß. Wie Spinoza verkündete auch Luther: «Der Mensch ist unfrei gleich einem Klotz, einem Stein, einem Lehmkloß oder einer Salzsäule.» Noch absonderlicher ist, daß diese gleiche göttliche Vorsehung die Engel, ja Gott selbst der Freiheit beraubt; auch er muß handeln, wie er es vorgesehen hat; seine Vorsehung ist sein Schicksal. Einige nicht ganz zurechnungsfähige Charaktere interpretierten diese Doktrin *ad libitum:* Ein junger Mensch schlug seinem Bruder den Kopf ab und machte Gott für die Tat verantwortlich, dessen hilfloses Werkzeug er sei; ein anderer trieb die Logik so weit, daß er seine Frau zu Tode trampelte und ausrief: «Jetzt ist des Vaters Will' erstattet und vollbracht.»

Die meisten dieser Schlußfolgerungen waren beunruhigenderweise bereits in der frühmittelalterlichen Theologie enthalten und wurden jetzt von Luther mit unwiderleglicher Folgerichtigkeit aus Paulus und Augustin abgeleitet. Wenn er nur die Renaissancekirche widerlegen konnte, schien Luther ohne weiteres willig, auf die Theologie des Frühmittelalters zurückzugreifen; die Lehre von der vorausbestimmten Verdammung einer unabsehbaren Zahl von Menschen schien ihm erträglicher als die Autorität zehntenfordernder, sittenloser Päpste. Die Definition der Kirche als einer hierarchischen Institution lehnte er ab; für ihn war die Kirche die Gemeinschaft aller jener, die an die Göttlichkeit Christi und seine seligmachende Passion glauben. Dennoch klingt es wie ein Echo der päpstlichen Doktrin, wenn er sagt: «Daraus folget gewißlich, daß Alle, so durch ein ander Mittel denn durch Christum sich unterstehen und bemuhen zu Gott zu kommen (als Juden, Heiden, Turken, Papisten, falsche Heiligen, Ketzer etc.) in graulicher Finsterniß und Irrtum wandeln.»[62] So finden wir hier, neugeboren zu Wittenberg, die von Bonifaz VIII. und vom Konzil zu Rom (1302) aufgestellte Doktrin *Extra ecclesiam nulla salus* – «Es gibt kein Heil außerhalb der Kirche».

Den revolutionärsten Punkt der Lutherischen Lehre bildete die Entthronung des Priesters. Sie billigte den Geistlichen nur als den von der Gemeinde angestellten Betreuer ihrer seelischen Bedürfnisse, nicht aber als den unerläßlichen Verwalter der Sakramente oder als priviligierten Mittler zwischen Gott und Mensch. Pfarrer, die heirateten und Kinder aufzogen, mußten die Aura der Heiligkeit verlieren, die ihrem Stand eine so ehrfurchtgebietende Macht verliehen hatte; sie würden «Erste unter Gleichen» sein; aber notfalls konnte jeder ihre Funktionen übernehmen, sogar den Reumütigen von Sünde lossprechen. Die selbstsüchtige und oftmals müßiggängerische Absonderung der Mönche sei zwecklos; sie sollten heiraten und arbeiten wie alle; der Mann hinter dem Pflug und die Frau in der Küche dienten dem Herrgott mehr als ein Mönch, der stumpfsinnig unverständliche Gebete murmle. Im Gebet solle sich die Seele unmittelbar an Gott wenden und nicht halblegendäre Heilige um Fürbitte anflehen. Für Luther bildete die Heiligenverehrung nicht einen wohltuenden Verkehr einsamer Seelen mit heiligen Abgeschiedenen, ihm erschien sie als ein Rückfall in eine primitive Vielgötterei.

Die Rolle der Sakramente, das heißt ihre heilbringende Wirkung kraft priesterlichen Zeremoniells, hat Luther entscheidend beschnitten. Sie lösen keine wunderwirkenden Kräfte aus, und ihre Wirksamkeit beruht nicht auf Formen und Formeln, sondern auf dem Glauben dessen, der sie empfängt. Nirgends in der Heiligen Schrift ist den Riten der Firmung, der Eheschließung, der bischöflichen Priesterweihe und der letzten Ölung eine besondere Gnadenwirkung zugeschrieben; das neue Bekenntnis konnte daher darauf verzichten. Anders verhielt es sich mit der Taufe, denn ihre Wirksamkeit ist durch das Beispiel Johannes des Täufers beglaubigt, und auch die Ohrenbeichte kann, obschon ihre biblische Grundlage nicht zweifelsfrei erwiesen ist, beibehalten werden*. Das wichtigste aller Sakramente ist das Abendmahl. Die Vorstellung, daß der Priester durch die Beschwörung seines Wortes das Brot in Christi Leib verwandelt, hielt Luther freilich für unsinnig und gotteslästerlich; aber – so argumentierte er – Christus kommt aus seinem eigenen freien Willen vom Himmel herunter, um neben dem Brot und dem Wein leibhaftig im Sakrament zugegen zu sein. Das Abendmahl ist keine priesterliche Magie, sondern ein immer wiederkehrendes göttliches Wunder.

Luthers Lehren von den Sakramenten, die Ersetzung der Messe durch Predigt und Abendmahl und die Lehre der Seligmachung durch den Glauben statt durch gute Werke untergruben in Norddeutschland das Ansehen des Klerus. Die Absage an das kanonische Recht und der Verzicht auf die geistliche Gerichtsbarkeit förderten diesen Prozeß

* Die lutherische Praxis hat die Ohrenbeichte weitgehend durch ein kollektives Sündenbekenntnis mit nachfolgender Generalabsolution ersetzt.

weiter. Im lutherischen Europa setzte sich die weltliche Macht als einzige legitime Autorität und die weltliche Gerichtsbarkeit als einzige Form der Rechtsprechung durch. Die weltliche Obrigkeit ernannte die kirchlichen Funktionäre und säkularisierte das Kirchengut, die kirchlichen Schulen und die klösterliche Wohltätigkeit. Theoretisch blieben Staat und Kirche voneinander unabhängig; praktisch beherrschte der Staat die Kirche. Die lutherische Bewegung, die alle Aspekte des Lebens der Religion unterzuordnen glaubte, hat unwissentlich und ungewollt jene alles durchdringende Säkularisation gefördert, die zum Leitmotiv unserer Zeit geworden ist.

## IX. DER REVOLUTIONÄR

Als einige Bischöfe versuchten, Luther und seine Anhänger mundtot zu machen, antwortete er mit einem so zornigen Ausbruch, als läute er die Sturmglocke der Revolution. In einer Streitschrift *Wider den falsch genannten geistlichen Stand des Papsts und der Bischöfe* brandmarkte er die Kirchenfürsten als die «größten Wölfe» von allen und rief alle guten Deutschen auf, sie mit Gewalt zu vertreiben:

«Es were besser, das alle Bischoff ermordet, alle stifft unnd kloͤster außgewurtzelt wuͤrden denn das eyne seele verterben solt, schweyg denn das alle seelen solten verloren werden umb der unnuͤtzen potzen unnd goͤtzen willen. Wo tzu sind sie nuͤtz, denn das sie ynn wollust leben von der andernn schweyß unnd erbeytt unnd hyndernn das wortt gottis?... Wenn sie gottis wort auffnehmen unnd suchten der seelen leben, ßo were gott da bey ... Wenn sie aber nit hoͤren wollen gottis wort ßondernn wuͤten unnd toben mit bannen, brennen, morden unnd allem ubel, Was begegnet yhn billicher denn eyn starcker auffruhr, der sie von der wellt auß rotte? Und des were nur tzu lachen, wo es geschech ... Alle die da tzu thun, leyb, gutt und ehre dran setzen, das die Bistum verstoͤret und der Bischoff regiment vertilget werde, das sind liebe gottis kinder und rechte Christen ...»[63]

Dem Staat stand er um diese Zeit beinahe ebenso kritisch gegenüber wie der Kirche. Daß einige dem alten Glauben anhangende Herrscher in ihrem Machtbereich den Verkauf und Besitz seines Neuen Testamentes verboten, traf ihn hart; im Herbst 1522 reagierte er mit dem Traktat *Von weltlicher Obrigkeit: Wie weit ihr gehorcht werden muß*. Der Anfang klang milde, stützte er sich doch auf Paulus' Lehre von der göttlichen Einsetzung der Staaten und der Pflicht des Untertanen, der Obrigkeit zu gehorchen – ein offenbarer Widerspruch zu seiner eigenen Lehre von der absoluten Freiheit des Christenmenschen. Luther half sich damit, daß wahre Christen zwar keine Satzungen brauchten und einander weder Satzungen noch Gewalt aufzwängen, jedoch als gute Vorbilder für die vielen, die keine wahren Christen seien, gehorchen müßten, denn ohne Recht und Gesetz würde die sündige Natur des Menschen die öffentliche Ordnung in Stücke reißen. Doch endet die Gewalt des Staates, wo das Reich der Seele beginnt. Wer sind denn diese Fürsten, die vorschreiben wollen, was das Volk lesen und glauben soll?

«Und solt wissen, das von anbegynn der wellt gar eyn seltzam vogel ist umb eyn kluͤgen fursten, noch viel seltzamer umb ein frumen fursten. Sie sind gemeyniglich die groͤsten narren odder die ergisten buben auff erden, darumb man sich alltzeytt bey yhn des ergisten versehen und wenig gůts von yhn gewartten muß sonderlich ynn gotlichen sachen, die der seelen heyl belangen. Denn es sind Gottis stockmeyster und hencker, und seyn gotlicher zorn gebraucht yhr, zů straffen die bőßen und eußerlichen fride zů hallten. Ich wollt aber den verblendten leutten gar trewlich radten, das sie sich fursehen fur eynem kleynkleynen sprůchlin, der ym ·106· psalm steht: Effundit contemptum super principes. Ich schwere euch bey Gott, werdet yhrs versehen, das diß kleyne sprůchlein uber euch ynn den schwanck kompt, ßo seytt yhr verloren, wenn auch ewer iglicher ßo mechtig als der Tůrck were, und wirtt euch ewer schnauben unnd toben nichts helffen. Es ist schon eyn groß teyl angangen. Denn gar wenig fursten sind, die man nicht fur narren odder buben hellt. Das macht, sie beweißen sich auch also, und der gemeyn man wirtt verstendig, und ... geweltiglich da her gehet unter dem poffel und gemeynem man. Man wirt nicht, man kan nicht, man will nicht ewer tyranney und muttwillen die lenge leyden. Lieben fursten und herrn, da wisset euch nach zů richten, Gott wills nicht lenger haben. Es ist itzt nicht mehr, eyn wellt wie vortzeytten, da yhr die leut wie das willd jagetet und triebet.»[64]

Ein bayrischer Kanzler erblickte in diesen Auslassungen einen hochverräterischen Aufruf zur Revolution. Herzog Georg, der die Schrift als skandalös empfand, drängte Kurfürst Friedrich, die Verbreitung zu untersagen; doch gleichmütig wie gewohnt, unternahm dieser nichts. Was würden die Fürsten gesagt haben, hätten sie Luthers Brief an Wenzel Link (19. März 1522) gelesen? «Wir triumphieren über die päpstliche Tyrannei, die früher die Fürsten und Könige drückte, um wieviel mehr werden wir die Fürsten selbst besiegen und verachten.»[65] Oder wenn sie seine Definition der Kirche gesehen hätten? «Ich glaub, daß do sei auf Erden, so weit die Welt ist, nit mehr dann eine heilige, gemeine, christliche Kirche, wilche nicht anders ist, dann die Gemeine oder Sammlung der Heiligen ... Ich glaub, daß in dieser Gemeine oder Christenheit alle Ding gemeinsam seind, und eins iglichen Guter des andern eigen, und Niemand nichts eigen sei.»[66]

Das waren gelegentliche Ausbrüche, die man nicht allzu wörtlich nehmen durfte. Luther war seinem Wesen nach konservativ und politisch wie religiös wohl eher reaktionär, da er zu frühchristlichen Glaubenssätzen und Lebensformen zurückkehren wollte. Er selbst betrachtete sich als Erneuerer, nicht als Neuerer. Die Erhaltung und Weiterführung des bäuerlichen Lebens, wie er es in seiner Kindheit gekannt hatte, hätte ihm, von ein paar sozialen Verbesserungen abgesehen, durchaus genügt. Wie schon die Kirche, verurteilte auch er Darlehenszinsen, die, wie er in seiner derben Art sagte, vom Teufel erfunden worden seien. Den zunehmenden Güteraustausch mit dem Ausland beklagte er als einen «wüsten handel»; und Menschen, die billig kauften und teuer verkauften, verabscheute er. Die großen Handelsgesellschaften mit ihrer monopolistischen Preispolitik nannte er «offentliche diebe, reuber und wucherer», und «recht that hie welltliche oberkeyt, das sie solchen nemen alles, was sie hetten, und trieben sie zum lande aus»[67]. Über die Fugger heißt es in der Schrift *An den Christlichen Adel*: «Hie must man werlich auch den Fuckern und dergleychen geselschafften ein zawm yn maul legen.»[68] Seine zornmütige Abrechnung *Von Kaufshandlung und Wucher* (1524) endete mit den unheilvoll prophetischen Worten:

«Konige und Fůrsten sollten hie dreyn sehen und nach gestrengem recht solchs weren. Aber ich hőre, sie haben kopff und teyl dran, Und geht nach dem spruch Esaie .1. ‚Deyne Fůrsten sind der diebe gesellen worden'. Die weyl lassen sie diebe hengen, die eyn gulden odder halben gestolen haben, und hantieren mit denen, die alle wellt berauben, und stelen serer denn alle ander, Das ja das sprichwort war bleybe ‚Große diebe hengen die kleynen diebe‘, Und wie der Roͤmische Radherr Cato sprach ‚Schlechte diebe ligen ynn thormen und stocken, Aber offentliche diebe gehen ynn gold und seyden‘. Was wird aber zu letzt Gott dazu sagen. Er wird thun, wie er durch Ezechiel spricht, Fuͤrsten und Kauffleut, eynen dieb mit dem andern, ynneynander schmeltzen wie bley und ertz, gleich als wenn eyne stad aus brennet, das widder Fuͤrsten noch Kauffleut mehr seyen, alls ich besorge, das schon fur der thuͤr sey.»[69]

Und das war es.

ZWEITES KAPITEL

# *Die soziale Revolution*

[1522–1536]

## I. DIE STEIGENDE UNZUFRIEDENHEIT: 1522–1524

Ungeduldig hatten die notleidenden deutschen Ritter auf eine Gelegenheit gewartet, die weltlichen und geistlichen Fürsten, aber auch die Hochfinanz in die Schranken zu fordern. 1522 befand sich Karl V. im fernen Spanien; reiches Kirchenland lag leichtem Zugriff offen, und Sickingens ritterliche Bande stöhnte unter der Fessel der ihr aufgezwungenen Muße. Hutten drängte zur Tat, hatte doch Luther die deutsche Nation aufgefordert, die Ausbeuter von der Erde zu tilgen.

Bei einem Treffen in Landau verschworen sich mehrere Ritter zu gemeinsamem Handeln (13. August), worauf Sickingen zur Belagerung von Trier schritt. In die Stadt geschossene Aufrufe an die Bevölkerung, gegen den Fürsterzbischof aufzustehen, zeitigten keinen Erfolg. Dieser raffte Leute zusammen, spielte Feldherr und wehrte fünf Sturmangriffe ab. Sickingen hob die Belagerung auf und zog sich in seine Burg Landstuhl zurück. Von benachbarten Fürsten unterstützt, berannte der Erzbischof die Burg; Sickingen, bei der Verteidigung tödlich verwundet, kapitulierte am 6. Mai 1523 und starb am Tage darauf. Die Ritter unterwarfen sich den Fürsten, entließen ihr Kriegsvolk und klammerten sich an den ihre Haupteinnahme bildenden bäuerlichen Zehnten, den sie mit äußerster Strenge eintrieben.

In der Voraussicht dieses Debakels hatte sich Luther gerade noch rechtzeitig von der Revolte distanziert (19. Dezember 1522). Sie schadete ihm auch nicht; sein Stern stieg weiter. Erzherzog Ferdinand schrieb an seinen Bruder, den Kaiser (1522), Luther habe seine Sache im ganzen Reich so tief eingewurzelt, daß nicht einer unter tausend von ihr unberührt geblieben sei. Ordens- und Weltgeistliche strömten massenweise zum Traualtar. St. Lorenz und St. Sebaldus zu Nürnberg widerhallten vom «Wort Gottes» – dies war das Schlagwort der Reformatoren für ihr nur auf die Bibel gegründetes Glaubensbekenntnis. Ungehindert durchzogen die Prediger des Evangeliums Norddeutschland, eroberten alte Kanzeln, richteten neue auf, prangerten die Päpste und Bischöfe als «Diener Luzifers» an und stellten «die Schindereien der hohen weltlichen Herren als fürder ganz unerträglich» hin. Trotzdem schlossen sich solche Herren dem neuen Glauben an: Philipp von Hessen, Kasimir von Brandenburg, Ulrich von Württemberg, Ernst von Lüneberg, Johann von Sachsen. Und sogar des Kaisers Schwester Isabella wurde lutherisch.

Karls ehemaliger Lehrer, der mittlerweile als Hadrian VI. den päpstlichen Stuhl bestiegen hatte, übermittelte durch Francesco Chieregati dem Reichstag zu Nürnberg ein

Ansuchen um Luthers Festnahme, gab aber gleichzeitig die kirchlichen Mißbräuche freimütig zu:

«Wir wissen wohl, daß auch bei diesem Heiligen Stuhle schon seit manchem Jahre viel Verabscheuungswürdiges vorgekommen: Mißbräuche in geistlichen Sachen, Übertretungen der Gebote, ja daß alles sich zum Ärgeren verkehrt hat. So ist es nicht zu verwundern, daß die Krankheit sich vom Haupte auf die Glieder, von den Päpsten auf die Prälaten verpflanzt hat. Wir alle, Prälaten und Geistliche, sind vom Wege des Rechtes abgewichen, und es gab schon lange keinen einzigen, der Gutes getan ... Deshalb sollst du in unserem Namen versprechen, daß wir alle Fleiß anwenden wollen, damit zuerst der römische Hof, von welchem vielleicht alle diese Übel ihren Anfang genommen, gebessert werde; dann wird, wie von hier die Krankheit gekommen ist, auch von hier die Gesundung beginnen. Solches zu vollziehen, erachten wir uns um so mehr verpflichtet, weil die ganze Welt eine solche Reform begehrt.» [1]

Der Reichstag zeigte sich willens, den Kurfürsten die Zügelung Luthers nahezulegen, warf aber gleichzeitig die Frage nach der Berechtigung eines Prozesses gegen ihn auf, wo doch die Mißstände von der höchsten Instanz zugegeben worden seien. Und da das Eingeständnis des Papstes nicht genügend detailliert erschien, sandte ihm der Reichstag seine eigene Liste von hundert *gravamina* Deutschlands gegen die Kirche mit dem Vorschlag, diese Beschwerden von einem Nationalkonzil unter dem Vorsitz des Kaisers behandeln und beheben zu lassen.

Der Klage, daß sich die Monopolgesellschaften auf Kosten der Allgemeinheit bereicherten, schenkte der gleiche, vom Adel beherrschte Reichstag freundlich Gehör. Ein Ausschuß richtete ein Rundschreiben an die größeren Städte und bat sie, sich darüber zu äußern, ob Monopole schädlich und ob sie aufzuheben oder zu beschränken seien. Ulm bezeichnete sie in seiner Antwort als ein Übel und wollte Handelsfirmen auf Vater, Sohn und Schwiegersohn beschränkt sehen. Augsburg, die Fuggerstadt, antwortete hingegen mit einer klassischen Verteidigung des *big business*, des *laissez-faire* und der Witwen und Waisen:

«Man nem fur sich außer Teutsch lande ander nationen, welche reich sind, erstlich Venedig, das grost commun, so in der Christenhait oder solten wir sagen in der ganzen welt, ist reich von kaufmanschaft; ... wann je mer man handtiert, je nutzer und besser ist es den fursten, oberkaiten und ganzer gemain ... und den großen reichen und vermögenlichen kaufleuten volgt nach das gros gewerb ... je reicher, auch merer der kaufleut sind ... je hocher der gemain nutz gefurdert wirt; ... Solt nun ainem kaufmann, der mit seiner gesellschaft über ain bestumbte suma ain merers vermöcht ain maß gesetzt werden, wohin oder was wolt er mit dem andern uberigen thun. So ist nit möglich, das man ainem kaufmann ain maß setzen und geben könnde, so soll man auch ain kaufmann seins gelts, trauens, gelaubens und seiner schicklichait, die ainer mer dann ain anderer hat, billich genießen lassen. Es ist auch wol möglich und gut zu ermessen, das man dardurch die reichen kaufleut aus unser Teutschen in ander fremb nation vertreiben und zu ziehen verursachen möcht. Und ob etlich reden wurden, man solt kain gelt in die gesellschaft funf von hundert nemen noch geben etc., daentgegen ist aber zu bedenken und zu ermessen, das solchs ganz beschwerlich und unleidenlich wer. Dann was solten ander erber leute, was stands, die edel oder unedel weren, wittib, waisen und ander entgelten, das man sie auch verderben und inen ir narung nemen und entziehen wölt, die sich viel lieber von ligenden guttern oder zinsen, wa sie die nun bekomen möchten, gern nerten.» [2]

Der Reichstag begrenzte trotzdem durch ein Dekret das Kapital der Gesellschaften auf 50 000 Gulden und legte fest, daß die Gewinne alle zwei Jahre verteilt und öffentlich

Rechnung abgelegt werden müsse; der Umsatz wurde auf eine bestimmte Menge pro Ware und Vierteljahr beschränkt; behördliche Preisfestsetzungen wurden in Aussicht genommen und das Ausleihen von Geld gegen Wucherzinsen verboten. Die Kaufleute appellierten an Karl V., der aus Gründen, die bereits dargelegt wurden, ihre Partei nahm; und da viele städtische Magistratspersonen von den monopolistischen Handelsgesellschaften profitierten, wurde dieses Nürnberger Edikt rasch zu einem toten Papier.

Im Januar 1524 entsandte der neue Papst, Clemens VII., abermals einen Legaten, den Kardinal Lorenzo Campeggio, nach Deutschland, um Luthers Festnahme zu erwirken. Von Augsburg, wo er mit Pfuirufen empfangen wurde, begab sich der Nuntius zur Vermeidung feindseliger Kundgebungen inkognito nach Nürnberg, wo er sich der noch größeren Demütigung unterziehen mußte, das Abendmahl von einem lutherischen Pastor in beiderlei Form an 3000 Personen, darunter die Schwester des Kaisers, verabreicht zu sehen. Vor dem Reichstag erklärte er beschwörend, daß die religiöse Revolte, werde sie nicht rasch unterdrückt, in Bälde auf die weltliche Obrigkeit übergreifen und die öffentliche Ordnung gefährden werde; doch der Reichstag erwiderte, daß jeder Versuch, die Lutheraner gewaltsam zu unterdrücken, zu Aufruhr, Ungehorsam, Totschlag und einem allgemeinen Zusammenbruch führen würde. Die Beratungen waren noch im Gang, als die soziale Revolution zum Ausbruch kam.

## II. DER BAUERNKRIEG: 1524–1526

Die religiöse Revolte versah den Mann hinter dem Pflug mit glänzenden Schlagworten, um seinem Anspruch auf einen größeren Anteil an Deutschlands wachsenden Wohlstand Ausdruck zu geben. Die Notlage der Bauern, die schon in der Vergangenheit zu einem Dutzend Revolten Anlaß gegeben hatte, beschäftigte immer noch das bäuerliche Denken und steigerte es zur Fieberhitze in einer Zeit, da Luther der Kirche mit Erfolg getrotzt, den Fürsten ihre Schändlichkeit vorgehalten, die Dämme der Ehrfurcht und des Gehorsams niedergerissen, alle Menschen zu Priestern gemacht und die Freiheit des Christenmenschen proklamiert hatte. Im damaligen Deutschland waren Kirche und Staat so ineinander verwoben – denn auch die zivile Verwaltung lag größtenteils in den Händen von Kirchenmännern –, daß der Zusammenbruch des Ansehens und der Macht der Kirche das Hauptbollwerk gegen eine Revolution beseitigte. Die Waldenser, Begarden und Brüder vom Gemeinsamen Leben hatten an der alten Tradition festgehalten, radikale soziale Forderungen durch biblische Zitate zu begründen. Die Verbreitung des Neuen Testaments durch den Buchdruck wirkte sich nicht nur gegen die religiöse, sondern auch gegen die soziale Orthodoxie aus. Es deckte die Kompromisse auf, die die Weltgeistlichkeit mit der menschlichen Natur und den Wegen der Welt geschlossen hatte; man las von der apostolischen Gütergemeinschaft, vom Mitgefühl des Heilands für die Armen und Unterdrückten; in dieser Hinsicht war das Neue Testament für die damaligen Radikalen ein kommunistisches Manifest. Der Landmann wie der städtische Arbeiter fanden darin eine göttliche Bürgschaft für ein erträumtes Utopia, worin es kein Privateigentum mehr geben und die Armen die Erben der Erde sein würden.

1521 erschien in Deutschland eine Flugschrift unter dem Titel *Karsthans*, das heißt Hans mit der Hacke. Der Verfasser, der offenbar nicht nur eine Hacke, sondern auch die Feder zu führen verstand, sicherte Luther den Schutz der Bauern zu. In einer im gleichen Jahr erschienenen Fortsetzung rief er die Landleute zum Aufstand gegen die Pfaffen auf. Ein anderer Vorkämpfer, Johannes Eberlin, forderte 1521 das allgemeine Wahlrecht für Männer, die Unterordnung der Fürsten und ihrer Organe unter vom Volk gewählte Landtage, die Auflösung der kapitalistischen Handelsgesellschaften, Preisfestsetzung für Brot und Wein wie in früherer Zeit und die Unterrichtung aller Kinder in Latein, Griechisch, Hebräisch, Astronomie und Heilkunde. Ein 1522 in Umlauf gebrachtes Pamphlet *Teutscher Nation Notturft*, das fälschlicherweise dem verstorbenen Kaiser Friedrich III. zugeschrieben wurde, rief zur Beseitigung aller «Zölle, Abgaben, Pässe und Geldstrafen» auf; weiter verlangte es die Abschaffung des römischen wie des kanonischen Rechts, die Begrenzung der Handelsgesellschaften auf ein Kapital von 10000 Gulden, den Ausschluß der Geistlichkeit aus der weltlichen Verwaltung, die Säkularisation des klösterlichen Besitzes und die Verteilung des Erlöses an die Armen. «Alle Zöll, Mäuthe, Geleit, Umgeld, Aufschläge, Steuern und Beschwerungen, so bisher im Reich ihren Fürgang gehabt haben, sollen fürbaß hin alle todt und ab sein ...»[3] Otto Brunfels erklärte (1524), der vom Klerus erhobene Zehnte stehe im Widerspruch zum Neuen Testament, während andere Prediger die evangelische Glaubensverkündigung mit utopischen Bestrebungen verquickten. Einer offenbarte, der Himmel sei Adel und Geistlichkeit verschlossen und nur für die Bauern offen; ein anderer riet diesen, den Priestern und Mönchen nichts mehr zu geben. Müntzer, Karlstadt und Hubmayer verkündeten ihren Hörern: «Bauern, Köhler und Drescher wissen und lehren das Evangelium besser als ganze Dorf- oder Stadtkapitel der Domherrn oder Pfaffen, ja als hochhübig Doctores», und Karlstadt fügte hinzu: «– und besser als Luther». Astrologen und Kalender prophezeiten – als wollten sie geradezu das Signal zum Handeln geben – für 1524 großen Aufruhr. Johannes Cochlaeus, ein katholischer Humanist, warnte Luther (1523): «Das gemeine Stadt- und bäurisch Volk muß aufrührerisch werden ... So unzählig sind die Schmachbüchlein und Lästerreden, die unter das Volk ausgehen wider päpstliche und weltliche Oberkeit, wider alle die Macht und Reichtum haben und nicht abfallen wollen vom Glauben ihrer Väter.»[4] Es waren jedoch weder Luther noch die Prediger und Schmähschriftautoren, die die Revolte bewirkten; schuld an ihr war vielmehr die schon seit langem bestehende mißliche Lage der Bauernschaft. Immerhin könnte argumentiert werden, daß Luthers Bibelauslegung und die seiner noch radikaleren Gefolgschaft Öl ins Feuer gegossen, in den Ausgebeuteten Hoffnungen erweckt, ihren Rachedurst genährt und sie auf den Weg der Gewalt gewiesen habe.

In Thomas Müntzer personifizierte sich gleichsam die Erregung des Zeitalters. Von seinem Pastorat in Allstedt aus (1522) rief er zur Beseitigung aller «Gottlosen» auf, das heißt aller Orthodoxen oder Konservativen, durch das Schwert auf; «denn ein Gottloser hat kein Recht zu leben, so er die Frommen verhindert»[5]. An die Fürsten stellte er das Ansinnen, die breiten Massen gegen die Pfaffen und Geldleute ins Feld zu führen. Als sich jene taub zeigten, wandte er sich direkt ans Volk, wiegelte es auf, auch diese zu beseitigen, und redete ihm ein, sein Glaube werde eine bessere Gesellschaftsordnung herbeiführen, wie sie dem Philosophen Platon vorgeschwebt habe. Peinlich befragt, bekannte er: «*Omnia sunt communa* [alles ist gemeinsam], und sollte einem jeden nach seiner Notdurft ausgeteilt werden ... Welcher Fürst, Graf oder Herr das nicht hätte tun wollen, dazu ernstlich erinnert, denen sollte man die Köpfe abschlagen oder [sie] hängen.»[6] Da Kurfürst Friedrich diese Heilslehre gutmütig duldete, schlossen sich sein Bruder und sein Vetter, die Herzöge Johann und Georg, mit Luther zusammen, um den zornigen Apostel aus seinem Amt zu entfernen (1524). Unstet von Stadt zu Stadt wandernd, verkündete Müntzer die bevorstehende Befreiung «Israels» nebst dem baldigen Anbruch des Gottesreichs auf Erden.

In der freien Reichsstadt Mühlhausen in Thüringen, deren Tuchweberei viel Proletariat angezogen hatte, fand er eine ihm entsprechende Atmosphäre. Mit Hilfe der Kleinhandwerker hatte ein abtrünniger Mönch namens Heinrich Pfeiffer schon vorher eine Bewegung angezettelt, um die Herrschaft des Patriziats im Magistrat zu brechen, so daß Müntzer freie Bahn fand, dem Stadtproletariat und den umliegenden Dörfern sein radikales Programm zu verkünden. Am 17. März vertrieben seine und Pfeiffers Anhänger die Patrizier mit Waffengewalt aus dem Rathaus und proklamierten einen «ewigen Magistrat» als neue Regierung Mühlhausens. Nach einem Bericht Melanchthons verjagten die Sieger auch die Mönche und zogen das Kirchenvermögen ein; freilich darf man von keinem damaligen Theologen erwarten, daß er gegnerischen Ansichten und Handlungen Gerechtigkeit widerfahren ließ. Ein kommunistisches Paradies wurde nicht errichtet; Pfeiffer, der den Anforderungen der Praxis besser gewachsen war als Müntzer, schnitt die Revolte auf die Bedürfnisse der Kleinhandwerker zu. Müntzer unterwies in Erwartung eines Eingreifens kaiserlicher Truppen die Arbeiter und Bauern im Waffengebrauch und ließ im Barfüßerkloster schwere Geschütze gießen. «Dran!» rief er seinen Leuten zu, «dran, dran! Weil das Feuer heiß ist! Lasset Euer Schwert nicht kalt werden von Blut.»[7]

Etwa zur gleichen Zeit flammten in Süddeutschland Bauernrevolten auf. Vielleicht hat ein verheerendes Unwetter, das 1524 über Stühlingen hereinbrach und alle Aussichten auf eine Ernte vernichtete, das Pulver zur Explosion gebracht. In diesem unweit von Schaffhausen gelegenen Gebiet empfand man das Vorbild der nahen Schweizerischen Eidgenossenschaft besonders stark, hatten sich doch deren hartköpfige Bauern praktisch, wenn auch nicht formell, jeder feudalen Oberherrschaft entzogen. Am 24. August 1524 sammelte Hans Müller auf eine Anregung Müntzers hin ein paar Stühlinger Bauern um sich und verpflichtete sie auf eine «Evangelische Bruderschaft» zur Befreiung aller deutschen Bauern. Unzufriedene Pächter der Abtei Reichenau, des Bischofs von Konstanz, der Grafen von Werdenberg, Montfort, Lupfen und Sulz schlossen sich ihnen in kürzester Frist an. Ende 1524 weigerten sich rund 30000 waffentragende süddeutsche Bauern, die weltlichen Abgaben und kirchlichen Zehnten zu bezahlen. Im März 1525 formulierten die bäuerlichen Delegierten in Memmingen unter der Anleitung oder der Beeinflussung der Sendboten Zwinglis die «Zwölf Artikel», die halb Deutschland in Brand setzten.

«Dem christlichen leeser frid und gnad gottes durch Christum.

Es sein vil widerchristen, die jetzund von wegen der versammleten baurschaft das evangelion zu schmehen ursach nemen, sagent: das sein die frücht des newen evangelions? Niemant gehorsam sein, an allen orten sich emporheben und aufpoemen, mit großem gewalt zuhauf laufen und sich rotten, gaistlich und weltliche oberkaiten zu reformieren, außzureiten, ja villeücht gar zu erschlagen? Allen disen gotlosen frevenlichen urtailern antwurten dise nachgeschribne artickel, am ersten, das sie dise schmach des wort gotes aufheben, zum andern die ungehorsamikait, ja die empoerung aller bauren christenlich entschuldigen.

Zum ersten ist unser diemuetig bitt und beger, auch unser aller will und mainung, das wir nun fürohin gewalt und macht woellen haben, ain ganze gemain sol ain pfarer selbs erwoelen und kiesen, auch gewalt haben, den selbigen wider zu entsetzen, wann er sich ungepürlich hielt.

Zum andern, nachdem der recht zehat aufgesetzt ist im alten testament und im neuen als erfült, nichts destminder woellen wir den rechten kornzehat gern geben, doch wie sich gebürt: Demnach sol man in got geben und den sainen mitailen, gebürt es einem pfarrer, so klar das wort gots verkindt, seien wir des willen, hinfüro disen zehat unser kirch broepst, so dann ain gemain setzt, sollen einsemmlen und einnemen, darvon ainem pfarrer, so von ainer ganzen gemain erwoelt wirt, sein zimlich gnugsam aufenthalt geben, im und den seinen, nach erkantnus ainer ganzen gmain, und was überbleibt, sol man (armen dürftigen, so im selben dorf verhanden seind) mittailen. ... Den klainen zehat woellen wir gar nit geben, dann got der herr hat daz vich frei dem menschen beschaffen ...

Zum dritten ist der brauch bißher gewesen, das man uns für ir aigenleüt gehalten haben, woelchs zu erbarmen ist, angesehen, das uns Christus all mit seinem kostparlichen plutverguessen erloeßt und erkauft hat, den hirten gleich alswol als den hoechsten, kain außgenommen. Darumb erfindt sich mit der geschrift, das wir frei seien und woellen sein. Nit daz wir gar frei woellen sein, kain oberkait haben wellen, lernet unß gott nit. ... Darumb sollen wir ... auch geren gegen unser erwelten und gesetzten oberkait (so uns von got gesetzt) in allen zimlichen und christlichen sachen geren gehorsam sein; seien auch on zweifel, ir werdet unß der aigenschaft als war und recht christen geren entlassen oder uns im evangeli des berichten, daz wirß seien ...

Zum sechsten ist unser hart beschwerung der dienst halben, woelche von tag zu tag gemert werden und teglich zunemen ...

Zum achten sei wir beschwert, und der vil, so gueter innehaben, das dieselbigen gueter die gült nit ertragen kinden und die bauren das ir darauf einbiessen und verderben. Das die herschaft dieselbigen gueter erberleüt besichtigen lassen und nach der billikait ain gilt erschoepf, damit der baur sein arbait nit umbsunst thie, dann ain jetlicher tagwerker ist seins lons wirdig ...

Zum zehenden sei wir beschwert, das etlich haben inen zuegeaignet wisen, dergleichen ecker, die dann ainer gemain zugeherent ...

Zum ailften wellen wir den brauch genant den todtfall ganz und gar abthun haben, den nimmer leiden noch gestatten, das man witwen waisen das ir wider got und eeren also schentlich nemen berauben sol ...

Zum zwelften ist unser beschluß und endliche mainung, wenn ainer oder mer artickel alhie gestelt (so dem wort gotes nit gemeß) weren, als wir dann nit vermainen, dieselbigen artickel wol man uns mit dem wort gots für unzimlich anzaigen, wolt wir darvon abston, wann mans uns mit grund der schrift erklert ...»[8]

Die von Luthers vorrevolutionären Auslassungen aufgestachelten Bauernführer sandten ihm ein Exemplar dieser «Zwölf Artikel» mit der Bitte um seinen Beistand. Er antwortete mit einer im April 1525 gedruckten Schrift *Ermahnung zum Frieden*, worin er die Bereitwilligkeit der Bauern lobte, sich von der Bibel belehren zu lassen; gleichzeitig verwahrte er sich gegen die Unterstellung, mit Rede und Schrift den Aufruhr begünstigt zu haben; er habe immer Gehorsam gegen die weltliche Obrigkeit gepredigt. Andererseits hielt er seine Kritik an der herrschenden Schicht aufrecht:

«Erstlich mugen wyr niemand auff erden dancken solchs vnradts und auffruhrs, denn euch fursten vnd herrn, sonderlich eüch blinden Bisschoffen vnd tollen pfaffen vnd munchen, die yhr noch heuttigs tages verstockt nicht auffhoret zu Toben vnd wuten, widder das heylige Evangelion, ob yhr gleich wisset, das es recht ist, vnd auch nicht widderlegen kundet, Dazu ym welltlichen regiment nicht mehr thut, denn das yhr schindet vnd schatzt, ewrn pracht vnd hochmüt zu furen bis der arme gemeyne man nicht kan noch mag lenger ertragen ... Wolan, weyl yhr denn vrsach seyt, solchs gottes zorns, wirds on zweyffel auch vber euch ausgehen, wo yhr euch noch nicht mit der zeyt bessert ... Das ander stücke ist auch furhanden, das sich die baüren rotten, daraus, wo gott nicht weret durch vnsere buße bewegt, folgen mus, verderben, verstorung vnd verwüstung Deutsches lands, durch grewlich mord vnd blüt vergiessen.» [9]

Nachdem er die Fürsten und großen Herren ermahnt hatte, die Berechtigung zahlreicher Artikel einzusehen und ihnen Gehör zu schenken, bestätigte er den Bauern offen, daß sie Grund zur Unzufriedenheit hätten, warnte sie aber dringend vor Gewalttätigkeiten und Racheakten; solche würden ihre Lage nur verschlechtern. Er erkannte richtig und sah voraus, daß ein gewaltsames Vorgehen der Sache der religiösen Reform schaden müsse und man ihn für alles verantwortlich machen würde. Auch wandte er sich gegen die Aneignung des Zehnten durch die einzelnen Gemeinden. Der Obrigkeit müsse gehorcht werden; sie besitze das Recht, Steuern zu erheben, um die Verwaltungsausgaben zu bezahlen. Die «Freiheit des Christenmenschen» sei als geistige Freiheit zu verstehen und vertrage sich durchaus mit Leibeigenschaft, ja Sklaverei.

«Hat nicht Abraham vnd ander Patriarchen vnd Propheten auch leybeygen gehabt? Leset S. Paulon, was er von den knechten, wilche zu der zeyt alle leybeygen waren, leret. Darumb ist dißer artickel stracks widder das Evangelion vnd Reübisch ... Es will dißer artickel alle menschen gleich machen ... wilchs vn mugglich ist. Denn welltlich reich kan nicht stehen, wo nicht vngleicheyt ist, ynn personen, das ettliche frey, ettliche gefangen, ettliche herrn, ettliche vnterthan.» [10]

Sein abschließender Rat hätte, wäre er befolgt worden, Deutschland viel Blutvergießen und Verwüstung erspart:

«Darumb were meyn trewer rad, das man aus dem adel ettlich graffen vnd herrn, aus den stedten ettliche radsherrn erwelete, vnd die sachen ließen freundlicher weyße handeln vnd stillen, Das yhr herren ewrn steyffen mut herünter ließet, wilchen yhr doch musset zu letzt lassen, yhr wollet odder wollet nicht, vnd krichet eyn wenig von ewr tyranney vnd vnterdruckunge, das der arme man auch lufft vnd raüm gewünne zu leben, Widderumb die baüren sich auch weysen liessen, vnd ettlich artickel, die zu viel vnd zu hoch greyffen, vber geben vnd faren liessen.» [11]

Doch den Bauernführern schien es bereits zu spät, die Uhr zurückzudrehen; was auch immer für ein Vergleich zustande käme, so würden sie doch früher oder später zur Rechenschaft gezogen werden. Luther mit schmerzlichen Gefühlen als Verräter abschreibend, trieben sie die Revolte weiter und verlangten, den schönen Traum der

Gleichheit wörtlich nehmend, daß Ritter und Herren ihre Burgen schleifen, wie Bauern oder städtische Bürger leben und auch nicht mehr hoch zu Pferde reiten sollten, weil sie das über ihre Mitmenschen erhebe. Die Pastoren hätten künftig nicht mehr die Gebieter, sondern die Diener ihrer Gemeinden zu sein und sich strikt ans reine Evangelium zu halten, sonst sollten sie ihres Amtes verlustig gehen. Unter den Proletariern in den Städten gärte es ebenfalls; sie beklagten sich, daß nur Begüterte in den städtischen Kanzleien und Magistraten säßen, öffentliche Gelder von Amtspersonen unterschlagen würden und die Preise bei gleichbleibenden Löhnen ständig stiegen. «Es würd besser stehen um die Seelsorge, wenn die Herren Prälaten nit so reich und üppig wären und man ihre Güter unter die Armen austeilte», schrieb ein besonders Radikaler. Wendel Hipler und Friedrich Weigant forderten zur Säkularisation des Kirchenvermögens, zur Beseitigung der Straßen- und Handelszölle und zur Vereinheitlichung der Münzen, Gewichte und Maße im ganzen Reiche auf.

Die Revolte wurde von einer Anzahl Männer verschiedenster Herkunft angeführt: den Schankwirten Georg Metzler und Metern Feuerbacher, dem jovialen Polterer Jäcklein Rohrbach, ferner einigen gewesenen Landsknechten und Pfaffen sowie zwei Rittern der zersprengten Freunde Sickingens, nämlich Götz von Berlichingen mit der eisernen Hand und Florian Geyer, die beide später von Goethe und Gerhart Hauptmann zu Titelhelden von Trauerspielen erkoren wurden. Jeder dieser Führer herrschte souverän über seine Gefolgschaft, ohne an eine Koordination mit den anderen Rotten zu denken. Trotzdem flammte der Aufruhr im Frühjahr 1525 an einem Dutzend von Orten ungefähr gleichzeitig auf. In Heilbronn, Rothenburg und Würzburg setzten die Arbeiter ihre Vertrauensleute gewaltsam in die Rathäuser, und in Frankfurt am Main proklamierte sich die siegreiche «Kommune» zum Magistrat, Bürgermeister, Kaiser und Papst in einem. In Rothenburg vertrieben die Aufrührer die Pfarrer aus dem Dom, zerstörten die Heiligenbilder, rissen eine Kapelle bis auf den Grund nieder (27. März 1525) und tranken im Siegesrausch die geistlichen Weinkeller leer. Städte in fürstlichem Besitz sagten sich von ihren Herren los, während bischöfliche Residenzen die Beseitigung der geistlichen Privilegien und die Säkularisation des Kirchengutes anstrebten. Fast das ganze Herzogtum Franken schloß sich dem Aufstand an. Eine Reihe von weltlichen Herren und Fürstbischöfen, die keinen Widerstand zu leisten vermochten, fügte sich den ihnen gestellten Bedingungen, darunter die Bischöfe von Speyer und Bamberg, die Äbte von Kempten und Hersfeld. Graf Wilhelm von Henneberg hob in seinem Gebiet die Leibeigenschaft auf. Die Grafen Georg und Albrecht von Hohenlohe machten gute Miene zum bösen Spiel und ließen sich von den Bauernführern in den neuen Bund aufnehmen: «Bruder Georg und Bruder Albrecht, kommt her und gelobt den Bauern, bei ihnen als Brüder zu halten; denn auch ihr seid nun nicht mehr Herren, sondern Bauern.»[12] Die meisten Städte öffneten den Aufrührern bereitwillig die Tore, und die niedere Geistlichkeit, die ihren Oberen häufig genug gram war, sympathisierte ebenfalls mit ihnen.

Der erste ernste Zusammenstoß ereignete sich beim Städtchen Leipheim in der Nähe von Ulm an der Donau (4. April 1525). Von dem draufgängerischen Priester Jakob

Wehe geführt, besetzten dreitausend Bauern den Ort, leerten alle auffindbaren Weinfässer, plünderten die Kirche, zerschlugen die Orgel, fertigten Beinlinge aus den Meßgewändern an, hüllten einen der Ihren in eine Soutane, stellten ihn an den Altar und parodierten die Messe. Der Schwäbische Bund ließ durch seinen Feldhauptmann Georg von Truchseß die Bauern umzingeln und niedermachen. Der Truchseß-Chronist berechnete die Zahl der Erschlagenen auf 4000 Mann. Danach brannten die Landsknechte viele Bauernhöfe nieder.

Am Karfreitag, den 15. April 1525, zogen drei Rebellenhaufen unter Metzler, Geyer und Rohrbach vor das Städtchen Weinsberg bei Heilbronn, dessen Herr, Graf Ludwig von Helfenstein, wegen seiner Härte besonders verhaßt war. Am Ostersonntag erstürmten die Bauern mit Hilfe einiger Städter die Mauern und eroberten Stadt und Burg. Der Graf selbst, die Gräfin (eine Tochter des verstorbenen Kaisers Maximilian) und sechzehn Junker gerieten in Gefangenschaft. Ohne sich mit Metzler oder Geyer zu verständigen, befahl Rohrbach, alle siebzehn Spießruten laufen zu lassen. Der Graf bot sein ganzes Vermögen als Lösegeld, aber man lehnte das Angebot als eine Finte zur Zeitgewinnung ab. Die Gräfin, halb von Sinnen, flehte um ihres Mannes Leben; Rohrbach ließ sie von zweien seiner Leute so festhalten, daß sie die Racheorgie mit ansehen mußte. Während der Graf unter Dreschflegeln und Sensen sein Leben ließ, riefen die Bauern ihm seine Schandtaten ins Gedächtnis: «Du bist mir über den Samen geritten!» der eine, ein anderer: «Du hast mir ein Schwert übern Kopf geschlagen.»[13] In der nächsten halben Stunde mußten die sechzehn Junker ebenfalls durch die Gasse in den Tod. Die Gräfin schickte man mit ihren Kindern auf einem Mistwagen nach Heilbronn.

Nach und nach gerieten die Bauern in fast allen Teilen Deutschlands außer Rand und Band. Klöster wurden zur Entrichtung hoher Lösegelder gezwungen oder geplündert. In einem Brief vom 7. April 1525 heißt es: «Nirgends machen die Aufständischen ein Hehl daraus, daß es ihnen darum zu tun ist, alle Geistlichen, die nicht von der Kirche abfallen wollen, alle Klöster und Bistümer zu vertilgen und den katholischen Glauben in Deutschland gänzlich auszurotten.» Das ist vermutlich übertrieben; immerhin fällt es auf, daß die Aufständischen auch in Salzburg, Kärnten und Tirol, wo der Protestantismus anscheinend unterdrückt worden war, viele Städte in ihre Gewalt brachten und Erzherzog Ferdinand zum Zugeständnis zwangen, künftighin nur das reine Evangelium predigen zu lassen, eine typisch protestantische Forderung. Der Mainzer Erzbischof Albrecht floh vor dem Sturm, doch rettete sein Verweser das Bistum, indem er die zwölf Artikel unterschrieb und die Insurgenten mit 15000 Gulden abfand. Am 11. April sagten die Bamberger ihrem Bischof den Gehorsam auf, plünderten und verbrannten sein Schloß und räumten die Wohnungen der Altgläubigen aus. Im Elsaß nahm die Revolte so gefährliche Formen an, daß Ende April alle Katholiken und Großgrundbesitzer um ihr Leben bangten. Am 28. April griff ein 20000 Mann starker Gewalthaufe Zabern, den Sitz des Bischofs von Straßburg, an und demolierte sein Kloster; am 13. Mai bemächtigte er sich der Stadt, zwang jeden vierten Mann, sich ihm anzuschließen, kündigte den Zehnten und forderte die Volkswahl aller obrigkeitlichen Organe, mit Ausnahme des Kaisers. Im südtirolischen Städtchen Brixen wiegelete Michael Gaismair, ein ehemaliger bischöflicher Schreiber, zur Plünderung des Klosters und zur Verfolgung aller altgläubigen Pfarrer auf (12. Mai); ein volles Jahr dauerte dort der Aufstand. Vom Inn- und Etschtal meldet uns ein Chronist: «Es war ein solches Zusammenrotten, Geschrei und Tumult, daß ein rechter Mann kaum auf die Straße zu gehen wagte. Raub und Plünderung ... wurden so allgemein, daß sogar fromme Männer dazu verführt wurden.» Im Breisgau plünderten die Bauern die Schlösser und Klöster und zwangen die Stadt Freiburg, mit ihren Hauptleuten eine «christliche Vereinigung» aufzurichten (24. Mai). Im gleichen Monat vertrieben bäuerliche Aufständische den Bischof von Würzburg aus seiner Residenz und tat sich an seinen Kellern gütlich. Im Juni wurde der mächtige und streitbare Erzbischof Matthäus Lang aus seiner Stadtresidenz in Salzburg vertrieben, so daß er sich auf die bischöfliche Burg über der Stadt zurückziehen mußte. Im pfälzischen Neustadt lud der von 8000 bewaffneten Bauern umzingelte Kurfürst Ludwig die Führer zu einem Gelage und fügte sich gelassen in ihre Forderungen. Man habe dort, schrieb ein Zeitgenosse, die Aufrührer und ihren Herrn beisammen sitzen und zusammen essen und trinken sehen. «Er hatte, so schien es, ein Herz zu ihnen und sie zu ihm.»[14]

Inmitten dieser steigenden Flut gab Luther Mitte Mai 1525 eine Streitschrift *Wider die räuberischen und mörderischen Rotten der Bauern* heraus, deren Heftigkeit Fürsten wie Bauern, Prälaten wie Humanisten erschreckte. Über die Ausschreitungen der Aufrührer entsetzt, den möglichen Sturz jeder Ordnung und Satzung fürchtend, vom Vorwurf, daß seine eigene Lehre die Flut entfesselt habe, getroffen, nahm er jetzt rückhaltlos für die gefährdete Herrenschicht Partei.

«Im vorigen buchlin thurste ich die bauren nicht urteylen, weyl sie sich zu recht und besser unterricht erbotten, Wie denn Christus gepeut, man salle nicht urteylen, Matt. 7. Aber ehe denn ich mich umbsihe, faren sie furt und greyffen mit der faust dreyn, mit vergessen yhrs erbietens, rauben und toben und thun wie die rasenden hunde ... Kurtz umb, eyttel teuffels werck treyben sie, Und ynn sonderheyt ists der ertzteuffel [Müntzer], der zu Mǒlhusen regiert ... Nu denn sich solche bawrn und elende leute verfuren lassen und anders thun, denn sie geredt haben, mus ich auch anders von yhnen schreyben und erstlich yhre sunde fur yhre augen stellen ... Und danach der welltlichen oberkeyt gewissen, wie sie sich hyrynnen hallten sollen, unterrichten ...

Auch eyn auffrurischer mensch, den man des bezeugen kan, schon ynn Gotts und keyserlicher acht ist, das, wer am ersten kan und mag den selben erwurgen, recht und wol thut, ... denn auffruhr bringt mit sich eyn land vol mords, blutvergissen und macht widwen und weysen und verstoret alles, wie das allergrossest ungluck. Drumb sol hie zuschmeyssen, wurgen und stechen heymlich odder offentlich, wer da kan, und gedencken, das nicht gifftigers, schedlichers, teuffelischers seyn kan, denn eyn auffrurischer mensch, gleich als wenn man eynen tollen hund todschlahen mus, schlegestu nicht, so schlegt er dich und eyn gantz land mit dyr ...»

Voller Bestimmtheit wies er die angeblich biblische Vorschrift über das Gemeineigentum zurück:

«Auch macht das Evangelion nicht die Gůter gemeyn, on alleyne, wilche solches williglich von yhn selbs thun wǒllen, wie die Aposteln und Jůnger Act. 4. thetten, wilche nicht die frembden gůter Pilatis und Herodis gemeyn zu seyn fodderten, wie unser unsinnige bawren toben, sondern yhr eygen gůter. Aber unser bawren wőllen der andern frembden gůter gemeyn haben und yhr eygen fur sich behallten, Das sind myr feyne Christen, Ich meyn, das keyn teuffel mehr ynn der helle sey, sondern allzumal ynn die bawrn sind gefaren.»

Die katholischen Reichsfürsten versicherte Luther seiner Verzeihung, falls sie mit den Rebellen ohne Gerichtsverfahren abrechnen würden. Den protestantischen Fürsten empfahl er Gebet, innere Einkehr und Verhandlung; und

«darnach wo das nicht helffen will, flux zum schwerd greyffen. Denn eyn Fůrst und herr mus hie dencken, wie er Gottes amptman und seyns zorns diener ist Ro. 13, dem das schwerd uber solche buben befolhen ist ... Denn wo erkan und strafft nicht, es sey durch mord odder blutvergiessen, so ist er schuldig an allem mord und ubel, das solche buben begehen ... So soll nu die oberkeit getrost fort dringen und mit gutem gewissen dreyn schlahen, weyl sie eyne ader regen kan ... Dunckt das yemand zu hart, der dencke, das untreglich ist auffruhr, und alle stůnde der wellt verstőrung zu warten sey.»[15]

Es war Luthers Mißgeschick, daß sein flammender Appell ungefähr zur gleichen Zeit unters Volk gelangte, da die Abwehrmaßnahmen der Fürsten und Stände wirksam zu werden begannen, so daß deren Grausamkeit unwillkürlich, aber ungerechtfertigterweise dem Reformator angekreidet wurde. Es ist nicht anzunehmen, daß sich die gefährdeten Herren von dieser Streitschrift leiten ließen; es lag vielmehr in der Natur der Sache, die Aufrührer so exemplarisch zu züchtigen, daß sie es auf Menschenalter hinaus nicht vergessen würden. Vorerst hielten die Fürsten und Grafen die einfältigen Bauern mit Reden und Versprechungen hin und bewogen sogar etliche Rotten, sich aufzulösen und auf ihre Höfe zurückzukehren; gleichzeitig aber bewaffneten sie ihre Knechte.

Auf dem Höhepunkt der Unruhen ging Kurfürst Friedrich (5. Mai 1525), mit seiner Lebensarbeit zufrieden, friedlich zur Ewigkeit ein. In der Erkenntnis, daß er und seinesgleichen die Bauern in der Tat recht schlecht behandelt hatten, hatte er in seinem Gebiet von harten Vergeltungsmaßnahmen abgesehen und seinem Nachfolger, Herzog Johann, dringend zu Milde geraten. Der neue Kurfürst lehnte des verstorbenen Bruders nachsichtige Haltung ab. Er vereinigte sich, von Luther überredet, mit Herzog Heinrich von Braunschweig und Landgraf Philipp von Hessen. Gemeinsam rückten sie mit Heeresmacht gegen Müntzers vor Mühlhausen lagernden Haufen. Die beiderseitigen Kräfte waren nur in bezug auf ihre Zahl – je ungefähr 8000 Mann – gleich stark; sonst waren die Unterschiede beträchtlich, auf der einen Seite zumeist kriegserprobte Landsknechte, auf der anderen Seite trotz der selbstgegossenen Kanonen schlecht bewaffnete, ungeschulte und begreiflicherweise furchterfüllte Bauern. Müntzer tat sein Bestes, ihren Mut mit flammenden Worten, Gebet und Gesang anzufeuern. Die erste Salve der fürstlichen Geschütze streckte jedoch Hunderte nieder, und die entsetzten Rebellen warfen sich ins Städtchen Frankenhausen (15. Mai 1525); die Sieger drangen nach und erschlugen ihrer 5000. Weitere dreihundert Gefangene wurden zum Galgen und Richtblock verurteilt; ihre Weiber flehten um Begnadigung; sie wurde gewährt, doch mußten die Weiber zwei Priestern, die dem Aufruhr Vorschub geleistet hatten, das Hirn aus den Köpfen schlagen. Triumphierend genossen die Herzöge das Schauspiel. Müntzer verbarg sich, wurde ergriffen, gefoltert, gestand seine Irrtümer ein und verlor vor dem

Fürstenzelt seinen Kopf. Pfeiffer verteidigte mit 1200 Mann Mühlhausen, konnte sich nicht halten und wurde zusammen mit weiteren Anführern hingerichtet; die Bürgerschaft kam mit einem Lösegeld von 40000 Gulden billig davon.

Truchseß, der mittlerweile Böblingen gütlich zur Kapitulation bewogen hatte, postierte seine Geschütze auf der Stadtmauer und überschüttete das Rebellenlager vor den Wällen mit Kartätschen; seine Reiterei hieb die wenigen dem Geschoßhagel entgangenen Bauern nieder (12. Mai). Truchsessens nächstes Ziel war Weinsberg, das er nun in Schutt und Asche legte. Jäcklein Rohrbach, der die Weinsberger Spießrutenorgie befohlen hatte, ließ er zu Tode rösten. Anschließend zersprengte er bei Königshofen und Neustadt weitere Rebellenhaufen, wandte sich gen Würzburg und enthauptete dort 81 Bauernführer als blutiges Memento für die Überlebenden (5. Juni). Florian Geyer entkam aus Würzburg, blieb verschollen und wurde zur legendären Gestalt. Götz von Berlichingen ergab sich rechtzeitig genug, um unter Karl V. gegen die Türken zu fechten und zweiundachtzigjährig in der eigenen Burg Jagsthausen zu sterben (1562). Am 20. Juni fiel Rothenburg, bald darauf Memmingen. In Lipstein und Zabern im Elsaß metzelte man nach unterschiedlichen Quellen zwischen zwei- und sechstausend Mann nieder und brach damit der Revolte das Rückgrat. Bis zum 27. Mai verloren allein im Elsaß 20000 Bauern ihr Leben, oftmals erst, nachdem sie sich ergeben hatten; in den Städten verpestete der Leichengestank die Luft. Markgraf Kasimir ließ die gefangenen Bauern teils enthaupten, teils aufknüpfen; in weniger schweren Fällen begnügte er sich mit Blendung oder Abhacken der Hände. Die vernünftigeren Fürsten setzten sich schließlich für eine Milderung der Vergeltungsmaßnahmen ein, so daß der Reichstag zu Augsburg eine Mahnung ergehen ließ, die Körper- und Geldstrafen zu mäßigen. Die Elsässer Bauern trösteten sich schon vor ihrer Niederlage damit, «daß es den Herren nicht möglich sein würde, alle Bauern zu töten und allein auf dem Erdreich zu wohnen»[16].

In Österreich dauerte der Aufstand ein ganzes Jahr. Im Januar 1526 proklamierte Gaismair in Tirol im radikalsten aller revolutionären Manifeste, alle «Gottlosen» (lies Nichtprotestanten), die Gottes Wort verfolgten oder den gemeinen Mann unterdrückten, seien vom Leben zum Tod zu befördern. Aus den Kirchen seien alle Bilder und Reliquienschreine zu entfernen, und Messen dürften nicht mehr gelesen werden. Die Burgen, Stadttore und Schanzen seien zu schleifen, es dürfe nur mehr Dörfer geben, und alle Menschen müßten gleiche Rechte haben. Amtspersonen und Richter seien von der Gesamtheit der erwachsenen Männer zu wählen. Alle Abgaben und Dienstleistungen an die Barone seien unverzüglich einzustellen und die Zehnten der reformierten Kirche und den Armen zuzuwenden. Die Klöster seien in Spitäler und Schulen umzuwandeln, die Bergwerke in Gemeinschaftseigentum überzuführen. Die Preise seien von der Obrigkeit festzusetzen. Dank einer klugen Taktik vermochte Gaismair den regulären Truppen ziemlich lange zu widerstehen, bis er endlich überlistet wurde und nach Italien floh. Erzherzog Ferdinand setzte eine Belohnung auf seinen Kopf aus; zwei spanische Bravos ermordeten ihn in seinem Quartier in Padua und verdienten sich das Blutgeld (1528).

Der Bauernkrieg brachte Verluste an Gut und Blut, von einem Ausmaß, das nur im Dreißigjährigen Krieg übertroffen wurde. Die Bauernschaft allein verlor 130 000 Mann teils im Kampf, teils unter den Händen der Rächer. 10 000 Hinrichtungen fanden im Bereich der Schwäbischen Liga statt; der Scharfrichter ihres Feldhauptmanns Truchseß rühmte sich, mit seiner geübten Hand 1200 Köpfe abgeschlagen zu haben. Die Bauern wiederum hatten Hunderte von Klöstern und Burgen zerstört. Zahllose Dörfer und Kleinstädte waren ganz oder teilweise verwüstet oder durch die erpreßten Lösegelder verarmt und zum Teil gänzlich entvölkert. Über 50 000 obdachlose Bauern vagabundierten auf den Landstraßen und verbargen sich in Wäldern. Die Zahl der Witwen und Waisen war Legion, aber der Wohltätigkeit fehlten Herz oder Geld oder beides. Die von den Aufständischen vielfach verbrannten Feudalurkunden wurden neu ausgefertigt, manchmal milder und manchmal rigoroser als zuvor. In Österreich, Baden und Hessen machte man den Bauern Konzessionen; anderswo wurde die Leibeigenschaft verschärft; östlich der Elbe dauerte sie bis ins neunzehnte Jahrhundert hinein. Alle Ansätze zu demokratischen Institutionen versandeten. Der intellektuelle Fortschritt wurde in Acht und Bann getan und in katholischen wie protestantischen Landen wurde die Zensur der Druckerzeugnisse verstärkt. Der Humanismus verdorrte in dem Brand; die Lebensfreude und Dichtung der Renaissance räumte der Theologie, dem Pietismus und Meditationen über Religion und Tod das Feld.

Die Reformation überlebte den Bauernkrieg nur mit knapper Not. Obschon sich Luther ständig von den Rebellen distanzierte und Manifest um Manifest gegen sie schrieb, bedienten sich die Aufrührer protestantischer Ideale und Überzeugungen als Deckmantel für die Verfechtung ihrer materiellen Interessen und verkleideten ihre Bestrebungen mit lutherischer Phraseologie, indem sie die Forderung nach Gemeinschaftseigentum mit der Rückkehr zur evangelischen Wahrheit verquickten. Karl V. bezeichnete die Erhebung als eine «lutherische Bewegung». Den Altgläubigen erschien die Konfiskation des Kirchenguts seitens protestantischer Obrigkeiten nicht weniger revolutionär als die bäuerlichen Klosterschändungen. In Süddeutschland schlossen sich die aufgeschreckten Fürsten und oberen Stände enger an die römische Kirche an. An einigen Orten, wie in Bamberg und Würzburg, verloren auch Wohlhabende wegen ihrer Parteinahme für Luther das Leben. Sogar die Bauern wandten sich jetzt gegen die Reformation, die sie erst aufgehetzt und dann verraten hatte; und manche münzten den Namen Doktor Luther zu Doktor Lügner um und beschimpften ihn als Liebediener der Fürsten. Jahrelang blieb er so verhaßt, daß er Wittenberg nur selten zu verlassen wagte und sich nicht einmal zu seinem sterbenden Vater begeben konnte (1530). Am 15. Juni 1525 schrieb er: «Da ist alles vergessen, was Gott der Welt durch mich getan hat. Nun sind Herren, Pfaffen, Bauern, alles wider mich, und dräuen mir den Tod.»[17]

Zurückzuweichen oder Reue zu bekunden lag nicht in Luthers Charakter. Am 30. Mai 1525 schrieb er an Nikolaus Amsdorf: «Ich bin der Meinung, es sei besser, daß alle Bauern erschlagen werden als die Fürsten und Magistratsleute, darum, weil die Bauern ohne göttliche Veranlassung das Schwert ergriffen haben.»[18] In dem *Sendbrief von dem harten Büchlein wider die Bauern*, den er im Juli 1525 veröffentlichte, erklärte er, daß seine Kritiker keine Antwort verdienten; ihre Kritik lasse ersehen, daß sie im Herzen ebensolche Aufrührer seien wie die Bauern und keine Gnade verdienten – «drumb soll die oberkeyt solchen auff die hawben greyffen, das sie das maul halten und mercken, das ernst sey»[19].

«Dunckt sie solch antwort zu hart und geben fur, es sey mit gewallt geredt und das maul gestopfft. Sage ich, das ist recht, denn eyn aufrurischer ist nicht werd, das man yhm mit vernunfft antworte, denn er nympts nicht an. Mit der faust mus man solchen meulern antworten, das der schweys zur nasen ausgehe. Die baurn wollten auch nicht hören ... da must man yhn die ohren auffkneuffeln [aufknüpfen] mit buchsen steynen [Büchsenkugeln], das die köpffe ynn der lufft sprungen, zu solchen schulern gehört eyne solche rute, Wer Gotts wort nicht will hören mit güete, der mus den hencker hören mit der scherpffe ... Ich will hie nichts hören noch wissen von barmhertzickeyt, sondern acht haben, was Gotts wort will ... Wenn er will zorn und nicht barmhertzickeyt haben, was gehestu denn mit barmhertzickeyt umb? Versündigt sich nicht Saul an dem Amalec mit barmhertzickeyt, das er Gotts zorn nicht ausrichtet, wie yhm befolhen war? ... Lieber, die yhr nu so trefflich rhumet die barmhertzickeyt, weyl die baurn geschlagen werden, warumb rhumetet yhr die selbigen auch nicht, da die bauren tobeten, schlugen, raubeten, brandten und plünderten, das schrecklich zu sehen und zu hören war? Warumb waren sie nicht auch barmhertzig den fursten und herrn, die sie gantz vertilgen wolten?»

Für den Christen, argumentierte Luther, ist Barmherzigkeit in seinem persönlichen Leben Pflicht; wer jedoch der Obrigkeit angehört, hat im allgemeinen eher Gerechtigkeit als Barmherzigkeit zu üben, weil der Mensch seit dem Sündenfall Adams und Evas so schlecht ist, daß er nur durch eine Obrigkeit, durch Satzungen und Strafen in Zaum gehalten werden kann. Die Verpflichtung gegen das von Verbrechern gefährdete Gemeinwohl ist größer als die Verpflichtung gegen Verbrecher, die das Gemeinwohl gefährden.

«Denn das solltestu gesehen haben, wo des teuffels ding ynn den baurn were fur sich gangen, so were ... keyner fur dem andern sicher blieben, eyn iglicher hette den andern erwürget, haus und hoff verbrand, weyb und kind geschend, denn es war aus Gott nicht angefangen und keyne ordnung da. Was ist je Ungezogeners gehört, denn der tolle Pövel und Baur, wenn er satt und voll ist, und Gewalt kriegt? ... Der Esel will Schläge haben, und der Pövel will mit Gewalt regiert sein.»[20]

Luthers extreme Stellungnahme zum Bauernkrieg empfinden wir heute als unverständlich, weil unsere Gesellschaftsstruktur so fest gegründet erscheint, daß wir ohne weiteres mit ihrer Fortdauer rechnen und die wenigen mit Nachsicht behandeln können, die sie gewaltsam zu stören versuchen. Luther hingegen sah sich vor der Tatsache, daß Bauernrotten ihre berechtigten Klagen in wahllose Plünderung umsetzten, und eine vollständige Umwälzung der staatlichen Struktur, des Rechts, der Gütererzeugung und Güterverteilung drohte. Die Ereignisse rechtfertigten seine Befürchtung, daß die konservative Reaktion, die zwangsläufig auf eine niedergeschlagene Revolte folgen würde, die religiöse Revolution, für die er sein Leben gewagt hatte, aufs ernsteste gefährden mußte. Möglicherweise fühlte er sich auch den Fürsten und Ständen verpflichtet, die sich in Wittenberg, Worms und auf der Wartburg schützend vor ihn gestellt hatten, und er durfte sich sehr wohl die Frage stellen, wer ihn, falls die Macht der Reichsfürsten die Reformation nicht mehr zu schirmen vermochte, dem Zugriff Karls V. und Clemens' VII. entziehen könnte. Es gab nur eine Freiheit, die ihm verteidigenswert erschien, und das war die Freiheit, Gott und dem Seelenheil nach dem eigenen Gewissen zu dienen. Wie bedeutungslos war es für ihn, ob man in diesem kurzen Vorspiel zum ewigen Leben Fürst oder Sklave war. Durch Gottes Gnade in der Seele frei, sollen wir unseren Stand, selbst wenn Pflicht unseren Leib bindet, klaglos hinnehmen.

Dennoch entbehrten die bäuerlichen Anklagen gegen ihn nicht der Berechtigung. Nicht nur hatte er den Aufruhr prophezeit, sondern sogar aufs bestimmteste erklärt, er werde ihn nicht mißbilligen, ja ihn freudig begrüßen, selbst wenn man seine Hände im Blut der Kirchenfürsten wasche. Auch er entfesselte eine Revolution, gefährdete die öffentliche Ordnung und trotzte einer Obrigkeit, deren Ursprung nicht minder göttlich war als der des Staates. Sogar die Enteignung des Kirchenvermögens nahm er ohne Protest hin. Wie konnten denn Bauern ohne Wahlrecht anders als durch Gewalt ihr Los verbessern, da sie doch Tag für Tag mit Gewalt geknechtet wurden? Im Empfinden der Bauern hatte das neue Bekenntnis ihrer Sache göttliche Sanktion gegeben und sie zu neuer Hoffnung und Tat aufgerufen, aber nur, um sie in der entscheidenden Stunde im Stich zu lassen. Zornig und verzweifelt warfen sich manche einem gottlosen Zynismus in die Arme. Viele – und vor allem ihre Kinder – fanden unter der klugen Anleitung der Jesuiten in den Schoß der Kirche zurück. Ein Teil schloß sich den von Luther verurteilten Radikalen an, die das Neue Testament im Sinne eines Aufrufs für eine egalitäre Gesellschaftsordnung deuteten.

## III. WIEDERTÄUFER UND GÜTERGEMEINSCHAFT: 1534–1536

Nur wenn wir uns in Erinnerung rufen, mit welch idealistischer Begeisterung sich manche unserer Zeitgenossen politischen und ökonomischen «Irrlehren» hingeben, können wir verstehen, welche Glut jene frommen Schwärmer erfüllte, die – in der religiösen Revolution des sechzehnten Jahrhunderts – ihre Ideen bis zum Scheiterhaufen trugen.

Die radikalste dieser Sekten legte sich die Bezeichnung «Wiedertäufer» oder «Täufer» zu, weil ihre Anhänger darauf bestanden, daß die Kindertaufe am Erwachsenen zu wiederholen sei; für noch besser hielten sie es jedoch, wie Johannes der Täufer überhaupt nur Erwachsene zu taufen, die sich bewußt und freiwillig für den christlichen Glauben entschieden hatten. Sekten zersplitterten ihrerseits diese Sekte. Für die Anhänger Hans Dencks und Ludwig Hätzers war Jesus kein Gott, sondern der gottähnlichste aller Menschen; nicht sein Kreuzestod, sondern sein beispielhaftes Leben habe uns erlöst. Denck selbst pries das persönliche Gewissen höher als Kirche, Staat und Bibel. Im allgemeinen befleißigten sich die Täufer puritanischer Sittenreinheit und großer Schlichtheit in Gewandung und Auftreten. Luthers Lehre von der Freiheit des Christenmenschen mit tollkühner Logik weiterführend, verwarfen sie jeden obrigkeitlichen Zwang, ebenso aber auch jeden gewaltsamen Widerstand. Jede Art von Kriegsdienst lehnten sie mit der Begründung ab, daß einen Menschen zu töten unter allen Umständen Sünde sei, und wie die ersten Christen verweigerten sie die Eidesleistung einschließlich des Treueids auf Kaiser und Landesherrn. «Der Friede des Herrn sei mit dir», lautete ihr üblicher Gruß, ein Echo der jüdischen und mohammedanischen Grußformel und ein Vorläufer des Grußes der späteren Quäker. Im Gegensatz zu Luther, Zwingli, Calvin und Knox, für die, wie für die Päpste, Toleranz ein absurdes Unding war, predigten und übten die Täufer keinen Gewissenszwang aus, und einer von ihnen, Balthasar Hubmaier, verfaßte die erste klare Verteidigung zugunsten der religiösen Toleranz und absoluten Gewaltlosigkeit. Sie lehnten öffentliche Ämter und Rechtshändel ab. Ein Jahrhundert nach Petr Chelčicky, von dem viele ihre Grundsätze bezogen haben, und dreihundert Jahre vor Tolstoi huldigten sie einem Anarchismus tolstoischer Prägung. In dieser bewußten oder unbewußten Übernahme der von den Mährischen Brüdern und Taboriten verkündigten Lehren proklamierten einige Täufer den Gemeinbesitz an allen Gütern, ein paar wenige – wenn wir feindseligen Chronisten glauben dürfen – sogar den Gemeinbesitz auch der Frauen. Doch im allgemeinen lehnte die Sekte erzwungenes Gemeineigentum ab und hielt sich lieber an die Nächstenliebe; im künftigen Königreich Gottes werde jenes ganz von selbst und allgemein herrschen. Allen Täufern gemeinsam war die der Apokalypse entnommene Überzeugung von der baldigen Wiederkehr Christi; zahlreiche Gläubige vermeinten, Tag und Stunde seines Kommens voraussagen zu können. Wenn sie anbrach, würde das Schwert alle Gottlosen – sie selber natürlich ausgenommen – hinwegraffen, und die Auserwählten würden in einem irdischen Paradies ohne Gesetze und ohne Ehestand in Überfluß und Glorie leben. Mit solchem zukunftsfrohen Trost wappnete man sich gegen Mühsal und Monogamie.

Die ersten Täufer traten in der Schweizerischen Eidgenossenschaft auf, möglicherweise unter dem Einfluß der pazifistischen südfranzösischen Waldenser und der holländischen Begarden. Da und dort, so auch in Basel, hatten sich unter den Intellektuellen egalitäre Gedankengänge manifestiert, und der um Erasmus versammelte Humanistenkreis mag von einigen einschlägigen Passagen in Morus' *Utopia* angeregt worden sein. Drei Angehörige dieses Kreises sind als führende Täufer aufgetreten: Konrad Grebel und Felix Manz in Zürich und Balthasar Hubmaier in dem damals noch habsburgischen Waldshut. Müntzer suchte 1524 Waldshut auf, Karlstadt Zürich, und hier bildete sich unter der Bezeichnung «Spiritualen» oder «Brüder» eine Wiedertäufersekte. Sie vertrat die Erwachsenentaufe, verwarf weltliche und geistliche Obrigkeit, Abgaben, Zehnten, Zinsen, Kriegsdienst und Eidesleistung und verkündete die baldige Wiederkehr Christi.

Um diese Zeit gewann Ulrich Zwingli den Großen Rat der Stadt Zürich für seine reformatorischen Ideen, zu denen auch die Oberaufsicht der weltlichen Herrschaft über das religiöse Leben gehörte. Seine Versuche, die «Brüder» für eine freundlichere Einstellung zum Staat zu gewinnen und die Kindertaufe zuzulassen, blieben vergeblich. Der Rat lud sie zu einer öffentlichen Disputation (17. Januar 1525); und als es nicht gelang, sie zu bekehren, verbannte er die Eltern ungetaufter Kinder. Die Wiedertäufer trotzten dem Rat, beschimpften Zwingli und durchzogen mit dem Ruf «Wehe dir, Zürich!» die Straßen. Die Führer wurden festgenommen und verbannt, womit man ihnen aber nur ermöglichte, ihre Missionstätigkeit anderswo fortzusetzen. In St. Gallen und Appenzell fanden sie starken Widerhall, auch in Bern und Basel gab es Mitläufer; Hubmaier überzeugte die Waldshuter beinahe vollzählig. In Appenzell vereinigten sich einmal zwölfhundert Täufer und warteten nach dem Spruche «Sorget nicht, was ihr essen werdet», der Speise, welche der himmlische Vater ihnen zusenden werde, bis der Hunger sie auseinandertrieb.

Solange die Bauern im Frühjahr 1525 Erfolge erzielten, hatten die Täufer großen Zulauf; als aber die Reichsfürsten die Oberhand gewannen, fühlte sich auch das schweizerische Patriziat stark genug, um zu Unterdrückungsmaßnahmen zu schreiten. In Zürich nahm man erst Manz (Juli), dann Grebel und schließlich Hubmaier fest und warf sie und alle Halsstarrigen ins Turmverlies, um sie bei Wasser und Brot «ersterben und faulen» zu lassen. Grebel tat dem Rat den Gefallen, aber Manz mußte in der Limmat ersäuft werden; Hubmaier widerrief, wurde freigelassen, widerrief den Widerruf und wandte sich predigend nach Augsburg und Mähren; Hätzer verlor in Konstanz, der Propagierung der Erwachsenentaufe und der Bigamie beschuldigt, seinen Kopf. Protestantische und katholische Orte wetteiferten in der Unterdrückung der Sekte, bis um 1530 in der Eidgenossenschaft nur noch einige geheime und bedeutungslose Reste übriggeblieben waren.

Dagegen hatte sich die Bewegung in Süddeutschland zu einer wahren Landplage entwickelt. Die Bekehrten fühlten sich von einem unwiderstehlichen evangelischen Bekennerfieber ergriffen und warben unermüdlich für ihren neuen Glauben. In Augsburg gewannen Denck und Hubmaier unter den Webern und den kleineren Gewerbetreibenden zahlreiche Anhänger; in Tirol schlossen sich nach dem Zusammenbruch des Bauernaufstands viele Bergleute – die ihre Armut mit dem Reichtum der Fugger und Hochstetter verglichen – den Wiedertäufern an. In Straßburg breitete sich die Sekte in aller Stille aus, weil ihr die Behörden, vom katholisch-protestantischen Streit zu sehr absorbiert, keine Aufmerksamkeit schenkten. Erst eine Streitschrift warnte die Obrigkeit 1528, wer lehre, daß alles gemein sein solle, «der habe nichts anderes im Sinn, denn die Untertanen wider die von Gott verordnete Obrigkeit und den armen Haufen wider die Habhaften zu Unfrieden und Aufruhr zu bewegen». Im selben Jahr erklärte Karl V. durch kaiserliches Edikt die Wiedertäuferei zu einem todeswürdigen Verbrechen. 1529 bestätigte der Reichstag zu Speyer den Erlaß und ordnete an, die Wiedertäufer, wo man sie ergreife, ohne Gericht und Urteil wie reißende Bestien zu töten. Ein Täuferchronist hat, vielleicht nicht ohne Übertreibungen, die Strafmaßnahmen im Geist der frühchristlichen Hagiographen geschildert:

«Etliche hat man zerreckt und zerstreckt, etliche zu Asche und Pulver verbrannt, etliche an Säulen gebraten, etliche mit glühenden Zangen zerrissen, einige in Häuser versperrt und alles miteinander verbrannt, andere an die Bäume gehenkt, etliche mit dem Schwert hingerichtet, etliche ins Wasser gestoßen ... Andere sind in finstern Türmen verhungert oder verfault; gar viele sind, ehe man sie tötete, mit allerlei Plag gepeinigt, etliche, die man zu jung geachtet zum Richten, mit Ruten geschwungen worden. Auch sind viele zu Jahren in Türmen und Gefängnissen gelegen ... Die übrigen, die dem allen entronnen sind, hat man verjagt von einem Land zum andern, von einem Ort zum andern. Gleichwie Eulen und Nachtraben, die des Tags nicht wandeln dürfen, mußten sie sich oftmals in Felsen und Steinklüften, in wilden Wäldern, in Gruben und Löchern der Erde aufhalten und verkriechen.»[21]

Nach der zeitgenössischen Angabe Sebastian Francks verloren bis 1530 2000 Täufer ihr Leben, im elsässischen Städtchen Ensisheim allein deren 600. Wer in Salzburg verstockt blieb, wurde langsam zu Tode geröstet; wer sich zum Widerruf entschloß, erwirkte sich die Gunst, vorher geköpft zu werden (1528). Auf dieses Märtyrertum entstanden ergreifende Hymnen, deren Verfasser meist selber zu Märtyrern wurden.

Die Sekte breitete sich trotz dieser blutigen Verfolgung nach Norddeutschland aus, hießen doch manche Herren sowohl in Württemberg wie in Preußen die Täufer als friedliche und fleißige Leute auf ihren Besitzungen willkommen. Ein früher lutherischer Chronist berichtet, das sächsische Werratal wimmle von Täufern, und die Stadt Erfurt rühmte sich, dreihundert Missionare zur Bekehrung der sterbenden Welt ausgesandt zu haben. Einigen Anhang gewann in Mähren Hubmaiers gemäßigte Lehre: «Ich habe immer und allerweg von der Gemeinschaft der Güter so geredet, daß ein Mensch mit dem anderen Mitleid haben, die Hungrigen speisen, die Durstigen tränken, die Nackten bekleiden soll, denn wir sind ja nicht Herren unserer Güter, sondern nur Schaffner oder Austeiler.» Der unter Müntzers Einfluß stehende Hans Hut machte Hubmaier die mährischen Wiedertäufer mit der Lehre von der absoluten Gemeinschaft aller Güter abspenstig. Hubmaier wandte sich nach Wien, wo man ihn als Ketzer den Flammen übergab und seine Frau gefesselt in die Donau warf (1528).

Huts Anhänger gründeten in Austerlitz eine urchristliche Gemeinde, die jede Art von Krieg für Sünde erklärte und – als sähe sie Napoleon voraus – jeden Kriegsdienst verweigerte. Sich auf Landwirtschaft und Kleinhandwerk beschränkend, gelang es ihnen, ihre Gütergemeinschaft beinahe ein Jahrhundert hindurch aufrechtzuerhalten. Allerdings genossen sie den Schutz des Landadels, dessen Güter dank ihrer eifrigen Bewirtschaftung reicheren Ertrag brachten. Die Felder bestellte man gemeinsam; was dazu von außerhalb nötig war, wie auch der Bedarf der Handwerker, kauften und verteilten die Vorsteher der Gemeinden; ein Teil des Reinertrags ging an das Herrenhaus als Pacht, vom Rest bekam jeder, was er brauchte. Die Zelle der Gesellschaftsstruktur bildete nicht die Familie, sondern eine «Haushabe» von vierhundert bis zweitausend Köpfen mit einer gemeinschaftlichen Küche und Wäscherei, einer Schule, einem Spital und einer Brauerei. Die Einehe blieb in Kraft, aber die Kinder wurden, sowie sie aus den Windeln waren, gemeinsam erzogen. Im Dreißigjährigen Krieg wurden diese Genossenschaften durch kaiserliches Edikt aufgelöst (1622); die Mitglieder traten teils zum Katholizismus über, teils zogen sie die Auswanderung vor; die meisten gingen nach Rußland, einige nach Ungarn. Wir werden ihnen noch einmal begegnen.

In den Niederlanden verkündigte der aus Schwaben stammende Gerber Melchior Hofmann das Täuferevangelium mit erstaunlichem Erfolg. In Leyden kam sein Jünger Jan Matthys zu dem Schluß, daß man nicht länger geduldig auf den Anbruch des neuen

Jerusalem warten dürfe, sondern sofort und nötigenfalls mit Gewalt handeln müsse. Der fähigste der zwölf Apostel, die er zur Verkündigung der frohen Botschaft durch ganz Holland sandte, war ein junger, gut aussehender Schneider, Jan Bockelson; die Geschichte kennt ihn als Johann von Leyden und Meyerbeers Oper als den «Propheten». Er war ein Mann ohne Bildung, aber intelligent und phantasievoll, schlagfertig und willensstark, dichtete und schrieb Schauspiele, die er selbst in Szene setzte. Als er auf die Schriften Thomas Müntzers stieß, schien ihm einzig jene Spielart des Christentums, die Mühlhausen gewonnen und verloren hatte, als gottgewollt. Von Jan Matthys zum Täufertum bekehrt (1533), nahm er im gleichen Jahr, vierundzwanzigjährig, die verhängnisvolle Einladung an, sein Evangelium in Münster, der wohlhabenden, volkreichen Hauptstadt Westfalens, zu verkünden.

Die Stadt, nach dem Kloster benannt, um das herum sie sich gebildet hatte, war Bischof und Domkapitel untertan, hatte sich aber dank ihrem Großgewerbe und Handel gewisse Freiheiten erworben. Eine die siebzehn Zünfte vertretende Bürgerversammlung bestimmte jährlich zehn Wahlmänner, die ihrerseits den Stadtmagistrat wählten. Die politisch fähigen Köpfe rekrutierten sich aus den Kreisen der Wohlhabenden, die natürlich im Rat dominierten. Vom Erfolg des Bauernaufstands ermutigt, präsentierten die unteren Stände dem Magistrat sechsunddreißig Forderungen, von denen einige gewährt wurden, während der Rest in den Schubladen verschwand (1525). Das Sprachrohr der Unzufriedenen, der lutherische Pastor Bernard Rottmann, bat Jan Matthys, einige holländische Täufer als Hilfsprediger nach Münster zu schicken. Am 13. Januar 1534 traf Johann von Leyden ein und bald darauf Matthys persönlich. Einen Aufstand fürchtend, ersuchte die «Liga der Ordnung» den Bischof Franz von Waldeck, die Stadt mit seinen zweitausend Landsknechten zu besetzen. Unter der Führung Rottmanns, Matthys' und Johanns von Leyden setzte sich die Bevölkerung im Straßenkampf zur Wehr, jagte die Söldner aus der Stadt und richtete ein Gewaltregiment auf (10. Februar 1534). Ein neuer Magistrat wurde gewählt, in dem die Täufer die Mehrheit besaßen, zwei von ihnen, Knipperdolling und Kippenbroick, machte man zu Bürgermeistern, und das aufregende Experiment begann.

Münster sah sich unversehens in Kriegszustand versetzt, zog doch der Bischof Verstärkungen heran und belagerte die Stadt. Da man zudem Unterstützung von seiten aller konservativen Kräfte Deutschlands befürchtete, verfügte der neue Magistrat, um sich vor innerer Opposition zu sichern, daß sich alle Erwachsenen nochmals taufen lassen oder der Stadt den Rücken kehren müßten. Es war eine grausame Maßnahme, denn Greise, stillende Mütter und bloßfüßige Kinder mußten mitten im Winter auswandern. Der Kampf wurde mit größter Erbarmungslosigkeit geführt; beide Parteien richteten jeden hin, der der Gegenseite anhing. In der Not des Krieges löste man den Stadtmagistrat auf und schuf dafür eine allgemeine Bürgerversammlung nebst einem Sicherheitsausschuß, die beide von den religiösen Fanatikern beherrscht wurden. Matthys fiel bei einem verlustreichen Ausfall (5. April 1534); von da an regierte Johann von Leyden wie ein König die Stadt.

Der unter diesem Regime eingeführte «Kommunismus» bedeutete unter der direkten Bedrohung der Stadt eine Zwangswirtschaft. Da die Menschen von Natur aus ungleich sind, kann nur Gefahr sie dazu zwingen, ihr Geschick und ihre Güter zu teilen. Die bürgerlichen Freiheiten richten sich stets nach dem Grad der äußeren Sicherheit; die Gleichheit löst sich auf, wenn sie sich am Frieden bewähren muß. Ein Mangel an Einigkeit hätte das Leben der Belagerten gefährdet, und so fügten sie sich, von demagogischer Beredsamkeit und religiösen Illusionen hingerissen, in die Zwangsjacke eines «theokratisch-sozialistischen Versuchs», der, wie sie hofften, das in der Apokalypse prophezeite neue Jerusalem verwirklichen würde. Symbolhaft legte sich Johann von Leyden den Titel eines «Königs von Zion» zu, während sich die Mitglieder des Sicherheitsausschusses die «Ältesten der zwölf Stämme Israels» nannten. Vielleicht um sich in ihrer prekären Stellung einen hilfreichen Nimbus zu schaffen, kleideten sie sich in die kostbaren Gewänder der geflohenen Patrizier. Von übelwollender Seite warf man ihnen auch vor, daß sie überreichlich tafelten, obschon die Bevölkerung hungere; die Quellen lassen keinen sicheren Schluß zu, doch fühlen Führer stets die dringende Verpflichtung, für ihr leibliches Wohl zu sorgen. Den größten Teil der beschlagnahmten Kostbarkeiten verteilten sie freilich ans Volk, und so lesen wir: «Die Ärmsten, die bei uns sind und die vormals verachtet waren als die Bettler, die gehen nun so köstlich gekleidet wie die Höchsten und Vornehmen.» Man hungerte in Herrlichkeit.

Im übrigen blieb die Durchführung des «Kommunismus» in den ersten Anfängen stekken. Laut einem unfreundlich gesinnten Augenzeugen dekretierten zwar die Machthaber, «daß alle Güter sollen gemein sein», aber in der Praxis blieb das Privateigentum – mit Ausnahme des Schmucks, der Edelmetalle und der Kriegsbeute – bestehen. Nur die aktiv an der Verteidigung Beteiligten nahmen die Mahlzeiten gemeinsam ein, wobei man Hymnen sang und aus der Bibel vorlas. Zur Betreuung der Armen bestellte man drei Diakone, die die nötigen Mittel aus dem Überfluß der in der Stadt verbliebenen Wohlhabenden requirierten, und verteilte den innerhalb der Mauern brachliegenden Boden an die Haushalte zur Bepflanzung. Ein Dekret bestätigte ausdrücklich die Obergewalt der Männer über die Frauen.

Die äußerst strengen Sittengesetze gestatteten Belustigungen, religiöse Schauspiele und Tanz nur unter Aufsicht; Trunkenheit, Würfelspiele und Prostitution waren bei schweren Strafen verboten. Vergewaltigung und Ehebruch kosteten das Leben. Da infolge der Flucht vieler Männer Frauenüberfluß herrschte, bestimmten die Ältesten, auf einschlägige Stellen der Heiligen Schrift gestützt, daß alleinstehende Frauen «Genossinnen der Gattin», in der Praxis also Nebenfrauen, werden konnten, ein Ausweg, der offenbar kinderloser Einsamkeit vorgezogen wurde. Konservative Elemente protestierten, lehnten sich auf und bemächtigten sich des «Königs»; doch die sich schnell sammelnden Täufer überwältigten und erschlugen die Wein- und Freudetrunkenen, ein Sieg des neuen Jerusalem, an dem die holde Weiblichkeit tatkräftig mitwirkte. Der befreite und wieder auf den Thron gesetzte Johann nahm sich nunmehr gleich mehrere Weiber und führte, feindseligen Chronisten zufolge, ein tyrannisches Gewaltregiment. Dennoch muß er gewinnende Züge besessen haben, ertrugen doch Tausende freudig seine Fuchtel und gaben ihr Leben für ihn hin. So meldeten sich, als er einen Überfall auf das Lager der Belagerer plante, so viele Weiber freiwillig, daß es ihm unklug schien, sie alle einzureihen; und als er Freiwillige aufrief, die als «Apostel» auswärtige Täufergruppen um Hilfe angehen sollten, versuchten zwölf Männer, sich durch die feindlichen Linien zu schleichen; sie wurden alle abgefangen und hingerichtet. Eine Frau, die gleich Judith auszog, den Bischof zu ermorden, erlitt dasselbe Schicksal.

Viele deutsche und holländische Täufer verurteilten das Gewaltregiment ihrer Brüder zu Münster, weit mehr aber zollten ihrem Aufstand Beifall. In Köln, Trier, Amsterdam und Leyden summte es von Gebeten der Täufer um den Sieg. Amsterdam entsandte fünfzig Boote mit Hilfsmannschaften für die belagerte Stadt (22. und 25. März 1535), doch die niederländischen Behörden zersprengten die Flottille. Am 28. März besetzte – dem Beispiel Münsters folgend – eine Täuferrotte ein westfriesisches Kloster und verschanzte sich darin; ihre Niederringung kostete 800 Menschenleben.

Angesichts der sich ausbreitenden Revolte boten die konservativen Reichsstände, protestantische wie katholische, alle ihre Hilfsmittel zur Ausrottung der Sekte auf. Luther, der noch 1528 Nachsicht gegen die neuen Ketzer empfohlen hatte, riet 1530, «das Schwert zu verwenden», weil sie «nicht nur Gotteslästerer, sondern auch böse Aufrührer» seien, und fand damit sogar Melanchthons Zustimmung. Reichsstadt nach Reichsstadt sandte dem Bischof Geld oder Landsknechte; der Reichstag zu Worms beschloß eine Reichssteuer zur Finanzierung der Belagerung (4. April 1535). So sah sich der Bischof in der Lage, den Belagerungsring dichter zu schließen und die Verproviantierung der Stadt zu unterbinden.

Als der Hunger den Elan zerbrach, gestattete König Johann den wankelmütig Gewordenen den Abzug aus der Stadt; viele Frauen und Kinder machten sich auf den Weg, und auch ein paar Männer schlossen sich ihnen an, wurden aber von den Landsknechten abgefangen und eingekerkert oder umgebracht; die Frauen sparte man für verschiedene Dienstleistungen auf. Ein Abgewanderter führte, um sein Leben zu retten, die Belagerer zum einzigen unbewachten Punkt der Stadtmauer; sie wurde erklommen, ein Tor von innen geöffnet, und mehrere Tausend Mann ergossen sich in die Stadt. Hunger hatte die Belagerten entkräftet, so daß sich nur noch 800 Mann, auf dem Marktplatz verbarrikadiert, zu wehren vermochten. Schließlich streckten sie gegen die Zusicherung freien Abzugs die Waffen, doch kaum hatten sie es getan, setzte ein Massenmorden ein. Bei Haussuchungen zerrte man noch 400 Personen aus ihren Verstecken und erschlug sie.

«Und alsbald haben die Schinder zuerst den König (Johann von Leyden) in das Halseisen eingeschlossen und an den Pfahl gebunden, hiernach die glühende Zange ergriffen und denselben an allen fleischigen und übrigen Teilen seines Leibes dergestalt gezwickt, daß von einem jeden Orte, der von der Zange berührt wurde, die Flamme herausloderte und ein solcher Gestank entstand, daß beinahe alle, die auf dem Markt standen, solchen Geruch in ihren Nasen nicht ertragen konnten ... Als man sie aber lange genug gemartert hatte und sie noch lebendig waren, riß man ihnen endlich mit einer glühenden Zange die Zunge aus dem Halse und stieß ihnen zugleich, so stark man konnte, einen Dolch in das Herz.»[22]

Der Bischof beschnitt die Freiheiten der wiedergewonnenen Stadt, unterwarf sämtliche Magistratsbeschlüsse seinem Veto und führte im Triumph das katholische Ritual wieder ein. Die für ihr Leben fürchtenden Täufer sagten sich im ganzen Reich von den Aufrührern und Gewaltpropagandisten los, aber zu spät; viele Friedfertige unter ihnen endeten auf dem Scheiterhaufen. Sowohl Luther als auch Melanchthon empfahlen dem Landgrafen von Hessen die gewaltsame Ausrottung der Sekte, schien doch diesen konservativen Häuptern des Protestantismus die Gefahr für die hergebrachte wirtschaftliche und politische Ordnung so groß, daß sie unvergeßliche, drakonische Maßnahmen für angezeigt hielten.

Die Wiedertäufer lernten aus den Ereignissen, verschoben den Gemeinschaftsbesitz aller Güter aufs Millenium und beschränkten sich auf jene ihre Grundsätze, die den Staat nicht beleidigten, wie Nüchternheit, Einfachheit, Frömmigkeit und Nächstenliebe. Der zu den Täufern übergegangene katholische Priester Menno Simons gab seinen deutschen und holländischen Glaubensbrüdern eine so kluge Wegleitung, daß die «Mennoniten» alle Drangsale überstanden und in Holland, Rußland und Amerika blühende ländliche Gemeinwesen gründen konnten. Es besteht keine klare Verbindung zwischen den Wiedertäufern auf dem Kontinent und den englischen Quäkern und amerikanischen Baptisten; doch dürfte die Weigerung der Quäker, Eide und Kriegsdienst zu leisten, ebenso wie die Forderung der Baptisten nach der Erwachsenentaufe auf den gleichen religiösen und ethischen Traditionen fußen, die dem Wiedertäufertum in der Eidgenossenschaft, Deutschland und Holland als Grundlage dienten. Eines haben und hatten alle diese Gemeinschaften gemeinsam: ihre Bereitschaft, friedlich neben anderen Bekenntnissen zu leben. Ihr Glaube, dank dessen sie Mühsale, Armut und Verfolgung überstanden, ist kaum mit unserer Philosophie der Vergänglichkeit in Übereinstimmung zu bringen; aber auch sie haben mit ihrer Aufopferung, ihrem Ernst und ihrer Nächstenliebe unser Erbe bereichert und die Verfehlungen der Menschheit sühnen helfen*.

---

* 1719 wanderten deutsche Wiedertäufer nach Pennsylvanien aus und ließen sich in oder bei Germantown, Philadelphia, nieder; diese «Dunkers» zählen heute ungefähr 200000 Köpfe. 1874 verließen viele Wiedertäufer mährischer Abstammung Rußland und siedelten in Süddakota und Alberta. Im Osten Pennsylvaniens lehnen die «Amish»-Mennoniten – so genannt nach Jakob Amen, einem Führer des siebzehnten Jahrhunderts – offiziell immer noch Rasiermesser, Knöpfe, Eisenbahnen, Automobile, Kinos, Zeitungen, ja sogar Traktoren ab; doch gehören ihre Farmen zu den saubersten und blühendsten Amerikas.

# DRITTES KAPITEL

# *Zwingli: Die Anfänge der Reformation in der Schweiz*

[1477–1531]

## I. DIE EIDGENOSSENSCHAFT UM 1500

Die erfolgreiche Abwehr des Angriffs Karls des Kühnen (1477) hatte den Bund der eidgenössischen «Orte» (vom Ende des sechzehnten Jahrhunderts an immer häufiger «Kantone» genannt) gestärkt, ihren Nationalstolz gehoben und ihnen die Kraft gegeben, Maximilians Versuchen zu widerstehen, sie dem Heiligen Römischen Reich in der Praxis wie in der Theorie gefügig zu machen. Spannungen zwischen den bäuerlich-demokratischen Ländern und den bürgerlich-aristokratischen Städten der achtörtigen Eidgenossenschaft brachten diese in die gefährliche Nähe eines innerschweizerischen Kriegs. In letzter Minute stiftete ein weiser Einsiedler, Nikolaus von der Flüe – Bruder Klaus im Gedächtnis der Schweizer – auf der Tagsatzung zu Stans Frieden (1481).

Der lebenskräftige Bund erweiterte sich Ort um Ort. Fryburg und Solothurn wurden 1481, Basel und Schaffhausen 1501, Appenzell 1513 aufgenommen, womit ihre Zahl auf dreizehn gestiegen war; alle sprachen deutsche Mundarten; nur in Fryburg und Bern wurde teilweise auch französisch gesprochen. Der Staatsform nach bildeten sie einen lockeren republikanischen Staatenbund, in dem jedes Glied seine inneren Angelegenheiten unabhängig verwaltete, während die Beziehungen zum Ausland auf den sogenannten Tagsatzungen festgelegt wurden, zu denen jeder Ort die gleiche Zahl von Vertretern entsandte. Dennoch handelte es sich um keine reine Demokratie, da sich mehrere Orte zu Herren gewisser Gebiete gemacht hatten, deren Bevölkerung sie als Untertanen und nicht als stimmberechtigte Bürger betrachteten. Ebensowenig kann die damalige Eidgenossenschaft als friedliebend angesprochen werden. In den Jahren 1500 bis 1512 benutzten einige Orte die italienischen Wirren, um sich in den Besitz Bellinzonas, Luganos, Locarnos und anderer Gebiete südlich der Alpen zu setzen, und außerdem liehen sie schweizerische Söldnertruppen mit deren Einwilligung an fremde Mächte aus. Erst nach der Niederlage der schweizerischen Reisläufer bei Marignano (1515) verzichtete die Eidgenossenschaft auf weitere territoriale Expansion und proklamierte ihre Neutralität; von da an verwandte sie die Energie ihrer kräftigen Bauern, geschickten Handwerker und unternehmenden Kaufleute zur Schaffung eines der sozialsten Staatswesen der Geschichte.

Der schweizerische Klerus war ebenso lebenslustig und verderbt wie der italienische, und der Basler Humanistenkreis um Froben und Erasmus erfreute sich beträchtlicher Freiheit. Wilde Ehen der Priester fielen nicht aus dem sittlichen Rahmen der Zeit; so verlangte ein Schweizer Bischof für jedes von seinen Priestern gezeugte Kind vier Gulden und vereinnahmte aus dieser Quelle in einem Jahr 1520 Gulden. Andererseits führte er Klage, daß viele Geistliche die Wirtshäuser besuchten, Glücksspiele trieben und sich betränken – dies offenbar ohne die Bezahlung einer bischöflichen Gebühr. Mehrere Orte – und vor allem Zürich – unterstellten den Klerus ihrer weltlichen Obrigkeit und besteuerten klösterlichen Grundbesitz. Der Bischof von Konstanz, der in Zürich altverbriefte Rechte besaß, forderte wohl Gehorsam und Zehnten; doch war die Kurie vom italienischen Ränkespiel viel zu stark in Anspruch genommen, als daß sie den Anspruch hätte wirksam unterstützen können. 1510 gewährte Julius II. als Gegenleistung für Hilfstruppen dem Genfer Magistrat das Recht, Vorschriften für die dortigen Klöster und Stifte und die öffentliche Sittlichkeit zu erlassen. So hatten Zürich und Genf sieben Jahre vor Luthers Thesen das Kernstück der Reformation bereits verwirklicht, nämlich die Unterstellung der geistlichen unter die weltliche Autorität, und Zwingli und Calvin fanden freie Bahn, um, jeder auf seine Weise, Kirche und Staat zu verschmelzen.

## II. ZWINGLI

Ein Besuch der Geburtsstätte Huldrych oder Ulrich Zwinglis erinnert an die nicht immer zutreffende Regel, daß große Männer in kleinen Häusern zur Welt kommen. Der am rationalsten denkende und erfolgloseste der Reformatoren trat am 1. Januar 1484 ins Leben. Seine kleine Geburtsstätte stand im Bergdorf Wildhaus, etwa achtzig Kilometer südöstlich von Zürich im heutigen Kanton St. Gallen: ein niederes Giebeldach über den aus dicken Balken gezimmerten Hauswänden, kleine Butzenfenster, Böden aus massiven Planken, niedrige Decken, düstere Zimmer, eine krachende Stiege, mächtige Eisenbetten, ein Tisch, ein Stuhl, ein Bücherbord. Dieses historische Heim kündet von einer Umwelt, in der sich die natürliche Auslese nach strengen Gesetzen vollzog und die übernatürliche Auslese eine unerläßliche Hoffnung bildete. Zwinglis Vater war der Ammann* des weltabgeschiedenen Dorfes und seine Mutter die stolze Schwester eines Pfarrers. Ulrich selbst war der dritte von acht Söhnen, die um die Bewunderung der zwei Schwestern wetteiferten. Schon als Kind wurde er für die geistliche Laufbahn bestimmt.

Der Bruder seines Vaters, Dekan der Dorfkirche im nahen Weesen, teilte sich mit den Eltern in seine Erziehung und flößte Zwingli humanistische Neigungen und geistigen Weitblick ein, die ihn von Luther und Calvin scharf unterschieden. Als Zehnjährigen brachte man ihn zur weiteren Erziehung zum Magister Gregorius Binzli in Basel, vierzehnjährig kam er in eine Berner Schule, die unter der Leitung eines hervorragenden einheimischen Humanisten stand, von sechzehn bis achtzehn studierte er an der Wiener Universität zur Zeit ihrer humanistischen Hochblüte unter Konrad Celtes. In

* Schweizer. Bezeichnung für Gemeindevorsteher.

seinen Mußestunden spielte er Flöte, Harfe, Geige und Laute. Achtzehnjährig ging er nach Basel zurück und hörte die theologischen Vorlesungen Thomas Wyttenbachs, der schon 1508 Priesterzölibat, Messe und Ablaß kritisierte. Zweiundzwanzig Jahre alt, promovierte er zum Magister und wurde zum Priester ordiniert (1506). Seine erste Messe zelebrierte er inmitten seiner freudig bewegten Angehörigen in Wildhaus; hundert Gulden wurden für ihn gesammelt, und damit erkaufte er die Ernennung zum Gemeindepfarrer im dreißig Kilometer entfernten Glarus, wo er seine Amtspflichten mit Eifer erfüllte.

Um das Neue Testament im Original lesen zu können, erlernte er im Selbststudium Griechisch. Homer, Pindar, Demokrit, Plutarch, Cicero, Caesar, Livius, Seneca, Plinius den Jüngeren und Tacitus las er mit Begeisterung und verfaßte über den Satiriker Lukian einen Kommentar. Mit Pico della Mirandola und Erasmus stand er in Korrespondenz, bewunderte diesen als den «größten Philosophen und Theologen», sprach ihm in Basel persönlich seine Verehrung aus und las allabendlich vor dem Einschlafen in seinen Schriften (1515). Wie Erasmus entwickelte er eine besondere Empfindlichkeit gegenüber kirchlichen Mißständen, eine spottlustige Verachtung doktrinärer Frömmelei und eine vehemente Abneigung gegen den Gedanken, daß die Philosophen und Dichter des klassischen Altertums zur ewigen Höllenqual verdammt sein könnten; und einmal erklärte er, im Jenseits lieber das Los eines Sokrates oder Seneca als das eines Papstes teilen zu wollen. Seine Gelübde hinderten ihn nicht, fleischliche Freuden zu genießen, und vor seiner Heirat (1514) ließ er sich auf manches Abenteuer mit leichten Frauen ein. Seine Schäflein schienen sich nicht daran zu stoßen und ebensowenig die Päpste, die ihm bis 1520 für seine Parteinahme gegen die Glarner Franzosenfreunde eine Jahrespension von fünfzig Gulden gewährten. 1513 und 1515 ging er mit dem Glarner Kontingent der schweizerischen Reisläufer als dessen Feldprediger nach Italien und tat sein Bestes, sie der päpstlichen Sache geneigt zu halten; was er aber in den Schlachten bei Novara und Marignano vom Kriege sah, nahm ihn aufs schärfste gegen den Verkauf schweizerischer Kampfkraft an fremde Potentaten ein.

Als 1516 die Frankreichfreunde in Glarus die Oberhand gewannen, übernahm Zwingli eine Pfarrstelle zu Einsiedeln in Schwyz, wo seine Predigt schon vor Luthers Auftreten protestantische Elemente aufzuweisen begann. So forderte er 1517 eine nur auf der Bibel fußende Kirchenordnung, und seinem Erzbischof, dem Kardinal Matthäus Schiner, erklärte er beunruhigt, in der Schrift nur geringe Begründung für das Papsttum zu finden. Im August 1518 protestierte er ganz unverhohlen gegen den Ablaßhandel und beredete sogar die Benediktinermönche Einsiedelns, von ihrem einträglichen Marienaltar die Tafel «Hier gibt es vollen Erlaß von Schuld und Strafe für alle Sünden» zu entfernen. Begeisterte Berichte Zürcher Wallfahrer über seine Predigten führten zu seiner Berufung als Leutpriester an das Großmünster in Zürich, dieser lebendigsten Stadt der Schweiz (10. Dezember 1518).

Hier hielt er, ein sittlich und geistig gereifter Mann, eine Reihe von Predigten nach dem griechischen Urtext des Neuen Testaments; nur die Apokalypse, die ihm wenig zusagte, überging er; die Mystik, ein elementarer Zug in Luthers Charakter, war ihm so gut wie fremd. Wir besitzen kein nach dem Leben gemaltes Porträt Zwinglis, doch beschreiben ihn seine Zeitgenossen als stattlichen Mann; «sein angesicht früntlich und rotfarb». Seine Stimme klang melodisch und fesselte die Gemeinde. Er war weder so wortgewandt noch ein so guter Bibelausleger wie Luther; dafür kamen seine Predigten aus seinem Herzen und waren so klar, daß binnen kurzem ganz Zürich in seinem Bann stand; und als er neuerlich gegen das Ablaßwesen auftrat, fand er die Unterstützung seiner geistlichen Vorgesetzten. Im August 1518 kam der Franziskaner Bernhardin Samson aus Mailand über den Gotthard und verkaufte – der Tetzel der Schweiz – den Begüterten wie den Armen Leos Ablaß, den einen für ein Goldstück auf Pergament, den anderen für ein paar Kreuzer auf Papier; und mit einer einzigen Handbewegung sprach er alle in Bern Verstorbenen von sämtlichen Schrecken des Fegefeuers los. Zwingli protestierte, der Bischof von Konstanz deckte ihn; und Leo X., der aus den Ereignissen in Deutschland gelernt hatte, rief seinen verschwenderischen Apostel zurück.

1519 wütete die Pest in Zürich, und innerhalb eines halben Jahres starb ein Drittel der Bevölkerung. Zwingli hielt auf seinem Posten aus, mühte sich Tag und Nacht um die Pflege der Kranken, wurde selbst angesteckt und lag auf den Tod krank. Nach seiner Genesung war er zum volkstümlichsten Mann Zürichs geworden. Ferne Prominente wie Pirckheimer und Dürer sandten ihm Glückwünsche. 1521 wurde er zum Hauptpfarrer am Großmünster ernannt und fühlte sich jetzt stark genug, um die Reformation offen zu propagieren.

## III. DIE REFORMATION ZWINGLIS

Beinahe unbewußt, doch als ein natürliches Resultat seines ungewöhnlichen Bildungsganges, änderte er den Charakter des kirchlichen Rituals. Die Predigt hatte bis dahin nur geringes Gewicht besessen; in der Messe und Kommunion überwog das zeremonielle Element bei weitem; erst Zwingli machte die Predigt zum Kernstück des Gottesdienstes. Er war aber nicht nur Prediger, sondern auch Lehrer; und je höher seine Selbstsicherheit stieg, desto zwingender brachte er seine Überzeugung vor, daß die Christenheit zu dem schlichten Kult ihrer Frühzeit zurückkehren müsse. Luthers Schriften und Rebellion wie auch Hus' Traktat *Über die Kirche* wühlten ihn zutiefst auf. 1520 griff er in aller Öffentlichkeit das Dogma vom Fegefeuer, die Heiligenanrufung und das Ordenswesen an; darüber hinaus erklärte er die Entrichtung des Kirchenzehnten, wie in der Schrift geschrieben stehe, zur freiwilligen Leistung der Gemeindeglieder. Sein Bischof drang in ihn, diese Äußerungen zu widerrufen; er hielt an ihnen fest, und der Magistrat steifte ihm mit der Verfügung den Rücken, daß Zürcher Prediger nur das predigen dürften, was in der Bibel zu finden sei. 1521 bewog Zwingli den Großen Rat, die Anwerbung schweizerischer Reisläufer durch den König von Frankreich zu verbieten; ein Jahr später wurde das Verbot auf alle fremden Mächte ausgedehnt; und als Kardinal Schiner fortfuhr, Schweizer für den Papst anzuwerben, soll Zwingli gesagt haben, daß der Kardinal nicht ohne Grund einen roten Hut und Mantel trage; «man dürfe sie nur winden, so würde man das Blut der nächsten Verwandten herausrinnen sehen». Da er in der Schrift keine Grundlage für das Verbot des Fleischgenusses in der Fastenzeit fand, hob er dieses kirchliche Gebot für seine Gemeindeglieder auf. Der Bischof von Konstanz protestierte abermals; Zwingli antwortete mit einer Schrift *Archeteles* (Anfang und Ende), worin er einen allgemeinen Aufstand gegen die Kirche voraussagte und den Kirchenfürsten riet, wie Caesar ihre Mäntel um sich zu schlagen und würdevoll zu sterben. Er und zehn weitere Priester richteten an den Bischof eine Bittschrift, die Priesterehe zu gestatten und damit der klerikalen Sittenlosigkeit zu begegnen (1525). Um diese Zeit war Anna Reinhard seine Geliebte oder geheime Ehefrau. 1524 ließ er sich offiziell trauen, ein Jahr vor Luthers Eheschließung mit Katharina von Bora.

Vor diesem endgültigen Bruch mit der Kirche hatte er zwei Disputationen bestritten, die an den Leipziger Disput zwischen Luther und Eck gemahnten und ein fernes Echo auf die scholastischen Disputationen der hochmittelalterlichen Universitäten darstellten. Ein halbdemokratisches Gebilde wie die damalige Eidgenossenschaft sah nichts Erschütterndes in Zwinglis Anregung, die Meinungsverschiedenheiten zwischen ihm und seinen romtreuen Gegnern vor einem unparteiischen Gremium zum Austrag zu bringen. Der Große Rat von Zürich warf sich kurzerhand zum theologischen Schiedsrichter auf und lud die Bischöfe ein, ihre Vertreter zu entsenden. Sie kamen in Massen, und insgesamt fanden sich etwa sechshundert Personen zu dem aufregenden Ereignis im Zürcher Stadthaus ein (25. Januar 1523).

Zwingli erbot sich, siebenundsechzig Thesen zu verteidigen:

«I. Alle so redend, das evangelium sye nüt on die bewärnuß der kilchen, irrend und schmähend gott.

XV. Dann in deß glouben stat unser heil; und in deß unglouben unser verdammnuß: dann alle warheit ist klar in jm.

*Vom papst.*

XVII. Daß Christus ein einiger ewiger obrester priester ist, darus ermessen wirt, daß die sich obrest priester usgeben hand, der eer und gewalt Christi widerstrebend, je verschupfend.

*Von der meß.*

XVIII. Daß Christus, sich selbst einest ufgeopfert, in die ewigkeit ein wärend und bezalend opfer ist, für aller glöubigen sünd; darus ermessen wirt, die meß nit ein opfer, sunder des opfers ein widergedächtnuß syn, und sichrung der erlösung, die Christus uns bewisen hat.

*Vom spysverbot.*

XXIV. Daß ein ieder Christ zů den werken, die gott nit geboten hat, unverbunden ist; gedar alle zyt alle spys essen; darus erlernet wirt, käs- und ankenbrief ein römische geschwindigkeit syn.

*Von der geistlichen ee.*

XXVIII. Daß alles, so gott erloubt oder nit verboten hat, recht ist; dannen har die ee allen menschen zimmen erlernet wirt.

*Von oberkeit.*

XXXIV. Der geistlich (genämt) gwalt hat sines prachts keinen grund us der leer Christi.

XXXV. Aber der weltlich hat kraft und befestigung us der leer und that Christi.

*Von ärgernuß.*

XLIX. Größer verärgernuß weiß ich nit, denn daß man den pfaffen eewyber haben nit nachlaßt, aber hůren haben um gelts willen vergünnt. Pfuch der schand!

*Vom fegfür.*

LVII. Die war heilig gschrift weißt kein fegfür nach disen zyten.

*Von abstellung der mißbrüchen.*

LXVI. Es sollend alle geistlich fürgesetzten sich ylends niderlassen und einig das krüz Christi, nit die kisten, ufrichten; oder si gond um, denn ich sag dir: di ax stat am boum.» [1]

Der Generalvikar der Diözese Konstanz, Johann Faber, weigerte sich, auf die einzelnen Punkte einzugehen, und erklärte, das sei Sache der großen Universitäten oder eines allgemeinen Kirchenkonzils. Zwingli widersprach; jetzt, da das Neue Testament auch in den Volkssprachen vorliege, besäßen alle Gottes Wort und seien daher in der Lage, über die Streitfragen zu befinden. Dies genügte dem Großen Rat. Er stimmte Zwingli zu, sprach ihn von der Anklage der Irrlehre frei und wies alle Zürcher Geistlichen an, nur das zu predigen, was sie mit der Schrift begründen könnten. Hier, wie im Deutschland Luthers, warf sich der Staat zum Herrn über die Kirche auf.

Die meisten Priester, deren Besoldung jetzt der Staat garantierte, fügten sich willig der Weisung des Rats. Viele heirateten, tauften in der Mundart und ließen Messe und Heiligenkult fallen. Eine Rotte von Übereifrigen begann die Bilder und Statuen in den Zürcher Kirchen wahllos zu zerstören. Von solcher Gewalttätigkeit beunruhigt, schrieb Zwingli eine zweite Disputation aus, an der 350 Kleriker und 550 Laien teilnahmen (26. Oktober 1523). Als Ergebnis untersagte der Große Rat jeden Aufruhr und beauftragte einen Ausschuß, dem auch Zwingli angehörte, einen religiösen Leitfaden für das Volk zu verfassen. Zwingli schrieb in aller Eile *Eine kurze Christliche Einleitung*, die der Rat allen Priestern des Kantons zustellte. Die katholische Hierarchie protestierte, und die Tagsatzung zu Luzern schloß sich ihr an, forderte aber gleichzeitig eine Kirchenreform (26. Januar 1524). Der Große Rat von Zürich setzte sich über beide Proteste hinweg.

Ausführlicher formulierte Zwingli seine Lehre in zwei lateinischen Abhandlungen: *De vera et falsa religione* (1525) und *Ratio fidei* (1530). Sie basierten auf den fundamentalen Grundsätzen der Kirche: dem dreieinigen Gott, dem Sündenfall, der Fleischwerdung, der unbefleckten Empfängnis und der Erlösung; doch interpretierte er den «Sündenfall» nicht als eine von unseren «ersten Eltern» an uns weitergegebene Schuld oder Belastung, sondern als eine in der Natur des Menschen liegende Neigung zum Bösen. In Übereinstimmung mit Luther glaubte er, daß sich der Mensch das ewige Seelenheil niemals durch gute Werke verdienen könne, sondern nur durch den Glauben an die erlösende Kraft des Kreuzestodes Christi. Hinsichtlich der Prädestinationslehre befand er sich in Übereinstimmung mit Luther und Calvin: alle Dinge, und daher auch eines jeden Menschen ewiges Schicksal, sei von Gott vorgesehen, und sie müßten sich wie vorhergesehen ereignen. Dennoch verurteile Gott nur solche zur ewigen Verdammnis, die nicht auf seine Heilsbotschaft hören. Die Kinder christlicher Eltern gehen, wenn sie in frühester Kindheit sterben und nicht getauft sind, in die ewige Seligkeit ein, weil sie noch zu klein waren, um zu sündigen. Die Hölle existiert, aber das Fegefeuer ist ein Märchen ... ein geldbringendes Geschäft für die, die es verbreiten; die Heilige Schrift weiß nichts davon. Sakramente sind, obschon keine wunderwirkenden Handlungen, wertvolle Symbole der göttlichen Gnade. Die Ohrenbeichte ist nicht vonnöten; kein Priester – nur Gott – kann Sünden vergeben; doch wirkt es häufig wohltuend, wenn man seine Seelennöte einem Priester anvertraut. Im Abendmahl verzehrt man nicht den Leib Christi; es bleibt jedoch ein Symbol für die Zugehörigkeit der Seele zu Gott und des einzelnen zur christlichen Gemeinschaft.

Zwingli behielt das Abendmahl als einen Teil seiner Gottesdienstordnung bei und verabreichte es in beiden Formen, aber nur viermal im Jahr. Bei diesen feierlichen Abendmahlsgottesdiensten bediente er sich noch vieler Elemente der überlieferten Messe mit Ausnahme des Lateins, das endgültig in Acht und Bann getan war. Während des übrigen Jahres ersetzte die Predigt die Messe; der Appell des Rituals an Sinne und Einbildungskraft wurde dem Appell an den Verstand untergeordnet – ein wagemutiges Spiel mit der Intelligenz der Masse und der Lebensdauer von Ideen. Da an die Stelle einer unfehlbaren Kirche eine unfehlbare Bibel als Richtschnur für die Lehre und das sittliche Verhalten getreten war, paßte man Luthers Übertragung des Neuen Testaments der schweizerdeutschen Mundart an und beauftragte ein Gremium von Humanisten und Gottesgelehrten unter der Führung des gottesfürchtigen Leo Jud, eine deutsche Version der gesamten Bibel herzustellen. Der Zürcher Buchdrucker Christoph Froschauer veröffentlichte sie 1534, vier Jahre vor dem Erscheinen der verbesserten Fassung Luthers.

In getreuer Observanz des zweiten Gebots und als Herold der Rückkehr der protestantischen Christenheit zu ihren jüdischen Ursprüngen befahl der Große Rat, alle religiösen Bildwerke, Symbole und Reliquien aus den Kirchen zu entfernen; sogar die Orgel wurde verbannt, und das gewaltige Schiff des Großmünsters wurde zu der unbeseelten Nüchternheit verurteilt, die wir heute noch sehen. Sicherlich war einiges von dem, was diesem Bildersturm zum Opfer fiel, absurd, und einiges lud so zum Aberglauben ein, daß die Vernichtung gerechtfertigt war; einiges aber war doch so schön, daß Zwinglis Nachfolger, Heinrich Bullinger, den Verlust beklagte. Zwingli selbst verhielt sich gegen religiöse Darstellungen, sofern sie nicht als wunderwirkende Götzen verehrt wurden, durchaus tolerant, war aber mit ihrer Entfernung als der sichtbaren Mißbilligung jedes Götzendienstes einverstanden. Die dörflichen Kirchen im Züricher Gebiet durften ihre religiösen Darstellungen behalten, wenn sich eine Mehrheit der Gemeinde dafür aussprach. Unbekehrbaren Altgläubigen beschnitt man die bürgerlichen Rechte, indem man ihnen die Befähigung zur Bekleidung öffentlicher Ämter absprach. Der Besuch der Messe unterlag einer Geldbuße; der Fischgenuß am Freitag wurde obrigkeitlich verboten. Die Klöster und Konvente wurden (mit einer Ausnahme) geschlossen und in Spitäler und Schulen umgewandelt; Mönche und Nonnen zogen aus der klösterlichen Abgeschiedenheit in die Ehe. Die Namenstage der Heiligen, das Weihwasser, die Seelenmessen und Wallfahrten gehörten der Vergangenheit an. Zwar waren diese Reformen 1524 noch nicht alle durchgeführt; immerhin war zu diesem Zeitpunkt die Reformation bei Zwingli und in Zürich weiter gediehen als bei Luther und in Wittenberg; Luther fühlte sich damals immer noch als Mönch und zelebrierte Messen.

Im November 1524 wurde in Zürich ein «Heimlicher Rath» von sechs Köpfen zur

Regelung dringender und heikler obrigkeitlicher Probleme eingesetzt. Zwischen diesem Rat und Zwingli bildete sich ein Arbeitskompromiß heraus: Zwingli überließ dem Rat die Regelung nicht nur der weltlichen, sondern auch der geistlichen Angelegenheiten; andererseits unterwarf sich der Rat auf beiden Gebieten seiner Führung. Kirche und Staat verschmolzen zu einer Einheit, deren inoffizielles Haupt Zwingli war und die die Heilige Schrift (wie der Islam den Koran) als erste Quelle und letztes Kriterium des Rechts betrachtete. Das alttestamentliche Ideal des Propheten, der den Staat leitet, fand in Zwingli wie später in Calvin seine Verwirklichung.

Nach diesem raschen und völligen Erfolg in Zürich ist es verständlich, daß Zwingli mit begehrlichen Blicken auf die altgläubigen Orte jenseits der Grenze sah und sich fragte, ob denn nicht die ganze Eidgenossenschaft für die neue Form des alten Glaubens zu gewinnen sei.

## IV. DER CHRISTLICHE RITTER

Die Reformation hatte in der Konföderation tiefe Risse verursacht und drohte, sie gänzlich zu sprengen. Bern, Basel, Schaffhausen, Appenzell und Graubünden nahmen für, die übrigen Orte gegen Zürich Partei. Deren fünf – Luzern, Uri, Schwyz, Unterwalden und Zug – bildeten einen katholischen Bund zur Bekämpfung hussitischer, lutherischer und zwinglianischer Bewegungen (1524). Wohl in der Hoffnung, Habsburgs Macht in der Eidgenossenschaft neu aufrichten zu können, versprach Erzherzog Ferdinand von Österreich den katholischen Orten seine Hilfe und drängte zu gemeinsamer Aktion. Am 16. Juli schlossen alle Orte außer Schaffhausen und Appenzell Zürich von der Tagsatzung aus. Zürich und Zwingli reagierten mit der Entsendung von Predigern zur Verkündigung der neuen Lehre in den Thurgau. Einer dieser Männer wurde festgenommen, aber von Freunden befreit; an der Spitze einer wüsten Rotte drangen sie in etliche Kirchen ein, zerstörten Bilder und Symbole und plünderten und verbrannten ein Kloster (Juli 1524). Drei Rädelsführer wurden hingerichtet, und auf beiden Seiten stieg das Kriegsfieber. Der verängstigt in Basel sitzende Erasmus aber schrieb: «Nie ging ich hinein in ihre Kirchen, aber hinwiederum sah ich sie von ihrer Versammlung herkommen als wie von einem bösen Geiste Geschlagene, Jähzorn und seltsame Wildheit in ihrem Antlitz zur Schau tragend ... So denke ich, stürmen die Krieger vom Appell des Heerführers hinab zur Schlacht.» Sechs Orte drohten, aus der Eidgenossenschaft auszutreten, falls man Zürich nicht zügle.

Zwingli, der sich rasch in seiner neuen Rolle als militanter Staatsmann zurechtfand, riet der Stadt, Waffenlager anzulegen und Söldner in Dienst zu nehmen, mit Frankreich ein Bündnis zu suchen, den Aufstand in Tirol zu schüren und ein Feuer in Ferdinands Rücken zu unterhalten, St. Gallen und den Thurgau um Beistand anzugehen und ihnen dafür die Säkularisation der Klostergüter zuzusichern. Den katholischen fünf Orten unterbreitete er ein Friedensangebot mit drei Bedingungen: Verzicht auf das Bündnis mit Österreich, Übergabe des berühmten Stiftes St. Gallen an Zürich und Auslieferung Thomas Murners, eines Luzerner Satirikers, der den Reformatoren allzu scharf auf den

Leib gerückt war. Die fünf Orte lehnten ab. Zürich befahl seinen Parteigängern in St. Gallen, sich in den Besitz des Klosters zu setzen, was sie am 28. Januar 1529 taten. Im nächsten Monat steigerten die Vorgänge in Basel die Spannung noch weiter.

Führer der Protestanten in diesem «Schweizer Athen» war Johannes Husschin mit dem hellenisierten Namen Oecolampadius, der schon als Zwölfjähriger lateinische Verse verfaßt hatte, die griechische Sprache gleichfalls beherrschte und als Hebraist nur Reuchlin nachstand. Als Pfarrer der St. Martinskirche und als Theologieprofessor hatte er sich weit über Basel hinaus den Ruf erworben, ein in allen Dingen außer der Religion humaner Reformator und Sittenlehrer zu sein. 1521 wandte er sich gegen den mit der Beichte getriebenen Mißbrauch, gegen das Dogma der Transsubstantiation und gegen die Vergötterung Marias. 1523 von Luther belobt, bekannte er sich 1525 zu Zwingli und schloß sich dessen Verfolgung der Wiedertäufer an. Nur die Prädestinationslehre lehnte er ab und setzte ihr das Wort entgegen: *Salus nostra ex Deo, perditio nostra ex nobis* – «Unser Heil kommt von Gott, unsere Verderbnis von uns selbst». Als der jetzt mehrheitlich protestantische Große Rat Religionsfreiheit proklamierte, protestierte Oekolampad und forderte das Verbot der Messe (1528).

Am 8. Februar 1529 übermittelte eine in der Franziskanerkirche versammelte achthundert Köpfe zählende Menge dem Rat die Forderung, die Messe zu verbieten, die Altgläubigen aus den öffentlichen Ämtern zu entlassen und die bürgerlichen Rechte zu erweitern. Während der Rat noch beriet, liefen am nächsten Vormittag die Leute auf dem Marktplatz zusammen, und als gegen Mittag immer noch keine Beschlußfassung vorlag, stürmten sie mit Hämmern und Äxten in die Kirchen und vernichteten, was sie an religiösen Darstellungen fanden. Erasmus schilderte in einem Brief an Pirckheimer den Vorgang:

> «Handwerker und Künstler entfernten aus den Kirchen, was immer dafür in Betracht kam. Solch arges Gespött aber wurde laut wider die Bilder der Heiligen, selbst wider das des Gekreuzigten, daß es verwunderlich ist, daß kein Wunder dabei sich ereignet hat; viele ereigneten sich doch früher wegen oft nur geringfügigen Beleidigungen von Heiligen! Keine Statue blieb erhalten, weder in Kirchen, Vorhöfen, Hallen noch in Klöstern. Die vorhandenen Fresken wurden übertüncht mit einer Kalkschicht. Was brennbar war, warf man ins Feuer; was übrigblieb, ward kleingeschlagen. Nichts wurde verschont, da half weder Geld noch Überredungskunst.»[2]

Der Rat, der den Wink mit dem Zaunpfahl verstand, verbot die Messe. Erasmus, Beatus Rhenanus und fast alle Universitätsprofessoren wanderten aus Basel ab. Der siegreiche Oekolampad überlebte den Bildersturm nur zwei Jahre und starb bald nach Zwingli.

Als die Schwyzer im Mai 1529 einen Zürcher Prediger der neuen Lehre verbrannten, beredete Zwingli den Zürcher Rat zur Kriegsansage, entwarf persönlich den Feldzugsplan und stellte sich an die Spitze des Zürcher Aufgebots. Bei Kappel, fünfzehn Kilometer südlich von Zürich, unterbrach ein einziger Mann, der Landammann Äbli von Glarus, den Vormarsch, indem er einen einstündigen Waffenstillstand zu Verhandlungen mit den Fünförtigen erbat. Zwingli argwöhnte Verrat und befürwortete sofortigen Weitermarsch, wurde aber überstimmt. Damals ereignete sich die berühmte Episode, die wir einen Schweizer Historiker erzählen lassen:

«Während der Verhandlungen, die etwa zwei Wochen lang dauerten, machte sich der gemeine Mann im zürcherischen wie im fünfortigen Feldlager seine eigenen Gedanken über den Lauf der Zeit. Es kam, zumal da einfache Köpfe aus dem Sinn des sonderbaren Krieges nicht recht klug wurden, zwischen den Vorposten sogar zu einem freundeidgenössischen Verkehr. Eines Tages brachten katholische Wachen einen Zuber voll Milch, stellten ihn auf die Grenze und baten, da es ihnen an Brot mangelte, die gegenüberliegenden Zürcher, für die Brocken zu sorgen. ,Das geschach. Also aßent beid parthyen uß eyner mutten oder prenten.' Sie blieben aber durch die Grenzlinie getrennt. Wenn einer der Kriegsleute ,mit dem löffel zu·wyt in die prenten hangen wolt, so schlug ihm der ander theyl den löffel uff die knoden, sprechende: Friß uff dynem ertrich. Ich meyn', fügt der zürcherische Chronist Johannes Stumpf, der dies erzählt, mit offensichtlicher Genugtuung hinzu, ,das hieß suber und früntlich krieget.' Der Straßburger Staatsmann Jakob Sturm, der zu den Friedensvermittlern gehörte, soll über die Auslöffelung dieser sogenannten Kappeler Milchsuppe gestaunt haben: er bezeichnete – wenn wenigstens die Überlieferung nicht trügt – die Eidgenossen als wunderbare Leute, die zwar uneins, aber doch eins seien und der alten Freundschaft nicht vergäßen.» [3]

In den Verhandlungen siegte schließlich der gesunde Menschenverstand der Schweizer, und am 24. Juni 1529 kam der sogenannte erste Landfriede zustande. Er bedeutete bis zu einem gewissen Grade einen Sieg für Zwingli: Die katholischen Orte verpflichteten sich zur Bezahlung einer Kriegsentschädigung und zur Aufkündigung des Bündnisses mit Österreich; beide Parteien verpflichteten sich, ihre religiösen Differenzen ohne Gewaltanwendung zu schlichten und die Bevölkerungen der gemeinsamen Untertanengebiete ihr Bekenntnis selber durch Mehrheitsbeschluß wählen zu lassen. Zwingli war dennoch unzufrieden, weil seine Forderung nach freier Verkündigung des Evangeliums in den katholischen Orten nicht durchgedrungen war, und sagte voraus, daß der Frieden nicht lange dauern werde.

Trotzdem dauerte er achtundzwanzig Monate, in welcher Zeit man versuchte, eine politische Verständigung zwischen den deutschen und schweizerischen Protestanten herbeizuführen. Das war um so dringender, als Karl V. und Clemens VII. ihre Streitigkeiten zurückgestellt hatten und sich jetzt mit gemeinsamen Kräften gegen den Protestantismus wenden konnten. Inzwischen war dieser aber zu einem beachtlichen politischen Faktor geworden. Halb Deutschland war lutherisch; in vielen süddeutschen Städten und Gauen – Ulm, Augsburg, Mainz, Frankfurt am Main, Straßburg, Württemberg – sympathisierte man hingegen mehr mit Zwingli, und in der Schweiz selbst waren, bei einer überwiegend altgläubigen Landbevölkerung, die Städte zumeist protestantisch gesinnt. Doch wenn sie sich erfolgreich gegen Kaiser und Papst behaupten wollten, mußten sie zusammenstehen. Aber theologische Differenzen verbarrikadierten den Weg.

Landgraf Philipp von Hessen ergriff die Initiative und lud Luther, Melanchthon und andere deutsche Protestanten zu einem Religionsgespräch mit Zwingli, Oekolampad, Butzer und anderen nach Marburg. Am 29. September 1529 trafen sich die streitenden Brüder. Zwingli zeigte sich zu großzügigen Zugeständnissen bereit; er zerstreute Luthers Verdacht, daß er die Göttlichkeit Christi anzweifle, und bekannte sich zum Dogma der Erbsünde und zu den Beschlüssen des Konzils von Nicäa. Nur an seiner Auffassung vom Abendmahl als einem bloßen Erinnerungssymbol ohne wunderwirkende

Kraft ließ er nicht rütteln, auch nicht, als Luther eine Kreide nahm, die Jesus zugeschriebenen Worte «Das ist mein Leib» auf den Tisch malte und eine andere als die wörtliche Auslegung nicht zulassen wollte. Über vierzehn Punkte vermochte man sich zu einigen; hinsichtlich des Abendmahls trennte man sich hingegen recht unfreundlich (3. Oktober). Als Zwingli Luther die Bruderhand bieten wollte, wies dieser sie zurück und sagte zu Butzer: «So reimt sich unser Geist und euer nicht zusammen, sondern ist offenbar, daß wir nicht einerlei Geist haben.» Luther entwarf darauf ein siebzehn Artikel umfassendes Glaubensbekenntnis, darin die «Konsubstantiation» figurierte, und bewog die lutherischen Fürsten zum Verzicht auf ein Bündnis mit allen Parteien, die sich nicht vorbehaltlos zu diesen siebzehn Punkten bekannten. Melanchthon, der sich an die Seite seines Meisters stellte, schrieb: «... haben sie [die Zwinglianer] auch hart darum angeredet, daß uns Wunder nehme, mit welchem Gewissen sie uns für Brüder halten wollen, wenn sie meineten, daß wir irreten» – hier enthüllt sich in einem Satz der Geist des Jahrhunderts. 1532 warnte Luther den Herzog Albrecht von Preußen dringend davor, Zwinglianer in seinem Bereich zu dulden – es könnte ihm ewige Verdammnis eintragen. Es wäre von Luther zuviel verlangt gewesen, den Übergang vom Mittelalter in die neue Zeit mit *einem* Schritt zu vollziehen; das alte Religionsbild war ihm zu unauslöschlich eingeprägt worden, als daß es ihm möglich gewesen, das gesamte Fundament zu verwerfen; wie jeder wahre Katholik befürchtete er, daß seine Gedankenwelt zusammenbrechen und ihm der Sinn des Lebens verlorengehen werde, falls er einen der tragenden Pfeiler des Glaubens seiner Kindheit verlor. Von allen modernen Menschen war Luther der mittelalterlichste.

Schwer unter seinem Mißerfolg leidend, kehrte Zwingli in ein Zürich zurück, das seine Diktatur nur noch widerstrebend ertrug. Man stöhnte unter den strengen Vorschriften gegen jeden äußeren Aufwand; der Handel litt unter dem religiösen Zwist zwischen den Orten; die Handwerker beschwerten sich über ungenügende Vertretung im Großen Rat, und Zwinglis politisierende Predigten hatten Anziehungskraft und Macht eingebüßt. Die Veränderung ging ihm so zu Herzen, daß er um Entlassung aus seinem Amte bat, um anderswo wirken zu können. Doch überredete man ihn, zu bleiben.

Einen großen Teil seiner Zeit widmete er jetzt schriftlichen Arbeiten und sandte 1530 seine *Ratio fidei* an Karl V., der den Empfang nicht einmal bestätigte. 1531 ließ er Franz I. ein *Christiane fidei brevis et clara expositio* zukommen. In dieser *Kurzen und klaren Darlegung des christlichen Glaubens* bekannte er sich wie Erasmus zu der Überzeugung, daß ein Christ im Paradies viele edle Juden und Heiden vorfinden werde, nicht nur Adam, Abraham, Isaak, Moses, Jesaja ... sondern auch Herakles, Theseus, Sokrates, Aristeides, Numa, Camillus, die Catonen, die Scipionen: «Endlich gab es keinen guten Mann, wird es keine makellose Denkart geben, gibt es keine glaubensvolle Seele, von Anfang der Welt bis zu ihrem Ende, die du dort nicht in Gemeinschaft mit Gott sehen wirst. Was ließe sich Froheres, Anmutigeres, was endlich gar Ehrenvolleres denken?»[4] Dieser Passus erregte Luthers Mißfallen so sehr, daß er zu dem Schluß kam, Zwingli sei ein «Heide», und Bischof Bossuet, für einmal eines Sinnes mit Luther, zitierte ihn als Beweis dafür, daß Zwingli ein hoffnungsloser Ungläubiger gewesen sei.

Am 15. Mai beschlossen die protestantischen Orte auf einer Tagsatzung, die katholischen zu zwingen, «in ihren Landen und Gebieten Gottes Wort verkünden und lesen zu lassen». Als diese die Zumutung zurückwiesen, wollte Zwingli sie mit Krieg überziehen, doch Zürichs Verbündete zogen eine Proviantsperre vor. Daraufhin sagten die von allen Zufuhren abgeschnittenen Orte Zürich den Krieg an. Wieder setzten sich die Haufen in Bewegung; wieder führte Zwingli die Vorhut und trug das Banner; wieder traf man bei Kappel aufeinander (11. Oktober 1531); die Katholiken 8000 und die Protestanten 1500 Mann stark. Diesmal kam es zum Kampf. Die Katholiken siegten, und der siebenundvierzigjährige Zwingli war einer der fünfhundert Gefallenen Zürichs. Die Sieger vierteilten seinen Leichnam und verbrannten ihn. Luther zeigte sich, als er von Zwinglis Tod erfuhr, «von der kleinlichsten Seite. Er bezweifelte nicht nur, ob Zwingli, den er der Sünde und der Gotteslästerung bezichtigte, die Seligkeit erlangt habe, sondern meinte sogar, abgesehen von weiteren Äußerungen unchristlicher Roheit, dieser bei Kappel gefallene Glaubensstreiter sei ein Verführer zu Irrtümern gewesen und infolgedessen gestorben wie ein Mörder.»[5]

In Zürich wurde Heinrich Bullinger Zwinglis Nachfolger; in Basel führte nach Oekolampads Ableben Oswald Myconius das Werk weiter. Bullinger verzichtete auf jede Einmischung in die Politik, überwachte die städtischen Schulen, gewährte flüchtigen Protestanten Asyl und pflegte Mildtätigkeit gegen die Bedürftigen jedes Bekenntnisses. Die Hinrichtung Servets billigte er zwar; doch davon abgesehen nährte er Anschauungen religiöser Toleranz. Gemeinsam mit Myconius und Jud formulierte er das Erste Helvetische Glaubensbekenntnis (1536), das eine Generation lang Zwinglis Auffassungen authentisch wiedergab, und zusammen mit Calvin den *Consensus Tigurinus* (1549), der Zürcher und Genfer Protestanten in einer einzigen «Reformierten Kirche» zusammenfaßte.

Trotzdem gewann der Katholizismus in späteren Jahren viel eidgenössischen Boden zurück, nicht zuletzt dank dem bei Kappel errungenen Sieg; die Geschichte führt den Beweis für und wider Theologien durch wetteifernde Vernichtung des Lebens. Sieben Orte hielten am alten Glauben fest – Luzern, Uri, Schwyz, Zug, Unterwalden, Fryburg und Solothurn; vier entschieden sich für den Protestantismus, nämlich Zürich, Bern, Basel und Schaffhausen; der Rest schwankte in Ungewißheit über seine Glaubensgewißheiten zwischen beiden Bekenntnissen. Zwinglis Nachfolger in Glarus, Valentin Tschudi, erreichte einen Kompromiß, indem er am Morgen für die Altgläubigen die Messe zelebrierte und am Abend für die Neugläubigen eine evangelische, streng auf der Schrift fußende Predigt hielt; ein Befürworter gegenseitiger Toleranz, wurde auch er toleriert, und niemand kann sagen, welches Bekenntnis er bevorzugte. Sogar in diesem Jahrhunderts gab es echte Christen.

# VIERTES KAPITEL

## *Luther und Erasmus*

[1517–1536]

### I. LUTHER

Nachdem wir nunmehr einen Überblick über die ökonomischen, politischen, religiösen, sittlichen und geistigen Voraussetzungen der Reformation gewonnen haben, müssen wir es immer noch als eines der Wunder der Weltgeschichte betrachten, daß ein einziger Mann aufgestanden ist, in dem sich alle diese Strömungen vereinten und der von Deutschland aus eine Rebellion ins Werk setzte, die einen ganzen Kontinent verwandelte. Wir brauchen die Rolle des Helden nicht zu übertreiben; selbst wenn Luther in seinem Gehorsam verharrt wäre, hätten die auf eine Veränderung hinwirkenden Kräfte ihre Symbolfigur gefunden. Dennoch ist die Geschichte dieses ungeschliffenen Mönches, der in Angst, Zweifel und doch unbeugsamer Entschlossenheit den heiligsten Überlieferungen und festgefügtesten Institutionen Europas trotzte, auch für den heutigen Menschen noch faszinierend, weist sie doch auf den weiten Weg hin, den der Mensch seit Urbeginn zurückgelegt hat.

Wie lebte aber dieser Mann, dieser kraftvolle Wortführer seiner Zeit, dieser Revolutionär der deutschen Geschichte? So wie ihn Lukas Cranach 1526 als Dreiundvierzigjährigen porträtiert hat, spürt man bereits seine spätere Leibesfülle; ein ernstes Gesicht, das seinen drastischen Humor nur andeutete, lockiges und noch schwarzes Haar, eine kräftige Nase, die Augen schwarz und strahlend – Dämonen säßen darin, sagten die Feinde. Seine offenen, jede Gemütsbewegung widerspiegelnden Züge nahmen ihm die Möglichkeit zu raffinierter Diplomatie. Ein späteres Porträt (1532), gleichfalls von Cranach, zeigt Luther in feister Jovialität und mit vollen Wangen; ein Mann, der das Leben genießt. 1524 legte er die Mönchskutte ab und kleidete sich als Laie, manchmal in den Professorentalar, manchmal in Bürgerrock und Hose. Er machte sich nichts daraus, sie selbst zu flicken, und einmal klagte seine Frau den großen Mann an, die Hose des Sohnes zerschnitten zu haben, um die eigene instand zu setzen.

In den Ehestand geriet er eher zufällig. Da er die Geschlechtlichkeit für eine ebensolche Notwendigkeit hielt wie das Essen, teilte er Paulus' Auffassung, daß es besser sei zu heiraten als zu brennen. Zwar vermochte er sich von der mittelalterlichen Vorstellung, daß jeder, auch der eheliche Geschlechtsverkehr Sünde sei, nicht freizumachen, «Aber Gott verschonet yhr aus Gnaden darumb, das der ehliche orden seyn werck ist und behellt auch mitten unnd durch die sund alle das gutt, das er dareyn gepflantzt und gesegenet hatt»[1]. Jungfräulichkeit betrachtete er als einen Verstoß gegen die gottgegebene Vorschrift «Seid fruchtbar und vermehret euch!». «Wenn ein evangelischer Prediger sich aber nicht enthalten und keusch leben kann, so freie er und nehme ein ehelich Weib. Denn das Pflaster hat Gott zu dem Schwären gemacht.»[2] Er teilte die allgemeine und deutsche Auffassung, die Frau sei von Natur aus für die drei K – Kinder, Küche, Kirche – und nicht viel anderes geschaffen; man nehme ihnen das Regiment im Hause, und sie sind zu nichts nütze. «Ob sie sich die fruchtbar weyber aber auch müde und tzu letzt todt tragen, das schadt nicht, laß nur tod tragen, sie sind drumb da.»[3] Eine Ehefrau soll ihren Mann lieben, ehren und ihm gehorchen; er soll sie mit Güte regieren; sie muß in ihrem Bereich, dem Haus, bleiben, aber dort erreicht sie bei den Kindern mit einem Finger mehr als der Mann mit zwei Fäusten. Zwischen Mann und Frau «sollte es keine Frage über dein und mein geben», alle Habe hat beiden zu gehören.

Wie die meisten Männer hegte Luther eine Abneigung gegen gebildete Frauen. So sagte er in bezug auf seine Frau: «Ich wolt, daß die Weiber, bevor sie zu reden beginnen, ein Pater noster beteten.»[4] Aber Satiriker, die Frauen aufs Korn nahmen, verabscheute er. «Frauen und Jungfrauen, ob sie gleich Mangel und Fehl haben, soll man doch nicht offensichtlich schmähen weder mit Worten noch mit Schriften, sondern in geheim strafen.»[5] Trotz seiner derben Einstellung zu Geschlecht und Ehe war er ästhetischen Empfindungen nicht unzugänglich. «Hare sind eines Weibes bester Schmuck, darum gingen etwan die Jungfrauen in Haren und hatten zu Felde geschlagen, wenn man triumphierte oder trauerte und Leid trug. Es ist ein fein Spectakel zu sehen und stehet den Weibern wol an, wenn sie die Hår zu Felde geschlagen haben.»[6] (Das veranlaßte ihn allerdings nicht zu größerer Nachsicht gegenüber Papst Alexander VI., der sich in das gelöste Haar Giulia Farneses verliebte.)

Es hat nicht den Anschein, als hätten physische Bedürfnisse Luther zum Heiraten gezwungen. In einem heiteren Augenblick meinte er, er habe geheiratet, um seinem Vater eine Freude zu bereiten und Teufel und Papst ein Schnippchen zu schlagen. Aber er brauchte lange, ehe er sich entschloß, und dann beschloß das Schicksal für ihn. Auf seine Anregung hin verließen etliche Nonnen ihr Stift, und er versprach ihnen, Männer für sie zu finden. Zum Schluß blieb eine übrig, Katharina von Bora; sie war aus guter Familie und von ebensolchem Wesen, aber kaum so gestaltet, daß sie überstürzte Leidenschaft entfachen konnte. Sie hatte ihre Augen auf einen jungen Patrizier geworfen, der in Wittenberg studierte; es gelang ihr jedoch nicht, ihn zu angeln, und so mußte sie als Magd ihr Brot verdienen. Luther schlug ihr einen gewissen Dr. Glatz als Ehemann vor; sie lehnte ihn aber entschieden ab und meinte, Herr Amsdorf oder Dr. Luther wären ihr recht. Luther war zweiundvierzig, Katharina sechsundzwanzig; ihm schien der Altersunterschied ein Hindernis, andererseits drängte ihn sein Vater, den Familiennamen zu erhalten. Am 27. Juni 1525 ehelichte der Exmönch die Exnonne.

Der Kurfürst wies ihnen Räume im Augustinerkloster als Wohnung zu und erhöhte Luthers Gehalt erst auf 300, später auf 400 und endlich auf 500 Gulden jährlich. Luther kaufte einen Bauernhof, den Käthe bewirtschaftete und heiß liebte. Sie schenkte ihrem Mann sechs Kinder und sorgte für sie ebenso getreulich wie für seine Bequemlichkeit, das hausgebraute Bier, den Fischteich, den Gemüsegarten, die Hühner und Schweine. Er nannte sie «meinen Herrn Käthe», eine Andeutung, daß sie ihn in seine Schranken weisen dürfe, falls er die biologische Unterordnung des Mannes unter die Frau außer acht lasse; dafür hatte sie stark unter seinen gelegentlichen Ausbrüchen und einer sich auf Gott verlassenden Sorglosigkeit zu leiden, war er doch in seiner Mißachtung des Geldes erschreckend freigebig. So brachten seine Bücher seinem Verleger ein Vermögen ein, er aber forderte nicht einmal Honorare. Seine Briefe an oder über Katharina enthüllen eine wachsende Zuneigung zu ihr und eine im ganzen glückliche Ehe. Was ihm in seiner Kindheit einmal gesagt worden war, formulierte er jetzt in seiner eigenen Sprache: «Gottes höchste Gabe ist ein fromm, freundlich, gottesfürchtig und häuslich Gemahl haben.»

Er war ein guter Vater; instinktiv verstand er es, Strenge und Liebe richtig zu mischen. «Strafe, wenn du mußt, aber gib mit der Rute auch die Zuckerstange.» Für die Kinder komponierte er Liedchen und sang mit ihnen zur Begleitung seiner Laute. Die Briefe an seine Kinder gehören zu den Kostbarkeiten der deutschen Literatur. Sein Kämpferherz, das ein Kaiser nicht zu beugen vermochte, brach beinahe beim Verlust seiner Lieblingstochter Lenchen, die vierzehnjährig starb. Gott, sagte er, habe in tausend Jahren keinem Bischof so große Gaben gegeben als ihm mit Lenchen. Tag und Nacht verharrte er betend. «Lieb hab ich sie sehre. Aber so es dein Wille ist, du lieber Gott, das du sie nemen wilt, ich will sie gerne bei dir wissen.»[7] Sie aber tröstete er: «Magdalenichen, mein döchterlein, du bliebest gerne hie bei mir, bei deinem vater, vnd du gehest auch gerne tzu jenem vater?» Und sie antwortete: «Ja hertzer vater, wie Gott wil.» Als sie starb, weinte er lang und bitterlich. «Da sie nu in Sarg geleget war, sprach er: ‚Ach, du liebes Lenichen, du wirst wieder aufstehn, und leuchten wie ein Sterne, ja wie die Sonne ... Wunderding ists, wissen, daß sie gewiß im Friede und ihr wol ist, und doch noch so trawrig seyn!'»[8]

Nicht zufrieden mit sechs Kindern, nahm er in seinem vielzelligen Klosterheim elf verwaiste Neffen und Nichten auf, erzog sie, aß und sprach endlos mit ihnen, bis sie ihn zu Katharinas Leidwesen ganz mit Beschlag belegten. Einige dieser Kinder haben unkontrollierte Aufzeichnungen dieser Tischgespräche gemacht, und es existieren insgesamt 6596 Notizen, die an Wert, Geist und Weisheit mit Goethes Gesprächen mit Eckermann oder den überlieferten Aussprüchen Napoleons wetteifern. Bei der Beurteilung Luthers müssen wir berücksichtigen, daß diese Tischreden nie von ihm selbst herausgegeben worden sind; nur wenige Menschen haben sich der Neugier ihrer Mitmenschen so uneingeschränkt ausgesetzt gesehen. Hier sehen wir Luther anders als in den Kontroversen der theologischen Arena, gewissermaßen im Hausgewand.

Als erstes bemerken wir, daß Luther ein Mensch und kein Tintenfaß war; er lebte ebenso gut, wie er schrieb. Kein vernünftiger Mensch wird sich daran stoßen, daß er gutes Essen und frisches Bier schätzte und alle Bequemlichkeiten, die ihm seine Frau zu bieten wußte, mit Freuden entgegennahm. Er hätte sich in diesen Punkten weiserer Zurückhaltung befleißigen können, doch blieb die Erfindung solcher Zurückhaltung bekanntlich den Puritanern vorbehalten; das Italien der Renaissance kannte sie ebensowenig wie das Deutschland der Reformation; und sogar der kultivierte Erasmus schokkiert uns mit seinen ungeschminkten Wendungen über leibliche Dinge. Luther überaß sich häufig und bestrafte sich nachher mit langen Fasten. Auch trank er zuviel, obschon er die Trunksucht als Nationallaster tadelte; doch war dem Deutschen das Bier ein Lebenselixier wie dem Italiener und Franzosen der Wein, nicht zuletzt, weil Wasser in jenen unhygienischen Tagen buchstäblich Gift bedeuten konnte. Allerdings hören wir nie, daß seine Trinkfreudigkeit in Trunkenheit ausartete. «Kann mir unser Herr Gott das schenken, da ich ihn wohl zwänzig Jahr gekreuziget und gemartert hab mit Messhalten, so kann er mir das auch wohl zu gute halten, da ich bisweilen einen guten Trunk thue ihm zu Ehren; Gott gebe, die Welt lege es aus, wie sie wolle.»[9]

Seine Fehler stachen ins Auge und hallten im Ohr. Stolz, obschon er Demut predigte, dogmatischer Gegner des Dogmas, maßlos in der Verfolgung seines Ziels, gnadenlos grob mit seinen Widersachern, den Aberglauben verhöhnend und gleichzeitig in seinen Fängen, Intoleranz anprangernd und sie selbst übend: bestimmt kein Prototyp der Konsequenz, sondern ein Mensch, paradox wie das Leben. «Ich hab wol scharff angriffen ... und auff meyne widdersacher peyssig geweßen, ... Was soll aber das salcz, wenn es nit scharff beysset?»[10] rühmte er sich. Päpstliche Schreiben bezeichnete er als Dreck, den Papst als Satansbraten, als Stellvertreter des Teufels und als Antichrist, die Bischöfe als Larven, gottlose Heuchler, unwissende Affen; die Priesterweihe verwandelte nach seiner Meinung einen Mann nur in das Tier der Apokalypse. Die Mönche waren für ihn bestenfalls «Flöhe auf Gottes Strahlengewand» und schlimmer als Mörder und Henker. Man kann sich vorstellen, wie sein Publikum johlte. «Der Papst hat nichts unverboten gelassen an des Menschen Leib und Seele denn (mit Züchten zu reden) den Ars.»[11] Von der katholischen Geistlichkeit sagte er: «Die ganze Rotte der römischen Schinder, die allergetreuesten Apostel des Papstes, die Kardinäle, Erzbischöfe, Bischöfe und Äbte könne man nicht alle aufzählen, ja der Rhein wäre kaum genug, die Buben alle zu ertränken.»[12] «Vnd wollt gott ... das sie mit fewr vom hymel schweffel vnnd pech wie Sodoma vnd Gomorra/ ynn tyffsten abgrund versuncken weren ...»[13] Man wird an Kaiser Julians Ausspruch erinnert, es gebe kein wilderes Tier als einen zornigen Theologen. Luther staunte über seine eigene Mäßigung: «Viel klagen drůber und meinen, ich sei alltzu heftig und geschwinde gegen dem Papstthum; dargegen klage ich, daß ich leider viel zu linde bin. Ich wollt aber, daß ich eitel Donnerschlåge wider das Papstthum reden kønnte und ein jeglich Wort eine Donneraxt wåre!»[14] «Ich habe kein besser Werk denn den Zorn und Eifer; denn wenn ich wol dichten, schreiben, beten und predigen will, so muss ich zornig sein; da erfrischt sich mein ganz Geblůte, mein Verstand wird geschårft.»[15]

Solche rhetorische Leidenschaft lag im Wesen der Zeit, und nach einer Äußerung des belesenen Kardinals Gasquet waren orthodoxe Prediger und Pamphletisten Luther in diesem Punkt durchaus gewachsen. Das Publikum erwartete und genoß die Schmähreden der Gladiatoren des Intellekts; Höflichkeit war als ein Zeichen der Feigheit eher suspekt. Als Luthers Frau ihrem Mann einmal vorhielt, daß er zu grob sei, antwortete er: «Ein Weidenrütlein kann man mit einem Messer schneiden, zu einer harten Eiche muß man eine scharfe Axt haben»[16] – mit sanfter Rede ließ sich Zorn beschwichtigen, nicht aber das Papsttum überwinden. Ein Mann, der sich einer gepflegten Sprache bediente, wäre vor einer so tödlichen Entschlossenheit zurückgeschreckt. Es bedurfte einer dicken Haut – einer dickeren, als Erasmus sie hatte –, um sich trotz päpstlicher Bannbullen und kaiserlicher Reichsacht in seiner Haut wohl zu fühlen.

Und weiter brauchte es Willensstärke. Diese bildete Luthers Kraftquell, aus ihr erwuchsen sein Selbstvertrauen, sein Dogmatismus, sein Mut und seine Intoleranz. Doch hatte er auch seine milderen Seiten. In seinen mittleren Jahren tat es ihm so leicht keiner an Heiterkeit und Geselligkeit gleich, und allen Trost- und Hilfsbedürftigen war er ein Fels, auf den sie bauen konnten. Nie spielte er sich auf, gab nichts auf feine Manieren; er war ein Bauernsohn und wollte es bleiben. Die Herausgabe seiner gesammelten Werke lehnte er ab und empfahl den Lesern, lieber die Bibel zu studieren. Er wollte auch die Kirchen, die sich seiner Lehre anschlossen, nicht nach seinem Namen benannt haben. Als Prediger stimmte er sein Vokabular auf das Verständnis seiner Zuhörer ab. Sein Humor war bäuerlich derb, übermütig und erinnert an Rabelais. So beklagte er sich einmal, die Feinde überwachten all sein Tun; wenn er in Wittenberg furze, rieche man es in Rom. Die Weiber, meinte er, trügen Schleier wegen der Engel, er trage Hosen wegen der Weiber. Solche Scherze haben sich viele erlaubt, aber nicht jeder fand so unbarmherzige Chronisten. Derselbe Mann, der sich so gehen lassen konnte, liebte Musik fast bis zum Götzendienst und verfaßte zarte Lieder und donnernde Hymnen und sang sie – theologische Vorurteile für einen Moment beiseite lassend – zu den gleichen Akkorden, die auch die römische Kirche verwendete. «Ich bin ganz der Ansicht, und scheue auch nicht, sie offen auszusprechen, daß es nach der Theologie keine Kunst gibt, welche der Musik gleichgestellt werden könnte, weil sie allein nach der Theologie das uns gewährt, was sonst nur die Theologie allein zu gewähren vermag: Ruhe und Friede des Herzens.»[17]

Da sich aus seiner Theologie zwangsläufig ergab, daß gute Werke ohne den Glauben an die Erlöserkraft Christi sowenig zur ewigen Seligkeit führen wie Sünde zur ewigen Verdammnis, sofern nur der Glaube lebendig bleibt, kam er zu einer relativ milden Morallehre. Hin und wieder eine kleine Sünde erleichtere uns nur den steilen, schmalen Pfad. Der Gewissensbisse Melanchthons über geringfügige Fehltritte überdrüssig, herrschte er ihn einmal mit seinem derben Humor an: *Pecca fortiter!* – «Sündige aus allen Kräften. Gott kann nur einem tüchtigen Sünder vergeben»[18]; doch wäre es falsch, aus dieser gelegentlichen Stichelei gegen den blutleeren Kasuisten einen Vorwurf gegen Luther zu konstruieren. Eines ist sicher: Luther war kein Puritaner. «Unser Herr Gott go̊nnet uns gern, daß wir essen, trinken und fro̊hlich sind.»[19] «Ich, der ich mein Leben mit Trauern und Sauersehen habe zubracht, suche itzund und nehme Freude an, wo ich kann. Ist doch itzt, Gott Lob, So viel Erkenntnis, daß wir mit gutem Gewissen können fröhlich sein.»[20] Er empfahl seinen Anhängern, den Sonntag mit Tanz und Lustbarkeiten zu verbringen. Er selbst war Zerstreuungen nicht abgeneigt, spielte gern und gut Schach und bezeichnete das Kartenspiel als einen harmlosen Zeitvertreib für unreife Köpfe. Vom Tanzen sagte er, es sei dazu da, daß junge Mädchen und junge

Männer einander kennenlernen, Freundschaft schließen und sich in guten Manieren üben könnten; es biete die Möglichkeit, den Verkehr der jungen Leute zu überwachen, und schaffe für sie die Gelegenheit, sich einander in ehrbarer Weise zu nähern. Eine Anzahl protestantischer Prediger wünschte Theaterspiele zu verbieten, aber Luther war toleranter: «Und Christen sollen Komödien nicht ganz und gar fliehen, darum daß bisweilen grobe Zoten und Bühlerei darin seien, da man doch um derselben willen auch die Bibel nicht dürfte lesen.»[21] Alles in allem war seine Einstellung zum Leben merkwürdig heiter und gesund, wenn man seinen Ausspruch bedenkt, alle natürlichen Anlagen seien entweder wider Gott oder ohne Gott, und seine Überzeugung, daß neun von zehn Seelen nach Gottes ewigem Ratschluß für die Verdammnis vorherbestimmt seien. Der Mann war besser als seine Theologie.

Er besaß einen hochentwickelten Verstand, nur leider zu sehr von den Vorstellungen seiner Kindheit getrübt und von kriegerischen Instinkten gefärbt, als daß er sich zu einer auf der Vernunft basierenden Philosophie hätte durchringen können. Kobolde, Elfen, Dämonen, Hexen, die Heilwirkung lebender Kröten waren für ihn wie für seine Zeitgenossen Realitäten; er zweifelte nicht einmal an der Existenz bösartiger *incubi*, die unschuldige Mädchen im Bad oder Bett überfallen, so daß diese vor Schreck schwanger werden. Er lobte die «Mathematicam, die da stehet in Demonstrationibus, gewissen Beweisungen», und bewunderte den kühnen Griff der Astronomen in die Sterne, lehnte aber wie die große Mehrzahl der Zeitgenossen das kopernikanische System als der Bibel widersprechend ab. Die Bewegungsfreiheit der Vernunft beschränkte er rigoros auf die vom Glauben gezogenen Grenzen.

Seine Ansicht, die Geschichte werde vom Gefühl und nicht von der Ratio bestimmt, war zweifellos richtig. Die Stifter der Religionen sind es, die die Welt bewegen; die Philosophen hingegen kleiden lediglich Generation für Generation das in neue Worte, was sie von einem Teil der Wahrheit zu wissen meinen. Während Luther betete, vernünftelte Erasmus; und während Erasmus Fürsten umschmeichelte, sprach Luther mit Gott – bald fordern wie einer, der heldenmütig Gottes Schlachten gekämpft und ein Recht hat, gehört zu werden, bald demütig wie ein im unendlichen Raum verlorenes Kind. Im Vertrauen, Gott an seiner Seite zu haben, stürmte er gegen unüberwindliche Hindernisse an und siegte. «Ich trage der ganzen Welt Haß und Feindschaft, den Kaiser und Papst mit all ihrem Anhange. Wolan ...: Es sei recht.»[22] Er besaß den Mut, seinen Feinden zu trotzen, weil ein begrenzter Intellekt es ihm verwehrte, an seiner eigenen Wahrheit zu zweifeln. Er war, was er sein mußte, um das zu tun, was ihm zu tun aufgegeben war.

## II. DIE INTOLERANTEN KETZER

Je größer Luthers Glaubensgewißheit und Macht wurden, desto mehr nahm seine Toleranz ab und desto strenger wurde sein Dogmatismus. Sein ursprünglicher Standpunkt, daß «Ketzerverbrennungen gegen den Heiligen Geist verstoßen», ist von der Bannbulle Leos X. *Exsurge Domine* ausdrücklich als «Irrlehre» bezeichnet worden. In seinem *Brief an den christlichen Adel deutscher Nation* (1520) hatte er jeden Christen zum Priester ordiniert, ihm das Recht zugesprochen, die Bibel nach seiner persönlichen Einsicht und Erleuchtung zu interpretieren und hinzugefügt: «Szo solt man die ketzer mit schrifften, nit mit fewr ubirwinden.»[23] In seinem Traktat *Über die weltliche Obrigkeit* (1522) hieß es:

«Das uber seele niemandt kan gewallt haben den Gott ... Noch faren itzt unser Keysser und klůge fursten also unnd lassen sich Bapst, Bischoff und Sophisten dahyn fůren eyn blind den andern, das sie yhren unterthanen gepieten zů glewben on Gottis wortt, wie sie es gůtt dunckt, unnd wollen dennoch christliche fursten heyssen ... Ketzerey kan man nymer mehr mitt gewalt weren ... willtu ketzerey vertreyben, ßo mustu den griff treffen, das du sie fur allen dingen auß dem hertzen reyssest unnd grundtlich mit willen abwendest. Das wirst du mitt gewallt nicht enden, ßondern nur stercken. Ist ketzerey da, die uberwinde man, wie sichs gepůrtt, mitt Gottis wortt ... Denn es ist eyn frey werck umb den Glauben, datzu man niemandt kan zwingen.»[24]

Am 21. April 1524 erbat Luther in einem an Kurfürst Friedrich gerichteten Brief Nachsicht für Müntzer und sonstige persönliche Feinde. «... wyr můssen uns des erwegen und ja nicht yrren lassen. Denn es mus also seyn, wie Paulus sagt zun Corinthern: ‚Es můssen secten seyn, auff das die, so bewerd sind, offenbar werden.'»[25] Als ab 1528 immer mehr die Todesstrafe für die Täufer befürwortet wurde, riet er, sie lediglich zu verbannen, sofern sie sich nicht des Aufruhrs schuldig machten. In ähnlicher Weise empfahl er 1530, die Todesstrafe für Gotteslästerer zu Verbannung abzumildern. Zwar hat er sich sogar in diesen duldsamen Jahren so geäußert, als wünschte er, daß Gott oder seine Anhänger die «Papisten» ersäuften oder sonstwie vertilgten; doch das war nur oratorische Übertreibung und nicht ernsthaft gemeint. Denn im Januar 1521 schrieb er: «Ich will nicht, daß Gewalt und Totschlag für das Evangelium streiten», und im Juni desselben Jahres rügte er Erfurter Studenten, die Geistliche tätlich angegriffen hatten, hatte jedoch nichts dagegen, daß ihnen ein wenig Angst eingejagt werde, um sie zu besserer Einsicht zu bringen. Im Mai 1529 widersetzte er sich Plänen, katholische Sprengel gewaltsam zum Protestantismus zu bekehren. Noch 1531 verkündete er: «Denn wie wol man niemand zwingen kan noch sol zum Glauben ...»[26]

Als sich aber Luthers Stellung einigermaßen gefestigt hatte, mußte es für eine so starke Persönlichkeit zusehends schwerer werden, Duldsamkeit zu üben. Wer gewiß ist, Gottes Wort zu besitzen, kann keinen Widerspruch gegen diese Gewißheit vertragen. Die erste Phase der Intoleranz betraf die Juden. Bis 1537 hatte er argumentiert, das Festhalten an ihrem eigenen Glauben sei verzeihlich, «denn unsere Narren, die Papste, Bischof, Sophisten und Munche, die groben Eselskopfe, haben bisher also mit den Juden gefahren, daß wer ein guter Christ ware gewesen, hatte wohl mocht ein Jude werden. Und wenn ich ein Jude gewesen ware, und hatte solche Tolpel und Knebel gesehen den Christenglauben regiern und lehren, so ware ich ehe ein Sau worden denn ein Christen ... Ich hoff, wenn man mit den Juden freundlich handelt und aus der heiligen Schrift sie sauberlich unterweiset, es sollten ihr viele rechte Christen werden.»[27] Es dürfte Luther bewußt gewesen sein, daß der Protestantismus in mancher Hinsicht einer Rückkehr zur mosaischen Religionsauffassung gleichkam, etwa in der Wertschätzung des Alten Testaments, der Propheten und Psalmen, in der Ablehnung des Priesterzölibats und des Ordenswesens und hinsichtlich der Forderung einer strafferen als der laxen katholischen Sexualmoral. Als die Juden dem Protestantismus trotzdem nicht entgegenkamen, war er enttäuscht; und von der Abneigung gegen Geldzinsen war es nur ein kleiner Schritt zur Feindseligkeit gegen den jüdischen Geldverleiher und von diesem gegen alle Juden. 1537, als Kurfürst Johann die Juden aus Sachsen auswies, baten sie Luther um seine Fürsprache, doch umsonst. In einem Tischgespräch warf er Juden und Papisten als gottloses Geschmeiß zusammen: «zwo Hosen eines Tuchs». In seinen letzten Lebensjahren verfiel er in antisemitische Raserei und beschuldigte die Juden, ein halsstarriges, ungläubiges, stolzes, verdorbenes, verabscheuungswürdiges Volk zu sein, dessen Schulen und Tempel durch Feuer von der Erde getilgt werden müssen.

> «Erstlich, daß man ihre Synagoga mit Feur verbrenne, und werfe hie zu, wer da kann, Schwefel und Pech; wer auch das höllische Feur künnte zuwerfen, wäre auch gut ... Und solchs soll man thun unserm Herrn und der Christenheit zu Ehren, damit Gott sehe, daß wir Christen seien ... Zum andern, daß man auch ihre Häuser desgleichen zerbreche und zerstöre ... Zum andern, daß man ihnen alle ihre Bücher nähme, Betbücher, Talmudisten, auch die ganze Bibel, und nicht ein Blatt ließe ... Zum vierten, daß man ihren Rabbinen bei Leib und Leben verbiete, hinfurt zu lehren ... Zum fünften, daß man den Jüden das Geleit und Straße ganz und gar aufhebe ... Zum sechsten, daß man ihnen den Wucher verbiete ... und nehme ihnen alle Baarschaft und Kleinod an Silber und Gold, und lege es beiseit zu verwahren. Will das nicht helfen, so müssen wir sie, wie die tollen Hunde, ausjagen.»[28]

Luther hätte nicht alt werden dürfen. Schon 1522 wurde er päpstlicher als der Papst und schrieb: «Da ich hinfurt nicht mehr euch Ehre tun will, daß ich mich unterlassen wolle, euch oder auch einem Engel vom Himmel, uber meine Lehre zu richten ..., daß, wer meine Lehre nicht annimpt, daß der nicht muge selig werden.»[29] 1529 zog er einige sehr subtile Trennungsstriche:

> «Wiewohl Niemand zum Glauben zu zwingen ist, so soll widderumb dawidder nicht gestattet werden, daß sie die Lehre lästern, sondern sollen anzeigen ihren Grund und hören das Widderteil. Mügen sie denn bestehen, gut; wo nicht, daß sie das Maul halten, und gläuben bei sich selbs, was sie wollen. So haben die zu Nurmberg, und wir zu Wittemberg getan.
>
> Denn wo man's schaffen kann, soll man in einerlei Obirkeit zwieträchtige Lehrer nicht dulden, zu vermeiden weitern Unrat. Und ob sie nicht gläuben, sollen sie dennoch umb der zehen Gebot willen zur Predigt getrieben werden, daß sie zum wenigsten äußerliche Werke des Gehorsams lernen.»[30]

So hatte sich Luther zur Auffassung der Kirche durchgerungen, daß der Christ das klare Wort Gottes, Gewißheit und feste Dogmen benötigt, denen er sich im Leben und Sterben anvertrauen kann. So wie sich in ihren ersten Jahrhunderten die von der wachsenden Vielzahl fanatischer Sekten gespaltene und geschwächte Kirche gezwungen gesehen hatte, ihre Lehre zu definieren und alle Dissidenten auszustoßen, so bewegte sich auch Luther, von den vielen Sekten verstört, die der von ihm verkündeten freien Bibelauslegung entsprossen, Schritt um Schritt von der Toleranz zum Dogma. «Aber es will jetzund ein jeglicher Meister uber die Schrift sein ... daß schier kein alter Narre und närrische Vettel, noch wäschiger Sophist gewesen sei, der sich nicht hätte vermessen, Meister in Theologia zu sein und hab sie zerrissen.»[31] Vom katholischen Hohn getroffen, ein Chaos von Bekenntnissen und Sittenlehren in die Welt gesetzt zu haben, kam er zu dem gleichen Schluß wie die Kirche, daß das Gemeinwohl irgendeinen Abschluß der Debatte erfordere, irgendeine anerkannte Autorität als «Anker des Glaubens». Wer aber sollte diese Autorität ausüben? Die Kirche sagte: die Kirche, weil nur eine lebendige Institution sich selbst und ihre Lehren dem unvermeidlichen Wechsel der Dinge anzupassen vermöge. Nein, antwortete Luther; die einzige und endgültige Autorität kann nur die Bibel selbst sein, dieses von niemandem bestrittene Wort Gottes.

In der Bibel, dieser unfehlbaren Schrift, fand er im dreizehnten Kapitel des 5. Buches Mose ein angeblich aus dem Munde Gottes stammendes Geheiß, alle Gottlosen von der Erde zu tilgen: «Wenn dich dein Bruder, deiner Mutter Sohn, oder dein Sohn ... heimlich überreden würde und sagen: Laß uns gehen und andern Göttern dienen! ... so willige nicht darein ... sondern sollst ihn erwürgen. Deine Hand soll über ihm sein, daß man ihn töte, und darnach die Hand des ganzen Volkes.» Diesem entsetzlichen Auftrag zufolge hatte die Kirche im dreizehnten Jahrhundert die Albigenser verfolgt und ausgerottet; diese vom Himmel ausgesprochene Verwünschung hatte die Inquisition zu einer Ermächtigung für ihre Scheiterhaufen umgedeutet. Dennoch hat sich Luther, so gewalttätig seine Sprache auch klang, gegen abweichende Meinungen milder verhalten als die Kirche und in dem Rahmen seiner Macht versucht, sie auf friedliche Weise zum Schweigen zu bringen. So bediente er sich 1525 der in Sachsen und Brandenburg bereits bestehenden Zensureinrichtungen, um die «schändlichen Lehren» der Täufer und Zwinglianer zu unterdrücken. 1530 empfahl er in einem Kommentar zum 82. Psalm den Obrigkeiten, alle Aufrührer und Befürworter der Gütergemeinschaft mit dem Tode zu bestrafen und ebenso solche, «wo wolten leren widder einen offentlichen artickel des glaubens ... wie die, so man die Kinder leret ym Credo, als, wo yemand leren wolt, das Christus nicht Gott sey, sondern ein schlechter Mensch»[32]. Nach Sebastian Franck gab es bei den Türken größere Rede- und Glaubensfreiheit als in den lutherischen Staaten, und der Zwinglianer Leo Jud nannte ähnlich wie Karlstadt Luther einen neuen Papst. Doch sollten wir nicht übersehen, daß Luthers ursprüngliche Toleranz gegen Ende seines Lebens wieder zum Tragen kam. In der letzten Predigt, die er hielt, empfahl er, auf Gewaltanwendung gegen Ketzerei zu verzichten; Katholiken und Täufer müsse man mit Geduld ertragen, bis Christus beim Jüngsten Gericht sein endgültiges Urteil sprechen werde.

Andere Reformatoren machten sich als Ketzerverfolger einen noch traurigeren Namen als Luther. Den protestantischen Obrigkeiten wurde vom Straßburger Butzer geraten, alle Irrgläubigen auszurotten; solche Kreaturen seien nach seiner Meinung schlimmer als Mörder; sogar ihre Weiber, Kinder und Vieh seien dem Tod zu überantworten. Der verhältnismäßig milde Melanchthon übernahm den Vorsitz der weltlichen Inquisition, die die deutschen Wiedertäufer mittels Einkerkerung und Hinrichtung dezimierte. «Sich ihrer zu erbarmen hieße Gott verleugnen, lästern und versuchen, ihn vom Himmel herabzustürzen», meinte er in seiner Überzeugung, daß alle Wiedertäufer der Hölle verfallen seien. Die Ablehnung der Kindertaufe, des Sündenfalls und die Verneinung der leibhaftigen Gegenwart Christi im Abendmahl erschienen ihm als todeswürdige Verbrechen. Ein Sektierer, der es für möglich hielt, daß auch

Heiden das Heil erlangen, und ein zweiter, der bestritt, daß der Glaube an die Erlöserkraft Christi den natürlich sündhaften Menschen in einen Gerechten verwandle, wurden auf Melanchthons Betreiben hingerichtet. Wie wir noch hören werden, spendete er der Verbrennung Servets Beifall. Die weltliche Gewalt forderte er auf, das Volk zur regelmäßigen Teilnahme am protestantischen Gottesdienst zu zwingen. Alle Bücher, die gegen Luther Stellung nahmen oder dessen Lehre Abbruch taten, wurden wie die Schriften Zwinglis und seines Kreises auf Melanchthons Veranlassung auf den Index der in Wittenberg verbotenen Bücher gesetzt. Während sich Luther mit der Verbannung der Katholiken aus protestantischen Landen zufriedengab, befürwortete Melanchthon Körperstrafen. Nur darin stimmten beide überein, daß es die Pflicht der weltlichen Obrigkeit sei, «die göttliche Satzung», das heißt das lutherische Bekenntnis zu verkünden und zu wahren, Luther freilich mit der Einschränkung, daß sich in gemischtgläubigen Gegenden die Minderheit der Mehrheit unterzuordnen habe; in vorwiegend katholischen Landesteilen müßten die Protestanten, in vorwiegend protestantischen die Katholiken nachgeben oder auswandern; wer keins davon tue, müsse entsprechend gezüchtigt werden.

Dem katholischen Vorbild folgend, fühlten sich auch protestantische Regierungen verpflichtet, für religiöse Einheitlichkeit zu sorgen. Der Augsburger Magistrat verbot das katholische Ritual und drohte allen, die sich nicht innerhalb acht Tagen dem neuen Bekenntnis anschlössen, Verbannung an (18. Januar 1537). Nach Ablauf der Gnadenfrist beseitigten Stadtknechte Altäre und Bildwerke aus Kirchen und Klöstern; Priester, Mönche und Nonnen mußten die Stadt verlassen. Frankfurt am Main folgte diesem Beispiel, und von da an ging in allen protestantischen Reichsständen die Konfiskation des katholischen Kirchenvermögens und die Unterdrückung des katholischen Rituals immer schneller vor sich. Die Protestanten übernahmen natürlich auch die von den Katholiken entwickelte Zensur der Druckerzeugnisse; so untersagte Kurfürst Johann von Sachsen auf Betreiben Luthers und Melanchthons die Veröffentlichung, den Verkauf oder die Lektüre zwinglianischer und täuferischer Schriften wie auch die Verkündigung ihrer Lehren (1528).

Auch hinsichtlich der Exkommunikation folgte man dem katholischen Vorbild und legte in der Augsburger Konfession von 1530 ausdrücklich das Recht der lutherischen Kirche fest, alle jene auszuschließen, die einen grundsätzlichen lutherischen Glaubenssatz verwerfen sollten. Luther erläuterte das dahingehend: «Und ob der Bann im Papstthum schändlich mißbraucht und eine rechte Stockmeisterei gewest ist, doch sollen wir ihn nicht fallen lassen, sondern recht brauchen, wie es Christus befohlen hat.»[33]

## III. DIE HUMANISTEN UND DIE REFORMATION

Der unduldsame Dogmatismus der Reformatoren, die Gewaltsamkeit ihrer Sprache, die Aufsplitterung in sich befehdende Sekten, die Vernichtung der kirchlichen Kunst, die Prädestinationslehre, die Indifferenz gegen klassische Überlieferungen, die erneute Akzentuierung der Höllen- und Dämonenvorstellungen, die Überbetonung des Seelenheils in einer Welt jenseits des Grabes – all das wirkte zusammen, um die Humanisten der Reformation zu entfremden. Der Humanismus war eine heidnische Wiedererweckung der klassischen Kulturwerte; der Protestantismus war eine demütige Rückkehr zur Düsternis des heiligen Augustin, zum Frühchristentum, ja sogar zum alttestamentlichen Judentum – der alte Streit zwischen der hellenistischen und der hebräischen Kultur lebte von neuem auf. Die Humanisten hatten sich innerhalb des Schoßes der Kirche eine beachtliche Position errungen; zwei der ihren, Nikolaus V. und Leo X., hatten sogar den Heiligen Stuhl erobert; die Päpste hatten sie nicht nur toleriert, sondern sogar gefördert und ihnen geholfen, die verlorenen Schätze der klassischen Literatur und Kunst ans Tageslicht zu fördern – alles in der stillschweigenden Übereinkunft, daß sich ihre möglichst in Latein gehaltenen Publikationen nur an die kleine Schicht der Gebildeten wendeten und die Rechtgläubigkeit der breiten Massen unangetastet ließen. Aus diesem Einvernehmen wurden die Humanisten nunmehr aufgeschreckt, denn sie fanden zu ihrer Enttäuschung, daß man nördlich der Alpen sie und ihre aristokratische klassische Kultur weit weniger schätzte als die neuen Prediger, die in der Volkssprache zu den Herzen ihrer Hörer über Gott, die Hölle und das Seelenheil sprachen. Sie belachten die leidenschaftlichen Disputationen zwischen Luther und Eck, Luther und Karlstadt, Luther und Zwingli, als einen törichten Streit über Fragen, die sie schon lange für tot und erledigt hielten. Sie fanden keinen Geschmack an theologischen Fragen; Himmel und Hölle waren für sie ein ferner Mythos, der ihnen unwirklicher erschien als die Mythologie Hellas' und Roms. Nach ihrer Auffassung war der Protestantismus ein Verrat an der Renaissance, die abermalige Anerkennung des Übernatürlichen, Irrationalen und Diabolischen, lauter Dinge, die das mittelalterliche Denken verdunkelt hatten; dies war für sie kein Fort-, sondern ein Rückschritt, war die neuerliche Unterwerfung des mündig gewordenen Geistes unter die primitive Vorstellungswelt der Massen. Luthers Schmähungen der Vernunft, seine Lobpreisung eines Bekenntnisses, das die protestantischen Päpstlein erst noch zu definieren hatten, waren ihnen zutiefst zuwider. Was verblieb denn vom Adel des Menschen, den Pico della Mirandola so begeistert besang, wenn alles irdische Geschehen – jedes Heldentum, jedes Opfer und jede Entwicklung des Anstands und menschlichen Werts – lediglich den mechanischen Vollzug der nicht zu beugenden Ratschlüsse Gottes durch hilflose menschliche Marionetten darstellte?

Humanisten, die wie Wimpfeling, Beatus Rhenanus, Thomas Murner, Sebastian Brant die Kirche zwar kritisiert, ihr aber nie den Rücken gekehrt hatten, beeilten sich jetzt, ihre Loyalität zu bekunden. Viele Humanisten, die Luthers ersten rebellischen Schritten wegen der Geißelung schändlicher Mißbräuche Beifall gespendet hatten, distanzierten sich von ihm, je mehr die protestantische Theologie und Polemik Gestalt annahm. Der Hellenist und Staatsmann Willibald Pirckheimer, der Luther anfänglich so offen unterstützte, daß er im ersten Entwurf der Bulle *Exsurge Domine* unter die Exkommunizierten eingereiht worden war, sagte sich, über Luthers wilde Sprache entsetzt, von der Revolte los.

«Ich leugne nicht, daß mir im Anfange Luthers Unternehmen nicht ganz verwerflich erschien, wie denn keinem wohlgesinnten Manne die vielen Irrtümer und die vielen Betrügereien, die allmählich in die christliche Religion eingeschlichen, gefallen konnten. Ich hoffte daher, daß nun einmal diesen vielen Übeln abgeholfen würde; aber ich fand mich sehr getäuscht, denn bevor die früheren Irrtümer ausgerottet waren, drangen noch weit unerträglichere ein, gegen welche die früheren nur Spielereien waren. Ich fing daher an, mich allmählich zurückzuziehen, und je aufmerksamer ich alles betrachtete, um so klarer bemerkte ich die List der alten Schlange, weswegen ich auch von vielen öfters Anfechtungen zu erleiden hatte. Von den meisten werde ich als Verräter an der evangelischen Wahrheit geschmäht, weil ich an der nicht evangelischen, sondern teuflischen Freiheit so vieler Apostaten, Männer wie Weiber, kein Gefallen finde, um von den anderen unzähligen Lastern, die fast alle Liebe und Frömmigkeit vertilgt haben, gar nicht zu reden ... Luther aber mit seiner frechen, mutwilligen Zunge verhehlt keinesfalls, was ihm im Sinne liegt, so daß er völlig in Wahnsinn verfallen oder vom bösen Geiste geleitet scheint.»[34]

Mutian, der anfangs Luther als «Morgenstern von Wittenberg» begrüßt hatte, sah in ihm bald einen «Anstifter unseliger Verwüstung» und klagte über «die Verwegenheit und den unerträglichen Dünkel» der Neuerer, deren Wut jener der Verrückten gleiche. Crotus Rubianus, der in den *Dunkelmännerbriefen* für Luther eingetreten war, kehrte 1521 in den Schoß der Kirche zurück. Reuchlin hatte wohl Luther einen höflichen Brief geschrieben und zu verhindern gewußt, daß Eck die Lutherischen Schriften in Ingolstadt verbrannte, aber seinem Neffen Melanchthon machte er Vorwürfe, weil dieser sich zu Luthers Theologie bekannte; er starb als gehorsamer Sohn der Kirche. Johannes Dobenek Cochlaeus, der zuerst ebenfalls mit Luther sympathisierte, wandte sich 1522 in einem Brief gegen ihn:

«Meinst du, daß Emser oder ich Sünde und Schande der Geistlichen wolle vertreten und verfechten? Da behüte uns Gott vor, wir wollten dir viel lieber dieselben helfen ausrotten, wo es Fug hätte und wir etwas vermöchten dazu zu tun. Aber Christus lehrt uns nicht den Weg, darauf du so hoch und gewaltig einhertrabst: mit Antichrist, Hurenhäusern, Teufelsnestern, Greueln und anderen unerhörten Schmähworten, dazu mit dem Schwert, mit Blut, mit blutigen Händen. O Luther, diesen Weg hat dich Christus mit Werken nie gelehrt.»[35]

Die deutschen Humanisten erinnerten sich offenbar nicht mehr an die pöbelhafte Federführung ihrer italienischen Vorgänger – Filelfos, Poggios und vieler anderer –, die die Schrittmacher für Luthers Schimpfen und Wettern gewesen waren. Aber Luthers schmähsüchtige Kriegführung bildete nur den äußeren Anlaß für ihren Widerstand. Die Zerrüttung der deutschen Moral und Sitten entging ihnen ebensowenig wie Luther selbst; doch schrieben sie diese der Verwerfung der kirchlichen Autorität und Luthers Verachtung der «guten Werke» als Heilsmittel zu. Die protestantische Abwertung der Gelehrsamkeit, Karlstadts Gleichsetzung von Bauer und Magister, Luthers Geringschätzung des Wissens und der Bildung beleidigte ihren Stand. Erasmus kleidete das allgemeine Empfinden der Humanisten in den Ausspruch – dem Melanchthon trauernd beipflichtete –, daß die Bildung schwinde, wo immer das Luthertum triumphiere. Die Protestanten parierten mit der Erklärung, die Humanisten verstünden unter Bildung vor allem das Studium der heidnischen Geschichte und Sprachen. Die in Büchern und Streitschriften ausgefochtene religiöse Polemik nahm eine ganze Generation lang die Geister und Druckerpressen Deutschlands und der Schweiz derart gefangen, daß außer

Satiren kaum etwas anderes Leser fand. Gelehrte Werke, die Verleger wie Froben in Basel und die Atlansee in Wien mit großem Kostenaufwand herausgebracht hatten, wurden so wenig gekauft, daß die Hersteller in ernste Schwierigkeiten gerieten. Der gegenseitige Fanatismus erstickte die junge deutsche Renaissance, und die lange Bemühung um eine Aussöhnung des Renaissancechristentums mit dem Heidentum verlief im Sande.

Einige Humanisten wie Eoban Heß und Ulrich von Hutten blieben der Reformation treu. Heß wanderte von Ort zu Ort, kehrte nach Erfurt zurück, fand aber die Universität verödet (1533), lehrte dann Poesie in Marburg und starb dort 1540. Nach Sikkingens Niederlage und Tod floh Hutten, unterwegs sein Essen zusammenstehlend, in die Eidgenossenschaft. Krank und aller Mittel bar wandte er sich in Basel an den gleichen Erasmus (1522), den er wegen dessen lauer Haltung gegenüber der Reformation öffentlich als Feigling gebrandmarkt hatte. Erasmus wies ihn unter dem Vorwand ab, sein Ofen vermöge Huttens schlotterndes Gebein nicht genügend zu wärmen, woraufhin der empörte Dichter den Gelehrten in einer *Expostulatio* als hasenherzigen Abtrünnigen verunglimpfte und für die Unterlassung der Veröffentlichung ein Schweigegeld zu erpressen suchte. Erasmus antwortete hinhaltend und bemühte sich, Hutten zu einer vernünftigen Beilegung ihres Streites zu bewegen. Inzwischen setzte Hutten unbedachterweise das Manuskript in Umlauf; als Erasmus es erfuhr, drang er gemeinsam mit dem Basler Klerus in den Magistrat, den unverbesserlichen Satiriker aus der Stadt zu verbannen. Hutten übergab die *Expostulatio* einem Drucker und ging nach Mülhausen, wo er seine Zufluchtstätte alsbald vom Pöbel belagert sah. Erneut floh er, und endlich gewährte ihm Zwingli in Zürich Asyl (Juni 1523). Mittlerweile verfaßte Erasmus in aller Eile eine Antwort auf die *Expostulatio* unter dem Titel *Spongia Erasmi adversus aspergines Hutteni* (Erasmus' Widerlegung der Verleumdung Huttens) und protestierte in einem an den Zürcher Magistrat gerichteten Brief gegen die Lügen des Dichters, Zürich dessen Ausweisung nahelegend. Doch Hutten, vom Krieg der Ideen und den Folgen der Syphilis erschöpft, war bereits vom Tode gezeichnet. Auf der Insel Ufenau im Zürichsee hauchte er, fünfunddreißig Jahre alt, sein Leben aus, nichts anderes besitzend als seine Kleider und seine Feder (29. August 1523). Mehr als vierhundert Jahre später (22. Juni 1959) wurde sein Grab auf der Ufenau geöffnet, und seine Gebeine wurden in «einer der merkwürdigsten und zugleich auch christlichsten Bestattungsfeierlichkeiten» im Beisein seiner Nachfahren in einer neuen Ruhestätte auf der Insel beigesetzt; ein Benediktinerpater und ein protestantischer Pfarrer sprachen an seinem Grabe.

## IV. ERASMUS VON 1517 BIS ZU SEINEM TODE

Für die Historiker und Philosophen bildet die Reaktion des Erasmus auf die Reformation noch immer eine Streitfrage. Was ist für die Menschheit vorteilhafter: die direkte Attacke Luthers auf die Kirche oder die friedliche Kompromiß- und etappenweise Reformpolitik eines Erasmus? Je nach der Antwort erkennt man zwei Charaktertypen:

«harte» Kämpfer und «weiche», sensible Kompromißnaturen. Luther war ein Mann der Tat, seine Gedanken waren Entschlüsse, seine Bücher Handlungen. Sein Weltbild war zwar im Mittelalter verhaftet, dennoch leitete sein Tun die Neuzeit ein; doch waren es weniger seine Glaubenslehren als seine Energie und sein Mut, die im Verein mit dem erwachenden Nationalgefühl die Neuzeit begründeten. Luther sprach in einem männlich kraftvollen Deutsch zur deutschen Nation und wiegelte sie auf, eine übernationale Macht zu stürzen; Erasmus schrieb in einem weiblich graziösen Latein für ein internationales Publikum, eine kosmopolitische Elite von Magistern. Er war viel zu empfindsam, um ein Tatmensch zu sein; er ersehnte und pries den Frieden, Luther genoß Streit und Kampf. Ein Wunder an Mäßigung und jede Maßlosigkeit verabscheuend, zog Erasmus das Reich des Gedankens der Tat vor und vorsichtiges Abwägen voreiliger Gewißheit. Sein Wissen war zu umfassend, als daß es ihm eine einseitige Beurteilung von Wahrheit und Irrtum erlaubt hätte; er sah beide Seiten, versuchte sie zusammenzuführen und wurde zwischen ihnen zerrieben.

Die Lutherschen Thesen fanden anfänglich seinen Beifall, so daß er im März 1518 an Morus und Colet Abschriften sandte und diesem schrieb, die römische Kurie treibe einem vollends die Schamröte ins Gesicht. Denn was sei schamloser als diese ständigen Ablässe? Und im Oktober äußerte er sich einem anderen Freund gegenüber:

«Ich höre, daß Eleutherius [Luther!] bei allen Guten Beifall findet, aber man sagt, er widerspreche sich in seinen Schriften. Ich glaube, jene Thesen haben allen gefallen, mit Ausnahme der paar Sätze über das Fegfeuer; das wollen sie sich nicht nehmen lassen, als ein Stück tägliches Brot ... Ich sehe, daß die Monarchie des römischen Oberpriesters, so wie sie jetzt ist, eine Pest der Christenheit bedeutet; ihm schmeicheln in allen Stücken die Dominikaner, ohne jegliche Scham. Und doch weiß ich nicht, ob es sich empfiehlt, dieses Geschwür offen zu berühren. Das wäre Aufgabe der Fürsten, aber ich fürchte, die stecken mit dem Papst unter einer Decke, da sie an der Beute teilnehmen.»[36]

In Löwen, wo er sich jetzt zumeist aufhielt, wirkte er an der Gründung des *Collegium Trilingue* mit Lehrstühlen für Latein, Griechisch und Hebräisch mit. Ab 1519 erhielt er von Karl V. eine Pension, die er freilich nur unter der Bedingung annahm, daß ihm die Unabhängigkeit der Person und des Denkens gewährleistet bleibe; da er aber auch Pensionen von Erzbischof Warham und Lord Mountjoy bezog, hätte er bar jeder menschlichen Schwäche sein müssen, wenn diese Zuwendungen seine Einstellung zur Reformation unbeeinflußt gelassen hätten.

Als Luthers Revolte von der Kritik der Ablässe zur Bekämpfung des Papsttums und der Konzile überging, wurde Erasmus stutzig. Er hatte gehofft, die Kirchenreform von dem guten Willen des humanistischen Papstes entscheidend gefördert zu sehen, denn nach wie vor verehrte er die Kirche als das – wie es ihm schien – unersetzliche Fundament des Gemeinwohls und der Sittlichkeit; und obschon er wußte, daß die altgläubige Lehre von mancherlei Unsinn überwuchert war, hielt er es doch für ausgeschlossen, daß individuelle oder kollektive Einsicht ein nützlicheres Bekenntnis und Ritual zu entwickeln vermochten; der Fortschritt der Vernunft schien ihm nur durch die tropfenweise Weitergabe der Erkenntnisse der wenigen Wissenden an die Herde der Nachahmer erzielbar. Er bestritt nicht, ein Wegbereiter Luthers gewesen zu sein; sein *Lob der Torheit* zirkulierte zu dieser Zeit in Tausenden von Exemplaren in ganz Europa und überschüttete Mönche und Theologen mit Hohn und Spott – das scharfe Stemmeisen zu Luthers grobem Hammer. Den Mönchen und Theologen, die ihm vorwarfen, Luther habe nur das Ei ausgebrütet, das er, Erasmus, gelegt habe, antwortete er zerknirscht: «Ja, doch das Ei, das ich legte, war ein Huhn, was aber Luther ausbrütete, war ein Kampfhahn.» Luther hat das *Lob der Torheit* und fast alle Schriften Erasmus' gelesen und Freunden erklärt, er wolle nichts anderes als das von dem berühmten Humanisten seit Jahren Gesagte und Angedeutete ungeschminkter formulieren. Am 18. März 1519 suchte er in einem bescheidenen, bewundernden Schreiben dessen Freundschaft und unausgesprochen auch Unterstützung.

Erasmus sah sich vor eine der grundsätzlichen Entscheidungen seines Lebens gestellt, und beide Aspekte des Dilemmas erschienen tödlich. Falls er Luther zurückstieß, setzte er sich dem Vorwurf der Feigheit aus. Wenn er zusammen mit Luther die Kirche verwarf, verwarf er gleichzeitig nicht nur drei Pensionen und den Schutz Leos X. gegen stumpfsinnige Theologen, sondern auch seine eigene Strategie und Absicht, durch geistige und moralische Einwirkung auf prominente Persönlichkeiten eine Kirchenreform zu bewerkstelligen. Schon hatte er (wie er glaubte) in dieser Hinsicht beim Papst, Erzbischof Warham, Bischof Fisher, Dekan Colet, Thomas Morus, Franz I. und Karl V. viel erreicht. Aber keiner von diesen würde sich je zu einer Absage an die Kirche bereit finden; sie mußten naturnotwendig vor der Auflösung einer Institution zurückschrecken, die von ihrem Standpunkt aus unauflösbar mit dem Gottesgnadentum zur Erhaltung der bestehenden Ordnung verwoben war; hingegen konnten sie für einen Feldzug gewonnen werden, der auf eine Verminderung des Aberglaubens und der Absurditäten des entarteten Kults abzielte und die Weltgeistlichkeit säubern und bilden, die Mönche einer geläuterten Regel unterwerfen und die geistige Freiheit im Zeichen des geistigen Fortschritts schützen würde. Der Verzicht auf ein solches Programm zugunsten einer gewaltsamen Spaltung der Christenheit in zwei sich befehdende Hälften und zugunsten einer Prädestinationstheorie, die gute Werke als überflüssig erscheinen ließ, mußte diesen Männern – und Erasmus selbst – wie der Weg in den Wahnwitz erscheinen.

Noch erhoffte er die Wiederherstellung des Friedens, sofern es gelang, die lautesten Schreier zu dämpfen. Im Februar 1519 empfahl er Froben, Luthers Schriften als allzu aufreizend nicht mehr zu verlegen. Im April ermahnte er Kurfürst Friedrich brieflich, Luther, gegen den mehr gesündigt werde, als er selbst sündige, unter seinen Schutz zu nehmen. Nach langem Besinnen schrieb er endlich am 30. Mai an Luther:

«Liebster Bruder in Christo. Dein Brief voll lebendigen Geistes und christlicher Gesinnung hat mich sehr erfreut. Kaum vermag ich mit Worten auszudrücken, welches Aufsehen deine Bücher hier erregten. Auch war es bis anhin nicht möglich, aus ihren Köpfen den so falschen Gedanken zu verscheuchen, deine Arbeiten seien mit meiner Hilfe geschrieben worden. Ich sei, sagen sie, Bannerträger dieses Unternehmens ...

Ich habe [ihnen] versichert, du seiest mir völlig unbekannt, ich hätte noch nicht einmal deine Bücher gelesen; ich könne deshalb weder etwas ablehnen noch billigen. Hingegen habe ich sie ermahnt, deine Bücher nicht, ohne sie nur gelesen zu haben, in so widerwärtiger Weise zu verunglimpfen: die Angelegenheit gehe wesentlich diejenigen an, die darüber maßgeblich zu urteilen vermöchten. Sie sollten auch bedenken, ob es nötig sei, vor der ganzen Volksmenge bloßzustellen, was richtiger in Buchform widerlegt oder unter Gelehrten verhandelt werden müßte, zumal aus einem Munde das Leben des Verfassers gerühmt werde. Es war nichts zu erreichen: Diese Leute fuhren fort mit ihren tollen, schiefen, ja ehrenrührigen Disputationen ... für alles werde ich verantwortlich gemacht. Aber die Bischöfe habe ich auf meiner Seite.

Du hast in England Persönlichkeiten, die deine Schriften sehr schätzen, und es sind recht hochgestellte dabei. Selbst hier gibt es welche, die dir geneigt sind, darunter der Bischof von Löwen. Ich selbst halte mich möglichst unbeteiligt, um dafür desto mehr zum Wiederaufblühen der guten Literatur beizutragen. Es scheint mir auch, daß Mäßigung gegenüber der Öffentlichkeit weiter führt als unflätiges Dreinfahren ... Es wäre besser, wenn du deine Stimme wider die erheben würdest, die die Autorität des Papstes mißbrauchen, als gegen die Päpste selbst loszuziehen: in gleicher Weise sollte es auch mit den weltlichen Herrschern gehalten werden ...

Meinungen, die sich eingebürgert haben, lassen sich rascher aus dem Bewußtsein der Menschen tilgen, indem man darüber mit stichhaltigen Argumenten disputiert, als durch bloße Behauptungen.

Hüten wir uns, etwas in anmaßender oder parteiischer Art zu tun oder zu sagen. Indessen ist es angebracht, sich vor Anfechtung zu bewahren, auf daß nicht Zorn, nicht Haß, nicht Ehre einem zum Verhängnis werde.

Ich habe mir deine Kommentare zu den Psalmen angeschaut; sie gefallen mir sehr ... Der Herr Jesus schenke dir seinen Geist weiterhin in reicher Fülle zu seiner eigenen Ehre und zum Heil der Welt.»[37]

Trotz dieser Ambivalenz sah sich Erasmus von den Löwener Theologen weiterhin als Brunnquell der lutherischen Springflut befehdet. Am 8. Oktober 1520 publizierte der eben eingetroffene Aleander die päpstliche Bannbulle gegen Luther und rügte gleichzeitig Erasmus als geheimen Schürer der Revolte. Das Professorenkollegium schloß den großen Gelehrten prompt aus der Fakultät aus, woraufhin dieser nach Köln übersiedelte, wo er sich, wie wir bereits gehört haben, beim sächsischen Kurfürsten Friedrich für Luther einsetzte (5. November). Am 5. Dezember übermittelte er dem Kurfürsten eine als *Axiomata Erasmi* bekannt gewordene Erklärung und billigte darin Luthers Forderung, von unparteiischen Richtern abgeurteilt zu werden, als gerechtfertigt. Gottesfürchtige Verehrer der Heiligen Schrift hätten den geringsten Anstoß an Luther genommen, die Welt dürste nach der evangelischen Wahrheit (d.h. nach der ausschließlich auf dem Evangelium basierenden Wahrheit), und ein so viele Gemüter bewegendes Verlangen sei nicht zu ersticken. Karl V. empfahl er in einem Memorandum (das er gemeinsam mit dem Dominikaner Johann Faber verfaßte), sich mit Heinrich VIII. von England und Ludwig II. von Ungarn über die Einsetzung eines unparteiischen Tribunals zu verständigen, das Luthers Fall beurteilen solle. Den Kardinal Campeggio drängte er gleichfalls in einem vom 6. Dezember datierten Brief, Luther Gerechtigkeit widerfahren zu lassen:

«Ich sah, daß je unbescholtener in seinem Lebenswandel einer war und je näher der evangelischen Reinheit, um so weniger war er ein Gegner Luthers ... Edle, hochherzige Geister verlangen belehrt zu werden, Zwang ertragen sie nicht ... Solcherweise denn bin ich Luthern zugetan, daß ich es vorzöge, ihn zu ändern, als ihn zu verderben ... Dies ist meine Ansicht, und heute sind alle guten Theologen Luthern günstig gestimmt ...

Niemand hat diesen Menschen brüderlich ermahnt, niemand ihn abgehalten, niemand ihn belehrt, und keiner hat ihn je widerlegt ... Was rühmen sie sich ihres Doctortitels, wenn nicht um zu lehren, zu dozieren? ... die das Amt eines Bischofs für sich beanspruchen ...

Überall schonte Paulus die Pseudoapostel, damit sie nicht, aufgereizt, der zarten Saat der neuen Lehre noch größeren Schaden zufügten.

Wie viel weniger war es angebracht, plötzlich so gegen den zu wüten, dessen Leben(swandel) von allen gepriesen wurde, dessen Schriften Ergötzung waren für so viele vornehme Edelleute, für so viele Gebildete und Fromme! ... Jene versuchten den ganzen Luther auszutilgen. ... aus dem Geist [der Menschen] könnte er nur getilgt werden, wenn seine Lehren mit stichhaltigen Gründen und Zeugnissen aus der Hl. Schrift widerlegt würden ... Wenn wir die Wahrheit zu hören wünschen, muß es einem jeden frei[gestellt] sein, seine Meinung verlauten zu lassen ... Es kam die schreckliche Bulle *Romani Pontificis*. Die Bücher sind verbrannt. Klage herrscht unter dem Volke. Etwas Widerwärtigeres konnte kaum getan werden. Allem anderen entspricht die Bulle besser als der Milde unseres Leo .. Endlich bin ich so unklug auch wieder nicht, daß ich mich ihm widersetze, da nicht einmal Könige [mehr] sicher sind, wenn sie ihm Widerstand leisten ...; zumal da keine Hoffnung auf Erfolg dabei bestünde

Wenn die verdorbenen, üblen Sitten der römischen Kurie eines mächtigen und unmittelbaren Heilmittels bedürfen, ist es sicherlich nicht an mir und meinesgleichen, mich dieser Aufgabe zu bemächtigen. Mir ist der Stand der menschlichen Dinge, so wie sie heute liegen, lieber als daß neue Tumulte ausbrechen, welche sich gar gerne ins Gegenteil dessen verkehren, was damit erreicht werden sollte. Dies schreibe ich, damit du dich nicht beunruhigst ...; da du dessen sicher und überzeugt sein kannst, daß Erasmus dem römischen Stuhle, dem ich mich durch viele Namen sehr verpflichtet weiß, von jeher äußerst zugetan war und es auch weiterhin immer sein wird, einen jeglichen als seinen eigenen Gegner betrachtend, der sich gegen jenen wendet ... Das Urteil vieler angesehener und gescheiter Männer lautet dahin, daß das Unternehmen einen glücklicheren Ausgang nehmen würde, wenn es in der Hand von einflußreichen, gelehrten und ruhig handelnden Männern läge und mit mehr Maß und geringerer Härte betrieben würde; das heißt, wenn Papst Leo es vorzöge, in dieser Angelegenheit seiner eigenen Natur zu folgen, statt die Ausbrüche der anderen [weiterhin] zu dulden.»[38]

Doch machte Luther es Erasmus immer schwieriger, für ihn zu intervenieren, steigerte er doch die Gewalttätigkeit seiner Sprache von Monat zu Monat, bis er im Juli 1520 seine Leser aufforderte, ihre Hände im Blut der Bischöfe und Kardinäle zu waschen. Als er erfuhr, daß Luther die päpstliche Bannbulle öffentlich verbrannt hatte, gab Erasmus seine Bestürzung unumwunden zu. Leo X. lobte am 15. Januar in einem an diesen gerichteten Brief dessen Loyalität und wies gleichzeitig Aleander an, den Humanisten mit aller Artigkeit zu behandeln. Während der Vorbereitungen für den Reichstag zu Worms ersuchte einer der Reichsfürsten Erasmus, Luther beizustehen; er erhielt die Antwort, dafür sei es zu spät. Luthers Weigerung, sich zu unterwerfen, bedaure er zutiefst; nach seiner Meinung hätte Nachgiebigkeit die Reformbewegung gefördert; jetzt befürchte er einen Religionskrieg. Und im Februar 1521 schrieb er einem Freund:

«Jedermann gibt zu, daß die Kirche bedrängt wird durch einen gewissen Tyrannen, und viele schon haben sich umgeschaut nach einem Mittel zur Abhilfe. Nun aber treibt dieser Ausbund die Sache so weit ... daß auch keiner es wagt, das Gute, das etwa doch von ihm kommt, in Schutz zu nehmen. Vor sechs Monaten [noch] habe ich ihn gewarnt, den Haß und die Abneigung nicht noch mehr zu steigern. Die *Babylonische Gefangenschaft* hat ihm viele schon entfremdet, und doch setzt er täglich noch Widerwärtigeres in Gang.»[39]

Luther ließ jetzt alle Hoffnung auf Erasmus fahren und schob ihn als einen lauen Feigling beiseite, der «in allen seinen Schriften nicht das Kreuz will, sondern den Frieden. Von daher hält er dafür, daß alle menschlichen Probleme durch Gemeinsinn und Wohlwollen gelöst werden sollten.» Doch gleichzeitig richteten Aleander und die Löwener Theologen, Leos Anweisungen ungeachtet, weiterhin ihre Angriffe gegen den «geheimen Lutheraner Erasmus». Er übersiedelte daraufhin nach Basel (15. November 1521), wo er die junge Reformation in der alten Renaissance zu vergessen hoffte. In Basel, dieser Hochburg des schweizerischen Humanismus, wirkten Drucker und Verleger, die zugleich Gelehrte waren, so Hans Amerbach und jener Heilige seiner Gilde, Johann Froben(ius), der sich über seinen Texten und Pressen zu Tode mühte und (laut Erasmus) «seinen Erben mehr Ehr' als Habe hinterließ», wirkte Beatus Rhenanus, der Tacitus und Plinius den Jüngeren herausgab, Velleius Paterculus entdeckte und den Druck des Erasmusschen Neuen Testaments beaufsichtigte, wohnte mehrere Jahre Dürer und schuf Holbein seine faszinierenden Bildnisse von Froben und Bonifazius Amerbach, dessen Gemäldesammlung heute im Basler Kunstmuseum hängt. Anläßlich seines früheren Aufenthaltes vor sieben Jahren hatte Erasmus das Basler Geistesleben mit liebevoller Übertreibung beschrieben:

> «Mir ist, als befände ich mich in einem lieblichen Musenhain: kaum zu sagen, so viele Gebildete, und Gebildete nicht im gewöhnlichen Sinne! Keiner ist da, der nicht Latein, der nicht auch Griechisch könnte, und die meisten verstehen auch Hebräisch. Dieser tut sich hervor mit seinen historischen Kenntnissen; jener versteht sich auf Theologie; dieser ist gewandt in Mathematik, ein anderer erforscht die Antike, jener aber ist ein Rechtskundiger ... Wahrlich, noch nie lebte ich in einer auch nur ähnlich glücklichen Gemeinschaft ... Welche Reinheit bei allen, welche Anmut, welche Eintracht!»[40]

Jetzt fungierte Erasmus – in Frobens Hausgemeinschaft aufgenommen – als dessen literarischer Berater, schrieb Vorworte und gab die Kirchenväter heraus. 1523 und 1524 malte Holbein die berühmten Erasmus-Bildnisse, von denen sich eines noch in Basel befindet; eines ging an Erzbischof Warham und ist heute ein Glanzstück der Sammlung des Grafen Radnor; das dritte im Louvre stellt die Krönung von Holbeins Schaffen dar. Der größte aller Humanisten steht vor einem Schreibpult, in einen dikken, pelzverbrämten Mantel gehüllt, das Barett halb über die Ohren gezogen; in seinem Antlitz (er war siebenundfünfzig) spiegeln sich seine angegriffene Gesundheit, die geistigen Kämpfe seines Lebens, seine schmerzliche Vereinsamung und die Enttäuschung über seine fehlgeschlagenen Bemühungen, den großen dogmatischen Konflikt für beide Parteien befriedigend zu schlichten. Unter dem Barett werden weiße Haarsträhnen sichtbar, die Züge des Gesichtes sind kraftvoll, aber vergeistigt, über schmalen, fest zusammengepreßten Lippen ragt die Nase spitz hervor, müde blicken die Augen unter herabhängenden Lidern. Hier kommt in einem der größten aller Bildnisse der Sieg der Reformation über die Renaissance zum Ausdruck.

Am 1. Dezember 1522 richtete der neue Papst, Hadrian VI., einen Brief an Erasmus, aus dem hervorgeht, welch außerordentlichen Einfluß ihm beide Seiten zugeschrieben haben

«Ich denke, daß durch dein eifriges Wirken ein großer Teil derjenigen, die von Luther zu Fall gebracht wurden, mit Gottes Hilfe auf den rechten Weg zurückfinden; daß die, die noch nicht fielen, standhaft verharren; daß die Wankelmütigen und dem Fehltritt Nahen vor dem Fall bewahrt werden ... Ich vermag dir wahrlich nicht zu sagen, wie willkommen mir dein Tun ist, wenn es dahin führt, daß die, die angefallen sind von dieser übelsten aller Häresien, mehr aus eigenem Antrieb wieder zu sich kommen, als daß sie aufgescheucht werden durch die Schläge der kirchlichen Zensur und der kaiserlichen Erlasse. Daß solches unserer Natur fernliegt, wirst du ja, wie ich glaube, selbst noch wissen aus jener Zeit, die wir gemeinsam in der süßen Muße der heiligen Wissenschaft verlebten ... Laß den Winter bleiben und komm her in unsere römische Luft ... Wir besitzen hier eine große Menge Bücher, nach welchen du begehrst, und die Mög lichkeit, mit vielen frommen und gelehrten Männern Umgang zu pflegen und uns über diese Dinge besprechen zu können. Gegenseitig werden wir uns beraten, und, so Christus will, wirst du diesen Weg und solch heilige Betätigung nicht zu bereuen haben.»[41]

Nach einem einleitenden Gedankenaustausch, wobei sich beide zu Geheimhaltung verpflichteten, öffnete Erasmus dem Papst sein Herz:

«Seligster Vater ... wenn es die Gesundheit zuläßt, dürfte die Reise durch Frankreich gefahrloser sein; so soll es denn geschehen, sobald der Herr will ... Daß mir doch all diese Gaben zu Gebote stünden, welche du mir zuerkennst, um diese Spaltung zu beheben! ... Der Grad meiner Bildung liegt indes weit unter der Mittelmäßigkeit; und soweit sie etwas taugt, habe ich sie geschöpft aus den alten [bewährten] Autoren ... Was soll denn schon der ‚Einfluß' eines solchen Menschleins? Was gilt denn schon die Autorität eines Erasmus bei Leuten, bei welchen selbst die Autorität so vieler Akademien, so vieler Fürsten und selbst des obersten Bischofs nichts gilt? Meine Beliebtheit hat sich, wo sie vorhanden war, entweder so abgekühlt, daß davon kaum mehr die Rede sein kann, ist gänzlich geschwunden oder hat sich gar in Haß gekehrt. Der ich einst in unzähligen Briefen ‚dreimalgrößter Held', ‚Fürst der Gelehrsamkeit', ... ‚Sonne der Forschung', ‚Hoherpriester der edlen Wissenschaften', ‚Bewahrer der unverfälschten Gotteslehre' genannt wurde, werde jetzt ausgeschwiegen, oder schon gar in ganz anderen Farben dargestellt ... Doch inzwischen schreien die einen, ich sei ein Lutheraner, da ich nichts gegen ihn schreibe, die geschworenen Lutheraner aber brummen, daß ich ihn allzuoft angreife ... Und während mir dies hier in deutschen Landen geschieht, werde ich in Rom bloßgestellt mit wütenden und mehr als nur ehrenrührigen Schriften. In Brabant gar werde ich nicht mehr nur bei Gastmählern und in Gefährten, sondern in öffentlicher Versammlung und in feierlichen Vorlesungen Häretiker, Erzketzer, Schismatiker und Falschlehrer genannt ... Und doch vermochte man bis heute keine Aussage namhaft zu machen, in welcher ich mit Luther einiggehe. Man sucht daher die Tatsachen bald so, bald so zurechtzudeuten. Derweise werde ich aber selbst mühelos aus des Apostel Paulus Briefen hundert Stellen heraussuchen, die eben genau das aussagen, was bei Luthern als häretisch verurteilt worden ist ...

Nun aber, wirst du sagen, da ich von dir Rat erwartete, höre ich nichts als Klagen. Doch das, was ich eben sagte, ist ein Teil dieses Rates ... Fernerhin sehe ich viele, denen es gut zu sein scheint, diesem Übel mit Strenge zu begegnen, aber ich fürchte, daß der Ausgang der Dinge diese Überlegung einst als Unüberlegtheit erweisen werde Denn ich sehe dabei mehr Gefahren, als mir lieb ist, soll die Angelegenheit nicht in einem wilden Blutbad enden. Es geht mir hier nicht darum, was diese Leute verdient haben, sondern um die Erhaltung der öffentlichen Ruhe ...

Das erste wird sein, die Quellen dieses Übels aufzuspüren. Hier vor allem muß die Heilung ansetzen. Dann aber dürfte es von großem Nutzen sein, wenn rückwirkend all denen Straffreiheit zugebilligt würde, welche, sei es aus Überzeugung, sei es durch fremden Anstoß, der Irrlehre verfielen; oder besser noch eine Amnestie für alle größeren Übeltaten ... Denn wenn Gott Tag für Tag es so mit uns hält, daß er alle Missetaten vergißt, so oft der Sünder nur Reue zeigt, was steht davor, daß auch der Stellvertreter Gottes ein Gleiches tue? Inzwischen sollen jedoch von

Behörden und Landesfürsten alle Neuerungen in Schranken gehalten werden. Ich wünschte, wenn es möglich wäre, daß auch die Erlaubnis zum Druck neuer Bücher und Schriften zurückgehalten würde. Zudem sollte der Welt in Aussicht gestellt werden, daß die Dinge, über deren Belastung man sich nicht zu Unrecht beklagt hat, eine Änderung erfahren werden. Beim süßen Namen der Freiheit werden alle aufatmen ...

Deine Heiligkeit spricht: Welches sind diese Quellen? oder Was ist es, das da geändert werden sollte? – Zur Beurteilung dieser Dinge scheint es mir gegeben, daß du dir aus den einzelnen Gebieten Männer berufst, unbestochene, beliebte, gemäßigt in ihren Affekten. Auf diese sollst du hören.»[42]

Der arme Hadrian, dessen Macht hinter seinen guten Absichten zurückblieb, starb 1523 an gebrochenem Herzen. Sein Nachfolger, Clemens VII., drang gleichfalls in Erasmus, sich Luthers Widersachern anzuschließen. Als sich der große Gelehrte endlich dazu entschloß, enthielt er sich dennoch jedes persönlichen Angriffs auf den Reformator und jeder generellen Verurteilung der Reformation. In einer männlich objektiven Abhandlung über die Willensfreiheit (*De libero arbitrio*, 1524) legte er dar, daß er das Geheimnis der sittlichen Entscheidungsfreiheit nicht auszuloten und mit der Allwissenheit und Allmacht Gottes in Übereinstimmung zu bringen vermöge. Andererseits konnte kein Humanist die Lehren von der Prädestination und Determination akzeptieren, ohne Würde und Wert des Menschen beziehungsweise des Menschenlebens zu opfern: In diesem Punkt zeigte sich eine weitere grundsätzliche Kluft zwischen der Renaissance und der Reformation. Ein Gott, der die hilflose Sündhaftigkeit der Kreatur, so wie er sie erschaffen hatte, bestrafte, erschien Erasmus als ein amoralisches Monstrum, das weder Lobpreisung noch Anbetung verdient, und dem «himmlischen Vater» Jesu ein solches Verhalten zuzuschreiben, betrachtete er als die reinste Blasphemie. Nach Luthers Lehre war der größte Bösewicht ein unschuldiger Märtyrer, den Gottes Ratschluß zur Sünde bestimmt und Gottes strafende Gerechtigkeit der ewigen Höllenqual überantwortet. Ist es denn einem Anhänger der Prädestinationslehre überhaupt möglich, sich zu einem schöpferischen Akt aufzuschwingen und sich um die Verbesserung des Menschheitsloses zu bemühen? Wohl unterliegt die moralische Entscheidung eines Menschen tausend Umständen, über die er keine Herrschaft besitzt; dennoch nimmt das menschliche Bewußtsein ein gewisses Maß von Meinungsfreiheit in Anspruch, ohne die der Mensch zu einem vernunftlosen Automaten würde. Erasmus' Ausführungen schlossen mit dem Appell, unsere Unwissenheit und unser Unvermögen einzugestehen, die moralische Willensfreiheit mit der göttlichen Vorsehung und der allgegenwärtigen Kausalität in Übereinstimmung zu bringen; überlassen wir die Antwort dem Jüngsten Gericht, bis dahin aber wollen wir jede Hypothese vermeiden, die den Menschen zur Marionette und Gott zum grausamsten Tyrannen der Geschichte macht.

Als Clemens VII. den Traktat erhielt, übersandte er Erasmus 200 Gulden. Dennoch fühlte man sich im katholischen Lager über die versöhnliche und philosophische Tonart des Buches enttäuscht; man hatte eine schmetternde Kriegserklärung erhofft. Melanchthon, der sich in seinen *Loci communes* zur Prädestination bekannt hatte, war von der Erasmusschen Argumentation so beeindruckt, daß er in späteren Ausgaben dieses Thema unterdrückte; auch er hoffte noch auf Frieden. Verspätet (1525), aber kompromißlos verteidigte Luther im Traktat *De servo arbitrio* seine Auffassung von der Prädestination:

«Der menschliche Wille ist ein Zugtier. Wenn Gott sich darauf gesetzt hat, will er und geht er, wohin Gott will; wenn Satan sich darauf gesetzt hat, will und geht er, wohin Satan will. Und es steht nicht in seiner freien Entscheidung, zu einem der beiden Reiter zu laufen ... sondern die Reiter selbst kämpfen miteinander, ihn zu erlangen und zu besitzen ... Es ist also ... heilsam für den Christen, zu wissen, daß Gott nichts zufällig vorherweiß, sondern daß er alles mit unwandelbarem, ewigem und unfehlbarem Willen sowohl vorhersieht, sich vornimmt und ausführt. Durch diesen Donnerschlag wird der freie Wille zu Boden gestreckt und ganz und gar zermalmt.»[43]

Für die Stimmung des sechzehnten Jahrhunderts ist es bezeichnend, daß Luther nicht wie die späteren Denker des achtzehnten Jahrhunderts die Willensfreiheit verneinte, weil sie gegen ein universales Kausalitätsgesetz verstößt, und auch nicht wie die Denker des neunzehnten Jahrhunderts, für die – eine neue Trinität – Vererbung, Umwelt und Verhältnisse die Wünsche des Menschen und seinen Willen zu determinieren schienen. Er verneinte die Willensfreiheit, weil alles Geschehen und Handeln in Gottes Allmacht beschlossen ist und infolgedessen nicht unsere Tugend- oder Sündhaftigkeit, sondern Gott selbst unser Seelenheil beziehungsweise unsere Verdammnis bestimmt. So bitter Luthers Logik war, so blickte er ihr doch wie ein Mann ins Auge.

«Es verletzt den schlichten Menschenverstand oder die natürliche Vernunft aufs höchste, daß Gott nach bloßer Willkür Menschen verläßt, verhärtet, verdammt, als ergötze er sich an den Sünden und ewigen Qualen der Unglucklichen, er, von dem es heißt, daß er von so großer Barmherzigkeit und Güte sei. Das von Gott zu denken erscheint ungerecht, grausam, unerträglich, und es haben viele und große Männer ın allen Jahrhunderten daran Anstoß genommen. Und wer täte es nicht? Ich selbst habe mehr als emmal Ärgernis daran genommen bis in die Tiefe und den Abgrund der Verzweiflung, daß ich gewünscht hätte, nie als Mensch geschaffen zu sein.» Es ist zwecklos, durch scharfsinnige Unterscheidungen dem entgehen zu wollen. «Die natürliche Vernunft selbst, sosehr sie daran Anstoß nimmt und sich müht, es aufzuheben, muß die notwendige Konsequenz aus Vorherwissen (Präszienz) und Vorherbestimmung (Prädestination) anerkennen.» Ist es schwer, an Gottes Milde und Billigkeit zu glauben, wenn «er die verdammt, die nicht anders können, so müssen wir der göttlichen Weisheit zutrauen, Gott sei auch da gerecht, wo er uns ungerecht zu sein scheint. Wenn nämlich seine Gerechtigkeit so wäre, daß sie mit menschlichem Begreifen als gerecht erkannt werden könnte, so wäre sie nicht göttlich.»[44]

Nicht weniger bezeichnend für jene Epoche war der große Absatz, den dieser Traktat in sieben lateinischen und zwei deutschen Auflagen innerhalb eines Jahres fand. Späterhin erwies er sich als das große Quellenwerk der evangelischen Glaubenslehre. Ihm entnahm Calvin die Lehren der Prädestination und der göttlichen Gnade und Verdammnis, um sie seinerseits nach Frankreich, Holland, England und Schottland zu verpflanzen. Erasmus antwortete darauf in zwei kleineren Schriften, *Hyperaspistes* (Der Verteidiger) I und II (1526 und 1527), doch die Zeitgenossen fanden die Argumente des Reformators zwingender.

Selbst in diesem Stadium setzte Erasmus seine Friedensbemühungen fort und riet seinen Korrespondenzpartnern zu duldsamem Entgegenkommen. Nach seiner Meinung konnte die Kirche die Priesterehe und die Verabreichung des Abendmahls in beiden Formen ruhig zulassen, einen Teil ihres ungeheuren Vermögens weltlichen Obrigkeiten und Zwecken abtreten und die strittigen Fragen wie Prädestination, Willensfreiheit und die leibhaftige Gegenwart Christi undefiniert und verschiedenen Interpretationen offenlassen. An Herzog Georg von Sachsen schrieb er, die Täufer betreffend: «Es ist nicht recht, daß jeder beliebige Irrtum mit dem Feuertode bestraft wird, sofern kein Verbrechen hinzukommt, das wie der Aufruhr vom Gesetz mit dem Tode bestraft wird.» Das war 1524; 1533 hingegen verteidigte er, von Freundschaft oder Senilität bewogen, Thomas Mores harte Maßnahmen gegen Ketzer. Da in Spanien etliche Humanisten in Erasmus' Fußtapfen getreten waren, begannen die Organe der dortigen Inquisition eine systematische Durchforschung seiner Werke in der Absicht, ihn der Ketzerei zu überführen (1527). Nichtsdestoweniger verharrte er in seiner Kritik am theologischen Dogmatismus und an der Unsittlichkeit des Klosterlebens, diesen, wie er glaubte, Hauptursachen für die radikalen Spielarten der Reformation. 1528 wandte er sich neuerdings gegen «die vielen Klöster, welche sich in nichts unterscheiden von öffentlichen Lusthäusern, die vielen Mönchskonvente, in welchen nichts schwieriger zu finden ist als wahre Keuschheit», und 1532 charakterisierte er die Ordensbrüder als freche Bettler, Frauenverführer, Ketzerhäscher, Legat-Erschleicher und Testamentfälscher. So sehr er also die Kirchenreform befürwortete, so sehr lehnte er die radikale Reformation ab. Er konnte es nicht über sich bringen, die Kirche zu verlassen und in zwei Hälften gespalten zu sehen. «Ich erdulde die Kirche bis zu dem Tag, da ich eine bessere sehe.»

Lange hatte er gehofft, daß Karl einen Kompromiß zwischen Clemens und Luther herbeiführen würde; statt dessen waren sich Kaiser und Papst in die Haare geraten, und voller Entsetzen erfuhr er von der Plünderung Roms durch des Kaisers konfessionell buntgemischte Soldateska (1527). Noch unmittelbarer traf ihn der «fromme Bildersturm» der Basler Reformatoren (1529). Noch ein Jahr zuvor hatte er selbst den Bilderkult mißbilligt: «Das Volk sollte belehrt werden, daß die Bilder nichts anderes seien als zeichenhafte Verdeutlichungen ...; besser wäre aber doch, die Gemüter unmittelbar zu Christus zu erheben ... doch soll auch hierin Maß gehalten werden.»[45] In diesem Punkt waren Luther und er gleicher Ansicht. Die sinnlose Ausraubung der Kirchen erschien ihm jedoch als eine intolerante und barbarische Reaktion, und Basel den Rücken kehrend, wandte er sich nach Freiburg im Breisgau im katholischen österreichischen Gebiet. Der Magistrat empfing ihn mit allen Ehren und wies ihm die unvollendete Residenz Maximilians I. als Wohnsitz zu, und wenn die kaiserliche Pension verspätet eintraf, halfen die Fugger mit jeder benötigten Summe aus. Aber die Freiburger Theologen und Mönche setzten ihm als geheimem Skeptiker und eigentlichem Urheber des Aufruhrs so zu, daß er 1533 nach Basel zurückkehrte. Universitätsprofessoren holten ihn feierlich ein, und Hieronymus Froben, Johann Frobens Sohn, gab ihm in seinem Hause Quartier.

Das Alter hatte die Züge des jetzt Neunundsechzigjährigen verzerrt, er litt an Magengeschwüren, Diarrhöe, Pankreatitis, Gicht, Steinen und häufigen Erkältungen; man beachte in Dürers Zeichnung die geschwollenen Hände. Von Schmerz gepeinigt und beinahe täglich von Katholiken wie Protestanten angegriffen, verlor er die ihm angeborene Heiterkeit, die ihn so beliebt gemacht hatte, und wurde mürrisch. Dabei traten fast jeden Tag Huldigungsschreiben von Königen, Staatsmännern, Kirchenfürsten, Gelehrten und Finanzleuten ein, und sein Heim bildete ein Wallfahrtsziel für Freunde der Gelehrsamkeit. Am 15. Juni 1536 erkrankte er an akutem Typhus. Er wußte, daß es zu Ende ging, bat aber weder um Priester noch Beichtvater und ging, ohne die Sakramente in Anspruch zu nehmen, aber wiederholt Jesus und Maria anrufend, hinüber (12. Juli). Basel bettete ihn fürstlich im Münster zur Ruhe. Bischof, Buchdrucker und Humanisten stifteten gemeinsam die heute noch vorhandene Grabplatte mit der Lobpreisung seiner «unvergleichlichen Gelehrsamkeit in jedem Zweig des Wissens». Sein letzter Wille enthielt keine Legate für religiöse Zwecke, doch hinterließ er Summen zur Pflege der Kranken und Alten, für die Aussteuer armer Mädchen und die Ausbildung begabter Jünglinge.

Seine Beurteilung durch die Nachwelt schwankte nach der jeweiligen Wertschätzung der Renaissance. Im Fieber der religiösen Revolution beschimpfte man ihn fast allgemein als Opportunisten und Feigling. Die Reformatoren warfen ihm vor, sie an den Rand des Abgrunds geführt, sie zum Sprung getrieben und sich selbst in Sicherheit gebracht zu haben. Das Trienter Konzil erklärte ihn zum gottlosen Ketzer und setzte seine Werke auf den Index der verbotenen Bücher. Noch 1785 charakterisierte ihn Horace Walpole als «einen bettelnden Parasiten, dem genug Geist gegeben war, einen Erkenner mit zu wenig Mut, um ein Bekenner der Wahrheit zu sein». Als sich im späten neunzehnten Jahrhundert der Schlachtenrauch verzogen hatte, bedauerte ein protestantischer Historiker, «daß die erasmische Reformkonzeption, diese Konzeption eines Gelehrten ... so rasch unterbrochen und durch gröbere Methoden ersetzt wurde. Es erhebt sich die Frage, ob ein langsamer Prozeß auf lange Sicht nicht doch den sichersten Weg dar stellt und ob der menschliche Fortschritt auf die Dauer durch ein anderes Werkzeug als Kultur und Gesittung erzielt werden kann. Die Reformation des sechzehnten Jahrhunderts war das Werk Luthers; sollte aber jemals eine neue Revolution ... kommen, so kann sie nur auf erasmischen Grundsätzen beruhen.»[46] Und von einem katholischen Historiker stammt die folgende, beinahe rational klingende Würdigung: «Erasmus gehörte geistig einem späteren, wissenschaftlicheren und rationaleren Zeitalter an. Die Arbeit, die er begonnen hatte und die von den Stürmen der Reformation unterbrochen worden war, ist zu einem kongenialeren Zeitpunkt von der gelehrten Welt des siebzehnten Jahrhunderts wieder aufgenommen worden.»[47] Luther hat kommen müssen; doch nachdem seine Arbeit getan war und sich die Leidenschaften abgekühlt hatten, begannen die Menschen sich von neuem auf den Geist der Renaissance und des Erasmus zu besinnen und sich geduldig und in gegenseitiger Toleranz an die lange, schwere Arbeit der Aufklärung zu machen.

# FÜNFTES KAPITEL

# *Luthers Triumph im Streit der Bekenntnisse*

[1525–1560]

## I. DER VORMARSCH DES PROTESTANTISMUS: 1525–1530

WELCHE Kräfte und Umstände ermöglichten es der jungen protestantischen Bewegung, die Feindseligkeiten der Kirche und des Reichs zu überwinden? Mystische Frömmigkeit, intensives Bibelstudium, geistiger Fortschritt, Luthers Kühnheit: Alles das genügte nicht. Jeden dieser Faktoren hätte man in bestimmte Bahnen lenken können. Weit ausschlaggebender dürften die ökonomischen Aspekte gewesen sein: der Wunsch, das deutsche Geld im Lande zu behalten, der päpstlichen, beziehungsweise italienischen Vorherrschaft in Deutschland ein Ende zu bereiten, das Kirchenvermögen weltlichen Zwecken zuzuführen, den kaiserlichen Eingriffen in die Gebiets-, Gerichts- und Finanzhoheit der Reichsfürsten und Stände einen Riegel vorzuschieben. Dazu kamen gewisse weltgeschichtliche Umstände, die den Erfolg des Protestantismus überhaupt erst ermöglichten. Das Osmanische Reich dehnte sich nach der Eroberung Konstantinopels und Ägyptens immer gefährlicher in Afrika und auf dem Balkan aus, verschluckte halb Ungarn und sandte seine kriegerische Vorhut bis vor die Tore Wiens; außerdem drohte das ganze Mittelmeer dem christlichen Handel verlorenzugehen; so brauchten Karl V. und Erzherzog Ferdinand ein einiges Deutschland und Österreich, das heißt protestantisches wie katholisches Gut und Blut, um dem mohammedanischen Vormarsch entgegentreten zu können. Der Kaiser, fast ausschließlich von seinen spanischen, flämischen und italienischen Angelegenheiten und dem tödlichen Streit mit Franz I. in Anspruch genommen, verfügte weder über Zeit noch Geld für einen innerdeutschen Krieg. Daß eine Kirchenreform dringend nötig sei, darüber war er mit dem von ihm unterstützten Erasmus einer Meinung; und wiederholt kam es zwischen ihm und Clemens VII. und Paul III. zu so schweren Differenzen, daß er seinen Landsknechten sogar die Plünderung Roms erlaubte. Dennoch mußten Kaiser und Papst zusammenstehen, wenn sie die religiöse Revolution mit Aussicht auf Erfolg bekämpfen wollten.

Um 1527 hatte sich jedoch die lutherische «Ketzerei» in halb Deutschland schon zur Orthodoxie gewandelt. Die Städte fanden den Protestantismus nützlich; wie Melanchthon klagte, kümmerten sie sich gar nicht um die Religion; «es handelt sich für sie nur um die Herrschaft und die Freiheit von den Bischöfen». Denn man konnte sich durch eine leichte Abänderung der kirchlichen Einrichtungen den bischöflichen Steuern und Gerichten entziehen und sich fette Brocken aus dem Kirchenvermögen aneignen. Andererseits sehnten sich viele Bürger ernstlich nach einer schlichteren und aufrichtigeren Religionsausübung. Eine im Hof der St. Ulrichskirche zu Magdeburg abgehaltene Versammlung wählte einen achtköpfigen Ausschuß zur Leitung der Gemeindeangelegenheiten und zur Bestellung eines Predigers (1524); und nicht lange danach wurde in allen Kirchen Magdeburgs das Abendmahl in der lutherischen Form gereicht. Augsburg war so fanatisch protestantisch, daß die Bevölkerung den päpstlichen Legaten Campeggio als Antichrist beschimpfte (1524). Die Mehrzahl der Straßburger ließ sich von Wolfgang Fabricius Capito zur neuen Gotteslehre bekehren (1523), und sein Nachfolger Martin Butzer reformierte auch Ulm. In Nürnberg gewannen große Handelsherren wie Lazarus Spengler und Hieronymus Baumgärtner den Magistrat für das neue Bekenntnis (1526); die Sebaldus- und die Lorenzkirche führten dementsprechend das reformierte Ritual ein, doch beließ man ihnen ihren bisherigen Schmuck. In Braunschweig sang man allgemein Luthers Lieder und las seine Schriften so eifrig, daß ein Geistlicher, der einen Passus des Neuen Testaments falsch zitierte, von der Gemeinde korrigiert wurde; schließlich befahl der Magistrat dem städtischen Klerus, nur noch nach der Schrift zu predigen, die Taufe in deutscher Sprache zu vollziehen und das Abendmahl in beiderlei Form zu reichen (1528). 1530 hatte sich das neue Bekenntnis in Hamburg, Bremen, Rostock, Lübeck, Stralsund, Danzig, Dorpat, Riga, Reval und fast allen schwäbischen Reichsstädten durchgesetzt. In Augsburg, Hamburg, Braunschweig und Stralsund demolierten Schwarmgeister Bilder und Statuen, zum Teil wohl als Reaktion auf den Mißbrauch, der damit zur Nährung absurder, aber einträglicher Legenden getrieben worden war.

Die Reichsfürsten, denen die Einführung des römischen Rechts hochwillkommen war, weil es sie als Beauftragte des «souveränen Volks» allmächtig machte, sahen im Protestantismus eine Glaubensform, die den Staat nicht nur vergöttlichte, sondern sich ihm sogar unterordnete; das erlaubte ihnen, sowohl die zeitliche als auch die geistliche Gewalt zu beanspruchen und das gewaltige Vermögen selbst zu verwalten und zu genießen. Johann der Beständige, nach dem Ableben Friedrichs des Weisen Kurfürst von Sachsen (1525), führte das lutherische Bekenntnis endgültig ein, wozu sich sein Vorgänger nie hatte entschließen können, und als er 1532 starb, hielt sein Sohn Johann Friedrich konsequent am protestantischen Kurs fest und schloß mit dem Landgrafen von Hessen, Philipp dem Großmütigen, ein Bündnis zum Schutz und zur Ausbreitung des lutherischen Bekenntnisses. Nach und nach traten Ernst von Lüneberg, Otto und Franz von Braunschweig-Lüneburg, Heinrich von Mecklenburg und Ulrich von Württemberg dem zur Torgauer Liga erweiterten Bündnis bei. Der Hochmeister des Deutschritterordens, Albert von Preußen, widerrief, dem Rate Luthers folgend, seine Mönchsgelübde, heiratete, säkularisierte die Ordensländereien und legte sich den Titel eines Herzogs von Preußen zu (1525). So sah Luther, anscheinend nur auf Grund seiner Persönlichkeit und seines Wortes, halb Deutschland zu sich stoßen.

Da zahlreiche Mönche und Nonnen von sich aus die Klöster und Konvente verließen und sich die Öffentlichkeit wenig willens zeigte, die Verbliebenen durch Almosen zu erhalten, hoben die lutherischen Fürsten die Klöster kurzerhand auf; nur einige wenige, deren Insassen zum neuen Bekenntnis übertraten, blieben verschont. Offiziell sollten die Fürsten die konfiszierten Ländereien und Einkünfte mit dem Adel, den Städten und einigen Universitäten teilen, die Praxis sah freilich anders aus. Luther protestierte energisch gegen die Verwendung des Kirchenvermögens für andere als religiöse oder erzieherische Zwecke und verurteilte die überstürzte Enteignung kirchlicher Baulichkeiten und Ländereien durch den Adel. Ein bescheidener Teil der Beute wurde schließlich den Schulen und der Armenfürsorge überlassen; in der Hauptsache aber bereicherten sich Reichsfürsten und Adel. «Unter dem Deckmantel des Evangeliums», schrieb Melanchthon 1530, «seien die Fürsten nur bedacht auf Beraubung der Kirchen.»

Die große Umwälzung ging weiter, teils um geistige, teils um materielle Bedürfnisse zu befriedigen. Ganze Landstriche Ostfriesland, Schlesien, Schleswig, Holstein – traten so gut wie einmütig zum Protestantismus über; nichts hätte besser zeigen können, wie sehr sich der Katholizismus überlebt hatte. Soweit altgläubige Priester übrigblieben, lebten sie weiter mit ihren Konkubinen zusammen und forderten das Recht, nach dem Vorbild der lutherischen Pastoren gesetzliche Ehen eingehen zu dürfen. Erzherzog Ferdinand sagte in einem Bericht an die Kurie, daß die katholischen Weltgeistlichen fast ohne Ausnahme zu heiraten wünschten und von hundert Pfarrern wohl neunundneunzig offen oder geheim verheiratet seien; und eine katholische Prinzessin erklärte der Kurie, daß die Aufhebung des Zölibats eine moralische Notwendigkeit geworden sei. Ein guter Katholik jammerte über die Bischöfe, die mit der Revolution vor der Tür lukullische Feste feierten (1524), und ein katholischer Historiker beschrieb das Schloß des Mainzer Erzbischofs Albrecht: «Berüchtigt im Volke war ‚der kühle Brunn', dessen Obergeschosse mit prunkvoll ausgestatteten Gemächern der unselige Kirchenfürst zum heimlichen Verkehr mit einer Maitresse benutzte.» Derselbe Historiker zitiert aus Enoch Widmanns Stadtchronik von Hof, «daß die Pfaffen und Gelehrten das Volk so jämmerlich verführt hätten, daher denn Jedermann den Pfaffen Feind ward, daß man sie verhöhnte und vexierte, so man konnte»[1]. Erasmus schrieb am 31. Januar 1530: «Allerorten sind die Menschen für die neuen Lehren.» Diese Bemerkung stimmte jedoch nur für Norddeutschland, und sogar dort hielten der Kurfürst Joachim von Brandenburg und Herzog Georg von Sachsen entschlossen am Katholizismus fest. Süd- und Westdeutschland – die einstmals wenigstens teilweise unter römischer Herrschaft gestanden und einen Abglanz römischer Kultur erlebt hatten – blieben der Kirche größtenteils treu; der gemütliche Süden zog die farbig bewegte und sexuell nachsichtigere Heiterkeit des Katholizismus der finsteren Prädestinationslehre des Nordens vor. Die mächtigen Fürstbischöfe von Mainz, Trier und (bis 1543) Köln vermochten in ihren Herrschaftsbereichen den Katholizismus fast durchwegs zu erhalten, während Papst Hadrian VI. Bayern für die Kirche rettete, indem er dessen Herzögen ein Fünftel des Kircheneinkommens für weltliche Zwecke überließ. Ein ähnliches Arrangement stellte auch Erzherzog Ferdinand von Österreich zufrieden.

Eine wesentliche Rolle in all diesem Geschehen fiel Ungarn zu. Die frühzeitige Thronbesteigung des erst zehnjährigen Ludwig II (1516) und sein früher Tod markieren die Stationen des Dramas. Sogar seine Geburt erfolgte vorzeitig; nur mit Mühe erhielten die damaligen Mediziner dem schwächlichen Säugling das Leben, indem sie ihn, um ihn warmzuhalten, in die Kadaver frischgeschlachteter Tiere legten. Ludwig wuchs trotzdem zu einem stattlichen, umgänglichen und hilfsbereiten Jüngling heran, der aber trotz magerer Einkünfte und einem unfähigen, bestechlichen Hof zu Extravaganzen und Gelagen neigte. Einen Gesandten Sultan Suleimans hörten die hochmütigen ungarischen Magnaten nicht nur nicht an, sie schnitten ihm sogar Nase und Ohren ab, stellten ihn so verstümmelt im Lande zur Schau und schickten ihn dann seinem Herrn zurück. Erbost fiel der Sultan in Ungarn ein und bemächtigte sich der beiden Schlüsselstellungen Szabács und Belgrad (1521). Ludwig, der von verräterischen und feigen Magnaten umgeben war, brachte erst nach langem Hin und Her 25000 Mann auf die Beine und lieferte in wahnwitzigem Heroismus den Türken bei Mohács eine Schlacht. Die Ungarn fielen beinahe bis zum letzten Mann, Ludwig selbst ertrank auf der Flucht. Suleiman zog als Sieger in Buda ein und ließ es plündern und niederbrennen; als einziger größerer Bau der schönen Hauptstadt blieb der königliche Palast erhalten, Matthias Corvinus' kostbare Bibliothek verzehrten größtenteils die Flammen. Plündernd und brennend durchzogen die Sieger Ostungarn und trieben 100000 Christen in die Sklaverei nach Konstantinopel.

Die überlebenden Magnaten zerfielen in zwei feindliche Parteien. Die eine, die weiteren Widerstand für unmöglich hielt, wählte Johann Zápolya zum König und ermächtigte ihn, einen schmählichen Frieden mit Suleiman zu schließen, der ihn dafür als tributpflichtigen Vasallen in Buda regieren ließ; praktisch stand Ostungarn freilich bis 1686 unter türkischer Herrschaft. Die andere Partei verständigte sich mit den Magnaten Böhmens. In der Hoffnung, den Beistand des mächtigen Hauses Habsburg und des Heiligen Römischen Reichs zu gewinnen, boten beide Gruppen Erzherzog Ferdinand die Königskronen Böhmens und Ungarns an. Als Suleiman von Buda aus den Angriff erneuerte und längs der Donau bis zu den Toren Wiens vorstieß, wehrte ihn Ferdinand in der Tat ab (1529). Andererseits sah sich Karl in all diesen kritischen Jahren gezwungen, die Protestanten in Frieden zu lassen, wenn nicht ganz Europa in türkische Hände fallen sollte. Der Westdrang der Türken bedeutete einen solchen Schutz für die protestantische Sache, daß Philipp von Hessen deren Siege bejubelte. Erst als Suleiman nach seinem Mißerfolg vor Wien nach Konstantinopel zurückkehrte, konnten Katholiken und Protestanten ihren Kampf um die deutsche Seele wieder aufnehmen.

## II. UNEINIGE REICHSTAGE: 1526–1541

Da (bei sonst gleichen Faktoren) die innere Freiheit proportional zu der äußeren Sicherheit zu- oder abnimmt, gab sich der Protestantismus in dieser Periode seiner Sicherheit einer sektiererischen Zersplitterung hin, wie sie dem Prinzip der individuellen Meinungsbildung und der Gewissensfreiheit wesenseigen ist. Schon 1525 schrieb Luther, es seien jetzt «schier so viel Sekten und Glauben als Köpfe» vorhanden. In unentwegter Anspannung bemühte sich Melanchthon, seinen Herrn zu besänftigen und zweideutige Formeln zur Harmonisierung kontradiktorischer Glaubensgewißheiten zu finden. Die Katholiken wiesen schadenfroh auf die sich befehdenden Parteien und sagten voraus, daß die Freiheit der Bibelauslegung und des Bekenntnisses der religiösen Anarchie dem moralischen Zerfall und einem Skeptizismus den Weg ebne, der für Katholiken und Protestanten gleicherweise verabscheuungswürdig sei. 1525 verbannte das protestantische Nürnberg drei Künstler, die die Bibel als göttliche Offenbarung, die Göttlichkeit Christi und seine leibhaftige Gegenwart in Hostie und Kelch angezweifelt hatten.

Zur gleichen Zeit, da Suleiman den Feldzug vorbereitete, dem halb Ungarn zum Opfer fiel, tagten die deutschen Fürsten, Prälaten und Stände in Speyer (Juni 1526). Die Katholiken verlangten strengste Einhaltung des Wormser Edikts, während sich die Protestanten für Religionsfreiheit einsetzten, wenigstens so lange, bis ein unter deutscher Führung stehendes allgemeines Kirchenkonzil die Meinungsverschiedenheiten geschlichtet haben werde. Die Protestanten setzten sich durch; der Reichstag erklärte in seinem Abschied, daß bis zu einem solchen Konzil – jeder deutsche Stand hinsichtlich des Glaubensbekenntnisses «so leben, Satzung geben und sich verhalten solle, als er es vor Gott und Kaiser glaube rechtfertigen zu können». Alle früheren Verstöße gegen das Wormser Edikt hätten ungeahndet zu bleiben, und alle Parteien sollten das Recht besitzen, Gottes Wort ohne Einmischung von anderer Seite zu verkünden. Die Protestanten legten den Abschied von Speyer dahin aus, daß jeder Reichsfürst in seinem Gebiet das Bekenntnis bestimmen, lutherische Kirchen gründen und die Messe verbieten dürfe. Die Katholiken erklärten diese Auslegung für falsch; aber der Kaiser, der mit dem Papst im Streite lag, erhob für den Augenblick keinen Einwand, und Ferdinand war zu sehr von Ungarn in Anspruch genommen, als daß er hätte wirksam eingreifen können.

Nachdem er mit Clemens Frieden geschlossen hatte, berief Karl, bei dem sich der natürliche Konservatismus eines Königs wieder geltend machte, den Reichstag auf den 1. Februar 1529 neuerdings nach Speyer ein. Unter dem Einfluß des den Vorsitz führenden Erzherzogs und in Abwesenheit des Kaisers widerrief die Versammlung den Beschluß von 1526 und erließ ein Edikt, das in lutherischen Ländern den lutherischen Gottesdienst zwar erlaubte, aber auch Tolerierung der katholischen Messe forderte, das Wormser Edikt bestätigte und Zwinglianer und Täufersekten ächtete. Am 25. April 1529 veröffentlichte die lutherische Minderheit einen «Protest» des Inhalts, daß das Edikt aus Gewissensgründen unannehmbar sei; der Kaiser solle ein Kirchenkonzil einberufen, und bis dahin werde sie um jeden Preis am ersten Beschluß von Speyer festhalten. Die Katholiken belegten die Unterzeichner dieses Protestes mit der Bezeichnung «Protestanten», welches Wort sich allmählich als Generalbezeichnung für die deutschen Kirchenrebellen einbürgerte.

Karl, der immer noch auf die deutsche Einigkeit zur Bekämpfung der Türken angewiesen war, berief einen neuen Reichstag unter seinem persönlichen Vorsitz nach Augsburg (20. Juni 1530) und stieg bei Anton Fugger ab, dem neuen Haupt des großen Handeshauses, dem er die Kaiserkrone verdankte. Nach einer alten Überlieferung hat der Bankier mit einem Schuldbrief seines kaiserlichen Gastes ein Feuer entfacht, und angesichts der engen Finanzverbindungen zwischen dem Hause Fugger und der Kurie mag diese Geste zu einer Annäherung Karls an den Papst beigetragen haben. Luther blieb dem Reichstag fern, stand er doch immer noch in Reichsacht, so daß ihm jeden Moment Festnahme drohte; vom sicheren Coburg unweit der sächsischen Grenze blieb er durch Boten mit den Glaubensgenossen in Fühlung. Den Reichstag verglich er mit einem Schwarm von Dohlen, der vor seinem Fenster eingefallen sei und schwatze; die Bischöfe aber hätten, wie er sich ausdrückte, «so viel Teufel mit sich dahin gebracht, soviel ein Hund Flöhe hat am St. Johannistag»[2]. Die mächtigste seiner Hymnen, *Ein' feste Burg ist unser Gott*, dürfte damals in Coburg entstanden sein.

Am 24. Juni setzte sich Kardinal Campeggio für das vollständige Verbot aller protestantischen Sekten ein. Am 25. verlas Christian Bayer vor dem Kaiser und einem Teil der Stände die berühmte, von Melanchthon entworfene Augsburger Konfession, die mit einigen Abänderungen das offizielle Bekenntnis der lutherischen Kirchen geworden ist. Teils aus Furcht vor einem gewaltsamen Vorgehen der gemeinsamen Macht von Kaiser und Papst gegen die uneinigen Protestanten, teils weil er aus seinem friedliebenden Temperament heraus stets zu einem Kompromiß neigte, gab (einem katholischen Historiker zufolge) Melanchthon dieser Erklärung «einen würdevollen, gemäßigten und friedlichen Ton» und bagatellisierte die Meinungsverschiedenheiten zwischen Katholiken und Protestanten. Er verweilte ausführlich bei den Irrlehren, die Katholiken und Evangelische (wie sich die Lutheraner nach dem Evangelium als der einzigen Quelle göttlicher Autorität nannten) gleicherweise verdammten; er schied Lutheraner und Zwinglianer und überließ es diesen, ihre Sache selber zu vertreten; er milderte die Lehren von der Prädestination, der Transsubstantiation und der Rechtfertigung durch den Glauben, sprach ohne Schärfe über die vom Protestantismus aufgehobenen kirchlichen Mißbräuche, verteidigte mit milden Formulierungen die Verabreichung des Abendmahls in beiden Formen, die Aufhebung der Mönchsgelübde und den Ehestand des Klerus, um schließlich an Campeggio zu appellieren, diese Konfession in dem versöhnlichen Geist entgegenzunehmen, aus dem sie geboren sei. Luther bedauerte zwar einige der Konzessionen, gab aber dem Dokument seine unerläßliche Zustimmung. Zwingli ließ dem Kaiser seine eigene *Ratio fidei* zukommen, darin er die leibhaftige Gegenwart offen bestritt. Straßburg, Konstanz, Lindau und Memmingen legten eine gesonderte Konfession, die *Tetrapolitana*, vor, die aus der Bemühung Capitos und Butzers entsprang, die Kluft zwischen den Glaubenssätzen der Lutheraner, Zwinglianer und Katholiken zu überbrücken.

Der extreme Flügel der Katholiken entgegnete unter der Führung Ecks mit einer Widerlegung von solcher Unversöhnlichkeit, daß sich der Reichstag weigerte, sie dem Kaiser vorzulegen, so daß sie zweimal abgeschwächt werden mußte. In ihrer revidierten Form hielt sie an der Transsubstantiation, an den sieben Sakramenten, an der Heiligenverehrung, am Priesterzölibat, an der Verabreichung der Hostie allein und an der lateinischen Messe fest. Karl entschied sich für diese Widerlegung und erklärte, die Protestanten hätten sich zu unterwerfen oder Krieg zu gewärtigen. Ein gemäßigter katholischer Flügel glaubte trotzdem den Laienkelch verantworten zu können und nahm deshalb Verbindung mit Melanchthon auf, der sich seinerseits bereit erklärte, die Ohrenbeichte, die kanonischen Fasten, die bischöfliche Gerichtsbarkeit und mit einigen Vorbehalten sogar die päpstliche Autorität anzuerkennen. Doch andere führende Protestanten weigerten sich, so weit zu gehen; Luther erklärte, die Restauration der bischöflichen Gerichtsbarkeit würde die neue Geistlichkeit der römischen Hierarchie unterstellen und das baldige Ende der Reformation bedeuten. In der Einsicht, daß eine Einigung unmöglich sei, verließen mehrere lutherische Fürsten den Reichstag.

Am 19. November formulierte die zusammengeschrumpfte Versammlung ihren endgültigen Beschluß. Sämtliche Formen des Protestantismus wurden verboten, der Vollzug des Wormser Edikts proklamiert und das Reichskammergericht angewiesen, allen Enteignern von Kirchengut den Prozeß zu machen; den Protestanten wurde bis zum 15. April 1531 Frist gegeben, sich der Widerlegung friedlich zu fügen. Durch Karls Unterschrift wurde dieser «Augsburger Abschied» Reichsrecht. Er muß es als ein Maximum von Langmut empfunden haben, daß man den Rebellen sechs Monate gab, sich dem Willen der Reichstagsmehrheit zu unterwerfen. Wer die Frist einhielt, sollte für alle früheren Verstöße gegen das Wormser Edikt Straffreiheit genießen. Nach ihrem Ablauf würde er, soweit es andere Pflichten zuließen, die rivalisierenden Theologien dem für diesen Streit zuständigen obersten Gerichtshof unterbreiten müssen.

Noch während der Beratungen schlossen sich mehrere katholische Stände zur Verteidigung und Wiederherstellung des alten Glaubens zusammen. Die protestantischen Fürsten und Städte faßten den Bund als kriegerische Drohung auf und gründeten ihrerseits den Schmalkaldischen Bund (März 1531). Nach Ablauf der Frist drängte Ferdinand, der mittlerweile deutscher König geworden war, seinen Bruder zum Krieg. Dessen Hände waren jedoch gebunden. Der Sultan rüstete zu einem neuen Angriff auf Wien, Suleimans Verbündeter, Barbarossa von Tunis, ruinierte die christliche Schiffahrt im Mittelmeer, und König Franz wartete, gleichfalls mit den Türken verbündet, nur darauf, daß sich der Kaiser zu einem innerdeutschen Krieg hinreißen ließ, um sich auf Mailand zu stürzen. Statt im April 1531 den Augsburger Abschied in Kraft zu setzen, schob Karl die endgültige Auseinandersetzung hinaus und ersuchte die protestantischen Stände um Waffenhilfe gegen die Türken. Luther und Fürsten gingen bereitwillig darauf ein; im «Nürnberger Religionsfrieden» verpflichteten sich Lutheraner und Katholiken zur gemeinsamen Unterstützung Ferdinands und, bis zur Einberufung eines Konzils, zur gegenseitigen religiösen Toleranz. Ein gewaltiges Heer von altgläubigen Italienern und Spaniern und alt- und neugläubigen Deutschen versammelte sich unter dem kaiserlichen Banner bei Wien, so daß Suleiman sich nicht auf eine Kraftprobe einließ und nach Konstantinopel zurückkehrte, während die christliche Soldateska, von ihrem unblutigen Sieg berauscht, christliche Städte und Heime plünderte und, wie der englische Augenzeuge Thomas Cranmer sagte, «größeres Unheil verbreitete als die Türken».

Der protestantischen Bewegung wuchs aus dem Patriotismus ihrer Anhänger neues Ansehen und neue Stoßkraft zu, und als Aleander, neuerlich päpstlicher Legat, den führenden Lutheranern anbot, daß sie ihre Sache vor einem Konzil vertreten könnten, sofern sie sich verpflichteten, die endgültigen Beschlüsse des Konzils zu akzeptieren, gingen sie nicht darauf ein. Im nächsten Jahr nahm Philipp von Hessen, obschon Luther vor einem offensiven Vorgehen warnte, französische Hilfe an und setzte den vertriebenen Herzog Ulrich wieder auf den Thron. Damit war Ferdinands Regentschaft über Württemberg beendet; man plünderte die Kirchen, schloß die Klöster und säkularisierte ihren Grundbesitz. Wieder waren die Umstände den Protestanten günstig: Ferdinand war im Osten, Karl im Westen in Anspruch genommen; die Täufer schienen im Begriff, ihre «kommunistische» Revolution in Münster zu konsolidieren; die radikale Bewegung Jürgen Wullenwevers bemächtigte sich Lübecks (1535); die katholischen Fürsten sahen sich jetzt auf lutherische Hilfe ebensosehr gegen die eigenen unruhigen Untertanen wie gegen die Osmanen angewiesen. Überdies waren mittlerweile England und Skandinavien von Rom abgefallen, und das katholische Frankreich verhandelte mit den lutherischen Reichsfürsten über ein Bündnis gegen Karl V.

Von seiner wachsenden Kraft mit Zuversicht erfüllt, beschloß der Schmalkaldische Bund die Aufstellung eines Söldnerheeres von 12000 Mann. Dem neuen Papst, Paul III., wurde auf seine Anfrage, unter welchen Bedingungen sich die Protestanten einem allgemeinen Konzil fügen würden, geantwortet, daß nur ein vom Papst unabhängiges Konzil anerkannt werden würde, das sowohl von den weltlichen als auch von den geistlichen Spitzen Deutschlands zu beschicken sei und das die Protestanten nicht als Ketzer vor-, sondern als Gleichberechtigte einlade. Man bestritt des weiteren die Zuständigkeit des Reichskammergerichts und teilte dem kaiserlichen Vizekanzler mit, daß in protestantischen Landen weder katholisches Kirchenvermögen noch das katholische Ritual geduldet werde. Die katholischen Stände erneuerten ihren Bund und forderten vom Kaiser die Erzwingung der dem Reichskammergericht übertragenen Vollmachten. Er antwortete huldvoll; doch der in seinem Rücken lauernde Franz von Frankreich hielt ihn in Schach.

Die protestantische Flut stieg weiter. Hören wir einen katholischen Historiker:

> «Am 9. September 1538 berichtete er dem Papst aus Linz, die religiösen Verhältnisse Deutschlands seien fast völligem Ruin nahe, der Gottesdienst und die Sakramentenspendung hätten größtenteils aufgehört, die weltlichen Fürsten, mit Ausnahme Ferdinands I., seien entweder völlig lutherisch gesinnt oder voll Priesterhaß und Gier nach Kirchengütern, die Prälaten lebten nach wie vor ausschweifend und stellten die Kirche bloß, Ordensleute seien fast keine mehr vorhanden, Weltpriester nur in sehr geringer Zahl, und diese seien so unsittlich und so unwissend, daß die wenigen Katholiken sie verabscheuten.» [3]

Im Albertinischen Sachsen folgte auf den katholischen Herzog Georg dessen lutherischer Bruder Heinrich und auf Heinrich Herzog Moritz, der auf dem Schlachtfeld zum Retter des deutschen Protestantismus werden sollte. 1539 führte der Kurfürst von Brandenburg, Joachim II., in seiner Hauptstadt Berlin ein sowohl von Rom als auch von Wittenberg unabhängiges protestantisches Bekenntnis ein. 1542 wurde die Protestantische Vorhut dank einer geschickten Mischung von diplomatischen und kriegerischen Mitteln durch das Herzogtum Cleve, das Bistum Naumburg und sogar Albrechts Bistum Halle verstärkt; und 1543 trat der Erzbischof-Kurfürst von Köln, Graf Hermann von Wied, zum Luthertum über und versetzte damit Rom einen schweren Schlag. Die Zuversicht der Protestanten stieg so sehr, daß Luther, Melanchthon und andere im Januar 1540 Kaiser und Klerus erklärten, Friede sei nur möglich, wenn sie ihren «Irrtümern und ihrem Götzendienst» entsagten und die «reine Lehre» der Augsburger Konfession annähmen. Und weiter hieß es in dem Dokument: «Selbst wenn der Papst unsere Lehre und Zeremonien uns zulassen wollte, so müssen wir ihn doch als einen Verfolger und Verbannten halten, denn er wird seinen Irrtum in anderen Königreichen nicht abtun.» Und Luther sagte, es sei «mit den Päpsten ein verzweifelt Ding, gleich mit ihrem Gott, dem Teufel»[4].

Karl schien wohl gleicher Ansicht zu sein, entwand er doch im April 1540 dem Papst die religiöse Initiative, indem er die führenden deutschen Katholiken und Protestanten zu einem «Christlichen Gespräch» zusammenrief, um noch einmal eine friedliche Regelung der Differenzen zu suchen; und ein päpstlicher Nuntius schrieb: «Falls der Papst nicht entschlossen einschreitet, wird ganz Deutschland an den Protestantismus fallen.» Aus den langwierigen Wormser Vorbesprechungen zwischen Melanchthon und Eck resultierte die vorläufige Billigung der gemäßigten Formulierungen der Augsburger Konfession durch den bis dahin so unversöhnlichen Katholiken, woraufhin Karl, von neuer Hoffnung erfüllt, beide Parteien nach Regensburg berief. Dort kam man unter des Kaisers persönlichem Vorsitz dem Ausgleich am nächsten (5. April bis 22. Mai 1541), denn auch Paul III. neigte zur Versöhnlichkeit, und der Führer seiner Delegation, Kardinal Gasparo Contarini, tat als Mann von gutem Willen und höchster Integrität sein Bestes. Der Kaiser, der unter dem Druck der französischen Drohungen und der Hilferufe Ferdinands gegen die neu auflebende Türkengefahr stand, bemühte sich so eifrig um ein Übereinkommen, daß ihn viele führende Katholiken geheimer protestantischer Neigungen verdächtigten. Man einigte sich über die Eheerlaubnis für den Klerus und das Abendmahl in beiderlei Form; aber kein Worteverdreher vermochte eine Formel zu finden, die den religiösen Supremat der Päpste und die Transsubstantiation gleichzeitig bestätigt und verneint hätte. Auch fand Contarini die protestantische Zwischenfrage wenig amüsant, ob die Maus, die eine geweihte Hostie erwischt habe, Brot oder Gott anknabbere. Das Gespräch endete mit einem Mißerfolg; doch der ins Feld eilende Karl sicherte den Protestanten einen vorläufigen Landfrieden zu, so daß sie ungestört an der Augsburger Konfession festhalten und im Genuß des konfiszierten Kircheneigentums bleiben konnten.

In all diesen Jahren der Kontroverse und des Wachstums konsolidierte sich das neue Bekenntnis in einer neuen Kirche, die sich auf Luthers Anregung «Evangelische Kirche» nannte. Ursprünglich hatte er die völlige Unabhängigkeit der Kirchgemeinden befürwortet und es einer jeden überlassen wollen, ihren Pastor selbst zu bestellen und ihr Bekenntnis und Ritual zu bestimmen; doch seine zunehmende Abhängigkeit von den Fürsten zwang ihn, diese Vorrechte auf Kommissionen zu übertragen, die vom

Staate ernannt und dem Staate verantwortlich waren. 1525 befahl Kurfürst Johann von Sachsen allen Kirchen seines Herzogtums, den von Melanchthon mit Luthers Billigung formulierten evangelischen Gottesdienst einzuführen; Priester, die sich nicht fügten, wurden aus ihrem Amt entfernt und halsstarrige Laien nach einer Gnadenfrist verbannt. Diesem Vorgehen schlossen sich nach und nach die übrigen lutherischen Fürsten an. Als Leitfaden der neuen Lehre entwarf Luther auf fünf Seiten einen *Kleinen Katechismus* (1529), der die Zehn Gebote, das Apostolische Glaubensbekenntnis und eine kurze Auslegung jedes Artikels enthielt. In den ersten vier Jahrhunderten des Christentums hätte man diesen Katechismus als recht konservativ empfunden.

Der neue Klerus setzte sich im allgemeinen aus Männern von großer Sittenreinheit zusammen, die, ebenso belesen in der Heiligen Schrift wie gleichgültig gegen humanistische Bildung, ihre Gemeinden gewissenhaft betreuten. Der Sonntag wurde als Ruhetag beibehalten; in diesem Punkt begünstigte Luther die Tradition gegenüber der Bibel. Auch im Gottesdienst blieben manche Elemente des katholischen Rituals erhalten: Altar, Kruzifix, Kerzen, Meßgewänder und einige – wenn auch verdeutschte – Partien der Messe. Die Anrufung Marias und der Heiligen fiel weg; dafür wurde der Predigt ein breiterer Raum zugemessen. Bilder und Statuen verschwanden. Um Prediger und Gläubige räumlich einander anzunähern, veränderte man den Grundriß der Kirchen und baute in der Regel Emporen ein. Die musikalische Mitwirkung der Gemeinde am Gottesdienst bildete die erfreulichste aller Neuerungen. Selbst Unmusikalische singen gerne, und die schützende Anonymität der Masse verschaffte ihnen das Vergnügen, der eigenen Stimme zu lauschen. Luther, über Nacht zum Dichter geworden, verfaßte belehrende, polemische und anfeuernde Hymnen von trotzig männlicher Kraft, wie es seinem Charakter entsprach. Man sang aber nicht nur im Gottesdienst; man probte die Lieder auch während der Woche und sang sie gerne im eigenen Heim. Ein besorgter Jesuit verstieg sich zu dem Ausspruch: «Luthers Hymnen haben mehr Seelen getötet als seine Predigten.» Der katholischen Renaissancemalerei erwuchs in der protestantischen Musik des Reformationszeitalters ein ebenbürtiges Gegenstück.

## III. DER LÖWE VON WITTENBERG: 1536–1546

Luther beteiligte sich an den in seinen letzten Lebensjahren geführten Friedensverhandlungen nicht persönlich; und da sich das Schwergewicht vom Dogma und Ritual auf Eigentums- und Machtfragen verlagert hatte, lag die Führung der Protestanten ohnehin weniger bei den Theologen als bei den Fürsten. Luther war seinem ganzen Wesen nach für Verhandlungen wenig geeignet, und zudem war er zu alt geworden, um mit anderen Waffen als mit der Feder zu streiten. Ein päpstlicher Emissär beschreibt ihn 1535 zwar immer noch als lebhaft und humorvoll. «Das erste, was er mich fragte, als ich schwieg, war, ob ich in Italien von dem Gerücht gehört habe, das von ihm gehe, daß er ein trunkener Deutscher sei.» Nichtsdestoweniger wurde er – inzwischen allzu schwergewichtig – von einem Dutzend Krankheiten geplagt: träger Stuhlgang, Nierensteine, Koliken,

Abszesse in den Ohren, Geschwüre, Gicht, Rheumatismus, Ischias, Herzklopfen, Schwindelanfälle, Schlaflosigkeit. Er trank, um die Schmerzen zu betäuben und den Schlaf zu erzwingen; er probierte gewissenhaft, was ihm die Ärzte verschrieben, er versuchte es mit ungeduldigen Gebeten; sein Zustand verschlechterte sich. Als er 1537 befürchtete, an Steinen zu sterben, stellte er Gott ein Ultimatum: Wenn diese Schmerzen länger dauerten, würde er den Verstand verlieren und nicht mehr an Gottes Güte glauben. Seine heftigen Temperamentsausbrüche wurden mindestens teilweise durch diese Leiden verursacht. Seine Freunde mieden ihn mehr und mehr, und deprimiert meinte einer seiner Bewunderer: «Kaum einer von uns entgeht seinem Zorn und öffentlicher Beschimpfung»; vor allem der geduldige Melanchthon litt unter den häufigen Demütigungen durch sein grobschlächtiges Idol. Was Oekolampad, Calvin und die andern Ketzer betreffe, sagte Luther, so seien sie vom Teufel besessene Lügenmäuler.

Im Traktat *Über Konzile und Kirchen* bemühte er sich um eine vernünftige Linie (1539). Die wiederholte Versprechung der Päpste, ein allgemeines Konzil abzuhalten, und dessen stete Verschiebung gleiche dem schlechten Scherz, einem hungrigen Tier Futter hinzuhalten und die Hand wieder zurückzuziehen. In der gut fundierten Darstellung der Geschichte der Konzile betonte er, daß deren mehrere von Kaisern einberufen und präsidiert worden seien – ein Wink für Kaiser Karl. Ein vom Papst einberufenes Konzil werde keine Reform der Kurie zuwege bringen. «Sol nu dis Concilium gelten in unsern Kirchen und zu Krefften komen, můssen wir zuvor den Bischoff zu Rom verdammen als einen Tyrannen und alle seine Bullen und Decretalen mit Feur verbrennen.»[5] Betrachtet man Luthers politische Auffassungen in seinen letzten Lebensjahren, so legen sie den Schluß nahe, daß für einen Mann über sechzig Schweigen dreifaches Gold bedeutet. Als Politiker war er von jeher konservativ, auch wenn er soziale Umwälzungen zu propagieren schien. Seine religiöse Revolte galt mehr der Praxis als der Theorie; er protestierte gegen den hohen Preis der Ablässe und später gegen die päpstliche Hegemonie; aber an den heikelsten Doktrinen der orthodoxen Lehre hielt er bis zu seinem Lebensende fest: Dreieinigkeit, unbefleckte Empfängnis, Erlösung, leibhaftige Gegenwart, Hölle; und einige machte er noch schwerer verdaulich, als sie es schon waren. Für den gemeinen Mann hatte er nicht viel übrig; «Herr Omnes» – das heißt die Menge – braucht eine starke Hand, «Darumb ist ynn der wellt nott eyn strenge hart weltlich regiment ... Auff das die wellt nicht wůste werde, fride untergehe, und der leute handel und gemeynschafft gar zu nicht werde ... Es darff niemant gedencken, das die wellt on blut regiert werde.» «Aber das weltlich reich ... soll ... strenge ... seyn. Denn seyn handzeůg ist nicht ein rosenkrantz odder eyn blůmlin von der liebe.»[6] Als aber das Regiment des Rosenkranzes seine Macht verlor, mußte das Regiment des Schwertes an seine Stelle treten. So sah sich Luther gezwungen, den größten Teil der früheren Autorität der Kirche auf den Staat zu übertragen, und deshalb verteidigte er das Gottesgnadentum der Fürsten. «Denn die Hand, die solch schwerd fůret und wůrget, ist auch als denn nicht mehr menschen hand sondern Gottes hand, und nicht der mensch sondern Got henget, redert, entheubt, wůrget und krieget.»[7] Dieser Vergötterung des Staates als einzigem Ordnungsträger entsprossen die absolutistischen Staatsphilosophien Hobbes' und Hegels; hier wird eine Vorahnung des späteren Deutschen Reiches lebendig. In Luthers Ideen kündigte sich gleichsam bereits Heinrichs IV. Gang zu Papst Gregor VII. nach Canossa an.

Im Alter übertraf Luthers Konservativismus den der Fürsten. Er hatte nichts gegen Frondienst und hohe bäuerliche Abgaben einzuwenden, und als einmal einen der hohen Herren Gewissensbisse plagten, meinte Luther beruhigend, das gemeine Volk würde viel zu anmaßend werden, wenn ihm keine solchen Lasten auferlegt wären. Um die Leibeigenschaft zu rechtfertigen, stützte er sich auf das Alte Testament; Abimelech habe, so sagte er in seinen Predigten über das erste Buch Mosis, «Schaf und Rinder, Knecht und Mägde» genommen, «... die sind alles leibeigene Güter, wie anderes Vieh, daß sie die verkauften, wie sie wollten: wie noch schier das beste wäre, daß es noch wäre, kann doch sonst das Gesind Niemand zwingen noch zähmen»[8]. Ein jeder solle geduldig in dem Stand und bei der Arbeit verharren, die ihm von Gott zugeteilt worden sei. Gott dienen heiße, daß ein jeder bei seiner Arbeit bleibe und wenn sie noch so simpel und niedrig sei. Diese Konzeption der Berufsausübung ist in protestantischen Ländern ein Hauptpfeiler des konservativen Denkens geblieben.

Ein unangenehmes Problem erwuchs Luther 1539. Philipp von Hessen, dieser große Schutzherr der protestantischen Sache, war ein ebenso kriegerischer wie skrupulöser und Liebesempfindungen zugänglicher Mensch, dem seine Gemahlin, Christine von Savoyen, eine getreue und fruchtbare, aber wenig anziehende Frau, zahlreiche Kinder geschenkt hatte. Philipp zögerte, die Scheidung von einer so verdienstvollen Dame zu betreiben; doch begehrte er mit allen Fibern seines Herzens Margarete von Saale, mit der er während der Rekonvaleszenz von der Syphilis zusammengetroffen war. Eine Weile überließ er sich dieser Leidenschaft, bis er zur Einsicht kam, daß er in Sünde lebe und des Abendmahls unwürdig sei. Da das Unannehmlichkeiten mit sich brachte, legte er Luther nahe, die neue Lehre solle – wie das Alte Testament, dem sie so viele Elemente entnommen habe – die Bigamie gestatten, ein nach dem geltenden Recht todeswürdiges Verbrechen. Das sei doch sicherlich immer noch sittlicher als Franz' I. Mätressenwirtschaft und humaner als Heinrichs VIII. halsabschneidendes Eheverfahren. Mit solchem Eifer versuchte Philipp dieses Problem biblisch korrekt zu lösen, daß er – in der Sorge, den Wittenberger Theologen könnte es an der nötigen Erleuchtung fehlen – seinen Fehltritt dem kaiserlichen, ja sogar dem päpstlichen Lager zur Kenntnis brachte. Luther zeigte sich jedoch der Situation gewachsen; schon in der *Babylonischen Gefangenschaft* hatte er der Mehrehe vor der Scheidung den Vorzug gegeben und sie Heinrich VIII. als beste Lösung empfohlen, eine weitherzige Auffassung, die von vielen damaligen Theologen geteilt wurde. Melanchthon gefiel die Sache nicht, er sah aber schließlich ein, daß er und Luther einwilligen müßten; er bestand lediglich darauf, daß nichts publik werde. Christine zeigte sich gleichfalls gefügig und verlangte nur, daß Philipp «die ehelichen Pflichten noch mehr als bisher gegen sie erfüllen werde». Am 4. März 1540 ehelichte Philipp in Anwesenheit Melanchthons und Butzers, sonst aber unter Ausschluß der Öffentlichkeit, Margarete zur linken Hand. Luther sandte er aus Dankbarkeit eine Fuhre Wein als Trinkgeld. Als die Sache durchsikkerte, verleugnete Luther seine Einwilligung – «Darum muß das heimlich Ja», schrieb er, «ein öffentliches Nein, und wiederum bleiben»[9]. Melanchthon erkrankte ernsthaft, offenbar vor Reue und Scham, und verweigerte Speise und Trank, bis ihm Luther Exkommunikation androhte. Melanchthon, schrieb Luther, «jammert sehr wegen dieses Ärgernisses, ich aber bin ein roher Sachse und ein Bauer und mein gemüth ist zu dergleichen Sachen schon dickhäutig geworden»[10]. Doch die Mehrzahl der Evangelischen war außer sich. Die Katholiken frohlockten, ohne zu wissen, wie lange Papst Clemens VII. erwogen hatte, Heinrich VIII. den Dispens für eine Doppelehe zu erteilen. Erzherzog Ferdinand ließ wissen, er habe bis jetzt einige Neigung für den neuen Glauben verspürt, doch jetzt verabscheue er ihn. Karl V. benutzte hingegen die Gelegenheit zu einem Kuhhandel mit Philipp: Gegen das Versprechen, daß der Landgraf bei künftigen politischen Zerwürfnissen zu ihm halte, verzichtete er auf die Verhängung der Reichsacht.

Je näher sein Ende rückte, desto hitziger wurde Luther. 1545 griff er die zwinglianischen «Sakramentierer» mit einer Heftigkeit an, daß Melanchthon die sich erweiternde Kluft zwischen dem südlichen und dem nördlichen Protestantismus aufs tiefste beklagte. Von Kurfürst Johann aufgefordert, nochmals die Gründe gegen die Teilnahme an einem vom Papst geleiteten Konzil darzulegen, lieferte er mit der Tirade *Wider das Papsttum zu Rom vom Teufel gegründet* (1545) sein Meisterstück an Schmähsucht. Sogar der Freundeskreis war entsetzt, ausgenommen Lukas Cranach, der den Traktat mit hemmungslos satirischen Holzschnitten versah. Einer zeigte den Papst auf einem Schweine reitend und einen Misthaufen segnend, auf einem anderen sah man ihn und drei Kardinäle am Pranger, auf dem Frontispiz saß der Pontifex auf seinem Thron mit einem Kehrichteimer als Krone und von Teufeln umgeben. Den Text pfefferte das Wort Teufel; der Papst wurde «der aller Hellischt Vater», «... thut auch dieser schendlicher Lecker ...», «der Sodomiten Papst». «Da redet abermals der verzweifelte Spitzbube und boͤsewicht Paulus mit seinen Hermaphroditen rotwelsch.» «Nein sein Son thut nichts, suͤndigt nichts, das der Vater Paulus zu straffen hette, da sind des Roͤmischen stuels Cardinal und gesind, Hermaphroditen, a parte ante viri, a parte post mulieres, gantz rein, dürffen keiner vermanung ... so man sie doch an jren wercken erkennet ... das sie verlorne, verzweivelte teufels Kinder, dazu tolle, grobe Esel in der Schrifft sind. Es moͤcht jemand wol gern fluchen, das sie der Blitz und Donner erschluͤge, Hellisch fewr verbrente, Pestilenz, Frantzosen, S. Velten, S. Anton, Aussatz, Carbunckel und alle Plage hetten.»[11] Erneut wandte er sich gegen die Vorstellung, im Heiligen Römischen Reich ein Geschenk des Papsttums zu sehen; im Gegenteil, die Zeit schien ihm reif, den Kirchenstaat im Reich aufgehen zu lassen.

«O, nu greife zu, Kaiser, König, Fürsten und Herrn, und wer zugreifen kann, Gott gebe hie faulen Händen kein Glück. Und erstlich nehme man dem Papst Rom, Romandiol, Urbin, Bononia und alles, was er hat als ein Papst, denn er hat's mit Lügen und Trügen, ach, was sage ich Lügen und Trügen, er hat's mit Gotteslästerung und Abgötterei dem Reiche schändlich gestohlen, geraubt und unterworfen und dafür zu Lohn in das ewige höllische Feuer unzählige Seelen durch seine Abgötterei verführt und Christi Reich verstöret, daher er heißt ein Gräuel der Verstörung. Darnach sollte man ihn selbst, den Papst, Cardinäle und was seiner Abgötterei und päpstlicher Heiligkeit Gesindel ist, nehmen und ihnen als Gotteslästerern die Zungen hinten zum Halse herausreißen und an den Galgen annageln an der Reihe her, wie sie die Siegel an den Bullen in der Reihe herhangen.»[12]

Als Luther diese Aufforderung zur Gewaltanwendung niederschrieb, dürften seine Verstandeskräfte nicht mehr intakt gewesen sein. Die allmähliche Vergiftung seiner inneren Organe durch übermäßiges Essen und Trinken hatte sich vielleicht auch auf seine geistigen Fähigkeiten ausgewirkt. In seinen letzten Jahren war er unangenehm dick; die Wangen hingen schlaff herunter, und das Kinn war wulstig. Er, der in jungen Jahren ein Vulkan an Energie, ein ruheloser Leviathan gewesen war, der die Worte sprach: «Rast ich, so rost ich», sah sich jetzt von Ermüdungserscheinungen heimgesucht und konnte sich am 17. Januar 1546 einen altersschwachen, trägen, müden und kalten Greis mit nur einem guten Auge nennen. Er sei der Welt müde, und die Welt sei seiner müde, schrieb er ein andermal. Als die Kurfürstin-Witwe ihm wünschte, er möge noch weitere vierzig Jahre leben, antwortete er: «Da sey Gott für! Wenn er mir gleich das Paradies anböte, darinne noch vierzig Jahre allhier zu leben, so wollt ichs nicht annehmen.»[13] Seine Teufelsvisionen verfolgten ihn bis zuletzt; und manchmal zweifelte er sogar an seiner Mission. Der Teufel «kommt oft, wirft mir fůr, es sei groß Ärgernuß und viel Bŏses aus meiner Lehre entstanden. Da setzt er mir wahrlich zu Weilen hart zu, macht mir angst und bange.»[14] Auch die Zukunft des Protestantismus bereitete ihm Sorgen: «Denn Gottes Wort wird wieder abnehmen und verdunkelt werden und große Finsterniß kommen aus Mangel der Diener des gŏttlichen Worts, die man denn nicht wird haben kŏnnen.»[15] Er klagte über die wachsende Zahl und die zunehmende Erbitterung der Sekten und Parteiungen; nach Melanchthons Tod werde das neue Bekenntnis eine traurige Schwächung erfahren: «Weil aber diese Leute, so zu unserer Zeit noch leben und Gottes Wort fleißig lehren, noch vorhanden sind, und die auch noch am Leben sind, die mich, item Philippum Melanchthonem, D. Pomeranum und andere fromme, treue und rechtschaffene Lehrer gesehen und gehŏret haben, da mŏcht es noch wol stehen; wenn aber dieselben hinweg sind und diese Zeit fůrůber ist, da wird ein Fall geschehen.»[16] Doch immer wieder setzte sich die Glaubensstärke durch: «Ich hab Christum und den Papst an einander gehangen; darum kůmmer ich mich weiter um nichts, wiewol ich zwischen Thůr und Angel komme und gedrånget muß werden fichtet mich nicht an; denn, gehe ich darob zu Boden, so wirds Christus schon hinaus fůhren!»[17]

Sein Testament hatte folgenden charakteristischen Wortlaut:

«Zuletzt bitte ich auch jedermann, weil ich in dieser Begabung oder Leibgedinge nicht brauche der juristischen Formen und Wörter (dazu ich Ursachen gehabt), man wolle mich lassen sein die Person, die ich doch in der Wahrheit bin, nämlich öffentlich und die beide im Himmel, auf Erden, auch in der Hölle bekannt, Ansehens oder Autorität genug hat, der man trauen und glauben mag mehr denn keinem Notario. Denn so mir verdammten, armen, unwürdigen, elenden Sünder Gott der Vater aller Barmherzigkeit, das Evangelion seines Sohnes vertraut, dazu mich auch treu und wahrhaftig drinnen gemacht, bisher behalten und funden hat, also daß auch viele in der Welt dasselbe durch mich angenommen und mich für einen Lehrer der Wahrheit halten, ungeachtet des Papsts Bann, Kaisers, Könige, Fürsten, Pfaffen, ja aller Teufel Zorn, soll man ja vielmehr mir hie in dieser geringen Sache glauben, sonderlich weil hie ist meine Hand, fast wohlbekannt, der Hoffnung, es solle gnug sein, wenn man sagen und beweisen kann, dies ist Dr. Martinus Luthers (der Gottes Notarius und Zeuge ist in seinem Evangelio) ernstliche und wohlbedachte Meinung, mit seiner eigenen Hand und Siegel zu beweisen.

Geschrieben und gegeben am Tage Epiphanie 1542. M. Lutherus.»[18]

So fest überzeugt war er, daß Gott darauf warte, ihn willkommen zu heißen.

Im Januar 1546 reiste er bei winterlichem Wetter nach seinem Geburtsort Eisleben, wo er einen Streit schlichten wollte. Von den hübschen Briefen, die er seiner Frau von dort sandte, sei der vom 1. Februar wiedergegeben:

«Gnade und Friede in Christo, und meine arme Liebe, und wie ich weiß, unkräftige, zuvorn! Liebe Käthe! Ich bin ja schwach gewest auf dem Wege hart fur Eisleben, das war meine Schuld. ... da ich bei dem Dorf war, ging mir ein solch kalter Wind hinten in Wagen ein auf meinen Kopf durchs Baret, als wollt mirs das Hirn zu Eis machen. Solchs mag nun zum Schwindel etwas haben geholfen. Aber itzt bin ich, Gott Lob, wohl geschickt, ausgenommen, daß die schonen Frauen mich so hart anfechten, daß ich wider Sorge noch Furcht habe fur aller Unkeuschheit ... Hiemit Gott befohlen.»[19]

Am 17. Februar verzehrte er in aller Heiterkeit die Abendmahlzeit. Zeitig am nächsten Morgen verspürte er heftige Magenschmerzen, und seine Kräfte nahmen zusehends ab. Freunde versammelten sich um das Bett des Sterbenden, und einer von ihnen fragte: «Hochwürdiger Vater, bekennst du dich zu Jesus Christus und deiner Lehre?» Er antwortete: «Ja.» Ein Schlaganfall lähmte seine Zunge, und am nächsten Tag verschied er (18. Februar 1546). Der Leichnam wurde nach Wittenberg überführt und in derselben Schloßkirche beigesetzt, deren Portal neunundzwanzig Jahre früher als akademische Anschlagtafel für seine Thesen gedient hatte.

Diese Jahre, die mit zu den leidenschaftlichsten in der ganzen Weltgeschichte gehören, hat Luther als ihr lautester Wortführer beherrscht. Der Fehler hatte er viele. Es ging ihm jedes Gefühl für die kulturelle Leistung der Kirche in Nordeuropa ab, es fehlte ihm jegliches Verständnis für die Sehnsucht der Menschheit nach symbolischen, trostreichen Mythen, in seiner mangelnden Nächstenliebe ließ er weder katholischen noch protestantischen Widersachern Gerechtigkeit widerfahren; wenn er seine Anhänger von einem unfehlbaren Papst befreite, fesselte er sie dafür an ein unfehlbares Buch, und es ist schwerer, das Buch zu wechseln als die Päpste. Die grausamsten und unerbittlichsten Dogmen des mittelalterlichen Religionsbildes ließ er bestehen, während die Schönheit seiner Legenden und seiner Kunst fast ganz zerstört wurde. So bestand sein Vermächtnis in einer christlichen Lehre, die der Wahrheit nicht näher kam als die alte und weit weniger heiter und tröstlich, dafür freilich viel aufrichtiger war. Luthers Intoleranz kam der der Inquisition fast gleich, und die krassesten Schmähreden, die die Weltgeschichte kennt, stammen aus seiner Feder. Wenn seine Taten auch milder waren als seine Worte, so impfte er nichtsdestoweniger Deutschland jene religiösen Haßgefühle ein, die die deutsche Erde noch hundert Jahre nach seinem Tod mit Blut durchtränken sollten.

Und dennoch erwuchs sein Erfolg aus seinen Fehlern. Er war ein Mann der Taten, weil die Situation Taten verlangte, hatten doch die Probleme, die er aufgriff, seit Jahrhunderten allen friedlichen Bewältigungsversuchen widerstanden. Sein Leben war Kampf – Kampf gegen sein Schuldgefühl, Kampf gegen den Teufel, den Papst, den Kaiser, Zwingli, ja sogar die Freunde, die seine Revolte durch Kompromisse zu einem unverbindlichen Protest gemildert hätten, der angehört und schnell vergessen worden wäre. Was hätte ein sanfteres Gemüt gegen solche Widerstände und Mächte ausrichten können? Kein Mann von philosophischem Weitblick, kein rationaler Geist, der den Glauben an Beweise bindet, kein wohlwollender Mensch, der dem Gegner großzügig entgegenkommt, hätte einen so welterschütternden Kampf aufnehmen und so blindlings, wie mit Scheuklappen, auf sein Ziel losgehen können. Wenn seine Prädestinationslehre den Verstand und das Gemüt ebenso abstieß wie irgendwelche mittelalterlichen Mythen oder Wunder, so war es doch gerade dieses so leidenschaftlich verfochtene irrationale Element, das die Gemüter ergriff. Furcht und Hoffnung zwingen den Menschen zu beten und nicht das, was das Auge sieht.

Tatsache ist, daß seine grobe Faust die Schale der Autorität und das Gefäß der Tradition zertrümmerte und damit dem in Europa bis dahin blockierten geistigen Fortschritt freie Bahn schuf. Wenn wir Größe nach dem Einfluß beurteilen, den ein Mensch ausübt – was vielleicht das am wenigsten subjektive Kriterium darstellt –, dann müssen wir Luther neben Kopernikus, Voltaire und Darwin zu den kraftvollsten Persönlichkeiten der modernen Welt zählen. Es ist mehr über ihn geschrieben worden als über jeden anderen modernen Menschen außer Shakespeare, Goethe und Napoleon. Sein Einfluß auf die Philosophie machte sich erst spät und indirekt geltend; dann befruchtete er den kategorischen Imperativ Kants, den Nationalismus Fichtes, Schopenhauers «Welt als Wille und Vorstellung» und Hegels Unterordnung der Seele unter den Staat. Seine Einwirkung auf die deutsche Sprache und Literatur war entscheidend. Kein anderer Deutscher wird so häufig und mit solcher Liebe zitiert. Zusammen mit Karlstadt und anderen führte er, die Institutionen und die Moral des Westens revolutionierend, durch die Absage an das Priesterzölibat dem weltlichen Leben Energien zu, die bis dahin klösterlicher Frömmigkeit, mönchischem Asketentum oder auch bequemem Müßiggang zugeflossen waren. Sein Einfluß – in Skandinavien gewaltig, in Frankreich vorübergehend, in Schottland, England und Amerika von Calvin verdrängt – verlor mit der Ausweitung an Tiefenwirkung. Für Deutschland bedeutete er jedoch alles; kein zweiter Denker oder Schriftsteller hat den deutschen Geist und Charakter so stark geformt. Er war die mächtigste Gestalt in Deutschlands Geschichte, und seine Landsleute lieben ihn nicht weniger, weil er der deutscheste aller Deutschen gewesen ist.

## IV. DER TRIUMPH DES PROTESTANTISMUS: 1542–1555

Ein Jahr nach Luthers Tod ereilte die deutschen Protestanten eine Katastrophe, die ihre Sache aussichtslos zu machen schien.

Von lutherischen Kontingenten unterstützt, zwang Karl V. Franz I. zur Unterzeichnung des Friedens von Crépy (1545). Der mit Persien im Kriege liegende Suleiman gewährte dem Abendland einen fünfjährigen Waffenstillstand. Papst Paul III., der den Kaiser drängte, seine ganze Kraft gegen die lutherischen Ketzer aufzubieten, versprach 12000 Mann Fußvolk, 500 Pferde und 1 100000 Dukaten. Endlich sah Karl eine Möglichkeit zur Verwirklichung seines langgehegten Traums, den Protestantismus niederzuwerfen und seinem Imperium einen einzigen Glauben aufzuzwingen, was, wie er glaubte, seine Regierungsaufgaben erleichtern und seine Macht festigen würde. War er denn in Tat und Wahrheit deutscher Kaiser, solange die protestantischen Fürsten seiner Autorität trotzten und ihre Gefolgschaft an Bedingungen knüpften? Als Religion hatte er den Protestantismus nie ernst genommen; die Dispute zwischen Luther und den altgläubigen Theologen bedeuteten ihm wenig oder nichts. Aber der Protestantismus als Bekenntnis von Fürsten, die sich zu bewaffnetem Widerstand gegen ihn verbanden, als politische Kraft, die die nächste Kaiserwahl entscheiden konnte, als Bekenntnis schmähsüchtiger Pamphletisten, höhnender Karikaturisten und Prediger, die ihn «Satansbraten» titulierten – das alles hatte er zwar – weil nötig – mit düsterem Schweigen ertragen; jetzt aber glaubte er einen flüchtigen Moment, die Hände frei zu haben zurückschlagen und sein chaotisches Reich in eine religiöse und staatsrechtliche Einheit umschmelzen zu können. Er entschloß sich zum Waffengang.

Im Mai setzten sich spanische, italienische und niederländische Kontingente in Bewegung, und gleichzeitig rief Karl seinen fähigsten Feldherrn, den Herzog von Alba, an seine Seite. Den protestantischen Fürsten, deren Gesandte in seinem Hauptquartier zu Regensburg nach der Bedeutung dieser Maßnahmen fragten, eröffnete er, es handle sich um die Wiederherstellung der kaiserlichen Autorität. Die Fugger versprachen Geld, während der Papst alle, die sich Karl widersetzen würden, mit dem Kirchenbann bedrohte und allen Teilnehmern an dem heiligen Krieg einen großzügigen Ablaß versprach. Kurfürst Johann von Sachsen und Landgraf Philipp von Hessen verfielen der Reichsacht, und ihre Untertanen wurden von der Pflicht zu Gehorsam und Gefolgschaft entbunden. Karl, der gelobte, Länder und Besitz der Geächteten zugunsten des Reiches einzuziehen, kündigte zur Entzweiung der Gegner an, daß er das neue Bekenntnis, wo es bereits fest eingeführt sei, auch weiterhin dulden wolle; die gleiche Zusicherung machte sein Bruder Ferdinand, Erzherzog von Österreich und König von Böhmen und Ungarn. Den talentiertesten deutschen Heerführer, den jungen und ehrgeizigen Herzog Moritz von Sachsen, zog Karl auf seine Seite, indem er ihm die Kurwürde von Sachsen versprach. Die Kurfürsten von Köln und Brandenburg, der Pfalzgraf bei Rhein und das protestantische Nürnberg blieben, zwischen Furcht und Hoffnung pendelnd, neutral. In der Erkenntnis, daß nicht nur ihre Religion, sondern auch ihre Person und ihre Länder auf dem Spiele standen, boten Johann von Sachsen, Philipp von Hessen, die Fürsten von Anhalt und die Städte Augsburg, Ulm und Straßburg ihre gesamten Hilfsmittel auf und stellten 57 000 Mann ins Feld.

Johann und Philipp eröffneten mit einem Marsch nach Süden die Feindseligkeiten, aber Ferdinand umging sie durch eine Nord- und Westbewegung und rückte gemeinsam mit Moritz, der seinen Anteil von dem Kuchen haben wollte, in Kursachsen ein. Johann machte kehrt, um sein Kurfürstentum zu verteidigen, und schlug sich glänzend;

doch mittlerweile begannen Philipps Landsknechte davonzulaufen, weil der Sold ausblieb. Von der Zusage glimpflicher Behandlung verlockt, schlossen die protestantischen Städte Frieden mit Karl; nichtsdestoweniger erlegte er ihnen so hohe Kontributionen auf, daß ihr finanzieller Rückhalt, der tragende Pfeiler ihrer Freiheiten, dahinschwand. Karls Waffen und Diplomatie beherrschten jetzt das Feld. Der einzige Lichtblick für die Protestanten war der Papst. Paul III. begannen die Erfolge des Kaisers zu beunruhigen; wenn es keine protestantischen Fürsten mehr gab, die Karls Macht einengten, mußte er in Norditalien ebenso allmächtig werden wie im Süden, und der dazwischen gelegene Kirchenstaat geriet ebenso in Gefahr geschluckt wie der Heilige Stuhl dominiert zu werden. Im Januar 1547 rief Paul das päpstliche Kontingent zu dessen Erleichterung plötzlich nach Italien zurück und freute sich zum allgemeinen Erstaunen höchst ketzerisch über die Siege Kurfürst Johanns.

Doch Karl war entschlossen, den Feldzug erfolgreich zu beenden. Er marschierte nach Norden und lieferte den dezimierten Kräften des Kurfürsten bei Mühlberg eine Schlacht, schlug sie entscheidend und nahm Johann gefangen (24. April 1547). Ferdinand drängte zur Hinrichtung des obstinaten Fürsten; dem durchtriebenen Karl genügte jedoch lebenslängliche Kerkerhaft, sofern Wittenberg ihm die Tore kampflos öffne. Das geschah, und so fiel die Hauptstadt des deutschen Protestantismus in katholische Hände, indes Luther friedlich unter einer Grabplatte in der Schloßkirche ruhte. Moritz von Sachsen und Joachim von Brandenburg versprachen Landgraf Philipp auf eigene Faust baldige Freilassung und bewogen ihn dadurch, sich freiwillig dem Kaiser zustellen. Doch dieser fühlte sich dadurch nicht verpflichtet, zeigte wenig Großmut und befristete die Haft auf fünfzehn Jahre. Niemand schien übriggeblieben, den siegreichen Kaiser in die Schranken zu weisen. Heinrich VIII. war am 28. Januar, Franz I. am 31. März gestorben. Seit Karl dem Großen hatte kein Kaiser eine so große Machtfülle in seiner Hand vereinigt.

Doch Fortunas Laune wechselte von neuem. Die im September 1547 im Reichstag zu Augsburg versammelten Reichsfürsten und Stände widerstanden den Bemühungen Karls, seine Siege auf dem Schlachtfeld durch eine straffere Reichsgewalt zu legalisieren. Paul III. beschuldigte ihn der Mitwisserschaft an der Ermordung Pierluigi Farneses, des natürlichen Sohns des Papstes; das traditionell papsttreue Bayern nahm gegen den Kaiser Partei, und eine neue protestantische Fürstenmehrheit rang im Augsburger Religions- und Landfrieden Karl die zeitweilige Zustimmung zur Priesterehe, zum Abendmahl in beiden Formen und zur Säkularisation des Kirchenguts ab (1548). Der Papst tobte über die Eigenmächtigkeit des Kaisers, derart über Kirchenfragen zu entscheiden; und im katholischen Lager raunte man, Karl liege mehr an der Ausdehnung seines Reichs und der Verankerung der habsburgischen Macht als an der Wiederherstellung des alleinseligmachenden Glaubens. Der mit der sächsischen Kurwürde belohnte Moritz, der protestantische Sieger, war bei der protestantischen, aber besiegten Bevölkerung Wittenbergs unbeliebt; die durch Verrat gewonnene Macht hatte der Verrat vergiftet. Da Karl zudem seine Appelle, den Landgrafen freizugeben, ignorierte, begann er an der Richtigkeit seines Handelns zu zweifeln. Er verbündete sich heimlich mit der protestantischen Fürstenopposition und im Januar 1552 im Vertrag von Chambord auch mit Heinrich II. von Frankreich zur gemeinsamen Vertreibung Karls aus Deutschland. Während Heinrich in Lothringen einmarschierte und Metz, Toul und Verdun besetzte, marschierte Moritz mit seinen protestantischen Verbündeten und 30 000 Mann nach Süden. Karl, der sich in Innsbruck auf seinen Lorbeeren ausruhte, hatte unvorsichtigerweise sein Heer entlassen und verfügte infolgedessen über keine Abwehrmittel außer der Diplomatie, und sogar in diesem launischen Spiel war ihm Moritz gewachsen. Ferdinand regte einen Waffenstillstand an, Moritz zog die Verhandlungen höflich in die Länge und näherte sich unterdessen Innsbruck. Am 9. Mai floh Karl, nur von einigen Dienern begleitet, in Nacht, Regen und Schnee, von Schmerzen gepeinigt, in einer Sänfte getragen, über den Brenner nach Villach in Kärnten. Fortuna hatte mit einem Wurf den Herrn Europas in einen gichtgeplagten Flüchtling verwandelt.

Am 26. Mai trafen die siegreichen Protestanten mit Ferdinand und anderen führenden Katholiken in Passau zusammen; nach langen inneren Kämpfen erteilte Karl seinem Bruder die Erlaubnis zur Unterzeichnung eines Vertrages (2. August 1552), der Philipp die Freiheit zurückgab, die Auflösung des protestantischen Aufgebots beinhaltete und bis zur Einberufung eines neuen Reichstags Protestanten wie Katholiken Religionsfreiheit «von unbeschränkter Dauer» zusicherte, – eine in Verträgen mit Vorliebe gebrauchte Wendung –, falls der Reichstag keine Einigung erzielen sollte. Moritz, der mit Verrat begonnen hatte, war jetzt ein ruhmreicher Staatsmann. Nicht lange danach fiel er, kaum dreißigjährig, im Kampf gegen Albrecht Alkibiades von Brandenburg-Kulmbach, der durch seinen Landfriedensbruch halb Deutschland in eine gefährliche Anarchie gestürzt hatte.

Karl, an der Lösung seiner Probleme in Deutschland verzweifelnd, wandte sich nach Westen, um den Kampf mit Frankreich zu erneuern. Ferdinand präsidierte geduldig den geschichtlich bedeutsamen Reichstag zu Augsburg (5. Februar bis 25. September 1555), der Deutschland endlich auf fünfzig Jahre hinaus Frieden gab. Ferdinand sah ein, daß die territoriale Souveränität der deutschen Herzöge zu fest verankert war, als daß sich in Deutschland eine zentrale Regierungsgewalt ähnlich der der französischen Könige hätte durchsetzen können. Wohl bildeten die katholischen Stände auf dem Reichstag die Mehrheit, aber die militärisch überlegenen Protestanten schworen heilige Eide, von der Augsburger Konfession kein Jota preiszugeben. Da sich auch Moritzens Nachfolger in Sachsen, der Kurfürst August, zur protestantischen Sache bekannte, war es den Katholiken klar, daß sie entweder nachgeben oder erneut zu den Waffen greifen mußten. Mit schon leicht seniler Diplomatie drang Karl in die Kurfürsten, seinen Sohn Philipp zu seinem Nachfolger zu wählen; aber sogar die Katholiken scheuten vor dem Gedanken zurück, diesen finsteren Spanier zu ihrem Oberhaupt zu machen; während Ferdinand, der sich gleichfalls um die Kaiserkrone bewarb, nicht hoffen konnte, im Wahlkollegium ohne protestantische Hilfe etwas zu erreichen.

Militärische Macht und Umstände begünstigten die Protestanten so, daß sie alles fordern konnten: Freiheit ihrer Religionsausübung in allen deutschen Landen, Verbot des katholischen Rituals in protestantischen Ländern; die Legalisierung und Unwiderruflichkeit gegenwärtiger und künftiger Säkularisationen kirchlichen Eigentums. Ferdinand und Kurfürst August einigten sich auf einen Kompromiß, der in vier berühmten Worten – *cuius regio eius religio* – die geistige Hilflosigkeit der Nation und der Epoche aufzeigte. Zur Gewährleistung des zwischen- und innerstaatlichen Friedens stand es jedem Fürsten frei, sich zum Katholizismus oder zum Luthertum zu bekennen; seine Untertanen aber waren gehalten, das Bekenntnis ihres Landesherrn anzunehmen oder, wenn es ihnen nicht gefiel, auszuwandern. Von Toleranz war hier wie dort keine Rede; das in den Anfängen der Reformation so hoch gepriesene Prinzip der freien Glaubenswahl stand bei Katholiken wie Protestanten in Acht und Bann. Unter dem Druck der vielen Sekten und Konflikte, die aus diesem Grundsatz erwuchsen, warfen sich die Fürsten höchstpersönlich zur obersten Glaubensinstanz auf, auch auf die Gefahr hin, daß die Zahl dieser Instanzen so zahlreich war wie die der Territorien. Damit waren die Protestanten zu derselben Einsicht gekommen wie Kaiser und Papst, daß ohne Glaubenseinheit Frieden und Ordnung nicht zu gewährleisten sei, ein Standpunkt, dem wir nur Gerechtigkeit widerfahren lassen können, wenn wir uns den Deutschland zerfleischenden religiösen Haß und Streit in Erinnerung rufen. Die Folgen waren teils gut, teils schlecht; man übte geringere Toleranz *nach* als *vor* der Reformation; auch wenn man den Scheiterhaufen für Hexen reservierte und Andersgläubige jetzt nur verbannte und nicht mehr verbrannte. Die daraus resultierende Vervielfachung der Unfehlbarkeiten schwächte sie alle.

Eigentlicher Sieger war also nicht die Glaubensfreiheit, sondern die Freiheit der Fürsten. Wie Heinrich VIII. von England zu Oberhäuptern ihrer Landeskirchen geworden, ernannten sie den Klerus und bestellten ihnen genehme Männer zur Definition des Bekenntnisses. Der «Erastianische Grundsatz» – die Oberherrschaft des Staates über die Kirche – war damit endgültig verankert*. Da der Protestantismus von den Fürsten und nicht von den Theologen zum Siege geführt worden war, nahmen jene ganz natürlich die Früchte des Sieges für sich in Anspruch: territoriale Unabhängigkeit von Kaiser und Reich und dogmatische Oberhoheit über die Kirche. Der Protestantismus hatte sich zu einem die Religion einschließenden Nationalismus gemausert. Doch fehlte diesem Nationalismus der gesamtdeutsche Charakter; er beschränkte sich auf die engere Heimat und den jeweiligen Landesherrn; die religiöse Umwälzung hat die deutsche Einheit nicht gefördert, sondern vereitelt; doch bleibt die Frage offen, ob sie ein Segen geworden wäre. Als der neue Kaiser Ferdinand (1558) die Reichsgewalt übernahm, fand er sie schwächer, als sie es je unter dem ewig bedrängten und behinderten Karl gewesen war. Der Wirkung nach ist das Heilige Römische Reich nicht 1806, sondern 1555 gestorben.

Neben dem Reich gehörten die deutschen Städte zu den Verlierern. In ihrem reichsunmittelbaren Status waren sie sozusagen kaiserliche Mündel gewesen und als solche vor den territorialen Aspirationen der Fürsten geschützt. Die Schwächung der Reichsgewalt nützend, mischten sich diese jetzt in die innere Verwaltung der Städte ein,

* Der Grundsatz trägt den Namen des Schweizer Theologen Thomas Erastus (1524 bis 1583); doch findet sich in seinen Werken keine deutliche Darstellung.

schmälerten ihre Freiheitsrechte oder beseitigten sie ganz. Unterdes verlagerten die Holländer den größten Teil der deutschen Ausfuhr zu sich ins Rheindelta, während die süddeutschen Städte, von der rückläufigen Bedeutung Venedigs und des Mittelmeers hart getroffen, in Apathie verfielen. Mit der politischen und ökonomischen Schwächung ging der kulturelle Zerfall Hand in Hand; zweihundert Jahre mußten verstreichen, ehe der Handel und das Geistesleben der deutschen Städte jene vorreformatorische Blüte wieder erreichten, die die Reformation getragen hatte.

Melanchthon, der den Abschluß des Augsburger Religionsfriedens fünf Jahre überlebte, wußte nicht recht, ob er sich seiner freuen sollte, hatte er doch auch seine Führerrolle eingebüßt, nicht nur als Unterhändler mit den Katholiken, sondern auch als maßgebliche Autorität der protestantischen Ideologie. Von Luther hatte er sich so weit entfernt, daß er von der Prädestinationslehre und von Christi leibhaftiger Gegenwart in der Hostie abrückte, und obschon er mit Luther darin übereinstimmte, daß gute Werke die ewige Seligkeit nicht gewährleisten, mühte er sich doch, deren Bedeutung zu beweisen. Zwischen den «Philippisten» – Melanchthon und seinem Kreis – und den orthodoxen Lutheranern, vor allem denen in Jena, brach eine bittere Kontroverse aus; diese apostrophierten ihn als abtrünnigen Teufelsdiener; er blieb ihnen mit Titulierungen wie Götzendiener, Heuchler und Dummköpfe nichts schuldig. Professoren wurden nach der jeweiligen theologischen Lehrmeinung berufen und entlassen, eingekerkert und befreit. In einem Punkt aber waren sich alle einig: daß der Staat berechtigt sei, Ketzerei gewaltsam zu unterdrücken. Hinsichtlich des Gottesgnadentums der Fürsten und der Gottgewolltheit der Leibeigenschaft hielt sich Melanchthon in Luthers Bahnen; doch wäre es ihm lieber gewesen, wenn sich die lutherische Bewegung statt auf die Fürsten auf das städtische Patriziat gestützt hätte wie in Zürich, Straßburg, Nürnberg und Genf. In seinen besten Momenten sprach er wie der Erasmianer, der er hatte werden wollen: «Reden wir nur vom Evangelium, von der menschlichen Schwäche, von der Barmherzigkeit, von der kirchlichen Organisation und vom wahren Kultus! – Was meint denn das Christentum anderes, als die Seelen zu beruhigen und ihnen einen Fingerzeig für ihr Handeln zu geben? Das übrige? ... Haarspaltereien der Schulen! Zänkereien der Sekten ...»[20] Als er sein Ende nahen fühlte, hieß er es als eine gütige Befreiung vom «Wüten der Theologen» und der «Barbarei dieses heuchlerischen Zeitalters» willkommen. Die Geschichte hat damit, daß sie einen Geist, den die Natur zum stillen Gelehrten, zu Güte und Frieden bestimmt hatte, zum Führer einer revolutionären Umwälzung machte, eine Fehlbesetzung begangen.

## SECHSTES KAPITEL

# *Johannes Calvin*

[1509–1564]

### I. JUGEND

CALVIN wurde am 10. Juni 1509 in Noyon geboren, einem französischen Bischofssitz, in dem Dom und Bischof beherrschend waren; so erlebte er von Anfang an das Musterbeispiel einer Theokratie, das heißt eines von Männern der Kirche im Namen Gottes ausgeübten Regiments. Sein Vater, Gérard Cauvin, war bischöflicher Sekretär, Fiskalprokurator der Grafschaft und Apostolischer Notar am Domkapitel. Jean war noch sehr jung, als seine Mutter starb; der Vater heiratete wieder, und möglicherweise hat eine lieblose stiefmütterliche Erziehung die düstere Geisteshaltung des Reformators mitverschuldet. In der Zuversicht, ihnen einträgliche Pfründen zuschanzen zu können, bestimmte Cauvin drei seiner Söhne für die geistliche Laufbahn. Es gelang ihm auch bei zweien, obschon einer davon, der Ketzerei verfallen, auf dem Sterbebett die Annahme der Sakramente verweigerte. Gérard selbst, infolge von finanziellen Streitigkeiten mit dem Domkapitel exkommuniziert, fand erst nach Überwindung etlicher Schwierigkeiten Ruhe in geweihter Erde.

An die Pariser Universität gesandt, immatrikulierte sich der neue Studiosus im Collège de la Marche als Johannes Calvinus. Nachdem er sich dort einen ausgezeichneten lateinischen Stil angeeignet hatte, übersiedelte er ins Collège de Montaigu, wo man sicherlich noch von dessen berühmt gewordenem Zögling Erasmus gesprochen hat. 1528, im selben Jahr, da sein katholischer Gegenspieler, Ignatius Loyola, in dieses Collège eintrat, trat Calvin aus. «Die Geschichten, die über Calvins lockere Jugendjahre herumgeboten worden sind, entbehren der Grundlage», erklärt ein katholischer Historiker. Das vorhandene Beweismaterial zeigt in der Tat einen eifrigen Studiosus, fromm, schüchtern, wortkarg und frühzeitig «ein strenger Richter all seiner Kameraden», aber jetzt wie später von seinen Freunden mit unerschütterlicher Anhänglichkeit geliebt. Voll heißen Verlangens nach faszinierenden Theorien und übersinnlicher Erkenntnis las er bis spät in die Nacht hinein und zog sich bereits in diesen Studentenjahren einige der vielen Gebrechen zu, die seinen Lebensweg begleiteten und sein Gemüt mitformten.

1528 erteilte ihm der Vater überraschend die Weisung, nach Orléans zu gehen und dort Jurisprudenz zu studieren; nach einer Äußerung Jeans, weil er «sah, daß die Rechtswissenschaft größere Aussichten bot». Calvin wandte sich dem neuen Studium bereitwillig zu. Nicht Philosophie und Literatur, sondern das Recht schien ihm die größte geistige Leistung der Menschheit und der entscheidende Schritt zur Zähmung der anarchistischen Triebe und zum Aufbau von sozialem Verhalten und kulturellem Fortschritt zu sein. Er war es, der die Logik, Präzision und Härte von Justinians *Institutionen* auf Theologie und Ethik übertrug und deshalb sein eigenes Meisterwerk ähnlich betitelte. Calvin war in erster Linie Gesetzgeber und wurde zum Numa und Lykurg Genfs.

Seine Studien in Orléans schloß er als Lizentiat der Rechte ab (1531), kehrte anschließend nach Paris zurück, warf sich mit verzehrendem Feuereifer auf die klassische Literatur und veröffentlichte im Wunsch, sich gedruckt zu sehen, einen lateinischen Essay über Senecas *De clementia;* der rigoroseste aller religiösen Gesetzgeber leitete sein öffentliches Wirken mit einem Traktat über die Barmherzigkeit ein. Ein Exemplar sandte er Erasmus, den er als «größte Zierde» nach Cicero und «Leuchte der Wissenschaft» begrüßte. Schon schien er auf dem Wege zum Humanismus, da fielen ihm einige Schriften Luthers in die Hände und wühlten ihn mit ihrer Kühnheit zutiefst auf. Fortschrittliche Pariser Zirkel diskutierten die neue Bewegung; auch muß der tollkühne Mönch, der eine päpstliche Bulle öffentlich verbrannt und die Reichsacht eines Kaisers herausgefordert hatte, Anlaß zu beträchtlichem Gerede gegeben haben, und in Frankreich selbst hatten bereits Menschen um des neuen Bekenntnisses willen als Märtyrer gelitten. Von den Befürwortern einer Kirchenreform waren einige mit Calvin befreundet; einer, Gérard Roussel, war ein Schützling Margaretens von Navarra, der Schwester des Königs, und einen zweiten, Nikolaus Cop, wählte man zum Rektor der Universität. Am Entwurf seiner verhängnisvollen Antrittsvorlesung (1. November 1533) dürfte Calvin mitgewirkt haben. Die Vorlesung leitete ein erasmischer Appell nach Läuterung der kirchlichen Praxis ein, der Hauptteil behandelte Luthers Theorien von der Erlösung durch den Glauben und der freien Gnadenwahl Gottes; ein neuerlicher Appell, den neuen Ideen Gehör zu schenken, beschloß sie. Die Vorlesung entfesselte einen Sturm, die Sorbonne kochte vor Wut, das *Parlement* leitete ein Verfahren wegen Ketzerei gegen Cop ein, und als dieser floh, setzte es eine Belohnung von 300 Livres für seine Ergreifung – tot oder lebend – aus. Dennoch gelangte der Flüchtling glücklich ins protestantische Basel.

Calvin erfuhr von Freunden, daß er und Roussel verhaftet werden sollten, doch scheint sich Margarete für ihn verwendet zu haben. Im Januar 1534 verließ er Paris und fand in Angoulême Zuflucht, wo er, vermutlich in Louis des Tillets reichhaltiger Bibliothek, seine *Institutio* zu schreiben begann. Im Mai wagte er sich nach Noyon und verzichtete auf die Pfründen, aus denen er bis dahin seinen Lebensunterhalt bestritten hatte. Man verhaftete ihn, ließ ihn frei, verhaftete ihn wieder und ließ ihn frei. Heimlich nach Paris zurückgekehrt, trat er mit führenden Protestanten in Fühlung und lernte den später auf seine Veranlassung verbrannten Servet kennen. Als protestantische Extremisten in Paris eine Anzahl von Schmähplakaten anschlugen und Franz mit einer hitzigen Verfolgung reagierte, floh Calvin gerade noch rechtzeitig zu Cop nach Basel (Dezember 1534). Dort vollendete er als junger Mensch von sechsundzwanzig Jahren das beredteste, inbrünstigste, klarste, logischste, einflußreichste und schrecklichste Werk des Reformationszeitalters.

## II. DER THEOLOGE

Das lateinisch geschriebene Werk erschien (1536) unter dem Titel *Christianae religionis institutio* (Unterricht in der christlichen Religion). Die Auflage war innerhalb eines Jahres verkauft, und der Verleger plante eine zweite. Calvin stellte ihm ein stark erweitertes, gleichfalls lateinisches Manuskript zur Verfügung, das 1539 aus dem Druck kam; 1541 übersetzte er es ins Französische, in welcher Version das Werk zweifellos zu den eindrucksvollsten Erzeugnissen der französischen Prosa gehört. Das Pariser *Parlement* beschlagnahmte und verbrannte beide Fassungen. Calvin fuhr jedoch sein Leben lang fort, es zu erweitern und neu herauszugeben; in seiner endgültigen Form kam es auf 1118 Seiten.

Die erste Ausgabe versah er mit einer leidenschaftlichen, aber vornehmen «Vorrede an den allerchristlichsten König von Frankreich». Zwei Ereignisse gaben Anlaß zu einer Adresse an Franz I.: sein gegen die französischen Protestanten gerichtetes Edikt vom Januar 1535 und seine beinahe gleichzeitig ergangene Einladung an Melanchthon und Butzer, nach Frankreich zu kommen und ein Bündnis zwischen ihm und den lutherischen Reichsfürsten gegen Karl V. zu vermitteln. Calvin hoffte, die machtpolitischen Erwägungen durch theologische Argumente untermauern und sowohl den König als auch Margarete von Navarra der protestantischen Sache günstig stimmen zu können. Dabei war er bemüht, diese von der kommunistischen Täuferbewegung in Münster klar zu trennen und die französischen Reformer als ihrem König treu ergebene Patrioten und als Gegner jedweden ökonomischen und sozialen Umsturzes hinzustellen. Die ganze Größe des Calvinschen Denkens und Stils enthüllen sich im Beginn und am Ende dieser berühmten Vorrede.

«Dem Großmächtigen durchlauchtigsten Monarchen Franziskus,
Frankreichs allerchristlichstem Könige,
seinem Fürsten und Herrn
wünschet Frieden und Heil in Christo
JOHANNES CALVINUS.

Als ich zuerst Hand an dieses Werk legte, dachte ich nichts weniger, als etwas zu schreiben, was Deiner Majestät, ruhmwürdigster König, einst überreicht werden möchte. Meine Absicht war nur, einige Grundzüge zu entwerfen, wodurch Freunde der Religion zur wahren Gottseligkeit gebildet werden könnten ... Da ich aber sah, wie die Wut einiger Gottlosen also in Deinem Reiche überhandnahm, als ob die reine Lehre ganz daraus sollte verdrängt werden, glaubte ich ein gutes Werk zu tun, wenn ich zu gleicher Zeit ... für Dich eine Bekenntnisschrift verfaßte, woraus Du erkennen möchtest, welches die Lehre sei, wogegen jene Rasenden mit solchem Grimm entbrennen, die jetzt Dein Reich mit solchem Grimm aufwühlen. Denn ich werde mich nicht scheuen, zu bekennen, daß ich hier den Inhalt eben jener Lehre zusammengestellt habe, die jene als eine solche ausschreien, so mit Kerker, Verbannung und Feuer bestraft und zu Wasser und Land verfolgt zu werden verdiene. Ich weiß wohl, welche greuliche Anklagen sie Dir vorgebracht haben, um unsere Sache Dir so verhaßt als möglich zu machen; Aber Du wirst nach Deiner Gnade nicht außer acht lassen, daß, wenn es nur und allein der Anklage bedarf, weder in Worten noch Taten irgendwelche Unschuld sich finden würde ... Daß wir nicht mit Unrecht uns hierüber beklagen, dessen kannst Du selbst Zeuge sein, Durchlauchtigster König. Du weißt, wie diese Lehre täglich bei Dir verleumdet wird, als ob sie nichts anderes bezwecke, als den Königen ihre Zepter zu entwinden, die Gerichtshöfe und die Gewalten zu stürzen, alle Stände und Verfassungen umzukehren, den Frieden und die Ruhe der Völker zu stören, alle Gesetze aufzuheben, Herrschaft und Besitztum zu vernichten, kurz, alles umzuwälzen und zu verwirren ...

Darum fordere ich nicht unbillig, unüberwindlichster König, daß du eine gründliche Untersuchung jener Sache veranstalten wollest, welche bisher ohne alle Rechtsordnung und mehr in unbesonnener aufwallender Hitze als mit gesetzmäßigem Ernste verhandelt und auf jegliche Weise verzerrt wurde. Glaube nicht, mein König, daß ich eine Verteidigung meiner Person im Auge habe, eben um mir eine glückliche Rückkehr in mein Vaterland zu bewirken; denn obwohl mit menschlicher Zuneigung ihm zugetan, wie sich geziemt, mag ich dessen doch jetzt, wie die Sachen stehen, ohne Mühe entraten. Nein, die gemeinsame Sache aller Frommen, ja Christi selbst, vertrete ich ...

Wir sollten den Umsturz der Regierungen zum Zweck haben, wir, von denen nie ein aufrührerisches Wort gehört wurde und deren Leben immer als ein stilles, anspruchsloses erkannt ward, als wir unter Deinem Zepter lebten, und die auch jetzt noch, aus dem Vaterlande verbannt, Dir und Deinem Reiche alles Heil zu erflehen nicht aufhören! ... Und durch Gottes Gnade ist das Evangelium auch nicht so fruchtlos bei uns geblieben, daß unser Leben jenen Verleumdern nicht zum Exempel der Keuschheit, Gütigkeit, Barmherzigkeit, Enthaltsamkeit, Geduld, Bescheidenheit und jeder Tugend dienen könnte ...

Zwar jetzt noch ist Dein Herz uns entfremdet und abgewendet, ja, ich setze hinzu, gegen uns entzündet; aber wir hoffen, seine Huld wieder erlangen zu können, wenn Du diese unsere Bekenntnisschrift, welche wir als Verteidigung Deiner Majestät überreichen, mit Ruhe und Bedacht einmal gelesen haben wirst. Wenn aber die Einflüsterungen der Übelgesinnten sich Deiner Ohren also bemächtigt haben, daß die Beschuldigten kein Gehör mehr finden, sich zu verteidigen, und wenn dann jene grimmigen Furien, unter Deiner Zulassung, fortwährend mit Fesseln, Geißeln, Foltern, Enthauptungen, Verbrennungen gegen uns wüten; so werden wir zwar, wie die Schafe, die zur Schlachtbank bestimmt sind, in Not und Elend geraten, jedoch so, daß wir in Geduld unsere Seelen fassen und die starke Hand des Herrn erwarten, welche sicherlich zu seiner Zeit erschienen und gewaffnet sich zeigen wird, sowohl um die Armen aus dem Elende zu retten, als auch an den Verruchten Rache zu nehmen, die jetzt mit so großer Sicherheit sich brüsten. Der Herr, der König der Könige befestige Deinen Thron durch Gerechtigkeit und Deinen Stuhl durch Wahrheit, durchlauchtigster König.»[1]

In einer Zeit, da nicht mehr die Theologie, sondern die Weltpolitik im Vordergrund des allgemeinen Interesses und der Konflikte steht, fällt es schwer, sich in die Seelenverfassung hineinzudenken, aus der Calvins *Institutio* erwuchs. Er war, weit mehr noch als Spinoza, ein von der Gottheit berauschter Mann, den der Gedanke an die Unscheinbarkeit des Menschen vor Gottes Majestät erdrückte. Welche Vermessenheit, mit dem beschränkten Verstand eines so winzigen Geschöpfes den Geist hinter den unzählbaren, gehorsamen Sternen begreifen zu wollen! Aus Mitleid mit diesem armen Verstand hat sich Gott in der Heiligen Schrift geoffenbart, und daß dieses heilige Buch wirklich und wahrhaftig sein Wort darstellt, ergibt sich (nach Calvin) aus dem einmaligen Eindruck, den es auf das menschliche Denken ausübt.

«Lies den Demosthenes oder den Cicero, lies Platon oder Aristoteles oder welche du auch aus der ganzen Schar lesen magst. Sie werden dich – das gestehe ich – wundersam anlocken, ergötzen, bewegen, hinreißen. Aber wenn du dann zur Heiligen Schrift kommst, so ergreift sie dich – ob du willst oder nicht – so lebendig, dringt dir so tief ins Herz, setzt sich so im Innersten fest, daß vor der Gewalt dieser Eindrücke die Kraft jener Redner und Philosophen fast verschwindet. Man kann eben spüren, wie ein göttlicher Hauch die Schrift durchweht, wodurch sie alle menschliche Kunst, alle menschlichen Gaben weit übertrifft.»[2]

Daher muß dieses offenbarte Wort von uns als oberstes Gesetz betrachtet werden, nicht nur als religiöser und moralischer Wegweiser, sondern auch in bezug auf die Geschichte, die Politik und alles übrige. Wir müssen der Geschichte von Adam und Eva Glauben schenken, denn aus ihrem Ungehorsam gegen Gott erklären wir uns die Schlechtigkeit der menschlichen Natur und den Verlust unserer Willensfreiheit.

«Der Menschengeist ist von Gottes Gerechtigkeit so vollständig abgekommen, daß all sein Wollen, Begehren und Tun nur gottlos, verrucht, befleckt, unrein und lästerlich ist; sein Herz ist dermaßen vom Saft der Sünde durchdrungen, daß es nur noch verweslichen Gestank von sich geben kann. Und wenn auch zuweilen ein Schein des Guten sichtbar wird, so bleibt doch das ‚Gemüt' mit Heuchelei und Trug umhüllt, und der Geist liegt innerlich in den Fesseln der Verderbnis.»[3]

Wie sollte sich ein so verworfenes Geschöpf jemals die ewige Seligkeit verdienen können? Nicht einem gelänge es, und verrichtete er noch so viele gute Werke. Nützlich mögen sie zwar sein, aber das Heil erwächst einzig und allein aus Christi Opfertod. Doch beileibe nicht für alle; Gottes Gerechtigkeit erfordert die Verdammnis aller Menschen, doch hat seine Barmherzigkeit einige wenige zum Heil erwählt; und diesen verleiht er durch den Glauben an ihre Erlösung in Jesu Christo Kraft und Trost. Wie Paulus gesagt hat: «Wie er uns denn erwählt hat durch den selben, ehe der Welt Grund gelegt war, daß wir sollten sein heilig und unsträflich vor ihm in der Liebe. Und er hat uns verordnet zur Kindschaft gegen sich selbst durch Jesum Christum, nach dem Wohlgefallen seines Willens.»[4] Wie Luther interpretierte Calvin diese Stelle dahin, daß Gott aus seiner freien Wahl, ganz unabhängig von unseren Tugenden und Lastern, schon lange vor der Weltschöpfung bestimmt hat, wer des Heils teilhaftig werden und wer in die Hölle fahren soll. Die Frage, warum Gott den Menschen zum Heil oder zur Verdammung ohne Rücksicht auf seine Verdienste bestimme, beantwortete Calvin wieder mit den Worten des Apostels: «Denn er spricht zu Mose: ‚Welchem ich gnädig bin, dem bin ich gnädig; und welches ich mich erbarme, des erbarme ich mich.'»[5] Daraus folgert Calvin:

«Was demnach die Schrift klar zeigt, das sagen wir auch: Gott hat in seinem ewigen und unwandelbaren Ratschluß einmal festgestellt, welche er einst zum Heil annehmen und welche er andererseits dem Verderben anheimgeben will. Dieser Ratschluß ist, das behaupten wir, hinsichtlich der Erwählten auf Gottes unverdientes Erbarmen begründet, ohne jede Rücksicht auf menschliche Würdigkeit. Den Menschen aber, die er der Verdammnis überantwortet, denen schließt er, nach seinem zwar gerechten und unwiderruflichen, aber unbegreiflichen Gericht den Zugang zum Leben zu!»[6]

Ja sogar der Sündenfall mit allen seinen Folgen für die Menschheit war nach dem Apostel Paulus «eine Fügung von Gottes wunderbarem Ratschluß».

Calvin sieht selbst ein, daß sich der Verstand gegen die Annahme der Prädestination wehrt, hat aber dafür ein Gegenargument: «Denn es ist nicht billig, daß der Mensch ungestraft durchforscht, was nach des Herrn Willen in ihm selber verborgen bleiben soll.»[7]

Dennoch glaubt er zu wissen, warum Gott das ewige Geschick von Milliarden von Seelen so willkürlich festlegt; «denn diese [willkürliche Erwählung] verherrlicht Gottes Gnade»[8] durch die Ausübung seiner Macht. Es sei zwar ein schreckliches Urteil, gesteht Calvin ein, «aber dennoch wird niemand leugnen können, daß Gott, bevor er den Menschen schuf, zuvor gewußt hat, welchen Ausgang er nehmen würde, und daß er dies eben darum vorauswußte, weil er es in seinem Ratschluß so bestimmt hatte!»[9] Andere, wie Luther, argumentierten, die Zukunft sei determiniert, weil Gott sie vorhergesehen hat und seine Voraussicht untrüglich ist; Calvin dreht die Sache um und glaubt, Gott sehe die Zukunft voraus, *weil* er sie gewollt und vorherbestimmt hat. Dabei ist das Verdammungsurteil absolut; Calvins Theologie kennt kein Fegefeuer, keine Zwischenstation, wo in ein paar Millionen Jahren der Höllenpein die «Verworfenheit» weggebrannt werden kann. Deshalb ist es auch zwecklos, für die Verstorbenen zu beten.

Man sollte annehmen, Calvins Voraussetzungen entzögen jeder Art des Gebets die Grundlage, weil alles vom göttlichen Ratschluß bereits festgelegt sei und keine Flut von Gebeten ein Jota des unerbittlichen Schicksals wegzuschwemmen vermöge. Glücklicherweise war Calvin humaner als seine Theologie; er heißt uns gläubig und demütig beten; jegliches Gebet werde beantwortet, denn Anrufung und Antwort seien gleichfalls vorherbestimmt. Deshalb sollen wir dem Höchsten in schlichtester Form unsere Demut bezeugen, die Messe hingegen müssen wir ablehnen als die gotteslästerliche Anmaßung von Pfaffen, die vorgeben, irdische Stoffe in Christi Leib und Blut zu verwandeln. Christus ist beim Abendmahl nur geistig, nicht leiblich zugegen; die geweihte Hostie als Christi tatsächlichen Leib zu verehren ist reinster Götzendienst. Sich irgendwelcher Darstellungen der Gottheit zu bedienen ist klare Verletzung des zweiten Gebots und verführt zu Götzendienst. Deshalb sind Bilder und Statuen und selbst das Kruzifix aus den Kirchen zu entfernen.

Die wahre Kirche ist die unsichtbare Gemeinschaft der Auserwählten, toter, lebendiger und künftiger. Über die sichtbare Kirche sagt er: «Wir sollen die Menschen als Glieder der Kirche erkennen, die durch das Bekenntnis des Glaubens, durch das Beispiel ihres Lebens und durch die Teilnahme an den Sakramenten mit uns den gleichen Gott und Christus bekennen.»[10] (Als Sakramente ließ Calvin nur die Taufe und das Abendmahl gelten.) Außerhalb der Kirche gibt es keine Erlösung. Kirche wie Staat sind von Gott eingesetzt und von ihm dazu bestimmt, als die Seele und der Leib der unteilbaren christlichen Gesellschaftsordnung harmonisch zusammenzuwirken; der Kirche obliegt es, Bekenntnis, Gottesdienst und Moral im einzelnen vorzuschreiben, der Obrigkeit aber, als dem weltlichen Arm der Kirche, fällt es zu, den Verordnungen Gehorsam zu verschaffen. Die weltliche Obrigkeit habe fernerhin dafür zu sorgen, daß sich kein «Götzendienst» (im protestantischen Vokabular weitgehend identisch mit «Katholizismus») und «keine sonstigen religiös anstößigen Dinge in der Öffentlichkeit breitmachen und propagiert werden», so daß allein das reine Evangelium gelehrt und gehört werde. Die ideale Form der Obrigkeit sei eine Theokratie und die reformierte Kirche das anerkannte Sprachrohr Gottes. Calvin hat die päpstliche Forderung nach dem Supremat der Kirche über den Staat für *seine* Kirche erneuert.

Es ist auffallend, welch großer Teil der römisch-katholischen Theorie und Tradition in Calvins Theologie bestehen blieb. Einiges entlehnte er von den Stoikern und vor allem von Seneca, einiges verdankte er seinem Rechtsstudium; seine Hauptquelle bildete jedoch der heilige Augustin, dessen Prädestinationslehre wiederum auf Paulus fußte, der Christus nie gekannt hat. Mit größter Konsequenz ignorierte Calvin Christi Konzeption von der Gottheit als einem liebenden und barmherzigen Vater, wie er auch über die zahlreichen Bibelstellen, nach denen der Mensch sein Geschick frei zu gestalten vermag (2. Petr. 3, 9; 1. Tim. 2, 4; Joh. 2, 2; 4, 14 u. v. a.), bedenkenlos hinwegging. Calvins Genie lag nicht in der Schöpfung neuer Ideen, er führte vielmehr die Gedanken seiner Vorgänger zu ihrem ruinös logischen Abschluß und übertrug sie mit der Wortgewalt eines Augustin auf die Theorie des Kirchenrechts. Von Luther übernahm er die Lehre von der Rechtfertigung oder Auserwählung durch den Glauben, von Zwingli die spirituelle Interpretation des Abendmahls und von Butzer die kontradiktorischen Vorstellungen von Gott als Urheber allen Geschehens und von der Unerläßlichkeit eines moralisch-frommen Lebenswandels als Beweis und Kriterium der Auserwähltheit. Die meisten dieser protestantischen Lehren gab es in milderer Form bereits in der katholischen Tradition; Calvin schob sie nur in den Vordergrund und vernachlässigte dabei die für das Gemüt tröstlichen Elemente der mittelalterlichen Glaubenshaltung. Er war mittelalterlicher als jeder Denker zwischen Augustin und Dante. Die Sehnsucht der Humanisten nach irdischer Vervollkommnung lehnte er absolut ab und lenkte – finsterer als je zuvor – das Denken auf das Jenseits. Im Calvinismus hat die Reformation die Renaissance von neuem verleugnet.

Daß eine so wenig einnehmende Theologie die Gefolgschaft von aber Millionen Menschen in der Schweiz, in Frankreich, Schottland, England und Nordamerika gefunden hat, ist auf den ersten Blick ein Rätsel, das sich jedoch rasch aufklärt. Aus welchem Grund verteidigten Calvinisten, Hugenotten und Puritaner ihre eigene Ohnmacht mit so großem Mut? Wieso hat diese Lehre von der menschlichen Ohnmacht einige der stärksten Charaktere der Geschichte mitgeformt? Ist die Antwort vielleicht die, daß der Glauben, selber zu den wenigen Auserwählten zu gehören, ihnen mehr Kraft gab, als ihnen das Eingeständnis nahm, durch das eigene Verhalten nichts an seinem Schicksal ändern zu können? Schüchtern und willensstark in einem, lebte Calvin in der Überzeugung, zu den Erwählten zu gehören, so daß er fand, daß die «Dunkelheit» der Prädestination «eine über die Maßen süße Frucht» hervorbringe. Haben etwelche dieser Selbsterwählten Vergnügen am Gedanken gefunden, wie wenige zum Heil und wie viele zur Verdammnis vorherbestimmt sind? Die Überzeugung, von Gott auserwählt zu sein, gab vielen Seelen den Mut, die Wechselfälle und anscheinende Ziellosigkeit des Lebens zu ertragen, wie ja auch ein ähnlicher Glaube die Juden befähigte, sich unter Schwierigkeiten zu behaupten, die wohl sonst den Lebenswillen gebrochen hätten; und in der Tat mag der calvinistische Gedanke, vom Himmel auserwählt zu sein, in der jüdischen Version dieser Glaubenshaltung seinen Ursprung haben, um so mehr als der Protestantismus ja auch in anderer Hinsicht dem Alten Testament so viel entnommen hat. Das Vertrauen, gotterwählt zu sein, muß den von Krieg und Massaker heimgesuchten Hugenotten unendliche Kraft eingeflößt haben; und jene Pilgerväter, die sich von Heim und Vaterland losrissen, um an unwirtlichen Küsten neue Heimstätten zu suchen, dürften ähnlich empfunden haben. Wenn ein bekehrter Sünder diese Zuversicht erlangte und glaubte, seine Bekehrung sei gottgewollt und vorherbestimmt, dann vermochte er bis zum Ende unerschüttert auszuharren. Calvin tat ein übriges, um diesen Stolz zu verankern: Er erhob die Erwählten zu einer Geburtsaristokratie und machte ihre Kinder, ob wohlhabend oder arm, durch den Willen Gottes von vornherein gleichfalls zu Auserwählten. So konnte man durch den einfachen Glaubensakt das Paradies – wenn auch nur in der Vorstellung – besitzen und weitergeben. Für ein so zeitloses Gut war das Eingeständnis der Hilflosigkeit und des Unvermögens ein geringer Preis.

Calvins Anhänger benötigten eine solche Stärkung, spielte sich doch seiner mittelalterlichen Auffassung zufolge das irdische Dasein in einem Tal des Jammers und der Tränen ab. Ohne zu zögern räumte er ein: «Ich gebe zu, daß die Menschen, welche gemeint haben, am allerbesten sei es, überhaupt nicht geboren zu sein, am zweitbesten, möglichst schnell wieder dahingerafft zu werden – wirklich ganz recht empfunden haben ... Andere begingen den Geburtstag der Ihrigen mit Trauern und Wehklagen, Begräbnisse dagegen mit offen zur Schau getragener Fröhlichkeit.» Er bedauerte lediglich, daß diese klugen Pessimisten zu ewiger Verdammnis verurteilt seien, weil sie zumeist als Heiden und in Unkenntnis des Erlösers lebten. Nur eines vermag das Leben erträglich zu machen, nämlich die Hoffnung auf eine Seligkeit ohne Ende nach dem Tod: «Denn wenn der Himmel unsere Heimat ist, was ist dann die Erde anders als Verbannung? Wenn das Auswandern aus dieser Welt der Eingang ins Leben ist, was ist die Welt dann anders als ein Grab?»[11] Calvin widmet im Gegensatz zu seinem poetischen Widerpart seine wortgewaltigsten Seiten nicht den Trugbildern der Hölle, sondern der Schilderung des himmlischen Entzückens. Alle Kümmernisse und Schmerzen dieses Lebens werden die gottesfürchtigen Auserwählten ohne Murren ertragen: «Denn vor ihren Augen steht der Tag, an dem der Herr seine Gläubigen in die Ruhe seines Reiches aufnimmt, an dem er ‚alle Tränen abwischen wird von ihren Augen', an dem er sie mit dem Kleid der Herrlichkeit und der Freude antut, sie mit der unaussprechlichen Süßigkeit seiner Freuden weidet, an dem er sie zur Gemeinschaft an seiner erhabenen Herrlichkeit erhebt und sie endlich des Teilhabens an seiner Seligkeit würdigt!»[12] Den mit Trübsal und Tränen Beladenen, von denen diese Erde voll ist, dürfte dieser Glauben Lebensnotwendigkeit gewesen sein.

## III. GENF UND STRASSBURG

Während sich die *Institutio* im Druck befand, begab sich Calvin, wie eine im allgemeinen für richtig gehaltene, jedoch nicht unbestrittene Überlieferung sagt, über die Alpen nach Italien (März 1536). Sein Ziel bildete Ferrara, wo er die protestantische Herzogin Renée, Gemahlin Ercoles II. und Tochter Ludwigs XII. von Frankreich, vermutlich um Hilfe für die verfolgten französischen Protestanten bat. Die Herzogin, die sich von seinem religiösen Eifer sehr angezogen fühlte, wählte ihn zu ihrem geistlichen Berater und blieb mit ihm bis zu seinem Tod in ehrerbietiger Korrespondenz. Im Mai kehrte Calvin nach Basel zurück und wagte sich von dort nach Noyon, wo er einiges Eigentum verkaufte. Von einem Bruder und einer Schwester begleitet, machte er sich dann auf den Weg nach Straßburg; da aber Kriegswirren die Straße ungangbar machten, mußten sie die Reise in Genf unterbrechen (Juli 1536).

Die Kapitale der welschen Schweiz blickte auf eine in prähistorische Zeit reichende Vergangenheit zurück. Noch heute sind dort einige Pfähle der ehemaligen Pfahlbausiedlung zu sehen. Wo die Rhone aus dem Genfersee austritt, schnitten sich zu Caesars Zeit die Handelsrouten. Im Mittelalter lag die geistige und weltliche Gewalt in den Händen des Bischofs, der üblicherweise vom Domkapitel gewählt wurde, so daß dieses über beträchtliche Macht verfügte. Im fünfzehnten Jahrhundert gewannen die Herzöge des jenseits des Alpenkamms gelegenen Savoyen Einfluß auf das Domkapitel und setzten die Wahl ihnen gefügiger Männer zu Bischöfen durch, die, an der Existenz eines Jenseits zweifelnd, den Freuden des Diesseits huldigten. Die vordem vorzügliche Verwaltung versagte und die Sittenstrenge des Klerus nahm ab. Ein Priester, dem befohlen wurde, sich von seiner Konkubine zu trennen, wollte sich nur dazu verstehen, wenn seinen Amtsbrüdern die gleiche Unritterlichkeit zugemutet würde – die Galanterie siegte.

Im Rahmen dieses teils bischöflichen, teils herzoglichen Regiments gab es einen aus dem Patriziat gewählten – meist in der Kathedrale St-Pierre tagenden – Stadtrat von sechzig Köpfen und einen von diesem gewählten Magistrat von vier Syndici. Religiöse und weltliche Zuständigkeit waren derart verwischt, daß der Bischof Geld münzte und ins Feld zog, während der Rat Sittendekrete erließ, Exkommunikationen aussprach und Huren konzessionierte. Wie die Bischöfe von Trier, Köln und Mainz war auch der Genfer Bischof gleichzeitig Reichsfürst; als solcher übte er Funktionen aus, von denen die Bischöfe später entbunden wurden. *Les Patriotes*, eine Anzahl von prominenten Bürgern, suchten unter der Führung des Priors François de Bonivard die Stadt sowohl von der bischöflichen als auch der savoyischen Oberhoheit zu befreien und verständigten sich zu diesem Zweck mit dem katholischen Fryburg und dem protestantischen Bern. Die Mitglieder des Bundes nannten sich nach dem Vorbild der deutschschweizerischen Orte «Eidgenossen», woraus die Franzosen *Huguenots* machten. Ums Jahr 1520 lag die Macht hauptsächlich in den Händen von Handelsherren, da die Stadt – anders als Wittenberg – als Warenumschlagplatz zwischen Italien, Frankreich und der Eidgenossenschaft einen regen Handel betrieb. 1526 errichtete die Bürgerschaft einen Großen Rat der Zweihundert und einen Kleinen Rat der Fünfundzwanzig, der das Regiment immer mehr an sich riß und häufig gegen Bischof und Herzog auftrat. Der Bischof erklärte die Stadt für aufrührerisch und forderte vom Herzog militärische Hilfe an; Bonivard geriet in Gefangenschaft und wurde im Schloß Chillon eingekerkert. Die Berner kamen dem belagerten Genf zu Hilfe, schlugen und zersprengten das herzogliche Aufgebot; der Bischof floh nach Annecy, und der später von Byron besungene Bonivard verließ seinen Kerker. In seiner Empörung über den Klerus, der zu Savoyen gehalten hatte, beschloß der Große Rat die Einführung des evangelischen Glaubens und die Unterstellung des Klerus unter die weltliche Gewalt (1536). Zwei Monate später traf Calvin ein.

Der geistige Held dieser Revolution war Guillaume Farel, ein – wie Luther – in seiner Jugend inbrünstig frommer Mensch. In Paris geriet er unter den Einfluß Jacques Lefèvre d'Etaples', dessen Übersetzung und Erläuterung der Heiligen Schrift Farels religiöse Konzeptionen über den Haufen warfen, konnte er doch in den heiligen Büchern keine Spur von Päpsten, Bischöfen, Ablässen, sieben Sakramenten, vom Fegefeuer, der Messe, dem Priesterzölibat, der Marien- und Heiligenverehrung finden. Auf die Priesterweihe verzichtend, zog er als Laienprediger durch französische und schweizerische Städte. Klein von Statur, von zartem Körperbau, aber stark an Stimme und Geist, mit strahlenden Augen in einem blassen Gesicht und flammend rotem Bart, apostrophierte er den Papst als Antichrist, die Messe als gotteslästerlich, die kirchlichen Darstellungen und Symbole als abscheuliche Götzen. 1532 predigte er in Genf, wurde von Schergen des Bischofs verhaftet, die den «lutherischen Hund» in der Rhone ersäufen wollten. Der Magistrat legte sich ins Mittel; Farel kam mit ein paar Beulen am Kopf und einem bespuckten Rock davon, bekehrte den Rat zu seiner Auffassung und beeinflußte gemeinsam mit Pierre Viret und Antoine Froment die öffentliche Stimmung in einer Weise, daß fast alle katholischen Priester abwanderten. Am 21. Mai 1536 beschloß der Kleine Rat die Abschaffung der Messe und die Entfernung der Bilder, Statuen und Reliquien aus den Kirchen. Deren Vermögen wurde zugunsten der evangelischen Seelsorge, Mildtätigkeit und Schulbildung eingezogen; den Schulbesuch machte man obligatorisch und kostenlos, und eine strenge Sittenordnung wurde erlassen. Die Bürgerschaft mußte sich durch Eid zum Evangelium bekennen; wer die protestantischen Gottesdienste nicht besuchte, verfiel der Verbannung. So sah es in Genf aus, als Calvin eintraf.

Farel war bereits siebenundvierzig Jahre alt; und obschon er nach dem Willen des Schicksals Calvin um ein Jahr überleben sollte, sah er in dem zungengewandten, ernsthaften und um zwanzig Jahre Jüngeren den richtigen Mann, die Reform zu konsolidieren und vorwärtszutreiben. Calvin zögerte; er fühlte sich mit Gott wohler als mit den Menschen und hatte sein Leben zurückgezogener Gelehrsamkeit und Schriftstellerei widmen wollen. Aber Farel drohte mit der Miene eines alttestamentlichen Propheten, ihn zu verfluchen, falls er sich der aufreibenden und gefährlichen Verkündigung des unverfälschten Wortes entziehe und in die Welt der Bücher flüchte. Calvin gab nach; der Rat und das Presbyterium bestätigten seine Berufung, und so trat er, ohne je zum Priester geweiht worden zu sein, die Seelsorge an und hielt in der Kathedrale St-Pierre die erste von mehreren Predigten über die Briefe des Apostels Paulus (5. September 1536). Der ganze Protestantismus, die politisch radikalen Sekten ausgenommen, ließen sich weit mehr von Paulus als von Petrus, dem angeblichen Gründer des Bischofsstuhls zu Rom, leiten.

Im Oktober ging Calvin mit Farel und Viret nach Lausanne und beteiligte sich, ohne besonders hervorzutreten, an der berühmten Disputation, die diese Stadt für die evangelische Sache gewann. Nach Genf zurückgekehrt, gingen die Pastoren von St-Pierre mit heiligem Eifer daran, die Genfer zu gehorsamen Kindern Gottes zu erziehen. Auf der Bibel als der wörtlichen Offenbarung Gottes fußend, empfanden sie den unabweisbaren Drang, deren Moralkodex praktisch zu verwirklichen. Mit Entsetzen blickten sie auf die liederliche Lebensführung der Bevölkerung; man sang, tanzte, würfelte, trank im Übermaß und gab sich dem Ehebruch hin. Den sinnlichen Genüssen diente sogar ein eigenes Quartier unter der Aufsicht einer *reine du bordel*. Dem hitzigen Farel und dem puritanischen Calvin wäre es einem Verrat an Gott gleichgekommen, eine solche Situation gleichmütig hinzunehmen.

Um die Bekämpfung der Unmoral religiös zu untermauern, schrieb Farel seine *Confession de la Foy* (Bekenntnis zum Glauben) und Calvin einen volkstümlichen Katechismus *(Institution et confession de foi)*, und im November 1536 genehmigte der Große Rat beide Schriften. Bei beharrlichem Verstoß gegen die Sittendekrete drohte dem Sünder Exkommunikation und Verbannung, und im Juli 1537 mußten die Bürger auf Befehl des Großen Rats in der Kathedrale St-Pierre ein Treuegelöbnis zu Farels *Confession* ablegen. Die alten katholischen Riten – wie Reliquienverehrung, Tragen eines Rosenkranzes, Feier des Namensfestes der Heiligen – standen unter Strafe. Frauen mit unzulässigen Kopfbedeckungen wanderten ins Gefängnis. Bonivard, der sich seiner Freiheit allzu unbekümmert freute, wurde zu strengerer Zucht ermahnt. Würfelspieler büßten am Pranger. Ehebrecher trieb man vor allem Volk aus der Stadt.

Die Genfer, an ein kirchliches Regiment gewöhnt, dessen Moralkodex südliche Winde milderten, vertrugen das neue Klima schlecht. *Les Patriotes*, die die Stadt von Bischof und Herzog befreit hatten, schlossen sich aufs neue zusammen, diesmal, um sie von den allzu eifrigen Theologen zu befreien. Eine weitere Gruppe verlangte Gewissens- und Kultusfreiheit und wurde deshalb *Libertins** genannt; gemeinsam mit den Patrioten und geheimen Altgläubigen errangen sie bei der Neuwahl des Großen Rates 1538 die Mehrheit. Als der neue Rat den Predigern untersagte, sich in obrigkeitliche Angelegenheiten einzumischen, gingen Farel und Calvin zum Gegenangriff über, forderten die Unterwerfung der rebellischen Stadt unter die beschworene Ordnung und weigerten sich, mittlerweile das Abendmahl zu verabreichen. Der Rat enthob die beiden ihrer Ämter (23. April) und befahl ihnen, die Stadt binnen dreier Tage zu verlassen. Das Volk quittierte ihre Amtsenthebung mit Freudenausbrüchen. Farel nahm eine Berufung nach Neuenburg an, wo er bis zum Ende seiner Tage blieb (1565) und wo heute ein Denkmal sein Andenken ehrt.

Calvin begab sich in die freie Reichsstadt Straßburg und betätigte sich als Seelsorger an der *Eglise des Etrangers*, einer vornehmlich aus französischen Protestanten bestehenden Gemeinde. Zur Ergänzung seines mageren Salärs von zweiundfünfzig Gulden verkaufte er seine Bücher und gab Studenten Kost und Logis. Da das ohne eine Hausfrau nicht recht klappen wollte, bat er Farel und Butzer, eine Frau für ihn zu suchen, und spezifizierte seine Wünsche: «Ich bin nicht von der Art jener ungesunden Liebhaber, welche auch die Laster mitküssen, wo sie nur einmal die leibliche Hülle gefangen genommen hat. Nur die Schönheit allein verlockt mich, welche keusch ist, willfährig,

* Calvin hat, indem er ihre moralische Laxheit anprangerte, dem Wort *libertin* einen neuen Sinn gegeben.

frei von Hochmut, zurückhaltend, geduldig, besorgt um mein Wohlergehen.» Nach zwei mißglückten Versuchen heiratete er Idelette de Bure (1540), eine mittellose Witwe mit mehreren Kindern; ein weiteres Kind aus der neuen Ehe starb als Säugling. Bei ihrem Ableben (1549) äußerte er sich über sie mit der ihm im Privatleben eigenen Güte, die in krassem Widerspruch zur Herbheit seines öffentlichen Auftretens stand, und verbrachte die restlichen fünfzehn Jahre seines Lebens in häuslicher Einsamkeit.

In Genf entwickelten sich unterdes die Dinge weiter. Von der Verbannung Farels und Calvins ermutigt, erhoffte der Bischof einen triumphalen Einzug in seine Residenz. Als vorbereitenden Schritt beredete er Iacopo Sadoleto zu einer Epistel an die Genfer, um sie zur Rückkehr zum angestammten Glauben und Kultus zu ermahnen (1539). Sadoleto, für einen Kardinal und Humanisten ein ungewöhnlich tugendhafter Mann, hatte der Kurie schon früher empfohlen, abweichende Glaubensansichten mit Nachsicht zu behandeln; später gewährte er den vor dem Massaker fliehenden Waldensern in Carpentras Schutz (1545). Im flüssigen Latein seines untadeligen Lehrers Bembo präsentierte er «seinen heißgeliebten Brüdern, dem Magistrat, dem Senat und der Bürgerschaft Genfs» auf zwanzig Seiten diplomatische Höflichkeiten und theologische Belehrungen, kontrastierte die Aufsplitterung des Protestantismus in streitende Sekten durch machthungrige Männer mit der jahrhundertelangen Einheit der römischen Kirche und fragte, ob die Wahrheit denn wirklich bei diesen geifernden Parteien zu suchen sei und nicht weit mehr in der katholischen Lehre, die die Erfahrung von Jahrhunderten und die zusammengefaßte Intelligenz der Kirchenkonzile geformt habe, um mit der Versicherung zu schließen, daß er bereit sei, der Stadt Genf mit besten Kräften zu dienen.

Der Rat dankte dem Kardinal für seine Komplimente und versprach ausführliche Antwort. Allein, in ganz Genf war keiner aufzutreiben, der sich mit dem kultivierten Humanisten in eine Auseinandersetzung einlassen wollte. Andererseits hatte eine Anzahl Bürger bereits um Entbindung von ihrem Eid auf das *Bekenntnis zum Glauben* nachgesucht, so daß eine Zeitlang Genfs Rückkehr zum Katholizismus nahe schien. Calvin, der von der Situation Kenntnis erhielt, machte sich unverzüglich zum Advokaten der Reformation und antwortete dem Kardinal mit der ganzen Schärfe seines Geistes und seiner Feder. Höflichkeit vergalt er mit Höflichkeit, Wortgewandtheit mit Wortgewandtheit, doch von seiner Theologie gab er kein Jota preis. Er wies die Unterstellung zurück, aus persönlichem Ehrgeiz rebelliert zu haben; es wäre ihm viel besser ergangen, wenn er orthodox geblieben wäre. Die Kirche, gab er zu, sei wohl von Gott gegründet, doch mache es die Lasterhaftigkeit der Päpste hinlänglich klar, daß sich der Antichrist des Heiligen Stuhls bemächtigt habe. Der Weisheit der Kirchenkonzile stellte er die Weisheit der Heiligen Schrift gegenüber, die vom Kardinal leider ignoriert worden sei. Daß die Verderbtheit der Kirche Sezessionen und Spaltungen nötig machte, sei wohl bedauerlich; doch anders lasse sich den Übeln nicht beikommen. Wenn sich aber Katholiken und Protestanten jetzt zusammenschlössen, um die Lehre, Ritual und Klerus aller christlichen Kirchen zu reformieren, erwarte sie im Himmel die Einigkeit in Christo. Es war ein machtvoller Brief, der die Zufallsverdienste der Päpste vielleicht allzu gering schätzte, im übrigen aber mit einer Verbindlichkeit und einem

Seelenadel formuliert war, wie sie in den Kontroversen jener Zeit nur selten zu finden sind. Luther, der ihn in Wittenberg las, jubelte, daß er den Kardinal völlig vernichte, und rief: «Ich bin glücklich, daß Gott Männer aufstehen läßt, die ... den Krieg gegen den Antichrist, den ich begann, zu Ende führen werden.» Die Genfer Stadträte waren so beeindruckt, daß sie beide Briefe auf Kosten der Stadt drucken ließen (1540) und sich zu fragen begannen, ob mit Calvin nicht der beste Geist der schweizerischen Reformation verbannt worden sei.

Andere Faktoren kamen hinzu. Die Nachfolger Farels und Calvins waren schlechte Prediger, die es nicht verstanden, sich in der Öffentlichkeit Respekt zu verschaffen. Die lockere Moral vorreformatorischer Zeiten riß wieder ein; man würfelte und betrank sich, sang öffentlich unzüchtige Lieder, prügelte sich, zeigte sich nackt auf der Straße und trieb Ehebruch. Von den vier Syndici, die führend an Calvins und Farels Verbannung beteiligt gewesen waren, mußte einer wegen Mords, der zweite wegen Falschmünzerei, der dritte wegen Verrats zum Tod verurteilt werden; der vierte floh und kam auf der Flucht ums Leben. Solche Vorfälle schädigten natürlich das Geschäft, worüber die stadträtlichen Patrizier nicht wenig verärgert gewesen sein dürften. Auch verspürten sie nur geringe Neigung, sich vom wiedereingesetzten Bischof ihrer eignen Ämter entheben zu lassen oder gar exkommuniziert zu werden. Allmählich befreundete sich die Ratsmehrheit mit dem Gedanken, Calvin zurückzurufen. Am 1. Mai 1541 rehabilitierten die Stadtväter Farel und Calvin und annullierten das Verbannungsdekret. Eine Deputation nach der anderen begab sich nach Straßburg, um Calvin zur Wiederaufnahme der Seelsorge in Genf zu bewegen. Daß die Stadt eine ähnliche Einladung an ihn unterließ, verzieh ihr Farel nicht nur, sondern schloß sich sogar großmütig den Bitten der Deputationen an. Allein Calvin, der in Straßburg viele Freunde gewonnen und viele Pflichten übernommen hatte und in Genf nichts als Kampf voraussah – «Es gibt keinen Ort auf der Welt, den ich mehr fürchte» –, verhielt sich ablehnend. Als er sich schließlich zu einem Besuch bereit fand, überschüttete man ihn bei seiner Ankunft (13. September 1541) mit Ehrungen, leistete Abbitte und versprach ihm jeglichen Beistand, wenn er bloß wieder das Evangelium verkündigen und die Moral wiederherstellen wolle, so daß er nicht das Herz hatte, sich länger zu weigern. Am 16. September schrieb er an Farel: «Daß Gott es zum Guten wende: ich wurde hier zurückgehalten, wie du dir wünschtest.»

## IV. DER GOTTESSTAAT

In den ersten Jahren nach seiner Rückberufung gewann Calvin dank großer Mäßigung und Zurückhaltung fast allgemeine Gefolgschaft. Unter seiner Leitung teilten sich acht Prediger in die Seelsorge zu St-Pierre und den übrigen Kirchen; er selbst mühte sich als Prediger, Theologieprofessor, Verwalter des Erziehungswesens und der Kirchgemeinden, Ratgeber der Stadträte und Schöpfer eines neuen Moralkodexes und einer neuen Liturgie zwölf bis achtzehn Stunden täglich ab. Zwischendurch erweiterte er die

*Institutio* und führte eine Korrespondenz, die an Volumen nur hinter der des Erasmus zurückblieb, sie aber an Einfluß übertraf. Seinem Nachfolger und Biographen Beza erschien es ein Wunder, daß ein einziger kleiner Mensch *(unicus homunculus)* so schwere und vielseitige Bürden zu tragen vermochte, denn Calvin aß wenig, schlief noch weniger und fastete ebenso häufig wie unauffällig.

Seine erste Aufgabe bildete die Reform der reformierten Kirche. Auf sein Ersuchen ernannte der Kleine Rat einen von ihm präsidierten Ausschuß von fünf Geistlichen und sechs beratenden Laien zur Neuformulierung des Bekenntnisses. Am 2. Januar 1542 genehmigte der Große Rat die neuen *Ordonnances ecclésiastiques*, deren wesentlichste Punkte heute noch das Fundament der reformierten Kirchen Europas und der presbyterianischen Kirche Amerikas bilden. Die neue Kirchenordnung sah die Aufteilung der Seelsorge unter Pastoren, Lehrer, Kirchenälteste und Diakone vor. Dem Pastorenkollegium oblag die Leitung der Gemeinden und die Ausbildung junger Seelsorger. Wer in Genf predigen wollte, bedurfte der Genehmigung des Kollegiums und der Bestätigung des Stadtrats und der Kirchgemeinde; Bischöfe und bischöfliche Ordination blieben dagegen unangetastet. Obwohl dieser neue Klerus darauf verzichtete, sich wie sein katholischer Vorgänger mit dem Nimbus mystischer Kräfte zu umgeben und geistliches und weltliches Amt in einer Person zu verquicken, erreichte er unter Calvins Leitung eine größere Macht als jeder Priesterstand seit Israel. Die Formel dafür war einfach: Recht und Gesetz jedes christlichen Staatswesens sind in der Bibel niedergelegt, die Interpretation dieses Gesetzes obliegt dem Klerus, und die weltliche Obrigkeit, die diesem Recht unterworfen ist, muß sich an die von der Kirche gegebene Interpretation halten. Die welterfahrenen Räte dürften diesen Punkt angezweifelt haben, empfanden aber anscheinend die neue Sozialordnung als so wirtschaftsfördernd, daß sie die klerikale Anmaßung vorläufig unangefochten ließen, und so hat offenbar eine Theokratie von Männern der Kirche ein volles Vierteljahrhundert eine Oligarchie von Geschäftsherren beherrscht.

Der Klerus regierte mittels eines Konsistoriums, dessen zwölf Laienälteste und fünf Pastoren vom Rat bestellt wurden. Da die Laien jährlich wechselten, die Pastoren jedoch so lange im Konsistorium verblieben wie in ihrem Amt, fiel ihnen, abgesehen von rein geschäftlichen Angelegenheiten, die ausschlaggebende Stimme zu. Das Konsistorium erließ die Gottesdienstordnung und Sittendekrete; je ein Pastor und ein Ältester hielten in seinem Auftrag alljährlich in sämtlichen Haushaltungen Nachschau. Es führte Verhöre durch und sprach Exkommunikationen aus, und wer von ihm aus der Kirche ausgeschlossen wurde, der wurde vom Rat unbarmherzig aus der Stadt verbannt. Als Präsident des Konsistoriums hielt Calvin die Macht in Händen; von 1542 bis zu seinem Tod im Jahre 1564 blieb seine Stimme die einflußreichste der Stadt, eine Diktatur, die sich nicht auf Gewalt oder Gesetz, sondern auf Willenskraft und Persönlichkeit gründete. Sein fanatischer Glaube an seine Mission und seine rückhaltlose Hingabe an seine Pflichten verliehen ihm eine Kraft, der sich keiner zu entziehen vermochte. Ein wiedererweckter Hildebrand hätte über diesen offenbaren Triumph der Kirche über den Staat gejubelt.

In seiner Machtvollkommenheit verordnete der Genfer Klerus: «An den Sonntagen müssen alle Haushaltsmitglieder den Gottesdienst besuchen außer solchen, die kleine Kinder oder das Vieh warten müssen. Zu den Wochentagspredigten müssen alle, die es können, kommen.» (Calvin predigte drei- oder viermal wöchentlich.) «Wer erst nach Beginn der Predigt kommt, wird verwarnt. Bessert er sich nicht, hat er drei Sous zu bezahlen.» Eine abweichende Meinung oder ein persönliches Glaubensbekenntnis dispensierten nicht vom Besuch des Gottesdienstes; kein Papst hat individuelle Glaubensgrundsätze schärfer abgelehnt als Calvin, womit der größte protestantische Gesetzgeber den ersten Grundsatz der jungen Bewegung, nämlich die Gewissens- und Glaubensfreiheit, widerrief und aufhob. Er hatte unter der Aufsplitterung des Protestantismus bitter gelitten und sah dessen weitere Zerbröckelung voraus – deshalb durfte es in Genf keine Sektiererei geben. Hier formulierte ein Gremium von Gottesgelehrten ein für alle verbindliches Bekenntnis; wer es nicht annehmen wollte, mußte sich einen anderen Wohnort suchen. Wer dem Gottesdienst ständig fernblieb oder sich kontinuierlich weigerte, das Abendmahl zu empfangen, hatte Bestrafung zu gewärtigen. Ketzerei galt erneut als Beleidigung Gottes, Verrat am Staat und todeswürdiges Verbrechen; nur daß sich die Kirche, die schon so lange die gleiche Auffassung verfochten hatte, jetzt selbst als Ketzerin angeprangert sah. Von 1542 bis 1564 verfielen 58 Personen wegen Verletzung der neuen Ordnung dem Scharfrichter und 76 der Verbannung. Hexerei wurde wie andernorts mit dem Tod geahndet; in einem einzigen Jahr verurteilte man auf Empfehlung des Konsistoriums 14 Hexen zum Scheiterhaufen, weil sie – wie die Urteilsbegründung besagte –, mit dem Teufel im Bund, die Pest nach Genf gebracht hatten.

Zwischen Religion und Moral machte das Konsistorium keinen großen Unterschied; dem sittlichen Verhalten mußte dieselbe Aufmerksamkeit geschenkt werden wie dem Glauben, bildet doch Gesittung das Ziel des rechten Glaubens. In seiner Strenge und Selbstkasteiung erträumte Calvin eine von solcher Gottesfurcht erfüllte Stadt, daß ihre Tugend allein schon die Richtigkeit seiner Lehre beweisen und jenen Katholizismus beschämen mußte, aus dem die Lasterhaftigkeit und Glaubenslaxheit eines Rom erwachsen konnten. Die Disziplin als das Rückgrat der Persönlichkeit sollte es nach seiner Meinung dem Menschen ermöglichen, über die angeborene Sündhaftigkeit durch Selbstüberwindung zu triumphieren. Den Weg dahin sollten die Geistlichen nicht nur durch Verordnungen, sondern durch ihr eigenes beispielhaftes Vorbild ebnen; sie sollten zwar heiraten und Kinder zeugen, aber Handelsgeschäfte und jede Form der Lustbarkeit oder Zerstreuung, wie Jagd, Würfelspiel und Gelage, waren ihnen streng untersagt, und auch sie hatten sich einer jährlichen Visitation und Sittenprüfung durch ihre Oberen zu unterziehen.

Daß die Ältesten alljährlich alle Haushaltungen ihres Distrikts besuchten und sämtliche Aspekte der Lebensführung kontrollierten, ist bereits erwähnt worden. Die von Rat und Konsistorium gemeinsam erlassenen Dekrete verboten Würfeln, Kartenspiel, rohes Verhalten, Trunkenheit, Wirtshausbesuch, Tanzen (wobei man sich damals umarmte und küßte), unanständige und areligiöse Lieder, verschwenderische Lebensführung, übertriebene Gastlichkeit und unziemliche Kleidung, deren Farbe und Schnitt ebenso wie die Zahl der bei den Mahlzeiten zulässigen Gerichte obrigkeitlich vorgeschrieben wurde. Schmuck und Spitzen waren verpönt; eine Frau, die das Haar unmoralisch hochfrisiert trug, wanderte ins Gefängnis. Theatralische Darbietungen beschränkte man auf religiöse Themen und verbot sie schließlich ganz. Vornamen aus dem katholischen Heiligenkalender waren unerwünscht; statt ihrer wurden alttestamentliche Namen empfohlen, und ein halsstarriger Vater, der auf Claude statt Abraham bestand, büßte mit viertägiger Haft. Die Zensur der Druckerzeugnisse übernahm man nach dem Vorbild der katholischen Kirche und weltlicher Machthaber und erweiterte sie sogar (1560); Schriften mit Irrlehren oder unmoralischem Inhalt kamen auf den Index, auf den auch Montaignes *Essais* und Rousseaus *Emile* gesetzt wurden. Respektlose Äußerungen über Calvin oder einen Geistlichen galten als Verbrechen. Den ersten Verstoß gegen die Vorschriften ahndete man mit Verwarnung, weitere Verstöße mit Geldstrafen, dauernden Verstoß mit Gefängnis oder Verbannung. Unzucht wurde mit Ertränken oder Verbannung, Ehebruch, Gotteslästerung und Götzendienst wurden mit dem Tod bestraft. Ein Kind, das seine Eltern geschlagen hatte, wurde enthauptet; ein allerdings außergewöhnlicher Fall. Bei einer Bevölkerung von 20 000 Köpfen leitete man 1558 und 1559 insgesamt 414 Verfahren wegen Verstoßes gegen die Sittenvorschriften ein; zur Erzielung von Geständnissen bediente man sich wie überall der Folter.

Vorbildliche Maßnahmen traf Calvin im Erziehungswesen. Er schuf neue Schulen und eine Akademie, berief aus ganz Westeuropa tüchtige Lehrkräfte für Latein, Griechisch, Hebräisch und Theologie und sandte die ausgebildeten jungen Geistlichen als Missionare nach Frankreich, Holland, England und Schottland. Von 1555 bis 1566 gingen 161 allein nach Frankreich; viele davon starben, Hugenottenlieder singend, den Märtyrertod. Da Calvin Standesunterschiede als naturgegeben ansah, unterschied seine Gesetzgebung die Kleidung nach Stand und Würden und legte die Tätigkeit der verschiedenen Berufskategorien genau fest. Man hatte sich mit der durch Geburt gegebenen Stellung abzufinden und sich seinen Pflichten ohne Neid auf Höherstehende und ohne Klage über sein Los zu unterziehen. Bettelei war verboten; die früher willkürliche und eher zufällige Wohltätigkeit wurde durch eine methodische Armenfürsorge ersetzt.

Die religiöse Sanktion und der Heiligenschein, womit der Calvinismus Fleiß, intensives Schaffen, Enthaltsamkeit, Einfachheit und Sparsamkeit bedacht hat, mag die Ausformung des heutigen arbeitsamen Geschäftsmannes mitbeeinflußt haben; doch ist diese Kausalität überbetont worden. Der Kapitalismus im katholischen Florenz und in Flandern erlebte seine Blüte vor der Zeit Calvins, der den Wirtschaftsindividualismus ebenso entschieden ablehnte wie individuelle Religions- und Sittenkodexe. Nach seiner Auffassung bildete nicht das freie Individuum (für das Luther seine Revolte begonnen hatte) die Zelle der Gesellschaftsstruktur, sondern die Polis, der Stadtstaat, der seine Glieder durch strenge Vorschriften zur Anpassung zwang. «Kein Glied hat seine Fähigkeit für sich selber, wendet sie auch nicht zu seinem eigenen Nutzen an, sondern jedes überträgt sie auf die mit ihm verbundenen Glieder und hat auch keinerlei Nutzen davon als den, der aus dem Wohlergehen des ganzen Leibes kommt.» Für gewinnsüchtige Spekulation und schrankenlose Reichtumsanhäufung hegte er keine Sympathie. Darlehenszinsen hielt er wie einige katholische Theoretiker des Spätmittelalters für zulässig, begrenzte sie jedoch theoretisch auf fünf Prozent; der Polis und bedürftigen Personen seien Darlehen ohne Zins zu geben. Marktschreier, Monopolisten und wucherische Darlehensgeber wurden mit seiner Billigung vom Konsistorium bestraft; es setzte die Preise der Lebensmittel, Kleidung und chirurgischen Eingriffe fest; Kaufleute und Händler, die ihre Kunden mit falschen Gewichten und Maßen betrogen, wurden verwarnt und mit Geldstrafen belegt. In gewisser Hinsicht näherte sich das Regime dem Staatssozialismus: Das Hohe Konsistorium gründete eine Bank und betrieb Unternehmungen in eigener Regie.

Sofern wir diese einschränkenden Faktoren gebührend berücksichtigen, dürfen wir zugeben, daß sich zwischen dem Calvinismus und der Geschäftswelt ein stilles und ständig wachsendes Einvernehmen herausgebildet hat. Calvin hätte seine dominierende Stellung nicht lange behaupten können, wenn er die kommerzielle Entwicklung eines Gemeinwesens gehemmt hätte, für das der Handel das Lebensblut bedeutete. Er paßte sich dieser Situation an, ließ Zinssätze bis zu zehn Prozent zu und befürwortete städtische Darlehen zur Gründung und Ausweitung von Gewerbezweigen wie Kleidermanufakturen und Seidenspinnereien. Handelsmetropolen wie Antwerpen, Amsterdam und London nahmen bereitwillig die erste Religion an, die der modernen Wirtschaft keine Schwierigkeiten bereitete. Der Calvinismus hat den Mittelstand unter seine Fittiche genommen und ist mit ihm groß geworden.

Was waren die Ergebnisse des Calvinschen Regiments? Es muß ungeheuer schwer gewesen sein, die Beachtung all dieser Vorschriften zu erzwingen, denn eine so absolute Sittenreinheit war in der ganzen Geschichte noch nie gefordert worden. Eine beträchtliche Opposition ging bis zur offenen Revolte; aber eine ebenso beachtliche Zahl prominenter Bürger muß zum Regime gestanden haben, wenn auch nur aus Sorge um die Moral – der anderen. Der Zustrom französischer Hugenotten und sonstiger Protestanten dürfte Calvins Hand gestärkt haben, während die Begrenzung des Experiments auf Genf und dessen Hinterland die Erfolgschancen verbesserte. Die ständige Gefahr eines Angriffs und der Vereinnahmung durch einen größeren Staat (Frankreich, Savoyen, das Reich) zwang zu innenpolitischer Stabilität und bürgerlicher Disziplin; die äußere Gefahr förderte die innere Ordnung. Hören wir den begeisterten Augenzeugenbericht des italienischen Protestanten Bernardino Ochino, der in Genf Zuflucht gefunden hatte:

«Fluchen und Lästern kennt man nicht, Unzucht, Raub am Heiligen, Ehebruch und unsauberes Leben, wie dies an vielen Orten eingerissen ist, wo ich früher gelebt habe, findet sich hier nicht. Kuppler und Buhlerinnen gibt es nicht. Hier weiß man nicht, was Schminken ist, und alle kleiden sich züchtig. Glücksspiele sind nicht üblich. Die Mildtätigkeit ist so groß, daß die Armen nicht zu betteln brauchen. Brüderlich ermahnt einer den anderen, wie Christus uns gelehrt hat. Streitigkeiten vor Gericht sind aus der Stadt verbannt, wie es denn auch keine Simonie, keinen Mord und keine Parteiungen gibt, sondern nur Frieden und Versöhnlichkeit. Auf der andern Seite gibt es hier keine Orgeln, kein Lärmen mit den Glocken, keine figurierten Gesänge, keine brennenden Kerzen und Lampen, keine Reliquien, Bilder, Statuen, Thronhimmel und Meßgewänder, keine Possen und kalten Zeremonien. Die Kirchen sind ganz rein von aller Abgötterei.»[13]

Die uns vorliegenden Ratsprotokolle decken sich nur schlecht mit dieser begeisterten Schilderung, denn wir ersehen aus ihnen einen hohen Prozentsatz an illegitimen und Findelkindern, hören von erzwungenen Eheschließungen und von Todesurteilen; unter den Ehebrechern figurieren auch Calvins Stieftochter und deren Mann. Und wiederum, viel später, 1610, singt der württembergische lutherische Pfarrer Valentin Andreae Genf ein von Neid erfülltes Loblied:

«Bei meinem Aufenthalte zu Genf bemerkte ich etwas sehr Wichtiges, das ich ebensowenig vergesse, als ich mich mein ganzes Leben danach sehnen werde. Außer der vollkommenen Form eines Freistaats besitzt die Republik eine besondere Zierde und eine Zuchtanstalt an dem Sittengerichte, das wöchentlich die Sitten der Bürger, auch die kleinsten Ausschweifungen, untersucht, erstlich durch die Aufseher in den Stadtvierteln, dann durch die Ältesten, endlich durch den Senat selbst, wie es das Schreckliche der Sache, oder die Herzenshärte und Halsstarrigkeit des Verbrechers notwendig machen. Dadurch werden alle Karten- und Würfelspiele, Schwören und Fluchen, Mutwillen, Geilheit, Zank, Haß, Tücke, Betrug, Geldschneiderei, Schmausen, Schwelgerei, Trägheit, unmäßiger Zorn, Grobheit verhütet, noch mehr also größere Verbrechen, die hier fast unerhört und ungewöhnlich sind. Eine solche Sittenreinigkeit ziert die christliche Religion ganz außerordentlich, ist ihr angemessen und eigen, so daß wir ihren Mangel bei uns nicht genug beweinen können, und alle Rechtschaffenen an ihrer Wiederherstellung arbeiten sollten. Entfernte mich nicht der Unterschied der Religion von Genf, so hätte mich die Harmonie der Sitten auf immer an diese Stadt gefesselt.»[14]

## V. CALVINS KONFLIKTE

Calvins Charakter entsprach seiner Theologie. Das Ölgemälde in der Genfer Universitätsbibliothek zeigt einen düster-fanatischen Mystiker mit blutlosem dunklem Teint, schütterem schwarzem Bart, hoher Stirn und durchdringenden, kalten Augen. Seine kleine, schmächtige Gestalt schien kaum geeignet, eine Stadt in Händen zu halten. Aber in diesem zarten Körper loderten ein scharfer, einseitiger, opferbereiter Geist und ein fester, unbezwinglicher Wille, vielleicht der Wille zur Macht. Sein Verstand, ein Hort theologischer Systematik, machte ihn beinahe zum protestantischen Thomas von Aquin. Sein Gedächtnis war ebenso umfassend wie präzis. Seine Zweifel an der Astrologie eilten seiner Zeit voraus, in der Ablehnung von Kopernikus ging er mit ihr einig, und indem er dem Teufel die Verantwortung für irdisches Geschehen zuschob, blieb er wie Luther ein wenig hinter ihr zurück. Seine Schüchternheit verdeckte seinen Mut, seine Zurückhaltung den inneren Stolz; seine Demut vor Gott wurde manchmal zur anmaßenden Arroganz gegen die Menschen. Gegen Kritik war er schmerzhaft empfindlich; Widerspruch reizte ihn zu der Ungeduld eines Menschen, der sich schlechterdings für unfehlbar hält. Von Krankheit gequält, von Arbeit beinahe erdrückt, verlor er oft die Selbstbeherrschung und gab sich wortreichen Zornausbrüchen hin; Butzer gegenüber gestand er die Schwierigkeit ein, «das wilde Tier seines Zorns» zu bändigen. Zu seinen Tugenden gehörten weder Humor, der seine Gewißheiten hätte mildern können, noch Schönheitssinn, der sich der religiösen Kunst schützend angenommen hätte. Dabei war er kein unvernünftiger Freudenverderber; seinen Jüngern predigte er Heiterkeit und empfahl ihnen harmlose Zerstreuungen wie Kegeln, Scheibenspiele und eventuell mäßigen Weingenuß. Als Freund war er gütig, zartfühlend, als Feind hart im Urteil, nachtragend und unerbittlich in der Rache. Seine Untergebenen fürchteten ihn; die ihn am besten kannten, liebten ihn am meisten. Seine Beziehung zum anderen Geschlecht war untadelig; er lebte einfach, aß kärglich, fastete häufig und unauffällig, schlief nur sechs Stunden täglich, gönnte sich nie eine Erholung und verbrauchte sich rücksichtslos im Dienste seines Gottes. Angebotene Gehaltserhöhungen lehnte er ab, mühte sich aber unentwegt, Mittel für die Armenfürsorge aufzubringen. «Die Stärke dieses Ketzers», sagte Papst Pius IV., «bestand darin, daß Geld nie die leiseste Anziehungskraft für ihn hatte. Hätte *ich* solche Diener, reichte meine Herrschaft von Meer zu Meer.»

Ein Mann von solchem Schrot und Korn muß viele Feinde haben. Calvin bekämpfte sie energisch und im polemischen Stil seiner Zeit. Er beschimpfte sie als Gesindel, Idioten, Hunde, Esel, Schweine und Stinktiere, Ausdrücke, die sich in seinem eleganten Latein schlechter ausnahmen als in Luthers Fuhrmannssprache. Natürlich fehlte es nicht an Provokationen. Eines Tages unterbrach in St-Pierre ein ehemaliger französischer Mönch, Jérôme Bolsec, seine Predigt mit dem Zwischenruf, die Prädestinationslehre beleidige Gott. Calvin zitierte als Antwort die Schrift; Ratsknechte ergriffen den Störenfried, das Konsistorium leitete ein Verfahren wegen Ketzerei gegen ihn ein und beabsichtigte, ihn zum Tod zu verurteilen. Doch als die von den Theologen Berns, Basels und Zürichs angeforderten Gutachten eintrafen, wurde man unsicher. Bern empfahl Vorsicht bei Problemen, die sich der menschlichen Erkenntnis entzögen – ein neuer Ton in der Literatur der Zeit; Bullinger schrieb warnend: «Vielen mißfällt, was du in der *Institutio* über die Prädestination sagst, und sie ziehen den gleichen Schluß wie Bolsec.» Der Rat begnügte sich mit Ausweisung (1551); Bolsec kehrte nach Frankreich und in den Schoß der Kirche zurück.

Bedeutsamere Ergebnisse zeitigte Calvins Kontroverse mit Joachim Westphal, einem lutherischen Pfarrer in Hamburg, der Zwinglis und Calvins Abendmahlslehre – Christi geistige, nicht leibliche Gegenwart – zur «satanischen Gotteslästerung» stempelte und die Schweizer Theologen nicht mit der Feder, sondern mit der Hanfschlinge der Obrigkeit widerlegt sehen wollte (1552). Calvin antwortete so scharf, daß sich seine Amtsbrüder in Basel, Bern und Zürich weigerten, das Dokument zu unterzeichnen. Er veröffentlichte es trotzdem; Westphal und andere Lutheraner erneuerten den Angriff; aber Calvin argumentierte so vortrefflich, daß bisher lutherische Gebiete und Gegenden – Brandenburg, die Rheinpfalz, Bremen, Anhalt, die Markgrafschaft Baden und Teile Hessens – zur schweizerischen Auffassung und damit zur reformierten Kirche übergingen. Nur das Schweigen Melanchthons (der insgeheim mit Calvin übereinstimmte) und der postume Nachhall von Luthers Donnergrollen retteten das übrige Norddeutschland für das lutherische Bekenntnis.

Nach der Abwehr dieser Angriffe von rechts wandte sich Calvin gegen die aus dem gegenreformatorischen Italien in die Schweiz geflüchteten Radikalen. Caelius Secundus Curio, der in Lausanne und Bern predigte, empörte Calvin mit seiner Behauptung, die Zahl der Seligen – einschließlich vieler Heiden – übertreffe bei weitem die der Verdammten. In Zürich befaßte sich Laelius Socinus, der Sohn eines hervorragenden italienischen Rechtsgelehrten – weil er die Bibel besser verstehen wollte –, mit Griechisch, Hebräisch und Arabisch; im Verlauf dieser Studien geriet sein Glauben an die Dreieinigkeit, die Prädestination, den Sündenfall und die Erlösung ins Wanken. Calvin, dem er seine Zweifel anvertraute, beruhigte ihn, so gut er konnte; Socinus erklärte sich bereit, seine Skrupel für sich zu behalten, wandte sich jedoch später gegen Servets Hinrichtung und gehörte zu den wenigen, die in jener fanatischen Epoche für religiöse Toleranz eintraten.

In einem Staatswesen, in dem religiöse und weltliche Führung miteinander verschmolzen waren, mußte Calvin naturgemäß in beständigem Konflikt mit jenen Patrioten und Libertins liegen, die ihn schon einmal glücklich losgeworden waren und die jetzt seine Wiederkehr beklagten. Die Patrioten stichelten über seine französische Herkunft und seinen französischen Anhang, sie verabscheuten seine Theologie, beschimpften ihn auf der Straße, hängten ihm den Spitznamen «Cain» an, riefen ihre Hunde «Calvin» und dürften diejenigen gewesen sein, die eines Nachts fünfzig Schüsse vor seiner Wohnung abgaben. Die Libertins wiederum bekannten sich zu einem Pantheismus ohne Teufel, Engel, Paradies, Erlösung, Bibel und Papst. Von Calvin heftig bekämpft, suchten sie bei der stets hilfsbereiten Margarete von Navarra Unterschlupf, die ihrerseits Calvin wegen seiner Strenge tadelte.

Am 27. Juni 1547 fand Calvin an seiner Kanzel einen Zettel:

«Gro panfar te et to compagnon gagneria miot de vo queysi. Se vo no fatte enfuma, i n'y a personna que vo garde qu'on ne vo mette en tas. Lua que pey, vo mauderi l'oura que jamet vos salistes de votra moinnery. Et me zuit prou blama quin Diablo et tot su fottus prêtres renia no vegnon ici mettre en ruyna. Apres qu'on a prou endura on se revenge. Garda vo qu'i ne vo n'en pregne comme i fit à Mosieur Verle de Fribor. No ne vollin pas tant avey de metre. Nota bin mon dire.»[15]*

Man verhaftete Jacques Gruet, einen führenden Libertin, als den mutmaßlichen Verfasser des Zettels. Beweise hatte man zwar nicht, behauptete aber, er habe sich etliche Tage zuvor drohend gegen Calvin geäußert. In seinem Zimmer fand man Papiere, angeblich in seiner Handschrift, darin Calvin als hochmütiger und ehrgeiziger Heuchler charakterisiert war und sich spöttische Bemerkungen über die Unsterblichkeit der Seele und die göttliche Inspiration der Heiligen Schrift befanden. Man folterte Gruet

* Du geschwollener Heuchler! Du und Dein Genosse würdet Euch nun besser stille halten. Denn wenn Ihr uns in Wut bringt, wird Euch niemand davor bewahren, zum Schweigen gebracht zu werden. Es scheint mir, daß Ihr bald einmal die Stunde verfluchen werdet, da Ihr die Kutte abgeworfen habt. Lange genug habe ich nun getadelt, daß der Teufel und alle seine verfluchten und gottlosen Priester hergekommen sind, um uns zu verderben. Die Geduld hat nun ein Ende, es naht die Rache. Seid auf der Hut, daß es Euch nicht ergehe wie dem Herrn Werly aus Fryburg. Wir wollen nicht so viele Lehrer. Laß es Dir wohl gesagt sein!

zweimal täglich, bis er nach dreißig Tagen – ob wahrheitsgemäß wissen wir nicht – gestand, den Zettel angeschlagen und mit französischen Beauftragten gegen Genf und Calvin konspiriert zu haben. Am 26. Juli fesselte man ihn, schon halbtot, an einen Richtblock, nagelte seine Füße an und schlug ihm den Kopf ab.

Die Spannung stieg. Zur Sitzung des Großen Rats vom 16. September 1547 erschienen Patrioten und Libertins bewaffnet und versuchten die Diktatur des Konsistoriums zu brechen. Auf der Höhe des Tumults betrat Calvin den Saal, stellte sich den Feinden und rief, an seine Brust schlagend: «Wenn ihr Blut wollt, hier drin gibt es noch ein paar Tropfen; stoßt zu!» Schwerter fuhren aus den Scheiden, doch keiner wagte den ersten Streich. Calvin fand ungewohnt gemäßigte Worte und beredete alle Parteien zu einem Waffenstillstand. Sein Selbstvertrauen blieb freilich erschüttert. Am 17. Dezember schrieb er Viret: «Die Gottlosigkeit hat einen solchen Grad erreicht, daß ich nicht mehr hoffen darf, die Kirche durch meinen Dienst noch länger aufrechterhalten zu können. Ich bin gebrochen, glaube mir, wenn nicht Gott seine Hand darreicht.» Seine Befürchtungen erwiesen sich als übertrieben; die Opposition spaltete sich und fand erst beim Prozeß gegen Servet einen neuen Angriffspunkt.

## VI. MICHAEL SERVET: 1511–1553

Miguel Servede war der Sohn eines Notars aus angesehener Familie in Villanova (rund 100 Kilometer nördlich von Saragossa). In seine Jugend fiel die in Spanien nur kurze Duldung der Erasmischen Schriften. Jüdische und islamische Literatur beeinflußte ihn bis zu einem gewissen Grad; er las den Koran und arbeitete sich durch die Kommentare jüdischer Rabbiner, die das Christentum (mit seiner Verehrung der Dreieinigkeit, Marias und der Heiligen) als Polytheismus kritisierten, was einen dauernden Eindruck in ihm hinterließ. In Toulouse, wo er Jura studierte, geriet zum erstenmal eine vollständige Bibel in seine Hand; er gelobte, sie «tausendmal» zu lesen und fühlte sich von den Visionen der Offenbarung Johannis tief bewegt. Vom Beichtvater Karls V., Juan de Quintana, dessen Gönnerschaft er gewonnen hatte, nach Bologna und Augsburg (1530) mitgenommen, entdeckte er den Protestantismus und suchte Oekolampad in Basel, Capito und Butzer in Straßburg auf; für deren Geschmack war er jedoch zu sektiererisch und sie ersuchten ihn, auf anderen Weiden zu grasen.

1531 und 1532 gab er die beiden ersten Auflagen seines Hauptwerkes *De Trinitatis erroribus* heraus. Es war ziemlich konfus und in einem so unbeholfenen Latein geschrieben, daß Calvin – wenn jemals – gelächelt haben muß; was biblische Kenntnisse anbelangt, bildete es für einen Zwanzigjährigen eine erstaunliche Leistung. Nach Servets Darstellung war Jesus ein von Gottvater mit göttlicher Weisheit – dem Logos – begabter Mensch und in diesem Sinn ein Sohn Gottes, doch war er weder ewig noch wesensgleich mit dem Vater, der auch andere Menschen also begnaden kann; «der Sohn sei vom Vater nicht anders gesandt worden als irgendeiner der Propheten». Damit kam er Mohammeds Christuskonzeption ziemlich nahe. Und weiterhin den Bahnen der semitischen Dreieinigkeitskritik folgend, fuhr er fort: «Alle, die an die Dreiheit des göttlichen Wesens glauben, sind Tritheisten», und als Leugner des *einen* Gottes in Wirklichkeit Atheisten. Das war jugendliche Übertreibung; Rhapsodien auf Christus als das Licht der Welt sollten sie abschwächen, den meisten Lesern erschien jedoch das Licht gelöscht. Und um ja keinen Stein unangetastet zu lassen, plädierte er wie die Täufer für die Erwachsenentaufe. Oekolampad und Butzer distanzierten sich von ihm, und Servet floh in umgekehrter Richtung als Calvin aus der Schweiz nach Frankreich (1532).

Am 17. Juli befahl das Inquisitionstribunal von Toulouse seine Verhaftung. Zuerst erwog er, nach Amerika zu gehen, aber Paris behagte ihm weit besser. Dort studierte er unter dem Decknamen Michel de Villeneuve Mathematik, Geographie, Astronomie, Medizin und liebäugelte auch mit der Astrologie. Der große Vesalius war im Sektionssaal sein Kommilitone, und ihre Lehrer zollten ihnen gleiches Lob. Doch scheint Servet durch sein Ungestüm, seine Leidenschaftlichkeit und seinen Stolz öfters Anstoß erregt zu haben; auch mit dem Dekan der medizinischen Fakultät zerstritt er sich. Calvin forderte er zu einer Disputation heraus, erschien aber nicht am verabredeten Ort (1534). Wegen des Aufsehens, das Cops Vorlesung und die Angelegenheit der Ketzerplakate erregten, verließ er wie Calvin Paris. In Lyon veröffentlichte er eine gute Ausgabe der *Geographie* des Ptolemaios und übersiedelte 1540 nach Vienne (etwa 20 Kilometer südlich von Lyon), wo er bis kurz vor seinem Tod als Arzt und Jurist verblieb. Aus der großen Zahl von Gelehrten, die den Lyoner Druckerverlegern zur Verfügung standen, wählte ihn Santes Pagnini, damit er eine neue lateinische Bibelübertragung anfertige. Das Werk beanspruchte sechs Bände und drei Jahre. In einer Anmerkung zu Jesaja 7, 14, wo Hieronymus folgendermaßen formuliert hatte: «eine Jungfrau wird empfangen»*, erläuterte Servet, das hebräische Wort bedeute nicht Jungfrau, sondern junge Frau, und beziehe sich nicht prophetisch auf Maria, sondern ganz einfach auf das Weib Hesekiels. Im gleichen Geist bezeichnete er auch andere anscheinend prophetische Stellen des Alten Testaments als Äußerungen über zeitgenössische Vorgänge und Personen. Katholiken wie Protestanten fühlten sich gleicherweise beunruhigt.

Wir wissen nicht, wann Servet den Blutkreislauf entdeckte, nämlich die Blutbewegung von der linken Herzkammer durch die Arterien, Kapillaren und Venen zum rechten Herzvorhof und von der rechten Herzkammer durch die Lungen, wo das Blut durch die Atmung gereinigt wird, zum linken Vorhof. Soweit bis jetzt bekannt ist, veröffentlichte er seine Entdeckung erst 1553, als er sie in sein abschließendes Werk, *Christianismi restitutio*, aufnahm. Die Theorie kleidete er in die Form einer theologischen Abhandlung, weil ihm das Blut als die geistige Essenz des Menschen viel wahrscheinlicher als Herz oder Gehirn der Sitz der Seele zu sein schien. Während wir die Frage der Priorität dieser Entdeckung noch zurückstellen, wollen wir festhalten, daß er das Manuskript des Werkes offenbar schon 1546 beendet hatte, denn er sandte es in diesem Jahr Calvin zu.

---

* Luther: «Eine Jungfrau ist schwanger und wird einen Sohn gebären ...» Anm. d. Übers.

Schon der Titel bildete eine Herausforderung für den Mann, der die *Christianae religionis institutio* verfaßt hatte; im Buche selbst wurde Calvins Auffassung, Gott verdamme Seelen ungeachtet ihrer Schuld oder ihres Verdienstes zur Hölle, aufs schärfste als blasphemisch verurteilt. Gott, sagte Servet, verdamme keinen, der sich nicht selbst verdamme. Der Glaube ist gut, aber die Liebe ist besser, und Gott selbst ist Liebe. Calvin hielt die Übersendung eines Exemplars seiner *Institutio* für eine genügende Widerlegung, aber Servet schickte es mit beleidigenden Anmerkungen zurück und ließ eine Reihe so verächtlicher Briefe folgen, daß am 13. Februar 1546 Calvin an Farel schrieb: «Servet schrieb mir neulich ... und sandte mir einen ansehnlichen Band seines wahnwitzigen Gefasels ... Wenn ich einverstanden bin, will er hieher kommen. Aber ich will ihm nichts versprechen. Denn wenn er kommen sollte, werde ich, wo meine Autorität noch etwas gilt, nicht zulassen, daß er lebend von hier weggeht.»[16] Über Calvins Weigerung, die Korrespondenz fortzusetzen, verärgert, schrieb Servet an Abel Poupin, einen der Genfer Pastoren (1547):

«Euer Evangelium ist ohne den einigen Gott, ohne den wahren Glauben, ohne gute Werke. Statt des einigen Gottes habt ihr einen dreiköpfigen Cerberus, statt des wahren Glaubens lebt ihr in einem verhängnisvollen Traum ... den Menschen betrachtet ihr als einen untätigen Klotz, Gott als Chimäre des knechtischen Willens ... Das Reich der Himmel verschließt ihr vor den Menschen ... Wehe euch, wehe, wehe! Mit diesem Briefe möchte ich dich ermahnen, die Angelegenheit besser zu bedenken, denn ich werde nicht länger mahnen ... Ich werde mich in den Michaelskampf stürzen und ... ich weiß, daß ich dabei den Tod finden werde ... doch ich bin ohne Furcht ... Denn er wird kommen, er wird sicher kommen und wird nicht zögern (Hb. 10, 37).»[17]

Servet war offenbar noch ein wenig verrückter als der Durchschnitt seiner Zeitgenossen. Er verkündigte das nahe Weltende, einen heiligen Krieg des Erzengels Michael gegen die Antichristen Roms und Genfs, und er, der den Namen des Erzengels trage, werde in diesem Kriege kämpfen und sterben. Für die *Restitutio*, die zu diesem Kriege aufrief, fand sich nicht leicht ein Verleger. Die Basler Buchdrucker wollten nichts von ihr wissen. Am Ende wurde sie von Balthasar Arnouillet und Guillaume Guéroult in Vienne heimlich gedruckt (3. Januar 1553), ohne Imprimatur und Verlagsort; der Verfasser zeichnete nur MSV, trug alle Kosten, korrigierte die Fahnen und vernichtete nachher das Manuskript. Der Band war 734 Seiten stark, denn er enthielt die dreißig Briefe Servets an Calvin und eine revidierte Fassung von *De Trinitatis erroribus*.

Von den tausend gedruckten Exemplaren gingen einige an Genfer Buchhändler; eines gelangte in die Hände Guillaume Tries, eines Freundes Calvins. Dieser schloß aus den dreißig Briefen ohne weiteres auf die Verfasserschaft des sich hinter den Buchstaben MSV verbergenden Michael Servet aus Villanova, und am 26. Februar 1553 schrieb Trie seinem katholischen Vetter Antoine Arneys in Lyon, wie sehr es ihn erstaune, daß Kardinal François de Tournon den Druck eines solchen Buches in seiner Diözese dulde. Woher kannte Trie den Verlagsort? Nun, Calvin wußte, daß Servet entweder in Lyon oder Vienne lebte.

Arneys unterbreitete die Sache dem Inquisitor von Lyon, Matthias Ory, und dieser dem Kardinal. Der Statthalter von Vienne, Maugiron, wurde mit der Untersuchung beauftragt und lud am 16. März Servet vor. Dieser zerstörte, bevor er sich auf den Weg machte, alle ihn belastenden Papiere und leugnete, das Buch geschrieben zu haben. Arneys ersuchte Trie um weitere Beweismittel für Servets Urheberschaft. Dieser ließ sich von Calvin einige Originalbriefe Servets geben und sandte sie nach Lyon; man verglich sie mit den im Buch wiedergegebenen Briefen und stellte die Übereinstimmung fest. Am 4. April verfügte Maugiron Servets Verhaftung; Servet sprang über die Mauer des Gefängnishofes und floh. Das weltliche Gericht in Vienne verurteilte ihn in Abwesenheit zum langsamen Feuertod (17. Juni).

Drei Monate wanderte er unstet in Frankreich umher, bis er sich entschloß, über Genf nach Neapel zu gehen, wo er Asyl zu finden hoffte. Aus unbekannten Gründen hielt er sich einen vollen Monat in Genf auf und arrangierte unterdes seine Weiterreise nach Zürich. Möglicherweise um keinen Verdacht zu erregen, besuchte er am 13. August den sonntäglichen Gottesdienst und wurde erkannt. Calvin, der ihn prompt festnehmen ließ, erläuterte die Maßnahme in einem Brief vom 9. September 1553: «Wenn schon die Papisten sich als solch heftige und leidenschaftliche Verteidiger ihres Aberglaubens erweisen, daß sie in so schrecklicher Raserei unschuldiges Blut vergießen; sollte es die christliche Obrigkeit nicht mit tiefer Scham erfüllen, denselben im Eifer für die Erhaltung der rechten Wahrheit so gar nichts voraus zu haben?» Der Kleine Rat folgte Calvins Vorgehen, obwohl Servet als Durchreisender nicht unter das Genfer Gesetz fiel und von Gesetz wegen höchstens ausgewiesen werden durfte.

Man sperrte ihn in den früheren, jetzt als Gefängnis dienenden bischöflichen Palast und sah – abgesehen von den ihn quälenden Läusen – von einer Folterung ab, gab ihm Papier und Tinte, erlaubte ihm den Ankauf von Büchern, und Calvin lieh ihm sogar einige Bände der frühen Kirchenväter. Der Prozeß, den man mit großer Gründlichkeit führte, dauerte über zwei Monate. Die von Calvin persönlich aufgesetzte Anklage umfaßte achtunddreißig Punkte, die mit Zitaten aus Servets Schriften belegt waren – darunter die von Strabon übernommene Behauptung, Judäa sei völlig unfruchtbar gewesen, während die Bibel Judäa ein Land voll Milch und Honig nenne. Als Hauptsünden figurierten die Leugnung der Dreieinigkeit und die Ablehnung der Kindertaufe; ein Punkt bezichtigte ihn, «in der Person M. Calvins das Evangelium und die Doktrinen der Genfer Kirche diffamiert zu haben». Am 17. und 21. August vertrat Calvin die Anklage persönlich. Servet verfocht seine Auffassungen, sogar die pantheistischen, mit großer Kühnheit. Der protestantische Stadtrat von Genf scheute sich nicht, die katholischen Richter von Vienne um die Bekanntgabe des dortigen Anklagematerials zu bitten, und erhielt dank einem seltenen Zusammenwirken feindlicher Bekenntnisse Kenntnis von einem neuen Punkt: erotische Lasterhaftigkeit. Servet entgegnete, er sei infolge eines Bruches schon lange impotent und habe deswegen nicht heiraten können. Des weiteren warf man ihm vor, in Vienne zur Messe gegangen zu sein; er antwortete, er wäre sonst hingerichtet worden. Im übrigen versicherte er, keine Glaubensspaltung betrieben und das Genfer Recht nicht verletzt zu haben, das weltliche Gericht sei für Glaubensfragen überhaupt nicht zuständig, und man möge ihm einen mit dem Genfer Recht vertrauten Advokaten geben. Das Ersuchen wurde abgelehnt. Die französische Inquisition forderte durch einen Emissär die Auslieferung Servets an Frankreich zwecks

Vollzugs des dort über ihn ausgesprochenen Todesurteils; Servet bat den Rat unter Tränen, der Forderung nicht stattzugeben. Der Rat verweigerte auch die Auslieferung, doch mag ihn das Begehren angestachelt haben, die Härte der Inquisition nachzuahmen.

Am 1. September wurden zwei Gegner Calvins – Ami Perrin und Philibert Berthelier – als Richter zugelassen. Sie verwickelten Calvin in Dispute, ohne etwas zu erreichen; immerhin beredeten sie den Rat, die anderen Schweizer protestantischen Kirchen zu fragen, wie Servet zu behandeln sei. Am 2. September suchten die Patrioten und Libertins Calvins Führung neuerdings zu erschüttern; er überlebte den Sturm, aber der offensichtliche Wunsch der Opposition, Servet zu retten, mag ihn in seinem Beschluß bestärkt haben, den Ketzer bis zum Tod zu verfolgen. Andererseits sollten wir nicht übersehen, daß ein Libertin, Claude Rigot, bei dem Prozeß als Hauptankläger fungierte.

Am 3. September legte Servet dem Rat eine schriftliche Antwort auf Calvins achtunddreißig Anklagepunkte vor. Er widerlegte jeden mit schlagkräftigen Argumenten und Zitaten aus der Heiligen Schrift und den Kirchenvätern, bestritt Calvin das Recht, sich in das Verfahren einzumischen, und nannte ihn einen Schüler des Simon Magus, einen Verbrecher und Mörder. Calvin antwortete auf dreiundzwanzig Seiten; man gab sie Servet, der sie, mit bündigen Randbemerkungen wie «Lügner», «Betrüger», «Heuchler», «elender Hund» versehen, dem Rat zurückgab. Vermutlich hatte seine Selbstbeherrschung unter der wochenlangen Haft und geistigen Tortur gelitten. Calvins Berichte bewegten sich nicht weniger im Jargon der Zeit; er apostrophierte Servet als «perfiden Lumpen», der jede Seite mit «gottlosen Tiraden» fülle, und «räudigen Hund, der seine Schnauze wetzt». Servet erwiderte mit einer Petition an den Rat, den «Unterdrücker der Wahrheit Jesu Christi» Calvin «auszulöschen» und seine Habe zu konfiszieren. Mit dem Erlös sei er, Servet, für den Verlust zu entschädigen, der ihm aus Calvins Aktion erwachsen sei. Die Anregung fiel auf unfruchtbaren Boden.

Am 18. Oktober trafen die Antworten der schweizerischen Kirchen ein; alle empfahlen Servets Verurteilung, keine seine Hinrichtung. Am 25. Oktober schlug Perrin in einem letzten Versuch, Servet zu retten, die Wiederaufnahme des Verfahrens vor dem Großen Rat vor, wurde jedoch überstimmt. Zwei Punkte, Unitarismus und die Ablehnung der Kindertaufe, wurden Servet zum Verhängnis: am 26. Oktober verurteilte ihn der Kleine Rat einstimmig zum Tode. Als Servet das Urteil vernahm, «gebärdete er sich», laut Calvin, «wie ein Verrückter ... schlug an seine Brust und brüllte in seiner Muttersprache *Misericordia! Misericordia!*» Er erbat eine Unterredung mit Calvin und flehte ihn um Gnade an; doch dieser verstand sich zu keiner größeren Großmut, als Servet, falls dieser widerrufe, die letzten Tröstungen der wahren Religion zu verabreichen. Servet blieb fest und bat nur noch, enthauptet und nicht verbrannt zu werden. Calvin schien geneigt, diesen Wunsch zu gewähren; doch da machte ihm der alte, dem eigenen Tod entgegensehende Farel Vorhaltungen wegen solcher Milde, und der Rat beschloß, Servet bei lebendigem Leib zu verbrennen.

Am nächsten Vormittag, den 27. Oktober 1553, wurde das Urteil auf dem Hügel von Champel südlich von Genf vollzogen. Auf dem Weg zur Richtstätte lag Farel dem Verurteilten in den Ohren, seine Ketzereien zu bekennen und sich Gottes Barmherzigkeit zu verdienen; allein, Servet erwiderte, wie Farel selbst geschrieben hat: «Ich bin unschuldig, ich habe den Tod nicht verdient, aber ich bitte Gott, meinen Verfolgern zu verzeihen.» Man band Servet sein letztes Buch an die Hüfte und fesselte ihn mit Eisenketten auf den Scheiterhaufen. Als die Flammen sein Gesicht erreichten, schrie er vor Schmerz. Nach halbstündiger Qual starb er*.

## VII. EIN APPELL ZUR TOLERANZ

Die Hinrichtung wurde von Katholiken und Protestanten gleicherweise gebilligt. Das Inquisitionstribunal in Vienne verbrannte, um das lebendige Opfer betrogen, eine Strohpuppe, die Servet darstellte. Melanchthon beglückwünschte Calvin und Bullinger: «Euer Magistrat hat Recht gethan, indem er einen Gotteslästerer der Ordnung gemäß verurteilen und hinrichten ließ.» Auf einer Kanzel in Straßburg erklärte Butzer, Servet habe es verdient, daß man ihm die Eingeweide herausreiße und ihn vierteile. Der sonst so humane Bullinger fand einen Stadtmagistrat berechtigt, Gotteslästerung mit dem Tod zu bestrafen.

Dennoch erhoben sich sogar in dieser Zeit Stimmen für Servet. So gibt es ein langes Epos von einem Sizilianer *De iniusto Serveti incendio*. Der Basler Täufer David Joris veröffentlichte einen anonymen Protest gegen die Hinrichtung; nach seinem Tod entdeckte man seine Urheberschaft, grub seinen Leichnam aus und verbrannte ihn öffentlich (1566). Calvins politische Gegner verurteilten natürlich sein Vorgehen; aber auch einige seiner Freunde meinten warnend, es ermutige die französischen Katholiken zu gleicher Strenge gegen die Hugenotten. Diese Kritik muß weit verbreitet gewesen sein, da Calvin im Februar 1554 eine Verteidigungsschrift veröffentlichte, *Defensio orthodoxae fidei de sacra Trinitate contra prodigiosos errores Michaelis Serveti*. Wenn wir, so lautete sein Argument, an die Bibel als Offenbarung Gottes glauben, dann kennen wir die Wahrheit, und wer sich ihr widersetzt, lästert Gott und ist sein Feind. Da dieses Verbrechen unendlich größer ist als jedes andere Verbrechen, muß die weltliche Gewalt Ketzer härter bestrafen als Mörder, denn Mord tötet nur den Leib, während der ketzerische Irrtum die Seele zur ewigen Höllenqual verdammt. (Das war haargenau der katholische Standpunkt.) Gott hat uns ausdrücklich aufgetragen, Ketzer zu töten und jede Stadt mit dem Schwert zu schlagen, die von dem uns geoffenbarten Glauben abfällt. Nach der Zitierung der unmenschlichen Gebote aus dem 5. Buch Mose 13, 5 bis 16, aus dem 2. Buch Mose 22, 20 und aus dem 3. Buch 24, 16, folgerte Calvin mit wahrhaft feuriger Beredsamkeit:

«Ein jeglicher aber, der nun behauptet, die Häretiker und Gotteslästerer seien zu Unrecht bestraft worden, versetzt sich selbst bewußt und eigenwillig in Anklagezustand. Es geht hier nicht um menschliche Dinge, sondern Gott ist es, der uns sein Wort sagt, und es bleibt uns nicht verborgen, was er seiner Kirche ein für allemal anvertraut hat ... Was sollte die unversöhnliche

* 1903 ist auf dem Champel ein Denkmal Servets enthüllt worden. An der Spitze der Spenderliste figurierte das Konsistorium der Genfer Reformierten Kirche.

Strenge, wenn nicht, uns bewußt werden zu lassen, daß Gott in seiner Ehre geschmälert bleibt, solange wir ihm die ihm zustehende Ehrfurcht nicht in allen menschlichen Diensten entgegenbringen? – Ja, dermaßen müssen wir auf seine Ehre achten, daß alle mitmenschlichen Regungen aus unsern Gedanken beinahe ausgetilgt werden.»[18]

Am Ende schwächte Calvin seine Schlußfolgerungen jedoch ab, indem er Milde gegen alle jene empfahl, deren Irrtümer unwesentlich seien oder Unwissenheit oder Geistesschwäche entsprängen. Während er sich aber im allgemeinen an Paulus als Richtschnur hielt, schien es ihm nicht wie diesem tunlich, das alte Gesetz als vom neuen Gesetz überholt zu erklären. In der Tat wäre die anscheinend so fest gefügte Genfer Theokratie in Unordnung geraten, wenn sich abweichende Meinungen öffentlich hätten Gehör verschaffen dürfen.

Was aber war unterdes aus dem erasmischen Geist der Toleranz geworden? Erasmus selbst war tolerant gewesen, weil ihm die Gewißheit fehlte; Luther und Melanchthon wurden proportional zu ihrer wachsenden Gewißheit intolerant; Calvin hatte sich mit tödlicher Frühreife beinahe schon im zwanzigsten Jahr zur Gewißheit durchgerungen. Einzelne klassisch-philosophisch gebildete Humanisten, die der Widerwille gegen die Heftigkeit des theologischen Kampfes nicht in den Schoß der alten Kirche hatte zurücktreiben können, waren übriggeblieben und brachten vorsichtig vor, in der Religion und Philosophie sei absolute Gewißheit unerreichbar, und deshalb sollten Theologen und Philosophen nicht töten.

Der Humanist, der in diesem Zusammenprall der Ansichten am deutlichsten für Toleranz eintrat, gehörte eine Zeitlang zu Calvins besten Freunden. Im französischen Jura 1515 geboren, wurde Sebastian Castellio ein hervorragender Kenner des Lateinischen, Griechischen und Hebräischen, unterrichtete Griechisch in Lyon, lebte mit Calvin in Straßburg und begann, zum Rektor der Genfer Lateinschule berufen (1541), die gesamte Bibel in ciceronisches Latein zu übertragen. Dem Menschen Calvin sehr zugetan, verabscheute er dessen Prädestinationslehre und stöhnte unter der neuen Knechtung des Leibes und der Seele. 1544 beschuldigte er die Genfer Pastoren der Intoleranz, Trunksucht und Unzucht. Calvin beschwerte sich beim Rat; der fand Castellio der Verleumdung schuldig und wies ihn im selben Jahr aus der Stadt. Castellio, der eine große Familie zu ernähren hatte, lebte neun Jahre in bitterer Armut und arbeitete nachts an seiner Übertragung weiter. 1551 war er damit fertig, aber voller Enthusiasmus für das schwierige Thema seiner Gelehrtenarbeit begann er beim ersten Vers der Schöpfungsgeschichte von neuem und übersetzte die Bibel abermals – ins Französische. Endlich, 1553, berief ihn die Universität Basel auf den Lehrstuhl für Griechisch. Mit den Unitariern sympathisierend, hätte er Servet gerne geholfen. Von Calvins Verteidigung der Hinrichtung entsetzt, veröffentlichten er und Caelius Curio unter Pseudonymen im März 1554 die erste klassische Schrift der Neuzeit zur Frage der Toleranz: *De haereticis an sint persequendi* (Sollen Häretiker verfolgt werden?).

Das Hauptstück des Werkes bildete eine von Curio zusammengestellte Anthologie der Toleranzappelle von Lactantius und Hieronymus bis zu Erasmus, dem jungen Luther und Calvin selbst. Castellio steuerte die Beweisführung in Vor- und Nachwort bei.

Seit Hunderten von Jahren, führte er aus, hätten die Menschen über Willensfreiheit, Prädestination, Himmel und Hölle, Christus und die Dreieinigkeit und andere schwierige Probleme debattiert, ohne sich einigen zu können, und vermutlich werde eine Übereinstimmung auch nie möglich sein. Sie sei auch überflüssig; durch solche Dispute würden die Menschen nicht besser; notwendig sei nur, den Geist Jesu in unser tägliches Leben zu tragen, die Armen zu nähren, die Kranken zu pflegen und unsere Feinde zu lieben. Es sei lächerlich, daß sich jede neue Sekte nach dem Vorbild der alten Kirche im alleinigen Besitz der Wahrheit fühle und ihre Lehre einem jeden aufzwinge, über den sie Gewalt besitze; als Folge davon sei man in der einen Stadt rechtgläubig und in der nächsten, in die man komme, ein Ketzer; man werde an jedem Schlagbaum seine Religion wie sein Geld wechseln müssen. Können wir uns vorstellen, daß Christus einen Menschen lebendig verbrennen würde, weil er für die Erwachsenentaufe eintrete? Das mosaische Gesetz, das für den Ketzer den Tod vorschreibe, sei durch das Gesetz Jesu überholt, das Gesetz der Milde und Barmherzigkeit und nicht des Despotismus und Terrors. Wer die Unsterblichkeit leugne und sich keinem Gesetz unterwerfe, dürfe, meinte Castellio, von der Obrigkeit berechtigterweise zum Schweigen, nicht aber ums Leben gebracht werden. Zudem seien Glaubensverfolgungen vergeblich; das Märtyrertum für eine Idee verhelfe ihr zu viel schnellerer Verbreitung, als ihr lebendiger Urheber hätte bewirken können. Welche Tragödie (schloß Castellio), daß diejenigen, die sich erst vor so kurzer Zeit von der Inquisition befreit hätten, deren Tyrannei so rasch nachahmten und die Menschen nach einem so verheißungsvollen Morgengrauen so schnell ins finsterste Dunkel zurückstießen!

Calvin, der Castellios Ansichten kannte, wußte gleich, wessen Feder *De haereticis* entflossen war, antwortete aber nicht selbst, sondern beauftragte seinen begabtesten Jünger, Théodore de Besze oder Bèze oder Beza, sich dieser Mühe zu unterziehen. Der aus einer adligen Familie stammende und in Vézelay geborene Beza hatte in Orléans und Bourges die Rechte studiert, mit Erfolg in Paris als Advokat praktiziert, lateinische Gedichte geschrieben, einige Damen durch seinen Geist und mehr noch durch seinen Wohlstand bezaubert, heiter dahingelebt und geheiratet. Wie Loyola, nur im umgekehrten Sinne, auf dem Krankenbett bekehrt, warf er sich dem Protestantismus in die Arme, floh nach Genf, meldete sich bei Calvin und erhielt den Lehrstuhl für Griechisch an Lausannes Hoher Schule. Es erregt Verwunderung, daß es ein protestantischer Flüchtling aus dem hugenottenverfolgenden Frankreich unternommen hat, der Glaubensverfolgung das Wort zu reden. Er tat es mit dem Geschick eines Juristen und der Loyalität eines Freundes. Im September 1554 gab er einen Traktat heraus, *De haereticis a civili magistratu puniendis libellus* (Büchlein über die Pflicht der weltlichen Obrigkeit, Häretiker zu bestrafen). Für keinen, so sagte er, dem die Heilige Schrift als göttliche Offenbarung gelte, gebe es die Möglichkeit der Toleranz. Sollten wir jedoch den göttlichen Ursprung der Schrift bestreiten, auf was sollen wir dann unsere religiöse Gewißheit bauen, die in Anbetracht der natürlichen Schlechtigkeit des Menschen so offensichtlich unerläßlich ist, um sittliches und soziales Verhalten und Zivilisation und Kultur zu bewahren? Nichts würde übrigbleiben außer Chaos und Zweifeln und die

Christenheit zerfiele. Wer aufrichtig an die Bibel glaubt, kann nur eine Religion haben; alle anderen müssen falsch oder unvollständig sein. Zugegeben, das Neue Testament predige das Gesetz der Liebe, das entbindet uns aber nicht davon, Diebe und Mörder zu bestrafen; wieso berechtigt es uns, Ketzer zu schonen?

Castellio führte die Fehde mit der Schrift *Contra libellum Calvini* weiter, doch blieb sie ein halbes Jahrhundert unveröffentlicht liegen. In einem weiteren Manuskript, *De arte dubitandi*, nahm er Descartes vorweg, indem er «die Kunst des Zweifelns» als ersten Schritt auf dem Wege zur Wahrheit erklärte. In *Vier Dialogen* (erschienen 1578) verteidigte er die Willensfreiheit und die Möglichkeit universeller Erlösung. 1562 erließ er im *Conseil à la France désolée* einen vergeblichen Appell an die französischen Katholiken und Protestanten, den das Land verheerenden Religionskrieg zu beenden und allen Gläubigen in Christo zu gestatten, «Gott nach ihrem eigenen Glauben zu dienen, nicht nach dem eines anderen». Doch hörte kaum jemand auf eine so aus der Stimmung der Zeit fallende Stimme. Als Castellio im Alter von achtundvierzig Jahren in Armut starb (1563), bezeichnete Calvin seinen frühen Tod als das gerechte Urteil eines gerechten Gottes.

## VIII. CALVIN BIS ZU SEINEM ENDE: 1554–1564

Vielleicht kannte Calvin die geheime Neigung Castellios zum Unitarismus, dieser Verneinung des dreieinigen Gottes und folgerichtig auch der Göttlichkeit Jesu; und es kann ihm verziehen werden, wenn er in einem so fundamentalen Angriff auf die kirchliche Lehre den Anfang vom Ende des Christentums sah. Er fürchtete diesen Irrglauben um so mehr, als er ihm in Genf selbst begegnete, vor allem unter den protestantischen Flüchtlingen aus Italien. Diese Leute hielten es für widersinnig, die unglaubhafte Transsubstantiationslehre durch eine ebenso unglaubhafte Prädestinationslehre zu ersetzen, und verwarfen mit ihrer Auflehnung die fundamentale Voraussetzung des Christentums: die Göttlichkeit Jesu. Matteo Gribaldi, Professor der Rechte in Padua, besaß in der Nähe Genfs ein Sommerhaus. Während des Prozesses gegen Servet protestierte er öffentlich gegen die Bestrafung religiöser Auffassungen durch die weltliche Gerichtsbarkeit und befürwortete Bekenntnisfreiheit für alle. Vom Rat zur Verantwortung gezogen, wurde er unter dem Verdacht, Unitarier zu sein, aus dem Gebiete Genfs verbannt (1559). Als ihn die Universität Tübingen als Professor der Jurisprudenz berief, informierte Calvin sie über Gribaldis zweifelhafte Haltung; die Universität versuchte, ihm ein Bekenntnis zur Trinität abzupressen, woraufhin er nach Bern floh, wo er 1564 der Pest erlag. Giorgio Blandrata, ein in Genf lebender italienischer Arzt, der sich vor dem Rat von dem Verdacht reinigen sollte, an Jesu Göttlichkeit zu zweifeln, floh nach Polen, das seiner Ketzerei größere Duldung bewies. Der aus Kalabrien stammende Valentino Gentile bekannte sich in Genf öffentlich als Unitarier, wurde eingekerkert und zum Tode verurteilt (1557); auf seinen Widerruf hin wurde er freigelassen und ging nach Lyon, wo ihn die katholischen Behörden festnahmen und wieder freiließen, weil er versicherte, er sehe seine Hauptaufgabe in der Widerlegung Calvins. Er ging zu Blandrata nach Polen, kehrte in die Schweiz zurück, wurde in Bern erneut festgenommen und wegen Meineids und Ketzerei verurteilt und enthauptet (1566).

Inmitten all dieser Schlachten für seinen Gott lebte Calvin weiterhin einfach und regierte Genf, getragen von einer enthusiastischen Anhängerschaft. Je intensiver er sich in das Leben der Stadt integrierte, desto stärker wurde seine Stellung. Seine einzige Schwäche lag in seinem Körper; Kopfschmerzen, Asthma, Verdauungsstörungen, Steine, Gicht und Fieber zehrten an ihm und zeichneten seine Züge mit düsterer Strenge. Nach einer langen Krankheit in den Jahren 1558 und 1559 blieb er schwach und lahm und spie wiederholt Blut. Von da an mußte er meist das Bett hüten, trotzdem studierte, dirigierte und predigte er weiter, selbst wenn er in einem Stuhl in die Kirche getragen werden mußte. Am 25. April 1564 verfaßte er sein Testament, voller Zuversicht, in die ewige Seligkeit einzugehen. Am 26. versammelten sich Syndici und Räte um sein Bett; er bat alle wegen seiner Zornausbrüche um Verzeihung und beschwor sie, unerschütterlich an der reinen Lehre der reformierten Kirche festzuhalten. Der im achtzigsten Lebensjahr stehende Farel kam von Neuenburg, um ihm Lebewohl zu sagen. Nach vielen Tagen des Leidens und Betens fand Calvin Frieden (27. Mai 1564).

Sein Einfluß war noch größer als der Luthers; allerdings bewegte er sich auf einem Pfad, den dieser gebahnt hatte. Luther schirmte seine Bewegung, indem er sich mit dem deutschen Nationalgefühl verbündete; es war ein notwendiger Schachzug, aber er band das Luthertum zu eng ans Deutschtum. Calvin liebte Frankreich und tat alles, die Sache der Hugenotten zu fördern; er war jedoch kein Nationalist; sein Vaterland war die Religion, und so hat seine Lehre, wenn auch in mancherlei Modifikation, den Protestantismus der Schweiz, Frankreichs, Schottlands und Amerikas befruchtet und in Ungarn, Polen, Deutschland, Holland und England zahlreiche Anhänger gewonnen. Der Protestantismus vieler Länder verdankt Calvin die Struktur, das Selbstvertrauen und den Stolz, die ihm die Möglichkeit gaben, tausend Prüfungen zu überleben.

Ein Jahr vor Calvins Tod verfaßte sein Schüler Olevianus zusammen mit Ursinus, einem Schüler Melanchthons, den Heidelberger Katechismus, der zur offiziellen Grundlage des reformierten Bekenntnisses in Deutschland und Holland geworden ist. Beza und Bullinger brachten die Lehren Calvins und Zwinglis im Zweiten Helvetischen Bekenntnis in Übereinstimmung (1566), diesem heute noch offiziellen Leitfaden der reformierten Kirchen der Schweiz und Frankreichs. In Genf selbst erwuchs Calvin in Beza ein würdiger Nachfolger. Freilich wehrten sich die führenden Geschäftsleute, die in den Räten dominierten, von Jahr zu Jahr erfolgreicher gegen die Wünsche des Konsistoriums und des Pastorenkollegiums, der Wirtschaft moralische Fesseln anzulegen. Nach Bezas Tod (1608) konsolidierten die Handelsherren ihren Supremat, und die Genfer Kirche verlor den ihr von Calvin errungenen ausschlaggebenden Einfluß auf weltliche Angelegenheiten. Im achtzehnten Jahrhundert milderte das Auftreten Voltaires die calvinistische Überlieferung und brach die Herrschaft des Puritanismus über die Massen. Der Katholizismus bemühte sich mit großer Geduld, neuerdings in der Stadt Fuß zu fassen, und bot ihr ein Bekenntnis ohne düstere Aspekte und eine Ethik ohne harte Zucht; 1954 gab es in Genf 42 Prozent Katholiken und 47 Prozent Protestanten. Die eindrucksvollste menschliche Schöpfung in Genf bleibt jedoch das edle Reformationsdenkmal, das in stolzer Erhabenheit längs einer Parkmauer die Siege des Protestantismus feiert und im Mittelstück die Kolossalfiguren Farels, Calvins, Bezas und Knox' zeigt.

Trotz ihrer autoritären Organisation hat Calvins Theokratie demokratische Schößlinge getrieben. Die Bemühungen ihrer Führer, die Schulbildung auf die gesamte Bevölkerung auszudehnen und jeden einzelnen zu einem selbstbeherrschten Menschen zu erziehen, halfen Hollands kraftvoller Bürgerschaft, das diktatorische Regiment der Spanier abzuschütteln, und unterstützten die Rebellion des schottischen Adels und Klerus gegen eine charmante, aber herrschsüchtige Königin. Die stoische Unterwerfung unter einen harten Glauben formte die starken Seelen der schottischen Anhänger des Vertrags von 1643, der englischen und niederländischen Puritaner und der Pilgerväter Neuenglands. Sie festigte den Mut Cromwells, führte die Feder des blinden Milton, brach die Macht der rückschrittlichen Stuarts. Sie spornte tapfere und unbarmherzige Männer an, einen Kontinent zu erobern, und verbreitete die Grundlagen der Bildung und Selbstverwaltung, bis alle in Freiheit leben konnten. Menschen, die ihre Pastoren selber wählten, wählten bald auch ihre Gouverneure, und aus der sich selbst verwaltenden Kirchgemeinde erwuchs die sich selbst verwaltende Munizipalität. Der Mythos von der freien Gnadenwahl Gottes hat im Aufbau Amerikas seine Rechtfertigung gefunden.

Nachdem sie diese Funktion erfüllt hatte, verlor die Prädestinationslehre alle Brisanz in der protestantischen Theologie. Als sich nach dem Dreißigjährigen Krieg auf dem europäischen Kontinent, nach den Revolutionen von 1642 und 1689 in England und nach 1793 in Nordamerika Ruhe und Ordnung wieder festigten, wandelte sich der Stolz der «Auserwählten» in einen Stolz auf Arbeit und Leistung; die Menschen fühlten sich stärker und gesicherter; die Furcht nahm ab, und die aus der Angst vor Calvins Gott geborene Grausamkeit räumte humaneren Vorstellungen den Platz, die eine neue Konzeption vom Wesen der Gottheit erzwangen. Von Jahrzehnt zu Jahrzehnt schwächten die von Calvin inspirierten Kirchen ihre härteren Glaubensartikel ab. Es gab Theologen, die zu glauben wagten, daß alle in der Kindheit Gestorbenen selig werden, und ein angesehener Gottesgelehrter durfte, ohne großes Aufheben zu verursachen, verkünden: «Die Zahl der endgültig Verdammten ... wird sehr geringfügig sein.» Wir sind für diese Beruhigung dankbar. Jeder Mensch hat das Recht zu irren, denn auch der Irrtum gehört zu den Bestandteilen des Lebens. Dennoch fällt es uns schwer, einen Mann zu lieben, der die menschliche Seele mit dem absurdesten und lästerlichsten Gottesbild verdunkelte, das die Geschichte gekannt hat.

SIEBENTES KAPITEL

# *Franz I. und die Reformation in Frankreich*

[1515–1559]

## I. LE ROI GRAND NEZ

Er wurde am 12. September 1494 in Cognac unter einem Baum geboren. Der Dichter-Herzog Karl von Orléans war sein Großvater, und vielleicht hat Franz von ihm die Liebe zur Dichtung und Schönheit geerbt. Sein Vater, Herzog Karl von Valois und Orléans, Graf von Angoulême, starb nach einem ausschweifenden Leben in des Knaben drittem Lebensjahr. Luise von Savoyen, schön, fähig, ehrgeizig, der Macht und dem Luxus zugetan, war seine Mutter. Mit siebzehn Jahren Witwe, lehnte sie die Werbung Heinrichs VII. von England ab, um sich – von einigen *liaisons* abgesehen – der Aufgabe zu widmen, ihren Sohn zum König Frankreichs zu erziehen, auf dessen Thron er nach einer von ihr unbeweinten Totgeburt Annas von Bretagne, der zweiten Gemahlin Ludwigs XII., der nächste Anwärter war. Ludwig, trauriger als Luise, erhob Franz notgedrungen zum Herzog von Valois und ließ ihn in der Kunst des Herrschens unterrichten. Wenn es nach seiner Mutter und seiner Schwester Margarete gegangen wäre, die ihn geradezu vergötterten, wäre er zu einem Frauenheld geworden; die Namen, die ihm seine Mutter gab – *mon roi, mon seigneur, mon César* –, wirkten im Verein mit romantischen Rittergeschichten eher verzärtelnd als anspornend. Sein Mut und seine kleinen Galanterien erfüllten sie mit Bewunderung und jeder Stoß, den er bei ritterlichen Übungen erhielt, mit Entsetzen. Er war ein hübscher, heiterer, höflicher und beherzter Junge, der einmal, als ein großer Bär aus seinem Käfig ausbrach und alle davonliefen, das Tier stellte und niederstach.

Als Zwölfjährigem wurde ihm Claude, die siebenjährige Tochter Ludwigs XII., anverlobt; ursprünglich hätte sie mit dem Knaben vermählt werden sollen, der später als Karl V. so viele Kronen trug; die Verlobung wurde rückgängig gemacht, weil man nicht auch noch Frankreichs Krone so vielen anderen hinzufügen wollte. Die unerbittliche, bis zum Tode währende Feindschaft zwischen dem Habsburger und dem Valois dürfte zum Teil in diesem Vorfall gewurzelt haben. Als Vierzehnjähriger wurde der künftige König der Obhut der Mutter entrissen, um in Chinon am Hof Ludwigs XII. erzogen zu werden. Zwanzigjährig heiratete er die dicke, langweilige, hinkende und fruchtbare Claude, die 1515, 1516, 1518, 1520, 1522, 1523 niederkam und 1524 starb.

Mittlerweile, am 1. Januar 1515, war er als Franz I. Frankreichs König geworden. Jedermann war glücklich und am glücklichsten seine Mutter, die er mit den Herzogtümern Angoulême und Anjou, den Grafschaften Maine und Beaufort und der Baronie Amboise belehnte. Diese Generosität erstreckte sich auf alle, die ihm nahestanden, auf Edelleute, Künstler, Dichter, Pagen, Mätressen. Mit seiner angenehmen Stimme, seiner Leutseligkeit, guten Laune, Liebenswürdigkeit und seinem lebhaften Temperament bestrickte er – eine Synthese von Rittertum und Renaissance – nicht nur das Volk, sondern sogar den Hof. Frankreich jubelte und blickte mit ebensolchen Hoffnungen auf ihn wie England auf Heinrich VIII. und das Heilige Römische Reich auf Karl V. Die Welt schien verjüngt, wie aufgefrischt von der Jugend ihrer Monarchen. Und Franz gedachte, wie Leo X. und sogar noch mehr seinen Thron zu genießen.

Was aber war er wirklich, dieser Arthur und Lanzelot? Körperlich wäre er ein stattlicher Mensch gewesen, hätte er eine weniger stattliche Nase gehabt; so nannten ihn unehrerbietige Zeitgenossen *le roi grand nez*. Er war groß, breitschultrig, gewandt, ein guter Läufer, Springer, Ringer und Fechter; er schwang eine schwere Lanze und führte ein zweihändiges Schwert. Der schüttere Bart und Schnurrbart täuschten freilich nicht über seine Jugend hinweg; er war erst einundzwanzig, als er die Krone empfing. Seine kleinen Augen deuten eher auf Schläue und gute Laune als auf Tiefe und kühle Berechnung; und wenn seine Nase Vitalität verkündete, entsprach das seinem Ruf. Von Brantôme, dessen *Dames Galantes* als Geschichtsquelle etwas fragwürdig sind, erfahren wir: «König Franz liebte zu stark und zu viel; jung und frei, umarmte er bald die eine, bald die andere, ohne sich lang zu besinnen ... von ihr bekam er *la grande vérole*, die seine Tage verkürzte.» Der Königinmutter hat man den Ausspruch in den Mund gelegt, er sei dort gestraft, wo er gesündigt habe*. Die Geschichte mag die Zahl seiner Amouren übertrieben haben, denn nach außen hat er Françoise de Foix, Gräfin von Chateaubriand, und ab 1526 bis zu seinem Tod der von ihm zur Herzogin d'Etampes erhobenen Anne de Pisselieu die Treue gewahrt. Die Legende umspinnt ihn mit tausend romantischen Geschichten: er habe Mailand belagert, nicht um die Stadt, sondern um ein Augenpaar zu erobern, das ihn dort bezaubert habe, und in Pavia soll es eine Sirene gewesen sein, die ihn in die große Tragödie seines Lebens stürzte. Auf alle Fälle nötigt uns ein so warm empfindender König einige Sympathie ab, konnte er doch ebenso rücksichtsvoll und zartfühlend wie leidenschaftlich sein. Als er die Ehe seines Sohnes mit der unfruchtbaren Katharina von Medici auflösen wollte, vermochte sie ihn mit ihren Tränen umzustimmen. «Sintemal nichts Freundlicheres ist zu finden als Franciscus», sagte Erasmus, und wenn darin das Pathos der Entfernung schwingt, so beschreibt ihn doch Franzens eigener, humanistisch geschulter Chronist Budé als «mild und zugänglich».

Eitel, sogar für einen Mann, wetteiferte er mit Heinrich VIII. hinsichtlich der Pracht seiner Gewandung und des Federschmucks seiner Barette. Den Salamander machte er zu seinem Symbol als Ausdruck der Lebenskraft unter widrigen Umständen; nichtsdestoweniger hat ihn das Leben gezeichnet. Er sonnte sich in Ehren und Schmeichelei und

* Es gibt eine vermutlich erfundene Geschichte, wonach ein Advokat, dessen Frau, *La Belle Ferronnière* (die hübsche Eisenhändlerin), ins königliche Bett befohlen worden war, sich und seine Frau vorsätzlich mit der Syphilis infizierte, damit sie sie an den König weitergebe.

vertrug keine Kritik: einen Schauspieler, der den Hof ironisiert hatte, ließ er auspeitschen; Ludwig XII. hatte über den gleichen Witzbold gelächelt. Manchmal war er undankbar wie gegen Anne de Montmorency, ungerecht wie gegen Karl von Bourbon, grausam wie gegen Semblançay; aber im großen und ganzen war er großzügig und nicht nachtragend; die Italiener bewunderten seine Freigebigkeit. Künstlern war er gewogener als jeder andere Herrscher der Geschichte. Für Schönheit entwickelte er eine ebenso große Liebe wie gute Sachkenntnis, und für die Künste gab er sein Geld ebenso bereitwillig aus wie für den Krieg; die halbe französische Renaissance lebte von seiner Börse.

Sein geistiger Horizont erreichte jedoch nicht den Charme seines Wesens. Von Latein und Griechisch verstand er wenig, doch die Vielseitigkeit und Gründlichkeit seines Wissens auf den Gebieten der Landwirtschaft, der Geographie, der Strategie und Taktik, der Jagd, der Literatur und der Künste weckte vielfach Erstaunen; die Philosophie bereitete ihm, sofern sie nicht mit Krieg und Liebe in Konflikt geriet, Vergnügen. Er war zu ungestüm und waghalsig, um ein großer Feldherr, zu oberflächlich und vergnügungssüchtig, um ein großer Staatsmann zu sein, zu leicht vom Anschein verführt, um zum Kern vorzudringen, zu leicht von Günstlingen und Mätressen beeinflußt, um ein guter Diplomat zu sein. Seine Schwester Margarete beklagte seine geringe Eignung für die Regierungsgeschäfte und sah seine Niederlage gegen den ränkevollen und unbeugsamen Kaiser voraus. Ludwig XII., dem der «hübsche junge Fant» anfänglich gefiel, blickte später voll böser Vorahnung auf den verschwenderischen Hedonismus des Thronerben. «Unsere ganze Arbeit ist vergebens», klagte er, «dieser große Junge wird alles verderben.»

## II. FRANKREICH IM JAHRE 1515

Arbeitsam und sparsam, wie es war, und von seiner fruchtbaren Erde begünstigt, blühte jetzt das französische Volk, unter einer wohltätigen Regierung auf. Spaniens Bevölkerung von sieben und gar Englands von nur drei Millionen Köpfen blieben weit hinter den sechzehn Millionen Franzosen zurück. Nach Konstantinopel war Paris mit 300 000 Seelen die volkreichste Stadt Europas. Der sozialen Struktur nach gab es neben einem starken Prozentsatz von landbesitzenden Bauern sehr viele Pächter, die ihren *seigneurs* oder *chevaliers* Abgaben oder Frondienste schuldeten; doch drückten die geldlichen Verpflichtungen die Bauern nicht allzu schwer, weil Geld infolge der wiederholten Entwertungen, der Einfuhr und der Schürfung wertvoller Metalle immer so ausreichend vorhanden war, daß die Bauern von den landreichen, aber stets geldhungrigen Grundherrschaften Land billig zu erwerben vermochten. So war der französische Bauer ebenso gut gelaunt wie gut katholisch, während der deutsche Bauer eine soziale und religiöse Neuordnung erstrebte. Von dem ihm zufließenden Gewinn angespornt, kultivierte der französische Bauer Europas bestes Getreide und besten Wein; seine Kühe waren rund und fett und vervielfachten sich; auf jedem Tisch gab es Milch, Butter und Käse; in jedem Hof tummelten sich Hühner und anderes Federvieh, und der Duft seines Schweinestalls stach dem französischen Bauern in die Nase wie das köstlichste Parfüm.

Die Gütererzeugung war wie von alters her das Privileg selbständiger Kleinhandwerker. Den verhältnismäßig wenigen Lohnarbeitern ging es jedoch schlechter als den entsprechenden ländlichen Schichten, da die Preise infolge des wertlosen Geldes, der Schutzzölle und königlichen Monopole – wie das Salzmonopol – schneller anstiegen als die Löhne. Die Streikversuche der unzufriedenen Arbeiter schlugen jedoch fast immer fehl, weil es ihnen verboten war, sich zur Erzielung einer besseren Entlöhnung zusammenzuschließen. Der Gütertransport der einerseits von vielen schiffbaren Flüssen begünstigt war, litt andererseits unter den schlechten und von jeder Herrschaft mit Durchgangszöllen belasteten Straßen. Lyon, der große Umschlagplatz für die auf der Rhône vom Mittelmeer heraufkommenden und die aus der Schweiz und Deutschland zum Mittelmeer herabgeschifften Waren, hatte sich nach Antwerpen zum größten Finanzplatz Europas und nach Paris zum größten Industriezentrum Frankreichs entwickelt. Marseille betrieb dank der guten Beziehungen, die König Franz mit Suleiman und den Türken zu pflegen wagte, einen schwungvollen Mittelmeerhandel.

Wie jeder Herrscher besteuerte Franz I. diese Wirtschaft bis zur Grenze des Tragbaren. *La taille* (der Schnitt) traf als Einkommens- oder Vermögenssteuer alle Stände mit Ausnahme der Geistlichkeit und des Adels; doch trug der Klerus durch den kirchlichen Zehnten und sonstige Zuwendungen zur Füllung der Staatskasse bei, während der Adel die berittenen Streitkräfte stellte, die immer noch das Rückgrat der französischen Waffen bildeten. Das von den Päpsten gegebene Beispiel nachahmend, schuf und verkaufte Franz hohe Adelstitel und politische Ämter, wodurch sich (wie in England) Neureiche zu einer neuen Aristokratie herausbildeten, während die durch Kauf in den Besitz ihrer Ämter gelangten Juristen eine mächtige Bürokratie schufen, die – manchmal sogar über den Kopf des Königs hinweg – das Land verwaltete.

Dem Vergnügen widmete Franz weit mehr Zeit als den Staatsgeschäften, weshalb er diese, sogar wichtigste politische Entscheidungen, Männern wie dem Vicomte de Lautrec, dem Admiral Bonnivet, den Kardinälen Duprat und de Tournon und nicht zuletzt Anne de Montmorency überließ. Zur Beratung des Königs und dieser Persönlichkeiten gab es drei Körperschaften: den Geheimen Adelsrat, den engeren Rat für die laufenden Geschäfte und den Großen Rat, der die an die Krone gerichteten Petitionen behandelte. Daneben bestand das *Parlement* von Paris, das aus rund zweihundert auf Lebenszeit vom König ernannten weltlichen und geistlichen Persönlichkeiten zusammengesetzt war und als eine Art von oberstem Gerichtshof diente. Es war befugt, Einspruch gegen Erlasse zu erheben, die nach seiner Auffassung gegen die grundsätzlichen Institutionen des Landes verstießen, so daß Franzens Gesetze erst nach der «Registrierung» durch diese ehrwürdige Körperschaft volle Rechtskraft erhielten. Unter der Führung von Rechtsanwälten und weisen Männern formte sich das Pariser *Parlement* immer mehr zum Sprachrohr der mittleren Stände und nach der Sorbonne zur konservativsten Körperschaft Frankreichs um. Die Provinzen standen unter der Verwaltung königlicher Gouverneure und örtlicher *parlements*. Die Generalstände befanden sich sozusagen im Ruhestand, weil der regelmäßige Steuereinzug die Bewilligung von Mitteln überflüssig machte, wodurch auch der Adel an Einfluß auf die Regierungsgeschäfte verlor.

Dessen Aufgaben beschränkten sich jetzt in der Hauptsache auf den Aufbau des Heeres und die Bildung eines glänzenden Hofstaates für König Franz. Die Ressortchefs, die Herzöge und ihre Gemahlinnen, die königlichen Prinzen und Günstlinge entwickelten sich zu Frankreichs Kopf und Schild, zum Spiegel der Mode und zu einem Wanderfestspiel königlichen Prunks. An der Spitze dieses tollen Treibens thronte der Majordomus des königlichen Haushalts, der über die Etikette wachte; der nächste in der Hierarchie war der Erste Kammerherr, dem die Fürsorge für die königlichen Privatgemächer oblag; ihm folgten vier weitere Kammerherren, die für jeden Wink des Königs bereitstanden und alle drei Monate ausgewechselt wurden, um allen hochgeborenen Herren die Freude dieser aufregend nahen Berührung mit der Majestät zu verschaffen; weitere zwanzig bis vierundfünfzig Kammerherren gehorchten wiederum jedem Wink der ersten vier; fügt man noch zwölf Pagen und vier Herolde hinzu, so sieht man, daß des Königs Privatgemächer in guter Obhut standen. Über die königliche Küche und Tafel wachten zwanzig edelbürtige Truchsesse und Mundschenke mit einem Stab von siebzig Köpfen, davon fünfundzwanzig Speiseträgern. Rund dreißig *enfants d'honneur* – der Nachwuchs der edelsten Geschlechter – trugen die silberglänzende Pagenlivree. Ein Kardinal zelebrierte die Messe in der Hofkirche, ein Bischof entwarf die Andachtsordnung, fünfzig Diözesanbischöfe dienten als personelle Staffage bei Hof. Gelehrte wie Budé und Dichter wie Marot bekleideten die Ehrenposten von Kammerdienern mit einer Jahrespension von zweihundertvierzig *livres*. Neben einem Heer von Sekretären, die Franz mit Rat und Tat unterstützten, gab es acht Kanzlisten für die Küche, acht Herolde für den Audienzsaal, sieben Chordirigenten, sieben Ärzte, sieben Feldschere, vier Barbiere und acht Handwerksmeister. Die königlichen Prinzen hatten jeder sein eigenes Gefolge: Truchseß und Mundschenk, Kanzler, Erzieher, Pagen und Diener. Die beiden Königinnen Claude und Margarete besaßen wiederum ihr eigenes Gefolge: zehn beziehungsweise fünfzehn Hofdamen und acht beziehungsweise sechzehn Ehrenjungfrauen – *filles demoiselles*. Die Einräumung einer so bevorzugten Stellung an die Damenwelt ist besonders charakteristisch für Franz, der sich an deren sanftem Charme und Eitelkeitsparaden ergötzte und sachverständig zu ihren Amouren blinzelte. «Ein Hof ohne Damen», meinte er einmal, «ist wie ein Garten ohne Blumen.» So dürften es die Damen gewesen sein, die – mit der zeitlosen Kunst der Schönheit begabt – Franzens Hofhaltung einen Glanz und einen Frohsinn verliehen, wie sie das kaiserliche Rom nie kannte. Bald gab es in Europa keinen Potentaten, der seine Untertanen nicht ausgesaugt hätte, um einen Abglanz des Pariser Festrausches zu schaffen.

Die Basis dieses glanzvollen Gebäudes bildete eine zahllose Dienerschaft: vier Küchenchefs mit sechs Assistenten, Spezialköche für Suppen, Saucen, Geflügel, Braten und Desserts; ein Heer von Lakaien deckte und bediente die königliche Tafel und die *cuisine commune*, die Gesindeküche, und kümmerte sich um die Bedürfnisse der Kavaliere und Hofdamen. Außer Rom verfügte kein europäischer Hof über so gute Komponisten,

Sänger und Musiker. Ein Oberstallmeister, fünfundzwanzig edelbürtige Stallmeister und zahllose Pferdewärter und Kutscher betreuten die königlichen Ställe; es gab Jagdmeister, hundert Hunde und dreihundert Falken, von hundert Falknern unter einem Oberfalkner abgerichtet und versorgt. Die königliche Leibwache von vierhundert Bogenschützen steigerte noch mit ihren prächtigen Uniformen das frohe Farbenspiel.

Die bisherigen königlichen Residenzen erwiesen sich für die Bankette, Hofbälle, Hochzeiten und diplomatischen Empfänge als zu klein, so daß Franz für diese Zwecke den düsteren Louvre aufgab und mit den «Tournelles», einer Gruppe von kleineren Palästen in der Nähe der Bastille, vertauschte oder auch das geräumige Palais verwendete, in dem das *Parlement* zu tagen pflegte. Am liebsten aber hielt er, schon der Jagd wegen, in Fontainebleau oder in seinen Loireschlössern Blois, Chambord, Amboise und Tours Hof, sein halbes Gefolge und den halben Reichtum Frankreichs mitschleppend. Cellini schildert mit seiner üblichen Übertreibung den königlichen Zug als eine kleine Völkerwanderung von 18000 Köpfen und 12000 Rossen. Die ausländischen Gesandten beschwerten sich über die Mühe und die Kosten, den König zu erreichen, beziehungsweise mit ihm Schritt zu halten; und wenn sie seiner habhaft wurden, dann befand er sich meistens bis zwölf Uhr im Bett, um sich vom letzten nächtlichen Fest zu erholen oder das nächste zu planen. Natürlich verschlang dieser wandernde Glanz enorme Summen, so daß die Staatskasse stets dem Bankrott nahe war und die Lyoner Bankiers mit für sie riskanten Darlehen einspringen mußten. Als trotz ständiger Steuererhöhungen die Ausgaben den Einnahmen davonliefen, versprach Franz 1523, seinen persönlichen Neigungen einen Dämpfer aufzusetzen, «nicht aber der täglichen Routine unserer kleinen Notwendigkeiten und Vergnügungen». All diese Extravaganz begründete er damit, die ausländischen Gesandten beeindrucken, den Ehrgeiz des Adels in den Schatten stellen und dem Volk gefallen zu müssen; nach seiner Meinung freute die Pariser das Gepränge ihres Königs mehr, als es sie verstimmte.

Unterdes lag die Verwaltung des Landes nicht mehr allein in der Hand des Königs. Anscheinend regierte Franz zwar allmächtig; seine Liebe zur Damenwelt ging aber so weit, daß er Mutter, Schwester, Mätresse, ja sogar seine Frau an der Macht teilhaben ließ. Für Claude muß er eine gewisse Liebe empfunden haben, sonst hätte er sie nicht ein übers andere Mal in gute Hoffnung gebracht. Doch da er sie aus Gründen der Staatsraison geheiratet hatte, fühlte er sich berechtigt, von der Natur geschmackvoller geformte Weiblichkeit zu würdigen. Der Hof, den Fußtapfen des Königs folgend, entwickelte das erotische Spiel zu künstlerischer Vollendung; und nach einigen pflichtgemäßen Protesten fügte sich auch der Klerus geschmeidig ein. Im Volk erhob sich gleichfalls kein Widerspruch; es imitierte vielmehr dankbar das an der Spitze gegebene Vorbild – immerhin soll sich ein junges Mädchen vorsätzlich entstellt haben, um der königlichen Begierde zu entgehen (1524).

Über den weitaus größten Einfluß bei Hof verfügte Luise von Savoyen, die Königinmutter. «Wenden Sie sich nur an mich», sagte sie einmal zu einem päpstlichen Legaten; «wir werden unseren Weg gehen. Wenn der König aufbegehrt, müssen wir ihn eben reden lassen.» Wenn sie den abwesenden Sohn als Regentin vertrat, ging es dem Land oftmals besser als unter seinem eigenen laxen Regiment, obschon ihr Geiz ein französisches Heer in Italien zugrunde richtete und den Herzog von Bourbon zum Hochverrat trieb. Doch solche Dinge verzieh ihr der Sohn, hatte sie ihn doch zu einem Gott gemacht.

## III. MARGARETE, KÖNIGIN VON NAVARRA

Vermutlich war Franz seiner Schwester kaum weniger als seiner Mutter und weit mehr als seinen Mätressen zugetan, deren Liebesbezeugungen in ihm offenbar keine so dauerhaften und tiefen Empfindungen zu wecken vermochten wie die selbstlose Anbetung Margaretens. Liebe war überhaupt der Schlüssel ihres Lebens: Liebe zur Mutter, zum Bruder, zum Gatten, und ein hübsches Wort über sie besagt: «Sie wurde lächelnd geboren und streckte jedem Ankömmling die kleine Hand zum Gruß entgegen.» Als Margarete von Angoulême, Orléans und Valois geboren, bezeichnete sie in religiösmystischer Verzückung Mutter, Bruder und sich selbst als *Notre Trinité*, begnügte sich aber damit, «der kleinste Winkel» dieses «gleichschenkligen Dreiecks» zu sein. Zwei Jahre älter als Franz, mimte sie in ihren kindlichen Spielen «seine Mutter, seine Lehrerin und kleine Gattin». Später behütete sie ihn wie einen zur Erlösung der Menschheit gesandten Gott in Menschengestalt; und als sie entdeckte, daß er nicht nur ein Gott, sondern auch Satyr war, billigte sie ihm auch das als das Recht einer griechischen Gottheit zu, obschon sie selbst in Zucht und Ehren gelebt zu haben scheint. An Wissen übertraf sie den Bruder bei weitem, als Kunstkennerin vermochte sie hingegen nicht mit ihm Schritt zu halten. Sie lernte Spanisch, Italienisch, Latein, Griechisch und ein wenig Hebräisch und umgab sich mit Poeten, Gelehrten, Theologen und Philosophen. Trotzdem war sie auch als Frau anziehend, nicht gerade schön (die lange Nase der Valois zierte auch sie), aber durch Charakter und Geist faszinierend. Man fand sie liebenswert, gütig, freigebig und oftmals sprudelnd humorvoll. Ihr Hof in Nérac oder Pau bildete einen Mittelpunkt der europäischen Dichtung, und sie selbst galt als eine der besten Dichterinnen ihrer Zeit. Alle liebten sie und suchten ihre Nähe, und so zynisch das Zeitalter war, verlieh es ihr doch den romantischen Beinamen *la perle des Valois* – *margarita* heißt auf lateinisch Perle –, und nach einer hübschen Legende hat ihre Mutter, Luise von Savoyen, sie durch das Verschlucken einer Perle empfangen.

Ihre Briefe an den Bruder gehören zu den reinsten und zärtlichsten der Weltliteratur, und um solche Hingabe zu wecken, muß viel Gutes in ihm gewesen sein. Ihre sonstigen Lieben flammten auf und erloschen; diese wundervolle Zuneigung aber brannte fünfzig Jahre mit immer gleicher Intensität. Der Hauch dieser Liebe wirkt wie ein reinigender Luftzug in der von Parfüm gesättigten Atmosphäre der Zeit.

Ihre erste Gefühlsaufwallung galt einem Neffen Ludwigs XII., Gaston de Foix, der, als er Italien erobern wollte, bei Ravenna fiel (1512). Sie wiederum erregte die Liebe Guillaumes de Bonnivet; da aber ihr Herz immer noch Gaston gehörte, ehelichte er eine ihrer Hofdamen, nur um in ihrer Nähe zu sein. Auf Franzens Wunsch, der mit der

Verbindung einen beunruhigenden Familienzwist zu lösen versuchte, vermählte sie sich siebzehnjährig mit dem Herzog Karl von Alençon (1509), empfand aber trotz seines königlichen Blutes keine Liebe zu ihm. Bonnivet versuchte sie darüber hinwegzutrösten; und um den Zauber, den sie auf ihn ausübte, zu brechen, entstellte sie ihr Gesicht mit einem scharfen Stein. Beide, der Herzog und Bonnivet, beteiligten sich am Feldzug in Italien; Bonnivet starb bei Pavia den Heldentod, der Herzog soll im kritischsten Moment geflohen sein. Als er nach Lyon zurückkam, ließen ihn alle und insbesondere Luise von Savoyen ihre Verachtung fühlen; doch als er an einer Brustfellentzündung erkrankte, verzieh ihm Margarete und pflegte ihn, bis er starb (1525).

Zwei Jahre später heiratete die jetzt Fünfunddreißigjährige Henri d'Albret, den vierundzwanzigjährigen Titularkönig von Navarra, den Ferdinand II. und Karl V. nicht anerkannten und mit Gewalt seinem angestammten Reich fernhielten. Von Franz zum Statthalter in der Guyenne ernannt, unterhielt er teils in Nérac, teils in Pau einen bescheidenen Hof. Margarete behandelte er wie eine Mutter, ja beinahe als Schwiegermutter und achtete im Gegensatz zu ihr die Ehegelübde gering, so daß sie sich mit der Rolle einer Gastgeberin und Schutzpatronin von Schriftstellern, Philosophen und protestantischen Flüchtlingen begnügen mußte. Trotzdem schenkte sie ihm 1528 eine Tochter, Jeanne d'Albret, die als Mutter König Heinrichs IV. in die Geschichte eingegangen ist. Zwei Jahre später gebar sie einen Sohn, der schon als Säugling starb; von da an kleidete sie sich nur noch schwarz. Franzens Kondolation war in einem so zärtlich mitfühlenden Ton gehalten, daß sie von ihr selbst geschrieben sein könnte. Bald danach verständigte er jedoch sie und ihren Mann, daß die kleine Jeanne an seinem Hof erzogen werden müsse; er befürchtete, daß Heinrich sie Philipp II. von Spanien anverloben oder als Protestantin erziehen könnte. Die Trennung war Margaretes größter Schicksalsschlag vor dem Tode des Bruders; ihre Hingabe an ihn verminderte sie nicht. Trauriger-, aber notwendigerweise muß auch berichtet werden, daß Margarete, als Franz die kleine Jeanne dem Herzog von Cleve anverloben wollte und diese sich weigerte, in der Unterstützung des Königs so weit ging, daß sie Jeannes Erzieherin beauftragte, das Kind durch Schläge zur Einwilligung zu zwingen. Der Auftrag wurde ausgeführt, doch die trotzige Jeanne – ein zwölfjähriges Mädchen – verfaßte eine eigenhändig unterschriebene Erklärung, daß sie, falls sie zu der Eheschließung gezwungen werde, diese als null und nichtig betrachten würde. Nach der Theorie, daß die Staatsraison als oberstes Gesetz zu gelten habe, fand die Vermählung trotzdem statt; Jeanne wehrte sich bis zuletzt und mußte in die Kirche getragen werden. Unmittelbar nach der heiligen Handlung floh sie nach Pau zu ihren Eltern und brachte sie mit ihrem Kleiderluxus, ihrem Gefolge und ihrer Wohltätigkeit an den Rand des Ruins.

Die Verkörperung der Mildtätigkeit war jedoch Margarete selbst. Sie zeigte sich ohne Gefolge «wie eine schlichte *demoiselle*» in den Straßen Paus; jeder durfte ihr nahen, und so vernahm sie die Kümmernisse des Volkes aus erster Hand. «Niemand soll traurig oder enttäuscht die Gegenwart eines Fürsten verlassen», pflegte sie zu sagen, «denn die Könige sind die Diener der Armen ... und die Armen sind die Kinder Gottes.» Oft nannte sie sich den «Ersten Minister der Armen», besuchte sie in ihren Behausungen und schickte, wenn nötig, einen Hofarzt. In diesem Punkt genoß sie Heinrichs Unterstützung; so nachlässig er als Ehemann war, so ausgezeichnet war er als Regent, so daß die von ihm geleiteten öffentlichen Institutionen in ganz Frankreich vorbildlich waren. Beide, Heinrich wie Margarete, gewährten zahlreichen mittellosen Studenten Stipendien, unter anderen Amyot, dem späteren Übersetzer Plutarchs. Marot, Rabelais, Desperiers, Lefèvre d'Etaples, Calvin und vielen anderen gab Margarete Obdach und Schutz, so daß einer ihrer Schützlinge sie mit «einer Henne» verglich, «die ihre Kücken zusammenruft und mit ihren Flügeln bedeckt».

Außer der Wohltätigkeit füllten drei weitere Interessen ihr Leben in Pau und Nérac aus: Literatur, platonische Liebe und eine religiöse Mystik, die sowohl katholisches als auch protestantisches Denken umfaßte und sogar Freigeister tolerierte. Sie liebte es, sich von Dichtern vorlesen zu lassen, während sie stickte, und verfaßte selbst recht gute Verse, in denen irdische und himmlische Liebe in einer geheimnisvollen Ekstase zusammenflossen. Sie gab sogar mehrere Bände Verse und dramatische Arbeiten heraus; doch sind sie nicht so gut wie ihre Briefe, die erst 1841 im Druck erschienen. Allgemein bekannt geworden ist ihr *Heptameron* seiner angeblichen Unanständigkeit halber; Liebhaber von Schlüpfrigkeiten werden aber nicht auf ihre Rechnung kommen. Er enthält aus dem Zeitgeist geborene Geschichten, deren Hauptwürze die Kapriolen, Anomalien und die Unbeständigkeit der Liebe und die erotischen Verirrungen der ihre Gelübde brechenden Mönche bilden; doch sind die Geschichten mit Zurückhaltung erzählt. Im Grunde sind es Wiedergaben der an ihrem und am Hof ihres Bruders kursierenden Histörchen, die sie selbst niederschrieb oder für sich schreiben ließ (1544 bis 1548); sie hat sie nie selbst veröffentlicht und sie erschienen erst zehn Jahre nach ihrem Tod. Eigentlich beabsichtigte sie, ein zweites *Decameron* zu verfassen, weil aber das Buch am siebenten Erzählungstage abbricht, nannte es der Herausgeber *Heptameron*. Laut Brantôme war seine Mutter eine Geschichtenerzählerin, die die wahren Personen hinter den Pseudonymen gekannt hat; so soll nach seiner Angabe die vierte Erzählung des fünften Tages Bonnivets Werben um Margarete schildern.

Auch eine freiere Moralauffassung könnte manchen über diese Geschichten erröten lassen, wären sie nicht so voller Ironie und Humor. So heißt es: «Du willst also sagen, daß Liebenden alles erlaubt ist, solange es niemand entdeckt.» Ein prägnanter Satz in der fünften Geschichte läßt die Grundtendenz des Buches erkennen: «Und welche Frau ihre Reinheit nicht zu wahren weiß, muß ihrer Ehre stracks verlustiggehen.» Es gibt manchen heiteren Seitenhieb, wie etwa auf den frommen Apotheker in Pau, «der nie mit seiner Frau intimen Umgang pflegte außer zur Buße in der Karwoche». Wie bei Boccaccio lebt der halbe Humor vom erotischen Treiben der Mönche. «Wie Engel wissen sie zu reden», sagt einer in der fünften Geschichte, «wie Teufel aber anderen zuzusetzen.» Ein empörter Ehemann bläst ins gleiche Horn: «Geld wagen sie nicht in die bloße Hand zu nehmen, doch Frauenbeine möchten sie gar wohl betasten. Mich dünkt das fürwahr weitaus gefährlicher.» Hinzugefügt werden muß, daß die munteren Geschichtenerzähler jeden Morgen die Messe besuchten und jede zweite Seite mit frommem Weihrauch füllten.

Daß Margarete solche Geschichten genoß und sammelte, läßt uns den Zeitgeist ahnen, warnt uns aber auch davor, sie namentlich in ihren jüngeren Jahren als Heilige einzuschätzen. Dabei kann sie persönlich durchaus züchtig gewesen sein; ihrer Umgebung sah sie jedoch manche Sünde nach; auch besitzen wir keinen Anhaltspunkt dafür, daß sie dem Bruder seine ausschweifende Lebensweise vorgehalten hätte; sie hielt im Gegenteil mit seinen Mätressen innige Freundschaft. Es war eben eine leichtlebige Zeit, darin Liebe und Erotik verschmolzen und Damen dem jeweiligen König ihres Herzens charmanterweise ein Strumpfband als Gunstbeweis verehrten. Wenn also Margarete die körperliche Erfüllung als durchaus erlaubt erschien, so öffnete sie doch das eigene Herz der religiös sublimierten und der platonischen Liebe. Deren Kult, eine Hinterlassenschaft der hochmittelalterlichen «Liebeshöfe», hatte durch italienische Empfindungen wie den Lobgesang Bembos am Ende von Castigliones *Höfling* noch eine Vertiefung erfahren. Margarete hielt es für gut, wenn Frauen außer den üblichen fleischlichen Begierden auch wunschloser Huldigung von Männern Gehör schenkten und sie mit warmer Freundschaft und unschuldigen Liebesbeweisen belohnten; eine solche Beziehung mußte das ästhetische Empfinden des Mannes heben, seine Manieren verbessern und ihm moralische Zurückhaltung auferlegen; so konnte die Frau den Mann zu edlerer Gesittung führen. Aber höher noch als körperliche oder platonische Liebe stand in Margaretens Weltbild die Liebe zum Guten und Schönen, zur Vollendung jeder Art und vor allem die Liebe zu Gott. Aber «um Gott lieben zu können, muß man erst einen Menschen wahrhaft lieben».

Ihr religiöses Gefühl war ebenso kompliziert und wirr wie diese Konzeption der Liebe. Wie keine Selbstsucht des Bruders ihre Anhänglichkeit an ihn jemals erschütterte, sowenig vermochten die Brutalitäten und Tragödien des Lebens ihre lautere Gläubigkeit, so persönlich getönt sie war, zu erschüttern. Wohl hatte sie skeptische Momente; in *Le miroir de l'âme pécheresse* gestand sie ein, daß sie zuzeiten an Gott und der Heiligen Schrift gezweifelt und sich gefragt habe, ob die Bibel auch wirklich seine Offenbarung sei, und daß sie ihn der Grausamkeit beschuldigt habe. 1533 wurde sie vor die Sorbonne zitiert, um sich wegen Ketzerei zu verantworten; sie ignorierte die Vorladung, und ein Mönch erklärte auf der Kanzel, man sollte sie in einen Sack einnähen und in die Seine werfen. Der König befahl der Sorbonne und den Mönchen, seine Schwester in Ruhe zu lassen; die Vorwürfe gegen sie seien unzutreffend; «sie liebt mich so sehr, daß sie nur das glaubt, was ich glaube». Sein Selbstvertrauen war so groß, daß es ihm nicht im Traum eingefallen wäre, ein Protestant zu werden. Mit Margarete war es anders, sie besaß ein Gefühl für Sündhaftigkeit und konnte sich ihrer «Sünden» wegen schwere Gewissensbisse machen. Die Reform der würdelosen, müßiggängerischen, lasterhaften geistlichen Orden schien ihr längst überfällig, und sie las und billigte Luthers Angriffe auf die Unmoral und Habsucht der Kirche. Zu seinem Erstaunen fand ihr Bruder Franz sie einmal beim gemeinsamen Gebet mit Farel, dem «Johannes dem Täufer» Calvins. Gleichzeitig betete sie voll kindlichen Vertrauens weiterhin zur Mutter Maria und nahm flüchtige Protestanten in ihre Hut, einschließlich Calvins, den es sehr schockierte, Freidenker wie Etienne Dolet und Bonaventure Desperiers an ihrem Hofe zu finden. Er rügte ihre Toleranz, beirrte sie aber nicht. Das Edikt von Nantes, das ihr Enkel erließ, hätte ebensogut von ihr verfaßt sein können. Für einen Augenblick verschmolzen in Margarete Renaissance und Reformation.

Ganz Frankreich spürte diesen Einfluß. Alle freien Geister sahen zu ihr als ihrem Ideal und ihrer Schutzpatronin auf. Rabelais widmete ihr seinen *Gargantua*, und Ronsard und Joachim du Bellay fielen ab und zu in ihre platonisierende, plotinisierende Mystik ein. Marots Psalmenübertragung zeugte von ihrem halbhugenottischen Geist. Das im achtzehnten Jahrhundert von Bayle veröffentlichte *Dictionnaire* singt ihr ein Loblied, und im neunzehnten Jahrhundert äußerte sich der Protestant Michelet in seiner großartigen, endlosen, nie ermüdenden Rhapsodie *Histoire de France* wie folgt: «Halten wir das Andenken dieser sanften Königin von Navarra stets in Ehren, bei der die Unsrigen, auf der Flucht vor Kerker und Scheiterhaufen, Sicherheit, Ehre und Freundschaft fanden. Ewiger Dank ist dir sicher, du liebenswerte Mutter der Renaissance, deren Herd zu dem unserer Heiligen, deren beglückender Schoß zur Quelle der Freiheit wurde.»

## IV. DIE FRANZÖSISCHEN PROTESTANTEN

Die Notwendigkeit einer Kirchenreform war unbestritten. Die Situation war in Frankreich die gleiche wie im übrigen Europa: ein paar pflichtbewußte Weltpriester, demütige Mönche und fromme Nonnen, denen das Seelenheil ihrer Gemeinden und das eigene am Herzen lag, einige wenige um ihr Hirtenamt mehr als um die Politik besorgte Bischöfe; unwissende und liebedienerische Pfarrgeistliche, müßige und wollüstige Mönche, Armut vorschützende und dabei habgierige Bettelmönche, buhlerische Klosterfrauen, Bischöfe, die irdisches Geld kassierten und den Wechsel auf den Himmel fahren ließen. Als sich die Bildung vertiefte, verfiel der Glauben, und die Geistlichkeit, die in der Regel am gebildetsten war, bewies durch ihr Verhalten, daß sie die furchterregende Eschatologie früherer Zeiten selbst nicht mehr ernst nahm. Einzelne Kirchenfürsten konnten nicht genug Bistümer und Pfründen in ihrer Hand vereinigen: So bezog Johann von Lothringen die Einkünfte der Erzbistümer Reims, Lyon, Narbonne, Albi, Mâcon, Agen und Nantes, der Bistümer Metz, Toul und Verdun, der Abteien Gorze, Fécamp, Cluny, Marmoutiers, Saint-Ouen, Saint-de-Laon, Saint-Germer, Saint-Médard-de-Soissons und Saint-Mansuy-de-Toul und beschwerte sich dabei über – seine Armut. Die Ordensgeistlichen beklagten sich über die Weltlichkeit der Bischöfe; die Weltpriester beklagten sich über die Ordensgeistlichen – Brantôme zitiert ein im damaligen Frankreich geflügeltes Wort: «Habgierig und lasterhaft wie ein Priester oder Mönch.» Im *Heptameron* wird geschildert, wie es den Bischof von Sées juckt, eine verheiratete Frau zu verführen. Ein Dutzend weiterer Geschichten behandelt ähnliche Themen, und einmal sagt eine der Gestalten: «Wenn ich einen Mönch nur sehe, packt mich Entsetzen. Ich könnte vor keinem beichten, denn ich halte sie für schlechter als alle anderen Männer.» Oisille, Luise von Savoyens Deckname im *Heptameron*, erklärt zwar: «Es gibt auch anständige Männer darunter», aber Luise von Savoyen selbst schrieb in ihrem Tagebuch: «Im Jahre 1522 ... haben mein Sohn und ich durch die Gnade des Heiligen Geistes die weißen, schwarzen, braunen und rauchgrauen Heuchler zu durchschauen begonnen, vor denen uns Gott in seiner unendlichen Güte und Gnade beschirmen möge; denn wenn Jesus Christus kein Lügner ist, dann hat es in der ganzen Menschheit noch keine gefährlichere Zeit gegeben.»

Doch Luisens eigene Habgier, Franzens Mätressenwirtschaft und die allgemeine Zuchtlosigkeit des Hofes konnten dem Klerus, der so weitgehend vom König abhängig war, nicht als Vorbild dienen. Das 1516 zwischen dem König und Leo X. geschlossene Konkordat gestand Franz die Ernennung aller französischen Bischöfe und Äbte zu, und da er diese Ämter beinahe immer als Belohnung für geleistete Dienste vergab, bestätigte er den weltlichen Charakter der kirchlichen Würden. Genau gesehen, emanzipierte dieses Übereinkommen die gallische Kirche von Rom und unterstellte sie dem Staat. Damit hatte Franz schon ein Jahr vor dem Thesenanschlag Luthers der Sache, wenn auch nicht der Form nach erreicht, was die deutschen Fürsten und Heinrich VIII. erst durch Krieg und Revolution gewinnen sollten, nämlich die Verstaatlichung des Christentums. Was hatten die französischen Protestanten ihren Königen darüber hinaus noch anzubieten?

Deren erster, Jacques Lefèvre, aus Etaples in der Picardie gebürtig und Dozent an der Universität, veröffentlichte – Luther zuvorkommend – 1512 eine lateinische Übersetzung der Paulusbriefe mit einem Kommentar, darin er unter anderen zwei Grundsätze vertrat, die zehn Jahre später bei Luther eine Hauptrolle spielten: Das Seelenheil ist nicht durch gute Werke erwerbbar, sondern beruht auf dem Glauben an die Gnade Gottes, die Christus durch sein Sühneopfer für die Menschheit erwirkt hat; und zweitens, Christus ist im Abendmahl aus eigener Machtvollkommenheit und eigenem Willen leibhaftig gegenwärtig, nicht aber durch eine priesterliche Transsubstantiation des Brotes und des Weines. Wie später Luther forderte Lefèvre die Rückkehr zum reinen Evangelium, und wie Erasmus bemühte er sich um Wiederherstellung und Klarstellung der ursprünglichen Texte, um das Christentum von den Legenden und priesterlichen Zusätzen zu reinigen. 1523 erschien seine französische Übersetzung des Neuen Testaments und im folgenden Jahr die der Psalmen. «Wie beschämend ist es doch», sagt er im Kommentar, «zu sehen, daß ein Bischof Saufkumpane sucht, sich nur für Glücksspiel interessiert ... fortwährend auf die Jagd geht ... und Freudenhäuser frequentiert!» Von der Sorbonne als Ketzer gebrandmarkt, floh er 1525 nach Straßburg; Margarete setzte sich für ihn ein, und Franz rief ihn nicht nur zurück, sondern übertrug ihm sogar die Erziehung seiner Kinder und machte ihn zum Bibliothekar des Schlosses Blois. Als die Protestanten mit ihren Übergriffen den König verärgerten, fand er bei Margarete Zuflucht (1531), bis er siebenundachtzigjährig starb (1537).

Sein Schüler Guillaume Briçonnet, seit 1516 Bischof von Meaux, versuchte seine Diözese im Geist seines Lehrers zu reformieren. Nach vierjähriger Vorarbeit fühlte er sich stark genug, um ausgesprochene Neuerungen zu wagen, und beauftragte so bekannte Reformer wie seinen Lehrer, Farel, Louis de Berquin, Gérard Roussel und François Vatable, die «Rückkehr zum Evangelium» zu predigen. Sein Wirken gefiel Margarete so, daß sie ihn zu ihrem geistlichen Berater machte. Als aber die Sorbonne – die die Pariser Universität dominierende theologische Fakultät – 1521 Luther verurteilte, veranlaßte Briçonnet seine Getreuen, ihren Frieden mit der Kirche zu schließen. Ihm schien wie Erasmus und Margarete die Einheit der Kirche wichtiger als ihre Reform.

Trotz der Sorbonne wurden Luthers Gedanken weiter über den Rhein getragen; Studenten und Kaufleute brachten seine Schriften als die aufregendste Tagesneuigkeit ins Land, und der Basler Buchdrucker Froben sandte Bücher zum Verkauf. Unzufriedene Arbeiter griffen nach dem Evangelium als einem revolutionären Manifest; Prediger, die daraus ein kommunistisches Utopia ableiteten, fanden williges Gehör. Jean Leclerc, ein Wollkämmer, riß 1523 eine von Bischof Briçonnet angeschlagene Ablaßbulle vom Domportal in Meaux und ersetzte sie durch ein Plakat, das den Papst als Antichrist beschimpfte. Er wurde festgenommen und auf Weisung des Pariser *Parlement* auf der Stirn gebrandmarkt (1525). In Metz, wohin er sich wandte, zerschlug er eine Anzahl von Heiligenbildern, denen eine Prozession Weihrauch darbringen sollte. Die Vergeltung war furchtbar: man schlug ihm die rechte Hand ab, riß ihm die Nase weg und mit Pinzetten die Brustwarzen aus, ein rotglühendes Eisenband wurde um seine Stirn gelegt, und schließlich verbrannte man ihn bei lebendigem Leib (1526). Um die gleiche Zeit endeten in Paris auch andere Radikale wegen «Gotteslästerung» oder Bestreitung der fürsprechenden Kraft Marias und der Heiligen auf dem Scheiterhaufen (1526 bis 1527).

Die breiten Massen waren mit diesen Strafgerichten durchaus einverstanden; sie identifizierten ihren Glauben mit Gottes persönlicher Offenbarung und mit dem von ihm mit den Menschen geschlossenen Bund. Ketzer erschienen ihnen als frevlerische Räuber ihres größten Trostes. So stand in Frankreich kein Luther auf, um den Mittelstand gegen die päpstliche Tyrannei und Ausbeutung aufzurufen; auch schloß das Konkordat jeden solchen Appell aus, und Calvins Stellung in Genf war noch nicht so gefestigt, daß er mit seinen Reformrufen hätte durchdringen können. Wohl fanden die Rebellen beim Adel gelegentliche Resonanz; doch waren die Herren und Damen viel zu oberflächlich, um aus den neuen Ideen den Gedanken eines allgemeinen religiösen Umsturzes abzuleiten oder den Luxus des höfischen Daseins aufzugeben. Franz persönlich duldete die lutherischen Reformbestrebungen, solange sie das soziale und politische Staatsgefüge nicht bedrohten. Er war selbst nicht frei von Zweifeln: über die Vollmachten des Papstes, den Verkauf der Ablässe, die Existenz des Fegefeuers; und möglicherweise sah er in der Duldung des Protestantismus eine Waffe gegen einen Papst, der zu allzu einseitiger Bevorzugung Karls V. neigte. Erasmus bewunderte er und suchte ihn für sein neues Collège Royal zu gewinnen; wie jenem lag ihm daran, sowohl die Bildung als auch die Kirchenreform zu fördern, doch nur Schritt um Schritt, um das Volk nicht in zwei feindliche Lager zu spalten und die kirchliche Einwirkung auf die öffentliche Moral und soziale Ordnung zu schwächen. Noch 1521 schrieb Margarete an Briçonnet: «Der König und Madame [Luise von Savoyen] sind einer Kirchenreform mehr denn je geneigt.» Und auf Margaretens Fürsprache erwirkte Franz die Freilassung des von der Sorbonne wegen der Übersetzung lutherischer Werke verhafteten Louis de Berquin (1523). Doch dann erschrak der König über den Aufstand der deutschen Bauern, den er der protestantischen Wühlarbeit zur Last legte, so daß er vor dem Aufbruch zu seiner Niederlage bei Pavia die französischen Prälaten beauftragte, die protestantische Bewegung radikal zu unterdrücken. Während seiner Gefangenschaft in Madrid wurde Berquin neuerdings eingekerkert, und abermals erwirkte Margarete den Befehl zu seiner Freilassung. Nach der eigenen Freilassung zeigte Franz einen schrankenlosen Liberalismus, vielleicht aus Dankbarkeit gegen die Schwester, die so viel für seine Befreiung getan hatte. Er rief Lefèvre und Roussel aus der Verbannung zurück, und schon glaubte Margarete den Sieg für die Reformbewegung gewonnen.

Doch da änderte der König neuerdings seinen Sinn. Um seine beiden Söhne, die er im Austausch für die eigene Person Karl V. hatte ausliefern müssen, freikaufen zu können, mußte er die Finanzhilfe des französischen Klerus in Anspruch nehmen; dieser bewilligte 1 300 000 Livres, forderte aber als Gegenleistung schärfere Maßnahmen gegen die Ketzer; Franz ging am 16. Dezember 1527 darauf ein. Am 31. Mai 1528 zerschlug ein Bilderstürmer die Köpfe einer Marienstatue mit dem Jesuskinde vor einer Kirche in Saint-Germain; Franz war darüber so empört, daß er tausend Goldstücke für die Entdeckung des Täters ausschrieb und die abgeschlagenen Köpfe in einem feierlichen Staatsakt durch silberne ersetzte. Die Sorbonne benutzte diese Reaktion, um Berquin neuerdings gefangenzunehmen und den standhaften Lutheraner während eines Aufenthalts des Königs in Blois zur Freude der versammelten Menge auf dem Scheiterhaufen zu verbrennen (17. April 1529).

Von da an bestimmte das diplomatische Spiel die Stimmung des Königs. Als sich 1532 eine engere Verbindung zwischen Clemens VII. und Karl V. abzeichnete, näherte er sich den protestantischen deutschen Fürsten, gestattete Margarete, Roussel im Louvre vor einer zahlreichen Zuhörerschaft predigen zu lassen, und verbannte die protestierenden Führer der Sorbonne kurzerhand aus Paris. Im Oktober 1533 hatten sich seine Beziehungen zu Clemens verbessert, was ihn im Anschluß an die am 1. November von Nicolas Cop in der Universität gehaltene prolutherische Vorlesung veranlaßte, eine neue Protestantenverfolgung anzuordnen. Dann spitzte sich sein Streit mit dem Kaiser wieder zu, und er sandte den reformfreundlichen Guillaume du Bellay nach Wittenberg mit dem Auftrag, von Melanchthon eine Formel zur Versöhnung des alten Glaubens mit den neuen Lehren ausarbeiten zu lassen, die ein Bündnis zwischen dem katholischen Frankreich und den protestantischen Fürsten Deutschlands ermögliche (1534). Melanchthon willigte ein, und die Dinge waren bereits in Gang gebracht, als extremistische Reformer in Paris, Orléans und anderen Städten, ja sogar an des Königs Schlafzimmertür zu Amboise Schmähplakate anschlugen, darin die Messe als Götzendienst, der Papst und die Geistlichkeit als «Schlangenbrut ... Apostaten, Wölfe ... Lügner, Gotteslästerer, Seelenmörder» und so weiter charakterisiert wurden (18. Oktober 1534). Wutentbrannt befahl Franz die wahllose Einkerkerung aller Verdächtigen. In den bald überfüllten Gefängnissen befanden sich viele Buchdrucker, und eine Zeitlang war jeder Buchdruck verboten. Margarete, Marot und andere gemäßigte Protestanten empfanden die Plakate als einen Mißgriff. Am 21. Januar 1535 begab sich der König mit seinen Söhnen, dem Adel, den Kirchenfürsten und den fremden Gesandten in feierlicher Prozession mit brennenden Kerzen zu einer Sühnemesse in Notre-Dame, und am selben Abend brachte er Gott ein ungeheuerliches Sühneopfer dar: Sechs Protestanten wurden so über dem Scheiterhaufen aufgehängt, daß sie zur Verlängerung ihrer Todesqual bald in die Flammen hinuntergelassen, bald emporgezogen werden konnten. Insgesamt wurden zwischen dem 10. November 1534 und dem 5. Mai 1535 vierundzwanzig Protestanten in Paris lebendig verbrannt, so daß Papst Paul III. dem König unnötige Grausamkeit vorwarf und die Einstellung der Verfolgung befahl.

Das Jahr war noch nicht um, als der König neuerdings um die deutschen Protestanten warb. Am 23. Juli 1535 lud er in einem persönlichen Schreiben Melanchthon ein, «mit einigen unserer gelehrtesten Doktoren die Mittel zu diskutieren, die die göttliche Harmonie in der Kirche wiederherstellen könnten, was meinen größten Wunsch darstellt». Melanchthon leistete der Einladung keine Folge. Er mochte ahnen, daß er von Franz nur als ein Werkzeug gegen den Kaiser verwendet werden sollte; vielleicht rieten ihm aber auch Luther oder der Kurfürst von Sachsen ab, der in den Franzosen Erasmianer, nicht aber Evangelische sah. Auf Margarete, Briçonnet, Lefèvre und Roussel traf das sicherlich zu, nicht aber auf die Plakatisten und die calvinistischen Hugenotten, deren Zahl in Südfrankreich rapide anwuchs. Nach dem Friedensschluß mit Karl (1538) stellte Franz seine Bemühungen zur Aussöhnung mit den eigenen Protestanten endgültig ein.

Der dunkelste Fleck auf Franzens Ehre ist jedoch wohl weniger ihm selbst als den Umständen zuzuschreiben. In rund dreißig Dörfern längs der Durance, einem Flüßchen der Provence, führte seit dem zwölften Jahrhundert eine größere Gemeinschaft von Waldensern unter königlichem Schutz ein halbprotestantisches, quäkerähnliches Dasein. 1530 trat sie mit den deutschen und schweizerischen Reformern in Briefwechsel und erließ 1532 ein auf den Grundsätzen Butzers und Oekolampads fußendes Glaubensbekenntnis. Im nächsten Jahr bedrohte ein päpstlicher Legat die Gemeinschaft mit der Inquisition; sie appellierte an Franz, und er befahl die Einstellung der Verfolgung. Jahre später erreichte Kardinal de Tournon unter dem Vorwand, die Waldenser konspirierten gegen die Regierung, vom kränkelnden, willensschwachen König die Unterzeichnung eines Dekrets, das alle der Ketzerei schuldig befundenen Waldenser dem Tod auslieferte (1. Januar 1545). Das Provinz-*Parlement* von Aix-en-Provence legte es als Befehl zu einer Massenhinrichtung aus. Anfänglich weigerten sich die Söldner, das Urteil zu vollziehen; nachdem man sie aber dazu gebracht hatte, die ersten Exekutionen vorzunehmen, packte sie Mordlust, und ein Massaker entstand. In der Woche vom 12. bis 18. April legten sie mehrere Dörfer in Asche; in einem wurden achthundert Personen jeden Alters umgebracht, und nach zwei Monaten zählte man dreitausend Tote, zweiundzwanzig zerstörte Dörfer; siebenhundert Männer kamen als Galeerensklaven mit dem Leben davon. Fünfundzwanzig Frauen, die sich in eine Höhle geflüchtet hatten, erstickte man durch ein großes Feuer vor dem Höhleneingang. In der protestantischen Schweiz und in Deutschland erhoben sich entrüstete Proteste; Spanien beglückwünschte Franz. Im nächsten Jahr wurde in Meaux eine kleine lutherische Gruppe ausgehoben, die von Pierre Leclerc, dem Bruder des früher erwähnten Jean, geleitet wurde; vierzehn Mitglieder wurden gefoltert und verbrannt, acht Opfern riß man vorher die Zunge aus (7. Oktober 1546).

Diese Verfolgungen bilden den größten Mißerfolg der Regierung Franz' I. Die aufrechte Haltung der Märtyrer verlieh ihrer Sache eine Würde und einen Heiligenschein, der die Zuschauer, die ohne diese spektakulären Hinrichtungen nie an einen Glaubenswechsel gedacht hätten, beeindruckt und beunruhigt haben muß. Trotz immer neuer Terrorwellen existierten 1530 heimliche protestantische Schwarmbünde in Lyon, Bordeaux, Orléans, Reims, Amiens, Poitiers, Bourges, Nîmes, La Rochelle, Châlons, Dijon und Toulouse, und hugenottische Freischaren wuchsen geradezu aus dem Boden. Der sterbende Franz muß gewußt haben, daß er seinem Sohn nicht nur die vereinte Feindschaft Englands, Deutschlands und der Schweiz, sondern auch einen erbitterten Haß im eigenen Lande hinterließ.

## V. HABSBURG UND VALOIS: 1515–1526

Ludwig XII. hatte sich, wenn auch ungern, in die natürlichen Grenzen Frankreichs gefügt und, wenn man so sagen darf, die Souveränität der Alpen anerkannt. Franz zog, kaum hatte er den Thron bestiegen, diese Anerkennung zurück. Wie hätte auch ein so junger und ungestümer Monarch auf alle Ansprüche seiner Vorgänger verzichten sollen, Mailand und wenn möglich Neapel der französischen Krone als neue Juwelen hinzuzufügen? So bestritt er Herzog Maximilian Sforza das Recht auf Mailand und zog während der mehrmonatigen Verhandlungen ein großes, gut ausgerüstetes Heer zusammen. Im August 1515 führte er es auf einem neuen, gefahrenvollen Pfad, der über Felsbarrieren hinweg gebahnt wurde, über die Alpen nach Italien. Unweit von Mailand lieferte das französische Heer den schweizerischen Söldnern Sforzas eine so blutige Schlacht (13./14. September 1515), wie sie Italien seit den Barbareneinfällen nicht mehr erlebt hatte: Zehntausend Gefallene bedeckten das Schlachtfeld von Marignano. Mehr als einmal schienen die Franzosen geschlagen; doch jedesmal warf sich der junge König in die vorderste Linie, sammelte seine Leute und riß sie durch seinen eigenen Wagemut mit. Eine kleine Episode verdient besondere Erwähnung. Nach einem alten Brauch pflegte ein siegreicher Monarch noch auf dem Schlachtfeld die tapfersten seiner Junker zu Rittern zu schlagen; auch Franz hielt sich an diesen Brauch, doch vorher kniete er in einer kaum glaublichen, aber charakteristischen Geste vor Pierre de Bayard, dem berühmten Ritter ohne Furcht und Tadel, nieder und bat ihn um dessen Ritterschlag. Bayard zögerte: der König sei kraft seiner Geburt von vornherein die Krone aller Ritterschaft, doch der einundzwanzigjährige Monarch bestand darauf. Bayard vollzog den Ritterschlag und stieß sein Schwert mit den Worten in die Scheide: «Mein gutes Schwert, du sollst mir teurer sein als jedes andere und aufbewahrt werden wie eine Reliquie, hast du doch heute einen so wackeren und mächtigen König zum Ritter gemacht; ab heute dienst du mir nur noch gegen Türken, Mauren und Sarazenen!» Franz zog als Triumphator in Mailand ein, ließ dessen abgesetzten Herzog mit einer großzügigen Jahrespension nach Frankreich verbringen, nahm Parma und Piacenza und schloß unter glänzendem Zeremoniell mit Leo X. in Bologna einen Vertrag und ein Konkordat, die sowohl der König als auch der Papst als einen diplomatischen Erfolg deuten mußten.

Franz kehrte von seinen Untertanen und beinahe ganz Europa bejubelt nach Frankreich zurück. Seine Soldaten vergötterten ihn, hatte er doch alle Mühsale mit ihnen geteilt und die Tapfersten an Tapferkeit übertroffen, und so sehr er in seinem Triumph der eigenen Eitelkeit Genüge tat, nahm er ihr doch den Stachel, indem er mit freigebigem Lob nicht geizte und mit huldvollen Worten der Eigenliebe eines jeden schmeichelte. Da aber beging er im Rausche seines Ruhms den verhängnisvollsten Fehler seines Lebens: Er bewarb sich um die deutsche Kaiserkrone. Sein Gegenkandidat war Karl I., König von Spanien und Neapel, Graf von Flandern und Holland; und es beunruhigte Franz zu Recht, diesen Fürsten auch noch an der Spitze des Heiligen Römischen Reiches zu sehen mit all dessen Ansprüchen auf die Lombardei und folglich auf Mailand, um derentwillen Maximilian wiederholt nach Italien gezogen war; von einem solchen Reich umschlossen, würde Frankreich zweifellos unüberwindlichen Feinden gegenüberstehen. Franz verteilte Subsidien, Karl verteilte noch größere Subsidien – Franz verlor, Karl gewann (1519). Damit begann die bittere Rivalität, die Westeuropa bis kurz vor des Königs Tod in blutigen Hader stürzen sollte.

An Gründen für ihre Feindschaft fehlte es den beiden nie. Schon vor seiner Wahl zum Kaiser hatte Karl als Enkel Marias, der Tochter Karls des Kühnen, Anspruch auf Burgund erhoben und dessen Wiedervereinigung mit der französischen Krone nicht anerkannt; und über Mailand als einem formellen Reichslehen beanspruchte er die Souveränität. Das Königreich Navarra blieb weiterhin von spanischen Streitkräften besetzt, während Franz auf der Rückgabe an seinen Vasallen, Henri d'Albret – den Gemahl Margaretens – bestand. Die wesentliche unter all diesen Streitfragen aber lautete: Wer ist der Herr Europas – Karl oder Franz? Die Türken antworteten: Suleiman.

Das eigentliche Kriegsspiel eröffnete Franz. Karls Nöte in Spanien und Deutschland ausnutzend – hier herrschte religiöser, dort politischer Aufruhr –, sandte er zur Rückeroberung Navarras ein Heer über die Pyrenäen. Es wurde in einem Feldzug geschlagen, dessen bemerkenswerteste Episode in der Verwundung Ignatius von Loyolas bestand (1521). Ein zweites Heer, das Mailand verteidigen sollte, meuterte, weil der Sold ausblieb; die kaiserlichen Landsknechte besiegten es bei Bicocca, Mailand fiel in die Hände Karls V. (1522), und um das Mißgeschick voll zu machen, ging der Konnetabel von Frankreich zum Kaiser über.

Herzog Karl von Bourbon war das Oberhaupt jenes großen Geschlechts, das von 1589 bis 1792 Frankreichs Krone tragen sollte. Nach dem König war er der reichste Mann des Landes mit fünfhundert adligen Vasallen; er war der letzte der großen Feudalherren, der die Allmacht des Königs in die Schranken weisen konnte. Bei Marignano leistete er Franz gute Dienste, weniger gute in Mailand, dessen Bevölkerung er durch seine Härte abstieß. In der Erwartung, sie zurückzuerhalten, ergänzte er die ihm vom König zur Verfügung gestellten spärlichen Mittel mit hunderttausend Livres aus der eigenen Tasche, aber die Rückerstattung blieb aus. Franz, der mit eifersüchtigem Argwohn auf den beinahe königlichen Vasallen blickte, berief ihn aus Mailand ab und fügte ihm absichtlich oder unabsichtlich solche Kränkungen zu, daß der Bourbone zu seinem erbitterten Feinde wurde. Dazu kam, daß der Herzog Susanne von Bourbon geehelicht hatte, deren ausgedehnte Besitzungen nach dem Testament ihrer Mutter an die Krone zurückfallen sollten, falls Susanne keine Leibeserben hinterließ. Sie starb auch in der Tat ohne solche (1521), stieß aber in ihrem Testament den letzten Willen der Mutter um und setzte den Gatten zum Erben ihres Besitzes ein. Als nächste Blutsverwandte des vorangegangenen Herzogs beanspruchten Luise von Savoyen und König Franz den Nachlaß; das Pariser *Parlement* entschied den daraus entstandenen Rechtsstreit zu ihren Gunsten. Des Königs Kompromißvorschlag, Karl die Nutznießung aller Güter auf Lebenszeit zu überlassen, wurde vom Herzog ebenso abgelehnt wie das Angebot der jetzt einundfünfzigjährigen Luise, ihn zu ehelichen und ihm einen unanfechtbaren Besitztitel als Mitgift zu geben. Das Angebot Karls V. schien dem Einunddreißigjährigen verlockender: die Hand von Karls Schwester Eleonore nebst voller Unterstützung der Ansprüche Bourbons durch die kaiserliche Macht. Im Schutz der Nacht entwich der Herzog aus Frankreich und übernahm als Generalleutnant den Befehl über das in Italien stehende kaiserliche Heer (1523).

Den Befehl über die Franzosen führte Bonnivet, doch der Bewerber um Margaretens Gunst erwies sich als unfähig und wurde vom Herzog bei Romagnano geschlagen. Bayard, der die Nachhut kommandierte, wurde durch einen Büchsenschuß tödlich verwundet (30. April 1524); der siegreiche Bourbone fand ihn sterbend unter einem Baum und wollte ihn trösten. «Monsieur», antwortete Bayard, «Mitgefühl gebührt mir wohl; ich sterbe in Erfüllung meiner Pflicht; Euch aber bemitleide ich, weil ich Euch gegen Euren König, Euer Vaterland und Euren Treueid handeln sehe.» Die Worte trafen den Herzog, doch hatte er alle Brücken hinter sich abgebrochen. Er vereinbarte mit Karl V. und Heinrich VIII., Frankreich von allen Seiten gleichzeitig anzugreifen, die französischen Streitkräfte zu überwältigen und das Land aufzuteilen, marschierte in der Provence ein, besetzte Aix und belagerte Marseille. Der Feldzug war aber ungenügend vorbereitet, traf auf unerwartet starken Widerstand und endete mit einem Mißerfolg. Im September 1524 zog sich der Herzog nach Italien zurück.

Franz hielt es für klug, ihn zu verfolgen und Mailand neuerdings zu nehmen. Der bis zuletzt unbelehrbare Bonnivet riet ihm, zuerst Pavia zu besetzen und Mailand von Süden her anzugreifen. Am 26. August 1524 begann die Belagerung Pavias, aber wieder erwies sich die Verteidigung stärker als der Angriff; das französische Heer wurde vier Monate in Schach gehalten, während Bourbon, Karl von Lannoy (Vizekönig von Neapel) und der Marquis von Pescara (der Gatte Vittoria Colonnas) ein neues Heer von 27000 Mann zusammenbrachten. Diese Streitmacht tauchte unvermutet im Rücken der Franzosen auf, so daß sich Franz von ihr und der gleichzeitig aus Pavia ausbrechenden Besatzung in die Zange genommen sah (24. Februar 1525). Wie immer focht er in der vordersten Linie und erschlug so viele Feinde mit eigener Hand, daß er den Sieg für gesichert hielt. Sein persönlicher Mut beeinträchtigte jedoch seine Feldherrnkunst;

das eigene Fußvolk geriet zwischen seine Geschütze und den Feind, und seine überlegene Artillerie war zum Nichtstun verurteilt. Die Franzosen begannen zu weichen; bei seiner eiligen Flucht riß der Herzog von Alençon sogar die Nachhut mit fort. Franz versuchte die zerstreuten Glieder wieder zu sammeln; aber nur die tapfersten seiner Edelleute begleiteten ihn in den Kampf zurück. Obschon im Gesicht, an Armen und Beinen verwundet, kämpfte er unermüdlich weiter; sein Pferd stürzte unter ihm, er kämpfte weiter. Seine getreuen Ritter fielen einer nach dem anderen, und schließlich stand er ganz allein. Von Feinden umringt, drohte auch ihm das Schlimmste, als ihn ein Offizier erkannte und zu Lannoy brachte, der des besiegten Königs Schwert mit tiefen Verbeugungen entgegennahm.

Der gefangene König wurde in die Festung Pizzighettone bei Cremona gebracht, wo man ihm gestattete, seiner Mutter, die in seiner Abwesenheit über Frankreich herrschte, den oft zitierten und oft fehlzitierten Brief zu schreiben:

«*An die Regentin Frankreichs:* Madame, damit Sie wissen mögen, worauf der Rest meines Unglücks beruht: es ist mir nichts in der Welt geblieben als die Ehre und mein Leben, das gerettet ist [*de toute chose ne m'est demeuré que l'honneur et la vie, qui est sauvée*]. Und damit Ihnen diese Nachricht in Ihrer Katastrophe ein wenig Trost geben möge, bat ich um Erlaubnis, Ihnen diesen Brief zu schreiben ... und beschwöre Sie, in Beachtung Ihrer bewährten Klugheit nichts zu überstürzen, weil ich trotz allem hoffe, daß Gott mich nicht verlassen wird ...»[1]

Margarete, der er eine ähnliche Botschaft schickte, antwortete für beide:

«*Mein Herr und König:* die Freude, die wir immer noch über Ihre gütigen Briefe empfinden, die Sie gestern Ihrer Mutter und mir zu schreiben beliebten, beglückt uns durch die Gewißheit Ihrer Gesundheit, von der unser Leben abhängt, so daß es mir scheint, wir sollten nichts anderes denken, als Gott zu preisen und weiterhin so gute Nachrichten zu erwünschen, die die beste Nahrung darstellen, die wir haben können, um weiterzuleben. Und sintemal uns der Schöpfer die Gnade gegeben hat, daß unsere *Trinität* allezeit beisammenbleibt, beschwören Sie *die anderen zwei*, daß dieser Brief, der an Sie, der Sie *der dritte* sind, gerichtet ist, mit der gleichen Liebe aufgenommen wird, wie sie Ihnen aufs freundlichste dargeboten wird von Ihren ehrerbietigsten und gehorsamsten Dienern, Ihrer Mutter und Schwester *Luise, Margarete*»[2]

An den in Madrid befindlichen Kaiser schrieb Franz einen unterwürfigen Brief, darin es hieß: «Wenn es Ihnen beliebt, so viel ritterliches Mitgefühl aufzubringen, um für den persönlichen Schutz zu sorgen, den ein gefangener König von Frankreich verdient ... dann dürfen Sie überzeugt sein, einen Gewinn statt eines nutzlosen Gefangenen und einen König von Frankreich für alle Zeit zu Ihrem Sklaven zu machen.»[3] Mißgeschick war in Franzens Erziehung nicht vorgesehen gewesen.

Statt, wie ihm vorgeschlagen wurde, den Sieg mit einem glänzenden Fest zu feiern, zog sich Karl, als er die Nachricht erhielt, in sein Schlafzimmer zurück (so wird überliefert) und betete kniend. Dann ließ er Franz und Luise seine nach seiner Meinung gemäßigten Friedensbedingungen zukommen: 1. Verzicht Frankreichs auf Burgund, Verzicht auf alle Ansprüche auf Flandern, das Artois und Italien. 2. Wiedereinsetzung des Herzogs von Bourbon in alle seine Titel und Würden und Herausgabe aller von ihm beanspruchten Besitzungen. 3. Die Provence und das Dauphiné seien zu unabhängigen Staaten zu machen. 4. Alle ehemals der englischen Krone gehörigen französischen Gebiete, nämlich die Normandie, Anjou, die Gascogne und die Guyenne seien an England abzutreten. 5. Frankreich müsse sich zu einem Bündnis mit dem Kaiser und einem gemeinsamen Feldzug gegen die Türken verpflichten. Luise antwortete, sie werde keinen Zoll französischen Bodens abtreten und sich bis zum letzten Mann verteidigen. Im Inneren entwickelte sie gleichzeitig eine solche Tatkraft und Umsicht, daß das Volk ihre früheren Mißgriffe völlig vergaß. In aller Eile rüstete sie neue Streitkräfte aus und verteilte sie auf die für einen feindlichen Einfall in Frage kommenden Grenzorte. Um des Kaisers Aufmerksamkeit von Frankreich abzulenken, drängte sie den Türkensultan Suleiman, statt nach Persien nach Europa vorzustoßen; inwieweit der Sultan davon beeinflußt wurde, wissen wir nicht. Auf alle Fälle marschierte er 1526 in Ungarn ein und schlug bei Mohács das Christenheer so vernichtend, daß jeder Angriff Karls auf Frankreich einem Verrat an der Sache der Christenheit gleichgekommen wäre. Des weiteren machte Luise König Heinrich VIII. und Papst Clemens VII. klar, daß die Auslieferung all der vom Kaiser verlangten Gebiete sowohl England als auch den Papst von der kaiserlichen Willkür abhängig machen würde. Heinrich begann zu schwanken, Luise verfolgte ihren Vorteil, bot ihm zwei Millionen Goldstücke als Abfindung an, und am 25. August 1525 kam zwischen Frankreich und England ein Offensiv- und Defensivbündnis zustande. Diese weibliche diplomatische Verschlagenheit öffnete manchen Männern die Augen und erschütterte Karls Zuversicht.

Inzwischen war der gefangene König mit Luisens und Lannoys Zustimmung nach Spanien gebracht worden. Bei seinem Eintreffen in Valencia (2. Juli 1525) hieß ihn Karl mit einem höflichen Schreiben willkommen; das war aber auch die einzige ritterliche Geste, zu der er sich aufschwang. Franz sah sich unter strengster Bewachung auf ein einziges enges Gemach in einer alten Madrider Burg und auf Ausritte auf einem Maulesel in deren nächster Umgebung beschränkt. Die von ihm erbetene Aussprache schob Karl hinaus, um den ungeduldigen Gefangenen zu größeren Zugeständnissen geneigt zu machen. Auch auf Luisens Angebot, persönlich mit ihm zu verhandeln, ging Karl nicht ein, weil er es für besser hielt, Franz mürbe zu machen, als sich selbst durch den Charme einer Frau erweichen zu lassen. Auch Luises Mitteilung, daß ihre jetzt verwitwete Tochter «glücklich sein würde, wenn sie Eurer kaiserlichen Majestät gefällig sein könnte», ließ ihn kalt; er zog Isabella von Portugal vor, deren Mitgift von 900000 Goldstücken ihm Dach und Tisch garantierte. Nach zweimonatiger Haft erkrankte Franz, so daß sogar Spanier, die Härte ihres Königs beklagend, in den Kirchen um seine Gesundung beteten, und Karl betete gleichfalls, weil ein toter Herrscher kein wertvolles politisches Pfand darstellte. Bei einem kurzen Besuch versprach er dem Kranken baldige Freilassung und lud Margarete ein, nach Spanien zu kommen, um den Bruder zu pflegen.

Am 27. August 1525 schiffte sich Margarete in Aigues-Mortes nach Barcelona ein, von wo sie in einer unbequemen Sänfte durch halb Spanien nach Madrid getragen wurde. Sie verkürzte sich die Reise mit der Abfassung von Gedichten und charakteristischen Botschaften, die sie voraussandte. «Was man auch von mir verlangen möge, um Ihnen zu dienen, und wäre es die Ausstreuung der Asche meiner Gebeine im Wind, nichts wäre mir seltsam oder schwierig oder schmerzlich, es wäre vielmehr Trost, Seelenfrieden, Ehre.» Als sie endlich in Madrid eintraf, schien Franz auf dem Weg der Besserung; aber am 25. September erlitt er einen Rückfall, verlor das Bewußtsein und schien ein Sterbender. Margarete und die Dienerschaft lagen betend auf den Knien; ein Priester verabreichte die letzte Ölung. Langsam erholte sich der Kranke wieder; Margarete blieb einen Monat an seiner Seite und begab sich dann nach Toledo, um den Kaiser umzustimmen. Dieser blieb unnahbar, denn über das neue Einverständnis zwischen König Heinrich und Frankreich erzürnt, wollte er sowohl dessen Doppelzüngigkeit als auch Luises Kühnheit bestrafen.

Franz hatte jedoch noch eine Karte auszuspielen, obschon sie lebenslängliche Gefangenschaft bedeuten konnte. Er veranlaßte Margarete, Spanien schnellstens zu verlassen, und unterzeichnete dann eine formelle Abdankung zugunsten seines ältesten Sohnes (November 1525) und setzte für diesen zweiten, erst achtjährigen Franz seine Mutter Luise und im Falle ihres Ablebens seine Schwester Margarete zu Regentinnen Frankreichs ein. Karl war es natürlich sofort klar, daß ihm ein König ohne Königreich keinen Nutzen bringen konnte. Doch Franz' Mut war mehr körperlicher als moralischer Natur. Am 14. Januar 1526 unterzeichneten er und Karl zu Madrid einen Vertrag, dessen Bedingungen noch härter waren als Karls ursprüngliche Vorschläge, denn Franz mußte ihm auch noch seine zwei ältesten Söhne als Unterpfand für die getreuliche Vertragserfüllung überlassen und sich verpflichten, des Kaisers Schwester Eleonore, Königinmutter von Portugal, zu heiraten. Und schließlich schwor er, sich bei Nichteinhaltung des Vertrags freiwillig nach Spanien und in die Gefangenschaft zurückzubegeben. Er hatte sich jedoch schon im voraus ein Hintertürchen gesichert, indem er am 22. August 1525 ein Dokument unterzeichnete, das «alle Pakte, Übereinkommen, Verzichtleistungen, Quittungen, Widerrufe, Minderungen und Eidesleistungen, die meiner Ehre und dem Wohl meiner Krone abträglich sind», für null und nichtig erklärte; am Abend des Vertragsabschlusses bekräftigte er diese Erklärung vor seinen französischen Unterhändlern mit dem Zusatz: «Ich unterschreibe nur unter dem Zwang und Druck der Gewalt, der Haft und der Dauer dieser Gefangenschaft; alles, was in dem Vertrag steht, ist und bleibt nichtig und tritt nicht in Kraft.»

Am 17. März 1526 tauschten Vizekönig Lannoy und Marschall Lautrec auf der Bidassoa, dem Grenzfluß, der das spanische Irún vom französischen Hendaye trennt, den König gegen die beiden Prinzen Franz und Heinrich aus. Der Vater segnete sie zum Abschied und widmete ihnen eine Träne; dann betrat er französische Erde, schwang sich in den Sattel und jubelte: «Jetzt bin ich wieder ein König!» In Bayonne erwarteten ihn Luise und Margarete; und in Bordeaux und Cognac, wo er zur Wiederherstellung seiner Gesundheit drei Monate verbrachte, gab er sich prompt einer Liebesromanze hin – hatte er denn nicht ein ganzes Jahr als Mönch gelebt? Luise, die mit der Gräfin Chateaubriand in Zwist geraten war, hatte vorsorglicherweise eine hübsche, blonde Ehrendame, Anne de Heilly de Pisselieu, mitgebracht, und die Achtzehnjährige zog auch wunschgemäß das königliche Auge auf sich. Franz machte sie im Sturm zu seiner Mätresse, und von da an teilte sie, bis der Tod sie schied, das Herz des Königs mit Mutter und Schwester. Seine Eheschließung mit Eleonore und seine gelegentlichen Amouren nahm sie mit Gelassenheit hin und heiratete zur Wahrung des Anstandes Jean de Brosse, den Franz zum Herzog erhob, und wenn sich die Herzogin d'Etampes auf einen weltfernen Landsitz in der Bretagne zurückzog, schmunzelte der König vergnügt.

## VI. KRIEG UND FRIEDEN: 1526–1547

Die Bestimmungen des Madrider Vertrages trugen Karl V. eine beinahe universelle Feindschaft ein. Die deutschen Protestanten zitterten vor der Machterweiterung des katholischen Kaisers, Italien lehnte seine Ansprüche auf die Lombardei ab, und Clemens VII. entband Franz von dem in Madrid geleisteten Eid. Gemeinsam mit Mailand, Genua, Florenz, Venedig und Frankreich schloß er sich in der Liga von Cognac zu einem Defensivbündnis gegen Karl zusammen (22. Mai 1526). Dieser sprach wiederum Franz die Ritterehre ab und forderte ihn auf, in die Gefangenschaft zurückzukehren, verhängte ein strengeres Regiment über die in seiner Hand befindlichen Prinzen und befahl seinen Feldherren, nach Rom zu marschieren.

Das in Deutschland und Spanien zusammengezogene kaiserliche Heer durchzog Italien, erklomm die römische Stadtmauer (der Herzog von Bourbon fand dabei den Tod) und plünderte die Stadt gründlicher, als es jemals die Goten und Wandalen getan hatten. Viertausend Römer verloren das Leben, der Papst wurde in der Engelsburg eingekerkert. Dem empörten Europa versicherte der in Madrid gebliebene Kaiser, sein ausgehungertes Heer habe die ihm erteilten Instruktionen überschritten; nichtsdestoweniger hielten seine Bevollmächtigten den Papst vom 6. Mai bis 7. Dezember 1527 in Gewahrsam und erpreßten von der nahezu bankrotten Kurie 368000 Goldstücke. Clemens wandte sich an Franz und Heinrich um Hilfe; Lautrec erschien auch bald jenseits der Alpen, wo er Pavias vormaligen Widerstand mit einer unbarmherzigen Plünderung vergalt, so daß sich die Italiener fragten, ob die französischen Freunde oder die deutschen Feinde das ärgere Übel seien. Lautrec marschierte an Rom vorbei nach Süden und belagerte Neapel. Die Stadt litt Hungersnot, als Andrea Doria, der sich von Franz beleidigt fühlte, die genuesische Flotte von Neapel abzog, zum Kaiser überging und die Belagerten verproviantierte. Jetzt war es Lautrecs Heer, das einschließlich des Marschalls Hungers starb und sich auflöste (1528).

Mittlerweile führten Franz I. und Karl V. ein richtiggehendes Komödienspiel auf. Dem französischen Abgesandten, der dem Kaiser Franzens Kriegserklärung überbrachte, antwortete Karl: «Der König von Frankreich ist außerstande, mir eine solche Botschaft zu übermitteln, denn er ist mein Gefangener ... Euer Herr benimmt sich wie ein Bastard und Schuft, indem er sein im Madrider Vertrag gegebenes Wort nicht hält; falls er das Gegenteil behaupten will, setze ich mein Schwert gegen seines.»[4] Franz nahm diese Herausforderung bereitwilligst an und entsandte einen Herold mit der Botschaft, seine Majestät sei ein abgefeimter Lügner, worauf Karl den Ort des Zweikampfes bestimmte und Franz die Festsetzung des Zeitpunkts überließ. Französische Höflinge fingen jedoch den Herold unterwegs ab und schoben durch eine kluge Verzögerungstaktik den Zweikampf hinaus. Die Nationen waren zu groß geworden, als daß ihre politischen und wirtschaftlichen Differenzen durch einen persönlichen Waffengang der Monarchen hätten entschieden werden können. Zum erstenmal seit der Völkerwanderung traten in diesem Disput zwischen Habsburg und Valois wieder jene übergeordneten Interessen in Erscheinung, die sich in unserer Zeit als «totaler Krieg» manifestiert haben*.

Zwei Frauen, Luise von Savoyen und Margarete von Österreich, Karls Statthalterin in den Niederlanden, bereiteten der Komödie ein Ende. Luise gab im Namen ihres Sohnes die Ansprüche auf Flandern, das Artois und Italien auf und bewilligte ein Lösegeld von zwei Millionen Goldstücken für Franz' Söhne; Margarete veranlaßte ihren kaiserlichen Neffen, auf Burgund zu verzichten und die Ansprüche des Herzogs von Bourbon, der glücklicherweise das Zeitliche gesegnet hatte, zu vergessen. Am 3. August 1529 unterzeichneten die beiden Fürstinnen und ihre Berater den «Damenfrieden» von Cambrai. Frankreichs Bürger, Stände und Kaufherren brachten das Lösegeld auf, und die königlichen Prinzen kehrten nach vierjähriger Gefangenschaft nach Frankreich zurück; ihre Schauergeschichten über die ihnen zuteil gewordene Behandlung brachten Franz und ganz Frankreich in Harnisch. Während die beiden großen Frauen den ewigen Frieden fanden – Margarete 1530, Luise 1531 –, rüsteten die Könige zu einem neuen Krieg.

Da er allein zu schwach war, sah sich Franz überall nach Beistand um. Den im Frieden von Cambrai zu kurz gekommenen Heinrich VIII. besänftigte er mit Geld, und schließlich verstand sich dieser sogar zu einem Bündnis, weil er auf Karl, der sich seiner «Scheidung» widersetzte, wütend war. Binnen einem Jahr zog Franz die protestantischen Fürsten Deutschlands, den Papst und sogar die Türken auf seine Seite. Der entschlußunfähige Clemens schloß allerdings bald wieder Frieden mit Karl und setzte ihm die Kaiserkrone aufs Haupt (1530), die letzte Krönung eines Kaisers des Heiligen Römischen Reichs durch einen Papst. Doch gleich nachher suchte er gegen ihn – der Italien praktisch wie eine Provinz seines Reiches behandelte – wiederum Rückendeckung bei Frankreich, indem er die Vermählung seiner Nichte Katharina von Medici mit Franz' Sohn, dem Herzog Heinrich von Orléans, vorschlug. Am 28. Oktober 1533 trafen sich Papst und König in Marseille, wo der Pontifex die weltgeschichtlich so bedeutungsvolle Trauung persönlich vollzog. Ein Jahr später entschlief Clemens, ohne sich zu irgend etwas entschlossen zu haben.

Als der trotz seiner erst fünfunddreißig Jahre schon alte Kaiser durch ein zwischen seinem Bruder Ferdinand von Österreich und dem türkischen Großwesir geführtes Ge-

* Das ganze Mittelalter hindurch ist der unter königlicher oder obrigkeitlicher Kontrolle durchgeführte Zweikampf als Gottesurteil gewertet worden. Erst im sechzehnten Jahrhundert degenerierte er zur privaten Verteidigung und Wahrung der persönlichen Ehre; er entwickelte dabei starre, außerhalb des Gesetzes stehende Regeln und Formen und trug in gewissem Sinn zur Bildung eines Ehrenkodex und verfeinerten Anstands der höheren Schichten bei. In Frankreich seit 1547 ungesetzlich, wurde er von der öffentlichen Meinung dennoch sanktioniert; in England blieb er bis 1817 erlaubt, verlor aber schon unter Elisabeths Regierung praktisch an Bedeutung.

spräch erfuhr, daß der türkische Vorstoß gegen Wien (1529) auf Betreiben von Franz, Luise und Clemens VII. unternommen worden war, nahm er die selbstgewählte Last mit resignierter Entschlossenheit auf sich. Sein erster Schlag galt dem Bey von Tunis, Khair ed-Din Barbarossa, der – gleichfalls mit Franz verbündet – die christliche Schiffahrt im westlichen Mittelmeer beeinträchtigte, Küstenstädte überfiel und deren christliche Bewohner als Sklaven verschleppte. Karl setzte mit einem Heer nach Tunis über (1535), nahm die Stadt ein, befreite 10000 Christensklaven und belohnte seine soldlos gebliebene Truppe mit der Erlaubnis, zu plündern und zu morden. Unter Zurücklassung von Garnisonen in Bône und La Goulette traf er als der siegreiche Verteidiger der Christenheit sowohl gegen den Islam als auch den König von Frankreich in Rom ein (5. April 1536). Kurz vorher, im März, war Franz, seinen Anspruch auf Mailand erneuernd, im Herzogtum Savoyen einmarschiert. Zornerfüllt und mit leidenschaftlichem Pathos schilderte Karl vor Paul III. und dem vollzähligen Kardinalskollegium seine Anstrengungen, den Frieden zu wahren, bezichtigte den französischen König des wiederholten Bruches der Verträge von Madrid und Cambrai, verurteilte die Bündnisse Seiner Christlichen Majestät mit den Kirchengegnern in Deutschland und den Christenhassern in der Türkei und Afrika und schloß seine Anklage mit einer erneuten Herausforderung an Franz zum Zweikampf: «Wir wollen Schluß damit machen, mutwillig das Blut unserer unschuldigen Untertanen zu vergießen, wir wollen unsern Streit Mann gegen Mann ausfechten, und er soll die Waffe wählen; ... und nachher soll die vereinigte Macht Deutschlands, Spaniens und Frankreichs die Macht der Türken brechen und die Christenheit von der Ketzerei befreien.» Es war eine geschickte Rede, zwang sie doch den Papst, sich auf die Seite des Kaisers zu schlagen; nur die Herausforderung zum Zweikampf nahm niemand ernst – andere für sich streiten zu lassen, gewährte größere Sicherheit.

Am 25. Juli 1536 marschierte Karl mit fünfzigtausend Mann in die Provence ein in der Hoffnung, den in Savoyen stehenden Franzosen durch einen Marsch rhoneaufwärts zuvorzukommen. Aber der Konnetabel Anne de Montmorency nahm seine schwachen Kräfte kampflos zurück und verbrannte alles, was den kaiserlichen Truppen zur Verpflegung hätte dienen können. Der stets geldarme Karl vermochte nicht, sie durch Nachschub von außen zu versorgen, und mußte den Feldzug abblasen. Zwei Jahre später gelang es Paul III., dem mehr an einem Krieg gegen die Türken oder die Protestanten gelegen war als an einem Bruderkrieg zwischen katholischen Fürsten, die beiden Titanen zu bewegen, mit ihm zusammen in Nizza zu verhandeln, wo sie – durch gesonderte Quartiere getrennt – einen zehnjährigen Waffenstillstand schlossen (17. Juni 1538). Erst einen Monat später fand durch Vermittlung Eleonores, Gemahlin des einen und Schwester des anderen, eine persönliche Zusammenkunft in Aigues-Mortes statt. Die beiden Fürsten vergaßen ihre Majestät und verwandelten sich in Menschen; Karl kniete nieder, um die jüngsten Kinder des Königs zu umarmen; dieser überreichte seinem langjährigen Feind einen Brillantring mit der Inschrift *Dilectionis testis et exemplum* – «Zum Beweis und als Zeichen der Liebe»; Karl revanchierte sich, indem er das Ordensband des Goldenen Vlieses von seinem Hals nahm und es dem König umhängte.

Als sie sich gemeinsam zur Kirche begaben, jubelte die über den Frieden begeisterte Bevölkerung: «Der Kaiser, der König!»

Für einmal verhielt sich Franz loyal, denn als im nächsten Jahr Gent gegen Karl rebellierte und gemeinsam mit Brügge und Ypern Franz den Anschluß an Frankreich anbot, wies dieser sie ab. Und da Karl den Seeweg nach Flandern wegen der Schiffe der Aufständischen nicht einschlagen konnte, bewilligte Franz sogar den Durchmarsch eines kaiserlichen Heeres von Spanien nach den Niederlanden. Weniger skrupulös, rieten Franz' Ratgeber, den Kaiser unterwegs anzuhalten und zur Abtretung Mailands an den Herzog von Orléans zu zwingen, aber Franz blieb standhaft und antwortete: «Wer großmütig handeln will, muß es ganz und ohne Winkelzüge tun.» Seinen Hofnarren Tribouillet überraschte er, als dieser in sein «Närrisches Tagebuch» den Namen «Karl V.» einschrieb; zur Rede gestellt, meinte der Narr: «Wenn er durch Frankreich marschiert, ist er ein größerer Narr als ich.» – «Und was sagst du, wenn ich ihn ungehindert ziehen lasse?» fragte der König. «Dann radiere ich seinen Namen aus und schreibe Euern an die Stelle.» Franz ließ Karl ungehindert passieren und befahl allen Städten auf seinem Weg, ihn mit königlichen Ehren einzuholen und zu feiern.

Die unsichere Freundschaft endete im Juli 1541, als spanische Soldaten in der Nähe von Pavia französische Emissäre abfingen, die neue Bündnisangebote an Sultan Suleiman bei sich trugen, und das zu einer Zeit, da Barbarossa die italienischen Küstenstädte abermals heimsuchte. Karl stach mit einer neuen Flotte von Mallorca aus in See; aber Stürme richteten solchen Schaden an, daß er unverrichteter Dinge nach Spanien zurückkehren mußte. Sein Stern war im Sinken. Die junge Gemahlin, die er zu lieben gelernt hatte, war 1539 gestorben, und seine eigene Gesundheit ließ zu wünschen übrig. 1542 stellte ihm Franz – Mailands wegen – eine neue Kriegserklärung zu. Dessen Bündnisse erstreckten sich jetzt auf Schweden, Dänemark, Schottland, Geldern, Kleve, die Türkei und den Papst; nur Heinrich VIII. hielt – freilich nicht umsonst – zu Karl, aber die spanischen Cortes verweigerten das für den Krieg erforderliche zusätzliche Geld. Eine türkisch-französische Flotte belagerte das in kaiserlicher Hand befindliche Nizza, konnte es aber nicht einnehmen, und die Türken überwinterten mit französischer Erlaubnis in Toulon, wo sie ganz offen Christen in die Sklaverei verkauften. Der Kaiser rettete die Situation mit seiner üblichen Geduld, versöhnte sich mit dem Papst, gewann Philipp von Hessen, vor dessen Bigamie er diplomatisch die Augen schloß, überrannte den Herzog von Kleve und vereinigte sich mit den Engländern. Franz wich vor der überlegenen Macht zurück und überließ den Gegnern die Ehren des Feldzugs (Oktober 1543). Doch wieder zu arm, um sein Heer zu verproviantieren, ging Karl auf ein Friedensangebot ein und schloß mit Franz den Frieden von Crépy (18. September 1544). Der eine verzichtete auf Burgund, der andere auf Flandern, das Artois und Neapel, und eine Habsburger Erzherzogin sollte einem französischen Prinzen Mailand als Mitgift bringen. (All das hätte schon 1525 friedlich geregelt werden können.) Damit hatte Karl endlich seine Hände frei, die deutschen Protestanten bei Mühlberg zu schlagen, wo ihn Tizian als stolzen Triumphator porträtiert hat – ohne Gicht und nicht von hundert launischen Schicksalswendungen zermürbt.

Franz hingegen war erledigt, und Frankreich fast auch. In gewissem Sinn hatte er nicht viel mehr verloren als seine persönliche Ehre, denn sein Land hatte er – wenn auch unter Mißachtung der ritterlichen Tugenden – durch alle Fährnisse hindurchgesteuert. Doch wären die Türken auch ohne sein Zutun in Europa eingebrochen; und ihm war es wiederum nur dank diesem Einbruch möglich, einem Kaiser die Stirn zu bieten, der, wäre ihm kein Widerstand geleistet worden, die spanische Inquisition in die Schweiz, nach Flandern, Holland, Deutschland und Italien verpflanzt hätte. Das bei Franz' Regierungsantritt friedlich prosperierende Frankreich aber war, wie gesagt, beinahe bankrott und stand am Vorabend eines neuen Krieges. Während er Karl Freundschaft gelobte, sandte Franz noch einen Monat vor seinem Tod den deutschen Protestanten Subsidien in Höhe von 200 000 Goldstücken als Unterstützung gegen den Kaiser. Machiavellis Staatsauffassung, daß für ihre Länder verantwortliche Staatsmänner nicht an den Moralkodex gebunden seien, den sie ihren Untertanen vorschreiben, die für nichts verantwortlich sind als ihr Leben, wurde von Franz und – in geringerem Maß – vom Kaiser geteilt. Seine Kriege hätten ihm die Franzosen wahrscheinlich verziehen; an der Pracht seiner Hofhaltung verloren sie jedoch den Geschmack, als sie draufkamen, was sie dafür bezahlen mußten. So war er schon 1535 unpopulär.

Mit Schönheit, lebender und toter, tröstete er sich darüber hinweg. Den Lieblingssitz seiner späteren Jahre, Fontainebleau, baute er um und genoß die feminine Eleganz, die seine italienischen Künstler dabei entwickelten; nicht weniger erfreute ihn die hübsche und fröhliche *petite bande* junger Frauen, mit der er sich umgab. 1538 befiel ihn ein Kehlkopfleiden, so daß er von da an gräßlich stotterte. Er versuchte es – vermutlich war es die Syphilis – mit Quecksilberpillen zu heilen, die ihm der Bey von Tunis empfahl, aber vergebens. Ein chronischer, übelriechender Abszeß brach seinen Geist, machte die einstmals so strahlenden Augen trübe und verdrossen und trieb ihn zu einer Frömmigkeit, die nicht zu ihm paßte. Zu allem Überfluß fürchtete er, von Höflingen, die unter seinem Nachfolger aufzusteigen hofften, vergiftet zu werden, drehte sich doch der Hof immer mehr um seinen Sohn, der ganz offen die höchsten Ämter verteilte und ungeduldig darauf wartete, Frankreichs Herr zu werden. Auf dem Sterbebett zu Rambouillet berief er seinen einzigen Erben zu sich und warnte ihn davor, sich von einer Frau beherrschen zu lassen – denn Heinrichs Zuneigung gehörte bereits Diane von Poitiers. Er beichtete hastig und summarisch und hieß, unter schmerzhafter Atemnot leidend, den Tod willkommen. Der Herzog Franz von Guise flüsterte, an der Türe stehend, ins benachbarte Zimmer: *Le vieux gallant s'en va* – «Der alte Lüstling geht hinüber». Er ging, ein gehauchtes «Jesus» auf den Lippen. Er war dreiundfünfzig Jahre alt und hatte zweiunddreißig Jahre regiert. Für Frankreichs Gefühl war es zu lang gewesen; doch später, nachdem es sich erholt hatte, verzieh es ihm alles: Er hatte mit Grazie gesündigt, er hatte die Schönheit geliebt, er war die Inkarnation Frankreichs gewesen.

Im gleichen Jahr, 1547, starb Heinrich VIII. und zwei Jahre später Margarete. Sie war zu lange und zu weit von Franz entfernt gewesen, als daß sie hätte ahnen können, wie nahe dem Tode er war. Sie befand sich in einem Kloster in Angoulême, als sie die Nachricht von seiner schweren Erkrankung erreichte, und verlor darüber fast den Verstand. «Wenn einer an meine Tür kommt und mir sagt, daß der König, mein Bruder, genesen ist, darf er noch so sehr mit Schmutz bedeckt sein, ich will ihn umarmen und küssen, als wäre er der adretteste Prinz und Edelmann ganz Frankreichs; und wenn er ein Bett braucht ... dann gebe ich ihm meines, und ich würde beglückt auf dem Boden liegen, weil er mir so gute Nachricht gebracht hat.»[5] Sie jagte Kuriere nach Paris; als sie zurückkamen, logen sie, der König sei wohlauf; aber die verstohlenen Tränen einer Nonne verrieten ihr die Wahrheit. Sie blieb, als Äbtissin amtierend, vierzig Tage im Kloster und sang mit den Nonnen die alten heiligen Gesänge.

Wieder in Pau und Nérac führte sie ein asketisches Dasein und fügte sich resigniert in die Untreue des Gatten und in die seltsamen Kapriolen der Tochter. Nach all ihren tapferen, beinahe protestantischen Jahren trösteten sie jetzt die Farbigkeit, der Weihrauch und die hypnotisierende Musik des katholischen Rituals; der in Südfrankreich immer mehr um sich greifende Calvinismus machte sie frösteln und trieb sie in den Glauben ihrer Kindertage zurück. Im Dezember 1549 zog sie sich bei der Beobachtung eines Kometen eine fiebrige Erkältung zu, die den von der Unbarmherzigkeit des Lebens geschwächten Körper und Geist vollends zerbrach. In Versen, die sie schon Jahre zuvor geschrieben hatte, zeigt sich bereits eine gewisse Sehnsucht nach Tod und Vergessen:

| | |
|---|---|
| *Seigneur, quand viendra le jour,* | Wann, o Herr, hebt mich |
| *Tant désiré,* | Deine Liebe zu dir? |
| *Que je serai par amour* | Ich sehne so inniglich |
| *A vous tirée? ...* | Fort mich von hier. |
| *Essuyez les tristes yeux* | Schließe den trauernden Blick, |
| *Le long gémir,* | Das Leid, das mich traf, |
| *Et me donnez pour le mieux* | Gib mir das beste Glück, |
| *Un doux dormir.* | Den ewigen Schlaf. |

## VII. DIANA VON POITIERS

*Le vieux gallant* hatte sieben Kinder, alle von Claude. Der älteste Sohn Franz war wie der Vater: hübsch, heiter und bestrickend. Der 1519 geborene Heinrich war still, schüchtern und ein wenig vernachlässigt; mit dem Bruder wetteiferte er nur im Unglück. Die vierjährige Unterdrückung und Demütigung in Spanien hatte beide unwiderruflich geprägt. Als Franz sechs Jahre nach der Befreiung starb, wurde Heinrich noch einsilbiger und nach innen gekehrt und mied das frohe Treiben bei Hof. Gefährten hatte er, aber sie sahen ihn selten lächeln. Er sei, sagte man, in Spanien spanisch geworden.

Katharina von Medici heiratete er nicht auf eigenen Wunsch, noch sie ihn auf ihren. Auch sie hatte schwere Prüfungen hinter sich; innerhalb zweiundzwanzig Tagen nach ihrer Geburt starben Vater und Mutter an der Syphilis (1519), und bis zu ihrer Hochzeit wurde sie hilflos von Ort zu Ort gestoßen. Als Florenz 1527 die Medici vertrieb, behielt man Katharina als Geisel, und als die Verbannten mit Heeresmacht zurückkehrten und die Stadt belagerten, bedrohte man das Kind mit dem Tod. Clemens VII. benutzte sie im diplomatischen Schachspiel um Frankreichs Gunst als Bauern; und sie, ein Mädchen von vierzehn, ging gehorsam nach Marseille, einen vierzehnjährigen Jungen zu heiraten, der während der ganzen Festlichkeit kaum ein Wort mit ihr sprach. Paris empfing sie kalt, weil sie zu viele Italiener mitbrachte; man nannte sie die «Florentinerin», und so sehr sie sich bemühte, die Pariser zu gewinnen, blieben sie ebenso wie ihr Gatte kühl. Als sie überdies die Hoffnung auf Kinder verlor, erklärte sie ihrem Schwiegervater unter Tränen, in die Scheidung einwilligen und ins Kloster gehen zu wollen; doch verzichtete der gerührte König auf das Opfer. Plötzlich öffnete sich das Tor zur Mutterschaft, und Katharina brachte fast jedes Jahr ein Kind zur Welt, insgesamt zehn. Am bekanntesten geworden sind Franz II., der Gemahl Maria Stuarts, Elisabeth, die Gemahlin Philipps II., Karl IX., der das Massaker der Bartholomäusnacht befahl, Eduard, später der tragische Heinrich III., und Margarete von Valois, Gemahlin und Quälgeist Heinrichs von Navarra. In all diesen fruchtbaren und unfruchtbaren Jahren, von den ersten vier abgesehen, schenkte ihr Gemahl seine Liebe Diane de Poitiers.

Unter den königlichen Mätressen, die in Frankreichs Geschichte eine so führende Rolle spielen, nimmt Diane eine Sonderstellung ein. Als ihr der siebzehnjährige Prinz sein Herz schenkte (1536), war sie bereits siebenunddreißig; sie war nicht schön, in ihrem Haar schimmerte das erste Grau, und Falten verrieten ihre Jahre. Ihren einzigen körperlichen Charme bildeten ihre Grazie und ein durch kalte Waschungen jugendlich frisch gehaltener Teint. Sie war keine Kurtisane und ihrem Mann, Louis de Brézé, bis zu seinem Tod (1531) offenbar treu, obschon sie bei der Hochzeit (1515) erst sechzehn und er sechsundfünfzig Jahre alt war. Auf dem prächtigen Grabmal, das sie ihm in Rouen errichten ließ, gelobte sie ihm in der Inschrift ewige Treue. Sie hat auch nicht wieder geheiratet und sich nie anders als schwarz und weiß gekleidet.

Während ihrer königlichen Liaison mit Heinrich gestattete sie sich, wie er auch, zwei oder drei Seitensprünge; doch blieben sie rein sinnliche Episoden. Ihrem Wesen nach war sie nicht romantisch, sondern eher praktisch und erntete, solange die Sonne schien; Frankreich stieß sich nicht an ihrer Moral, sondern an ihrem Reichtum. Sie gehörte nicht zu Franz' *mignons*, diesen hübschen, aber leeren Köpfchen, die kokett einhertänzelten, bis ihnen die Mutterschaft Einhalt gebot. Diane war gebildet und witzig und verfügte über Verstand und vornehmes Auftreten – kurz, eine Mätresse, die durch ihren Geist bezauberte.

Sie war von vornehmer Abstammung und wuchs am kunstliebenden Hof der Bourbonen in Moulin auf. Ihr Vater Jean de Poitiers, Graf von Saint-Vallier, beteiligte sich – nachdem er ihn zu verhüten gesucht hatte – am Verrat Karls von Bourbon; in Gefangenschaft geraten, wurde er zum Tod verurteilt (1523). Der bei Franz in Gunst stehende Gatte Dianes, Louis de Brézé, erwirkte die Begnadigung*. Louis de Brézé war durch Agnes Sorel

* Die durch Hugos *Le roi s'amuse* bekannt gewordene Darstellung, daß Diana die Begnadigung des Vaters durch ihre Hingabe an den König erkaufte, entspricht nicht der Wahrheit.

ein Enkel Karls VII., er besaß Fähigkeiten oder Einfluß, denn er wurde Grand Sénéchal und Statthalter in der Normandie.

Als der damals siebenjährige Heinrich in Bayonne als Geisel für Franz' Vertragstreue ausgeliefert wurde, bemutterte und tröstete die um zwanzig Jahre ältere Diane das weinende Kind, dessen eigene Mutter Claude zwei Jahre zuvor gestorben war; und Heinrich hat sich vielleicht an diese mütterliche Zärtlichkeit erinnert, als er ihr elf Jahre später wieder begegnete. Er war zwar schon vier Jahre verheiratet, aber immer noch unreif, schwermütig und scheu; er benötigte eine Mutter weit mehr als eine Frau, und wieder gab ihm Diane Zärtlichkeit, Ruhe und Trost. Anfänglich näherte er sich ihr wie ein Sohn, und ihre Beziehung blieb offenbar keusch. Ihre Zuneigung und ihr Rat flößten ihm Selbstvertrauen ein; der Misanthrop verwandelte sich unter ihrer klugen Leitung und bereitete sich vor, ein König zu sein. Der öffentlichen Meinung zufolge hatten sie eine Tochter, Diane von Frankreich, die die Mutter gemeinsam mit ihren zwei ehelichen Töchtern erzog; außerdem adoptierte sie die 1538 geborene Tochter Heinrichs und einer Piemonteserin, die für den großen Augenblick ihres Lebens lebenslang als Nonne büßte. Später zeugte Heinrich ein weiteres illegitimes Kind mit Mary Fleming, der Erzieherin Maria Stuarts. Trotz solcher Seitensprünge gehörte sein Herz immer ausschließlicher Diane von Poitiers. Er überschüttete sie mit Juwelen und Gütern und widmete ihr Verse von unleugbarem Wert. Katharina vernachlässigte er trotzdem nicht ganz; meist dinierte und verbrachte er den Abend mit ihr, und sie, dankbar für die Krümel seiner Liebe, fügte sich still leidend darein, eine andere als eigentliche Dauphine Frankreichs zu sehen. Daß Diane Heinrich gelegentlich nahelegte, bei seiner Frau zu schlafen, muß sie zusätzlich verletzt haben.

Heinrichs Thronbesteigung minderte Dianes Stellung nicht. In Briefen von größter Unterwürfigkeit beschwor er sie, lebenslang ihr Diener sein zu dürfen, und seine Leidenschaft machte sie beinahe so reich wie die Königin. Er verschrieb ihr einen festen Prozentsatz aller aus dem Ämterverkauf eingehenden Beträge und ermächtigte sie, fast alle Stellen zu besetzen. Er gab ihr die Kronjuwelen, die die Herzogin d'Etampes getragen hatte, und als diese protestierte, drohte ihr Diane, sie als Protestantin bloßzustellen, und ließ sich erst durch eine Landschenkung besänftigen. Weiter erlaubte ihr Heinrich, 400000 Taler, die Franz in seinem Testament als Subsidien für die deutschen protestantischen Fürsten bestimmt hatte, für ihre eigenen Zwecke zu behalten. Mit solchen Mitteln ausgestattet, ließ sie Philibert Delorme das alte Herrenhaus der Brézé in Anet in ein weitläufiges Schloß umbauen, das dem König als eine zweite Residenz, der Kunst als Museum und Dichtern, Künstlern, Diplomaten, Herzögen, Generalen, Kardinälen, Philosophen und Mätressen als Treffpunkt diente. Hier tagte der Sache nach der Kronrat; hier amtete Diane als eine leidenschaftslose und höchst intelligente Staatskanzlerin. Das kühne Symbol dieser königlichen Liaison – zwei D Rücken an Rükken mit einem sie zu einem H verbindenden Querstrich – war in Anet, Chenonceaux, Amboise und im Louvre überall zu finden: auf dem Tafelgeschirr, den Wappen, den Kunstgegenständen, dem Chorgestühl. Etwas Rührendes und Schönes haftet dieser einmaligen Freundschaft an, die, auf Liebe und Geld aufgebaut, bis zum Tode dauerte.

Im Kampf zwischen der Kirche und der Ketzerei nahm Diane für den alten Glauben und die Unterdrücker des neuen Partei. Dafür gab es genügend Gründe: Ihre Tochter war mit einem Sohn des Herzogs Franz von Guise verheiratet, und Franz war wie sein Bruder Karl, Kardinal von Lothringen, nicht nur ein Führer der katholischen Partei, sondern auch ein hochwillkommener Gast in Anet. Was Heinrich anbelangt, hatte sein Aufenthalt in Spanien seinen Kindheitsglauben verstärkt, und in seinen Liebesbriefen rivalisierten Gott und Diane miteinander als Beherrscher seines Herzens. Die Kirche kam ihm entgegen und erkaufte mit drei Millionen Goldstücken die Annullierung des von seinem Vater erlassenen Dekrets, das die geistliche Gerichtsbarkeit eingeschränkt hatte.

Dennoch wuchs der Protestantismus unter dem Einfluß der Sendlinge Calvins und anderer Reformatoren beängstigend. 1559 waren die Städte Caen, Poitiers, La Rochelle wie auch viele Städte der Provence vorwiegend protestantisch; nach der Schätzung eines Geistlichen bekannte sich im genannten Jahr fast ein Viertel aller Franzosen zur reformierten Lehre. Ein katholischer Historiker sagt, das Konkordat zwischen Leo X. und Franz I. habe die Ursache für den Abfall von Rom – die Korruption der Kirche – nicht beseitigt; es habe sie nur verstärkt. Die mittleren und unteren Stände sahen im Protestantismus zugleich einen Protest gegen eine katholische Staatsführung, die die städtische Selbstverwaltung einschränkte, übermäßige Steuern erhob und Gut und Blut vergeudete. Die Magnaten aber, deren Macht die Könige gebrochen hatten, blickten voller Neid auf die lutherischen Fürsten, die sich siegreich gegen Karl V. behaupteten, und glaubten, das allgemeine Mißvergnügen über die Mißstände in Kirche und Staat zur Restauration einer ähnlichen Feudalordnung in Frankreich ausnutzen zu können. Prominente Adlige wie Gaspard de Coligny und sein jüngerer Bruder François d'Andelot, Prinz Louis de Condé und sein Bruder Antoine de Bourbon beteiligten sich aktiv an der Vorbereitung des Aufstands der Protestanten.

Als religiöse Grundlage entschied sich der gallische Protestantismus für Calvins *Institutio*, die, von einem Franzosen verfaßt und bald nach Erscheinen des lateinischen Originals auch französisch publiziert, in ihrer Logik dem französischen Geist am meisten entsprach. Luther war nach 1550 in Frankreich beinahe vergessen; ja sogar der Name Huguenot kam aus Zürich über Genf in die Provence. Im Mai 1559 fühlten sich die Protestanten stark genug, um Vertreter zu einer heimlich in Paris abgehaltenen, ersten Landessynode zu entsenden. 1561 gab es in Frankreich 2000 reformierte oder calvinistische Gemeinden.

Heinrich II. war entschlossen, diese Ketzerei auszumerzen. Auf seine Weisung hin schuf das Pariser *Parlement* einen Sonderausschuß zur Verfolgung abweichender Glaubenshaltungen (1549); und da die Überführten dem Scheiterhaufen anheimfielen, legte man dem neuen Gericht die Bezeichnung *chambre ardente*, «die brennende Kammer», zu. Das Edikt von Chateaubriand verbot den Druck, Verkauf und Besitz ketzerischer Literatur als schweres Verbrechen und bedrohte die hartnäckige Beharrung auf protestantischen Ideen mit dem Tode. Denunzianten wurde ein Drittel des Besitzes der Verurteilten versprochen. Sie waren gehalten, dem *Parlement* alle Richter zu melden, die

Ketzer nachsichtig behandelten, und keiner konnte ein Amt ausüben, dessen Rechtgläubigkeit nicht zweifelsfrei bewiesen war. In den nächsten drei Jahren überantwortete die *chambre ardente* sechzig Protestanten dem Tode in den Flammen. Heinrich bot Papst Paul IV. die Einführung der Inquisition in Frankreich nach den neuen römischen Richtlinien an; doch das *Parlement* wehrte sich gegen die Schaffung einer übergeordneten Instanz. Eines seiner Mitglieder, Anne du Bourg, erkühnte sich, vorzuschlagen, alle Ketzerprozesse zu suspendieren, bis das Trienter Konzil seine Arbeiten zur Präzisierung des orthodoxen Dogmas beendet haben würde. Heinrich ließ ihn festnehmen und schwor, ihn auf den Scheiterhaufen zu bringen; doch das Schicksal betrog den König um dieses Schauspiel.

Denn mittlerweile hatte sich dieser zu einem neuen Krieg mit dem Kaiser verleiten lassen. Die lange Gefangenschaft seines Vaters, seines Bruders und seiner selbst brannte ihm immer noch auf der Seele; er haßte Karl mit der gleichen Glut, mit der er Diane liebte. Anläßlich ihres Entscheidungskampfes mit dem Kaiser für Christus und Feudalismus suchten die lutherischen Fürsten ein Bündnis mit Heinrich und luden ihn ein, sich dafür Lothringen anzueignen. Im Vertrag von Chambord kam der Handel zustande (1552). In einem schnellen und gut geführten Feldzug nahm Heinrich mit geringer Mühe Toul, Nancy, Metz und Verdun. Karl, der dem Protestantismus in Deutschland lieber den Sieg überließ als dem Valois in Frankreich, ging einen demütigenden Frieden mit den Fürsten in Passau ein und schritt eiligst zur Belagerung der Franzosen in Metz, wo der Herzog Franz von Guise durch eine geschickte und hartnäckige Verteidigung seinen Kriegsruhm begründete. Die Belagerung dauerte vom 19. Oktober bis zum 26. Dezember 1552, dann zog Karl, bleich, abgezehrt, weißbärtig und invalid, seine entmutigten Truppen zurück. «Ich sehe es ein», sagte er, «das Glück ist wie eine Frau, es zieht einen jungen König einem alten Kaiser vor.» Und weiter sagte er: «Ehe drei Jahre um sind, werde ich Cordelier werden» – das heißt ein Bettelmönch im Orden der Franziskaner.

In den Jahren 1555 und 1556 dankte er in den Niederlanden und in Spanien zugunsten seines Sohnes ab und schloß mit Frankreich den Waffenstillstand von Vaucelles. Dann begab er sich nach Spanien (17. September 1556) im Glauben, Philipp ein Reich zu hinterlassen, dessen Friede gesichert war. Doch Heinrich dünkte die Situation für einen neuen Einfall in Italien günstig. Philipp besaß keinen Ruhm als Feldherr, und da er sich unvermutet in einen Krieg mit Papst Paul IV. verwickelt sah, erschien Heinrich die Gelegenheit ideal. Er beauftragte Guise, Mailand und Neapel zu nehmen, und bereitete sich selbst darauf vor, Philipp auf den uralten Schlachtfeldern Nordostfrankreichs entgegenzutreten. Philipp wuchs mit der Aufgabe. Er lieh eine Million Dukaten von Anton Fugger und bestrickte die Königin von England, Maria, gemeinsame Sache mit ihm zu machen. Am 10. August 1557 führte Herzog Emanuel Philibert von Savoyen Philipps Koalitionsheer bei Saint-Quentin zu einem überwältigenden Sieg, nahm Coligny und Montmorency gefangen und bereitete den Marsch auf Paris vor. Die Stadt geriet in Panik, eine Verteidigung schien unmöglich. Heinrich rief Guise und sein Heer aus Italien zurück; der Herzog marschierte durch Frankreich und überrumpelte dank einem bemerkenswert schnellen Manöver Calais (1558), das seit 1348 in englischen Händen gewesen war. Philipp, der den Krieg haßte und schnellstens nach Spanien zurückkehren wollte, ließ sich leicht zur Unterzeichnung des Vertrages von Cateau-Cambrésis bewegen (2. April 1559): Heinrich willigte ein, nördlich der Alpen zu bleiben; Philipp ließ ihn im Besitz von Lothringen und – trotz Marias Tränen – von Calais. Die beiden Könige schlossen plötzlich Freundschaft; Heinrich gab seine Tochter Elisabeth Philipp zur Frau und verlobte seine Schwester, Margarete von Berry, mit Emanuel Philibert, der jetzt Savoyen zurückgewann; und ein festliches Programm von Hochzeiten, Banketten und Turnieren wurde entworfen.

Während der vorsichtige Philipp in Flandern blieb, versammelte sich der Adel Frankreichs, Hollands und Spaniens um den königlichen Palast Les Tournelles in Paris; in der Rue St-Antoine wurden Schranken und buntgeschmückte Tribünen und Balkone errichtet, und die Fröhlichkeit war allgemein. Am 22. Juni nahm der Herzog von Alba als Philipps Stellvertreter Elisabeth als neue Königin von Spanien in Empfang. Der jetzt vierzigjährige Heinrich bestand darauf, am Turnier teilzunehmen. Als Sieger in dieser ritterlichen Übung galt der Reiter, der, ohne aus dem Sattel geworfen zu werden, an der Rüstung des Gegners drei Lanzen zerbrach. Zweimal, gegen die Herzöge von Guise und Savoyen, die ihre Rolle in diesem Spiel gut kannten, war der König erfolgreich; doch ein dritter Gegner, Montgomery, brach, gegen den König anreitend, seine Lanze an dessen Rüstung und ließ ungeschickterweise das spitze Bruchstück des Lanzenschafts unter das Visier des Königs gleiten; es durchbohrte ein Auge und drang ins Gehirn. Neun Tage lag er bewußtlos. Am 9. Juli wurde die Vermählung Philiberts und Margaretes gefeiert. Am 10. Juli starb der König. Diane von Poitiers zog sich nach Anet zurück, wo sie noch sieben Jahre lebte. Katharina von Medici, die nach Heinrichs Liebe gehungert hatte, trug bis an ihr Lebensende Trauer.

# ACHTES KAPITEL

# *Heinrich VIII. und Kardinal Wolsey*

[1509–1529]

## I. DER VIELVERSPRECHENDE KÖNIG: 1509–1511

Als im Jahre 1509 der erst achtzehnjährige Jüngling mit den fast mädchenhaften Zügen und dem blühenden Teint den englischen Thron bestieg, konnte niemand ahnen, daß mit ihm der größte Held und Bösewicht die tumultuöseste Regierung in der Geschichte seines Landes angetreten hatte. Die fremden Gesandten und einheimischen Chronisten wetteiferten, seine Erscheinung, sein kastanienbraunes Haar, den goldenen Bart, die «ungewöhnlich zarte» Haut zu preisen. Der venezianische Gesandte Giustiniani berichtete seinem Senat: «Er hat große Freude am Ballspiel, und man kann sich nichts Schöneres vorstellen als den Schimmer seiner hellen Haut unter dem durchsichtigen Hemd.» An Gewandtheit im Ringkampf und Treffsicherheit mit der Armbrust kam ihm keiner in seinem Königreich gleich; auf der Jagd schien er unermüdlich; zwei Tage in der Woche widmete er dem ritterlichen Turnier, und hier vermochte ihm einzig der Herzog von Suffolk standzuhalten. Als kräftiger Esser dehnte er die Tafelfreuden gelegentlich bis zu sieben Stunden aus; immerhin zog in den ersten zwanzig Jahren seiner Regierung die Eitelkeit dem Appetit gewisse Grenzen. Desto zügelloser gab er sich der Vorliebe prächtiger Gewandung hin: Purpur, Goldbrokat (beides durch Gesetz königliches Privileg) und Hermelin. An Tanz, Mummenschanz und fahrenden Spielleuten fanden er und sein Hof Vergnügen; er komponierte persönlich zwei Messen, die noch erhalten sind, und sang und spielte, wie der päpstliche Nuntius schrieb, «alle Arten von Instrumenten mit großer Virtuosität». Alle Welt liebte ihn und bewunderte sein huldvolles Wesen, seine Zugänglichkeit, seinen Humor, seine Toleranz und Milde. Ein Goldenes Zeitalter schien angebrochen.

Das geistige England jubelte nicht minder. In diesen ersten friedlichen Zeiten wollte Heinrich VIII., der ursprünglich für die kirchliche Laufbahn bestimmt gewesen war, nicht nur König, Musiker und Athlet, sondern auch Gelehrter sein. Für jede Situation hielt er ein angemessenes Bibelzitat bereit; er entwickelte einen guten Kunstgeschmack, sammelte Kunstwerke mit Verstand, und so war es auch Holbein, der seine Leibesfülle unsterblich machte. Daneben befaßte er sich nicht nur oberflächlich mit Schiffsbau, Festungs- und Geschützwesen und sonstigen technischen Künsten. Thomas Morus meinte, er besäße ein größeres Wissen als jeder englische Monarch vor ihm – was freilich kein besonderes Lob darstellt –, und fuhr fort: «Was läßt sich nicht alles von einem König erwarten, den die neun Musen und die Philosophie genährt haben?» Und der begeisterte Mountjoy schrieb dem damals in Rom weilenden Erasmus:

«Was könntest Du Dir nicht von einem Fürsten versprechen, dessen auserlesene, ja beinahe göttliche Begabung du zur Genüge kennst ... Wenn Du wüßtest, als welcher Held er sich jetzo erweist, wie weise er sich verhält, wie sehr er eintritt für Billigkeit und Güte, welches Interesse er für die Gelehrten zeigt; auf meine eigene Gefahr wage ich zu schwören, daß Du, wiewohl flügellos, eilends hieher fliegen wirst, um dieses neue, glücksverheißende Gestirn Dir anzusehen. O mein Erasmus, wenn Du sähest, welche Fröhlichkeit hier alle Sterblichen zur Schau tragen, da sie sich eines so großen Fürsten erfreuen, daß sie nichts sehnlicher sich wünschen als dessen Leben, da könntest auch Du die Tränen vor Freude nicht mehr zurückhalten. Es lacht der Himmel, die Erde frohlockt ...»[1]

Erasmus kam und stimmte eine Weile in den Überschwang ein, schrieb er doch: «Bis jetzt haben die, die sich der Religion widmeten, zugleich den Hort der Gelehrsamkeit gebildet. Heute, da sie sich zum größten Teil dem Geld, dem Luxus und ihrem Magen verschrieben haben*, ist der Kult der Gelehrsamkeit auf weltliche Fürsten, die Höfe und den Adel übergegangen ... Der König gewährt nicht nur solchen Männern wie Morus Zutritt zu seinem Hof, sondern fordert sie auf – ja zwingt sie –, sein Tun und Lassen zu beobachten und seine Pflichten und Vergnügungen zu teilen. Die Gesellschaft von Männern wie Morus ist ihm angenehmer als die von dummen Jungen, Mädchen und Reichen.» Morus war Mitglied des Kronrats, Linacre königlicher Leibarzt und Colet Hofprediger an der St. Paulskathedrale.

Colet erbte seines Vaters Vermögen im Jahr von Heinrichs Thronbesteigung. Einen beträchtlichen Teil verwendete er zur Gründung der St. Paulsschule, wo rund 150 sorgfältig ausgesuchte Knaben klassische Literatur, christliche Theologie und Ethik studierten. Colet verletzte die Tradition, indem er den Lehrkörper aus Laien zusammensetzte und so die erste nichtgeistliche Lehranstalt Europas ins Leben rief. Die «Trojaner», die sich in Oxford dem Studium der alten Sprachen widersetzten, weil das zu religiösen Zweifeln führe, opponierten gegen diese Reform; doch der König ging über ihren Einspruch hinweg und lieh Colet seine volle Unterstützung. Dessen Gegner beschuldigten ihn der Ketzerei; dabei war Colet durchaus orthodox und ein Vorbild an Frömmigkeit. Erzbischof Warham brachte mit Billigung Heinrichs die bösen Stimmen zum Schweigen. Als Colet seinen König zum Krieg mit Frankreich entschlossen sah, verurteilte er Heinrichs Politik in dessen Gegenwart öffentlich von der Kanzel, brandmarkte sie als Zuwiderhandlung gegen die Lehre Christi und erklärte – ähnlich wie Erasmus –, daß ein ungerechter Friede dem gerechtesten Krieg vorzuziehen sei. Heinrich ersuchte ihn unter vier Augen, von einer solchen Schwächung der Moral des Heeres abzusehen; jenen aber, die ihn drängten, Colet abzusetzen, entgegnete er: «Jeder soll seinen eigenen Doktor haben ... dieser Mann ist der meine.» Colet fuhr fort, sein Christentum ernst zu nehmen. An Erasmus schrieb er 1537 im Geistes eines Thomas von Kempen:

---

* Dabei waren die mit Erasmus befreundeten Kirchenfürsten, der Erzbischof Warham von Canterbury, der Bischof Fisher von Rochester und Dekan Colet, großzügige Förderer der Gelehrsamkeit.

«O Erasmus, der gelehrten Bücher ist kein Ende; und doch ist nichts besser für dieses kurze Leben, als daß wir es heilig und rein halten und täglich uns Mühe geben, gereinigt und erleuchtet zu werden ... durch innige Liebe und tätige Nachfolge Jesu. Daher wollen wir, ohne alle Umschweife auf dem kürzesten Wege zur Wahrheit hinstreben ... Lebwohl!»[2]

1518 ließ er einen schlichten Grabstein anfertigen, der nur den Namen *Johannes Coletus* trug, und als er im nächsten Jahr darunter begraben wurde, schien vielen ein Heiliger aus dieser Welt gegangen zu sein.

## II. WOLSEY

Heinrich, später exakt die Verkörperung von Machiavellis *Principe*, vorerst aber noch ein Lehrling auf dem Felde der Außenpolitik, ließ in der Erkenntnis, daß er einer Führung bedurfte, die dafür geeigneten Männer vor seinem inneren Auge Revue passieren. Morus, dieser glänzende Geist, war erst einunddreißig und neigte zur Heiligkeit. Thomas Wolsey war nur drei Jahre älter und ein Priester, doch seinem ganzen Wesen nach ein Staatsmann, für den die Religion ein Teil der Politik war. Er stammte aus Ipswich, war, wie der eingebildete Guicciardini sagte, «niederer Herkunft und plebejischen Blutes», wurde fünfzehnjährig Oxforder Baccalaureus und mit dreiundzwanzig Quästor des Magdalen College; als solcher bewies er seine Fähigkeiten, indem er über seine Befugnisse hinaus Mittel zur Vollendung des majestätischen Collegeturmes fand. Er wußte, wie man es machte, und stieg dank seinem Organisationstalent und seiner geschickten Verhandlungsführung über verschiedene Positionen zum Hofkaplan und diplomatischen Unterhändler Heinrichs VII. auf. Unter Heinrich VIII. war er zunächst königlicher Almosenverwalter; bald darauf erregte er, zum Mitglied des Kronrats ernannt, Erzbischof Warhams Unwillen mit dem Vorschlag, ein englisch-spanisches Bündnis gegen Frankreich abzuschließen. Ein in Italien eingefallenes Heer Ludwigs XII. drohte die Kurie neuerdings in französische Abhängigkeit zu bringen, und Frankreich durfte sowieso nicht zu stark werden. Heinrich stellte sich auf den Rat Wolseys auf die Seite seines Schwiegervaters, Ferdinands von Kastilien. Persönlich neigte er in diesem Zeitpunkt eher zum Frieden und sagte zu Giustiniani: «Mir genügt, was ich habe. Ich wünsche lediglich meinen eigenen Untertanen zu befehlen, aber andererseits will ich nicht, daß jemand die Macht besitzt, mir zu befehlen» – womit die Politik seines ganzen Lebens beinahe umrissen ist. Den auf ihn übergegangenen Anspruch seines Hauses auf die französische Krone betrachtete er von vornherein als einen wertlosen Fetzen Papier. Der Krieg gegen Frankreich fand mit der «Sporenschlacht» bei Guinegate (1513) ein schnelles Ende. Wolsey, der den Frieden aushandelte, überredete den alternden Ludwig XII., Heinrichs Schwester Mary heimzuführen, während der für die Befreiung von der französischen Bedrohung dankbare Leo X. ihn erst zum Erzbischof von York (1514) und dann zum Kardinal (1515) erhob; und im gleichen Jahr ernannte ihn sein siegreicher König zum Staatskanzler. Heinrich selbst brüstete sich, das Papsttum beschützt zu haben; und als ein späterer Papst sich seinen Scheidungswünschen widersetzte, zieh er ihn krasser Undankbarkeit.

Die ersten fünf Jahre der Kanzlerschaft Wolseys gehören zu den glänzendsten in den Annalen der englischen Diplomatie. Seine Absicht ging dahin, Europa einen Frieden zu geben, der Englands Bedeutung in die Waagschalen warf, um ein Gleichgewicht zwischen dem Heiligen Römischen Reich und Frankreich herzustellen; möglicherweise sah er am Horizont die Rolle eines europäischen Schiedsrichters für sich auftauchen und einen kontinentalen Frieden, der dem lebenswichtigen englisch-niederländischen Handel Auftrieb gab. Seine erste Maßnahme bestand in einem Bündnis zwischen Frankreich und England (1518) nebst der Verlobung der zweijährigen Tochter Heinrichs, Maria (der späteren Königin), mit dem sieben Monate alten Sohn Franz' I. Die Unterzeichnung der Verträge erfolgte zu Westminster, wo Wolsey, seinem Hang zu verschwenderischem Auftreten nachgebend, die französischen Bevollmächtigten in seinem Palast mit einem Bankett feierte, wie es – nach dem Bericht Giustinianis – «weder von Kleopatra noch von Caligula jemals gegeben worden ist; der ganze Bankettsaal prunkte mit Vasen aus Silber und Gold». Man darf dem weltlichen Kardinal verzeihen, denn er spielte um hohen Einsatz und gewann. Dem englisch-französischen Bündnis traten auf seine Einladung hin Kaiser Maximilian I., König Karl I. von Spanien und Leo X. bei. Den hoffnungsvoll jubilierenden Erasmus, Morus und Colet schien eine Friedensepoche der abendländischen Christenheit angebrochen. Selbst Wolseys Gegner beglückwünschten ihn. Er benutzte die günstige Gelegenheit und spornte die englischen Vertrauensleute in Rom durch angemessene Zuwendungen an, seine Ernennung zum päpstlichen *legatus a latere* für England zu betreiben; *a latere* bedeutete vertraulich und bezeichnete den höchsten Rang eines päpstlichen Gesandten. Damit war er das Haupt der englischen Kirche und – unter taktischen Verbeugungen vor Heinrich – Herrscher über England.

Aber schon im nächsten Jahr trübte sich der Frieden: Sowohl Franz I. als auch Karl I. bewarben sich um die deutsche Kaiserkrone, und Heinrich versuchte das Rennen als dritter mitzumachen. Doch weder er noch Franz verfügten über eine Fuggersche Schatzkammer; so trug Karl von Spanien als Kaiser Karl V. die Krone davon. Bei einem kurzen Besuch in England (Mai 1520) bezeugte er Heinrichs Gemahlin, seiner Tante Katharina von Aragonien, seinen Respekt und erbot sich, zur Verstärkung der verwandtschaftlichen Bande Prinzessin Maria (die bereits dem Dauphin anverlobt war) zur Frau zu nehmen – ein so widernatürlicher Zustand ist der Frieden. Wolsey lehnte ab, akzeptierte jedoch eine kaiserliche Jahrespension von 7000 Dukaten nebst Karls Versprechen, ihm zur päpstlichen Tiara zu verhelfen.

Seinen spektakulärsten Triumph erzielte der ehrgeizige Kardinal im folgenden Monat, als sich Heinrich VIII. und Franz I. zwischen Guînes und Ardres unweit von Calais auf dem *Camp du Drap d'Or* trafen. Für die Monarchen, ihre Gemahlinnen und ihr Gefolge – Heinrich brachte viertausend von Wolsey ausgewählte Ritter über den Kanal – hatte man einen provisorischen Palast errichtet; als Beratungshalle und Festsaal diente ein mit golddurchwirktem Tuch bedeckter und mit kostbaren Gobelins geschmückter Pavillon; ein Springbrunnen spendete Wein. Die Monarchen erschienen in größtem Prunk. Der junge, goldbärtige König empfing seinen hohen Gast auf einer schneeweißen Stute; Kardinal Wolsey stand mit seiner scharlachroten Robe den Majestäten an Prachtentfaltung kaum nach. Nach der Bestätigung der Familien- und Staatsallianz feierte man das glückliche Ereignis mit rauschenden Festlichkeiten, Turnieren und Ringkämpfen; dabei setzte Franz, indem er den englischen König warf, den europäischen Frieden aufs Spiel. Er korrigierte den Mißgriff mit echt französischer Ritterlichkeit: Unbewaffnet und mit kleinem, gleichfalls unbewaffnetem Gefolge begab er sich eines frühen Morgens ins englische Quartier; Heinrich verstand die Geste und empfing ihn mit einer Umarmung; und neuerlich tauschte man kostbare Geschenke und Treuegelöbnisse aus.

In Wahrheit konnte keiner dem anderen trauen; wie die Geschichte lehrt, lügen die am meisten, die Staaten regieren. Unmittelbar nach dem siebzehntägigen Freundschaftsfest traf Heinrich Kaiser Karl zu einer dreitägigen Aussprache in Calais; unter der Ägide des Kardinals schworen die beiden ewige Freundschaft und kamen überein, auf jede Einheirat in das französische Königshaus zu verzichten. Dieses absonderliche Bündnissystem konsolidierte Europas Frieden bei weitem nicht so gut wie das universelle Bündnis zu Maximilians Lebzeiten; immerhin fiel England nach wie vor die Rolle eines Vermittlers, ja sogar eines Schlichters, und damit eine weit gewichtigere Stimme im Rat der Könige zu, als Macht und Mittel des Königreichs rechtfertigten. Um seinen Kanzler zu belohnen, befahl der hochbefriedigte König den Mönchen der Abtei St. Albans, Wolsey zu ihrem Abt zu wählen, «denn mein Lordkanzler hat sich bei dieser Reise vielen Fährnissen ausgesetzt». Dank den reichen Einkünften der genannten Abtei näherte sich Wolseys Einkommen allmählich seinem Aufwand.

In stärkerem Maße als die meisten Menschen war der Kardinal eine immer wechselnde Mischung von Tugenden und Lastern. «Er ist», meldete Giustiniani, «ein gut aussehender Mann, außerordentlich beredt, ungemein begabt und unermüdlich.» Sittenrein war er nicht. Zweimal verirrte er sich in illegitime Vaterschaft; eine kleine Sünde, die man in dieser lebenslustigen Epoche bereitwillig übersah; doch litt der Kardinal, wenn wir einem Bischof glauben dürfen, an *pox* – Bestechlichkeit, wie man heute sagen würde. Er akzeptierte sowohl von Karl als auch von Franz bedeutende Summen, ob man sie nun als Bestechungsgelder bezeichnen will oder nicht; er spielte die beiden, was Pensionen und andere Vorteile anbelangt, gegeneinander aus; es gehörte das zu den Gepflogenheiten der Zeit, und der kostspielige Kardinal, der mit seiner Politik ganz Europa zu dienen glaubte, empfand, daß Europa auch ihm dienen müsse. Daß er Geld und Luxus, Pomp und Macht liebte, steht außer Zweifel. Ein großer Teil seines Einkommens wurde von der Aufrechterhaltung eines Lebensstils verschlungen, dessen verschwenderischer Aufwand dem diplomatischen Kunstgriff gedient haben mag, den fremden Gesandten einen übertriebenen Begriff vom Reichtum Englands einzuflößen. Da Heinrich seinem Kanzler kein Salär auswarf, mußte dieser seinen Unterhalt und seine Repräsentation aus seinen geistlichen Einkünften und den von fremden Höfen gewährten Pensionen bestreiten. Dennoch erregt es unser Staunen, wie er dieses ganze Einkommen verbraucht haben kann, das ihm als Inhaber von zwei Kirchsprengeln, sechs Stiften, einer Probstei, der Abtei St. Albans, der Bistümer Bath und Wells, des

Erzbistums York, als Administrator des Bistums Winchester und aus den Bistümern Worcester und Salisbury zufloß, deren italienische Bischöfe sich außer Landes befanden. Die in seiner Hand liegende Besetzung nahezu aller wichtigen Staats- und Kirchenämter dürfte eine weitere Einnahmequelle gebildet haben. Nach der Schätzung eines katholischen Historikers bezog er auf der Höhe seiner Laufbahn ein Drittel des kirchlichen Einkommens Englands. Er war der reichste und mächtigste Untertan im Land und nach Giustinianis Urteil «siebenmal mächtiger als der Papst»; Erasmus hielt ihn für «den zweiten König». Eine einzige Stufe blieb noch zu erklimmen: der päpstliche Stuhl. Zweimal versuchte es Wolsey; zweimal überlistete ihn, aller Versprechungen ungeachtet, der durchtriebene Karl.

Der Kardinal sah im Zeremoniell einen Pfeiler der Macht; Gewalt vermag sie zwar zu gewinnen, aber nur die Gewöhnung der Öffentlichkeit vermag sie billig und friedlich zu erhalten; die Etikette, mit der sich ein Mann umgibt, gilt dem Volk als Beweis seiner Macht. So kleidete sich Wolsey für die Öffentlichkeit mit jener Pracht, die ihm für den höchsten Repräsentanten von König und Papst angebracht schien. Roter Kardinalshut, rote Handschuhe, Gewänder aus karmesin- oder scharlachrotem Taft, Schuhe aus Gold und Silber, mit Perlen und Juwelen besetzt – hier vereinigten sich Innozenz III., Benjamin Disraeli und der Dandy Beau Brummel in einer Person. Er war der erste englische Kirchenfürst, der Seide trug. Zelebrierte er (selten genug) die Messe, fungierten Bischöfe und Äbte als Ministranten; ein paarmal boten ihm Herzöge und Grafen das Wasser, mit dem er seine segenspendenden Hände wusch. Seine Dienerschaft ließ er kniend die Speisen reichen. In Kanzlei und Heim dienten ihm fünfhundert Personen, manche darunter von hoher Abkunft. Der von Wolsey als eigene Residenz erbaute Hampton Court fiel so luxuriös aus, daß er ihn, um dem königlichen Auge keinen Grund zur Eifersucht zu geben, dem König schenkte.

Ab und zu vergaß er trotzdem, daß Heinrich König war. «Bei meiner Ankunft in England», berichtete Giustiniani seinem Senat, «pflegte der Kardinal mir zu sagen: ‚Seine Majestät wird das und das tun.' Nach und nach, schrittweise vergaß er sich und begann zu sagen: ‚Wir werden das und das tun.' Gegenwärtig sagt er: ‚Ich werde das und das tun.'» Und weiter berichtete der Gesandte: «Wenn es nötig wäre, entweder über den König oder den Kardinal hinwegzugehen, wäre es besser, den König zu ignorieren, weil eine Bevorzugung des Königs den Kardinal verärgern könnte.» Eine Audienz beim Kardinal erreichten Peers und Diplomaten nur selten vor dem dritten Ansuchen. Mit jedem Jahr regierte der Kardinal offener als Diktator; in der Zeit seiner Macht berief er das Parlament nur ein einziges Mal ein; den Normen der Verfassung schenkte er so gut wie keine Beachtung; Opposition verargte und Kritik tadelte er. Polydore Vergil, ein Historiker, äußerte, Wolsey werde mit solchen Methoden seinen Sturz herbeiführen; Vergil landete im Tower und verdankte nur der wiederholten Intervention Leos X. seine Freilassung. Der Widerstand wuchs.

Vielleicht haben die, die Wolsey verdrängte oder bestrafte, das Ohr der Geschichte gewonnen und seine Sünden allzu schonungslos hervorgehoben. Dennoch hat keiner seine Fähigkeit und seine aufopfernde Hingabe an vielseitige Pflichten angezweifelt.

Dem stolzen Senat Venedigs schrieb Giustiniani: «Er erledigt so viele Geschäfte wie die Magistraten, Kanzleien, Zivil- und Kriminalgerichte Venedigs zusammengenommen; auch leitet er alle Staatsangelegenheiten, welcher Art sie auch seien.» Seine unparteiische Rechtsprechung trug ihm die Zuneigung der Armen und den Haß der Mächtigen ein; zum erstenmal seit König Alfred durfte man vor seinem Gericht Klage über unberechtigte Unterdrückung führen, und furchtlos bestrafte er jeden Schuldigen, so hoch gestellt er auch war. Für Gelehrte und Künstler hatte er eine offene Hand. Durch die Aufhebung mehrerer Klöster und die Verwendung ihrer Einkünfte für Bildungsanstalten leitete er eine Kirchenreform ein und stand schon im Begriff, dem ganzen Erziehungswesen einen belebenden Auftrieb zu geben, als die zahlreichen Feinde, die er sich in seinem Tätigkeitsdrang geschaffen hatte, sein eigener kurzsichtiger Stolz und die Liebesaffäre eines Königs seinen Sturz herbeiführten.

## III. WOLSEY UND DIE KIRCHE

Für die in der englischen Kirche nach wie vor bestehenden Mißstände – abwesende Bischöfe, verweltlichte Priester, faule Mönche – hatte er ein scharfes Auge, obwohl er selbst kein Heiliger war. Der Staat, der so oft nach einer Kirchenreform gerufen hatte, war jetzt selbst mitschuldig an den Übeln, ernannten doch die Könige die Bischöfe selbst. Einige wie Morton, Warham und Fisher waren fähige und charakterfeste Männer; aber die meisten genossen die Annehmlichkeiten ihrer Würde viel zu sehr, als daß sie den niederen Diözesanklerus angehalten hätten, um das geistige und leibliche Wohl ihrer Herden besorgt zu sein. Im allgemeinen dürften sich zwar die Seelsorger größerer Sittenstrenge befleißigt haben als ihre deutschen Amtsbrüder; doch ereigneten sich in den 8000 englischen Kirchsprengeln immer noch stets genügend viele Fälle von Ehebruch, wilder Ehe, Trunksucht und Verbrechen, daß Erzbischof Morton 1486 sagen konnte: «Ihr skandalöser Lebenswandel gefährdet die Existenz ihres Standes.» Etwa 1519 teilte Richard Foxe dem Staatskanzler mit, der Klerus des Bistums Winchester sei «so verderbt und korrupt», daß er die Hoffnung aufgegeben habe, vor seinem Tod eine Besserung zu erleben. Von der Annahme ausgehend, ihre Beförderung hinge von der Höhe ihrer Einnahmen ab, jagte die Weltgeistlichkeit unermüdlich dem Zehnten nach, von Getreide und Tieren, Eiern, Milch, Käse und Obst, ja sogar vom Lohn des Gesindes; und wer in seinem Testament kein Legat für die Kirche vorsah, lief große Gefahr, der christlichen Beerdigung verlustigzugehen mit allen furchtbaren Folgen im Jenseits. Kurz und gut, die damalige Geistlichkeit verstand es ebensogut wie der heutige Staat, den Bürger zu plündern. Nach einer vorsichtigen katholischen Schätzung gehörte um 1500 ein Fünftel des gesamten englischen Grundbesitzes der Kirche. Hier wie in Deutschland neidete der Adel der Kirche ihren Reichtum und strebte danach, all das Land und die Einkünfte zurückzugewinnen, auf die gottesfürchtige oder furchtsame Vorfahren zugunsten Gottes verzichtet hatten.

In einer Ansprache vor einer Kirchenversammlung (1512) schilderte Dekan Colet den üblen Zustand der englischen Weltgeistlichkeit mit offensichtlicher Übertreibung:

«Ich wünsche, daß ihr – eures Standes und Rufes eingedenk – endlich ernstlich an die Reform der kirchlichen Zustände denkt, denn nie war sie dringender nötig ... Die Kirche, die Braut Christi, die er makel- und fleckenlos wünschte, ist von Fäulnis befallen. ‚Die fromme Stadt' sei ‚zur Hure geworden', sagt Jesaja, und Jeremia spricht: ‚Du aber hast mit vielen Buhlen gehurt', und damit hat sie viele schändliche Samen ausgestreut, die täglich die verderbtesten Früchte hervorbringen ... Nichts hat das Antlitz der Kirche so geschändet wie der weltliche Lebenswandel des Klerus ... Welche Gier, welchen Hunger nach Würden und Ehren findet man in unseren Tagen bei den Dienern der Kirche! Welche atemlose Jagd von Pfründe zu Pfründe, von einer kleineren nach einer größeren! ...

Hat die Sinnenlust, dieses Laster, nicht die Kirche wie eine Flut überschwemmt ... so daß die Mehrzahl aller Priester nichts eifriger sucht ... als was der geschlechtlichen Begierde frönt? Sie halten Gelage und Feste ... gehen auf die Jagd mit Hunden und Falken, sie ertrinken in den Freuden dieser Welt ...

Auch die Habgier ... hat sich so der Herzen aller Priester bemächtigt ..., daß wir heutzutage gegen alles blind sind, was uns keinen materiellen Gewinn bringt ... Allerlei Ketzer geben uns in diesen Tagen zu schaffen – von einer sonderbaren Narrheit besessene Männer – aber diese ihre Ketzerei ist keine so ansteckende Pestilenz für uns und das Volk als der sündige und verkommene Wandel der Geistlichen ... Die Reform muß in euch beginnen.»[3]

Und ein anderes Mal ließ sich der zornige Dekan vernehmen:

«O ihr Priester! ... Oh, diese verabscheuungswürdige Gottlosigkeit dieser elenden Priester, von denen es heutzutage so unendlich viele gibt, die sich nicht scheuen, vom Busen einer schimpflichen Hure in den Tempel der Kirche, zum Altar Christi, zu den göttlichen Mysterien zu eilen!»[4]

Die Ordensgeistlichkeit sah sich einer noch härteren Verurteilung ausgesetzt. 1489 bezichtigte Erzbischof Morton den Abt von St. Albans, William, des «Pfründenschachers, Wuchers und der Unterschlagung ..., des öffentlichen Umgangs außerhalb der Klostermauern mit Huren und Mätressen»; die Mönche zieh er der «Geilheit ..., der Entweihung heiliger Stätten, ja selbst der Kirchen durch den schamlosen Verkehr mit Nonnen» und der Erniedrigung eines nahen Stifts zum «Hurenhaus». Die Protokolle der bischöflichen Visitationen vermitteln ein weniger anstößiges Bild. Von zweiundvierzig zwischen 1517 und 1530 visitierten Klöstern waren fünfzehn so gut wie untadelig, und die Verstöße in der Mehrzahl der übrigen betrafen häufiger die Disziplin als das Keuschheitsgelübde. Verschiedene Häuser praktizierten nach wie vor die mittelalterliche Frömmigkeit: Gebet, Studium, Gastfreundschaft, Mildtätigkeit und Belehrung der Jugend. Andere aber benutzten die Leichtgläubigkeit und die Groschen der Massen, um ihren Klosterschatz zu füllen; man verkaufte, wie Bischöfe klagten, Amulette gegen Krankheit, «stinkende Stiefel, verbogene Kämme ..., verschlissene Leibgürtel ..., Haarsträhnen und verdreckte Fetzen ... an unaufgeklärte Menschen ...» als verbürgte Heiligenreliquien. Nach Hughes, dem modernsten katholischen Historiker, herrschten im ersten Viertel des sechzehnten Jahrhunderts in den 600 englischen Klöstern zumeist Zügellosigkeit, Müßiggang und eine kostspielige Vernachlässigung des kirchlichen Eigentums.

1520 gab es in England rund 130 Frauenklöster, von denen nur vier über 30 Insassinnen zählten. Die Bischöfe hoben deren acht auf, eines, wie der Bischof sagte, weil es «die frommen Frauen infolge der Nähe der Universität Cambridge an Zucht und Keuschheit fehlen ließen». Von dreiunddreißig Visitationsprotokollen über einundzwanzig Frauenklöster des Bistums Lincoln lauten sechzehn günstig; vierzehn rügen einen Mangel an Disziplin und Andacht, zwei sprechen von unkeuschen Äbtissinnen, und ein Bericht meldet eine von einem Priester geschwängerte Nonne. Derartige Verstöße ergaben sich ganz natürlich aus dem damaligen Zeitgeist und wurden möglicherweise von Verdiensten um die Erziehung und mildtätige Nächstenliebe mehr als wettgemacht.

Über die Unpopularität des Klerus liegen viele Zeugnisse vor. So berichtete Eustace Chapuys, der Gesandte Karls V., seinem Hof (1529): «Die Priester sind fast überall verhaßt.» Viele orthodoxe Katholiken beklagten die überharten kirchlichen Steuern, die Verschwendungssucht der Kirchenfürsten, den Reichtum und Müßiggang der Mönche. Als 1514 der Kanzler des Bistums London beschuldigt wurde, einen Ketzer ermordet zu haben, bat sein Bischof den Staatskanzler Wolsey, den Prozeß vor einem weltlichen Gericht zu verhindern, «weil ich überzeugt bin, daß jedes Geschworenengericht in London eine so schändliche Hinneigung zur Ketzerei zeigen würde, daß er meinen Kanzler, und wäre er auch so unschuldig wie Abel, verurteilen würde».

Neuerdings erhoben die Irrlehren ihr Haupt. 1506 standen 45 Personen vor dem Ketzergericht des Bischofs von Lincoln; 43 widerriefen, zwei endeten auf dem Scheiterhaufen. Der Bischof von London saß 1510 über 40 Ketzer zu Gericht und ließ zwei, 1521 verurteilte er 45 und ließ fünf verbrennen. Insgesamt verzeichnen die Protokolle 342 Prozesse in fünfzehn Jahren. Die Irrlehren umfaßten eine weite Skala: Leugnung der Verwandlung der Abendmahlshostie, Leugnung der priesterlichen Gewalt, zu weihen und von Sünde loszusprechen, die Behauptung, daß Sakramente für das Seelenheil überflüssig und Wallfahrten und Seelenmessen wertlos seien, die Forderung, einzig und allein Gott selbst anzurufen; die These der Seligwerdung aus dem Glauben und nicht durch gute Werke, die Proklamation der Bibel als Glaubensrichtschnur an Stelle des kirchlichen Dogmas, die Forderung des Ehestands für alle Menschen und der Widerrufung des Keuschheitsgelübdes der Mönche und Nonnen, die Behauptung, der rechte Christ sei keinen anderen Gesetzen als den Geboten Jesu unterworfen. Einige dieser Ketzereien entstammten dem Gedankengut der Lollarden, andere bildeten ein Echo auf Luthers Posaunenstöße. Schon 1521 bemühten sich junge Oxforder Rebellen eifrig um Neuigkeiten über die religiöse Umwälzung in Deutschland. In Cambridge studierten um diese Zeit ein Dutzend künftiger Ketzer: William Tyndale, Miles Coverdale, Hugh Latimer, Thomas Bilney, Edward Fox, Nicholas Ridley, Thomas Cranmer ... Einige davon flohen, um sich einer Verfolgung zu entziehen, auf den Kontinent, druckten dort antikirchliche Schriften und schmuggelten sie nach England.

Es bleibe dahingestellt, ob Heinrich VIII. dieser Bewegung entgegentreten oder ob er seine theologischen Kenntnisse ausbreiten wollte, auf alle Fälle gab er 1521 seine berühmte Schrift *Assertion of the Seven Sacraments against Martin Luther* (Verteidigung der sieben Sakramente gegen Martin Luther) heraus. Viele hielten Wolsey für den wirklichen Verfasser, und möglicherweise regte er den Traktat und seine Hauptgedanken an, weil er daraus eine Unterstützung seiner Diplomatie in Rom erhoffte; doch hat ihn der König, laut Erasmus, in der Tat selbst verfaßt. Die moderne Geschichtsschreibung schließt sich dieser Auffassung an, das Buch klingt allzu dilettantisch; statt sich um Logik zu bemühen, stützt es sich auf Bibelzitate, kirchliche Überlieferung und kräftiges Schimpfen. So lesen wir aus der Feder des späteren Rebellen gegen das Papsttum: «Gibt es einen geifernderen Drachen als den, der die päpstliche Autorität tyrannisch nennt? ... Was für eine schlimme Kreatur des Teufels ist er doch, der die christlichen Glieder Christi von ihrem Kopf loszureißen versucht!» Es gibt keine zu schwere Strafe für einen, der «dem höchsten Priester und obersten Richter auf Erden nicht gehorchen will ... ist doch die ganze Kirche nicht nur Christus untertan, sondern ... dem einzigen Stellvertreter Christi, dem Papst in Rom». Heinrich, der den Königen von Frankreich und Spanien die kirchlichen Ehrentitel «Allerchristlichste Majestät» und «Katholische Souveräne» neidete, instruierte seinen Bevollmächtigten, den Papst bei der Überreichung eines Exemplares der «Verteidigung» um die Verleihung des Titels *Defensor fidei* – Verteidiger des Glaubens – zu ersuchen, und als Leo X. willfahrte, ließ der Initiator der englischen Reformation diese Worte in seine Münzen schlagen.

Luther ließ sich mit der Antwort Zeit. 1525 antwortete er höchst charakteristisch diesem «Henricus von gotis ungnaden koͤnig von Engellandt: Thar eyn koͤnig ... seyn luͤgen unverschampt auß speyen, ßo thar ich sie yhm froͤlich widder ynn seynen halß stossen, denn damit lestert er alle meyne Christliche lere und schmiert seynen dreck an die Krone meyns koͤnigs der ehren, nemlich Christi.»[5] Heinrich, solcher Schmähung ungewohnt, beschwerte sich beim sächsischen Kurfürsten, der zu höflich war, um ihm zu sagen, daß man Löwen besser aus dem Wege gehe. Heinrich hat Luther trotz dessen späterer Abbitte nie vergeben und sich auch auf der Höhe seiner Rebellion gegen die Kurie von den deutschen Protestanten distanziert.

Die wichtigste Waffe Luthers bildete jedoch die wachsende Verbreitung seiner Schriften. In London ließ im gleichen Jahr 1525 eine «Christliche Bruderschaft» lutherische und andere ketzerische Traktate sowie Bibeln und Bibelauszüge in englischer Sprache durch Buchführer vertreiben. Wir erinnern uns, daß Bischof Arundel, von der Volkstümlichkeit der Wiclifschen Übertragung beunruhigt, 1408 die Verbreitung landessprachlicher Bibeln verbot, weil nichtautorisierte Übersetzungen schwierige Stellen verzerren oder zur Unterstützung ketzerischer Bestrebungen führen könnten. Viele Kirchenmänner wandten sich gegen die Lektüre der Schrift in jeder Form; zu ihrer richtigen Interpretation seien, wie sie sagten, besondere Kenntnisse nötig, während Auszüge einzig der Förderung von Irrlehren dienten. Vor Wiclif hatte die Kirche englische Übertragungen stillschweigend geduldet; die wenigen handschriftlichen Exemplare, die es vor 1526 gab, fielen ja kaum ins Gewicht.

Daher die epochemachende Bedeutung des 1525 bis 1526 von Tyndale gedruckten englischen Neuen Testaments. Schon als junger Student dachte er daran, die Bibel zu übersetzen, aber nicht wie Wiclif nach der lateinischen Vulgata, sondern nach den griechischen und hebräischen Originaltexten. Als ein eifriger Katholik ihm den Plan auszureden versuchte – «Es ist besser, ohne das göttliche Gesetz [d. h. die Bibel] auszukommen als ohne das des Papstes» – antwortete Tyndale: «Wenn mich Gott verschont, will ich in wenig Jahren dafür sorgen, daß der Junge hinter dem Pflug die Schrift besser kennt als du.» Ein Londoner Ratsherr gab dem jungen, an seiner Bibelübertragung arbeitenden Tyndale sechs Monate lang unentgeltlich Kost und Logis. In Wittenberg, wohin sich Tyndale 1524 begab, führte er unter Luthers Anleitung das Werk weiter. Als Unterlage benutzte er die von Erasmus herausgegebenen griechischen Texte des Neuen Testaments; den Druck begann er in Köln. Aber ein englischer Emissär hetzte die Behörden gegen ihn auf; er floh aus dem katholischen Köln nach dem protestantischen Worms, wo 6000 Exemplare gedruckt wurden, jedes mit einem gesonderten Band Anmerkungen und einem aggressiven Vorwort im Geiste Luthers und Erasmus'. Die gesamte Auflage wurde in England eingeschmuggelt und fachte dort den aufflammenden Protestantismus an. Bischof Cuthbert Tunstall von London suchte die Ausgabe zu unterdrücken; sie enthalte, behauptete er, schwerwiegende Übersetzungsfehler, die Anmerkungen seien voreingenommen und das Vorwort ketzerisch. Er ließ alle erreichbaren Exemplare aufkaufen und auf dem St. Paulsplatz öffentlich verbrennen; es kamen aber immer neue Exemplare vom Festland herüber, so daß Morus ironisch kommentierte, der Bischof finanziere Tyndales Druckerpresse. Morus selbst kritisierte die neue Übertragung in einem langatmigen *Dialog* (1528); Tyndale antwortete, und Morus antwortete mit einer 578 Folioseiten starken *Confutation*. Um all dieser Unruhe ein Ende zu machen, verbot der König bis zur Fertigstellung einer autorisierten Übertragung die Verbreitung und Lektüre jeglicher englischen Fassung der Heiligen Schrift (1530) und erstreckte das Verbot auf Druck, Einfuhr, Verkauf und Besitz aller ketzerischen Literatur.

Wolsey sandte Häscher nach dem Kontinent, die Tyndale festnehmen sollten; aber Landgraf Philipp von Hessen gewährte ihm in Marburg Asyl, und hier übersetzte Tyndale den Pentateuch (1530). Langsam wurde, teils durch Tyndale selbst, teils unter seiner Aufsicht, der größte Teil des Alten Testaments in die englische Sprache übertragen. Da aber geriet Tyndale in einem sorglosen Augenblick in die Gewalt kaiserlicher Schergen; sechzehn Monate schmachtete er in Vilvorde (bei Brüssel) im Kerker und wurde dann trotz der Intervention des englischen Staatskanzlers Thomas Cromwell auf dem Scheiterhaufen verbrannt (1536). Seine letzten Worte lauteten der Überlieferung zufolge: «Herr, öffne dem König von England die Augen.» Er hatte lange genug gelebt, um seine Aufgabe zu vollenden; der Junge hinter dem Pflug konnte jetzt die Evangelisten die aufwühlende Geschichte vom Leben und Sterben Christi in klarem, bildhaftem Englisch erzählen hören. Als die erste autorisierte englische Bibelübertragung veröffentlicht wurde (1611), bestanden 90 Prozent dieses größten und einflußreichsten Werkes der englischen Literatur aus unverfälschtem Tyndale.

Wolsey verhielt sich gegen diese reformatorischen Bestrebungen so nachsichtig, wie es sich von einem Mann erwarten läßt, der in einer Person Staatschef und Kirchenoberhaupt war. Er besoldete Vertrauensleute, die verdächtige Schriften überprüften und

Ketzer ausfindig machten und festnahmen; er versuchte jedoch, sie mehr durch gutes Zureden als durch Bestrafung zum Schweigen zu bringen, und hat nie persönlich jemanden auf den Scheiterhaufen geschickt. Von drei in Oxford festgenommenen Studenten ließ der Bischof von London einen im Gefängnis sterben, einer widerrief und wurde freigelassen; den dritten nahm Wolsey persönlich in seine Obhut und erlaubte ihm zu entkommen. Der beredteste der frühen Reformatoren, Hugh Latimer, richtete maßlose Angriffe gegen die Sittenverderbnis des Klerus; der Bischof von Ely ersuchte den Kardinal, gegen ihn einzuschreiten, erreichte aber das Gegenteil, denn dieser öffnete Latimer alle Kanzeln im Land.

Wolseys Pläne für eine Kirchenreform waren sehr vernünftig. Nach Bischof Burnet «verachtete er den Klerus und insbesondere ... die Mönche, die weder der Kirche noch dem Staat nützlich waren und infolge ihrer skandalösen Lebensführung für die Kirche eine Schande und für den Staat eine Last bedeuteten. Er war deshalb entschlossen, eine große Zahl von Klöstern aufzuheben und anderen Zwecken zuzuführen.» Die Schließung schlecht verwalteter Klöster war nichts Neues; sie war schon vor Wolsey wiederholt von den oberen Kircheninstanzen verfügt worden. Er begann mit dem Erlaß neuer Regeln für die Augustinerkanoniker (1519), und wären sie befolgt worden, hätten die Kanoniker vorbildlich werden können. Seinen Sekretär Thomas Cromwell beauftragte er, persönlich oder durch Stellvertreter die Klöster zu visitieren und über ihren Zustand zu berichten; der spätere Kanzler verfügte daher über praktische Erfahrung, als Heinrich die schärfere Überwachung der Klöster befahl. Man hörte Klagen über die Strenge dieser Visitatoren; sie sollen «Geschenke» entgegengenommen oder erpreßt und sie mit ihrem Auftraggeber und dem Kardinal geteilt haben. 1524 erreichte Wolsey von Papst Clemens VII. die Genehmigung, alle Klöster mit weniger als sieben Insassen zu schließen und die Einkünfte aus ihrem Grundbesitz für Bildungszwecke zu verwenden. Dank diesen Mitteln vermochte er in seiner Geburtsstadt Ipswich und in Oxford neue Colleges zu errichten, und er hoffte in Weiterführung dieses Prozesses alljährlich immer mehr Klöster durch Bildungsstätten zu ersetzen. Seine guten Absichten gingen jedoch in den Wirrungen der Politik unter, und das Hauptergebnis seiner Klosterreform bestand darin, daß sie Heinrich VIII. einen bequemen Präzedenzfall lieferte, einen erweiterten und einträglicheren Raubzug zu bemänteln.

Doch mittlerweile hatte die Außenpolitik des Kardinals Schiffbruch erlitten. Vielleicht hatte er, um Karls Unterstützung bei den Papstwahlen 1521 und 1523 zu erlangen, England an dessen Seite in den Krieg mit Frankreich geführt (1522). Die englischen Feldzüge verliefen unglücklich und kosteten viel Gut und Blut. Um Mittel für neue Anstrengungen aufzubringen, berief Wolsey zum erstenmal seit sieben Jahren das Parlament ein und stieß es mit der unerhörten Forderung von 800 000 Pfund Sterling – ein Fünftel des Gesamtbesitzes der Laienwelt – vor den Kopf. Die Gemeinen protestierten und bewilligten ein Siebentel; der Klerus protestierte und bewilligte die halben Jahreseinkünfte jeder Pfründe. Als die Nachricht von der Niederlage und Gefangennahme Franz' I. bei Pavia eintraf (1525), hielten es Heinrich und Wolsey für ratsam, sich an der bevorstehenden Aufteilung Frankreichs zu beteiligen. Für den neuerlichen Feldzug brauchten sie aber wiederum Geld; Wolsey riskierte den Rest seiner Popularität und verlangte von jedem Engländer mit einem Jahreseinkommen von über 50 Pfund Sterling eine *amicable grant* – eine freundschaftliche Zuwendung – in Höhe eines Sechstels seines Vermögens, die es ermöglichen sollte, den Krieg bis zu seinem glorreichen Ende weiterzuführen. Möglicherweise wollte er auch nur, was wir freundschaftlich zugeben wollen, Karl V. hindern, ganz Frankreich zu schlucken. Diesmal traf der Kardinal auf solchen Widerstand, daß er in eine Friedenspolitik einschwenken mußte. Im Versuch, das Kräftegleichgewicht auf andere Weise wiederherzustellen, schloß er einen Beistandsvertrag mit Frankreich. Aber 1527 brachten kaiserliche Truppen Rom mitsamt dem Papst in ihre Gewalt; Karl schien jetzt unbestrittener Herr auf dem Kontinent; Wolseys Politik der Eindämmung und des Gleichgewichts war gescheitert. Im Januar 1528 schritt England gemeinsam mit Frankreich zum Krieg gegen Karl.

Nun war Karl der Neffe jener Katharina von Aragón, von der sich Heinrich scheiden lassen wollte; aber Clemens VII., der einzige, der diese Scheidung aus Gründen der Staatsräson bewilligen konnte, befand sich politisch und persönlich in Karls Gewalt.

## IV. HEINRICHS «SCHEIDUNG»

Katharina von Aragón, die Tochter Ferdinands und Isabellas, kam 1501 als Sechzehnjährige nach England und vermählte sich am 14. November mit dem ältesten Sohn Heinrichs VII., dem fünfzehnjährigen Arthur. Am 2. April 1502 starb Arthur. Nach allgemeiner Annahme hatten die beiden die Brautnacht in üblicher Weise verbracht; der spanische Gesandte sandte pflichtschuldig «Beweise» an Ferdinand; und Arthurs Titel «Prince of Wales» wurde erst zwei Monate nach seinem Tod auf den jüngeren Bruder übertragen. Aber Katharina bestritt den physischen Vollzug der Ehe.

Nun hatte sie eine Mitgift von 200000 Dukaten nach England mitgebracht, und Heinrich VII., der sowohl das Gold im Lande behalten als auch die verwandtschaftlichen Bande mit dem mächtigen Ferdinand nicht lockern wollte, schlug vor, sie mit dem neuen Thronfolger zu vermählen, obschon sie um sechs Jahre älter war als er. Eine Bibelstelle (3. Mose, 20, 21) untersagt eine solche Eheschließung: «Wenn jemand seines Bruders Weib nimmt, das ist eine schändliche Tat; sie sollen ohne Kinder sein.» Eine andere Stelle besagt das genaue Gegenteil: «Wenn Brüder beieinander wohnen und einer stirbt ohne Kinder, so soll ... ihr Schwager ... sie zum Weibe nehmen und sie ehelichen» (5. Mose, 25, 5). Erzbischof Warham bekämpfte die vorgeschlagene Verbindung; Bischof Fox von Winchester sah nichts Anstößiges darin, sofern ein päpstlicher Dispens das aus der Verschwägerung erwachsende Ehehindernis beseitige. Heinrich VII. ersuchte um den Dispens; Papst Julius II. erteilte ihn (1503). Einige Kirchenrechtler bezweifelten, andere bestätigten die päpstliche Befugnis, von einer biblischen Vorschrift zu entbinden, und Julius selbst hegte etliche Zweifel. Man vollzog die Verlobung – der juristischen Wirkung nach eine Eheschließung – (1503); doch da der Bräutigam erst zwölf Jahre alt war, verschob man die Hochzeitsnacht. 1505 verlangte der Prinz die Annullierung der ihm, wie er sagte, von seinem Vater aufgezwungenen Eheschließung; doch brachte man ihn dazu, im Interesse Englands die Verbindung zu bestätigen, und 1509, sechs Wochen nach seiner Thronbesteigung, wurde die Hochzeit festlich vollzogen.

Sieben Monate später schenkte Katharina ihrem ersten Kind das Leben, es starb aber schon bei der Geburt (31. Januar 1510); ein Jahr später gebar sie zur Freude des Vaters einen Sohn und dem Hause Tudor einen Stammhalter; aber auch dieses Kind starb schon nach ein paar Wochen; zwei weitere Söhne ereilte das gleiche Schicksal (1513 und 1514). Heinrich begann an Scheidung zu denken, oder richtiger an eine Ungültigkeitserklärung der Ehe. Die arme Katharina versuchte es noch einmal und schenkte 1516 einer Tochter das Leben, der späteren Königin Maria. Heinrich ließ sich erweichen; «diesmal war es eine Tochter, mit Gottes Hilfe werden die Söhne noch kommen», sagte er sich. 1518 kam ein weiteres Kind tot zur Welt. König und Volk waren um so enttäuschter, als die zweijährige Maria bereits mit dem französischen Thronfolger verlobt worden war; falls Heinrich ohne männliche Nachkommen starb, war sie Thronerbin, und ihr künftiger Gatte würde nicht nur König von Frankreich, sondern auch von England sein und das Land zu einer französischen Provinz machen. Die Herzöge von Norfolk, Suffolk und Buckingham planten, Maria zu verdrängen, aber Buckingham redete zuviel, wurde wegen Hochverrats abgeurteilt und enthauptet (1521). Beunruhigt äußerte Heinrich, er werde vom Himmel dafür bestraft, daß er sich mit Hilfe eines päpstlichen Dispenses über eine biblische Vorschrift hinweggesetzt habe, und gelobte, einen Kreuzzug gegen die Türken zu unternehmen, falls ihm die Königin einen Sohn gebäre. Doch Katharina war unfruchtbar geworden, und 1525 mußte jede Hoffnung auf weitere Nachkommen aufgegeben werden.

Ihre weibliche Anziehungskraft auf Heinrich war schon seit langem erloschen. Er war jetzt vierunddreißig und stand in der Vollkraft seiner Mannesjahre; sie war vierzig und sah weit älter aus. Besonders anziehend war sie nie gewesen, und viele Krankheiten und Fehlgeburten hatten ihren Körper noch weiter entstellt und ihr Gemüt verdüstert. Daß sie sehr gebildet und kultiviert war, entschädigte ihn nicht – Ehemänner finden großes Wissen bei der eigenen Frau selten reizvoll. Katharina selbst war ihm eine gute und treue Gemahlin und liebte ihn neben Spanien mehr als alles auf der Welt. Sie betrachtete sich als Gesandten Spaniens – war es auch eine Zeitlang – und bemühte sich unermüdlich, England an der Seite Ferdinands und später Karls zu halten. Etwa 1518 begann die erste bekannte Liaison Heinrichs; die Partnerin war Elisabeth Blount, eine Schwester des mit Erasmus befreundeten Mountjoy. 1519 schenkte sie dem König einen Sohn, den dieser zum Herzog von Richmond und Somerset erhob; vorübergehend erwog er sogar, ihn zum Thronerben einzusetzen. Um 1524 nahm Heinrich eine neue Mätresse, Maria Boleyn; Sir George Throckmorton sagte ihm ins Gesicht, er habe auch mit Marias Mutter ehebrecherische Beziehungen unterhalten. Ein ungeschriebenes Gesetz der Zeit gestattete Monarchen, deren Ehen nicht vom Herzen, sondern vom Staatsinteresse diktiert waren, Liebesromantik außerhalb des ehelichen Bettes zu suchen.

1527 oder vielleicht schon früher hatte Heinrich sich in Marias Schwester Anna verliebt. Die Eltern waren hochangesehen; Sir Thomas Boleyn genoß als Kaufherr und Diplomat schon lange die königliche Gunst; die Mutter war eine Howard und Tochter des Herzogs von Norfolk. Anna wurde, um ihre Erziehung zu vervollständigen, nach Paris geschickt, wo sie erst Hofdame der Königin Claude und später Margaretes von Navarra war; von dieser mag sie einige protestantische Ideen übernommen haben. Es ist nicht ausgeschlossen, daß Heinrich sie zum erstenmal als lebensprühendes dreizehnjähriges Mädchen auf dem *Camp du Drap d'Or* gesehen hat. Als Fünfzehnjährige kehrte sie nach England zurück, und Katharina machte sie zu ihrer Hofdame. Anna war keine hervorragende Schönheit; sie war klein, ihr Teint dunkel, der Mund breit, der Hals lang. Aber ihre strahlenden schwarzen Augen, ihr langes, wallendes Haar, ihre Geschmeidigkeit, ihr Witz und ihre Heiterkeit zogen nicht nur Heinrich an. Sie hatte einige glühende Liebhaber, darunter den Dichter Thomas Wyatt und Henry Percy, den späteren Grafen von Northumberland. Später brachten ihre Feinde vor, sie sei mit diesem heimlich verheiratet gewesen, bevor sie den König in ihren Bann zog, aber das Beweismaterial ist nicht überzeugend. Wann Heinrich um sie zu werben begann, wissen wir nicht; der früheste der noch vorhandenen Liebesbriefe wird ungefähr auf den Juli 1527 geschätzt.

In welcher Beziehung stand nun diese Liebesromanze zu Heinrichs Wunsch, seine Ehe für ungültig zu erklären? Den Gedanken hatte er fraglos schon 1514 erwogen, als Anna erst sieben Jahre alt war; 1524, als nach seiner eigenen Aussage die ehelichen Beziehungen aufhörten, verstärkte er sich wieder. Als die ersten überlieferten Schritte für eine Ungültigkeitserklärung erfolgten (März 1527), kannte Heinrich Anna schon lange; doch scheint sie um diese Zeit ihre Schwester aus seinem Herzen verdrängt zu haben. Als sich Wolsey (Juli 1527) nach Frankreich begab, um unter anderem eine Ehe zwischen Heinrich und der Tochter Ludwigs XII., Renée – die bald danach Italien in protestantische Unruhen stürzte – zu arrangieren, scheint er von der Absicht des Königs, Anna zu heiraten, nichts gewußt zu haben. Den ersten Beleg für diese Absicht finden wir in einem Brief des spanischen Gesandten vom 16. August 1527, worin er Karl V. berichtete, daß nach allgemeiner Ansicht der König im Falle einer «Scheidung» eine Tochter Master Boleyns heiraten werde – das kann sich jedoch kaum auf Maria bezogen haben, denn Ende 1527 finden wir Heinrich und Anna in Greenwich unter einem Dach in benachbarten Appartements installiert. Daraus ist zu schließen, daß die Liebe zu Anna seine Bemühungen um eine Ungültigkeitserklärung beschleunigte, aber nicht verursacht hat. Das treibende Motiv war der Wunsch nach einem Sohn als einem unanfechtbaren Thronfolger. Ganz England stand in dieser Sache auf seiner Seite, dachte man doch mit Schrecken an die langen Jahre des Bürgerkrieges zwischen den Häusern York und Lancaster (1454–1485). Die Dynastie Tudor war 1527 erst zweiundvierzig Jahre alt, ihr Anrecht auf den Thron umstritten, und nur ein legitimer männlicher Erbe konnte hoffen, sie ohne Erschütterung weiterzuführen. Selbst wenn es keine Anna Boleyn gegeben hätte, wäre Heinrichs Wunsch nach einer Scheidung und einer Söhne gebärenden Königin genauso stark und begreiflich gewesen.

Wolsey, in diesem Punkt gleicher Meinung wie der König, versicherte ihm, die päpstliche Ungültigkeitserklärung sei leicht zu erlangen; die Befugnis des Heiligen Stuhls, solche Ehetrennungen zu gestatten, galt ja allgemein als weise Einrichtung, um staatlichen Bedürfnissen dieser Art gerecht zu werden, und die Zahl der Präzedenzfälle war beträchtlich. Leider übersah der Kardinal zwei widrige Umstände: Erstens wollte Heinrich nicht Renée von Frankreich, sondern Anna Boleyn heiraten, und zweitens war der Papst, der die Ungültigkeitserklärung aussprechen mußte, der Gefangene eines Kaisers, der dem Gesuchsteller aus mehr als einem Grund gram war. Vermutlich hätte Karl, solange Katharina gegen die Scheidung opponierte, ohnehin ihre Partei ergriffen – um wieviel entschiedener mußte sein Widerstand sein, falls, wie Wolsey es plante, eine englisch-französische Eheschließung zur Liierung der beiden Länder zu führen drohte. Nicht die überwältigende Schönheit Anna Boleyns hat die Reformation in England verursacht, sondern die hartnäckige Einsichtslosigkeit Karls und Katharinas, die Heinrichs berechtigten Wunsch nach einem Sohn nicht begreifen konnten; ein katholischer Kaiser und eine katholische Königin haben im Verein mit einem unfreien Papst England der Reformation in die Arme getrieben. Der wesentlichste Grund war freilich der, daß die englische Monarchie nun so erstarkt war, daß sie es sich erlauben konnte, sich sowohl der moralischen als auch der materiellen Oberhoheit des Papstes zu entziehen.

Im Februar 1527 traf Gabriel de Grammont in England ein, um über Marias Einheirat ins französische Königshaus zu verhandeln. Dabei stellte er nach einer Behauptung Heinrichs die Frage nach der Legitimität der Prinzessin; da ein biblisches Gebot verletzt worden sei, das auch der Papst nicht aufheben könne, sei Heinrichs und Katharinens Ehe möglicherweise ungültig. Diese Bemerkung habe, wie Heinrich weiter erklärte, seinen Entschluß reifen lassen, die Ungültigkeitserklärung zu betreiben. Man vermutete, Heinrich habe diese Episode erfunden; Wolsey hat sie jedoch bestätigt, und 1528 wurde dem französischen Hof offiziell darüber berichtet. Soviel man weiß, ist sie auch von Grammont nie in Abrede gestellt worden, obschon er sich nach Kräften bemühte, Clemens von der Berechtigung der Ungültigkeitserklärung zu überzeugen. Am 29. Juli 1527 verständigte Karl seinen Gesandten in England, er empfehle Clemens die Ablehnung des Gesuches.

Erst während seines Aufenthalts in Frankreich erfuhr Wolsey, daß sein König nicht Prinzessin Renée, sondern Anna Boleyn zu heiraten wünsche. So bekümmert er darüber war, bemühte er sich doch weiterhin um die Ungültigkeitserklärung. Im Herbst sandte Heinrich über den Kopf seines Kanzlers hinweg seinen Sekretär William Knight mit zwei Vorschlägen zu Clemens, nämlich erstens, Clemens solle ihm in Anbetracht der zweifelhaften Gültigkeit seiner Ehe, seines Wunsches nach einem Thronfolger und die Weigerung Katharinas, sich scheiden zu lassen, erlauben, eine zweite Frau zu nehmen, und zweitens solle Clemens ihm erlauben, eine Frau zu heiraten, mit deren Schwester er Liebesbeziehungen unterhalten hätte. In der letzten Minute sank Heinrichs Mut; er wies seinen Emissär an, den ersten Vorschlag zurückzuhalten; wie erstaunt muß er daher gewesen sein, als er drei Jahre später von einem seiner

Vertrauensleute in Rom, Giovanni Casale, die briefliche Mitteilung erhielt: «Vor einigen Tagen hat mir der Papst vertraulich vorgeschlagen, daß Eurer Majestät zwei Frauen erlaubt werden könnten» (18. September 1530). Auf den zweiten Vorschlag ging Clemens für den Fall der Ungültigkeitserklärung der bestehenden Ehe ein; doch sei er noch nicht in der Lage, darüber zu entscheiden. Der Papst fürchtete nicht nur den Kaiser, er zögerte auch zuzugeben, daß einer seiner Vorgänger durch die Zulassung dieser Ehe einen schweren Irrtum begangen habe. Ende 1527 unterbreitete ihm Heinrich einen dritten Vorschlag: Wolsey und ein zweiter päpstlicher Legat sollten ein Sondergericht bilden, das in England tagte, die Parteien hörte und über die Gültigkeit der Ehe Heinrichs und Katharinas befand. Am 13. April 1528 bewilligte Clemens in einer Geheimbulle, die nur Wolsey und Heinrich sehen durften, das aus den Kardinälen Campeggio und Wolsey bestehende Sondergericht und sicherte die Bestätigung jeglichen Urteils zu, zu dem es gelangen sollte. Vielleicht hat das im Januar 1528 zwischen Frankreich und England geschlossene Bündnis, das die Befreiung des Papstes aus der Gewalt des Kaisers vorsah, Clemens zu diesem Entgegenkommen veranlaßt.

Karl protestierte und sandte Clemens die Abschrift eines angeblich in den spanischen Archiven gefundenen Dokuments, darin Julius II. die Gültigkeit des Dispenses bestätigte, dessen Ungültigkeitserklärung jetzt Heinrich und Wolsey forderten. Der immer noch in der Gewalt des Kaisers befindliche Papst war am Ende seines Witzes angelangt und instruierte schleunigst Campeggio, «die Entscheidung zu verschieben, bis ausdrückliche Genehmigung dazu eintrifft ... Wenn sich der Kaiser so verletzt fühlt, ist alle Hoffnung auf einen universellen Frieden verloren und die Kirche zum völligen Untergang verurteilt, da sie sich gänzlich in der Gewalt der kaiserlichen Organe befindet ... Zögern Sie solange als möglich.»

Nach seiner Ankunft in England bemühte sich Campeggio, Katharina zum Eintritt in ein Kloster zu bewegen (Oktober 1528). Unter der Bedingung, daß auch Heinrich die Gelübde ablege, willigte sie ein; ihm aber lag nichts ferner als Armut, Gehorsam und Keuschheit. Nichtsdestoweniger erklärte er sich bereit, die Gelübde abzulegen, sofern ihm der Papst zusichere, ihn auf seinen Wunsch davon zu entbinden – ein Vorschlag, den Campeggio nicht einmal weiterleitete. Statt dessen schrieb er im Februar 1529 der Kurie: «Diese Leidenschaft ist außergewöhnlich. Der König sieht nichts und denkt nichts außer seiner Anna; er kann keine Stunde ohne sie sein. Es erfüllt mich mit Mitleid, zu beobachten, wie das Leben des Königs und Stabilität oder Sturz eines ganzen Landes von einer einzigen Frage abhängen.»

Die kriegerische Entwicklung verlief jedoch zuungunsten Heinrichs. Das französische Heer, das er so reichlich dotiert hatte, richtete in Italien nichts aus, so daß sich der Papst vom Kaiser abhängiger sah als zuvor. Florenz vertrieb die Medici, deren Größe dem Papst nicht weniger am Herzen lag als Karl die der Habsburger. Venedig nutzte die Ohnmacht des Papstes aus, um dem Kirchenstaat Ravenna zu entreißen. Niemand außer Karl selbst vermochte das Papsttum zu retten. Voller Verzweiflung erklärte Clemens: «Ich bin fest entschlossen, Parteigänger des Kaisers zu werden und als solcher zu leben und zu sterben» (7. Juni 1529). Am 29. Juni gab Karl im Vertrag von Barcelona Florenz den Medici, Ravenna dem Kirchenstaat und Clemens die persönliche Freiheit zurück; doch mußte sich dieser verpflichten, Katharinas Ehe nicht ohne deren Einwilligung zu trennen. Am 5. August lieferte Franz I. im Frieden von Cambrai Italien mitsamt dem Papst praktisch dem Kaiser aus.

Am 31. Mai eröffnete Campeggio, nachdem er es so lange wie möglich hinausgezögert hatte, gemeinsam mit Wolsey das Verfahren vor dem Sondergericht der Legaten. Katharina, die an Rom appelliert hatte, weigerte sich, dessen Zuständigkeit anzuerkennen. Schließlich, am 21. Juni, erschienen beide, König und Königin, vor den Kardinälen. Katharina warf sich vor Heinrich auf die Knie und flehte mit herzbewegenden Worten um Fortsetzung der Ehe. Sie erinnerte ihn an ihrer beider großen Bemühungen, an ihre eigene untadelige Treue und ihre Nachsicht gegenüber seinen Liebeleien; Gott könne bezeugen, daß sie unberührt in die Ehe getreten sei, und womit habe sie ihn denn so gekränkt? Heinrich hob sie auf und antwortete, es sei sein eigener größter Wunsch gewesen, eine gute Ehe mit ihr zu führen; er wolle sich nicht aus persönlichen Gründen von ihr trennen, sondern sei aus nationalen und dynastischen Gründen dazu gezwungen; ihren Appell an Rom vermöge er jedoch nicht anzuerkennen, weil sich der Papst in der Gewalt des Kaisers befinde. Tränenüberströmt zog sich Katharina zurück und weigerte sich, länger an dem Verfahren teilzunehmen. Bischof Fisher machte sich zum Anwalt ihres Standpunkts und zog sich damit die Feindschaft des Königs zu. Als dieser von den Kardinälen eine klare Entscheidung verlangte, verschanzte sich Campeggio geschickt hinter dem Amtsschimmel und vertagte das Gericht für die Sommerpause (23. Juli 1529). Und um den Schwebezustand noch schwebender zu machen, verlegte Clemens das Verfahren nach Rom.

Heinrich tobte. Im Gefühl, daß Katharina ungebührlich halsstarrig gewesen sei, wollte er sie überhaupt nicht mehr sehen. Er verbrachte seine ganze freie Zeit ostentativ mit Anna; und aus dieser Periode dürften auch die siebzehn Liebesbriefe stammen, die, von Kardinal Campeggio aus England weggezaubert, haute zu den kostbarsten Originaldokumenten der Vatikanbibliothek gehören. Anna, im Umgang mit Männern und Königen recht gewitzt, hatte ihren Anbeter offenbar gleichzeitig ermutigt und hingehalten; jetzt beschwerte sie sich, sie verliere ihre Jugend, weil Kardinäle, die das Verlangen einer Jungfrau nach einem braven Gatten nicht verstünden, zögerten, dem König sein Recht zuzugestehen, diesen Wunsch durch die Ehe zu sanktionieren. Wolsey, so sagte sie, vertrete Heinrichs Sache nicht energisch und geschickt genug, und der König teilte ihren Groll.

Wolsey hatte, wenn auch nicht aus innerer Überzeugung, sein Bestes getan. Um die Kardinäle zu bestechen, schickte er Geld nach Rom, aber auch Karl schickte Geld und ein Heer obendrein. Sogar auf den Gedanken einer Doppelehe verfiel der Kardinal, wie es Luther ein paar Jahre später in einem ähnlichen Fall auch tun sollte. Trotzdem arbeiteten Anna und ihre mächtigen Verwandten auf seinen Sturz hin, und er wußte es. Er versuchte, sie durch rare Leckerbissen und kostbare Geschenke milder zu stimmen; doch je länger die Ungültigkeitserklärung ausblieb, desto stärker wurde ihre Feindseligkeit. Er war sich darüber klar, sprach er doch von ihr als «dem Feind, der niemals schläft und im Wachen und Schlafen ständig grübelt und kombiniert, wie mein Fall herbeizuführen sei». Er befand sich in einer entsetzlichen Zwickmühle: wurde die Ehe annulliert und Anna Königin, würde sie ihn ruinieren; wenn nicht, würde ihn Heinrich zum Sündenbock machen, entlassen und peinliche Rechenschaft über die Verwaltung der Staatskasse verlangen.

Der König selbst hatte manchen Grund, mit seinem Kanzler unzufrieden zu sein. Dessen Außenpolitik hatte versagt; der Bruch mit dem Kaiser und das Bündnis mit Frankreich hatten katastrophale Folgen gezeitigt. Dem einstmals allmächtigen Staatskanzler war in ganz England kaum mehr ein Fürsprecher geblieben. Die Weltgeistlichkeit haßte ihn wegen seines herrischen Regiments, die Ordensgeistlichen fürchteten die Auflösung weiterer Klöster, der Landadel haßte ihn, weil er ihm Söhne und Geld nahm, um verlorene Kriege zu führen, die Kaufleute haßten ihn, weil seine Feindschaft gegen Karl den Güteraustausch mit Flandern unterband, der Hochadel haßte ihn als prassenden Emporkömmling. Am 17. Oktober 1529 berichtete der französische Gesandte seinem Hof: «Einige Peers beabsichtigen, nach Wolseys Sturz oder Tod die Kirche abzuschütteln und ihren und Wolseys Besitz aufzuteilen.» Tuchfabrikanten in Kent schlugen vor, den Kardinal in einem lecken Boot im Meere auszusetzen.

Heinrich war verschlagener. Am 9. Oktober 1529 lud einer seiner Kronjuristen Wolsey vor die königlichen Richter mit der Aufforderung, sich wegen seiner Handlungen als päpstlicher Legat in Verletzung des *Statute of Praemunire* (1392) zu verantworten. Es war das ein übler Trick, bedrohte doch das Statut englische Untertanen, die päpstliche Bullen ins Land brachten, mit Vermögenskonfiskation. Doch Heinrich sah großzügig darüber hinweg, daß sich der Kardinal auf seinen Wunsch und in seinem Interesse als päpstlicher Legat betätigt hatte, weshalb es dieser in Voraussicht des Urteils vorzog, eine demütige Bittschrift abzufassen, seine Mißerfolge einzugestehen, an seine Dienste und seine Treue zu erinnern und London in einem Boot themseabwärts zu verlassen. In Putney erreichte ihn eine gnädige Botschaft des Königs; in überschäumender Dankbarkeit kniete er nieder und küßte die Erde. Heinrich konfiszierte die Schätze im Kardinalspalast zu Whitehall, beließ ihm jedoch das Erzbistum York und so viele irdische Güter, daß 160 Pferde und 72 Karren benötigt wurden, sie zum Sitz des Erzbistums zu schaffen. Sein Nachfolger als Staatskanzler wurde der Herzog von Norfolk und sein Nachfolger als Schatzkanzler Thomas More (November 1529).

Der gestürzte Kardinal verwaltete sein Bistum mit vorbildlichem Eifer, besuchte regelmäßig die Pfarreien, sorgte für Renovierung der Kirchen und amtete als Schiedsrichter. «Wer», fragte ein Yorkshiremann, «war bei uns im Norden weniger beliebt als seine Lordschaft der Kardinal, bevor er bei uns war, und wer wird mehr geliebt als er, seit er bei uns ist?» Aber je mehr sich seine Todesangst legte, desto stärker plagte ihn neuerlich der Ehrgeiz, und so schrieb er an den kaiserlichen Gesandten in England Briefe, die nicht auf uns gekommen sind; doch können wir in einem von Chapuys' Berichten lesen: «Ich habe einen Brief vom Arzt des Kardinals, darin er mir sagt, sein Herr ... meine, der Papst solle gewichtigere Maßnahmen ergreifen und sich auf weltliche Mittel stützen», das heißt auf Kirchenbann, Invasion und Bürgerkrieg. Norfolk erfuhr von diesem Briefwechsel, nahm den Arzt fest und erpreßte von ihm auf unbekannte Weise das Geständnis, daß der Kardinal dem Papst geraten habe, Heinrich zu exkommunizieren. Wir wissen weder, ob der Arzt den Kardinal richtig zitiert hat, noch ob Chapuys und Norfolk die Aussage des Arztes sinngemäß wiedergegeben haben. Auf alle Fälle ist Wolseys Festnahme angeordnet worden, es bleibe dahingestellt, ob von Heinrich selbst oder von Norfolk.

Er fügte sich ohne Widerstand (4. November 1530), verabschiedete sich von seinem Haushalt und brach nach London auf. In Sheffield Park warf ihn die Ruhr aufs Krankenlager. Königliche Soldaten erschienen mit dem Befehl, ihn in den Tower zu bringen. Er setzte die Reise fort, war aber nach zweitägigem Ritt so schwach, daß ihm die Eskorte gestattete, sich in der Abtei Leicester zu Bett zu legen. Dort sagte er die von Cavendish überlieferten und von Shakespeare übernommenen Worte: «Wenn ich meinem Gott so eifrig gedient hätte wie meinem König, würde er mich in meinem weißen Haar nicht verstoßen.» In der Abtei Leicester ist Wolsey am 29. November 1530, fünfundfünfzig Jahre alt, gestorben.

NEUNTES KAPITEL

# *Heinrich VIII. und Thomas Morus*

[1529–1535]

## I. DAS REFORMATIONSPARLAMENT

Die Gruppen, die das am 3. November 1529 zu Westminster zusammengetretene Parlament kontrollierten – im Oberhaus die Peers, im Unterhaus die Handelsherren –, einigten sich auf drei Grundsätze: Beschneidung des Reichtums und der Macht des Klerus, Sicherung des Handels mit Flandern und Billigung der Bemühungen Heinrichs, England einen männlichen Thronfolger zu geben. Das bedeutete weder Zustimmung zu Anna Boleyn, die allgemein als Abenteuerin galt, noch verhinderte es ein ebenso allgemeines Mitgefühl für die unglückliche Königin. Die niederen, politisch machtlosen Stände hatten sich mit dem Gedanken an die Trennung der Ehe noch nicht abgefunden, und der streng katholische Norden stellte sich ohnehin, ohne lange zu fragen, auf die Seite des Papstes. Heinrich beschwichtigte vorläufig diese Opposition, indem er – ohne religiöse Neuerungen zu fordern – sich darauf beschränkte, die Autorität des Heiligen Stuhls über die englische Kirche abzulehnen. Das Nationalgefühl der Engländer – noch mehr entwickelt als das deutsche – stärkte in diesem Punkt des Königs Hand; obschon der Klerus Heinrich nur mit Schaudern als sein Oberhaupt akzeptierte, ersehnte er dennoch Befreiung von einem Papsttum, das einer fremden Macht so offenkundig hörig war.

Ein sechsseitiges Pamphlet, *The Supplication of the Beggars* (Bittschrift der Bettler), das um 1528 von einem gewissen Simon Fish veröffentlicht wurde, bereitete vielen Lesern Genugtuung, und auch Heinrich las ohne (bekannten) Protest die an ihn gerichtete Aufforderung, das Kirchenvermögen ganz oder teilweise zu konfiszieren.

«Zur Zeit Eurer edlen, dahingegangenen Vorgänger schlichen sich listig ... heilige und müßiggängerische Bettler und Vagabunden ... Bischöfe, Äbte, Dekane und Erzdekane, Priester, Mönche, Kanoniker, Bettelmönche und Ablaßkrämer ... ins Königreich ein. Niemand vermag diese faule, schmarotzende Gesellschaft zu zählen, die (ohne zu arbeiten) mit solcher Schamlosigkeit gebettelt hat, daß ihr heute ein Drittel des Reichs und mehr gehört. Die schönsten Güter, Herrenhäuser, Felder und Gegenden sind in ihrem Besitz. Außerdem haben sie den Zehnten von Feld, Wiese, Weide, Heu, Wolle, Fohlen, Kälbern, Schweinen, Lämmern, Gänsen und Hühnern ... Ja so sehr sind sie auf ihren Profit aus, daß sie die armen Weiber jedes zehnte Ei abliefern lassen, oder sie kommen an Ostern nicht zu ihrem Recht ... Welche davon wird ihre Hände rühren, um drei Pence im Tag zu verdienen, und welche hat mindestens zwanzig Pence pro Tag, um mit einem Mönch, Bettelmönch oder Priester zu schlafen?» [1]

Mochten Adel und Kaufherren diese Anklage auch etwas übertrieben finden, so erlaubte sie doch eine verheißungsvolle Schlußfolgerung, nämlich die Säkularisation des kirchlichen Eigentums. «Die Lords», berichtete der französische Botschafter Jean du Bellay, «beabsichtigen ... die Kirche in Anklagezustand zu versetzen und alle ihre Güter zu nehmen, worüber ich wohl kaum chiffriert berichten muß, weil sie es offen proklamieren ... Meiner Meinung nach werden diese Priester nie wieder über das Staatssiegel verfügen [d. h. nie wieder die wichtigsten Ämter besetzen] und mit diesem Parlament große Scherereien haben.» Wolsey hatte bis jetzt Angriffe auf das Kirchenvermögen zurückgedämmt; seit seinem Sturz konnte sich der Klerus nur noch auf die (schwindende) Glaubenstreue der Bevölkerung stützen; der Heilige Stuhl, dessen Prestige, Interdikte und Allianzpolitik ihm vordem Rückhalt gegeben hatten, war hingegen nur noch Zielscheibe des königlichen Zorns und Spielball der kaiserlichen Politik. Würde die Landessynode des englischen Klerus – die nach Landesrecht befugt war, jede die Kirche betreffende Gesetzgebung mit ihrem Veto zu belegen – auch diesmal die Verärgerung des Königs und den Antiklerikalismus des Parlaments zügeln können?

Das Unterhaus leitete die Machtprobe mit einer Petition an den König ein. Diese berühmte Anklageakte *(Act of Accusation)* bekannte sich zwar zu den Grundsätzen des Glaubens, richtete aber gleichzeitig schwere Angriffe gegen den Klerus. Das Unterhaus bezichtigte darin die Landessynode der selbstherrlichen, weder vom König noch vom Parlament gebilligten Gesetzgebung, der Beschneidung der bürgerlichen Freiheitsrechte, der Verhängung empfindlicher Bußen und Geldstrafen; der niedere Klerus erzwinge, hieß es weiter, Gebühren für die Erteilung der Sakramente, die Bischöfe gäben jungen Männern – angeblichen Neffen –, die ebenso unwissend wie unerfahren seien, fette Pfründen, die Urteile der geistlichen Gerichte seien von Raffgier diktiert, Männer würden ohne präzise Anklagen eingekerkert und Laien beim leisesten Verdacht einer geringfügigen Ketzerei mit schwersten Strafen bedacht. Das Dokument gipfelte in der Bitte an den König, diesen Übeln abzuhelfen. Heinrich, hinter den Kulissen vielleicht an der Formulierung dieser Petition beteiligt, unterbreitete deren Hauptpunkte der Synode und bat um Stellungnahme. Die Bischöfe gaben zwar individuelle Verstöße zu, verteidigten jedoch die gerechte Rechtsprechung ihrer Gerichte. Zum Schluß appellierten sie an ihren frommen König, der Luther so vortrefflich getadelt habe, die Ketzerei unterdrücken zu helfen. Doch dann fügten sie, in Verkennung der Stimmung des Souveräns, herausfordernde Worte hinzu:

> «Sintemal wir berufen sind und unsere Befugnis zur Gesetzgebung aus der göttlichen Offenbarung und den Satzungen unserer Heiligen Kirche zu begründen ist ... dürfen wir den Vollzug unserer Aufgaben und Pflichten, wie Gott sie uns vorgeschrieben hat, nicht der Zustimmung Eurer Hoheit unterstellen ... In aller Ehrfurcht beschwören wir Euer Gnaden ... alle Gesetze und Verfügungen, die wir ... gestützt auf das Wort Gottes zu seinem Ruhm und zur Glorifizierung der Tugend erlassen werden, zu bestätigen und ihnen Euren Schutz zu geben.»[2]

Die Machtprobe war in vollem Gang, dennoch wich ihr Heinrich mit einer sonderbaren Zumutung ans Parlament für den Augenblick aus: Er verlangte nicht mehr und nicht weniger, als von der Rückzahlung der ihm von seinen Untertanen gewährten Darlehen entbunden zu werden*. Das Unterhaus willigte unter Protest ein. Drei weitere Gesetzesentwürfe zielten darauf ab, die klerikalen Befugnisse zur Testamentsbeglaubigung einzuschränken und die Besteuerung des hinterlassenen Vermögens sowie die Akkumulation von Pfründen in einer Hand zu verbieten. Die im Oberhaus sitzenden Bischöfe und Äbte setzten sich verbissen zur Wehr und erreichten auch einige Modifikationen; aber im wesentlichen erhielten die Entwürfe Gesetzeskraft. Am 17. Dezember vertagte sich das Parlament.

Im Verlauf des Sommers gab Thomas Cranmer, ein Doktor der Theologie zu Cambridge, Heinrich den kostspieligen Rat, von allen großen Universitäten Europas ein Gutachten zu verlangen, ob der Papst befugt sei, jemandem die Eheschließung mit der Witwe seines Bruders zu erlauben. Daraus entwickelte sich ein fröhlicher Bestechungswettlauf: Heinrichs Vertrauensleute verteilten Geld, um eine negative Antwort zu erkaufen; Karls Emissäre verteilten gleichfalls Geld und nötigenfalls Drohungen, um eine bejahende Antwort zu erpressen. Die italienischen Gutachter waren geteilter Meinung, und die lutherischen Universitäten hatten dem «Verteidiger des Glaubens» wenig Tröstliches zu sagen; dafür ließ sich die Pariser Universität unter dem Druck Franz' I. zu der dem König doppelt teuren Antwort herbei. Cambridge und Oxford sprachen sich nach dem Erhalt unzweideutig formulierter Schreiben der königlichen Kanzlei für das Recht ihres Souveräns auf eine Ungültigkeitserklärung aus.

Auf diese Gutachten gestützt, verkündete Heinrichs Generalstaatsanwalt die Absicht, alle Kleriker, die den Legatenstatus von Wolsey anerkannt hatten, wegen Zuwiderhandlung gegen den *Statute of Praemunire* gerichtlich zu verfolgen (Dezember 1530). Beim Wiederzusammentritt des Parlaments und der Synode (16. Januar 1531) gaben die königlichen Sprecher schadenfroh bekannt, der König sei bereit, auf die Strafverfolgung zu verzichten, sofern der Klerus sein Verschulden eingestehe und eine Strafe in Höhe von 118000 Pfund Sterling entrichte. Die Kirchenfürsten protestierten natürlich; sie hätten nie so große Befugnisse für Wolsey gewünscht; sie hätten sich gehorsam an des Königs Beispiel gehalten, der ihn vor dem Kardinalsgericht ja selbst als päpstlichen Legaten anerkannt habe. Ihr Standpunkt war richtig; doch Heinrich benötigte unter allen Umständen Geld. Niedergeschlagen willigten die Bischöfe ein, das Geld in ihren Diözesen aufzubringen. «Erntend, solange die Sonne schien», forderte der König nunmehr vom Klerus, als «Beschützer und einziges Haupt der englischen Kirche und Geistlichkeit» anerkannt zu werden, mit anderen Worten die Loslösung der englischen Kirche von Rom. Die Kirchenfürsten lavierten und versuchten sich mit einem Dutzend Kompromißvorschlägen und zweideutigen Formulierungen herauszuwinden; doch der König bestand unbarmherzig auf einem eindeutigen Ja oder Nein. Sehr gegen sein Gewissen legte der jetzt einundachtzigjährige Erzbischof Warham die königliche Formel mit dem letzten rettenden Zusatz «soweit es das Gesetz Christi erlaubt» zur Abstimmung vor. Die Synode verharrte in eisigem Schweigen, man legte es als Zustim-

* Heutzutage befreien Währungsmanipulationen die Regierungen von der Notwendigkeit solch unverblümter Raubzüge.

mung aus, und damit war die Formel Gesetz. Der besänftigte König gestattete seinen Bischöfen, zur Ketzerverfolgung zurückzukehren.

Ende März vertagten sich Parlament und Synode. Im Juli verließ Heinrich Windsor und sah Katharina, die dort zurückblieb, nie wieder. Bald darauf befahl er, sie nach Ampthill zu bringen und Prinzessin Maria in Richmond einzuquartieren. Schließlich forderte er von Katharina die Kronjuwelen zurück und gab sie Anna Boleyn. Karl V. protestierte bei Clemens; dieser zieh Heinrich in einem Breve des Ehebruchs, verlangte die Lösung der Beziehung zu Anna und – bis zur Entscheidung über die Ungültigkeitserklärung – die Anerkennung Katharinas als rechtmäßige Königin. Heinrich ignorierte den päpstlichen Einspruch und gab sich weiter seiner Liebesromanze hin. Aus jener Zeit stammt das nachstehende zärtliche *billet doux:*

«Myne awne Sweetheart, this shall be to advertise you of the great ellingness that I find here since your departing; for, I ensure you, me thinketh the Tyme longer since your departing now last than I was wont to do a whole Fortnight; I think your Kindness and my Fervence of love causeth it ... But now that I am coming toward you, me thinketh my Pains by half released ... in wishing myself (especially an evening) in my Sweethearts Armes whose pretty Duckys I trust shortly to Kysse. Writne with the Hand of Him that was, is, and shall be yours by his will, *H. R.*»[3]*

Im Januar 1532 erreichte Heinrich von den Häusern des Parlaments und der Kirchensynode eine weitere Verschärfung der antiklerikalen Gesetzgebung: Weltliche Gerichtsbarkeit für hochverräterische Geistliche vom Subdiakon abwärts, Herabsetzung der von geistlichen Gerichten verhängten Gebühren und Geldstrafen, Herabsetzung oder Aufhebung der kirchlichen Beglaubigungs- und Sterbegebühren, Suspendierung der Bezahlung der Annaten (das heißt des ersten Jahreseinkommens eines neu ernannten Kirchenfürsten) an die Kurie und Beschlagnahmung der für Dispense, Ablässe und sonstige päpstliche Dienste in England anfallenden Gelder. Unter der Hand verständigte man die Kurie, daß die Annaten wieder bezahlt würden, sobald Heinrichs Ehe für ungültig erklärt sei.

Mittlerweile hatte sich die Mehrheit der Bischöfe zur Einsicht durchgerungen, daß eine von Rom unabhängige Kirche weder ihre Autorität noch ihre Einkünfte schmälern würde, und im März 1532 erklärte sich die Synode zur Loslösung von Rom bereit. «Möge es Eurer Gnaden gefallen, die besagten ungerechten Auflagen zu beseitigen ... Und falls der Papst einen Prozeß gegen das Königreich anstrengt, um diese Annaten zu erhalten ... möge es Eurer Hoheit gefallen, durch das gegenwärtige Parlament proklamieren zu lassen, daß Euere Hoheit und das Volk dem Heiligen Stuhl den Gehorsam aufkünden.» Und am 15. Mai räumte die Synode einem je zur Hälfte aus Klerikern und Laien zusammengesetzten Ausschuß die Befugnisse ein, ihre künftige Gesetzgebung, sofern er sie für staatsgefährlich erachte, mit seinem Veto zu belegen. So hoben

* Mein einziger Schatz, Dies soll dir die große Einsamkeit künden, die ich hier seit deinem Weggang empfinde; denn ich versichere dir, die Zeit, die du jetzt weg bist von mir, dünkt mich schon länger als sonst vierzehn Tage; ich glaube, deine Liebenswürdigkeit und meine Liebesglut tragen Schuld daran ... Doch jetzt, da ich unterwegs zu dir bin, haben sich meine Qualen schon zur Hälfte vermindert ... und ich wünsche mich (besonders am Abend) in die Arme meiner Geliebten, deren süßen Busen ich bald zu küssen hoffe. Geschrieben mit der Hand dessen, der war, ist und aus freiem Willen stets der deinige sein wird. *H. R.*

«Reformationsparlament» und Landessynode die Englische Staatskirche als ein dem Staat untergeordnetes Organ aus der Wiege.

Thomas More, der vergeblich gegen die antiklerikale Welle angekämpft hatte, demissionierte am 16. Mai als Staatskanzler und zog sich völlig ins Privatleben zurück. Im August widerrief Erzbischof Warham auf dem Sterbebett den Beschluß der Synode, den König als ihr Oberhaupt anzuerkennen. An die Stelle Mores trat Thomas Audley und an die Warhams Thomas Cranmer. Die Revolution ging weiter. Im Februar 1533 verordnete das Parlament im *Statute of Appeals* – Appellationsstatut –, die bisher an Rom zur Behandlung überwiesenen Rechtsstreitigkeiten künftig «in den geistlichen und weltlichen Gerichten innerhalb des Königreichs zu entscheiden, ungeachtet aller ... ausländischen ... Einsprüche, Exkommunikationen und Interdikte».

Heinrich und Anna heirateten am 15. Januar 1533. Sie war bereits seit einigen Wochen schwanger; Heinrich, den jetzt die Zeit drängte, appellierte nochmals an den Papst; und als auch dieser Appell nichts fruchtete, erwirkte er von der Landessynode das «Scheidungsdekret». Cranmer, jetzt Erzbischof von Canterbury, proklamierte am 23. Mai Heinrichs Ehe mit Katharina als ungesetzlich und nichtig; am 28. Mai proklamierte er Anna zur gesetzmäßigen Gemahlin Heinrichs. Drei Tage später begab sie sich, mit Brokat und Juwelen geschmückt, in die Westminsterabtei zur Krönung. Es war ein prächtiger Aufzug, teils von der Tradition, teils von Hans Holbein dem Jüngeren entworfen; doch dürfte Anna trotz allen Hochgefühls das mißbilligende Schweigen der schaulustigen Menge gespürt und sich gefragt haben, ob ihr gefährdetes Haupt die Krone lange tragen werde. Clemens erklärte die neue Ehe für nichtig, eventuelle Nachkommen für illegitim und exkommunizierte Heinrich (11. Juli 1533). Am 7. September wurde Elisabeth geboren. Karls Gesandter meldete, des Königs Mätresse sei von einem Bastard entbunden worden.

Das seit dem 4. Mai vertagte Parlament nahm am 15. Januar 1534 seine Sitzungen wieder auf. Annaten und sonstige päpstliche Einkünfte wurden jetzt endgültig der Krone zugesprochen und die Ernennung der Bischöfe – *de facto* schon lange ein königliches Privileg – gesetzlich als solches verankert. Ketzerprozesse wurden der Zuständigkeit der geistlichen Gerichtsbarkeit entzogen und den weltlichen Gerichten übertragen.

Nicht lange danach hatten sie sich mit einem teils ketzerischen, teils hochverräterischen Fall zu befassen. Die Kenter Nonne Elisabeth Barton streute 1533 aus, Gott habe sie beauftragt, die Wiederverheiratung des Königs zu geißeln; sie habe sogar den Pfuhl sehen dürfen, der ihm in der Hölle bereitet werde. Von den königlichen Richtern peinlich verhört, gab sie zu, die Visionen erfunden und sich nicht dagegen gewehrt zu haben, daß sie von gewissen Personen in der Absicht, den König zu stürzen, weiterverbreitet wurden. Das Oberhaus verurteilte sie und sechs «Mitverschworene»; am 5. Mai 1534 fand die Hinrichtung statt. Bischof Fisher wurde beschuldigt, sowohl von dieser Verschwörung als auch von einem Plan Chapuys' gewußt zu haben, eine Landung spanischer Streitkräfte mit einem Aufstand der Parteigänger Katharinas zu koordinieren, was freilich am Widerstand Karls gescheitert sei. Fisher leugnete, blieb aber unter dem Verdacht des Hochverrats.

Als aggressivstes Werkzeug Heinrichs wirkte bei allen diesen Ereignissen Thomas Cromwell. Als Sohn eines Schmieds 1485 in Armut geboren, durchstreifte er jahrelang vagabundierend Frankreich und Italien, kehrte nach England zurück und erwarb sich erst als Tuchhändler und dann als Geldverleiher ein Vermögen. Wolsey diente er getreulich fünf Jahre und hielt auch in dessen böser Zeit zu ihm; diese Loyalität und sein Fleiß gewannen Heinrichs Vertrauen, so daß er hintereinander zum Schatzkanzler, zum Präsidenten des Staatsarchivs und zum persönlichen Sekretär des Königs ernannt wurde (Mai 1534) und neun Jahre, von 1531 bis 1540, den königlichen Willen mit sklavischem Gehorsam vollstreckte. Der Hochadel verabscheute in ihm den Prototyp der ihm seine Privilegien streitig machenden Kaufmannschaft; er zieh ihn der Bestechlichkeit, des Ämterverkaufs, der übertriebenen Gier nach Macht und Reichtum – kurz, des Machiavellismus. Er selbst zielte – kaum verschleiert – darauf ab, jeden Aspekt des öffentlichen Lebens dem König untertan zu machen und dieses absolute Königtum mit dem säkularisierten Kirchenvermögen zu bezahlen. Er verfolgte sein Ziel mit ebensolcher Fähigkeit wie Skrupellosigkeit, vervielfachte sein eigenes Vermögen und siegte in allen Schlachten, bis er die letzte verlor.

Alarmiert durch die wachsende Feindseligkeit der Massen und vermutlich von Cromwell beraten und gelenkt, veranlaßte der König das Parlament zur Verabschiedung eines Thronfolgegesetzes (30. Mai 1534), das Heinrichs erste Ehe für ungültig erklärte, Maria zum Bastard erniedrigte und Elisabeth – falls aus der neuen Ehe kein männlicher Nachkomme hervorgehe – zur Thronerbin proklamierte. Wer die Gültigkeit der neuen Ehe oder die Legitimität der daraus resultierenden Nachkommen bestreite, sei mit dem Tode zu bestrafen. Die gesamte Bevölkerung, Männer wie Frauen, hätten dem König den Treueid zu leisten. Von bewaffneten Eskorten begleitet, drangen königliche Kommissare landein und landaus in Schlösser, Klöster, Stifte und Heime ein und erzwangen den Eid. Einige wenige verweigerten ihn. Die prominentesten davon, Bischof Fisher und Thomas More, die zwar den Eid auf die Thronfolge, nicht aber auf die übrigen Punkte leisten wollten, wurden in den Tower geworfen. Mit dem *Statute of Supremacy* (11. November 1534) besiegelte das Parlament diese Gesetzgebung, die die königliche Souveränität über Staat und Kirche neuerdings bestätigte, alle bisherigen Befugnisse der römischen Kirche auf den König übertrug und die Nationalkirche *Ecclesia Anglicana* taufte. Die Bischöfe hatten einen neuen Treueid auf die geistliche und zivile Autorität des Königs ohne die einschränkende Klausel «so weit es das Gesetz Christi erlaubt» zu leisten, und den König mündlich oder schriftlich als Usurpator, Tyrannen, Ketzer oder Kirchenspalter zu verunglimpfen, galt von da an als Hochverrat.

Alle Machtmittel des Staates wurden aufgeboten, um jeden Widerstand gegen diese in England beispiellose Gesetzgebung zu unterdrücken. Die große Mehrzahl der Weltgeistlichen fügte sich zumindest äußerlich; hingegen scheuten viele Ordensbrüder und Bettelmönche, als im unmittelbaren Gehorsamsverhältnis zum Papste stehend, vor der Eidesleistung zurück, und ihre Renitenz hat zum späteren Entschluß des Königs beigetragen, die Klöster aufzuheben. Ganz besonders erbosten ihn und Cromwell die Kartäuser im Charterhouse zu London. Drei ihrer Äbte suchten Cromwell auf und bemühten sich, ihm auseinanderzusetzen, weshalb sie unmöglich einen Laien als Oberhaupt der englischen Kirche anerkennen könnten; er ließ sie im Tower weiter über diesen Punkt nachdenken. Der Prozeß gegen sie, einen Bettelmönch und einen Weltgeistlichen vor dem Oberhofgericht begann am 26. April; die Richter traten für Milde ein, aber Cromwell, der ein Anwachsen des Widerstandes befürchtete, forderte einen Schuldspruch, und die Richter beugten sich. Am 3. Mai brachte man alle fünf «Hochverräter», die sich immer noch nicht dem Suprematsgesetz unterwerfen wollten, nach Tyburn, henkte sie einen nach dem andern, schnitt sie noch lebendig ab, riß ihnen die Eingeweide heraus und vierteilte sie. Zur Abschreckung der übrigen Insassen befestigte man einen abgetrennten Arm über dem Portal des Charterhauses, dennoch ließ sich keiner zur Eidesleistung herbei. Drei weitere warf man ebenfalls in den Tower; in Eisen geschlossen, mußten sie siebzehn Tage stehend ausharren und an Ort und Stelle ihre Notdurft verrichten. Zehn Mönche verbrachte man nach Newgate, wo sie an «Gefängnisfieber und Dreck» starben; die restlichen verteilte man auf andere Klöster.

Von nun an diktierte Heinrich als höchste Instanz das religiöse und politische Glaubensbekenntnis seines Landes und verfolgte, in allem außer der päpstlichen Hegemonie dem katholischen Dogma treu, gleichermaßen dessen protestantische Kritiker und die katholischen Kritiker seines Suprematsanspruchs. So hielten die Ketzerverfolgungen, die ja nie ganz aufgehört hatten, seine ganze Regierungszeit über an. 1531 ließ Staatskanzler More einen gewissen Thomas Bilney, der gegen Bilderverehrung, Wallfahrten und Seelenmessen agitiert hatte, verbrennen. James Bainham bestritt die leibhaftige Gegenwart Christi im Abendmahl; man folterte ihn, um die Namen von Mitketzern zu erpressen, und schickte ihn, als er standhaft blieb, im Smithfield auf den Scheiterhaufen (1532). Im selben Jahr fanden im Bistum Lincoln zwei weitere Verbrennungen statt; der Bischof gewährte den Gläubigen, die das Reisig herbeischafften, einen Ablaß von vierzig Tagen.

Der Terror erreichte mit den Prozessen gegen Fisher und More seinen Höhepunkt. Der Bischof war zwar nach Erasmus «ein mit jeder Art bischöflicher Tugenden aufs vorzüglichste ausgestatteter Mann»; dennoch hatte er sich der Ketzerverfolgung schuldig gemacht und Karl V. gemeinsam mit dem spanischen Gesandten Chapuys zu einem Einfall in England und zur Entthronung Heinrichs gedrängt. Nach dem Gesetz war er ein Landesverräter, so daß die Justiz seine Verteidigung, er habe aus Loyalität gegen die Kirche gehandelt, nicht gelten lassen konnte. Zu allem Überfluß ernannte der neue Papst Paul III. den in Untersuchungshaft befindlichen Bischof zum Kardinal, und obschon dieser bestritt, diese Würde angestrebt zu haben, sah Heinrich darin eine Herausforderung. Am 17. Juni 1535 fand die letzte Verhandlung gegen den achtzigjährigen Bischof statt; er weigerte sich neuerdings, den König als Kirchenoberhaupt anzuerkennen. Am 22. Juni führte man ihn auf den Towerhügel und zum Schafott, «ein hagerer, schlanker Leib» – wie ihn ein Augenzeuge beschrieb – «der Haut und bloßen Knochen gleich, so sehr, daß die meisten, die ihn sahen, sich wunderten, wie ein Mensch so verzehrt sein könne und dennoch Leben in sich habe»[4]. Vor der Exekution bot ihm der König noch einmal Begnadigung an, falls er den Eid leiste; Fisher lehnte ab, und sein abgeschlagener Kopf wurde über der London Bridge befestigt – er möge sich jetzt, falls er könne, den Kardinalshut in Rom holen, höhnte der König.

Doch ein schwierigerer Gegner verblieb.

## II. DER UTOPIER

Von seinem Vater, einem vermögenden Anwalt und prominenten Richter, wurde Thomas More (wir verwenden bald diese englische Form, bald die latinisierte, Morus) erst einmal in die Elementarschule St. Anton in London geschickt und dann als Page zu Erzbischof Morton gegeben, der ihm katholische Glaubensgrundsätze, Ehrlichkeit und eine heitere Frömmigkeit beibrachte und, wie uns gesagt wird, über das bei Tisch aufwartende Kind äußerte, es werde einmal ein prächtiger Mensch werden. In Oxford, wohin der fünfzehnjährige Jüngling kam, widmete er sich nur der klassischen Literatur, weshalb ihn der praktisch denkende Vater zurückrief und in London die Rechte studieren ließ. Da die Rechtsgelehrten mehr und mehr die führenden Staatsämter besetzten, versprach sich More daraus eine aussichtsvollere Karriere für den Sohn. Oxford und Cambridge bildeten immer noch vor allem Theologen aus. New Inn und Lincolns Inn schulten die Männer, die sich anschickten, dem Klerus das Steuer der Regierung aus der Hand zu nehmen. Im Unterhaus des «Reformationsparlaments» 1529–1537 gab es nur acht Doktoren der Theologie und schönen Künste; alle anderen waren Juristen und Kaufleute.

1499 lernte More – damals einundzwanzigjährig – Erasmus kennen und verschrieb sich, dem leuchtenden Vorbild folgend, mit Haut und Haar dem Humanismus. Die Freundschaft zwischen den beiden Männern gründete auf Geistesverwandtschaft. Beide liebten einen fröhlichen Scherz und würzten ihre Gelehrsamkeit mit lachendem Humor; beide empfanden die gleiche Abneigung gegen die Spitzfindigkeiten der Scholastik, von der More einmal sagte, sie bringe ebensoviel Gewinn wie das Melken eines Ziegenbockes über einem Sieb. Und beide erhofften die interne Reform der Kirche ohne gewaltsame Sprengung der religiösen Einheit und Unterbrechung der geschichtlichen Kontinuität. An Wissen und Toleranz blieb More hinter Erasmus zurück; seine an sich sanfte und hochherzige Wesensart war zuzeiten heftigen Leidenschaften und sogar bigotten Anwandlungen unterworfen, und manchmal ließ er sich dem Zeitgeist entsprechend zu Verunglimpfungen des Gegners hinreißen. Andererseits entwickelte er mehr Mut, ein ausgeprägteres Ehrgefühl und eine größere Hingabe an die Sache als jener. In ihrem Briefwechsel besitzen wir einen kostbaren Beweis für zarte Empfindungen in einem verrohten Zeitalter. «Lebwohl», schließt ein Brief Mores, «teuerster Erasmus, mir teurer als meine Augen!» Mit seiner tiefen Frömmigkeit beschämte er die Weltlichkeit solcher Kirchenfürsten wie Wolsey; mitten in seinen juristischen Studien erwog er sogar, Priester zu werden, und hielt öffentliche Vorträge über Augustins *Gottesstaat*, die so prominente Geister wie Grocyn anzogen (1501). Ein aufrichtiger Bewunderer des mönchischen Ideals, bedauerte er manchmal, bei aller

Kritik an den zeitgenössischen Regelverletzungen, sich nicht für das Klosterleben entschieden zu haben. Das Roßhaarhemd, das er lange Zeit trug, scheuerte ihn oft so wund, daß das Blut durch die Kleidung drang. An Wunder, Heiligenlegenden und die Heilkraft von Reliquien glaubte er unbedingt. Seine Bücher durchweht das mittelalterliche Gefühl, das Leben sei ein Gefängnis und das Ziel der Religion und Philosophie sei die sinnvolle Vorbereitung auf den Tod. Dessenungeachtet heiratete er zweimal, erzog mehrere Kinder zu christlicher Gottesfurcht, zu Gebet, gegenseitiger Liebe und zu unbedingtem Vertrauen in die Vorsehung. 1523 übersiedelte er in das *Manor House* in Chelsea, das für seinen großen, bis an die Themse reichenden Garten, seine Bibliothek und seine Galerie berühmt war.

Als Sechsundzwanzigjähriger wurde er als Vertreter des Bürgertums ins Parlament gewählt (1504) und opponierte mit solchem Geschick gegen einen Vorschlag Heinrichs VII., daß dieser kurzerhand Thomas' Vater einsperren ließ und mit einer schweren Geldstrafe belegte, um den jungen Redner zu Gehorsam und Konformismus zu zwingen. Nach diesem mißglückten parlamentarischen Gastspiel zog Thomas More die einträglichere Anwaltspraxis vor. 1509 ließ er sich bereden, den Posten eines Untersheriffs der City, das heißt Altlondons nördlich der Themse, zu übernehmen, eine Funktion, die seinem Temperament zusagte. Nach seiner Amtsübernahme kam es zum flagranten Bruch mit der erst in der Jetztzeit entheiligten Tradition, Zuwendungen von den Parteien anzunehmen; statt dessen fällte er so weise und unparteiische Urteile, daß sie seinen Ruhm in der ganzen Stadt verbreiteten. Es dauerte nicht lang, da saß er wieder im Unterhaus, dessen Sprecher er 1515 wurde.

Erasmus hat More in einem berühmten Brief an Hutten beschrieben (23. Juli 1517): Mittelgroß, Gesichtsfarbe eher frisch als bleich, Haar dunkelblond oder, wenn man will, blonddunkel, Kleidung und Auftreten schlicht, ein mäßiger Esser und Trinker, heiter, witzig, rasch lächelnd, immer zu Schabernack bereit; er hielt sich einen Possenreißer, einen Affen und noch allerlei Getier; die Vögel flogen ihm zu, um gefüttert zu werden; ein getreuer Gatte, ein liebreicher und vergötterter Vater, ein überzeugender Redner, ein verständiger Berater, ein bereitwilliger Helfer und Wohltäter – kurz, so schloß dieses liebevolle Konterfei: «Was schuf die Natur jemals, das milder, lieblicher oder glücklicher als der Genius des Thomas Morus wäre?»[5]

Er mußte sich die Zeit stehlen, um seine verschiedenen Bücher zu schreiben. In seiner *History of Richard III* (Geschichte Richards III.) kam die Autokratie sehr schlecht weg; doch da diese die Losung des Tages war, schien es ihm klüger, das Risiko des Druckes zu vermeiden. Nach seinem Tode wurde sie veröffentlicht; Shakespeare gründete sein Drama darauf; und die durch das Stück in die Welt posaunte Biographie dürfte uns das allgemein akzeptierte Charakterbild Richards III. vermittelt haben. Dann, 1516, gelang ihm in verspielter Laune sein großer Wurf, das Vorbild für alle späteren Wolkenkuckucksheime, für die er das in alle Sprachen eingegangene Wort «Utopia» erfand. Sein Utopia stellte freilich gleichzeitig eine so beißende Kritik der englischen Gesellschaft, Wirtschaft und Regierung dar, daß er noch einmal die Vorsicht für den besseren Teil der Tapferkeit hielt und es vorerst nur im Ausland in sechs lateinischen Ausgaben drucken ließ, ehe er eine – immer noch lateinische – Ausgabe in England wagte. Nach seiner eigenen Aussage verfaßte er es zu seinem Privatvergnügen ohne die Absicht der Veröffentlichung; trotzdem dankte er Erasmus, der in Löwen den Druck überwachte. Deutsche, italienische und französische Übersetzungen erschienen vor der ersten englischen (1551), sechzehn Jahre nach dem Tode des Verfassers. Um 1520 bildete das Buch auf dem Kontinent das Tagesgespräch der Gebildeten.

More hatte das Buch ursprünglich *Nusquama* – Nirgendwo – betitelt; wir wissen nicht, wer während des Drucks auf den glücklichen Einfall kam, das griechische Äquivalent *Utopia* zu verwenden. Die Rahmengeschichte war so geschickt aufgebaut, daß viele Leser sie für authentisch hielten, und ein Missionar soll sogar geplant haben, zu den Utopiern zu reisen und sie zum Christentum zu bekehren. Wahr daran war nur, daß More als Unterhändler Heinrichs VIII. 1515 in Brügge weilte, von wo er, mit einem Empfehlungsschreiben des Erasmus an den Stadtschreiber Peter Gilles versehen, nach Antwerpen weiterreiste. Dann aber gibt der Verfasser in der Einleitung vor, von Gilles mit einem bärtigen, wetterfesten portugiesischen Seebären bekannt gemacht worden zu sein. Dieser Raphael Hythlodaye hatte 1504 (sechs Jahre vor der Reise Magalhães') mit Amerigo Vespucci die Welt umsegelt und in der Neuen Welt eine glückliche Insel gefunden, deren Bewohner so ziemlich alle Probleme gelöst hatten, mit denen sich die damaligen Europäer herumschlugen. In der Löwener Ausgabe wirkte der Ulk dank der Beigabe eines Holzschnitts der Insel und einer Sprachprobe der Utopier noch glaubhafter. Ein einziger Schnitzer verriet den Schwindel: Hythlodaye verstieg sich zu einem Loblied auf Erzbischof Morton, dessen Formulierungen eher der Dankbarkeit Mores als der Erfahrung des Seemannes entsprangen.

Der imaginäre Magalhães schildert den «Kommunismus» des Inselvölkchens wie folgt:

«Ich begreife daher Plato, sobald ich an die ... Einrichtungen der Utopier denke, bei denen ... dank der allgemeinen Gleichheit alles allen in reichem Maße zur Verfügung steht, und erst recht begreife ich ihn, wenn ich neben sie so viele andere Völkerschaften halte ... in denen man dasjenige Privateigentum nennt, was man durch Zufall erlangt hat ... Denn der kluge Mann erkannte unschwer, daß dies der einzige, alleinige Weg zum allgemeinen Wohl ist, wenn man Gleichheit der Verhältnisse anordnet; ... Wenn nämlich jeder unter Berufung auf garantierte Rechtstitel auf seine Mühle leiten darf, was er kann, so mag so viel da sein, wie will: es teilen doch immer nur ein paar wenige den ganzen Reichtum unter sich und lassen den übrigen die Armut.»[6]

In Utopien bringt jeder seine Erzeugnisse ins Gemeinschaftsmagazin und erhält dort wiederum alles, was er braucht. Niemand fordert über seinen Bedarf hinaus, denn Sicherheit vor Entbehrung wirkt der Habsucht und Raubgier entgegen. Die Mahlzeiten werden gemeinsam eingenommen; aber wer zu Hause essen will, kann es tun. Geld gibt es in Utopien nicht, es wird weder billig eingekauft noch teurer verkauft; Mißstände wie Betrug, Diebstahl und Eigentumsstreitigkeiten sind unbekannt. Gold wird nicht vermünzt, sondern zur Herstellung nützlicher Gegenstände wie Nachttöpfe verwandt. Es gibt keine Hungersnöte oder mageren Jahre, weil in den Gemeinschaftsmagazinen reichliche Vorräte für Notzeiten aufgestapelt sind. Alle Familienglieder, männliche und weibliche, betätigen sich sowohl in der Bodenbestellung wie auch als

Handwerker. Um eine ausreichende Versorgung zu gewährleisten, muß jeder Erwachsene sechs Stunden täglich arbeiten, die Wahl der Beschäftigung ist nur insoweit frei, als es die Bedürfnisse der Allgemeinheit erlauben. Die Utopier sind frei in dem Sinne der Freiheit von Hunger und Furcht; nicht aber in dem Sinne, daß sie von der Arbeit anderer leben. Wohl gibt es Gesetze in Utopien, freilich nur wenige und so simple, daß jeder seinen Fall dem Richter selbst sagen kann; von Advokaten wollen sie rein nichts wissen. Wer die Gesetze verletzt, wird verurteilt, der Allgemeinheit eine Zeitlang als Sklave zu dienen. Als solchem werden ihm die unangenehmeren Dienste zugewiesen; doch wenn die Strafe abgebüßt ist, wird der Missetäter wieder als vollberechtigtes Mitglied in die Gemeinschaft aufgenommen. Wer sich wiederholt schwer vergeht, wird hingerichtet. Um die Zahl ihrer Sklaven zu erhöhen, holen sie sich aus anderen Staaten Verbrecher, die ihre Missetat mit dem Tode hätten bezahlen sollen.

Die Struktur der Gesellschaft baut sich auf der patriarchalisch geordneten Familie als kleinster Einheit auf. «Als Untergebene stehen den Männern die Gattinnen, den Eltern die Kinder zur Verfügung.»[7] Der Geschlechtsverkehr ist nur im Rahmen der Einehe gestattet. Verlobte werden einander vor der Hochzeit nackt gezeigt, damit abstoßende Häßlichkeit rechtzeitig aufgedeckt wird und das Eheversprechen rückgängig gemacht werden kann. Nach der Hochzeit wird die Frau in den väterlichen Haushalt des Mannes aufgenommen. Ehebruch zieht Scheidung nach sich, aber auch bei beiderseitigem Einverständnis ist eine Ehescheidung möglich, «immerhin nicht ohne Einwilligung des Senats». Je dreißig Familien wählen sich jährlich ein Oberhaupt, den Phylarchen; je zehn Phylarchen wählen einen Protophylarchen, der insgesamt dreihundert Haushalten vorsteht. Die zweihundert Phylarchen bilden einen Senat, der wiederum das Staatsoberhaupt auf Lebenszeit wählt.

Eine der wichtigsten Aufgaben der Phylarchen besteht in der Überwachung der öffentlichen Hygiene; sie haben für reines Wasser, öffentliche Sauberkeit, Ärzte und Spitäler zu sorgen, denn Gesundheit ist das höchste irdische Gut. Auch die Volksbildung ist Aufgabe der Senatoren; der Nachdruck liegt auf der Berufsausbildung, sie fördern aber auch die Wissenschaft und bekämpfen Astrologie, Wahrsagerei und Aberglauben. Kriege führen sie nur, wenn solche nach dem Urteil der Senatoren für das Staatswohl unerläßlich sind. «Ihrer Meinung nach ist der gerechteste Grund zum Kriege der, wenn ein Volk auf dem Boden, den es selbst nicht verwertet, sondern leer und unbesiedelt läßt, anderen Menschen, die nach dem Gebote der Natur daraus ihre Nahrung ziehen sollten, die Nutzung und Besitznahme verwehrt.»[8] (Sollte das eine Verteidigung für die Kolonisation Amerikas sein?) Doch glorifizieren die Utopier den Krieg nicht, sondern «verwerfen und verabscheuen ihn als eine reine Raubtiermethode ... und anders als den allermeisten Völkern gilt ihnen nichts so wenig rühmlich wie der kriegerische Ruhm»[9].

Die Utopier lassen jeden nach seinem Glauben leben, freilich nicht ganz. Jedes Bekenntnis wird toleriert, ausgenommen Gottlosigkeit und die Leugnung der Unsterblichkeit der Seele. Der Utopier kann anbeten, wen und was er mag, auch Sonne und Mond. Aber solche, die Gewalt anwenden und mit Kraftworten andere Bekenntnisse schmähen, werden festgenommen und bestraft, denn die Gesetze suchen jeden religiösen Zwist zu verhindern. Wer die Unsterblichkeit leugnet, wird jedoch nicht bestraft, sondern nur von öffentlichen Ämtern ausgeschlossen; freilich ist es ihm untersagt, zugunsten seiner Ansicht zu diskutieren, wenigstens unter dem Volk; vor Priestern und weisen Männern darf er seine Ansicht frei äußern. Im übrigen «dürfe jeder jede ihm einleuchtende Religion haben: aber andere zu ihr zu bekehren dürfe er nur so lange versuchen, als er sie ruhig und sachlich mit vernünftigen Gründen empfehle, nicht aber die anderen taktlos verunglimpfe»[10]. So gibt es in Utopien verschiedene Religionen, freilich glauben «die allermeisten und zugleich auch die weitaus gescheiteren ... an ein einzelnes göttliches Wesen, das unbekannt, ewig, unfaßbar groß, unergründlich, dem Menschenverstand unbegreiflich, über diese ganze Welt sich ... ausdehne»[11]. Das Ordenswesen ist zugelassen, sofern sich die Ordensmitglieder mit Werken der Mildtätigkeit und des Gemeinnutzes betätigen, wie zum Beispiel Instandhaltung von Brücken und Straßen, Säuberung der Abzugsgräben, Fällen von Bäumen und private Dienstleistungen, wie sie kein Sklave verrichtet; wer den Ehestand vorzieht, darf sich verheiraten. Das gilt auch für die Priester Utopiens. Als religiöse Festtage hält man den ersten und letzten jedes Monats und Jahres; doch sieht man bei den Andachten «in keinem Heiligtum ein Bild der Gottheit», und «es werden keine Gebete formuliert, die nicht jeder nachsprechen könnte, seiner Sekte unbeschadet»[12]. An jedem dieser Feiertage werfen sich die Frauen vor ihren Männern, die Kinder vor ihren Eltern nieder und beichten, wenn sie entweder etwas begangen oder eine Pflicht ungenügend erfüllt haben, und bitten um Verzeihung; und keiner darf die Kirche betreten, ehe er nicht seinen Frieden mit seinem Gegner geschlossen hat. Das ist eine christliche Note; hingegen tritt Mores jugendlicher Humanismus in seiner teilweisen Zustimmung zur griechischen Selbstmordtheorie zutage: wer an einer schmerzhaften und unheilbaren Krankheit leidet, dem wird geraten, «nicht länger den Todeswurm in seinem Leibe zu füttern; da das Leben für ihn eine Qual sei, solle er nicht länger zögern zu sterben». In allen anderen Fällen hält More Selbstmord für Feigheit; «die Leiche wird nicht anständig begraben, man wirft sie kurzerhand in einen Sumpf»[13].

Wir wissen nicht, wieweit all dies Mores eigenen Auffassungen entsprach, inwieweit er es von Erasmus übernahm und wieviel spielerischer Phantasie entsprang. Immerhin distanzierte sich der junge Staatsmann mit Vorbedacht von dem Sozialismus seines Utopiens; denn er selbst äußert sich zu Hythlodaye: «Mir scheint im Gegenteil, daß sich dort unmöglich befriedigend leben läßt, wo alles Gemeineigentum ist, denn woher sollte die erforderliche Menge Produkte kommen, wenn sich jeder um die Arbeit drückt, weil ihn ja doch keine Sorge um sein tägliches Brot anspornt und die Spekulation auf den Fleiß der anderen ihn faul macht? ... Denn daß alles und jedes gut sei, ist unmöglich, es müßten denn alle Menschen gut sein, was ich auf einige Jahre hinaus noch nicht erwarte.»[14] Dennoch muß allerlei Sympathie mit radikalen Wunschbildern eine so ausführliche Darstellung gemeinwirtschaftlicher Ideale inspiriert haben. Manche Seite der *Utopia* geißelt mit zorniger Strenge die Ausbeutung der Armen durch die Reichen. Die Umfriedung ehemaliger Allmenden seitens der englischen Lords wird so eingehend und heftig verurteilt, wie es von einem Ausländer kaum zu erwarten ist. Hythlodaye sagt zu More:

«So hat nachgerade die skrupellose Gewinnsucht einiger weniger in Unheil verwandelt, was uns bisher ein besonderes Glück für diese eure Insel schien ... Beschränkt die Aufkäufe der Reichen und ihr Vorrecht, fast allein verkaufen zu können! [15] ... Wenn ich alle diese heutigen Gemeinwesen vor meinem Geiste vorbeiziehen lasse, kann ich – so wahr mir Gott helfe – nichts anderes sehen als die reinste Verschwörung der Reichen, die unter dem Namen und Titel des Staates für ihren eigenen Vorteil tätig sind. Alle Mittel und Kniffe denken sie aus und ersinnen sie, mit welchen sie ... die Mühe und die Arbeit der Armen um möglichst geringen Preis sich dienstbar machen und ausnützen könnten ... und flugs erhalten sie gesetzliche Kraft.» [16]

Das ist beinahe die Stimme von Karl Marx, der von einem Schreibtisch im Britischen Museum aus die Welt veränderte. *Utopia* ist bestimmt nicht nur eine der ersten, sondern auch eine der kraftvollsten Kritiken des Wirtschaftssystems, das im modernen Europa bis ins zwanzigste Jahrhundert vorherrscht; und sie bleibt ein aktueller Beitrag zu Planwirtschaft und Wohlfahrtsstaat.

## III. DER MÄRTYRER

Wie kam es, daß ein Mann von solch kritischer Begabung ein Jahr nach der Veröffentlichung von *Utopia* Mitglied des englischen Kronrats wurde? Vermutlich hat der König trotz seiner gepriesenen Gelehrsamkeit das lateinische Buch nicht lesen können, und als es in Englisch erschien, da lebte er nicht mehr. More offenbarte seine radikalen Neigungen nur im Kreise seiner Freunde; Heinrich kannte ihn nur als eine seltene Synthese von Tüchtigkeit und Integrität und schätzte ihn als wertvolles Bindeglied zum Unterhaus. 1521 ernannte er ihn zum Vizeschatzkanzler, adelte ihn und vertraute ihm heikle diplomatische Aufgaben an. More mißbilligte zwar Wolseys Außenpolitik, weil der Kaiser seiner Ansicht nach nicht nur ein gefährlich verschlagener Gegner, sondern auch ein heldenhafter Verteidiger der Christenheit gegen die Türken war. Nach dem Sturz des Kardinals besaß er die Taktlosigkeit, vor dem Parlament alle Fehler und Irrtümer des Gestürzten Revue passieren zu lassen. Als Führer der Opposition war er Wolseys gegebener Nachfolger und hatte einunddreißig Monate das Amt des Kanzlers inne.

Der wirkliche Nachfolger Wolseys war aber Heinrich persönlich, der seine Macht und seine Fähigkeit entdeckt hatte und entschlossen war, sich von einem übelwollenden, hinderlichen Papsttum loszusagen, die Frau seiner Wahl zu heiraten und wenn möglich einen männlichen Nachkommen zu zeugen. So nahm More nicht die Rolle des Steuermanns des Staatsschiffes ein, sondern die eines Dieners und vertrat Ziele, die seinen tiefsten Überzeugungen widersprachen. Er tröstete sich mit Traktaten gegen den Protestantismus und mit der Verfolgung führender Protestanten. In *A Dialogue Concerning Heresies* (Ein Dialog über Irrlehren, 1528) wie auch in späteren Arbeiten kam er zum gleichen Schluß wie Ferdinand II., Calvin und die protestantischen Fürsten, daß die Einheitlichkeit des Bekenntnisses eine der Voraussetzungen für ein starkes, befriedetes Staatswesen bilde. Einige Dutzend oder gar hundert Sekten befürchtend, protestierte der gleiche Mann – der Erasmus zu seiner lateinischen Übersetzung des Neuen Testaments beglückwünscht hatte – gegen die englische Bibelversion Tyndales wegen ihrer Textentstellung im Sinne lutherischer Thesen. Seiner Meinung nach mußte man die Bibel davor bewahren, zum Werkzeug von Wirtshausphilosophen degradiert zu werden; und die Kirche erschien ihm als ein viel zu kostbarer Garant der Zucht und Ordnung, der Inspiration und des Trostes, als daß das oberflächliche Geschwätz selbstgefälliger Besserwisser sie in Stücke schlagen durfte.

Der Schritt von dieser Stimmung zur blutigen Protestantenverfolgung war nur klein. Zwar gilt der Vorwurf, er habe seinen eigenen Diener wegen Ketzerei auspeitschen lassen, als nicht erwiesen, weil sein persönlicher Bericht über den Missetäter mit Theologie nichts zu tun zu haben scheint: «Wenn er eine Frau in der Kirche knien sah und wenn sie bei der Andacht den Kopf tief geneigt hielt, pflegte er an sie heranzuschleichen und ihr, wenn man ihn nicht daran hinderte, die Röcke über den Kopf zu werfen.»[17] Höchstwahrscheinlich verpflichtete ihn das Gesetz zur Bestätigung der drei Todesurteile, die während seiner Kanzlerschaft in seiner Diözese gefällt wurden, stellte doch der Staat den ausführenden Arm der geistlichen Gerichtsbarkeit dar. Andererseits besteht kein Zweifel, daß er die Hinrichtungen billigte. Einen angeblichen Widerspruch zwischen seiner Praxis und der in seiner *Utopia* geschilderten Toleranz ließ er nicht gelten; denn auch dort gab es für Gottesleugner, Zweifler an der Unsterblichkeit und gewaltsame, unflätige Ketzer keine Schonung. Trotzdem beschimpfte er in seinen eigenen Streitschriften die Protestanten aufs unflätigste*.

Mit der Zeit sah More in seinem König den gefährlichsten aller englischen Ketzer. Er verweigerte seine Zustimmung zur Eheschließung mit Anna Boleyn und hielt die antiklerikale Gesetzgebung der Jahre 1529 bis 1532 für einen ruinösen Angriff auf eine Kirche, in der er das unerläßliche Fundament der Gesellschaftsstruktur erblickte. Als er sich in seinem Heim in Chelsea ins Privatleben zurückzog (1532), befand sich der Vierundfünfzigjährige noch im Vollbesitz seiner Kräfte. Dennoch ahnte er die Kürze der ihm noch verbleibenden Spanne voraus und bereitete (wie sein Schwiegersohn William Roper berichtet) seine Angehörigen auf die unvermeidliche Tragödie vor, indem er

«über das Leben heiliger Märtyrer sprach, ihre wunderbare Standhaftigkeit, ihren Leidensweg und ihr Sterben schilderte, sie rühmte, daß sie lieber litten als Gott kränkten, und welch ein glückliches und gesegnetes Geschick es sei, aus Liebe zu Gott Freiheit, Habe, Güter, ja das Leben zu verlieren. Und weiter sagte er ihnen, welchen Trost er daraus ziehen würde, wenn ihm seine Kinder Mut zusprächen, für eine gute Sache zu sterben, daß er aus lauter Freude darüber heiter den Tod suchen würde».[19]

* «Sintemal es Schweine gibt, denen alles Wissen lediglich dazu dient, um es zu besudeln, und es Hunde gibt, die mit ihren Fängen alle schöne Gelahrtheit zerfetzen ... Solchen Hunden soll man nicht nur predigen, sondern sie mit Peitschen und Knüppeln tüchtig schlagen, um sie zu hindern, schöne Gelahrtheit mit ihren Fängen zu zerfetzen ... bis sie stille sind und lauschen, was ihnen gesagt wird. Solcherweise verhindert man beide, Schweine und Hunde, weiteren Schaden anzurichten, und Hunde zeigen sich manchmal so gelehrig, daß ... sie nach ihres Herren Pfeife tanzen lernen, so wirkungsvoll kann sich Bestrafung auswirken, wo bloße Belehrung wirkungslos bliebe. Und wer wäre in Wahrheit ein größerer Schweinehund als jene Ketzer, die die heiligen Sakramente ankläffen? ... Und wer wäre in Wahrheit ein größeres Schwein als die Ketzer unserer Tage, die unflätigste Art, die es je gegeben hat, die alle heiligen Keuschheitsgelübde solcherart geifernd herabwürdigen ... daß sich Mönche und Nonnen in schamloser Willkür ehelichen.»[18]

Seine Vorahnung erfüllte sich. Anfang 1534 beschuldigte man ihn der Mitwisserschaft an der um die Kenter Nonne kreisenden Verschwörung. Er gab zu, mit ihr gesprochen und ihre Visionen für echt gehalten zu haben, bestritt aber jede Kenntnis der Verschwörung. Cromwell empfahl und Heinrich gewährte Verzeihung. Als aber More den Eid auf das Thronfolgegesetz verweigerte, das in der ihm vorgelegten Fassung die päpstliche Souveränität über die englische Kirche aufhob, warf man ihn am 17. April in den Tower. Seiner Lieblingstochter Margarete, die ihn brieflich um die Eidesleistung bat, antwortete er, ihre Bitte schmerze ihn mehr als die Haft. Seine (zweite) Frau besuchte ihn im Tower und schalt (nach Roper) seine Halsstarrigkeit aus:

«Ich muß mich, weiß der Kuckuck, Mr. More, doch sehr wundern, daß du, den man bis jetzt immer für einen weisen Mann gehalten hat, plötzlich den Toren spielen willst und in diesem engen und stinkenden Gefängnis liegst und dich zufriedengibst, mit Ratten und Mäusen eingesperrt zu sein, wo du doch in Freiheit herumgehen und die Gunst und das Wohlwollen des Königs und seines Rates genießen könntest, und brauchst doch nur zu tun, was alle Bischöfe und Hochgelahrten im Königreich getan haben. Und wenn ich denke, daß du in Chelsea ein gutes, schönes Haus, deine Bibliothek, deine Bücher, deine Galerie, deinen Blumen- und Obstgarten und alle anderen Dinge so reichlich besitzest, wo du in Gesellschaft deiner Frau, deiner Kinder und deines Gesindes fröhlich sein könntest, dann sinne und sinne ich, was in Gottes Namen dich so närrisch hier verweilen läßt.»[20]

Noch manche bemühten sich, ihn zum Nachgeben zu bewegen, doch lächelnd wies er sie alle ab.

Am 1. Juli 1535 folgte der gerichtliche Schlußakt. Er verteidigte sich geschickt, wurde jedoch trotzdem des Hochverrats schuldig gesprochen. Als man ihn von Westminster zum Tower zurückführte, durchbrach Margarete zweimal seine Eskorte, warf sich in seine Arme und empfing seinen Segen. Am Tag vor der Urteilsvollstreckung sandte er ihr sein härenes Hemd und die Botschaft: «Welch schöner Tag morgen ... um zu Gott zu gehen ... Lebewohl, geliebtes Kind, bete für mich, und ich will für dich und alle deine Freunde beten, auf daß wir uns im Himmel fröhlich treffen.» Als er auf das Schafott stieg (7. Juli), fand er es so wacklig und dem Einsturz nahe, daß er sich an den Gouverneur wandte: «Ich bitte Euch, Herr Gouverneur, geleitet mich sicher hinauf, und für meinen Abstieg laßt mich selber sorgen.» Den Scharfrichter, der ihn um Verzeihung bat, umarmte er. Heinrich hatte Befehl gegeben, dem Verurteilten nur ein kurzes Wort zu gestatten. More bat die Anwesenden, «für ihn zu beten und Zeugnis abzulegen, daß er im Glauben an die heilige katholische Kirche und für diesen Glauben sterbe». Auch für den König betet, fuhr er fort, daß Gott ihn erleuchte; er selbst sterbe als des Königs treuer Diener, vor allem aber als der Diener Gottes. Er sprach den einundfünfzigsten Psalm, legte den Kopf auf den Richtblock und ließ seinen langen weißen Bart darüber hinabhängen, damit ihm nichts geschehe; «es wäre schade, wenn er durchschnitten würde», sagte er, «der hat keinen Hochverrat begangen». Den Kopf befestigte man über der London Bridge.

England, dem erst jetzt die unbarmherzige Entschlossenheit des Königs voll zu Bewußtsein kam, schüttelte eine Welle des Entsetzens, die sich über ganz Europa fortpflanzte. Erasmus war es zumute, als sei er selbst gestorben; er sagte: «Wir hatten beide nur eine einzige Seele», und er wünsche nicht länger zu leben – ein Jahr darauf war auch er tot. Zum englischen Gesandten, der ihm die Mitteilung brachte, sagte Karl V.: «Wären wir der Herr eines solchen Dieners gewesen, von dessen Tätigkeit wir selber viele Jahre hindurch nicht wenig erfahren haben, hätten wir lieber die schönste Stadt unseres Reiches verloren als einen solchen würdigen Ratgeber.» Eine Exkommunikationsbulle Pauls III. schloß Heinrich aus der Christenheit aus, belegte das Land mit dem Interdikt, verbot jeden Güteraustausch mit England, entband die englischen Untertanen vom Treueid und rief die christlichen Herrscher auf, Heinrich vom Thron zu stoßen. Die Veröffentlichung wurde jedoch bis 1538 verzögert, weil weder Karl noch Franz solche Maßnahmen ergreifen wollten; sie waren nicht gewillt, die päpstliche Hegemonie über Könige zu sanktionieren. Sie untersagten auch jetzt die Publikation der Bulle in ihren Reichen und bestätigten damit erneut den Niedergang der päpstlichen Macht und den Aufstieg der souveränen Nationalstaaten.

Für Dean Swift war More «der tugendhafteste Mann, den dieses Land je hervorgebracht hat»[21]. Anläßlich der vierhundertsten Wiederkehr ihrer Todestage hat die römische Kirche Thomas More und John Fisher heiliggesprochen.

## IV. EINE GESCHICHTE VON DREI KÖNIGINNEN

In den nächsten zweieinhalb Jahren verlor Heinrich drei seiner sechs Königinnen. Katharina von Aragón welkte in ihrem Zwangsaufenthalt im Norden dahin, von ihrer Umgebung nach wie vor als Königin betrachtet und tituliert. Auf Schloß Kimbalton bei Huntingdon, wohin sie 1535 verbracht wurde, beschränkte sie sich auf ein Zimmer und verließ es nur, um zur Messe zu gehen; doch Besuchern begegnete sie mit großer Liebenswürdigkeit. Die jetzt neunzehnjährige Maria hielt man in dem nur zwanzig Meilen entfernten Hatfield in Gewahrsam; Mutter und Tochter durften sich freilich nie sehen und nicht einmal korrespondieren. Sie taten es trotzdem; Katharinas Briefe gehören zu den ergreifendsten der Weltliteratur. Heinrich bot ihnen, sofern sie seine neue Königin anerkannten, standesgemäßere Unterkünfte an; sie schlugen sie aus. Anna setzte die Ernennung ihrer Tante zur Erzieherin Marias durch und wies sie an, «den Bastard durch gelegentliche Ohrfeigen an seinen Platz zu erinnern». Im Dezember 1535 verfaßte die fünfzigjährige Katharina, jetzt ernstlich erkrankt, ihr Testament, bat Kaiser Karl um seinen Schutz für ihre Tochter und schrieb ihrem «geliebten Herrn und Gemahl» einen rührenden Abschiedsbrief:

> «Da meine Todesstunde herannaht, bleibt mir keine Wahl als Euch in meiner Liebe zu Euch zu raten, Euer Seelenheil vor allen Lockungen der Welt und des Fleisches zu bevorzugen, für welche Ihr mich in so großen Kummer und Euch selbst in vieles Ungemach gestürzt habt. Doch ich verzeihe Euch alles und bitte Gott, desgleichen zu tun. Für den Rest empfehle ich Euch Maria, unsere Tochter, und flehe Euch an, ihr ein guter Vater zu sein ... Zum Schluß versichere ich Euch, daß meine Augen nichts so sehr wie Euren Anblick begehren. Lebt wohl.»

Heinrich las den Brief unter Tränen und ordnete, als Katharina starb, Hoftrauer an (7. Januar 1536). Anna setzte sich darüber hinweg.

Sie konnte nicht wissen, daß sie selbst nur noch fünf Monate leben sollte; sie wußte jedoch, daß sie den König bereits verloren hatte. Ihr Jähzorn, ihre herrschsüchtigen Launen und ihre maßlosen Forderungen ermüdeten Heinrich, der ihre scharfe Zunge mit Katharinas Sanftmut verglich. Am selben Tag, da Katharina zu Grabe getragen wurde, brachte sie ein totes Kind zur Welt; und der immer noch einen Sohn ersehnende Heinrich begann an eine neue Scheidung – oder, wie er es nannte, an eine Annullierung der Ehe zu denken, die, wie er sich auszudrücken beliebte, durch Hexenkünste herbeigeführt und deshalb nichtig sei. Eine von Annas Hofdamen, Jane Seymour, hatte schon seit Oktober des vorangegangenen Jahres Heinrichs Aufmerksamkeit auf sich gezogen; und als sich Anna beschwerte, reagierte er mit der Bemerkung, sie müsse ebensolche Nachsicht üben wie Bessere vor ihr. Vielleicht hat er nur zu einer uralten Taktik gegriffen, indem er sie der Untreue zieh; wenigstens scheint es kaum glaublich, daß eine noch so leichtfertige Frau wegen der Lust eines Augenblicks den Thron riskiert haben soll; dennoch scheint Heinrich an ihre Schuld geglaubt zu haben. Der Kronrat erhielt Weisung, den Gerüchten über ihre Amouren nachzuforschen; sein Bericht bestätigte diese in fünf Fällen: mit Sir William Brereton, Sir Henry Norris, Sir Francis Weston, Mark Smeton und ihrem Bruder, Lord Rochford. Die verdächtigten Männer wanderten in den Tower, Anna ging am 2. Mai den gleichen Weg.

Heinrich stellte ihr brieflich Verzeihung und Milde in Aussicht, sofern sie ihre Fehltritte zugebe; sie erwiderte, sie habe nichts zu gestehen. Von den Aufsehern wissen wir, daß sie im Gefängnis von Annäherungsversuchen Westons und Norris' sprach, die sie zurückgewiesen haben will. Das Schwurgericht von Middlesex, dem die Untersuchung und Beurteilung der von der Königin in der Grafschaft begangenen Ehebrüche übertragen wurde, sprach sie am 11. Mai unter Angabe von Ort und Datum des Ehebruchs mit allen fünf Männern schuldig. Am 12. Mai verhandelte das Schwurgericht Westminster, in dem auch Annas Vater, der Graf von Wiltshire, saß, gegen vier der Beschuldigten. Smeton erklärte sich im Sinn der Anklage schuldig; die übrigen leugneten, wurden aber trotzdem verurteilt. Am 15. Mai folgte die Verhandlung gegen Anna und ihren Bruder vor einem Adelsgericht unter dem Vorsitz ihres Oheims und politischen Gegners, des Herzogs von Norfolk. Beide, Bruder und Schwester, beteuerten ihre Unschuld; aber jeder der sechsundzwanzig Richter erklärte sich von ihrer beider Schuld überzeugt; «sie seien zu enthaupten oder zu verbrennen, wie es dem König beliebe». Am 17. Mai wurde Smeton gehenkt; die andern vier wurden, wie es ihrem Rang zukam, enthauptet. Am gleichen Tag wurde Erzbischof Cranmer von Vertrauensleuten des Königs ersucht, die Ehe mit Anna nichtig und Elisabeth zum Bastard zu erklären. Der Erzbischof tat, wie geheißen; die Begründung ist nicht bekannt, aber vermutlich hat Annas angebliche frühere Ehe mit Lord Northumberland eine Rolle gespielt.

Am Vorabend ihrer Hinrichtung warf sich Anna vor Lady Kingston, der Gattin des Gefängnisdirektors, auf die Knie und bat sie um eine letzte Gunst: Lady Kingston möge Maria aufsuchen und sie in Annas Namen kniend für die Unbill um Verzeihung bitten, die ihr der Stolz und die Gedankenlosigkeit eines schlechten Frauenzimmers zugefügt hätten. Am 19. Mai bat sie um baldigen Vollzug der Hinrichtung. Anscheinend hat es sie ein wenig beruhigt, daß «der Scharfrichter, wie ich gehört habe, sehr gut ist; auch habe ich einen schlanken Hals» – worauf sie lachte. Am gleichen Mittag aufs Schafott geführt, bat sie die Zuschauer, für den König zu beten; «einen milderen und barmherzigeren Monarchen hat es nie gegeben, und mir war er allezeit ein gnädiger, besorgter und erhabener Herr». Niemand konnte von ihrer Schuld überzeugt sein, aber wenige bedauerten ihren Sturz.

Am gleichen Tag stellte Cranmer dem König einen Dispens zur Wiedervermählung und neuerlichen Suche nach einem Sohn aus; am nächsten Tag verlobten sich Heinrich und Jane Seymour in aller Stille; am 30. Mai 1536 heirateten sie, und am 4. Juni wurde sie zur Königin ausgerufen. Jane, die in direkter Linie von Eduard III. abstammte, hatte königliches Blut in den Adern, so daß der gefügige Erzbischof zur Beseitigung des Ehehindernisses der Blutsverwandtschaft einen weiteren Dispens ausstellen mußte. Eine überwältigende Schönheit war Jane nicht, doch gefiel sie allgemein dank ihrem Verstand, ihrer Güte und Bescheidenheit; Kardinal Pole, Heinrichs erbittertster Gegner, beschrieb sie als «voller Güte». Solange Anna lebte, wies Jane den König beharrlich ab, verweigerte die Annahme seiner Geschenke, schickte seine Briefe ungeöffnet zurück und gestattete ihm nur in Gegenwart Dritter, mit ihr zu reden.

Eine ihrer ersten Handlungen als Königin bezweckte die Aussöhnung zwischen Heinrich und Maria. Er ging in der ihm eigenen Art vor, schickte Maria durch Cromwell ein Dokument, *The Confession of Lady Mary* – Bekenntnis der Lady Maria – betitelt, das von ihr die Anerkennung Heinrichs als Oberhaupt der englischen Kirche, die Ablehnung der angemaßten Autorität des «Bischofs von Rom» sowie das Eingeständnis forderte, daß Heinrichs und Katharinas Ehe «blutschänderisch und ungesetzlich» gewesen sei. Sie mußte Punkt für Punkt unterschreiben und verzieh es sich nie, daß sie es tat. Drei Wochen später besuchte das Königspaar Maria, brachte ihr Geschenke und tausend Goldstücke. Man nannte sie wieder «Prinzessin» und empfing sie Weihnachten 1536 bei Hof. Sie müssen ihre guten Seiten gehabt haben, Heinrich und die «blutige Maria», hat sie ihn doch in späteren Jahren beinahe geliebt.

Bei seinem Wiederzusammentritt am 8. Juni 1536 formulierte das Parlament auf des Königs Wunsch ein neues Thronfolgegesetz, das sowohl Maria als auch Elisabeth zu Bastarden erklärte und die Krone dem von Jane erwarteten Erben zusprach. Im Juli starb Heinrichs illegitimer Sohn, der Herzog von Richmond, so daß jetzt alle Hoffnung des Königs auf seiner schwangeren Königin lag. Ganz England jubelte mit ihm, als sie mit einem Sohn, dem späteren Eduard VI., niederkam (12. Oktober 1537). Die arme Jane, der Heinrich jetzt so innig verbunden war, als es sein egozentrischer Geist erlaubte, starb zwölf Tage später. Er verwand diesen Schlag nur schwer. Obschon er noch dreimal heiratete, verlangte er auf dem Sterbebett, neben der Frau, die für seinen Sohn ihr Leben gelassen hatte, bestattet zu werden.

Wie aber reagierte das englische Volk auf das turbulente Geschehen? Das ist schwer zu beantworten; das Beweismaterial ist voreingenommen, vieldeutig und nicht sehr reichlich. 1533 berichtete Chapuys, nach der Auffassung vieler Engländer sei «der letzte König Richard von seinem Volk nie so gehaßt worden wie dieser König». Im allgemeinen sympathisierte das Volk mit Heinrichs Sehnsucht nach einem Erben, verurteilte seine Härte gegen Katharina und Maria, vergoß keine Träne um Anna und schauderte über die Hinrichtung Fishers und Mores. Die Nation empfand immer noch überwiegend katholisch, und die Geistlichkeit erhoffte – da die Annaten jetzt endgültig für die Staatskasse eingezogen wurden – eine Aussöhnung mit Rom. Doch wagte kaum jemand eine kritische Äußerung über den König. Der einzige, der es tat, hielt vorsorglich eine Kanalbreite Abstand zwischen sich und des Königs bewaffnetem Arm.

Reginald Pole, ein Sohn Margarete Plantagenets, Gräfin von Salisbury und Nichte Eduards IV. und Richards III., war auf Heinrichs Kosten erzogen worden, erhielt eine königliche Leibrente von fünfhundert Goldstücken und schien für die höchsten Ämter der englischen Kirche bestimmt. Nach dem Abschluß seiner Studien in Paris und Padua kehrte er, mit höchster königlicher Gunst empfangen, nach England zurück; von Heinrich um seine Meinung zur Scheidung ersucht, erklärte er offen, sie nur billigen zu können, falls der Papst sie sanktioniere. Heinrich erlaubte dem Jüngling unter Weitergewährung der Rente die Rückkehr auf den Kontinent. Dort verblieb er zweiundzwanzig Jahre, von der Kurie als Gelehrter und Theologe hochgeschätzt und im Alter von sechsunddreißig Jahren zum Kardinal ernannt (1536). Im gleichen Jahr veröffentlichte er in lateinischer Sprache einen leidenschaftlichen Angriff gegen Heinrich: *Pro ecclesiasticae unitatis defensione* – Zur Wahrung der Kircheneinheit. Da sich Heinrich zum Oberhaupt einer nationalen Kirche aufgeworfen habe, müsse – so argumentierte das Buch – unweigerlich die Spaltung der Christenheit in nationale Varianten folgen, und die daraus resultierenden Zusammenstöße würden Europa in ein soziales und politisches Chaos stürzen. Heinrich sei ein von Selbstsucht besessener Autokrat. Die englischen Bischöfe hätten unrichtig gehandelt, als sie sich in die Versklavung der Kirche durch den Staat fügten. Die Eheschließung mit Anna sei ehebrecherisch, und der englische Adel werde Elisabeth für alle Zeiten als «Bastard einer Hure» betrachten, eine Voraussage, die sich freilich als falsch erwiesen hat. Karl V. solle seine Munition nicht an die Türken verschwenden, sondern die kaiserlichen Streitkräfte gegen Englands abtrünnigen König führen. Leider verdarb der Verfasser die an sich wirkungsvolle Anklage durch allzuviel jugendliche Rhetorik. Kardinal Contarini riet ihm, die Veröffentlichung hinauszuschieben, aber Pole bestand darauf und sandte ein Exemplar nach England. Als Paul III. den Herausforderer gar noch zum Kardinal ernannte, betrachtete das Heinrich als einen feindseligen Akt, verwarf jeden Gedanken an einen Kompromiß und gab jetzt Cromwells Drängen nach, alle englischen Klöster aufzuheben und ihr Eigentum für die Krone einzuziehen.

## ZEHNTES KAPITEL

# *Heinrich VIII. und die Klöster*

[1535–1547]

### I. DIE METHODE DER AUFHEBUNG

Zu beschäftigt mit Liebe und Krieg, um im Kleinen wie im Großen Papst zu spielen, ernannte Heinrich 1535 den Agnostiker Cromwell zum «Stellvertreter des Königs in kirchlichen Angelegenheiten». Damit leitete Cromwell Außenpolitik, Gesetzgebung, Justiz, Staatsrat, Geheimdienst (wie wir heute sagen würden), Sternkammer und Kirche; in der Zeit seiner größten Machtfülle hatte Wolsey nie so viele zugreifende Finger in so viele saftige Kuchen gesteckt. Kundschafter und Denunzianten meldeten ihm jede oppositionelle Äußerung gegen Heinrich oder ihn selbst. Eine kritische Bemerkung über die Behandlung Fishers oder Mores, ein Witz auf Kosten des Königs konnte einen Geheimprozeß und langes Gefängnis bedeuten. Über das Ableben des Königs zu mutmaßen hieß das eigene herausfordern. Um ganz sicher zu gehen, fungierte Cromwell in bestimmten Fällen als Ankläger, Geschworener und Richter in einer Person. Auch den Buchdruck überwachte er; nichts durfte gedruckt, eingeführt oder verkauft werden, was die Vertrauensleute der Krone nicht vorher genehmigt hatten; antipäpstliche Literatur ließ er auf Staatskosten drucken. Beinahe jedermann in England fürchtete und haßte ihn.

Seine Hauptschwierigkeit bestand darin, daß Heinrich bei aller Allmacht bankrott war. Der König wollte die Kriegsflotte ausbauen, Häfen anlegen und verbessern; aber die Auslagen für seine Person und den Hof waren exorbitant, und Cromwells Verwaltungsmethoden verschlangen Unsummen. Wo sollte man das Geld herbekommen? Die Steuern waren schon so hoch, daß der Einzug noch höherer kostspieliger gewesen wäre als der Ertrag; die Bischöfe hatten zur Besänftigung des Königs ihre Diözesen leer gepumpt, und es gab kein amerikanisches Gold, wie es täglich den Staatsschatz des Kaisers, des großen Feindes, füllte. Aber eine Institution war vorhanden, die zugleich reich, verdächtig, überlebt und wehrlos war: die geistlichen Orden. Verdächtig waren sie, weil ihre Treue letztlich dem Papst gehörte, ihre Unterwerfung unter die Suprematsakte als unvollständig und unaufrichtig erschien und sie vom Standpunkt des Staates aus innerhalb der Nation ein Fremdkörper blieben, der sich unweigerlich mit jeder katholischen Gegenbewegung verbinden mußte. Überlebt waren sie, weil die Klöster in zahlreichen Fällen ihre alte Funktion als Bildungsstätten, gastliche Quartiere und Almosengeber verloren hatten. Wehrlos waren sie, weil die Bischöfe darüber verärgert waren, daß man ihnen die Oberaufsicht über sie entzog, weil der nach langen Bürgerkriegen verarmte Hochadel nach ihrem Reichtum gierte, weil Fabrikanten und Handelsherren die Ordensangehörigen als müßiggängerische Fresser betrachteten, weil ein großer Teil der Bevölkerung und sogar gute Katholiken nicht mehr an die Wirksamkeit der Reliquien und der – nur für gutes Geld erhältlichen – Seelenmessen glaubten. Zudem konnte man sich an überzeugende Vorbilder halten: Zwingli in Zürich, die lutherischen Fürsten in Deutschland und Wolsey in England hatten zahlreiche Klöster aufgehoben, und das Parlament hatte schon 1533 den Staatsorganen die Befugnis eingeräumt, die Klöster zu visitieren und Mißbräuche abzustellen.

Im Sommer 1535 beauftragte Cromwell drei «Visitatoren», jeden mit einem zahlreichen Stab, den Zustand, die Moral und die finanzielle Lage der Männer- und Frauenklöster, und als Dreingabe der Universitäten und Bistümer zu untersuchen. Diese «Visitatoren» waren «junge, ungestüme Männer, eher dazu geschaffen, ihre Aufgabe gründlich als taktvoll zu erledigen», Geschenken waren sie freilich nicht abgeneigt; «ihre eigentliche Mission aber bestand darin, Unterlagen für das Eingreifen der Krone zu sammeln, so daß sie jedes Machtmittel angewandt haben dürften, um Mönche und Nonnen zur Selbstanschuldigung zu bringen». Natürlich fand man unter sechshundert klösterlichen Institutionen unschwer eine erkleckliche Anzahl, wo man sich sexuellen, manchmal homosexuellen Verirrungen hingab, die Disziplin flau war, man mit gefälschten Reliquien Geschäfte machte, geweihte Gefäße und Schmuckstücke zur Vermehrung des Reichtums und des Komforts verkaufte, während fromme Übungen, Gastlichkeit und Wohltätigkeit vernachlässigt wurden. Doch enthielten die Berichte meist keine Angaben über die Zahl der fehlbaren und der regeltreuen Mönche, und es fehlte eine klare Unterscheidung zwischen Tatsachen und Gerüchten.

Dem Februarparlament des Jahres 1536 legte Cromwell ein verlorengegangenes «Schwarzbuch» über die festgestellten Mängel vor und empfahl mit kluger Mäßigung die Schließung aller Klöster und Stifte mit einem Jahreseinkommen von weniger als zweihundert Pfund Sterling. Das Parlament, dessen Mitglieder meistenteils von Cromwells Kreaturen ausgesucht worden waren, gab seine Zustimmung. Zum Einzug der Vermögen und Einkünfte dieser 376 «geringeren» Klöster zuhanden des Staatsschatzes wurde ein *Court of Augmentations* – Säkularisationsamt – geschaffen. Zweitausend Mönche wurden teils auf andere Klöster verteilt, teils in die Welt hinausgeschickt; der letzten Kategorie billigte man eine kleine Abfindung oder Rente zu, um ihr über die erste Zeit hinwegzuhelfen. Von den 130 Frauenklöstern besaßen nur achtzehn Einkünfte von über zweihundert Pfund; dennoch wurde vorerst nur die Hälfte aufgehoben.

Drei Rebellionen in den Nordprovinzen unterbrachen den Ablauf dieses Dramas. Wie seinerzeit das Christentum in den Städten geboren wurde und die Landbewohner – *pagani* – zuletzt erreichte, so war die Reformation auch in der Schweiz, in Deutschland und England ein städtisches Produkt, gegen das man sich auf dem Lande noch lange wehrte. Je größer die Entfernung von London und Edinburgh, desto schwächere Wellen schlug der Protestantismus; in Irland fand er überhaupt keinen Widerhall. In den nordenglischen Grafschaften entfachte die Schließung der kleineren Klöster ein Feuer, das, von der stets wachsenden Besteuerung, der Staatsdiktatur über den Klerus und dessen verstohlener Wühlarbeit genährt, schon lange geschwelt hatte. Die vertriebenen Mönche, die ihre Entschädigungen oft nur mit Mühe erhielten oder sich nicht ins bürgerliche Dasein einzuordnen verstanden, stießen zu dem Heer der mißvergnügten Arbeitslosen; und von Obdach zu Obdach wandernde Klosterfrauen schürten die Empörung über Heinrichs Regiment ebenso wie die Gehilfen der Cromwellschen Visitatoren, die in entwendetem Prunk – Wämsen aus Chorröcken, Satteltaschen aus Meßgewändern, Dolchscheiden aus Reliquienbehältern – einherstolzierten.

Unmittelbar nachdem er ein Stift in Legbourne geschlossen hatte, griff im benachbarten Louth die Menge den Visitator an, verbrannte seine Ausweispapiere und Unterlagen, setzte ihm ein Schwert auf die Brust und zwang ihn, dem Volk den Treueid zu leisten. Anschließend gelobte die Menge dem König *und* der römisch-katholischen Kirche Treue. Am nächsten Morgen rotteten sich die Unzufriedenen bei Caistor, einige Meilen entfernt, zusammen; Weltgeistliche und obdachlose Mönche wiegelten sie auf; die ansässige Gentry – der grundbesitzende Kleinadel – schloß sich teils gezwungen, teils freiwillig an. Am gleichen Tag ballte sich in Horncastle, einer anderen Stadt in Lincolnshire, eine noch größere Zahl von Landleuten zusammen. Den Kanzler des Bistums holte man aus dem Bett, verschrie ihn als Kreatur Cromwells und schlug ihn mit Knüppeln tot. Man entwarf ein Banner mit einem Pflug, einem Abendmahlskelch, einem Horn und den fünf «letzten Worten» Jesu, setzte eine Liste der Forderungen auf und sandte sie dem König: Restauration der Klöster, Erlaß und Herabsetzung der Steuern, Abschaffung der Steuern oder Annaten des Klerus an die Krone, Ausstoßung des *villein blood* – des plebejischen Blutes, nämlich Cromwells – aus dem Kronrat, Absetzung und Bestrafung ketzerischer Bischöfe, vor allem Cranmers und Latimers. Zuzug aus dem Norden und Osten verstärkte die Rebellen, bis rund sechzigtausend Mann auf die königliche Antwort warteten.

Heinrich tobte und dachte nicht einmal an ein Zugeständnis. Er zieh die Rebellen der Undankbarkeit gegen einen gnädigen König, behauptete, die Schließung der Klöster entspreche dem durch das Parlament ausgedrückten Volkswillen, und forderte unter Androhung der Todesstrafe und Vermögenskonfiskation Auslieferung der Rädelsführer und Rückkehr der Insurgenten in ihre Heime. Gleichzeitig bot er seinen Heerbann unter dem Grafen von Suffolk auf – Lord Shrewsbury hatte seine Gefolgsleute bereits zum Widerstand gesammelt – und schrieb persönlich den wenigen Adligen, die sich dem Aufruhr angeschlossen hatten. In der Erkenntnis, daß der König nicht ins Bockshorn zu jagen sei und die schlecht bewaffneten, unordentlichen Haufen rasch überwältigt werden würden, rieten sie jetzt den Bauern, in ihre Dörfer zurückzukehren, und trotz den Gegenvorstellungen der Priester schmolz der Haufen rasch weg. Louth lieferte fünfzehn Führer aus, rund hundert weitere wurden gefangen, dem Rest gewährte der König Straffreiheit. Die Gefangenen wurden nach London in den Tower gebracht, dreiunddreißig, darunter sieben Weltgeistliche und vierzehn Mönche, büßten am Galgen; die übrigen wurden nach und nach freigelassen.

Eine ernstere Rebellion hatte sich mittlerweile in Yorkshire entwickelt. Dort übernahm der junge Anwalt Richard Aske eine leitende Rolle in der Bewegung, und in

Beverly zwang man einen anderen Juristen, William Stapleton, die Führung eines Rebellenhaufens zu übernehmen; Lord Darcy of Templehurst, ein glühender Katholik, lieh insgeheim seine Unterstützung, zwei Percys schlossen sich an, und der übrige in der Gegend ansässige Adel folgte fast geschlossen dem Beispiel. Am 15. Oktober 1536 zog der etwa 9000 Mann starke Haupttroß unter der Führung Askes vor die Stadt York, die Einwohner zwangen den Bürgermeister zur Öffnung der Stadttore; doch gelang es Aske, der seinen ungeschulten Haufen in bemerkenswert guter Zucht hielt, die Stadt vor Plünderung zu retten. Er proklamierte die Restauration der Klöster; die Mönche kehrten freudig in sie zurück, und die neue Inbrunst ihrer Gesänge erquickte die Gemüter der Gläubigen. Aske marschierte weiter nach Pomfret, und Stapleton nahm ohne Blutvergießen Hull. Zu den vom Lincolner Haufen dem König präsentierten Forderungen traten neue: Unterdrückung aller Ketzer und ihrer Schriften, Wiederaufnahme der Beziehungen mit Rom, Legitimierung Prinzessin Marias, Entlassung und Bestrafung der Visitatoren und Beseitigung aller nach 1489 erfolgten Landumfriedigungen.

Es war der kritischste Moment in Heinrichs Regierung. Das halbe Land und ganz Irland standen in offener Rebellion gegen seinen Kurs, Paul III. und Kardinal Pole drängten Franz I. und Karl V., in England einzufallen und ihn zu entthronen. Mit einem letzten Aufflackern seiner nachlassenden Energie trommelte er in allen Landesteilen zuverlässige Kontingente zusammen, während der Herzog von Norfolk die Aufständischen auf seinen Befehl mit vagen Versprechungen hinhielt und bei einer Zusammenkunft Aske und etliche Magnaten durch die Zusicherung von Straffreiheit beschwichtigte. Heinrich lud Aske unter Gewährung freien Geleits zu einer persönlichen Aussprache ein, empfing ihn aufs leutseligste, und vom Glanz und der Majestät des Königtums geblendet, kehrte dieser unterwürfig in die Heimat zurück (Januar 1537), wo er, kaum eingetroffen, festgenommen wurde, um als Gefangener nach London geschafft zu werden. Unter den ihrer Führer beraubten Aufrührern brachen Streitigkeiten aus, es entstand ein wüstes Durcheinander, viele drückten sich, und als der vereinigte königliche Heerbann anrückte, verflüchtigte sich das Rebellenheer wie eine Fata Morgana (Februar 1537).

Sowie Heinrich Gewißheit besaß, daß sowohl Rebellion als auch Invasionsgefahr vorüber waren, widerrief er die von Norfolk versprochene Straffreiheit, ließ so viele Insurgentenführer festnehmen, als zu erwischen waren, und eine Anzahl von ihnen hinrichten, darunter auch Aske. An den Herzog schrieb er:

> «Wir machen Euch kund, daß Ihr, bevor Ihr Unser Banner wieder einrollt, an einer guten Anzahl von Einwohnern aller Städte, Dörfer und Weiler, die sich gegen Uns vergangen haben, ein schreckliches Strafgericht vollziehen lassen sollt, damit es allen als abschreckendes Schauspiel diene, die künftighin ähnliche Dinge im Sinne tragen sollten ... Sintemal all dieser Aufruhr aus der Aufwiegelung und aus den verräterischen Komplotten der Mönche und Kanoniker jener Gegend erwachsen ist, ist es Unser Wunsch, daß Ihr überall, wo man sich verschworen und die Ordenshäuser mit Gewalt wieder in Besitz genommen hat ... unbarmherzig und ohne Umstände alle Mönche und Kanoniker ohne Förmlichkeit und sonstige Verzögerung aufknüpfen lasset.»

Nach so schreckensvoller Unterdrückung der Opposition ging Cromwell erneut an die Schließung der noch verbliebenen Klöster. Diejenigen, die sich an der Revolte beteiligt hatten, wurden sofort geschlossen und ihre Vermögen fielen an den Staat. Aus den jetzt noch gründlicheren Visitationen resultierten Berichte, die nichts als Disziplinlosigkeit, Unmoral, Verrat und Verfall feststellten. Die Liquidierung ihrer Häuser voraussehend, verkauften viele Mönche die Schätze und Reliquien an den Meistbietenden; ein Finger des heiligen Andreas brachte 40 Pfund Sterling. Die Mönche von Walsingham wurden der Erfindung von Wundermären überführt, und ihr einträgliches Marienbild endete in den Flammen. In Canterbury wurde das historische Grabmal des heiligen Thomas Becket abgetragen; Heinrich VIII. bestritt dem Besieger Heinrichs II. den Nimbus der Heiligkeit, die Reliquien, die Colets Ärger und Erasmus' Schmunzeln hervorgerufen hatten, wurden verbrannt, und all die von gläubig-frommen Wallfahrern in zweihundertfünfzig Jahren gestifteten Kostbarkeiten wanderten auf Karren ins königliche Schatzamt (1538), darunter der große Rubin, der von da an Heinrichs Daumen schmückte. Einige Klöster glaubten das Schicksal bestechen zu können und sandten Cromwell Geld und Geschenke – er nahm die Gaben und hob die Klöster auf. 1540 waren die letzten geschlossen und außer dem Vermögen der Abteikathedralen ihr gesamter Besitz in die Hände des Königs übergegangen.

Insgesamt hatte man 578 Klöster und 130 Stifte geschlossen und 6521 Mönche und 1560 Nonnen obdachlos gemacht. Etwa fünfzig Männer und zwei Frauen legten freiwillig ihre Kutten ab; eine weit größere Zahl bat, ihr klösterliches Dasein irgendwo weiterführen zu dürfen. Rund 12000 von den Klöstern Beschäftigte oder sonstwie Abhängige verloren Arbeit beziehungsweise Almosen. Die Einkünfte der enteigneten Ländereien und Baulichkeiten hatten sich vor der Säkularisation auf etwa 200000 Pfund Sterling jährlich belaufen; infolge der schnellen Liquidation der Vermögenswerte sanken sie auf ungefähr 37000 Pfund. Rechnet man den Wert der eingezogenen Edelmetalle in Höhe von 85000 Pfund Sterling dazu, ergibt sich eine Gesamtsumme von ungefähr 1423500 Pfund, die Heinrich an Vermögenswerten und Einkünften zufiel.

Mit diesem Raub verfuhr er großzügig. Eine Anzahl Güter schenkte er – aber meist verkaufte er sie zu lächerlich niedrigen Preisen – an Landedelleute und Großbürger – Kaufleute und Juristen –, die seinen Kurs tatkräftig gefördert oder unterstützt hatten. Cromwell bekam oder kaufte sechs Abteien mit Jahreseinkünften von 2293 Pfund, sein Neffe Richard Cromwell ergatterte sogar sieben mit Einkünften von 2552 Pfund; das war der Ursprung des Vermögens, das seinem Urenkel Oliver im nächsten Jahrhundert zu solcher Prominenz verhalf. Ein Teil des Raubes verwandelte sich in Schiffe, Häfen und Befestigungen, ein Teil trug zur Kriegsfinanzierung bei, ein Teil floß in die Königsschlösser Westminster, Chelsea und Hampton Court, einen Teil verlor der König beim Würfeln. Sechs Klöster gab er der Anglikanischen Kirche als Bischofssitze zurück; einen kleinen Betrag zweigte er zur Weiterführung der dringlichsten – bis dahin von den Mönchen geleisteten – Wohltätigkeitsarbeit ab. Die von Heinrichs Geschenken und Verkäufen genährte neue Aristokratie entwickelte sich zu einer machtvollen Stütze des Hauses Tudor und einem von wirtschaftlichen Interessen dirigierten Bollwerk gegen jede katholische Restauration. Der alte Feudaladel hatte sich selbst dezimiert; der neue, auf Industrie und Handel beruhende Adel wandelte das Wesen der englischen Aristokratie von konservativer Unbeweglichkeit zu dynamischer Entfaltung und frischte das Blut und die Energie der oberen Stände Englands auf. Das – und der Raub – mag mit zum Überschwang des Elisabethanischen Zeitalters beigetragen haben.

Die Auswirkungen der Säkularisation waren vielfältig und unabsehbar. Es mag dahingestellt bleiben, ob die in Freiheit gesetzten Mönche den Bevölkerungszuwachs von ungefähr 2 500 000 Köpfen im Jahre 1485 auf ungefähr 4 Millionen 1547 mehr oder weniger kräftig beeinflußt haben. Ein vorübergehendes Ansteigen der Zahl der Arbeitslosen verminderte eine Generation lang das Einkommen der unteren Stände, während sich die neuen Grundbesitzer als noch habgieriger erwiesen als die früheren. Politisch gewann die Krone an weiterer Machtfülle; die Kirche verlor die letzte Widerstandsbasis. Die moralischen Folgen äußerten sich in zunehmender Kriminalität, in Verelendung, Bettelei und geringerer Wohltätigkeit. Mit den Klöstern wurden über hundert angeschlossene Spitäler geschlossen; die Munizipalbehörden führten ein paar davon weiter. Die Beträge, die fromme oder ängstliche Seelen letztwillig den Priestern als Versicherung gegen Hölle und Fegefeuer vermacht hatten, konfiszierte man in der Hoffnung, daß den Toten kein Harm daraus erwachse; 2374 Vermächtnisse für Seelenmessen fielen dem König zu. Die schlimmsten Rückwirkungen ergaben sich im Erziehungswesen. Die Frauenkonvente hatten Mädchen-, die Männerklöster Elementarschulen und neunzig höhere Lehranstalten für Knaben unterhalten; alle diese Institutionen wurden aufgelöst.

Nachdem der Historiker die Tatsachen so unparteiisch dargestellt hat, als es ihm unbewußtes Vorurteil erlaubt, sei ihm ein zugegebenermaßen hypothetischer Kommentar gestattet. Heinrichs Habgier und Cromwells Unbarmherzigkeit haben die unvermeidliche Schrumpfung der Zahl und des Einflusses der englischen Klöster lediglich eine Generation vorverlegt. Deren bisherige Erziehungs-, Wohltätigkeits- und Krankenpflegemission hatte sich überlebt; in ganz Westeuropa einschließlich der vorwiegend katholischen Länder gingen diese Funktionen mehr und mehr in weltliche Hände über. Mit dem Schwinden der religiösen Inbrunst und des Jenseitsglaubens verringerte sich auch der Zustrom von Novizen, so daß der Prunk und das Einkommen vieler Klöster nicht mehr im Verhältnis zur Zahl ihrer Insassen stand. Zu bedauern bleibt, daß mit der brüsken Hast eines Cromwell vorgegangen wurde und Wolseys humanerer und gesünderer Plan, die Klöster nach und nach in weltliche Bildungsstätten umzuwandeln, ins Wasser fiel. Wie in seiner fieberhaften Sehnsucht nach einem Sohn waren auch hierin Heinrichs Mittel und Wege übler als sein Ziel. Daß die Ausbeutung schlichter Frömmigkeit durch frömmlerischen Betrug bis zu einem gewissen Grad ausgemerzt wurde, war zweifellos gut. Unser größtes Mitgefühl gilt jener großen Mehrheit der Nonnen, die ihre Tage betend, unterrichtend und mit Werken der Nächstenliebe verbrachten.

## II. DIE WIDERSPENSTIGEN IREN: 1300–1558

Die englischen Könige begründeten ihre Herrschaft über Irland mit der Befürchtung, daß eine feindliche Kontinentalmacht die Grüne Insel jederzeit als Sprungbrett für einen Flankenangriff gegen England benutzen könne, eine Überlegung, die – im Verein mit der Liebe zur Macht – im gleichen Maß an Gewicht gewann, als es dem englischen Protestantismus mißlang, die Iren Rom abspenstig zu machen, während diese sich tagtäglich gegen die Beherrschung durch fremdes Blut und eine fremde Zunge wehrten. Unter Eduard III. kehrten viele anglo-irische Gutsbesitzer nach England zurück, um dort mit ihren irischen Einkünften ein behagliches Leben zu führen; das englische Parlament untersagte zwar wiederholt diese Praxis, dennoch griff im Lauf dreier Jahrhunderte dieser *absentee landlordism* – Grundbesitz in Abwesenheit – immer mehr um sich und bildete ein ständiges Motiv für irische Revolten. Im Lande bleibende Engländer neigten dazu, Irinnen zu heiraten und allmählich in der einheimischen Bevölkerung und ihrer Lebensform aufzugehen. Um diesem nationalen Aderlaß einen Riegel vorzuschieben, verbot das irische Parlament, in dem der Einfluß englischer Kolonisten dominierte, im berühmten Statut von Kilkenny (1366) – neben ein paar weisen und wohltätigen Bestimmungen – Mischehen, Adoptionen und sonstige nahe Beziehungen zwischen Engländern und Iren. Den Engländern wurde unter Androhung der Vermögenskonfiskation und Einkerkerung untersagt, die landesüblichen Gebräuche anzunehmen, sich nach irischer Art zu kleiden und irisch zu sprechen. Kein Ire durfte in kirchliche Institutionen der Engländer aufgenommen werden, und irische Geschichtenerzähler und Volkssänger waren aus englischen Heimen ausgeschlossen. Alle Verbote blieben wirkungslos; irische Rosenwangen überstrahlten die Majestät des Gesetzes, und in jenem engen Streifen – *March*, *Border* oder *Pale* genannt –, wo allein die Engländer zu bleiben wagten, ging die Rassenvermischung weiter*.

Während der Rosenkriege hätte den Iren die Vertreibung der Engländer gelingen können, wenn sich die irischen Stammeshäuptlinge einig gewesen wären; sie zogen jedoch, manchmal von englischem Gold angestachelt, gegenseitige Befehdung vor. Heinrich VII. stellte die englische Oberhoheit im Pale wieder her, und sein Lord-Gouverneur, Sir Edward Poynings, zwang das irische Parlament zur Annahme des demütigenden «Poynings-Gesetzes» (1494): das irische Parlament wird erst einberufen, nachdem die ihm vorzulegenden Gesetzesentwürfe vom englischen König und Staatsrat genehmigt worden sind. Nach dieser Kastration Irlands entwickelte sich das englische Regiment zum schlechtesten, unbarmherzigsten und korruptesten in der gesamten Christenheit. der Lieblingstrick bestand darin, einen der sechzig irischen Stammeshäuptlinge zum Stellvertreter des Vizekönigs zu ernennen und ihn zu beauftragen, die übrigen zu kaufen oder sonstwie zum Schweigen zu bringen. Gerald, der achte Graf von Kildare, unterzog sich dieser Aufgabe mit ziemlichem Geschick; er beschwichtigte und be-

* Um 1500 umfaßte dieser Streifen die Hälfte der Grafschaften Dublin, Meath und Louth nebst einem Teil von Kildare.

schränkte die Stammesfehden, die das Land Hand in Hand mit der englischen Ausbeutung arm und schwach hielten. Nach seinem Tod (1513) folgte ihm sein Sohn, Gerald Fitzgerald, im Amt des Stellvertreters nach. Die Lebensgeschichte dieses neunten Grafen von Kildare ist für die damaligen irischen Magnaten typisch. Man beschuldigte ihn gemeinsam mit dem Grafen von Desmond, eine Landung französischer Streitkräfte in Irland geplant zu haben, zitierte ihn nach England und warf ihn in den Tower. Heinrich VIII. gab ihm gegen das Gelöbnis, künftig loyal zu England zu halten, Freiheit und Amt zurück. Bald darauf schlechter Amtsausübung angeklagt, wanderte er erneut in den Tower, wo er nach einem Jahr Haft verschied (1534). Sein empörter Sohn, «Silken Thomas» Fitzgerald, warf den Engländern prompt den Fehdehandschuh hin, schlug sich mutig und tollkühn volle vierzehn Monate, ehe er unterlag und am Galgen endete (1537).

Heinrich, der mittlerweile die Trennung von Rom vollzogen hatte, forderte jetzt mit charakteristischem Draufgängertum vom irischen Parlament, als Oberhaupt auch der irischen Kirche anerkannt zu werden. Es fügte sich. Alle Staatsbeamten hatten ihn bei ihrem Eid als Kirchenoberhaupt anzuerkennen, und der kirchliche Zehnte floß von da an in seine Kasse. In den Kirchen des von Engländern besiedelten Streifens demolierten Reformer Heiligenbilder und Reliquien. Die Klöster wurden außer ein paar weit entlegenen aufgelöst, die Mönche – sofern sie sich ruhig verhielten – mit einer Leibrente ausgesiedelt. Die meisten Stammeshäuptlinge, mit einem Teil des Raubes bedacht, akzeptierten, solchermaßen bestochen, englische Adelstitel, schwuren dem Papst ab und erkannten Heinrich als Kirchenoberhaupt an (1539). Das Clan- oder Stammeswesen wurde abgeschafft, Irland zum Königreich und Heinrich zum König proklamiert (1541).

Heinrich starb keine fünf Jahre nach diesem Triumph – sterblich trotz seinen Siegen. Der irische Katholizismus überdauerte ihn; die Häuptlinge sahen in ihrem Abfall nicht viel mehr als einen taktischen Schachzug, sie blieben (wie übrigens Heinrich auch) in allen Punkten, abgesehen von der Nichtanerkennung des Papstes, katholisch, und die Priester, deren Seelsorge sie unterstützten und selber in Anspruch nahmen, hielten sich stillschweigend ans alte Ritual. Die Gläubigkeit der Massen erfuhr keine Verminderung, sondern eher einen Auftrieb, untermauerte sie doch den Nationalstolz erst gegen einen abtrünnigen König und dann gegen eine protestantische Königin. Intensiver denn je stritten die Iren für ihre Freiheit, die Freiheit des Leibes und der Seele.

## III. JEDER ZOLL EIN KÖNIG

1540 verfügte Heinrich über eine absolutere Macht als je ein König vor ihm. Der alte normannische Adel, vor dem sogar Wilhelm der Eroberer zurückgewichen war, fügte sich demütig in die königliche Willkür und vergaß beinahe die *Magna Charta* seiner Privilegien. Der neue, durch Geschäfte und Politik reich gewordene Adel diente als Bollwerk gegen Revolten von oben und unten. Das Unterhaus, einstmals der stolze Beschützer bürgerlicher Freiheiten, jetzt ein von Heinrichs Kreaturen ausgesuchtes Gremium, übertrug ihm eine präzedenzlose Machtfülle: das Recht der Vermögenskonfiskation, der Nachfolgebestimmung, der Definition von Glauben und Ketzerei, das Recht zu Todesurteilen auf Grund von fingierten Gerichtsverfahren und zum Erlaß gesetzeskräftiger Verfügungen ohne Bewilligung des Parlaments. «Während Heinrichs Regierung glomm der englische Unabhängigkeitsgeist nur als schwacher Funke unter der Asche; die Liebe zur Freiheit erkaltete.» Das Volk fügte sich in diesen Absolutismus teils aus Furcht, teils weil ihm ein neuer Rosenkrieg noch schrecklicher erschien. Ordnung schien wichtiger als Freiheit.

Aus der gleichen Zwangslage heraus fand sich England mit Heinrich als Oberhaupt der englischen Kirche ab. Bei der offensichtlichen Bereitschaft von Katholiken und Protestanten, einander an die Gurgel zu springen, und der fast bis zur Invasion führenden Feindschaft katholischer Untertanen, Gesandter und Monarchen glaubte Heinrich, daß der religiöse Friede der Nation nur durch das königliche Diktat von Glaube und Ritual zu sichern sei; so übernahm er stillschweigend die von der Kirche entwickelte Beweisführung zugunsten einer höchsten Autorität in Glaubensdingen und versuchte sogar vorzuschreiben, wer die Bibel lesen dürfe und wer nicht. Als die Bischöfe Tyndales Bibelübersetzung unterdrückten, wies er sie an, eine bessere anfertigen zu lassen, und als sie ihm zu lange dazu brauchten, gestattete er Cromwell, Miles Coverdale mit der Aufgabe zu betrauen. Die erste vollständige englische Übertragung der Schrift erschien 1535 in Zürich. Eine revidierte Ausgabe, die auf Befehl Cromwells in allen englischen Kirchen benutzt werden mußte, kam 1539 aus der Presse, während Heinrich «in seiner königlichen Großmut und Güte» seinen Untertanen das Privileg einräumte, diese «Große Bibel» in ihren Heimen zu lesen, so daß sie schon nach kurzer Zeit in fast allen englischen Familien ihre Wirkung ausübte. Leider wurde sie eine ebensolche Quelle der Zwietracht wie der Erbauung; in jedem Dorf schossen Amateurexegeten aus der Erde, die aus der Schrift jeden Punkt und dessen Gegenteil bewiesen, Fanatiker gerieten sich in den Kirchen in die Haare und traktierten sich mit Fäusten in den Tavernen. Besonders Ehrgeizige stellten ihren Frauen kurzerhand den Scheidungsbrief zu oder hielten sich zwei Frauen gleichzeitig und erklärten ihr Verhalten als biblisch vorgeschrieben. Bald bedauerte der König die Freiheit der Bibellektüre, und auf die altkirchliche Praxis zurückgreifend veranlaßte er 1543 das Parlament zu einem Dekret, daß nur Adelige und Grundbesitzer Bibeln besitzen und nur Geistliche darüber predigen und öffentlich diskutieren dürften.

Es war schwierig für das Volk – und sogar für den König –, des Königs Gedanken zu erkennen. Immer noch bestiegen Katholiken Schafott und Scheiterhaufen, weil sie Heinrichs geistlichen Supremat bestritten, und Protestanten taten desgleichen, weil sie katholische Lehrsätze angriffen. Den Greenwicher Minoritenabt Forest hing man seiner Papsttreue halber in Ketten über ein Feuer und röstete ihn langsam zu Tode (31. Mai 1537). Über den Protestanten John Lambert, der die leibhaftige Gegenwart Christi im Abendmahl bestritt, saß Heinrich persönlich zu Gericht und verurteilte ihn zum Tode; er wurde im Smithfield verbrannt (16. November 1538).

Unter dem wachsenden Einfluß des Bischofs von Winchester, Stephen Gardiner, wandte sich Heinrich mehr und mehr dem alten Glauben zu. 1539 machten sich König,

Parlament und Landessynode im *Act of the Six Articles* – Statut der sechs Artikel – den katholischen Standpunkt in den Punkten der leibhaften Gegenwart, des Priesterzölibats, des Ordensgelübdes, der Seelenmessen, der Notwendigkeit mündlicher Beichte vor einem Priester und des Abendmahls in nur einer Form zu eigen. Danach hatte, wer künftig die leibhafte Gegenwart mündlich oder schriftlich bestritt, den Feuertod ohne Gelegenheit zu Widerruf, Beichte und Absolution zu erleiden; ein erster Verstoß gegen einen der übrigen Artikel kostete das Vermögen, ein zweiter das Leben. Sämtliche von Priestern eingegangenen Ehen erklärte das Gesetz für nichtig, das weitere Zusammenleben mit der bisherigen Frau stempelte es zum Verbrechen. Das Volk, immer noch katholisch, billigte gemeinhin diese Artikel; dennoch bemühte sich Cromwell in der Praxis um ihre Milderung, bis Heinrich in seinem Zickzackkurs die Niederschlagung der schwebenden Verfahren verfügte (1540). Nichtsdestoweniger wurden die Bischöfe Latimer und Shaxton wegen ihrer Kritik an diesen Artikeln ihrer Ämter enthoben und eingekerkert. Am 30. Juli 1540 fanden sich im Smithfield je drei Katholiken und drei Protestanten in erzwungener Gemeinschaft auf dem Scheiterhaufen, die einen wegen Bestreitung katholischer Lehrsätze, die anderen wegen Nichtanerkennung des geistlichen Supremats Heinrichs.

Der Verwaltungsmann Heinrich war nicht weniger energisch als der Kirchenmann. Bei aller Extravaganz seiner Hofhaltung und der beträchtlichen Wichtigkeit, die er den Mahlzeiten einräumte, fand er reichlich Zeit für die Staatsgeschäfte und umgab sich mit großem Geschick mit Ratgebern, die es ihm an Skrupellosigkeit gleichtaten. Er reorganisierte das Heer, rüstete es mit neuen Waffen aus, hielt sich über die letzte Entwicklung der Strategie und Taktik auf dem laufenden, baute die erste ständige Kriegsflotte Englands, ließ von ihr den Kanal und die benachbarten Küsten von Piraten säubern und schuf die Voraussetzungen für die späteren Seesiege Elisabeths. Dafür besteuerte er sein Volk bis an die Grenze des Tragbaren, wertete wiederholt das Geld ab, konfiszierte Privatvermögen unter nichtigen Vorwänden, verlangte *contributions* – Zuwendungen oder Beiträge –, annullierte seine Schulden, lieh von den Fuggern und förderte die Wirtschaft, weil er daraus höhere Einkünfte erhoffte.

Die Landwirtschaft geriet in einen hoffnungslosen Zustand. Die Einzäunung ehemaliger Allmenden zugunsten der Schafzucht ging weiter, die Leibeigenschaft bestand immer noch; und die neuen Gutsbesitzer verdoppelten, ja vervierfachten, von keinen feudalen Traditionen angekränkelt, den Pachtzins oder verweigerten die Verlängerung abgelaufener Pachtverträge. «Tausende obdachlose Pächter schlugen sich nach London durch und belagerten die Tore der Gerichte mit der Forderung nach Wiedergutmachung, die sie nie erhalten konnten.» Der katholische Morus hat uns eine mitleiderregende Schilderung der an den Bettelstab gebrachten Bauernschaft hinterlassen; der Protestant Latimer klagte die «zinsesteigernden Lords» mit glühenden Worten an und idealisierte eine katholische Vergangenheit, da die Menschen noch Mitleid und Mitgefühl gehabt hätten. Das Parlament bedrohte Bettel und Landstreicherei mit drakonischen Strafen. Ein 1530/31 erlassenes Gesetz schrieb vor, gesunde Bettler, ob Mann oder Frau, «nackt auf das Ende eines Karrens zu binden und sie mit Peitschen durch die Stadt zu schlagen, bis der Leib blutig ist»; der Wiederholungsfall kostete ein Ohr, der dritte Verstoß das zweite, nach 1536 sogar das Leben. Allmählich sog die städtische Industrie die entwurzelten Bauern auf, und städtische Armenfürsorgen milderten das ärgste Elend. Am Ende überwand man die Krise der Landwirtschaft durch großzügige Bodenbestellung und erhebliche Steigerung des Ertrags; dennoch bleibt die Unfähigkeit der Krone, die Übergangszeit zu erleichtern, ein Beispiel für verbrecherisches Versagen.

Die gleiche Regierung schützte das Großgewerbe durch Zölle, und die niedrigen Löhne, die aus der Landflucht resultierten, brachten den Fabrikanten weiteren Profit. Die Tuchweberei wurde nach frühkapitalistischen Methoden reorganisiert und brachte eine neue Schicht reicher Männer hervor, die neben den Kaufleuten den König unterstützten; an die Stelle der Wolle trat jetzt Tuch als Hauptausfuhrartikel. Die exportbestimmten Massengüter wurden von den niederen Ständen hergestellt; die Einfuhr beschränkte sich hingegen auf Luxuswaren, die nur der Reiche erstehen konnte. Einen mächtigen Auftrieb erfuhren Industrie und Handel 1536 durch ein Gesetz, das einen Zins von zehn Prozent für Leihgeld gesetzlich sanktionierte; der damit verbundene rasche Preisanstieg kam aber nur der Unternehmerschaft zugute und benachteiligte den altmodischen Feudaladel, die Bauern und die Arbeiter. Von 1500 bis 1576 stiegen die Mieten auf das Zehnfache, die Lebensmittelpreise auf das Zweieinhalb- bis Dreifache, die Löhne um das Anderthalbfache. Thomas Starkey schrieb um 1537: «Es herrscht jetzt solche Armut, daß sie auf keinen Fall im Einklang mit einem wirklichen und wahrhaftigen Allgemeinwohl steht.» Die Gilden gewährten ihren Mitgliedern dank ihren Hilfseinrichtungen auf Gegenseitigkeit bei Verarmung und Feuerschaden einen gewissen Schutz; aber 1545 konfiszierte Heinrich auch die Gildenvermögen.

## IV. DAS UNGEHEUER TRITT AB

Was für eine Art Mensch war dieses Ungeheuer von einem König in Wirklichkeit? Als Holbein der Jüngere 1536 nach England kam, malte er ihn und Jane Seymour. Das prunkvolle Kostüm verbirgt beinahe seine körperliche Fülle; Hermelin, Geschmeide, die Hand auf dem juwelenbesetzten Schwert verraten das Machtbewußtsein und die Eitelkeit eines keinen Widerspruch duldenden und findenden Mannes, das runde Gesicht verrät herzhafte Sinnlichkeit, die Nase ist ein Monument der Kraft, die dünnen Lippen und der gebieterische Blick warnen vor einem Despoten, der leicht in Wut gerät und keine Grausamkeit scheut. Heinrich, jetzt sechsundvierzig, stand auf der Höhe seiner Macht, aber die Jahre machten sich geltend. Obschon ihm drei weitere Ehen bestimmt waren, zeugte er keinen Nachkommen mehr. Sechs Frauen und nur drei Kinder, die das Säuglingsalter überlebten. Eines, der spätere Eduard VI., kränkelte jetzt schon und starb mit fünfzehn Jahren; Maria blieb hoffnungslos unfruchtbar, und Elisabeth wagte nicht einmal zu heiraten, vermutlich weil sie sich eines körperlichen

Mangels bewußt war. Der Fluch halber Sterilität und leiblichen Defekts lag auf der stolzesten Dynastie in Englands Geschichte.

Heinrich besaß einen scharfen Verstand und eine hervorragende Menschenkenntnis; seine Willenskraft und sein Mut kannten kaum Grenzen; aber seine Manieren waren derb, und sein Gewissen schwand mit der Jugend. Gegen seine Freunde blieb er freilich gütig, hochherzig und leutselig liebenswürdig, so daß er sich aufrichtige Zuneigung zu erwerben vermochte. Für den Thron geboren, sah er sich von Geburt an von Schmeichelei und Willfährigkeit umgeben; die wenigen, die es wagten, sich ihm zu widersetzen, wurden ohne Kopf begraben. Morus schrieb aus dem Tower: «Es ist gewißlich ein Jammer, daß ein speichelleckerischer Kronrat einen Monarchen so ermutigt, seinen Begierden nachzugeben, und ein schwacher Klerus ihn ... mit Schmeichelei so schamlos mißbraucht.» Das ist die äußere Ursache für Heinrichs Charakterzerrüttung – daß mit Morus jeder Widerstand gegen seinen Willen starb und seine Moral so schwammig wurde wie sein Fleisch. Er war sexuell nicht ausschweifender als Franz I.; nach Anna Boleyn scheint er – der Reihe nach – monogamer gewesen zu sein als Karl V.; sexuelle Zügellosigkeit war nicht seine größte Schwäche. Er hungerte nach Geld wie nach Macht; humane Erwägungen störten ihn nur selten bei Konfiskationen. Die undankbare Hast, mit der er Frauen, die er geliebt hatte, oder Männer wie Morus und Cromwell, die ihm viele Jahre hindurch getreulich dienten, hinrichtete, ist verabscheuungswürdig; im ganzen genommen hat er jedoch nicht den zehnten Teil der Morde auf dem Gewissen, wie der wohlmeinende Karl IX., der das Massaker der Bartholomäusnacht sanktionierte, oder wie Karls V., der die Plünderung Roms duldete, und wie die deutschen Fürsten, die dreißig Jahre Krieg führten, um das Glaubensbekenntnis ihrer Untertanen selbstherrlich bestimmen zu können.

Die innere Ursache dieser Charakterwandlung zum Bösen waren seine wiederholten Fehlschläge in Liebe und Ehe. Lange Zeit vergeblich einen Sohn erhoffend, seinen begreiflichen Wunsch nach Ungültigkeitserklärung seiner ersten Ehe ränkevoll durchkreuzt sehend, von der Frau, für die er den Thron riskierte, betrogen (wie er glaubte), der einzigen Frau, die ihm einen Sohn gebar, so vorzeitig beraubt – durch einen Trick in die Vermählung mit einer ihm volks- und wesensfremden Frau getrieben und durch die Frau, die ihm endlich häusliches Glück zu versprechen schien, zum Hahnrei gemacht (wie er dachte) –, so sah der König aus, der ganz England besaß, ohne sich eines Herdes erfreuen zu dürfen, wie er dem schlichtesten Untertan zu eigen war. Periodisch von einem Geschwür am Bein gequält, jeden Moment eines Angriffs von außen gewärtig, von Verrat, Ermordung, Revolten und Staatskrisen bedroht – wie hätte sich dieser Mann normal entwickeln und nicht dem Mißtrauen, dem Argwohn und der Grausamkeit anheimfallen sollen? Und wie wollen wir, die wir unter den Nadelstichen unserer privaten Existenzen leiden, einen Mann verstehen, dessen Geist und Person die Nöte und Stürme der Loslösung seines Landes von Rom durchstand, der seine Untertanen in einem halsbrecherischen Schritt nach dem andern aus einem tief verwurzelten Treueverhältnis riß und der in seinem gespaltenen Innern gleichzeitig die bange Frage erörtern mußte: Befreie ich eine Nation oder zerstöre ich die Christenheit?

Macht und Gefahr, das war die Luft, darin er lebte. Zu keiner Stunde konnte er wissen, wie weit die Feinde gehen und wann sie Erfolg haben würden. 1538 ließ er Sir Geoffrey Pole, einen Bruder des Kardinals, verhaften. Aus Furcht vor der Folter gestand Geoffrey, daß er, ein weiterer Bruder, Lord Montague, Sir Edward Neville, Marquis und Marquise Exeter in hochverräterischer Korrespondenz mit Kardinal Reginald gestanden hätten. Geoffrey wurde begnadigt; Exeter, Montague und mehrere andere wurden gehenkt und gevierteilt (1538/39), Lady Exeter wurde eingesperrt, und die Mutter der Poles, die Gräfin Salisbury, unter Überwachung gestellt. Als Kardinal Pole im Auftrag Pauls III. zu Karl V. nach Toledo reiste (1539), um diesen – freilich vergeblich – zu bewegen, gemeinsam mit Franz I. die Handelsbeziehungen mit England abzubrechen, antwortete Heinrich mit der Festnahme der jetzt siebzigjährigen Gräfin, vermutlich in der Hoffnung, die Begeisterung des Sohnes für einen Einfall in England zu dämpfen. In diesem Spiel um Leben und Tod war ihm jedes Mittel recht.

Nach zweijähriger Frauenlosigkeit beauftragte Heinrich Cromwell, eine diplomatische Ehe zur Festigung seiner Stellung gegen Karl zustande zu bringen. Cromwell empfahl Anna, Schwägerin des Kurfürsten von Sachsen und Schwester des Herzogs von Kleve, eines Gegners des Kaisers. Cromwell verschrieb sich diesem Schachzug mit Haut und Haaren, erhoffte er doch ein Bündnis aller protestantischen Länder, das den König zwingen würde, die antilutherischen sechs Artikel zu widerrufen. Heinrich entsandte Holbein, ein Porträt der Dame zu malen, und möglicherweise gab der Kanzler dem Künstler einige persönliche Instruktionen mit auf den Weg; als das Bild eintraf, schien Heinrich die Prinzessin erträglich. Auf dem heute im Louvre hängenden Porträt sieht sie abschreckend melancholisch aus, aber nicht reizloser als Jane Seymour, die für einen Augenblick des Königs Herz so sehr erwärmte. Als Anne persönlich eintraf und Heinrich sie sah (1. Januar 1540), starb die Liebe auf den ersten Blick. Er schloß die Augen, heiratete sie und betete abermals um einen Sohn zur Stärkung seiner Dynastie, enthüllte sich doch des Thronfolgers Eduard schwächliche Konstitution immer deutlicher. Cromwell aber verzieh er nie.

Vier Monate später ließ er seinen geldgierigen Kanzler unter der Beschuldigung der Bestechlichkeit und Unterschlagung von Staatsgeldern verhaften. Es erhob sich kaum ein Protest; Cromwell war Heinrichs meistgehaßter Untertan, sowohl seiner Herkunft, seiner Methoden, seiner Käuflichkeit wie seines Reichtums halber. Im Tower zwang man ihn, eine Erklärung zu unterzeichnen, die die Gültigkeit der neuen Ehe in Frage stellte. Heinrich gab bekannt, er habe sie ohne «innere Einwilligung» geschlossen und nie körperlich vollzogen. Anna behauptete, immer noch Jungfrau zu sein, und fügte sich dank einer ansehnlichen Leibrente in die Ungültigkeitserklärung. Die Rückkehr zu ihrem Bruder scheuend, entschloß sie sich zu einem zurückgezogenen Leben in England; daß sie in der Westminsterabtei ihre letzte Ruhestätte fand (1557), dürfte ihr kaum zu wesentlichem Trost gereicht haben. Cromwells Kopf fiel am 18. Juli 1540.

Am gleichen Tag heiratete Heinrich Katharina Howard; sie war zwanzig Jahre alt und entstammte einem streng katholischen Geschlecht – die Katholiken befanden sich im Vormarsch. Der König blies seinen Flirt mit den deutschen Protestanten ab und schloß mit Karl V. Frieden. Sich zum erstenmal in dieser Richtung sicher fühlend, richtete er zur geographischen Abrundung und Sicherung des Königreichs sein Begehren auf Schottland. Eine neue Revolte im Norden Englands lenkte ihn ab. Vor dem Aufbruch befahl er, um jeder Verschwörung hinter seinem Rücken die Spitze abzubrechen, alle politischen Gefangenen im Tower, einschließlich der Gräfin Salisbury, hinzurichten (1541). Die Rebellion brach zusammen; der von Sorgen gequälte Heinrich kehrte nach Hampton Court zurück und hoffte bei seiner neuen Königin Trost zu finden.

Die zweite Katharina war die schönste seiner Gemahlinnen. Mehr denn je von fraulicher Fürsorge abhängig, empfand er sogar so etwas wie Liebe für sie und lobte Gott für «das gute Leben, das er führe und» unter ihrer Führung «weiterhin zu führen hoffe». Aber schon am Tage nach diesem Tedeum (2. November 1541) händigte ihm Erzbischof Cranmer Schriftstücke aus, die Katharina mit mindestens drei vorehelichen Liebhabern belasteten. Zwei davon gestanden, und Katharina gestand auch. Wie der französische Gesandte meldete, «nahm es sich der König so zu Herzen, daß man glaubte, er habe den Verstand verloren»; er begann zu argwöhnen, daß alle seine Eheschließungen von Gott verflucht seien. Schon neigte er zur Milde gegen Katharina, als er Unterlagen über einen nach der Eheschließung begangenen Fehltritt mit ihrem Vetter erhielt. Ihre Verteidigung ging dahin, sie habe sich nichts vorzuwerfen, sie habe ihn zwar spät abends in ihren Gemächern empfangen, doch nur in Gegenwart Lady Rochfords; und Lady Rochford bestätigte – so weit ihre Kenntnis reiche – die Wahrheit dieser Darstellung. Das Peersgericht sprach Katharina dennoch schuldig, und am 13. Februar 1542 fiel ihr Kopf an derselben Stelle, die sechs Jahre früher Anna Boleyns Enthauptung gesehen hatte. Die Liebhaber kamen mit lebenslänglichem Kerker davon.

Heinrichs Lebenskraft war gebrochen. Eine nie ganz auskurierte Syphilis richtete in seinem Körper die üblichen Verheerungen an; und sein Beingeschwür widerstand erfolgreich der ärztlichen Kunst seiner Zeit. Der herrliche Jünglingskörper war zu einer unförmigen Fleischmasse entstellt, die sich ohne Hilfe nicht einmal von Raum zu Raum zu bewegen vermochte; die Wangen hingen über die Kiefer, und Fettpolster begruben nahezu die kleinen Augen. In der Erkenntnis, daß seine Tage gezählt seien, ließ er das Parlament ein neues Thronfolgegesetz annehmen (1543), das die Krone nacheinander Eduard, Maria und Elisabeth zusprach; weiter wagte Heinrich nicht zu gehen, denn an vierter Stelle hätte er die Königin der Schotten, Maria Stuart, nennen müssen. Auf Drängen des Kronrats und in einem letzten verzweifelten Versuch, doch noch einen zweiten Sohn zu zeugen, vermählte er sich zum sechstenmal (12. Juli 1543). Katharina Parr hatte zwei Ehemänner überlebt, aber Heinrich bestand jetzt nicht mehr auf Jungfräulichkeit. Kultiviert und taktvoll, pflegte sie geduldig ihren königlichen Invaliden, söhnte ihn mit der lang vernachlässigten Elisabeth aus und bemühte sich um die Eindämmung seines religiösen Eifers und seiner Verfolgungswut.

Es gelang ihr nicht; in Heinrichs letzten acht Regierungsjahren endeten sechsundzwanzig Personen aus Glaubensgründen auf dem Scheiterhaufen. 1543 hinterbrachten Spitzel dem Bischof Gardiner die Äußerung eines gewissen Henry Filmer: «Wenn

Gott [in der Hostie] wahrhaft zugegen ist, habe ich in meinem Leben Gott zwanzigmal gegessen»; ferner habe ein Robert Testwood einem Priester scherzhaft zugerufen, Gott nicht fallen zu lassen; und Anthony Pierson habe Priester, die etwas anderes predigten als die Heilige Schrift, als Diebe bezeichnet. Der anglikanische Bischof Gardiner ließ alle drei auf einer Wiese vor dem königlichen Palast zu Windsor verbrennen. Als sich herausstellte, daß ein Zeuge bei ihren Prozessen falsch ausgesagt hatte, war der König ernstlich beunruhigt, und der Meineidige wanderte in den Tower. 1546 verurteilte Gardiner vier weitere Personen wegen Verneinung der leibhaften Gegenwart, darunter eine junge Frau, Anna Askew, die trotz fünfstündigem Verhör auf ihrer Auffassung bestand: «Was Ihr Euren Gott nennt, ist ein Stückchen Brot; wenn Ihr einen Beweis haben wollt, legt es ein paar Monate in eine Schachtel, und es wird verschimmeln.» Man folterte sie, um die Namen weiterer Ketzer zu erpressen; sie schwieg unter der Tortur, aber in den Tod ging sie mit den Worten: «Ich bin so heiter wie jemand, dem der Himmel bestimmt ist.» Der König beteiligte sich an diesen Verfolgungen zwar nicht persönlich; aber Begnadigungsgesuche blieben erfolglos.

1543 befand er sich im Kriege sowohl mit Schottland als auch seinem «geliebten Bruder» Franz I. und kurz darauf im Bund mit seinem alten Feind, dem Kaiser. Um für den Feldzug Geld zu beschaffen, forderte er von seinen Untertanen neue «Darlehen», erklärte die Schuldbriefe des Jahres 1542 für hinfällig und konfiszierte die Universitätsvermögen. Er ließ sich auf den Kriegsschauplatz tragen und überwachte die Belagerung und Einnahme Boulognes. In Schottland zerstörten seine Streitkräfte neben fünf Klöstern die Abteien Melrose und Dryburgh, unterlagen jedoch bei Ancrum Moor (1545). Der Friedensschluß mit Frankreich fiel gewinnbringend aus (1546), und Heinrich durfte in Frieden sterben.

Angesichts seiner körperlichen Schwäche diskutierte der Hochadel unverhüllt die Frage der Regentschaft für den minderjährigen Eduard. Der Graf von Surrey, eine poetische Natur, ließ sich in der Überzeugung, daß diese Ehre seinem Vater, dem Herzog von York, zufallen werde, ein Wappen entwerfen, wie es sich nur für den designierten Thronerben ziemte. Heinrich nahm beide fest; sie bekannten sich schuldig; der Dichter bestieg am 9. Januar 1547 das Schafott; der Herzog sollte ihm bald nach dem 27. Januar nachfolgen; da starb am 28. der König. Er war fünfundfünfzig Jahre alt geworden und hatte ein Dutzend Leben in einem gelebt. Zur Sicherstellung seines Seelenheils hinterließ er einen großen Betrag für Seelenmessen.

Die siebenunddreißig Jahre seiner Regierung haben England stärker gewandelt, als er vielleicht ahnte oder wünschte. Er vermeinte, den Papst auszuschalten, den hergebrachten Glauben aber unverändert lassen zu können, diesen Glauben, der die breiten Massen an Unterordnung unter das Gesetz und moralische Kriterien gewöhnt hatte; in Wirklichkeit schwächte seine erfolgreiche Herausforderung des Heiligen Stuhls, die Zerschlagung der Klöster und Sprengel, die wiederholte Demütigung des Klerus, die Enteignung des Kirchenvermögens und die Säkularisation der Verwaltung das Prestige und die Autorität der Kirche so sehr, daß sich die Veränderung der Glaubenslehre unter Eduard und Elisabeth beinahe von selbst ergab. Die englische Reformation, obschon weniger doktrinär als die deutsche, zeitigte mit dem Sieg des Staates über die Kirche in einem wesentlichen Punkt das gleiche Resultat. Doch das Volk wurde nur aus dem Schoß einer unfehlbaren Kirche in die Arme eines absoluten Königs getrieben.

In materieller Hinsicht gewann es nichts. Der kirchliche Zehnte mußte weiter entrichtet werden, nur daß der Überschuß jetzt in die Staatskasse floß. Zahlreiche Pachtbauern fanden ihre Lords noch brutaler als jene Äbte, die Carlyle viel später in *Past and Present* (Vergangenheit und Gegenwart) idealisierte. «Aus dem sozialen Blickwinkel gesehen», schrieb William Cobbett, «war die englische Reformation in Wirklichkeit ein Aufstand der Reichen gegen die Armen.» Zeitgenössische Unterlagen über Löhne und Preise beweisen, daß die Arbeiter in Stadt und Land bei Heinrichs Thronbesteigung besser daran waren als bei seinem Tod.

Auch unter dem moralischen Blickwinkel läßt sich nichts Gutes über seine Regierung sagen. Seine Hemmungslosigkeit in der Liebe, die Gefühllosigkeit, mit der er eine Frau enthauptete und das Bett der nächsten bestieg, seine berechnende Grausamkeit, seine betrügerischen Finanzmethoden, seine Habgier: Da alles bot der Nation kein gutes Beispiel. Bei Hof herrschten Korruption und Intrigen; Hoch- und Landadel wetteiferten mit dem König, Kirchenvermögen an sich zu reißen; Fabrikanten beuteten ihre Arbeiter aus und wurden ihrerseits vom König ausgebeutet. Nachlassende Mildtätigkeit und terrorisierte Unterwürfigkeit unter den Willen eines selbstsüchtigen Autokraten vervollständigen das Bild der Zeit, dem lediglich der Opfermut der Märtyrer beider Bekenntnisse eine etwas hellere Tönung verleiht; aber Fisher und Morus, die edelsten unter ihnen, waren selber Verfolger gewesen.

Auf lange Sicht haben jene bitteren Jahre dennoch einige gute Früchte getragen. Die Reformation mußte kommen; dessen müssen wir uns immer wieder bewußt sein, wenn wir uns mit dem «verruchten» Jahrhundert befassen, das sie gebar. Der Bruch mit der Vergangenheit war jäh und schmerzlich, doch konnte nur ein brutaler Schlag ihre Gewalt über die Geister und Gemüter bannen. Als die Wunde allmählich vernarbte, wandelte sich der Geist des Nationalismus, der anfänglich dem Despotismus Vorschub geleistet hatte, zu einer schöpferischen Kraft. Die Ausschaltung des Heiligen Stuhls aus dem englischen Leben überantwortete das Volk eine Zeitlang der Willkür der Krone, zwang es aber auf lange Sicht, sich auf die eigene Kraft zu verlassen, wenn es dem Herrscher seine Schranken weisen wollte. Von Jahrzehnt zu Jahrzehnt errang es ein größeres Maß an Freiheit und Selbstverwaltung, wie es seinem jeweiligen Reifezustand entsprach. Die Staatsgewalt konnte nicht immer so kraftvoll bleiben wie unter Heinrich dem Schrecklichen; unter dem kränkelnden Sohn und der verbitterten Tochter verlor sie ihre stählerne Härte und erlaubte schließlich unter einer wankelmütigen, aber triumphierenden Königin der Nation einen Ausbruch überschäumender Lebensfreude, die sie zur geistigen Vormacht Europas emporhob. Elisabeth und Shakespeare hätten vielleicht nicht sein können, wäre England nicht von seinem stärksten und bösesten König der Freiheit entgegengeführt worden.

# ELFTES KAPITEL

# *Eduard VI. und Maria Tudor*

[1547–1558]

## I. DAS PROTEKTORAT SOMERSET: 1547–1549

VIER Jahre, bevor er zehnjährig den Thron bestieg, ist der damals sechsjährige König Eduard VI. in einem der rührendsten Porträts festgehalten: ein mit Federn geschmücktes Barett, rotes Haar, hermelinbesetztes Cape und ein so weiches, nachdenkliches Gesichtchen, daß wir ihn ganz für Jane Seymour ohne einen Einschlag des Vaters halten können. Seine übergroße Zartheit mag ein Erbteil von der Mutter her gewesen sein, die sein Dasein mit ihrem Leben bezahlte; und er starb, bevor er das regierungsfähige Alter erreichte. Nichtsdestoweniger widmete er sich voller Eifer den seiner Stellung entsprechenden Studien: Sprachen, Geographie, Kriegführung, Verwaltung, und beobachtete, soweit er es überblicken konnte, das Geschehen im Staat. Dabei entwickelte er gegen alle, außer gegen widerspenstige Katholiken, eine solche Güte und Freundlichkeit, daß die Engländer das Gefühl hatten, ein Ungeheuer begraben und einen Heiligen gekrönt zu haben. Von Cranmer zu einem glühenden Protestanten erzogen, mißbilligte er trotzdem die strenge Bestrafung von Ketzern; daß seine katholische Halbschwester Maria die Messe hörte, beunruhigte ihn freilich sehr, da ihm dies als ein gotteslästerlicher Götzendienst erschien. Die Ernennung seines Onkels Eduard Seymour – bald darauf Herzog von Somerset – durch den Kronrat hieß er wegen dessen protestantischer Neigungen willkommen.

Somerset war intelligent und mutig und, wenn auch nicht ganz unbestechlich, so doch für seine Zeit von ungewöhnlicher Ehrlichkeit. Gut aussehend, liebenswürdig und großzügig, beschämte er den feigen und eigensüchtigen Adel, der ihm alles – außer seiner Sympathie für die unteren Stände – verzieh. Den Absolutismus der beiden letzten Heinriche aus eigenem Antrieb zurückschraubend, gestattete er freiere Meinungsäußerung, entkleidete er eine Reihe von Handlungen ihres hochverräterischen Charakters, forderte er zwingenderes Beweismaterial für gerichtliche Schuldsprüche, gab er den Witwen der wegen politischer Vergehen Hingerichteten ihre Mitgift zurück und hob er die drückendsten religiösen Unterdrückungsmaßnahmen auf. Zwar blieb der König das Oberhaupt der Kirche, und auch Schmähung des Abendmahls blieb strafbar; aber das gleiche Gesetz erhob Englisch zur Sprache des Gottesdienstes, erlaubte die Verabreichung des Laienabendmahls in beiderlei Form, annullierte das Dogma vom Fegefeuer und verbot Seelenmessen. Die auf den Kontinent geflohenen englischen Protestanten kehrten, von Luther, Zwingli und Calvin befruchtet, nach Hause zurück; ausländische

Reformatoren strömten, vom Hauch der neuen Freiheit angezogen, zur Verkündigung ihrer diversen Evangelien auf die gequälte Insel. Aus Straßburg kamen Peter Martyr Vermigli und Martin Butzer, aus Augsburg kam Bernhard Ochino, aus Emden Jan Laski, und es kamen Wiedertäufer und Unitarier, deren ketzerische Predigten die englischen Katholiken und Protestanten gleicherweise entsetzten. Nicholas Ridley, Rektor des Pembroke College zu Cambridge, prangerte Heiligenbilder und geweihtes Wasser mit machtvollen Worten als unchristlich an; bilderfeindliche Haufen stürmten die Londoner Kirchen und entfernten Kruzifixe, Bilder und Statuen, und zu allem Überfluß «aß [Erzbischof Cranmer] in der Fastenzeit in aller Öffentlichkeit Fleisch, desgleichen in England, seit es ein christliches Land ist, nie gesehen worden ist». Dem Kronrat ging diese Neuerung zu weit, aber Somerset deckte den Erzbischof und gab der Reform freie Bahn. Von ihm geführt, befahl das Parlament, sämtliche Propheten-, Apostel- und Heiligendarstellungen an Kirchenwänden und Fenstern zu vernichten, «so daß keine Erinnerung daran verbleibt» (1547). Fast alle schönen Glasmalereien und Bildwerke wurden zerschlagen; an die Stelle der Kruzifixe traten königliche Wappen, und weißgetünchte Mauern und gewöhnliches Fensterglas nahmen dem englischen Kult die Farbe. In den Kirchsprengeln setzte ein Wettrennen nach den silbernen und goldenen Kirchengefäßen ein, bis der Staat die Reste konfiszierte (1551). Mit knapper Not blieben die großartigen mittelalterlichen Dome erhalten.

Spiritus rector dieser Umwälzung war Erzbischof Cranmer; die Bischöfe von London und Winchester, Edmund Bonner und Stephen Gardiner, waren ihre prominentesten Gegner; beide landeten auf Betreiben Cranmers im Fleet*. Unterdessen hatte sich der Erzbischof seit Jahren bemüht, ein Buch zu schaffen, das sowohl das Missale als auch das Brevier der besiegten Kirche ersetzen sollte. Dieses *First Book of Common Prayer* (Erstes allgemeines Gebetbuch) war trotz der Mitarbeit Peter Martyrs und anderer Gelehrter im wesentlichen Cranmers Geistesprodukt, darin sich die Glut eines neuen Glaubens mit einem feinen Empfinden für Schönheit und Sprache verband; sogar die Texte aus dem Lateinischen durchweht ein genialer Hauch. Das Buch war nicht in allem revolutionär; in manchen Punkten hielt es sich an Luther, so etwa in der Ablehnung der Messe als eines Sakramentes; hingegen schwieg es sich über die Transsubstantiation aus, im übrigen behielt es einen großen Teil des katholischen Rituals bei und konnte von einem weitherzigen Anhänger Roms gerade noch akzeptiert werden. Cranmer unterbreitete es nicht der Kirchensynode, sondern dem Parlament, und dieses weltliche Gremium machte sich wenig Skrupel über seine Befugnis, Glauben und Ritual zu diktieren. Es erklärte das Buch zum königlichen Gesetz und befahl dem Klerus seine Benutzung. Bonner und Gardiner, auf Grund einer allgemeinen Amnestie aus der Haft entlassen, bestritten jedoch dem Parlament das Recht der Gesetzgebung über geistliche Angelegenheiten und wurden neuerdings eingekerkert. Nur Prinzessin Maria durfte in der Abgeschiedenheit ihrer Gemächer die Messe hören.

---

* Ein Londoner Gefängnis, das wegen seiner Nähe zum Fleet, einem jetzt überbauten Nebenfluß der Themse, nach diesem benannt ist.

Eine akute äußere Gefahr bannte eine Zeitlang die heftige religiöse Fehde. Heinrich II. von Frankreich forderte die Räumung Boulognes; als er einen abschlägigen Bescheid erhielt, schickte er sich zur Belagerung an; und Maria Stuart, die fünfjährige, in Frankreich lebende Königin der Schotten, konnte jeden Augenblick seine Partei ergreifen. Somerset, über die von Schottland aus in Irland betriebene Hetze zur Revolte und über schottische Waffenlieferungen an die Iren erbost, überschritt an der Spitze eines Heeres die englisch-schottische Grenze und siegte bei Pinkie Cleugh (10. September 1547). Auf den Sieg ließ er ein ungewöhnlich großzügiges und weitsichtiges Friedensangebot folgen: Verschmelzung Englands und Schottlands zu einem einzigen «Reich Großbritannien»; Selbstregierung beider Nationen nach eigenen Gesetzen und Übergang der Krone nach dem Aussterben des Hauses Tudor auf die legitimen Erben Maria Stuarts. Die Union kam 1603 in ebendieser Form zustande; 1547 hätte sie jedoch eine Restauration des Katholizismus in England und dessen Fortbestand in Schottland erleichtert. Die schottischen Katholiken lehnten aber das Angebot ab, weil sie fürchteten, der englische Protestantismus könne in ihr eigenes Land eindringen; außerdem gewährte Frankreich dem schottischen Adel Pensionen, und der Spatz in der Hand schien ihm wertvoller als die Taube auf dem Dach.

In seinen Bemühungen zur Aufrechterhaltung des Friedens erfolglos, einen Krieg mit Frankreich vor Augen, vergebens bemüht, zwei kompromißlose Glaubensbekenntnisse zu einem Kompromiß zu bewegen, von Revolten der bäuerlichen Bevölkerung beunruhigt, kostete Somerset den bitteren Kelch der Macht bis zum letzten Tropfen, als sein eigener Bruder ihn zu verdrängen versuchte. Thomas Seymour, unzufrieden mit seiner Würde als Mitglied des Kronrats und seinem Rang als Lordadmiral der Flotte, wollte König werden und bewarb sich nacheinander um Maria und Elisabeth. Mit Hilfe von Schmiergeldern der an der Kanalküste hausenden Piraten, vor deren Unwesen er ein Auge zudrückte, und von Gold, das aus der Münzstätte gestohlen war, legte er geheime Waffen- und Vorratslager an. Das Komplott wurde entdeckt; von den Grafen Warwick und Southampton angeklagt, verurteilten ihn beide Häuser des Parlaments beinahe einstimmig zum Tode; am 20. März 1549 wurde das Urteil vollstreckt. Vergeblich versuchte Somerset, ihn zu retten; mit dem Kopf des Bruders fiel auch sein eigenes Prestige.

Der Aufstand Kets besiegelte seinen Ruin. Die Bewegung illustrierte den scheinbaren Widerspruch, daß bäuerliche Revolten in England eine katholische, in Deutschland eine protestantische Tendenz zeigten; aber hier wie dort diente der Glauben lediglich als Aushängeschild für die soziale Unzufriedenheit, und im jetzt protestantisch regierten England war es logischerweise katholisch. «Für die ländliche Armut wirkte sich die Reformation in der Hauptsache in einer Verstärkung der persönlichen Notlage aus», schrieb der Protestant Froude. Daß die damaligen protestantischen Doktoren der Gottesgelahrtheit – Cranmer, Latimer, Lever, Crowley – die verschärfte Ausbeutung der Landbevölkerung verurteilten, gereicht ihnen zur Ehre; Somerset selbst bezeichnete, ehrlich entrüstet, die unerbittlichen Forderungen der neuen Grundbesitzer als «dem Dunghaufen» städtischen Reichtums entsprungen. Dem Parlament fiel nichts

Klügeres ein, als Bettelei mit drakonischen Strafen zu bedrohen und den Kirchen eine wöchentliche Kollekte für die Armen vorzuschreiben. Somerset suchte sich durch Kommissare Unterlagen über Landeinfriedungen und Pachtzinse zu verschaffen; die Grundbesitzer leisteten jedoch offenen oder versteckten Widerstand und zwangen die Pächter durch Drohungen, ihre Nöte zu verschweigen; und am Ende verwarf das Parlament, in dem Kleingrundbesitzer das flache Land vertraten, sogar die bescheidenen Anregungen der Kommission. Somerset richtete in seinem Hause eine private Kanzlei zur Entgegennahme der Klagen der Armen ein. Unter der Führung John Dudleys, des Grafen von Warwick, verbündete sich eine wachsende Zahl von Grundbesitzern zu seinem Sturz.

Doch nun erhoben sich die malträtierten und von den Gerichten abgewiesenen Bauern von einem Ende Englands bis zum anderen in erbitterter Wut. Somersetshire machte den Anfang, es folgten Wiltshire, Gloucestershire, Dorset und Hampshire, Berkshire, Oxford und Buckingham, im Westen Cornwall und Devon, im Osten Norfolk und Kent. In Norwich brachte ein Kleingrundbesitzer, Robert Ket, Ordnung in die rebellierenden Massen, riß die Gewalt an sich und organisierte eine Bauernkommune, die einen vollen Monat die Stadt und ihr Hinterland beherrschte. Nördlich der Stadt, auf dem Mousehold Hill, wo seine 16000 Rebellen lagerten, hielt er, unter einer Eiche sitzend, Tag für Tag über die von den Bauern festgenommenen fehlbaren Grundbesitzer Gericht. Da er kein blutrünstiger Charakter war, begnügte er sich damit, die von ihm schuldig Befundenen einsperren und füttern zu lassen. Für verbriefte Eigentumsrechte zeigte er hingegen wenig Respekt; die von ihm nach allen Seiten ausgesandten Trupps erzwangen sich den Eintritt in die Herrenhäuser und sammelten, was an Waffen, Vieh und Lebensmitteln greifbar war, zugunsten der Kommune ein. Schafe – «diese Diebe bäuerlichen Ackerlands» – requirierten sie an die zwanzigtausend, aber auch «zahllose Rinder», Schweine, Hirsche, Gänse und Enten verschwanden in den unersättlichen Mägen. Trotz dieser «Völlerei» verstand es Ket, die Leute in der Hand zu behalten; er gestattete sogar den Pfarrern, sie zur Rückkehr in ihre Heime aufzufordern. Somerset brachte der Bewegung zwar große Sympathie entgegen, schloß sich aber trotzdem Warwicks Auffassung an, daß sie, wenn der Staat nicht aus den Fugen gehen sollte, unterdrückt werden müsse. Warwick erhielt den Oberbefehl über eine erst kürzlich für den Krieg in Frankreich zusammengezogene Streitmacht, marschierte mit ihr nach Norwich und bot den Rebellen, falls sie auseinandergingen, Generalpardon an. Ket riet zur Annahme, aber einige Hitzköpfe drängten zur Schlacht, und Ket gab nach. Warwicks überlegene Taktik siegte, 3500 Bauern deckten den Kampfplatz, der Rest ergab sich (17. August 1549). Der Sieger zeigte sich gnädig und ließ lediglich neun Mann aufknüpfen; Ket wurde zusammen mit seinem Bruder nach London geschafft. Als sie von der Niederlage erfuhren, verloren die übrigen Haufen den Mut; einer nach dem anderen lieferte gegen Zusicherung der Begnadigung seine Waffen aus. Somersets Einfluß setzte die Freilassung der meisten Rädelsführer durch; sogar die Brüder Ket durften noch eine Weile leben.

Dem Reichsprotektor wurde vorgeworfen, durch seine Sympathie für die Armen die Aufstandsbewegung begünstigt und eine schlechte Außenpolitik geführt zu haben, denn mittlerweile belagerten die Franzosen Boulogne. Berechtigter waren andere Vorwürfe: daß er in den Ämtern habe Korruption einreißen lassen, daß er das Geld neuerdings abgewertet habe, daß er sich bereichert und das kostspielige Somerset-Haus gebaut habe, daß die Staatskasse vor dem Bankrott stehe. Warwick und Southampton bereiteten seinen Sturz vor; eine Peersmehrheit, die ihm wohl den Reichtum, nicht aber sein Mitgefühl für die Armen verzeihen konnte, benutzte die Gelegenheit, ihren Mißmut abzureagieren. Am 12. Oktober 1549 schleppte man den Herzog von Somerset als Häftling durch die Londoner Straßen zum Tower.

## II. DAS PROTEKTORAT WARWICK: 1549–1553

Somersets Feinde zeigten sich für damalige Begriffe sehr nachsichtig. Nachdem sie ihm den während seiner Regentschaft erzielten Vermögenszuwachs wieder abgenommen hatten, setzten sie ihn schon am 6. Februar 1550 wieder in Freiheit, und im Mai kehrte er in den Kronrat zurück. Der neue Reichsprotektor hieß freilich Warwick.

Er war ein Machiavellist. Persönlich zum Katholizismus neigend, schlug er einen protestantischen Kurs ein, nur weil die Mehrheit seiner Standesgenossen aus materiellen Gründen das neue Bekenntnis bevorzugte und sein Hauptrivale Somerset der anerkannte Führer der katholischen Partei war. Da er als erfahrener Kriegsmann wußte, daß das verarmte Volk und der beinahe bankrotte Staat nicht in der Lage waren, Boulogne gegen die Hilfsmittel des doppelt so reichen Frankreich zu halten, lieferte er in einem schimpflichen, aber nicht vermeidbaren Frieden die Stadt Heinrich II. aus.

In dem von adligen und bürgerlichen Grundbesitzern beherrschten Parlament fand der Bauernaufstand ein tragisches Nachspiel (1549). Die Einzäunung der Schafweiden wurde gesetzlich sanktioniert; die von Somerset auf Schafe und Wolle verfügten Steuern, die die Schafzucht unprofitabel gemacht hatten, wurden aufgehoben, den Landarbeitern wurde gemeinsames Vorgehen zur Erzielung höherer Löhne bei strengster Strafe untersagt, und schon die Teilnahme an Versammlungen zur Diskussion über Pachtzinse und Preise zog Vermögenskonfiskation nach sich. Die Brüder Ket endeten am Galgen. Die Armut wuchs, aber die Armenhäuser, die der religiösen Umwälzung zum Opfer gefallen waren, wurden nicht ersetzt. Krankheiten grassierten, aber die Spitäler blieben geschlossen. Die Menschen hungerten, aber das Geld wurde abermals abgewertet, und die Preise stiegen. Die einstmals so kraftbewußten Freisassen gingen zugrunde, die Ärmsten der Armen vertierten.

Das religiöse Chaos hielt mit dem wirtschaftlichen Schritt. Wohl war die Mehrheit der Bevölkerung im Herzen immer noch katholisch, aber Warwicks Erfolg über Southampton hatte sie ihres Führers beraubt, und sie empfanden die Schwäche derer, die die Vergangenheit verteidigten. Der Zusammenburch der geistlichen und moralischen Autorität des Klerus gebar im Verein mit der schwankenden und korrupten Staatsgewalt einen Hexenkessel von Ketzereien, der Katholiken wie Protestanten erschreckte. Bei John Clement lesen wir (1556) von einem «wunderlichen Haufen von

Sektierern, die allerorten herumschwärmen, nicht nur Papisten ... sondern auch Arianer, Wiedertäufer und sonstige Ketzer ... die einen leugnen die Göttlichkeit des Heiligen Geistes, einige bestreiten den Sündenfall, einige verneinen die Vorherbestimmung ... zahllos die anderen, zu viele, um genannt zu werden». Roger Hutchinson schrieb (ca. 1550): «Es gibt Sadduzäer und Libertinisten [Freidenker], die sagen, der Teufel ... sei nichts ... als eine gemeine Besessenheit des Fleisches ... daß es nach diesem Leben weder einen Ort des Friedens noch des Schmerzes gibt, daß die Hölle nichts anderes ist als ein gequältes, verzweifeltes Gewissen und daß ein ruhiges, heiteres, fröhliches Gewissen der Himmel ist.» Von John Hooper, dem protestantischen Bischof von Gloucester, hören wir: «Es gibt welche, die behaupten, daß der Mensch keine bessere Seele besitzt als ein Tier und daß sie vergänglich und sterblich ist. Es gibt Lumpen, die es wagen, in ihren Konventikeln nicht nur die Erlöserkraft des Heilands zu leugnen, sondern den göttlichen Sohn einen Unruhestifer und Schwindler zu nennen.»

Übereifrige Protestanten beuteten die von Somerset gewährte Freiheit zur schamlosen Verhöhnung des alten Bekenntnisses aus. In Oxford parodierten Studenten die Messe, zerfetzten die Missale und zertrampelten die aus den Tabernakeln gerissenen Hostien. In London bedachten protestantische Prediger die katholischen Amtsbrüder mit Ausdrücken wie «Zuhälter der Hure Babylon», worunter die Kurie zu verstehen war. Die Paulskirche diente Geschäftsleuten zur Abwicklung ihrer Geschäfte und jugendlichen Raufbolden zum Austrag tödlicher Duelle. Inzwischen hatte sich der Reichsprotektor für einen klaren protestantischen Kurs entschieden. In die Bistümer zogen Reformer ein, die häufig genug den Höflingen, die ihre Kandidatur unterstützt hatten, einen Teil der bischöflichen Residenz überließen. 1550 befahl das Parlament die Entfernung sämtlichen Bildwerks aus den Kirchen, nur «die Monumentalfiguren solcher Könige und Lords, die nie als Heilige verehrt worden sind», waren ausgenommen; alle Andachtsbücher außer dem Cranmerschen mußten vernichtet werden. Meßgewänder, Chorröcke und Altardecken wurden verschenkt oder billig verkauft und zierten nach kurzer Zeit die Herrenhäuser. Was sich nach 1550 an silbernen Gefäßen in den Kirchen befand, zog ein Dekret des Kronrats zugunsten der Staatskasse ein; später sprach ihr das Parlament sogar die Münzen in den kirchlichen Armensammelbüchsen zu. Eine weitere Geldquelle entdeckten die Funktionäre des Schatzamtes in der Konfiskation der Stipendienfonds und der Aufhebung der staatlich finanzierten Lehrstühle, die Heinrich VIII. gegründet hatte. Ein Parlamentsbeschluß empfahl der Geistlichkeit, auf die Ehe zu verzichten; wer jedoch Enthaltsamkeit allzu schwer erträglich finde, solle heiraten (1552).

Die Ketzerverfolgung, so lange Zeit ein katholisches Privileg, trieb jetzt im protestantischen England, in der reformierten Schweiz und im lutherischen Deutschland wunderliche Blüten. Cranmer stellte eine Liste der todeswürdigen Ketzereien zusammen; darauf figurierten die Bejahung der leiblichen Gegenwart Christi beim Abendmahl oder der geistlichen Autorität des Heiligen Stuhls, die Bestreitung der Doppelnatur Christi, der Rechtfertigung aus dem Glauben und der göttlichen Offenbarung des Alten Testaments. Weil sie nicht an die Fleischwerdung glaubte, bestieg Joan Bocher aus Kent den Scheiterhaufen (1550). Dem protestantischen Bischof von London, Ridley, der sie zum Widerruf zu bewegen versuchte, antwortete sie: «Vor nicht langer Zeit habt ihr Anne Askew wegen eines Stückchens Brot [d. h. wegen Bestreitung der Transsubstantiation] verbrannt; jetzt glaubt ihr an das, weswegen ihr sie verbrannt habt; und ich soll jetzt wegen ein wenig Fleisch verbrannt werden [eine Anspielung auf das Johannesevangelium ‚das Wort wurde Fleisch'], und am Ende werdet ihr auch das glauben.» Immerhin endeten unter Eduard nur zwei Personen in den Flammen; aber viele Katholiken wurden wegen des Besuches der Messe oder wegen öffentlicher Kritik an der dekretierten Rechtgläubigkeit eingesperrt. Halsstarrige katholische Geistliche enthob man ihres Amtes; einige von ihnen kamen in den Tower, wo sich Bischof Gardiner immer noch befand. Man bot ihm Freilassung an, falls er im reformierten Sinn predige; als er ablehnte, warf man ihn in «ein minderes Gelaß» und entzog ihm Bücher, Tinte und Papier. Das 1552 von Cranmer veröffentlichte *Second Book of Common Prayer* (Zweites allgemeines Gebetbuch) verneinte die leibhaftige Gegenwart, überging das Sakrament der Letzten Ölung und atmete auch sonst einen entschiedeneren protestantischen Geist. Ein vom Parlament erlassenes zweites Uniformitätsgesetz machte den regelmäßigen und alleinigen Besuch des auf Cranmers Gebetbuch fußenden Gottesdiensts obligatorisch; bei dreimaligem Verstoß gegen das Gesetz drohte der Tod. 1553 erklärte der Kronrat zweiundvierzig von Cranmer aufgesetzte «Religiöse Artikel» für das ganze Land verbindlich.

Während Rechtgläubigkeit und Tugend dermaßen gesetzlich verankert wurden, zeichnete sich das Protektorat Warwick in einem korrupten Zeitalter durch Korruption aus, was den leicht beeinflußbaren jungen König freilich nicht hinderte, den Protektor zum Herzog von Northumberland zu erheben (4. Oktober 1551). Nur wenige Tage später glich der neue Herzog einen Akt der politischen Großmut – Somersets Freilassung – aus, indem er seinen Vorgänger beschuldigte, die Rückkehr zur Macht betrieben zu haben. Somerset wurde verhaftet, vor Gericht gestellt und – hauptsächlich auf Grund der Aussagen Sir Thomas Palmers – verurteilt; man fälschte eine königliche Kabinettsorder, die seine Hinrichtung verlangte, und am 22. Januar 1552 ging Somerset mutig und gefaßt in den Tod. Als Northumberland seinerseits das Blutgerüst bestieg, gestand er, Somerset fälschlich angeklagt zu haben; und auch Palmer beichtete vor seinem Tod, daß er das von Northumberland fabrizierte Beweismaterial meineidig beschworen habe.

Nur selten haben die Engländer eine Regierung so gehaßt. Der protestantische Klerus, anfänglich dankbar für die ihm vom Protektor gewährte Protektion, wandte sich mit Abscheu ab, als dessen Verbrechen immer größer wurden. König Eduard siechte hoffnungslos dahin; falls er kinderlos starb, erbte nach Parlamentsbeschluß Maria Tudor den Thron, und es war vorauszusehen, daß sie als Königin an allen, die Englands Loslösung von Rom gefördert hatten, Rache nehmen würde. Northumberland fühlte sich seines Lebens nicht mehr sicher; seine einzige Hoffnung gründete sich darauf, daß der König Wachs in seinen Händen war. Er überredete den Sterbenden, die Krone testamentarisch auf seine Schwiegertochter Jane Grey, eine Tochter des Herzogs von Suffolk und Enkelin der Schwester Heinrichs VIII., zu übertragen. Aber Eduard besaß nicht wie sein Vater die Genehmigung des Parlaments, die Nachfolge selbst zu bestimmen; ganz England betrachtete die Thronbesteigung Marias unvermeidlich und gesetzmäßig; und sogar Lady Jane wehrte sich entschieden gegen die ihr zugedachte Rolle. Sie war eine Frau von ungewöhnlicher Bildung, schrieb Griechisch, lernte Hebräisch und korrespondierte mit Bullinger in einem Latein, das ebenso gut war wie seines. Sie war keine Heilige, äußerte sich gelegentlich recht abfällig über die Katholiken und bespöttelte die Transsubstantiationslehre; doch sündigte sie weniger, als an ihr gesündigt wurde. Anfänglich hielt sie den Plan des Schwiegervaters für einen kühnen Scherz; doch als ihre Schwiegermutter heftig in sie drang, protestierte sie nicht minder heftig. Schließlich fügte sie sich dem kategorischen Befehl ihres Mannes; sie wolle, wie sie sagte, «ihm nicht ungehorsam sein». Northumberland, der bereits die Festnahme der prominentesten Parteigänger Marias plante, beabsichtigte sogar, diese im Tower einzuquartieren, wo er ihr Fügsamkeit beizubringen hoffte.

In den ersten Julitagen ging es dem jungen König zusehends schlechter. Er hustete Blut, die Beine schwollen schmerzhaft an, am ganzen Körper bildeten sich Geschwüre; Haar und Nägel fielen aus. Niemand vermochte die sonderbare Erkrankung zu benennen; vielfach wurde vermutet, Northumberland habe mit Gift nachgeholfen. Nach qualvollem Leiden starb Eduard am 6. Juli 1553, erst fünfzehn Jahre alt; zu jung, um für die in seinem Namen begangenen Verbrechen verantwortlich zu sein.

Am Morgen des 7. ritt Northumberland nach Hunsdon, um sich der Prinzessin zu bemächtigen. Sie war jedoch gewarnt worden und zu katholischen Freunden nach Suffolk geflohen, so daß er mit leeren Händen heimreiten mußte. Mit Versprechen, Drohungen und Bestechung setzte er im Kronrat dennoch die Proklamation Jane Greys zur Königin durch. Als sie es erfuhr, wurde sie ohnmächtig, und als sie zu sich kam, erklärte sie erneut, sich der gefahrvollen Ehre nicht gewachsen zu fühlen. Ihre Angehörigen gaben jedoch nicht nach; wie sie sagten, hing ihrer aller Leben davon ab, daß sie annehme, und am 9. Juli willigte sie widerstrebend ein, sich als Englands Königin zu betrachten.

Aber schon am 10. Juli erreichte London die Nachricht, daß sich Maria zur Königin ausgerufen und der nordenglische Adel zu den Waffen gegriffen habe; eine Streitmacht nähere sich bereits der Hauptstadt. Northumberland raffte an Truppen zusammen, was er in der Eile auftreiben konnte, um sein Glück in der Schlacht zu versuchen. Aber in Bury kündigte man ihm den Gehorsam; man werde keinen Schritt mehr gegen die legitime Königin tun. Seinen Verbrechen die Krone aufsetzend, entsandte Northumberland seinen Bruder zu Heinrich II. mit dem Auftrag, diesen mit Gold, Juwelen und dem Angebot von Calais und Guines zu einem Einfall in England zu bewegen. Der Kronrat bekam Wind von der Sache, fing den Sendboten ab, wechselte prompt die Partei, und der Herzog von Suffolk begab sich in Janes Gemächer, um sie vom Ende ihrer zehntägigen Regierung zu unterrichten. Sie nahm die Mitteilung freudig auf und erkundigte sich ahnungslos, ob sie heimgehen dürfe; aber der gleiche Kronrat, der ihr Treue gelobt hatte, verfügte ihre Einkerkerung im Tower. Alsbald fand sich auch Northumberland dort ein, um Begnadigung betend, aber den Tod erwartend. In ganz

England riefen Herolde Marias Thronbesteigung aus; die Nachricht löste einen Freudentaumel aus, Glocken läuteten und Freudenfeuer brannten die ganze Nacht. Tische wurden ins Freie getragen, und man schmauste und tanzte auf den Straßen.

Die Nation bedauerte offenbar die Loslösung von Rom und blickte mit Sehnsucht auf eine Vergangenheit zurück, die man idealisierte, da sie endgültig entschwunden schien. England hatte die Reformation ja nur von ihrer bittersten Seite kennengelernt: statt der Befreiung von Dogma, Tyrannei und Inquisition verschärfter Gewissenszwang, statt Ausbreitung des Wissens ausgeraubte Universitäten und geschlossene Schulen, statt größerer Nächstenliebe armselige Wohltätigkeit, statt Milderung der Armut unbarmherzige Ausbeutung, wie sie England seit Jahrhunderten, ja vielleicht überhaupt nie gesehen hatte. Jeder Umsturz, der Northumberland und seine Parteigänger ausschaltete, war willkommen. Und Prinzessin Maria, die in zweiundzwanzig Jahren der Demütigung die geheime Liebe des Volkes gewonnen hatte – diese geprüfte Frau mußte ja eine gütige Königin werden.

## III. DIE GÜTIGE KÖNIGIN: 1553–1554

Um sie zu verstehen, müßten wir ihre tragische Jugend kennen, in der ihr wohl kaum ein Augenblick des Glücks geschenkt war. Sie war noch keine zwei Jahre alt, als ihr Vater sich Mätressen zuwandte und die trauernde Mutter vernachlässigte (1518); sie war acht, als er die Annullierung der Ehe verlangte, fünfzehn, als er die Königin verstieß und Mutter und Tochter an getrennten Orten in Verbannung leben mußten. Nicht einmal die sterbende Mutter durfte die Tochter besuchen. Nach Elisabeths Geburt (1533) erklärte man sie zum Bastard und nahm ihr den Rang einer Prinzessin. Der kaiserliche Gesandte meldete, er fürchte, Anna Boleyn trachte der Rivalin ihrer Tochter nach dem Leben. In Hatfield, wo Elisabeth einquartiert wurde, mußte Maria der jüngeren Halbschwester zu Diensten stehen und «im schlechtesten Gemach des Hauses» wohnen. Das Gesinde, das sie mitgebracht hatte, ersetzte Miss Shelton durch ihre eigenen Kreaturen; und einmal ließ sich die genannte Dame zu dem Ausspruch hinreißen: «Wäre ich an des Königs Stelle, würde ich ein so widerspenstiges Geschöpf aus meinem Haushalt werfen»; ein andermal schreckte sie Maria mit der Behauptung, der König wolle sie enthaupten lassen. Jener ganze erste Hatfielder Winter (1534) war so mit Demütigungen und Ängsten angefüllt, daß die junge Prinzessin körperlich und geistig einem willkommenen Tod nahe war. In späteren Jahren lenkte der König ein und bedachte sie mit spärlicher Zuneigung, so daß sie sich allmählich sicherer fühlte. Für diese herbe königliche Gunst hatte sie allerdings einen hohen Preis zu entrichten: sie mußte mit ihrer Unterschrift den Vater als Oberhaupt der englischen Kirche, die blutschänderische Ungültigkeit der Ehe ihrer Mutter und ihre eigene illegitime Geburt anerkennen.

Ihr Nervensystem litt unter diesen Erlebnissen, sie blieb bis an ihr Ende anfällig, und «es befielen sie Herzschwächen». Ihre Lebensgeister hoben sich, als ein Parlament des Somerset-Protektorats ihre Thronfolge gesetzlich verankerte. Ihr katholisches Bekenntnis bereitete ihr dennoch Schwierigkeiten; sie stand bereits an der Schwelle der Macht, als der Kronrat ihr zumutete, auf die Messe in ihren Gemächern zu verzichten (1549); sie wies die Forderung zurück, denn sie war mit spanischem Fanatismus erzogen und von der Mutter im Leben und Tod im Glauben bestärkt worden; zudem war ihr in ihrer Leidenszeit aus ihrer Gläubigkeit viel Trost und Zuversicht erwachsen. Somerset drückte ein Auge zu; dann stürzte er, und der König bestätigte die Order des Kronrats. Drei ihrer Getreuen wanderten wegen Zuwiderhandlung in den Tower (1551); der Priester, der die Messe für sie zelebrierte, wurde ihr genommen; und am Ende fügte sie sich in den Verzicht auf das geliebte Ritual. Völlig gebrochen, bat sie den kaiserlichen Gesandten, ihr zur Flucht auf den Kontinent zu verhelfen. Der vorsichtige Kaiser wollte jedoch nichts davon wissen.

Die Stunde ihres Triumphes kam, als sich niemand für Northumberland schlagen wollte, während man für sie zu den Waffen griff, ohne nach einer Entschädigung zu fragen; ihr Zuzug verproviantierte sich selbst und finanzierte den Feldzug aus eigenen Mitteln. Als sie am 3. August 1553 in London einzog, hieß sogar diese halbprotestantische Stadt sie fast einstimmig willkommen. Eine bangende Elisabeth erwartete sie am Stadttor; die Prinzessin konnte nicht wissen, ob ihr Maria die Unbill nachtrug, die ihr in ihrem Namen zugefügt worden war. Aber Maria zog sie herzlich an sich und küßte alle Damen ihres Gefolges. England war so glücklich wie damals, als Heinrich VIII., jung und stattlich und warmherzig, den Thron bestieg.

Maria war jetzt siebenunddreißig; die unbarmherzige Zeit hatte sie bereits mit Merkmalen des Alters gezeichnet. Seit sie erwachsen war, hatte sie sich kaum je völlig gesund gefühlt; sie litt an Wassersucht, Magenbeschwerden und einem bohrenden Kopfschmerz; die Aderlässe, womit sie behandelt wurde, ließen sie blaß und nervös zurück; und da ihre Regel wiederholt ausblieb, befürchtete sie mit hysterischer Kümmernis, kinderlos zu bleiben. Zur Zeit ihrer Krönung war sie von erschreckender Magerkeit und Schwäche; über der gefurchten Stirn wölbte sich weiß durchschossenes, rötliches Haar; ihre Augen waren so schlecht, daß sie Geschriebenes nur aus nächster Nähe lesen konnte. Ihre Stimme war tief wie die eines Mannes, und auch ihre Züge schienen eher männlich; die Natur hatte sie mit allen weiblichen Gebresten, aber wenig fraulichen Reizen ausgestattet. Sie besaß einige Fertigkeiten, sprach Spanisch, Italienisch, Französisch und Lateinisch, blies die Flöte und strickte und stickte mit Geschick. Hätte nicht der Fluch der königlichen Macht und des religiösen Fanatismus auf ihr gelegen, wäre sie eine gute Frau gewesen. Ihr Freimut grenzte an Einfalt, sie war unfähig zu jeder Diplomatie und ersehnte nichts so sehr, wie zu lieben und geliebt zu werden. Im Zorn drückte sie sich nicht gerade gewählt aus, und manchmal war sie eigensinnig, nie aber stolz; im Bewußtsein ihrer geistigen Grenzen hörte sie willig auf Rat. In Glaubensdingen unbeugsam, war sie in allem anderen verständnisvoll und nachsichtig, freigebig gegen Notleidende und stets darauf bedacht, vom Gesetz herrührendes Unrecht gutzumachen. Oftmals begab sie sich inkognito in Bürgerhäuser, sprach mit den Hausfrauen, notierte ihre Klagen und Wünsche und half, wo immer sie konnte.

Den Universitäten gab sie die von ihren Vorgängern konfiszierten Stiftungsvermögen zurück.

Ihre anfängliche Toleranz wirft auf ihren Charakter das beste Licht. Sie setzte nicht nur Gardiner, Bonner und andere, die sich ihrer Romtreue halber in Haft befanden, in Freiheit, sondern begnadigte auch so gut wie alle, die sich ihrer Thronbesteigung widersetzt hatten. Einige, wie den Herzog von Suffolk, belegte sie mit hohen Geldstrafen; doch als die Staatskasse aufgefüllt war, gewährte sie beträchtliche Steuererleichterungen. Die ausländischen Protestanten, darunter Peter Martyr, konnten unter freiem Geleit das Land verlassen. In einem hastigen Verfahren verurteilte der Kronrat Northumberland und sechs Mitverschworene zum Tode; Maria wollte alle, einschließlich Northumberlands, begnadigen, und nur der kaiserliche Gesandte Simon Renard brachte sie davon ab. Die drei, die dem Richtschwert verfallen blieben, bekannten sich in letzter Minute zur katholischen Kirche; Jane Grey, die das Urteil und seine Vollstreckung gerecht fand, nannte sie feige. Maria hätte Jane am liebsten in Freiheit gesetzt, fügte sich jedoch ihren Beratern und ordnete eine lockere Haft innerhalb des Towerareals an.

Am 13. August erklärte die Königin in einer Verfügung, in Sachen des Glaubens «keinen Gewissenszwang» ausüben zu wollen – eine der ersten Proklamationen religiöser Toleranz in neuerer Zeit. In ihrer Weltfremdheit glaubte sie die Protestanten durch eine öffentliche Disputation zwischen den Vertretern beider Bekenntnisse bekehren zu können; ihr guter Wille verpuffte jedoch in einem bitteren und unentschiedenen Streit. Bald danach verärgerte der Kaplan Bischof Bonners die Menge durch eine katholisch gefärbte Predigt; jemand warf einen Dolch nach ihm, und nur das Eingreifen zweier protestantischer Doktoren der Gottesgelahrtheit rettete ihm das Leben. Aus ihrer toleranten Haltung aufgeschreckt, verbot Maria am 18. August jede Predigt über Glaubenslehren außerhalb der Universitäten und kündigte eine erneute parlamentarische Behandlung des Glaubenskonflikts an. Cranmer, immer noch Erzbischof, wurde in seiner Residenz zu Lambeth unter Hausarrest gestellt, was er mit der Beschimpfung der Messe als «abscheuliche Gotteslästerung» quittierte. Maria verfügte, ihn und Latimer in den Tower zu werfen (September), wo sich der Londoner Bischof Ridley, der sowohl sie als auch Elisabeth zu Bastarden gestempelt hatte, schon seit zwei Monaten befand. Alles in allem verhielt sich Maria in diesen ersten Regierungsmonaten weit toleranter und gemäßigter als alle bedeutenden Monarchen der Zeit.

Die Vielzahl der Probleme hätte aber auch einen viel intelligenteren und taktvolleren Geist überwältigen können. Als sie, von der Parteilichkeit und Konfusion in den Verwaltungsbehörden entsetzt, die Annahme von Zuwendungen verbot, erreichte sie nur, daß man sie heimlich nahm. Um wertbeständiges Geld zu schaffen, verminderte sie, mit gutem Beispiel vorangehend, die Ausgaben ihrer Hofhaltung. Bei den Parlamentswahlen verzichtete sie auf jeden Druck, so daß sie «die fairsten wurden, die in vielen Jahren stattgefunden haben». Da aber die Staatseinnahmen infolge der Steuerermäßigungen hinter den Ausgaben zurückblieben, versuchte sie das Defizit durch eine Ausfuhrabgabe auf Tuch und einen Einfuhrzoll auf französischen Wein zu decken; doch wirkten sich diese Maßnahmen, die als Hilfe für die Armen gedacht waren, lediglich als Schädigung des Handels aus. Um die kapitalistischen Tendenzen einzudämmen, verfügte sie, daß niemand mehr als zwei Webstühle besitzen dürfe, und den «reichen Tuchmachern» verbot sie die Lohnauszahlung in Ware. Leider fanden sich an ihrem Hof keine Männer, die energisch und charakterfest genug gewesen wären, um ihren guten Absichten zum Durchbruch zu verhelfen; so erwiesen sich die Gesetze der Wirtschaft stärker als ihr Wollen.

Materielle Hindernisse machten ihr auch auf religiösem Gebiet zu schaffen. Fast jede große Familie hatte sich Kirchenvermögen angeeignet, und so widersetzten sich die Großen des Reiches natürlich der katholischen Restauration. Diese wirtschaftlich starken Kreise konnten, obschon zahlenmäßig in der Minderheit, jeden Augenblick eine Revolte auslösen und die protestantische Elisabeth auf den Thron heben. Maria, bestrebt, den Altgläubigen wenigstens das Recht zur Pflege ihres Rituals zurückzugeben, sah sich aber sogar vom Kaiser – diesem Erzfeind des Protestantismus seit dem Reichstag zu Worms – zur Vorsicht ermahnt; sie solle sich damit begnügen, die Messe für sich und ihre engste Umgebung zelebrieren zu lassen. Doch für Diplomatie in diesem Punkt war sie ein viel zu religiöses Gemüt. Vom Skeptizismus angehauchte junge Londoner staunten über ihre häufigen und inbrünstigen Andachten, und dem spanischen Gesandten mag ihre Aufforderung, mit ihr niederzuknien und um göttliche Erleuchtung zu bitten, unsinnig erschienen sein. Ihr aber war es heilige Herzensangelegenheit, den Glauben zu restaurieren, um dessentwillen sie so viel gelitten hatte. Zu ihren ersten Maßnahmen gehörte die Entsendung eines Emissärs nach Rom, der die Aufhebung des über England verhängten Interdikts bewirken sollte. Doch als sich Kardinal Pole darum bewarb, als päpstlicher Legat nach England gesandt zu werden, hielt sie – wie Karl V auch – die Zeit für einen so kühnen Schritt noch nicht reif.

Das Parlament, das am 5. Oktober 1553 zusammentrat, gebärdete sich keineswegs unterwürfig. Es genehmigte zwar den Widerruf der zur Zeit König Eduards erlassenen Religionsgesetze und die Wiedereinführung des vor Heinrich VIII. und Eduard VI. gültigen, milderen Strafrechts; auch verständigte es gnädigst die Königin, daß «die Illegitimität von Eurer erhabenen Person» genommen sei und sie nicht mehr als Bastard gelte. Hingegen weigerte es sich, die Rückgabe des Kirchenvermögens auch nur in Erwägung zu ziehen, und es überhörte geflissentlich alle Andeutungen in Sachen der Wiederherstellung der päpstlichen Autorität; Maria mußte das widerwillige Haupt der englischen Kirche bleiben. Kraft dieser Autorität entließ sie die protestantischen Bischöfe und ersetzte sie durch ihre katholischen Vorgänger, in London durch Bonner, in Winchester durch Gardiner, einen ihrer engsten Berater. Die im Ehestand lebenden niederen Geistlichen verloren gleichfalls ihr Amt. Zuerst durfte, später mußte die Messe zelebriert werden; und «der Eifer, mit dem sich das Land auf das wieder zugelassene katholische Ritual stürzte, bewies», nach den Worten eines protestantischen Historikers, «über jeden Zweifel hinaus, daß das Volksempfinden außer in London und einigen großen Städten dem der Königin entsprach». Eine Verfügung vom 4. März 1554 restaurierte das katholische Bekenntnis völlig, erklärte den Protestantismus und «andere Irrlehren» für ungesetzlich und verbot neugläubige Gottesdienste und Schriften.

Die Öffentlichkeit fühlte sich durch dieses Zurückschwingen des Glaubenspendels weit weniger beunruhigt als durch die Heiratspläne der Königin. Persönlich fürchtete sich Maria zwar vor der Ehe, dennoch war sie bereit, sich dieser Prüfung zu unterziehen, um durch einen Leibeserben die Nachfolge der protestantischen Halbschwester zu verhindern. Nach ihrer eigenen Aussage war sie unberührt, und vermutlich entsprach das der Wahrheit; wenn sie ein wenig gesündigt hätte, wäre sie vielleicht nicht gar so düster, überspannt und glaubensgewiß gewesen. Der Kronrat empfahl ihr als Gemahl Edward Courtenay, einen Urenkel Eduards IV., doch war seine ausschweifende Lebensweise nicht nach ihrem Geschmack. Der abgewiesene Freier wandte seine Gunst Elisabeth zu, um nach Marias Entthronung England durch diese zu regieren – offenbar hatte er keine Ahnung, wie gering seine Chancen gewesen wären, diese willensstarke Dame zu beherrschen. Karl V. schlug Maria vor, sich mit seinem Sohn Philipp zu vermählen; er, der Kaiser, stehe im Begriff, diesem alle Länder und Titel mit Ausnahme der Kaiserwürde zu übergeben; ein männlicher Sproß aus einer Ehe Philipps und Marias solle die Niederlande erhalten. Maria klopfte das Herz bei dem Gedanken, sich mit dem Herrn über Spanien, Flandern, Holland, Neapel und das transozeanische Spanien zu vermählen, und ihr halbspanisches Blut kreiste schneller, wenn sie die Konsequenzen eines politischen und religiösen Bündnisses zwischen England und Spanien erwog. Dennoch machte sie den Altersunterschied geltend: sie sei zehn Jahre älter als Philipp und befürchte, zu verblüht zu sein, um seinen jugendlichen Wünschen zu genügen; sie sei nicht einmal gewiß, ob sie wisse, wie man liebt. Auch Philipp zeigte sich bedenklich; seine englischen Vertrauensleute beschrieben ihm Maria als eine «vollendete Heilige ... die sich schlecht anzieht». Die königlichen Häuser Europas mußten doch eine anziehendere Frau zu bieten haben! Karls Argumente siegten: Spanien würde durch diese Ehe einen starken Verbündeten gegen Frankreich und einen kräftigen Rückhalt in den mit England wirtschaftlich so eng verbundenen Niederlanden gewinnen; ein gemeinsames Vorgehen der katholischen Kronen – Spanien, Frankreich und England – könnte den Protestantismus in Deutschland ausrotten, zumindest aber würde die Verbindung der Häuser Habsburg und Tudor Westeuropa eine Generation hindurch den Frieden diktieren.

Englands Kronrat und Volk konnten sich ebensowenig der Wucht dieser Überlegungen entziehen; andererseits befürchtete man, England könnte durch eine solche Heirat zur Apanage Spaniens und zu ständigen Kriegen mit Frankreich gezwungen werden. Zur Zerstreuung solcher Bedenken offerierte Karl im Namen seines Sohnes einen Ehevertrag, wonach Maria die volle königliche Gewalt über England behalten und Philipp den Titel eines Königs von England nur zu ihren Lebzeiten führen werde; ihr selbst aber würden sämtliche Titel Philipps verliehen. Sollte Don Carlos (Philipps Sohn aus einer früheren Ehe) ohne Nachkommen sterben, würde Maria oder ihr Sohn das gesamte spanische Reich erben, und überdies – fügte der durchtriebene Kaiser hinzu – werde Maria lebenslänglich eine jährliche Rente von 60000 Pfund Sterling aus der kaiserlichen Schatulle erhalten. Angesichts solcher Großzügigkeit sanktionierte Marias Kronrat mit ein paar geringfügigen Abänderungsvorschlägen die Verbindung.

Trotz aller scheuen Jungfräulichkeit wartete Englands Königin ungeduldig auf die Ankunft ihres künftigen Gemahls. Wie lange hatte sie sich danach gesehnt, geliebt zu werden!

Das Volk war weniger beglückt. Die protestantische Minderheit, die Marias Unterdrückung nur in der Hoffnung auf die Nachfolge Elisabeths ertrug, fürchtete für ihr Leben, falls sich Spaniens und Marias Macht zusammenschlossen. Der sich am ehemaligen Kirchengut mästende Adel schauderte beim Gedanken an dessen Herausgabe. Sogar gute Katholiken wehrten sich gegen den düsteren Ausländer, der das Land nur für seine eigenen Zwecke mißbrauchen würde. In allen Gegenden kam es zu Protesten. In panischer Furcht vor dem Spanier ersuchte Plymouth Frankreich um Schutz. Vier Magnaten verschworen sich zur gewaltsamen Erhebung am 18. März. Der begnadigte Vater Jane Greys, der Herzog von Suffolk, sollte sich in Warwickshire, Sir James Croft in Wales, Sir Peter Carew in Devonshire und Sir Thomas Wyatt der Jüngere in Kent an die Spitze der Aufrührer stellen. Der ältere Wyatt – der Dichter – hatte große kirchliche Ländereien an sich gerissen, um deren Besitz der Sohn bangte. Die Verschwörer begingen den Fehler, Courtenay ins Vertrauen zu ziehen, weil sie durch ihn Elisabeths Unterstützung zu erlangen hofften; er wurde jedoch von Bischof Gardiner als abgewiesener und vielleicht rachsüchtiger Bewerber um Marias Hand überwacht; jetzt ließ Gardiner ihn festnehmen, und Courtenay verriet, wahrscheinlich unter der Folter, das Komplott.

Die Verschwörer, die lieber in offener Feldschlacht als auf dem Blutgerüst starben, boten eiligst ihren Anhang auf, und die Rebellion brach in allen vier Grafschaften vorzeitig aus (Februar). Wyatt, der 7000 Mann gegen London führte, appellierte an alle aufrechten Patrioten, das Land nicht zu einer spanischen Provinz degradieren zu lassen, und protestantische Bürger Londons planten, ihm die Stadttore zu öffnen. Der Kronrat zögerte, eine klare Haltung einzunehmen, und bot keinen einzigen Mann zum Schutz einer Königin auf, die nicht begreifen konnte, wieso sich das Land, das ihr eben erst zugejubelt hatte, jetzt weigerte, ihr das in so langen Jahren des Elends ersehnte frauliche Glück zu gönnen. Krone und Leben wären vermutlich binnen kurzem verwirkt gewesen, hätte sie die Dinge nicht mit einer für sie ungewöhnlichen Energie selbst in die Hand genommen. Sie begab sich persönlich in die Londoner Guildhall, um einer erregten Massenversammlung, die darüber debattierte, wessen Partei sie ergreifen solle, Rede und Antwort zu stehen. Sie sei, erläuterte sie, bereit, falls das Unterhaus es wünsche, die spanische Heirat fallenzulassen und überhaupt «nicht zu heiraten, solange ich lebe»; hingegen sei sie nicht gesonnen, diese Frage als «spanischen Deckmantel» für einen Aufstand gelten zu lassen. «Ich kann nicht sagen», fuhr sie fort, «wie naturgemäß eine Mutter ihr Kind liebt, weil ich nie Mutter eines Kindes war; wenn aber eine Königin ihre Untertanen so natürlich und aufrichtig liebt wie eine Mutter ihr Kind, dann sollt ihr euch selber überzeugen, daß ich, eure Königin und Herrin, euch ebenso aufrichtig und zärtlich liebe und hege.» Die Versammlung belohnte ihren Geist und ihre Worte mit warmem Beifall und gelobte, ihr Gefolgschaft zu leisten. Ihre Getreuen stampften beinahe über Nacht 25000 Bewaffnete aus der Erde. Croft und

Carew verbargen sich, Suffolk wurde verhaftet; der im Stich gelassene Wyatt schlug sich mit seiner schwachen Streitmacht in Londons Straßen und drang bis in die Nähe des königlichen Palasts zu Westminster vor. Marias Leibwache versuchte, sie zur Flucht zu bewegen; sie aber blieb. Schließlich unterlag Wyatts Anhang; an Leib und Seele erschöpft, ergab er sich und wurde in den Tower geworfen. Maria konnte wieder frei atmen, aber die Tage der «gütigen» Königin waren vorbei.

## IV. DIE BLUTIGE MARIA: 1554–1558

Ihre Berater hatten ihre versöhnliche Politik schon oft gerügt. Vorwurfsvoll fragten sich der Kaiser und sein Gesandte, wieso sie Personen, die gegen sie konspiriert hätten, Leben und Freiheit zu neuen Komplotten schenke, und wie sich Philipp vertrauensvoll in ein Land begeben solle, wo man ungehindert nach seinem Leben trachte? Und Bischof Gardiner argumentierte, daß die Hochverräter aus Barmherzigkeit gegen die Nation gerichtet werden müßten. Von Panik erfaßt, schwenkte die Königin auf die Linie ihrer Ratgeber ein. Lady Jane Grey, die nie Königin hatte werden wollen, und ihr Gatte, der so gern König geworden wäre, bestiegen das Schafott, die erst siebzehnjährige Jane ohne Tränen und ohne Protest (12. Februar 1554). Der Herzog von Suffolk – ihr Vater – verlor gleichfalls den Kopf; etwa hundert Rebellen geringeren Ranges endeten durch den Strang. Ein paar Verschwörern gewährte man in der Hoffnung, nützliche Aussagen erpressen zu können, noch eine kurze Frist. Wyatt beschuldigte Elisabeth der Mitwisserschaft; erst auf dem Schafott reinigte er sie von jedem Verdacht (11. April 1554). Der Kaiser empfahl dringend, nicht nur Courtenay, sondern auch Elisabeth hinzurichten; solange die beiden lebten, sei Maria des eigenen Lebens nicht sicher. Maria berief Elisabeth nach London und hielt sie erst einen Monat im St. Jamespalast und dann zwei Monate im Tower in Haft. Dem auf sofortige Hinrichtung drängenden kaiserlichen Gesandten entgegnete sie, Elisabeths Mitschuld sei nicht genügend erwiesen. Elisabeths Leben hing in diesen schicksalsschweren Wochen an einem Faden, und dieses schreckliche Erlebnis mag dazu beigetragen haben, sie zu dem innerlich unsicheren und mißtrauischen Menschen zu machen, der später mit solcher Härte reagierte, als ihr Maria Stuart ähnliche Sorgen bereitete wie sie jetzt Maria Tudor. Am 18. Mai ließ Maria sie endgültig nach Woodstock bringen und dort in loser, aber beaufsichtigter Haft halten. Von der Furcht vor einem neuen Komplott zugunsten Elisabeths gepeitscht und von der Hoffnung auf Mutterschaft angespornt, verfolgte Maria ihre Heiratspläne weiter.

Philipp hatte es weniger eilig; dennoch fand die Vermählung am 6. März *per procurationem* in England statt, doch traf der neue König erst am 20. Juli dort ein. Zu ihrer angenehmen Überraschung fanden die Engländer Philipps Erscheinung und Auftreten erträglich: ein merkwürdig dreieckiges, von der breiten Stirn zum spitzen Kinn länglich zulaufendes Gesicht, Haar und Bart blond, huldvolles Gehaben, Witz, Geschenke für jedermann und keinerlei Andeutung, daß er und seine Spanier die Engländer barbarisch fänden. Sogar für Elisabeth fand er ein gütiges Wort, vielleicht in Voraussicht der Kinderlosigkeit Marias; auch schien Elisabeth auf Englands Thron immer noch ein kleineres Übel als Maria Stuart, die mit Frankreich so eng verbundene Königin der Schotten. Maria, obschon um zehn Jahre älter, blickte mit mädchenhafter Bewunderung zu dem bezaubernden und mächtigen Gemahl auf, und ihr liebeshungriges Gemüt gab sich ihm mit so rückhaltloser Unterordnung hin, daß ihr Hof sich zu fragen begann, ob England bereits zur spanischen Provinz geworden sei. An Karl V. schrieb sie: «Ich bin glücklicher, als ich sagen kann, weil ich in dem König, meinem Genahl, täglich so große Tugend und Vollkommenheit entdecke, daß ich nicht aufhöre, von Gott die Gnade zu erbitten, ihm zu gefallen.»

Aus ihrem heißen Wunsch heraus, Philipp einen Sohn und England einen Erben zu schenken, bildete sie sich nach kurzer Zeit ein, guter Hoffnung zu sein, und deutete das Ausbleiben der Regel als vielversprechendes Zeichen; in ihrer Freude vergaß sie, daß die Regel auch schon früher ausgeblieben war. Verdauungsbeschwerden galten als zusätzlicher Beweis für die Schwangerschaft; der venezianische Gesandte wußte sogar seiner Signoria zu melden, die Brüste der Königin seien angeschwollen und schieden Milch aus. Lange Zeit gab sich Maria der freudigen Erwartung hin, wie jedes arme Weib in ihrem Königreich, ein Kind gebären zu können; als ihre Ärzte sie schließlich überzeugten, daß ihre Aufgedunsenheit von Wassersucht herrühre, war sie wohl enttäuschter, als wir uns vorstellen können. Mittlerweile hatte sich das Gerücht ihrer Schwangerschaft durch ganz England verbreitet; in allen Gegenden flehte man in Andachten und Bittprozessionen um ihre glückliche Niederkunft, und es dauerte nicht lang, da vermeldete die Fama einen Sohn. Die Leute schlossen ihre Werkstätten und Läden, man jubelte auf den Straßen, die Glocken läuteten von den Türmen; ein Geistlicher verkündete, das Kind sei, wie es sich für einen Prinzen gezieme, «gesund und schön». Beschämt und unglücklich mied Maria monatelang die Öffentlichkeit.

Eine gewisse Entschädigung bot ihr die Ankunft Kardinal Poles. Er war, weil er Bedenken gegen die spanische Heirat geäußert hatte, von Karl in Brüssel zurückgehalten worden; doch jetzt, da die Eheschließung vollzogen war, gestattete ihm der Kaiser, in der Eigenschaft eines päpstlichen Legaten in die vor zweiundzwanzig Jahren verlassene Heimat zurückzukehren (20. November 1554). Der warme Empfang, den ihm sämtliche Stände bereiteten, bestätigte, wie beglückt man von den neuen Beziehungen zwischen der Krone und dem Heiligen Stuhle war. Pole trat der Königin mit der schönsten Wendung eines Gebetes entgegen: *Ave Maria, gratia plena, Dominus tecum, benedicta tu in mulieribus*, eine Begrüßung, die er, wie er sagte, demnächst durch die Worte «Gebenedeit sei die Frucht deines Leibes» zu ergänzen hoffe. Als das Parlament gar noch erfuhr, daß Pole päpstliche Vollmacht mitbringe, den derzeitigen Eigentümern das ehemalige Kirchenvermögen zu belassen, da entstand eine so unbeschwerte Fröhlichkeit, wie sie jede Hochzeit begleiten soll. Auf den Knien liegend, leisteten die Parlamentarier Abbitte wegen des der Kirche zugefügten Unrechts, und Bischof Gardiner erteilte, nachdem er sein eigenes Schwanken reuig bekannt hatte, den Bereuenden Absolution. Der päpstliche Supremat über die englische Kirche wurde wiederhergestellt, das Recht der Kurie auf Annaten und «erste Früchte» bestätigt, dem Klerus der kirchliche Zehnte zurückgegeben, die geistliche Gerichtsbarkeit und die Antilollardengesetzgebung erneuert und die Zensur der Druckerzeugnisse von den staatlichen auf die kirchlichen Instanzen übertragen. Nach einem zwanzig Jahre dauernden Chaos schien alles wie zuvor.

Philipp harrte dreizehn Monate bei Maria aus und hoffte gemeinsam mit ihr auf einen Erben; als sich keine sicheren Anzeichen ergaben, bat er, nach Brüssel gehen zu dürfen, wo die bevorstehende Abdankung seines Vaters seine Anwesenheit notwendig machte. Maria willigte traurig ein, begleitete ihn zur Barke, die ihn die Themse hinuntertragen sollte, und blickte von einem Fenster aus dem Fahrzeug nach, bis es entschwand (28. August 1555). Im Bewußtsein, seiner Liebhaberpflicht gegenüber einer kranken Frau ein Jahr hindurch wacker nachgekommen zu sein, suchte Philipp bei den temperamentvolleren Brüsseler Damen Erholung.

Pole wurde nunmehr zum einflußreichsten Mann Englands. Mit großer Energie reorganisierte und reformierte er die Kirche und öffnete mit Hilfe der Krone einige Klöster und Konvente. Maria sah beglückt die Kruzifixe und Heiligenbilder in den Kirchen und die Wiedererweckung des geliebten Rituals; sie saß und kniete durch lange Messen für Lebende und Tote und ging mit Priestern, Gilden und Kindern in Prozessionen. Am Gründonnerstag 1556 wusch und küßte sie, auf den Knien von einer zur anderen rutschend, einundvierzig Greisinnen die Füße und beschenkte sie mit Almosen. Jetzt, da jede Hoffnung auf Mutterschaft geschwunden war, fand sie in der Religion ihren einzigen Trost.

Dennoch vermochte sie die Vergangenheit nicht völlig zurückzubringen. In den Städten wirkten die neuen Ideen immer noch als gärendes Ferment, und es gab mindestens ein Dutzend Sekten, die ihre Glaubensbekenntnisse und Traktate in Heimlichkeit druckten. Voll schmerzlichen Staunens mußte Maria hören, daß sie heilige Glaubenssätze wie den Sündenfall, die Göttlichkeit Christi, die Existenz des Heiligen Geistes leugneten. Ihrer schlichten Gläubigkeit erschienen solche Ketzereien als Todsünde und schlimmer als Hochverrat. Wieso wollten diese Ketzer um die menschliche Seele besser Bescheid wissen als ihr geliebter Kardinal? Damit nicht genug, wurde ihr gemeldet, daß ein protestantischer Geistlicher öffentlich Gott gebeten habe, sie entweder zu bekehren oder bald von dieser Erde zu nehmen. Und eines Tages wurde ein toter Hund mit tonsuriertem Kopf und einer Schlinge um den Hals durch ihr Schlafzimmerfenster geworfen. In Kent schnitt man einem Priester die Nase ab. Besonders empörend fand Maria die protestantischen Emigranten, denen sie die unbehinderte Rückkehr auf den Kontinent gestattet hatte und die jetzt für ihre Großmut mit nach England geschmuggelten Traktaten dankten, worin sie als reaktionärer Dummkopf und «die lausige lateinische Messe» als «gotteslästerlicher Götzendienst» verschrien wurde. Andere Pamphlete propagierten offen eine Revolte und ihre Absetzung. In einer von 17000 Personen besuchten Versammlung in Aldgate rief ein Heißsporn nach der Erhebung Elisabeths auf den Thron. Die im Ausland lebenden englischen Protestanten schmiedeten Pläne für eine gewaltsame Revolte.

Maria war ihrer Natur und ihrem Denken nach ein sanftmütiges Geschöpf – bis 1555. Was also konnte sie in die meistgehaßte aller englischen Königinnen verwandeln? Es wirkte vieles zusammen: die Provokationen, die weder ihre Person und Gefühle noch ihren Glauben respektierten, die Furcht, daß sich politische Ambitionen hinter dem Deckmantel der Ketzerei versteckten, die Leiden und Enttäuschungen, die sie verbittert und ihre Urteilskraft getrübt hatten, die feste Überzeugung ihrer vertrautesten Ratgeber – Philipps, Gardiners, Poles –, daß nur ein einheitliches Glaubensbekenntnis Friede und Existenz der Nation gewährleisten könne. Die Anwendung dieses Grundsatzes sollte ihr Philipp binnen kurzem in den Niederlanden vordemonstrieren. Gardiner hatte schon im Frühjahr 1554 eidlich gelobt, die drei protestantischen Bischöfe Hooper, Ridley und Latimer zum Widerruf zu zwingen oder sie zu verbrennen. Kardinal Pole war, wie Maria, von Natur aus sanftmütig, als Dogmatiker aber unbeugsam; der Gedanke, daß Suprematie und Doktrin der römischen Kirche angezweifelt werden könnten, verursachte ihm einen Schauder. Trotzdem beteiligte er sich nicht persönlich an der Verfolgung; er riet im Gegenteil zur Mäßigung und setzte einmal zwanzig Personen in Freiheit, die von Bischof Bonner zum Flammentod verurteilt worden waren. Dennoch sagte er in einer Instruktion an den Klerus: wenn alle friedlichen Überredungsmethoden versagen, sind arge Ketzer «aus dem Leben zu befördern und wie faule Glieder vom Körper abzuschneiden». Maria umschrieb ihre Auffassung mit ziemlicher Zurückhaltung: «Was die Bestrafung der Ketzerei anbelangt, sind wir der Meinung, daß ohne Eile vorgegangen werden soll, ohne aber darüber die Gerechtigkeit außer acht zu lassen, wenn welche auf Grund ihrer Bildung simple Leute irrezuführen suchen.» Anfänglich war sie für dieses Geschehen eher durch ihr passives Verhalten verantwortlich; ihr Verschulden bleibt dennoch real. Erst 1558, als sie in dem für sie und England katastrophalen Ausgang des Krieges mit Frankreich ein göttliches Strafgericht für ihre laxe Ketzerverfolgung sah, fachte sie die Verfolgung persönlich an.

Mit der Vorladung von sechs Geistlichen, die sich weigerten, zum alten Bekenntnis zurückzukehren, leitete Gardiner die Schreckenszeit ein* (22. Januar 1555). Einer widerrief, vier, darunter John Hooper, der ehemalige Bischof von Gloucester und Worcester, wurden verbrannt (4. bis 8. Februar 1555). Nach diesen Hinrichtungen scheint sich in Gardiner ein Gefühlsumschwung vollzogen zu haben; er beteiligte sich nicht weiter an der Verfolgung, seine Gesundheit brach zusammen, und im November des gleichen Jahrs starb er. An seiner Stelle setzte Bischof Bonner das Gemetzel fort. Phi-

* Als Hauptquelle für diese Protestantenverfolgung dient John Foxes *Rerum in ecclesia gestarum commentarii* (1559), das, 1563 ins Englische übertragen, unter dem populären Titel *The Book of Martyrs* (Buch der Märtyrer) bekanntgeworden ist und dank der lebendigen Schilderung des Leidens und Sterbens der protestantischen Glaubenszeugen nächst der Bibel zum kostbarsten Besitztum der Puritaner wurde. Das Buch hat die Atmosphäre von Oliver Cromwells England entscheidend mitgeformt, trotz der fünf Bände, mit denen der Jesuitenpater Parsons die Zuverlässigkeit der Darstellung zu widerlegen suchte. Auch viele protestantische Kirchenmänner haben später die Übertreibungen, fehlerhaften Zitate, Vorurteile und Ungenauigkeiten im einzelnen scharf kritisiert; während ein katholischer Historiker die Geschichtsschreibung Foxes mit den mittelalterlichen Heiligenlegenden vergleicht, schließlich aber trotz der Fragwürdigkeit der Details zur Feststellung kommt: «Niemand bezweifelt, daß sich die Dinge wirklich so abgespielt haben.»

lipp, zu jener Zeit noch in England, riet zur Mäßigung; der kaiserliche Gesandte Renard protestierte, als Bonner sechs neue Todesurteile fällte, gegen «die barbarische Überstürzung»; und Philipps Beichtvater, ein spanischer Bettelmönch, brandmarkte in einer Predigt vor dem gesamten Hof die Verurteilungen als Verstoß gegen die Barmherzigkeit des Heilands. Bonner hielt die Vollstreckung sechs Wochen in der Schwebe, ordnete sie dann aber doch an. Er hielt sich selbst für nachsichtig; und in der Tat rügte ihn einmal der Kronrat, die Ketzerei nicht eifrig genug zu verfolgen, bot er doch bereuenden Ketzern nicht nur volle Begnadigung, sondern sogar Geldunterstützung und gute Anstellung an; wenn aber keine Lockung verfing, dann fiel sein Urteil unbarmherzig aus. Den meisten Verurteilten legte man zur Beschleunigung ihres Todes einen Beutel Schießpulver zwischen die Füße; der ehemalige Bischof Hooper litt jedoch fast eine Stunde unsägliche Qualen, weil das Pulver nicht explodierte und das Holz schlecht brannte.

Die meisten Märtyrer waren schlichte Leute, die, von der vorangegangenen Regierung aufgemuntert, die Bibel zu lesen und im protestantischen Geist zu verstehen gelernt hatten. Doch mag es den Verfolgern als Akt der Gerechtigkeit erschienen sein, auch die Kirchenmänner, die das neue Bekenntnis am stärksten propagiert hatten, durch den eigenen Märtyrertod dafür zeugen zu lassen. Im September 1555 holte man Cranmer, Ridley und Latimer – der eine sechsundsechzig Jahre alt, der andere fünfundsechzig und der dritte achtzig – aus dem Tower, brachte sie nach Oxford und stellte sie vor Gericht. Latimer hatte sein geistliches Amt unter Heinrich VIII. verraten, als er die Verbrennung der Wiedertäufer und widerspenstigen Franziskaner billigte; Ridley hatte Maria zum Bastard gestempelt, den Usurpationsversuch Jane Greys tätig gefördert und an der Amtsenthebung Bonners und Gardiners mitgewirkt. Cranmer, der leitende Geist der englischen Reformation, hatte Heinrichs und Katharinens Ehe geschieden, Heinrichs und Anna Boleyns Trauung vollzogen, das *Allgemeine Gebetbuch* an die Stelle der Messe gesetzt und diese als Gotteslästerung beschimpft, Katholiken wie Frith und Lambert bekämpft und Eduards letzten Willen unterschrieben, der die Krone auf Jane Grey übertrug. Alle drei hatten sich bereits zwei Jahre im Tower befunden und täglich den Tod erwartet.

Am 7. September stand Cranmer vor seinen Richtern, die sich nach besten Kräften bemühten, ihn zum Widerruf zu bewegen; er nahm jedoch kein Jota zurück. Schließlich sprachen sie ihn schuldig, überließen aber, da er als Erzbischof der direkten päpstlichen Gerichtsbarkeit unterstand, den Urteilsspruch der Kurie und brachten ihn in den Tower zurück. Am 30. September zeigte sich Ridley ebenso standhaft, und nach ihm trat Latimer vor den Gerichtshof, ein zerlumpt gekleideter Mensch, der mit dem Leben abgeschlossen hatte, ein Kopftuch, eine Nachthaube und eine Mütze auf dem weißen Haar, eine Kette mit der Brille um den Hals und das Neue Testament am Leibgürtel. Wie die anderen bestritt er die Transsubstantiationslehre. Am 1. Oktober wurde das Urteil verkündet. Am 6. Oktober knieten sie in gemeinsamem Gebet vor dem Scheiterhaufen; dann kettete man sie an die Eisenpfosten, hängte ihnen einen Pulverbeutel um den Hals und entfachte das Reisig. «Seid guten Muts, Meister Ridley», tröstete Latimer, «so Gott will, werden wir heute eine Kerze anbrennen, die in England nie wieder erlöschen wird.»

Am 4. Dezember bestätigte Papst Paul IV. das über Cranmer gefällte Urteil. Der erste protestantische Erzbischof Canterburys unterlag eine Zeitlang einer entschuldbaren Todesangst; der Mann, der in seinem *Allgemeinen Gebetbuch* eine so fein empfundene Sprache entwickelt hatte, mußte in einer solchen Situation außergewöhnliche Seelen- und Körperqualen leiden. Möglicherweise haben ihn auch Poles überzeugte Appelle veranlaßt, sich wiederholt von «den Ketzereien Luthers und Zwinglis ... voller Abscheu» zu distanzieren und seinen Glauben an die sieben Sakramente, die Transsubstantiation, das Fegefeuer und übrigen katholischen Lehrsätze zu bekunden. Nach allen Präzedenzfällen hätte auf einen solchen Widerruf die Umwandlung des Todesurteils in lebenslängliche Kerkerhaft folgen müssen; Maria hielt jedoch (laut Foxe) den Widerruf für unaufrichtig und befahl die Urteilsvollstreckung.

Am Morgen seines Todestages (21. März 1556) verlas Cranmer in der Oxforder Marienkirche seinen siebenten und letzten Widerruf und ergänzte ihn zur Überraschung aller Anwesenden mit den Worten:

> «Und jetzt komme ich zu jenem Hauptpunkt, der mein Gewissen mehr als andere beunruhigt, was ich in meinem Leben gesagt und getan habe, und das ist die Veröffentlichung eines Schriftstücks wider die Wahrheit; ich verwerfe es hiermit und weise es von mir ... weil es in der Furcht vor dem Tode geschrieben wurde ... desgleichen alle Erklärungen und Dokumente, die ich seit meiner Amtsenthebung mit meiner Hand geschrieben und unterschrieben habe ... Und weil es meine Hand war, die, gegen mein Herz schreibend, gesündigt hat, soll meine Hand zuerst dafür bestraft werden ... und zuerst brennen. Was den Papst angeht, verwerfe ich ihn als den Antichrist und Feind des Heilands.»[1]

Als sich die Flammen Cranmer näherten, streckte er die Hand aus und hielt sie, wie Foxe schildert, «ruhig und unbeweglich ... so daß jedermann sah, wie die Hand brannte», bis schließlich die Flammen seinen Leib erreichten. Mehrmals Stephanus' Worte wiederholend, «Herr, nimm meinen Geist auf», hauchte er in der vollen Flamme den Atem aus.

Damit war die Protestantenverfolgung auf dem Höhepunkt angelangt. Über dreihundert Menschen, davon 273 in Marias vier letzten Regierungsjahren, kostete sie das Leben. Doch je länger die Verfolgungen andauerten, desto klarer schälte sich heraus, daß sie einen Mißgriff darstellten. Der Protestantismus zog aus seinen Märtyrern eine ähnliche Kraft wie seinerzeit das Frühchristentum; zahlreiche Katholiken empfanden Scham über ihre Königin, die Leiden und die Standhaftigkeit der Opfer und wurden selber im Glauben wankend. Da die meisten Hinrichtungen in Bonners Bistum stattfanden, wurde er, sowenig Genugtuung sein Tun ihm bereitete, der «blutige Bonner» und von einer Frauensperson «der gemeine Halsabschneider und Metzgersklave aller englischen Bischöfe» genannt. Hunderte von englischen Protestanten flohen ins katholische Frankreich, wo sie auf das Ende dieser Schreckensherrschaft hinarbeiteten. Heinrich II., der seine eigenen Protestanten verfolgte, lieh englischen Verschwörern gegen die katholische Maria – deren Vermählung mit dem Spanier Philipp Frankreich eingekreist hatte – ein williges Ohr. Im April 1556 deckten Marias Kundschafter eine von Sir Henry Dudley inszenierte Verschwörung zu ihrer Entthronung und Elisabeths Krönung auf. Mehrere Verhaftungen folgten, davon zwei in Elisabeths engerer Umgebung; ein Geständnis belastete sowohl die Prinzessin als auch Heinrich II. Das Komplott war gescheitert; aber Maria plagte von da an eine ständige Furcht vor Mördern.

Als kennzeichnend für den dogmatischen Fanatismus jener Zeit kann das Schicksal Jan Laskis und seiner Glaubensgenossen gelten. Der Geburt nach Pole, dem Bekenntnis nach Calvinist, kam er 1548 nach England und gründete dort die erste presbyterianische Gemeinde. Einen Monat nach Marias Thronbesteigung schiffte er sich mit einem Teil dieser Gemeinde auf zwei dänischen Schiffen ein; Kopenhagen verwehrte ihnen jedoch die Landung, weil sie sich als gute Calvinisten weigerten, das offizielle lutherische Glaubensbekenntnis mit ihrer Unterschrift anzuerkennen. Sie segelten nach Wismar, Lübeck und Hamburg, und überall schickte man sie aus dem gleichen Grunde weiter. Die deutschen Lutheraner weinten den Opfern Marias keine Träne nach; für sie waren Leute, die die Transsubstantiation leugneten, abscheuliche Ketzer und «Märtyrer des Teufels». Der gleiche Calvin, der sich so scharf gegen den harten Sektierergeist der Lutheraner wandte, verbrannte im selben Jahr Servet (1553). Laski und seine Freunde fanden, nachdem sie sich einen guten Teil des Winters in der Nordsee herumgeschlagen hatten, in Emden Barmherzigkeit und Aufnahme.

Marias Leben aber neigte sich mit düsterer Schicksalsgewalt dem Ende zu. Ihr frommer Gemahl, der jetzt sonderbarerweise nicht nur mit Frankreich, sondern auch mit dem Papst im Kriege lag, kam persönlich nach England (20. März 1557), um sie zur Kriegserklärung an Frankreich zu drängen; gleichzeitig bewog er sie, um der Nation seine Wünsche schmackhafter zu machen, zu einer Milderung der Ketzerverfolgung. So leicht ließ sich das Land freilich nicht gewinnen; einen Monat nach seiner Ankunft entfachte Thomas Stafford, ein Neffe Kardinal Poles, eine Revolte gegen das Königspaar. Sie wurde niedergeschlagen, und er endete durch den Strang (28. Mai 1557). Als der Papst im selben Monat Pole der Ketzerei beschuldigte und als päpstlichen Legaten abberief, füllte sich Marias Leidensbecher bis zum Rand. In ihrem Wunsch, Philipp zu gefallen, und überzeugt, daß Stafford von Heinrich II. unterstützt worden war, erklärte sie am 7. Juni Frankreich den Krieg. Im Juli reiste Philipp, der seinen Wunsch durchgesetzt hatte, aus England ab. Sie spürte, daß sie ihn zum letztenmal gesehen hatte, und äußerte resigniert: «Ich werde den Rest meiner Tage ohne die Gesellschaft von Männern verleben.» Calais, das volle 211 Jahre englischer Besitz gewesen war, ging in diesem unerwünschten Krieg verloren, und Tausende von englischen Untertanen, die bettelarm im Mutterland eintrafen, klagten Maria an, mit sträflichem Leichtsinn die letzte englische Besitzung auf dem Kontinent verloren zu haben. Der wertvolle Hafen war einem alten Wort zufolge «das glänzendste Juwel der englischen Krone»; Maria fügte die Worte hinzu: «Wenn ich tot bin und geöffnet werde, werdet ihr Calais in meinem Herzen finden.»

Anfang 1558 glaubte sie sich wiederum guter Hoffnung. In der Erwartung ihrer Niederkunft verfaßte sie ihr Testament und bat Philipp mit beschwörenden Worten, zu dem Ereignis nach England zu kommen. Er antwortete mit einem Glückwunsch; seine

Anwesenheit erwies sich jedoch als überflüssig – Maria hatte sich getäuscht. Sie war jetzt völlig verloren und vielleicht nicht mehr bei vollem Verstand; sie verharrte stundenlang mit hochgezogenen Knien auf dem Fußboden oder wanderte ruhelos durch die Palastkorridore. Dazwischen schrieb sie tränenfeuchte Briefe an einen König, der, ihr Ableben voraussehend, seine Vertrauensleute in England anwies, Elisabeth einer Ehe mit einem seiner Granden oder gar mit ihm selbst geneigt zu machen.

In diesen letzten Jahren Marias wurde England von einer sommerlichen Fieberepidemie heimgesucht. Im September 1558 erkrankte sie an diesem Fieber, das sie im Verein mit ihrer Wassersucht und «zu vieler schwarzer Galle» so schwächte, daß ihr Lebenswillen brach. Am 6. November sandte sie Elisabeth die Kronjuwelen, ein hochherziger Akt, bei dem der Wunsch, der Nation eine glatte Thronfolge zu sichern, über die Liebe zur Kirche siegte. Wiederholt lag sie in langer Bewußtlosigkeit; als sie einmal aus einer solchen Ohnmacht erwachte, schilderte sie einen glücklichen Traum mit Kindern, die vor ihr spielten und sangen. Am 17. November hörte sie in früher Morgenstunde die Messe und beteiligte sich eifrig an den Responsorien. Als der Tag anbrach, war sie tot.

Am gleichen Tag starb Kardinal Pole, nicht weniger besiegt als seine Königin. Unsere Einschätzung seiner Person muß die bittere Tatsache in Rechnung stellen, daß er noch zu Beginn seines letzten Lebensmonats fünf Ketzern, drei Männern und zwei Frauen, das Leben absprach. Zugegeben, in jenen Jahren wahnwitziger Glaubensgewißheit haben alle Gruppen, außer den Täufern, in dem einen Punkt übereingestimmt, daß die religiöse Einheit aufrechterhalten und nötigenfalls mit dem Tod der Dissidenten erzwungen werden müsse. Dennoch sind nirgends in der damaligen Christenheit, nicht einmal in Spanien, so viele Männer und Frauen wegen Ketzerei verbrannt worden wie in England unter dem Primat Reginald Poles.

Maria dürfen wir wohl mit größerer Nachsicht beurteilen. Kummer, Krankheit und das an ihr verübte Unrecht haben mit der Zeit ihren Geist verwirrt. Erst als Verschwörung nach Verschwörung sie um Thron und Leben bringen wollte, verwandelte sich ihre Sanftmut in Grausamkeit. Kirchenleuten, die für erlittene Verfolgung Rache üben wollten, lieh sie ein zu williges Ohr. Und bis zu ihrem Ende glaubte sie, ihren Pflichten gegen ihren Glauben, diesen Mittelpunkt ihres Daseins, durch tödliche Strenge Genüge tun zu müssen. Den Beinamen «blutige» verdient Maria nur, wenn wir dieses Adjektiv auf ihre ganze Zeit anwenden; ein Charakter, der viele liebenswerte Züge aufwies, wird durch ihn allzu unbarmherzig simplifiziert. Ein fast grotesker Widerspruch liegt darin, daß sie das Werk ihres Vaters – die Nation Rom zu entfremden – fortsetzte. Dem immer noch katholischen England zeigte sie die schlimmste Seite der Kirche, zu der es sich bekannte. Als sie starb, war die Nation bereiter als je zuvor, das neue Bekenntnis anzunehmen, das zu unterdrücken sie sich so bemüht hatte.

## ZWÖLFTES KAPITEL

# *Von Robert Bruce zu John Knox*

[1300–1561]

### I. DIE UNBEZÄHMBAREN SCHOTTEN

Den Nährboden aller Zivilisation bildet zwar der warme, freundliche Süden; aber immer wieder orientieren sich die Nordländer an den Leistungen der südlichen Völker und absorbieren und transformieren deren Kulturen. Im hohen Norden – Schottland, Norwegen, Schweden, Finnland – bieten die nahezu arktischen Elemente nur widerwillig eine Heimstatt für die eigene Kulturentwicklung, die trotz tausend Hindernissen ihren Fortschritt nimmt.

Das unfruchtbare, weglose schottische Hochland erschwerte die kulturelle Weiterentwicklung und begünstigte die alte Feudalordnung; das grüne, fruchtbare schottische Tiefland hingegen verlockte die Engländer – die nie begreifen konnten, weshalb die Schotten nicht an ihrem Überfluß und ihren Königen teilhaben sollten – zu einem Einfall nach dem anderen. Die Schotten, ein ursprünglich keltischer Stamm, hatten sich im Mittelalter mit Iren, Norwegern, Angeln, Sachsen und Normannen vermischt und sich (etwa um 1500) zu einem Volk herausgebildet, dessen Fühlen und Denken so spröd war wie das Land, mit einem Mythos und Aberglauben so undurchdringlich wie der schottische Nebel, einem Stolz so dräuend wie die Vorgebirge, einem Wesen so zerklüftet wie die Landschaft, einem Temperament so heftig wie die Wasserfälle: kurz, ein wildes, mutiges, gewalttätiges, unbesiegbares und ab und zu edel empfindendes Volk. Die allgemeine Armut resultierte aus der Kargheit des Bodens, die Armut bestimmte die Lebensform, die Sparsamkeit war eine Folge der Armut. Die Bauern führten ein viel zu mühseliges Dasein, als daß sie sich mit Bildung hätten beschäftigen können, während der Adel, dem sie hörig waren, mit seinem Analphabetentum prahlte – Fehden und Kriege waren nicht mit Schriftzeichen zu gewinnen. Das Clanwesen in dieser Berglandschaft splitterte die spärliche Bevölkerung in fanatische Parteien auf, die im Krieg keinen Pardon und im Frieden keine Sicherheit kannten. Der Feudaladel beherrschte König und Parlament und gebot über die große Mehrheit der waffenfähigen Männer; allein das Haus Douglas verfügte über fünftausend Gefolgsleute, und seine Einkünfte standen denen der Krone kaum nach.

Vor 1500 gab es nur ein primitiv betriebenes Kleingewerbe; der Gütertransport war beschwerlich und riskant, und die wenigen Städte waren kaum der Rede wert. Ganz Schottland zählte rund 600000 Einwohner, halb so viele wie das heutige Glasgow, das damals ein bedeutungsloses Fischernest war. Edinburgh zählte 16000 Seelen,

Hauptstadt war bis 1452 Perth. Innerhalb der beschriebenen feudal-monarchistischen Struktur äußerte sich der nicht zu bändigende Freiheitsdrang der Schotten in den Selbstverwaltungskörpern der Städte und Dörfer. Die stimmberechtigten Stadtbürger ordneten eigene Delegierte zu den Ständetagen ab; da sie aber nicht, wie die englischen *commons* im Unterhaus, über eine eigene Kammer verfügten, sondern im Rat neben den Großen saßen, wurde ihre Meinung und ihre Stimme von der edelblütigen Majorität kaum beachtet. Die Könige wiederum, außerstande, ihre Stellung durch Bündnisse mit volkreichen Städten und reichen Kaufherren (wie in Frankreich) zu festigen, suchten Halt und Stütze bei der an Einfluß und Gütern reichen Kirche, so daß der mit den Königen in ständiger Fehde liegende Hochadel die Kirche ebenso zu hassen wie ihren Reichtum zu lieben begann bis das universelle Wehgeschrei über den Abfluß nationalen Reichtums nach Rom politischen Widerhall fand. In Schottland ist die Reformation, das heißt die Brechung des Supremats der geistlichen über die weltliche Gewalt, nicht wie in England von Königen und Kaufleuten, sondern vom Adel durchgeführt worden.

Die tiefe Gläubigkeit der Massen ausbeutend, hatte sich die schottische Kirche an trostloser Armut und den Hoffnungen aufs Jenseits gemästet. Aus dem Bericht eines päpstlichen Emissärs an die Kurie geht hervor, daß die kirchlichen Einkünfte Ende des fünfzehnten Jahrhunderts ebenso groß waren wie die Summe aller sonstigen Landeseinkünfte. Die Bildung war ein klerikales und in bescheidenerem Maß bürgerliches Monopol; schon im sechzehnten Jahrhundert drang der Ruhm schottisch-klerikaler Gelehrsamkeit über die Grenzen; und natürlich hat die Kirche auch die Universitäten Aberdeen und St. Andrews gegründet und dotiert. Ab 1487 besaßen die Könige das Recht, die Bischöfe und Äbte «vorzuschlagen» und praktisch auch zu ernennen, eine willkommene Gelegenheit, politische Dienste zu belohnen und illegitime Söhne zu versorgen. So übertrug Jakob V. die kirchlichen Einkünfte von Kelso, Melrose, Holyrood und St. Andrews an drei seiner Bastarde. Die weltlichen Neigungen dieser Amtsinhaber von des Königs Gnaden haben die moralische Zerrüttung des damaligen Klerus noch gefördert.

Doch hatte sich dessen Verfall schon lang vor dem königlichen Vorschlagsrecht für kirchliche Würdenträger geäußert. Wie der gut katholische Hilaire Belloc schrieb, «erreichte die Verderbtheit der Kirche, so schlimm sie im fünfzehnten Jahrhundert in ganz Europa war, in Schottland ein anderswo kaum gekanntes Ausmaß», was wohl auch die Gleichgültigkeit erklärt, womit das sonst so dogmentreue Volk den Ersatz der katholischen durch die protestantischen Seelsorger hinnahm. 1425 beschwerte sich Jakob I. über die in den Klöstern herrschende Liederlichkeit und Trägheit; in Linlithgow mußte sich 1455 ein Kaplan vor seiner Bestallung schriftlich verpflichten, Kirchengut nicht zu verpfänden und keine ständige Konkubine zu halten. Kardinal Beaton, der acht Kinder gezeugt hatte, verbrachte noch die Nacht vor dem Heimgang zu seinem Schöpfer mit Marion Ogilvy; Erzbischof Hamilton veranlaßte mehrere Parlamentssessionen, seine wachsende Nachkommenschaft zu legitimieren. Die vorreformatorischen schottischen Barden fanden nicht genug Worte zur Geißelung des Klerus, und die Landessynode von 1459 erblickte in der «Sittenverderbnis und profanen Lebensführung der Kirchenmänner auf allen Stufen der Hierarchie» eine Hauptursache für den Rückgang des kirchlichen Einflusses. Immerhin darf nicht übersehen werden, daß Sittenlosigkeit nicht nur beim Klerus, sondern auch bei den Laien, besonders bei den Königen und dem Hochadel herrschte.

## II. CHRONIK DER KÖNIGE: 1314–1554

Seit es ein unabhängiges Schottland gab, war seine Geschichte von der Furcht vor dem südlichen Nachbarn bestimmt und geprägt worden. Die englischen Könige strebten, um sich gegen Angriffe in den Rücken zu sichern, immer wieder danach, Schottland ihrer Krone einzuverleiben, und als Gegenmaßnahme verbanden sich die Schotten mit Frankreich, dem Erzfeinde Englands. Hiervon erzählt diese Chronik.

In der Schlacht bei Bannockburn (1314) brachen schottische Streitäxte und Pfeile die englische Hegemonie. Robert Bruce, der siegreiche Feldherr, wurde zum König ausgerufen; sein Sohn empfing, als Robert 1329 am Aussatz starb, wie alle schottischen Könige seit vordokumentarischen Zeiten auf dem «heiligen Schicksalsstein» der Abtei Scone als David II. die Krone. Eduard III. von England, der es für angezeigt hielt, sich den Rücken im Norden zu decken, ehe er sich auf das hundertjährige Abenteuer um die Krone Frankreichs einließ, überwältigte die Schotten bei Halidon Hill und setzte Eduard Balliol als willfähriges Werkzeug auf den schottischen Thron (1333). Für 100000 Mark kaufte David II. die Krone zurück; 1371 erbte sie, da er ohne direkte Nachkommen verschied, sein Neffe Robert Stuart, der erste dieser vom Schicksal gezeichneten Dynastie.

Nicht lang danach befehdeten sich die zwei Hälften Britanniens zum Schaden des Ganzen von neuem. Aus Frankreich kam ein Hilfsheer, und gemeinsam überzogen Schotten und Franzosen Englands nördliche Grafschaften mit Mord und Plünderung; in Durham schlachteten sie die gesamte Bevölkerung, Männer, Weiber, Kinder, Mönche, Nonnen und Priester, ab. Beim nächsten Zug in dieser königlichen Schachpartie fielen die Engländer in Schottland ein, verbrannten Perth und Dundee und zerstörten die Abtei Melrose (1385). Robert III. gab sich noch nicht geschlagen; erst als sein Sohn Jakob in englische Gefangenschaft geriet, starb er vor Gram (1406). Der unmündige König blieb in ritterlicher Gefangenschaft, bis die Schotten in einem «ewigen Frieden» auf jedes Bündnis mit Frankreich verzichteten (1423).

Jakob I. kehrte mit beträchtlicher Bildung und einer englischen Frau aus der Gefangenschaft heim. Zu Ehren dieser «milchweißen Taube» verfaßte er mit einem für einen König erstaunlichen Können in schottischer Mundart ein allegorisches Epos, *The King's Quair*. Er war aber auch sonst ein außergewöhnlicher Mensch, ein hervorragender Ringer, Reiter, Schnelläufer, Bogenschütze, Speerwerfer, Musikant und überaus geschickter Handwerker. Vor allem war er ein fähiger und wohlwollender Regent, der unehrliche Kaufleute und schlechte Ehemänner bestrafte, den Wirtshausschluß um neun Uhr dekretierte, die Energie der Jugend vom Ballspiel auf kriegerische Übungen lenkte,

Spitäler baute und eine Reform des Klerus anstrebte. Als er die Regierung antrat, gelobte er, dem Despotismus und den Fehden des Hochadels ein Ende zu bereiten und Verbrechen und Zwietracht in seinem Lande auszumerzen, was er in die bildhaften Worte kleidete: «Wenn mich Gott nur wie einen Hund leben läßt, werde ich den Schlüssel zwingen, die Burg zu bewachen und das Farnkraut die Kuh», das heißt Einbrüche und Viehdiebstähle zu verhindern. Eine Hochländerin, der ein Wegelagerer zwei Kühe raubte, schwor bei allen Heiligen, erst wieder Schuhe zu tragen, wenn sie zum König gegangen sei und ihre Klage vorgebracht habe. Der Strauchdieb antwortete: «Du lügst; ich werde dich beschlagen» und nagelte Hufeisen an ihre nackten Füße. Sie gelangte trotzdem zum König. Der ließ den Räuber aufspüren, ihm eine bildliche Darstellung seiner Missetat umhängen, ihn durch die Straßen Perths treiben und dann aufknüpfen. Im übrigen stritt sich Jakob bei jeder günstigen Gelegenheit mit seinen Baronen herum, ließ einigen die Köpfe vor die Füße legen, beschnitt anderen deren übergroßen Grundbesitz, besteuerte die Großen wie die Kleinen und verschaffte sich so Mittel, um viele Tyrannen durch einen zu ersetzen. Als Gegengewicht gegen Hochadel und Klerus berief er außer städtischen Bürgern auch Lairds – das heißt Kleingrundbesitzer – ins Parlament. 1437 fiel er einem Komplott des Hochadels zum Opfer.

Die jüngere Adelsgeneration, deren Vätern Jakob I. Leben und Eigentum gekürzt hatte, setzte den Widerstand gegen die erstarkende Monarchie fort. Der jugendliche König zählte erst sieben Jahre, als der Regent zwei ebenfalls noch jugendliche Mitglieder des Hauses Douglas als Gäste in den Königspalast lud. Sie kamen unvorsichtigerweise und wurden falsch angeschuldigt, summarisch abgeurteilt und enthauptet (1440). Zwölf Jahre später ahmte Jakob II. das Verfahren nach. Er lud den Grafen Wilhelm Douglas unter Zusicherung freien Geleits an seinen Hof zu Stirling, bewirtete ihn erst königlich, warf ihm dann vor, in hochverräterischer Korrespondenz mit England zu stehen, und machte ihn nieder. Den Engländern nahm er nacheinander ihre sämtlichen Stützpunkte in Schottland bis auf einen ab; ehe er sie aus diesem letzten vertreiben konnte, riß ihn die Explosion einer eigenen Kanone in Stücke. Jakob III. büßte für des Vaters Gewalttaten; nach etlichen heftigen Gefechten fiel er dem Hochadel in die Hände und wurde ohne langes Verfahren enthauptet (1488). Jakob IV. vermählte sich mit Margarete Tudor, einer Schwester Heinrichs VIII.; auf diesem Ehebund basierten Maria Stuarts spätere Ansprüche auf die englische Krone. Als sich Heinrich mit Spanien, Österreich, Venedig und dem Heiligen Stuhl gegen Frankreich verband, fühlte sich Jakob trotz dem verwandtschaftlichen Band bemüßigt, Schottlands altem Bundesgenossen zu Hilfe zu kommen und in England einzufallen. Auf Flodden Field schlug er sich mit tollkühnem Mut; dennoch hielten zahlreiche seiner Mannen die Flucht für den besseren Teil der Tapferkeit, und Jakob verlor Schlacht und Leben (1513).

Um die Regentschaft für den erst einjährigen Jakob V. setzte ein erbittertes Ringen ein. Der ebenso fähige, mutige wie der Damenwelt zugetane David Beaton übernahm das Amt und erzog – erst zum Erzbischof von St. Andrews, dann zum Kardinal ernannt – den jungen König zu einem glühenden Parteigänger der Kirche. 1538 vermählte sich Jakob mit Maria von Lothringen, der Schwester des Herzogs Franz von Guise, der seinerseits das Haupt der französischen Katholiken in dem vom Dogmenstreit zerrissenen Frankreich war. Der schottische Hochadel verfolgte mit brennendem Interesse die im Gang befindliche Trennung Englands von Rom, neidete seinen englischen Standesgenossen das ihnen zufallende Kirchengut, widersetzte sich – von Schmiergeldern Heinrichs VIII. angespornt – dem schottischen Bündnis mit Frankreich und sagte, als Jakob den Feldzug dennoch eröffnete, dem König die Gefolgschaft auf. Der wurde bei Solway Moss geschlagen (1542), floh schmachbedeckt nach Falkland und starb dort am 14. Dezember. Am 8. Dezember hatte seine Gemahlin eine Tochter geboren, die, sechs Tage alt, Königin der Schotten wurde.

Ein von Beaton vorgelegtes Testament des toten Königs, das die Regentschaft für den königlichen Säugling auf ihn übertrug, wurde vom Hochadel als unecht angezweifelt und er selbst gefangengesetzt. Doch der zum Regenten erkorene Graf von Arran gab ihm prompt die Freiheit zurück und ernannte ihn zu seinem Kanzler. Als solcher erneuerte Beaton das Bündnis mit Frankreich, und Heinrich VIII. befahl seinem im Norden operierenden Heer einen Krieg ohne Pardon und Gnade: alles auf seinem Weg sei zu zerstören und einzuäschern, wo Widerstand geleistet werde, «sind Männer, Frauen und Kinder mit Feuer und Schwert umzubringen», und insbesondere in Beatons Erzbistum St. Andrews «ist kein Lebewesen zu schonen». Das Heer tat sein möglichstes; «Kloster und Bauernhof, Burg und Einöde bildeten nur noch Ruinen»; Edinburgh ging nach zweitägiger Plünderung in Flammen auf; alle Dörfer in einem Umkreis von sieben Meilen ereilte das gleiche Schicksal; und 10000 Stück Hornvieh, 12000 Schafe und 1300 Pferde wurden von den siegreichen Söldnern nach Süden getrieben (1554). Einige schottische Edelleute, darunter Sir James Kirkcaldy und Norman Leslie, boten den Engländern an, «das Eigentum der extremen Kirchenpartei zu verbrennen, die Hauptgegner eines Bündnisses mit England einzukerkern und den Kardinal aufzuspüren und umzubringen». Heinrich nahm das Angebot an und beteiligte sich mit 10000 Pfund Sterling an den Unkosten. Eine Weile erwies sich das Komplott als unausführbar, bis es endlich zum Ziele kam. Am 29. Mai 1546 erzwangen sich je zwei Kirkcaldys und Leslies mit einer Rotte adliger Halsabschneider den Zugang zum Kardinalspalast und machten Beaton sozusagen *in flagranti* nieder; wie Knox es ausdrückte, «war der Kardinal in jener Nacht mit Mistress Ogilvy beschäftigt ... und weil das Wetter heiß war», erzählt er weiter, «hielten wir es für das beste, ihn mit einer gehörigen Portion grobem Salz in einen Bleisarg zu legen ... und zu warten, welche Art von Leichenbegängnis ihm seine bischöflichen Amtsbrüder zu bereiten gedächten. Solches berichten wir mit Vergnügen.» Die Mörder zogen sich in die am Meer gelegene Burg St. Andrews zurück, um die Ankunft englischer Hilfe abzuwarten.

Nunmehr nahm Graf Arran die Regierungszügel persönlich in die Hände. Um sich des französischen Beistands zu versichern, versprach er die kindliche Königin dem Dauphin und sandte sie, den nach ihrer Person lüsternen Engländern ein Schnippchen schlagend, heimlich nach Frankreich (13. August 1548). Maria Tudors Thronbesteigung bannte für eine Weile die Gefahr eines neuen englischen Einfalls; zu beiden Seiten der Grenze regierte der Katholizismus. Französischer Einwirkung nachgebend, verzichtete

Arran zugunsten der Königinmutter Maria von Lothringen auf die Regentschaft (1554). Im Geist der französischen Renaissance aufgewachsen, reagierte diese intelligente, mit Mut und Geduld begabte Frau – die lediglich dem allgemeinen Zeitgeist gelegentlich Tribut zollte – auf die rivalisierenden religiösen Bekanntnisse mit Toleranz. Eine Anzahl eingekerkerte Protestanten wurden auf ihre Weisung auf freien Fuß gesetzt; aber auch sonst gewährte sie Predigt- und Kultusfreiheit, so daß viele englische Protestanten vor Maria Tudor nach Schottland flohen und unter Maria von Lothringen eigene Gemeinden bildeten. Sie war der kultivierteste und humanste Regent, den Schottland seit Jahrhunderten gehabt hatte.

## III. JOHN KNOX: 1505–1559

Die ersten Bemühungen um eine Kirchenreform datierten bereits hundert Jahre zurück. 1433 verurteilte die geistliche und verbrannte die weltliche Obrigkeit Paul Crawar wegen der Propagierung der Lehren von Wiclif und Hus. Der Bischof von Glasgow zog 1494 dreißig Lollarden aus Kyle zur Verantwortung, die sich gegen den Reliquien- und Bilderkult, die Ohrenbeichte, das Transsubstantiationsdogma, die Priesterweihe, die mystisch-sakramentale Kraft der Priester, das Fegefeuer, die Ablässe und Seelenmessen, das Priesterzölibat und die oberste Autorität des Papstes aufgelehnt hatten; hier haben wir dreiundzwanzig Jahre vor Luthers Thesen einen beinahe vollständigen Abriß der Reformation. Wie es scheint, haben die Angeschuldigten widerrufen.

Ab 1523 fanden Luthers Schriften auch in Schottland Eingang. Eine handgeschriebene schottische Version des Wiclifschen Neuen Testaments befand sich bereits im Umlauf und löste das Verlangen nach einem ausschließlich auf der Schrift fußenden Christentum aus. Patrick Hamilton ging über Paris und Löwen, wo er Erasmus und die griechischen Philosophen studierte, nach Wittenberg, kehrte mit der Kenntnis neuer Dogmen nach Schottland zurück und verkündigte die Rechtfertigung aus dem Glauben. Jakob Beaton (der Onkel David Beatons), damals Erzbischof von St. Andrews, lud ihn zur irdischen Rechtfertigung vor; Hamilton beharrte auf seinem Standpunkt und ließ sich verbrennen (1528). 1534 wählten zwei weitere «Professoren», wie sich die ersten schottischen Reformatoren nannten, das gleiche Schicksal. 1544 wurden vier Männer gehenkt und eine Frau ertränkt; nach dem nicht immer zuverlässigen Knox ging sie mit einem Säugling an der Brust in den Tod.

Diese Gewaltakte blieben zeitlich und örtlich zu vereinzelt, als daß sie größere Empörung hervorgerufen hätten; erst als George Wishart gehenkt wurde, erregte sich eine größere Zahl von Gemütern, weshalb dieses Ereignis als erstes überregionales Signal der schottischen Reformation gelten kann. Der Genannte hatte um 1543 die Erste Helvetische Konfession übersetzt; unglücklicherweise forderte dieses erste protestantische Dokument in schottischem Jargon die weltlichen Obrigkeiten zur Bestrafung der Ketzer auf. Von da an verdrängten Schweizer Spielarten des Protestantismus – zuerst die humane Zwinglis, dann die rigorose Calvins – das Luthertum. Wishart predigte in Montrose und Dundee und pflegte während einer Pestepidemie die Kranken. Sein Schicksal ereilte ihn in Edinburgh, wo er im zeitlichen Zusammentreffen mit einer Landessynode des schottischen Klerus sein Evangelium verkündigte. Kardinal Beaton ließ ihn verhaften und stellte ihn wegen Ketzerei vor Gericht; verurteilt, wurde er erdrosselt und sein Leichnam verbrannt (1546).

Zu den von ihm Bekehrten gehörte eine der kraftvollsten und einflußreichsten Gestalten der Weltgeschichte, der zwischen 1505 und 1515 in der Nähe von Haddington als Bauernsohn geborene John Knox. Von seinem Vater für die Priesterlaufbahn bestimmt, studierte er in Glasgow, erhielt (um 1532) die Priesterweihe und galt bald als hervorragender Kenner des weltlichen und des kanonischen Rechts. Seine autobiographische *Geschichte der Religionsreform im Königreich Schottland* übergeht die Jugendjahre und stellt ihn uns unvermittelt als glühenden Bewunderer und furchtlosen, mit einem zweihändigen Schwert bewaffneten Leibwächter Wisharts vor (1546). Nach dessen Festnahme irrte er von Versteck zu Versteck, bis er sich Ostern 1547 in der Burg St. Andrews zu den Mördern Kardinal Beatons gesellte.

Des religiösen Beistands bedürftig, beriefen ihn die außerhalb des Gesetzes stehenden Männer zu ihrem Seelsorger. Erst wies er auf seine geringe Eignung hin, dann willigte er ein; und schon nach kurzer Zeit hielten sie ihn einstimmig für den feurigsten Prediger, den sie je gehört hatten. Die römische Kirche mit dem Tier der Offenbarung Johannis identifizierend, nannte er sie «die Synagoge des Satans» und verkündigte in den Fußtapfen Luthers: «Es gibt kein Heil außer dem Glauben an das Blut Jesu Christi, das uns von aller Sünde reinigt.» Im Juli erschien ein französisches Geschwader vor der Burg. Die Belagerten hielten die Beschießung vier Wochen aus; dann mußten sie sich ergeben und wurden neunzehn Monate an die Ruderbänke der Galeeren gekettet. Wir wissen so gut wie nichts, wie sie behandelt wurden; nur, daß man ihnen zumutete, die Messe zu hören, was sie (laut Knox) standhaft verweigerten. Vielleicht weckten diese bitteren und qualvollen Tage unter der Peitsche des Aufsehers den Haß in Knoxens Gemüt und verliehen seiner Sprache und Feder eine so gewalttätige Tendenz.

Als die Gefangenen im Februar 1549 ihre Freiheit wiedererlangten, wandte sich Knox nach England, wo er vom Protektorat Somerset für protestantische Seelsorge besoldet wurde und, «wenn es der böse Leib erlaubte», täglich predigte. Wir Heutigen, die wir uns nur selten den Genuß einer Predigt gönnen, können uns nur einen schwachen Begriff davon machen, wie die Menschen des sechzehnten Jahrhunderts danach hungerten. Bis dahin hatten die Weltgeistlichen die Predigt auf die Bischöfe abgeschoben, diese wiederum auf die Bettelmönche, und die predigten nur nach Lust und Laune. Der Protestantismus machte den Prediger zu so etwas wie einer Zeitung, die die neuesten Ereignisse und Meinungen berichtet; von ihm erfuhr die Gemeinde, was sich in der Welt zutrug, und da damals Leben und Religion untrennbar miteinander verquickt waren, wirkte jedes Geschehen auf den Prediger und sein Bekenntnis zurück. Diese neuen protestantischen Seelsorger hielten ihren Gemeinden ihre Laster und Schwächen ungeschminkt vor und erläuterten der Obrigkeit ihre Pflichten und Fehler. So sagte

Knox, vor Eduard VI. und Northumberland predigend, unter anderem: «Es ist oft vorgekommen, daß die besten und frömmsten Fürsten von treulosen und unfrommen Dienern und Räten umgeben waren» (1551). Der Herzog versuchte, Knox durch das Angebot eines Bistums mundtot zu machen, aber ohne Erfolg.

Maria Tudor war gefährlicher; nach einigem vorsichtigem Lavieren floh Knox über Dieppe nach Genf (1554). Calvin empfahl ihn einer englischsprechenden Gemeinde in Frankfurt am Main, doch empfand man dort seine Lehre und Haltung als zu hartherzig und ersuchte ihn, abzureisen. Er begab sich neuerdings nach Genf (1555); und aus der Tatsache, daß Calvin jetzt auf diesen starken Charakter einen so großen Einfluß auszuüben vermochte, können wir auf Calvins eigene starke Persönlichkeit schließen. Knox beschrieb Calvins Genf als «die beste Schule für einen Christen, wie sie seit den Tagen der Apostel niemals auf Erden ist gefunden worden». Die absolute Glaubensgewißheit des Calvinismus entsprach seinem Temperament, die Gewißheit eines von Gott selbst inspirierten Glaubens, die Gewißheit der von ihm auferlegten Verpflichtung, dem Individuum Kult und Sittenkodex aufzuzwingen und die weltliche Obrigkeit im höheren Auftrag anzuleiten, ging in Knoxens Geist ein und durch ihn in Schottlands Geschichte. Dem Regierungsantritt der katholischen Maria Stuart voller Schrecken entgegensehend, bat er Calvin und Bullinger um Gutachten, ob ein Volk berechtigt sei, «einer Obrigkeit, die den wahren Glauben ablehne und den Götzendienst erzwinge», den Gehorsam zu verweigern. Die Befragten wollten sich nicht festlegen, aber John Knox wußte auch so, was er wollte.

Im Herbst 1555 zeigte er, ungefähr fünfzig Jahre alt, die weichere Seite seines harten Wesens. Er begab sich nach Berwick im England Maria Tudors und heiratete Margarete Bowes, nur weil er deren Mutter liebte. Diese, Elisabeth Bowes, hatte fünf Söhne, zehn Töchter und einen katholischen Mann. Durch Knoxens Predigten dem Protestantismus gewonnen, vertraute sie ihm ihre häuslichen Sorgen an; ihm bereitete es Vergnügen, sie zu beraten, und ihre Freundschaft tat ihm wohl; augenscheinlich blieb die Beziehung bis zum Ende rein seelischer Natur. Als Margarete und Knox heirateten, verließ Mrs. Bowes Mann und Heim und lebte mit Tochter und Beichtvater. Nach fünf Jahren starb Margarete; Knox heiratete wieder, aber Mrs. Bowes blieb bei ihm. Die Geschichte hat nicht viele so liebevolle und wiedergeliebte Schwiegermütter registriert.

Das seltsame Trio begab sich nach Schottland, wo Maria von Lothringen immer noch Toleranz walten ließ, um sich die Unterstützung der protestantischen Edelleute zu sichern. Knox rühmte die Regentin als «verehrungswürdige, mit außergewöhnlicher Weisheit und einzigartigen Gaben begabte Fürstin». In Edinburgh und anderswo gründete er protestantische Gemeinden und bekehrte so einflußreiche Persönlichkeiten wie William Maitland, den Laird von Lethington, und Maria Stuarts illegitimen Bruder, James Stuart, der später als Graf Murray oder Moray Schottlands Regent geworden ist. Solche Dinge fanden keineswegs allgemeinen Beifall; vor ein geistliches Gericht zitiert, zog Knox die Vorsicht vor und entwich in aller Heimlichkeit mit Frau und Schwiegermutter aus Schottland (Juli 1556). Das Bischofsgericht verbrannte im Abwesenheitsverfahren eine Nachbildung von ihm, und dieses schmerzlose Märtyrertum verschaffte ihm in den Augen der schottischen Protestanten so gewaltigen Ruhm, daß er von da an, wo er sich auch befinden mochte, als der Spiritus rector der schottischen Reformation galt.

Er ging wiederum nach Genf, wirkte als Seelsorger an der dortigen englischsprechenden Gemeinde und überwachte den Lebenswandel ihrer Mitglieder nach bester calvinscher Manier. Gleichzeitig veranlaßte er Mrs. Anne Locke, eine von ihm für den neuen Glauben gewonnene Londonerin, ihren Mann zu verlassen und mit ihrer Tochter in seiner Nähe zu leben. Es waren unwiderstehliche Briefe:

> «Teuerste Schwester, wenn ich die Sehnsucht und den Durst beschreiben könnte, womit ich deine Gegenwart erwünsche, würde ich den Anstand zu überschreiten scheinen. Ja, in der Erinnerung an dich weine und juble ich; doch das würde verschwinden durch den Trost deiner Gegenwart. Diese ist mir, kann ich dir versichern, so lieb, daß ich schneller als dieser Brief vor dir stünde, wenn mich nicht die Fürsorge für meine hier in Christi Namen versammelte kleine Gemeinde daran verhinderte ... Wäre es nicht, daß dein Mann dem im Wege steht ... würde ich mir im Herzen wünschen, ja kann nicht aufhören, es zu wünschen, daß es Gott gefallen möge, dich hierher zu geleiten.»[1]

Trotz des Einspruchs ihres Mannes brach Mrs. Locke auf und traf mit Sohn, Tochter und Magd in Genf ein (1557). Die Tochter starb einige Tage danach, aber Mrs. Locke blieb in Knox' Nähe und sorgte gemeinsam mit der alternden und darum weniger tröstlichen Mrs. Bowes für des Predigers leibliches Wohl. Wir besitzen keine Beweise für eine erotische Beziehung, und wir hören auch keine Klage von Mrs. Knox; genau genommen, hören von ihr gar nichts. Der alte Familienzerstörer wollte bemuttert sein und erreichte es in Christi Namen.

Er erreichte beinahe alles. Wie so viele große Männer war er von kleiner Statur; aber in seinen breiten Schultern steckte Kraft, und sein finsteres Antlitz glühte Gewißheit und erzwang Unterordnung. Schwarzes Haar, schmale Stirn, buschige Augenbrauen, durchdringende Augen, starke Nase, volle Wangen, breiter Mund, dicke Lippen, langer Bart, lange Finger: das alles sprach von einem angeborenen Willen zur Macht und von fanatischer Hingabe. Ein Mann von unverwüstlicher Energie, der zwei- bis dreimal wöchentlich zwei bis drei Stunden hintereinander zu predigen liebte und gleichzeitig das private und öffentliche Leben dirigierte – kein Wunder, daß «ich in vierundzwanzig Stunden keine vier zu natürlicher Ruhe finde». Sein Mut war mit Vorsicht zur rechten Zeit gepaart; er besaß die Klugheit, lebensgefährlichen Situationen auszuweichen; man beschuldigte ihn, die englischen und schottischen Protestanten in gefährliche Aufstände hineingehetzt zu haben, während er selbst in Dieppe oder Genf saß; trotzdem hat er hundert Gefahren getrotzt, dem korrupten Northumberland dessen Schandtaten ins Gesicht geschrien und in späterer Zeit einer Königin eine freiheitliche Regierungsform expliziert. Zu kaufen war er nie und mit nichts. Gutgläubig oder nicht, behauptete er, Gottes Sprachrohr zu sein. Viele ordneten sich diesem Anspruch unter und priesen ihn als Orakel des Himmels; laut der Aussage eines englischen Gesandten «brachte seine Rede mehr Leben in uns als das Getöse von hundert Trompeten in unseren Ohren».

Zum Teil wurzelte diese ungewöhnliche Kraft in der Glaubenslehre Calvins. Die Menschen sind von Gott in Erwählte und Verdammte geschieden; Knox und seine Anhänger gehörten zu den Erwählten und waren daher zum Sieg prädestiniert; alle Gegner waren verdammt und mußten früher oder später in der Hölle braten. «Wir sind überzeugt», schrieb er, «daß alles, was die Widersacher tun, vom Teufel kommt.» Diese von Gott verurteilten Gegner verdienten keine christliche Nächstenliebe; sie waren ja keine Kinder Gottes, sondern Kreaturen Satans; es gab überhaupt nichts Gutes in ihnen, und es war das beste, sie völlig von der Erde zu tilgen. Knox sonnte sich in jenem «gründlichen Haß, den der Heilige Geist in den Herzen der von Gott Erwählten gegen die Leugner seiner heiligen Gebote weckt». Im Kampf mit den Verlorenen war jede Methode gerechtfertigt: Lüge, Verrat, geschmeidiger Kurswechsel. Der Zweck heiligte die Mittel.

Dennoch war Knoxens Moralphilosophie, oberflächlich betrachtet, das genaue Gegenteil derjenigen Machiavellis. Er vertrat nicht wie dieser die Meinung, Staatsmänner seien von dem für die Untertanen gültigen Moralkodex zu befreien, sondern er forderte, daß Regierende wie Regierte den Vorschriften der Bibel gehorchten. Doch war diese für ihn vor allem das Alte Testament; die donnernden Propheten Judäas entsprachen seinen Absichten besser als der Mann am Kreuz. Die Nation hatte sich seinem Willen zu unterwerfen – wenn nicht, würde er sie mit seinen Worten zu Boden schmettern. Er behauptete, prophetische Kräfte zu besitzen, und sagte richtig Maria Tudors baldigen Tod und Maria Stuarts Sturz voraus – oder handelte es sich um Wünsche, die sich glücklich erfüllten? Er war ein nie irrender Beurteiler des Charakters anderer und manchmal sogar des eigenen. «Von Natur aus bin ich ein Bauernflegel», gab er offen zu und legte seine Flucht aus Schottland der menschlichen Schwäche und Schlechtigkeit zur Last. Ein derber Humor verbarg sich hinter seinem Grollen; und so heftig er auf der einen Seite sein konnte, so zartfühlend war er auf der anderen. Seiner Mission, der Menschheit und insbesondere seinen Schotten einen kenntnisreichen, sittenreinen Priesterstand zu geben, widmete er sich aus vehementer innerer Überzeugung, denn – so argumentierte er – eine tugendhafte Priesterschaft ist göttlich inspiriert und in einem von ihr geleiteten Staatswesen Gott und Christus König. Was er anstrebte, war die Schaffung einer Theokratie; dennoch hat er mehr als jeder seiner Zeitgenossen die Entwicklung zur Demokratie gefördert.

Seine Schriften waren keine Stilübungen, sondern politische Manifeste; und hinsichtlich der Schmähsucht konnte er sich mit Luther messen. Die römische Kirche war für beide eine «Hure und von jeder Art der geistigen Unzucht verdorben». Die Katholiken waren für ihn «verseuchte Papisten» und «Messekrämer» und ihre Priester «blutdürstige Wölfe». Kein Mann jener schmähsüchtigen Epoche war schmähsüchtiger. Anläßlich der Vermählung Maria Tudors und Philipps II. charakterisierte er Maria in *A Faithful Admonition to the Professors of God's Truth in England* (Eine getreuliche Ermahnung aller Bekenner der Wahrheit Gottes in England, 1554) wie folgt:

«Hat sie sich nicht als offene Verräterin an der Krone Englands erwiesen ... einen Fremden hereinzubringen und einen stolzen Spanier zum König zu machen zur Schande, Unehre und Zerstörung des Adels, um ihn und die Seinen um ihre Würden, Länder, Habe, hohen Ämter und Beförderungen zu berauben; zum vollständigen Ruin aller Werte, Lebensnotwendigkeiten, der Flotte und der Befestigungen des Reichs, zur Erniedrigung der *yeomanry* [wehrhaften Freisassen], zur Versklavung der *commonalty* [Gemeinen], zum Sturz des Christentums und des wahren Gottesglaubens; und schließlich zum totalen Umsturz des Gemeinwohls und aller öffentlichen Einrichtungen Englands? ... Erwecke Gott in seiner großen Barmherzigkeit einen Phineas, Eliah oder Jehu, damit das Blut der abscheulichen Götzenanbeter Gottes Zorn besänftige und er nicht die ganze Menschheit treffe!»[2]

Weniger häufig, aber doch ab und zu klingen Worte von einer Zartheit und Schönheit auf, die des Apostels Paulus würdig wären, wie in *A letter ... to His Brethren in Scotland* (Ein Brief ... an seine Brüder in Schottland):

«Ich will keine Drohungen aussprechen, weil ich mich der Hoffnung hingebe, daß ihr als Kinder des Lichts inmitten dieser verderbten Generation wandelt, daß ihr Sterne seid in den Stunden der Nacht, die sich noch nicht in der Finsternis verwandelt haben, daß ihr das Korn im Unkraut seid ... daß ihr zur Zahl der klugen Jungfrauen gehört, die täglich das Öl in den Lampen erneuern, und daß ihr wie diese geduldig auf die glorreiche Erscheinung und Ankunft unseres Herrn Jesus wartet, dessen allmächtiger Geist eure Herzen und euren Verstand in allen Trübsalen jetzt und immer leiten, belehren, erleuchten und trösten möge.»[3]

Charakteristischer für ihn ist der 1558 in Dieppe verfaßte *First Blast of the Trumpet against the Monstrous Regiment of Women* (Erster Trompetenstoß gegen das haarsträubende Weiberregiment), eine gegen Maria Tudor, Maria von Lothringen, Maria Stuart und Katharina von Medici gerichtete Streitschrift, diese über Europa verhängte Weiberplage. Daß ihm die Anwendung seiner Grundsätze seitens einer Maria Tudor Entsetzen einflößte, können wir freilich begreifen. Aber Maria hätte gar keine blutige Verfolgerin sein müssen; er hätte sie auf alle Fälle als politische Mißgeburt und Ungeheuer betrachtet, das in die naturgegebene Domäne des Mannes, den Staat zu lenken, einbrach. Der Trompetenstoß setzt mit voller Lautstärke ein:

«Erstaunlich ist es, daß unter so vielen klugen Geistern, die die britannische Insel hervorgebracht hatte, unter so vielen gottesfürchtigen und eifrigen Predigern, die England gehabt hat, und unter so vielen gelehrten und urteilsklaren Männern, die in diesen unsern Tagen von Isebel [Maria Tudor] verbannt worden sind, sich keine von so starkem Mut und solcher Treue zu Gott gefunden haben ... daß sie es wagen würden, die Bewohner dieser Insel darüber aufzuklären, wie verabscheuenswürdig vor Gott die Herrschaft eines schlechten Weibes, eines Bastards und einer Verräterin ist; und wie sich ein Volk oder eine Nation verhalten soll, wenn kein legitimes Oberhaupt nach dem Willen des Wortes Gottes vorhanden ist, um Amtspersonen und Magistraten zu wählen und zu ernennen ... Wir hören, daß das Blut unserer Brüder, der Glieder Jesu Christi, aufs grausamste vergossen wird, und von der scheußlichen Herrschaft eines grausamen Weibes ... das, wie wir wissen, die einzige Ursache alles dieses Elends ist ...

Ein Weib zur Trägerin der Herrschaft, zur Obrigkeit und Gewalt über ein Reich, eine Nation, eine Stadt zu machen, ist wider die Natur, beleidigend für Gott, ein Verstoß gegen seinen geoffenbarten Willen und seine genehmigte Satzung und nicht zuletzt der Umsturz aller guten Ordnung, Billigkeit und Gerechtigkeit ... Denn wer kann bestreiten, daß es wider die Natur ist, wenn die Blinden berufen werden, die Sehenden zu führen und zu leiten? Daß die Schwachen, Kranken und Unfähigen die Gesunden und Starken ernähren und erhalten sollen? Und nicht zuletzt, daß die Törichten und Wahnwitzigen die Klugen regieren und denen mit gesundem Verstand Rat geben sollen? Und das sind alle Weiber, als Träger der Autorität mit den Männern verglichen ... In seiner größten Vollkommenheit wurde das Weib dazu gemacht, dem Mann zu dienen und zu gehorchen, nicht, ihn zu beherrschen und ihm zu befehlen.»[4]

Für diese Auslassungen berief sich Knox auf die unbestreitbare Autorität der Schrift; als er aber auch in der Geschichte nach Beispielen suchte, daß weibliche Herrscher Staaten ruiniert haben, fand er, offenbar zu seinem Erstaunen, daß sich die Frauen weitaus besser bewährten als Könige. Trotzdem gelangte er unbeirrt zu einem Verdammungsurteil:

«Verfluchte Isebel von England mitsamt der ganzen verteufelten und abscheulichen Generation von Papisten, die sich rühmen und prahlen, daß sie nicht nur über Wyatt, sondern auch über alle andern, die etwas gegen sie unternahmen, triumphierten ... Ich scheue mich nicht, zu sagen, daß der Tag der Vergeltung, der über diesen gräßlichen Unhold Isebel von England hereinbrechen wird ... schon im Rat der Ewigkeit beschlossen ist ... Alle sollen es zur Kenntnis nehmen, denn die Trompete ist nun erklungen.»[5]

Knox nahm das Manuskript seines Trompetenstoßes nach Genf, ließ es heimlich und ohne Verfassernamen drucken und sandte Exemplare nach England. Maria verbot sie als Aufreizung zur Rebellion und bedrohte den Besitz mit dem Tode.

In *An Appellation to the Nobility and Estates of Scotland* (Ein Appell an Adel und Stände Schottlands, Juli 1558) setzte Knox den Angriff fort:

«Wer das Volk zum Götzendienst* verführt, soll ohne Ausnahme mit dem Tode bestraft werden ... Ebenso soll verfahren werden, wo immer Jesus Christus und sein Evangelium so empfangen wird ... daß die Amtspersonen und das Volk feierlich gelobt und versprochen haben, dasselbe zu verteidigen; wie es in vergangenen Tagen unter König Eduard in England geschehen ist. An einem solchen Ort entspricht es, sage ich, nicht nur dem Gesetz, alle jene mit dem Tode zu bestrafen, die die wahre Religion untergraben; Obrigkeit und Volk sind sogar verpflichtet, so zu handeln, da sie sonst Gottes Zorn auf sich ziehen ... Ich scheue mich nicht, zu bestätigen, daß es die Pflicht der Monarchen, des Adels, der Richter und des Volkes Englands gewesen wäre, Maria, dieser Isebel, nicht nur zu widerstehen ... sondern sie bis zum Tode zu bestrafen.»[6]

Knox munterte seine Landsleute auf, diese Doktrin der legitimen Rebellion auch auf Maria von Lothringen anzuwenden, die sich mit französischen Höflingen und Söldnern umgebe und den Schotten den mageren Bodenertrag schmälere.

«Solange Fremde ins Land gebracht werden, um uns, unser Gemeinwohl und unsere Zukunft zu unterdrücken, solange der Götzendienst aufrechterhalten und Jesu Christi wahre Religion verachtet wird, solange müßige Bäuche und blutige Tyrannen, die Bischöfe, ernährt und Christi wahre Jünger verfolgt werden, solange die Tugend verdammt und das Laster gepriesen wird ... kann es uns da ein gottesfürchtiger Mensch verargen, wenn wir diese gräßlichen Mißbräuche zu reformieren suchen (ja sogar mit Waffengewalt, da wir sehen, daß es uns anders nicht zugebilligt wird)? ... Die Bestrafung solcher Verbrechen wie Götzendienst, Gotteslästerung und anderer, die Gottes Majestät schmälern, geht nicht nur Könige und höchste Vertreter der Obrigkeit an, sondern die Gesamtheit des Volkes und jedes einzelne Glied desselben, je nach der Möglichkeit und Gelegenheit, die Gott gibt, um das Verbrechen gegen seinen Ruhm zu sühnen.»[7]

Eine seltsame Mischung von Revolution und Reaktion spricht aus allen diesen Aufrufen zum Tyrannenmord, denen sich späterhin viele Denker, darunter französische

---

* «Unter Götzendienst», schrieb Knox 1560, «verstehen wir die Messe, die Heiligenanrufung, die Bilderanbetung, den Besitz und die Aufbewahrung von Bildern und jede Verehrung Gottes, die nicht in seinem heiligen Wort enthalten ist.»

Hugenotten wie Hotman und Jesuiten wie Mariana anschließen sollten. Dennoch wurzelte Knoxens Auffassung, daß diejenigen, die ihrer Heilsgewißheit gewiß seien, die Gegner verfolgen und nötigenfalls töten müssen, in den schwärzesten Praktiken der Inquisition. Für ihn hatte das 13. Kapitel des 5. Buches Moses immer noch Gültigkeit, und er interpretierte es wörtlich; das heißt, Ungläubige sind mit dem Tode zu bestrafen, und vorwiegend von Ungläubigen bewohnte Städte sind mit dem Schwert zu schlagen und bis auf den Grund zu zerstören, sogar das Vieh darin, und jedes einzelne Haus ist zu verbrennen. Gelegentlich gab Knox zu, daß dieses unbarmherzige Gebot ihn erschreckte:

«Dem fleischlichen Menschen mag dies als ein strenges und rigoroses Urteil erscheinen, ja er mag es eher für im Zorn als in der Weisheit gesprochen halten. Denn hat es je eine Stadt gegeben, darin ... nicht viele unschuldige Personen gewesen wären wie Säuglinge und kleine Kinder und solche schlichte und unwissende Seelen, die sich nie der Unfrömmigkeit ergaben oder ergeben konnten? Trotzdem finden wir niemanden ausgenommen, sondern alle dem grausamen Tod bestimmt. Doch in solchen Fällen ist es Gottes Wille, daß alle Geschöpfe sich beugen, ihre Gesichter verhüllen und auf alles Rechten verzichten, wenn der Befehl zum Vollzug seiner Urteilssprüche ergeht.»[8]

Wir dürfen Knox nicht von unserem eigenen schwankenden Toleranzstandpunkt aus beurteilen; er sprach lediglich mit unbeugsamer Folgerichtigkeit aus, was dem beinahe allgemein akzeptierten Zeitgeist entsprach. Sein Genfer Aufenthalt, wo Servet soeben verbrannt worden war, bestärkte seine eigene Neigung zu finsterem Buchstabenglauben und stolzer Heilsgewißheit; und falls er Castellios Toleranzappell gelesen haben sollte, hat ihn Bezas Antwort vermutlich beruhigt. Nichtsdestoweniger kritisierte in ebendiesen Jahren ein unbekannter Täufer den Calvinismus unter dem Titel *Careless by Necessity* (Unvorsichtig aus Notwendigkeit); die Schrift wurde von schottischen Protestanten Knox zur Widerlegung zugeschickt, und eine Sekunde geisterte die Stimme der Vernunft durch den Krieg der Bekenntnisse. Der Verfasser fragte erstaunt, wie die Calvinisten, denen doch Christi Lehre von einem liebreichen Vater bekannt sei, zu dem Glauben kommen könnten, daß Gott Menschen erschaffe, deren ewige Verdammnis er gewollt und vorausgesehen habe. Gott, argumentierte der Täufer, habe eine natürliche Neigung in den Menschen gelegt, seine Kinder zu lieben; wenn der Mensch nach dem Bilde Gottes erschaffen sei, wie könne dann Gott grausamer sein als der Mensch? Die Calvinisten, fuhr der Autor fort, richten größeren Schaden an als Atheisten, weil «Gott von denen, die seine Existenz leugnen, weniger beleidigt wird als von denen, die ihn für einen unbarmherzigen, grausamen Verfolger halten». Knox entgegnete, es gebe Geheimnisse jenseits der menschlichen Vernunft. «Der Stolz derer wird bestraft werden, die, nicht damit zufrieden, daß Gott seinen Willen enthüllt hat, darin Freude finden, sich emporzuschwingen und über den Himmeln zu fliegen, um dort den geheimen Willen Gottes zu erkunden.» An anderer Stelle schrieb er: «Natur und Verstand führen den Menschen vom wahren Gott weg. Denn welche Anmaßung ist es, die verderbte Natur und den blinden Verstand dem geoffenbarten Worte Gottes vorzuziehen?»

Der Vernunft unzugänglich und in der festen Überzeugung, im Geiste Christi zu handeln, empfahl er dem jetzt von einer protestantischen Königin beherrschten englischen Volk in *A Brief Exhortation* (Eine kurze Ermahnung, 1559), Marias Verfolgung durch die obligatorische Einführung des calvinistischen Bekenntnisses und seiner sittlichen Postulate zu sühnen. England freilich schlug diesen Rat in den Wind. Im selben Jahr kehrte Knox in die Heimat zurück, um über die Ideologie der dortigen Umwälzung zu wachen.

## IV. DIE KIRCHE JESU CHRISTI: 1557–1560

Knox' Appelle, das römische Joch abzuwerfen, vereinigten sich mit den Lehren anderer Reformer, dem Zustrom englischer Protestanten, dem Bibel- und Streitschriftenschmuggel aus England und dem Kontinent, der Landgier des schottischen Adels und seinem Ärger über die Zurücksetzung bei Hof durch «gepuderte» Franzosen; das alles zusammen brachte die revolutionäre Stimmung zur Siedehitze. Die 1543 noch streng katholische Bevölkerung Edinburghs verspürte den Hochmut der unter der Regentschaft Marias von Lothringen ins Land gekommenen Franzosen am unmittelbarsten und verletzendsten. So tat sie alles, um den Eindringlingen das Leben sauer zu machen. Die Feindseligkeit wuchs auf allen Seiten; da aber der Klerus für die Fremden Partei nahm, bekamen die nationalen Bestrebungen einen antikirchlichen Akzent. Prozessionen, bei denen Madonnen- und Heiligenbilder mitgeführt und offen verehrt oder Reliquien geküßt wurden, begegneten wachsendem Zweifel und erregten Ärgernis. Im September 1557 raubte eine Rotte enthusiastischer Skeptiker das Bildnis des heiligen Ägidius aus der Edinburgher Kirche gleichen Namens, warf es in einen Weiher und verbrannte es später zu Asche. Solche Bilderstürme ereigneten sich (laut Knox) in allen Landesgegenden.

Eine Gruppe antiklerikaler Edelleute – Argyll, Glencairn, Morton, Lorne und Erskine – unterzeichnete am 3. Dezember 1557 zu Edinburgh (seit 1542 schottische Landeshauptstadt) den «Ersten schottischen Covenant». Zur Unterscheidung von der «Kirche Satans», das heißt der römischen Kirche, nannten sie sich «Lords of the Congregation of Jesus Christ» – «Edle der Kirche Jesu Christi» –, gelobten, sich ausschließlich an das «heilbringende Wort Gottes» zu halten, forderten die Regentin zu einer «Reform der Religion und Obrigkeit» auf und forderten, «sich in Sachen des Glaubens und Gewissens so verhalten zu dürfen, wie man es vor Gott verantworten kann». Das Manifest kündigte weiterhin die Gründung reformierter Gemeinden im ganzen Lande an und erklärte das – unter Eduard VI. in ganz England obligatorisch gewesene – Allgemeine Gebetbuch zum einzigen Andachtsbuch der neuen Gemeinden. Die katholischen Bischöfe protestierten gegen diese kühne Spaltung und drängten Erzbischof Hamilton, Gegenmaßnahmen zu ergreifen. Widerstrebend ordnete er die Verbrennung von Walter Milnes an (28. April 1558), einem alten Priester, der die Amtstracht abgelegt, geheiratet und den Armen das reformierte Bekenntnis verkündet hatte. Der Glaubenstod des geschätzten Greises – übrigens der letzte eines schottischen Protestanten –

rief in der Bevölkerung eine ungeheure Erregung hervor, und sie errichtete auf der Richtstätte zu seinem Andenken ein Hügelgrab. Als ein zweiter Priester zur Verantwortung gezogen werden sollte, erzwang sich ein bewaffneter Haufen Zutritt zur Regentin und erklärte ihr, keine weiteren Verfolgungen wegen Glaubensdingen dulden zu wollen. Im November teilten die Lords der Kirche der Regentin mit, wenn keine Religionsfreiheit gewährt werde, hielten sie – die Lords – sich nicht für verantwortlich, «wenn es dahin kommen sollte, daß die Mißstände gewaltsam beseitigt werden». Im gleichen Monat sandten sie Knox eine Botschaft, daß sie ihn, falls er zurückkomme, schützen würden.

Er ließ sich Zeit und traf erst am 2. Mai 1559 in Edinburgh ein. Am 3. Mai predigte er in Perth und gab damit das Signal zur Revolution. Nach seiner eigenen Aussage handelte es sich um eine «vehemente Predigt gegen den Götzendienst», darin er den götzendienerischen Charakter und die Schändlichkeit der Messe darlegte und mit Zitaten aus der Bibel untermauerte. Die fanatisierte Menge geriet außer Rand und Band. In einer benachbarten Kirche rief ein Junge, als ein Priester die Messe lesen wollte: «Das ist unerträglich! Wo doch Gottes Wort jeden Götzendienst verbietet, sollen wir zusehen, wie man solchen trotzdem betreibt.» Knox schildert weiter: «Der Priester gab dem Kind eine mächtige Ohrfeige; zornig hob es einen Stein auf und warf ihn nach dem Priester und traf damit den Tabernakel und zerschmetterte eine Statue; und die ganze Menge, die da war, warf alles Bildwerk des Götzendiensts in Stücke.» Dann drang man in drei Klöster ein, plünderte sie und vernichtete die religiösen Darstellungen und Symbole; immerhin durfte ein jeder Mönch so viel wegtragen, als er auf dem Rücken zu schleppen vermochte. «Innerhalb von zwei Tagen waren diese drei großen Gebäude ... so total zerstört, daß nur Mauern übrigblieben.»

Die Regentin stand zwischen zwei Fronten. Ihr Bruder, der Kardinal von Lothringen, riet ihr, wie Maria Tudor die führenden Protestanten hinzurichten; andererseits bedrohten die siegreichen Rebellen in und um Perth jeden Geistlichen, der die Messe zu lesen wage, mit dem Tod. Und am 22. Mai stellten ihr die Lords der Kirche, gestützt auf ihr waffentragendes Gefolge, ein unheilkündendes Ultimatum:

«An Ihre Gnaden, die Regentin der Königin, mit aller schuldigen Ehrerbietung: Wie wir bis jetzt unter Gefährdung unserer Leben und doch mit willigen Herzen der Obrigkeit Schottlands und Euer Gnaden gedient haben ... so sind wir zu unserem größten Schmerz gezwungen, weil uns ungerechte Tyrannei angedroht wird, Euer Gnaden zu erklären, daß wir, wenn dieser Grausamkeit nicht durch Eure Weisheit Einhalt geboten wird, gezwungen sein werden, gegen alle, die uns wegen Glaubensfragen verfolgen, das Schwert der gerechten Verteidigung zu ergreifen ... Dieses grausame, ungerechte und tyrannische Morden, das gegen Städte und zahllose Menschen gerichtet ist, war und ist der einzige Grund für unsere Revolte gegen unseren gewohnten Gehorsam, den wir im Angesicht Gottes unserer *Sovereign Mistress* [Maria, Königin der Schotten], ihrem Gemahl und Euer Gnaden, der Regentin, getreulich geloben, sofern unsere Gewissen in dem Frieden und in der Freiheit leben dürfen, die Jesus Christus mit seinem Blut für uns erkauft hat ... Euer Gnaden gehorsame Untertanen in allen Dingen, die Gott nicht widerwärtig sind. – *Die bekennende Kirche Jesu Christi in Schottland.*»[9]

Gleichzeitig appellierte die Kongregation an alle Edelleute, sich der Revolte anzuschließen, und warnte öffentlich «die Kreaturen des Antichrist, die verseuchten Prälaten und ihre Tonsurierten»: «Wenn ihr in eurer gemeinen Grausamkeit fortfahrt, werdet ihr, wo man euch greift, behandelt als Mörder und erklärte Feinde Gottes ... Kein Frieden wird geschlossen werden, bis ihr von eurem öffentlichen Götzendienst und der grausamen Verfolgung der Kinder Gottes absteht.»

Die Regentin begab sich mit so vielen Söldnern, als sie zusammentrommeln konnte, nach Perth, wo ihr aber die Anhänger des neuen Bekenntnisses in Schlachtordnung entgegentraten. Da sie einsehen mußte, daß ihre Streitmacht nicht ausreichte, verstand sie sich zu einem Waffenstillstand (29. Mai 1559). Knox ging nach St. Andrews und predigte, sich über das erzbischöfliche Verbot hinwegsetzend, neuerdings gegen den Götzendienst (11. bis 14. Juni). Von seiner Glut angesteckt, riß man alle «Merkmale des Götzendiensts» aus den Kirchen und verbrannte die Bildwerke vor den Augen der katholischen Priester. Der Erzbischof floh nach Perth; doch am 25. Juni besetzten die Scharen der Kongregation Jesu Christi auch diese Stadt, weil – wie sie sagten – die Regentin ihre französischen Söldner mit französischem Geld besoldet und dadurch gegen die Waffenstillstandsbedingungen verstoßen hätte. Am 28. Juni plünderten sie die Abtei Scone und äscherten sie ein. Als die Flammen emporschlugen, äußerte – wenn wir dem manchmal phantasievollen Knox Glauben schenken dürfen – eine arme alte Frau: «Jetzt verstehe und sehe ich, wie gerecht Gott urteilt. Seit ich mich zurückerinnern kann, ist dieses Haus eine Höhle der Hurerei gewesen. Es ist kaum glaublich, wie viele Jungfrauen man hier geschändet und wie viele Weiber man zum Ehebruch verleitet hat ... und das alles haben diese dreckigen Schweine getan, die in dieser Höhle hausten, und allen voran dieser schlechte Kerl, der Bischof.»

Die Regentin, jetzt so schwer erkrankt, daß sie sich dem Tode nahe wähnte, floh nach Leith und versuchte in Erwartung der Ankunft französischer Hilfe die siegreichen Protestanten durch Verhandlungen hinzuhalten. Ihre Gegner überspielten sie jedoch, indem sie sich die Unterstützung Englands sicherten, zu welchem Zweck Knox sich herbeiließ, Elisabeth zu schreiben, daß sein *Trompetenstoß gegen das Weiberregiment* ihre Person ausnehme. Da Maria Stuart, seit sie 1559 Frankreichs Königin geworden war, Elisabeth als illegitime Usurpatorin verschrie und Ansprüche auf den englischen Thron geltend machte, riet Elisabeths Kanzler, William Cecil, die aufrührerischen Schotten zu unterstützen und so das Land in Abhängigkeit von England zu bringen. Ein englisches Geschwader blockierte im Firth of Forth die Landung eines französischen Hilfskontingents für die Regentin, während sich ein englisches Kontingent am Angriff der Streiter der Kongregation auf Leith beteiligte. Maria von Lothringen zog sich nach Schloß Edinburgh zurück, küßte jeden einzelnen in ihrem Gefolge zum Abschied und starb (10. Juni 1560). Sie war ein guter Mensch, trotzdem wurde ihr in einem geschichtlichen Drama die tragische Rolle zuteil.

Von jedem Nachschub abgeschnitten, mußten ihre letzten Parteigänger kapitulieren. Am 6. Juli 1560 unterzeichneten Unterhändler der Kongregation Jesu Christi, Maria Stuarts, der Königreiche Frankreich und England den Vertrag von Edinburgh, dessen Bestimmungen beim späteren Konflikt der beiden britannischen Königinnen eine so bedeutungsvolle Rolle spielten. Maria Stuart wurde als Königin der Schotten bestätigt, hingegen entsagten sie und ihr Gemahl Franz II. von Frankreich allen Ansprüchen auf die englische Krone; ausländische Truppen hatten, bis auf eine französische Leibwache von 120 Mann, Schottland zu verlassen; die Stände erhielten das Recht, fünf der zwölf Mitglieder des Kronrats zu ernennen und bei Entscheidungen über Krieg und Frieden Veto einzulegen; Ausländer und Priester durften keine wichtigen Staatsämter bekleiden, und eine allgemeine Amnestie – vorbehaltlich gewisser von den Ständen zu definierender Ausnahmen – war zu erlassen. Es war ein demütigender Frieden für die abwesende Königin und ein großer und fast unblutiger Sieg für die Kongregation Jesu Christi.

Als die Stände am 1. August 1560 zusammentraten, genehmigten sie mit nur acht Gegenstimmen ein Glaubensbekenntnis, das Knox mit Hilfe einiger Freunde entworfen und Maitland von Lethington da und dort gemildert hatte. Da dieses Bekenntnis auch heute noch die offizielle Grundlage der Presbyterianischen Kirche Schottlands darstellt, seien die wichtigsten Bestimmungen wiedergegeben:

«1. Von Gott. Wir bekennen und erkennen einen einzigen Gott ... in drei Personen ...

2. Von der Erschaffung des Menschen. Ebenso glauben und bekennen wir, daß von diesem unserm Gott der Mensch, das heißt der erste Vater des menschlichen Geschlechts, Adam, nach seinem Bild und Ebenbild geschaffen sei, von ihm beschenkt mit Weisheit, Herrschaft, Gerechtigkeit, freiem Willen und deutlicher Erkenntnis seines Gottes, so daß in der gesamten menschlichen Natur nichts zu entdecken war als lautere Vollkommenheit. Von dieser Würde und Vollkommenheit aber sind der Mann und das Weib abgefallen, der Mann betrogen durch das Weib, das Weib betrogen durch die Schlange; der Mann, indem er der Stimme des Weibes gehorchte ...

3. Von der Ursünde *[De peccato originali]*. Durch diese Verachtung des Gebots, die wir Ursünde zu nennen pflegen, ist das Ebenbild Gottes im Menschen völlig ausgelöscht worden. Sein Ungehorsam hat den Menschen mit seiner ganzen Nachkommenschaft so zum Feind Gottes, zu einem Sklaven *[manicipium]* Satans und einem Gefangenen der Sünde gemacht, daß der ewige Tod die Herrschaft gewann und über alle in Zukunft haben sollte, die nicht von Gott erneuert worden sind und noch erneuert werden. Diese Erneuerung aber oder Wiedergeburt ist das Werk des Heiligen Geistes, der in die Herzen der von Gott Erwählten einen festen Glauben einpflanzt an die Verheißungen, die Gott uns durch sein Wort geoffenbart hat, den Glauben, durch den wir Jesus Christus und die ganze uns in Christus verheißene Gnade und Wohltat erfahren.

8. Von der Erwählung. Denn derselbe ewige Gott und Vater, der nach seiner lauteren Gnade uns in Christus Jesus, seinem Sohn, erwählt hat vor Grundlegung der Welt, hat ihn uns zum Haupt, Bruder, Hirten und zum großen Hohenpriester unserer Seelen bestimmt.

16. Von der Kirche. Gleich wie wir an den einen Gott, den Vater, Sohn und Heiligen Geist, glauben, so halten wir es auch für ganz gewiß, daß von Anfang der Welt an bestanden hat, heute noch besteht und bis zum Ende der Zeiten bestehen wird die eine Kirche, das ist: die eine Versammlung und Vielzahl der von Gott erwählten Menschen, die auf rechte und fromme Weise Gott verehren und ihm anhangen durch den wahren Glauben an Jesus Christus, dem einzigen Haupt seiner Kirche, die selbst der Leib und die Braut des Christus ist ... Außerhalb dieser Kirche gibt es kein Leben, keine ewige Seligkeit. Deshalb verwerfen wir durchaus die Lästerungen derer, die behaupten, die Bekenner jeder beliebigen Sekte oder Religion würden selig, wenn nur die Taten gerecht und billig wären ...

21. Von den Sakramenten. ... So wissen auch wir heute zur Zeit des Evangeliums nur von zwei Sakramenten ... nämlich der Taufe und dem Mahl ... Dabei träumen wir nicht unbesonnen von einer Verwandlung des natürlichen Brots in den Leib Christi und des Weines in sein Blut nach der verderblichen Lehre und Meinung der Papisten, sondern diese Vereinigung und Gemeinschaft mit dem Leib Christi, die der rechte Gebrauch der Sakramente uns gewährt, wirkt

in uns der Heilige Geist, der uns ... den wahren, einmal für uns gebrochenen Leib Christi und sein wahres für uns vergossenes Blut zum Genießen darreicht, nämlich den Leib, so wie er jetzt im Himmel für uns vor dem Vater erscheint.

24. Von der bürgerlichen Obrigkeit. Ebenso erkennen wir an und bekennen, daß die Kaiser- und Königreiche, Gewalten, Herrschaften und Staaten von Gott in ihrer Verschiedenheit eingesetzt sind ... Ebenso bekennen wir, daß es das besondere Amt der Könige, Fürsten und der sonstigen Obrigkeiten ist, für einen reinen Gottesdienst zu sorgen und den verunstalteten von seinen Befleckungen zu säubern. Denn sie sind nicht nur zur Erhaltung der bürgerlichen Ordnung eingesetzt, sondern auch zum Schutz der Religion.»[10]

In Übereinstimmung mit diesem Glaubensbekenntnis erklärte das schottische Reformationsparlament den päpstlichen Supremat als hinfällig, das reformierte Bekenntnis und Ritual im ganzen Land obligatorisch und das Zelebrieren der Messe für ungesetzlich; die erste Gebotsverletzung bedrohte es mit körperlicher Züchtigung und Vermögenskonfiskation, die zweite mit Verbannung, die dritte mit dem Tod. Doch da der im Parlament ausschlaggebende Adel weit mehr nach Land als nach Blut gierte und Calvins Theologie nicht buchstäblich nahm, blieb die Verfolgung der unentwegten Katholiken verhältnismäßig milde, und wir hören von keinen Körperstrafen. Dafür stellte sich der Adel, dem es jetzt gestattet war, das Dogma vom Fegefeuer als Märchen abzutun, auf den Standpunkt, daß er um einen Teil seines Erbes betrogen worden war, seien doch nach der neuen Theologie die Toten schon vor Erschaffung der Welt unwiderruflich dem Heil oder der Verdammnis bestimmt gewesen und deshalb die von den Vorfahren für Seelenmessen gemachten Land- und Geldschenkungen wertlos. Es war bequem und angenehm, die Aneignung des Kirchenvermögens als Zurückgabe erschlichenen Guts zu deklarieren. Die meisten Klöster wurden geschlossen, ihre Reichtümer vom Adel in Besitz genommen. Anfänglich waren nicht einmal Mittel für die neuen Seelsorger eingeplant; sie waren als ideologischer Vorspann für die Umwälzung brauchbar gewesen; jetzt aber verlor der Adel alles Interesse an Glaubensfragen. Von Knox und seinen Amtsbrüdern, die für die neue Ordnung so viel gewagt und geopfert hatten, war natürlich angenommen worden, daß das Kirchenvermögen weiterhin zur Erhaltung der *Kirk* – Kirche – und ihrer Seelsorger verwendet werden würde. Auf eine ans Parlament gerichtete Petition erhielten sie zuerst keine Antwort; schließlich speiste man sie mit einem Sechstel des Raubes ab. Da sich dieses aber nicht als ausreichend erwies, machten sie gegen die Habgier des Adels Front, womit das historische Bündnis zwischen Presbyterianertum und fortschrittlichen Kräften begründet wurde.

Von allen Reformationen hat die schottische am wenigsten Blut vergossen und sich als die dauerhafteste bewährt. Die Katholiken trugen ihr Leid schweigend und heimlich; die katholischen Bischöfe flohen, und die niedere Geistlichkeit sah sich durch die Veränderungen nicht schlechter gestellt als vorher zur Zeit der Abgaben und Visitationen. In ländlichen Gegenden schwanden die Kruzifixe an den Wegrändern, alte Wallfahrtsstätten lagen verödet, die Namenstage der Heiligen lieferten keinen Vorwand zum Feiern. Manche haben sicherlich der Vergangenheit nachgetrauert und sie idealisiert, und manche sahen der Ankunft ihrer jugendlichen Königin aus Frankreich voller Hoffnung entgegen. Vieles war dahin, was heiter und schön, und vieles, was brutal, unbarmherzig und heuchlerisch gewesen war; und große Not und Bedrängnis stand erst noch bevor. Doch all das hat sein müssen. Nachdem die gegenseitigen Anklagen verstummt waren und sich die Menschen an die neue Ordnung gewöhnt hatten, erwies es sich als ein Segen, daß ähnliche Glaubensbekenntnisse und konvergierende Linien des Königshauses zusammentrafen, um den bitteren Kriegen zwischen Schotten und Engländern ein Ende zu machen. Die Zeit war nicht mehr fern, da die schwächere Nation dem stärkeren Land den König geben und Britannien unter einem Zepter geeint werden sollte.

DREIZEHNTES KAPITEL

# *Die Ausbreitung der Reformation im übrigen Europa*

[1517–1560]

## I. SKANDINAVISCHES PANORAMA: 1470–1523

Auch in Skandinavien verdankte die Kirche der allgemeinen Frömmigkeit ihre überragende wirtschaftliche Macht. In Dänemark gehörte ihr ums Jahr 1500 die Hälfte des landwirtschaftlich nutzbaren Bodens, und die Pächter, die ihn bestellten, waren kaum besser daran als Hörige. Sogar Kopenhagen war kirchliches Lehen. Adel und Geistlichkeit genossen Steuerfreiheit, der Adel, weil er auf eigene Kosten Kriegsdienst leistete, die Geistlichkeit, weil sie für die Seelsorge, die Überwachung der öffentlichen Sitten, die Erziehung und die Armenpflege sorgte. Selbstverständlich waren auch die Universitäten Kopenhagen und Uppsala kirchliche Institutionen. Dafür erhob die Kirche von allen Laieneinkünften und Ernten den Zehnten; die Registrierung jedes Hauses, jeder Geburt, jeder Eheschließung und jeder Beerdigung kostete eine kleine Gebühr; die unabhängigen Bauern schuldeten ihr pro Jahr einen Tag Frohndienst, und wer Eigentum hinterlassen wollte, konnte es nicht tun, ohne der Kirche für die Beurkundung seines Letzten Willens eine Spende zu überschreiben. Alle diese Abgaben dienten angeblich der Finanzierung der Seelsorge; doch mehrten sich die Klagen, daß die Bischöfe einen allzu großen Teil dieser Einkünfte zur Entfaltung königlichen Prunkes verwendeten. Die dänischen Kaufleute, die unter der Vorherrschaft der Hanse in Nord- und Ostsee ohnehin schon litten, grollten über die zusätzliche Konkurrenz des Adels und der Geistlichkeit, die die Überschußerzeugung ihrer Ländereien selbst, oft sogar in eigenen Schiffen, verfrachteten. Wie anderswo auch, blickte der Adel mit begehrlichen Augen auf die kirchlichen Ländereien, und wie anderswo gerieten Nationalismus und übernationale Kirche miteinander in Konflikt.

Die 1457 von Christian I. erneuerte Kalmarische Union fand in allen drei Ländern die Unterstützung des Klerus. Doch allmählich bildete sich in Schweden unter den Bürgern und Bauern eine Opposition gegen die Union, die man praktisch als Hegemonie Dänemarks empfand, und 1512 proklamierte sie Sten Sture den Jüngeren zum Regenten eines unabhängigen Schweden. Gustav Trolle, der Erzbischof von Uppsala, der damaligen Hauptstadt Schwedens, trat für die Union ein; Sten Sture der Jüngere setzte ihn ab, Papst Leo X. forderte seine Wiedereinsetzung, Sture verweigerte sie, Leo verhängte über Schweden das Interdikt und beauftragte Christian II. von Dänemark, in Schweden einzumarschieren und den Regenten zur Rechenschaft zu ziehen. Christians erster Versuch schlug fehl, und er mußte einen Waffenstillstand bewilligen;

immerhin nahm er einige schwedische Geiseln als Unterpfand für die Einhaltung des Waffenstillstands nach Kopenhagen mit (18. Januar 1520); einer dieser Geiseln war Gustav Wasa. Ein zweiter Feldzug Christians endete mit einem entscheidenden Sieg; Sture starb an den im Kampf erlittenen Verletzungen; aber seine Witwe improvisierte eine Streitmacht, die Stockholm fünf Monate gegen die Dänen verteidigte. Schließlich kapitulierte sie unter der Bedingung, daß ihre Parteigänger geschont werden würden, und am 4. November krönte der wiedereingesetzte, triumphierende Erzbischof den Dänenkönig auch zum König Schwedens.

Am 7. November bestellte Christian die prominentesten Anhänger Stures in das Stockholmer Schloß, wo ein Vertreter Erzbischof Trolles für die Vertreibung seines Herrn und die Zerstörung der bischöflichen Residenz Sühne verlangte. Christian verurteilte entgegen dem von seinem Heerführer zugesicherten Pardon siebzig Schweden zum Tod. Am 8. November wurden sie auf dem Marktplatz enthauptet; am 9. November erlitten ein paar nachträglich ergriffene Personen das gleiche Schicksal, und sogar Zuschauer, die sich über die Vorgänge empörten, wurden sogleich zum Richtblock geschleppt. Das Eigentum der Enthaupteten konfiszierte man zuhanden des Königs. Ganz Schweden kochte vor Zorn; die Kalmarische Union sei, so sagte man, in dem «Stockholmer Blutbad» ersäuft worden; das Prestige der Kirche, der die moralische Verantwortung zufiel, erlitt eine nicht wieder gutzumachende Schädigung. Statt, wie er glaubte, durch die Ermordung der Elite der Nation seine Herrschaft zu festigen, bahnte Christian nur der jugendlichen Geisel Gustav Wasa den Weg zum Thron.

Eigentlich hieß der Jüngling Gustav Eriksson; die Nachwelt taufte ihn nach dem Liktorenbündel (lateinisch *fascis*, schwedisch *vasa*) in seinem Familienwappen Gustav Wasa (oder auch Vasa). Nach dem Studium an der Universität Uppsala, die er dreizehnjährig bezogen hatte, wurde er mit zwanzig Jahren von Sture dem Jüngeren – der mit einer Halbschwester von Gustavs Mutter verheiratet war – an seinen Hof berufen, wo er vom Kanzler, Bischof Hemming Gad, weitere Unterweisung erhielt. 1519 entwich er aus Dänemark, gelangte nach Lübeck, bewog den Dänemark feindlich gesinnten Senat, ihm Geld und ein Schiff zur Verfügung zu stellen, und landete am 31. Mai 1520 an der schwedischen Küste. Monatelang durchwanderte er, sich in abgelegenen Dörfern verbergend, unerkannt das Land, bis er im November von der Hinrichtung der schwedischen Patrioten in Stockholm, unter denen sich auch sein Vater befand, hörte. Auf dem schnellsten Gaul, den er auftreiben konnte, jagte er nordwärts seinem heimatlichen Dalekarlien zu, wo er mit Hilfe der freien Bauernschaft jener Gegend den Kern eines Heeres zu bilden und mit ihm die Dänen aus dem Land zu treiben hoffte.

Sein weiteres Leben wäre der Feder eines Homer würdig gewesen. Nach wilden Ritten auf vereisten Straßen rastete er im Hause eines ehemaligen Kommilitonen, der ihn großartig bewirtete und gleichzeitig prodänische Häscher von der Anwesenheit der entsprungenen Geisel verständigte. Von der Frau des Verräters gewarnt, hastete er weitere zwanzig Meilen nach Norden, bis er bei einem Priester acht Tage Obdach fand. Dann setzte er seinen Ritt fort; in Rättvik versuchte er vergeblich, die Bevölkerung zu einem Aufstand zu bewegen; sie hatte noch nichts von dem Stockholmer Blutbad gehört und hielt die Kunde davon für ein Märchen. Weiter ritt er über die gefrorene Heide nach Mora; aber auch die dortigen Bauern brachten seinen Appellen nur Zweifel und Gleichgültigkeit entgegen. Gustav, der sich ganz allein sah, verlor einen Moment lang den Mut und lenkte seinen Gaul westwärts, der norwegischen Grenze zu, um dort Asyl zu erbitten. Doch ehe er die Grenze erreichte, wurde er von einem Boten eingeholt; er solle nach Mora zurückkehren, wo er nun sicher Gehör finden werde, da die Leute nicht minder empört seien als er selbst. In Mora war mittlerweile nicht nur die Bestätigung der Schreckenstat eingetroffen; es ging auch das Gerücht, der König plane nach Norden zu reisen und habe befohlen, in allen größeren Orten Galgen vorzubereiten. Auch von neuen Steuern war die Rede – als ob man nicht ohnehin schon mit der Ungunst der Elemente zu kämpfen und sich gegen den habgierigen Adel zu wehren hätte. Als Gustav zum zweitenmal in Mora eintraf, gelobte man ihm, sich zu bewaffnen und im Waffengebrauch zu üben, ihm zu folgen, wohin er führe, und stellte ihm schließlich eine persönliche Leibwache von sechzehn unerschrockenen Gebirglern zur Verfügung.

Da sie keine Waffen kannten außer Axt und Armbrust, zeigte ihnen Gustav die Herstellung von Piken und Wurfspießen mit eisenbewehrten Spitzen und bildete sie mit dem ganzen Eifer eines das Vaterland und die Macht liebenden Jünglings für das Kriegshandwerk aus. Unter seiner begeisterten Führung eroberten sie Västerås und Uppsala; Erzbischof Trolle mußte wieder fliehen. Mit ebensoviel Energie wie Geduld entriß Wasa den Dänen Provinz um Provinz, während sich Christian II., von Unruhen im eigenen Lande beansprucht, in Dänemark festgehalten sah. Mittlerweile bombardierten seine Fregatten wiederholt schwedische Küstenplätze. Gustav entsandte Emissäre mit dem Ersuchen um Kriegsschiffe nach Lübeck, und der Senat erklärte sich gegen die Zusicherung einer hohen Entschädigung zur Ausrüstung von zehn Fregatten bereit, die von da an die Aufmerksamkeit der Dänenschiffe auf sich zogen. Am 7. Juli 1523 rief ein revolutionärer Riksraad den siegreichen Führer Gustav Eriksson unter dem Namen Gustav I. zum König aus; am 20. Juni ergab sich Stockholm, das er alsbald zur Hauptstadt erhob. Unterdes hatte Christian auch den dänischen Thron verloren. Sein Nachfolger, Friedrich I., entsagte allen Ansprüchen auf Schweden, womit die Kalmarische Union (1397–1523) aufgehoben war und die Dynastie Wasa begann.

## II. DIE REFORMATION IN SCHWEDEN

Gustav zählte zu diesem Zeitpunkt siebenundzwanzig Jahre. Er war nicht so groß, wie wir uns Nordländer vorstellen, besaß aber die den Wikingern zugeschriebene Körperkraft; sein volles Gesicht zeugte von Gesundheit, und der lange blonde Bart verlieh ihm eine mehr seiner Stellung als seinen Jahren angemessene Würde. Für einen König lebte er ungewöhnlich sittenrein, so daß die Kirche, von der er in Bälde abfallen sollte, an seinem Lebenswandel nichts zu tadeln fand. Die nervöse Energie, mit der er sich den Regierungsgeschäften widmete, schlug gelegentlich in Heftigkeit und Tyrannei um;

doch rechtfertigte der Zustand, worin sich Schweden bei seinem Regierungsantritt befand, beinahe diese Stimmungen und die Gewaltsamkeit seines Vorgehens. Während der kriegerischen Unruhen hatten Tausende von Bauern die Aussaat unterlassen, die Bergleute waren aus den Gruben abgewandert, die Städte waren teilweise verheert, der Geldwert hatte sich verringert und die Staatskasse war leer, die führenden Köpfe hatten beim Blutbad das Leben eingebüßt. Der überlebende Hochadel blickte geringschätzig auf den Emporkömmling Gustav, der jedoch alle Verschwörungen mit starker Hand unterdrückte. Finnland, eigentlich zu Schweden gehörig, befand sich noch in dänischen Händen, und auf der strategisch wichtigen Insel Gotland saß der dänische Admiral Sören Norby. Und Lübeck drängte auf die Rückzahlung seiner Darlehen.

Die erste Sorge jeder Staatsgewalt gilt der Besoldung der Truppen, auf die sie sich stützt, und dem Salär der Beamten, in deren Händen die Verwaltung liegt. Aber im Schweden Gustav Wasas kostete es ebensoviel, die Steuern einzuziehen, wie sie einbrachten, weil diejenigen, die sie hätten entrichten können und sollen, machtvoll genug waren, die Bezahlung zu verweigern. Gustav griff zu dem verzweifelten Ausweg einer neuen Münzabwertung; die Kaufkraft der neu geprägten Geldstücke sank jedoch rasch bis auf ihren bloßen Metallwert hinunter, und die Staatsfinanzen gerieten in einen noch schlimmeren Zustand als zuvor. Ein einziger Stand verfügte noch über soliden Reichtum: der Klerus. Nach Gustavs Auffassung mußte er in dieser Notlage Volk und Staat zu Hilfe kommen, und so ersuchte er den Bischof von Linköping, Hans Brask, schriftlich, dem Staat 5000 Gulden zu spenden (1523). Der Bischof tat es unter Protest. Als weitere Maßnahme sandte Gustav an alle Kirchgemeinden und Klöster ein dringliches Rundschreiben, alle Edelmetalle und Gelder, die für die unmittelbare Seelsorge entbehrlich seien, dem Staat als Darlehen zu überlassen, und fügte eine Liste bei, wieviel er von jeder Quelle erwarte. Da die Antworten seine Hoffnungen enttäuschten, begann er mit dem Gedanken zu spielen, nach dem Vorbild der lutherischen Reichsfürsten das Kirchenvermögen zuhanden des Staates einzuziehen. Daß die geistlichen Würdenträger meistenteils die Partei Dänemarks genommen und sich seinem patriotischen Aufstand entgegengestemmt hatten, hatte er nicht vergessen.

1519 war Olaus Petri, der Sohn eines Eisenhüttenbesitzers, nach mehrjährigem Studium in Wittenberg heimgekehrt und vertrat, zum Dekan der Klosterschule Strängnärs ernannt, sogenannte «Irrlehren». Das Fegefeuer, sagte er, sei eine Fabel, die Verkündigung des Evangeliums sei für das Seelenheil nützlicher als die Messe, und einzig und allein direktes Gebet und unmittelbare Beichte gelte vor Gott als wertvoll. Lutherische Schriften begannen in Schweden zu zirkulieren. Als Bischof Brask den König drängte, ihren Verkauf zu verbieten, antwortete Gustav, unparteiische Beurteiler hätten Luthers Lehren nicht für falsch erklärt; vielleicht hielt er es für zweckmäßig, für den Schacher mit der Kirche einen Ketzer als Faustpfand in Bereitschaft zu halten.

Die Situation spitzte sich zu, als Papst Hadrian VI. auf der Wiedereinsetzung Erzbischof Trolles bestand und sich weigerte, seinen eigenen Legaten, Johannes Magnus, als Erzbischof von Uppsala zu bestätigen. Wasa richtete einen Brief an die Kurie, der zu jener Zeit (1523) Heinrich VIII. empört, in späteren Jahren aber begeistert hätte:

«Wenn unser allerheiligster Vater für den Frieden unseres Landes irgendwelche Sorge empfindet, würden wir es begrüßen, wenn er die Ernennung seines Legaten genehmigen würde ... Wir werden uns dann hinsichtlich der Reform der Kirche und der Liturgie nach den Wünschen des Papstes richten. Sollte aber Seine Heiligkeit gegen den Frieden unserer Untertanen und gegen unsere Ehre die Partei der durch Verbrechen befleckten Anhänger Erzbischof Trolles ergreifen, werden wir seinem Legaten gestatten, nach Rom zurückzukehren, und in unserem Land die Kirche mit jener Autorität regieren, die uns als König zusteht.»

Hadrians Ableben und Clemens' VII. Händel mit Luther, Karl V. und Franz I. ließen Wasa freie Hand, die schwedische Reformation zu fördern. Er berief Olaus Petri an die Stockholmer Nikolauskirche, dessen Bruder Laurentius an die theologische Fakultät in Uppsala und einen dritten Reformer, Laurentius Andreae, als Archidiakon ans Domkapitel. Am 27. Dezember disputierte Olaus Petri mit Peter Galle im Kapitelhaus zu Uppsala unter dem Vorsitz des Königs, der dem den lutherischen Standpunkt verfechtenden Petri den Sieg zusprach und sich auch nicht beunruhigt fühlte, als der Reformer vier Monate vor Luther zum Traualtar schritt (1525). Desto heftiger reagierte Bischof Brask auf diesen Verstoß gegen das Priesterzölibat; er bedrängte den König, die Reichsacht über Petri auszusprechen. Gustav entgegnete, falls Petri ein Unrecht begangen habe, werde er bestraft werden; «es wäre jedoch verwunderlich, wenn die Eheschließung (eine von Gott nicht verbotene Zeremonie) ein Unrecht sein sollte, während Unzucht und andere ausdrückliche Sünden keine Ächtung zur Folge haben sollen», und statt Petri zu ächten, beauftragte Gustav ihn und Laurentius, eine schwedische Bibelübersetzung zu schaffen. Wie in vielen Ländern hat diese landessprachliche Version der Bibel die Entwicklung der Schriftsprache und die Umwandlung des nationalen Glaubensbekenntnisses gefördert.

Wie die meisten Herrscher hielt Gustav jede Land und Krone stärkende Maßnahme für moralisch gerechtfertigt. Die schwedischen Bistümer wurden ausschließlich mit Persönlichkeiten besetzt, die seinen Plänen gefügig waren, und zum schrittweisen Einzug des klösterlichen Grundbesitzes fand er eine unwiderlegliche Rechtfertigung. Den Raub teilte er mit seinem Adel, dem damit, wie er sagte, das von der Kirche seinen Vorfahren abgeschwatzte Eigentum zurückerstattet werde. Clemens VII. sandte Protest um Protest: gegen die Eheschließung der Priester, gegen die Verabreichung des Abendmahls in beiderlei Form, gegen die Unterlassung der Letzten Ölung, gegen die Eingriffe in die Liturgie; schließlich appellierte er an den König, der Kirche die Treue zu halten. Doch Gustav war bereits zu weit gegangen; die Rückkehr zum alten Glauben wäre für die Staatskasse verhängnisvoll gewesen. Auf dem Reichstag zu Västerås proklamierte er offiziell die Reform der schwedischen Kirche (1527).

Dieser Reichstag ist sowohl hinsichtlich seiner Zusammensetzung als auch seiner Ergebnisse geschichtlich höchst bemerkenswert. Er bestand aus 4 Bischöfen, 4 Kanonikern, 15 Kronräten, 129 Edelleuten, 32 städtischen Bürgern, 104 Bauern und 14 Bergarbeitern – es hat im sechzehnten Jahrhundert nur wenige Nationalversammlungen gegeben, worin alle Stände so gut vertreten waren. Die von Gustavs Kanzler ausgearbeiteten Vorschläge liefen auf eine totale Neuordnung hinaus: da der Staat verarmt sei, sei das Gemeinwohl gefährdet; die Kirche aber könne einen erheblichen Teil ihres Reichtums dem Staat überlassen und noch genug behalten, um ihre Aufgaben zu erfüllen. Bischof Brask kämpfte verzweifelt für seine ideellen und materiellen Interessen und stützte sich vor allem auf die vom Papst an den Klerus ergangene Order, der Kirche ihr Hab und Gut zu erhalten. Die Abstimmung ergab eine Mehrheit zugunsten des Papstes. Gustav kündigte, alles auf eine Karte setzend, an, er werde, falls Reichstag und Nation bei diesem Beschluß verharrten, die Krone niederlegen und Schweden verlassen. Der Reichstag debattierte drei Tage; dann schlugen sich die Bürger und Bauern auf die Seite des Königs, ebenso der Adel, der ohnehin gute Gründe hatte, der Reform geneigt zu sein; überzeugt, daß Wasa für Schweden viel wertvoller war als alle Päpste, genehmigte der Reichstag schließlich die königlichen Vorschläge.

Der Reichstagsabschied von Västerås verwandelte die Klöster in königliche Lehen, ließ jedoch den Mönchen das Wohnrecht; weiterhin verfügte er Rückerstattung aller adligen Schenkungen an die Kirche nach 1454 an die Erben der Donatoren; die Bischofsresidenzen wurden Kronbesitz, den Bischöfen wurde untersagt, ihre Ernennung von der Kurie bestätigen zu lassen; kirchliche Einkünfte, die nicht für die Seelsorge benötigt wurden, mußten künftig an die Staatskasse abgeliefert werden, die Ohrenbeichte wurde untersagt und die Bibel zur Grundlage des Gottesdienstes gemacht. Noch entscheidender als anderswo hat die schwedische Reformation die Kirche nationalisiert und dem Staat zum Sieg über die Kirche verholfen.

Wasa regierte nach dieser Krise noch volle dreiunddreißig Jahre als kraftvoller, aber wohlmeinender Autokrat. In der Überzeugung, daß nur ein zentralisiertes Verwaltungssystem Ordnung und Wohlfahrt des Landes gewährleisten könne, setzte er sich darüber hinweg, jede Maßnahme vom Reichstag billigen zu lassen. Er regelte und überwachte den Bergbau persönlich, so daß das Eisen aus den Bergwerken des Nordens in alle Landesgegenden floß, das Gewerbe weitete sich aus, und Handelsverträge mit Frankreich, England, Dänemark und Rußland erschlossen Märkte für schwedische Erzeugnisse und brachten die Produkte vieler Länder nach Schweden. Die Landeskultur, die so lange in den Fesseln des Analphabetentums und der bäuerlichen Primitivität gelegen hatte, gewann Selbstvertrauen und zunehmende Verfeinerung. Schweden prosperierte wie nie zuvor.

Gustav führte mehrere Kriege, unterdrückte vier Revolten und heiratete dreimal. Die erste Frau schenkte ihm den späteren Erich XIV., die zweite Frau gebar ihm fünf Söhne und fünf Töchter, und die dritte, die erst sechzehn Jahre alt war, als er sie heimführte, überlebte ihn sechzig Jahre. Als er nach siebenunddreißigjähriger Regierung starb (29. September 1560), setzte das Volk seinen allgemein beliebten König unter prunkvollen Zeremonien im Dom von Uppsala bei. Schweden hatte ihm seine Diktatur verziehen, weil es begriffen hatte, daß Ordnung die Mutter und nicht das Kind der Freiheit ist, und der dankbare Riksraad hatte die männliche Thronfolge seines Hauses gesetzlich verankert. Die bürgerlichen Rechte, für die die Schweden so prädestiniert erschienen, enthielten ihnen Wasa zwar vor, dafür befreite er sie von der politischen und religiösen Vorherrschaft des Auslands und schuf die Voraussetzungen für die spätere Blüte der Wirtschaft, Literatur und Kunst. Gustav Wasa war der Schöpfer des modernen Schweden.

## III. DIE REFORMATION DÄNEMARKS

Christian II., dänischer König von 1513 bis 1523, war eine ebenso schillernde Persönlichkeit wie sein schwedischer Widersacher Gustav Wasa. Nachdem er die Krone nur unter demütigenden Zugeständnissen aus den Händen seiner Barone hatte entgegennehmen dürfen, ignorierte er den Reichsrat mit seinen hochgeborenen Magnaten und umgab sich mit mittelständischen Beratern, unter denen die Mutter seiner schönen niederländischen Mätresse den größten Einfluß ausübte. Anscheinend verfügte dieser Rat über Geist und Fähigkeiten, denn Christians innere Maßnahmen waren ebenso glücklich wie seine Auslandsabenteuer ergebnislos. Seine Arbeitskraft war unerschöpflich; er reorganisierte die Stadtverwaltungen, verbesserte die Rechtspflege, sorgte für Straßen, schuf die Anfänge einer öffentlichen Post, beseitigte die größten Übel der Leibeigenschaft, unterdrückte die Seeräuberei, verbot den Küstenbewohnern die uralte, barbarische Sitte, gestrandete Schiffe zu plündern, untersagte die Hexenverbrennungen, eröffnete Schulen für die niederen Stände und machte ihren Besuch obligatorisch, baute die Armenpflege aus und machte die Universität zu einem Hort des Wissens. Aber als Förderer und Schutzherr des dänischen Handels geriet er in Konflikt mit der Hansestadt Lübeck.

1517 entsandte Leo X. einen gewissen Giovanni Arcimboldo nach Dänemark, um Ablässe anzubieten. Der Karmelitermönch Paul Helgesen, der einen regelrechten Ablaßschacher witterte, trat öffentlich gegen ihn auf und kam in diesem Punkt Luthers Thesenanschlag zuvor. Als der König und der päpstliche Legat über die Verteilung der Einnahmen in Streit gerieten, entwich Arcimboldo mit einem Teil nach Lübeck; den anderen behielt Christian, dem die bestehenden Mißstände und der lockende Reichtum der Kirche Vorwand und Grund boten, die Sache des Protestantismus zu fördern. Er berief Helgesen an die Kopenhagener Universität, wo dieser wortgewandte dänische Erasmus eine Zeitlang der Wortführer der Reformbewegung war. Als er aber allmählich vorsichtiger wurde, ersuchte Christian den Kurfürsten Friedrich von Sachsen, ihm Luther oder einen von Luther ausgebildeten Theologen zuzusenden. Karlstadt folgte dem Ruf, blieb aber nur kurz. Einige Reformen wurden durchgeführt: Die Priesterweihe wurde davon abhängig gemacht, daß der Kandidat über genügend Bibelkenntnisse verfügte, um das Evangelium in dänischer Sprache zu verkünden; nur verheiratete Priester durften persönliches Eigentum besitzen und Legate entgegennehmen; die Bischöfe mußten ihren Aufwand einschränken; Eigentumsstreitigkeiten wurden der Zuständigkeit der geistlichen Gerichte entzogen und ein vom König ernanntes Obergericht als letzte Instanz sowohl für weltliche als auch kirchliche Rechtsfragen geschaffen. Als jedoch auf dem Reichstag zu Worms die Reichsacht über Luther verhängt wurde, riet Helgesen zur Aussöhnung mit der Kirche.

Während die Dänen diesen inneren Maßnahmen große Anteilnahme entgegenbrachten, schwächten außenpolitische Mißerfolge Christians Regierung. Die von ihm in Schweden geübte Grausamkeit wurde sogar von vielen seiner eigenen Untertanen verurteilt. Lübeck erklärte ihm wegen seiner Angriffe auf die hanseatische Schiffahrt den Krieg. Adel und Klerus, die er sich teils durch hohe Besteuerung, teils durch feindselige Gesetzgebung entfremdet hatte, ignorierten seine Einladung zu einem Reichstag und riefen statt dessen den Herzog Friedrich von Schleswig-Holstein, seinen Onkel, zum König aus. Mit seiner Gemahlin, der protestantischen Schwester Karls V., floh Christian nach Flandern, söhnte sich in der Hoffnung, für eine Messe ein Königreich zu gewinnen, mit der Kirche aus, geriet bei einem mißlungenen Versuch, den Thron zurückzuerobern, in Gefangenschaft und verbrachte siebenundzwanzig Jahre im Burgverlies von Sönderborg mit einem halbblöden norwegischen Zwerg als einziger Gesellschaft. Seine ruhmvoll begonnene Laufbahn beendete er schließlich als Geächteter (1559).

Die umstrittene Krone machte Friedrich I. nicht glücklich. Die Barone und Kirchenfürsten des Wahlkollegiums hatten viele einschränkende Bedingungen und Verpflichtungen mit ihrem Besitz verknüpft, so auch die Unterdrückung ketzerischer Predigten. Helgesen richtete jetzt, ohne deshalb auf Kritik an kirchlichen Mißständen zu verzichten, seine schärfste Polemik in erster Linie gegen die Protestanten, weil ihm eine allmähliche Reform besser schien als eine stürmische Revolution. Doch die Flut war nicht mehr aufzuhalten. Herzog Christian, der Sohn Friedrichs, bekannte sich zu Luther, und Friedrichs Tochter war mit dem zum lutherischen Glauben übergetretenen letzten Hochmeister des Deutschritterordens, Albrecht von Brandenburg, vermählt. Friedrich hing Mäntelchen nach dem Wind und ernannte 1526 Hans Tausen zum Hofkaplan. Dieser, ein Schüler Luthers, legte die Mönchskutte ab, nahm ein Weib und vertrat offen protestantische Ideen. Auch fand es der König nützlich, die bischöflichen Bestätigungsgebühren in die Staatskasse statt nach Rom fließen zu lassen. Die Zahl und der Mut der lutherischen Prediger wuchs; die Bischöfe forderten ihre Verbannung; Friedrich entgegnete, seine Herrschaft erstrecke sich nicht auf die Seele, ein jeder solle glauben, was er wolle – ein höchst ungewöhnlicher Standpunkt. 1524 erschien die erste dänische Übersetzung des Neuen Testaments; eine weit bessere, die die protestantische Sache gewaltig förderte, veröffentlichte Christian Pedersen 1529. In der angenehmen Erwartung, den kirchlichen Zehnten abschütteln zu können, wandte sich das Volk bereitwillig dem neuen Bekenntnis zu, und 1530 waren Kopenhagen und Viborg mehrheitlich lutherisch. Bei einer Disputation zwischen führenden Katholiken und Protestanten auf dem Reichstag zu Kopenhagen (1530) sprachen König und Volk den Protestanten den Sieg zu; und ein von Hans Tausen ausgearbeitetes Glaubensbekenntnis blieb während eines Jahrzehnts die offizielle Grundlage des dänisch lutherischen Bekenntnisses.

Friedrichs Tod (1533) leitete den letzten Akt der dänischen Reformation ein. Die großen dänischen Handelsherren verbanden sich zur Wiedereinsetzung Christians II. mit ihren alten Feinden in Lübeck; den Befehl über die Lübecker Streitkräfte führte Graf Christoph von Oldenburg, weshalb der Feldzug der «Grafenkrieg» heißt. Nach der Einnahme Kopenhagens fühlten sich die Lübecker schon als Herren über Dänemark; da aber scharten sich die Bürger und Bauern um die Fahne Christians, des Sohnes Friedrichs, schlugen den Grafen und eroberten Kopenhagen nach einjähriger Belagerung zurück (Juli 1536). Sämtliche Bischöfe wurden festgenommen und erhielten nur gegen das Gelöbnis, dem protestantischen Regime zu dienen, die Freiheit zurück. Im Oktober 1536 proklamierten die Reichsstände das lutherische Bekenntnis zur Staatsreligion mit Christian III. als Oberhaupt. Die Vermögen der Klöster und Bistümer wurden säkularisiert, die Bischöfe vom Mitspracherecht in Staatsangelegenheiten ausgeschlossen. Als sich Norwegen und Island Christian III. und seiner Gesetzgebung unterwarfen, hatte das Luthertum ganz Skandinavien erobert (1554).

## IV. DER PROTESTANTISMUS IN OSTEUROPA

Polen erlebte unter den Regierungen Sigismunds I. (1506–1548) und seines Sohnes Sigismund II. (1548–1572) sein Goldenes Zeitalter. Beide geistvoll und kultiviert waren sie verständnisvolle Förderer der Literatur und Kunst und gewährten eine solche Freiheit des Denkens und der Religionsausübung, daß daneben fast ganz Europa rückständig erschien. Die Gemahlin Sigismunds I., die heitere und begabte Tochter des Herzogs Giangaleazzo Sforza von Mailand, Bona, traf mit einem Gefolge italienischer Kavaliere und Gelehrter in Krakau ein (1518). Der König hieß sie als lebendige Verbindung zur Renaissance mit offenen Armen willkommen, und bald entwickelte der polnische Adel Geschmack an luxuriöser Kleidung und reichem Mobiliar; Sprache und Manieren verfeinerten sich, Literatur und Künste blühten, so daß Erasmus schrieb: «Ich beglückwünsche diese Nation ... die heute alles, was uns vom Barbarentum trennt

– Wissenschaft, Religion, Sitten und Recht –, so hervorragend fördert, daß sie mit den größten und glänzendsten Nationen wetteifern kann» (1523). Dank ihrer Schönheit, ihrem Charme und ihrer Klugheit beherrschte Bona nicht nur die Mode, sondern auch ihren Gatten und das Land. Ihr Sohn Sigismund II. hatte humanistische und linguistische Neigungen; auch liebte er es, sich in Frauenkleider zu hüllen. Kriege, die um die Beherrschung der Ostsee und ihrer Häfen bald mit Dänemark, bald mit Schweden, bald mit Rußland geführt wurden, haben den Glanz dieser Regierungen leider beeinträchtigt. Preußen ging verloren, dafür wurden Masowien einschließlich Warschau (1569) und Livland mit Riga (1561) annektiert. Im Konzert der europäischen Mächte spielte das damalige Polen eine gewichtige Rolle.

Allmählich sickerten aus Deutschland und der Schweiz reformatorische Einflüsse ein. Da die griechisch-katholischen Untertanen der polnischen Könige von jeher Religionsfreiheit genossen, hatte sich die Nation in Glaubensdingen an eine gewisse Toleranz gewöhnt, und auch die hundertjährige Rebellion der Hussiten und Utraquisten im benachbarten Böhmen hatte zu einer gewissen Gleichgültigkeit gegen die Autorität der fernen Päpste geführt. Die Bischöfe, von der Krone ernannte, hochgebildete Patrioten, förderten großzügig humanistische Bestrebungen und begünstigten die Kirchenreform mit erasminischer Vorsicht. Den Neid des Adels und des Bürgertums auf Reichtum und Einkünfte des Klerus beschwichtigte ihre Haltung aber doch nicht. Immer häufiger beklagte man sich über den Abfluß des nationalen Reichtums nach Rom, den übertrieben hohen Preis der Ablässe, die Verschacherung der Kirchenämter und die überaus kostspielige Prozeßführung vor geistlichen Gerichten. Vor allem dem niederen, kirchenzehntenpflichtigen Adel – *szlachta* – war die Steuerfreiheit des Klerus ein Dorn im Auge. Etliche einflußreiche Barone griffen die lutherische Kritik an der Kirche – vermutlich aus materiellen Gründen – mit Beifall auf und nahmen dank ihrer Halbsouveränität die örtlichen protestantischen Bewegungen unter ihren Schutz, ähnlich wie in Deutschland, wo die Unabhängigkeit der Reichsfürsten die Revolte Luthers ermöglicht hatte. In Danzig machte sich ein Mönch des Wittenbergers Thesen zu eigen, forderte eine Reform der Kirche und heiratete eine Erbin (1518); ein anderer agitierte nach Luthers Beispiel mit so großem Erfolg, daß mehrere Kirchgemeinden die religiösen Darstellungen aus ihren Kirchen rissen (1522) und der Senat Mönche und Nonnen von den Gelübden entband und die Klöster schloß (1525); 1540 predigten auf den Danziger Kanzeln nur noch Protestanten. Als im preußisch-polnischen Braunsberg einige Priester die neue Gottesdienstordnung einführten und sich das Domkapitel beim Bischof darüber beklagte, erhielt es zur Antwort, daß Luther seine Auffassung auf die Bibel stütze, und wer sich in der Lage fühle, ihn zu widerlegen, der möge es tun (1520). Dennoch bewogen die kirchlichen Instanzen Sigismund I., die Einfuhr lutherischer Schriften zu verbieten und den Buchdruck der Zensur zu unterwerfen; aber sowohl sein persönlicher Sekretär als auch Bonas Beichtvater, ein Franziskanerpater, traten dem verbotenen Bekenntnis insgeheim bei, und Calvin widmete seinen *Kommentar zur Messe* 1539 dem Kronprinzen.

Nachdem dieser als Sigismund II. König geworden war, gewannen Luthertum wie Calvinismus rasch an Boden. Die Bibel wurde ins Polnische übersetzt und der Gottesdienst immer häufiger in der Landessprache statt lateinisch abgehalten. Prominente Priester wie Jan Laski erklärten sich zu Protestanten. 1548 ließen sich die ihrer Heimat verbannten Böhmischen Brüder in Polen nieder und bildeten dreißig Sektierergemeinden. Der katholische Klerus, der einige Angehörige des Kleinadels wegen Ketzerei anzuklagen und ihr Eigentum zu konfiszieren versuchte, rief damit nur dessen Rebellion gegen die Kirche hervor (1552). Der polnische Reichstag genehmigte freie Ausübung aller auf dem «reinen Evangelium» fußenden Bekenntnisse, die Verabreichung des Abendmahls in beiderlei Form und die Priesterehe. Damit stand die Reformation in Polen in ihrem Zenit.

Daß sich die stärkste unitarische Bewegung des sechzehnten Jahrhunderts in diesem Lande entwickelte, machte die Situation noch komplizierter. Die Angriffe Servets auf das Trinitätsdogma wurden schon 1546 in diesem Fernen Osten des christlichen Abendlandes diskutiert. Laelius Socinus, der 1551 Polen besuchte, ließ eine Saat von radikalen Ideen zurück. Giorgio Blandrata führte seine Agitation weiter, und 1561 veröffentlichte die neue Sekte ihr Glaubensbekenntnis. Servets konfuse Theologie noch übertrumpfend anerkannte sie nur den Vater als absolute Gottheit, bekannte sich aber gleichzeitig zu der übernatürlichen Geburt, den Wundern, der Auferstehung, der Himmelfahrt und der göttlichen Erleuchtung Christi. Andererseits verwarfen sie die Dogmen vom Sündenfall und sühnenden Opfertod Jesu; der Taufe und dem Abendmahl sprachen sie nur symbolischen Wert zu und erklärten die gewissenhafte Befolgung der Lehren Christi für den besten Weg zum Seelenheil. Die von Calvins Anhängern 1563 in Krakau abgehaltene Landessynode verwarf jedoch diese Doktrinen, weshalb die Unitarier eine selbständige Kirche gründeten, die 1579, als Faustus Socinus, ein Neffe des Laelius, in Polen eintraf, ihre höchste Blüte erreichte.

Die katholische Kirche bekämpfte diese Entwicklung teils mit literarischen und diplomatischen Mitteln, teils mit Unterdrückungsmaßnahmen. Eine achtzigjährige Greisin, die der geweihten Hostie die Ehrerbietung verweigert hatte, wurde 1539 vom Bischof von Krakau auf den Scheiterhaufen geschickt. Stanislaus Hosius, Bischof der Stadt Kulm und später Kardinal, hatte kein Verständnis für Theologie und Liturgie der Protestanten und führte bei aller Befürwortung einer Kirchenreform die Gegenoffensive mit Fähigkeit und Energie. Er regte die Ernennung des Bischofs von Verona, Lodovico Lippomano, zum päpstlichen Legaten in Polen und die des Bischofs von Zante, Giovanni Commendone, zum Nuntius in Krakau an. Die Genannten machten die Zerrissenheit des protestantischen Lagers und die Gefährdung der öffentlichen Moral durch die fluktuierenden und sich bekämpfenden Bekenntnisse geltend und gewannen so Sigismund II. zur aktiven Parteinahme für die katholische Kirche. Nach 1564 gelang es hochgeschulten und glaubensstarken Jesuiten, die von Hosius und Commendone nach Polen gerufen worden waren, die einflußreichsten Persönlichkeiten zu überzeugen; sie besetzten die Schlüsselstellungen des Erziehungswesens und führten das Land zum alten Glauben zurück.

Die schon lange protestantisch gesinnten Böhmen fanden in Luthers Ideen nur wenig, was sie erschrecken konnte. Die an Zahl beträchtliche deutschsprachige Grenzbevölkerung nahm die neue Lehre bereitwillig an; die Böhmischen Brüder – etwa ein Zehntel der Gesamtbevölkerung von 400 000 Köpfen – waren protestantischer als Luther; 60 Prozent katholische Utraquisten, die über die Einsprüche der Päpste hinweg das Abendmahl in beiderlei Gestalt verabreichten und empfingen. Um 1560 bekannten sich zwei Drittel der Bevölkerung zum Protestantismus; erst als Ferdinand 1561 die Jesuiten ins Land rief, schwang das Pendel zum orthodoxen katholischen Bekenntnis zurück.

Deutsche Einwanderer, die von einem Luther berichteten, der Kaiser und Papst trotzen und dennoch leben konnte, erregten auch in Ungarn Reformgelüste. Die vom Hochadel mit kirchlicher Unterstützung unterdrückten Bauern liebäugelten nicht ungern mit einem Protestantismus, von dem man sich die Abschaffung des kirchlichen Zehnten und sonstiger Abgaben versprach; die Magnaten blickten voller Habgier auf die gewaltigen Kirchengüter, deren Ertrag mit dem der eigenen konkurrierte, und die ein Utopia erträumenden städtischen Arbeiter, die in der Kirche das Haupthindernis zur Realisierung ihres Wunschbildes sahen, wären einem Bildersturm nicht abgeneigt gewesen. Die Kirche gab der Bewegung Auftrieb, indem sie König Ferdinand beredete, den Protestantismus zum todeswürdigen Verbrechen zu erklären. In Westungarn bemühte er sich um einen Kompromiß durch Abschaffung des Priesterzölibats und Genehmigung des Abendmahls in beiderlei Form. Im östlichen Ungarn breitete sich das neue Bekenntnis unbehindert aus, schienen doch den türkischen Oberherren die christlichen Glaubensdifferenzen lächerlich gleichgültig. 1550 drohte ganz Ungarn dem Protestantismus zuzufallen. Doch da begann der Calvinismus mit dem Luthertum in Wettbewerb zu treten; die traditionell antideutschen Ungarn bevorzugten die Schweizer Spielart der Reformation, und schon 1558 gab es so viele Calvinisten, daß sie in Czenger eine eindrucksvolle Landessynode abhalten konnten. Die rivalisierenden Thesen der Reformatoren sprengten jedoch die Einheit der Bewegung. Viele Abtrünnige, die darüber ihren Seelenfrieden verloren, und königliche Funktionäre, denen das Staatswohl am Herzen lag, fanden den Weg zur alten Kirche zurück. Später, im siebzehnten Jahrhundert, trieben Jesuiten unter der Leitung des Sohnes eines Calvinisten die restlichen Ungarn in den Schoß der katholischen Kirche zurück.

## V. KARL V. UND DIE NIEDERLANDE

In Flandern wog in Karls reifsten Mannesjahren ein blühender Handel einen vorübergehenden gewerblichen Rückschlag auf. Brügge und Gent lagen darnieder, Brüssel als Hauptstadt ging es besser, Löwen braute seine Theologie und sein Bier, und Antwerpen befand sich auf dem Wege, Europas geschäftigste und reichste Stadt zu werden, welches Ziel es 1550 erreichte. Niedrige Einfuhr- und Ausfuhrzölle zogen den Außenhandel und die Hochfinanz nach diesem geschäftigen, an der breiten, schiffbaren Schelde gelegenen Hafen; die Zugehörigkeit zu Spanien und eine Börse, die sich, wie ihr eingemeißeltes Motto besagte, *ad usum mercatorum cuiusque gentis ac linguae* – «dem Nutzen der Kaufleute aller Länder und Zungen» – widmete, bildeten weitere fördernde Faktoren. Weder Lokalprotektionismus noch die Zunftrestriktionen, die anderswo die Güterproduktion so lange passiv hielten, behinderten hier den Unternehmungsgeist. So gründeten italienische Bankiers in Antwerpen Agenturen, englische «Handelsabenteurer» richteten Depots ein, die Fugger konzentrierten hier ihre weltweiten Geschäfte, die Hanse baute das Haus der Osterlinge (1564). Tagtäglich lichteten und senkten 500 Schiffe im Antwerpener Hafen den Anker, und 5000 Händler kauften und verkauften an der Börse. Wechsel auf Antwerpen wurden zum beliebtesten internationalen Zahlungsmittel. Nach und nach sah sich Lissabon als wichtigster europäischer Hafen für indische Gewürze entthront; die dort eintreffenden Frachten wurden noch schwimmend von flandrischen Aufkäufern übernommen und nach Antwerpen zur Verteilung in Nordeuropa gebracht. «Der Anblick Antwerpens stimmte mich traurig», schrieb ein Gesandter Venedigs, «denn ich sah Venedig in den Schatten gestellt»; er bezeugte damit nur die geschichtliche Verlagerung der Handelshegemonie vom Mittelmeer zum Nordatlantik. Vom Außenhandel angekurbelt hob sich auch Flanderns und sogar Gents eigene Gütererzeugung wieder, so daß Karl V. die Hälfte seiner gesamten Einkünfte, nämlich 1 500 000 *livres*, aus den Niederlanden bezog.

Karl zeigte sich erkenntlich, indem er Flandern und Holland relativ gute Verwaltungen – freilich unter Ausschluß der Religionsfreiheit – gab, ein Segen, den weder seine Feinde noch seine Freunde zu würdigen verstanden. Seine Befugnisse waren allerdings von vornherein durch sein Gelöbnis eingeschränkt, die verbrieften Rechte der Städte und Provinzen zu achten; und die Bürgerschaft zwang über Staats- und Schatzrat und ein Appelationsgericht, die alle der Zentralverwaltung angegliedert waren, jeden, auch die Herrscher zur Einhaltung der Landesgesetze. Im allgemeinen ließ Karl die Niederlande von der Bürgerschaft genehmen Regentinnen regieren, erst von seiner Tante, Kinderfrau und Erzieherin, Margarete von Österreich, später von seiner Schwester Maria, der Exkönigin von Ungarn, beides Frauen von großer Fähigkeit, Menschlichkeit und ausgebildetem Taktgefühl. Doch je größer sein Imperium wurde, desto imperialistischer wurde Karl. Die stolzen Städte mußten sich spanische Besatzungen gefallen lassen, und jede ernstere Auflehnung gegen seine internationale Politik wurde mit eiserner Strenge unterdrückt. Als sich Gent im Gegensatz zu anderen Städten weigerte, ihm Mittel oder Geld für militärische Zwecke zur Verfügung zu stellen, brach Karl den Widerstand mit einer so überwältigenden Demonstration militärischer Macht, daß er nicht nur die ursprünglich verlangten Subsidien, sondern darüber hinaus eine Entschädigung erzwingen, die herkömmlichen Rechte des Stadtmagistrats beschneiden und die freigewählte Obrigkeit durch kaiserliche Funktionäre ersetzen konnte (1540). Doch war dieser Zwischenfall kaum typisch, denn Karl blieb trotz solch gelegentlicher Härte bei seinen niederländischen Untertanen beliebt, die innen- und außenpolitische Stabilität und Ordnung als das Fundament ihres Wohlstands zu schätzen wußten. Als er seine Abdankung bekanntgab, löste diese Nachricht nahezu allgemeine Trauer aus.

Von der zeitgenössischen Theorie beeinflußt, daß Frieden und Stärke einer Nation auf dem einheitlichen Glaubensbekenntnis aller ihrer Glieder beruhen, und in der Befürchtung, daß protestantisch gesinnte Niederlande seine Flanke gegen Frankreich und die lutherischen Reichsstände öffnen könnten, ging Karl gemeinsam mit der Kirche gegen die Ketzerei vor. Vor Luther hatte die Reformbewegung in diesen Gegenden keine großen Wellen geschlagen; ab 1517 drangen aus Deutschland lutherische und täuferische Einflüsse, aus der Schweiz, dem Elsaß und aus Frankreich die Ideen Zwinglis und Calvins ein. Luthers Schriften wurden bald ins Holländische übersetzt und fanden in Antwerpen, Gent, Dordrecht, Utrecht, Zwolle und im Haag begeisterte Verkünder. Die Antwort der Gegenseite ließ nicht auf sich warten. An die Spitze der Abwehr stellten sich die Dominikaner, von denen einer sagte, er möchte am liebsten seine Zähne in Luthers Kehle vergraben, und er würde nicht zögern, mit diesem Blut in seinem Mund zum Abendmahl zu gehen. Der noch junge Kaiser verbot auf päpstliches Verlangen und in der Hoffnung, der unerwünschten Agitation ein Ende zu bereiten, Druck und Lektüre der Schriften Luthers (1521), und im selben Jahr befahl er den weltlichen Gerichten, Propagandisten lutherischer Gedankengänge nach den Vorschriften des Wormser Edikts zu behandeln. Am 1. Juli 1523 starben in Brüssel als erste niederländische Märtyrer des neuen Bekenntnisses die beiden Augustiner Hendrik Voes und Jan Eck auf dem Scheiterhaufen. Hendrik Van Zutphen, ein Schüler und Freund Luthers und Prior des Antwerpener Augustinerklosters, wurde eingekerkert, floh, fiel in Holstein den Häschern in die Hände und starb dort in den Flammen (1524). Diese Hinrichtungen dienten nur der Verbreitung des Ideenguts der Reformatoren.

Trotz Verbot und Zensur zirkulierten viele Exemplare der Lutherschen Übersetzung des Neuen Testaments, allerdings mehr in Holland als im reichen Flandern. Aus der Sehnsucht nach Wiederherstellung des ursprünglichen schlichten Christentums erwuchsen Millenniumshoffnungen auf die baldige Wiederkehr Christi und die Herabkunft des neuen Jerusalem ohne Obrigkeit, Eheschließung und persönlichen Besitz; vermengt damit waren kommunistisch anmutende Theorien von Gleichheit, gegenseitiger Hilfe und sogar «freier Liebe». In Antwerpen, Maastricht und Amsterdam bildeten sich Täufergemeinden. Melchior Hofmann kam 1531 von Emden nach Amsterdam, und Johann von Leyden brachte 1534 als Gegengeschenk das Evangelium der Wiedertäufer von Haarlem nach Münster. In manchen holländischen Städten schätzte man die Täufer auf zwei Drittel aller Einwohner; in Deventer schloß sich ihnen sogar der Bürgermeister an. Von einer Hungersnot angefacht, verwandelte sich die Bewegung zur sozialen Revolution. «Wir sind in diesen Provinzen», schrieb 1534 ein Freund an Erasmus, «außerordentlich besorgt über diesen Aufruhr der Täufer, denn er lodert flammengleich empor. Es gibt kaum eine Stadt oder einen Flecken, wo die Fackel des Aufruhrs nicht im geheimen schwelt.» Und die damalige Statthalterin, Maria von Ungarn, mußte dem Kaiser von der Absicht der Rebellen berichten, dem Adel, dem Klerus und der begüterten Kaufmannschaft jegliches Eigentum zu entreißen und es an die Bevölkerung nach jedermanns Bedürfnis zu verteilen. Johann von Leyden entsandte 1535 Boten in mehrere wichtige Städte, die den gleichzeitigen Aufstand der Täufer in die Wege leiten sollten. Ein westfriesisches Kloster wurde von einer Rotte in kühnem Ansturm überrumpelt und befestigt; der Unterstatthalter beschoß es mit schweren Geschützen, und bei der hoffnungslosen Verteidigung verloren achthundert Mann das Leben (1535). Am 11. Mai stürmten bewaffnete Täufer das Amsterdamer Rathaus; nachdem die Bürger sie wieder vertrieben hatten, übten sie für ihren Schrecken fürchterliche Rache; man riß den Rädelsführern bei lebendigem Leib Zungen und Herzen aus und schleuderte sie den Toten und Sterbenden ins Gesicht.

Karl, der das gesamte Staatsgefüge von diesen egalitären Bestrebungen bedroht sah, verpflanzte die Inquisition nach den Niederlanden und gab ihren Organen uneingeschränkte Vollmacht, Täufer und andere Ketzer ohne Rücksicht auf alte Freiheitsrechte mit allen Mitteln auszurotten. Von 1521 bis 1555 suchte er die Störung der öffentlichen Ordnung und des religiösen Friedens durch zahlreiche Erlasse zu bekämpfen, deren grausamster (25. September 1550) seine zunehmende Gemütsverfinsterung erkennen ließ und einer der Gründe zum Abfall der Niederlande unter seinem Sohne Philipp war:

«Niemand darf irgendein Buch oder eine Schrift des Martin Luther, des Johann Oecolampadius, Ulrich Zwingli, Martin Butzer, Johann Calvin oder anderer von der heiligen Kirche verworfener Ketzer drucken, abschreiben, vervielfältigen, aufbewahren, verheimlichen, verkaufen, kaufen oder verschenken; – niemand darf die Bilder der heiligen Jungfrau oder kanonisierter Heiliger zerbrechen oder sonst beschädigen; – niemand darf in seinem Hause Konventikel oder gesetzwidrige Zusammenkünfte halten oder Versammlungen beiwohnen, in welchen die Anhänger der obengenannten Ketzer lehren, taufen und Verschwörungen gegen die heilige Kirche und die allgemeine Wohlfahrt stiften. – Außerdem verbieten wir allen Personen vom Laienstande, an offenen oder geheimen Unterhaltungen oder Disputationen über die Heilige Schrift, besonders über alle zweifelhaften oder schwierigen Lehren teilzunehmen, oder die Schrift zu lesen, zu lehren oder zu erklären, wenn sie nicht Theologie studiert haben und von einer Universität von Ruf geprüft worden sind; – nicht minder verbieten wir, irgendeine der Meinungen der erwähnten Ketzer heimlich oder öffentlich zu predigen oder zu unterhalten; – sollte jemand der Übertretung der obengenannten Punkte schuldig befunden werden, so soll er als Störer unseres Staats und der allgemeinen Ruhe folgendermaßen bestraft werden: die Männer mit dem Schwert, die Weiber sollen lebendig begraben werden, wenn sie nicht in ihren Irrtümern verharren; verharren sie darin, alsdann sollen sie mit Feuer zu Tode gebracht werden; alles ihr Eigentum soll in beiden Fällen der Konfiskation durch die Krone unterliegen.

Wir verbieten jedermann, irgendeinen Menschen, welcher im allgemeinen Verdachte der Ketzerei steht, zu beherbergen, zu bewirten, ihm Nahrung, Feuer oder Kleidung zu reichen oder ihn in anderer Weise zu unterstützen; – und jedermann, welcher eine solche Person anzuzeigen versäumt, soll selbst den obengenannten Strafen verfallen.

Wenn jemand, welcher der Ketzerei oder Irrlehre nicht überführt, aber stark verdächtig ist, und deshalb vom geistlichen Richter verurteilt ist, solcher Ketzerei abzuschwören, oder von der weltlichen Behörde zu Geldbuße und öffentlicher Erklärung verurteilt ist, abermals der Ketzerei verdächtigt werden sollte, wenn es dann auch nicht zu beweisen wäre, daß er einem obengenannten Gebote zuwidergehandelt, so befehlen wir dessenungeachtet, daß eine solche Person als rückfällig behandelt und demgemäß mit dem Verluste ihres Lebens und Eigentums bestraft werde, ohne irgendwelche Hoffnung auf Milderung der obengenannten Strafen ..., daß die geistlichen Richter, wenn sie gegen jemanden wegen des Verbrechens der Ketzerei zu verfahren wünschen, eins unserer hohen Gerichte oder einen der Provinzialgerichtshöfe auffordern sollen, ein Mitglied ihres Kollegiums oder irgendeinen andern Adjunkten nach freier Wahl zu ernennen, damit derselbe bei der Prozedur gegen den Verdächtigen präsidiere ..., daß der Anzeiger im Falle der Überführung des Angezeigten die Hälfte von dessen Vermögen, wenn dasselbe nicht mehr als hundert Pfund Flämisch betrage, erhalten solle; wenn es mehr betrage, dann zehn Prozent von dem Überschuß ..., daß, wenn jemand, der einem geheimen Konventikel beigewohnt, nachher selbst vor Gericht trete und die übrigen Teilnehmer der Versammlung anzeige, ihm vollständige Verzeihung gewährt werden solle.

Damit die Richter und Beamten nicht glauben, sie dürften unter dem Vorwande, daß die Strafen zu groß und schwer und nur auf Abschreckung berechnet seien, die Verbrecher mit geringerer Härte, als sie verdienen, strafen, so wird bestimmt, daß die Schuldigen wirklich unfehlbar den obengenannten Strafen unterworfen werden sollen; – den Richtern wird verboten, die Strafen in irgendwelcher Weise abzuändern oder zu mäßigen; – jedermann ohne Ausnahme wird verboten, uns oder irgendeine Person, die mit Autorität bekleidet ist, um Gnade für solche Ketzer zu bitten oder irgendeine Petition zugunsten solcher Verurteilten oder Flüchtigen zu übergeben, widrigenfalls sie für immer für unfähig zur Bekleidung bürgerlicher und militärischer Ämter erklärt und außerdem noch willkürlich bestraft werden sollen.»[1]

Außerdem mußte jeder in die Niederlande Einreisende schriftlich ein Bekenntnis zum alten Glauben unterzeichnen.

Alle diese Edikte machten die Niederlande zu einem Hauptschlachtfeld zwischen der alten und der neuen Form des Christentums. Nach einer Schätzung des venezianischen Gesandten am Hofe Karls aus dem Jahr 1546 fielen diesem langjährigen kaiserlichen Pogrom 30 000 Menschen, vorwiegend Täufer, zum Opfer; nach einer anderen, weniger aufregenden Version waren es nur 1000. Im Hinblick auf die holländischen Täufer zeitigten Karls Methoden vollen Erfolg; eine kleine Gruppe überlebte einzig durch Verzicht auf jeden äußern Widerstand, andere flohen nach England, wo sie unter Eduard VI. und Königin Elisabeth tatkräftige Förderer des Protestantismus wurden. Die egalitäre Bewegung Hollands erstarb – teils durch dieses Schreckensregiment, teils infolge des steigenden Wohlstands.

Die Täuferwelle war kaum verebbt, als sich, aus Frankreich kommend, ein Strom verfolgter Hugenotten in die Niederlande ergoß und Calvins Evangelium mitbrachte. Die herbe theokratische Glut der neuen «Irrlehre» erinnerte an die Nachfahren der Brüder vom Gemeinsamen Leben und ihre mystischen Traditionen; in der calvinistischen Erhöhung der Arbeit vom negativen Fluch zum positiven Wert, des Reichtums vom Verbrechen zum Segen und der Bevorzugung republikanischer Einrichtungen vor der monarchischen Staatsform steckten mancherlei Elemente, die sich mit den politischen Ambitionen der Handelswelt deckten und von weiten Kreisen begrüßt wurden. Um 1555 gab es in Ypern, Tournai, Valenciennes, Brügge, Gent und Antwerpen calvinistische Gemeinden, deren Einfluß bis ins eigentliche Holland ausstrahlte. Der bittere, ein Menschenalter dauernde Konflikt, den Karls Sohn weit mehr mit dem Calvinismus als mit Luther- und Täufertum auszutragen hatte, spaltete schließlich die Niederlande in zwei Teile, befreite Holland von der spanischen Oberherrschaft und bereitete es vor, eine der großen Heimstätten der Moderne zu werden.

1555 begrub Karl alle seine irdischen Träume und richtete seine Hoffnung auf das Jenseits. Resigniert beugte er sich der Erkenntnis, daß es ihm nie gelingen werde, die deutschen oder holländischen Protestanten auszurotten oder sie auf dem Konzil von Trient mit der alten Kirche zu versöhnen und Katholiken wie Protestanten, Deutsche wie Franzosen in einem gemeinsamen Kreuzzug gegen die türkischen Erzfeinde der christlichen Welt, gegen Suleiman und Konstantinopel zu führen. Seine sexuellen und kulinarischen Ausschweifungen, seine aufreibenden Feldzüge und die Regierungsbürden in einer Zeit gewaltiger revolutionärer Umwälzung hatten seine Kräfte verbraucht, seine Staatskunst abgestumpft und seinen Willen gebrochen. Mit dreiunddreißig an Magengeschwüren leidend, mit fünfunddreißig ein alter Mann, mit fünfundvierzig von Gicht, Asthma, Verdauungsstörungen und Sprachschwierigkeiten geschlagen, verbrachte er einen großen Teil seiner wachen Stunden unter Schmerzen und nur wenige in linderndem Schlaf; Atemnot zwang ihn, ganze Nächte sitzend auszuharren. Als er den Frieden von Crépy unterzeichnete, vermochten seine gichtigen Finger kaum die Feder zu halten. Einen Brief Heinrichs II. öffnete er so umständlich, daß er den Überbringer Coligny fragte: «Was hält er von mir, Herr Admiral? Glaubt er, daß ein Ritter, der einen Brief mit solcher Mühe öffnet, im Turnier noch eine Lanze brechen kann?» Möglicherweise waren seine körperlichen Leiden wenigstens zum Teil auch schuld an seiner gegen den niederländischen Protestantismus gerichteten Verfolgungswut und an anderen gelegentlichen Grausamkeiten. Deutschen Landsknechten in französischen Diensten ließ er trotz der Fürsprache seines Sohnes, des später selbst so unbarmherzigen Philipp, die Füße abschlagen. Auch die lange und bitterlich betrauerte Isabella (1539) vergaß er mit der Zeit und ließ sich von ihm zugeführten Jungfrauen trösten.

Am 25. Oktober 1555 traten in Anwesenheit seines Sohnes Philipp, den er aus England hatte kommen lassen, die niederländischen Generalstände zu Brüssel im Schloß der Herzöge von Brabant zusammen. Im großen Gobelinsaal, dem festlichen Tagungsort der Ritter vom Goldenen Vlies, versammelten sich der Adel, die Verwaltungsspitzen und die Stände der siebzehn Provinzen. Von seiner Leibwache umgeben und auf die Schulter Wilhelms von Oranien, des künftigen Feindes seines Sohnes, gestützt, betrat Karl den Saal. Hinter ihm schritten Philipp und die Statthalterin Maria von Ungarn; es folgten der Herzog Emanuel Philibert von Savoyen, die kaiserlichen Räte, die Ritter vom Goldenen Vlies und zahlreiche weitere Große, um die die Welt einmal kreiste, bis sie sie später vergaß. Nachdem alle ihre Plätze eingenommen hatten, erhob sich Philibert und erörterte, für Karls Geschmack zu weitschweifig und eingehend, die medizinischen, geistigen und politischen Gründe, weshalb der Kaiser die Regierung in die Hände seines Sohnes legen wolle. Anschließend erhob sich Karl selbst, um, abermals auf den stattlichen Oranien gestützt, schlicht und sachlich zu reden.

«Vor vierzig Jahren sei in demselben Saale seine Emanzipation ausgesprochen. Dann sei er berufen zur Nachfolge seines Großvaters Ferdinand in Spanien, seines Großvaters Maximilian im Reich. Er fand die Christenheit zerrissen, seine Reiche umgeben von feindlichen Nachbarn, deren er sich zeitlebens zu erwehren gehabt habe. Neunmal sei er nach Deutschland gezogen, sechsmal nach Spanien, viermal nach Frankreich, zweimal nach Afrika und zweimal nach England. Jetzt rüste er zur letzten Fahrt nach Spanien. Es schmerze ihn tief, daß er den Seinen nicht den Frieden hinterlasse, der stets sein letztes Ziel gewesen sei. Er habe alles eingesetzt, Ruhe, Leben und die Mittel seiner Staaten. Jetzt versagten ihm die Kräfte, seine Gesundheit sei ruiniert; schon vor der letzten Fahrt ins Reich habe er sich am Ende gefühlt. Aber die unendlichen Sorgen und Unruhen in der Christenheit hätten ihn immer wieder angetrieben, alles aufs Spiel zu setzen, was er habe. Nachdem es dem Könige von Frankreich und einigen Fürsten mißlungen sei, ihn gefangenzunehmen, habe er versucht, Metz zurückzugewinnen, mitten im Winter, aber Kälte, Nässe und Schnee hätten das Unternehmen zum Stehen gebracht. Es liege in Gottes Hand, zu nehmen und zu geben. Er danke Gott, daß er ihm so oft geholfen habe. Nun fühle er sich todmüde, wolle seine Länder an König Philipp geben, wie das Reich an Ferdinand.»[2]

Schmerzgepeinigt sank Karl in seinen Sessel zurück, und die Zuhörer vergaßen in aufwallendem Mitgefühl mit einem Mann, der sich vierzig Jahre redlich bemüht hatte, die schwersten Aufgaben seiner Zeit zu meistern, seine Fehlschläge, blutigen Verfolgungen und persönlichen Sünden. Viele weinten. Philipp, offiziell zum Herrn über die siebzehn Provinzen proklamiert, gelobte mit ebenso feierlichem Schwur (an den er später erinnert werden sollte), ihre überlieferten Gesetze und Gewohnheitsrechte zu achten. Kurz darauf, Anfang 1556, übertrug Karl auch die Krone Spaniens nebst allen spanischen Besitzungen in der Alten und Neuen Welt auf Philipp. Einzig die Kaiserwürde behielt er, weil er immer noch hoffte, auch sie dem Sohn zuspielen zu können; doch schließlich verzichtete er zugunsten seines energisch protestierenden Bruders Ferdinand von Österreich (1558). Am 17. September 1556 schiffte sich Karl in Vlissingen zu seiner letzten Reise nach Spanien ein.

# VI. SPANIEN: 1516–1558

## 1. DIE REVOLTE DER COMUNEROS: 1520–1522

Daß sein König Karl I. (1516–1556) als Karl V. die deutsche Kaiserkrone trug (1519 bis 1558), war für Spanien ein fragwürdiges Glück. In Flandern geboren und aufgewachsen, blieb er innerlich und äußerlich bis an sein Ende der Heimaterde verhaftet, und erst in den letzten Jahren erlag er dem Geiste Spaniens. Er war viel weniger spanischer König als jener Kaiser, der sich mit der Reformation, der Kurie, Suleiman, Barbarossa und Franz I. herumschlug, so daß sich die Spanier beklagten, daß er ihnen zwar wenig Zeit schenke, dafür aber einen desto größeren Teil der Manneskraft und des Reichtums ihres Landes für Feldzüge verausgabe, die offensichtlich kaum den spanischen Interessen dienten. Und welches Verständnis konnte ein Kaiser jenen alten Selbstverwaltungsrechten entgegenbringen, dank denen Spanien vor den Tagen Ferdinands des Katholischen eine halbe Demokratie gewesen war und deren Wiederherstellung alle Spanier glühend ersehnten?

Der erste Aufenthalt Karls in seinem Königreich (1517) stand unter einem unglücklichen Stern. Obschon volle zwanzig Monate König, verstand er die Landessprache immer noch nicht. Mit der brüsken Entlassung des getreuen Ximenes stieß er die spanische Höflichkeit vor den Kopf. Für die sein Gefolge bildenden Flamen war Spanien ein barbarisches, auf Ausbeutung wartendes Land, und ausgerechnet diese Blutsauger setzte der siebzehnjährige Monarch auf die höchsten Posten. In den von Caballeros und Hidalgos beherrschten Provinzialcortes gab man seiner Abneigung gegen einen so wesensfremden König offenen Ausdruck. Die Cortes von Kastilien, die ihm anfänglich den Titel gänzlich verweigerten, bestätigten ihn schließlich nur als Mitregenten neben seiner umnachteten Mutter Juana und ließen ihn zugleich wissen, daß er in Spanien zu bleiben und Spanisch zu lernen habe und keine weiteren Staatsämter an Fremde vergeben dürfe. Andere Provinzialcortes stellten ähnliche Bedingungen. Inmitten solcher Demütigungen erhielt Karl die Nachricht, daß er zum Kaiser gewählt worden sei und Deutschland ihn zur Krönung erwarte. Die Cortes von Valladolid, der damaligen Landeshauptstadt, verweigerten das für die Reise benötigte Geld, und ein Volksaufstand bedrohte sogar des Königs Leben. Erst als die Cortes von Coruña die Mittel bewilligten, brach er eilends nach Flandern auf. Mit der Ernennung seines Lehrers, des Kardinals Adrian von Utrecht, zum Regenten und der Entsendung von Corregidoren in die Kommunen zur Wahrnehmung seiner Interessen ließ er allerdings einen gefährlichen Zündstoff zurück.

Denn nun erhoben sich nacheinander die Munizipalitäten zur «Revolte der Comuneros»; sie verjagten die Corregidoren, ermordeten mehrere Mitglieder der Cortes, die das Reisegeld bewilligt hatten, und gründeten zur Überwachung Karls die *Santa Comunidad* (Heiliger Städtebund). Die Bewegung etablierte sich, von adeligen, geistlichen und bürgerlichen Anhängern verstärkt, setzte unter der Bezeichnung *Santa Junta*

(Heilige Union) in Avila eine Zentralregierung Spaniens (August 1520) ein und forderte das Mitspracherecht der Cortes bei der Ernennung des Regenten, das Vetorecht bei Kriegserklärungen, die Abberufung der Corregidoren und ihre Ersetzung durch Alcalden oder Bürgermeister, die durch die Bürgerschaft gewählt werden sollten. Der Bischof von Zamora, Antonio de Acuña, erklärte sich öffentlich für eine Republik, stellte dem Aufstand die Mittel seiner Diözese zur Verfügung und machte aus seinen Klerikern waffentragende Revolutionäre. An die Spitze der Rebellenstreitkräfte trat der toledanische Edelmann Juan de Padilla, der sich der Stadt Tordesillas und der Person der Königinmutter Juana bemächtigte und sie bestürmte, die Absetzung Karls zu unterzeichnen und sich zur Alleinkönigin aufzuwerfen; aber Juana, klug noch im Wahnsinn, weigerte sich.

Adrian von Utrecht machte unumwunden die willkürlichen Regierungsmethoden des Königs und seine Abwesenheit für den Aufstand verantwortlich und bat ihn, da ihm selbst militärische Machtmittel zur Niederschlagung der Revolte fehlten, um schnellste Rückkehr. Karl kam nicht, doch fanden entweder er oder seine Räte den Weg des «Teilens und Herrschens». Dem Adel stellte man vor Augen, daß die Rebellion nicht nur der Krone, sondern auch den obern Ständen gelte, hatten sich doch in etlichen Städten die unter einem starren Lohnsystem leidenden Handarbeiter in den Besitz der Macht gesetzt. In Valencia und Umgebung führte die *Germania* oder Bruderschaft der Handwerker die Zügel und dirigierte die Arbeiterausschüsse. Für eine proletarische Revolution war sie ungewöhnlich gottesfürchtig, denn sie stellte die vielen tausend muselmanischen Mauren der Provinz vor die Wahl zwischen Taufe und Tod und metzelte Hunderte von Unbekehrbaren nieder. Eine Anzahl von Städten kündigte ihren Oberherren Gefolgschaft und Verpflichtungen. In Madrid, Sigüenza und Guadalajara schlossen die neuen Alcalden Adelige von allen Ämtern aus, brachten mehrere um und annullierten die bisherige Steuerfreiheit für den adeligen Grundbesitz. In Mallorca griffen die von den Baronen wie Sklaven behandelten Pächter zu den Waffen, vertrieben den Statthalter und erschlugen jeden Edelmann, den sie erwischen konnten. In ganz Spanien herrschten Bürgerkrieg und Gewalttat, verbrannten die Aufständischen die Burgen, rächten sich ihre Besitzer mit dem Schwert.

Die Revolte ging an ihren überspannten Zielen zugrunde. Die Granden fielen als erste ab, bewaffneten ihre Gefolgschaft, stießen zu dem königlichen Aufgebot, drangen in Valencia ein und stürzten nach mehrtägigem beiderseitigem Gemetzel das proletarische Regime (1521). Im kritischsten Moment spalteten sich die Rebellen in rivalisierende, von Padilla und Don Pedro Girón geführte Gruppen; die *Junta* zerfiel gleichfalls in feindliche Lager, und bald führte jede Provinz die Rebellion auf eigene Faust weiter. Girón ging zu den Königlichen über, die Tordesillas und damit auch die Königinmutter in ihre Gewalt brachten. Padillas zusammengeschmolzener Haufen unterlag bei Villalar; er selbst wurde hingerichtet. Die Granden hatten den Sieg bereits errungen, als Karl im Juli 1522 mit 4000 deutschen Landsknechten in Spanien eintraf; dennoch hatten sich Adel und Bürgertum gegenseitig so geschwächt, daß Karl die Cortes unschwer zähmen und Zünfte und Lokalbehörden seinem Willen gefügig machen konnte. Sämtliche Selbstverwaltungstendenzen wurden so vollständig erstickt, daß Spanien abermals zur beinahe absoluten Monarchie wurde und das spanische Volk bis ins neunzehnte Jahrhundert hinein in eingeschüchtertem Gehorsam verharrte. Karl, der jetzt Spanisch lernte, verbrämte seine Macht, indem er sich mit spanischen Granden umgab und sie mit spanischer Grandezza behandelte; seine Äußerung, Italienisch sei die richtige Sprache für die Damen, Deutsch für die Feinde, Französisch für die Freunde und Spanisch für Gott wurde mit Genugtuung vermerkt.

## 2. DIE SPANISCHEN PROTESTANTEN

In Spanien gab es jetzt nur noch eine einzige Macht, die Karl hätte herausfordern können: die Kirche. Prokatholisch, aber antipäpstlich, strebte er wie Ferdinand der Katholische danach, die spanische Krone von der Kurie unabhängig zu machen, und war insofern erfolgreich, als er während seiner Regierungszeit die Kontrolle über die Besetzung der hohen Kirchenämter und der kirchlichen Einkünfte in der Hand behielt und der Förderung seiner politischen Ziele dienstbar machte. Weder in Spanien noch in Frankreich bedurfte es einer Reformation, um die Kirche dem Staat unterzuordnen. Nichtsdestoweniger wirkte die fanatische Glut der spanischen Glaubensorthodoxie in den zwanzig von insgesamt vierzig Regierungsjahren, die Karl im Königreich verbrachte, so stark auf ihn ein, daß ihm in späteren Jahren (vom Interesse des Hauses Habsburg abgesehen) nichts so wichtig erschien wie die Ausmerzung allen Ketzertums. Trotz der päpstlichen Bemühungen um Einschränkung der Inquisition hielt er bis zu seinem Tode unverbrüchlich an ihr fest, um in Spanien eine Entwicklung zu verhindern, die, wie er glaubte, seine Niederlande in Bürgerkrieg und Chaos gestürzt hatte.

Dennoch milderte die spanische Inquisition allmählich ihre Wut, obschon sie gleichzeitig ihren Geltungsbereich ständig erweiterte, sich zum Zensor des Buchdrucks machte, die Buchhandlungen nach verdächtigen Schriften durchsuchte und sie in Freudenfeuern öffentlich verbrannte. Sie bestrafte sexuelle Perversionen und stellte Regeln für die *limpieza* – Reinheit des Blutes – auf, die den Abkömmlingen der *conversos* und der von einem Inquisitionstribunal Verurteilten die Wege zum Aufstieg verschlossen. Mystikern gegenüber verhielt sie sich mißbilligend, glaubten sich doch manche von ihnen dank dem direkten Verkehr mit Gott vom Kirchenbesuch befreit, während andere ihren Verzückungen einen verdächtig erotischen Anstrich gaben. Der Laienprediger Ruiz de Alcaraz pries den Koitus als echte Vereinigung mit Gott, und für den Franziskanerpater Francisco Ortiz war die Umarmung des nackten Leibes einer Mitmystikerin keine fleischliche Sünde, sondern seelische Ekstase. Die Inquisition behandelte solche *alumbrados* (Erleuchtete) trotzdem mit Nachsicht und bewahrte ihre strengsten Maßnahmen für die Protestanten auf.

Den Krieg gegen diese leitete wie in Nordeuropa ein erasmisches Scharmützel ein. Liberale Kirchenmänner schlossen sich der humanistischen Kritik an klerikalen Mißständen an; die größten Übel waren zwar schon vor Karls Ankunft von Ximenes und anderen ausgemerzt worden. Möglicherweise schmuggelte auch das deutsche und flämische Gefolge des jungen Monarchen lutherische Ideen ein; wir wissen von einem Deutschen, den die Inquisition wegen lutherischer Äußerungen 1524 in Valencia verurteilte, und von einem flämischen Maler, den sie 1528 wegen Bestreitung des Fegefeuers und der heilbringenden Wirksamkeit der Ablässe zu lebenslänglichem Kerker verdammte. Als erster spanischer Lutheraner starb Francisco de San Roman 1542 auf dem Scheiterhaufen; die fanatisierte Menge durchbohrte ihn obendrein mit Schwertern. Juan Díaz aus Cuenca ließ sich in Genf vom Calvinismus anstecken; als es seinem über die Alpen aus Italien herbeigeeilten Bruder mißlang, ihn in den Schoß der Kirche zurückzuführen, veranlaßte er Juans Hinrichtung (1546). Einem gelehrten Kanoniker des Domkapitels von Sevilla trugen seine Predigten gegen Heiligenanrufung, Bilderverehrung und die seligmachende Kraft guter Werke ein Jahr Gefängnis ein; nach seinem Tode wurden seine Gebeine ausgegraben und verbrannt. Ein weiteres Kapitelmitglied, Constantino Ponce de la Fuente, setzte die Agitation fort und endete in einem Verlies der Inquisition, während vierzehn seiner Anhänger – darunter vier Bettelmönche und drei Frauen – verbrannt und viele andere sonstwie bestraft wurden; das Haus, worin sie sich zu treffen pflegten, machte man dem Erdboden gleich.

Einer halbprotestantischen Gruppe in Valladolid gehörten sogar prominente Edelleute und hohe Kirchenmänner an. Der Inquisition angezeigt, wurden die meisten festgenommen und überführt; einige, die ins Ausland zu fliehen versuchten, fingen die Häscher ein und schafften sie zurück. Der bereits in der Zurückgezogenheit von Yuste lebende Kaiser riet von einer Begnadigung ab und empfahl, die Reumütigen zu enthaupten und die Verstockten lebendig zu verbrennen. Am 21. Mai 1559, dem Sonntag Trinitatis, ließen vierzehn dieser Unglücklichen vor einer johlenden Menschenmenge das Leben. Dreizehn, die bereuten, wurden enthauptet; der vierzehnte, Antonio de Herrezuelo, blieb verstockt und wurde lebendig den Flammen übergeben. Seine Frau, die damals dreiundzwanzigjährige Leonor de Cisneros, befand sich unter den Reumütigen; zu lebenslänglichem Kerker begnadigt, widerrief sie nach zehn Jahren den Widerruf und verlangte, lebendig verbrannt zu werden wie ihr Mann; das Bittgesuch hatte Erfolg. Am 8. Oktober 1559 veranstaltete man unter dem Vorsitz Philipps II. und vor 200000 Zuschauern ein weiteres Autodafé; von sechsundzwanzig Vorgeführten wurden zehn stranguliert und zwei bei lebendigem Leib verbrannt.

Das berühmteste Opfer der Inquisition jener Tage wurde der Erzbischof von Toledo und Primas von Spanien, Bartolomé de Carranza. Seiner Ordenszugehörigkeit nach Dominikaner, wirkte er selbst an der Ketzerverfolgung mit, wurde später zu Karls Bevollmächtigtem am Konzil von Trient ernannt und nahm als des Kaisers persönlicher Vertreter an den Vermählungsfeierlichkeiten Philipps und Maria Tudors teil. Seine Wahl zum Erzbischof von Toledo (1557) erfolgte mit einer einzigen Gegenstimme – seiner eigenen. Doch dann beschuldigten ihn einige der in Valladolid festgenommenen «Protestanten», mit ihren Auffassungen sympathisiert zu haben. Man entdeckte einen Briefwechsel mit dem spanisch-italienischen Reformator Juan de Valdés, und der einflußreiche Theologe Melchior Cano bezichtigte ihn der Verfechtung der lutherischen

Irrlehre von der Rechtfertigung durch den Glauben. Daß er schon zwei Jahre nach dem Aufstieg zum höchsten Kirchenamt Spaniens festgenommen wurde, läßt einen Rückschluß auf die Macht der Inquisition zu. Während man sowohl in Toledo als auch in Rom sein Leben und seine Schriften der schärfsten Durchleuchtung unterwarf, wurde er volle siebzehn Jahre von Gefängnis zu Gefängnis geschleift. Dem Papst schienen «schwerste Verdachtsgründe» vorzuliegen; er befahl Carranza, sechzehn Äußerungen zu widerrufen, und suspendierte ihn fünf Jahre von der Amtsausübung. Der Erzbischof nahm das Urteil demütig an und unterzog sich den über ihn verhängten Bußübungen; aber von der Gefangenschaft und der Erniedrigung gebrochen, starb er keine fünf Wochen später (1576).

Mit ihm starb auch der spanische Protestantismus. Zwischen 1555 und 1600 wurden 200 Personen wegen protestantischer Irrlehren hingerichtet, das heißt vier pro Jahr. Nach dem jahrhundertelangen Haß gegen Mauren und Juden verhärtete sich das Gemütsleben des Volkes zu einer unerschütterlichen Orthodoxie; Patriotismus und Katholizismus verschmolzen, und so fiel es der Inquisition nicht schwer, Spaniens flüchtiges Liebäugeln mit der Gedankenfreiheit im Verlauf von ein oder zwei Generationen zu ersticken.

## 3. DES KAISERS LETZTE TAGE: 1556–1558

Am 28. September 1556 betrat Karl V. den spanischen Boden zum letztenmal. In Burgos entließ er den größten Teil seines Hofstaats mit einem letzten Geschenk für geleistete Dienste und sagte seinen Schwestern Maria von Ungarn und Eleonore, der Königinwitwe von Frankreich, Lebewohl. Sie hätten seine klösterliche Abgeschiedenheit am liebsten geteilt; doch da die Klosterregel dies verbot, bezogen sie als einzige, die ihn noch zu lieben schienen, ein nahe gelegenes Quartier. Unterwegs mußte Karl Empfang auf Empfang erdulden, bis er endlich in dem im Plasenciatal gelegenen Dorf Juandilla 120 Meilen westlich von Madrid eintraf. Hier hatte er mehrere Monate auf die Fertigstellung der Unterkunft zu warten, die er im Kloster Yuste für sich vorbereiten ließ. Schließlich legte er die letzten sechs Meilen seiner Reise zurück (3. Februar 1557), aber nicht um eine asketische Zelle zu beziehen, sondern einen geräumigen Bau, der die ihm zunächst Stehenden unter seinen fünfzig Dienstleuten zu beherbergen vermochte. Als die Klosterbrüder entdeckten, daß ihr erhabener Gast keineswegs beabsichtigte, sich an ihre klösterliche Zucht zu halten, verwandelte sich ihre anfängliche Freude über seine Ankunft bald in Kummer. Karl aß und trank so reichlich wie nur je, das heißt unmäßig. Sardinengefüllte Omeletten, Estremadurawürste, Aalpasteten, pikante Rebhühner, fette Kapaune und Ströme von Bier und Wein verschwanden in dem kaiserlichen Wanst, so daß sich Karls Ärzte gezwungen sahen, den Überschuß mit Sennesblättern und Rhabarber herauszubefördern.

Statt Rosenkränze, Litaneien und Psalmen zu beten, las Karl die Berichte seines Sohnes und beantwortete sie mit vielen Ratschlägen, die alle Aspekte des Krieges, der Religion und der Verwaltung betrafen. In seinem letzten Lebensjahr empfahl er in seiner sich unablässig steigernden Bigotterie unbarmherzige Strafen zur Ausrottung der Ketzerei «mit der Wurzel», ja er bedauerte sogar seine Nachsicht gegenüber Luther in Worms. Frauen, die sich dem Kloster auf weniger als zwei Bogenschüsse näherten, ließ er mit hundert Rutenhieben bestrafen. Ein Kodizill zu seinem Testament sah 30000 Messen für sein Seelenheil vor. Wir dürfen ihn aber nicht nach der Senilität dieser Altersjahre beurteilen; vielleicht kam der Wahnsinn, den er von der Mutter her im Blute trug, jetzt stärker zum Tragen.

Im August 1558 steigerte sich seine Gicht zu einem verzehrenden Fieber, das nur abflaute, um mit erneuter Heftigkeit zurückzukehren. Einen vollen Monat durchlitt er alle Qualen des Todes, bis dieser endlich barmherzig die Hand auf ihn legte (21. September 1558). 1574 überführte Philipp seine irdischen Reste in den Escorial, wo sie unter einem stattlichen Grabmal ruhen.

Karl V. war der augenfälligste Versager seiner Zeit. Sogar seine Tugenden erwiesen sich für die Menschheit oft als unglückselig. Italien befriedete er zwar, aber erst nachdem er es ein volles Jahrzehnt verwüstet und zusammen mit dem Papsttum unter spanische Botmäßigkeit gebracht hatte; die italienische Renaissance verwelkte unter seinem finsteren Regiment. Er besiegte Franz und brachte ihn in seine Gewalt, aber zu Madrid versäumte er die einmalige Gelegenheit zu einem Friedensschluß, der jedermanns Ehre gewahrt und Hunderttausenden von Menschen das Leben erhalten hätte. Im Mittelmeer wies er Barbarossa in seine Schranken, und Suleimans Niederlage vor Wien war zum Teil sein Werk. Andererseits erweiterte er die habsburgische Hausmacht auf Kosten des Reichs, verzichtete auf Burgund und verlor Lothringen. Und da sein Versuch, die kaiserliche Gewalt zu stärken, an den deutschen Fürsten scheiterte, hinterließ er das Heilige Römische Reich als einen dahinsiechenden Organismus, der nur noch auf Napoleons Grabrede wartete. Die Unterdrückung der deutschen Protestanten mißlang ihm, und die von ihm zum gleichen Zweck in den Niederlanden benutzten Methoden kamen als tragisches Erbe auf seinen Sohn. Die bei seinem Regierungsantritt so blühenden reichsunmittelbaren deutschen Städte hatten bei seinem Tode Wohlstand und Unabhängigkeit eingebüßt. Als er zum erstenmal in Deutschland erschien, fand er die deutsche Nation wie keine andere von Energie und Ideen durchpulst; als er abdankte, war sie seelisch und geistig so erschöpft, daß sie zwei lange Jahrhunderte brachliegen sollte. In Spanien hat seine Regierungsmethode die alten bürgerlichen Freiheiten unmittelbar vernichtet, in Deutschland und Italien war sie nur eine von vielen Ursachen, die den Niedergang herbeiführten. England hätte er für die Kirche retten können; doch statt auf Katharina einzuwirken, Heinrichs berechtigtem Wunsch nach einem Erben nachzugeben, zwang er Clemens zu einer ruinösen Opportunitätspolitik.

Freilich, wir sehen seine Fehler und ihre ganze Ungeheuerlichkeit aus der Rückschau; betrachten wir sie aber im Rahmen des Zeitgeistes und der gewalttätigen Verblendung seiner Umwelt, dann muß geschichtlicher Gerechtigkeitssinn sie verzeihen. Seine Staatskunst übertraf die seiner Zeitgenossen, wenn auch nur in dem Sinn, daß er die elementarsten Probleme so gut wie möglich zu meistern versuchte. Er war ein großer Mann, der an der Unbill der Zeit scheiterte und zerbrach.

Zwei umwälzende Bewegungen haben das Gesicht seiner langen Regierungszeit geprägt. Die wichtigere davon war die Ausbildung des Nationalstaates unter der Zentralverwaltung einer starken Monarchie; an dieser hatte er keinen Anteil. Dramatischer war die zweite, die von nationalen und territorialen Interessen und Divergenzen genährte und getragene religiöse Erneuerung. Norddeutschland und Skandinavien erklärten sich für das Luthertum; Süddeutschland, die Schweiz und die Niederlande zerfielen in katholische und protestantische Teile, Schottland wurde calvinistisch-presbyterianisch, England teils katholisch-anglikanisch, teils calvinistisch-puritanisch. Irland, Italien, Frankreich, Spanien und Portugal hielten einem fernen und gereinigten Papsttum die Treue. Dennoch erwuchs innerhalb dieser zwiefachen Zersplitterung eine subtile Einheit: Die auf ihre Unabhängigkeit so stolzen Staaten fanden sich voneinander abhängiger denn je zuvor; in zunehmendem Maß in ein einziges Netz wirtschaftlicher Beziehungen verstrickt, wuchsen sie mehr und mehr zu einem gemeinsamen Schauplatz zusammen, dessen Politik, Kriegführung, Rechtsgestaltung, Literatur und Kunst sich wechselseitig beeinflußten. Das moderne Europa war im Werden.

# BIBLIOGRAPHIE


ACTON, JOHN E., LORD, Lectures on Modern History. London, 1950.
ALLEN, J. W., History of Political Thought in the Sixteenth Century. London, 1951.

BAINTON, ROLAND, Hier stehe ich. Das Leben Martin Luthers. Göttingen, 1952.
BARGE, HERMANN, Andreas Rodenstein von Karlstadt. Leipzig, 1905. 2 Bde.
BEARD, CHARLES, Martin Luther and the Reformation. London, 1896.
BENRATH, KARL, Bernardino Ochino von Siena. Leipzig, 1875.
BRANDI, KARL, Kaiser Karl V. München, 1937.

CALVIN, JOHANNES, Opera quae supersunt omnia (Corpus reformatorum Bde. 29–87). Berlin, 1863–1900. 59 Bde.
– Defensio orthodaxae fidei de sacra Trinitate contra errores Michaeli Serveti Hispani. (Genf) 1554.
– Unterricht in der christlichen Religion (Institutio christianae religionis). Nach der letzten Ausgabe übers. und bearb. von Otto Weber. Neukirchen/Moers, 1955.
– Institutionen. Übers. von F. A. Krummacher. Elberfeld, 1823.
– Auslegung der Heiligen Schrift in deutscher Übersetzung. Neukirchen/Moers, o. J. 13 Bde.
CAMÕES, LUIS DE, Die Lusiaden. Übers. von J. J. Donner, Stuttgart, 1883.
*Catholic Encyclopedia*, New York, 1912.
CHAMBERS, R. W., Thomas Morus, Basel, 1947.
CHAUCER, GEOFFREY, Canterbury-Geschichten. Übers. von W. Hertzberg. Leipzig, 1866.
COLUMBUS, CHRISTOPH, Bordbuch, Briefe, Berichte, Dokumente. Hrsg. von Ernst Gerhard Jacob. Bremen, o. J.
COMMYNES, PHILIPPE DE, Memoiren. Übers. von Fritz Ernst. Stuttgart, 1952.
COULTON, G. G., Five Centuries of Religion. Cambridge, 1923. 3 Bde.
– Inquisition and Liberty. London, 1938.
– Medieval Panorama. New York, 1944.
– Social Life in Britain from the Conquest to the Reformation. Cambridge, 1938.
– Life in the Middle Ages. Cambridge University Press, 1930. 4 Bde.

DÖLLINGER, IGNAZ VON, Die Reformation. Regensburg, 1846f. 3 Bde.
DÜRER, ALBRECHT, Schriftlicher Nachlaß. Hrsg. von Hans Rupprich. Bd. 1. Berlin, 1956.

ECKHART, MEISTER, Deutsche Predigten und Traktate. Hrsg. und übers. von Josef Quint. München, 1955.
ERASMUS VON ROTTERDAM, Opera omnia. Leiden, 1703. 10 Bde.
– In Novum Testamentum Annotationes. Basel, 1542, 1547.
– Epistolarum Libri XXXI. London, 1642.
– Opus Epistolarum. Hrsg. von Percy Stafford Allen. Oxford, 1906–1958. Zit.: Epistolae.
– Colloquia Familiaria et Encomium Moriae. Leipzig, 1892f. 2 Bde.
– Klage des Friedens. Übers. von Arthur von Arx. Basel, 1945.
– Das Lob der Torheit. Übers. von Alfred Hartmann. 4. Aufl. Basel, 1947.
– Briefe. Übers. und hrsg. von Walther Köhler. Leipzig, 1938.

FAGUET, EMILE, Histoire de la littérature française. Paris, 1900. 2 Bde.
FOXE, JOHN, Acts and Monuments (Books of Martyrs). London, 1841. 8 Bde.
FRANCKE, KUNO, Die Kulturwerte der deutschen Literatur. 1. Band. Berlin, 1910.

Franz Günther, Der deutsche Bauernkrieg. München und Berlin, 1933.

Froissart, Sir John, Chronicles. London, 1848. 2 Bde.

Froude, J. A., Reign of Edward VI. Everyman's Library.

– Reign of Henry VIII. Everyman's Library. 3 Bde.

Gasquet, Francis, Kardinal, Henry VIII and the English Monasteries. London, 1888. 2 Bde.

Guggenbühl, Gottfried, Geschichte der Schweizerischen Eidgenossenschaft. Erlenbach-Zürich, 1947. 2 Bde.

Guizot, Fr., History of France. London, 1872. 8 Bde.

Hagen, Karl, Deutschlands literarische und religiöse Verhältnisse im Reformationszeitalter. Frankfurt a. M., 1868. 3 Bde.

Haller, Johannes, Papsttum und Kirchenreform. 1. Bd. Berlin, 1903.

Huizinga, J., Herbst des Mittelalters. 3. Aufl., Stuttgart, 1938.

Hutten: Des teutschen Ritters Ulrich von Hutten Sämmtliche Werke. Hrsg. von Ernst Joseph Herman Münch. Berlin, 1821–1826. 6 Bde.

Janssen, Johannes, Geschichte des deutschen Volkes seit dem Ausgang des Mittelalters. 1.–12. Aufl. Freiburg i. Br., 1878–1894. 8 Bde.

*Kaiser, Reich und Reformation 1517 bis 1525*. Bearb. von Ernst Walder. 2. Aufl. Bern, 1952.

Kampschulte, F. W., Johann Calvin. Leipzig, 1869–1899. 2 Bde.

Kautsky, Karl. Vorläufer des neueren Sozialismus. 1. Bd.: Kommunistische Bewegungen in Mitteleuropa; 2. Bd.: Der Kommunismus in der deutschen Reformation. 4. Aufl. Stuttgart, 1919.

Knox, John, History of the Reformation in Scotland. New York, 1950. 2 Bde.

– Works. Hrsg. von David Laing. Edinburgh, 1854f. 6 Bde.

Kolumbus, Christoph, Entdeckungsfahrten. Reiseberichte und Briefe von der zweiten, dritten und vierten Entdeckungsfahrt nach Amerika 1493–1506. Zürich, 1943.

Köstlin, Julius, Luthers Leben. Leipzig, 1882.

Laible, Joseph, Geschichte der Stadt Konstanz und ihrer nächsten Umgebung. Konstanz, 1896.

La Tour, P. Imbert de, Les origines de la Réforme. – I. La France moderne. 1905; II. L'Eglise catholique: La Crise et la Renaissance. 2. Aufl. 1944.

– Calvin. München, 1936.

Ledderhose, Karl Friedrich, Philipp Melanchthon nach seinem äußeren und inneren Leben. Heidelberg, 1847.

Löscher, Valentin Ernst, Vollständige Reformations-Acta und Documenta. Leipzig, 1720.

Luther, Martin, Werke. Kritische Gesamtausgabe. Bde. I–LVIII, 1. Weimar, 1883–1948. Wenn nicht anders vermerkt, wird nach dieser Ausgabe zitiert.

– Ergänzungsbände dazu: Briefe und Tischreden.

– Sämtliche Werke. Erlangen, 1826–1857. 67 Bde.

– Luther deutsch. Die Werke Martin Luthers in neuer Auswahl für die Gegenwart hrsg. von Kurt Aland. Bde. 8 und 9, Erg.-Bd. 3 (Lutherlexikon). Berlin, 1948ff.

– Von den geystlichen vnd kloster gelubden Martini Luthers urteyll. (Wittenberg, 1522).

– Briefe, Sendschreiben und Bedenken, gesammelt von W. L. M. de Wette, fortges. von Seidemann. Berlin, 1825–1856. 6 Teile.

– Tischreden. Hrsg. von K. E. Förstemann und H. E. Bindseil. Leipzig 1844–1848. 4 Bde. Wo nicht anders vermerkt, ist nach dieser Ausgabe zitiert.

– Briefwechsel. Bearb. und hrsg. von E. L. Enders und G. Kawerau. Frankfurt–Leipzig, 1884 bis 1915. 16 Bde.

MARSILIUS VON PADUA, Der Verteidiger des Friedens (Defensor pacis). Übers. von Walter Kunzmann. Hrsg. von Horst Kusch. Berlin, 1958.

MORUS, THOMAS, Utopia. Übers. von Alfred Hartmann. Basel, 1957.

MOTLEY, J. L., Der Abfall der Niederlande und die Entstehung des Holländischen Freistaats. Dresden, 1857–1860. 3 Bde.

MUIR, EDWIN, John Knox. London, 1920.

PASTOR, LUDWIG VON, Geschichte der Päpste seit dem Ausgang des Mittelalters. 8.–13. Aufl. Freiburg i. Br., 1955ff. 16 Bde.

RANKE, LEOPOLD VON, Deutsche Geschichte im Zeitalter der Reformation, hrsg. von W. Andreas. Wiesbaden–Berlin, 1957. 2 Bde.

– Die Geschichte der Päpste, hrsg. von W. Andreas. Wiesbaden–Berlin, 1957.

*Reichstagsakten, Deutsche.* München und Gotha. 1867–1912. 15 Bde.

*Reichstagsakten, Deutsche, unter Karl V.* Jüngere Reihe. Gotha–Stuttgart, 1893–1935. 7 Bde.

*Aller deß Heiligen Römischen Reichs gehaltene Reichstäge / etc.* Mainz, 1666.

ROPER, W., Life of Sir Thomas More. In More, Utopia. New York, o. J.

SCHUSTER, M. LINCOLN, Hrsg., Treasury of the World's Great Letters. New York, 1940.

SEEBOHM, FREDERIC, The Oxford Reformers. London, 1869.

*Selbstbiographien berühmter Männer*, Hrsg. von D. E. Seybold. Bd. II: Selbstbiographie Joh. Val. Andreäs. Winterthur, 1799.

STRAUSS, DAVID FRIEDRICH, Ulrich von Hutten. Leipzig, 1858–1860. 3 Bde.

STRIEDER, JAKOB, Jacob Fugger der Reiche. Leipzig, (1926).

STUBBS, W., Constitutional History of England. Oxford, 1903. 3 Bde.

THOMAS VON KEMPEN, Vier Bücher von der Nachfolge Christi. München, 1917.

TREVELYAN, G. M., English Social History. London, 1947.

VESPASIANO DA BISTICCI, Lebensbeschreibungen berühmter Männer des Quattrocento. Übers. von Paul Schubring. Jena, 1914.

VILLON, FRANÇOIS, Dichtungen. Französisch und deutsch, übers. und hrsg. von Martin Löpelmann. 3. Aufl. München, 1942. – Balladen. Nachdichtung von Ernst Stimmel. Hamburg, o. J.

VISCHER, MELCHIOR, Jan Hus. Sein Leben und seine Zeit. Frankfurt a. M., 1940. 2 Bde.

WINKLER, FRIEDRICH, Albert Dürer. Leben und Werk. Berlin, 1957.

ZWINGLI, HULDRYCH, Werke. Erste vollständige Ausg., hrsg. von M. Schuler und J. Schultheß, Zürich, 1828–1842. 8 Bde.

# ANMERKUNGEN

## I. BUCH, 1. KAPITEL

[1] Haller, *Papsttum und Kirchenreform*, Bd. I, S. 60f. – [2] Laible, *Geschichte der Stadt Konstanz*, S. 50. – [3] Pastor, *Geschichte*, Bd. I, S. 254. – [4] ebd., Bd. III, S. 932. – [5] ebd., Bd. II, S. 252. – [6] Coulton, *Inquisition and Liberty*, S. 45. – [7] La Tour, *Les origines de la Réforme*, Bd. I, S. 361. – [8] Pastor, Bd. IV, I. Kap., S. 380. – [9] Coulton, *Five Centuries of Religion*, Bd. I, S. 400. – [10] Coulton, *Life in the Middle Ages*, Bd. IV, S. 354. – [11] La Tour, *Les origines*, Bd. II, S. 298ff. – [12] Pastor, Bd. III, S. 149f. – [13] Gascoigne, *Seven Rivers of Babylon*, in Coulton, *Social Life in Britain*, S. 203. – [14] Pastor, Bd. IV, I. Kap., S. 231, 233.

## I. BUCH, 2. KAPITEL

[1] Stubbs, *Constitutional History of England*, Bd. II, S. 331. – [2] Coulton, *Social Life*, S. 350. – [3] Froissart, *Chronicles*, II. Buch, Absatz 73. – [4] Chaucer, *Canterbury-Geschichten*, S. 67. – [5] ebd., S. 68. – [6] ebd., S. 68f. – [7] ebd., S. 70f. – [8] ebd., S. 74. – [9] ebd., S. 75. – [10] ebd., S. 85. – [11] ebd., S. 85f. – [12] ebd., S. 230. – [13] ebd., S. 105. – [14] Shakespeare, *Richard II.*, III. Aufzug, 3. Szene.

## I. BUCH, 3. KAPITEL

[1] Froissart, Bd. I, S. 151. – [2] übertragen von Manfred Gsteiger. – [3] Faguet, *Histoire de la littérature française*, Bd. I, S. 184. Margarete kam 1436 nach Frankreich; von Chartier lassen sich nach 1434 keine Spuren feststellen. – [4] übertragen von Manfred Gsteiger. – [5] übertragen von Manfred Gsteiger. – [6] übertragen von Manfred Gsteiger. – [7] Commynes, *Memoiren*, S. 278. – [8] ebd., S. 224. – [9] ebd., S. 66, 117, 121. – [10] Villon, *Dichtungen* (Löpelmann), S. 31, 37, 41. – [11] ebd., S. 69. – [12] *Balladen* (Stimmel), S. 12; *Dichtungen* (Löpelmann), S. 81, 103. – [13] ebd., S. 181. – [14] ebd., S. 183. – [15] ebd., S. 199.

## I. BUCH, 4. KAPITEL

[1] Commynes, *Memoiren*, S. 107. – [2] Coulton, *Social Life*, S. 321. – [3] ebd., S. 37. – [4] Coulton, *Medieval Panorama*, S. 304. – [5] Seebohm, *The Oxford Reformers*, S. 70f.

## I. BUCH, 5. KAPITEL

[1] Huizinga, *Herbst des Mittelalters*, S. 325. – [2] Thomas von Kempen, *Vier Bücher von der Nachfolge Christi*. – [3] Vespasiano da Bisticci, *Lebensbeschreibungen*, S. 192.

## I. BUCH, 6. KAPITEL

[1] Francke, *Die Kulturwerte der deutschen Literatur*, S. 185f. – [2] Meister Eckhart, *Deutsche Predigten und Traktate*, S. 57, 69. – [3] Francke, S. 168f.

## I. BUCH, 7. KAPITEL

[1] Vischer, *Jan Hus*, Bd. II, S. 380.

## I. BUCH, 9. KAPITEL

[1] Camões, *Die Lusiaden*, S. 79.

## I. BUCH, 11. KAPITEL

[1] Coulton, *Social Life*, S. 330. – [2] Marsilius von Padua, *Verteidiger*, Bd. I, S. 119f. – [3] ebd., Bd. I, S. 89. – [4] Pastor, Bd. I, S. 493. – [5] Janssen, *Geschichte*, Bd. I, S. 4.

## I. BUCH, 12. KAPITEL

[1] Seneca, *Medea*, Vers 12. (zitiert nach der Übersetzung von M. Schmitt-Hartlieb, Leipzig, 1929). – [2] Columbus, *Bordbuch*, S. 89f. – [3] ebd., S. 95. – [4] Morison, *Admiral des Weltmeeres*, S. 559f. – [5] Kolumbus, *Entdeckungsfahrten*, S. 237.

## I. BUCH, 13. KAPITEL

[1] Erasmus, *Briefe*, S. 36f. – [2] ebd., S. 47. – [3] ebd., S. 64. – [4] ebd., S. 89. – [5] Erasmus, *Epistolae*, Bd. VII, S. 180f. – [6] dto., *Lob der Torheit*, S. 111. – [7] ebd., S. 114, 117. – [8] ebd., S. 82, 86. – [9] Hutten, *Werke*, Bd. II, S. 405ff. – [10] Erasmus, *Annotationes*, (1547), S. 76, 88. – [11] ebd., S. 600. – [12] ebd., S. 51ff. – [13] Erasmus, *Epistolae*, Bd. II, S. 438. – [14] Erasmus, *Klage des Friedens*, S. 43, 49, 50, 59.

## I. BUCH, 14. KAPITEL

[1] *Aller deß Heiligen Römischen Reichs gehaltene Reichstage*, S. 97. – [2] Janssen, Bd. I, S. 363. – [3] Dürer, *Schriftlicher Nachlaß*, S. 31. – [4] Winkler, *Albrecht Dürer*, S. 3. – [5] Dürer, *Nachlaß*, S. 58. – [6] ebd., S. 59. – [7] ebd., S. 297. – [8] ebd., S. 151. – [9] ebd., S. 160. – [10] ebd., S. 170ff. – [11] Strauß, *Hutten*, Bd. I, S. 159. – [12] Janssen, Bd. I, S. 593ff., 598. – [13] Pastor, Bd. IV, I. Buch, S. 223f. – [14] dto., Bd. I, S. 734. – [15] dto., Bd. I, S. 166.

## II. BUCH, 1. KAPITEL

[1] Löscher, *Reformations-Acta*, Bd. I, S. 363f., 371. – [2] Pastor, Bd. IV, I. Buch, S. 239. – [3] Luther, *Tischreden*, Bd. IV, S. 129. – [4] *Werke* (Erlangen), Bd. LXV, S. 81. – [5] *Ganß in Cath. En.*, Bd. IX, S. 441. – [6] *Werke*, Bd. I, S. 243, 246. – [7] ebd., S. 529, 573. – [8] Pastor, Bd. IV, I. Buch, S. 259. – [9] ebd., Bd. IV, I. Buch, S. 262. – [10] Ledderhose, *Melanchthon*, S. 24. – [11] bei Strauß, *Hutten*, Bd. II, S. 51. – [12] Pastor, Bd. IV, I. Buch, S. 266; Janssen, Bd. II, S. 96. – [13] *Werke*, Bd. IV, S. 347. – [14] Pastor, Bd. IV, I. Buch, S. 267. – [15] *Werke*, Bd. VI, S. 409. – [16] ebd., S. 414. – [17] ebd., S. 417f., 427. – [18] ebd., S. 455. – [19] ebd., S. 453. – [20] ebd., S. 550. – [21] ebd., Bd. X, II. Buch, S. 283. – [22] ebd., Bd. VI, S. 573. – [23] ebd., Bd. VII, S. 5f., 9f., 43f. – [24] ebd., S. 11. – [25] ebd., S. 32. – [26] Strieder, *Jacob Fugger der Reiche*, S. 141. – [27] Janssen, Bd. II, S. 146; Bainton, *Hier stehe ich*, S. 147. – [28] Strauß, *Hutten*, Bd. II, S. 176. – [29] *Tischreden*, Bd. IV, S. 348. – [30] Bainton, S. 155f. – [31] *Werke*, Bd. VII, S. 876f. – [32] *Deutsche Reichstagsakten*, Jg. RH., Bd. II, S. 558. – [33] Bainton, S. 157. – [34] *Reichstagsakten*, Bd. II, S. 646ff. – [35] Bainton, *Hier stehe ich*, S. 165. – [36] *Werke*, Bd. VIII, S. 679. – [37] ebd., S. 676f. – [38] ebd., S. 680. – [39] Barge, *Karlstadt*, Bd. I, S. 492. – [40] *Werke*, Bd. X, III. Buch, S. 11. – [41] ebd., S. 333. – [42] Bainton, S. 248. – [43] *Briefwechsel*, Bd. XIII, S. 107. – [44] Janssen, Bd. VII, S. 548. – [45] *Tischreden*, Bd. I, S. 165. – [46] Janssen, Bd. II, S. 200. – [47] *Tischreden*, Bd. IV, S. 401, 404f. – [48] ebd., Bd. I, S. 6. – [49] ebd., S. 127. – [50] ebd., S. 91. – [51] ebd., Bd. III, S. 49f. – [52] *Werke*, Bd. XI, S. 250f. – [53] ebd., Bd. X, III. Buch, S. 2. – [54] *Tischreden*, Bd. II, S. 115. – [55] *Römer*, 10, 9. – [56] *Markus*, 16, 16. – [57] *Werke*, Bd. VII, S. 23. – [58] *Werke*, Bd. XL, S. 436; Bd. XXV, S. 130, 142, 330; *Werke*, (Erlangen), Bd. XVIII, S. 260. – [59] *Werke*, Bd. VII, S. 32. – [60] *Römer*, 9, 18. – [61] *Werke*, Bd. XVIII, S. 633. – [62] *Tischreden*, Bd. I, S. 127. – [63] *Werke*, Bd. X, II. Buch, S. 111, 140. – [64] ebd., Bd. XI, S. 267f., 270. – [65] Janssen, Bd. II, S. 223. – [66] *Werke* (Erlangen), Bd. XXII, S. 20. – [67] ebd., S. 305, 307. – [68] ebd., Bd. VI, S. 466. – [69] ebd., Bd. XV, S. 313.

## II. BUCH, 2. KAPITEL

[1] Pastor, Bd. IV, II. Buch, S. 93. – [2] *Deutsche Reichstagsakten unter Karl V.*, Bd. III, S. 566f. – [3] Hagen, *Deutschlands lit. u. relig. Verhältnisse*, Bd. II, S. 341. – [4] Janssen, Bd. II, S. 283. – [5] *Franz. Bauernkrieg*, S. 417. – [6] Kautsky, *Vorläufer*, Bd. II, S. 76. – [7] ebd., S. 101. – [8] *Kaiser, Reich und Reformation 1517 bis 1525*, S. 50ff. – [9] *Werke*, Bd. XVIII, S. 293f. – [10] ebd., S. 326f. – [11] ebd., S. 332f. – [12] Ranke, *Deutsche Geschichte im Zeitalter d. Ref.*, Bd. I, S. 312. – [13] Franz, S. 312f. – [14] ebd., S. 367. – [15] *Werke*, Bd. XVIII, S. 357ff. – [16] Franz, S. 475. – [17] Luther, *Briefe*, Bd. III, S. 531. – [18] ebd., Bd. III, S. 517. – [19] *Werke*, Bd. XVIII, S. 386. – [20] ebd., Bd. XVIII, S. 386ff.; *Werke* (Erlangen), Bd. XXIV, S. 305, 309. – [21] Kautsky, Bd. II, S. 180f. – [22] ebd., S. 328f.

## II. BUCH, 3. KAPITEL

[1] Zwingli, *Werke*, Bd. I, S. 153ff. – [2] Erasmus, *Epistolae*, Bd. VIII, S. 162. – [3] Guggenbühl, *Geschichte der Schweizerischen Eidgenossenschaft*, Bd. I, S. 523f. – [4] Zwingli, *Werke*, Bd. IV, S. 65. – [5] Guggenbühl, Bd. I, S. 543.

## II. BUCH, 4. KAPITEL

[1] Luther, *Werke*, Bd. X–2, S. 304. – [2] dto., *Tischreden*, Bd. IV, S. 35. – [3] dto., *Werke*, Bd. X–2, S. 301. – [4] dto., *Tischreden* (Weimar), Bd. II, S. 303. – [5] dto., *Tischreden*, Bd. IV, S. 126. – [6] ebd., Bd. I, S. 209. – [7] Luther, *Tischreden* (Weimar), Bd. V., S. 189. – [8] ebd., Bd. V, S. 189ff. – [9] Luther, *Werke* (Erlangen), Bd. LVII, S. 135. – [10] dto., *Werke*, Bd. VII, S. 4. – [11] Bainton, S. 252. – [12] Janssen, Bd. II, S. 202. – [13] *Von denn geystlichen vnd kloster gelubden Martini Luthers urteyll* o, IV. Buch. – [14] Luther, *Tischreden*, Bd. III, S. 207. – [15] ebd., Bd. II, S. 215. – [16] Bainton, S. 251. – [17] Janssen, Bd. VI, S. 154. – [18] Bainton, S. 190f. – [19] Luther, *Tischreden*, Bd. I, S. 134. – [20] dto., *Briefe*, Bd. VII, S. 66. – [21] Janssen, Bd. VI, S. 265. – [22] Luther, *Tischreden*, Bd. II, S. 413. – [23] ebd., Bd. VI, S. 455. – [24] ebd., Bd. XI, S. 262ff. – [25] ebd., Bd. XV, S. 211. – [26] ebd., Bd. XXX, I. Buch, S. 249. – [27] Luther, *Werke* (Erlangen), Bd. XIX, S. 46ff. – [28] ebd., Bd. XXXII, S. 233ff. – [29] ebd., Bd. XXVIII, S. 144. – [30] Luther, *Briefe*, Bd. V, S. 136f. – [31] Luther, *Tischreden*, Bd. I, S. 75. – [32] Luther, *Werke*, Bd. XXXI–1, S. 208f. – [33] dto., *Tischreden*, Bd. II, S. 364. – [34] Döllinger, *Die Reformation*, Bd. I, S. 533. – [35] Janssen, Bd. II, S. 284f. – [36] Erasmus, *Briefe*, S. 219. – [37] dto, *Epistolae*, Bd. III, S. 605ff. – [38] ebd., Bd. IV, S. 400ff. – [30] ebd., S. 444. – [40] Erasmus, *Opera Omnia*, Bd. III, S. 1581. – [41] dto., *Epistolae*, Bd. V, S. 143. – [42] ebd., S. 257. – [43] Aland, *Luther deutsch*, Bd. III, S. 166, 185. – [44] Bainton, S. 216f. – [45] Erasmus, *Epistolae*, Bd. VII, S. 467. – [46] Beard, *Luther*, S. 93. – [47] Acton, *Lectures on Modern History*, S. 89.

## II. BUCH, 5. KAPITEL

[1] Janssen, Bd. VI, S. 78; Bd. VII, S. 16. – [2] Luther, *Werke* (Erlangen), Bd. XVII, S. 210. – [3] Pastor, Bd. V, S. 255. – [4] ebd., S. 264. – [5] Luther, *Werke*, Bd. L, S. 538. – [6] ebd., Bd. XV, S. 302; Bd. XVIII, S. 389. – [7] ebd., Bd. XV, S. 302; Bd. XVIII, S. 389. – [8] ebd., Bd. XIC, S. 626. – [9] Janssen, Bd. II, S. 575. – [10] ebd., Bd. III, S. 442. – [11] ebd., Bd. III, S. 444. – [12] Luther, *Werke*, Bd. LIV, S. 206ff. – [13] Janssen, Bd. III, S. 543. – [14] Luther, *Tischreden*, Bd. IV, S. 271. – [15] ebd., Bd. I, S. 101. – [16] ebd., Bd. III, S. 117. – [17] ebd., Bd. I, S. 8. – [18] ebd., S. 398. – [19] Köstlin, *Luthers Leben*, S. 580f. – [20] Luther, *Werke* (Erlangen), Bd. LVI, S. 149f. – [21] La Tour, *Calvin*, S. 110.

## II. BUCH, 6. KAPITEL

[1] Calvin, *Institutionen* (1823), Vorwort. – [2] dto., *Unterricht in der christl. Religion*, S. 28. – [3] ebd., S. 199. – [4] *Epheser-Briefe*, I, 3–7. – [5] *Römer-Briefe*, 9, 15. – [6] *Unterricht*, S. 622. – [7] ebd., S. 616. – [8] ebd., S. 615. – [9] ebd., S. 640. – [10] ebd., S. 691. – [11] ebd., S. 464. –

[12] ebd., S. 466. – [13] Benrath, *Barnardino Ochino*, S. 169f. – [14] *Selbstbiographien berühmter Männer*, Bd. II, S. 37f. – [15] Kampschulte, *Calvin*, Bd. II, S. 59. – [16] Calvin, *Opera*, Bd. XII, S. 283. – [17] ebd., Bd. VIII, S. 750f. – [18] Calvin, *Defensio orthodoxae fidei*, S. 24ff.

## II. BUCH, 7. KAPITEL

[1] Guizot, *History of France*, Bd. III, S. 91. – [2] ebd., S. 95. – [3] ebd., S. 91. – [4] ebd., S. 116. – [5] ebd., S. 192.

## II. BUCH, 8. KAPITEL

[1] Erasmus, *Opera*, Bd. III, S. 7. – [2] ebd., S. 1660. – [3] Seebohm, *The Oxford Reformers*, S. 230ff. – [4] Coulton, *Panorama*, S. 718. – [5] Luther, *Werke*, Bd. X, II. Buch, S. 227, 234.

## II. BUCH, 9. KAPITEL

[1] Trevelyan, *Social History*, S. 102. – [2] Froude, *Henry VIII*, S. 139. – [3] Schuster, *Treasury of the World's Great Letters*, S. 77. – [4] Chambers, *Morus*, S. 403. – [5] ebd., S. 82. – [6] Morus, *Utopia*, S. 63f. – [7] ebd., S. 91. – [8] ebd., S. 91. – [9] ebd., S. 142. – [10] ebd., S. 160. – [11] ebd., S. 157. – [12] ebd., S. 171. – [13] ebd., S. 131. – [14] ebd., S. 60, 66. – [15] ebd., S. 33f. – [16] ebd., S. 179. – [17] Chambers, *Morus*, S. 333. – [18] More, *English Works*, S. 586, bei Taylor, *Thought and Expression*, Bd. II, S. 68. – [19] Roper, *More*, S. 89. – [20] ebd., S. 109. – [21] Chambers, *Morus*, S. 355. – [22] Froude, *Henry VIII*, Bd. II, S. 142.

## II. BUCH, 10. KAPITEL

[1] Gasquet, *Henry VIII and the English Monasteries*, Bd. I, S. 408f.

## II. BUCH, 11. KAPITEL

[1] Foxe, *Acts and Monuments*, Bd. VIII, S. 88.

## II. BUCH, 12. KAPITEL

[1] Muir, *Knox*, S. 120. – [2] Knox, *History*, Einl. XLI. Buch. – [3] ebd., XXXIX. Buch. – [4] Knox, *Works*, Bd. IV, S. 365, 373ff. – [5] ebd., S. 418ff. – [6] Allen, *Political Thought*, S. 113. – [7] Knox, Einl., XLII. Buch und Allen, S. 113. – [8] Muir, S. 142. – [9] Knox, Bd. I, S. 164. – [10] Jacobs, *Ref. Bekenntnisschriften*, S. 131ff.

## II. BUCH, 13. KAPITEL

[1] Motley, *Der Abfall der Niederlande*, Bd. I, S. 245ff. – [2] Brandi, *Kaiser Karl V.*, S. 542.

# PERSONENVERZEICHNIS

Den Namen sind, soweit bekannt, die Lebensdaten oder eine besondere Zeitspanne des Wirkens ihrer Träger beigefügt. Ist nur eine Zahl genannt, weist sie auf ein bedeutsames, im Text erwähntes Ereignis hin. Bei männlichen weltlichen und geistlichen Regenten bezeichnen die Jahreszahlen die Regierungszeit.

D

## E



## F

G

## I



## J

## N



## O

## T

## QUELLENVERZEICHNIS DER ABBILDUNGEN

Bavaria-Verlag, Gauting: Bildseite 2; Archiv Dollinger, Wörthsee: Bildseite 3; Holle Bildarchiv, Baden-Baden: Bildseiten 1, 4; Bildarchiv Preußischer Kulturbesitz, Berlin: Bildseiten 5, 7

Farbtafeln:
Holle Bildarchiv, Baden-Baden: Bildseiten 1, 2, 3, 7; Preiss & Co., Albaching: Bildseiten 4, 5, 6